Eva   Boschman.

D1727576

Eva   Boschman

PSYCHOLOGIE EEN INLEIDING

Ook verschenen bij Pearson Benelux:

Martine Delfos, *Psychologie van de adolescentie*
Robert Feldman, *Ontwikkelingspsychologie*
Robert Feldman, *Ontwikkelingspsychologie II: Levensloop vanaf de jongvolwassenheid*
David W. Johnson en Frank P. Johnson, *Groepsdynamica: Theorie en vaardigheden*
Jeffrey S. Nevid, Spencer A. Rathus en Beverly Greene, *Psychiatrie, een inleiding*
Val Morrison en Paul Bennett, *Gezondheidspsychologie*
Kate Wilson, Gillian Ruch, Mark Lymbery en Andrew Cooper, *Social work, een inleiding*
Jacquelien Rothfusz, *Ethiek in sociaalagogische beroepen*
Carina Wiekens, *Beïnvloeden en veranderen van gedrag*
Philip G. Zimbardo, Ann L. Weber en Robert L. Johnson, *Psychologie, de essentie*

PSYCHOLOGIE EEN INLEIDING

7e editie

Philip G. Zimbardo
Robert L. Johnson
Vivian McCann

Nederlandstalige bewerking:
Ed Caffin
Laurent Voets
Greet van der Wielen
Stéphanie Légat
Ann Van Doorselaere

Eindredactie:
Aafke Moons

PEARSON

MyLab | Nederlandstalig
Psychologie, een inleiding, 7e editie

Om gebruik te kunnen maken van MyLab dien je je te registreren. Hiervoor heb je het volgende nodig:

- een geldig e-mailadres;
- de studententoegangscode die gedrukt staat op de binnenzijde van het omslag;
- een eventuele cursuscode (aangemaakt door jouw docent), als MyLab actief gebruikt wordt in de cursus.

Let op: De toegangscode in dit boek is een **unieke code** en kan niet gedeeld worden met andere studenten.

Om je te registreren volg je deze stappen:

1. Ga naar www.pearsonmylab.nl (Nederland) of www.pearsonmylab.be (Vlaanderen).
2. Klik onder het kopje 'Registreer' op de knop 'Student'.
3. Vul de studententoegangscode in.

Je hebt nu toegang tot de cursus.

- Als je al een Pearson-account hebt, hoef je slechts je inloggegevens in te vullen.
- Als je nog geen account hebt, dien je deze aan te maken. Volg hiervoor de aangegeven stappen.

Als je voor de eerste keer inlogt, krijg je twee keuzemogelijkheden:

a. Deelnemen aan een cursus van je docent; om MyLab te betreden met een cursuscode aangemaakt door je docent.
b. Zelfstandig studeren; om MyLab te betreden zonder een cursuscode.

Wanneer je bent aangemeld met de unieke studentencode heb je vier jaar lang toegang tot MyLab behorende bij *Psychologie, een inleiding, 7e editie.*

Klantenservice

Als je vragen of problemen ondervindt bij het gebruik van MyLab kun je contact opnemen met onze klantenservice. Ga naar www.pearsonmylab.nl/help voor uitgebreide hulp.

Jouw unieke studenten-toegangscode staat op de binnenzijde van het omslag.

Je registratie is voltooid.
Je hebt nu toegang tot MyLab
bij *Psychologie, een inleiding, 7e editie.*

Kom eenvoudig tot het beste resultaat

Wat is MyLab eigenlijk?

MyLab is een digitale leeromgeving waarin zowel studenten als docenten, met behulp van diverse interactieve studietools, op een gebruiksvriendelijke en tijdbesparende manier kunnen toewerken naar het afronden van een cursus met een positief resultaat.

Wat betekent dit voor jou als student?

Aan alleen het bestuderen van de tekst heb je soms niet genoeg om te slagen voor een tentamen. MyLab biedt jou de mogelijkheid om op een eenvoudige en interactieve manier te oefenen met de theorie. Aan de hand van verschillende studietools, geschikt voor iedere manier van studeren, maak je kennis met de lesstof en pas je de theorie actief toe. Wanneer het tijd is voor het tentamen, bezit je op deze manier alle kennis om een voldoende te halen en zo sneller en gemakkelijker de cursus af te ronden.

Wanneer gebruik je MyLab?

MyLab is op twee manieren te gebruiken. Ben je student en gebruikt je docent dit boek met MyLab tijdens de lessen, dan kun je met een cursuscode het studiepad gebruiken. Dit studiepad leidt jou stap voor stap door de theorie van het boek heen. Als je zonder docent zelfstudie doet, bevat MyLab een mediatheek. In de mediatheek staan alle studietools bij het gehele boek, zonder dat er een verdeling in stappen is gemaakt. Op deze manier kun je eveneens oefenen met de theorie, in je eigen tempo.

Op de volgende twee pagina's krijg je een rondleiding door het studiepad.

Wij wensen je veel plezier
met MyLab.

Studiepad

Zodra je bent ingelogd en de cursuscode van je docent hebt ingevoerd, ga je naar de cursus door in de bovenste navigatiebalk de naam daarvan aan te klikken. Je cursus start dan automatisch het beschikbare 'Studiemateriaal'. Klik om verder te gaan. Je hebt nu twee opties: het studiepad en de mediatheek.

Hieronder volgt een uitleg van het studiepad, waarmee je stap voor stap de theorie onder de knie krijgt en je gewend raakt aan de manier van toetsen die op de meeste hogescholen wordt gehanteerd. De mediatheek, met alle bijbehorende studiematerialen, kun je gebruiken als je aan zelfstudie doet.

Het studiepad is opgedeeld in hoofdstukken. Elk hoofdstuk in MyLab komt overeen met een hoofdstuk uit het boek. Net als in het boek zijn de hoofdstukken in MyLab verdeeld in paragrafen, 'leerobjecten' genaamd. Bij elk leerobject zijn 'MyTools' beschikbaar waarmee je kunt oefenen met de theorie.

Overtuigd slagen voor je tentamen

Lezen ...

eText

Per leerobject is een digitale versie van de tekst gemaakt, met tal van opties voor het bestuderen van de tekst. Deze eText is verrijkt met interactieve begrippen, animaties en video's. Daarnaast kun je stukken tekst markeren en je eigen notities toevoegen. De handige zoekfunctie en navigatie begeleiden je bovendien eenvoudig door de tekst.

Zodra je de theorie hebt gelezen, kun je gaan oefenen met de MyTools. Elke MyTool helpt je op een andere manier met het leren van de theorie en behandelt vragen over het gehele leerobject.

Oefenen ...

MyDefinitions

MyDefinitions is een actieve oefening om je de belangrijkste begrippen binnen het leerobject eigen te maken. Door het benoemen van sleutelwoorden uit de omschrijving hoef je de definities niet uit je hoofd te leren, maar begrijp je de samenhang tussen de theorie en het bijbehorende begrip.

Het werkt als volgt: je sleept een sleutelwoord naar een lege plek in de omschrijving. Op deze manier vul je de zin(nen) aan totdat de betekenis van de definitie volledig is geformuleerd.

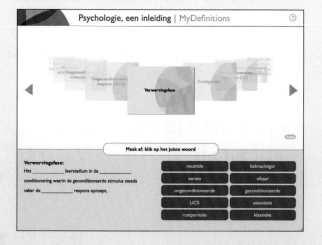

MyCheck

Met de MyCheck studietool bouw je stap voor stap een samenvatting van het leerobject op. Je krijgt twee stellingen voorgelegd, waarvan je de juiste naar de beschreven situatie moet slepen. De beschreven situatie vormt samen met de juiste stelling een deel van de samenvatting. Wanneer alle delen achter elkaar zijn gezet, heb je een volwaardige samenvatting van het leerobject – en uiteindelijk van het gehele hoofdstuk.

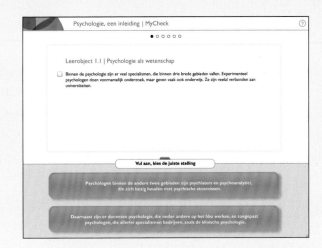

MyMap

Met behulp van de MyMap krijg je inzicht in de structuur van het leerobject en het gehele hoofdstuk.

Toetsen ...

Hoofdstuktoets

Wanneer je alle leerobjecten van een hoofdstuk hebt gelezen en voldoende hebt geoefend met de MyTools, controleer je jouw kennis met de hoofdstuktoets. Hierin wordt alle theorie binnen een hoofdstuk getoetst. Bij alle vragen krijg je feedback. Bij een onjuist antwoord bevat de feedback uitleg waarom je antwoord niet klopt en word je verwezen naar het specifieke onderdeel van de theorie waar het juiste antwoord te vinden is. Ook bij een juist antwoord wordt toegelicht waarom dit zo is. Op deze manier weet je zeker dat je na het behalen van de hoofdstuktoets alle theorie onder de knie hebt.

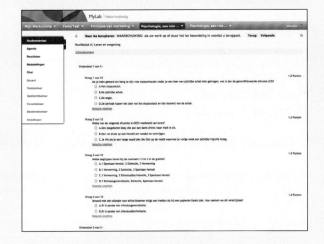

Na het volgen van dit studiepad ben je optimaal voorbereid op je tentamen en kun je de cursus met succes afronden.

ISBN: 9789043021678
NUR: 133, 770
Trefw.: psychologie

Dit is een uitgave van Pearson Benelux bv, Postbus 75598, 1070 AN Amsterdam
Website: www.pearson.nl
E-mail: amsterdam@pearson.com

Omslag en binnenwerk: Inkahootz, Amsterdam

Vertaling 7e editie: Geeske Bouman, Amsterdam

Vakinhoudelijke beoordeling 7e editie:
John Hermsen, Fontys
Dafne Schutter, Hogeschool Leiden
Tanja Stöver, Fontys

Eindredactie: Aafke Moons

Met dank aan: Davy Nijs, prof. emeritus Eugeen Roosens, dr. Birgit Roosens (kinderpsychiater), Joëlle Schepers (lector KHLim), Franny Bronsgeest, Rob Steijger en Nynke de Graaf voor hun waardevolle opmerkingen, bijdragen en suggesties.

MyLab | Nederlandstalig: Ed Caffin, Liesbeth Coffeng en Aafke Moons

Eerste druk, mei 2013
Tweede druk, juni 2014

VERKORTE INHOUDSOPGAVE

1   GEEST, GEDRAG EN PSYCHOLOGISCHE WETENSCHAP   2

2   BIOPSYCHOLOGIE, NEUROWETENSCHAPPEN EN DE MENSELIJKE AARD   38

3   SENSATIE EN PERCEPTIE   80

4   LEREN EN OMGEVING   122

5   GEHEUGEN   158

6   DENKEN EN INTELLIGENTIE   198

7   PSYCHOLOGISCHE ONTWIKKELING   248

8   VORMEN VAN BEWUSTZIJN   302

9   MOTIVATIE EN EMOTIE   340

10 PERSOONLIJKHEID: THEORIEËN VAN DE GEHELE PERSOON   388

11 SOCIALE PSYCHOLOGIE   434

12 PSYCHISCHE STOORNISSEN   484

13 THERAPIEËN VOOR PSYCHISCHE STOORNISSEN   522

14 STRESS, GEZONDHEID EN WELZIJN   562

INHOUDSOPGAVE

INLEIDING   xvi

1   GEEST, GEDRAG EN
     PSYCHOLOGISCHE
     WETENSCHAP   2

▶   **KERNVRAAG 1.1**   Wat is psychologie
     en wat is het niet?   4
1.1.1   Psychologie: het is meer dan je denkt   5
1.1.2   Psychologie is geen psychiatrie   7
1.1.3   Kritisch nadenken over psychologie en
        pseudopsychologie   7
▶   **KERNVRAAG 1.2**   Wat zijn de zes
     belangrijkste perspectieven van de
     psychologie?   11
1.2.1   Scheiding van lichaam en geest en het
        moderne biologische perspectief   12
1.2.2   Het begin van de wetenschappelijke
        psychologie en het moderne cognitieve
        perspectief   13
1.2.3   Het behavioristische perspectief: nadruk op
        waarneembaar gedrag   16
1.2.4   De perspectieven vanuit de gehele persoon:
        psychodynamisch, humanistisch, en
        karaktertrekken en temperament   18
1.2.5   Het ontwikkelingsperspectief: veranderingen
        die ontstaan door nature en nurture   19
1.2.6   Het socioculturele perspectief: het individu
        in context   20
1.2.7   Het veranderende beeld van de psychologie 21
▶   **KERNVRAAG 1.3**   Hoe vergaren
     psychologen nieuwe kennis?   23
1.3.1   Vier stappen van de wetenschappelijke
        methode   23
1.3.2   Vijf soorten psychologisch onderzoek   28
1.3.3   Vertekening in psychologisch onderzoek
        beperken   32

1.3.4   Ethische kwesties in psychologisch
        onderzoek   33

SAMENVATTING VAN HET HOOFDSTUK   35

2   BIOPSYCHOLOGIE,
     NEUROWETENSCHAPPEN
     EN DE MENSELIJKE AARD   38

▶   **Kernvraag 2.1**   Wat is het verband
     tussen genen en gedrag?   41
2.1.1   Evolutie en natuurlijke selectie   42
2.1.2   Genen en erfelijkheid   44
▶   **Kernvraag 2.2**   Hoe is de interne
     communicatie van het lichaam geregeld?   48
2.2.1   Het neuron: bouwsteen van het
        zenuwstelsel   49
2.2.2   Het zenuwstelsel   56
2.2.3   Het endocriene stelsel   58
▶   **Kernvraag 2.3**   Hoe produceren
     de hersenen gedrag en psychische
     processen?   62
2.3.1   De drie lagen in de hersenen   63
2.3.2   Kwabben van de cerebrale cortex   67
2.3.3   Cerebrale dominantie   72

SAMENVATTING VAN HET HOOFDSTUK   76

3   SENSATIE EN PERCEPTIE   80

▶   **Kernvraag 3.1**   Hoe verandert
     stimulatie in sensatie?   83
3.1.1   Transductie: stimulatie in sensatie
        veranderen   85
3.1.2   Sensorische adaptatie   86
3.1.3   Drempels: de grenzen van sensatie   87

3.1.4	Signaaldetectietheorie	89
▶	**Kernvraag 3.2** Waarin lijken de zintuigen op elkaar? Waarin verschillen ze?	89
3.2.1	Gezichtsvermogen: hoe het zenuwstelsel licht verwerkt	90
3.2.2	Gehoor: als er een boom valt in het bos…	97
3.2.3	De overige zintuigen	101
▶	**Kernvraag 3.3** Wat is de relatie tussen perceptie en sensatie?	106
3.3.1	Het systeem van perceptuele verwerking	106
3.3.2	Perceptuele ambiguïteit en vervorming	109
3.3.3	Theoretische verklaringen van perceptie	111

SAMENVATTING VAN HET HOOFDSTUK 119

4 LEREN EN OMGEVING 122

▶	**Kernvraag 4.1** Hoe verklaart klassieke conditionering leren?	126
4.1.1	De kernpunten van klassieke conditionering	127
4.1.2	Toepassingen van klassieke conditionering	131
▶	**Kernvraag 4.2** Hoe leren we nieuw gedrag door operante conditionering?	134
4.2.1	Skinners radicale behaviorisme	134
4.2.2	De kracht van bekrachtiging	135
4.2.3	Het probleem van straf	140
4.2.4	Vergelijking tussen operante en klassieke conditionering	144
▶	**Kernvraag 4.3** Hoe verklaart de cognitieve psychologie leren?	146
4.3.1	Inzichtelijk leren: Köhler en zijn chimpansees op de Canarische Eilanden	147
4.3.2	Cognitieve plattegronden: Tolman ontdekt wat er omgaat in het hoofd van de rat	148
4.3.3	Sociaal leren: Bandura's uitdaging aan het behaviorisme	150
4.3.4	Een cognitieve versie van stimulus-responsleren	152
4.3.5	De rol van de hersenen bij leren	152
4.3.6	Sociaal-constructivisme en 'het nieuwe leren'	154

SAMENVATTING VAN HET HOOFDSTUK 155

5 GEHEUGEN 158

▶	**Kernvraag 5.1** Wat is het geheugen?	161
5.1.1	Metaforen voor het geheugen	161
5.1.2	De drie essentiële functies van het geheugen	162

▶	**Kernvraag 5.2** Hoe vormen we herinneringen?	163
5.2.1	Het eerste stadium: het sensorisch geheugen	165
5.2.2	Het tweede stadium: het werkgeheugen	167
5.2.3	Het derde stadium: het langetermijngeheugen	172
▶	**Kernvraag 5.3** Hoe halen we herinneringen terug?	179
5.3.1	Impliciete en expliciete herinneringen	179
5.3.2	Herinneringscues	180
5.3.3	Andere factoren die van invloed zijn op terughalen	182
▶	**Kernvraag 5.4** Waarom laat ons geheugen ons soms in de steek?	184
5.4.1	Vluchtigheid: als herinneringen vervagen	184
5.4.2	Verstrooidheid: als verslappen van de aandacht tot vergeten leidt	185
5.4.3	Blokkades: toegangsproblemen	186
5.4.4	Foutieve attributie: herinneringen in de verkeerde context	187
5.4.5	Suggestibiliteit: externe cues vervormen of creëren herinneringen	187
5.4.6	Bias: overtuigingen, attitudes en meningen vervormen herinneringen	190
5.4.7	Persistentie: als we iets niet kunnen vergeten	191
5.4.8	Je geheugen verbeteren met mnemoniek	191

SAMENVATTING VAN HET HOOFDSTUK 194

6 DENKEN EN INTELLIGENTIE 198

▶	**Kernvraag 6.1** Wat zijn de bouwstenen van denken?	201
6.1.1	Concepten	202
6.1.2	Voorstellingsvermogen en cognitieve plattegronden	204
6.1.3	Schema's en scripts	204
6.1.4	Denken en de hersenen	207
6.1.5	Intuïtie	208
▶	**Kernvraag 6.2** Over welke vaardigheden beschikken goede denkers?	209
6.2.1	Het oplossen van problemen	209
6.2.2	Oordelen en beslissen	215
6.2.3	Hoe word je een creatief genie?	218
▶	**Kernvraag 6.3** Hoe wordt intelligentie gemeten?	221
6.3.1	Binet en Simon ontwerpen een intelligentietest voor schoolkinderen	221
6.3.2	Amerikaanse psychologen nemen het idee van Binet en Simon over	222
6.3.3	Problemen met de berekening van het IQ	223

6.3.4	IQ's vaststellen aan de hand van een grafiek	224
6.3.5	De moderne IQ-test: de Wechsler-reeks	226
▶	**Kernvraag 6.4 Wat zijn de bouwstenen van intelligentie?**	229
6.4.1	Psychometrische theorieën over intelligentie	230
6.4.2	Cognitieve theorieën over intelligentie	231
6.4.3	Culturele definities van intelligentie	234
▶	**Kernvraag 6.5 Hoe verklaren psychologen IQ-verschillen tussen groepen?**	236
6.5.1	Bewijzen voor de stelling dat intelligentie wordt beïnvloed door erfelijke factoren	237
6.5.2	Bewijzen voor de stelling dat intelligentie wordt beïnvloed door de omgeving	238
6.5.3	Erfelijkheidsratio en verschillen tussen groepen	239

SAMENVATTING VAN HET HOOFDSTUK   245

7	**PSYCHOLOGISCHE ONTWIKKELING**	248
▶	**Kernvraag 7.1 Wat kan een pasgeboren baby?**	252
7.1.1	Prenatale ontwikkeling	252
7.1.2	De neonatale periode: vaardigheden van het pasgeboren kind	254
7.1.3	Infancy: verder bouwen op de neonatale blauwdruk	256
▶	**Kernvraag 7.2 Welke vaardigheden moet een kind zich eigen maken?**	262
7.2.1	Hoe kinderen taal verwerven	263
7.2.2	Cognitieve ontwikkeling: Piagets theorie	266
7.2.3	Sociale en emotionele ontwikkeling	274
▶	**Kernvraag 7.3 Welke ontwikkelingen vinden plaats tijdens de adolescentie?**	279
7.3.1	Adolescentie en cultuur	279
7.3.2	Lichamelijke rijping tijdens de adolescentie	280
7.3.3	Seksualiteit tijdens de adolescentie	281
7.3.4	Cognitieve ontwikkeling tijdens de adolescentie	282
7.3.5	Sociale en emotionele problemen tijdens de adolescentie	284
▶	**Kernvraag 7.4 Welke ontwikkelingen vinden plaats tijdens de volwassenheid?**	286
7.4.1	Vroege volwassenheid: verkenning, autonomie en intimiteit	288
7.4.2	De problemen van de middelbare leeftijd: complexiteit en zorg voor de volgende generatie	290

7.4.3	Late volwassenheid: de leeftijd van integriteit	292

SAMENVATTING VAN HET HOOFDSTUK   296

8	**VORMEN VAN BEWUSTZIJN**	302
▶	**Kernvraag 8.1 Op welke wijze is het bewustzijn aan andere geestelijke processen gerelateerd?**	304
8.1.1	Instrumenten om bewustzijn te bestuderen	307
8.1.2	Modellen van de bewuste en onbewuste geest	309
8.1.3	Wat doet het bewustzijn voor ons?	311
8.1.4	Coma en verwante bewustzijnstoestanden	312
▶	**Kernvraag 8.2 Hoe ziet de cyclus van het normale bewustzijn eruit?**	313
8.2.1	Dagdromen	313
8.2.2	Slaap: het mysterieuze derde deel van ons leven	314
8.2.3	Dromen: de nachtelijke voorstellingen	322
▶	**Kernvraag 8.3 Welke andere vormen kan het bewustzijn aannemen?**	326
8.3.1	Hypnose	326
8.3.2	Meditatie	329
8.3.3	Bewustzijn en psychoactieve middelen	330

SAMENVATTING VAN HET HOOFDSTUK   337

9	**MOTIVATIE EN EMOTIE**	340
▶	**Kernvraag 9.1 Wat motiveert ons?**	342
9.1.1	Prestatiemotivatie	343
9.1.2	De onverwachte effecten van beloningen op motivatie	345
▶	**Kernvraag 9.2 Hoe worden onze motivatieprioriteiten gesteld?**	347
9.2.1	De instincttheorie	347
9.2.2	De drijfveertheorie	348
9.2.3	Freuds psychodynamische theorie	349
9.2.4	Maslows behoeftehiërarchie	349
9.2.5	Een nieuwe behoeftehiërarchie	351
9.2.6	De zelfdeterminatietheorie (ZDT)	353
▶	**Kernvraag 9.3 Waar staan honger en seksuele motivatie in de motivatiehiërarchie?**	354
9.3.1	Honger: een homeostatische drijfveer én een psychologisch motief	355
9.3.2	Wilskracht en de biologie van zelfbeheersing	360
9.3.3	Seksuele motivatie: een impuls waar je zonder kunt	361

▶ **Kernvraag 9.4** Hoe motiveren onze emoties ons? 364

9.4.1 De onderdelen van emoties 365
9.4.2 Wat emoties voor ons doen 365
9.4.3 Emoties tellen 367
9.4.4 Universele expressie van emotie 367

▶ **Kernvraag 9.5** Waar komen onze emoties vandaan? 370

9.5.1 De neurowetenschap van emotie 370
9.5.2 Theorieën van emotie: een oude controverse 377
9.5.3 Het beheersen van emoties 379

SAMENVATTING VAN HET HOOFDSTUK 384

10 PERSOONLIJKHEID: THEORIEËN VAN DE GEHELE PERSOON 388

▶ **Kernvraag 10.1** Door welke krachten wordt de persoonlijkheid gevormd? 391

10.1.1 Biologie, menselijke natuur en persoonlijkheid 392
10.1.2 De effecten van nurture: persoonlijkheid en de omgeving 393
10.1.3 De effecten van nature: karakter en psychische processen 393
10.1.4 Sociale en culturele bijdragen aan de persoonlijkheid 394

▶ **Kernvraag 10.2** Uit welke blijvende patronen of disposities bestaat onze persoonlijkheid? 396

10.2.1 Persoonlijkheid en temperament 397
10.2.2 Persoonlijkheid als verzameling karaktertrekken 398

▶ **Kernvraag 10.3** Op welke manier helpen mentale processen bij het vormen van onze persoonlijkheid? 403

10.3.1 De psychodynamische theorieën: nadruk op motivatie en psychische stoornissen 404
10.3.2 De humanistische theorieën: nadruk op menselijk potentieel en geestelijke gezondheid 415
10.3.3 De sociaal-cognitieve theorieën: nadruk op sociaal leren 418
10.3.4 Huidige trends: de persoon in een sociaal systeem 422

▶ **Kernvraag 10.4** Welke theorieën gebruiken mensen om zichzelf en anderen te begrijpen? 423

10.4.1 Impliciete persoonlijkheidstheorieën 424
10.4.2 Self-narratives: het verhaal over het eigen leven 425
10.4.3 De effecten van cultuur op onze kijk op de persoonlijkheid 426

SAMENVATTING VAN HET HOOFDSTUK 429

11 SOCIALE PSYCHOLOGIE 434

▶ **Kernvraag 11.1** Hoe beïnvloedt de sociale situatie ons gedrag? 438

11.1.1 Sociale gedragsnormen 439
11.1.2 Conformisme 441
11.1.3 Gehoorzaamheid aan autoriteit 447
11.1.4 Het probleem van de omstander: het kwaad van inactiviteit 453

▶ **Kernvraag 11.2** Het construeren van de sociale werkelijkheid: wat beïnvloedt ons oordeel over anderen? 458

11.2.1 Interpersoonlijke aantrekkingskracht 458
11.2.2 Cognitieve attributies maken 465
11.2.3 Vooroordeel en discriminatie 468

▶ **Kernvraag 11.3** Hoe creëren systemen situaties die het gedrag beïnvloeden? 474

11.3.1 Het Stanford Prison Experiment 475
11.3.2 Keten van systematisch bevel 477

SAMENVATTING VAN HET HOOFDSTUK 481

12 PSYCHISCHE STOORNISSEN 484

▶ **Kernvraag 12.1** Wat is een psychische stoornis? 487

12.1.1 Veranderende ideeën over psychische stoornissen 489
12.1.2 Indicatoren van psychische stoornissen 493

▶ **Kernvraag 12.2** Hoe worden psychische stoornissen geclassificeerd? 496

12.2.1 Overzicht van het DSM-classificatiesysteem 497
12.2.2 Stemmingsstoornissen 499
12.2.3 Angststoornissen 504
12.2.4 Schizofrenie 508
12.2.5 Ontwikkelingsstoornissen 511
12.2.6 Persoonlijkheidsstoornissen 515
12.2.7 Aanpassingsstoornissen en andere aandoeningen: de grootste categorie 517
12.2.8 Sekseverschillen bij psychische stoornissen 517

SAMENVATTING VAN HET HOOFDSTUK 520

13 THERAPIEËN VOOR PSYCHISCHE STOORNISSEN 522

▶ **Kernvraag 13.1   Wat is therapie?** 524
13.1.1   In therapie gaan 525
13.1.2   De therapeutische relatie en de doelstellingen van therapie 526
13.1.3   Therapie in historisch en cultureel perspectief 527
▶ **Kernvraag 13.2   Hoe behandelen psychologen psychische stoornissen?** 530
13.2.1   Inzichtgevende therapieën 531
13.2.2   Gedragstherapieën 539
13.2.3   Cognitieve gedragstherapie: een synthese 543
13.2.4   Evaluatie van de psychologische therapieën 546
▶ **Kernvraag 13.3   Hoe worden psychische stoornissen behandeld vanuit de biomedische invalshoek?** 548
13.3.1   Behandeling met medicijnen 549
13.3.2   Andere medische therapieën voor psychische stoornissen 553
13.3.3   Opname en alternatieven 555
13.3.4   Biomedische therapieën en psychotherapie vergeleken 557

SAMENVATTING VAN HET HOOFDSTUK 559

14 STRESS, GEZONDHEID EN WELZIJN 562

▶ **Kernvraag 14.1   Wat veroorzaakt stress?** 566
14.1.1   Traumatische stressoren 567
14.1.2   Chronische stressoren 573
▶ **Kernvraag 14.2   Wat zijn de lichamelijke effecten van stress?** 578
14.2.1   Fysiologische reacties op stress 580
14.2.2   Stress en het immuunsysteem 585
▶ **Kernvraag 14.3   Wie is het meest kwetsbaar voor stress?** 586
14.3.1   Persoonlijkheidstype A en vijandigheid 588
14.3.2   Locus of control 589
14.3.3   Weerbaarheid 592
14.3.4   Optimisme 593
14.3.5   Veerkracht 594
▶ **Kernvraag 14.4   Hoe kunnen we de invloed van stress op onze gezondheid verminderen?** 596
14.4.1   Psychologische copingstrategieën 597
14.4.2   Keuzes op het gebied van levenswijze 601

14.4.3   Alles bij elkaar: geluksgevoel en subjectief welbevinden ontwikkelen 605

SAMENVATTING VAN HET HOOFDSTUK 609

VERKLARENDE WOORDENLIJST V-1

LITERATUUR L-1

NAMENINDEX I-1

TREFWOORDENINDEX I-7

INLEIDING

Er bestaat een simpele formule voor het behalen van studiesucces en we zullen door middel van een klein voorbeeld laten zien wat dat is. Bekijk kort de onderstaande combinatie van letters:

KLMUFORVDCIA

Schrijf nu, zonder te spieken, de letters op die je je herinnert (in de juiste volgorde). Het blijkt dat de meeste mensen ongeveer vijf tot zeven letters onthouden. Sommigen kunnen ze allemaal reproduceren. Hoe ze dat doen? Ze zoeken naar patronen. (Misschien heb je een aantal bekende lettercombinaties gezien in het voorbeeld hierboven: KLM, UFO, RVD, CIA.) Wanneer je een dergelijk patroon vindt, is het eenvoudiger om dingen te onthouden, omdat je put uit materiaal dat al in je hersenen is opgeslagen. In het geval van de letters hierboven hoef je slechts vier 'brokken' informatie te onthouden.

Datzelfde principe gaat op voor het materiaal dat je bestudeert voor je psychologiecolleges. Je maakt het jezelf moeilijk als je elk stukje informatie apart probeert te onthouden. Als je in plaats daarvan zoekt naar patronen, dan zul je merken dat het een stuk eenvoudiger gaat – en dat studeren een stuk leuker wordt. Maar hoe herken je die patronen? Dit boek heeft een aantal didactische kenmerken die je daarbij helpen.

Kernconcepten

De hoofdparagrafen van elk hoofdstuk zijn georganiseerd rond een helder idee dat kernconcept wordt genoemd. Een kernconcept in het hoofdstuk over geheugen luidt bijvoorbeeld:

● **KERNCONCEPT**
Het geheugen van de mens is een informatieverwerkingssysteem dat constructief werkt om informatie te coderen, op te slaan en weer terug te halen.

Het kernconcept is het centrale idee waaromheen een aantal pagina's tekst, inclusief enkele nieuwe begrippen, zijn georganiseerd. Wanneer je bij het lezen van de tekst het kernconcept in je achterhoofd houdt, helpt dit je om de nieuwe begrippen en ideeën die bij dit concept horen op te slaan in je geheugen en ze later terug te vinden.

Kernvragen

Alle kernconcepten worden geïntroduceerd door een kernvraag die ook de paragraafkop vormt. Dit is bijvoorbeeld een kernvraag uit het hoofdstuk over geheugen:

KERNVRAAG
. . . .

▶ **Waarom laat ons geheugen ons soms in de steek?**

Kernvragen als deze helpen je om te anticiperen op de belangrijkste stof, of het kernconcept, in de paragraaf. Het kernconcept levert altijd een kort antwoord op de kernvraag. Denk aan de kernvragen als de koplampen op een auto: ze helpen je vooruit te kijken. Je kunt onze kernvragen ook als hulpmiddel gebruiken om je eigen vragen te formuleren over de stof die je hebt gelezen. Zowel de kernvragen als de kernconcepten worden later herhaald om de hoofdstuksamenvatting structuur te geven.

Denken als psycholoog en de centrale vragen

Met het leren van alle feiten en definities uit de psychologie ben je nog geen psycholoog. Om als psycholoog te denken moet je behalve de feiten ook vaardigheden voor het oplossen van problemen aanleren en je bepaalde technieken voor kritisch denken eigen maken waarover elke psycholoog zou moeten beschikken. Om dat te bereiken, hebben we niet alleen kaders over controversiële onderwerpen toegevoegd (zie hierna bij 'Psychologie in de praktijk'), maar laten we ook elk hoofdstuk beginnen met een belangrijke vraag, de centrale vraag. Deze leer je op te lossen met de stof die je je in het hoofdstuk eigen maakt. Voorbeelden van centrale vragen zijn onder meer het onderzoeken van het idee dat kinderen van snoep een 'suikerkick' krijgen, het beoordelen van beweringen over teruggehaalde herinneringen en de vraag in hoeverre mensen die we 'genieën' noemen, verschillen van het overige deel van de mensheid.

Psychologie in de praktijk

Psychologie is sterk verbonden met elementen in het nieuws en het leven van alledag. Aan het eind van de meeste paragrafen hebben we zo'n verbinding gelegd. In de mediatheek op www.pearsonmylab.nl vind je bij ieder hoofdstuk nog extra kaders. Er zijn verschillende soorten praktijkelementen:

Psychologische kwesties
Deze praktische, herkenbare en interessante voorbeelden verbinden dat wat je leest over de psychologie met dingen die je in je dagelijkse leven tegenkomt. Ze helpen je bovendien om kritisch te kijken naar psychologische thema's die worden aangeroerd in de media. Je zult merken hoe vaak je nieuwsberichten leest waarin beweringen worden gedaan die beginnen met 'Uit onderzoek blijkt dat…' In dit boek leer je dergelijke informatie – die soms onjuist of misleidend is – veel kritischer te beoordelen.

Psychologie gebruiken om psychologie te leren

In het boek en op de website leggen we regelmatig uit hoe je de kennis die je in het hoofdstuk hebt opgedaan, kunt gebruiken om effectiever te studeren. In hoofdstuk 2 over biopsychologie leggen we bijvoorbeeld uit hoe je inzicht in de werking van de hersenen kunt gebruiken terwijl je studeert. Nog een voorbeeld: in de eerste paragraaf van het hoofdstuk over motivatie en emotie laten we zien hoe je het concept flow kunt gebruiken om je motivatie om te studeren op te peppen. De rubriek *Psychologie gebruiken om psychologie te leren* versterkt niet alleen de stof die je hebt bestudeerd, er wordt ook in uitgelegd hoe je je kennis meteen in de praktijk kunt brengen.

Doe het zelf!

Door het hele boek heen zul je actief leren tegenkomen. De oefening met de letters aan het begin van deze inleiding is er een van. Deze oefeningen zijn niet alleen leuk en interessant om te doen; ze illustreren de in de tekst besproken principes. In het hoofdstuk over geheugen vind je bijvoorbeeld een *Doe het zelf!*-kader waarin je de capaciteit van je kortetermijngeheugen kunt meten.

Kritisch denken toegepast

Aan het eind van ieder hoofdstuk of op de website wordt gevraagd actief na te denken over controversiële onderwerpen in de psychologie, zoals de aard van het onbewuste en subliminale overreding. Voor elk van deze problemen is een kritische houding nodig en dien je kritische denkvaardigheden toe te passen, die we je in hoofdstuk 1 zullen aanreiken.

Dieper graven

In sommige hoofdstukken wordt verwezen naar 'In de praktijk' in de MyLab mediatheek (www.pearsonmylab.nl), waar je meer informatie kunt vinden over een onderwerp dat besproken wordt in het boek. Deze zogeheten verdiepingsstof vind je onder de noemer *Dieper graven*.

Verbindingspijlen

►► **Verbinding hoofdstuk 14**
In de hersenen van mensen met posttraumatische stressstoornissen kunnen zich blijvende biologische veranderingen voordoen (p. 572).

Vaak wordt met een pijl in de kantlijn naar belangrijke onderwerpen uit andere hoofdstukken verwezen, zoals je ziet in het voorbeeld hiernaast. De referentie geeft je een vooruitblik naar of een herhaling van begrippen die in andere hoofdstukken aan de orde komen. Met behulp van de verbindingspijlen kun je ideeën uit verschillende hoofdstukken met elkaar in verband brengen.

Termen in de marge/verklarende woordenlijst

De belangrijkste termen zijn vetgedrukt; hun omschrijving vind je in de kantlijn ernaast. Achter in het boek zijn alle belangrijke termen en definities uit elk hoofdstuk in een uitgebreide verklarende woordenlijst bij elkaar gezet.

Video's

In het boek wordt bij bepaalde theorie verwezen naar video's. Je kunt deze film-fragmenten vinden in de MyLab mediatheek.

Gehoorimplantaten (H3, p. 101)	Bandura's Bobo-pop (H4, p. 150)	Alzheimer (H5, p. 178)	Geheugen en het werk van Elizabeth Loftus (H5, p. 188)
Robert Sternberg over intelligentie (H6, p. 232)	Pianolessen en ontwikkeling (H6, p. 238)	De effecten van roken door de moeder op de ontwikkeling van het ongeboren kind (H7, p. 253)	Hechting bij zuigelingen (H7, p. 260)
Egocentrisme in de peuter- en kleutertijd (H7, p. 270)	Temperament (H7, p. 275)	Seksualiteit tijdens de adolescentie (H7, p. 282)	Hoe hersenen volwassen worden (H7, p. 284)
Hypnose (H8, p. 329)	Carl Jung (H10, p. 413)	De experimenten van Milgram (H11, p. 437)	Conformisme en de invloed van groepen (H11, p. 444)
Cognitieve dissonantie (H11, p. 463)	Attributie (H11, p. 465)	Vooroordelen (H11, p. 469)	Fobieën (H12, p. 506)
Margo: obsessief-compulsieve stoornis (H12, p. 508)	Cognitieve gedragstherapie (H13, p. 543)	9/11 en PTSS (H14, p. 572)	Optimisme en veerkracht (H14, p. 593)

Samenvattingen

De hoofdstuksamenvattingen zijn met opzet kort gehouden: ze zijn bedoeld om een overzicht te geven van het hoofdstuk, waarbij we de patronen laten zien, niet de details. In die zin vormen ze eigenlijk een soort kapstok waaraan alle informatie uit het hoofdstuk komt te hangen. Een waarschuwing: ze zijn *geen* vervanging voor het lezen van het hoofdstuk! Sterker nog: eigenlijk willen we je aanraden om de samenvatting zowel vóór als ná het lezen van het hoofdstuk te bestuderen. Als je de samenvatting leest voordat je begint met het hoofdstuk, kun je alvast beginnen met het ordenen van de stof, zodat het makkelijker wordt om die in je geheugen op te slaan. En wanneer je de samenvatting leest nadat je het hoofdstuk hebt bestudeerd, versterkt dit de theorie uit het hoofdstuk, en wordt het eenvoudiger die later terug te vinden.

Nieuw in deze editie

De meest in het oog springende nieuwe feature van *Psychologie, een inleiding, 7e editie* is de bijbehorende website www.pearsonmylab.nl (zie pp. iv-vii van dit boek voor een introductie en rondleiding). De verschillende studietools in deze gebruikersvriendelijke omgeving helpen studenten om de cursus op een effectieve en efficiënte manier te volgen en deze met succes af te ronden. Docenten hebben de mogelijkheid om een leerpad voor de student uit te stippelen. In My-Lab kan de docent bijvoorbeeld materiaal klaarzetten, de vorderingen van studenten bijhouden, extra materiaal en opdrachten verstrekken, en aantekeningen delen met studenten.

Zoals je mag verwachten, hebben we deze zevende editie van *Psychologie, een inleiding* bovendien geactualiseerd met de laatste ontwikkelingen in de theorie en met het nieuwste onderzoek. In alle hoofdstukken zijn meer Nederlandse en Vlaamse (of Europese) statistische gegevens en voorbeelden toegevoegd, zodat de materie beter aansluit bij het referentiekader van de Nederlandse en Vlaamse student. Ook zijn er in deze Nederlandse editie Nederlandse en Vlaamse boekentips opgenomen en zijn typisch Amerikaanse en/of gedateerde illustraties vervangen door Nederlands/Europees materiaal. Er zijn bovendien talloze verbindingen toegevoegd aan de tekst en er is speciale aandacht geschonken aan een duidelijke structuur en een correcte en leesbare vertaling van de teksten. Ten slotte is er, om de omvang van het boek te beperken, een weloverwogen selectie gemaakt van minder relevant materiaal dat is weggelaten, en verdiepingsmateriaal dat naar de website is verplaatst.

In deze zevende editie zijn de volgende inhoudelijke verbeteringen aangebracht:

Hoofdstuk 1

- van een theoretische bespreking van de zes perspectieven van de psychologie naar een bespreking met een meer praktische toepassing;
- uitgebreide informatie, uitleg en een overzicht met websites over psychologie in Nederland en Vlaanderen, waarin ook aandacht voor de rol van de nieuwste discipline van de Toegepaste Psychologie;
- de wetenschappelijke methode en soorten psychologisch onderzoek worden duidelijker en overzichtelijker uiteengezet;
- er is informatie toegevoegd over het interpreteren van correlaties;
- een kader is toegevoegd over de vraag of gefaciliteerde communicatie kan helpen om mensen met autisme beter te begrijpen (www.pearsonmylab.nl).

Hoofdstuk 2

- verwijzingen naar het werk van Dick Swaab en Mark Nelissen zijn toegevoegd;
- informatie over hormonen en het hormoonstelsel is geüpdatet;
- bevat een uitgebreide update van informatie over psychoactieve middelen, met aandacht voor de situatie in Nederland en Vlaanderen;
- een nieuwe figuur en uitgebreide uitleg is ingevoegd over de actiepotentiaal;
- informatie over de split brain is geactualiseerd (www.pearsonmylab.nl);
- een kader is toegevoegd over de vraag of de meesten van ons slechts één hersenhelft gebruiken (www.pearsonmylab.nl).

Hoofdstuk 3

- het hoofdstuk over sensatie en perceptie is naar voren gehaald, omdat dit een belangrijk uitgangspunt vormt waarmee de onderwerpen in de andere hoofdstukken beter kunnen worden begrepen;

- recente inzichten toegevoegd rond de discussie omtrent perceptie (Smeets);
- bevat een update van informatie over de signaaldetectietheorie;
- een kader is toegevoegd over de vraag of subliminale boodschappen onze keuzes kunnen beïnvloeden (www.pearsonmylab.nl).

Hoofdstuk 4

- informatie is toegevoegd over het sociaal-constructivisme en 'het nieuwe leren';
- er is een nieuw kader over de vraag of mensen verschillende leerstijlen hebben (www.pearsonmylab.nl).

Hoofdstuk 5

- aanpassing van het model van geheugen: in lijn met de recentste inzichten uit het geheugenonderzoek wordt gesproken over werkgeheugen in plaats van kortetermijngeheugen en is het model van het geheugen uitgebreid met de semantische buffer;
- Nederlands onderzoek toegevoegd over valse herinneringen bij kinderen (Otgaar);
- update toegevoegd over flitslichtherinneringen (www.pearsonmylab.nl);
- een kader is toegevoegd over de vraag hoe betrouwbaar teruggehaalde herinneringen zijn (www.pearsonmylab.nl).

Hoofdstuk 6

- informatie is toegevoegd over de Nederlandstalige versies van de *WAIS* en *WISC* intelligentietests;
- Nederlandse en Belgische interventieprogramma's voor kinderen uit een achterstandssituatie;
- nieuwe paragraaf toegevoegd over cognitieve theorieën over intelligentie;
- nieuwe psychologische kwestie: Wat kan ik doen voor een uitzonderlijk kind?;
- nieuw kader over sekseverschillen: Hoe verschillend zijn mannen en vrouwen? (www.pearsonmylab.nl).

Hoofdstuk 7

- nieuw (Nederlands) onderzoek toegevoegd over het puberbrein en het werk van Eveline Crone;
- ingrijpende update van informatie over intimiteit tijdens de volwassenheid;
- nieuwe informatie over de theorie van Vygotsky;
- een nieuw kader over het Mozart-effect (www.pearsonmylab.nl).

Hoofdstuk 8

- informatie over dagdromen is toegevoegd;
- nieuwe informatie over het Locked In-syndroom;
- informatie over peroxiredoxine en het universeel mechanisme voor 24-uurs ritmiek;
- het onbewuste is opnieuw bekeken (www.pearsonmylab.nl).

Hoofdstuk 9

- het hoofdstuk over motivatie en emotie is anders ingedeeld, waardoor eerst een aantal algemene motivatietheorieën worden besproken, waarna er aandacht is voor een specifieke vorm van motivatie: emotie;
- de hoofdstukopening is aangepast en bevat nu het verhaal van Maarten van der Weijden;
- verwijzing naar de *motivation crowding theory* is toegevoegd;

- informatie over de prestatiemotivatietest;
- uitleg van de componententheorie van emoties van Nico Frijda;
- de kegel van Plutchik;
- een kader is toegevoegd over de vraag of je met een leugendetector kunt achterhalen of iemand liegt (www.pearsonmylab.nl).

Hoofdstuk 10
- informatie over verlegenheid, mindset en positieve psychologie is geactualiseerd;
- Nederlands onderzoek is toegevoegd naar de Big Five bij kinderen;
- uitbreiding van de Big Five en de HEXACO Persoonlijkheidsvragenlijst;
- theorie van het *dialogical self* (het meerstemmige zelf, Hermans);
- informatie over het verschil tussen en de gevolgen van een vaste mindset of een mindset die aan verandering onderheving is (Carol Dweck);
- een nieuw kader over de controverse persoon-situatie: Wat heeft het meeste invloed op ons gedrag? (www.pearsonmylab.nl).

Hoofdstuk 11
- onderzoek naar klokkenluidersgedrag is toegevoegd;
- nieuw materiaal is toegevoegd over de Milgram-experimenten;
- nieuw onderzoek naar het voorkómen van het omstandereffect;
- een nieuw kader over terrorisme (www.pearsonmylab.nl).

Hoofdstuk 12
- uitleg toegevoegd over de *DSM-5* en *ICD-11*;
- het concept depressie is herschreven in termen van het Mayberg model van depressie, dat uitgaat van drie factoren: biologische kwetsbaarheid, externe stressoren en een ongewone werking van de circuits in de hersenen die de stemming reguleren;
- uitgebreide informatie over het 'Sally & Anne'-experiment en autisme;
- wijziging van de informatie over psychische stoornissen, met een accent op de belangrijkste stoornissen en aandacht voor de verwachte wijzigingen van de *DSM-5* ten opzichte van de vorige editie, de *DSM-IV*;
- aandacht voor de controverse rond de *DSM*.

Hoofdstuk 13
- uitgebreidere uitleg over rationeel-emotieve therapie (RET);
- informatie over telehealth en online hulpverlening is geactualiseerd;
- een nieuw kader over *evidence based practice* (www.pearsonmylab.nl).

Hoofdstuk 14
- een vragenlijst over stress bij studenten is toegevoegd: Hoe gestrest ben jij?;
- informatie is toegevoegd over mindfulness in relatie tot stress, gezondheid en welzijn;
- een nieuw kader over de vraag of verandering gevaarlijk is voor je gezondheid (www.pearsonmylab.nl).

Dankwoord

Wanneer je begint met het schrijven van een studieboek kun je de omvang van de klus nooit overzien. Stephen Frail, onze acquisitions editor, heeft ons bij dit byzantijnse project geholpen. De zevende editie werd realiteit onder de begeleiding van Deb Hanlon, onze development editor, die ons harder liet werken dan we voor mogelijk hielden. Associate editor Kerri Hart-Morris had ons spectaculaire pakket hulpmiddelen onder haar hoede.

De taak om van het manuscript een boek te maken viel in de handen van Shelley Kupperman, onze productiemanager, Andrea Stefanowicz, onze projectmanager en Kim Husband, onze bureauredacteur. We vinden dat ze het fantastisch hebben gedaan, net als onze beeldredacteur Ben Ferrini.

We weten zeker dat geen van de hierboven genoemden beledigd is als we onze dank uitspreken aan onze echtgeno(o)t(t)en en onze naaste collega's. Phil bedankt zijn vrouw, Christina Maslach, voor haar eindeloze inspiratie. Bob bedankt zijn vrouw en vriendin Michelle, die lange gesprekken over psychologie moest aanhoren en accepteerde dat hij zijn huishoudelijke taken verwaarloosde, dat allemaal zonder klagen. Ze was een bron van begrip en liefdevolle ondersteuning. Zijn dank gaat ook uit naar Rebecca, hun dochter, die hem de praktische kant van ontwikkelingspsychologie heeft laten zien, en die nu, tot haar eigen verbazing, ook een graad in de psychologie heeft. Vivian bedankt haar echtgenoot Shawn, en hun zonen Storm en Blaze, alsmede haar studenten, vrienden en collega's, die haar al jaren uitdagen en aanmoedigen.

Veel experts en docenten die introducties in de psychologie geven hebben hun opbouwende kritiek met ons gedeeld. We bedanken de reviewers van de zevende editie van dit boek:

Thomas Beckner, Trine University; Chris Brill, Old Dominion University; Allison Buskirk-Cohen, Delaware Valley College; Christie Chung, Mills College; Elizabeth Curtis, Long Beach City College; Linda DeKruif, Fresno City College; Meliksah Demir, Northern Arizona University; Roger Drake, Western State College of Colorado; Denise Dunovant, Hudson County, Community College; Arthur Frankel, Salve Regina University; Marjorie Getz, Bradley University; Nancy Gup, Georgia Perimeter College; Carrie Hall, Miami University; Jeremy Heider, Stephen F. Austin State University; Allen Huffcutt, Bradley University; Kristopher Kimbler, Florida Gulf Coast University; Sue Leung, Portland Community College; Brian Littleton, Kalamazoo Valley Community College; Annette Littrell, Tennessee Tech University; Mark Loftis, Tennessee Tech University; Lillian McMaster, Hudson County Community College; Karen Marsh, University of Minnesota–Duluth; Jim Matiya, Florida Gulf Coast University; Nancy Melucci, Long Beach City College; Jared Montoya, The University of Texas at Brownsville; Suzanne Morrow, Old Dominion University; Katy Neidhart, Cuesta College; Donna Nelson, Winthrop University; Barbara Nova, Dominican University of California; Elaine Olaoye, Brookdale Community College; Karl Oyster, Tidewater Community College; Sylvia Robb, Hudson County Community College; Nancy Romero, Lone Star College; Beverly Salzman, Housatonic Community College; Hildur Schilling, Fitchburg State College; Bruce Sherwin, Housatonic Community College; Hilary Stebbins, Virginia Wesleyan College; Doris Van Auken, Holy Cross College; Matthew Zagummy, Tennessee Tech University.

Daarnaast bedanken we de reviewers van de voorgaande edities, en hopen we dat ze hun input terugzien in al het goede van dit boek:

Gordon Allen, Miami University; Beth Barton, Coastal Carolina Community College; Linda Bastone, Purchase College, SUNY; Susan Beck, Wallace State College; Michael Bloch, University of San Francisco; Michele Breault, Truman State University; John H. Brennecke, Mount San Antonio College; T. L. Brink, Crafton Hills College; Jay Brown, Southwest Missouri State University; Sally S. Carr, Lakeland Community College; Saundra Ciccarelli, Gulf Coast Community College; Wanda Clark, South Plains College; Susan Cloninger, The Sage Colleges; John Conklin, Camosun College (Canada); Michelle L. Pilati Corselli (Rio Hondo College); Sara DeHart-Young, Mississippi State University; Janet DiPietro, John Hopkins University; Diane Finley, Prince George's Community College; Krista Forrest, University of Nebraska at Kearney; Lenore Frigo, Shasta College; Rick Froman, John Brown University; Arthur Gonchar, University of LaVerne; Peter Gram, Pensacola Junior College; Jonathan Grimes, Community College of Baltimore County; Lynn Haller, Morehead State University; Mary Elizabeth Hannah, University of Detroit; Jack Hartnett, Virginia Commonwealth University; Carol Hayes, Delta State University; Karen Hayes, Guilford College; Michael Hillard, Albuquerque TVI Community College; Peter Hornby, Plattsburgh State University; Deana Julka, University of Portland; Brian Kelley, Bridgewater College; Sheila Kennison, Oklahoma State University; Laurel Krautwurst, Blue Ridge Community College; Judith Levine, Farmingdale State College; Dawn Lewis, Prince George's Community College; Deborah Long, East Carolina University; Margaret Lynch, San Francisco State University; Jean Mandernach, University of Nebraska, Kearney; Marc Martin, Palm Beach Community College; Richard Mascolo, El Camino College; Steven Meier, University of Idaho; Nancy Mellucci, Los Angeles Community College District; Yozan Dirk Mosig, University of Nebraska; Melinda Myers-Johnson, Humboldt State University; Michael Nikolakis, Faulkner State College; Cindy Nordstrom, Southern Illinois University; Laura O'Sullivan, Florida Gulf Coast University; Ginger Osborne, Santa Ana College; Vernon Padgett, Rio Hondo College; Jeff Pedroza, Santa Ana College; Laura Phelan, St. John Fisher College; Faye Plascak-Craig, Marian College; Skip Pollock, Mesa Community College; Chris Robin, Madisonville Community College; Lynne Schmelter-Davis, Brookdale County College of Monmouth; Mark Shellhammer, Fairmont State College; Christina Sinisi, Charleston Southern University; Patricia Stephenson, Miami Dade College; Mary Ellen Dello Stritto, Western Oregon University; Mario Sussman, Indiana University of Pennsylvania; John Teske, Elizabethtown College; Stacy Walker, Kingwood College; Robert Wellman, Fitchburg State University; Alan Whitlock, University of Idaho.

Voor hun bijdragen aan de totstandkoming van deze Nederlandstalige editie bedanken we Ed Caffin (Hogeschool van Amsterdam), Laurent Voets (KHLim, www.khlim.be), Greet van der Wielen (KHLim, www.khlim.be), Stéphanie Légat (KHLim, www.khlim.be) en Ann Van Doorselaere (KHLim, www.khlim.be). Aafke Moons willen we bedanken voor haar grondige eindredactie. Verder zijn we dank verschuldigd aan John Hermsen (Fontys), Dafne Schutter (Hogeschool Leiden) en Tanja Stöver (Fontys) voor het kritisch lezen van alle teksten. Ook veel dank aan Davy Nijs, prof. emeritus Eugeen Roosens, dr. Birgit Roosens (kinderpsychiater), Joëlle Schepers (lector KHLim), Franny Bronsgeest, Rob Steijger en Nynke de Graaf voor hun waardevolle opmerkingen, bijdragen en suggesties. Tot slot willen we Ed Caffin, Liesbeth Coffeng en Aafke Moons bedanken voor hun inzet en bijdragen aan de totstandkoming van MyLab | Nederlandstalig.

Als u opmerkingen hebt over deze editie of aanbevelingen wilt doen voor de volgende, aarzel niet contact met ons op te nemen. Voor commentaar op de Nederlandstalige editie kunt u mailen naar docent@pearson.com.

Wanneer u uw commentaar direct tot de Engelstalige auteurs wilt richten, kunt u terecht bij Dr. Robert Johnson, bjohnson@dcwisp.net.

Over de auteurs

Dr. Philip Zimbardo, professor aan Stanford University, doceert al 50 jaar inleiding in de psychologie en heeft de afgelopen 35 jaar de basistekst van deze cursus, richtlijnen voor faculteiten en werkboeken voor studenten geschreven. Daarnaast heeft hij meegewerkt aan de ontwikkeling en modernisering van *Discovering Psychology*, een tv-serie voor de PBS, die internationaal veel gebruikt wordt op hogescholen en universiteiten. Hij wordt wel 'het gezicht en de stem van de psychologie' genoemd vanwege deze populaire serie en andere optredens in de media. Zimbardo leidt en publiceert ook graag onderzoek op het gebied van uiteenlopende onderwerpen. Verder geeft hij met veel plezier les aan een breder publiek en wijdt hij zich aan allerlei maatschappelijke activiteiten. Hij heeft ruim 400 professionele en populaire artikelen en titels gepubliceerd, waaronder 50 boeken van uiteenlopende aard. Een paar jaar geleden heeft hij een populair boek over de psychologie van het kwaad geschreven, *Het Lucifer Effect*, waarin hij een verband legt tussen zijn klassieke Stanford Prison Experiment en de mishandelingen in de Abu Ghraib-gevangenis in Irak. Zijn laatste boek is *De Tijdparadox*, maar zijn nieuwe passie is vooral zijn *Heroic Imagination Project*, waarin hij wil meehelpen om wijze en effectieve alledaagse helden te creëren. Zie voor meer informatie: www.zimbardo.com; www.prisonexp.org; www.PsychologyMatters.org; www.theTimeParadox.com; www.LuciferEffect.com; www.HeroicImagination.org.

Dr. Robert Johnson heeft 28 jaar psychologie gedoceerd aan het Umpqua Community College. Hij kreeg belangstelling voor crossculturele psychologie tijdens een zomercursus in Thailand, die werd gevolgd door vele andere reizen naar Japan, Korea, Latijns-Amerika, Groot-Brittannië en Indonesië. Momenteel werkt hij aan een boek over de psychologie in Shakespeares werk. Johnson is vooral geïnteresseerd in de toepassing van psychologische principes op het doceren van psychologie en hij legt graag verbanden tussen de psychologie en andere disciplines. Met het oog daarop heeft hij het Pacific Northwest Great Teachers Seminar opgericht, waarvan hij 20 jaar directeur is geweest. Robert Johnson was ook een van de oprichters van de Psychology Teachers at Community Colleges (PT@CC), waarvan hij in 2004 voorzitter was. In datzelfde jaar ontving hij de Two-Year College Teaching Award van de Society for the Teaching of Psychology. Johnson is al heel lang actief in de APA, APS, de Western Psychological Association en de Council of Teachers of Undergraduate Psychology.

Vivian McCann, senior medewerker aan de Faculteit psychologie van het Portland Community College in Portland, Oregon, doceert allerlei vakken, zoals inleiding in de psychologie, menselijke relaties, intieme relaties, en sociale psychologie. Omdat ze vlak bij de Mexicaanse grens in Californië is geboren en getogen, leerde ze al vroeg hoe belangrijk inzicht in culturele achtergrond en waarden is voor effectieve communicatie en voor het onderwijs. Dit heeft de basis gelegd voor haar interesse in het doceren en leren van psychologie vanuit verschillende culturele perspectieven. Ze gaat graag op reis om meer te leren over mensen uit verschillende culturen en wil die passie overbrengen op haar studenten. Ze heeft vier buitenlandse reizen voor studenten begeleid en heeft tot nu toe 24 landen bezocht. Vivian McCann hecht sterk aan goed onderwijs en heeft tal van workshops ontwikkeld en geleid. Ze is lid geweest van het APA's Committee for Psychology Teachers at Community Colleges (PT@CC) en is actief lid van de Western Psychological Association en APS. Ze is ook de auteur van *Human Relations: The Art and Science of Building Effective Relationships*.

Over de Nederlandstalige bewerkers

Ed Caffin (1978) studeerde klinische en sociale psychologie. Na zijn studie specialiseerde hij zich in professionele communicatie en psychologische gespreksvoering en het geven en ontwikkelen van onderwijs en training. Hij was enige jaren als docent en trainer verbonden aan de Universiteit van Amsterdam en de Vrije Universiteit en reisde de wereld rond. Momenteel doceert hij aan de Hogeschool van Amsterdam en werkt hij freelance als trainer-coach en gespreks- en debatleider. Daarnaast doet hij uiteenlopende projecten in binnen- en buitenland en schrijft hij (reis)verhalen en artikelen.

Laurent Voets studeerde in 1978 af aan de KULeuven als master in de (ortho)-pedagogische wetenschappen en twee jaar later als master in de familiale en sociale wetenschappen. Na een periode als groepsleider in de kinderpsychiatrie werd hij orthopedagoog in een residentieel pedagogische instelling voor doven. Later kreeg hij de verantwoordelijkheid om een afdeling (onderwijs en opvoeding) voor normaal begaafde kinderen en jongeren met autisme uit te bouwen. In zijn professionele loopbaan heeft hij telkens begeleidingswerk in de sector van personen met ontwikkelingsmoeilijkheden/stoornissen gecombineerd met een lesopdracht in het hoger onderwijs aan de KHLim (Katholieke Hogeschool Limburg), waar hij onder andere verantwoordelijk is voor het postgraduaat autisme. Verder vervult hij freelance opdrachten en heeft hij dienstverlenings- en beleidsopdrachten in een toelatingscommissie voor het Vlaams Agentschap voor Personen met een Handicap en in de Bijzondere Jeugdbijstand. Hij is ook bestuurslid van een Vertrouwensartsencentrum (Hasselt).

Greet van der Wielen behaalde in 2000 het diploma Bachelor orthopedagogie aan de Katholieke Hogeschool Limburg (KHLim). Drie jaar later behaalde ze ook het diploma gezondheidswetenschappen, specialisatie geestelijke gezondheidskunde aan de Universiteit Maastricht (UM). Tijdens en na haar studies is ze actief geweest als gezins- en persoonlijke begeleider vanuit het Persoonsgebonden Budget (PGB), binnen het onderwijs van de UM en als onderzoeksassistent bij RIAGG Maastricht. Sinds september 2005 is ze tewerkgesteld aan de KHLim als docent binnen de bachelor orthopedagogie en de bachelor na bachelor (banaba) orthopedagogisch management. Ze is tevens betrokken bij diverse onderzoeksprojecten binnen het departement Sociaal-Agogisch Werk.

Stéphanie Légat studeerde in 2003 af aan de Universiteit van Gent als master in de bedrijfspsychologie en het personeelsbeleid. Aanvankelijk werkte ze als onderzoeker bij het Europees centrum voor werk en samenleving (Maastricht). Sinds 2005 werkt ze in het hoger onderwijs als onderzoeker en docent.

Ann Van Doorselaere studeerde in 1989 af aan de PHL als bachelor in de pediatrische verpleegkunde. In 1994 behaalde zij een master in de (ortho)pedagogische wetenschappen aan de KULeuven. Ze deed heel wat ervaring op in het jeugdwerk en de gehandicaptenzorg. Jarenlang was zij werkzaam op de kinder- en jeugdpsychiatrische afdeling en op de pediatrische afdeling van het UZ Gasthuisberg. Zij had tevens een lesopdracht aan de KHLeuven als docente psychologie en pedagogie. In 2006 maakte zij de overstap naar de KHLim, waar zij tot op heden werkzaam is als docente gedragsbiologie, zorgkunde, EHBO en creativiteit en expressie.

▶ **KERNVRAGEN**	● **KERNCONCEPTEN**	■ **IN DE PRAKTIJK**

1.1 Wat is psychologie en wat is het niet?

1.1.1 Psychologie: het is meer dan je denkt

1.1.2 Psychologie is geen psychiatrie

1.1.3 Kritisch nadenken over psychologie en pseudopsychologie

1.1 Psychologie is een breed veld, met vele specialismen, maar in wezen is psychologie de wetenschap van gedrag en geestelijke processen.

Kritisch denken toegepast
Over de centrale vraag van dit hoofdstuk: nogmaals hyperactiviteit op www.pearsonmylab.nl

Doe het zelf!
Psychologie of psychologisch gebabbel?

Psychologische kwesties
Schadelijke effecten van pseudopsychologie op www.pearsonmylab.nl

1.2 Wat zijn de zes belangrijkste perspectieven van de psychologie?

1.2.1 Scheiding van lichaam en geest en het moderne biologische perspectief

1.2.2 Het begin van de wetenschappelijke psychologie en het moderne cognitieve perspectief

1.2.3 Het behavioristische perspectief: nadruk op waarneembaar gedrag

1.2.4 De perspectieven vanuit de gehele persoon: psychodynamisch, humanistisch, en karaktertrekken en temperament

1.2.5 Het ontwikkelingsperspectief: veranderingen die ontstaan door nature en nurture

1.2.6 Het socioculturele perspectief: het individu in context

1.2.7 Het veranderende beeld van de psychologie

1.2 Zes belangrijke perspectieven domineren het snel veranderende veld van de moderne psychologie: het biologische, cognitieve, behavioristische, *whole-person*-, ontwikkelings- en socioculturele perspectief. Alle kwamen ze voort uit radicaal nieuwe ideeën over geest en gedrag.

Doe het zelf!
Een voorbeeld uit de Gestaltpsychologie

Doe het zelf!
Werp een introspectieve blik op de Neckerkubus

1.3 Hoe vergaren psychologen nieuwe kennis?

1.3.1 Vier stappen van de wetenschappelijke methode

1.3.2 Vijf soorten psychologisch onderzoek

1.3.3 Vertekening in psychologisch onderzoek beperken

1.3.4 Ethische kwesties in psychologisch onderzoek

1.3 Net als onderzoekers op alle andere vakgebieden gebruiken psychologen de wetenschappelijke methode om hun ideeën empirisch te toetsen.

Dieper graven
Informatiebronnen voor psychologen

Psychologische kwesties
Psychologisch onderzoek en ethiek op www.pearsonmylab.nl

Kritisch denken toegepast
Gefaciliteerde communicatie op www.pearsonmylab.nl

CENTRALE VRAAG: Hoe zou je de bewering testen dat suiker kinderen hyperactief maakt?

Op **www.pearsonmylab.nl** vind je tools en toetsen om je begrip en kennis van dit hoofdstuk uit te breiden en te oefenen.

Foto: Sara Palicio, sxc.hu.

'Nadat de kinderen al die suiker hadden gegeten, taart, ijs en snoep, stuiterden ze gewoon tegen de muren!' zei een van mijn vrienden toen ze het verjaarspartijtje van haar achtjarige kind beschreef. Ik moet sceptisch hebben gekeken, want ze onderbrak haar verhaal en vroeg: 'Geloof je het niet?' Toen voegde ze eraan toe: 'Jullie psychologen geloven gewoon niet in gezond verstand, of wel soms?' Ik antwoordde dat wat mensen 'gezond verstand' noemen fout kan zijn en herinnerde haar eraan dat de aarde volgens het gezond verstand plat is. 'Misschien', stelde ik voor, 'heeft het gezond verstand deze keer ook wel ongelijk, over die zogenoemde suiker-kick. Het zou bijvoorbeeld ook de opwinding over het feestje kunnen zijn.' 'Nou ja,' brieste mijn vriendin, 'kun je bewijzen dat suiker kinderen niét hyperactief maakt?' 'Nee', zei ik. 'Zo werkt de wetenschap niet. Maar wat ik zou kunnen doen, is een experiment uitvoeren om het idee dat suiker kinderen "hyper" maakt, te onderzoeken. Dan zouden we kunnen zien of jouw bewering opgaat of niet.'

Denk er maar eens over na hoe je zo'n experiment zou opzetten. We zouden kinderen bijvoorbeeld een suikerrijke drank kunnen geven en kijken wat er gebeurt. Omdat mensen vaak alleen zien wat ze verwachten, zouden onze verwachtingen over suiker en hyperactiviteit onze waarnemingen echter gemakkelijk kunnen beïnvloeden. We zouden dus een experiment over suiker en hyperactiviteit moeten bedenken waarbij ook rekening gehouden wordt met onze verwachtingen. Dat is geen gemakkelijke opgave, maar we zullen er in dit hoofdstuk samen over nadenken.

Elk hoofdstuk in dit boek begint met een probleem zoals dit, een probleem dat bedoeld is om je actief bij het bestuderen van psychologie te betrekken en je kritisch te laten nadenken over belangrijke begrippen in het hoofdstuk. Als je actief over deze problemen nadenkt, en niet alleen de tekst passief leest, krijgen de begrippen meer betekenis en onthoud je ze makkelijker (zie hoofdstuk 5 om uit te vinden waarom).

Het belangrijke concept dat wordt geïllustreerd door het probleem van de 'suikerkick' is een van de meest fundamentele concepten in de gehele psychologie: het toepassen van de *wetenschappelijke methode* om de geest en het gedrag te onderzoeken. Maar laten we eerst eens uitleggen wat we bedoelen met de term *psychologie*, voordat we verder ingaan op de wetenschappelijke methode.

KERNVRAAG 1.1

▶ ## Wat is psychologie en wat is het niet?

'Ik hoop dat je geen psychoanalyse op me gaat loslaten', zegt de student bij de deur van mijn werkkamer. Ik hoor dit vaak; het is een beroepsrisico voor hoogleraren psychologie. Om twee redenen hoeven studenten zich echter geen zorgen te maken dat ze het onderwerp worden van psychoanalyse. Ten eerste houdt slechts de minderheid van de psychologen zich bezig met de diagnose en behandeling van geestelijke problemen. Ten tweede zijn slechts weinig psychologen feitelijk *psychoanalytici*. Psychoanalyse is een zeer gespecialiseerde en weinig toegepaste vorm van therapie. Verderop in dit hoofdstuk kom je meer te weten over het verschil tussen psychologen en psychoanalytici.

Psychologie: Wetenschap van gedrag en mentale processen.

Dus als psychologie niet alleen maar gaat over aandoeningen en therapie, waar gaat het dan nog meer over? Het woord **psychologie** is afkomstig uit het Oudgrieks. *Psyche* betekent 'geest'. De Grieken geloofden dat die op zichzelf en apart van het fysieke lichaam bestond. Het aanhangsel *-ologie* betekent 'gebied van studie'. De letterlijke betekenis van *psychologie* is dus 'de studie van de geest'. Tegenwoordig gebruiken psychologen echter een bredere definitie, die ons kernconcept van deze paragraaf vormt:

● ## KERNCONCEPT 1.1
Psychologie is een breed veld, met vele specialismen, maar in wezen is psychologie de wetenschap van gedrag en geestelijke processen.

Een belangrijk punt van deze definitie: psychologie houdt zich niet alleen bezig met geestelijke processen, maar ook met gedragingen. Met andere woorden, het terrein van de psychologie beslaat zowel *interne* geestelijke processen, die we alleen indirect waarnemen (zoals denken, voelen en begeren), als *externe*, waarneembare gedragingen (zoals praten, glimlachen en lopen). Een tweede belangrijk aspect van de definitie heeft betrekking op het *wetenschappelijke* onderdeel van de psychologie. Kort gezegd is de wetenschap van de psychologie gebaseerd op objectieve, verifieerbare gebeurtenissen. In het laatste deel van dit hoofdstuk wordt uitgelegd wat we bedoelen met de wetenschap van de psychologie. Laten we echter eerst eens kijken naar wat psychologen precies doen.

1.1.1 Psychologie: het is meer dan je denkt

Psychologie beslaat een groter terrein dan de meeste mensen beseffen. Niet alle psychologen werken als therapeut. Velen werken in het onderwijs, het bedrijfsleven, de sport, gevangenissen, de politiek, kerken, de reclame en marketing, en bij psychologieopleidingen in het beroepsonderwijs en universitair onderwijs (zie figuur 1.1). Anderen werken voor adviesbureaus en de rechtbank. In deze verschillende omgevingen verrichten psychologen sterk uiteenlopende taken, zoals onderwijs geven, onderzoek doen en apparatuur beoordelen en ontwerpen. In dit boek kunnen we niet alle psychologische specialismen behandelen, maar we kunnen je wel een idee geven van de diversiteit van het vakgebied door de psychologie allereerst in drie grote groepen in te delen.

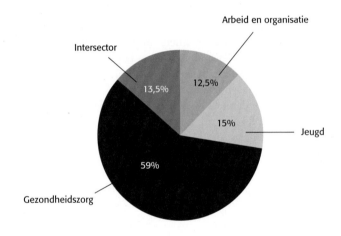

Figuur 1.1

Waar psychologen werken

Percentages van psychologen die de verschillende studierichtingen hebben gekozen, of in de verschillende sectoren werken (of werk zoeken).

Bron: Jaarverslag 2010 van het Nederlands Instituut van Psychologen (NIP, 2010).

Drie manieren om psychologie te bedrijven

Ruwweg vallen psychologen in drie grote groepen uiteen: experimenteel psychologen, docenten psychologie en toegepast psychologen. Er bestaat echter enige overlap tussen deze groepen, omdat veel psychologen tijdens hun werk verschillende functies uitoefenen.

- **Experimenteel psychologen** (soms onderzoekspsychologen genoemd) vormen de kleinste van de drie groepen. Ze voeren echter het meeste onderzoek uit dat nieuwe psychologische kennis creëert (Frincke & Pate, 2004). Een experimenteel psycholoog zou bijvoorbeeld de effecten van suiker op hyperactiviteit kunnen onderzoeken. Sommige experimenteel psychologen werken bij bedrijven of onderzoeksinstellingen, maar de meeste zijn werkzaam aan universiteiten, waar ze tevens lesgeven. Hieronder vallen ook psychologen die werkzaam zijn in de neuropsychologie, een steeds populairder wordende stroming.

- In Nederland en België werken **docenten psychologie** binnen een grote diversiteit aan opleidingen: ze geven bijvoorbeeld les op hbo-opleidingen (bijvoorbeeld bij toegepaste psychologie, maar ook bij orthopedagogiek, ver-

Experimenteel psycholoog: Psycholoog die onderzoek doet naar elementaire psychologische processen – in tegenstelling tot een toegepast psycholoog.

Docent psychologie: Psycholoog met als primaire taak het geven van onderwijs op bijvoorbeeld een hbo- of bacheloropleiding of universiteit.

pleegkunde en managementopleidingen) en universiteiten. Op universiteiten geven ze vaak niet alleen les, maar doen ze ook wetenschappelijk onderzoek. Soms behandelen ze daarbij ook nog mensen, bijvoorbeeld als ze werken op een afdeling medische psychologie.

Toegepast psycholoog: Psycholoog die de door experimenteel psychologen vergaarde kennis gebruikt om problemen van mensen op te lossen.

- **Toegepast psychologen** gebruiken de kennis die door experimenteel psychologen is vergaard om problemen van mensen op te lossen door middel van trainingen, het ontwerpen van speciale gereedschappen of psychologische behandelingen. Ze werken op de meest uiteenlopende plekken, bijvoorbeeld op scholen, in klinieken, bij bedrijven, welzijnsorganisaties, op luchthavens en in ziekenhuizen. Alles bij elkaar werkt ongeveer twee derde van de psychologen met een universitaire opleiding voornamelijk als toegepast psycholoog (Kohout & Wicherski, 2000; Wicherski et al., 2009).

Specialisaties in de toegepaste psychologie

Wat doen toegepast psychologen? Hieronder bekijken we enkele van de populairste toegepaste specialisaties.

- *Arbeids- en organisatiepsychologen* (vaak *A&O-psychologen* genoemd) hebben zich gespecialiseerd in aanpassingen aan de werkplek die de productiviteit en de arbeidsmoraal van werknemers moeten maximaliseren. Zo ontwikkelen zij bijvoorbeeld programma's om werknemers te motiveren of om de leiderschapsvaardigheden van managers te verbeteren. Andere A&O-psychologen onderzoeken actuele onderwerpen als attitudes over zwangerschap op de werkvloer of hebben zich gespecialiseerd in marktonderzoek (Shrader, 2011).

- *Sportpsychologen* werken met atleten samen om hen te helpen hun prestaties en motivatie te verbeteren, door trainingssessies te plannen en door hen te leren hun emoties onder druk te beheersen. Sommigen richten zich daarbij uitsluitend op professionele sporters, anderen juist op amateurs. Sportpsychologen kunnen ook onderzoek doen, bijvoorbeeld naar de relatie tussen verschillende persoonlijkheidstypen en risicovolle activiteiten zoals parachutespringen of diepzeeduiken.

- *Schoolpsychologen* zijn deskundig op het gebied van lesgeven en leren. Zo houden zij zich bezig met onderwerpen op het gebied van leren, het gezin of persoonlijke omstandigheden die schoolprestaties kunnen beïnvloeden. Ook richten zij zich op sociale omstandigheden van leerlingen, zoals tienerzwangerschappen en verslavingen. Ze werken vaak voor meerdere scholen tegelijk. Ze diagnosticeren leer- en gedragsproblemen en adviseren leraren, ouders en leerlingen.

- *Klinisch psychologen en counselors* helpen mensen zich aan te passen op sociaal en emotioneel gebied, of om moeilijke keuzes in relaties, hun carrière of opleiding te maken. Bijna de helft van alle psychologen op masterniveau noemt klinische psychologie of counseling als zijn specialisme (Wicherski et al., 2009). De specialistenopleiding tot klinisch psycholoog omvat in Nederland in totaal minimaal tien jaar: vier jaar universiteit (een master psychologie of orthopedagogiek), twee jaar opleiding tot gezondheidszorgpsycholoog, en vier jaar de specialistenopleiding tot klinisch psycholoog. In Vlaanderen doe je er minimaal vijf jaar over om de universitaire mastergraad te behalen van klinisch psycholoog, waarna je deze titel mag voeren. De meeste klinisch psychologen volgen dan nog een postuniversitaire, meer therapeutische opleiding van ongeveer twee jaar.

- *Forensisch psychologen* leveren hun psychologische expertise aan het wets- en rechtssysteem. De forensische psychologie is een van de nieuwste specialismen in de psychologie en is in korte tijd populair geworden, mede dankzij tv-series als *CSI*. Waarschijnlijk verlopen de werkdagen van echte forensisch psychologen niet zo glamoureus en in zo'n hoog tempo als die van hun collega's op tv, maar het terrein biedt volop mogelijkheden. Forensisch psychologen kunnen gevangenen in penitentiaire of tbs-inrichtingen testen om vast te stellen of ze vrijgelaten kunnen worden of fit genoeg zijn om voor de rechtbank te verschijnen. Ze kunnen ook verklaringen beoordelen in mogelijke gevallen van verkrachting of kindermishandeling, en in sommige landen helpen ze bij de selectie van een rechtbankjury (Clay, 2009; Huss, 2001).

▶▶ **Verbinding hoofdstuk 13**
Klinisch psychologen helpen mensen om te gaan met uiteenlopende psychologische problemen (p. 528).

1.1.2 Psychologie is geen psychiatrie

Net zoals beginnende psychologiestudenten kunnen denken dat alle psychologen klinisch psycholoog zijn, is het ook mogelijk dat ze de verschillen tussen *psychologie* en *psychiatrie* niet kennen. Laten we een einde maken aan die verwarring. Vrijwel alle psychiaters behandelen psychische stoornissen. Een aantal psychologen doet dit ook, maar daar houdt de overeenkomst wel ongeveer op. **Psychiatrie** is een medisch specialisme en maakt geen deel uit van de psychologie. Psychiaters hebben een medische opleiding (geneeskunde) genoten en hebben daarnaast een gespecialiseerde opleiding achter de rug in de behandeling van geestelijke en gedragsmatige problemen, meestal met behulp van geneesmiddelen. Daardoor richten psychiaters zich voornamelijk op de behandeling van mensen met ernstiger psychische stoornissen dan psychologen en doen zij dit vanuit een *medische* invalshoek: zij zien deze mensen als 'patiënten' met een geestelijke 'ziekte'.

Psychiatrie: Een medisch specialisme dat zich richt op de diagnose en behandeling van mentale stoornissen.

De psychiatrie is een veel kleiner vakgebied dan de psychologie. De psychologie beslaat het hele terrein van het menselijk gedrag en de geestelijke processen, van hersenfuncties tot sociale interacties. Voor de meeste psychologen ligt de nadruk in hun opleiding op onderzoeksmethoden, in combinatie met het bestuderen van bijvoorbeeld een van de bovengenoemde specialismen. Hoewel sommige psychologen de doctorstitel hebben (zij zijn dus gepromoveerd), is hun opleiding niet *medisch* van aard. Daarom zijn ze in het algemeen ook niet bevoegd om medicijnen voor te schrijven (Carlat, 2010; Practice Directorate Staff, 2005). Psychologen werken dus op allerlei terreinen en behandelen mensen vanuit een *psychologische* invalshoek. We zien dit bijvoorbeeld duidelijk terug bij klinisch psychologen of counselors, die de mensen die ze helpen beschouwen als 'cliënten' en niet als 'patiënten'. In Nederland wordt er op gezette tijden over gediscussieerd of psychologen ook medicijnen mogen voorschrijven, maar tot op heden mag dat niet.

Je weet nu dat psychiatrie geen psychologie is. Hieronder bespreken we nog iets wat vaak met psychologie wordt verward: pseudopsychologie.

Sportpsychologen werken met atleten om hun prestaties te bevorderen, hierbij passen ze psychologische theorieën over leren en motivatie toe.

1.1.3 Kritisch nadenken over psychologie en pseudopsychologie

Het televisieprogramma *Het zesde zintuig* maakt deel uit van een lange traditie, waartoe ook programma's als *The X-Files* en *Unsolved Mysteries* behoren. Deze programma's spreken bij veel mensen tot de verbeelding vanwege het fantastische en het paranormale, vooral als het gaat om beweringen over mysterieuze krachten van de geest. Hetzelfde geldt voor horoscopen. Het maakt niet uit dat astrologie terdege is ontmaskerd (Schick & Vaughn, 2001). Er is ook geen feitelijke basis voor grafologie (de zogenoemde handschriftanalyse), waarzeggerij of subliminale berichten die ons gedrag zouden beïnvloeden. Dit valt allemaal onder het kopje **pseudopsychologie**: niet-onderbouwde psychologische aannamen die als wetenschappelijke waarheden worden gepresenteerd.

Pseudopsychologie: Niet-onderbouwde psychologische aannamen die als wetenschappelijke waarheden worden gepresenteerd.

Horoscopen en paranormale fenomenen kunnen vermakelijk zijn, maar het is belangrijk vast te stellen waar de op feiten gebaseerde werkelijkheid eindigt en de gefantaseerde begint. Je wilt belangrijke besluiten op het gebied van gezondheid en welzijn immers niet baseren op verkeerde informatie. Een van de doelstellingen van dit boek is je te helpen echte psychologie van pseudopsychologie

Waarzeggers, astrologen en andere beoefenaars van pseudopsychologie doen geen moeite om hun claims te onderbouwen door zorgvuldig onderzoek, en ook hun klanten denken meestal niet erg kritisch na over hun praktijken.

Foto: Vjeran Lisjak, stock.xchng.

Vaardigheden voor kritisch denken: Dit boek legt de nadruk op zes kritische denkvaardigheden, gebaseerd op de volgende vragen: Wat is de bron? Is de bewering redelijk of extreem? Wat is het bewijsmateriaal? Kan de conclusie zijn beïnvloed door bias? Worden veelvoorkomende denkfouten vermeden? Zijn voor het oplossen van het probleem verschillende standpunten nodig?

Anekdotisch bewijsmateriaal: Getuigenissen die de ervaringen van iemand of enkele personen schetsen, maar ten onrechte voor wetenschappelijk bewijs worden aangezien.

Bias: Een vooroordeel, vervorming of vertekening van een situatie, meestal op basis van persoonlijke ervaringen en waarden.

te onderscheiden, door je *kritisch te laten nadenken* over buitengewone beweringen over gedrag en geestelijke processen.

Wat is kritisch denken?

Het is onmogelijk om een definitie van kritisch denken te geven waarmee iedereen het eens zal zijn. Toch leggen we in dit boek de nadruk op zes **vaardigheden voor kritisch denken**. Elk van deze vaardigheden is gebaseerd op een specifieke vraag waarvan we menen dat je die zou moeten stellen als je met nieuwe ideeën te maken krijgt.

1. *Wat is de bron?* Is degene die de bewering doet echt deskundig op het vakgebied? Stel bijvoorbeeld dat je een nieuwsbericht hoort waarin een politicus of zogenaamde expert verklaart dat jeugdige wetsovertreders met een 'afschrikprogramma' op het rechte pad gebracht kunnen worden. Ze worden dan praktisch mishandeld door misdadigers die hen bang proberen te maken met verhalen over het hardvochtige leven in de gevangenis. Met zulke afschrikprogramma's is in bepaalde Amerikaanse staten geëxperimenteerd (Finckenauer, 1999).

   De eerste vraag die gesteld moet worden, is of degene die de bewering doet feitelijke kennis heeft over het gevangeniswezen of op zijn allerminst advies heeft gevraagd aan iemand met de noodzakelijke expertise. Daarbij moet je je afvragen of de bron iets belangrijks te winnen heeft bij de bewering. Als het bijvoorbeeld om een medische doorbraak gaat, zou de vraag kunnen zijn: heeft degene die de bewering doet financieel gewin bij een nieuw geneesmiddel of medisch instrument? In het geval van een afschrikprogramma: probeert de bron politieke punten te scoren?

2. *Is de bewering redelijk of extreem?* Het leven is te kort om overal kritisch over te zijn, dus is het de kunst selectief te zijn. Maar hoe doe je dat? Zoals de beroemde astronoom Carl Sagan eens zei over de verslagen van mensen die door buitenaardse wezens werden ontvoerd: 'Voor buitengewone beweringen is buitengewoon bewijs nodig.' (Nova Online, 1996) Kritische denkers zijn hoe dan ook sceptisch over beweringen die als 'doorbraak' of 'revolutionair' worden aangemerkt. Ook zou er een lampje moeten gaan branden bij beweringen die in strijd zijn met bestaande kennis. In het geval van een 'afschrikprogramma' of een andere 'snelle oplossing' voor een moeilijk probleem, dien je altijd op je hoede te zijn, omdat er voor moeilijke problemen zelden eenvoudige oplossingen bestaan.

3. *Wat is het bewijsmateriaal?* Dit is een van de belangrijkste richtlijnen bij kritisch denken. In het geval van de afschrikprogramma's luidt de vraag: wat is het bewijsmateriaal dat het afschrikprogramma ondersteunt? In veel gevallen zal degene die het nieuwe programma aanprijst ontroerend bedoelde getuigenissen aanhalen van individuen die beweren dat het programma hun leven heeft veranderd. Kritische denkers weten echter dat dit **anekdotische bewijsmateriaal**, hoe overtuigend het ook lijkt, uit de ervaringen van slechts enkele mensen bestaat. Het zou riskant zijn aan te nemen dat wat voor enkele mensen geldt, voor iedereen moet gelden. Om zeker te weten of een bepaalde oplossing werkt, is er *wetenschappelijk bewijsmateriaal* nodig, waarvoor wetenschappelijk onderzoek moet worden verricht. In dit geval is het zo dat uit onderzoek is gebleken dat afschrikprogramma's niet werken, maar dat ze jongeren immuun kunnen maken tegen angst voor de gevangenis. Jongeren die aan zo'n behandeling werden blootgesteld, bleken vervolgens *méér* moeilijkheden te krijgen dan jongeren die niet zo'n behandeling kregen (Petrosino et al., 2003).

4. *Kan de conclusie zijn beïnvloed door bias?* Kritische denkers kennen de omstandigheden waaronder er een grote kans op **bias** bestaat en zijn in staat

veelvoorkomende soorten bias te herkennen die we in dit hoofdstuk zullen onderzoeken. Ze zouden bijvoorbeeld in twijfel trekken of medische onderzoekers die nieuwe geneesmiddelen beoordelen onbevooroordeeld kunnen blijven als ze geld krijgen van de bedrijven die deze geneesmiddelen produceren (McCook, 2006).

De vorm van bias die het meest van toepassing is op het afschrikprogramma, is **emotionele bias**: mensen zijn niet alleen bang voor misdaad en misdadigers, maar ze willen vaak ook een strenge aanpak van misdadig gedrag. Door dit gevoel of vooroordeel kan het afschrikprogramma aantrekkelijk zijn voor veel mensen, eenvoudigweg vanwege de strengheid ervan.

Een ander veelvoorkomend vooroordeel is **confirmation bias (bevestigingsbias)**, de zeer menselijke neiging om ons gebeurtenissen te herinneren die onze aannamen bevestigen en tegenstrijdige bewijzen te negeren of te vergeten (Halpern, 2002; Nickerson, 1998). Door confirmation bias kan bijvoorbeeld worden verklaard waarom mensen in astrologie blijven geloven: ze onthouden de voorspellingen die leken te kloppen en vergeten de voorspellingen die ernaast zaten. Bevestigingsbias verklaart ook waarom gokkers zich beter de keren herinneren dat ze hebben gewonnen dan de keren dat ze hebben verloren, of waarom we blijven denken dat een bepaald object ons geluk brengt. Verbazingwekkend onderzoek met hersenscans, dat werd uitgevoerd vlak voor een recente presidentsverkiezing in de VS, laat zien dat dit deels biologisch te verklaren is. Bij dit onderzoek luisterden mensen met een sterke politieke voorkeur naar tegenstrijdige beweringen van een van hun favoriete politici. Toen ze die hoorden, sloten de hersenbanen die een rol spelen bij redeneren zich plotseling af, terwijl de delen van de hersenen die betrokken zijn bij emotie actief bleven (Shermer, 2006; Westen et al., 2006). De uitkomsten van dit onderzoek leveren sterk bewijsmateriaal dat de hersenen fysiek een 'bevestigingsbiasmodus' kunnen inschakelen als ze met tegenstrijdig bewijsmateriaal worden geconfronteerd. Het was alsof de hersenen zeiden: 'Ik wil niets horen dat in strijd is met mijn overtuigingen.' Er zijn dus extra inspanningen en inzet nodig om deze bias te vermijden.

5. *Worden veelvoorkomende denkfouten vermeden?* We zullen verschillende veelvoorkomende logische denkfouten in dit boek bestuderen, maar de denkfout die het best van toepassing is op het afschrikprogramma is de aanname dat gezond verstand een substituut is voor wetenschappelijk bewijs. Sterker nog, vaak kan gezond verstand een stelling zowel ondersteunen als onderuithalen. Alleen een zorgvuldige analyse van bewijzen voor en tegen de stelling kan leiden tot een betrouwbaar antwoord.

6. *Zijn voor het oplossen van het probleem verschillende invalshoeken nodig?* Het afschrikprogramma gaat uit van de simplistische aanname dat angst voor straf het belangrijkste afschrikmiddel is voor misdaad en dat delinquente jongeren daardoor positief zullen reageren op realistische bedreigingen met straf. Een realistischer standpunt is dat misdaad een complex probleem is dat vanuit verschillende perspectieven dient te worden bekeken. Psychologen bekijken misdaad bijvoorbeeld vanuit de invalshoek van leren, sociale invloed of persoonlijkheidstrekken. Economen zijn geïnteresseerd in de financiële motieven voor misdaad. En sociologen concentreren zich op onderwerpen als bendes, armoede en maatschappelijke structuren. Voor een probleem dat uit meerdere facetten bestaat, is een complexere oplossing nodig dan een afschrikprogramma.

Emotionele bias: De neiging om oordelen te vellen gebaseerd op attitudes en gevoelens, in plaats van op een rationele analyse van het bewijsmateriaal.

Confirmation bias (bevestigingsbias): De neiging om informatie die niet bij je opvattingen aansluit te negeren of te bekritiseren en om in plaats daarvan informatie te zoeken waar je het wel mee eens bent.

 Kritisch denken toegepast
Ga naar 'In de praktijk' in de MyLab mediatheek om kritisch na te denken over de centrale vraag van dit hoofdstuk.

✚ DOE HET ZELF! Psychologie of psychologisch gebabbel?

Laten we, als echte wetenschappers, eens onderzoeken of jij in staat bent enkele populaire, maar ongefundeerde ideeën over gedrag en psychische processen te onderscheiden van feiten die wel een wetenschappelijke basis hebben. Sommige van de volgende uitspraken zijn waar, andere onwaar. Maak je niet druk als je sommige (of alle) uitspraken verkeerd beoordeelt: je bent niet de enige. Het gaat erom dat je beseft dat wat we met ons gezonde verstand over psychologische processen denken te weten, in sommige gevallen niet bestand blijkt tegen de realiteit van een wetenschappelijk experiment. Geef bij elk van de volgende uitspraken aan of ze 'waar' of 'niet waar' zijn. (De antwoorden krijg je daarna.)

1. Het is een mythe dat de meeste mensen slechts 10 procent van hun hersenen gebruiken.
2. Tijdens je meest levendige dromen kan je lichaam verlamd zijn.
3. Psychologische stress kan je fysiek ziek maken.
4. De kleur rood bestaat alleen als een sensatie in de hersenen. Er is geen 'rood' in de wereld buiten het brein.
5. Een bipolaire (manisch-depressieve) stoornis wordt veroorzaakt door een conflict in het onbewuste.
6. De geest van een pasgeboren kind is in essentie een 'onbeschreven blad', waarop alles wat hij of zij zal weten nog moet worden 'geschreven' (geleerd) aan de hand van ervaringen.
7. Alles wat we meemaken laat een permanente herinnering na in ons geheugen.
8. Na je geboorte maak je geen nieuwe hersencellen meer aan.
9. Intelligentie wordt alleen door de genen bepaald en blijft gedurende je hele leven op hetzelfde niveau.
10. Een leugendetector is opmerkelijk accuraat in het opsporen van lichamelijke reacties die erop wijzen dat een verdachte liegt.

Antwoorden: de eerste vier uitspraken zijn waar; de rest is onwaar. We zullen elke uitspraak kort toelichten. Meer informatie vind je in de hoofdstukken die tussen haakjes zijn aangegeven.

1. **Waar.** Dit is inderdaad een mythe. We gebruiken dagelijks alle onderdelen van onze hersenen (zie hoofdstuk 2, Biopsychologie, neurowetenschappen en de menselijke aard).
2. **Waar.** Tijdens onze meest levendige dromen, die plaatsvinden tijdens de REM-slaap (REM staat voor *rapid eye movement*), zijn de willekeurige spieren in ons lichaam verlamd, met uitzondering van de spieren die de oogbewegingen controleren (zie hoofdstuk 8, Vormen van bewustzijn).
3. **Waar.** Het verband tussen lichaam en geest kan je ziek maken wanneer je chronische stress ondervindt (zie hoofdstuk 14, Stress, gezondheid en welzijn).
4. **Waar.** Hoe vreemd het ook lijkt, alle sensaties van kleuren worden gecreëerd in de hersenen zelf. Lichtgolven hebben verschillende frequenties, maar ze hebben geen kleur. De hersenen interpreteren de verschillende frequenties van licht als verschillende kleuren (zie hoofdstuk 3, Sensatie en perceptie).
5. **Niet waar.** Er zijn geen aanwijzingen dat onbewuste conflicten een rol spelen bij bipolaire stoornissen. Wetenschappelijk onderzoek wijst op een sterke biochemische component. De stoornis reageert doorgaans goed op bepaalde geneesmiddelen, wat erop kan wijzen dat er iets misgaat in de chemie van de hersenen. Onderzoek suggereert ook dat deze verkeerde chemie een genetische basis heeft (zie hoofdstuk 12, Psychische stoornissen en hoofdstuk 13, Therapieën voor psychische stoornissen).
6. **Niet waar.** Een pasgeborene is verre van een 'onbeschreven blad'; het kind heeft een groot repertoire aan ingebouwde mogelijkheden en beschermende reflexen. De mythe van het 'onbeschreven blad' gaat ook voorbij aan het genetische potentieel van het kind (zie hoofdstuk 7, Psychologische ontwikkeling).

7. **Niet waar.** Hoewel we heel veel details opslaan, is er geen bewijs dat het geheugen álle details opslaat. Sterker nog, het is zeer waarschijnlijk dat de meeste informatie ons geheugen nooit bereikt en dat de informatie die daar wel terechtkomt, vervormd is (zie hoofdstuk 5, Geheugen).

8. **Niet waar.** In tegenstelling tot wat wetenschappers nog maar een paar jaar geleden dachten, blijven sommige delen van de hersenen levenslang nieuwe cellen aanmaken (zie hoofdstuk 2, Biopsychologie, neurowetenschappen en de menselijke aard).

9. **Niet waar.** Intelligentie wordt zowel door erfelijkheid als door de omgeving bepaald. Omdat die omgeving kan veranderen, is het niveau van je intelligentie (zoals gemeten met een IQ-test) ook variabel (zie hoofdstuk 6, Denken en intelligentie).

Psychologische kwesties
Ga naar 'In de praktijk' in de MyLab mediatheek om meer te lezen over de schadelijke effecten van pseudopsychologie.

10. **Niet waar.** Zelfs iemand die al jaren met een leugendetector werkt, kan een verdachte die de waarheid spreekt ten onrechte van een leugen beschuldigen (zogenoemd 'vals positief') en een leugenaar ongemoeid laten ('vals negatief'). Er is opvallend weinig objectief bewijs voor de effectiviteit van leugendetectors (zie hoofdstuk 9, Emotie en motivatie).

 Ga naar **www.pearsonmylab.nl** om je kennis en begrip van deze paragraaf te testen met de MyMap, MyCheck en MyDefinitions.

KERNVRAAG 1.2
▶ Wat zijn de zes belangrijkste perspectieven van de psychologie?

De moderne psychologie is vormgegeven door haar geschiedenis, die zo'n 25 eeuwen teruggaat tot de Griekse filosofen Socrates, Plato en Aristoteles. Deze wijzen speculeerden niet alleen over bewustzijn en gekte, maar stelden ook dat emoties het denken kunnen verstoren en dat onze waarnemingen slechts interpretaties zijn van de ons omringende wereld. Vandaag de dag zullen de meeste mensen hiermee instemmen – zo ook de moderne psychologen.

Toch komt slechts een deel van de eer voor het leggen van de basis van de moderne psychologie toe aan de Griekse filosofen. Ongeveer in dezelfde tijd werden in Aziatische en Afrikaanse samenlevingen namelijk ook psychologische ideeën ontwikkeld. In Azië verkenden volgers van yoga en het boeddhisme het bewustzijn, dat ze via meditatie probeerden te beheersen. Tegelijkertijd ontstonden in Afrika andere verklaringen voor persoonlijkheid en psychische stoornissen vanuit traditionele spirituele opvattingen (Berry et al., 1992). Op basis van deze *volkspsychologie* ontwikkelden sjamanen (genezers) therapieën waarvan sommige bijna even effectief waren als de behandelingen die tegenwoordig in de psychologie en psychiatrie worden toegepast (Lambo, 1978).

Wanneer we een paar eeuwen vooruitspoelen, komen we terecht in middel-eeuws Europa, dat werd gedomineerd door de rooms-katholieke kerk, die haar eigen ideeën aan de Griekse filosofie over de geest toevoegde. De kerk had weinig belangstelling voor de fysieke wereld en stelde dat de geest en de ziel losstaan van de natuurwetten waaraan wereldse objecten en gebeurtenissen onderworpen zijn. Voor middeleeuwse christenen was de menselijke geest, net als de geest van God, een mysterie dat stervelingen niet in twijfel dienden te trekken.

Dit standpunt was diep verankerd in de middeleeuwse samenleving, en daar kwam slechts moeizaam verandering in. Er was een reeks radicaal nieuwe ideeën voor nodig, gedurende een periode van enkele eeuwen, voordat de middeleeuw-se opvattingen werden doorbroken en de intellectuele basis voor de moderne psychologie kon worden gelegd; dit brengt ons bij het kernconcept van deze paragraaf:

Zes belangrijke perspectieven domineren het snel veranderende veld van de moderne psychologie: het biologische, cognitieve, behavioristische, whole-person-, ontwikkelings- en socioculturele perspectief. Alle kwamen ze voort uit radicaal nieuwe ideeën over geest en gedrag.

Als je deze perspectieven bestudeert, zul je zien dat elk gezichtspunt een unieke verklaring biedt voor menselijk gedrag. Samen omvatten ze de meervoudige perspectieven van de psychologie, die allemaal een belangrijk 'instrument' zijn in de 'psychologische gereedschapskist' die je nodig hebt als je menselijk gedrag wilt leren begrijpen. Deze perspectieven zijn ook in combinatie te gebruiken; bepaald gedrag is namelijk niet altijd enkel te verklaren door één perspectief.

1.2.1 Scheiding van lichaam en geest en het moderne biologische perspectief

De zeventiende-eeuwse Franse filosoof René Descartes stelde het eerste radicaal nieuwe idee voor dat uiteindelijk leidde tot de moderne psychologie (zie tabel 1.1): een scheiding tussen de spirituele geest en het fysieke lichaam. Het geniale aan het idee van Descartes was dat de kerk de geest buiten het wetenschappelijk onderzoek kon houden, maar dat het bestuderen van menselijke gevoelens en gedragingen toch kon doorgaan, omdat deze op lichamelijke activiteit in het zenuwstelsel waren gebaseerd. Descartes' denkbeeld sloot aan bij opwindende nieuwe ontdekkingen over de biologie van zenuwbanen van dieren, waarbij wetenschappers hadden aangetoond hoe zintuigen stimulatie omzetten in zenuwimpulsen en spierreacties. Dankzij deze ontdekkingen, gecombineerd met Descartes' scheiding van lichaam en geest, konden wetenschappers voor de eerste keer aantonen dat er biologische processen ten grondslag liggen aan sensaties en eenvoudige reflexmatige gedragingen, in plaats van mysterieuze, spirituele krachten. Descartes behoorde tot het rationalisme, een filosofische stroming die de *ratio*, het denken, als enige middel zag om aan wetenschap en filosofie te doen. Op deze visie kwam met de Britse filosofische stroming het empirisme echter veel kritiek: empiristen zien het denken als onnodig en zelfs storend in wetenschap en filosofie. Zij beweren dat waarnemingen, ervaringen en experimenten de enige ware bronnen van kennis zijn. Of, zoals de empirist Francis Bacon zei: 'Het denken vertroebelt de waarneming.' Een andere empirist, John Locke, beweerde dat de mens bij de geboorte een *tabula rasa* is: een onbeschreven blad dat door ervaring, leerprocessen en opvoeding persoonlijkheid en vaardigheden (zoals intelligentie) krijgt.

De Franse filosoof René Descartes stelde een scheiding voor tussen de spirituele geest en het fysieke lichaam.

Portret van René Descartes (1596-1650), door Frans Hals. Circa 1649-1700. Louvre, Parijs.

Biologisch perspectief: Het psychologische perspectief dat de oorzaken van gedrag zoekt in het functioneren van de genen, de hersenen en het zenuwstelsel en hormoonstelsel.

Neurowetenschap: Het vakgebied dat zich richt op begrip van hoe de hersenen gedachten, gevoelens, motieven, bewustzijn, herinneringen en andere mentale processen creëren.

Het moderne biologische perspectief

Driehonderdvijftig jaar later vormt Descartes' revolutionaire perspectief de basis voor het moderne **biologische perspectief**. Moderne biologisch psychologen hebben lichaam en geest opnieuw samengevoegd. Zij beschouwen de geest tegenwoordig als een product van de hersenen. Volgens dit standpunt komen zowel onze persoonlijkheid, onze voorkeuren, onze gedragspatronen als onze vaardigheden voort uit onze lichamelijke eigenschappen. Daarom zoeken biologisch psychologen naar de oorzaken van ons gedrag in het zenuwstelsel, het endocriene stelsel (hormoonstelsel) en de genen.

Twee variaties op het biologische thema

Het biologische standpunt heeft uiteraard sterke wortels in de biologie en de geneeskunde. De biologische psychologie wordt gecombineerd met de biologie, de neurologie en andere disciplines die geïnteresseerd zijn in processen in de hersenen tot het nieuwe vakgebied van de **neurowetenschap**. Dankzij spectaculaire ontwikkelingen van computers en beeldvormingstechnieken van de hersenen, is de neurowetenschap een opwindend onderzoeksgebied. Tot de prestaties van dit vakgebied behoort het ontrafelen van het mysterie van de wijze waarop onze ogen en hersenen lichtgolven in beelden omzetten. Ook hebben neurowetenschappers ontdekt op welke wijze bepaalde vermogens, zoals spraak, sociale vaardigheden of het geheugen, kunnen verdwijnen door beschadiging van bepaalde gebieden van de hersenen. En, zoals we in hoofdstuk 8 zullen zien, gebruiken ze hersengolfpatronen om de verborgen wereld van slaap en dromen te openen. Een andere belangrijke variant van de biologische psychologie is voortgekomen uit ideeën die circa 150 jaar geleden door Charles Darwin zijn geformuleerd. Volgens deze **evolutionaire psychologie** komt een groot deel van het menselijk gedrag voort uit overgeërfde neigingen; dit standpunt wordt in hoge mate ondersteund door recent onderzoek in de genetica. Volgens het evolutionaire perspectief is onze genetische opmaak, die aan onze meest fundamentele gedragingen ten grondslag ligt, gevormd door de omstandigheden waarin onze genetische voorouders duizenden jaren geleden verkeerden. Zo neemt men aan dat de mens rechtop is gaan lopen als aanpassing aan het verdwijnen van oerwouden ten voordele van de savanne. Door rechtop te lopen kreeg de mens veel meer overzicht over zijn omgeving en kon hij dus beter anticiperen op gevaar. Ook hebben jongere kinderen nog een instinctieve afkeer van alles wat bitter is, waarschijnlijk omdat gif vaak bitter smaakt.

Volgens de evolutionaire psychologie hebben invloeden in de omgeving de stamboom van de mens 'gesnoeid', waarbij de individuen met de meest adaptieve psychische en lichamelijke kenmerken bevoordeeld werden. Darwin noemde dit *natuurlijke selectie*. Tijdens dit proces evolueerden (veranderden) de lichamelijke kenmerken van een soort in de richting van de kenmerken die de best aangepaste organismen een voordeel gaven in de strijd om het bestaan. Zo wordt bijvoorbeeld gedacht dat de noodzaak om in steeds grotere groepen samen te leven ervoor gezorgd heeft dat de cortex groter werd en mensen socialere wezens werden.

Evolutionaire psychologie: Een relatief nieuw specialisme in de psychologie dat gedrag en mentale processen beschouwt op basis van van hun genetische aanpassingen aan overleving en voortplanting.

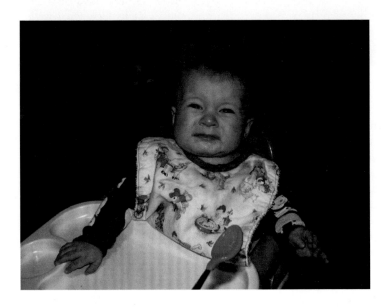

Baby's hebben een genetisch bepaalde afkeer van alles wat bitter smaakt.
Foto: Liz Peterson, Flickr.

1.2.2 Het begin van de wetenschappelijke psychologie en het moderne cognitieve perspectief

Een tweede belangrijk idee dat de vroege psychologische wetenschap vormgaf, is afkomstig uit de scheikunde, waar wetenschappers patronen ontdekten in de eigenschappen van de chemische elementen. Daaruit concludeerden ze dat het mogelijk was om alle elementen in een 'periodiek systeem' onder te brengen. Deze ontdekking bracht in één klap structuur aan in de tot dan toe chaotische discipline van de chemie, wat overal in de wetenschappelijke wereld veel aandacht trok. De Duitse wetenschapper Wilhelm Wundt, die later waarschijnlijk de allereerste was die zichzelf 'psycholoog' noemde, dacht dat het mogelijk was de menselijke geest op eenzelfde manier te simplificeren als het periodiek systeem de scheikunde had vereenvoudigd. Misschien kon hij 'de elementen van bewuste waarneming' ontdekken! Hoewel hij zijn droom van een periodiek systeem voor de geest niet waarmaakte, had hij wel een baanbrekend inzicht: de wetenschappelijke methoden, zoals die in de schei- en natuurkunde werden toegepast, konden ook gebruikt worden om zowel de geest als het lichaam te bestuderen.

In 1879 opende Wilhelm Wundt het eerste officiële laboratorium voor experimentele psychologie. Je ziet hem hier (in het midden) in zijn laboratorium in Leipzig in 1912.

Introspectie naar de elementen van de bewuste ervaring

'Druk de knop in zodra je het lichtje ziet', zou professor Wundt misschien hebben gezegd terwijl hij zich voorbereidde op het registreren van de reactietijd tussen de lichtprikkel en de reactie van een student daarop. Zulke simpele maar concrete experimenten waren in 1879, in het eerste psychologisch laboratorium ter wereld, aan de Universiteit van Leipzig, aan de orde van de dag. Hier deden Wundt en zijn studenten ook onderzoek waarbij getrainde vrijwilligers hun sensorische en emotionele reacties op verschillende prikkels beschreven, een techniek die **introspectie** wordt genoemd.

Introspectie: Beschrijving van je eigen innerlijke, bewuste ervaringen.

Dit waren de eerste psychologische experimenten in de geschiedenis: onderzoek naar wat volgens Wundt en zijn studenten de 'elementen' van het bewustzijn waren, met inbegrip van gewaarwording en waarneming, geheugen, aandacht, emotie, denken, leren en taal. Volgens hen bestond al onze verstandelijke activiteit uit verschillende combinaties van deze elementaire processen.

De erfenis van Wundt: structuralisme

Structuralisme: Historische stroming binnen de psychologie die de basisstructuren van de geest en de gedachten trachtte te ontrafelen. Structuralisten zochten de 'elementen' van de bewuste ervaring.

Wundts pupil Edward Bradford Titchener bracht de zoektocht naar de elementen van het bewustzijn naar Amerika, waar hij het **structuralisme** begon te noemen. Dit was een passende term, want Titchener had net als Wundt als doel de meest elementaire 'structuren' of onderdelen van de geest aan het licht te brengen (Fancher, 1979). Hoewel Wundt deze term zelf nooit gebruikte, wordt hij als de 'vader' van het structuralisme beschouwd.

Vanaf het begin kreeg zowel Wundt als Titchener veel kritiek te verduren. De bezwaren luidden vooral dat de introspectieve methode te subjectief was. Want, zo vroegen critici zich af, hoe kunnen we de nauwkeurigheid beoordelen van de beschrijving die mensen zelf van hun gedachten en gevoelens geven?

Wundt en Titchener overwonnen echter uiteindelijk. Hoewel psychologen hun ideeën soms vreemd vinden, maken ze nog steeds gebruik van aangepaste versies van de oude methoden van de structuralisten. Je ziet bijvoorbeeld introspectie aan het werk als we slaap en dromen bestuderen. Ook zijn de onderwerpen die Wundt en Titchener voor het eerst herkenden en onderzochten, als hoofdstuktitels terug te vinden in elk inleidend boek over psychologie, inclusief het boek dat je nu voor je hebt.

James en de functie van geest en gedrag

Een van de luidruchtigste criticasters van Wundt, de Amerikaanse psycholoog William James, beargumenteerde dat de benadering van de Duitser veel te beperkt was. De psychologie moest zich richten op de functie van het bewustzijn en niet alleen op de structuur ervan, betoogde James. Heel toepasselijk leidden zijn opvattingen tot een richting in de psychologie die het **functionalisme** genoemd werd (Fancher, 1979). William James en zijn volgelingen vonden de ideeën van Charles Darwin veel interessanter dan die van Wundt. Net als Darwin had James een diepe belangstelling voor emoties, waarin hun relatie tot het lichaam en het gedrag waren vervat (volgens hem waren emoties niet alleen elementen van het bewustzijn, zoals in het systeem van Wundt). James voelde zich ook aangetrokken tot Darwins idee dat organismen zich aan hun omgeving *aanpasten*. Hij stelde daarom dat de psychologie zou moeten verklaren op welke wijze mensen zich aanpassen (of er niet in slagen zich aan te passen) aan de werkelijke wereld buiten het laboratorium.

Door deze manier van denken kwamen de functionalisten ertoe de eerste *toegepaste* psychologie te ontwikkelen; zij waren geïnteresseerd in de wijze waarop de psychologie kon worden toegepast om het menselijk leven te verbeteren. James schreef zelf uitgebreid over de ontwikkeling van aangeleerde 'gewoonten', de psychologie van de religie en het onderwijs. Zijn navolger, John Dewey, was de grondlegger van de beweging van 'het nieuwe leren' ('de progressieve opleiding'), waarbij de nadruk lag op leren door *doen*, in plaats van door alleen naar colleges te luisteren en feiten uit het hoofd te leren.

Introspectie was het punt waarover de structuralisten en functionalisten het eens waren. (Net als over de Gestaltpsychologie, zie figuur 1.2.) Ironisch genoeg vormde die overeenkomst ook hun grootste kwetsbaarheid: de introspectieve methode was subjectief, waardoor hen verweten werd dat hun versie van de psychologie niet echt wetenschappelijk was. Het duurde meer dan een halve eeuw om dit probleem te overwinnen; hiervoor was ook de samenwerking van deskundigen uit andere disciplines nodig, die samen het cognitieve perspectief vormden.

William James benoemde de *stream of consciousness*, die het bewustzijn weergaf als een actief, constant veranderend proces. Deze metafoor was volgens James veel toepasselijker dan Wundts beeld van het bewustzijn, dat was opgebouwd uit veel verschillende elementen.

Bron: Courtesy Susan Dupor.

Functionalisme: Historische stroming binnen de psychologie die meende dat psychische processen het beste begrepen kunnen worden in het licht van hun adaptieve nut en functie.

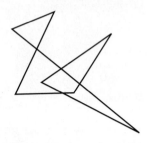

Figuur 1.2
Takete of Maluma?

⊕ **DOE HET ZELF!**   Een voorbeeld uit de Gestaltpsychologie

Besluit zonder verder te lezen welke van de twee figuren je 'Takete' en welke je 'Maluma' zou noemen. Je wilt misschien kijken of je vrienden hetzelfde antwoord geven.

Volgens een groep Duitse psychologen uit het begin van de twintigste eeuw, de zoge-noemde *Gestaltpsychologen*, kunnen de namen die je aan deze figuren geeft, een reflec-tie zijn van de associaties die in je hersenen zijn vastgelegd. De meeste mensen denken dat de zacht klinkende naam Maluma geschikter is voor de ronde figuur boven, terwijl de scherp klinkende naam Takete beter past bij de puntige figuur onder (Köhler, 1947). Dit was slechts een van vele eenvoudige tests die Gestaltpsychologen ontwikkelden bij hun pogingen te begrijpen hoe we onze wereld waarnemen.

Voor zulke proeven leenden de Gestaltpsychologen Wundts methode van introspectie, maar ze maakten bezwaar tegen zijn nadruk op de delen of 'elementen' van het bewust-zijn. In plaats daarvan probeerden de Gestaltpsychologen te begrijpen hoe we 'perceptu-ele eenheden' of *Gestalts* construeren. Hoe vormen we bijvoorbeeld de waarneming van een gezicht uit de samenstellende lijnen, vormen, kleuren en texturen? Hun uiteindelijke doel was zelfs nog veelomvattender: ze geloofden dat een inzicht in de perceptie hen uiteindelijk zou leiden naar een inzicht in de wijze waarop de hersenen percepties creë-ren. Je zult in hoofdstuk 7, waar we nauwkeuriger naar gewaarwording en perceptie kijken, nader kennismaken met de Gestaltpsychologen.

Het moderne cognitieve perspectief

De ontwikkeling van de computer, die de nieuwe metafoor voor de geest ging vormen, gaf de psychologie een onomkeerbare duw in de richting van een nieuwe synthese: het moderne **cognitieve perspectief**. Net als in het perspec-tief van de structuralistische school, de functionalistische school en de Gestalt-psychologie wordt in dit perspectief ook de nadruk gelegd op *cognitie*: geestelijke activiteiten zoals waarnemingen, interpretaties, verwachtingen, overtuigingen en herinneringen. Vanuit dit standpunt gezien zijn iemands gedachten en handelin-gen het resultaat van het unieke cognitieve patroon van waarnemingen en inter-pretaties van ervaringen.

Tegenwoordig kan het cognitieve perspectief gebruikmaken van objectievere observatiemethoden dan eerdere methoden, dankzij de verbluffende ontwik-kelingen op het gebied van *brain-imaging*-technieken. Daardoor kunnen weten-schappers de hersenen tijdens allerlei mentale processen bestuderen.

1.2.3   Het behavioristische perspectief: nadruk op waarneembaar gedrag

Rond 1900 maakte een bijzonder radicale en opstandige groep wetenschappers, de zogenoemde *behavioristen*, naam, doordat ze het met vrijwel iedereen oneens waren. Zij bouwden voort op het empiristische idee dat je enkel zekerheid kan verwerven over datgene wat je kunt waarnemen en op het idee dat de mens bij de geboorte een *tabula rasa* is. Ze werden echter het beroemdst met het idee dat het bestuderen van de geest, zoals Wundt, Titchener en James deden, helemaal geen deel van de psychologie zou moeten uitmaken. John B. Watson, een vroege leider van de behavioristische beweging, betoogde dat een werkelijk objectieve psychologische wetenschap zich uitsluitend met waarneembare gebeurtenissen zou moeten bezighouden: fysieke *stimuli* vanuit de omgeving en de waarneem-bare *reacties* van het organisme daarop. Het **behaviorisme**, aldus Watson, is de wetenschap van het *gedrag* en van de meetbare omstandigheden in de omgeving die dit gedrag beïnvloeden (zie tabel 1.1).

Cognitief perspectief: Een van de belang-rijkste psychologische perspectieven, waarbij de nadruk ligt op mentale processen, zoals leren, geheugen, perceptie en denken als vormen van informatieverwerking.

▶▶ **Verbinding hoofdstuk 2**
Brain imaging methods als CT, PET, MRI en fMRI maken gebruik van geavanceerde computertechnologie, zodat we in de hersenen kunnen kijken zonder de schedel te hoeven openmaken (www.pearsonmylab.nl).

Behaviorisme: Een historische school die ernaar streefde om van de psychologie een objectieve wetenschap te maken die zich alleen op gedrag richtte (en niet op mentale processen).

▶▶ **Verbinding hoofdstuk 4**
John Watson en zijn collega Rosalie Rayner voerden een beroemd experiment uit waarbij ze een jongetje, Albert, leerden bang te zijn voor knuffeldieren (p. 131).

Waarom verwierpen behavioristen geestelijke processen, waaronder introspectie, als wetenschappelijk onderzoeksterrein? B.F. Skinner, een andere invloedrijke behaviorist, heeft dit perspectief misschien wel het best samengevat toen hij aanvoerde dat het verleidelijke concept van de 'geest' tot cirkelredeneringen in de psychologie leidde. Hij zei dat de geest zoiets subjectiefs was dat we het bestaan ervan niet eens konden bewijzen (Skinner, 1990). (Denk er eens over na: kun je bewijzen dat je een geest hebt?) Zoals Skinner cynisch opmerkte:'De eeuwige cruciale vergissing is het geloof dat [...] wat we voelen als we handelen de oorzaak van ons handelen is' (Skinner, 1989, p. 17).Voor de behavioristen waren iemands gedachten of emoties dus irrelevant. Alleen gedrag kon betrouwbaar worden geobserveerd en gemeten. Behavioristen bestudeerden daarom bijvoorbeeld of een klein kind zou leren om uit de buurt te blijven van een onschuldige witte rat als de aanwezigheid van die rat werd gecombineerd met een onverwacht hard geluid. Belangrijk is dat behavioristen geen subjectieve aannames deden over de interne betekenis (zoals angst) voor extern gedrag (vermijding). Het **behavioristische perspectief** vroeg vooral aandacht voor de manier waarop ons handelen wordt gevormd door de consequenties ervan. Gaat een kind bijvoorbeeld eerder dankjewel zeggen (handeling) als het wordt geprezen (consequentie) of gaat een volwassene beter presteren (handeling) als hij wordt beloond met een salarisverhoging voor goede prestaties op zijn werk (consequentie)? Een grote verdienste van behavioristen is dat we nu veel beter begrijpen dat krachten vanuit de omgeving van invloed zijn op het menselijk vermogen om te leren. Daarnaast hebben behavioristen effectieve strategieën ontwikkeld waarmee we gedrag kunnen wijzigen door de omgeving te veranderen (Alferink, 2005; Roediger, 2004). We gaan in hoofdstuk 4 verder in op deze ideeën.

Strikte behavioristen zoals B.F. Skinner zijn van mening dat psychologie zich moet richten op de wetten die gedrag regelen – op de relatie tussen stimuli (S) en responsen (R) – in plaats van op subjectieve processen van de geest.

Behavioristisch perspectief: Een psychologische invalshoek die de bron van onze handelingen zoekt in stimuli vanuit de omgeving, in plaats van in innerlijke mentale processen.

Tabel 1.1   De zes perspectieven van de psychologie

Perspectief	Idee	Wat bepaalt gedrag?	Wie?
Biologisch perspectief	Het lichaam kan apart van de geest worden bestudeerd.	De hersenen, het zenuwstelsel, endocriene stelsel (hormoonstelsel) en genen.	René Descartes
Cognitief perspectief	De wetenschappelijke methode kan worden gebruikt om de geest te bestuderen.	Iemands unieke patroon van waarnemingen, interpretaties, verwachtingen, overtuigingen en herinneringen.	Wilhelm Wundt en William James
Behavioristisch perspectief	Psychologie moet de wetenschap van observeerbaar gedrag zijn, niet van mentale processen.	De prikkels in onze omgeving en de voorgaande consequenties van ons gedrag.	John Watson and B.F. Skinner
Perspectief van de gehele persoon ('whole person')	*Psychodynamische psychologie:* persoonlijkheid en psychische stoornissen komen voort uit processen in het onbewuste.	Processen in onze onbewuste geest.	Sigmund Freud
	Humanistische psychologie: psychologie moet de nadruk leggen op menselijke groei en potentieel in plaats van op psychische stoornissen.	Onze aangeboren behoefte om te groeien en ons potentieel zo goed mogelijk te verwezenlijken.	Carl Rogers en Abraham Maslow
	Psychologie van karaktertrekken en temperament: individuen kunnen worden begrepen in termen van hun temperament en blijvende karaktertrekken.	Unieke persoonlijkheidskenmerken die in de tijd en in alle situaties consistent zijn.	De oude Grieken
Ontwikkelingsperspectief	Mensen veranderen als gevolg van een interactie tussen erfelijke eigenschappen en de omgeving.	De interactie tussen erfelijkheid en omgeving, die zich het hele leven door uit in voorspelbare patronen.	Mary Ainsworth, Jean Piaget en vele anderen
Sociocultureel perspectief	Sociale en culturele invloeden kunnen de invloed overstemmen van alle andere factoren die gedrag beïnvloeden.	De kracht van de situatie.	Stanley Milgram, Philip Zimbardo en vele anderen

1.2.4 De perspectieven vanuit de gehele persoon: psychodynamisch, humanistisch, en karaktertrekken en temperament

Aan het begin van de twintigste eeuw oefenden de Weense arts Sigmund Freud en zijn volgelingen ook kritiek uit op Wundt en het structuralisme. Zij ontwikkelden een methode voor het behandelen van psychische stoornissen die op weer een ander radicaal idee was gebaseerd: dat persoonlijkheid en psychische stoornissen voornamelijk ontstaan uit processen in de onbewuste geest, en niet in het bewustzijn (zie tabel 1.1) Hoewel Freud niet de eerste was die erkende dat we ons *on*bewust zijn van bepaalde geestelijke processen, had noch het structuralisme, noch het functionalisme, noch de Gestaltpsychologie het idee dat onbewuste processen de persoonlijkheid konden domineren en psychische stoornissen konden veroorzaken. Freuds ideeën waren in een ander opzicht ook revolutionair. Geen van de eerdere 'scholen' van de psychologie had een uitgebreide methode van psychotherapie ontwikkeld. Bovendien stelde de psychoanalytische theorie van Freud dat deze methode de gehele persoon kon verklaren, en niet slechts bepaalde onderdelen (zoals aandacht, perceptie, geheugen of emotie), zoals de andere richtingen in de psychologie hadden gedaan. Het was zijn doel elk aspect van de geest in één enkele grootse theorie te verklaren.

Psychodynamische psychologie

Freud zette veel van zijn volgelingen ertoe aan zich los te maken en hun eigen theorieën te ontwikkelen. We gebruiken de term *psychodynamisch* voor die ideeën van Freud en alle neofreudiaanse theorieën die ontstonden uit het idee dat de geest (psyche), vooral de onbewuste geest, een reservoir van energie (dynamica) voor de persoonlijkheid is. Volgens de **psychodynamische psychologie** is deze energie datgene wat ons motiveert.

De eerste en bekendste vertegenwoordiger van de psychodynamische benadering is uiteraard Sigmund Freud zelf; zijn systeem wordt **psychoanalyse** genoemd. De methode werd oorspronkelijk ontwikkeld als medische techniek voor de behandeling van psychische stoornissen. Psychoanalytici leggen de nadruk op de analyse van dromen, versprekingen (de zogenoemde 'freudiaanse verspreking') en op een techniek die *vrije associatie* wordt genoemd, om aanwijzingen te verkrijgen voor de onbewuste conflicten en verlangens waarvan wordt gedacht dat ze door het bewustzijn worden gecensureerd. Tegenwoordig zijn de meeste psychoanalytici artsen met een specialisme in de psychiatrie en een uitgebreide opleiding in de freudiaanse methoden. (En nu weet je het verschil tussen een psycholoog en een psychoanalyticus, zoals we al hadden beloofd.) Freud en zijn volgelingen zijn echter niet de enigen die de gehele mens wilden verklaren. Ook twee andere groepen zijn geïnteresseerd in een globaal inzicht van de persoonlijkheid: de humanistische psychologie en de psychologie van karaktertrekken en temperament. Hier groeperen we deze drie samen onder het kopje **perspectieven vanuit de gehele persoon** ('whole person').

Humanistische psychologie

Als reactie op de nadruk van de psychoanalytici op duistere krachten in het onbewuste, sloeg de **humanistische psychologie** een nieuwe weg in. Ook tegen het behavioristische perspectief kwamen zij in opstand, met de argumentatie dat de mens geen speelbal is van de prikkels uit de omgeving, maar dat onze innerlijke processen minstens even belangrijk zijn. De radicaal nieuwe invalshoek die werd ontwikkeld door humanistische therapeuten legde de nadruk op de positieve kant van onze natuur: onze mogelijkheden, groei en potentie (zie tabel 1.1). De humanisten, onder aanvoering van Carl Rogers en Abraham Maslow, ontwierpen een model dat mensen ziet als organismen met een vrije wil. Op grond van die vrije wil kunnen ze keuzes maken en zo hun leven beïnvloeden

---

Psychodynamische psychologie: Een benadering die de nadruk legt op het begrijpen van het menselijk functioneren in termen van onbewuste behoeften, verlangens, herinneringen en conflicten.

Psychoanalyse: Een benadering van de psychologie die is gebaseerd op de veronderstellingen van Freud, die de nadruk legt op onbewuste processen. De term verwijst zowel naar Freuds psychoanalytische theorie als naar zijn psychoanalytische behandelmethode.

Perspectieven vanuit de gehele persoon: Een aantal psychologische perspectieven die draaien om een globaal inzicht in de persoonlijkheid, waaronder de psychodynamische psychologie, humanistische psychologie en psychologie van karaktertrekken en temperament.

Humanistische psychologie: Een klinische benadering die de nadruk legt op de mogelijkheden, groei, potentie en vrije wil van de mens.

(Kendler, 2005). Vanuit het humanistische perspectief heeft de opvatting die je hebt van jezelf en van je fysieke en emotionele behoeften een grote invloed op je gedachten, emoties en handelingen, die op hun beurt allemaal invloed hebben op de ontwikkeling van je potentieel. Net als de psychodynamische psychologie heeft de humanistische psychologie veel invloed gehad op de psychotherapie en counseling. Zo worden de door Rogers ontwikkelde grondhoudingen voor hulpverleners (empathie, onvoorwaardelijke acceptatie en echtheid) veel gebruikt in de praktijk.

▶▶ **Verbinding hoofdstuk 10**
De persoonlijkheden van mensen verschillen met betrekking tot vijf belangrijke dimensies, die wel de Big Five worden genoemd (p. 399).

Psychologie van karaktertrekken en temperament

De oude Grieken, die op zoveel moderne ideeën vooruitliepen, verklaarden dat de persoonlijkheid werd geregeerd door vier *humores* (vloeistoffen): bloed, slijm, zwarte gal en gele gal. Afhankelijk van welke humor overheerste, kon iemands persoonlijkheid sanguïn (opgewekt, gedomineerd door bloed), traag en behoedzaam (slijm), melancholiek (zwartgallig), of boos en agressief (gele gal) zijn. Tegenwoordig geloven we natuurlijk niet meer in de typologie van de oude Grieken. Maar hun idee van persoonlijkheidstrekken leeft nog altijd voort in de **psychologie van karaktertrekken en temperament**. Het fundamentele idee dat deze psychologie van andere onderscheidt, luidt als volgt: verschillen tussen mensen ontstaan uit verschillen in blijvende kenmerken en neigingen, die karaktertrekken en temperamenten worden genoemd (zie tabel 1.1).
Waarschijnlijk heb je wel eens gehoord van karaktertrekken zoals introversie en extraversie; deze lijken fundamentele eigenschappen van de menselijke aard te zijn. Andere karaktertrekken die psychologen bij mensen over de gehele wereld hebben vastgesteld, zijn onder meer een gevoel van angst of welzijn, openstaan voor nieuwe ervaringen of juist niet, inschikkelijkheid of nauwgezetheid. Sommige psychologen beweren ook dat we op een nog fundamenteler niveau verschillen, het zogenoemde *temperament*, waarvan wordt gedacht dat het de verschillende neigingen van pasgeboren baby's verklaart (en ook van volwassenen). Van al deze individuele karaktereigenschappen wordt verondersteld dat ze op zijn minst voor een deel biologisch van aard zijn en naar verwachting tamelijk consistent in de tijd en in verschillende situaties.

Psychologie van karaktertrekken en temperament: Een psychologisch perspectief dat gedrag en persoonlijkheid ziet als de producten van fundamentele psychologische kenmerken.

1.2.5 Het ontwikkelingsperspectief: veranderingen die ontstaan door nature en nurture

Verandering is misschien wel de enige constante in ons leven. Volgens het **ontwikkelingsperspectief** is psychologische verandering het gevolg van een interactie tussen de erfelijke eigenschappen die in onze genen zijn vastgelegd en de invloed van onze omgeving (zie tabel 1.1). Maar wat levert het grootste aandeel bij het bepalen van wie we worden: *nature* of *nurture* (erfelijkheid of omgeving)? Zoals je zou kunnen verwachten, leggen de biologisch psychologen de nadruk op nature, terwijl behavioristen nurture benadrukken. We zien deze twee krachten samenkomen in het ontwikkelingsperspectief.
Het grote idee dat bepalend is voor het ontwikkelingsperspectief is dit: mensen veranderen op voorspelbare wijze, naarmate de invloeden van erfelijkheid en omgeving zich in de loop van de tijd ontplooien. Met andere woorden: mensen denken en handelen verschillend op verschillende momenten in hun leven. Lichamelijk is de ontwikkeling te zien in voorspelbare processen zoals groei, puberteit en menopauze. Psychologisch is de ontwikkeling waarneembaar in het verwerven van taal, logisch denken en het aannemen van verschillende rollen op verschillende momenten in het leven.
In het verleden richtte een groot deel van het onderzoek in de ontwikkelingspsychologie zich op kinderen, deels omdat die zo snel en op nogal voorspelbare wijze veranderen. Recenter zijn ontwikkelingspsychologen hun aandacht steeds

Ontwikkelingsperspectief: Een van de zes belangrijke perspectieven van de psychologie, dat zich onderscheidt door de nadruk op erfelijkheid en omgeving, en op voorspelbare veranderingen die zich voordoen tijdens de levensloop.

Philip Zimbardo, een van de auteurs van dit boek, is een sociaalpsycholoog die de 'kracht van de situatie' bestudeert bij het beheersen van gedrag. Je zult zien hoezeer sociale situaties van invloed zijn op gedrag wanneer je over zijn Stanford Prison Experiment leest in hoofdstuk 11.

Bron: Philip G. Zimbardo, Inc.

Sociocultureel perspectief: Een van de zes belangrijke perspectieven van de psychologie, dat de nadruk legt op het belang van sociale interactie, sociaal leren en een cultureel perspectief.

Cultuur: Een complexe mix van taal, opvattingen, gewoonten, waarden en tradities die wordt ontwikkeld door een groep mensen en die wordt gedeeld met anderen in dezelfde omgeving.

Crosscultureel psycholoog: Een psycholoog die werkt in dit specialisme is geïnteresseerd in de manieren waarop psychologische processen verschillen tussen mensen van verschillende culturen.

Holisme: Visie die totaliteit altijd belangrijker vindt dan de som der delen.

meer gaan richten op tieners en adolescenten, en er is aangetoond dat ontwikkelingsprocessen gedurende het gehele leven doorgaan. In hoofdstuk 7 zullen we sommige veelvoorkomende patronen van levenslange psychologische verandering verkennen, vanaf de conceptie tot op hoge leeftijd. Het ontwikkelingsthema (ook wel levensloopspsychologie genoemd) zal elders in het boek ook voorkomen, omdat de ontwikkeling van invloed is op al onze psychologische processen, van de biologie tot aan sociale interactie.

1.2.6   Het socioculturele perspectief: het individu in context

Wie zou kunnen ontkennen dat mensen een sterke invloed op elkaar hebben? Het **socioculturele perspectief** stelt het idee van de sociale invloed centraal. Vanuit deze invalshoek verdiepen sociaal-culturele of crossculturele psychologen zich in onderwerpen als aardig vinden, liefhebben, vooroordelen, agressie, gehoorzaamheid en conformisme. En daarbij zijn ze in het bijzonder geïnteresseerd in hoe deze sociale processen per cultuur variëren (zie tabel 1.1).

Cultuur, een complexe mix van taal, opvattingen, gewoonten, waarden en tradities, heeft een diepgaande invloed op ons allemaal. Het feit dat aandacht voor cultuur vroeger ontbrak, ligt deels aan het feit dat de wetenschappelijke psychologie haar wortels in Europa en Noord-Amerika heeft, waar de meeste psychologen onder gelijkwaardige culturele omstandigheden leven en werken (Lonner & Malpass, 1994; Segall et al., 1998). Inmiddels is het perspectief echter wel breder geworden. Minder dan de helft van de half miljoen psychologen die de wereld telt, werken en wonen in de VS en de belangstelling voor de psychologie neemt in landen buiten Europa en Noord-Amerika nog steeds toe (Pawlik & d'Ydewalle, 1996; Rosenzweig, 1992, 1999). Desondanks is het leeuwendeel van onze psychologische kennis nog altijd overgoten met een Europees en Noord-Amerikaans sausje (Guthrie, 1998; zie ook paragraaf 1.3.3). **Crosscultureel psychologen** hebben dit vooroordeel erkend en wijden zich aan de immense taak de 'wetten' van de psychologie opnieuw te beoordelen aan de hand van andere culturele en etnische normen (Cole, 2006).

Natuurlijk ontkennen voorstanders van het sociaal-culturele standpunt de effecten van erfelijkheid of leren of zelfs van onbewuste processen niet. Ze geven de psychologie echter een krachtig bijkomend concept: de kracht van de situatie. Volgens dit standpunt kunnen de sociale en culturele situatie waarin de persoon is ingebed, soms sterker zijn dan alle andere factoren die het gedrag beïnvloeden. Samen helpen deze zes perspectieven dus allemaal om een **holistisch** beeld van menselijk gedrag te ontwikkelen. Gedrag kan maar zelden adequaat worden verklaard vanuit een enkel psychologisch perspectief. Daar voegen we wel meteen aan toe dat gedragsverklaringen niet zijn bedoeld als rechtvaardiging van dat gedrag. Verklaringen zijn nuttig als men wil proberen om problematisch gedrag af te leren of om gedrag van anderen beter te begrijpen. Figuur 1.4 op p. 22 geeft een samenvatting van de zes belangrijkste perspectieven die samen het spectrum van de moderne psychologie vormen.

> ✚ **DOE HET ZELF!** Werp een introspectieve blik op de Neckerkubus
>
> De kubus in figuur 1.3 houdt je ogen – of liever gezegd je hersenen – voor de gek. Kijk korte tijd naar de kubus, en plotseling lijkt het perspectief te veranderen. Een tijdlang zie je de kubus misschien van rechtsboven (figuur B), maar dan verandert de afbeelding plotseling en lijkt het alsof je er van linksonder tegenaan kijkt (figuur C). Het kan even duren voordat het perspectief voor de eerste keer verschuift. Maar zodra je de kubus ziet veranderen, kun je het verschuiven van het perspectief niet

meer tegenhouden. Het gaat van de ene hoek naar de andere en weer terug, ogenschijnlijk willekeurig. Als je hebt gezien hoe het perspectief verschuift, laat de kubus dan aan wat vrienden zien en vraag wat ze zien. Zien zij dezelfde verschuiving in het perspectief als jij?

Dit fenomeen werd niet ontdekt door een psycholoog. Het was de Zwitserse geoloog Louis Necker die het bijna tweehonderd jaar geleden opmerkte toen hij onder een microscoop naar kubusvormige kristallen keek. Neckers wonderbaarlijke kubus illustreert twee belangrijke dingen.

Allereerst toont de kubus ons het vaak verafschuwde proces van *introspectie*, dat werd ontwikkeld door Wundt en zijn studenten. Je zult zien dat de enige manier waarop we kunnen demonstreren dat de Necker-kubus in ons brein van perspectief verschuift, is door introspectie: mensen naar de kubus laten kijken en hen te laten beschrijven wat ze zien. Waarom is dit van belang voor psychologie? Alleen de strengste hardcore behavioristen zouden ontkennen dat er mentaal iets gebeurt in iemand die naar de kubus kijkt. Sterker nog, zoals de Gestaltpsychologen opmerkten: dit verschuivende perspectief behelst meer dan lijnen zien op een pagina. De Necker-kubus laat zien dat we betekenis toevoegen aan onze waarnemingen; een proces dat *perceptie* wordt genoemd, en dat het onderwerp van hoofdstuk 3 is.

Het tweede belangrijke punt is dit: de Necker-kubus kan dienen als een metafoor voor de meervoudige perspectieven in de psychologie. Net zoals er geen juiste manier is om de kubus te zien, is er ook geen perspectief in de psychologie dat ons de hele 'waarheid' geeft over gedrag en mentale processen. Anders gezegd: als we de psychologie in haar geheel willen begrijpen, moeten we de verschillende perspectieven vanuit meerdere invalshoeken bekijken.

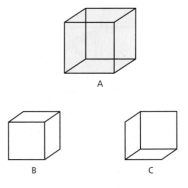

Figuur 1.3
Verschillende perspectieven op de Necker-kubus

1.2.7 Het veranderende beeld van de psychologie

Het wetenschappelijke veld van de psychologie is voortdurend in beweging. De laatste tientallen jaren zijn de biologische, cognitieve en ontwikkelingsperspectieven steeds dominanter geworden.

In toenemende mate leggen aanhangers van perspectieven die ooit met elkaar in conflict waren verbindingen en bundelen ze hun krachten. Daarom zien we nu steeds meer nieuwe (en soms vreemde) hybride vormen van psychologen, zoals 'cognitief behavioristen' of 'evolutionaire ontwikkelingspsychologen'. Tegelijkertijd lijken alle specialismen binnen de psychologie erop gebrand te zijn een verbinding te leggen met de neurowetenschap, die snel aan het uitgroeien is tot een van de pijlers van het vakgebied.

Crosscultureel psychologen, zoals deze onderzoekster in Kenia, verzamelen belangrijke gegevens waarmee de validiteit van psychologische kennis kan worden gecontroleerd.
Bron: Richard Lord/The Image Works.

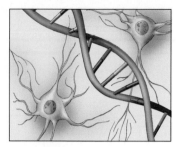

Het biologische perspectief richt zich op:
- zenuwstelsel
- hormoonstelsel
- genetica
- fysieke kenmerken

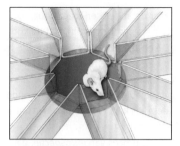

Het behavioristische perspectief richt zich op:
- leren
- beheersing van gedrag door de omgeving
- stimuli en responsen – maar niet op mentale processen

Het ontwikkelingsperspectief richt zich op:
- veranderingen in psychologisch functioneren tijdens het leven
- erfelijkheid en omgeving

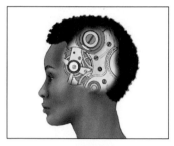

Het cognitieve perspectief richt zich op:
- mentale processen zoals gedachten, leren, geheugen en perceptie
- de geest als een computerachtige 'machine'
- hoe emotie en motivatie gedachten en perceptie beïnvloeden

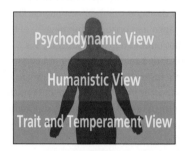

Het whole-personperspectief omvat:
- het *psychodynamische perspectief*, dat zich richt op onbewuste motivatie en psychische stoornissen
- het *humanistische perspectief*, dat zich toelegt op geestelijke gezondheid en menselijk potentieel
- het *perspectief van karaktertrekken en temperament*, dat persoonskenmerken en individuele verschillen benadrukt

Het socioculturele perspectief richt zich op:
- sociale invloeden op gedrag en mentale processen
- hoe individuen functioneren in groepen
- culturele verschillen

Figuur 1.4
Samenvatting van de zes belangrijkste perspectieven op de moderne psychologie

Er is nog een andere trend ontstaan onder psychologen die een sociaal-cultureel perspectief innemen: degenen die de nadruk leggen op cultuur krijgen de overhand. Tegelijkertijd lijkt het freudiaanse kamp terrein te verliezen onder degenen die aan een perspectief vanuit de gehele persoon vasthouden.

We willen ook je aandacht richten op een opmerkelijke verschuiving van het percentage vrouwelijke psychologen of psychologen die tot minderheidsgroepen behoren. Steeds meer etnische minderheden, vooral Aziaten, Afro-Amerikanen en latino's worden psycholoog (Cynkar, 2007; Kohout, 2001). Nog opvallender is de nieuwe meerderheidsstatus van vrouwen in de psychologie.

 Ga naar **www.pearsonmylab.nl** om je kennis en begrip van deze paragraaf te testen met de MyMap, MyCheck en MyDefinitions.

KERNVRAAG 1.3

▶ Hoe vergaren psychologen nieuwe kennis?

Eerder in dit hoofdstuk zagen we hoe wetenschappers door Descartes' radicale idee om de spirituele geest te scheiden van het fysieke lichaam konden gaan onderzoeken wat de biologische basis van gedrag is. Daarmee konden ze de pseudowetenschappelijke 'logica van het gezonde verstand', op grond waarvan bepaald gedrag werd toegeschreven aan mysterieuze spirituele krachten, ter discussie stellen. Nog altijd is er discussie over ongefundeerde beweringen van pseudowetenschappen, die variëren van handlezen tot voorspellingen van waarzeggers en het gebruik van kristallen tegen fysieke kwalen. Wat maakt dat de psychologie anders is dan deze pseudopsychologische manieren om inzicht te krijgen in mensen? Niet een daarvan heeft de test van de **wetenschappelijke methode** doorstaan, waarmee ideeën worden getoetst aan observaties. Pseudopsychologie is gebaseerd op hoop, bevestiging van vooroordelen, anekdotes en de goedgelovigheid van de mens. Misschien vind je deze opstelling van de psychologie nogal arrogant. Waarom zouden we geen plekje geven aan nog veel meer manieren om het fenomeen mens te benaderen? Dat doen we ook. Psychologen werken graag samen met sociologen, antropologen en psychiaters. We wijzen echter mensen af die beweren dat ze 'bewijzen' in handen hebben, terwijl dat in werkelijkheid slechts meningen en anekdoten zijn.

Wat maakt psychologie dan wel tot een echte wetenschap? Dat is de *methode*. Ons kernconcept van deze paragraaf luidt dan ook:

> **Wetenschappelijke methode:** Een uit vier stappen bestaande procedure voor empirisch onderzoek van een hypothese, waarbij de omstandigheden zo zijn gekozen dat vooroordelen en subjectieve oordelen worden uitgesloten.

● **KERNCONCEPT 1.3**
Net als onderzoekers op alle andere vakgebieden gebruiken psychologen de wetenschappelijke methode om hun ideeën empirisch te toetsen.

En wat houdt die wetenschappelijke methode dan precies in? Eenvoudig gezegd is de wetenschappelijke methode een procedure om ideeën te onderwerpen aan een onderzoek waarna ze ofwel bewezen, dan wel verworpen worden. De essentie hiervan is het **empirisch onderzoek**, het verzamelen van objectieve informatie uit de eerste hand door metingen die zijn gebaseerd op sensorische ervaringen en observatie.

Op grond van empirisch onderzoek wil de psychologie uiteindelijk allesomvattende verklaringen voor gedrag en geestelijke processen ontwikkelen. In de wetenschap noemen we deze verklaringen *theorieën*, een woord dat vaak verkeerd begrepen wordt. 'Het is maar een theorie', hoor je wel eens zeggen. Maar voor een onderzoeker heeft **theorie** een speciale betekenis. Kort gezegd is een wetenschappelijke theorie een toetsbare verklaring voor een verzameling feiten of waarnemingen (Allen, 1995; Kukla, 1989). Het is duidelijk dat deze definitie verschilt van de manier waarop mensen de term gewoonlijk gebruiken. In alledaagse taal kan 'theorie' een wilde speculatie betekenen of slechts een vermoeden, een idee dat niet onderbouwd wordt door bewijzen. Voor een onderzoeker heeft een goede theorie echter twee aantrekkelijke eigenschappen: a) de theorie kan de feiten verklaren en b) de theorie kan worden getest.

> **Empirisch onderzoek:** Onderzoeksbenadering waarbij gegevens worden verzameld door middel van objectieve informatie uit de eerste hand, gebaseerd op sensorische ervaring en observatie.

> **Theorie:** Toetsbare verklaring voor een aantal feiten of observaties.

1.3.1 Vier stappen van de wetenschappelijke methode

Het toetsen van een wetenschappelijke theorie geschiedt in vier methodische stappen, die we kunnen illustreren met ons experiment over de gedragsmatige

1. Een hypothese ontwikkelen

2. Objectieve data verzamelen

3. De resultaten analyseren

Aantal kinderen

laag   hoog
Activiteitenniveau

4. De resultaten publiceren,
bekritiseren en repliceren

Journal of Psychology

Figuur 1.5
De vier stappen van de
wetenschappelijke methode

Hypothese: Voorspelling van de uitkomst
van een wetenschappelijk onderzoek; een
bewering over de relatie tussen variabelen in
een onderzoek.

Variabele: In deze context: element dat
van invloed is op hetgeen onderzocht wordt
(zoals geformuleerd in de onderzoeksvraag
of hypothese).

Operationele definitie: Objectieve beschrijving van een concept dat bij een wetenschappelijk onderzoek hoort. Operationele
definities kunnen concepten die worden
bestudeerd herformuleren in gedragsmatige
termen (angst kan bijvoorbeeld operationeel
worden gedefinieerd als 'zich van een stimulus af bewegen'). Operationele definities zijn
ook exacte omschrijvingen van de manier
waarop een experiment moet worden uitgevoerd en waarop belangrijke variabelen moeten worden gemeten (aantrekkingskracht kan
bijvoorbeeld worden gemeten door hoelang
iemand naar een ander kijkt).

effecten van suiker (zie figuur 1.5). Dit zijn in essentie altijd dezelfde stappen, of
het nu om psychologisch, biologisch, sociologisch of om het even welk onderzoek gaat. Het is dus de *methode* die het onderzoek wetenschappelijk maakt, niet
het onderwerp. In het ideale geval is dit de manier waarop een wetenschapper de
wetenschappelijke methode uitvoert:

Een hypothese ontwikkelen

Elk wetenschappelijk onderzoek begint met het formuleren van een specifiek
idee of een vermoeden over een onderdeel van een bredere theorie. De voorspelling van de uitkomst van een wetenschappelijk onderzoek, namelijk een
bewering over de relatie die er zou bestaan tussen de verschillende variabelen in
een onderzoek, wordt een **hypothese** genoemd.

Om toetsbaar te zijn moet een hypothese potentieel *falsificeerbaar* (weerlegbaar)
zijn; dit wil zeggen dat de hypothese zodanig moet worden opgesteld dat kan
worden bewezen of deze juist of onjuist is. (De hypothese zou *niet* falsificeerbaar
zijn als we alleen een waardeoordeel gaven, bijvoorbeeld dat suiker 'slecht' is voor
kinderen.) Als onze hypothese stelt dat kinderen van suiker hyperactief worden,
zouden we deze kunnen onderzoeken door kinderen suiker te laten eten en vervolgens de effecten op hun activiteitsniveau waar te nemen. Als we geen effect
vinden, is de hypothese gefalsifceerd (weerlegd). Wetenschap geeft geen waardeoordeel en kan geen antwoord geven op vragen die niet empirisch getoetst kunnen worden. Zie tabel 1.2 voor voorbeelden van dergelijke vragen.

Vervolgens moet de onderzoeker precies bedenken hoe de hypothese zal worden onderzocht; dit betekent dat alle aspecten (**variabelen**) in concrete termen
worden gedefinieerd. Deze termen worden **operationele definities** genoemd.
Hiervoor is het nodig om de procedures (handelingen) te specificeren die gebruikt zullen worden bij het uitvoeren van het experiment en bij het meten van
de resultaten. We lichten dit idee toe aan de hand van de volgende voorbeelden,
die als operationele definities voor ons experiment zouden kunnen dienen.

Operationele definitie van 'kinderen'

We kunnen natuurlijk niet alle kinderen ter wereld onderzoeken. Onze operationele definitie van 'kinderen' zou kunnen zijn: alle kinderen van groep 3 van een basisschool in de buurt.

Operationele definitie van 'suiker'

Evenzo zouden we specifiek kunnen definiëren wat we bedoelen met 'suiker', bijvoorbeeld de hoeveelheid suiker in een bepaalde frisdrank die in de supermarkt verkrijgbaar is. Als we bijvoorbeeld besluiten Fanta als onze suikerbron te gebruiken, zouden we 'suiker' operationeel kunnen definiëren als de hoeveelheid suiker die in één blikje Fanta aanwezig is. (Door een drank zonder cafeïne te gebruiken wordt het mogelijk verstorende effect van cafeïne op het gedrag van kinderen vermeden.)

Operationele definitie van 'hyperactief'

Dit zal iets ingewikkelder zijn. Stel dat we waarnemers hebben die het gedrag van elk van de kinderen op de volgende vijfpuntsschaal zullen beoordelen:

passief	rustig	gematigd actief	actief	zeer actief
1	2	3	4	5

Als onze studie specificeert dat bepaalde kinderen een suikerhoudende drank krijgen en andere kinderen dezelfde drank met kunstmatig zoetmiddel, kunnen we 'hyperactief' operationeel definiëren als een significant hogere gemiddelde beoordeling van het activiteitsniveau van de groep die de suikerhoudende drank krijgt.

Nu we onze hypothese en operationele definities hebben opgesteld, hebben we de eerste stap in ons wetenschappelijk onderzoek gezet. Maar we zijn nog niet klaar. We moeten ons feitelijke experiment nog uitvoeren en de sensorische bevindingen verzamelen. Het grote manco van pseudowetenschappen zoals astrologie of waarzeggerij is dat ze deze stap van het verifiëren of verwerpen van hun aannamen nooit werkelijk uitvoeren.

Tabel 1.2   Welke vragen kan de wetenschappelijke methode niet beantwoorden?

De wetenschappelijke methode is niet geschikt voor vragen die niet met een objectieve, empirische test kunnen worden beantwoord. Hieronder staan enkele voorbeelden van zulke vragen:

Gebied	Vraag
Ethiek	Mogen wetenschappers dierproeven doen?
Waarden	Welke cultuur gaat het beste om met werk en vrije tijd?
Moraal	Is abortus moreel goed of fout?
Voorkeuren	Is rapmuziek beter dan blues?
Esthetiek	Was Picasso creatiever dan Van Gogh?
Existentiële vragen	Wat is de zin van het leven?
Religie	Bestaat God?
Wetgeving	Wat is de ideale maximumsnelheid op snelwegen?

Hoewel de wetenschap ons begrip omtrent zulke kwesties kan vergroten, moeten de antwoorden op deze vragen uiteindelijk gezocht worden in de logica, het geloof, de wetgeving, ethiek, of andere methoden die buiten het terrein van de wetenschappelijke methode liggen.

Het toetsen van de hypothese: objectieve data verzamelen

Hier beginnen we met ons empirisch onderzoek. *Empirisch* betekent letterlijk 'op basis van ervaring', in tegenstelling tot speculatie, die uitsluitend op hoop, gezag, geloof of 'het gezonde verstand' is gebaseerd. Toch kan deze letterlijke definitie misleidend zijn als we iemands ervaring ten onrechte classificeren als 'empirisch'. Hoe indrukwekkend iemands ervaring soms ook is, het blijft een getuigenis of een anekdote die onder gecontroleerde omstandigheden in een wetenschappelijk onderzoek moet worden geverifieerd.

Zoals we al bespraken in de paragraaf over kritisch denken (paragraaf 1.1.3), is het riskant om aan te nemen dat de ervaringen van de één ook gelden voor de ander. Een hypothese empirisch onderzoeken houdt in dat we zorgvuldig en systematisch bewijs verzamelen, aan de hand van verschillende methoden die zich bewezen hebben. Deze methoden bespreken we in de volgende paragraaf. Ze zijn ontwikkeld om te voorkomen dat we de verkeerde conclusies trekken op basis van onze verwachtingen, biases en vooroordelen. Alleen dan kunnen we de **data** die het onderzoek heeft opgeleverd met meer vertrouwen toepassen op een grotere groep mensen (of *generaliseren*).

In wetenschappelijke termen bestaat empirisch onderzoek uit het uitvoeren van een gecontroleerd experiment. Psychologen gebruiken speciale termen om de twee groepen aan te duiden die bij een experiment als het onze worden vergeleken en voor het aanduiden van de twee verschillende behandelingsomstandigheden waaraan ze zullen worden blootgesteld. De groep die de speciale behandeling ondergaat, bevindt zich in de **experimentele conditie** van het onderzoek. (Bij ons onderzoek bestaat de experimentele conditie uit het ontvangen van de suikerhoudende drank.) Mensen die zich in de experimentele conditie bevinden, vormen de **experimentele groep**. Degenen die de **controlegroep** vormen, zijn in de **controleconditie** geplaatst, waarin ze geen speciale behandeling ontvangen. (In ons onderzoek krijgt de controlegroep de kunstmatig gezoete drank.) De controlegroep dient dus als standaard en wordt gebruikt om degenen in de experimentele groep mee te vergelijken (zie figuur 1.6).

Bij de eenvoudigste experimentele opzet varieert de onderzoeker één factor en houdt hij alle andere experimentele omstandigheden constant. Onderzoekers noemen die ene variabele factor de **onafhankelijke variabele**. (In ons experiment bestaat de onafhankelijke variabele uit de verschillende hoeveelheden suiker die aan de twee groepen zijn gegeven.) Door de onafhankelijke variabele op deze wijze te manipuleren, kan de onderzoeker bepalen of die factor het waargenomen effect veroorzaakt. Je kunt de onafhankelijke variabele beschouwen als een factor die de onderzoeker wijzigt, *onafhankelijk* van alle andere zorgvuldig gecontroleerde experimentele omstandigheden.

Door sommige kinderen suiker te geven en andere kinderen een vervanging voor suiker, terwijl we alle andere factoren constant houden, manipuleren we de onafhankelijke variabele. Omdat alle andere aspecten van het experiment constant worden gehouden, kunnen we zeggen dat de onafhankelijke variabele de *oorzaak* is van elk gevolg dat we in het experiment waarnemen. Zo is de **afhankelijke variabele** de variabele in de uitkomst die volgens onze hypothese het *gevolg* is van de onafhankelijke variabele. Met andere woorden: elk gevolg dat we tijdens het experiment waarnemen, hangt af van de onafhankelijke variabele die we hebben geïntroduceerd. In ons suikerexperiment is de afhankelijke variabele dus het activiteitsniveau van de kinderen. Als er een grotere activiteit wordt

Data: Informatie, in het bijzonder gegevens die door een onderzoeker zijn verzameld en die worden gebruikt om een hypothese te toetsen. (Enkelvoud: datum.)

Experimentele conditie: Omstandigheden waaraan de leden van de experimentele groep tijdens de speciale behandeling worden blootgesteld.

Experimentele groep: Proefpersonen die worden blootgesteld aan de speciale behandeling die men onderzoekt.

Controlegroep: Proefpersonen die worden gebruikt als vergelijkingsmateriaal naast de experimentele groep. De controlegroep krijgt niet de speciale behandeling waar men meer over wil weten.

Controleconditie: Omstandigheden waaraan de leden van de controlegroep tijdens het experiment worden blootgesteld. Deze condities zijn op bijna elk onderdeel identiek aan de experimentele conditie, met uitzondering van de speciale behandeling, die alleen de experimentele groep ontvangt.

Onafhankelijke variabele: Variabele die zo genoemd wordt omdat de onderzoeker hem onafhankelijk van alle andere, zorgvuldig gecontroleerde experimentele omstandigheden kan manipuleren.

Afhankelijke variabele: De variabele die wordt gemeten of geobserveerd. Binnen een experiment wordt de afhankelijke variabele door het manipuleren van de onafhankelijke variabele beïnvloed. De eventuele variatie in de waarde van de afhankelijke variabele is het effect waarin de onderzoeker geïnteresseerd is.

waargenomen in de groep die suiker heeft gekregen, kunnen we er zeker van zijn dat de suiker die toename heeft veroorzaakt, omdat die het enige verschil was tussen de groepen.

Bij het opzetten en uitvoeren van een experiment is er een probleem dat we moeten overdenken: het kiezen van de deelnemers zodat de experimentele groep en de controlegroep in wezen gelijk zijn, met uitzondering van de experimentele behandeling die ze ontvangen. We willen vermijden dat we ten onrechte een al bestaand verschil aanzien voor het effect van de onafhankelijke variabele. Bij ons onderzoek naar suiker en activiteitsniveau zou het bijvoorbeeld niet juist zijn alle meisjes in de ene groep in te delen en alle jongens in de andere. (Waarom niet? Er zouden sekseverschillen kunnen zijn in hun reacties op suiker. Bovendien is het mogelijk dat het ene geslacht zijn reacties beter kan beheersen dan het andere.) Het zou evenmin een goed idee zijn om introverte kinderen in de ene groep in te delen en extraverte kinderen in de andere (omdat de kans groot is dat de introverte kinderen toch al minder actief zijn). Kortom: onderzoekers moeten een manier vinden om systematische vertekening te vermijden wanneer ze mensen in de experimentele groep of in de controlegroep indelen. Een goede oplossing is **randomisering** (indeling volgens toeval), waarbij deelnemers uitsluitend volgens toeval in een groep worden ingedeeld. Een manier om dit te doen is de namen van de kinderen alfabetisch te ordenen en ze daarna afwisselend in de experimentele en in de controlegroep in te delen. Op deze manier worden potentiële verschillen tussen de twee groepen door het toeval geminimaliseerd. Dit zorgt ervoor dat alle verschillen in activiteitsniveau werkelijk het gevolg zijn van de suiker en niet van een andere factor.

Randomisering: Procedure waarbij volledig door het toeval wordt bepaald of proefpersonen aan de experimentele groep of aan de controlegroep worden toegewezen; kan ook betrekking hebben op een procedure binnen een experiment, waarbij de volgorde waarin de stimulus wordt aangeboden volledig door het toeval wordt bepaald.

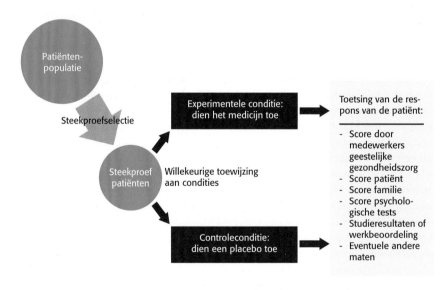

Figuur 1.6

Experimentele en controlegroepen in een medicijnenstudie

Goed ontworpen onderzoeken vergelijken meestal de responsen van een experimentele groep met die van een controlegroep, zoals in dit ontwerp voor het testen van een nieuw medicijn.

De resultaten (data) analyseren en de hypothese accepteren of verwerpen

Als de onderzoeker de data verzameld heeft, bekijkt hij ze, om te zien of zijn hypothese de test heeft doorstaan of dat deze moet worden verworpen. Deze stap vraagt om een vorm van wiskundige analyse, vooral als de uitkomst niet eenduidig is. Met behulp van statistische methoden kan de onderzoeker berekenen of de waargenomen resultaten **significant** zijn of niet, dat wil zeggen: of het waarschijnlijk is dat de resultaten van het experiment zijn veroorzaakt door de onafhankelijke variabele of dat ze het gevolg zijn van toeval. Een gedetailleerde uitleg van de statistiek valt buiten de doelstellingen van dit boek, simpelweg omdat het onderwerp daar veel te groot voor is.

Significant: Een statistische term die aangeeft dat het waarschijnlijk is dat het waargenomen effect niet door toeval is ontstaan, maar door de onafhankelijke variabele te veranderen.

Bij ons experiment is de statistische analyse relatief eenvoudig, omdat we alleen willen weten of de kinderen die suiker kregen, hoger scoren op activiteitsniveau dan degenen die het suikervrije drankje kregen. Als dit zo is, kunnen we stellen dat onze hypothese wordt bevestigd. Als dit niet het geval is, kunnen we de hypothese verwerpen.

De resultaten publiceren, bekritiseren en repliceren

Tijdens de laatste stap van de wetenschappelijke methode moeten wetenschappers uitzoeken of hun onderzoek bestand is tegen de kritische blik en het commentaar van de wetenschappelijke wereld. Daartoe maken ze hun resultaten bekend bij collega's door ze te publiceren in een vakblad, er een verhandeling over te houden tijdens een wetenschappelijk congres of door er een boek over te schrijven. Vervolgens is het wachten op reacties van critici.

Als collega's het onderzoek interessant en belangrijk vinden – en vooral als het ander onderzoek of een algemeen geaccepteerde theorie ondermijnt – zullen ze op zoek gaan naar eventuele zwakke plekken in de opzet van het onderzoek. Ze vragen zich bijvoorbeeld af of de onderzoeker de proefpersonen goed heeft uitgekozen, of de statistische analyses goed zijn uitgevoerd, of de resultaten ook door andere variabelen verklaard kunnen worden. Critici kunnen een onderzoek ook toetsen door middel van een *replicatiestudie*. Bij **repliceren** voeren onderzoekers een onderzoek opnieuw uit, om te zien of ze dezelfde uitkomsten krijgen als in het oorspronkelijke onderzoek.

In feite is ons onderzoek naar de effecten van suiker op kinderen een vereenvoudigde herhaling van het onderzoek dat in 1995 door Mark Woolraich en zijn collega's is uitgevoerd. Hun onderzoek duurde drie weken en bestond uit een vergelijking van een experimentele groep kinderen die een sterk suikerhoudend dieet volgde, en een controlegroep die een suikerarm dieet volgde met kunstmatige zoetstof. In tegenstelling tot wat veel mensen denken, ontdekten de onderzoekers geen verschillen tussen de groepen in gedragsmatig of cognitief (verstandelijk) functioneren. Dus als bij ons onderzoek een effect van een 'suikerkick' wordt ontdekt, spreekt dit de resultaten van Woolraich tegen en kun je er zeker van zijn dat ons onderzoek zorgvuldig zal worden bestudeerd en bekritiseerd.

We moeten echter benadrukken dat wetenschappelijke resultaten altijd voorlopig zijn. Zolang ze worden aangenomen, worden ze bedreigd door nieuw onderzoek dat een nieuwe interpretatie vereist of dat eerder werk naar de wetenschappelijke schroothoop verwijst. De resultaten van ons onderzoek en dat van het suikeronderzoek van Woolraich zouden dus uiteindelijk door nieuwe kennis kunnen worden vervangen. De wetenschappelijke methode is geen onfeilbaar systeem, maar het is de beste methode die is ontwikkeld om ideeën over de werkelijkheid te testen. Als zodanig vormt deze methode een van de grootste intellectuele prestaties van de mensheid.

1.3.2   Vijf soorten psychologisch onderzoek

Binnen de wetenschappelijke methode kan een onderzoeker op verschillende specifieke manieren objectieve data verzamelen. Elke manier heeft voordelen en beperkingen. Een belangrijke stap in een gedegen onderzoek is daarom dat je de methode selecteert die het meest geschikt is voor jouw specifieke hypothese en middelen.

Experimenten

Net als het woord *theorie* heeft de term **experiment** ook een heel specifieke betekenis in de wetenschap. Anders dan in de alledaagse aanduiding voor elk type formele of informele test, slaat het wetenschappelijk gebruik van de term op een specifieke serie procedures om onder streng gecontroleerde omstandigheden

Repliceren: Een onderzoek opnieuw uitvoeren om te zien of dezelfde resultaten worden verkregen. Om bias uit te sluiten wordt replicatie vaak gedaan door iemand anders dan de onderzoeker die het oorspronkelijke onderzoek uitvoerde.

Experiment: Type onderzoek waarbij de onderzoeker gebruikmaakt van vergelijkbare groepen en alle omstandigheden controleert en rechtstreeks manipuleert, inclusief de onafhankelijke variabele.

informatie te verzamelen. Zoals in ons onderzoek naar het effect van suiker op het gedrag van kinderen ook gebeurde, controleert de onderzoeker in een experiment alle omstandigheden die van invloed zouden kunnen zijn op hetgeen hij onderzoekt.

Het experiment staat bekend als de enige onderzoeksmethode waarmee een betrouwbare oorzaak-gevolgrelatie (*causaliteit*) kan worden vastgesteld. Als een hypothese dus zo is geformuleerd dat er een oorzaak en gevolg wordt gesuggereerd – zoals het geval is in onze bewering dat suiker hyperactiviteit bij kinderen *veroorzaakt* – is het experiment de beste optie om die bewering te onderzoeken. De experimentele methode wordt gezien als de gouden standaard voor het vinden van een relatie tussen oorzaak en gevolg. Dit gebeurt door de onafhankelijke variabele te isoleren en alle andere condities van het experiment constant te houden. Willekeurige toewijzing (randomisering) aan de experimentele en controlegroepen moet de vooraf bestaande verschillen tussen de groepen tot een minimum beperken, zodat we er zo veel mogelijk op kunnen vertrouwen dat de verschillen in uitkomst (de afhankelijke variabele) zijn te danken aan de gevolgen van de onafhankelijke variabele en niet aan iets anders.

Waarom hebben we gezien de effectiviteit van het experiment dan nog andere methoden nodig om oorzaak en gevolg te vinden? Een reden is dat niet alle hypothesen op zoek zijn naar oorzaak en gevolg; sommige willen alleen maar bepaalde populaties beschrijven en bijvoorbeeld vaststellen welke karaktereigenschappen veel psychologiestudenten vertonen. Een andere reden is dat we bepaalde soorten experimentele studies uit ethische overwegingen niet kunnen uitvoeren, met name als die in potentie schadelijk zijn voor de deelnemers. In dergelijke gevallen zijn de volgende onderzoeksmethoden een betere en meer praktische keuze.

Correlatieonderzoek

Soms is de mate van controle die nodig is voor een zorgvuldig experiment om praktische of ethische redenen niet haalbaar. Stel dat je de volgende hypothese wilt toetsen: kinderen die een zeer giftig soort verf hebben binnengekregen, vertonen leerproblemen. Je kunt geen experiment opzetten om deze hypothese te verifiëren. Waarom niet? In een experiment zou je de onafhankelijke variabele moeten manipuleren door een experimentele groep kinderen doelbewust giftige verf toe te dienen! Dat zou natuurlijk nogal gevaarlijk en erg onethisch zijn. Gelukkig is er een manier om dit probleem te omzeilen, maar dan heb je de onderzoekscondities niet meer volledig onder controle. Dit alternatief is een **correlatieonderzoek**. Bij correlatieonderzoek ga je in feite op zoek naar een 'experiment' dat al toevallig, onopzettelijk, heeft plaatsgevonden in de wereld buiten het laboratorium. Voor een correlatieonderzoek naar de effecten van de zeer giftige soort verf zou je op zoek kunnen gaan naar een groep kinderen die al aan die verf is blootgesteld, en die vergelijken met een andere groep die de verf niet heeft binnengekregen. Vervolgens probeer je beide groepen zo gelijk mogelijk te maken (qua leeftijd, gezinsinkomen, geslacht), behalve wat betreft de blootstelling aan de giftige verf.

Het grote nadeel van een correlatieonderzoek is dat je nooit zeker weet of de groepen werkelijk op alle vlakken vergelijkbaar zijn. Omdat je de proefpersonen niet willekeurig aan de twee groepen kunt toewijzen en omdat je de onafhankelijke variabele niet kunt manipuleren, weet je nooit zeker of de omstandigheid die jou interesseert de oorzaak is van de effecten die je hebt waargenomen. De twee groepen zouden wellicht van elkaar kunnen verschillen wat betreft een aantal variabelen (zoals toegang tot gezondheidszorg of voeding) die je over het hoofd hebt gezien. Dus zelfs als je waarneemt dat kinderen die zijn blootgesteld aan de giftige verf meer leerproblemen hebben, kun je niet met zekerheid

Correlatieonderzoek: Vorm van onderzoek waarbij de relatie tussen variabelen wordt bestudeerd zonder een onafhankelijke variabele in een experiment te manipuleren. Uit correlatieonderzoek kan geen oorzaak-gevolgrelatie worden afgeleid.

concluderen dat blootstelling aan de verf die problemen veroorzaakt. Het enige wat je kunt zeggen, is dat de giftige verf gecorreleerd is, oftewel een samenhang vertoont met de waargenomen leermoeilijkheden. Wetenschappers zeggen dan: *correlatie is niet hetzelfde als oorzaak*. Het verwarren van correlatie met causaliteit is een van de meest gemaakte kritische denkfouten.

Onderzoekers drukken de mate van correlatie meestal uit in een getal, dat we kennen als de *correlatiecoëfficiënt*, en dat vaak wordt aangegeven met de letter *r*. De grootte van de correlatiecoëfficiënt vat de samenhang tussen de twee variabelen samen en ligt altijd tussen −1,0 en +1,0. We zullen hier niet ingaan op de details van het berekenen van de correlatiecoëfficiënt, die kun je lezen in elk statistiekboek.

Het is belangrijk dat je een gevoel ontwikkelt voor wat positieve, negatieve en geen correlatie betekenen (zie figuur 1.7). Als de variabelen **geen** enkele **correlatie** vertonen, is hun coëfficiënt 0. Je zou bijvoorbeeld een correlatie van 0 verwachten tussen lichaamslengte en het gemiddelde cijfer van leerlingen in het voortgezet onderwijs. Als de twee variabelen een samenhang vertonen waarbij ze in dezelfde richting variëren (dit betekent dat als de scores van de ene variabele toenemen, die van de andere dat ook doen), zeggen we dat ze **positief correleren**. Een voorbeeld van een positieve correlatie is de samenhang tussen de Cito-scores aan het einde van de basisschool en de behaalde cijfers in het voortgezet onderwijs (die bijvoorbeeld +0,4 zou kunnen zijn). Met andere woorden, als de Cito-scores toenemen, stijgen ook de behaalde cijfers in het voortgezet onderwijs. Als de ene variabele afneemt zodra de andere toeneemt, zijn ze **negatief gecorreleerd** en staat er voor hun correlatiecoëfficiënt een minteken. Bijvoorbeeld: er bestaat waarschijnlijk een negatieve correlatie tussen de hoeveelheid alcohol die examenleerlingen consumeren en het gemiddelde cijfer dat ze voor een bepaald examen halen. In het voorbeeld van de verf zou er een negatieve correlatie tussen de variabelen bestaan als een hogere concentratie gif in het bloed gepaard zou gaan met een lagere score op een IQ-test.

Het is belangrijk op te merken dat ook een negatieve correlatie kan betekenen dat er een sterke samenhang bestaat tussen variabelen. Laten we aannemen dat een bepaalde mate van nervositeit een correlatie van −0,7 heeft met de hoeveelheid tijd die aan de studie is besteed. Dat is een sterkere samenhang dan, bijvoor-

Geen correlatie: Een correlatiecoëfficiënt die aangeeft dat de variabelen geen relatie hebben met elkaar.

Positieve correlatie: Een correlatiecoëfficiënt die aangeeft dat de variabelen tegelijkertijd in dezelfde richting variëren: als de een groter of kleiner wordt, verandert de ander in dezelfde richting.

Negatieve correlatie: Een correlatiecoëfficiënt die aangeeft dat de variabelen tegelijkertijd in verschillende richtingen variëren: als de een groter wordt, wordt de ander kleiner.

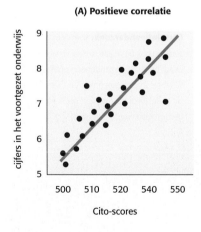

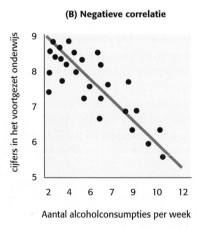

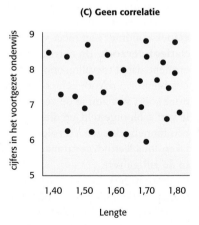

Figuur 1.7

Drie soorten correlatie

Deze grafieken geven de drie belangrijkste soorten correlatie weer, met datapunten voor 27 individuen. A) laat een positieve correlatie zien tussen Cito-scores en cijfers in het voortgezet onderwijs; B) geeft een negatieve correlatie weer tussen alcoholconsumptie en cijfers; en C) laat geen correlatie zien tussen lichaamslengte en gemiddelde cijfers.

beeld, de positieve correlatie van +0,4 tussen Cito-scores en schoolcijfers. Het cijfer 0,7 ligt namelijk verder van 0 vandaan dan het cijfer -0,4.

Surveys

Als je geïnteresseerd bent in de standpunten, voorkeuren of meningen van een groep mensen kun je ze daar simpelweg naar vragen met behulp van een 'self-report'-techniek die **survey** wordt genoemd. Deze methode wordt veel toe-gepast door opiniepeilers en marktonderzoekers, maar ook door onderzoekers in de psychologie en de sociologie. Een survey houdt in dat mensen gevraagd wordt een reactie te geven op een van tevoren vastgestelde lijst met vragen. Het voordeel van dit soort onderzoek is dat je met relatief weinig moeite grote hoe-veelheden respondenten kunt bereiken. De waarde van een survey is echter sterk afhankelijk van de vraag of de respondenten eerlijke antwoorden geven en niet zozeer sociaal wenselijke (Schwarz, 1999). Twee andere belangrijke factoren die van invloed zijn op de resultaten van een survey zijn de formulering van de vra-gen (Zijn ze helder? Zijn ze suggestief?) en de steekproef (Hoe goed represente-ren de respondenten de groep die de aandacht van de onderzoekers heeft?).

Survey: Techniek die wordt gebruikt bij correlatieonderzoek. In een survey wordt mensen gevraagd te reageren op een van tevoren vastgestelde lijst met vragen.

Natuurlijke observaties

Bij haar klassiek geworden onderzoek dat aantoonde dat chimpansees een com-plexe cultuur hebben en instrumenten maken, observeerde Jane Goodall chim-pansees in hun natuurlijke omgeving in het oerwoud. Als een onderzoeker wil weten hoe individuen zich in hun natuurlijke omgeving gedragen (in tegenstel-ling tot hun gedrag onder de kunstmatige condities in een laboratorium), kan hij gebruikmaken van de methode van **natuurlijke observatie**. Natuurlijke obser-vatie is een goede keuze wanneer je meer wilt weten over opvoedingspraktijken, de winkelgewoonten van een bepaalde groep mensen of flirten in het openbaar. Zo'n onderzoek kan op de meest uiteenlopende plekken plaatsvinden, van een winkelcentrum tot een klaslokaal, van een huiskamer tot een afgelegen oerwoud. Het is echter belangrijk om te onthouden dat de omstandigheden waaronder het onderzoek wordt verricht, veel minder gecontroleerd zijn dan bij een expe-riment, omdat de onderzoeker bij deze methode noch de condities in de hand heeft, noch in staat is de onafhankelijke variabele te manipuleren.

Natuurlijke observatie: Vorm van cor-relatieonderzoek waarbij gedrag van mensen of dieren in hun eigen omgeving wordt geobserveerd.

Het voordeel van natuurlijke observatie is dat je de gedragingen ziet zoals ze zich op natuurlijke wijze voordoen. Dat levert vaak inzichten op die je niet krijgt in een laboratorium. In sommige situaties is het ook goedkoper om gebruik te ma-ken van een natuurlijke omgeving in plaats van die proberen te reconstrueren in een laboratorium. Nadelen zijn bijvoorbeeld dat je geen controle hebt over de omgeving, wat causale conclusies onmogelijk maakt, en dat een gedegen natuurlijke studie een hoop tijd en geld kost.

Gevalstudie: Onderzoek van een enkel object (of een zeer gering aantal objecten).

Gevalstudie

Hoe zou je erachter kunnen komen welke factoren het gevoel voor humor van Eddie Murphy hebben gevormd? Je kunt geen experimentele groep en een controlegroep opzetten, omdat er slechts één Eddie Murphy is. Er kan duidelijk geen sprake zijn van een goed gecontroleerd on-derzoek, dus de onderzoeker richt zich waarschijnlijk op weer een ander soort onderzoek, de **gevalstudie** (casestu-dy), die zich richt op enkele personen (soms slechts één). Deze methode wordt over het algemeen alleen gebruikt voor diepgaand onderzoek naar individuen met zeldzame stoornissen of ongewone talenten. In zijn boek *Creating*

Jane Goodall bestudeerde het gedrag van chimpansees door middel van natuurlijke observatie.
Bron: Jean-Marc Bouju/AP Images.

Minds (1993) gebruikt Howard Gardner bijvoorbeeld de casestudymethode om de denkprocessen van enkele zeer creatieve mensen te verkennen, onder wie Einstein, Picasso en Freud. Therapeuten die casestudy's gebruiken om theorieën te ontwikkelen over psychische stoornissen, noemen dit de *klinische methode*. De nadelen van de gevalstudie liggen voor de hand: de methode is subjectief en door de geringe omvang van de onderzochte groep zijn de conclusies niet automatisch van toepassing op andere individuen. Desondanks levert de gevalstudie soms waardevolle inzichten op, die op geen enkele andere manier verkregen kunnen worden.

1.3.3 Vertekening in psychologisch onderzoek beperken

Hulp bij zelfmoord. Abortus. De doodstraf. Heb je sterke gevoelens en meningen over een van deze kwesties? Door emotioneel beladen onderwerpen als deze kunnen biases naar voren komen, waardoor kritisch denken moeilijk is. De mogelijkheid van bias creëert dus problemen voor psychologen die zijn geïnteresseerd in het bestuderen van onderwerpen als kindermishandeling, sekseverschillen of de effecten van raciale vooroordelen; onderwerpen waarin ze juist vanwege hun sterke mening zijn geïnteresseerd. Als we hier niet op toezien, kan de bias van onderzoekers van invloed zijn op de wijze waarop ze een onderzoek opzetten, gegevens verzamelen en resultaten interpreteren. Laten we eens naar twee vormen van bias kijken, waarvoor speciaal moet worden opgelet bij onderzoek. *Emotionele bias*, die we eerder bespraken in verband met kritisch denken, betreft de gekoesterde aannames, sterke voorkeuren, ingebakken opvattingen of persoonlijke voorkeuren van een individu. Ze zijn vaak niet duidelijk voor degene die zulke vertekeningen heeft. In zijn boek *Even the Rat Was White* (1998) wijst psycholoog Robert Guthrie op de bias in de lange psychologische traditie van het gebruik van voornamelijk blanke Europese en Noord-Amerikaanse proefpersonen (meestal universiteitsstudenten) in onderzoek – zonder dat de onderzoekers zich realiseerden dat ze bias introduceerden in hun selectieprocedures voor steekproeven. Door deze handelwijze worden de onderzoeksresultaten minder toepasbaar op mensen in het algemeen. Ook in Nederland en België wordt nog altijd veel onderzoek uitgevoerd onder eerstejaars psychologiestudenten. Gelukkig biedt de wetenschappelijke methode, met de ruimte voor kritiek van collega's en herhaling, een krachtig tegenwicht tegen de emotionele biases van een onderzoeker. Toch zouden onderzoekers er de voorkeur aan moeten geven hun biases te identificeren en te controleren, voordat mogelijk onjuiste conclusies worden gepubliceerd.

Expectancy bias (verwachtingsbias):
De waarnemer staat toe dat zijn of haar verwachtingen de resultaten van een onderzoek zullen beïnvloeden.

Er is sprake van **expectancy bias (verwachtingsbias)** als de waarnemer verwacht – en daardoor op zoek gaat naar bewijzen – dat bepaalde gebeurtenissen zullen leiden tot bepaalde resultaten (je kunt een sterke relatie zien met de confirmation bias, die we eerder bespraken). Een goed voorbeeld van expectancy bias is een onderzoek waarbij psychologiestudenten ratten trainden om bepaald gedrag te vertonen, zoals het drukken op een hendel om voedsel te krijgen. Sommige studenten kregen van de onderzoeksleiders te horen dat hun ratten bijzonder slim waren; andere werd juist verteld dat hun ratten trage leerlingen waren. (In werkelijkheid vormden de twee groepen ratten een willekeurige selectie uit dezelfde kooi.) Opmerkelijk genoeg toonden de gegevens van de studenten dat de ratten waarvan ze geloofden dat ze slim waren, beter presteerden dan hun zogenaamd dommere kooigenoten. Hoe kwam dit? Blijkbaar presteren ratten beter voor een enthousiast publiek! Vervolgvragenlijsten lieten zien dat studenten met 'slimme' ratten 'enthousiaster waren, bemoedigender, plezieriger en meer geïnteresseerd in de prestaties van hun rat' (Rosenthal & Lawson, 1964). Deze bronnen van vertekening kunnen niet alleen leiden tot verkeerde conclusies, ze kunnen ook dure of zelfs gevaarlijke gevolgen hebben. Stel je voor dat je als psycholoog in dienst bent bij een farmaceutisch bedrijf dat wil dat je een test ontwerpt voor een nieuw medicijn. Omdat met de uitkomst miljoenen euro's gemoeid zijn, wil je het onderzoek zo objectief mogelijk doen. En hoe zit dat met de dokters die het medicijn zullen voorschrijven aan de patiënten die aan jouw onderzoek deelnemen? Zij hebben natuurlijk hoge verwachtingen van het medicijn, en datzelfde geldt voor de patiënten. Je loopt het risico dat je onderzoek door jouw eigen vertekening wordt 'vervuild', net als door de verwachtingen van andere betrokkenen.

Een veelgebruikte strategie om dit soort vertekeningen in de hand te houden, is door de deelnemers aan een experiment 'blind' te houden, dat wil zeggen, ze niet te vertellen of ze het werkelijke medicijn of een **placebo** krijgen (een 'nepmedicijn' zonder medische waarde). Een nog betere strategie is een **dubbelblind-onderzoek**, waarbij zowel de proefpersonen als de onderzoekers niet weten wie welke behandeling krijgt. Bij een medicijnenonderzoek weten degenen die het medicijn toedienen en de proefpersonen die de pillen innemen niet wie het echte medicijn krijgt en wie de placebo. Door deze voorzorgsmaatregel is het uitgesloten dat de onderzoekers zich onbewust anders opstellen tegenover de proefpersonen die het 'echte medicijn' krijgen of hen nauwlettender in de gaten houden dan andere proefpersonen. Bovendien beperkt het de verwachtingen van degenen die de behandeling krijgen, omdat zij ook niet weten in welke groep zij zitten.

Zoals je je kunt voorstellen, kan een expectancy bias van invloed zijn op de reactie van de kinderen in onze suikerstudie. Evenzo zouden de verwachtingen van de onderzoekers hun beoordeling kunnen beïnvloeden. Om dit te voorkomen, dienen we een dubbelblindprocedure in onze experimentele opzet op te nemen.

1.3.4 Ethische kwesties in psychologisch onderzoek

Onderzoek kan ook te maken krijgen met serieuze ethische kwesties, zoals de mogelijkheid dat iemand gekwetst, gewond of onnodig geagiteerd raakt door deelname aan een slecht uitgevoerd psychologisch onderzoek. Geen enkele onderzoeker zal daar blij mee zijn, maar de grenzen van wat toelaatbaar is, zijn niet altijd duidelijk. Is het bijvoorbeeld ethisch aanvaardbaar om iemand met opzet te beledigen in een onderzoek over agressie? Mag je proefpersonen eigenlijk wel misleiden? Waar ligt de balans tussen de mate van ongemak en de kennis die het onderzoek zal opleveren? Dit zijn lastige, maar belangrijke vragen, en niet alle psychologen beantwoorden ze precies hetzelfde.

Om psychologische onderzoekers een paar richtlijnen en grenzen te bieden heeft het Nederlands Instituut van Psychologen (NIP) een beroepscode opgesteld. Hierin staat dat onderzoekers ethisch verplicht zijn hun proefpersonen te beschermen tegen potentieel schadelijke procedures. Bovendien zijn onderzoekers verplicht de informatie die ze via het onderzoek hebben verkregen vertrouwelijk te behandelen. Gegevens mogen alleen openbaar gemaakt worden als het recht op privacy van het individu niet wordt geschaad.

Robert Guthrie wees in zijn boek *Even the Rat Was White* (1998) op de bias die psychologen regelmatig introduceren in hun onderzoek door vooral blanke Europese en Noord-Amerikaanse proefpersonen te gebruiken.
Bron: Archives of the History of American Psychology/University of Akron.

Placebo: Substantie die op een medicijn lijkt, maar het niet is. Placebo's worden ook wel suikerpillen genoemd, omdat ze in plaats van een echt geneesmiddel alleen suiker bevatten.

Dubbelblindonderzoek: Experimentele procedure waarbij zowel de onderzoekers als de proefpersonen niet weten wie welke onafhankelijke variabele krijgt toegediend.

 Psychologische kwesties
Ga naar 'In de praktijk' in de MyLab mediatheek voor meer informatie over ethische kwesties in de psychologie.

■ **DIEPER GRAVEN**

Informatiebronnen voor psychologen

Om welke reden je dit boek ook leest, de kans is groot dat je meer wilt weten over de professionele houding die het beroep van psycholoog van je vraagt.

Een manier om daarachter te komen is door stage te lopen bij een professionele organisatie, symposia en congressen van je psychologische faculteit bij

te wonen, gesprekken aan te gaan met docenten en hoogleraren en je te verdiepen in de belangrijkste tijdschriften, vakbladen en mededelingenbladen op dit terrein. Als je overweegt je serieus in de psychologie te bekwamen, zijn de volgende informatiebronnen wellicht ook interessant voor je.

Professionele organisaties

Het Nederlands Instituut van Psychologen, de landelijke beroepsvereniging van en voor psychologen, heeft ongeveer 13.000 leden. Het NIP stelt zich ten doel de belangen van haar leden (universitair studenten psychologie en afgestudeerde psychologen) te behartigen. De vereniging heeft een speciaal studentenlidmaatschap tegen een gereduceerd tarief. Als je erover denkt je als professioneel psycholoog te bekwamen, informeer dan eens naar een stage bij een professionele psychologische organisatie. Je zou ook een kijkje kunnen nemen bij een congres of symposium om voor jezelf een beeld te vormen van de wereld van de Nederlandse psychologie. Misschien kun je op zo'n congres ook je eigen onderzoek presenteren.

België kent een soortgelijke vereniging: de Belgische Federatie van Psychologen. Dit is een koepelorganisatie die de verschillende psychologieorganisaties in België verenigt. Ze wil de professionele en wetenschappelijke status van psychologie in België verbeteren door het beschermen van het statuut van psychologen en de rechten van hun cliënten. Studenten kunnen tegen een gereduceerd tarief aspirant-lid worden. Leden krijgen een abonnement op het tijdschrift van de Federatie: *Psycho-Logos*. Bachelors in de Toegepaste Psychologie (B²TP) is een beroepsvereniging van afgestudeerden van de drie hogescholen in Vlaanderen waar Toegepaste Psychologie gevolgd kan worden. Meer informatie daarover is te vinden op hun website (www.beroeps-verenigingbtp.be). Ook Nederland kent sinds kort een dergelijke vereniging: de Nederlandse Beroepsvereniging van Toegepaste Psychologie.

De American Psychological Association (APA) is de Amerikaanse beroepsvereniging van psychologen. Meer dan 154.000 mensen zijn lid van de APA. Daarnaast is er de kleinere American Psychological Society, een vereniging die de belangen van onderzoekspsychologen en psychologen aan academische instellingen behartigt.

Tijdschriften over psychologie, vakbladen en mededelingenbladen

Over psychologie in het algemeen en over de verschillende vakgebieden verschijnen tal van tijdschriften. Het is verstandig er regelmatig enkele in te kijken, niet alleen Nederlandstalige, maar ook Engelstalige. We zullen hier een aantal van deze bronnen noemen.

- *Netherlands Journal of Psychology*: dit tijdschrift beoogt recente ontwikkelingen in de psychologie en haar grensgebieden onder de aandacht te brengen van psychologen en degenen die vanuit andere vakgebieden of vanuit de praktijk geïnteresseerd zijn in de psychologie.
- *De Psycholoog* is het vaktijdschrift van het Nederlands Instituut van Psychologen: een blad van en voor psychologen.
- *Psychologie Magazine*: een populairwetenschappelijk tijdschrift voor mensen die interesse hebben in het vakgebied van de psychologie.
- *Psy*: tijdschrift over geestelijke gezondheidszorg. Wordt uitgegeven door GGZ Nederland.
- *Acta Psychologica*: Engelstalig tijdschrift met artikelen op het gebied van de experimentele psychologie.
- *American Psychologist*: het officiële tijdschrift van de APA.

Internetbronnen

- *www.apa.org*: website van de American Psychological Association.
- *www.apa.org/psycinfo*: bevat verwijzingen naar literatuur op het terrein van de psychologie en psychologische aspecten van verwante disciplines, vanaf 1887.
- *www.apa.org/psycarticles*: bevat toegang tot de gehele teksten van meer dan 80 journals op het gebied van de gedragswetenschappen en verwante disciplines.
- *www.pubmed.gov*: een enorme verzameling van artikelen op het grensgebied van geneeskunde en psychologie, sommige artikelen zijn gratis in te zien.
- *www.psychww.com*: site die aan de psychologie gerelateerde informatie voor studenten en docenten bevat.
- *www.psyonline.nl*: overzicht van links op het gebied van de psychologie.
- *www.allpsych.com*: een site met leerzame en grappige links en allerlei psychologische testjes.
- *www.psynip.nl*: website van het Nederlands Instituut van Psychologen.
- *www.bfp-fbp.be*: website van de Belgische Federatie van Psychologen.
- *www.beroepsverenigingbtp.be*: website van de Beroepsvereniging van Bachelors in de Toegepaste Psychologie Vlaanderen.
- *www.nbtp.nl*: website van de Nederlandse Beroepsvereniging van Toegepaste Psychologie.

Kritisch denken toegepast
Ga naar 'In de praktijk' in de MyLab mediatheek voor een voorbeeld van gefaciliteerde communicatie.

Ga naar **www.pearsonmylab.nl** om je kennis en begrip van deze paragraaf te testen met de MyMap, MyCheck en MyDefinitions.

CENTRALE VRAAG: Hoe zou je de bewering testen dat suiker kinderen hyperactief maakt?

- Psychologen gebruiken de wetenschappelijke methode om dit soort beweringen te testen.
- In een gecontroleerd experiment (een onderzoek om oorzaak en gevolg aan te tonen) zouden kinderen willekeurig (random) aan de experimentele groep of de controlegroep worden toegewezen en een suikerdrankje of een drankje zonder suiker te drinken krijgen.
- Vervolgens zou in een dubbelblindonderzoek (om expectancy bias en het placebo-effect tegen te gaan) het activiteitsniveau van ieder kind worden geregistreerd.
- Een analyse van de data zou laten zien of de hypothese wel of niet wordt ondersteund. Als kinderen die het suikerdrankje kregen (de experimentele groep), actiever zijn dan de kinderen in de controlegroep, kunnen we concluderen dat suiker kinderen hyperactief maakt.

KERNVRAAG 1.1

▶ Wat is psychologie en wat is het niet?

Alle psychologen houden zich bezig met aspecten van gedrag en geestelijke processen. In tegenstelling tot de pseudowetenschappen, eist de wetenschappelijke psychologie stevig bewijs als onderbouwing van de beweringen. Binnen de psychologie zijn er veel specialismen, die binnen drie brede gebieden vallen. **Experimenteel psychologen** doen voornamelijk onderzoek, maar geven vaak ook onderwijs. Ze zijn veelal verbonden aan universiteiten. Degenen die in de eerste plaats **docent psychologie** zijn, werken in verschillende omgevingen, waaronder hbo-opleidingen psychologie. **Toegepast psychologen** beoefenen veel specialismen, zoals onderwijs, klinische psychologie en counseling. In tegenstelling tot de psychologie is de **psychiatrie** een medisch specialisme dat zich bezighoudt met psychische stoornissen.

In de media is veel wat op psychologie lijkt in feite **pseudopsychologie**. Om het verschil te weten is het nodig **vaardigheden voor kritisch denken** te ontwikkelen; dit boek organiseert deze vaardigheden rond de volgende zes vragen, die je zou moeten stellen als je met nieuwe beweringen wordt geconfronteerd waarvan wordt beweerd dat ze een wetenschappelijke basis hebben:

- Wat is de bron?
- Is de bewering redelijk of extreem?
- Wat is het bewijsmateriaal?
- Kan de conclusie door bias zijn beïnvloed?
- Worden veelvoorkomende denkfouten vermeden?
- Zijn voor het oplossen van het probleem verschillende invalshoeken nodig?

● **KERNCONCEPT 1.1**
Psychologie is een breed veld, met vele specialismen, maar in wezen is psychologie de wetenschap van gedrag en geestelijke processen.

KERNVRAAG 1.2

▶ Wat zijn de zes belangrijkste perspectieven van de psychologie?

Psychologie wortelt in verschillende, dikwijls conflicterende tradities die teruggaan tot de oude Grieken.
- René Descartes zette de eerste stap naar een wetenschappelijke studie van de geest toen hij besefte dat sensaties en gedragingen te maken hebben met zenuwactiviteit. Deze stap leidde tot het moderne **biologische perspectief** dat de oorzaken van gedrag zoekt in lichamelijke processen als hersenfuncties en genetica. Biologische psychologie heeft

zich ontwikkeld in twee richtingen: de **neurowetenschap** en de **evolutionaire psychologie**. Het formele begin van de psychologie als wetenschap is echter te herleiden tot de oprichting van het eerste psychologielaboratorium door Wilhelm Wundt in 1879. De psychologie van Wundt, door Amerikaanse psychologen omgevormd tot het **structuralisme**, pleitte voor het begrijpen van geestelijke processen zoals bewustzijn door de inhoud en structuur ervan te onderzoeken. Een andere vroege school, het zogenoemde **functionalisme**, betoogde dat geestelijke processen het best kunnen worden begrepen met betrekking tot hun adaptieve doel en hun functies.

- Elementen van deze scholen vinden we terug bij het moderne **cognitieve perspectief**, met zijn aandacht voor leren, geheugen, sensatie, perceptie, taal en denken en zijn nadruk op informatieverwerking.
- Het **behavioristische perspectief** kwam op rond 1900 en verwerpt de introspectieve methode en mentalistische verklaringen van gedrag. In plaats daarvan kiest men voor verklaringen in termen van waarneembare stimuli en responsen. Behavioristen als John Watson en B.F. Skinner hebben een sterke invloed gehad op de moderne psychologie, met hun nadruk op objectieve methoden, inzichten in de aard van het leren en effectieve technieken voor de behandeling van onwenselijk gedrag.
- Drie nogal uiteenlopende standpunten vormen de **perspectieven vanuit de gehele persoon ('whole person')**; elk van deze heeft een globale kijk op het individu. Sigmund Freuds **psychoanalytische benadering**, met zijn nadruk op psychische stoornissen en onbewuste processen heeft tot de psychoanalyse en de moderne psychodynamische psychologie geleid. De **humanistische psychologie,** onder leiding van Carl Rogers en Abraham Maslow, benadrukt juist de positieve kant van de menselijke natuur. De **psychologie van karaktertrekken en temperament** beziet mensen in termen van hun blijvende eigenschappen en neigingen.
- Het **ontwikkelingsperspectief** richt de aandacht op geestelijke en gedragsmatige veranderingen die voorspelbaar gedurende het gehele leven plaatsvinden. Zulke veranderingen zijn het gevolg van de interactie van erfelijkheid en omgeving.
- Het **socioculturele perspectief** richt de aandacht op het feit dat elk individu wordt beïnvloed door andere mensen en door de cultuur waarvan ze allemaal deel uitmaken.

De moderne psychologie is gedurende de laatste decennia snel veranderd, doordat de biologische, cognitieve en ontwik- kelingsperspectieven de overhand hebben gekregen. Tegelijkertijd bundelen de aanhangers van verschillende perspectieven hun krachten. Een andere grote verandering omvat het steeds verder toenemende aantal vrouwen en leden van minder- heidsgroepen dat het veld betreedt.

Je kunt op allerlei opleidingsniveaus een loopbaan in de psychologie volgen, maar als je een officiële psycholoog wilt wor- den, heb je een mastertitel nodig. Mensen zonder deze titel werken in allerlei toegepaste specialismen als assistent, docent en counselor.

- ● **KERNCONCEPT 1.2**
  Zes belangrijke perspectieven domineren de moderne psychologie: het biologische, cognitieve, behavioristische, whole-person-, ontwikkelings- en socioculturele perspectief. Alle kwamen ze voort uit radicaal nieuwe ideeën over geest en gedrag.

KERNVRAAG 1.3
. . . .
▶ Hoe vergaren psychologen nieuwe kennis?

Psychologie onderscheidt zich van pseudowetenschappen doordat psychologen de wetenschappelijke methode gebruiken om hun ideeën empirisch en op grond van eigen observaties te toetsen. De wetenschappelijke methode baseert zich op toetsbare theorieën en falsificeerbare hypotheses. Er bestaan diverse soorten psychologisch onderzoek, die allemaal op deze wetenschappelijke methode geënt zijn, waaronder **experimenten**, **correlatieonderzoek** en de **gevalstudie**. Ze ver- schillen in de mate van controle die de onderzoeker heeft over de condities die hij onderzoekt. Wetenschappers kunnen het slachtoffer worden van **expectancy bias**. Zij kunnen vertekeningen in hun onderzoek controleren door gebruik te maken van **dubbelblindonderzoek**.

Psychologen moeten zich in hun werk houden aan de beroepscode die is opgesteld door het Nederlands Instituut van Psy- chologen, waarin staat dat proefpersonen op een humane wijze behandeld moeten worden. Maar er zijn altijd discussies over onderzoeken op de rand van het toelaatbare.

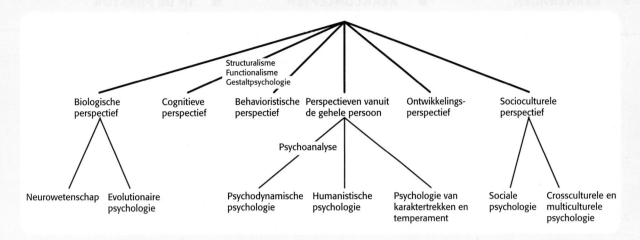

Structuralisme
Functionalisme
Gestaltpsychologie

Biologische perspectief

Cognitieve perspectief

Behavioristische perspectief

Perspectieven vanuit de gehele persoon

Ontwikkelings-perspectief

Socioculturele perspectief

Psychoanalyse

Neurowetenschap   Evolutionaire psychologie

Psychodynamische psychologie

Humanistische psychologie

Psychologie van karaktertrekken en temperament

Sociale psychologie

Crossculturele en multiculturele psychologie

Figuur 1.8   De zes belangrijke perspectieven in de psychologie

● **KERNCONCEPT 1.3**
Net als onderzoekers op alle andere vakgebieden gebruiken psychologen de wetenschappelijke methode om hun ideeën empirisch te toetsen.

 Op **www.pearsonmylab.nl** vind je tools en toetsen om je begrip en kennis van dit hoofdstuk uit te breiden en te oefenen.

BELANGRIJKE BEGRIPPEN

Afhankelijke variabele (p. 26)
Anekdotisch bewijsmateriaal (p. 8)
Behaviorisme (p. 16)
Behavioristisch perspectief (p. 17)
Bias (p. 8)
Biologisch perspectief (p. 12)
Cognitief perspectief (p. 16)
Confirmation bias (bevestigingsbias) (p. 9)
Controleconditie (p. 26)
Controlegroep (p. 26)
Correlatieonderzoek (p. 29)
Crosscultureel psycholoog (p. 20)
Cultuur (p. 20)
Data (p. 26)
Docent psychologie (p. 5)
Dubbelblindonderzoek (p. 33)
Emotionele bias (p. 9)
Empirisch onderzoek (p. 23)
Evolutionaire psychologie (p. 13)
Expectancy bias (verwachtingsbias) (p. 32)
Experiment (p. 28)

Experimenteel psycholoog (p. 5)
Experimentele conditie (p. 26)
Experimentele groep (p. 26)
Functionalisme (p. 15)
Geen correlatie (p. 30)
Gevalstudie (p. 31)
Holisme (p. 20)
Humanistische psychologie (p. 18)
Hypothese (p. 24)
Introspectie (p. 14)
Natuurlijke observatie (p. 31)
Negatieve correlatie (p. 30)
Neurowetenschap (p. 12)
Onafhankelijke variabele (p. 26)
Ontwikkelingsperspectief (p. 19)
Operationele definitie (p. 24)
Perspectieven vanuit de gehele persoon (p. 18)
Placebo (p. 33)
Positieve correlatie (p. 30)
Pseudopsychologie (p. 7)
Psychiatrie (p. 7)
Psychoanalyse (p. 18)

Psychodynamische psychologie (p. 18)
Psychologie (p. 4)
Psychologie van karaktertrekken en temperament (p. 19)
Randomisering (p. 27)
Repliceren (p. 28)
Significant (p. 27)
Sociocultureel perspectief (p. 20)
Structuralisme (p. 14)
Survey (p. 31)
Theorie (p. 23)
Toegepast psycholoog (p. 6)
Vaardigheden voor kritisch denken (p. 8)
Variabele (p. 24)
Wetenschappelijke methode (p. 23)

▶ **KERNVRAGEN**	● **KERNCONCEPTEN**	■ **IN DE PRAKTIJK**

2.1 Wat is het verband tussen genen en gedrag?
2.1.1 Evolutie en natuurlijke selectie
2.1.2 Genen en erfelijkheid

2.1 De evolutie heeft psychologische processen fundamenteel vormgegeven. Dit komt doordat de evolutie ten gunste werkt van genetische variaties die zorgen voor gedrag waarmee het individu zijn kans op overleving en voortplanting vergroot.

Psychologische kwesties
Kies de genen van je kinderen

2.2 Hoe is de interne communicatie van het lichaam geregeld?
2.2.1 Het neuron: bouwsteen van het zenuwstelsel
2.2.2 Het zenuwstelsel
2.2.3 Het endocriene stelsel

2.2 De twee interne signaalsystemen van het lichaam, het zenuwstelsel en het endocriene stelsel, gebruiken beide chemische boodschappers om met doelen in het gehele lichaam te communiceren.

Doe het zelf!
Neurale boodschappen en reactietijd

Psychologische kwesties
Bijwerkingen van psychoactieve middelen

2.3 Hoe produceren de hersenen gedrag en psychische processen?
2.3.1 De drie lagen in de hersenen
2.3.2 Kwabben van de cerebrale cortex
2.3.3 Cerebrale dominantie

2.3 De hersenen bestaan uit vele gespecialiseerde en onderling verbonden modules, die samenwerken in het creëren van geest en gedrag.

Dieper graven
Vensters op de hersenen op www.pearsonmylab.nl

Psychologische kwesties
Het vreemde en fascinerende geval van de split brain op www.pearsonmylab.nl

Psychologie gebruiken om psychologie te leren

Doe het zelf!
Je beide hersenhelften gebruiken

Kritisch denken toegepast
Linkerhersenhelft tegenover rechterhersenhelft op www.pearsonmylab.nl

---

CENTRALE VRAAG: Wat vertelt Jills ervaring ons over de bouw van onze hersenen en hun enorme aanpassingsvermogen?

 Op **www.pearsonmylab.nl** vind je tools en toetsen om je begrip en kennis van dit hoofdstuk uit te breiden en te oefenen.

2 BIOPSYCHOLOGIE, NEUROWETEN-SCHAPPEN EN DE MENSELIJKE AARD

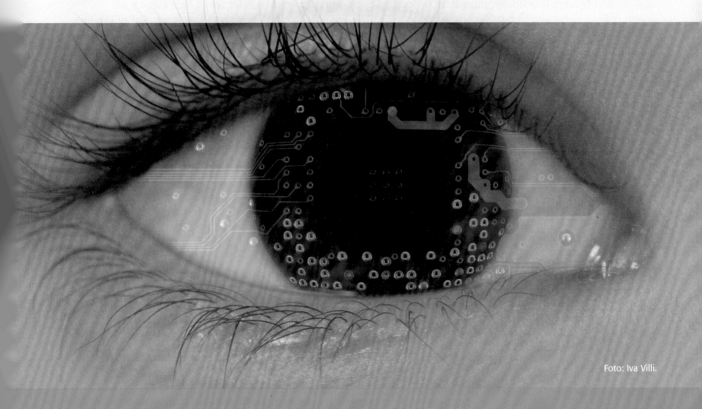

Foto: Iva Villi.

'Ik had het helemaal voor elkaar', zegt dr. Jill Bolte Taylor, ook wel bekend als de Singing Scientist (Taylor, 2009, pag. xiv). Op 37-jarige leeftijd had deze Amerikaanse neuroanatoom enkele prestigieuze prijzen gewonnen en genoot ze in het hele land erkenning voor haar baanbrekende onderzoek naar de invloed van de hersenen op psychische aandoeningen. Maar op een koude decemberochtend veranderde haar leven op slag. Toen ze wakker werd, voelde ze een bonkende pijn in haar hoofd. Ze moest zich enorm concentreren om met gecoördineerde bewegingen onder de douche te kunnen stappen. Haar lichaam voelde vreemd aan, het geluid van het water was een oorverdovend geraas en het licht brandde in haar ogen. Terwijl ze probeerde te bedenken wat er aan de hand was, werd ze afgeleid door de beweging van haar lichaamsdelen, alsof die nieuw voor haar waren. 'Als ik mijn vingers voor mijn gezicht bewoog, was ik daar verbijsterd en tegelijk gefascineerd over: "Wauw, wat een raar en verbazingwekkend wezen ben ik..." Ik was zowel gefascineerd als nederig door de gedachte hoe hard mijn cellen aan het werk waren... Ik voelde me onwerkelijk!' (pag. 42-43). Toen raakte haar rechterarm verlamd en wist ze plotseling: 'O, mijn god, ik heb een beroerte!' (pag. 44). De uren daarna probeerde Jill wanhopig te bedenken hoe ze hulp moest vragen. Ze kon niet meer verzinnen dat ze 911 kon bellen voor noodgevallen; ze herkende niet eens de cijfers op haar telefoonscherm. Ze vroeg zich urenlang af wie haar nu kon helpen. Uiteindelijk slaagde ze er toch in een collega te bellen. Ze ontdekte toen dat ze niet alleen geen woord begreep van wat hij zei, maar hij ook niets van haar. Ze was haar spraak- en taalherkenningsvermogen kwijt. Gelukkig herkende haar collega haar stem, maar de uren die het kostte om haar in een ziekenhuis te krijgen eisten een zware tol van haar hersenen. Ze kon niet meer zonder hulp rechtop zitten of lopen. Ze kon horen, maar de klanken waren niet meer dan geruis; ze kon er geen wijs uit worden. Ze kon zien, maar geen kleuren onderscheiden of vaststellen of een scheur in het trottoir gevaarlijk was of niet. Ze kon niet met anderen praten. Zelfs haar eigen moeder herkende ze niet. Vanwege haar zware beroerte stroomde er veel bloed door haar linkerhersenhelft, waardoor een giftige omgeving voor miljoenen hersencellen ontstond. Opmerkelijk genoeg herstelde Jill. Ondanks haar ernstig hersenenletsel zet ze haar carrière als neuroanatoom voort, geeft ze les en reist ze rond als nationaal woordvoerster voor de Harvard Brain Bank. Ze speelt gitaar en maakt kunstwerken die op een unieke manier haar ervaringen vertegenwoordigen: anatomisch correcte gebrandschilderde hersenen. Aan de buitenkant ziet niemand een teken van de hersenschade die ze heeft overleefd. Maar vanbinnen is Jill niet meer dezelfde. Door haar verwonding en herstel zitten haar hersenen anders in elkaar, en dat heeft haar levensvisie en haar persoonlijkheid veranderd. 'Ik ben nu iemand anders, en dat heb ik moeten accepteren', zegt ze. 'Ik geloof dat Einstein gelijk had toen hij zei: "Ik moet bereid zijn om op te geven wie ik ben om te worden wie ik zal zijn"'. (pag. 185).

CENTRALE VRAAG: Wat vertelt Jills ervaring ons over de bouw van onze hersenen en hun enorme aanpassingsvermogen?

Wat weten we over de hersenen van de mens? Ze zijn ongeveer even groot als een grapefruit of pompelmoes, wegen slechts anderhalve kilo en hebben een roze-grijs en rimpelig oppervlak. Zulke feiten geven ons echter geen aanwijzingen over de verbijsterende structuur en vermogens van de hersenen. Door de circa honderd miljard zenuwcellen, die elk zijn verbonden met duizenden andere zenuwcellen, zijn de hersenen de meest complexe structuur die we kennen. De meest geavanceerde computers lijken primitief in vergelijking met deze ingewikkelde schakelingen. Een pasgeboren baby heeft veel meer zenuwcellen, of neuronen, dan een volwassene. Tijdens de eerste levensjaren sterven veel neuronen af, waarschijnlijk doordat ze niet worden gebruikt. Rond de puberteit stabiliseert het aantal neuronen zich, en het blijft tijdens de gehele volwassenheid ongeveer even groot, doordat er dagelijks cellen sterven en bijkomen (Gage, 2003). We gebruiken het enorme aantal zenuwschakelingen in onze hersenen om al onze lichaamsfuncties te reguleren, ons gedrag aan te sturen, onze emoties en begeerten te genereren en onze ervaringen te verwerken. We gebruiken onze hersenen, maar staan doorgaans niet stil bij de complexiteit van het neurale netwerk, zoals we ook televisiekijken maar ons niet bewust zijn van alle schakelingen achter het scherm. Maar als hersencellen door ziekte, geneesmiddelen of een ongeluk worden afgebroken, komt de biologische basis van de menselijke geest duidelijk aan het licht. Dan beseffen we dat biologie ten grondslag ligt aan alle menselijke gewaarwording en waarneming, leren en geheugen, hartstocht en pijn, rede en zelfs aan de waanzin. Het opmerkelijkste van alles is misschien wel dat de menselijke hersenen over zichzelf kunnen nadenken. Dit feit fascineert specialisten in de **biopsychologie**, een snelgroeiende discipline die zich richt op een combinatie van biologie, gedrag en psychologische processen. In Vlaanderen is biopsychologie ook wel bekend als gedragsbiologie. Hoewel biopsychologen zich vooral richten op het gedrag van dieren, proberen ze ook de gevonden principes door te trekken naar de mens. In dit boek wordt de term 'biopsychologie' aangehouden, en daarmee wordt uitsluitend de studie van het menselijk gedrag bedoeld.

Biopsychologie: Specialisme in de psychologie dat de interactie tussen biologie, gedrag en de omgeving bestudeert. In Vlaanderen ook wel bekend als gedragsbiologie.

Biopsychologen werken vaak samen met cognitief psychologen, biologen, computerwetenschappers, chemici, neurologen, linguïsten en anderen die zijn geïnteresseerd in de relatie tussen de hersenen en de geest. Het resultaat is de interdisciplinaire tak van wetenschap die *neurowetenschap* wordt genoemd (Kandel & Squire, 2000).

Het bekijken van geest en gedrag vanuit een *biologisch perspectief* heeft verschillende praktische toepassingen opgeleverd. Tegenwoordig weten we bijvoorbeeld dat het slaappatroon door bepaalde delen van de hersenen wordt gereguleerd, waardoor we nu effectieve behandelingen hebben voor een aantal voorheen onbehandelbare slaapstoornissen. Ook begrijpen we de effecten van bepaalde psychoactieve middelen, zoals cocaïne, heroïne en methamfetamine, nu we weten welke interacties deze middelen aangaan met chemische stoffen die in de hersenen worden geproduceerd. Daarnaast zijn er veelbelovende ontwikkelingen voor mensen die aan hersenaandoeningen lijden, zoals de ontdekking van spiegelneuronen en het in kaart brengen van de genetische code van de mens.

We beginnen onze ontdekkingstocht door de biopsychologie en de neurowetenschappen door de principes van de *erfelijkheid* en de *evolutie* te bestuderen, waarvan ons lichaam en onze geest een product zijn. Vervolgens onderzoeken we het *hormoonstelsel* en het *zenuwstelsel*, de twee communicatiekanalen die signalen binnen het gehele lichaam overbrengen. Ten slotte concentreren we ons op de hersenen zelf. Als je dit hoofdstuk hebt bestudeerd, begrijp je beter hoe Jill Bolte Taylor herstelde van haar zware hersenletsel, maar wel een totaal ander persoon werd. En belangrijker nog, je zult ook begrijpen hoe biologische processen al onze gedachten, gevoelens en daden vormen.

▶▶ **Verbinding hoofdstuk 8**
Onderzoekers uit de neurowetenschappen hebben oorzaken en behandelingen van veel slaapstoornissen ontdekt (p. 320).

KERNVRAAG 2.1

▶ Wat is het verband tussen genen en gedrag?

Zoals vissen een aangeboren neiging tot zwemmen hebben en de meeste vogels gebouwd zijn om te vliegen, heeft ook de mens aangeboren capaciteiten. Bij de geboorte zijn de menselijke hersenen al 'geprogrammeerd' voor taal, sociale interacties, zelfbehoud en veel andere functies, zoals we kunnen zien in de interactie tussen baby's en hun verzorgers. Baby's 'weten' bijvoorbeeld hoe ze naar de borst moeten zoeken, hoe ze tamelijk effectief kunnen communiceren via brabbelen en huilen en, verbazingwekkend genoeg, hoe ze iemand moeten imiteren die haar tong uitsteekt. We zullen deze aangeboren gedragingen nader bekijken wanneer we de menselijke ontwikkeling bespreken (zie hoofdstuk 7), maar op dit moment is de vraag: hoe is dit potentieel in het weefsel van de hersenen ingebouwd?

Het wetenschappelijk antwoord steunt op het concept van **evolutie**, het proces waarbij soorten organismen geleidelijk veranderen doordat ze zich aanpassen aan een veranderende omgeving. Op microscopisch niveau kunnen we de evolutie in actie zien als bacteriën zich aanpassen aan antibiotica. Veranderingsprocessen bij grotere en complexere organismen zijn moeilijker in beeld te krijgen, omdat ze zich voltrekken in een veel langere tijdsperiode, waarin ze zich al dan niet kunnen aanpassen aan veranderingen in het klimaat, predatie (opgejaagd en opgegeten worden) door roofdieren, heersende ziekten en een veranderend voedselaanbod. Bij mensen heeft dit bijvoorbeeld geleid tot grotere hersenen die geschikt zijn voor taal, het oplossen van complexe problemen en sociale interactie.

In ons kernconcept van deze paragraaf is dit evolutieproces de koppeling tussen erfelijkheid en gedrag.

Evolutie: Het geleidelijke proces van biologische verandering van een soort doordat die zich succesvol aanpast aan zijn omgeving.

De evolutie heeft psychologische processen fundamenteel vormgegeven. Dit komt doordat de evolutie ten gunste werkt van genetische variaties die zorgen voor gedrag waarmee het individu zijn kans op overleving en voortplanting vergroot.

Onze uitleg van evolutie begint in deze paragraaf met het verhaal van Charles Darwin, die de wereld het idee van evolutionaire verandering heeft gegeven. Daarna behandelen we het onderwerp *genetica:* de studie van moleculaire mechanismen die variatie in erfelijke eigenschappen mogelijk maken en uiteindelijk alle psychologische processen beïnvloeden.

Meer dan 98 procent van ons genetisch materiaal is gelijk aan dat van de chimpansees (Pennisi, 2007). Dit feit ondersteunt Darwins idee dat mensen en apen een gemeenschappelijke voorouder hebben.

Bron: links: DLILLC/Corbis; rechts: Daniel Arsenault/Getty Images.

2.1.1   Evolutie en natuurlijke selectie

Hoewel hij geneeskunde en theologie had gestudeerd, was Charles Darwins grootste liefde de natuur. Hij was dan ook verrukt toen hij een baan als '*gentleman companion*' aan boord van de Beagle kreeg (Phelan, 2009), een Brits onderzoeksschip waarmee de kustlijn van Zuid-Amerika werd bestudeerd. Maar Darwin werd al snel zeeziek, waardoor aan boord blijven ondraaglijk voor hem werd. Hij bracht daarom zo veel mogelijk tijd aan land door. Daar bestudeerde hij inheemse diersoorten en verzamelde talloze specimen. Hij schreef gedetailleerde verslagen over alle ongewone leefvormen die hij ontdekte. Omdat hij verbaasd was over de gelijkenissen tussen allerlei dieren en planten, vroeg Darwin zich af of er mogelijk een onderlinge verwantschap bestond en of alle schepselen, inclusief mensen, misschien dezelfde voorgeschiedenis deelden.

Hij wist dat dit idee inging tegen de ideeën van de geaccepteerde wetenschap en van de religieuze leer van het **creationisme**. In zijn beroemde boek *On the Origin of Species* (1859) ging Darwin dus voorzichtig te werk bij het verdedigen van zijn idee over de evolutie van het leven. Zijn argumenten doorstonden alle aanvallen en kritiek en uiteindelijk bracht zijn evolutietheorie een fundamentele verandering teweeg in de manier waarop mensen over hun relatie met andere levende wezens gingen denken (Keynes, 2002; Mayr, 2000).

Creationisme: De religieus geïnspireerde opvatting dat het universum en al het leven op aarde (planten, dieren, mensen) hun ontstaan te danken hebben aan een bijzondere (goddelijke) scheppingsdaad.

Het bewijsmateriaal dat Darwin overtuigde

Steeds opnieuw zag Darwin op zijn reis organismen die uitstekend aan hun omgeving waren aangepast: bloemen die bepaalde insecten aantrokken, vogels met
snavels die perfect geschikt waren voor het breken van bepaalde zaden et cetera.
Hij nam echter ook variaties tussen afzonderlijke organismen binnen een soort
waar, net zoals bij de mens: bepaalde mensen zijn langer dan andere of hebben
betere ogen (Weiner, 1994). Het kwam in Darwin op dat zulke variaties een individueel organisme voordeel konden geven ten opzichte van andere in de strijd
om overleving en voortplanting. Dit duidde op een mechanisme voor evolutie:
een 'proces van uitwieden' dat hij **natuurlijke selectie** noemde. Door middel
van natuurlijke selectie is de kans groter dat de individuen die het best aan hun
omgeving zijn aangepast goed gedijen en zich voortplanten. Degenen die slecht
zijn aangepast, hebben meestal minder nakomelingen en mogelijk sterft hun
bloedlijn uit. (Misschien heb je wel gehoord van 'survival of the fittest', een term
die kortweg neerkomt op: 'De organismen die het best in hun leefomgeving passen, overleven.') Via natuurlijke selectie verandert een soort geleidelijk als deze
zich steeds weer aan de veranderende eisen van de omgeving aanpast.

Natuurlijke selectie: Drijvende kracht achter de evolutie, waardoor de omgeving de best aangepaste organismen 'selecteert'.

Toepassing op de psychologie

Met behulp van dit proces van aanpassing en evolutie kunnen we veel psychologische waarnemingen begrijpen. Menselijke fobieën (extreme en verlammende
angsten) worden bijna altijd veroorzaakt door prikkels die voor onze voorouders
een teken van gevaar waren, bijvoorbeeld hoogte of bliksem (Hersen & Thomas,
2005). Ook het feit dat we ongeveer een derde deel van ons leven slapend doorbrengen, heeft evolutionair gezien zin: slaap hield onze voorouders veilig als het
donker was. Ook onze aangeboren voorkeuren en afkeren zijn evolutionair te verklaren, denk maar eens aan de aantrekkelijkheid van zoete en vette voedingsmiddelen (een goede bron van waardevolle calorieën voor onze voorouders) en onze
afkeer van bittere stoffen (veel giftige stoffen zijn bitter). Verassend veel van onze
dagelijkse bezigheden kunnen worden verklaard vanuit evolutie (Nelissen, 2011).
Natuurlijk is 'evolutie' een beladen term, die bovendien door veel mensen verkeerd wordt begrepen. Zo geloven sommigen dat Darwin in zijn theorie stelt dat
'mensen van apen afstammen'. Maar noch Darwin noch enig ander evolutionair
wetenschapper heeft dat ooit beweerd. Wat ze in werkelijkheid zeggen, is dat we
een gemeenschappelijke voorouder hebben – dat is iets heel anders. De evolutietheorie zegt dat de twee soorten in de loop van de tijd van elkaar zijn gaan
afwijken, waarbij in elk van beide groepen andere adaptieve kenmerken zijn ontstaan. Voor de mens betekende dit het ontwikkelen van grote hersenen die aan
taal zijn aangepast (Buss et al., 1998).

De elementaire principes van de evolutie worden, hoewel ze in sommige krin-
gen nog altijd controversieel zijn, al gedurende meer dan een eeuw door vrijwel
alle geleerden geaccepteerd. We moeten de evolutionaire psychologie nageven
dat die mogelijk een elegante oplossing heeft gevonden voor het nature-nurturevraagstuk, en wel op grond van de theorie dat gedrag evolueert uit de interactie
tussen erfelijkheid en de eisen die de omgeving stelt (Yee, 1995). Desondanks
moeten we ook opmerken dat de evolutietheorie voor de psychologie een controversiële nieuwkomer is. Het is niet dat psychologen Darwin bestrijden, de
meesten doen dit niet. Toch maken sommigen zich zorgen of de nadruk op erfelijkheid van gedrag niet leidt tot de vraag of dat dan ook betekent dat mensen
niet meer zelf verantwoordelijk zijn voor problematisch gedrag zoals agressie of
verslaving. Een vraag waarop evolutionaire psychologen altijd luid en duidelijk
antwoorden: 'Nee!' (Hagen, 2004).

In latere hoofdstukken zullen we specifieke evolutionaire verklaringen bespreken
die naar voren zijn gebracht om agressie, jaloezie, seksuele geaardheid, lichame-

lijke aantrekkingskracht en partnerkeuze, ouderschap, samenwerking, moraal en (altijd een heet hangijzer in de psychologie) sekseverschillen te verklaren. Laten we echter nu onze aandacht richten op de erfelijkheidsleer en de biologische basis van erfelijkheid en evolutionaire verandering.

2.1.2 Genen en erfelijkheid

In principe is de genetische code vrij eenvoudig. De wijze waarop je genen moleculaire informatie coderen die kan worden omgezet in fysieke kenmerken is te vergelijken met de manier waarop de microscopische putjes in een cd informatie coderen die kan worden omgezet in afbeeldingen of in muziek. Denk maar eens aan je eigen unieke combinatie van kenmerken. Je lengte, gelaatstrekken en haarkleur zijn bijvoorbeeld allemaal bepaald door de gecodeerde genetische 'blauwdruk' die je van je ouders hebt geërfd en die in elke cel in je lichaam aanwezig is. Ook is de erfelijkheid van invloed op psychologische eigenschappen, zoals ons basistemperament, hoe snel we angstig worden en bepaalde gedragspatronen (Pinker, 2002).

Dat eigenschappen erfelijk zijn betekent niet dat ze bij kinderen op dezelfde manier tot uiting komen als bij hun ouders. Uiteindelijk ben je een uniek individu en verschil je van allebei je ouders. Een oorzaak van jouw eigen uniciteit ligt in je ervaring: de omgeving waarin je bent opgegroeid, die wat tijd en mogelijk plaats betreft verschilt van die van je ouders. Een ander verschil tussen jou en je beide ouders ontstaat door de willekeurige combinatie van kenmerken die door elk van je beide ouders aan jou zijn doorgegeven. Deze gemengde erfenis bepaalt je unieke **genotype**: het genetische patroon waarin je van alle andere mensen op aarde verschilt. Tegelijkertijd betreffen deze verschillen maar een klein deel van het genetisch materiaal. Hoe verschillend mensen misschien ook lijken, 99,9 procent van het genetisch materiaal is bij ons allemaal hetzelfde (Marks, 2004).

Als het genotype de 'blauwdruk' is, zijn de daaruit voortkomende fysieke eigenschappen het **fenotype**. Al je lichamelijke kenmerken vormen je fenotype, niet alleen je zichtbare kenmerken (bijvoorbeeld je lengte of haarkleur) maar ook 'verborgen' biologische kenmerken, zoals de chemie en de 'bedrading' van je hersenen. Eigenlijk behoren alle *waarneembare* kenmerken tot het fenotype, dus ook gedrag. Maar let op: het fenotype wordt niet volledig door erfelijke eigenschappen bepaald, ook al heeft het zijn basis in de biologie. Niet alleen het genetische patroon bepaalt de uiteindelijke lichamelijke kenmerken, maar ook de omgeving, die onder meer bestaat uit biologische invloeden als voeding, ziekte en stress. Een voorbeeld van een omgevingsinvloed op het fenotype is slechte prenatale zorg die een geboortedefect als gevolg heeft.

Met deze ideeën over erfelijke eigenschappen, omgeving, genotypen en fenotypen in gedachten, kunnen we ons richten op de details van de erfelijkheid en individuele variatie die in de tijd van Darwin nog niet waren ontdekt.

Chromosomen, genen en DNA

Elke cel in het lichaam bevat een volledige verzameling biologische instructies, **genomen** genoemd, voor het opbouwen van het organisme. Voor de mens zijn deze instructies vastgelegd in 23 paar **chromosomen**, die er onder een microscoop uitzien als kleine, opgerolde draadjes. Als we ze nog verder uitvergroten, zien we dat elk chromosoom uit een lange, strak opgewonden keten **DNA** (desoxyribonucleïnezuur) bestaat, een molecuul dat bijzonder geschikt is voor het opslaan van de genetische informatie (zie figuur 2.1).

Genen zijn de 'woorden' waaruit de bouwinstructie voor elk organisme bestaat. Elk gen, dat is gecodeerd in korte segmenten van DNA, draagt bij aan de werking van een organisme door voor één enkel eiwit te coderen. Duizenden

▶▶ **Verbinding hoofdstuk 10**
Zuigelingen verschillen in hun neiging introvert of extravert te zijn; aangenomen wordt dat dit een aspect van het temperament is dat een sterke biologische basis heeft (p. 393).

Genotype: Kenmerken van een organisme zoals die genetisch zijn vastgelegd.

Fenotype: Waarneembare fysieke kenmerken van een organisme.

Genoom: Het genoom van een organisme omvat één complete set van chromosomen.

Chromosoom: Lange, dunne en spiraalvormige draad waarlangs de genen zijn gerangschikt als de kralen van een ketting. Chromosomen bestaan voornamelijk uit DNA.

DNA: Lang, complex molecuul dat informatie bevat over alle genetische eigenschappen. De volledige naam voor DNA is desoxyribonucleïnezuur.

Genen: Stukjes van een chromosoom waarin de codes voor de erfelijke lichamelijke en psychische eigenschappen van een organisme zijn opgeslagen. Ze vormen de functionele elementen van een chromosoom.

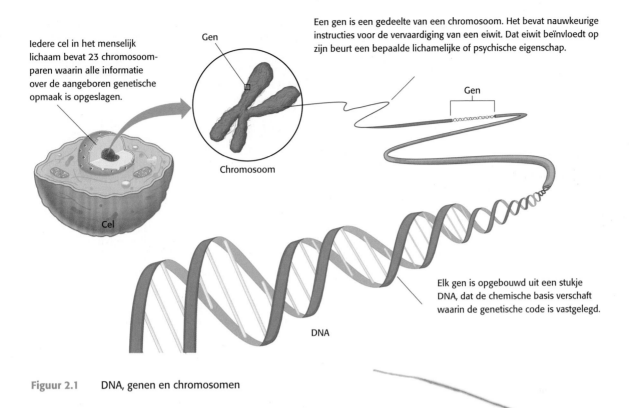

Iedere cel in het menselijk lichaam bevat 23 chromosoomparen waarin alle informatie over de aangeboren genetische opmaak is opgeslagen.

Gen

Chromosoom

Cel

Een gen is een gedeelte van een chromosoom. Het bevat nauwkeurige instructies voor de vervaardiging van een eiwit. Dat eiwit beïnvloedt op zijn beurt een bepaalde lichamelijke of psychische eigenschap.

Gen

Elk gen is opgebouwd uit een stukje DNA, dat de chemische basis verschaft waarin de genetische code is vastgelegd.

DNA

Figuur 2.1   DNA, genen en chromosomen

van dergelijke eiwitten dienen vervolgens als bouwstenen voor de lichamelijke eigenschappen (het fenotype) van het organisme en reguleren de interne werking van het lichaam. Doordat genen van het ene tot het andere individu enigszins verschillen, vormen ze de biologische bron van de variatie die Darwins aandacht trok.

Net als de woorden in deze alinea liggen genen in een bepaalde volgorde op de chromosomen. Chromosomen zijn echter meer dan een reeks genen. Net als alinea's bevatten ze 'interpunctie', die het begin en einde van alle genen aangeeft, in combinatie met opdrachten die specificeren hoe en wanneer deze genen tot expressie komen (Gibbs, 2003). Soms zijn deze opdrachten echter fout of hebben de genen zelf defecten. De resulterende fouten in het fenotype kunnen lichamelijke problemen en ontwikkelingsproblemen veroorzaken, zoals hersenverlamming en zwakzinnigheid.

Op nog kleinere schaal bestaan genen uit nog kleinere moleculaire eenheden, zogenoemde *nucleotiden,* die dienen als afzonderlijke 'letters' in de genetische 'woorden'. In plaats van een alfabet met 26 letters, bestaat de genetische code uit slechts vier nucleotiden. Om met deze vier nucleotiden toch unieke combinaties te vormen, bestaan genen soms wel uit honderden nucleotiden. Elke unieke combinatie specificeert een bepaald eiwit. Chemisch gezien komen de nucleotiden in paren voor, net als de tegenover elkaar liggende tanden van een rits. Wanneer een eiwit nodig is, wordt in het DNA-segment dat codeert voor dat eiwit, de rits met nucleotiden 'opengetrokken' en ontstaat er een mal, waarin het eiwit wordt gevormd.

Twee van de 46 chromosomen (23 paar) verdienen speciale aandacht: de **geslachtschromosomen**. Deze worden X en Y genoemd vanwege hun vorm; ze dragen genen die informatie bevatten over de ontwikkeling van een mannelijk of vrouwelijk fenotype. We ontvangen allemaal een X-chromosoom van onze biologische moeder. Daarnaast ontvangen we een X- of Y-chromosoom van

Geslachtschromosoom: Een chromosoom dat onze lichamelijke geslachtskenmerken bepaalt. Vrouwen hebben twee X-chromosomen en mannen een X- en een Y-chromosoom.

onze biologische vader. Een XX-combinatie bevat de codes voor een vrouwelijk fenotype, terwijl in een XY-type de codes voor een mannelijk fenotype zijn opgeslagen. Het chromosoom dat afkomstig is van de vader, hetzij een X of een Y, bepaalt dus het geslacht van het kind. Chromosomen die geen geslachtschromosomen zijn, worden **autosomen** genoemd; bij de mens zijn dit dus niet de X- of Y-chromosomen, maar een van de 22 paar andere chromosomen.

Autosoom: Een chromosoom dat geen geslachtschromosoom is; bij de mens dus niet het X- of Y-chromosoom, maar een chromosoom uit de 22 paar andere chromosomen.

▶▶ **Verbinding hoofdstuk 9**
Uit onderzoeksresultaten blijkt dat seksuele geaardheid (althans voor een deel) erfelijk is bepaald (www.pearsonmylab.nl).

▶▶ **Verbinding hoofdstuk 12**
Schizofrenie is een psychotische stoornis waarvan circa 1 op de 100 mensen last heeft (p. 508).

Genetische verklaringen voor psychologische processen

Onze genen hebben invloed op onze psychologische eigenschappen, net als op onze lichamelijke kenmerken. In latere hoofdstukken zullen we kijken hoe genen van invloed zijn op uiteenlopende menselijke eigenschappen zoals intelligentie, persoonlijkheid, psychische stoornissen, lees- en taalstoornissen en (mogelijk) op de seksuele geaardheid. Zelfs onze angsten hebben mogelijk een genetische basis (Hariri et al., 2002). We weten echter nog niet op welke wijze en in welke mate psychologische processen door specifieke genen worden beïnvloed (Rutter, 2006). Vermoedelijk worden de meeste stoornissen niet door een enkel gen beïnvloed, maar door meerdere genen (Plomin, 2002). Deskundigen denken bijvoorbeeld dat verschillende genen bijdragen aan schizofrenie, een ernstige psychische stoornis, en aan de ziekte van Alzheimer, een vorm van dementie (St. George-Hyslop, 2000). Onderzoek naar de relatie tussen genen en gedrag levert veel stof tot discussie op over 'vrije wil' versus 'determinisme'. Oftewel, in hoeverre is het gedrag van mensen een vrije keuze of wordt het bepaald door – onder meer – genetische eigenschappen? Misschien vrees ook jij wel dat ons psychologische lot uitsluitend door erfelijkheid wordt bepaald? Maak je geen zorgen. Ons gedrag en onze psychische processen worden bepaald door erfelijkheid en omgeving tezamen (Pinker, 2002). Jill Bolte Taylors intelligentie heeft bijvoorbeeld een genetische component (haar moeder studeerde aan Harvard en haar vader is doctor), maar die is verder ontwikkeld door de omgeving van haar jeugd en haar opleidingsmogelijkheden. Dat ze in staat was om de problemen van haar ernstige medische toestand te overwinnen, een nieuw leven op te bouwen en op de lijst van de 100 invloedrijkste mensen in de wereld van *Time Magazine* terechtkwam (2008), is illustratief voor haar creativiteit. Ze schrijft deze eigenschap toe aan haar vader, maar deze is ongetwijfeld ook versterkt door haar wetenschappelijke werk.

Zelfs eeneiige tweelingen, die hetzelfde genotype hebben, vertonen individuele verschillen in uiterlijk en persoonlijkheid die het gevolg zijn van hun verschillende ervaringen, zoals blootstelling aan verschillende mensen, plaatsen, chemische stoffen en ziekten. Bovendien blijkt uit onderzoek dat bij eeneiige tweelingen van wie de ene een psychologische stoornis krijgt met een genetische basis (schizofrenie bijvoorbeeld), de andere helft van de tweeling niet altijd dezelfde stoornis krijgt. De boodschap om te onthouden is deze: schrijf psychologische eigenschappen nooit uitsluitend aan erfelijkheid toe (Ehrlich, 2000a, b; Mauron, 2001).

Ras en menselijke variatie

Bepaalde eigenschappen, zoals huidskleur en andere lichamelijke kenmerken, komen vaker of minder vaak voor onder mensen van wie de voorouders uit hetzelfde deel van de wereld afkomstig zijn. Nakomelingen van voorouders uit de tro-

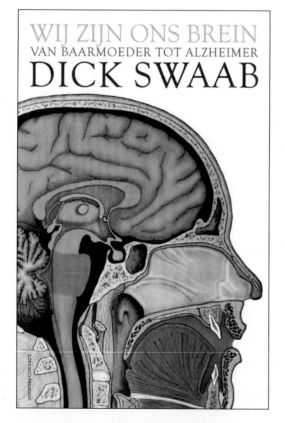

WIJ ZIJN ONS BREIN
VAN BAARMOEDER TOT ALZHEIMER
DICK SWAAB

Ook in Nederland is de laatste tijd veel onderzoek verricht op het gebied van de gedragsgenetica, het wetenschappelijk terrein dat overerving van gedrag bestudeert. Het bekendste werk op dit gebied is dat van professor Dick Swaab. In zijn boek *Wij zijn ons brein* (2010) geeft hij een overzicht van veel van zijn onderzoek en dat van anderen. Ook geeft hij praktische aanbevelingen voor preventie en hulpverlening.

pen hebben vaak een donkere huid, die enige bescherming tegen de zon geeft. Terwijl we op basis van verschillen in deze oppervlakkige eigenschappen meestal onderscheid maken in 'rassen', vertellen biologen ons dat er geen lichamelijke kenmerken zijn waardoor mensen in afzonderlijke 'raciale' groepen kunnen worden verdeeld. We behoren allemaal tot dezelfde soort.

In werkelijkheid vormen bepaalde zogenaamde 'raciale eigenschappen' onderling een naadloos geheel. Ook de hersenen van mensen uit een bepaald geografisch gebied, met een bepaalde huidskleur of van een bepaalde etnische groep zijn niet op betrouwbare wijze van die van anderen te onderscheiden. We zouden 'ras' daarom moeten beschouwen als een sociaal gedefinieerde term, en niet als een biologisch begrip. Het begrip *cultuur* vormt een veel betere verklaring voor de meeste, misschien zelfs voor alle, psychologisch belangrijke verschillen tussen groepen onderling (Cohen, 1998).

Dat ras geen nauwkeurig biologisch begrip is, betekent echter niet dat de sociale betekenis ervan onbelangrijk is. Ras als sociaal gedefinieerde categorie kan een belangrijke invloed op het gedrag hebben. We zullen bijvoorbeeld zien dat sociale opvattingen over ras van invloed zijn op verwachtingen en vooroordelen. Houd dit goed in gedachten als we onderzoeken bespreken waarin mensen die zich met verschillende raciale of etnische groepen identificeren, worden vergeleken, bijvoorbeeld wat betreft intelligentie en schoolprestaties (Eberhardt & Randall, 1997; Hirschfeld, 1996).

■ **PSYCHOLOGISCHE KWESTIES**

Kies de genen van je kinderen

Wetenschappers zijn nu al in staat de genetische eigenschappen van dieren te sturen en aan te passen. Zo is in 1996 Dolly, het beroemde vaderloze schaap, gekloond uit een van de lichaamscellen van haar moeder. Sindsdien zijn er allerlei dieren gekloond, variërend van katten tot koeien (American Medical Association, 2010). Maar hoe zit het met genetische manipulatie van de mens?

Aan het menselijk erfelijk materiaal wordt minder drastisch gesleuteld dan aan dierlijk DNA. Wel is het al goed in kaart gebracht in het *Human Genome Project*. Dit is een programma dat als doel heeft om de structuur van het menselijke DNA tot op het niveau van de individuele basenparen te verhelderen, en alle menselijke genen te identificeren en te lokaliseren. Met dank aan dit project hebben we tegenwoordig een idee van de menselijke genetische code en weten we nu de volgorde van de nucleotiden op alle menselijke chromosomen (Pennisi, 2001).

Psychologen verwachten dat deze informatie ons iets zal leren over de genetische basis van menselijke verschillen in vermogens, emoties en stressbestendigheid (Kosslyn et al., 2002). Hoog op de lijst zullen aandoeningen staan die miljoenen mensen treffen: kanker, hartaandoeningen, autisme en depressie. We kunnen nu al foetale cellen verzamelen en naar bepaalde genetische problemen zoeken, zoals het downsyndroom, de ziekte van Tay-Sachs en sikkelcelanemie. Er zijn veel voorstanders van genetische tests, maar anderen vragen zich af of de stand van de technologie ons vermogen om ethische kwesties daaromtrent op te lossen niet té ver vooruit is.

Een voorbeeld van dergelijke technologie, de zogenaamde pre-implementatie genetische diagnostiek (PGD), is ontwikkeld om het risico te beperken dat koppels een bepaalde ernstige genetische stoornis doorgeven aan hun

Dolly werd gekloond uit een cel van haar 'moeder', aan wie zij genetisch identiek is.

ongeboren kind. Als een foetus of embryo in een heel vroeg stadium wordt getest, kunnen wetenschappers garanderen dat een foetus genetisch gezond is. Maar sinds de introductie in 1990 wordt PGD ruimer toegepast. In de VS en sommige andere landen is het inmiddels toegestaan om het geslacht met PGD te selecteren: in bijna de helft van de klinieken die PGD aanbieden, krijgen ouders ook de mogelijkheid om te kiezen voor een jongen of een meisje (Adams, 2010). Bovendien worden

er zogenaamde 'savior siblings' ge-
kweekt, zodat ouders die een kind hebben met een dodelijke ziekte (bijvoorbeeld leukemie) een broertje of zusje
op de wereld kunnen zetten met het
juiste beenmerg om het zieke kind te
redden (Marcotty, 2010). En nog maar
kort geleden kondigde een vruchtbaar-
heidskliniek in Los Angeles zijn plannen aan om genetische selectie van
fysieke kenmerken als lengte, haar- en
huidskleur aan te bieden (Naik, 2009).
Interessant is dat de kliniek het aanbod
introk nadat het Vaticaan een bezwaar-
brief had gestuurd.

Wat is de prijs van deze technologie?
Ongetwijfeld willen ouders in deze
heerlijke nieuwe genetische wereld
graag dat hun kinderen slim zijn en
er goed uitzien, maar volgens welke
criteria gaan we intelligentie en uiterlijk
beoordelen? En is iedereen dan in staat
om de genen van zijn kind te bestellen,
of is dat alleen weggelegd voor de zeer
rijken? Je kunt ervan uitgaan dat de pro-

blemen waarmee we geconfronteerd
zullen worden zowel biologisch, psychologisch, politiek als ethisch van aard
zullen zijn (Patenaude et al., 2002).
Nu al stellen psychologen richtlijnen
op over de manier waarop genetische
kennis het best kan worden toegepast
(Bronheim, 2000). Het gaat daarbij
met name om mensen die een afwe-
ging moeten maken tussen genetische
risico's en hun verlangen naar kinderen.
We nodigen je uit om je eigen betrokkenheid bij de kwestie erfelijkheid en
ouderschap te beoordelen door de
volgende vragen te beantwoorden:

- Als je drie genetische eigenschappen voor je kinderen mocht aanwijzen, welke zou je dan kiezen?
Als de kans bestaat dat jouw biologische kind met een levensbedreigende ziekte ter wereld komt,
zou je dan overwegen om nog een
kind op de wereld te zetten (als
'savior baby') om het zieke kind te
kunnen redden? Welke omstandig-

heden of voorwaarden zouden je
beslissing beïnvloeden?

- Als je weet dat je misschien drager
bent van een gen dat een ernstige
medische afwijking of gedrags-
stoornis kan veroorzaken, zou je
dat dan voor de zwangerschap
laten onderzoeken? Mag een (aanstaande) partner dat van je eisen?
Mag de overheid zo'n eis stellen?

Op deze vragen bestaat natuurlijk geen
'juist' antwoord, maar het antwoord dat
je geeft, zal je helpen je standpunt te
bepalen over enkele van de belangrijkste problemen waarmee we in deze
eeuw zullen worden geconfronteerd.
Bij het beantwoorden van deze vragen moet je nadenken over de wijze
waarop de richtlijnen met betrekking
tot kritisch denken uit hoofdstuk 1 van
invloed zijn op je antwoorden. In welke
mate zou je antwoord op deze vragen
bijvoorbeeld kunnen worden beïnvloed
door je eigen emotionele bias?

▶▶ **Verbinding hoofdstuk 6**
Terwijl intelligentie wordt beïnvloed door
erfelijkheid, worden de relatieve bijdragen
van nature en nurture sterk betwist (p. 239).

Ga naar **www.pearsonmylab.nl** om je kennis en begrip van deze paragraaf te testen met de MyMap, MyCheck en
MyDefinitions.

KERNVRAAG 2.2
. . . .
▶ Hoe is de interne communicatie van het lichaam geregeld?

Stel: je rijdt op een kronkelige bergweg en plotseling komt er een auto recht op
je af. Op het laatste moment wijken jij en de andere chauffeur uit. Je hart klopt
in je keel, zelfs als het gevaar al lang is geweken. Vanbinnen reageerde je lichaam
op twee soorten boodschappen die werden uitgezonden door zijn twee commu-
nicatiesystemen.

Eén is het snel reagerende *zenuwstelsel* met zijn uitgebreide netwerk van zenuwcellen dat berichten in prikkels van elektrische en chemische energie door het
lichaam transporteert. In noodsituaties komt dit eerste reactienetwerk je snel te
hulp; het geleidt de impulsen waardoor je hartslag wordt versneld en je spieren
zich spannen voor actie. Het andere communicatienetwerk, het *hormoonstelsel of*
endocriene stelsel, dat trager werkt, stuurt vervolgsignalen waardoor de reactie die
door het zenuwstelsel in gang was gezet, wordt ondersteund en in stand wordt

gehouden. Hiertoe maken de hormoonklieren, met inbegrip van de hypofyse, schildklier, bijnieren en geslachtsorganen, gebruik van signaalstoffen die we *hormonen* noemen.

De twee interne signaalsystemen werken niet alleen in stressvolle situaties samen, maar ook in gelukkiger omstandigheden, bijvoorbeeld wanneer je onverwacht een tien haalt voor een examen of tentamen, of wanneer je een bijzonder aantrekkelijk persoon ontmoet. Het hormoonstelsel en het zenuwstelsel werken ook samen in een situatie van lage *arousal* (opwinding); samen zorgen deze stelsels ervoor dat de vitale lichaamsfuncties goed gecoördineerd samenwerken. De samenwerking tussen het hormoonstelsel en het zenuwstelsel wordt door de 'hoofddirectie' van het lichaam aangestuurd, namelijk de hersenen. Dit brengt ons terug naar kernconcept 2.2:

● **KERNCONCEPT 2.2**
De twee interne signaalsystemen van het lichaam, het zenuwstelsel en het endocriene stelsel, gebruiken beide chemische boodschappers om met doelen in het gehele lichaam te communiceren.

Waarom is deze kennis belangrijk voor jouw inzicht in de psychologie? Om te beginnen zijn deze twee signaalsystemen de biologische basis voor al onze gedachten, emoties en gedragingen. Een andere reden is dat we met behulp van deze systemen kunnen begrijpen hoe middelen zoals cafeïne, alcohol, XTC en Prozac de chemie van de geest kunnen wijzigen. Ten slotte zal een begrip hiervan je een inzicht geven in veelvoorkomende aandoeningen zoals beroerten, multiple sclerose en depressies.

Ons overzicht van de twee signaalsystemen van het lichaam richt zich allereerst op de bouwsteen van het zenuwstelsel: het *neuron*. Vervolgens kijken we hoe netwerken van neuronen samenwerken als 'modules' in de hersenen en als onderdelen van het hele neurale netwerk, het zenuwstelsel, dat zich vertakt naar alle delen van het lichaam. Daarna bestuderen we het endocriene stelsel of *hormoonstelsel*. Dit stelsel bestaat uit een groep klieren die samenwerken met het zenuwstelsel en net als het zenuwstelsel invloed hebben op het gehele lichaam.

2.2.1   Het neuron: bouwsteen van het zenuwstelsel

Net zoals transistors in een computer zijn *neuronen* of *zenuwcellen* de meest basale verwerkingseenheden in de hersenen. Op zijn eenvoudigst gezegd is een **neuron** gewoon een cel die erin is gespecialiseerd om informatie te ontvangen, te verwerken en aan andere cellen door te geven. Neuronen doen dat heel efficiënt: een typische zenuwcel kan signalen van 1000 andere cellen ontvangen en, binnen een fractie van een seconde, besluiten te 'vuren', dat wil zeggen het signaal door te geven met een snelheid van wel 100 meter per seconde aan nog eens 1000 neuronen, soms wel aan 10.000 (Pinel, 2005). Een bundeling van een groot aantal neuronen wordt een *zenuw* genoemd.

Soorten neuronen

Hoewel neuronen verschillen in vorm en omvang, hebben ze in wezen allemaal dezelfde structuur en geleiden ze signalen op dezelfde manier. Toch onderscheiden biopsychologen drie grote groepen neuronen aan de hand van hun locatie en functie: *sensorische neuronen, motorische neuronen* en *schakelcellen* (zie figuur 2.2). **Sensorische neuronen** of *afferente neuronen* werken als straten met eenrichtingsverkeer en geleiden enkel signalen van de zintuigen *naar* de hersenen. Afferente neuronen geleiden signalen die leiden tot sensaties van zicht, gehoor, smaak, aanraking, geur, pijn en evenwicht. Als je bijvoorbeeld met je hand voelt

Neuron: Een cel, ook wel zenuwcel genoemd, die is gespecialiseerd in het ontvangen en doorsturen van informatie naar andere cellen in het lichaam. Een bundeling van een groot aantal neuronen wordt een *zenuw* genoemd.

Sensorisch neuron: Zenuwcel die boodschappen van sensorische receptoren naar het centrale zenuwstelsel geleidt.

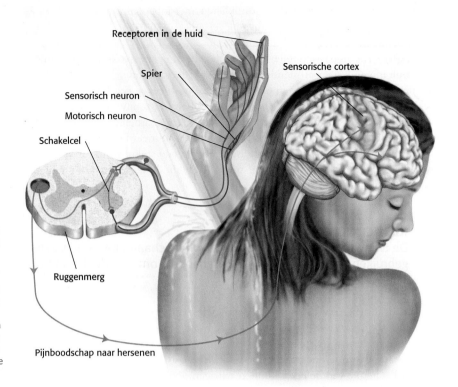

Figuur 2.2 Sensorische neuronen, motorische neuronen en schakelcellen

Informatie over de watertemperatuur van de douche wordt gedragen door duizenden sensorische neuronen (afferente neuronen) van de zintuigen naar het centrale zenuwstelsel. In dit geval komt de boodschap het ruggenmerg binnen en wordt het via schakelcellen (interneuronen) naar de hersenen vervoerd. Daar wordt de informatie getoetst en wordt een respons geïnitieerd ('Maak het water kouder!'). Deze instructies worden naar de spieren verzonden door motorische neuronen (efferente neuronen). Grote bundels van de berichtdragende vezels van deze neuronen worden zenuwen genoemd.

Labels in figure: Receptoren in de huid · Sensorische cortex · Spier · Sensorisch neuron · Motorisch neuron · Schakelcel · Ruggenmerg · Pijnboodschap naar hersenen

Motorisch neuron: Zenuwcel die boodschappen van het centrale zenuwstelsel naar de spieren en/of klieren geleidt.

Schakelcel: Zenuwcel die boodschappen van de ene zenuwcel doorgeeft aan de andere en vooral voorkomt in de hersenen en in het ruggenmerg.

hoe warm het water in de douche is, geleiden afferente neuronen het signaal naar de hersenen, en interpreteer je daar de signalen als koud of warm. **Motorische neuronen** of *efferente neuronen* vormen de eenrichtingsstraten die signalen *vanuit* de hersenen en het ruggenmerg geleiden naar de spieren, organen en klieren. Motorische neuronen geleiden dus de instructies voor al onze handelingen. In ons voorbeeld van de douche geleiden de motorische neuronen de signalen die je hand sturen om de kraan open of dicht te draaien.

Behalve in het geval van reflexen, communiceren sensorische neuronen niet rechtstreeks met motorische neuronen. Daarvoor maken ze gebruik van **schakelcellen** (zoals afgebeeld in figuur 2.2). Het grootste deel van de miljarden cellen in de hersenen en het ruggenmerg bestaat uit schakelcellen. Deze neuronen geleiden boodschappen van sensorische neuronen naar andere schakelcellen of naar motorische neuronen, soms in complexe zenuwbanen. In feite zijn de hersenen voornamelijk een netwerk van schakelneuronen die op complexe wijze zijn verbonden. Als je wilt zien hoe snel deze neurale schakelingen werken, kun je de proef in het kader 'Doe het zelf!' uitvoeren.

⊕ DOE HET ZELF! Neurale boodschappen en reactietijd

Met slechts een enkel bankbiljet kun je onderzoeken hoelang de hersenen erover doen om informatie te verwerken en een reactie in gang te zetten.

Houd een nieuw bankbiljet in het midden van de korte kant vast en laat het bungelen. Vraag een vriend of hij zijn duim en wijsvinger aan weerszijden ongeveer twee centimeter van het midden van het biljet wil houden. Vertel je vriend dat hij, zodra jij het biljet loslaat, zijn duim en wijsvinder moet samenknijpen om het biljet op te vangen.

Als je het biljet zonder waarschuwing loslaat (zorg dat je vriend niet ziet wat je van plan bent), zul je merken dat de hersenen van je vriend niet in staat zijn deze informatie snel genoeg te verwerken om tijdig een respons naar de vingers te sturen. Het biljet zal op de grond vallen.

Wat betekent dat? De tijd die nodig is om te reageren, bestaat uit de tijd die het sensorische zenuwstelsel nodig heeft om de informatie in zich op te nemen, de tijd die de hersenen nodig hebben om haar te verwerken en de tijd die het motorische stelsel nodig heeft om een respons te produceren. Daar zijn miljoenen neuronen bij betrokken, en hoewel ze snel reageren, kost zo'n reactie tijd.

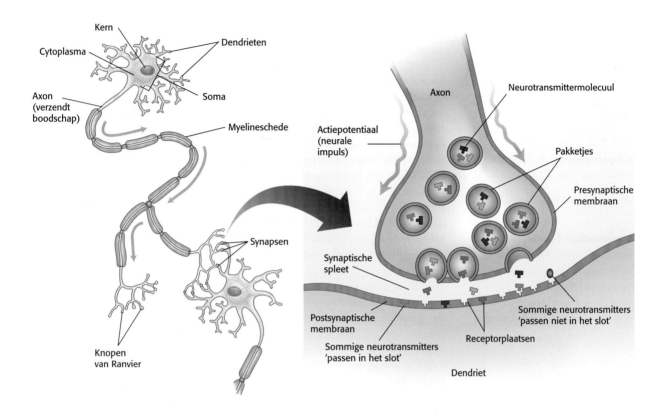

Figuur 2.3   De belangrijkste onderdelen van het neuron

Het neuron ontvangt zenuwimpulsen via zijn dendrieten en soma (cellichaam). Wanneer het cellichaam voldoende gestimuleerd is, stuurt het zijn eigen boodschap naar het axon, dat het door middel van een actiepotentiaal weer overbrengt naar de eindknopjes van de cel. In die eindknopjes bevinden zich pakketjes met neurotransmitters. Deze scheuren open als de actiepotentiaal aankomt, en geven hun inhoud, de neurotransmitters, af aan de nauwe ruimte die de zenuwcel scheidt van de naburige zenuwcel. Deze nauwe ruimte heet de synaps of de synaptische spleet. Transmittermoleculen die aankomen bij de postsynaptische membraan, dat is de membraan van de naburige zenuwcel, maken zich vast aan receptoren en stimuleren zo de naburige, ontvangende cel. Het teveel aan transmittermoleculen wordt teruggenomen door de presynaptische zenuwcel via heropname, of wordt afgebroken door andere stoffen, die MAO's heten.

Hoe neuronen werken

Figuur 2.3 helpt je de belangrijkste onderdelen van een neuron voor je te zien. De 'ontvangers', waar het grootste deel van de binnenkomende signalen binnenkomen, bestaan uit vertakte vezels die dendrieten worden genoemd. De **dendrieten** strekken zich uit vanuit het cellichaam, waar ze werken als een net, en verzamelen signalen die ontstaan na directe stimulatie van de zintuigen (bijvoorbeeld signalen van de ogen, de oren of de huid).

Dendrieten geven hun berichten door aan het centrale deel van het neuron, het zogenoemde *cellichaam* of **soma**. Het cellichaam bevat niet alleen de chromosomen van de cel, het evalueert ook de impulsen die het ontvangt van honderden of zelfs van duizenden andere neuronen, vaak tegelijk. En om deze evaluatie nog ingewikkelder te maken, kunnen sommige van deze signalen die het neuron

Dendrieten: Vertakte uitlopers van het cellichaam van een neuron die de informatie binnenhalen.

Soma: Gedeelte van de cel waar de kern zich bevindt. De kern bevat de chromosomen. Dit gedeelte van de cel wordt ook wel *cellichaam* genoemd. Het evalueert de impulsen die het ontvangt van honderden of soms zelfs van duizenden andere neuronen, vaak tegelijkertijd.

ontvangt, het cellichaam *excitatoir* maken (signalen die in feite zeggen: 'Vuur!') of *inhibitoir* ('Vuur niet!'). De 'beslissing' die het cellichaam neemt, is afhankelijk van het totale stimulatieniveau, dat weer afhankelijk is van de som van alle binnenkomende signalen.

Als excitatie het 'wint' van inhibitie, vuurt het neuron zelf een signaal, dat langs een 'verzendende' vezel, het zogenoemde **axon**, wordt geleid. Deze axonen kunnen zich over aanzienlijke afstanden uitstrekken: bij zeer lange mensen, zoals basketbalspelers, kunnen de axonen die het ruggenmerg met de tenen verbinden, langer zijn dan een meter. Sommige axonen zijn juist weer vrij kort: de axonen van schakelneuronen in de hersenen meten soms maar een fractie van een centimeter.

De actiepotentiaal   Als de stimulatie van het cellichaam een kritiek niveau bereikt, ontstaat een elektrische prikkel in het axon en 'vuurt' de cel; dit is te vergelijken met de elektronische flits van een camera. Op een wijze die met de batterij te vergelijken is, krijgt het axon de elektrische energie die het nodig heeft van geladen chemische stoffen, zogenoemde *ionen*. In hun normale rusttoestand (die **rustpotentiaal** wordt genoemd) geven de ionen het axon aan de binnenkant een negatieve elektrische lading en aan de buitenkant een positieve lading, met een verschil van 70 millivolt (mV). Deze ongelijke verdeling van positieve en negatieve lading is een instabiel evenwicht dat gemakkelijk kan worden verstoord. Als het cellichaam wordt gestimuleerd, veroorzaakt dit een reeks gebeurtenissen die tezamen de **actiepotentiaal** wordt genoemd. Hierbij wordt de lading tijdelijk omgekeerd, waardoor een elektrisch signaal langs het axon loopt (zie figuur 2.3).

Hoe keert de elektrische lading zichzelf om? Als een actiepotentiaal plaatsvindt, openen zich piepkleine poriën in een klein deel van de axonmembraan, een deel dat grenst aan de soma, zodat er een snelle instroom van positieve ionen mogelijk is. Vrijwel onmiddellijk verandert de interne lading van dat axondeel van negatief naar positief, een proces dat *depolarisatie* wordt genoemd. (Depolarisatie voltrekt zich in een duizendste van een seconde, zie figuur 2.4.) Wordt de prikkeldrempel niet overschreden, dan dooft de depolarisatie uit en treedt er geen actiepotentiaal op. Wanneer de *drempelwaarde* wel overschreden wordt, is het proces van depolarisatie niet meer te stoppen. Er ontstaat dan een impuls. Daarbij gaan de veranderingen in de celmembraan verder langs het axon, als een rij vallende dominostenen. Onderzoekers uit de neurowetenschappen noemen dit het **alles-of-nietsprincipe**.

Bijna onmiddellijk na het vuren begint de 'ionenpomp' van de cel de positief geladen ionen naar buiten te pompen (dit proces noemt men *repolarisatie*), waardoor het neuron wordt teruggebracht naar de rustpotentiaal en de cel gereed is om opnieuw te vuren. Doordat de uitstroom van positieve ionen iets trager op gang komt, zakt de elektrische lading van het axon tijdens de repolarisatie door tot iets onder het niveau van de rustpotentiaal, een fenomeen dat *doorschieten* wordt genoemd (zie figuur 2.4).

Het is ongelooflijk dat deze complexe cyclus in minder dan een honderdste van een seconde plaatsvindt. Maar dit is nog niet alles: vervolgens moet de informatie die via de actiepotentiaal wordt geleid over de axonen, nog door een kleine spleet (de synaps) voordat deze een andere cel kan bereiken.

Synaptische transmissie   Hoewel neuronen dicht bij elkaar liggen, raken ze elkaar niet. Een microscopische opening tussen de zenuwcellen, de zogenoemde **synaps**, werkt in de meeste neuronen als elektrische isolator (zie figuur 2.3). Deze *synaptische spleet* verhindert dat de lading direct van het axon naar de volgende cel springt (Dermietzel, 2006). Om een signaal over de synapsspleet te

---

Axon: De lange uitloper van een zenuwcel die de informatie vanuit het cellichaam naar de eindknopjes vervoert. De informatie verplaatst zich in de vorm van een elektrische lading.

Rustpotentiaal: Elektrische lading van het axon in rust, als het neuron gereed is om te 'vuren'.

Actiepotentiaal: Zenuwimpuls die wordt veroorzaakt door een verandering in de elektrische lading op de celmembraan van het axon. Als het neuron 'vuurt', plant deze lading zich voort over het axon en zet de eindknopjes aan tot het uitscheiden van neurotransmitters.

Alles-of-nietsprincipe: Verwijst naar het feit dat het neuron óf volledig vuurt óf helemaal niet.

Synaps: Microscopisch kleine spleet waarlangs de communicatie tussen neuronen plaatsvindt. Synapsen komen ook voor tussen neuronen en de spieren of klieren die ze van berichten voorzien.

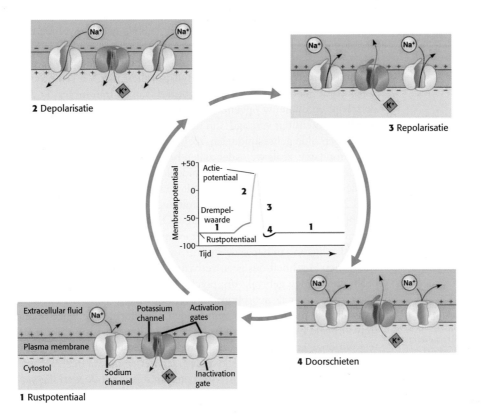

2 Depolarisatie

3 Repolarisatie

Actie-
potentiaal

2

Drempel-
waarde

3

1

4   **1**

Rustpotentiaal

Tijd

Membraanpotentiaal

+50

0

-50

-100

Extracellular fluid

Potassium
channel

Activation
gates

Plasma membrane

Cytostol

Sodium
channel

Inactivation
gate

1 Rustpotentiaal

4 Doorschieten

Figuur 2.4

De actiepotentiaal

In normale rusttoestand (1) heeft het axon aan de binnenkant een negatieve elektrische lading en aan de buitenkant een positieve lading, met een verschil van 70 millivolt (mV). Een chemische of elektrische prikkeling kan deze rustpotentiaal veranderen, doordat na de prikkeling van de celmembraan positieve natrium-ionen via een soort kanaaltje, waarin tijdelijk een sluisje opengaat, door de celmembraan naar binnen kunnen stromen. Hierdoor wordt de buitenkant van de celmembraan minder positief ten opzichte van de binnenkant. Dit wordt depolarisatie (2) genoemd. Zodra de rustpotentiaal tenminste 20 mV zakt (de drempelwaarde) is deze depolarisatie niet meer te stopen. Het maximale potentiaalverschil kan oplopen tot +30 mV. Dat betekent dat de binnenkant van de celmembraan positief is geworden ten opzicht van de buitenkant. Deze zogenaamde 'ompoling' duurt minder dan 1 milliseconde (ms). Direct na het ontstaan van de actiepotentiaal start de uitstroom van positieve kalium-ionen, de zogenaamde repolarisatie (3). De Na-instroom is inmiddels gestopt en de rustpotentiaal wordt hersteld. Doordat de kalium-uitstroom trager op gang komt, maar niet zo abrupt stopt, schiet de repolarisatie eventjes door onder de -70 mV (4). Zodra de rustpotentiaal bereikt is, zorgen de zogenaamde natrium/kalium-pompen in de cel ervoor dat de verhoudingen tussen de ionen binnen en buiten de membraan weer in evenwicht komen.

geleiden, moet het neuron eerst een kleine, bolvormige structuur stimuleren, de zogenoemde **eindknop**, die zich aan het uiteinde van het axon bevindt. Bij een reeks opmerkelijke gebeurtenissen, de zogenoemde **synaptische transmissie**, wordt het elektrische signaal omgezet in een chemisch signaal dat de synapsspleet tussen neuronen over kan steken naar de volgende zenuwcel.

Neurotransmitters   Als de elektrische impuls bij de eindknop aankomt, worden de kleine kanaaltjes die zich vlak bij de synaps bevinden, doorlaatbaar. Daardoor komt de inhoud uit de blaasjes, de chemische **neurotransmitters**, in de synaps vrij. Door deze vrijgekomen neurotransmitters wordt het signaal van de zenuw over de spleet overgebracht naar het volgende neuron in de keten (zie opnieuw figuur 2.3).
Elk doorlaatbaar blaasje geeft circa vijfduizend moleculen van de neurotransmitter aan de synaps af (Kandel & Squire, 2000). Als de neurotransmitters de juiste vorm hebben, passen ze in speciale *receptoren* van het ontvangende neuron; dit is te vergelijken met de wijze waarop een sleutel in een slot past. Door dit proces van sleutel en slot wordt het ontvangende neuron gestimuleerd en het signaal verder geleid.

Eindknop: Kleine verdikking aan het uiteinde van het axon. Bevat neurotransmitters, die de boodschap van het neuron in de synaps brengen.

Synaptische transmissie: Transport van de informatie door de synaptische spleet (van het ene neuron naar het andere bijvoorbeeld) door middel van neurotransmitters.

Neurotransmitter: Chemische boodschapper die neurale berichten van de ene kant van de synaptische spleet naar de andere kant brengt. Sommige hormonen hebben dezelfde chemische samenstelling als sommige neurotransmitters.

Nadat de transmittermoleculen hun werk hebben gedaan, worden ze door andere stoffen afgebroken (de zogeheten MAO's), of opnieuw in de blaasjes in de synapsknop opgenomen, waar ze worden hergebruikt. Veel van de transmitterstoffen bereiken de overkant van de synaps echter niet. Via een proces dat *heropname* wordt genoemd, wordt een groot deel van de transmitters in de synaps onderschept en opnieuw opgenomen in de blaasjes. Als gevolg van deze heropname wordt 'de intensiteit verlaagd' van het signaal dat tussen neuronen wordt doorgegeven. Bepaalde geneesmiddelen, zoals het bekende Prozac, verstoren het proces van heropname, zoals we nader zullen bekijken wanneer we de behandeling van psychische stoornissen met geneesmiddelen bespreken (in hoofdstuk 13).

De hersenen maken gebruik van tientallen verschillende neurotransmitters. In tabel 2.1 staat een aantal neurotransmitters opgesomd die belangrijk zijn gebleken bij het psychologisch functioneren. Onderzoekers in de neurowetenschappen menen dat verstoringen van het evenwicht van deze neurotransmitters ten grondslag liggen aan bepaalde stoornissen zoals schizofrenie en de ziekte van Alzheimer. Het hoeft dus geen verbazing te wekken dat de meeste geneesmiddelen die worden gebruikt om psychische stoornissen te behandelen, zoals neuroleptica, werken als neurotransmitters of op andere wijze het effect van neurotransmitters op zenuwcellen beïnvloeden. Op soortgelijke wijze bootsen drugs (bijvoorbeeld heroïne, cocaïne en metamfetamine) de natuurlijke neurotransmitters van onze hersenen na of ze versterken of remmen de werking daarvan.

In het kader 'Psychologische kwesties', aan het einde van deze paragraaf (zie pag. 61), bespreken we neurotransmitters en hun relatie tot de werking van drugs en geneesmiddelen.

▶▶ **Verbinding hoofdstuk 13**
Bij de behandeling van psychische stoornissen met medicijnen worden onder meer middelen gebruikt die de heropname van bepaalde neurotransmitters verstoren, zoals Prozac (p. 550).

Tabel 2.1   Zeven belangrijke neurotransmitters

Neurotransmitter	Normale functie	Problemen door tekort of teveel	Stoffen die het functioneren van deze neurotransmitter beïnvloeden
Dopamine	Produceert sensaties van genot en bevrediging. Wordt gebruikt door neuronen van het CZS die betrokken zijn bij vrijwillige bewegingen.	Schizofrenie Ziekte van Parkinson	Cocaïne Amfetamine Methylphenidaat (Ritalin of Rilatine) Alcohol
Serotonine	Reguleert slaap en dromen, stemmingen, pijn, agressie, eetlust en seksueel gedrag.	Depressie Bepaalde angststoornissen Obsessieve-compulsieve stoornis	Fluoxetine (Prozac) Hallucinogenen (zoals LSD)
Norepinefrine/noradrenaline	Wordt gebruikt door neuronen in het autonome zenuwstelsel en door neuronen in bijna elk deel van de hersenen. Reguleert hartslag, slaap, stress, seksuele ontvankelijkheid, alertheid en eetlust.	Hoge bloeddruk Depressie	Tricyclische antidepressiva Bètablokkers
Acetylcholine	Is de belangrijke neurotransmitter in neuronen die berichten van het CZS vervoeren. Speelt ook een rol bij sommige soorten van leren en herinneren.	Bepaalde spierziekten Ziekte van Alzheimer	Nicotine Gif van de Zwarte Weduwe (spin) Gif van botulismebacterie Curare Atropine
GABA	Is de belangrijkste blokkerende neurotransmitter in neuronen van het CZS.	Angst Epilepsie	Barbituraten 'Lichte' kalmeringsmiddelen (zoals Valium, Librium) Alcohol
Glutamine	Is de belangrijkste stimulerende neurotransmitter van het CZS. Speelt een rol bij leren en herinneren.	Waarschijnlijk leidt een teveel aan glutamine tijdens een beroerte tot hersenletsel.	PCP ('angel dust')
Endorfinen	Produceert aangename sensaties en reguleert pijn.	Verslaving aan opiaten leidt tot een tekort aan endorfinen.	Opiaten: opium, heroïne, morfine, methadon

Synchroon vuren   Gedurende het laatste decennium hebben onderzoekers in de neurowetenschappen ontdekt dat sommige neuronen, een kleine minderheid, zich niet houden aan de gewone regels van de synaptische transmissie. Dat wil zeggen, in plaats van gebruik te maken van neurotransmitters om signalen over de synaps te geleiden, doen ze dit zonder chemische signalen en communiceren ze direct via elektrische verbindingen (Bullock et al., 2005; Dermietzel, 2006). Onderzoekers hebben ontdekt dat deze uitzonderlijke neuronen met elektrische synapsen zich bevinden in speciale delen van de hersenen die gesynchroniseerde activiteit in een groot aantal andere neuronen aansturen, bijvoorbeeld in de neuronen die zijn betrokken bij de gecoördineerde bewegingen van het hart. Deze gesynchroniseerde signalen liggen mogelijk ook ten grondslag aan het grootste mysterie van de hersenen: hoe de hersenen de invoer van veel verschillende modules combineren tot één enkele gewaarwording, één idee of één handeling.

Plasticiteit   Ongeacht de methode van communicatie (elektrisch of chemisch) hebben neuronen het vermogen om te *veranderen*. Dat wil zeggen: neuronen kunnen nieuwe verbindingen maken of oude versterken; een enorm belangrijke eigenschap die **plasticiteit** wordt genoemd. Dit betekent dat het zenuwstelsel en vooral de hersenen het vermogen hebben zich aan te passen of zich te modificeren als gevolg van ervaring (Holloway, 2003; Kandel & Squire, 2000). Als we iets nieuws leren, kunnen dendrieten bijvoorbeeld langer worden en worden er soms nieuwe synapsen gevormd, waardoor nieuwe verbindingen met andere neuronen ontstaan. Hoewel eerder onderzoek zich vooral richtte op plasticiteit in de eerste jaren van het leven, laat recenter onderzoek zien dat ook het volwassen brein beschikt over plasticiteit.

Met behulp van plasticiteit kun je begrijpen hoe de hersenen in staat zijn verwondingen te compenseren, zoals in het geval van Jill Bolte Taylor, bij wie door een beroerte een groot deel van een hersenhelft werd beschadigd. Ze verloor daardoor haar taalvermogen en analytisch vermogen. Met behulp van revalidatie bleek ze in staat die vaardigheden opnieuw te leren, met dank aan het vermogen van haar hersenen om nieuwe verbindingen aan te gaan en te compenseren voor dat wat verloren was gegaan. Neurale plasticiteit zorgt ervoor dat de hersenen zowel in functie als fysieke structuur continu worden geherstructureerd en 'opnieuw geprogrammeerd' door ervaringen (LeDoux, 2002).

Naarmate een vioolspeler bijvoorbeeld langer studeert, wordt het motorisch gebied dat verbonden is met de vingers van de linkerhand, groter (Juliano, 1998). Op soortgelijke manier wijzen de hersenen een groter gebied toe aan de wijsvinger die een blinde braillelezer gebruikt (Elbert et al., 1995; LeDoux, 1996). Hoewel deze veranderingen in de hersenen meestal een gunstig effect hebben, kan de emotionele reactiviteit van de hersenen dankzij plasticiteit ook door traumatische ervaringen worden gewijzigd (Arnsten, 1998). Zo kunnen de hersencellen van soldaten die in een oorlog hebben gevochten veranderingen ondergaan die tot een sterke reactiviteit kunnen leiden; hierdoor reageren ze overmatig op lichte stressoren en zelfs op onverwachte verrassingen.

Gliacellen: een zelfhulpgroep voor neuronen   Tussen het enorme netwerk van neuronen van de hersenen ligt een nog groter aantal **gliacellen**, waarvan ooit werd gedacht dat ze de neuronen aan elkaar 'lijmden'. (De naam is afkomstig van het Griekse woord voor 'lijm'.) Tegenwoordig weten we echter dat gliacellen structurele steun bieden aan neuronen; ze spelen een rol bij het vormen van nieuwe synapsen tijdens het leren (Fields, 2004; Gallo & Chittajallu, 2001). Bovendien vormen de gliacellen de *myelineschede*, een vetachtige isolatielaag waarmee veel axonen in de hersenen en het ruggenmerg zijn omgeven. Net als het omhulsel van een elektrisch snoer, isoleert en beschermt de myelineschede

Plasticiteit: Vermogen van het zenuwstelsel om zich aan te passen of te veranderen door ervaring. Dankzij plasticiteit is het zenuwstelsel in sommige gevallen in staat fysieke beschadigingen te compenseren.

▶▶ **Verbinding hoofdstuk 14**
Extreem bedreigende ervaringen kunnen posttraumatische stressstoornis veroorzaken, een aandoening die lichamelijke veranderingen in de hersenen teweeg kan brengen (p. 571).

Gliacel: Een cel die structurele steun biedt aan neuronen. Tijdens de ontwikkeling helpen gliacellen bij het samenbrengen van de juiste zenuwcellen. Gliacellen vormen bovendien een isolerende laag (de myelineschede) voor de axonen van sommige neuronen.

rond een neuron de cel. Ook wordt de geleidingssnelheid van impulsen langs het axon door de myelineschede verhoogd (zie figuur 2.3). Bij bepaalde aandoeningen, zoals multiple sclerose (MS), wordt de myelineschede afgebroken, vooral in de motorische banen. Het gevolg is dat zenuwimpulsen gebrekkig worden geleid. Dit verklaart waarom MS-patiënten een grote variatie aan symptomen laten zien, van problemen met het aansturen van hun bewegingen tot aan gebreken in het cognitieve functioneren (National Institutes of Health, 2010).

Nu ken je de twee belangrijkste bouwstenen van het zenuwstelsel: *neuronen*, met hun verbazingwekkende plasticiteit, en de ondersteunende *gliacellen*, die de neuronen beschermen en die een rol spelen bij het geleiden van de neurale signalen. Maar hoe wonderbaarlijk deze afzonderlijke onderdelen ook zijn, in het gehele beeld van gedrag en psychische processen doet één enkele cel niet erg veel. Er zijn miljoenen neuronen nodig die hun elektrochemische signalen in gesynchroniseerde golven heen en weer zenden, via de ongelooflijk complexe neurale netwerken in je hersenen. Ze brengen zo gedachten, gewaarwordingen en gevoelens teweeg. Op soortgelijke wijze ontstaan al je handelingen uit golven van zenuwimpulsen die via het zenuwstelsel naar je spieren, klieren en organen worden geleid. We richten onze aandacht nu op dit grotere geheel: het zenuwstelsel.

2.2.2   Het zenuwstelsel

Als je een neuraal bericht kon waarnemen terwijl het van prikkel in reactie wordt omgezet, zou je zien hoe dit naadloos van het ene deel van het zenuwstelsel naar het andere wordt geleid. Het signaal zou bijvoorbeeld in de ogen kunnen beginnen, daarna naar de hersenen reizen voor uitgebreide verwerking en uiteindelijk opnieuw uit de hersenen tevoorschijn komen als een bericht dat aan de spieren vertelt dat ze moeten reageren. In feite functioneert het **zenuwstelsel**, dat bestaat uit alle zenuwcellen in het lichaam, als een complexe en onderling verbonden eenheid. Toch maken we voor het gemak onderscheid tussen verschillende onderdelen van het zenuwstelsel. We doen dat aan de hand van de plaats en het type verwerking dat in deze onderdelen plaatsvindt. Het eenvoudigste onderscheid is de indeling in twee grote onderdelen: het *centrale zenuwstelsel* en het *perifere zenuwstelsel* (zie figuur 2.5).

Zenuwstelsel: Gehele netwerk van neuronen in het lichaam, inclusief het centrale zenuwstelsel, het perifere zenuwstelsel en hun onderafdelingen.

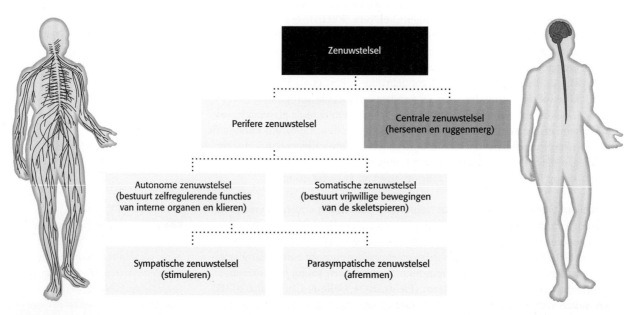

Figuur 2.5

Organisatie van het zenuwstelsel

Het perifere zenuwstelsel bestaat uit sensorische en motorische zenuwen, die via het ruggenmerg verbonden zijn met de hersenen.

Het centrale zenuwstelsel

Het **centrale zenuwstelsel (CZS)** werkt als het 'hoofdkwartier' van het lichaam. De hersenen, die ongeveer een derde van de schedel vullen, nemen complexe beslissingen, coördineren onze lichaamsfuncties en initiëren het grootste deel van onze gedragingen. Het ruggenmerg, dat een ondersteunende rol speelt, werkt als een soort neurale kabel en verbindt de hersenen met delen van de perifere sensorische en motorische systemen.

Reflexen   Het ruggenmerg is ook verantwoordelijk voor de eenvoudige, snelle **reflexen**, responsen waarvoor geen hersenactiviteit nodig is, zoals de kniereflex die artsen opwekken met een tikje onder de knieschijf. Dat de hersenen bij een groot aantal eenvoudige reflexen geen rol spelen, weten we doordat iemand bij wie het ruggenmerg doorgesneden is, nog steeds op een pijnlijke stimulus reageert door het betreffende lichaamsdeel terug te trekken – ondanks het feit dat de hersenen de pijn niet voelen. *Vrijwillige* bewegingen zijn echter niet mogelijk zonder de hersenen. Daarom leidt schade aan de zenuwen van het ruggenmerg tot verlamming van de ledematen of romp. De mate van de verlamming hangt af van de plek waar het ruggenmerg beschadigd is: hoe hoger de schade zit, des te omvangrijker is de verlamming.

Contralaterale banen   Verrassend genoeg zijn de meeste sensorische en motorische banen die signalen tussen de hersenen en de rest van het lichaam geleiden **contralateraal**; dit wil zeggen dat ze elkaar links-rechts kruisen naar de tegenovergelegen zijde in het ruggenmerg of in de hersenstam. Het gevolg is dat elke zijde van de hersenen voornamelijk communiceert met de tegenoverliggende zijde van het lichaam. Dit feit is belangrijk als we willen begrijpen waardoor beschadiging van één zijde van de hersenen vaak leidt tot een stoornis aan de tegenovergelegen zijde van het lichaam (zie figuur 2.6). Jill Bolte Taylors beroerte vond bijvoorbeeld plaats in haar linkerhersenhelft, maar het was haar rechterarm die daardoor verlamd raakte. De zenuwbanen kruisen elkaar ter hoogte van de medulla.

Het perifere zenuwstelsel

Het **perifere zenuwstelsel (PZS)** speelt ook een ondersteunende rol en verbindt het centrale zenuwstelsel met de rest van het lichaam via bundels van sensorische en motorische *zenuwen*. De vele takken van het PZS geleiden impulsen tussen het CZS en de zintuigen, de inwendige organen en de spieren. Hierbij geleidt het perifere zenuwstelsel de binnenkomende signalen die je hersenen vertellen wat je ziet, hoort, proeft, ruikt en voelt. Dit deel van het zenuwstelsel geleidt ook de uitgaande signalen waarmee de spieren en klieren in je lichaam wordt verteld hoe ze moeten reageren.

Je zou het PZS kunnen beschouwen als een koeriersdienst voor het centrale zenuwstelsel. Wanneer je bijvoorbeeld een agressieve hond tegenkomt, registreert je PZS de akoestische informatie (blaffen, grommen) en de visuele informatie (blikkerende tanden, nekharen die rechtop staan) en geleidt deze informatie naar de hersenen. Snel taxeren perceptuele en emotionele banen in de hersenen de situatie (gevaar!) en communiceren met andere banen die bevelen uitvaardigen en doorgeven, zodat je snel kunt wegvluchten. Daarna geleidt het PZS signalen voor het activeren van je hart, longen, benen en andere lichaamsdelen die een rol spelen bij de reactie op deze noodsituatie. Deze geleiding vindt plaats via twee belangrijke onderdelen: het *somatische zenuwstelsel* en het *autonome zenuwstelsel*. Het eerste heeft vooral te maken met onze externe wereld, het tweede met onze interne reacties. (Als je even de tijd neemt om figuur 2.5 te bestuderen, kun je deze indeling gemakkelijker begrijpen.)

Centrale zenuwstelsel (CZS): De hersenen en het ruggenmerg.

Reflex: Eenvoudige, niet aangeleerde respons die wordt opgeroepen door een stimulus. Een voorbeeld is de kniereflex, die optreedt als je tegen de pees vlak onder de knieschijf tikt.

Contralaterale banen: Sensorische en motorische banen tussen de hersenen en de rest van het lichaam steken onderweg over naar de andere zijde, zodat signalen van de rechterkant van het lichaam door de linkerzijde van de hersenen worden verwerkt en vice versa.

Perifere zenuwstelsel (PZS): Alle delen van het zenuwstelsel die zich buiten het centrale zenuwstelsel bevinden. Het perifere zenuwstelsel bestaat uit het autonome en het somatische zenuwstelsel.

Figuur 2.6
Contralaterale verbindingen

Somatische zenuwstelsel: Deel van het perifere zenuwstelsel dat vrijwillige boodschappen naar de skeletspieren van het lichaam stuurt.

Het somatische gedeelte van het PZS Je kunt je het **somatische zenuwstelsel** voorstellen als het communicatiekanaal met de buitenwereld. Het sensorische gedeelte verbindt de zintuigen met het CZS en het motorische gedeelte verbindt het CZS met de skeletspieren, die de vrijwillige bewegingen mogelijk maken. Als je bijvoorbeeld een stuk pizza ziet, wordt het visuele beeld naar de hersenen geleid door het *afferente* (sensorische) systeem van het somatische zenuwstelsel. Als alles goed gaat, stuurt het *efferente* (motorische) stelsel vervolgens instructies naar de spieren die je gebruikt om de pizza vast te pakken en er een hap van te nemen.

Het autonome gedeelte van het PZS Het andere grote onderdeel van het PZS gaat aan het werk zodra de pizza door je keel naar beneden glijdt en in het gebied van het **autonome zenuwstelsel** terechtkomt (*autonoom* betekent zelfstandig of onafhankelijk). Dit netwerk geleidt signalen die onze inwendige organen aansturen, terwijl ze functies uitvoeren zoals vertering, ademhaling, hartslag en arousal. En dit gebeurt zonder dat we erover hoeven nadenken, helemaal onbewust. Het autonome zenuwstelsel werkt ook als we slapen en onderhoudt de meest basale vitale functies, ook tijdens een narcose.

Biopsychologen delen het autonome zenuwstelsel verder op in twee onderdelen: het *sympathische* en het *parasympathische zenuwstelsel* (zoals in figuur 2.7 is te zien). Het **sympathische zenuwstelsel** stimuleert het hart, de longen en andere organen in stressvolle situaties en in noodsituaties, als onze reacties snel moeten zijn en daar veel energie bij nodig is. Het sympathische zenuwstelsel, dat vaak het fight-or-flightsysteem wordt genoemd, geleidt signalen waardoor we in staat zijn om snel op een bedreiging te reageren door aan te vallen (*fight*) of te vluchten (*flight*). Het sympathische zenuwstelsel brengt ook de spanning en opwinding teweeg die je voelt tijdens een spannende film of een eerste afspraakje. Misschien weet je nog welk gevoel het sympathische gedeelte van je autonome zenuwstelsel je bezorgde tijdens je laatste presentatie. Kon je moeilijk ademhalen? Had je klamme handen? Een misselijk gevoel in je maag? Dit zijn allemaal sympathische functies.

Het **parasympathische zenuwstelsel** doet precies het tegenovergestelde: het trapt op de neurale remmen en laat het lichaam naar een kalme en bedaarde toestand terugkeren. Maar ook al heeft het een tegenovergestelde werking, het parasympathische zenuwstelsel werkt met het sympathische zenuwstelsel samen, als twee kinderen op een wip. In figuur 2.7 zijn de belangrijkste verbindingen tussen deze twee onderdelen van het autonome zenuwstelsel te zien.

Nu we onze korte rondleiding van het zenuwstelsel hebben voltooid, richten we onze aandacht op het andere signaalsysteem in het menselijk lichaam: het hormoonstelsel.

Autonome zenuwstelsel: Gedeelte van het perifere zenuwstelsel dat boodschappen naar de interne organen en klieren verzendt.

Sympathische zenuwstelsel: Deel van het autonome zenuwstelsel dat boodschappen naar inwendige organen en klieren stuurt en ons in staat stelt te reageren op stressvolle situaties en noodgevallen.

Parasympathische zenuwstelsel: Deel van het autonome zenuwstelsel dat de dagelijkse routine van de inwendige organen in de gaten houdt en het lichaam weer kalmeert nadat dat door het sympathische zenuwstelsel in staat van paraatheid is gebracht.

2.2.3   Het endocriene stelsel

Je hebt je mogelijk nooit gerealiseerd dat je bloed naast zuurstof, voedingsstoffen en afval ook *informatie* vervoert. Toch dient informatie die door het bloed wordt overgebracht in de vorm van *hormonen*, als communicatiekanaal tussen de klieren van het hormoonstelsel en andere doelorganen, zoals afgebeeld in figuur 2.8. Het hormoonstelsel wordt ook wel het **endocriene stelsel** genoemd. *Endocrien* is afgeleid van het Griekse *endo*, dat 'inwendig' betekent, en *krinein*, 'afscheiding'.

Hormonen, die overwegend dezelfde rol spelen als neurotransmitters in het zenuwstelsel, brengen signalen over die niet alleen van invloed zijn op lichaamsfuncties, maar ook op gedragingen en emoties (Damasio, 2003; LeDoux, 2002). Bepaalde hormonen uit de hypofyse stimuleren bijvoorbeeld de groei van het lichaam. Hormonen uit de ovaria en testikels beïnvloeden seksuele ontwikkeling en seksuele re-

Endocriene stelsel: Het hormonale systeem, de chemische boodschappendienst van het lichaam, inclusief de volgende hormoonklieren: hypofyse, bijnieren, geslachtsklieren, schildklier, bijschildklier, alvleesklier, ovaria en testikels.

Hormoon: Chemische boodschapper van het endocriene stelsel. Sommige hormonen hebben dezelfde chemische samenstelling als neurotransmitters.

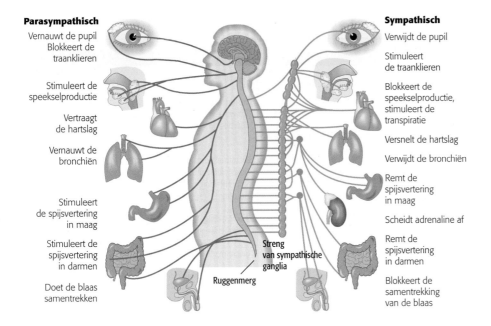

Parasympathisch

Vernauwt de pupil
Blokkeert de
traanklieren

Stimuleert de
speekselproductie

Vertraagt
de hartslag

Vernauwt de
bronchiën

Stimuleert
de spijsvertering
in maag

Stimuleert de
spijsvertering
in darmen

Doet de blaas
samentrekken

Sympathisch

Verwijdt de pupil

Stimuleert
de traanklieren

Blokkeert de
speekselproductie,
stimuleert de
transpiratie

Versnelt de hartslag

Verwijdt de bronchiën

Remt de
spijsvertering
in maag

Scheidt adrenaline af

Remt de
spijsvertering
in darmen

Blokkeert de
samentrekking
van de blaas

Streng
van sympathische
ganglia

Ruggenmerg

Figuur 2.7
Onderdelen van het autonome zenuwstelsel

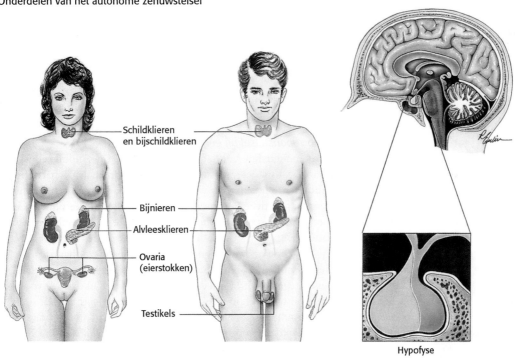

Schildklieren
en bijschildklieren

Bijnieren

Alvleesklieren

Ovaria
(eierstokken)

Testikels

Hypofyse

Figuur 2.8
Endocriene klieren bij vrouwen en mannen

acties. Hormonen vanuit de bijnieren veroorzaken de arousal die met angst gepaard gaat. En hormonen uit de schildklier regelen de stofwisseling, oftewel het *metabolisme* van het lichaam (het geheel van biochemische processen die in het lichaam plaatsvinden en de hoeveelheid energie die het lichaam gebruikt en opslaat).
Als hormonen eenmaal door een klier in de bloedbaan zijn afgescheiden, circuleren ze door het lichaam totdat ze bij hun doel zijn aangekomen. Dat kan een

Tabel 2.2   Hormonale functies van de belangrijkste endocriene klieren

deze endocriene klieren...	produceren deze hormonen ...	en regelen...
Hypofyse voorkant	Follikel Stimulerend hormoon (FSH) & Luteïniserend hormoon (LH) Prolactine Tyroïd Stimulerend hormoon (TSH) ACTH Groeihormoon	Ovaria en testikels Productie moedermelk Stofwisseling Reacties op stress
Hypofyse achterkant	Antidiuretisch hormoon (ADH) Oxytocine	Waterhuishouding in het lichaam Uitscheiding moedermelk Samentrekkingen baarmoeder Hechting
Schildklier	Tyroxine	Stofwisseling Lichamelijke groei en ontwikkeling
Bijschildklier	Parathormoon	Calciumgehalte in lichaam
Alvleesklier	Insuline en glucagon	Glucosestofwisseling
Bijnieren	Cortisol, epinefrine en norepinefrine Oestrogenen	Fight-or-flightrespons en de stofwisseling Seksueel verlangen (vooral bij vrouwen)
Ovaria	Oestrogenen Progesteron	Ontwikkeling vrouwelijke geslachtskenmerken Productie van ova (eitjes)
Testikels	Androgenen	Ontwikkeling mannelijke geslachtskenmerken Spermaproductie Seksueel verlangen (bij mannen)

andere klier zijn, of een spier of orgaan. Tabel 2.2 geeft een overzicht van de belangrijkste klieren en de lichaamssystemen die ze reguleren.

Hoe reageert het hormoonstelsel bij een crisis?

Onder normale omstandigheden (zonder arousal) werkt het hormoonstelsel samen met het parasympathisch zenuwstelsel om onze elementaire lichaamsprocessen in stand te houden. Bij een crisis worden zowel het sympathisch zenuwstelsel als de hormonen geactiveerd. Omdat het zenuwstelsel sneller signalen kan versturen, is het het sympathisch zenuwstelsel dat de eerste fight-or-flightreactie initieert. In een latere fase zullen ook de hormonen stressreacties oproepen. Na de stresssituatie zal het parasympatisch zenuwstelsel sneller de overhand nemen omdat signalen sneller worden doorgegeven dan hormonen dit kunnen doen. Dus als je een stressor tegenkomt of in een noodsituatie terechtkomt (bijvoorbeeld wanneer een auto op je afkomt), wordt het hormoon *epinefrine* (dat soms *adrenaline* wordt genoemd) aan het bloed afgegeven, en ondersteunt het de fight-or-flightreactie. Op deze wijze maakt het hormoonstelsel af wat het sympathische zenuwstelsel is begonnen, door je hartslag te blijven versnellen en je spierspanning te verhogen, klaar voor actie.

De 'gelukshormonen' serotonine, endorfine en oxytocine staan de afgelopen jaren volop in de belangstelling, onder meer door onderzoek van professor Mark Nelissen van de Universiteit Antwerpen. Zo wordt steeds meer het belang onderkend van de invloed van oxytocine bij het verbinden van sociale contacten en gevoelens van plezier. In zijn boek *De breinmachine* (2008) onthult hij hoe moederliefde wordt bepaald door dit hormoon. Oxytocine zorgt voor de samentrekkingen van de baarmoeder om de baby uit te drijven (zie ook tabel 2.2) en helpt daarna in de borsten bij de melkafscheiding om het kind te voeden. Oxytocine helpt verder tegen stress; het kalmeert de moeder en geeft haar een ontspannen, gelukzalig gevoel. Daarnaast speelt het vermoedelijk ook een centrale rol bij vriendschappen, romantische interacties en seksualiteit.

Verderop in het boek zien we wat er gebeurt als deze gespannen toestand niet goed wordt gereguleerd. Mensen met een stressvolle baan of een ongelukkige relatie krijgen bijvoorbeeld een chronisch verhoogde concentratie stresshormonen in het bloed, waardoor een langdurige toestand van arousal wordt gehandhaafd.

Waardoor wordt het hormoonstelsel gereguleerd?

Aan de basis van de hersenen ligt de belangrijkste hormoonklier, de **hypofyse**. Deze klier houdt toezicht op alle hormoonreacties (zie figuur 2.8). Dit doet de hypofyse door hormonen af te geven die via het bloed in andere hormoonklieren in het gehele lichaam terechtkomen. De hypofyse is zelf echter slechts een manager uit het middenkader. Deze klier reageert op zijn beurt weer op de hersenen, in het bijzonder op een kleine neurale kern waaraan hij is vastgehecht: de hypothalamus, een hersenonderdeel dat we verderop nader bespreken.

Op dit moment willen we benadrukken dat het perifere zenuwstelsel en het hormoonstelsel parallelle communicatiekanalen vormen, die door hun koppeling in de hersenen worden gecoördineerd. Uiteindelijk beslissen de hersenen welke signalen via beide netwerken worden afgegeven.

▶▶ **Verbinding hoofdstuk 14**
Langdurige stressignalen kunnen leiden tot lichamelijke en psychische stoornissen in de vorm van het algemene aanpassingssyndroom (p. 580).

Hypofyse: 'Hoofdklier', produceert hormonen die de afscheiding van alle andere endocriene klieren beïnvloeden en groeihormonen. De hypofyse ontvangt opdrachten van een naburige structuur in de hersenen, de hypothalamus.

■ **PSYCHOLOGISCHE KWESTIES**

Bijwerkingen van psychoactieve middelen

De psychoactieve effecten van marihuana, lsd, cocaïne, methamfetamines en kalmerende middelen zijn voor miljoenen gebruikers aantrekkelijk. Miljoenen meer schudden hun hersenen wakker met de cafeïne van hun ochtendkoffie, thee of energy drinks en de nicotine in een begeleidende sigaret en 's nachts proberen ze hun arousal weer te verlagen met de dempende effecten van alcohol en slaappillen. Hoe brengen deze genotmiddelen hun effect teweeg? Het antwoord is dat *psychoactieve middelen* het vermogen hebben om natuurlijke chemische processen in onze hersenen te stimuleren of te remmen.

Agonisten en antagonisten

De voor- en nadelen van psychoactieve middelen worden hoofdzakelijk veroorzaakt door hun interactie met neurotransmitters. Sommige middelen doen zich voor als neurotransmitters doordat ze de effecten van deze stoffen in de hersenen nabootsen. Andere middelen werken minder direct doordat ze de effecten van neurotransmitters stimuleren

of dempen. De stoffen die neurotransmitters stimuleren of hun werking nabootsen, noemen we **agonisten**. Nicotine is bijvoorbeeld een agonist, doordat het dezelfde werking heeft als de neurotransmitter acetylcholine (zie tabel

2.1). Deze stof 'zet het geluid' harder in de acetylcholinebanen (de bundels van zenuwcellen die gebruikmaken van acetylcholine en die de spieren aansturen en bepaalde hersendelen verbinden). Evenzo werkt het bekende antidepres-

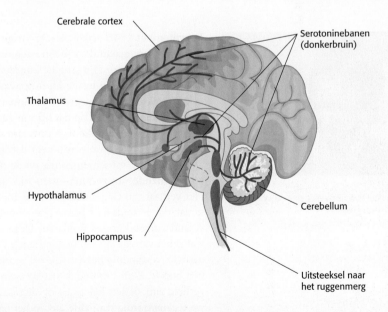

Cerebrale cortex

Serotoninebanen (donkerbruin)

Thalamus

Hypothalamus

Cerebellum

Hippocampus

Uitsteeksel naar het ruggenmerg

Figuur 2.9 Serotoninebanen in de hersenen

sivum Prozac (fluoxetine) als agonist in de serotoninebanen, waar het ervoor zorgt dat er serotonine beschikbaar blijft (zie figuur 2.9).

De stoffen die de effecten van neurotransmitters dempen of remmen, worden **antagonisten** genoemd. Sommige drugs die worden gebruikt om schizofrenie te behandelen zijn antagonisten, omdat ze de werking van de neurotransmitter dopamine verstoren. Ze 'zetten het geluid zachter' en reduceren de stimulatie die bijdraagt aan symptomen als wanen en hallucinaties (Nairne, 2009). Zogenoemde bètablokkers, die vaak worden voorgeschreven bij hartkwalen, werken als antagonist tegen epinefrine en norepinefrine, waardoor de effecten van stress worden tegengegaan. In het algemeen faciliteren agonisten en remmen antagonisten signalen in delen van het zenuwstelsel waar gebruik wordt gemaakt van een bepaalde neurotransmitter.

Waarom bijwerkingen?

Hoe ontstaan ongewenste bijwerkingen van deze psychoactieve middelen? Een belangrijke oorzaak heeft te maken met de bouw van de hersenen. In de hersenen bevinden zich vele bundels van neuronen, **neurale banen,** die gebieden met verschillende functies met elkaar verbinden. Elke baan gebruikt slechts een paar specifieke neurotransmitters. Hierdoor hebben middelen die bepaalde transmitters beïnvloeden of imiteren alleen effect op banen in de hersenen die van die transmitters gebruikmaken. Helaas voor de patiënt die deze middelen gebruikt, dient in verschillende neurale banen dezelfde neurotransmitter voor zeer uiteenlopende functies. Zo wordt via serotoninebanen niet alleen de stemming beïnvloed, maar ook slaap, angst en eetlust. Dus als je met Prozac een depressie behandelt, loop je de kans tegelijkertijd andere processen te beïnvloeden waarbij serotonine een rol speelt. In feite bestaat er geen enkele psychoactieve stof die als 'magisch middel' op precies één doel in de hersenen inwerkt, en die zijn werking uitoefent zonder bijwerkingen te veroorzaken.

Agonist: Medicijn of andere chemische stof die het effect van een neurotransmitter versterkt of imiteert.

Antagonist: Medicijn of chemische stof die het effect van een neurotransmitter blokkeert.

Neurale baan: Bundel van zenuwcellen die in grote lijnen dezelfde route volgt en dezelfde neurotransmitters gebruikt.

Ga naar **www.pearsonmylab.nl** om je kennis en begrip van deze paragraaf te testen met de MyMap, MyCheck en MyDefinitions.

KERNVRAAG 2.3

▶ Hoe produceren de hersenen gedrag en psychische processen?

Auteur Philip Zimbardo met de schedel van Phineas Gage.

Bron: Philip G. Zimbardo, Inc.

In september 1848 raakte een 25-jarige Amerikaanse spoorwegarbeider genaamd Phineas Gage gewond toen een ijzeren staaf tijdens een explosie in zijn gezicht vloog en zich door zijn schedel boorde. Wonderbaarlijk genoeg herstelde hij van deze verwonding en leefde hij nog twaalf jaar verder. Zijn persoonlijkheid was echter volkomen veranderd (Fleischman, 2002; Macmillan, 2000). Mensen die hem kenden, merkten op dat hij van een efficiënte en capabele voorman was veranderd in iemand die zich onverantwoordelijk, onberekenbaar en godslasterlijk gedroeg. Het kwam erop neer dat hij zichzelf niet meer was (Damasio et al., 1994). Was het misschien zo dat op de plek van zijn verwonding (aan de voor- en bovenzijde van zijn hersenen) zijn 'oude zelf' had gehuisd?

Het verhaal van Gages transformatie doet ook denken aan Jill Bolte Taylors uitspraak dat ze sinds haar beroerte niet meer 'dezelfde persoon' is. Wat zou deze veranderingen kunnen verklaren? Deze verhalen werpen nog een andere vraag op: wat is het verband tussen het lichaam en de geest? Mensen hebben altijd erkend dat zo'n verbinding bestaat, hoewel ze niet altijd wisten dat de geest in de hersenen huisde. Zelfs vandaag de dag spreken we nog over 'ons hart verliezen' als we verliefd zijn, of 'iets ligt zwaar op de maag' als we ergens mee zitten. Ook al weten we tegenwoordig dat liefde niet in het hart ontstaat en dat emoties niet in de maag worden verwerkt. Emoties, verlangens en gedachten zijn afkomstig uit de hersenen.

Eindelijk beginnen onderzoekers in de neurowetenschappen de diepe mysteries van dit complexe orgaan te ontraadselen. We zien de hersenen tegenwoordig als een verzameling afzonderlijke modules die samenwerken als de onderdelen van een computer. Dit nieuwe inzicht in de hersenen wordt het kernconcept van deze laatste paragraaf van dit hoofdstuk.

● KERNCONCEPT 2.3
De hersenen bestaan uit vele gespecialiseerde en onderling verbonden modules, die samenwerken in het creëren van geest en gedrag.

Op de komende bladzijden leer je meer over de hersenen. Dan zul je ontdekken dat alle onderdelen een gespecialiseerde functie hebben (Cohen & Tong, 2001). Sommige delen van de hersenen zijn gespecialiseerd in sensorische processen als zien en horen, andere beïnvloeden ons emotionele leven, en weer andere gebieden spelen een rol bij ons geheugen, produceren spraak of beïnvloeden andere soorten gedrag. Over het algemeen werken deze gespecialiseerde delen van de hersenen prima samen en in normale gevallen gaat dat automatisch en zonder bewuste sturing: bijvoorbeeld wanneer je tegelijkertijd loopt, je ontbijt verwerkt, ademt en een gesprek voert. Maar als er in een of meer delen van de hersenen iets misgaat, zoals bij slachtoffers van een beroerte (en bij Phineas Gage), kunnen er verstoringen ontstaan in de biologische basis van het denken of het gedrag.

 Dieper graven
Vensters op de hersenen. Ga naar 'In de praktijk' in de MyLab mediatheek voor een overzicht van verschillende methoden die neurowetenschappers gebruiken om erachter te komen hoe onze uit modules opgebouwde hersenen werken.

2.3.1 De drie lagen in de hersenen
Wat iemand die de hersenen onderzoekt ziet, is afhankelijk van welke hersenen hij onderzoekt. Vogels en reptielen kunnen leven met hersenen die uit weinig meer dan een steel bestaan waar de meest elementaire levensprocessen en instinctieve reacties worden gereguleerd. Onze eigen, complexere hersenen hebben in wezen dezelfde steel, de zogenoemde **hersenstam**. Evolutionair gezien is dit het oudste gedeelte van de hersenen; het voert de meest elementaire functies uit. Boven op die steel hebben wij en andere zoogdieren nog twee lagen ontwikkeld, het zogenoemde *limbische systeem* en het *cerebrum*, waardoor het vermogen van onze hersenen sterk is uitgebreid (zie figuur 2.10).

Hersenstam: Meest primitieve van de drie hersenlagen. Hij bestaat uit de medulla oblongata, de pons en de formatio reticularis.

De hersenstam en zijn buren
Als je ooit hebt geworsteld om wakker te blijven op school, heb je met je hersenstam gevochten. Het grootste deel van de tijd verricht deze structuur zijn werk op een minder duidelijke en minder vervelende manier. We kunnen een van de taken van de hersenstam afleiden uit de plaats ervan: hij verbindt het ruggenmerg met de hersenen. In deze positie dient hij als een buis voor zenuwbanen die signalen omhoog en omlaag door het ruggenmerg geleiden, tussen het lichaam en de hersenen. Hier kruisen ook veel sensorische en motorische banen elkaar naar de tegenovergelegen zijde, waardoor dus elke kant van de hersenen wordt verbonden met de tegenovergelegen zijde van het lichaam.
De hersenstam is meer dan een pijpleiding; hij verbindt ook allerlei belangrijke gebieden waar informatie wordt verwerkt. Drie daarvan zitten in de hersenstam zelf (de medulla, de pons en de reticulaire formatie) en twee grenzen daaraan (de thalamus en het cerebellum) (Pinel, 2005). Evolutionair gezien komen deze structuren voor in de hersenen van de meest uiteenlopende schepselen, variërend van pinguïns, panda's, pythons en paarden tot mensen. In figuur 2.10 zie je waar deze gebieden precies liggen.
In de **medulla**, die te zien is als een bol in de hersenstam, worden elementaire lichaamsfuncties gereguleerd zoals de ademhaling, bloeddruk en hartslag. De me-

Medulla (oblongata): Gebied in de hersenstam dat de ademhaling en de hartslag controleert. De sensorische en motorische zenuwbanen die de hersenen met het lichaam verbinden, kruisen elkaar in de medulla.

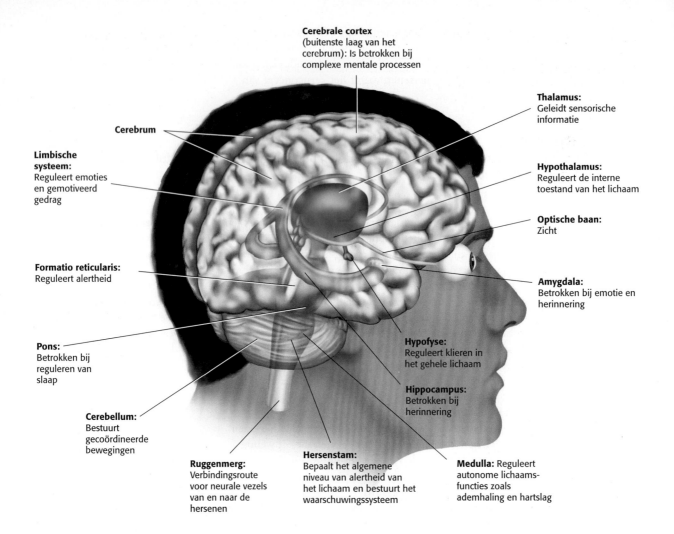

Cerebrale cortex
(buitenste laag van het cerebrum): Is betrokken bij complexe mentale processen

Cerebrum

Limbische systeem:
Reguleert emoties en gemotiveerd gedrag

Formatio reticularis:
Reguleert alertheid

Pons:
Betrokken bij reguleren van slaap

Cerebellum:
Bestuurt gecoördineerde bewegingen

Ruggenmerg:
Verbindingsroute voor neurale vezels van en naar de hersenen

Hersenstam:
Bepaalt het algemene niveau van alertheid van het lichaam en bestuurt het waarschuwingssysteem

Thalamus:
Geleidt sensorische informatie

Hypothalamus:
Reguleert de interne toestand van het lichaam

Optische baan:
Zicht

Amygdala:
Betrokken bij emotie en herinnering

Hypofyse:
Reguleert klieren in het gehele lichaam

Hippocampus:
Betrokken bij herinnering

Medulla: Reguleert autonome lichaamsfuncties zoals ademhaling en hartslag

---

Figuur 2.10

Belangrijke structuren in de hersenen

Vanuit evolutionair perspectief vormen de hersenstam en het cerebellum de oudste delen van de hersenen (het zogeheten reptielenbrein). Vervolgens ontstond het limbische systeem (het zogeheten zoogdierenbrein). De cerebrale cortex is de recentste ontwikkeling in de evolutie van de hersenen (het mensenbrein).

Pons: Gebied in de hersenstam dat de hersenactiviteit tijdens de slaap en dromen reguleert. Pons komt van het Latijnse woord voor 'brug'.

Formatio reticularis: Potloodvormige structuur in de hersenstam, tussen de medulla en de pons, die betrokken is bij het slapen en waken.

dulla functioneert op een 'automatische piloot', zonder dat we ons ervan bewust zijn, en stuurt onze inwendige organen aan. Een nog grotere bol, de zogenoemde **pons** (dat 'brug' betekent in het Latijn), ligt vlak boven de medulla, waar het zenuwbanen huisvest die de slaap- en droomcyclus reguleren. De pons doet zijn naam eer aan en functioneert ook als een 'brug' die de hersenstam met de *kleine hersenen* (cerebellum) verbindt, een structuur die is betrokken bij het maken van gecoördineerde bewegingen.

De **formatio reticularis**, die door het centrum van dit alles loopt, is een potloodvormige bundel zenuwcellen die de kern van de hersenstam vormt. Een van de taken van de formatio reticularis is de hersenen wakker en alert houden. Andere taken zijn toezicht houden op de binnenkomende stroom sensorische informatie en de aandacht richten op nieuwe of belangrijke signalen. En het is de formatio reticularis waar je mee worstelt als je slaperig wordt in de les.

De **thalamus**, die bestaat uit twee bolvormige lichamen die boven op de hersenstam liggen, is door zenuwvezels verbonden met de formatio reticularis. Technisch gezien maakt de thalamus deel uit van de hersenhelften en niet van de hersenstam; hij werkt als de centrale verwerkingchip in een computer en regelt het binnenkomende en uitgaande sensorische en motorische verkeer in de hersenen. Daardoor ontvangt de thalamus informatie van alle zintuigen (behalve van het reukorgaan) en geleidt deze informatie naar de juiste verwerkingsbanen in de gehele hersenen. De thalamus heeft ook een (nog slecht begrepen) rol bij het richten van de concentratie, wat lijkt te passen bij een structuur die met vrijwel alles is verbonden.

Het **cerebellum**, dat onder de achterkant van de hersenhelften en achter de hersenstam ligt, ziet eruit als een minibrein. Zijn naam is ook afkomstig van het Latijnse woord voor 'kleine hersenen'. De kleine hersenen zorgen voor de coördinatie van onze bewegingen en voor ons evenwicht (Spencer et al., 2003; Wickelgren, 1998b). Dankzij de kleine hersenen kun je een trap af rennen zonder dat je bewust weet welke bewegingen je voeten precies maken. De kleine hersenen helpen ons ook reeksen handelingen in de juiste volgorde te houden, zoals we doen wanneer we naar de volgorde van de noten in een melodie luisteren (Bower & Parsons, 2003). Ten slotte zijn de kleine hersenen betrokken bij elementaire vormen van leren, waarbij routinematige reacties zijn betrokken die we uitvoeren na bepaalde aanwijzingen, bijvoorbeeld wanneer je leert huiveren als je de boor van de tandarts hoort (Hazeltine & Ivy, 2002).

Samen reguleren deze modules, die met de hersenstam zijn verbonden, de meest elementaire functies van beweging en van het leven zelf. Houd goed in gedachten dat het grootste deel van hun taak automatisch verloopt en dat deze structuren grotendeels buiten ons bewustzijn functioneren. De twee lagen die we hierna bespreken, hebben een duidelijker invloed op ons bewustzijn.

Het limbische systeem: emoties, herinneringen en meer

Het spijt ons dat we moeten melden dat je kanarie of je goudvis niet het emotionele instrumentarium heeft waarover zoogdieren beschikken. Alleen zoogdieren hebben namelijk een volledig ontwikkeld **limbisch systeem**, een diverse verzameling structuren die rond de thalamus diep in de hersenhelften zijn gewikkeld (zie figuur 2.11). Dankzij deze hoornvormige structuren hebben we een sterk uitgebreid vermogen wat betreft emoties en geheugen: vaardigheden die ons het grote voordeel van psychische flexibiliteit geven. Omdat we een limbisch systeem hebben, hoeven we niet uitsluitend te vertrouwen op de instincten en reflexen waardoor het gedrag van eenvoudiger wezens wordt aangestuurd.

▶▶ **Verbinding hoofdstuk 3**
De reukzin heeft een uniek vermogen om herinneringen op te roepen (p. 103).

Thalamus: Dit centrale 'koppelstation' van de hersenen ligt recht boven de hersenstam. Bijna alle boodschappen die de hersenen bereiken of verlaten, passeren de thalamus.

Cerebellum: Deze 'kleine hersenen' zijn verbonden met de hersenstam. Het cerebellum is verantwoordelijk voor gecoördineerde bewegingen.

▶▶ **Verbinding hoofdstuk 4**
Bij het leren via conditionering zijn de kleine hersenen betrokken (p. 127).

Limbisch systeem: De middelste laag van de hersenen, betrokken bij emotie en herinnering. Het limbische systeem omvat het corpus amygdaloideum (de amygdala), de hippocampus, de hypothalamus en andere structuren.

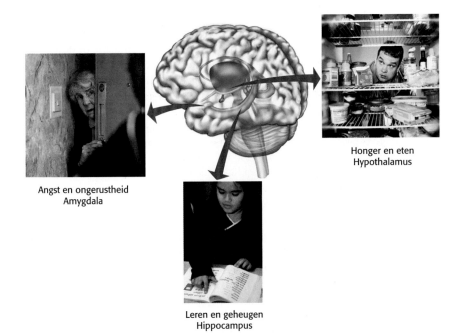

Angst en ongerustheid
Amygdala

Honger en eten
Hypothalamus

Leren en geheugen
Hippocampus

Figuur 2.11

Het limbische systeem

De structuren van het limbische systeem spelen een rol in het ontstaan van motivatie en emotie en in bepaalde geheugenprocessen.

Het lymbisch systeem huisvest ook andere modules die elementaire motivaties reguleren, zoals honger, dorst en lichaamstemperatuur. Globaal kun je het limbische systeem beschouwen als het centrale commando van de hersenen, dat vele taken tegelijk uitvoert met betrekking tot emoties, motieven, geheugen en het handhaven van een evenwichtige toestand in het lichaam.

De hippocampus en het geheugen

Hippocampus: Onderdeel van het limbische systeem; speelt een rol bij langdurige herinneringen.

De **hippocampus** maakt ons geheugensysteem mogelijk. (Eigenlijk zit er in de hersenen een hippocampus aan beide kanten en hebben we dus twee hippocampussen, zie figuur 2.10.) De hippocampus heeft onder meer de taak om ons de locatie van voorwerpen te helpen herinneren, bijvoorbeeld waar we onze auto hebben neergezet op de parkeerplaats (Squire, 2007). De hippocampus blijkt te groeien door ervaring, zoals naar voren kwam in een studie onder Londense taxichauffeurs. Zij hadden een grotere hippocampus dan mensen die niet in een taxi rijden, en de meest ervaren taxichauffeurs hadden de grootste hippocampussen van allemaal (Maguire et al., 2003). Niet alleen in het ruimtelijk geheugen, ook bij het opslaan van herinneringen, speelt de hippocampus een voorname rol, onder meer bij het opslaan van onze ervaringen in het langetermijngeheugen (Hilts, 1995).

De amygdala en emotie

Amygdala: Structuur in het limbische systeem; speelt een rol bij herinneringen, emoties (vooral angst en agressie) en motivatie.

Een andere limbische structuur, de **amygdala**, dankt zijn naam aan zijn vorm: *amygdala* betekent 'amandel' in het Grieks. Je hersenen hebben twee amygdala's, aan elke zijde één. De amygdala's bevinden zich voor de hippocampus (zie figuur 2.10).

De amygdala speelt een rol bij emoties, onder meer bij angst en agressie (Klüver en Bucy, 1939). Ook gebruikt de amygdala (misschien ook omdat deze zo dicht bij de hippocampus ligt) herinneringen voor regulering van emotionele responsen (Roozendaal et al., 2009). Iemand die bijvoorbeeld ooit een ernstig auto-ongeluk heeft gehad, kan overdreven reageren op een kleine bedreiging (zoals kort bumperkleven) van een andere bestuurder. Deze piepkleine structuur wordt ook geactiveerd, zowel bij mannen als bij vrouwen (hoewel sterker bij mannen), wanneer ze seksueel prikkelende beelden zien (Hamann, 2005). Dit illustreert dat de amygdala bij positieve én negatieve emoties een rol speelt.

Plezier en het limbisch systeem

Behalve de amygdala en de hippocampus bevat het limbische systeem verschillende 'genotscentra' die prettige gevoelens teweegbrengen als ze worden gestimuleerd via elektrische stimulatie of door verslavende middelen zoals cocaïne, metamfetamine en heroïne (Olds & Fobes, 1981; Pinel, 2005). Maar je hoeft geen drugs te gebruiken om deze limbische genotsbanen te prikkelen. Seks heeft hetzelfde effect. Hetzelfde geldt voor eten en drinken of anderszins opwindende activiteiten, zoals een ritje in een achtbaan (Small, 2001). Ook hebben onderzoekers aanwijzingen gevonden dat de beloningsschakelingen een rol spelen bij onze reactie op humor (Goel & Dolan, 2001; Watson et al., 2007).

De hypothalamus en controle over motivatie

Hypothalamus: Structuur in het limbische systeem die dienst doet als bloedtestlaboratorium. Het bloed, dat informatie geeft over de toestand van het lichaam, wordt continu in de gaten gehouden.

In het voorafgaande zijn we de **hypothalamus** al tegengekomen, een andere limbische structuur die verschillende taken uitvoert die een rol spelen bij het handhaven van een stabiele, evenwichtige toestand in het lichaam, onder meer door het versturen van 'endocriene berichten' (zie figuur 2.10). De hypothalamus is rijk aan bloedvaten en neuronen. Door constant het bloed te controleren, detecteert deze structuur kleine veranderingen van de lichaamstemperatuur, de hoeveelheid vloeistof en de concentratie voedingsstoffen. Als een verstoring van het evenwicht wordt vastgesteld (bijvoorbeeld een overschot of een tekort aan water), reageert de hypothalamus onmiddellijk met commando's die zijn gericht op het herstellen van het evenwicht.

De hypothalamus stuurt ook neurale signalen naar 'hogere' verwerkingsgebieden in de hersenen, waardoor we ons bewust worden van de behoeften die de hypothalamus waarneemt (honger bijvoorbeeld) en we gemotiveerd raken deze te vervullen. Ook kan het onze inwendige organen reguleren door de hypofyse te beïnvloeden; deze is aangehecht aan de onderzijde van de hypothalamus onder aan de hersenen. De hypothalamus dient als de verbinding tussen het zenuwstelsel en het hormoonstelsel; via deze twee stelsels regelt de hypothalamus onze emotionele arousal en stress. Ten slotte speelt de hypothalamus een rol bij onze emoties, doordat hij enkele beloningsschakelingen bevat, vooral schakelingen die de prettige emoties genereren die gepaard gaan met het tegemoetkomen aan elementaire motieven en driften zoals honger, dorst en verlangen naar seksuele bevrediging.

▶▶ **Verbinding hoofdstuk 9**
De hypothalamus bevat belangrijke regelschakelingen voor verschillende elementaire motieven en driften, zoals honger, dorst en seks (p. 355).

De cerebrale cortex (hersenschors): de 'denkhoed' van de hersenen

Als je naar de intacte menselijke hersenen kijkt, zie je voornamelijk de grote *hersenhelften*, iets groter dan je twee vuisten tegen elkaar. Je ziet ook dat ze verbonden zijn door een bundel vezels, het **corpus callosum**, waardoor de hersenhelften met elkaar communiceren. De vrijwel symmetrische hersenhelften vormen een dik hoofddeksel (het *cerebrum*) dat twee derde van de totale massa van de hersenen vormt en het grootste deel van het limbische systeem verbergt. De dunne buitenste laag van de hersenhelften, de **cerebrale cortex**, met zijn opvallend geplooide oppervlak, biedt plaats aan miljarden cellen die in de kleine ruimte in je schedel passen. Platgestreken zou de cerebrale cortex een oppervlak bedekken dat ongeveer zo groot is als een krantenpagina. Vanwege het geplooide oppervlak is echter slechts circa een derde van de cerebrale cortex zichtbaar als de hersenen blootliggen. We weten de betekenis van deze ontdekking nog niet, maar de hersenen van vrouwen hebben meer plooien dan die van mannen, terwijl de hersenen van mannen gemiddeld iets groter zijn dan die van vrouwen (Luders et al., 2004). En wat doet de cerebrale cortex? Het is de plaats van onze meest verbijsterende verstandelijke vermogens en het verwerkt al onze gewaarwordingen, slaat herinneringen op, neemt beslissingen en verricht daarnaast nog vele andere functies die we zullen bespreken in paragraaf 2.3.2.

Corpus callosum: Een bundel zenuwcellen die de twee hersenhelften met elkaar verbindt en communicatie tussen de twee helften mogelijk maakt.

Cerebrale cortex: De dunne grijze massa die het cerebrum bedekt. Bestaat uit een halve centimeter dikke laag cellichamen van neuronen. De cerebrale cortex is verantwoordelijk voor het grootste deel van onze 'hogere' psychische processen, waaronder denken en waarnemen.

2.3.2 Kwabben van de cerebrale cortex

Elk van de twee helften van de cerebrale cortex bestaat uit vier kwabben. Bij specifieke delen van elke kwab horen verschillende sensorische en motorische functies. Houd wel in gedachten dat de functies die we aan de verschillende hersenkwabben toewijzen niet altijd gelokaliseerd zijn binnen de exacte grenzen van de kwabben, terwijl de kwabben zelf wel gemakkelijk te onderscheiden onderdelen zijn (zie figuur 2.12).

Frontaalkwab: Gebied voor in de hersenen dat met name een rol speelt in beweging, het denken en de persoonlijkheid.

De frontaalkwabben

Jouw studiekeuze, je plannen voor de zomer en je vermogen om examenvragen te beantwoorden: bij dit alles zijn de gebieden van de cortex aan de voorzijde van de hersenen betrokken, die toepasselijk de **frontaalkwabben** heten. (In elke hersenhelft heb je er een, zie figuur 2.12.) Hier, vooral in de voorste gebieden, de zogenoemde *prefrontale cortex*, vinden we banen die bijdragen aan onze meest geavanceerde verstandelijke functies zoals plannen, beslissingen nemen en uitvoeren, en anticiperen op gebeurtenissen in de toekomst (Miller, 2006a). De biologische basis van de persoonlijkheid, het temperament en ons gevoel van 'zelf', lijken hier ook belangrijke onderdelen te hebben, zoals bleek uit het geval van Phineas Gage (Bower, 2006c).

Aan de achterkant van de frontaalkwabben ligt een speciale strook die in staat is handelingen te initiëren in reactie op onze gedachten. Dit wordt de **motorische**

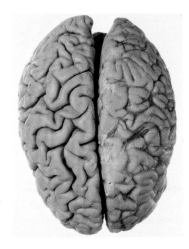

De twee helften van de menselijke hersenen.
Bron: Guy Croft SciTech/Alamy.

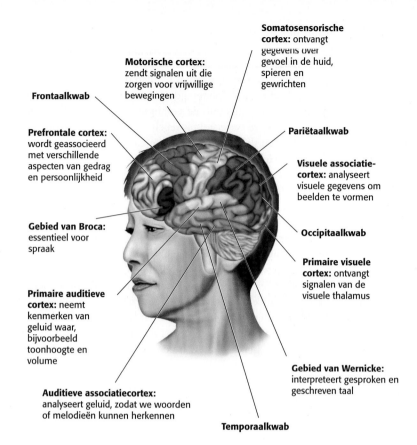

Somatosensorische cortex: ontvangt gegevens over gevoel in de huid, spieren en gewrichten

Motorische cortex: zendt signalen uit die zorgen voor vrijwillige bewegingen

Frontaalkwab

Prefrontale cortex: wordt geassocieerd met verschillende aspecten van gedrag en persoonlijkheid

Pariëtaalkwab

Visuele associatie-cortex: analyseert visuele gegevens om beelden te vormen

Gebied van Broca: essentieel voor spraak

Occipitaalkwab

Primaire visuele cortex: ontvangt signalen van de visuele thalamus

Primaire auditieve cortex: neemt kenmerken van geluid waar, bijvoorbeeld toonhoogte en volume

Gebied van Wernicke: interpreteert gesproken en geschreven taal

Auditieve associatiecortex: analyseert geluid, zodat we woorden of melodieën kunnen herkennen

Temporaalkwab

Figuur 2.12

De vier kwabben van de cerebrale cortex

Elk van de twee helften van de cerebrale cortex bestaat uit vier kwabben. Bij specifieke delen van elke kwab horen verschillende sensorische en motorische functies.

Motorische cortex: Smalle verticale reep van de cortex van de frontaalkwabben; controleert vrijwillige beweging.

cortex genoemd. Deze structuur ontleent zijn naam aan zijn belangrijkste functie: het aansturen van de lichaamsbewegingen door signalen via motorische zenuwen naar de spieren te sturen. Zoals je in figuur 2.13 kunt zien, bevat de motorische cortex een omgekeerde plattegrond van het lichaam, de zogenoemde *homunculus* (het vertekende 'kleine mannetje' in de figuur). Als we de motorische homunculus beter bekijken, zien we dat bepaalde lichaamsdelen zijn vergroot, wat aangeeft dat de hersenen een groter deel van de cerebrale cortex aan deze lichaamsdelen hebben toegewezen en dat deze lichaamsdelen dus beweeglijker zijn. Je ziet dat dit vooral het geval is bij de gebieden die de lippen, tong en handen aansturen. Misschien wel het sterkst vergrote gebied is dat van de vingers (vooral de duim), wat reflecteert hoe belangrijk het manipuleren van voorwerpen is.

Een ander groot gebied is verbonden met de spieren van het gezicht die worden gebruikt bij de expressie van emoties. Onthoud echter dat de signalen van de motorische cortex aan één zijde van de hersenen de spieren aan de tegenovergelegen zijde van het lichaam aansturen. Een knipoog met je linkeroog begint dus in het rechterdeel van de motorische cortex, terwijl je je rechteroog kunt laten knipogen met het linkerdeel van de motorische cortex.

Spiegelneuronen ontdekt in de frontaalkwabben

Een tijdje geleden ontdekten onderzoekers in de neurowetenschappen een nieuwe groep neuronen, de zogenoemde **spiegelneuronen**, die verspreid door de gehele hersenen liggen, maar vooral in motorische gebieden van de frontaalkwabben. Als we iemand waarnemen die een bepaalde handeling verricht, zoals wuiven, uit een kopje drinken of met een golfclub zwaaien, vuren deze spiegelneuronen, precies alsof we de handeling zelf verrichten. In feite doen en voelen we datgene wat we in anderen zien, maar dan in de afgeslotenheid van onze eigen geest (Dobbs, 2006a).

Spiegelneuron: Zenuwcel die geactiveerd wordt als je een handeling uitvoert, maar ook als je iemand anders een handeling ziet uitvoeren. De ontdekking van spiegelneuronen wordt beschouwd als een van de belangrijkste recente ontdekkingen in de neurowetenschappen.

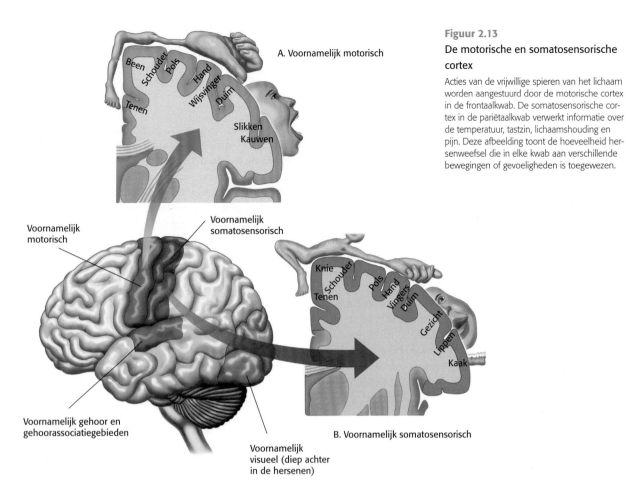

A. Voornamelijk motorisch

Figuur 2.13

De motorische en somatosensorische cortex

Acties van de vrijwillige spieren van het lichaam worden aangestuurd door de motorische cortex in de frontaalkwab. De somatosensorische cortex in de pariëtaalkwab verwerkt informatie over de temperatuur, tastzin, lichaamshouding en pijn. Deze afbeelding toont de hoeveelheid hersenweefsel die in elke kwab aan verschillende bewegingen of gevoeligheden is toegewezen.

Voornamelijk motorisch

Voornamelijk somatosensorisch

Voornamelijk gehoor en gehoorassociatiegebieden

Voornamelijk visueel (diep achter in de hersenen)

B. Voornamelijk somatosensorisch

Wat zou het doel van deze neuronen kunnen zijn? Om te beginnen is het mogelijk dat spiegelneuronen kinderen taal helpen nabootsen en daarmee aanleren. Maar er is meer dan dat: deze gespecialiseerde cellen maken deel uit van een hersennetwerk waarmee we kunnen anticiperen op de bedoelingen van andere mensen, aldus de Italiaanse onderzoeker in de neurowetenschappen Giacomo Rizzolatti, een van de ontdekkers van spiegelneuronen (Rizzolatti et al., 2006). Omdat ze met de emotionele schakelingen in de hersenen zijn verbonden, kunnen we met spiegelneuronen de emoties van andere mensen in onze geest 'weerspiegelen'. Evolutionair gezien is het waarnemen en imiteren van anderen een fundamenteel menselijk kenmerk, dus is het mogelijk dat spiegelneuronen de biologische basis van cultuur blijken te zijn. Ten slotte menen sommige onderzoekers dat een tekort in het spiegelsysteem ten grondslag zou kunnen liggen aan bepaalde stoornissen, zoals autisme, waarbij het imiteren en begrijpen van de gevoelens en de bedoelingen van anderen een rol speelt (Enticott et al., 2011; Ramachandran & Oberman, 2006). Er is echter meer onderzoek nodig om dergelijke uitspraken met voldoende wetenschappelijk bewijsmateriaal te kunnen ondersteunen.

De rol van de frontaalkwabben bij de spraak

Bij de meeste mensen heeft de frontaalkwab nog een andere belangrijke functie: het genereren van spraak (zie figuur 2.12). Halverwege de negentiende eeuw ontdekte de Franse neuroloog Paul Broca dat schade aan dit specifieke hersengebied (dat zich bij de meeste mensen in de linkerhersenhelft bevindt en toepasselijk *gebied van Broca* wordt genoemd) kan leiden tot verlies van het spraakvermogen. Het verrassende is echter dat het vermogen om spraak te begrijpen elders in de hersenen ligt. Zoals je wel kunt raden, werd Jill Bolte Taylors gebied van Broca door haar beroerte beschadigd. Dat verklaart het verlies van haar vermogen om taal te produceren.

De pariëtaalkwabben

Aan de achterzijde van elke frontaalkwab liggen twee grote delen van de cerebrale cortex die zijn gespecialiseerd in inkomende sensorische informatie (zie figuur 2.12). Dankzij deze **pariëtaalkwabben** kunnen we de temperatuur van een warm bad, de gladheid van zijde, de stomp van een elleboog en de zachtheid van een liefkozing voelen. Een speciale pariëtale strook, de **somatosensorische cortex** genaamd, vormt een spiegelbeeld van de aangrenzende motorische cortex die we in de frontaalkwab hebben aangetroffen. Deze somatosensorische cortex heeft twee belangrijke functies. Ten eerste fungeert deze als het primaire verwerkingsgebied voor informatie over tastzin, temperatuur, pijn en druk over het gehele lichaam (Graziano et al., 2000; Helmuth, 2000). Ten tweede geeft de somatosensorische cortex deze informatie door aan een mentale plattegrond van het lichaam, zodat we de herkomst van deze gewaarwordingen kunnen bepalen (zie figuur 2.13).

Andere plattegronden in de pariëtaalkwabben registreren de positie van lichaamsdelen; deze zorgen er dus voor dat je niet op je tong bijt of op je eigen tenen gaat staan. En als je been 'slaapt' en je voelt alleen nog een tinteling, heb je tijdelijk de signalen onderbroken van de zenuwcellen die sensorische informatie naar plattegronden in de pariëtaalkwabben geleiden.

Het verwerken van sensorische informatie en het op de hoogte blijven van de positie van lichaamsdelen zijn niet de enige functies van de pariëtaalkwabben. Dankzij de pariëtaalkwab van de rechterhersenhelft kunnen we ook de posities bepalen van externe voorwerpen in de driedimensionale ruimte die door onze zintuigen zijn gedetecteerd. Dit helpt ons bijvoorbeeld bij het uit bed stappen, de weg naar de douche vinden, het aankleden en naar school of werk gaan. In de tussentijd heeft de pariëtaalkwab van de linkerhersenhelft zijn eigen speciale talenten. Deze is gespecialiseerd in wiskundig redeneren en het lokaliseren van spraakgeluiden, bijvoorbeeld wanneer iemand je naam roept. Deze structuur werkt ook samen met de temporaalkwab om betekenis te geven aan gesproken en geschreven taal.

De occipitaalkwabben

Als je door een harde klap op je hoofd door elkaar wordt geschud, zul je 'sterretjes zien'. Dit komt door stimulatie van de **occipitaalkwabben** aan de achterkant van je hersenen (zie figuur 2.12). Onder normale omstandigheden krijgen de occipitaalkwabben signalen die door de ogen worden doorgestuurd. Daar construeert de **visuele cortex** ons bewegende beelden van de buitenwereld. Om dit bewegende beeld te construeren, verdelen de hersenen de binnenkomende visuele invoer en sturen ze deze naar afzonderlijke gebieden van de cerebrale cortex voor de verwerking van kleur, beweging, vorm en schaduw, zoals we in hoofdstuk 3 zullen zien. De occipitaalkwabben doen al dit werk echter niet alleen. Zoals we hebben opgemerkt, werken ze samen met aangrenzende associatiegebieden in de pariëtaalkwabben om voorwerpen in de ruimte te lokaliseren. Ook werken ze samen met temporale gebieden om visuele herinneringen te genereren (Ishai & Sagi, 1995; Miyashita, 1995). Een interessante vaststelling is het feit dat mensen die vanaf de geboorte blind zijn, de visuele cortex gebruiken om brailleschrift te interpreteren (Amedi et al., 2005; Barach, 2003).

Pariëtaalkwab: Hersenkwab die boven en achter in de hersenen ligt. De pariëtaalkwabben houden zich bezig met de tastzin en het waarnemen van ruimtelijke relaties (de verhoudingen en onderlinge positionering van objecten in de ruimte).

Somatosensorische cortex: Smalle verticale reep van de pariëtaalkwabben. Speelt een rol bij de tastzin.

Occipitaalkwab: Deze corticale kwab ligt aan de achterkant van de hersenen en herbergt een deel van de visuele cortex.

Visuele cortex: Gebieden op de cortex van de occipitaalkwabben en de temporaalkwabben waar visuele informatie wordt verwerkt.

De temporaalkwabben

Als de telefoon rinkelt of een auto achter je toetert, wordt dat geregistreerd in je **temporaalkwabben**, die zich onder en achter in elke hersenhelft bevinden (zie figuur 2.12). Hier bevindt zich de *auditieve cortex*, waar geluiden worden verwerkt.

De temporaalkwabben zijn echter niet alleen verantwoordelijk voor het horen. Een gespecialiseerde sectie in de linker auditieve cortex (waar die opgaat in de onderste pariëtaalkwab), het *gebied van Wernicke*, helpt de betekenis van taal te verwerken. Dat geldt voor de meeste mensen. Toen Jill Bolte Taylor haar collega om hulp belde nadat ze een beroerte had gekregen, kon ze zijn woorden horen, maar klonken ze als wartaal. 'O mijn god, hij klinkt als een golden retriever!' dacht ze (Taylor, 2009, pag. 56). Dit was het gevolg van de schade die al was aangericht in het gebied van Wernicke in haar hersenen. En het lijkt er niet toe te doen of de taal in woorden of met gebaren wordt overgebracht. Uit onderzoek bij mensen met een gehoorstoornis blijkt dat ditzelfde gebied is betrokken bij het begrijpen van gebarentaal (Neville et al., 1998).

De associatiecortex

Om heel veel tegelijk te kunnen doen, maken onze hersenen gebruik van de 'primaire verwerkingsgebieden' van de cortex en daarnaast van de 'associatiegebieden' van de cortex. De **associatiecortex**, die zo wordt genoemd omdat men denkt dat complex denken is gebaseerd op het associëren van verschillende ideeën, vormt in feite meer dan de helft van de cerebrale cortex. Maar voordat deze associaties worden gelegd, moeten specifieke gebieden van de cortex de ruwe gegevens verwerken die de zintuigen instromen. De primaire visuele cortex verwerkt bijvoorbeeld ruwe visuele prikkels, zoals de letters in een woord en het verschil in lettergrootte. Dan neemt het associatiegebied het over en interpreteert de betekenis van de boodschap, zoals de waarneming van het geheel van een woord of een zin. Verschillende delen van de associatiecortex interpreteren dus in al onze kwabben sensaties, maken plannen, nemen beslissingen en bereiden ons voor op actie: precies die geestelijke vermogens waarin wij mensen uitblinken en die ons onderscheiden van andere dieren.

De samenwerkende hersenen

Ook in andere gebieden dan de cortex vindt samenwerking plaats. Geen enkel deel van de hersenen is namelijk afzonderlijk verantwoordelijk voor de emoties, het geheugen, de persoonlijkheid of voor andere complexe psychologische eigenschappen. Er zijn geen afzonderlijke 'hersencentra' voor een aantal van de belangrijkste vermogens van onze geest. Bij elk psychologisch en gedragsmatig proces zijn de coördinatie en samenwerking van veel hersennetwerken nodig; elk van deze netwerken is sterk gespecialiseerd in een bepaalde taak (Damasio, 2003; LeDoux, 2002). De cerebrale cortex kan zijn werk niet doen zonder te communiceren met schakelingen die diep onder het oppervlak liggen: het limbische systeem, de thalamus, de hersenstam, de kleine hersenen en andere structuren. Kennelijk slagen de hersenen er meestal in 'alles samen te voegen' bij een gecoördineerde poging de wereld te begrijpen en erop te reageren. *Hoe* de hersenen dit precies doen, is onduidelijk en vormt feitelijk een van de grootste mysteries van de moderne psychologie. In recent werk zijn echter enkele aanwijzingen gepubliceerd. Onze hersenen zijn voortdurend actief, zelfs als we slapen, en genereren pulsen van gecoördineerde golven die over de cortex worden geleid, waarvan wordt gedacht dat ze op een of andere wijze de activiteit in ver van elkaar verwijderde hersengebieden coördineren (Buzsáki, 2006). Al deze neurale netwerken werken gecoördineerd samen, vanaf onze conceptie tot aan de dood, en meestal zonder dat we ons daarvan bewust zijn.

Temporaalkwab: Hersenkwab die geluid verwerkt, inclusief taal. De temporaalkwabben spelen waarschijnlijk ook een rol bij de opslag van langdurige herinneringen.

Associatiecortex: Corticale gebieden overal in de hersenen, die informatie uit verschillende andere hersengebieden combineren.

▶▶ **Verbinding hoofdstuk 3**
De puzzel hoe de hersenen 'alles samenvoegen' wordt het bindingsprobleem genoemd (p. 114).

2.3.3 Cerebrale dominantie

Hoewel de twee hersenhelften bijna elkaars spiegelbeeld lijken, doet zowel klinisch als experimenteel onderzoek vermoeden dat hun manieren van informatie verwerken verschillend is. Mensen met beschadigingen in de rechterhersenhelft hebben minder vaak spraakproblemen, maar vaker problemen met *ruimtelijke oriëntatie* (het bepalen van hun eigen plaats of die van voorwerpen in de driedimensionale ruimte). Zo kunnen ze zich erg verloren voelen op een plaats die eerder vertrouwd voor hen was, of zijn ze niet in staat een eenvoudige legpuzzel te maken. Deze neiging van elke hersenhelft om de werking van bepaalde functies te domineren, wordt **cerebrale dominantie** genoemd, een concept dat vaak niet goed wordt begrepen. Wat veel mensen zich niet realiseren, is het volgende: hoewel sommige processen meer door de rechterhersenhelft, en andere meer door de linkerhersenhelft worden gedomineerd, werken *beide hersenhelften samen om onze gedachten, gevoelens en gedrag te produceren*, met dank aan het corpus callosum. Maar welke verschillen zijn er tussen de beide hersenhelften?

Taal, communicatie en emoties

Zoals we hebben gezien, domineert de linkerhersenhelft gewoonlijk onze taalfuncties, al zijn beide helften daarbij tot op zekere hoogte betrokken. Meestal is de linkerhelft actiever als het gaat om het produceren en verwerken van het 'wat', of de inhoud, van het taalgebruik. De rechterhersenhelft interpreteert de emotionele toon van het taalgebruik (Vingerhoets et al., 2003) en neemt ook het voortouw als het gaat om de interpretatie van de emotionele respons en non-verbale communicatiesignalen bij anderen. Wat je eigen emoties betreft, de regulering van negatieve emoties als angst en woede is gewoonlijk de taak van de rechterfrontaalkwab, terwijl de linkerfrontaalkwab meestal positieve emoties als vreugde regelt (Davidson, 2000b).

Verschillende verwerkingsstijlen

De hersenhelften concurreren over het algemeen niet met elkaar. Ze leveren echter wel verschillende bijdragen aan dezelfde taak. In de taal van de neurowetenschappen: de twee hersenhelften hebben verschillende, maar complementaire *verwerkingsstijlen*. De linkerhersenhelft groepeert bijvoorbeeld voorwerpen analytisch en verbaal, bijvoorbeeld door overeenkomst in functie (*mes* met *lepel*), terwijl de rechterhersenhelft voorwerpen visueel of aan de hand van vorm groepeert, bijvoorbeeld door de overeenkomst te zien tussen *munt* en *klok*, want beide voorwerpen zijn rond (Gazzaniga, 1970; Sperry, 1968, 1982). In het algemeen kunnen we de verwerkingsstijl van de linkerhersenhelft beschrijven als overwegend *analytisch* en *sequentieel*, terwijl de rechterhersenhelft de ervaring overwegend *holistisch, emotioneel* en *ruimtelijk* interpreteert (Reuter-Lorenz & Miller, 1998). In een normaal functionerend brein vullen de twee stijlen elkaar aan; samen produceren ze een wereldperspectief dat uit vele facetten bestaat. Maar als er schade aan de hersenen ontstaat, zoals bij Jill tijdens haar beroerte, kunnen de verschillende verwerkingsstijlen zich scherper profileren. In Jills geval gold dat ze het eerste deel van haar leven vooral lineair had gedacht: 'Ik was zevenendertig jaar lang enthousiast bezig geweest met doen, doen, doen, en dan zo snel mogelijk' (Taylor, 2009, pag. 70). Dat haar perceptie als gevolg van de schade aan haar linkerhersenhelft radicaal veranderde, was meteen te merken toen ze haar gedachten niet meer kon ordenen terwijl ze hulp probeerde te zoeken. Stapsgewijs, tijdgericht denken, wat ze altijd vanzelfsprekend had gevonden, kon ze niet meer. Daarvoor in de plaats kwam een totaal andere kijk op zichzelf en de wereld. 'Ik had nooit haast om iets af te krijgen' (pag. 71), zegt ze verwonderd als ze zich herinnert hoe blij ze was omdat ze zich verbonden voelde met alles om haar heen, volmaakt afgestemd op de emoties van anderen, de tijd nam om over dingen na te denken en een diepe innerlijke vrede voelde die gepaard ging

Cerebrale dominantie: Neiging van elke hersenhelft om bepaalde functies te domineren, zoals taal of de perceptie van ruimtelijke relaties.

▶▶ **Verbinding hoofdstuk 9**
Emotionele intelligentie omvat het vermogen om emoties van anderen te detecteren en te herkennen (p. 379).

met haar nieuwe kijk op de wereld, waarin de nadruk lag op het perspectief van de rechterhersenhelft.

Sommige mensen zijn anders, maar dat is normaal

Om je beeld van cerebrale dominantie nog ingewikkelder te maken, moet je weten dat het dominantiepatroon van de ene tot de andere mens kan verschillen. Bij onderzoek waarin dit feit wordt aangetoond, wordt gebruikgemaakt van een techniek die *transcraniale magnetische stimulatie* (TMS) heet; hierbij worden krachtige magnetische pulsen door de schedel en de hersenen gestuurd. Daar verstoren de magnetische velden de elektrische activiteit, en wordt het gebied waarop de pulsen zijn gericht tijdelijk buiten werking gesteld, zonder blijvende schade aan te richten. Bij deze experimenten werd ontdekt dat de taalvaardigheden bij sommige mensen, meestal linkshandigen, niet werden beïnvloed wanneer de taalgebieden aan de linkerzijde via TMS werden gestimuleerd. Verder werd aangetoond dat gemiddeld bij circa een op de tien personen taal hoofdzakelijk aan de *rechter*zijde van de hersenen wordt verwerkt. Bij nog eens een op de tien mensen, voornamelijk linkshandigen, zijn de taalfuncties gelijkelijk over beide zijden van de hersenen verdeeld (Knecht et al., 2002).

Mannelijke en vrouwelijke hersenen

In een cultuur waar groter vaak als beter wordt beschouwd, heeft het onbetwistbare feit dat mannen (gemiddeld) enigszins grotere hersenen hebben dan vrouwen tot verhitte debatten geleid. De echte vraag is natuurlijk: wat is de betekenis van dit verschil in omvang? De meeste neurowetenschappelijke onderzoekers denken dat dit eenvoudig gerelateerd is aan de grotere lichaamsomvang van mannen en dat het verder van weinig belang is (Brannon, 2008).

Binnen de hersenen vertonen bepaalde structuren eveneens sekseverschillen. Een deel van de hypothalamus, waarvan algemeen wordt aangenomen dat deze aan het seksuele gedrag is gerelateerd en mogelijk ook aan de genderidentiteit, is bij mannen groter dan bij vrouwen. Uit sommige onderzoeken zijn aanwijzingen voortgekomen dat mannelijke hersenen in sterkere mate zijn *gelateraliseerd*, terwijl bij vrouwen vaardigheden zoals taal in grotere mate over beide hersenhelften zijn verdeeld. Deze beweringen worden echter betwist door de resultaten van een ander onderzoek (Sommer et al., 2004). Als dit juist is, zou het verschil in **lateralisatie** kunnen verklaren waarom vrouwen een grotere kans hebben dan mannen om na een beroerte opnieuw te kunnen leren spreken. Afgezien hiervan is het onduidelijk welk voordeel het verschil in lateralisatie kan hebben.

Op dit moment heeft niemand nog een psychologisch verschil geïdentificeerd dat met zekerheid aan fysieke verschillen tussen de hersenen van mannen en

Lateralisatie van de hersenen: Fase in de ontwikkeling waarin de linker- of de rechterhemisfeer dominant wordt.

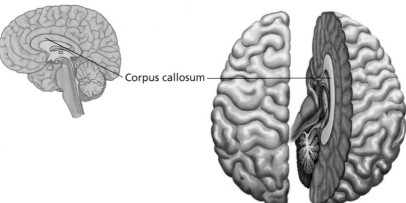

Corpus callosum

Figuur 2.14

Het corpus callosum

Alleen het corpus callosum is beschadigd in een *'split brain'*. Deze medische toestand verhindert communicatie tussen de beide hersenhelften. Het verrassende is dat split-brainpatiënten onder de meeste omstandigheden handelen als mensen met normale hersenen. Uit speciale laboratoriumtests is echter gebleken dat er sprake is van een gespleten bewustzijn in hun hersenen.

Psychologische kwesties

Ga naar 'In de praktijk' in de MyLab mediatheek om meer te lezen over het vreemde en fascinerende geval van de split brain.

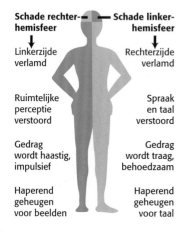

Schade rechter- **Schade linker-**
hemisfeer **hemisfeer**

↓ ↓

Linkerzijde   Rechterzijde
verlamd   verlamd

Ruimtelijke   Spraak
perceptie   en taal
verstoord   verstoord

Gedrag   Gedrag
wordt haastig,   wordt traag,
impulsief   behoedzaam

Haperend   Haperend
geheugen   geheugen
voor beelden   voor taal

Figuur 2.15

Contralaterale effecten van beschadiging van de hersenhelften

vrouwen kan worden toegeschreven. Het onderzoek gaat door, maar we raden je aan nieuwe beweringen met een flinke dosis kritisch denken te interpreteren, en vooral te letten op bias, waardoor de interpretatie van de resultaten mogelijk is beïnvloed.

Wat heb jij hieraan?

Misschien ken je iemand die hersenletsel heeft opgelopen door een ongeluk, een beroerte of een tumor. Met wat je in dit hoofdstuk hebt geleerd over hersenen en gedrag begrijp je de problemen van deze persoon misschien beter. En als je weet welke vermogens zijn aangetast, kun je over het algemeen redelijk precies bepalen welk deel van de hersenen beschadigd is. Dat gaat nog beter als je drie eenvoudige principes onthoudt:

- Elke zijde van de hersenen communiceert met de tegenoverliggende zijde van het lichaam. Als de symptomen zich aan de ene kant van het lichaam voordoen, ligt het dus voor de hand dat de hersenen aan de andere kant beschadigd zijn (zie figuur 2.15).
- Bij de meeste mensen wordt het spraakvermogen voornamelijk door de linkerhersenhelft aangestuurd.
- Elke hersenkwab heeft speciale functies:
    - De frontaalkwab is gespecialiseerd in motorische beweging, de productie van spraak en bepaalde hogere mentale functies die we vaak 'denken' of 'intelligentie' noemen.
    - De pariëtaalkwab is gespecialiseerd in het lokaliseren van sensaties in de ruimte, inclusief het lichaamsoppervlak.
    - De occipitaalkwab is gespecialiseerd in zicht.
    - De temporaalkwab is gespecialiseerd in horen, geheugen en gezichtsherkenning.

■ PSYCHOLOGIE GEBRUIKEN OM PSYCHOLOGIE TE LEREN

Het idee dat we slechts tien procent van onze hersenen gebruiken is achterhaald. Waarschijnlijk is het afkomstig uit een tijd waarin neurowetenschappers de functies van veel gebieden van de cerebrale cortex nog niet in kaart hadden gebracht. Inmiddels weten we dat elk deel van de hersenen een specifieke functie heeft en dagelijks wordt gebruikt. Daar leren we uit dat we ons denkvermogen niet kunnen verbeteren door meer delen van onze hersenen te gaan gebruiken.

Hebben neurowetenschappers dan misschien iets anders gevonden wat je kunt gebruiken om de lesstof beter in je geheugen te prenten? Een van hun belangrijkste ontdekkingen is het feit dat bij leren en herinneren een groot aantal verschillende delen van de cerebrale cortex betrokken zijn (Kandel &

Squire, 2000). Dus als het je zou lukken om de lesstof (over biopsychologie bijvoorbeeld) in een groter aantal van deze hersencircuits te integreren, leggen je hersenen een uitgebreider web van herinneringen aan.

Als je de stof in dit boek leest, vorm je verbale herinneringen. Een gedeelte komt terecht in circuits in de cerebrale cortex van de temporaalkwabben. Door aantekeningen te maken, zet je de motorische cortex van de frontaalkwabben aan het werk door een 'motorisch geheugen'-component aan je studie toe te voegen. Neem je daarnaast de tijd om de begeleidende foto's, tabellen en tekeningen te bestuderen, dan voeg je visuele en ruimtelijke geheugencomponenten toe aan de occipitaal- en pariëtaalkwabben. Actief luisteren naar het verhaal van je docent en de stof

nabespreken met een studiegenoot betrekt de auditieve gebieden van de cortex in de temporaalkwabben bij het proces, waardoor er nog meer geheugensporen ontstaan. Als je je ten slotte van tevoren afvraagt welke vragen op het tentamen of examen gesteld kunnen worden, betrek je weer andere gebieden van de frontaalkwabben bij het leerproces.

Over het algemeen geldt, hoe meer invalshoeken je gebruikt om de stof te benaderen (dat wil zeggen: hoe meer sensorische en motorische kanalen je stimuleert), des te meer geheugencomponenten je opbouwt in het netwerk van je hersenen. Met als gevolg dat op het moment dat je de stof moet reproduceren, je meer ingangen hebt om het geleerde weer naar boven te halen.

Linkerhemisfeer　　　　　　**Rechterhemisfeer**

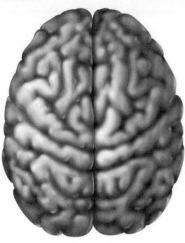

- Positieve emoties

- Controle over spieren die worden gebruikt bij spraak

- Controle over de volgorde van bewegingen

- Spontaan spreken en schrijven

- Geheugen voor woorden en getallen

- Begrip bij spraak en schrijven

- Negatieve emoties

- Responsen op eenvoudige opdrachten

- Repetitieve, maar geen spontane spraak

- Geheugen voor vormen en muziek

- Interpretatie van ruimtelijke relaties en visuele beelden

- Herkenning van gezichten

Figuur 2.16　Specialisatie van de hersenhelften

Tenzij je gescheiden hersenen hebt, maak je bij alles wat je doet gebruik van de vaardigheden van beide zijden van je hersenen. Waarom zijn er dan zulke opvallende verschillen tussen de manieren waarop mensen dezelfde taken benaderen? Sommige mensen lijken alles inderdaad op een analytische, logische manier te benaderen; anderen werken vanuit een 'intuïtiever' en meer emotioneel perspectief. Nu je iets weet over de werking van de hersenen, kun je begrijpen dat we deze verschillen tussen mensen niet eenvoudigweg kunnen verklaren door te suggereren dat ze gebruikmaken van de ene of de andere zijde van de hersenen. Zelfs split-brainpatiënten maken gebruik van beide zijden van hun hersenen! De aanname dat verschillende combinaties van ervaring en hersenfysiologie een rol spelen, vormt een betere verklaring. Mensen zijn verschillend als gevolg van verschillende combinaties van nature en nurture, niet doordat ze tegenover elkaar liggende zijden van de hersenen gebruiken.

⊕ **DOE HET ZELF!**　Je beide hersenhelften gebruiken

Denk eens aan iets wat je graag doet: een bepaalde sport uitoefenen, muziek maken, koken of eten met vrienden, studeren of winkelen, wat je maar wilt. Stel je nu voor dat je daar een paar uur mee bezig bent en denk aan de kleinste details die zich in die tijd waarschijnlijk voordoen. Noteer er een paar en probeer te bedenken welke onderdelen van de activiteit door je linker- en welke door je rechterhersenhelft worden geregeld. (Hint: afgezien van de voorbeelden eerder in dit hoofdstuk staan er ook een paar in figuur 2.16.) De kans is groot dat je zult merken dat je beide hersenhelften bij elke bezigheid in orde moeten zijn, anders kun je er niet volledig aan wijden. En daarom ben je zelf het levende bewijs van het feit dat je niet met je linker- of rechterhersenhelft functioneert, maar een prachtig gecoördineerd voorbeeld bent van iemand met 'hele hersenen'.

 Kritisch denken toegepast
Ga naar 'In de praktijk' in de MyLab mediatheek om meer te lezen over de linker- en de rechterhersenhelft.

 Ga naar **www.pearsonmylab.nl** om je kennis en begrip van deze paragraaf te testen met de MyMap, MyCheck en MyDefinitions.

CENTRALE VRAAG: Wat vertelt Jills ervaring ons over de bouw van onze hersenen en hun enorme aanpassingsvermogen?

- Onze hersenen communiceren via contralaterale banen, waardoor sensorische informatie van de ene kant van het lichaam door de tegenoverliggende hersenhelft wordt verwerkt.
- Door schade of trauma verliezen we soms functies. Dankzij de plasticiteit van de hersenen kunnen we die functies herstellen of opnieuw ontwikkelen.
- Onze hersenen bestaan uit een groep gespecialiseerde structuren, die elk bepaalde taken uitvoeren, maar tegelijkertijd samenwerken om gedachten, gedrag en emoties te reguleren.

KERNVRAAG 2.1

▶ Wat is het verband tussen genen en gedrag?

De door Charles Darwin ontwikkelde theorie over de evolutie verklaart gedrag als het resultaat van **natuurlijke selectie**. Variatie onder individuen en strijd om hulpbronnen maakt dat het meest adaptieve gedrag overleeft, net als de geschiktste kenmerken. Dit principe verklaart een groot deel van ons gedrag. De genetica heeft de biologische basis van natuurlijke selectie en erfelijkheid opgehelderd. Onze **chromosomen** bevatten duizenden **genen** waarop de eigenschappen liggen die we van onze ouders hebben geërfd. Elk gen bestaat uit een **DNA**-segment dat voor een eiwit codeert. Eiwitten vormen op hun beurt de bouwstenen van de structuur en functie van het organisme, met inbegrip van het functioneren van de hersenen. We weten nog niet precies op welke wijze gedrag en psychologische processen door specifieke genen worden beïnvloed. Het erfelijkheidsonderzoek is wel zo vergevorderd dat we bijna in staat zijn onze genetische aanleg te veranderen of bepaalde erfelijke kenmerken voor onze kinderen te selecteren. Deze nieuwe kennis brengt keuzes met zich mee waarmee mensen nooit eerder zijn geconfronteerd.

● **KERNCONCEPT 2.1**
De evolutie heeft psychologische processen fundamenteel vormgegeven. Dit komt doordat de evolutie ten gunste werkt van genetische variaties die zorgen voor gedrag waarmee het individu zijn kans op overleving en voortplanting vergroot.

KERNVRAAG 2.2

▶ Hoe is de interne communicatie van het lichaam geregeld?

Neuronen ontvangen signalen via stimulatie door de **dendrieten** en het **cellichaam**. Als een neuron voldoende wordt geprikkeld, ontstaat er een **actiepotentiaal** die langs het **axon** wordt geleid. Via **neurotransmitters** wordt het signaal overgebracht op receptoren op cellen aan de andere kant van de **synaps**. Het zenuwstelsel is onderverdeeld in een **centraal** en een **perifeer zenuwstelsel**. Het perifere zenuwstelsel bestaat op zijn beurt uit het **somatische zenuwstelsel** (dat weer is onderverdeeld in sensorische en motorische zenuwbanen) en het **autonome zenuwstelsel**, dat communiceert met organen en klieren. Het **sympathische zenuwstelsel** van het autonome ZS is het actiefst bij stress, terwijl het **parasympathische zenuwstelsel** actief is wanneer het lichaam in rust is.
De klieren van het trager werkende hormoonstelsel communiceren ook met cellen in het gehele lichaam door **hormonen** aan het bloed af te geven. De activiteit van het hormoonstelsel wordt gereguleerd door de **hypofyse**, die is vastgehecht aan de basis van de hersenen waar deze klier door de hypothalamus wordt aangestuurd.

Psychoactieve middelen zijn van invloed op het zenuwstelsel doordat ze van invloed zijn op de effecten van neurotransmitters door als **agonisten** of **antagonisten** te werken. Helaas voor de mensen die psychoactieve middelen gebruiken, maken veel zenuwbanen in de hersenen gebruik van dezelfde neurotransmitters, waardoor ongewenste bijwerkingen ontstaan.

● **KERNCONCEPT 2.2**
De twee interne signaalsystemen van het lichaam, het zenuwstelsel en het endocriene stelsel, gebruiken beide chemische boodschappers om met doelen in het hele lichaam te communiceren.

KERNVRAAG 2.3

▶ Hoe produceren de hersenen gedrag en psychische processen?

De hersenen zijn opgebouwd uit drie geïntegreerde lagen. De **hersenstam** en de structuren die daartegenaan liggen (met inbegrip van de **medulla**, **formatio reticularis**, **pons**, **thalamus** en het **cerebellum**) reguleren veel vitale lichaamsfuncties, en hebben invloed op de waakzaamheid en op coördinatie van motorische bewegingen. Het **limbische systeem** (met inbegrip van de **hippocampus**, de **amygdala** en de **hypothalamus**) speelt een belangrijke rol bij motivatie, emotie en geheugen. De **cerebrale cortex** bevat sterk gespecialiseerde modules. De **frontaalkwabben** reguleren motorische functies, waaronder de spraak en hogere verstandelijke functies. De **pariëtaalkwabben** zijn gespecialiseerd in binnenkomende sensorische informatie, vooral van de tastzintuigen en de zintuigen die de positie van het lichaam registreren en in het begrijpen van spraak. De **occipitaalkwabben** houden zich uitsluitend bezig met het gezichtsvermogen, terwijl de **temporaalkwabben** verschillende functies uitvoeren met betrekking tot het herkennen van gezichten, het gehoor en de reuk. Ook al zijn de functies sterk binnen specifieke modules gelokaliseerd, normaal gesproken werken ze naadloos samen: voor elk psychisch en gedragsmatig proces dienen vele hersennetwerken gecoördineerd samen te werken. De **associatiecortex** integreert de uitvoer van de sensorische netwerken en van het geheugen. Een van de belangrijkste mysteries van de psychologie is de vraag hoe de hersenen erin slagen deze processen te coördineren. De twee hersenhelften zijn verschillend gespecialiseerd, waarbij taal, analytisch denken en positieve emoties door banen in de linkerhersenhelft worden gereguleerd, terwijl de rechterhersenhelft gespecialiseerd is in ruimtelijke interpretatie, visueel en muzikaal geheugen en negatieve emoties. De twee hersenhelften communiceren via het corpus callosum. Als de hersenhelften chirurgisch worden gescheiden, bijvoorbeeld wanneer het corpus callosum wordt doorgesneden bij split-brainpatiënten, ontstaat een dualiteit van het bewustzijn.

● **KERNCONCEPT 2.3**
De hersenen bestaan uit vele gespecialiseerde en onderling verbonden modules, die samenwerken in het creëren van geest en gedrag.

 Op **www.pearsonmylab.nl** vind je tools en toetsen om je begrip en kennis van dit hoofdstuk uit te breiden en te oefenen.

BELANGRIJKE BEGRIPPEN

Actiepotentiaal (p. 52)
Agonist (p. 62)
Alles-of-nietsprincipe (p. 52)
Amygdala (p. 66)
Antagonist (p. 62)
Associatiecortex (p. 71)

Autonome zenuwstelsel (p. 58)
Autosoom (p. 46)
Axon (p. 52)
Biopsychologie (p. 40)
Centrale zenuwstelsel (CZS) (p. 57)
Cerebellum (p. 65)

Cerebrale cortex (p. 67)
Cerebrale dominantie (p. 72)
Chromosoom (p. 44)
Contralaterale banen (p. 57)
Corpus callosum (p. 67)
Creationisme (p. 42)

Dendrieten (p. 51)

DNA (p. 44)

Eindknop (p. 53)

Endocriene stelsel (p. 58)

Evolutie (p. 41)

Fenotype (p. 44)

Formatio reticularis (p. 64)

Frontaalkwab (p. 67)

Genen (p. 44)

Genoom (p. 44)

Genotype (p. 44)

Geslachtschromosoom (p. 45)

Gliacel (p. 55)

Hersenstam (p. 63)

Hippocampus (p. 66)

Hormoon (p. 58)

Hypofyse (p. 61)

Hypothalamus (p. 66)

Lateralisatie van de hersenen (p. 73)

Limbisch systeem (p. 65)

Medulla (oblongata) (p. 63)

Motorisch neuron (p. 50)

Motorische cortex (p. 68)

Natuurlijke selectie (p. 43)

Neurale baan (p. 62)

Neuron (p. 49)

Neurotransmitter (p. 53)

Occipitaalkwab (p. 70)

Parasympathische zenuwstelsel (p. 58)

Pariëtaalkwab (p. 70)

Perifere zenuwstelsel (PZS) (p. 57)

Plasticiteit (p. 55)

Pons (p. 63)

Reflex (p. 57)

Rustpotentiaal (p. 52)

Schakelcel (p. 50)

Sensorisch neuron (p. 49)

Soma (p. 51)

Somatische zenuwstelsel (p. 58)

Somatosensorische cortex (p. 70)

Spiegelneuron (p. 68)

Sympathische zenuwstelsel (p. 58)

Synaps (p. 52)

Synaptische transmissie (p. 53)

Temporaalkwab (p. 71)

Thalamus (p. 65)

Visuele cortex (p. 70)

Zenuwstelsel (p. 56)

▶ KERNVRAGEN	● KERNCONCEPTEN	■ IN DE PRAKTIJK

3.1 Hoe verandert stimulatie in sensatie?

3.1.1 Transductie: stimulatie in sensatie veranderen

3.1.2 Sensorische adaptatie

3.1.3 Drempels: de grenzen van sensatie

3.1.4 Signaaldetectietheorie

3.1 De hersenen nemen de wereld indirect waar, omdat de zintuigen alle stimuli omzetten in de taal van het zenuwstelsel: neurale impulsen.

Doe het zelf!
Fosfenen tonen aan dat je hersenen zelf sensaties creëren

Doe het zelf!
Een verhelderende demonstratie van sensorische relaties

3.2 Waarin lijken de zintuigen op elkaar? Waarin verschillen ze?

3.2.1 Gezichtsvermogen: hoe het zenuwstelsel licht verwerkt

3.2.2 Gehoor: als er een boom valt in het bos…

3.2.3 De overige zintuigen

3.2 In grote lijnen werken de zintuigen allemaal op dezelfde manier, maar elk zintuig pikt zijn eigen soort informatie op en stuurt die naar zijn eigen, gespecialiseerde verwerkingsgebied in de hersenen.

Doe het zelf!
Op zoek naar je blinde vlek

Doe het zelf!
Het wonderlijke nabeeld

Psychologische kwesties
Meer over pijn op
www.pearsonmylab.nl

3.3 Wat is de relatie tussen perceptie en sensatie?

3.3.1 Het systeem van perceptuele verwerking

3.3.2 Perceptuele ambiguïteit en vervorming

3.3.3 Theoretische verklaringen van perceptie

3.3 Perceptie geeft betekenis aan sensatie. Door perceptie ontstaat een interpretatie van de externe wereld, geen letterlijke kopie.

Psychologische kwesties
De lessen van illusies toepassen op www.pearsonmylab.nl

Psychologie gebruiken om psychologie te leren
op www.pearsonmylab.nl

Doe het zelf!
Je ziet waarop je bent voorbereid

Kritisch denken toegepast
Subliminale perceptie en subliminale verleiding op www.pearsonmylab.nl

---

CENTRALE VRAAG: Hoe weten we of de wereld die we in onze geest 'zien', overeenkomt met de buitenwereld? Hoe weten we of we de wereld net zo zien als anderen?

 Op **www.pearsonmylab.nl** vind je tools en toetsen om je begrip en kennis van dit hoofdstuk uit te breiden en te oefenen.

Foto: www.caesantanafotos.com.br.

Kun je je voorstellen hoe het zou zijn als je niet meer in staat was om kleuren waar te nemen, als je alleen nog zwart, wit en grijs zou zien? Dit bizarre lot trof Jonathan I., een 65-jarige man uit New York, na een auto-ongeluk (Sacks, 1995). Blijkbaar had de klap een gebied in zijn hersenen beschadigd dat verantwoordelijk was voor de verwerking van informatie over kleuren. In eerste instantie was Jonathan ook de letters van het alfabet vergeten (*amnesie*); voor hem waren woorden op papier nietszeggende krabbeltjes. Maar na vijf dagen kwam zijn leesvermogen langzamerhand weer terug. Zijn onvermogen om kleuren te zien, een aandoening die *cerebrale achro-*

matopsie wordt genoemd, bleek echter permanent. Zelfs zijn geheugen voor kleuren was Jonathan kwijt. Zo kon hij zich niet herinneren hoe 'rood' er ooit had uitgezien. Jonathan was kunstschilder. Voor hem had het verlies van het vermogen kleuren te zien en zich kleuren te herinneren dus ook grote consequenties voor zijn werk. Als hij naar zijn schilderijen keek, die vroeger leken te zinderen van speciale betekenissen en gevoelsmatige associaties, zag hij niets anders dan onbekende en betekenisloze voorwerpen. Gelukkig loopt het verhaal van Jonathan min of meer goed af. Het is eigenlijk een prachtig voorbeeld van de veerkracht van de menselijke geest. Jonathan werd een 'nachtmens'.

Hij reisde en werkte ' s nachts en ging voornamelijk om met andere nachtmensen. (Later in dit hoofdstuk leggen we uit waarom je kleuren alleen bij helder licht, zoals daglicht, goed kunt waarnemen; de meeste mensen zien 's nachts weinig kleuren.) Daarnaast merkte Jonathan dat het resterende deel van zijn gezichtsvermogen opmerkelijk goed was. Hij kon bijvoorbeeld 's nachts het kenteken lezen van een auto die maar liefst vijfhonderd meter verderop stond. Langzaam maar zeker ging hij zijn 'verlies' als een 'gave' beschouwen. Hij werd niet langer afgeleid door kleuren, maar kon zich volledig concentreren op de vorm, de omtrek en de inhoud. Uiteindelijk maakte Jonathan zijn schilderijen alleen nog in zwart-wit, en critici beschrijven deze 'nieuwe fase' in zijn carrière als een groot succes. Ook ging hij beeldhouwen, een kunstvorm die hij vóór het ongeluk nooit had beoefend, maar waarin hij talentvol bleek te zijn. Dus toen Jonathan de wereld van kleuren verloor, werd er in zijn perceptie van mensen, voorwerpen en gebeurtenissen uit zijn omgeving een nieuwe wereld van 'pure vormen' geboren.

Welke lessen kunnen we trekken uit de ervaring van Jonathan? Zijn ongewone verlies van kleurwaarneming vertelt ons dat ons beeld van de wereld om ons heen afhankelijk is van een ingewikkeld sensorisch systeem dat binnenkomende informatie verwerkt. Met andere woorden: we ervaren de wereld niet direct, maar via een reeks 'filters' die we onze *zintuigen* noemen. Door dergelijke gevallen van sensorisch verlies te onderzoeken, hebben psychologen veel geleerd over de wijze waarop het sensorisch verwerkingssysteem werkt.

Het geval van Jonathan werpt echter een diepere vraag op. Veel aandoeningen kunnen ertoe leiden dat iemand geen kleuren kan waarnemen: afwijkingen van de ogen, de optische zenuw of de hersenen kunnen het gezichtsvermogen belemmeren, met name het vermogen kleur te zien. Het geval van Jonathan laat dit zien. Maar bestaan kleuren wel in de wereld om ons heen, of is het mogelijk dat kleur een creatie is van onze hersenen? In eerste instantie lijkt zo'n vraag misschien absurd. De vraag over het waarnemen van kleuren is op te vatten als onderdeel van een grotere vraag. Die grotere vraag gaat over de verhouding tussen onze waarneming en de buitenwereld. Het is de centrale vraag van dit hoofdstuk.

CENTRALE VRAAG: Hoe weten we of de wereld die we in onze geest 'zien', overeenkomt met de buitenwereld? Hoe weten we of we de wereld net zo zien als anderen?

Sensatie: Een vroeg stadium van perceptie waarin de neuronen van een receptor een stimulus omzetten in een patroon van zenuwimpulsen. Deze signalen worden vervolgens voor verdere bewerking doorgestuurd naar de hersenen.

Psychologen bestuderen sensaties primair vanuit een biologisch perspectief.

In dit hoofdstuk zien we hoe psychologen met deze vragen omgaan. Ook bekijken we, als vervolg op het vorige hoofdstuk, hoe informatie uit de buitenwereld in de hersenen terechtkomt en hoe de hersenen daar wijs uit worden. Hoewel een deel van deze processen zich diep in de hersenen afspeelt, begint onze ontdekkingstocht bij de zintuigen. Dit is het terrein van de *sensorische psychologie*. We definiëren **sensatie** als het proces waarbij gestimuleerde receptoren (zoals de ogen of de oren) een patroon van neurale impulsen creëren dat de stimuli representeert in de hersenen, waardoor een initiële ervaring van de stimuli ontstaat. Sensatie is dus onze eerste *gewaarwording* van de stimulus. Het is belangrijk om te onthouden dat bij sensatie een stimulus (bijvoorbeeld een speldenprik, een geluid of een lichtflits) wordt omgezet in een vorm die de hersenen kunnen begrijpen (neurale signalen), te vergelijken met de wijze waarop een mobiele telefoon een elektronisch signaal omzet in geluidsgolven die je kunt horen. Psychologen bestuderen sensaties primair vanuit een biologisch perspectief. Zo hebben ze ontdekt dat al onze zintuigen op een bepaalde manier op elkaar lijken. Ze zetten fysieke stimulatie (zoals licht- of geluidsgolven) om in de neurale impulsen die ons sensaties geven (zoals licht of geluid). In dit hoofdstuk beschrijven we de biologische en psychologische basis van kleuren, geuren, geluiden, texturen en smaken. Straks weet je waarom tomaten en citroenen verschillend gekleurd zijn en waarom de prik van een naald anders aanvoelt dan een streling. Gelukkig is onze sensorische ervaring in de meeste gevallen zeer betrouwbaar. Als je op straat een vriend ziet, wordt die sensatie meestal helder, rechtstreeks en accuraat geregistreerd. Toch hebben wij mensen onze zintuiglijke beperkingen, net als andere diersoorten. De menselijke zintuigen zijn veel minder verfijnd dan die van vele andere diersoorten. Zo hebben haaien een gevoeliger gezichtsvermogen, vleermuizen een gevoeliger gehoor en knaagdieren een gevoeliger reukvermogen. Trekvogels maken zelfs gebruik van hun gevoeligheid voor magnetische velden, een gevoeligheid die bij mensen nauwelijks ontwikkeld is. Is er een menselijke specialiteit? Jazeker: onze zintuigen hebben zich in de loop van de evolutie ontwikkeld tot een instrumentarium waarmee we een grotere verscheidenheid aan sensorische informatie kunnen verwerken dan elke andere diersoort.

Dit hoofdstuk gaat over meer dan sensatie. In dit hoofdstuk beogen we uiteindelijk uit te komen in het wonderbaarlijke domein van de **perceptie** of waarneming. We bespreken de psychologische processen die ervoor zorgen dat de sensorische boodschappen die de zintuigen naar onze hersenen sturen een persoonlijke betekenis krijgen. Dankzij de *perceptiepsychologie* weten we hoe de menselijke hersenen een reeks tonen kunnen samenvoegen tot een bekende melodie, en hoe ze een verzameling vormen en schaduwen combineren tot een bekend gezicht. Meer in het algemeen definiëren we perceptie als een proces dat de inkomende sensorische patronen bewerkt en er betekenis aan geeft. Perceptie creëert dus een *interpretatie* van de sensatie. Perceptie geeft een antwoord op vragen als: Wat zie ik, een tomaat? Is de bel die ik hoor een kerkklok of een deurbel? Hoort dat gezicht bij iemand die ik ken?

Tot voor kort bestudeerden psychologen perceptie voornamelijk vanuit het cognitief perspectief. Nu hersenscans nieuw inzicht geven in perceptuele processen in het brein, proberen neurowetenschappers ook biologische verklaringen te vinden voor perceptie.

De grens tussen sensatie en perceptie is geen scherpe lijn, maar een grijs overgangsgebied. Perceptie is in feite het proces waarin een sensatie bewerkt en geïnterpreteerd wordt. Het begrip 'sensatie' verwijst naar de eerste stappen in het proces waarin een stimulus wordt verwerkt. Op die eerste stappen gaan we nu iets dieper in.

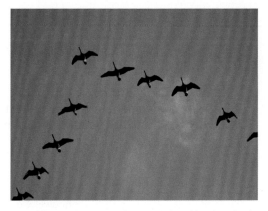

Menselijke zintuigen nemen de magnetische velden die trekvogels gebruiken voor navigatie niet waar.
Bron: Nik Taylor Wildlife/Alamy.

Perceptie: Proces waarbij aan het patroon van sensorische zenuwimpulsen een gedetailleerde betekenis wordt toegekend. Perceptie wordt sterk beïnvloed door herinnering, motivatie, emotie en andere psychologische processen.

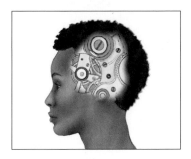

Tot voor kort bestudeerden psychologen perceptie voornamelijk vanuit het cognitief perspectief.

KERNVRAAG 3.1

▶ Hoe verandert stimulatie in sensatie?

Er nadert een onweersbui en je voelt hoe het haar op je hoofd door de elektrische lading in de lucht rechtop gaat staan. Bliksemschichten doorklieven de hemel en een honderdste van een seconde later hoor je de klap. Die was dichtbij. Je ruikt de geur van ozon die achterblijft, terwijl de bliksem door de lucht knettert. Je zintuigen waarschuwen je voor gevaar.

Onze zintuigen hebben nog meer functies die ons helpen overleven door onze aandacht op bepaalde sensaties te richten, zoals smakelijk voedsel dat nieuwe energie geeft. Onze zintuigen helpen ook bij het lokaliseren van een mogelijke partner, het vinden van beschutting en het herkennen van vrienden. En dankzij onze zintuigen kunnen we genieten van muziek, kunst, sport, voedsel en seks. Hoe krijgen die zintuigen dat allemaal voor elkaar? Het volledige antwoord is nogal ingewikkeld, maar het berust op een eenvoudig principe dat op alle zintuigen van toepassing is: onze zintuiglijke indrukken van de wereld bestaan uit *neurale representaties* van stimuli, niet uit de werkelijke stimuli. In het kernconcept lees je daarover de volgende formulering:

● **KERNCONCEPT 3.1**

De hersenen nemen de wereld indirect waar, omdat de zintuigen alle stimuli omzetten in de taal van het zenuwstelsel: neurale impulsen.

De hersenen ontvangen stimuli uit de buitenwereld nooit rechtstreeks. De manier waarop de hersenen een tomaat ervaren, is niet hetzelfde als de tomaat zelf, hoewel we er misschien van uitgaan dat die twee identiek zijn. Onze hersenen zijn niet in staat het licht van een zonsondergang rechtstreeks te ervaren, noch de textuur van fluweel of de geur van een roos. Ze moeten altijd vertrouwen op informatie die afkomstig is van het sensorische systeem, dat als tussenpersoon fungeert en een gecodeerde neurale boodschap doorgeeft, waaruit de hersenen hun eigen ervaring moeten destilleren (zie figuur 3.1). Het is duidelijk dat je geen telefonische berichten kunt ontvangen zonder telefoon die de elektronische energie omzet in geluid dat je kunt horen. Op vergelijkbare wijze hebben je hersenen de zintuigen nodig die de stimuli uit de buitenwereld omzetten in neurale signalen die ze kunnen begrijpen.

Om je een duidelijker beeld te geven van de manier waarop een stimulus wordt omgezet in een sensatie, bespreken we nu drie kenmerken die alle zintuigen met elkaar gemeen hebben: *transductie, sensorische adaptatie* en *drempels.* Deze kenmerken bepalen welke stimuli in sensaties worden omgezet, wat de kwaliteit en het effect van die sensaties zal zijn en of ze tot ons bewustzijn zullen doordringen. Met andere woorden: ze bepalen of een tomaat genoeg indruk maakt om ons sensorische systeem aan het werk te zetten, hoe zijn kleur en vorm op ons zullen overkomen en of de indruk sterk genoeg is om onze aandacht te trekken. Ook bespreken we de signaaldetectietheorie, die meer inzicht geeft in de manier waarop sensaties tot stand komen.

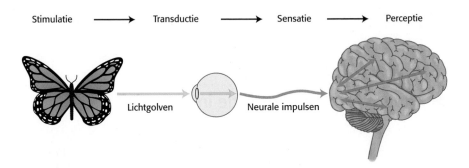

Figuur 3.1

Stimulatie verandert in perceptie

Voordat stimulatie verandert in perceptie, moet het verschillende transformaties ondergaan. Eerst worden de fysieke stimuli (bijvoorbeeld lichtgolven die worden weerkaatst door de vlinder) omgevormd (*transduced*) door het oog. Tijdens dit proces van transductie wordt de informatie over de golflengte en de lichtsterkte omgezet in neurale impulsen. Vervolgens worden de neurale impulsen naar de sensorische cortex van de hersenen geleid, waar ze worden verwerkt tot *sensaties* van kleur, helderheid, vorm en beweging. Ten slotte zorgt het proces van *perceptie* voor een interpretatie van deze sensaties door ze te verbinden met herinneringen, verwachtingen, emoties en motieven die in andere delen van de hersenen zijn opgeslagen.

3.1.1 Transductie: stimulatie in sensatie veranderen

Het is misschien moeilijk voor te stellen dat sensaties als de kleur en de smaak van een tomaat (of de kleuren die Jonathan kon zien voor zijn ongeluk) volledig in de zintuigen en de hersenen worden gefabriceerd. Het helpt je misschien om te bedenken dat externe stimuli de hersenen nooit rechtstreeks kunnen bereiken. Zo komt het licht dat de tomaat weerkaatst nooit in de hersenen terecht. Sterker nog, invallend licht komt niet verder dan de achterkant van je ogen, waar de informatie wordt omgezet in neurale impulsen. En de chemische stoffen die een bepaalde smaak vertegenwoordigen, komen evenmin in de hersenen terecht; ze komen niet verder dan je tong. Neuronen kunnen geen licht- of geluidsgolven doorgeven, noch enige andere externe stimulus. Alle informatie die de zintuigen opvangen, wordt door neuronen in de vorm van neurale impulsen naar de hersenen verstuurd.

Bij alle zintuigen is het de taak van de sensorische receptoren om de informatie van een stimulus om te zetten in elektrochemische signalen. Deze neurale impulsen zijn de enige taal die de hersenen begrijpen. Zoals het geval van Jonathan al aantoonde, dringen sensaties als 'rood', 'zoet' of 'koud' alleen tot ons bewustzijn door als die neurale signalen de cerebrale cortex bereiken. Het hele proces lijkt zo rechtstreeks en direct te verlopen dat we geneigd zijn te denken dat de sensatie van 'rood' kenmerkend is voor een tomaat en de sensatie van 'koud' kenmerkend voor ijs. Maar dat is niet zo!

Je kunt ontdekken dat licht niet per se nodig is om licht waar te nemen onder het kopje 'Doe het zelf!'. Daar laten we zien hoe je bijzondere visuele sensaties, die fosfenen worden genoemd, kunt gebruiken om deze corticale specialisatie in je hersenen te ervaren.

○ DOE HET ZELF! Fosfenen tonen aan dat je hersenen zelf sensaties creëren

Een van de eenvoudigste concepten in de perceptuele psychologie is voor de meeste mensen het moeilijkst te bevatten: de waarneming van een kleur, geluid, smaak, geur, textuur of pijn wordt gecreëerd door de zintuiglijke verwerkingssystemen in de hersenen. Geloof je het niet? Onderzoek het zelf aan de hand van een wonderlijk perceptueel fenomeen: *fosfenen*.

Sluit je ogen en druk zachtjes met je vinger tegen een oog, zoals afgebeeld op de illustratie. Aan de tegenovergestelde zijde van je visuele veld 'zie' je nu een patroon dat wordt veroorzaakt door de druk van je vinger, niet door licht. Deze fosfenen zijn visuele beelden die ontstaan doordat je je visuele systeem voor de gek houdt met druk. De druk op je oog stimuleert het oog op dezelfde wijze als een lichtstraal. De oogzenuw stuurt daarop een bericht naar je hersenen, die dat, zoals ze gewend zijn, interpreteren als licht. Directe elektrische stimulatie van de occipitaalkwab, wat soms gebeurt tijdens een hersenoperatie, heeft hetzelfde effect. Het toont onder meer aan dat lichtgolven niet noodzakelijk zijn voor de sensatie van licht. De sensorische ervaring van licht moet dus wel een schepping van de hersenen zijn, en geen eigenschap van de buitenwereld.

Fosfenen hebben misschien ook een praktische waarde. Het is wellicht mogelijk om met behulp van deze kunstmatige

sensatie van licht

visuele beelden visuele sensaties te creëren voor mensen die hun gezichtsvermogen hebben verloren. Op dit moment zijn wetenschappers al in staat een tv-camera of computer te verbinden met snoertjes die operatief bevestigd zijn aan het oppervlak van de occipitale cortex (Wickelgren, 2006). Ook experimenteren wetenschappers met het vervangen van een deel van de retina door een elektronische microchip (Boahen, 2005; Lui et al., 2000). We voegen daar wel meteen aan toe dat deze technologie nog in zijn kinderschoenen staat (Cohen, 2002; U.S. Department of Energy Office of Science, 2011).

Transductie: Proces waarbij de ene vorm van energie wordt omgezet in een andere vorm. Specifiek: de omzetting van stimulusinformatie in een zenuwimpuls.

Het proces waarbij fysische energie, in de vorm van bijvoorbeeld lichtgolven, wordt omgezet in neurale impulsen, noemen psychologen **transductie** (omvorming). Transductie begint op het moment dat een sensorisch neuron een fysische stimulus (zoals de geluidsgolf van een trillende snaar) opvangt. Als de stimulus het bijpassende zintuig bereikt (in dit geval het oor), activeert het de gespecialiseerde neuronen in dat zintuig, die *receptoren* worden genoemd. Deze receptoren zetten hun prikkeling vervolgens om in een *zenuwimpuls*. Dit gebeurt op vrijwel dezelfde wijze als waarop een barcodescanner (die tenslotte alleen een elektronische receptor is), de reeks lijnen op de doos van een diepvriespizza omzet in een elektronisch signaal dat door een computer aan een prijs kan worden gekoppeld. In onze eigen zintuigen wordt een sensatie gecodeerd tot een neurale impuls. Deze kan door de hersenen verder worden verwerkt. Dit signaal met de gecodeerde informatie verplaatst zich vanaf de receptorcellen meestal langs een sensorische baan via de thalamus naar gespecialiseerde sensorische verwerkingscentra in de hersenen. Uit de neurale impulsen die via deze zenuwbanen worden aangevoerd, halen de hersenen informatie over de elementaire kenmerken van de stimulus (in het geval van een geluidsstimulus bijvoorbeeld kenmerken van geluidssterkte, toonhoogte en positie van de geluidsbron). Let wel, de stimulus zelf komt dus niet verder dan de receptor! Het enige wat door het zenuwstelsel verplaatst wordt, is *informatie* in de vorm van een neurale impuls.

Laten we nu terugkeren naar de centrale vraag: hoe kunnen we weten of de wereld die we 'zien' in onze geest, overeenkomt met de buitenwereld – en of we de wereld op dezelfde wijze waarnemen als anderen? Het idee van transductie geeft ons een deel van het antwoord. Omdat we de wereld niet direct zien (of horen, of ruiken enzovoort), is wat we waarnemen een elektrochemische weergave van de wereld die door de zintuigen en de hersenen is gecreëerd. Om een analogie te geven: net zoals een foto een beeld eerst in digitale signalen verandert en daarna in druppels inkt op een stuk papier, zo verandert het proces van sensatie de wereld in een patroon van neurale impulsen in de hersenen.

3.1.2   Sensorische adaptatie

Als je ooit op een warme dag in een koud zwembad bent gesprongen, weet je dat sensatie in belangrijke mate wordt beïnvloed door *verandering*. Sterker nog, een belangrijke rol van onze stimulusdetectoren is het opmerken van veranderingen in de buitenwereld, zoals een lichtflits, een plens water, een donderslag, een speldenprik of de prikkelende geur van een zojuist geopende fles ammonia. Onze zintuigen zijn dus vooral *gericht op veranderingen*. Hun receptoren zijn gespecialiseerd in het verzamelen van informatie over nieuwe gebeurtenissen, over veranderingen in de omgeving.

Je omgeving overstelpt je met stimuli. De enorme hoeveelheid binnenkomende sensaties zou ons snel overspoelen, ware het niet dat de zintuigen daar in de loop van de evolutie op zijn aangepast: sensorische adaptatie. **Sensorische adaptatie** wil zeggen dat zintuigen steeds minder gevoelig worden naarmate een stimulus langer aanhoudt. Daardoor kun je bijvoorbeeld schrikken van koud water, maar daarna gewend raken aan de temperatuur en er toch rustig in zwemmen. Stimuli

Sensorische adaptatie: Proces waardoor receptorcellen minder gevoelig worden als de stimulus een bepaalde tijd op hetzelfde niveau aangeboden blijft.

die niet veranderen in intensiteit of in enig ander kenmerk hebben dus de neiging naar de achtergrond van ons bewustzijn te verschuiven, tenzij ze heel intens of pijnlijk zijn. Elke verandering in de signalen die je ontvangt daarentegen (bijvoorbeeld als je langzaam gewend bent geraakt aan de verkeersgeluiden die je hoort vanuit je slaapkamer en er buiten plotseling een ambulance klinkt) zal je aandacht trekken.

Eigenaren van warenhuizen en supermarkten maken gebruik van dit principe van sensorische adaptatie bij de achtergrondmuziek die ze laten spelen. Ze hebben alle grote veranderingen in geluidssterkte of toonhoogte uit de muziek gehaald, zodat de muziek de aandacht niet afleidt van de koopwaar. (Snap je nu waarom je beter niet naar interessante muziek kunt luisteren als je aan het studeren bent?)

3.1.3 Drempels: de grenzen van sensatie

Hoe zwak kan een stimulus zijn om nog net door een organisme te worden opgemerkt? Welke lichtsterkte moet een lamp minimaal hebben om gezien te worden? Dit soort vragen heeft te maken met de **absolute drempel** die geldt voor een bepaald type stimulus: de minimumhoeveelheid fysische energie die nodig is om tot een sensorische ervaring te leiden. Een psycholoog in het laboratorium definieert deze drempel in operationele termen als de intensiteit waarbij de stimulus bij minstens de *helft* van een groot aantal pogingen wordt opgemerkt. Natuurlijk varieert deze drempel van persoon tot persoon. Zo kan het voorkomen dat je je vriend een zwakke ster wilt aanwijzen en dan tot de ontdekking komt dat hij die niet kan zien. In dat geval ligt de lichtsterkte van de ster boven jouw absolute drempel (jij kunt hem zien), maar onder die van je vriend (die kan hem niet zien).

Een zwakke stimulus wordt niet opeens waarneembaar als de intensiteit ervan toeneemt. De grens tussen waarnemen en niet waarnemen is namelijk niet scherp. Dat wil zeggen dat de absolute drempel niet absoluut is! Sterker nog, bij iedereen varieert die drempel voortdurend, door wisselingen in onze geestelijke alertheid en lichamelijke conditie. Aan het einde van deze paragraaf gaan we hier dieper op in als we de signaaldetectietheorie bespreken. De eerste onderzoeken die psychologen deden, waren experimenten waarbij drempelwaarden van verschillende typen prikkeling werden vastgesteld. Deze tak van onderzoek werd *psychofysica* genoemd. Tabel 3.1 toont enkele absolute drempelwaarden voor vijf zintuigen.

Met behulp van het volgende gedachte-experiment wijzen we je op het bestaan van een ander soort drempel. Stel dat je op je vrije avond naar de televisie zit te kijken. Je huisgenoot zit hard te blokken voor een examen dat de volgende ochtend zal plaatsvinden. Hij vraagt of je het geluid 'wat zachter' wilt zetten omdat het hem afleidt. Je hebt het gevoel dat je hem wel enigszins tegemoet moet komen, maar diep in je hart wil je het volume het liefst laten zoals het is. Wat is nu de kleinste verandering die je moet doorvoeren om ervoor te zorgen dat je huisgenoot je goede bedoelingen opmerkt, terwijl jij nog steeds kunt horen wat er wordt gezegd? Het vermogen om dit soort zaken te beoordelen berust op de **verschildrempel** (ook wel het *juist waarneembare verschil* of *JWV* (*just noticeable difference*) genoemd), het kleinste waarneembare verschil tussen twee stimuli dat iemand betrouwbaar, vijftig procent van de tijd, als verschil kan opmerken. Als je de volumeknop een heel klein beetje lager draait, gaat je huisgenoot misschien klagen dat hij geen verschil hoort. Hiermee bedoelt je huisgenoot waarschijnlijk dat de verandering in volume niet overeenkomt met zijn of haar verschildrempel. Door het volume geleidelijk te verlagen, tot je huisgenoot 'nu' zegt, kun je zijn of haar verschildrempel vinden en de vrede in je appartement bewaren.

Absolute drempel: Hoeveelheid stimulatie die nodig is voordat de stimulus wordt opgemerkt. In de praktijk houdt men aan dat de stimulus de helft van het aantal pogingen moet worden opgemerkt.

Verschildrempel: Het kleinst mogelijke verschil waarbij de stimulus nog de helft van het aantal pogingen wordt opgemerkt. Dit wordt soms afgekort tot JWV: het juist waarneembare verschil.

Onderzoek naar het JWV van de verschillende zintuigen heeft enkele interessante wetenswaardigheden opgeleverd over de manier waarop de waarneming van een stimulus bij de mens in zijn werk gaat. Het blijkt dat het JWV groot is als de intensiteit van de stimulus groot is, en klein als de intensiteit van de stimulus klein is. Psychologen spreken in dit verband over de **Wet van Weber**, die stelt dat de grootte van het JWV proportioneel samenhangt met de intensiteit van de stimulus. En wat leert die Wet van Weber ons over onze aanpassing van het geluidsvolume van de televisie? Als je het geluid erg hard hebt staan, moet je het volume behoorlijk wat zachter zetten om het verschil te kunnen opmerken. Als het volume echter toch al niet zo hard was, als je het net kon horen als je erg je best deed, zal je huisgenoot een veel kleinere verandering al opmerken. Dit principe geldt voor alle zintuigen. Met deze kennis in je achterhoofd begrijp je nu ook dat een gewichtheffer eerder verschil opmerkt als er kleine hoeveelheden aan een lichte halter worden toegevoegd dan aan een zware halter.

Wat heeft dit voor gevolgen voor onze kennis van de sensaties van de mens? Het betekent dat we gebouwd zijn om *veranderingen* in, en *relaties* tussen stimuli op te merken. Hoe dat in zijn werk gaat, lees je in het onderstaande kader 'Doe het zelf!', dat een verhelderende demonstratie geeft van sensorische relaties.

Tabel 3.1 Globale perceptuele drempels van vijf zintuigen

Zintuig	Waarnemingsdrempel
Zicht	Een kaarsvlam op vijftig meter tijdens een donkere, heldere nacht
Gehoor	Het getik van een horloge op zes meter in een stille omgeving
Smaakzin	Een theelepel suiker in tien liter water
Reukvermogen	Een druppel parfum in een driekamerappartement
Tastzin	De vleugel van een bij die op je wang valt van een hoogte van één centimeter

⊕ DOE HET ZELF! Een verhelderende demonstratie van sensorische relaties

Deze eenvoudige proef toont aan dat de waarneming van een verandering wordt beïnvloed door de intensiteit van de achtergrondstimuli. Neem een lamp met een dimmer die je eenvoudig in drie verschillende standen kunt zetten, bijvoorbeeld 50-100-150 watt. (De hoeveelheid watt bepaalt de intensiteit van het licht.) Verduister het vertrek. Draai de dimmer van de lamp vervolgens tot ongeveer vijftig watt. Het wordt duidelijk lichter. De verandering van vijftig naar honderd watt is ook nog goed waarneembaar. Maar waarom lijkt de laatste stap (van honderd naar honderdvijftig watt) dan zo'n geringe verandering? Dat komt doordat de sensatie die je zintuigen produceren niet gelijk is aan de werkelijke helderheid. Je zintuigen vergelijken de *verandering* van de stimulus ten opzichte van de achtergrondstimulus. De verandering van honderd naar honderdvijftig watt wordt vertaald als een toename van 50 procent (vijftig watt bij de eerdere honderd watt). De eerdere toename was echter 100 procent (vijftig watt bij de eerdere vijftig watt). Je visuele systeem berekent dus de *relaties tussen de sensorische informatie*, en niet de absolute waarden.

3.1.4 Signaaldetectietheorie

De signaaldetectietheorie (Green & Swets, 1966) geeft meer inzicht in absolute drempels en verschildrempels en geldt zowel voor biologische als voor elektronische sensoren. Dat wil zeggen dat we de elektronische waarneming van stimuli door apparaten als onze tv met behulp van dezelfde concepten kunnen verklaren als de waarneming via de menselijke zintuigen als het gezicht en het gehoor. Volgens de **signaaldetectietheorie** is sensatie afhankelijk van de kenmerken van de stimulus, de achtergrondstimulus en de detector. Misschien heb je al eens opgemerkt dat je van een college in de vroege ochtend meer opsteekt als je zenuwstelsel is wakker geschud door een kop sterke koffie. Hetzelfde principe maakt dat iemands belangstelling of zijn vooroordelen van invloed zijn op de onderwerpen die hij of zij van het journaal onthoudt.

Met behulp van de signaaldetectietheorie kunnen we bijvoorbeeld ook begrijpen waarom drempelwaarden verschillen wanneer je de ene keer een bepaald geluid opmerkt en de volgende keer niet. De klassieke theorie over drempels besteedde geen aandacht aan de invloed van lichamelijke gesteldheid en de oordelen en vooroordelen van de ontvanger. De klassieke *psychofysica* (de studie van stimulatie en sensorische ervaring) stelde dat als een signaal sterk genoeg was om de absolute drempel van een persoon te overstijgen, het zou worden opgemerkt, terwijl het gemist zou worden als het onder die drempel bleef. In de moderne signaaldetectietheorie wordt sensatie niet beschouwd als een eenvoudige kwestie van aanwezig/afwezig en ja/nee, maar als een waarschijnlijkheid dat het signaal wordt opgemerkt en accuraat wordt verwerkt.

In welke opzichten heeft de psychologie meer aan de signaaldetectietheorie dan aan de klassieke psychofysica? Een factor is de variatie in het menselijke oordeel. De signaaldetectietheorie erkent het feit dat de waarnemer, wiens lichamelijke en geestelijke toestand voortdurend verandert, een sensorische ervaring moet vergelijken met constant veranderende verwachtingen en biologische omstandigheden. Stel dat je in bed ligt en een geluid hoort. Dan moet je beslissen of het de kat was, een inbreker, of dat je het je verbeeld hebt. Hoe je het geluid beoordeelt, hangt af van factoren zoals de helderheid van je gehoor en wat je verwachtte te horen. Je beslissing wordt ook beïnvloed door andere geluiden op de achtergrond. De signaaldetectietheorie neemt deze variabele omstandigheden, die van invloed zijn op het opmerken van een stimulus, in ogenschouw en geeft daardoor een accurater beeld van sensatie dan de klassieke psychofysica.

Signaaldetectietheorie: Theorie die stelt dat de beoordeling van stimuli door de hersenen tijdens het proces van perceptie een combinatie is van de sensatie en de besluitvormingsprocessen. De signaaldetectietheorie voegt kenmerken van de waarnemer toe aan de klassieke psychofysica.

De signaaldetectietheorie stelt dat het vanwege de achtergrondstimuli minder waarschijnlijk is dat je iemand in een drukke straat hoort roepen dan in een verlaten park.
Bron: Ben Cappellacci, Flickr.

 Ga naar **www.pearsonmylab.nl** om je kennis en begrip van deze paragraaf te testen met de MyMap, MyCheck en MyDefinitions.

KERNVRAAG 3.2
....
▶ Waarin lijken de zintuigen op elkaar? Waarin verschillen ze?

Zien, horen, ruiken, proeven, voelen, pijn ervaren en de waarneming van onze lichaamspositie: in veel opzichten is de werkwijze hierbij gelijk: onze zintuigen zetten stimulusenergie om in neurale impulsen, ze zijn gevoeliger voor verandering dan voor constante stimulatie en ze verschaffen ons informatie over de wereld, informatie die dikwijls van levensbelang is. Maar er zijn ook *verschillen*. Met uitzondering van het pijnzintuig reageert elk zintuig op een ander soort stimulusenergie en verzendt elk zintuig de informatie die het heeft opgepikt naar een ander deel van de hersenen. Dit contrast ligt ten grondslag aan het kernconcept van deze paragraaf:

KERNCONCEPT 3.2

In grote lijnen werken de zintuigen allemaal op dezelfde manier, maar elk zintuig pikt zijn eigen soort informatie op en stuurt die naar zijn eigen, gespecialiseerde verwerkingsgebied in de hersenen.

Als gevolg hiervan *ontstaan verschillen in sensaties doordat verschillende gebieden in de hersenen worden geactiveerd.* Of je een bel hoort of hem ziet, is uiteindelijk afhankelijk van het gebied in de hersenen dat gestimuleerd wordt.

We nemen nu alle zintuigen een voor een onder de loep. Eerst buigen we ons over de manier waarop het visuele systeem, het zintuig waar we het meeste van begrijpen, lichtgolven omzet in de visuele sensaties van kleur en helderheid.

3.2.1 Gezichtsvermogen: hoe het zenuwstelsel licht verwerkt

Dieren met goede ogen hebben een enorm biologisch voordeel. Dit feit heeft er in de loop van de evolutie toe geleid dat het gezichtsvermogen van de mens en van de meeste andere mobiele schepselen is uitgegroeid tot het meest complexe, hoogst ontwikkelde en belangrijkste zintuig. Een goed gezichtsvermogen helpt ons bij het vinden van aantrekkelijke objecten, het attendeert ons op bedreigingen en veranderingen in onze fysieke omgeving waardoor we ons gedrag aan de nieuwe situatie kunnen aanpassen. Hoe krijgt het gezichtsvermogen dat voor elkaar?

De anatomie van visuele sensatie

Je zou het oog kunnen zien als een soort camera waarmee de hersenen films maken van de buitenwereld (zie figuur 3.2). Het oog vangt, net als een camera, licht op door een lens. Het beeld dat op het netvlies achter in het oog valt, wordt door deze lens scherp gesteld. Hierbij worden de linker- en rechterzijde van het beeld omgekeerd en wordt het beeld ondersteboven geprojecteerd. (Omdat het zien zo belangrijk is, is de structuur van de hersenen zelf mogelijk veranderd door deze visuele omkering. Zoals je zult herinneren, zijn de hersenen geneigd deze omkering te handhaven in de gebieden waar verwerking van zintuiglijke informatie plaatsvindt. Daardoor kruist de meeste informatie van de zintuigen over naar de tegenovergelegen zijde van de hersenen. Op soortgelijke wijze zijn 'kaarten' van het lichaam in de sensorische gebieden van de hersenen meestal omgekeerd en op zijn kop.)

Terwijl een digitale camera gewoon een elektronisch beeld vormt, vormt het oog een beeld dat uitgebreid verder wordt verwerkt in de hersenen. Wat het oog uniek maakt, en waardoor het afwijkt van andere zintuiglijke organen, is het vermogen om informatie te halen uit lichtgolven, die niets anders zijn dan een vorm van elektromagnetische energie. Vervolgens worden de kenmerken van het licht omgezet (transductie) in neurale signalen die de hersenen kunnen verwerken. Deze omzetting gebeurt in de **retina**, de lichtgevoelige cellenlaag achter in het oog, die zo'n beetje werkt als de lichtgevoelige chip in een digitale camera. Evenals bij een camera kan er iets fout gaan. Bij mensen die 'bijziend' zijn, stelt de lens het beeld scherp vóór het netvlies; bij 'verziende' mensen komt het scherpe beeld achter het netvlies. In beide gevallen is een corrigerende lens nodig om een scherp beeld te vormen.

Het echte werk in de retina wordt gedaan door lichtgevoelige cellen, **fotoreceptoren**, die op dezelfde manier werken als de kleine pixelreceptoren in een digitale camera. Deze fotoreceptoren bestaan uit gespecialiseerde neuronen die lichtenergie opvangen en daarop reageren met het uitzenden van neurale impulsen. De retina maakt daarbij gebruik van twee soorten fotoreceptoren: **staafjes** en **kegeltjes** (zie figuur 3.3).

Retina: Netvlies. De lichtgevoelige laag aan de achterzijde van de oogbol.

Fotoreceptor: Lichtgevoelige cel in de retina die lichtenergie omzet in neurale impulsen.

Staafje: Fotoreceptor die extra gevoelig is voor zwak licht, maar niet voor kleuren.

Kegeltje: Fotoreceptor die extra gevoelig is voor kleuren, maar niet voor zwak licht.

Waarom hebben we twee soorten fotoreceptoren? Ons bestaan speelt zich deels in het donker en deels in het licht af. Daarom hebben we in de loop van de tijd twee manieren van licht verwerken ontwikkeld, waarvoor we twee verschillende receptorcellen nodig hebben. De staafjes en kegeltjes ontlenen hun naam aan hun vorm. De 125 miljoen staafjes kunnen 'in het donker zien': ze kunnen geringe lichtintensiteiten waarnemen, maar geen kleuren. Dankzij deze staafjes ben je in staat een stoel te vinden in een donkere bioscoop.

De waarneming van kleur is het werk van de zeven miljoen kegeltjes, die vooral actief zijn bij helderder licht. Er zijn drie typen kegeltjes. Elk type is gespecialiseerd in het waarnemen van bepaalde golflengten, die overeenkomen met de sensaties van blauwe, rode of groene tinten. Dankzij deze kegeltjes kunnen we, bij goed licht, rode van groene tomaten onderscheiden. De kegeltjes bevinden zich voornamelijk in het centrum van de retina, in een klein gebied dat de **fovea** of gele vlek wordt genoemd en waarmee je het scherpst ziet. De fovea scant automatisch alles wat ons visueel interesseert: de omtrekken van een gezicht, de contouren van een gebouw of misschien een bloem.

In de retina bevinden zich nog andere soorten cellen die niet rechtstreeks op licht reageren. Deze *bipolaire cellen* hebben twee uitlopers, een axon en een dendriet, en verzamelen de impulsen die groepjes naburige fotoreceptoren uitzenden en geven die door aan de **ganglioncellen**. Het netvlies bevat ook receptorcellen die gevoelig zijn voor randen en grenzen van voorwerpen; andere reageren op licht en schaduw en beweging (Werblin & Roska, 2007).

Alle axonen van deze ganglioncellen bij elkaar vormen de **oogzenuw**, die de visuele informatie van het oog naar de hersenen brengt (zie figuur 3.3 en 3.4). Hier is het opnieuw belangrijk te begrijpen dat je oogzenuw helemaal geen licht

Fovea: Het gedeelte van de retina, een soort groeve, waarmee je het scherpst ziet. De fovea bestaat bijna uitsluitend uit kegeltjes.

Ganglioncel: Zenuwcel in de binnenste laag van de retina die in contact staat met de oogzenuw.

Oogzenuw: De bundel neuronen waarlangs de visuele informatie van de retina naar de hersenen wordt geleid.

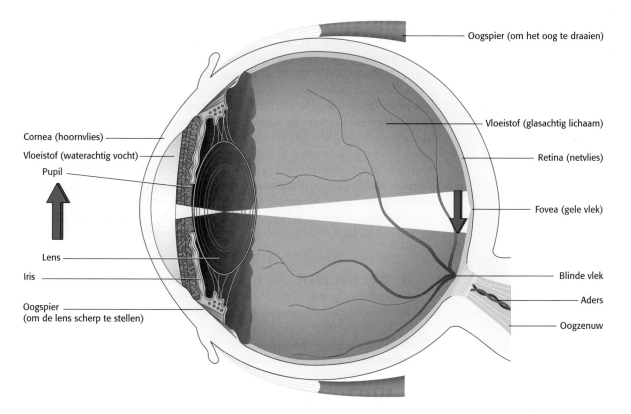

Figuur 3.2
De bouw van het menselijk oog

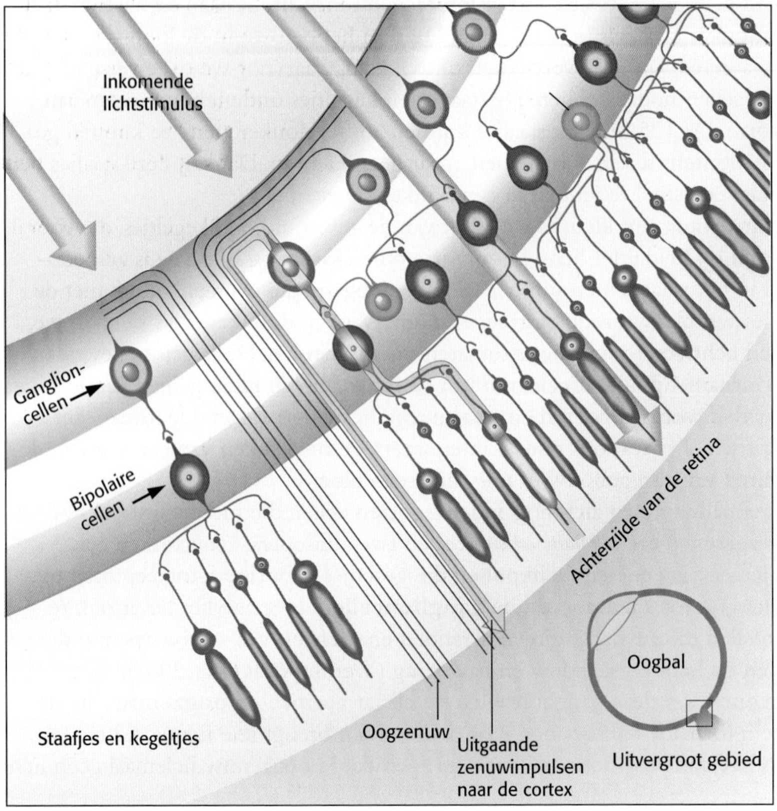

Figuur 3.3

Transductie van licht in de retina

In deze vereenvoudigde weergave van de retina zie je hoe drie lagen van zenuwcellen met elkaar verbonden zijn. Het binnenvallende licht gaat eerst tussen de ganglioncellen en de bipolaire cellen door naar de achterzijde van de oogbol. Daar stimuleert dit licht de fotoreceptoren, staafjes en kegeltjes, die een bericht doorgeven aan de bipolaire cellen (een bipolaire cel bundelt de informatie van verscheidene receptorcellen). De bipolaire cellen verzenden vervolgens neurale impulsen naar de ganglioncellen, die deze via hun axonen (die samen de oogzenuw vormen) naar de hersenen brengen.

Blinde vlek: De plek waar de optische zenuw het oog verlaat. In dit gedeelte van de retina zitten geen fotoreceptoren.

geleidt, alleen patronen van zenuwimpulsen die *informatie* overbrengen die van het binnenkomende licht is afgeleid.

Op het punt waar de oogzenuw het oog verlaat, is een klein stukje van de retina zonder fotoreceptoren. Met dit gebied kun je dus geen licht waarnemen. Het gevolg is een gat in het visuele veld (alles wat je in een oogopslag kunt zien), dat de **blinde vlek** wordt genoemd. In normale gevallen merk je hier niets van omdat de informatie die het ene oog mist, wel door het andere oog wordt opgepikt. De hersenen vullen de lege plek aan met een beeld dat bij de achtergrond past. Onder het kopje 'Doe het zelf!' staat hoe je je eigen blinde vlek kunt vinden. Overigens kan de visuele handicap die we blindheid noemen, uiteenlopende oorzaken hebben, die vrijwel nooit verband houden met de blinde vlek. Blindheid kan bijvoorbeeld het gevolg zijn van beschadiging van het netvlies, van staar (waardoor de lens ondoorzichtig wordt), van beschadiging van de oogzenuw of van een beschadiging van de visuele verwerkingscentra in de hersenen.

⊕ DOE HET ZELF! Op zoek naar je blinde vlek

De 'blinde vlek' bevindt zich op de plaats waar de uitlopers van de neuronen van de retina samenkomen en een bundel (de oogzenuw) vormen die de oogbol verbindt met de hersenen. Dit gedeelte van de retina bevat geen lichtgevoelige cellen. Het gevolg is dat je op dit kleine stukje van je visuele veld 'blind' bent. Met behulp van de volgende experimenten kun je bepalen waar de blinde vlek in jouw visuele veld zich bevindt.

Experiment 1

Houd dit boek met gestrekte armen voor je, sluit je rechteroog en fixeer je linkeroog op het plaatje van de bank. Houd je rechteroog gesloten en breng het boek langzaam dichterbij. Als het papier ongeveer 25 tot 30 centimeter van je ogen verwijderd is, komt het

Bank

euroteken in je blinde vlek terecht, waardoor je het niet meer kunt zien. In je dagelijkse waarneming merk je weinig van dit 'gat' in je visuele veld. Dat komt doordat je visuele systeem het lege gebied 'aanvult' met informatie over de witte achtergrond.

Experiment 2

Dat de hersenen het ontbrekende deel van het visuele veld aanvullen met een passende achtergrond, kun je ervaren door je rechteroog opnieuw te sluiten en je te concentreren op het kruis in het onderste gedeelte van de afbeelding. Houd je rechteroog gesloten, breng het boek opnieuw naar je toe en houd je linkeroog op het kruis gericht. Deze keer verdwijnt het gat in de lijn, het wordt opgevuld zodat er een lange lijn ontstaat. Hieruit blijkt dat wat je in je blinde vlek ziet niet eens in de werkelijkheid hoeft te bestaan!

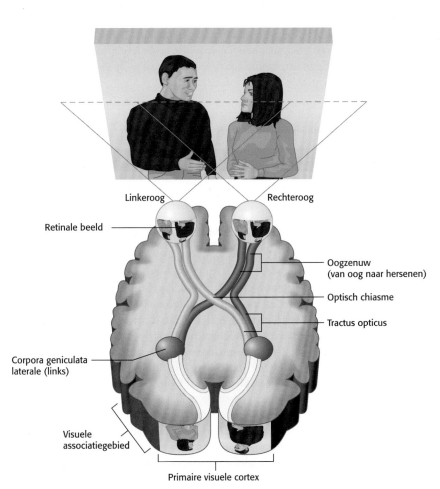

Figuur 3.4

Neurale banen in het visuele systeem van de mens

Licht vanuit het visuele veld valt op de retina's van je beide ogen; de neurale boodschappen van de retina's worden naar de visuele centra in elke hersenhelft gestuurd.

Bron: Frisby, J.P. (1980). *Seeing: Illusion, brain and mind*. New York, Oxford University Press. Copyright © 1979; herdrukt met toestemming van J.P. Frisby.

De verwerking van visuele sensaties door de hersenen

We kijken met onze ogen, maar we zien met onze hersenen. Een speciaal gebied in de hersenen, de visuele cortex, vormt visuele beelden vanuit de informatie die hier door de oogzenuw naartoe wordt geleid (zie figuur 3.4). Hier zetten de hersenen de signalen vanuit de ogen om in de visuele sensaties van kleur, vorm, omtrek en beweging. De visuele cortex is daarnaast in staat de tweedimensionale patronen van beide ogen samen te voegen tot onze driedimensionale wereld met diepte (Barinaga, 1998; Dobbins et al., 1998). Bovendien combineert de cortex deze visuele sensaties met herinneringen, motivaties en emoties, en met de sensaties van lichaamspositie en tastzin, tot een weergave van de visuele wereld die past bij onze behoeften en belangen van het moment (De Gelder, 2000; Vuilleumier & Huang, 2009). Dat verklaart bijvoorbeeld waarom lekker eten er zo verschrikkelijk aantrekkelijk uitziet als je met een lege maag boodschappen doet. Laten we terugkeren naar de centrale vraag of we de wereld 'zien' zoals anderen. Als het om sensaties gaat, is het antwoord 'ja'. Dat wil zeggen dat we alle reden hebben te geloven dat verschillende mensen in wezen hetzelfde sensorische apparaat hebben (met uitzondering van enkele mensen die, zoals Jonathan, kleuren niet kunnen onderscheiden, of die andere sensorische gebreken hebben). Daarom is het redelijk aan te nemen dat de meeste mensen kleuren, geluiden, textuur, geuren en smaken grotendeels op dezelfde wijze waarnemen, hoewel hun perceptie ervan niet per se dezelfde hoeft te zijn. Om te kijken wat we daarmee bedoelen, beginnen we met de visuele sensatie van helderheid.

Helderheid: Een psychologische sensatie in ons brein die wordt veroorzaakt door de intensiteit (amplitude) van lichtgolven.

Hoe het visuele systeem helderheid creëert   De sensatie van **helderheid** wordt veroorzaakt door de intensiteit, oftewel sterkte, van het licht, en die is afhankelijk van de hoeveelheid licht die de retina bereikt (zie tabel 3.2). Helder licht, zoals dat van de zon, veroorzaakt veel neurale activiteit in de retina, terwijl zwakker licht, zoals dat van de maan, weinig activiteit veroorzaakt. Op grond daarvan creëert het brein een bepaalde sensatie van helderheid.

Tabel 3.2   Visuele stimulatie verandert in sensatie

Fysische stimulatie	Psychologische sensatie
Golflengte	Kleur
Intensiteit (amplitude)	Helderheid

Kleur en helderheid zijn de psychologische tegenhangers van de golflengte en intensiteit van een lichtgolf. Golflengte en intensiteit zijn kenmerken van de fysische lichtgolf, terwijl kleur en helderheid slechts in de hersenen bestaan.

Kleur: Op zichzelf is kleur geen eigenschap van de wereld om ons heen. Het is een psychologische sensatie die is afgeleid uit de golflengte van zichtbaar licht.

Hoe het visuele systeem kleuren creëert   Misschien kun je nog steeds moeilijk geloven dat een rijpe tomaat op zichzelf geen **kleur** of *tint* heeft. Helder verlichte voorwerpen *lijken* zeer levendig gekleurd. Maar zoals we al eerder hebben gezegd, zijn rode tomaten, groene sparren, blauwe oceanen en veelkleurige regenbogen in werkelijkheid bijzonder kleurloos. Ook het licht dat wordt gereflecteerd door deze objecten heeft geen kleur. Het klinkt ongelooflijk, maar in de wereld buiten ons bestaat geen kleur, omdat kleur een sensatie is die de hersenen creëren wanneer licht van een bepaalde golflengte onze ogen bereikt. Kleur bestaat dus alleen in het hoofd van de toeschouwer: het is een *psychologische* eigenschap van de sensorische ervaring. Om te begrijpen hoe dit in zijn werk gaat, moeten we eerst iets vertellen over de eigenschappen van licht.
Onze ogen zijn gebouwd om de speciale vorm van energie op te vangen die we *zichtbaar licht* noemen. Natuurkundigen vertellen ons dat licht zuivere energie is,

in wezen hetzelfde als radiogolven, microgolven, infrarood licht, ultraviolet licht, röntgenstralen en kosmische stralen. Dit zijn allemaal vormen van *elektromagnetische energie.* Deze golven hebben verschillende *golflengten*: de afstand die ze tijdens één golfcyclus afleggen bij hun trilling in de ruimte, vergelijkbaar met rimpeltjes in een vijver (zie figuur 3.5).

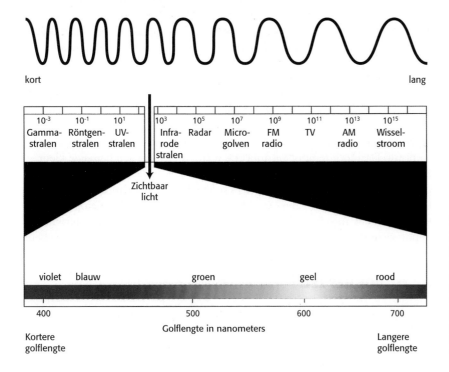

Figuur 3.5

Het elektromagnetisch spectrum

Het enige verschil tussen zichtbaar licht en andere vormen van elektromagnetische energie is golflengte. De receptoren in onze ogen zijn maar gevoelig voor een piepklein deel van het elektromagnetisch spectrum.

Bron: Sekuler, R. & Blake, R. (1994). *Perception*, 3e ed. New York: McGraw-Hill. Copyright © 1994. Herdrukt met toestemming van McGraw-Hill.

Het licht dat we waarnemen vormt slechts een klein gedeelte van het uitgestrekte **elektromagnetisch spectrum**, dat ook ultraviolet licht, infrarood licht, röntgenstralen, microgolven, radiogolven en televisiegolven omvat. Onze enige toegang tot dit spectrum zit in een klein visueel 'raam' dat het **visuele spectrum** wordt genoemd. Omdat we geen biologische receptoren hebben die gevoelig zijn voor de andere gedeelten van het elektromagnetische spectrum, moeten we speciale detectieapparatuur gebruiken, zoals radio's en tv's, om deze energie om te zetten in signalen die we wel kunnen waarnemen.

In het kleine stukje van het elektromagnetisch spectrum dat onze ogen kunnen waarnemen, zien we verschillende kleuren. Deze sensaties worden veroorzaakt door bepaalde karakteristieke lichtgolven. Langere golven produceren de sensatie dat tomaten rood zijn, middellange golven kleuren onze citroenen groen en geel en dankzij kortere golven lijkt een heldere hemel blauw. Op grond van de neurale impulsen die de lichtreceptoren op basis van verschillende lichtgolflengten genereren, creëren de hersenen de sensatie van een bepaalde kleur (zie tabel 3.2). Het is opmerkelijk dat onze ervaringen van kleur, vorm, positie en diepte afkomstig zijn uit de stroom sensorische informatie die vanuit onze ogen naar verschillende delen van de visuele cortex wordt getransporteerd. De kleuren zelf worden geconstrueerd in een gespecialiseerd gebied van de occipitale cortex. Dankzij dit gebied is de mens in staat ongeveer vijf miljoen verschillende kleurtinten te onderscheiden. Door beschadigingen aan dit deel van de cortex kon Jonathan geen kleuren meer zien. Naburige corticale gebieden zijn verantwoordelijk voor de verwerking van informatie over omtrekken, vormen en bewegingen.

Elektromagnetisch spectrum: Het gehele spectrum van elektromagnetische energie, inclusief radiogolven, röntgenstralen, microgolven en zichtbaar licht.

Visueel spectrum: Het kleine stukje van het elektromagnetische spectrum waarvoor onze ogen gevoelig zijn.

Trichromatische theorie: Het idee dat kleuren worden waargenomen door drie verschillende typen kegeltjes die gevoelig zijn voor licht in de rode, blauwe en groene golflengten; verklaart het vroegste stadium van kleursensatie.

Opponent-procestheorie: Het idee dat cellen in het visuele systeem kleuren in complementaire (tegengestelde) paren verwerken, zoals rood en groen of geel en blauw; verklaart kleurenwaarneming vanaf de bipolaire cellen naar het visuele systeem.

Nabeeld: Sensatie die blijft hangen als de stimulus niet langer aanwezig is. De meeste visuele nabeelden zijn negatieve nabeelden, die zich voordoen in tegenovergestelde kleuren.

Twee manieren om kleuren te zien   Hoewel de gewaarwording van kleur in de hersenschors plaatsvindt, begint de kleurverwerking in het netvlies. De drie verschillende typen kegeltjes in het netvlies worden geactiveerd door golflengten uit verschillende delen van het zichtbare spectrum: lichtgolven die we zien als rood, groen en blauw. Deze verklaring voor het zien van kleuren met behulp van drie typen receptoren staat bekend als de **trichromatische theorie**. Ter nagedachtenis aan de ontdekkers wordt dit ook wel de Young-Helmholztheorie genoemd. Vroeger werd gedacht dat het zien van kleuren volledig aan de hand van deze theorie kon worden verklaard. We weten tegenwoordig dat de trichromatische theorie alleen de eerste stadia van het kleurenzien in de kegeltjes verklaart.

Een andere verklaring, de zogenoemde **opponent-procestheorie**, geeft een betere verklaring voor negatieve **nabeelden** (zie het kader 'Doe het zelf!'), een verschijnsel dat te maken heeft met *tegengestelde* of complementaire kleuren. Volgens de opponent-procestheorie verwerkt het visuele systeem kleuren vanaf de bipolaire cellen in complementaire paren: wit en zwart, rood en groen en geel en blauw. Daardoor remt of verstoort de waarneming van een bepaalde kleur zoals rood, de waarneming van zijn complement, groen. Samen verklaren deze twee theorieën verschillende aspecten van de kleurenwaarneming waarbij het netvlies en visuele banen zijn betrokken. Samengevat komt het hierop neer: de trichromatische theorie verklaart de kleurverwerking in de kegeltjes, terwijl de opponent-procestheorie verklaart wat er in de bipolaire cellen en verder gebeurt.

⊕ DOE HET ZELF!   Het wonderlijke nabeeld

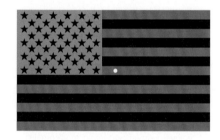

Nadat je een tijdje naar een gekleurd voorwerp hebt gestaard, raken de ganglioncellen vermoeid. Wanneer je je blik vervolgens op een wit oppervlak richt, kun je een interessant visueel effect waarnemen. Je 'ziet' het voorwerp dan namelijk in complementaire kleuren, als een *visueel nabeeld*. De 'spookvlag' laat zien hoe dit in zijn werk gaat.

Staar gedurende minstens dertig seconden naar de stip in het midden van de groen-zwart-oranje vlag. Zorg ervoor dat je ogen stil blijven en laat ze niet over de afbeelding dwalen. Verplaats je blik dan snel naar het midden van een vel wit papier of een licht gekleurde witte muur. Wat zie je? Laat je vrienden dezelfde proef doen. Krijgen zij hetzelfde nabeeld? (Het effect werkt misschien niet voor mensen die kleurenblind zijn.)

Nabeelden kunnen negatief of positief zijn. *Positieve nabeelden* ontstaan doordat de processen in de receptoren en neuronen van de retina na het wegvallen van de stimulus nog even doorgaan. Deze nabeelden duren maar kort. Een voorbeeld van een positief nabeeld kun je zien als je het spoor van een vuurpijl volgt die de duistere hemel in schiet. *Negatieve nabeelden* zijn het tegenovergestelde, oftewel het omgekeerde van de oorspronkelijke ervaring, zoals met de vlag. Ze duren langer. Volgens de opponent-procestheorie ontstaan negatieve nabeelden doordat het licht bepaalde cellen in de retina tijdelijk uitput, en deze cellen vervolgens sensaties van complementaire kleuren naar de hersenen sturen.

Kleurenblindheid   Niet iedereen ziet kleuren op dezelfde manier. Sommige mensen zijn geboren met een kleurdeficiëntie. Iemand die lijdt aan complete **kleurenblindheid** (of **daltonisme**) kan geen enkele kleur waarnemen. Andere mensen hebben problemen met het onderscheiden van verschillende kleuren. Deze aandoening komt in verschillende vormen en gradaties voor. Mensen met een vorm van *kleurenzwakte* kunnen bijvoorbeeld geen fletse kleuren zoals roze of beige zien. In de meeste gevallen gaat het om een genetisch bepaald onvermogen om rood van groen te onderscheiden. Dit probleem treedt vooral op als de kleuren zwak zijn.

Kleurenblindheid (daltonisme): Een genetische afwijking (hoewel het soms ook het gevolg kan zijn van een ongeluk) waardoor iemand niet in staat is bepaalde kleuren van elkaar te onderscheiden. De meest voorkomende vorm is rood-groenkleurenblindheid.

Ongeveer een of twee op de duizend mensen zijn niet in staat geel en blauw van elkaar te onderscheiden. Het komt maar zelden voor dat iemand helemaal geen kleuren kan zien. Er zijn slechts vijfhonderd gevallen bekend die vergelijkbaar zijn met Jonathans volledige kleurenblindheid. Deze kleine groep neemt slechts variaties in helderheid waar. Met behulp van figuur 3.6 kun je onderzoeken of jij misschien lijdt aan kleurenblindheid of kleurenzwakte. Als je in het stippenpatroon het getal 29 kunt zien, is je vermogen om kleuren waar te nemen waarschijnlijk normaal. Als je iets anders ziet, ben je waarschijnlijk op zijn minst gedeeltelijk kleurenblind.

3.2.2 Gehoor: als er een boom valt in het bos…

Stel je eens voor hoe je wereld zou veranderen als jouw vermogen om te horen plotseling en ingrijpend zou veranderen. Je zou weldra beseffen dat het gehoor, net als het gezichtsvermogen, betrouwbare informatie geeft over de wereld om ons heen. Sterker nog, het gehoor speelt waarschijnlijk een belangrijkere rol in het opmerken van gebeurtenissen die zich op enige afstand afspelen dan het gezichtsvermogen. Vaak horen we dingen, zoals voetstappen achter ons, eerder dan we ze zien. Dankzij het gehoor kunnen we gebeurtenissen waarnemen die onzichtbaar zijn, zoals spraak, muziek, of een auto die ons van achteren nadert.

Voorgaande voorbeelden gaan over de functie van het gehoor. We zullen ons nu echter eerst verdiepen in *de werking van het gehoor*. We beginnen met een overzicht van de kennis die sensorisch psychologen hebben vergaard over de manier waarop geluidsgolven worden geproduceerd, hoe geluidsgolven worden opgemerkt en hoe geluidssensaties worden geïnterpreteerd.

De fysische eigenschappen van geluid: hoe geluidsgolven worden geproduceerd

Als Hollywood ons een waarheidsgetrouwe verbeelding zou geven van explosies van ruimteschepen of planeten, dan zouden die volkomen geluidloos zijn! Op aarde wordt de energie van exploderende objecten, bijvoorbeeld vuurwerk, in de vorm van geluidsgolven overgebracht op het omringende medium, gewoonlijk de lucht. In wezen gebeurt hetzelfde bij objecten met een snelle vibratie, zoals gitaarsnaren, klokken en stembanden, want de vibraties stuwen de luchtmoleculen heen en weer. De drukverschillen die daardoor ontstaan, bewegen zich van de geluidsbron af in de vorm van geluidsgolven die bijna 400 meter per seconde kunnen afleggen. In de ruimte is er geen lucht of ander medium om de geluidsgolven te dragen, dus als je ooggetuige zou zijn van een planetaire ramp zou het griezelig stil zijn.

Een zuivere toon kan worden gemaakt met een stemvork. Deze toon heeft slechts een enkele geluidsgolf, die slechts twee kenmerken heeft: *frequentie* en *amplitude* (zie figuur 3.7). Deze fysische eigenschappen bepalen hoe de toon in onze oren klinkt. De term **frequentie** verwijst naar het aantal trillingen of cycli die de golf in een bepaalde periode voltooit; dit bepaalt op zijn beurt weer de hoogte of laagte van een toon. Het wordt meestal uitgedrukt in *cycli per seconde (cps)* of *Hertz (Hz)*. De term **amplitude** meet de fysische sterkte of intensiteit van de geluidsgolf (zichtbaar in de afstand tussen de piek en het dal) en wordt weergegeven in eenheden geluidsdruk of energie. Als je het volume van je radio zachter zet, verklein je de amplitude van de geluidsgolven die uit je speakers komen.

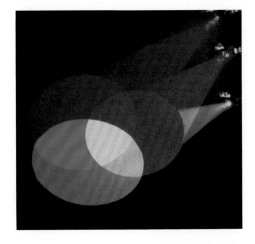

De combinatie van twee willekeurige primaire kleuren licht levert een complementaire kleur op. De combinatie van alle drie de golflengten leidt tot wit licht (de mix van pigmenten, zoals in verf, werkt anders, omdat pigmenten zo gemaakt zijn dat ze verschillende lichtgolflengten die erop vallen absorberen).

Bron: Fritz Goro/Time 7 Life Pictures/Getty Images.

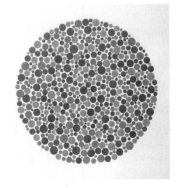

Figuur 3.6

De Ishihara-test op kleurenblindheid

Iemand die rode en groene tinten niet van elkaar kan onderscheiden, kan evenmin zien welk getal in het figuur hieronder verborgen zit. Wat zie jij? Als je het cijfer 29 in het stippenveld ziet, is je vermogen om kleuren te zien waarschijnlijk normaal.

Frequentie: Het aantal cycli dat een geluidsgolf in een bepaalde periode, meestal een seconde, voltooit.

Amplitude: De fysische sterkte of intensiteit van een geluidsgolf. Gewoonlijk meet men de afstand tussen de piek en het dal van de grafiek van de golf.

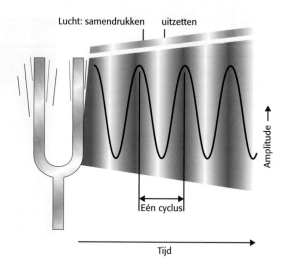

Lucht: samendrukken   uitzetten

Amplitude →

Eén cyclus

Tijd

Figuur 3.7
Geluidsgolven
Geluidsgolven die ontstaan door de trilling van een stemvork creëren golven van samengedrukte en uitgezette lucht.

Geluiden waarnemen: hoe we geluidsgolven horen

Om de psychologische sensatie van geluid te kunnen ervaren, moet de geluidsgolf worden omgezet in neurale impulsen, die naar de hersenen gaan. Deze omzetting wordt in vier stappen uitgevoerd:

1. *Geluidsgolven uit de omgeving worden doorgegeven aan het binnenoor*
   Bij deze aanvankelijke transformatie komen trillende luchtgolven het uitwendig oor (ook wel *pinna* of *oorschelp* genoemd) binnen en gaan door het gehoorkanaal richting het trommelvlies of **tympanisch membraan** (zie figuur 3.8). Het trommelvlies brengt de trillingen over op drie kleine gehoorbeentjes: de hamer, het aambeeld en de stijgbeugel (die niet alleen zo heten, maar er ook zo uitzien). Op hun beurt versterken deze gehoorbeentjes de trillingen, en geven ze door aan het belangrijkste onderdeel van het gehoororgaan, de **cochlea** (ook wel **slakkenhuis** genoemd), dat zich bevindt in het binnenoor.

Tympanisch membraan: Trommelvlies.

Cochlea (slakkenhuis): Het belangrijkste onderdeel van het gehoororgaan. Het is een spiraalvormige buis in het binnenoor waar geluidsgolven worden omgevormd tot zenuwimpulsen.

2. *De cochlea geeft de trillingen in gebundelde vorm door aan het basilair membraan*
   In de cochlea veranderen de geluidsgolven van luchtreizigers in zeevaarders, want de spiraalvormige buis van de cochlea is gevuld met vloeistof. Zodra de stijgbeugel tegen het ovale venster aan de voet van de cochlea trilt, ontstaat er een golfbeweging in de vloeistof; net als een onderzeeër die met een sonar een 'ping'-geluid door het water zendt. Deze golfbeweging brengt het **basilair membraan**, een dun, harig vliesje in de cochlea, in trilling.

Basilair membraan: Dun vlies in de cochlea dat gevoelig is voor trillingen. De haarcellen op het basilair membraan zijn verbonden met neuronen, die de laatste etappe in de omzetting van geluidsgolven in zenuwimpulsen voor hun rekening nemen.

3. *Het basilair membraan zet de trillingen om in neurale impulsen*
   Nu komen de minuscule haarcellen op het trillende basilair membraan in beweging. Dat stimuleert de uitlopers van de receptorcellen, waar de omzetting van de mechanische trillingen van het basilair membraan in neurale activiteit plaatsvindt.

4. *Ten slotte worden de neurale impulsen naar de auditieve cortex verstuurd*
   De zenuwimpulsen verlaten de cochlea via een bundel neuronen die de gehoorzenuw wordt genoemd. De bundels van de beide oren komen samen in de hersenstam, die de auditieve informatie doorgeeft aan de twee hersenhelften. Uiteindelijk worden de signalen in de auditieve cortex van de temporaalkwabben verwerkt.

◀◀ **Verbinding hoofdstuk 2**
In de auditieve cortex van de temporaalkwabben worden geluiden en herinneringen verwerkt (p. 71).

Als je moeite hebt om je een beeld te vormen van het auditieve systeem, probeer je dan voor te stellen dat het een soort zintuiglijk 'informatiedoorgeefteam' is. Geluidsgolven worden eerst via de trechter van de oorschelp binnengehaald en vervolgens door het weefsel van het trommelvlies doorgegeven aan de gehoor-

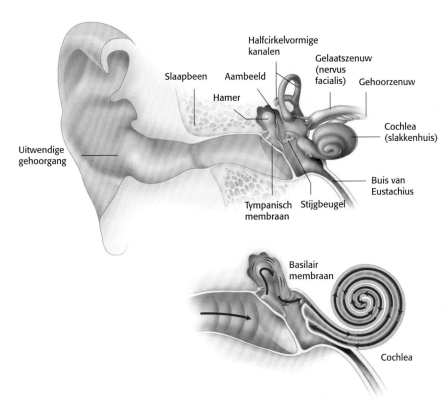

Halfcirkelvormige
kanalen

Slaapbeen   Aambeeld

Gelaatszenuw
(nervus
facialis)   Gehoorzenuw

Hamer

Cochlea
(slakkenhuis)

Uitwendige
gehoorgang

Buis van
Eustachius

Tympanisch   Stijgbeugel
membraan

Basilair
membraan

Cochlea

Figuur 3.8

De bouw van het menselijk oor

Geluidsgolven worden door de oorschelp (pinna) naar de uitwendige gehoorgang geleid, waar ze het tympanisch membraan in trilling brengen. Deze trillingen activeren de kleine gehoorbeentjes in het middenoor (hamer, aambeeld en stijgbeugel), die de mechanische trillingen via het ovale venster doorgeven aan de cochlea, waar ze een vloeistof in beweging zetten. De bewegingen in de vloeistof stimuleren de minuscule haar-cellen op het basilair membraan, dat zich in de cochlea bevindt, haarcellen die op hun beurt de mechanische trillingen omzetten in neurale impulsen, die via de gehoorzenuw naar de hersenen worden gestuurd.

beentjes in het middenoor. Daarna worden de mechanische trillingen van deze gehoorbeentjes doorgegeven aan de cochlea en het basilair membraan in het binnenoor, waar ze worden omgezet in neurale impulsen, die ten slotte worden doorgegeven aan de hersenen. Al deze stappen zijn nodig om gewone trillingen en verschuivingen in de luchtdruk om te vormen tot uiteenlopende en soms zeer verfijnde ervaringen als muziek, deurbellen, fluisteringen en schreeuwen of colleges over psychologie.

De psychologische eigenschappen van geluid: hoe we geluiden uit elkaar houden

Waar ze ook vandaan komen, geluidsgolven hebben slechts twee fysische ken-merken: frequentie en amplitude. We beschrijven hieronder hoe het brein deze twee kenmerken omzet in drie psychologische sensaties van geluid: *toonhoogte*, *volume* (luidheid) en *timbre*.

De sensatie van toonhoogte   De frequentie van een geluidsgolf bepaalt hoe hoog of laag een toon klinkt: de **toonhoogte**. Hoge frequenties produceren hoge tonen, lage frequenties produceren lage tonen (zie tabel 3.3). Evenals bij licht is ons gehoor gevoelig voor slechts een klein deel van de golflengten die in de na-tuur voorkomen. Het menselijk oor is gevoelig voor frequenties die liggen tus-sen ongeveer twintig Hertz (de laagste frequentie van een subwoofer, een soort luidspreker op je stereoset) en twintigduizend Hertz (het geluid dat uit de high-frequency tweeter, een tweede type luidspreker van je stereoset, komt). Sommige organismen, honden bijvoorbeeld, kunnen ook hogere geluiden horen. Weer an-dere organismen, zoals olifanten, kunnen juist ook lagere geluiden horen.
Hoe produceert het gehoor deze sensaties van toonhoogte? Voor deze taak wor-den maar liefst twee auditieve systemen ingezet, waardoor we veel nauwkeuriger kunnen horen dan met een enkel systeem mogelijk zou zijn geweest. Dit is wat er gebeurt:

Toonhoogte: Sensorisch kenmerk van geluid dat wordt geproduceerd door de frequentie van de geluidsgolf.

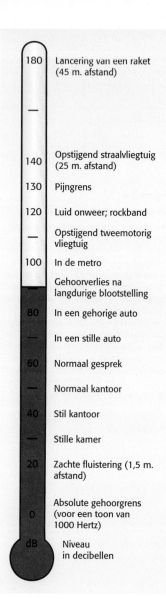

180	Lancering van een raket (45 m. afstand)
—	
140	Opstijgend straalvliegtuig (25 m. afstand)
130	Pijngrens
120	Luid onweer; rockband
—	Opstijgend tweemotorig vliegtuig
100	In de metro
	Gehoorverlies na langdurige blootstelling
80	In een gehorige auto
—	In een stille auto
60	Normaal gesprek
—	Normaal kantoor
40	Stil kantoor
—	Stille kamer
20	Zachte fluistering (1,5 m. afstand)
0	Absolute gehoorgrens (voor een toon van 1000 Hertz)
dB	Niveau in decibellen

Figuur 3.9
De intensiteit van enkele bekende geluiden

- Zoals je weet, brengen geluidsgolven in het binnenoor het basilair membraan in trilling (zie figuur 3.8). Hierbij activeren verschillende frequenties verschillende gebieden op het membraan. De toonhoogte die je waarneemt, wordt voor een deel bepaald door de plaats op het basilair membraan die het meest geprikkeld wordt. Volgens deze plaatstheorie sturen verschillende plaatsen op het basilair membraan verschillende neurale codes voor verschillende toonhoogten naar de auditieve cortex in de hersenen. De plaatstheorie verklaart met name hoe we hoge tonen, boven ongeveer 1000 Hertz, kunnen waarnemen.
- De neuronen in het basilair membraan reageren bovendien op verschillende frequenties door hun zenuwimpulsen in een verschillend tempo af te vuren. Zo vormt het tempo waarin de neuronen vuren een tweede code waaruit de hersenen de toonhoogte kunnen afleiden. Deze frequentietheorie verklaart hoe het basilair membraan frequenties onder de 5000 Hertz omzet.
- Tussen 1000 en 5000 Hertz is het gehoor afhankelijk van zowel plaats als frequentie.

Maar waarom is er overlap in de processen die worden beschreven door deze twee theorieën, in het bijzonder voor geluiden tussen de 1000 en 5000 Hertz? Dat komt omdat dit het gebied van de menselijke spraak is, en het vermogen om te spreken en te verstaan een buitengewoon belangrijk instrument is voor onze soort. Om die reden is het gehoorkanaal zo gevormd dat geluiden tussen de 1000 en 5000 Hertz extra versterkt worden. Het lijkt erop dat het auditieve systeem in de loop van de evolutie twee mechanismen heeft ontwikkeld die speciaal bedoeld zijn om het waarnemen van de menselijke stem te vergemakkelijken.

Tabel 3.3 Auditieve stimulatie verandert in sensatie

Toonhoogte, timbre en volume zijn de psychologische tegenhangers van de frequentie en amplitude van een geluidsgolf.

Fysische stimulatie	Vorm van de golf	Psychologische sensatie
Amplitude (intensiteit)	Hard Zacht	Volume
Frequentie (golflengte)	Laag Hoog	Toonhoogte
Complexiteit	Zuiver Complex	Timbre

Volume: Sensorisch kenmerk van geluid dat wordt geproduceerd door de amplitude (intensiteit) van de geluidsgolf.

De sensatie van volume   Zoals in tabel 3.3 te zien is, wordt het **volume** van een geluid voornamelijk bepaald door de fysische intensiteit of amplitude van de geluidsgolf (zoals helderheid wordt bepaald door de intensiteit van het licht). We ervaren geluidsgolven met grote amplitudes (zoals een schreeuw) als luid en die met kleine amplitudes (zoals een fluistering) als zacht. Amplitude heeft betrekking op de fysische kenmerken van een geluidsgolf, terwijl volume een psychologische sensatie is.

Omdat ons bereik zo groot is, wordt de fysische intensiteit van geluid meestal uitgedrukt in relatieve, en niet in absolute getallen. Preciezer gezegd: de sterkte van geluid wordt weergegeven in eenheden die we *decibellen* (dB) noemen. Figuur 3.9 geeft de waarden in decibellen weer van enkele bekende geluiden.

De sensatie van timbre Het blaffen van een hond, het fluiten van de trein, het fluiten van een mus en het geluid van een lepel tegen een bord: het klinkt allemaal verschillend. Dat komt niet zozeer doordat ze een verschillende toonhoogte of volume hebben, maar meer doordat ze een bijzondere mix van tonen zijn. De complexiteit van een geluidsgolf wordt aangeduid met de term **timbre**. Deze eigenschap zorgt ervoor dat je een gitaar kunt onderscheiden van een viool en de ene stem van de andere. In figuur 3.10 kun je zien hoe de golven van enkele bekende geluiden eruitzien.

Gehoorverlies Het ouder worden gaat vaak gepaard met een verlies van gehoorscherpte, vooral voor geluiden van hoge frequenties, die zo belangrijk zijn voor het verstaan van spraak. Als je denkt aan het kleine verschil tussen de klanken 'b' en 'p', kun je zien waarom spraakperceptie zo sterk afhankelijk is van geluiden van hoge frequentie. Maar gehoorverlies is niet altijd het gevolg van veroudering. Soms ontstaat doofheid als gevolg van ziekten, zoals de bof, die de gehoorzenuwen aantasten. In sommige gevallen ontstaat doofheid door langdurige blootstelling aan harde geluiden (zie figuur 3.9), zoals van vliegtuigen of luide muziek, die de haarcellen in het slakkenhuis beschadigen.

3.2.3 De overige zintuigen

Van al onze zintuigen zijn het gezichtsvermogen en het gehoor het meest uitgebreid onderzocht. Maar voor onze overleving zijn we evengoed afhankelijk van onze andere zintuigen. Deze paragraaf over sensatie is daarom niet compleet zonder een kort overzicht van de processen die een rol spelen in (1) ons gevoel voor lichaamspositie en beweging, (2) ons reukvermogen, (3) onze smaakzin, (4) onze tastzin en (5) pijn. Hoewel de informatie die we van elk zintuig ontvangen een specifiek aspect van onze interne of externe omgeving beslaat, opereren alle zintuigen volgens gelijksoortige principes: alle zintuigen zetten fysieke stimuli om in neurale impulsen; alle zintuigen zijn gevoeliger voor verandering dan voor constante stimuli; alle zintuigen onderscheiden zich doordat ze elk een eigen soort informatie oppikken en elk weer andere, gespecialiseerde gebieden in de hersenen activeren die de informatie verwerken.

De zintuigen werken meestal samen. We zien bijvoorbeeld een bliksemflits en horen de erop volgende donderslag. We zeggen dat we iets proeven en dat wat we 'smaak' noemen omvat feitelijk een combinatie van smaak, geur, uiterlijk en textuur van voedsel. (En zelfs auditieve prikkeling wordt een factor in de smaakbeleving in het geval van sissende biefstuk, bruisende cola en poffende popcorn.)

Positie en beweging

Om ons doelgericht en efficiënt te kunnen bewegen, hebben we voortdurend informatie nodig over de locatie van onze ledematen en andere lichaamsdelen. We moeten weten waar ze zich bevinden ten opzichte van elkaar en ten opzichte van andere voorwerpen in onze omgeving. Zonder deze informatie zouden zelfs de meest eenvoudige handelingen hopeloos ongecoördineerd verlopen. (Dat heb je waarschijnlijk wel eens ervaren als je probeerde te lopen op een 'slapend' been.) De lichamelijke mechanismen die lichaamshouding, beweging en evenwicht waarnemen, bestaan feitelijk uit twee verschillende systemen: het *vestibulaire* zintuig en het *kinesthetische* zintuig.

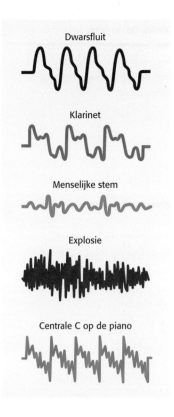

Figuur 3.10
Golfvormen van bekende geluiden
Elk geluid bestaat uit een geheel eigen combinatie van verschillende zuivere tonen.

Timbre: Sensorisch kenmerk van geluid. Wordt bepaald door de complexiteit van de golf (combinatie van zuivere tonen).

 Video
Ga naar de MyLab mediatheek om het filmfragment te bekijken over gehoorimplantaten.

Vestibulair orgaan: Evenwichtsorgaan. Het vestibulair orgaan houdt nauw verband met het binnenoor en wordt naar de hersenen geleid via een vertakking van de gehoorzenuw.

Kinesthetisch zintuig: Zintuig dat de positie van het lichaam en de beweging van lichaamsdelen ten opzichte van elkaar registreert (ook wel *kinesthesie* genaamd).

Olfactie: Reukvermogen.

Feromoon: Chemisch signaal dat organismen uitscheiden om te communiceren met andere leden van hun soort. Vaak een seksuele lokstof.

Het **vestibulair orgaan** registreert onze lichaamshouding ten opzichte van de zwaartekracht. Het geeft informatie over de stand van ons lichaam, en vooral over de positie van ons hoofd. Staan we rechtop, leunen we voorover of achterover, of liggen we horizontaal? Het vestibulair orgaan vertelt ons ook of we bewegen en geeft aan wanneer onze bewegingen veranderen. Deze informatie wordt opgepikt door minuscule haartjes (ze lijken op de haartjes in het basilair membraan) in de *halfcirkelvormige kanalen* van het binnenoor (zie figuur 3.8). Ze reageren op bewegingen van het lichaam, die de vloeistof in de halfcirkelvormige kanalen in beweging brengen. Schade hieraan kan leiden tot extreme duizeligheid of desoriëntatie.

Het tweede zintuig dat de positie en bewegingen van het lichaam registreert, wordt het **kinesthetisch zintuig** genoemd. Dit zintuig is gespecialiseerd in het waarnemen van de positie van de lichaamsdelen ten opzichte van elkaar. Het zorgt er bijvoorbeeld voor dat je weet dat je met je benen over elkaar zit en vertelt welke hand zich het dichtst bij je telefoon bevindt. Tijdens elke motorische activiteit geeft dit kinesthetisch zintuig, oftewel bewegingszin, voortdurend sensorische informatie door over de activiteit van alle spieren in je lichaam. Zo weet je bijvoorbeeld of je hand al bij het koffiekopje is en voorkom je dat je het kopje omgooit (Turvey, 1996).

De receptoren die de bewegingen van je lichaam in de gaten houden, bevinden zich in de gewrichten, de spieren en de pezen. Net als de receptoren van het vestibulair orgaan, staan ze in verbinding met verwerkingsgebieden in de pariëtaalkwab in de hersenen, die globaal gesproken verantwoordelijk is voor ons begrip van de ruimtelijke relaties tussen voorwerpen en gebeurtenissen. Behalve als we een nieuwe fysieke vaardigheid aanleren, gebeurt deze verwerking automatisch, zonder extra inspanning en buiten ons bewustzijn om.

Reukvermogen

Het reukvermogen, of de **olfactie**, heeft onder meer een beschermende functie. Geur kan waarschuwen dat voedsel is bedorven of, voor sommige dieren, dat er roofdieren in de buurt zijn. Wij mensen schijnen ons reukvermogen primair te gebruiken in samenhang met de smaak om zo calorierijk voedsel te lokaliseren en te herkennen, besmet voedsel te vermijden, maar ook om potentiële partners te identificeren, een feit waar de parfumindustrie munt uit weet te slaan (Benson, 2002; Martins et al., 2005; Miller & Maner, 2010).

Vele diersoorten (insecten als mieren en termieten en gewervelden als honden en katten) scheiden signaalgeuren af en halen informatie uit de geuren van hun soortgenoten. Deze signaalgeuren, die **feromonen** worden genoemd, zijn chemische substanties die meestal binnen een bepaalde soort voorkomen en die de functie hebben om seksuele ontvankelijkheid, gevaar, territoriumgrenzen, voedselbronnen en familieleden aan te geven. Het lijkt erop dat de functie van het menselijke reukvermogen veel beperkter is.

De biologie van het reukvermogen Biologisch gezien begint het reukvermogen met chemische reacties in de neus, waar geur (in de vorm van moleculen uit de lucht) een reactie aangaat met receptoren geassocieerd met gespecialiseerde zenuwcellen (Axel, 1995; Turin, 2006). Hoe dit precies werkt, is nog niet helemaal duidelijk, maar bekend is dat receptoren de vorm van geurmoleculen kunnen detecteren (Foley & Matlin, 2010). We weten ook dat de receptorcellen in de neus informatie over de stimuli (geurmoleculen) doorzenden naar de *olfactorische bulbi*, die zich aan de onderkant van het brein bevinden (zie figuur 3.11). Daar worden onze geursensaties verwerkt en doorgestuurd naar andere gedeelten van het brein (Mori et al., 1999).

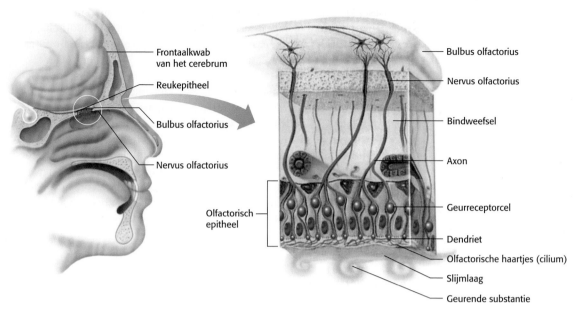

Frontaalkwab van het cerebrum	Bulbus olfactorius
Reukepitheel	Nervus olfactorius
Bulbus olfactorius	Bindweefsel
Nervus olfactorius	Axon
Olfactorisch epitheel	Geurreceptorcel
	Dendriet
	Olfactorische haartjes (cilium)
	Slijmlaag
	Geurende substantie

A. Beeld van de schedel
B. Uitvergroting van de geurreceptoren

De psychologie van het reukvermogen Olfactie hangt nauw samen met emoties en herinneringen. Dit verklaart mogelijk waarom de olfactorische bulbi gelokaliseerd zijn heel dicht bij structuren in het limbisch systeem en de temporaalkwabben, hersenstructuren die over emotie en herinneringen gaan, en daarmee communiceren. Daarom is het niet verrassend dat zowel psychologen als schrijvers hebben opgemerkt dat bepaalde geuren emotioneel geladen herinneringen kunnen oproepen, soms van gebeurtenissen die we vrijwel vergeten waren (Dingfelder, 2004a). Als je er even over nadenkt, kun je je vast wel een levendige herinnering aan het 'beeld' van een geur voor de geest halen. Denk bijvoorbeeld aan het favoriete voedsel uit je jeugd, zoals vers brood of een pittig gerecht. Welke associaties heb je met de geur van dit voedsel?

Smaakzin

Evenals het reukvermogen is het smaakzintuig een chemisch zintuig. Er zijn echter nog andere overeenkomsten. De zintuigen van smaak en reuk werken nauw samen. Veel van de subtiele smaken die jij onderscheidt, zijn in feite geuren. (Het grootste gedeelte van de 'smaak' van een ui bestaat uit geur, niet uit smaak, en als je verkouden bent, lijkt je voedsel smakeloos doordat de doorgangen in je neus geblokkeerd zijn en je het voedsel dus niet kunt ruiken.)

De meeste mensen weten dat onze smaakzin, of **gustatie**, vier smaakkwaliteiten bevat: zoet, zuur, bitter en zout. Minder bekend is een vijfde smaakkwaliteit, *umami* genoemd (Chaudhari et al., 2000). Umami (hartig) is de smaak die wordt geassocieerd met mononatriumglutamaat (MSG), dat vaak in de oosterse keuken wordt gebruikt. Het komt van nature voor in eiwitrijk eten als vlees, zeevruchten en kaas. De smaakreceptorcellen liggen in de *smaakknoppen*, die voornamelijk aan de bovenzijde van de tong voorkomen. Deze smaakknoppen zijn gegroepeerd rond kleine uitstulpingen van het slijmvlies, de *smaakpapillen*, zoals is afgebeeld in figuur 3.12. Elk type smaakpapil is bijzonder gevoelig voor moleculen van een bepaalde vorm.

Wanneer we de baan van de receptoren naar de hersenen volgen, zien we dat een gespecialiseerde, directe zenuwverbinding uitsluitend smaaksignalen naar

Figuur 3.11

Geurreceptoren

Bron: Zimbardo, P. G. & Gerrig, R. J. (1999). *Psychology and Life*, 15e ed. Boston, MA: Alwyn and Bacon. © 1999 Pearson Education. Overgenomen met toestemming van de uitgever.

Gustatie: Smaakzin, het smaakzintuig.

gespecialiseerde gebieden van de cortex geleidt. De uiteindelijke smaaksensatie wordt geproduceerd in een gespecialiseerd gebied in de somatosensorische cortex van de pariëtaalkwabben, naast het gebied dat informatie ontvangt over aanrakingen van het gezicht (Gadsby, 2000).

Ontwikkelingsveranderingen in smaak   Kleine kinderen zijn bijzonder smaakgevoelig, maar worden steeds minder smaakgevoelig naarmate ze ouder worden. Het gevolg is dat veel ouderen klagen dat het voedsel ze niet meer smaakt. In werkelijkheid zijn ze niet meer in staat om verschillen in geur of smaak op te merken. Smaakreceptoren kunnen daarnaast gemakkelijk beschadigd raken (door alcohol, rook, zuren of heet voedsel). Gelukkig worden ze om de paar dagen vervangen, nog regelmatiger dan geurreceptoren. Dankzij deze constante vernieuwing is het smaaksysteem van al onze zintuigen het best bestand tegen permanente schade, en een volkomen verlies van smaak is dan ook uiterst zeldzaam (Bartoshuk, 1990).

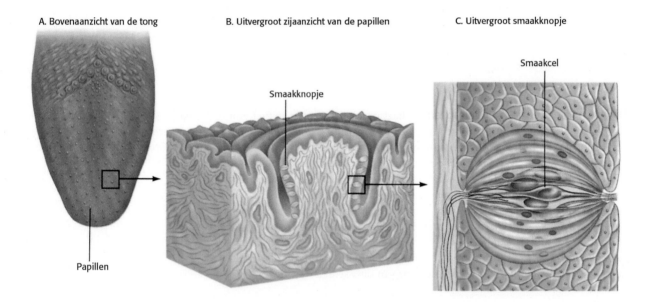

A. Bovenaanzicht van de tong

B. Uitvergroot zijaanzicht van de papillen

C. Uitvergroot smaakknopje

Smaakcel

Smaakknopje

Papillen

Figuur 3.12

Smaakreceptoren

(A) Smaakknopjes zijn gegroepeerd in papillen op de bovenzijde van de tong; (B) Uitvergroting van een enkele papil waarop de individuele smaakknopjes zichtbaar zijn; (C) Een smaakknopje.

Huidzintuig: Zintuiglijk systeem dat reageert op aanraking, warmte en kou.

De huidzintuigen

De huid is opmerkelijk veelzijdig: ze beschermt ons tegen oppervlakkige beschadigingen, houdt onze lichaamsvloeistoffen binnen en helpt de lichaamstemperatuur te reguleren. De huid bevat ook zenuwuiteinden die na prikkeling verantwoordelijk zijn voor sensaties van aanraking, warmte of kou. Net als bij de andere zintuigen worden de sensaties van deze **huidzintuigen** uiteindelijk geproduceerd in de somatosensorische cortex van de pariëtaalkwabben.

De gevoeligheid van de huid voor stimulatie is overal op het lichaam verschillend. Zo is ons vermogen om de positie van een stimulus waar te nemen op onze vingertoppen tien keer zo groot als op onze rug. Globaal gezegd zijn we het gevoeligst op de plekken waar we dat het meeste nodig hebben: in ons gezicht, op onze tong en op de handen. Dankzij nauwkeurige sensorische informatie van deze delen van het lichaam kunnen we effectief eten, praten en dingen vastgrijpen.

Eén aspect van de gevoeligheid van de huid, aanraking, speelt een centrale rol in menselijke relaties. Door middel van aanraking uiten we ons verlangen naar troost en steun, en ons verlangen liefde te geven of te ontvangen (Fisher, 1992;

Harlow, 1965). Aanraking fungeert ook als een primaire stimulus voor seksuele opwinding bij de mens en is essentieel voor een gezonde geestelijke en lichamelijke ontwikkeling (Anand & Scalzo, 2000).

De ervaring van pijn

Als je pijn hebt, is al het andere onbelangrijk. Kiespijn of de pijn veroorzaakt door een wond kan alle andere sensaties overheersen. En als je tot de niet onaanzienlijke groep mensen behoort die lijdt aan constante of steeds terugkerende pijnen, kan die ervaring slopend zijn en soms zelfs tot zelfmoord leiden. Toch maakt pijn ook deel uit van het adaptieve mechanisme van ons lichaam. Het zorgt er immers voor dat je reageert op omstandigheden die je lichaam dreigen te schaden.

In tegenstelling tot andere sensaties kan pijn ontstaan door diverse soorten stimulatie, zoals een hard geluid, zware druk, een speldenprik of extreem fel licht. Maar pijn is niet slechts het resultaat van stimulatie. Het wordt ook beïnvloed door onze stemming en verwachtingen, zoals je weet als je ooit bang bent geweest om naar de tandarts te gaan (Koyama et al., 2005).

Wat gebeurt er in je lichaam als je pijn voelt? In de huid voelen allerlei soorten gespecialiseerde zenuwcellen, zogenoemde *nociceptoren*, pijnlijke prikkels en sturen hun onplezierige boodschap naar het centrale zenuwstelsel. Sommige nociceptoren zijn uiterst gevoelig voor hitte, terwijl andere voornamelijk op druk, chemisch trauma of ander weefselletsel reageren (Foley & Matlin, 2010). Er zijn zelfs gespecialiseerde nociceptoren voor de sensatie van jeuk, wat op zichzelf een type pijn is (Gieler & Walter, 2008).

Het lijkt misschien alsof pijnsensaties worden gevoeld in de lichaamsdelen, maar we voelen ze pas werkelijk in de hersenen. Daar zijn er twee afzonderlijke regio's die een primaire rol vervullen bij de verwerking van inkomende pijnboodschappen (Foley & Matlin, 2010; Porreca & Price, 2009). De ene is een zenuwbaan die uitloopt in de pariëtaalkwab, en die registreert de locatie, intensiteit en de scherpte of dofheid van de pijn. De andere is een groep structuren diep in de frontale cortex en het limbisch stelsel, die alleen maar registreert hoe onplezierig de pijnsensatie is. Mensen met een beschadiging in deze tweede regio kunnen wel een pijnprikkel opmerken, maar zeggen dat die niet vervelend aanvoelt.

Een intrigerende vraag over pijn heeft betrekking op de geheimzinnige gewaarwordingen die vaak worden ervaren door mensen die een arm of been hebben verloren, een verschijnsel dat *fantoompijn* wordt genoemd. In die gevallen voelt de geamputeerde gewaarwordingen, vaak tamelijk pijnlijke, die afkomstig lijken te zijn van het ontbrekende lichaamsdeel (Ramachandran & Blakeslee, 1998). Uit neurologische onderzoeken blijkt dat deze fantoompijn niet ontstaat in beschadigde zenuwen in de sensorische banen. Ook zijn ze niet zuiver denkbeeldig. De gewaarwordingen ontstaan in de hersenen zelf, mogelijk als gevolg van het feit dat de hersenen gewaarwordingen genereren wanneer de ontbrekende arm of het ontbrekende been zelf geen signalen afgeeft (Dingfelder, 2007). Het merkwaardige verschijnsel van fantoomledematen leert ons dat voor een inzicht in pijn niet alleen inzicht in pijnlijke gewaarwordingen nodig is, maar dat we ook de mechanismen in de hersenen waar pijn wordt verwerkt, moeten begrijpen. Meer daarover vind je op de website.

Psychologische kwesties
Meer weten over pijn? Ga naar 'In de praktijk' in de MyLab mediatheek voor meer informatie over de *gate control*-theorie en over het omgaan met pijn.

Ga naar **www.pearsonmylab.nl** om je kennis en begrip van deze paragraaf te testen met de MyMap, MyCheck en MyDefinitions.

....

▶ Wat is de relatie tussen perceptie en sensatie?

We weten nu dat externe stimuli door de zintuigen worden omgevormd tot zenuwimpulsen, die vervolgens naar specifieke gebieden in de hersenen worden getransporteerd voor verdere verwerking. En wat gebeurt er dan? Je kunt pas begrijpen wat de sensorische informatie voor jou *betekent* als die is verwerkt door de *perceptuele* machinerie in je hersenen. Betekent een bittere smaak vergif? Betekent een rode vlag gevaar? Betekent een glimlach een vriendelijke opening van een gesprek? Het kernconcept van deze paragraaf benadrukt deze perceptuele verwerking van sensorische informatie:

● **KERNCONCEPT 3.3**
Perceptie geeft betekenis aan sensatie. Door perceptie ontstaat een interpretatie van de externe wereld, geen letterlijke kopie.

Percept: Het betekenisvolle product van perceptie; dikwijls een beeld dat geassocieerd wordt met concepten, herinneringen aan gebeurtenissen, emoties en motieven.

Kortom, we zouden kunnen zeggen dat perceptie sensaties organiseert in stabiele percepten met een betekenis. Een **percept** is dus niet alleen een sensatie, maar ook de betekenis die daarmee samenhangt.

Bij de beschrijving van het complexe proces van perceptie zullen we eerst bestuderen op welke wijze ons zintuigenapparaat er meestal in slaagt ons een vrij accuraat en bruikbaar beeld van de wereld te geven. Daarna zullen we enkele illusies bekijken en andere gevallen waarin de waarneming lijkt te falen. Ten slotte zullen we twee theorieën onderzoeken waarbij wordt geprobeerd de meest fundamentele principes te beschrijven die gelden voor ons waarnemingsproces.

3.3.1 Het systeem van perceptuele verwerking
Op welke wijze wordt het sensorische beeld van een persoon (bijvoorbeeld degene die in figuur 3.13 is afgebeeld) omgevormd tot een betekenisvol percept van iemand die je herkent? Met andere woorden, hoe wordt een gewaarwording tot een uitgebreide en betekenisvolle perceptie omgevormd? Laten we beginnen met twee visuele banen die ons helpen objecten te identificeren en in de ruimte te plaatsen: de *wat*-route en de *waar*-route.

Wat-route: Een neurale route die visuele informatie vanuit de primaire cortex projecteert op de temporale kwab, die over identificatie van voorwerpen gaat.

Waar-route: Een neurale route die visuele informatie projecteert op de pariëtaalkwab; verantwoordelijk voor locatie van voorwerpen in de ruimte.

Blindzicht: Het vermogen om voorwerpen te lokaliseren, ondanks schade aan het visuele systeem, zodat iemand voorwerpen die hij niet kan zien, toch kan identificeren. Men denkt dat er bij blindzicht sprake is van onbewuste visuele verwerking in de waar-route.

De wat- en de waar-route in de hersenen
De primaire visuele cortex achter in de hersenen splitst visuele informatie in twee onderling verbonden routes (Fariva, 2009; Goodale & Milner, 1992). De ene route loopt voornamelijk naar de temporaalkwab en haalt informatie over de kleur en vorm van een voorwerp op. Door deze **wat-route** kunnen we vaststellen *wat* de voorwerpen zijn. De andere route, de **waar-route**, projecteert op de pariëtaalkwab, die op zijn beurt de locatie van een voorwerp vaststelt. Uit onderzoeksgegevens blijkt dat andere zintuigen, zoals de tastzin en het gehoor, ook wat- en waar-routes hebben die inwerken op de routes in het visuele systeem (Rauschecker & Tian, 2000).

Het wonderlijke is dat we ons wel bewust zijn van informatie in de wat-route, maar niet per se van informatie in de waar-route. Dit verklaart een eigenaardig verschijnsel dat **blindzicht** heet, een toestand die zich voordoet bij mensen met schade aan de wat-route, waardoor ze zich visueel niet meer bewust zijn van de voorwerpen om zich heen. Maar als de waar-route intact is, kunnen patiënten met blindzicht over voorwerpen heen stappen die in de weg staan en voorwerpen aanraken of vastpakken die ze naar eigen zeggen niet kunnen zien (Ramachandran & Rogers-Ramachandran, 2008). Op zo'n manier zijn mensen met blindzicht net als hoogontwikkelde robots die objecten om zich heen voelen en erop reageren, en missen ze het vermogen ze weer te geven in hun bewustzijn.

Kenmerkdetectoren

Hoe verder de informatie via de wat- en waar-routes de hersenen ingaat, hoe gespecialiseerder de verwerking wordt. Uiteindelijk halen gespecialiseerde cellengroepen in de visuele routes daaruit zeer specifieke stimuluskenmerken, zoals de lengte, lichtval, kleur, contouren, locatie en beweging van een object (Kandel & Squire, 2000). Perceptiepsychologen noemen zulke cellen **kenmerkdetectoren**. Dit weten we uit dierproeven en uit gevallen zoals dat van Jonathan, waarbij hersenbeschadiging of ziekte een individu selectief berooft van het vermogen bepaalde kenmerken te detecteren, zoals kleuren en vormen. Er is zelfs een deel van de temporaalkwab (vlak bij de occipitaalkwab) met kenmerkdetectoren die bijzonder gevoelig zijn voor kenmerken van het menselijk gezicht (Carpenter, 1999). Hoewel er al veel over kenmerkdetectoren bekend is, weten we nog steeds niet precies hoe de hersenen de kenmerken die deze cellen hebben opgemerkt met elkaar verbinden tot een enkel percept van, bijvoorbeeld, een gezicht. Deze lacune in de kennis over kenmerkdetectoren wordt door psychologen het '**binding problem**' genoemd, en is een van de grote nog onopgeloste mysteries in de cognitieve psychologie (Kandel & Squire, 2000).

Toch beschikken we mogelijk al over enkele stukjes van deze perceptuele puzzel: neurowetenschappers hebben ontdekt dat de hersenen de losse kenmerken van hetzelfde voorwerp die door de verschillende cellen worden gedetecteerd, tot een betekenisvol percept samenvoegen (combineren). Dit gebeurt door synchronisatie van de vuurpatronen in verschillende groepen neuronen, die elk verschillende kenmerken van dat voorwerp hebben gedetecteerd. Dit is te vergelijken met een orkestdirigent die het tempo bepaalt waarin alle leden van het orkest een muziekstuk spelen (Buzsaki, 2006). Maar hoe deze synchronisatie precies in zijn werk gaat, blijft een mysterie.

Bottom-up en top-down verwerking

Perceptie behelst twee complementaire processen die psychologen *top-down* en *bottom-up* verwerking noemen, en die tegelijkertijd kunnen plaatsvinden. Bij **top-down verwerking** spelen onze doelen, vroegere ervaringen, kennis, verwachtingen, herinneringen, motivaties of culturele achtergrond een rol bij de perceptie van objecten of ervaringen (Nelson, 1993). 'Top' heeft betrekking op een mentale set in de hersenen die boven aan het perceptuele verwerkingssysteem staat. Voor het zoeken naar het plaatje van Wally in de populaire kinderboeken is top-down verwerking nodig. Dit is ook het geval wanneer je je autosleutels in een rommelige kamer probeert te vinden. Telkens wanneer je primair afhankelijk bent van een beeld of idee in je geest om een stimulus te interpreteren, maak je gebruik van top-down verwerking.

Bij **bottom-up verwerking** hebben de kenmerken van de stimulus (en niet een beeld in onze geest) een sterke invloed op onze waarnemingen. Bottom-up verwerking is sterk afhankelijk van de kenmerkdetectoren van de hersenen om stimuluskenmerken op te merken. Deze kenmerkdetectoren geven antwoord op vragen als: Beweegt het? Wat heeft het voor kleur? Is het luid, zoet, pijnlijk, ruikt het aangenaam, is het vochtig, is het warm? Je gebruikt bottom-up verwerking als je een bewegende vis in een aquarium opmerkt of een hete peper in een wokmaaltijd.

Bij bottom-up verwerking worden sensorische gegevens via receptoren naar de hersenen gestuurd, waar ze 'omhoog' worden geleid naar de cortex. Hier wordt

Figuur 3.13
Wie is dit?
Perceptuele processen helpen ons mensen en objecten te herkennen door de stimulus te koppelen aan beelden in ons geheugen.
Bron: National Pictures/Topham/The Image Works.

Kenmerkdetector: Cel in de cortex die is gespecialiseerd in het opmerken van bepaalde kenmerken in een stimulus.

Binding problem: Heeft betrekking op het proces dat de hersenen gebruiken om de resultaten van veel sensorische processen te combineren (of 'binden') tot een enkel percept. Niemand weet precies hoe de hersenen dit doen.

Top-down verwerking: Perceptuele analyse die de nadruk legt op onze verwachtingen, concepten, herinneringen en andere cognitieve factoren, en niet zozeer gestuurd wordt door de kenmerken van de stimulus. 'Top' heeft betrekking op een mentale set in de hersenen die boven aan het perceptuele verwerkingssysteem staat.

Bottom-up verwerking: Perceptuele analyse die de nadruk legt op de kenmerken van de stimulus, en niet zozeer op onze concepten en verwachtingen. 'Bottom' heeft betrekking op het detecteren van de stimuluskenmerken, de eerste stap van perceptuele verwerking.

Sommige mensen die naar de bloemenschilderijen van Monet kijken (bijvoorbeeld zijn *Klaprozenveld*), zeggen dat het lijkt alsof de bloemen flikkeren of bewegen. Neurowetenschappers denken dat deze sensatie zich voordoet omdat de kleuren van de bloemen even fel zijn als de kleuren in het omringende veld – en daarom is het moeilijk voor de kleurenblinde waar-route om ze exact in de ruimte te plaatsen (Dingfelder, 2010).

Bron: Réunion des Musées Nationaux/Art Resource, NY.

eerst een elementaire analyse uitgevoerd om de kenmerken van de stimulus te bepalen. Psychologen noemen dit ook wel *stimulusgedreven verwerking*, een verwerking waarbij het resulterende percept door kenmerken van de stimulus wordt bepaald of 'aangedreven'. Top-down verwerking verloopt in de tegenovergestelde richting. Bij deze verwerking wordt het percept bepaald door een concept in de cortex (aan de 'bovenkant' van de hersenen). Omdat dit soort denken sterk afhankelijk is van concepten (kennis) in de geest van de waarnemer, wordt het ook wel *conceptuele, (kennis)gedreven verwerking* genoemd.

Perceptuele constanties

Perceptie heeft nog meer kanten, die we met behulp van een ander voorbeeld van top-down verwerking zullen illustreren. Stel dat je vanuit de hoek naar een deur kijkt, zoals afgebeeld in figuur 3.14A. Je 'weet' dat de deur rechthoekig is, hoewel het sensorische beeld dat je ervaart, vervormd is omdat je de deur niet recht van voren ziet. Maar je *waarneming* van de deur is zoals afgebeeld in figuur 3.14B. Hieruit blijkt dat je hersenen deze sensorische vervorming automatisch corrigeren. Het vermogen om een voorwerp vanuit verschillende hoeken en van verschillende afstanden in dezelfde vorm waar te nemen is een voorbeeld van **perceptuele constantie**. Er bestaan vele soorten perceptuele constanties. Een voorbeeld is *kleurconstantie*, die ervoor zorgt dat onze waarneming van de kleur van een bloem in het rode licht van de zonsondergang hetzelfde is als in het witte licht van overdag. Een ander voorbeeld is de *constantie van grootte*, die ons in staat

Perceptuele constantie: Het vermogen om hetzelfde voorwerp in verschillende omstandigheden, zoals na veranderingen van verlichting, afstand of omgeving, te herkennen.

Figuur 3.14

Een deur in een andere vorm is nog steeds een deur

(A) Een deur die je vanuit een hoek ziet, geeft het oog een beeld van een vervormde rechthoek. (B) De hersenen nemen de deur waar als rechthoekig.

Bron: John Neubauer/Photo Edit, Inc.

A

B

stelt een persoon op verschillende afstanden als even groot waar te nemen. Ook helpt het ons bij het waarnemen van diepte. Weer een andere constantie is *vorm-constantie*. Deze constantie maakt het ons mogelijk een deur als rechthoekig waar te nemen, onafhankelijk vanuit welke hoek we ernaar kijken. Al deze constanties bij elkaar helpen ons bij het opmerken en identificeren van voorwerpen in een steeds veranderende wereld.

Perceptuele blindheid en veranderingsblindheid

Soms merken we gebeurtenissen niet op, terwijl ze vlak voor onze neus plaats-vinden. Dit komt met name voor als gebeurtenissen onverwachts plaatsvinden en we er onze aandacht niet op hebben gericht. Bij het autorijden kan het bijvoor-beeld gebeuren dat je, terwijl je probeert de weg te vinden door een onbekende stad, niet ziet dat een auto onverwachts van rijbaan is veranderd. Psychologen noemen dit **perceptuele blindheid** (Beck et al., 2004; Greer, 2004a). Gooche-laars baseren hun trucs vaak op dit verschijnsel (Sanders, 2009). Dat geldt ook voor **veranderingsblindheid**, een vergelijkbaar verschijnsel waarbij ons soms ontgaat dat iets nu anders is dan even geleden, bijvoorbeeld wanneer een vriend een andere haarkleur heeft of zijn snor heeft afgeschoren (Martinez-Conde & Macknik, 2008).

Veranderingen die we zien aankomen, zoals een rood licht dat groen wordt, merken we wél op. Uit laboratoriumonderzoek blijkt echter dat veel mensen het niet zien wanneer in een reeks foto's van dezelfde plaats een rood licht door een stopteken wordt vervangen. Dit treedt waarschijnlijk op doordat onze waarne-mingssystemen en onze aandacht slechts een beperkte hoeveelheid informatie kunnen verwerken, dus zien we het onverwachte over het hoofd door onze ver-wachtingen, die top-down, oftewel van 'bovenaf', komen.

Perceptuele blindheid: Waarnemingsfout die plaatsvindt omdat het mensen vanwege selectieve aandacht niet lukt om iets waar te nemen; hun aandacht is er niet op gericht, of ze verwachten het niet.

Veranderingsblindheid: Een perceptuele fout waarbij veranderingen die plaatsvinden in iemands visuele veld niet worden waar-genomen.

3.3.2 Perceptuele ambiguïteit en vervorming

Het belangrijkste doel van perceptie is om een accurate 'greep' op de wereld te krijgen – om vrienden van vijanden te kunnen onderscheiden, mogelijkheden van gevaren. Overleven is afhankelijk van een accurate waarneming van de om-geving. Maar de omgeving is niet altijd even gemakkelijk te 'lezen'. Dit probleem ervaar je door te kijken naar de foto met zwarte en witte vlekken in figuur 3.15. Wat stelt de foto voor? Probeer de stimulusfiguur los te zien van de achtergrond: het is een dalmatiër die aan de grond snuffelt. Het is lastig om de hond te vinden omdat hij wegvalt tegen de achtergrond. Hetzelfde probleem treedt op als je probeert een geluid te isoleren tijdens een lawaaierig feestje.

Maar perceptuele problemen ontstaan niet alleen door onduidelijke stimuli. Soms is het de interpretatie van een beeld die onze perceptie vreselijk inaccuraat maakt. Dit laatste gebeurt vaak bij stimuluspatronen die *illusies* worden genoemd.

Wat vertellen illusies ons over sensatie en perceptie?

Als je hersenen je 'voor de gek houden' door een stimuluspatroon te interpre-teren op een manier die aantoonbaar fout is, ervaar je een **illusie**. Zulke illusies kunnen ons helpen om enkele fundamentele eigenschappen van sensatie en perceptie te begrijpen, met name de discrepantie tussen onze percepten en de externe realiteit (Cohen & Girgus, 1973).

Laten we eerst eens kijken naar een opmerkelijke bottom-up illusie op het ni-veau van sensatie: het zwart-witte Hermannraster (zie figuur 3.16). Als je naar het midden van het raster staart, zul je merken dat er op de kruispunten van de witte balken donkere, vage vlekken verschijnen. Als je je blik op zo'n kruispunt concentreert, verdwijnt de vlek weer. Hoe komt dat? Het antwoord zit 'm in de manier waarop de receptorcellen in je ogen op elkaar inwerken. Door het vuren van bepaalde cellen die gevoelig zijn voor de grenzen tussen licht en donker

Illusie: Je hebt een illusie wanneer je een aantoonbaar verkeerde perceptie hebt van een stimuluspatroon, in het bijzonder wan-neer die wordt gedeeld door anderen die dezelfde stimulus waarnemen.

worden aangrenzende cellen geblokkeerd, die daardoor niet kunnen vuren. Deze blokkade zorgt ervoor dat je donkere vlekken, grijze gebieden, waarneemt op de witte kruispunten die net buiten de plek liggen waar je je blik op hebt gericht. Hoewel je weet (top-down) dat de vierkanten van het Hermannraster zwart zijn en de lijnen wit, is deze kennis niet sterk genoeg om de illusie, die zich op een basaler, sensorisch niveau afspeelt, te onderdrukken. Illusies op dit niveau treden over het algemeen op als receptoren op een ongebruikelijke manier worden gestimuleerd, waardoor verkeerde informatie naar de hersenen wordt gestuurd.

▶▶ **Verbinding hoofdstuk 12**
Wanneer je een aantoonbare verkeerde perceptie hebt van een stimuluspatroon, maar niemand het op jouw manier ziet, kan het zijn dat je een *hallucinatie* hebt (p. 488).

Figuur 3.15

Een ambigue foto

Wat is hier afgebeeld? De moeilijkheid bij het zien van de figuur ligt in zijn gelijkenis met de achtergrond.

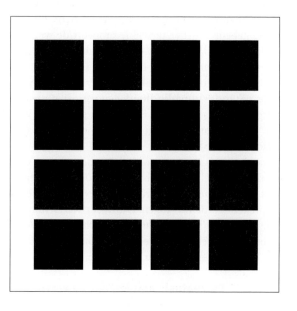

Figuur 3.16

Het Hermannraster

Het Hermannraster is een voorbeeld van een illusie die zijn oorsprong heeft op sensorisch niveau (op het niveau van de receptorcellen).

Bron: Levine, M.W. & Shefner, J. (2000). *Fundamentals of Sensation & Perception*. New York: Oxford University Press. Overgenomen met toestemming van Michael W. Levine.

Ambigu figuur: Afbeelding die op meer dan één manier geïnterpreteerd kan worden.

Een tweede type illusie ontstaat als er iets misgaat op het niveau van perceptie. Om dat te bestuderen maken psychologen vaak gebruik van **ambigue figuren**: stimuluspatronen die op twee of meer verschillende manieren kunnen worden geïnterpreteerd, zoals in de figuren 3.17A en B. Zowel de vaas/gezicht-afbeelding als de Necker-kubus zijn speciaal ontworpen om de interpretatie, en niet alleen de sensatie, van de stimuli te verstoren. Beide afbeeldingen suggereren twee conflicterende betekenissen; en zodra je ze allebei hebt gezien, zal je perceptie blijven schakelen tussen beide betekenissen. Onderzoek doet vermoeden dat dit wisselen van interpretaties te maken heeft met het feit dat de perceptuele verwerking afwisselend door de linker- en de rechterhersenhelft wordt gestuurd (Gibbs, 2001).

Een andere spectaculaire illusie die onlangs werd ontdekt, is in figuur 3.18 te zien. Hoewel het moeilijk te geloven is, hebben de vierkantjes A en B dezelfde kleur grijs. Het bewijs staat in de rechterfiguur, waar de verticale balken eveneens dezelfde kleur grijs hebben. Wat veroorzaakt deze illusie? Het antwoord van waarnemingspsychologen is dat deze illusie wordt veroorzaakt door kleur- en helderheidsconstantie: ons vermogen een voorwerp als hoofdzakelijk onveranderd te zien onder verschillende belichtingsomstandigheden, van de heldere middagzon tot zware schemering (Gilchrist, 2006). Onder normale omstandigheden voorkomt dit dat we door schaduwen worden misleid.

In figuur 3.19 zijn verschillende andere illusies te zien, die primair op het niveau van de perceptuele interpretatie werkzaam zijn. Ze zijn allemaal fascinerend en controversieel, vooral de illusie van Müller-Lyer, waardoor psychologen al meer dan honderd jaar worden geïntrigeerd. Als je de pijlpunten niet meerekent, welke van de twee horizontale lijnen in deze figuur lijkt dan langer? Als je meet, zie je dat de horizontale lijnen precies even lang zijn. Wat is de verklaring? In meer dan duizend publicaties zijn antwoorden op die vraag voorgesteld, en psychologen zijn er nog steeds niet zeker van.

Een populaire theorie, waarin top-down en bottom-up factoren zijn gecombineerd, heeft enige ondersteuning gekregen. Volgens deze theorie interpreteren we de figuren van Müller-Lyer onbewust als driedimensionale voorwerpen. We zien de uiteinden bij deze interpretatie niet als pijlpunten, maar als hoeken die naar ons toe wijzen, zoals de hoeken aan de buitenkant van een gebouw, of die van ons af wijzen, zoals de hoeken in een kamer (zie figuur 3.20). De binnenhoek lijkt in de verte terug te wijken, terwijl de buitenhoek zich naar ons lijkt uit te strekken. Daarom denken we dat de buitenhoek dichterbij is en korter. Hoe dat komt? Wanneer de beelden van twee voorwerpen op het netvlies even groot zijn, en we denken dat het ene voorwerp verder weg is dan het andere, nemen we aan dat het verst verwijderde voorwerp groter is.

3.3.3 Theoretische verklaringen van perceptie

Omdat perceptie een interpretatie is en omdat de meeste illusies bij de meeste mensen op eenzelfde manier werken, is de kans groot dat er enkele fundamentele psychologische principes aan ten grondslag liggen. De psychologen die deze fundamentele principes onderzoeken, hebben enkele theorieën geformuleerd die moeten verklaren hoe perceptie in zijn werk gaat. Hier komen twee klassieke verklaringen aan de orde: *concluderen door leren* en de *Gestalttheorie* van perceptie. Bij de Gestalttheorie wordt de nadruk gelegd op de wijze waarop we binnenkomende stimuli tot betekenisvolle perceptuele patronen organiseren; dit is het gevolg van de wijze waarop onze hersenen van nature zijn georganiseerd. Bij concluderen door leren ligt de nadruk daarentegen op aangeleerde invloeden op de perceptie, met inbegrip van de invloed van verwachtingen, context en cul-

A.

Vaas of gezichten?

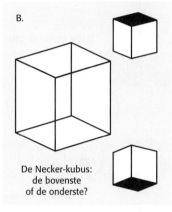

B.

De Necker-kubus:
de bovenste
of de onderste?

Figuur 3.17

Perceptuele illusies

Dit zijn illusies op het niveau van de perceptuele interpretatie.

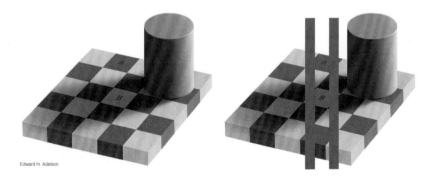

Edward H. Adelson

Figuur 3.18

De dambordillusie

Niets is wat het lijkt. Vlak A en B zijn dezelfde kleur grijs, zoals je in de figuur rechts kunt zien, waarin de vlakken zijn verbonden met de verticale grijze balken. De tekst legt uit waarom je de illusie hebt dat A en B van kleur verschillen.

Bron: Adelson, E.H. (2010). Checker Shadow Illusion.
Bezocht op http://persci.mit.edu/gallery/checkershadow. © 1995 Edward H. Adelson.

 Psychologische kwesties

Ga naar 'In de praktijk' in de MyLab mediatheek voor een aantal interessante voorbeelden waarin illusies in het dagelijks leven worden toegepast.

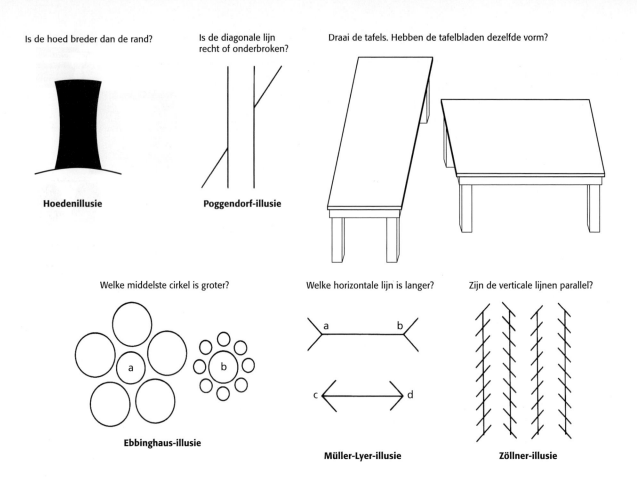

Is de hoed breder dan de rand?

Hoedenillusie

Is de diagonale lijn recht of onderbroken?

Poggendorf-illusie

Draai de tafels. Hebben de tafelbladen dezelfde vorm?

Welke middelste cirkel is groter?

Ebbinghaus-illusie

Welke horizontale lijn is langer?

Müller-Lyer-illusie

Zijn de verticale lijnen parallel?

Zöllner-illusie

Figuur 3.19

Zes illusies om je hersenen te plagen

Elk van deze illusies heeft betrekking op een 'foute gok' die je hersenen maken. Welke verklaringen kun je geven voor het effect dat elk van deze illusies produceert? De tafelillusie werd ontwikkeld door Roger N. Shepard en werd gepresenteerd in zijn book *Mind Sights* (Freeman, 1990).

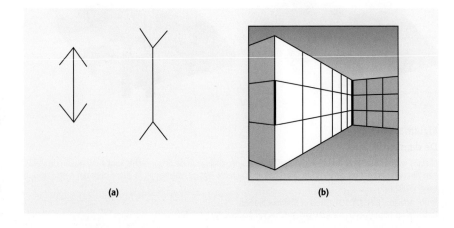

(a)　　　(b)

Figuur 3.20

Müller-Lyer-illusie

Een verklaring voor de Müller-Lyer-illusie (a) is dat de lijnen aan de uiteinden een perspectief suggereren, zoals in het tweede plaatje (b) te zien is.

Bron: Erich Lessing/Art Resource, NY.

tuur. Met andere woorden: de Gestalttheorie legt de nadruk op het aangeborene, en concluderen door leren legt de nadruk op het aangeleerde. Zoals je zult zien, hebben we beide gezichtspunten nodig om de complexe wereld van de perceptie te kunnen begrijpen.

Perceptuele organisatie: de Gestaltbenadering

Mogelijk heb je gemerkt dat een reeks knipperende lichten, bijvoorbeeld van een sliert kerstlampjes, de illusie van beweging kan creëren, terwijl de lichten in werkelijkheid stilstaan. Op soortgelijke wijze lijkt de Necker-kubus tussen twee perspectieven heen en weer te flitsen, maar natuurlijk gebeurt dit alleen in je hersenen. Circa honderd jaar geleden trokken zulke perceptuele trucjes de aandacht van een groep Duitse psychologen die betoogden dat de hersenen van nature zo zijn gebouwd, dat we niet alleen stimuli waarnemen, maar patronen van stimulatie (zie figuur 3.21) (Sharps & Wertheimer, 2000). Ze noemden zo'n patroon een *Gestalt*, het Duitse woord voor 'perceptueel patroon' of 'configuratie'. De hersenen vormen dus een 'geheel', een percept dat meer is dan de som van de sensorische 'delen' (Prinzmetal, 1995; Rock & Palmer, 1990). Dit perspectief is bekend geworden als de **Gestaltpsychologie**.

Volgens de Gestaltpsychologen nemen we een vierkant waar als een enkele figuur (Gestalt), en niet als vier lijnen. En als je een bekend liedje hoort, concentreer je je niet op de exacte duur en toonhoogte van elke afzonderlijke noot. Je hersenen zijn zo 'afgesteld' dat je er een vertrouwde *melodie* uit haalt, jouw perceptie van het complete patroon van noten. Zulke voorbeelden, zo stelden de Gestaltpsychologen, tonen aan dat we sensorische informatie organiseren aan de hand van betekenisvolle patronen, waarvan de meeste al bij de geboorte in onze hersenen aanwezig zijn. Omdat deze benaderingswijze zo invloedrijk is geweest, zullen we enkele zaken die de Gestaltpsychologen hebben ontdekt wat uitgebreider bespreken.

Figuur en grond Een van de meest fundamentele perceptuele processen die de Gestaltpsychologen hebben geïdentificeerd, verdeelt een percept in *figuur* en *grond*. Een **figuur** is een patroon, oftewel Gestalt, waar alle aandacht naartoe gaat. Al het andere wordt de **grond** genoemd, de achtergrond waartegen we de figuur waarnemen. Op dezelfde manier kun je zeggen dat een melodie een figuur is die je hoort tegen een grond van complexe harmonieën, en dat een stuk pittige salami de figuur is tegen een grond van kaas, saus en deeg waaruit een pizza bestaat. In de ambigue vaas/gezichtafbeelding in figuur 3.17A wisselen figuur en grond telkens van vorm als dan weer de vaas, dan weer het gezicht 'naar voren komt' als figuur.

Sluiting: lege plekken opvullen Onze hersenen lijken een afkeer te hebben van lege plekken. Daarom zie je in figuur 3.22 een illusoire witte driehoek die boven op de rode cirkels en zwarte lijnen ligt. Je merkt ook dat je het witte gebied in gedachten in twee delen hebt verdeeld: de driehoek en de achtergrond. De delen worden van elkaar gescheiden door *subjectieve contouren*: grenzen die niet in de stimulus voorkomen, maar alleen in de subjectieve ervaring van de waarnemer. De perceptie van deze driehoeken brengt ons bij een ander ordenend proces dat door de Gestaltpsychologen is ontdekt: het mechanisme van **sluiting**. Dit mechanisme zorgt ervoor dat je incomplete figuren als compleet ziet en dat ontbrekende randen rond lege plekken en barrières worden aangevuld. Hetzelfde gebeurt met het gezicht van iemand die om de hoek gluurt: in je hoofd vul je automatisch de onzichtbare delen van het gezicht aan. Mensen zijn van nature geneigd stimuli waar te nemen als compleet en in evenwicht, zelfs als er in werkelijkheid onderdelen ontbreken of aan het zicht zijn onttrokken. (Gaat er bij jou een ... rinkelen?) Het mechanisme van sluiting is ook verantwoordelijk voor het aanvullen van je 'blinde vlek', zoals je eerder zag.

◄◄ **Verbinding hoofdstuk 1**
De controverse tussen aangeboren ('nature') en aangeleerd ('nurture') gaat over het relatieve belang van erfelijkheid en omgeving (p. 19).

Figuur 3.21
Giraffe
De Gestaltpsychologie gaat ervan uit dat je hersenen sensorische informatie organiseren aan de hand van betekenisvolle patronen. In dit voorbeeld is het principe van sluiting 'aan het werk': in je waarneming ontstaan subjectieve contouren en lege plekken worden aangevuld tot een compleet beeld van een giraffe.
Bron: http://aikira-chan.deviantart.com.

Gestaltpsychologie: Een in Duitsland ontwikkelde visie op perceptie. Het Duitse woord *Gestalt* betekent 'geheel', 'vorm' of 'patroon'. Gestaltpsychologen meenden dat een groot deel van onze perceptie wordt gevormd door aangeboren en in de hersenen verankerde factoren.

Figuur: Dat deel van een patroon dat de aandacht trekt. De figuur steekt af tegen de (achter)grond.

Grond: Dat deel van een patroon dat geen aandacht trekt; de achtergrond.

Sluiting: Term uit de Gestaltpsychologie; de neiging om lege plekken in figuren in te vullen zodat incomplete figuren als geheel worden waargenomen.

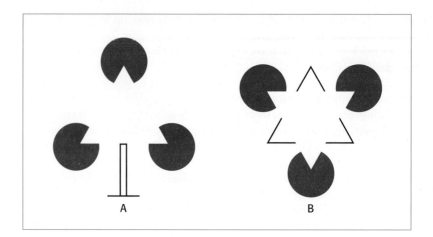

Figuur 3.22

Subjectieve contouren

(A) Een subjectieve dennenboom. (B) Een subjectieve ster met zes punten.

We hebben gezien hoe de perceptie van subjectieve contouren en sluiting samenhangt met de manier waarop de hersenen incomplete stimuli herscheppen tot complete percepten. We gaan nu verder met een beschrijving van de Gestaltwetten. Deze wetten verklaren hoe we de verschillende feitelijk aanwezige onderdelen van een stimulus ordenen.

De Gestaltwetten van perceptuele ordening   Het is gemakkelijk een school vissen als één enkele eenheid te zien, als een Gestalt. Maar hoe combineren we honderden noten, zodat we ze als één enkele melodie waarnemen? Hoe combineren we de elementen kleur, schaduw, vorm, textuur en begrenzing tot het percept van het gezicht van een vriend? Oftewel: hoe combineren we in onze geest de afzonderlijke elementen van de stimulus die bij elkaar lijken te horen? Dit is het bindingsprobleem: een van de meest fundamentele problemen in de psychologie. Zoals we zullen zien, hebben Gestaltpsychologen veel vooruitgang geboekt met betrekking tot het bindingsprobleem, ook al staan de processen die aan perceptuele organisatie ten grondslag liggen, tegenwoordig nog steeds ter discussie (Palmer, 2002).

Tijdens de hoogtijdagen van de Gestaltpsychologie bestonden de neurowetenschappen nog niet en waren er geen MRI- of PET-scans. Daarom onderzocht de Gestaltpsycholoog Max Wertheimer (1923) deze problemen door proefpersonen reeksen eenvoudige geometrische figuren te presenteren, figuren waarvan je er een aantal ziet in figuur 3.23. Na de eerste presentatie bracht hij in enkele factoren een paar veranderingen aan en observeerde welke invloed dat had op de manier waarop mensen de structuur van de reeks waarnamen. Dit onderzoek leidde tot een serie **wetten van perceptuele ordening**.

Volgens Wertheimers **wet van gelijkenis** voegen we dingen samen die een gelijk uiterlijk hebben (geluiden, gevoelens et cetera). Dus als je naar een voetbalwedstrijd kijkt, gebruik je de kleuren van de kleding om de spelers op grond van hun gelijkenis te ordenen in twee teams. In figuur 3.23A zie je dat de kruisjes en rondjes afzonderlijke kolommen vormen, en geen rijen. Ook deze neiging om dingen als een geheel waar te nemen omdat ze op elkaar lijken, weerspiegelt de wet van gelijkenis. Je zou de wet van gelijkenis losjes kunnen formuleren met het spreekwoord 'Soort zoekt soort'.

Stel dat je op een druilerige ochtend per ongeluk twee verschillend gekleurde sokken aantrekt omdat ze toevallig naast elkaar in de la lagen en je daarom aannam dat ze een paar vormden. Deze vergissing wordt veroorzaakt door Wertheimers **wet van nabijheid**. Het principe van nabijheid stelt dat we dingen bij elkaar voegen als ze zich bij elkaar in de buurt bevinden, zoals je kunt zien bij de

Wetten van perceptuele ordening: De Gestaltprincipes van *gelijkenis, nabijheid, continuering* en *bestemming,* op grond waarvan de elementen van een stimulus perceptueel geordend worden.

Wet van gelijkenis: Het Gestaltprincipe dat stelt dat we geneigd zijn gelijke voorwerpen in onze perceptie in een groep onder te brengen.

Wet van nabijheid: Het Gestaltprincipe dat stelt dat we geneigd zijn voorwerpen die dicht bij elkaar staan tot een groep te ordenen.

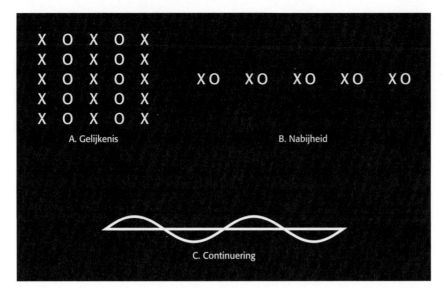

Figuur 3.23

Gestaltprincipes van perceptuele ordening

(A) gelijkenis, (B) nabijheid en
(C) continuering.

Door gelijkenis neem je afbeelding (A) het gemakkelijkst waar als vijf afzonderlijke kolommen. Elke kolom (die dus geheel uit kruisjes of rondjes bestaat) vormt een aparte Gestalt. Daarom zie je kolommen, en geen rijen. Als je de tekens horizontaal wilt ordenen, dus in rijen, is het minder gemakkelijk om een patroon te vormen. De ongelijke tekens in afbeelding (B) voeg je wel gemakkelijk samen, omdat ze zo dicht naast elkaar liggen (in elkaars nabijheid zijn). De lijnen in afbeelding (C) snijden elkaar in een aantal stukken. Maar continuering maakt het gemakkelijker om er slechts twee lijnen in te zien, waarbij het lijkt of beide lijnen ononderbroken doorlopen en de andere lijn snijden.

kruisjes en rondjes in figuur 3.23B. Deze wet gaat ook op voor onze perceptie van mensen. Het is de wet van nabijheid die je ouders de waarschuwing 'Wie met pek omgaat, wordt ermee besmet' in de mond legt.

De **wet van continuering** wordt geïllustreerd met figuur 3.23C, waar we de rechte lijn waarnemen als een enkele, doorlopende lijn, zelfs al wordt hij herhaaldelijk doorsneden door de golvende lijn. In grote lijnen zegt de wet van continuering dat we ononderbroken en netjes afgewerkte figuren verkiezen boven onsamenhangende figuren. Continuering speelt ook een rol in de manier waarop we personen waarnemen. Zo gaan we er over het algemeen van uit dat iemand die we lange tijd niet hebben gezien nog steeds dezelfde is. Het feit dat we aannemen dat hij of zij in essentie dezelfde persoon is als degene die we vroeger kenden, duidt op de invloed van de wet van continuering.

Er bestaat nog een andere manier van perceptuele ordening, maar die is moeilijk op papier uit te leggen, omdat deze manier van ordening te maken heeft met de waarneming van beweging. Maar je kunt je waarschijnlijk wel voorstellen waar de **wet van gemeenschappelijke bestemming** op slaat: stel je voor dat je een vlucht ganzen ziet, of een school vissen of een harmonie die voorbij marcheert. Objecten die op elkaar lijken (de individuele gans, de vis of het harmonielid) en zich gezamenlijk voortbewegen neem je visueel waar als een enkele Gestalt.

De Gestaltpsycholoog stelt dat elke vorm van perceptuele ordening een bewijs vormt voor het meer fundamentele idee dat onze perceptie aangeboren, in de hersenen verankerde, patronen reflecteert. Deze aangeboren geestelijke patronen bepalen 'van bovenaf', volgens het principe van de top-down verwerking, hoe de individuele onderdelen van het percept eruit moeten zien. Volgens de Gestaltpsychologie zijn al deze ordeningswetten specifieke voorbeelden van een meer algemeen principe: de **wet van Prägnanz** ('pregnantie'), die zegt dat we bij voorkeur het eenvoudigste patroon waarnemen, het patroon dat ons de minste cognitieve inspanning kost. Prägnanz is het meest algemene Gestaltprincipe, dat ook wel het *minimumprincipe van perceptie* wordt genoemd. Het is de wet van Prägnanz die nauwkeurig lezen zo lastig maakt, zoals figuur 3.24 illustreert.

Concluderen door leren: de nurture van perceptie

In 1866 wees Hermann von Helmholtz erop dat leren door ervaring een belangrijke rol speelt in de perceptie. Zijn theorie van '**concluderen door leren**' stelt dat een waarnemer eerder opgedane kennis over de omgeving gebruikt bij

Wet van continuering: Het Gestaltprincipe dat stelt dat we percepties van ononderbroken figuren verkiezen boven die van losse en onsamenhangende figuren.

Wet van gemeenschappelijke bestemming: Het Gestaltprincipe dat stelt dat we geneigd zijn gelijkvormige objecten samen te voegen als ze een gelijke beweging of bestemming hebben.

Wet van Prägnanz: Het meest algemene Gestaltprincipe, dat stelt dat onze perceptie kiest voor de figuur met de eenvoudigste ordening, die de minste cognitieve inspanning vereist.

Concluderen door leren: Het uitgangspunt dat onze perceptie voornamelijk vorm krijgt door leren (of ervaring), en niet door aangeboren factoren.

Figuur 3.24

Over het algemeen zien we wat we verwachten te zien, niet wat er werkelijk is. Kijk nog eens goed.

Psychologie gebruiken om psychologie te leren
Ga naar 'In de praktijk' in de MyLab mediatheek voor het antwoord op de vraag: Hoe kun je de ideeën van de Gestaltpsychologie toepassen in je studie?

▶▶ **Verbinding hoofdstuk 6**
Schema's en scripts vormen de basis van onze verwachtingen met betrekking tot dingen of gebeurtenissen waarmee we waarschijnlijk geconfronteerd zullen worden (p. 204).

het interpreteren van nieuwe sensorische informatie. Op grond van deze kennis construeert de waarnemer conclusies en logische vermoedens aangaande de betekenis van sensaties.

Zulke perceptuele conclusies zijn over het algemeen behoorlijk accuraat, maar zoals we hebben gezien, kunnen verwarrende sensaties en ambigue beelden leiden tot perceptuele illusies en verkeerde conclusies. Onze perceptuele interpretaties zijn in feite hypotheses over onze sensaties. Als baby leren we te verwachten dat gezichten bepaalde vaste kenmerken hebben die altijd voorkomen (twee ogen boven de neus, mond onder de neus et cetera). Sterker nog, onze verwachtingen over de gebruikelijke positie van gezichten wordt zo grondig in ons hoofd geprent dat we gezichtspatronen die onze verwachtingen doorkruisen simpelweg niet 'zien'. Kijk maar eens naar de twee ondersteboven gedraaide foto's van Beyoncé in figuur 3.25. Zie je een belangrijk verschil? Keer het boek vervolgens om, je zult verbaasd staan.

Stel dat deze theorie over de rol van leren klopt, wat bepaalt dan hoe succesvol we zullen zijn in het herkennen en identificeren van een percept? De belangrijkste factoren zijn de *context waarin we ons bevinden*, onze *verwachtingen, perceptuele predispositie en culturele invloeden*. Elk van deze factoren beperkt onze zoektocht in de uitgestrekte conceptuele archieven van ons langetermijngeheugen.

Context en verwachtingen   Als je eenmaal een *context* hebt vastgesteld, vorm je bepaalde *verwachtingen* over personen, voorwerpen en gebeurtenissen die je wellicht zult ervaren (Biederman, 1989). Kijk maar eens naar de volgende afbeelding om te zien wat we bedoelen:

$$\text{THE CAT}$$

Je leest de Engelse woorden 'THE CAT', nietwaar? Kijk nu nog eens goed naar de middelste letter van elk woord. Objectief gezien (bottom-up) zijn de twee letters exact hetzelfde. Desondanks nam je de eerste letter waar als een H en de tweede als een A. Waarom? Natuurlijk werd je perceptie beïnvloed (top-down) door wat je weet over Engelse woorden. In de context van T – E ligt een H voor de hand, en een A veel minder, terwijl het omgekeerde geldt voor de context van C – T (Selfridge, 1955).

En om een meer alledaags voorbeeld te geven: waarschijnlijk heb je moeite om kennissen te herkennen als je ze op onverwachte plaatsen tegenkomt, zoals in een andere stad of in een andere sociale context dan waarin je ze gewoonlijk tegenkomt. Het probleem is natuurlijk niet dat ze er dan anders uitzien. Het probleem is dat de context niet vertrouwd is: je *verwacht* niet dat je ze daar zult zien. Perceptuele identificatie wordt dus zowel bepaald door de context en jouw verwachtingen, als door de uiterlijke kenmerken van een voorwerp.

Perceptuele predispositie   Een andere manier waarop de context en je verwachtingen je perceptie beïnvloeden is door je *predispositie*, oftewel de mate waarin je bent voorbereid om aanwijzingen in een stimulus op te merken en er onmiddellijk op te reageren. Je kunt **perceptuele predispositie** definiëren als vatbaarheid of gereedheid; voorbereid zijn op het herkennen van een specifieke stimulus in een bepaalde context. Een vrouw die zojuist moeder is geworden, is bijvoorbeeld perceptueel gepredispositioneerd om het huilen van haar kind op te merken. Meestal zorgt een perceptuele predispositie ervoor dat je een ambigue

Perceptuele predispositie: Gereedheid om een specifieke stimulus op te merken en betekenis te geven in een gegeven context.

Figuur 3.25

Beyoncé

Hoewel er met een van deze foto's is geknoeid, lijken ze, als ze op deze manier zijn
afgedrukt, identiek. Draai het boek maar
eens om en kijk dan nog eens.

Bron: PA Photos/Landov.

stimulus omzet in de perceptie van de stimulus die je verwachtte.

Om zelf te ervaren hoe perceptuele predispositie in zijn werk gaat, moet je de twee reeksen woorden hieronder maar eens snel doorlezen:

LEVERWORST, BOTER, JAM, HAGELSLAG, HAM, K??S
BOB, HANS, DAVID, WILLEM, TOM, K??S

Heb je gemerkt dat je de neiging had om de K??S aan het eind van de bovenste reeks anders te lezen dan de K??S aan het eind van de onderste reeks? Door de betekenis van de woorden voorafgaand aan de ambigue stimulus ontstaat een be-paalde perceptuele predispositie. Woorden die naar broodbeleg verwijzen creëren een perceptuele predispositie die je ertoe brengt om K??S te lezen als 'KAAS'. Voornamen vormen een andere perceptuele predispositie, waardoor je K??S leest als 'KEES' of 'KOOS'. Onder het kopje 'Doe het zelf!' vind je nog een experi-ment met het fenomeen perceptuele predispositie.

Culturele invloeden op perceptie   Welk van de volgende drie zaken horen bij elkaar: kip, koe, gras? Als je uit Amerika komt, zul je waarschijnlijk kip en koe bij elkaar nemen, omdat het allebei dieren zijn. Maar als je Chinees bent, is de kans groot dat je de laatste twee samen neemt, omdat koeien gras eten. In het alge-meen, aldus de crosscultureel psycholoog Richard Nisbett, hebben Amerikanen de neiging voorwerpen in categorieën in te delen aan de hand van abstracte ty-pen en niet aan de hand van hun relatie of functie (Winerman, 2006d).
Nisbett en zijn collega's hebben ook ontdekt dat Oost-Aziaten meestal op meer holistische wijze waarnemen dan Amerikanen (Nisbett, 2003; Nisbett & Noren-zayan, 2002). Dit betekent dat Aziaten meer aandacht besteden aan de context dan Amerikanen en zich later meer details over deze context kunnen herinneren. (Dit geldt trouwens ook voor Amerikanen die van Chinese afkomst zijn.) Met name als Amerikanen naar een landschap kijken, besteden ze meer tijd aan het bekijken van een figuur die op de voorgrond zichtbaar is, terwijl Chinese men-sen zich meestal meer concentreren op details van de 'achtergrond' (Chua et al., 2005). 'Amerikanen zijn meer op inzoomen gericht en Aziaten op het panora-ma,' zegt neurowetenschapper Denise Park (Goldberg, 2008). Dat onderscheid is in recent onderzoek zelfs in subtiele verschillen te zien op scans. Dit onderzoek vergeleek de hersenactiviteit van Aziaten en Amerikanen bij eenvoudige waarne-mingsopdrachten (Hedden et al., 2008).

Etiketten scheppen een context die een perceptuele predispositie oplegt aan een ambigue afbeelding. Vraag een vriend zorgvuldig te kijken naar de afbeelding van de 'jonge vrouw' op plaatje A. Vraag een andere vriend of hij zich wil concentreren op de 'oude vrouw' op plaatje B. (Bedek steeds de andere plaatjes). Vervolgens confronteer je beide vrienden met plaatje C. Wat zien ze? Waarschijnlijk nemen ze allebei iets anders waar, hoewel het hetzelfde stimuluspatroon is. Eerdere blootstelling aan een afbeelding met een specifiek etiket beïnvloedt de manier waarop iemand een ambigue afbeelding waarneemt.

(A) Een jonge vrouw.

(B) Een oude vrouw.

(C) Wat zie je nu?

En welke van de twee perceptietheorieën die we hebben besproken (Helmholtz' leertheorie en de theorieën over aangeboren Gestalten) is nu de juiste? Beide theorieën zijn juist! Dat wil zeggen dat het proces van perceptie wordt beïnvloed door zowel aangeboren Gestalten als aangeleerde concepten. Hoewel beide theorieën uitgaan van top-down verwerking, benadrukt de Gestalttheorie dat de hersenen zo zijn geëvolueerd dat ze onze perceptie op een specifieke manier sturen. Tegelijkertijd kunnen we met zekerheid zeggen dat perceptie evenzeer wordt beïnvloed door ervaringen en leren, zoals Helmholtz vermoedde.

Maar ook samen bieden deze twee theorieën geen volledige verklaring voor de manier waarop perceptie werkt. Ze kunnen weliswaar verklaren hoe je van de allerkleinste informatie-elementen (bijvoorbeeld de signalen van de receptoren op de retina) komt tot grotere eenheden, maar leveren ook inconsistenties op (Smeets et al., 2002; Smeets, 2008). Dit wordt geïllustreerd door de twee illusies die de afbeeldingen in figuur 3.26 oproepen. In figuur 3.26A tel je onder vijf olifantspoten en boven vier (zowel volgens de Gestalt-principes als volgens de benadering van Helmoltz). Nergens in de tekening is een aanwijzing dat boven- en onderkant niet met elkaar kloppen, want er is geen discontinuïteit zichtbaar. In de Brentano-figuur (figuur 3.26B) met het liniaaltje eronder, zien we, als we alleen naar de bovenste figuur kijken, dat het groene en zwarte lijnstuk niet even lang zijn. Maar tegelijkertijd zien we dat de eindpunten ervan (de blauwe stippen) even ver uit elkaar liggen. Kijk maar naar het liniaaltje eronder: de verticale streepjes liggen even ver uit elkaar, en wijzen precies naar de blauwe stippen. Noch de Gestalttheorie, noch de leertheorie van Helmholtz kan antwoord geven op de vraag waarom je bij beide illusies niet tot één antwoord komt, maar dat beide antwoorden naast elkaar blijven bestaan. Volgens de Nederlandse hoogleraar psychologie Jeroen Smeets (2008) tonen beide illusies aan dat het brein bij

A) Hoeveel poten heeft deze olifant?

B) De Brentano-illusie.

© Jeroen Smeets

Figuur 3.26

de interpretatie van losse stukjes informatie uitgaat van waarschijnlijkheid, zoals beide theorieën postuleren, maar gaat dit bij het beeld dat we maken van de gehele wereld om ons heen niet op.

Laten we nu nog eenmaal terugkeren naar de centrale vraag waarmee we dit hoofdstuk zijn begonnen: de vraag of de wereld door verschillende mensen hetzelfde wordt waargenomen (aanvoelt, smaakt, ruikt). We hebben alle redenen om te vermoeden dat we allemaal (met enige variatie) de wereld op grofweg dezelfde wijze *waarnemen*. Maar, omdat we verschillende *betekenissen* aan onze gewaarwordingen toekennen, is het duidelijk dat de *perceptie* van de wereld tussen mensen onderling sterk kan verschillen, en mogelijk ieders perceptie uniek is.

Kritisch denken toegepast
Kan extreem zwakke stimulatie, stimulatie die je niet eens opmerkt, je geest of je gedrag beïnvloeden? Ga naar 'In de praktijk' in de MyLab mediatheek voor een bespreking van subliminale perceptie en subliminale verleiding.

Ga naar **www.pearsonmylab.nl** om je kennis en begrip van deze paragraaf te testen met de MyMap, MyCheck en MyDefinitions.

SAMENVATTING VAN HET HOOFDSTUK

CENTRALE VRAAG: Hoe weten we of de wereld die we in onze geest 'zien', overeenkomt met de buitenwereld? Hoe weten we of we de wereld net zo zien als anderen?

- Verschillende mensen hebben waarschijnlijk dezelfde sensaties in reactie op een stimulus, omdat hun zintuigen en delen van de hersenen die ze gebruiken voor sensaties hetzelfde zijn.
- Maar mensen hebben wel verschillende percepties, omdat ze hun sensaties op grond van hun ervaringen interpreteren.
- De hersenen merken de externe wereld niet rechtstreeks op. De zintuigen zetten stimuli om en leveren de hersenen informatie over de stimuli in de vorm van neurale impulsen. Onze sensorische ervaringen zijn dus dat wat de hersenen maken van de informatie die door deze neurale impulsen wordt geleverd.

KERNVRAAG 3.1

▶ Hoe verandert stimulatie in sensatie?

De meest fundamentele stap in het ontstaansproces van een sensatie is de omzetting (**transductie**) van een fysieke stimulus in neurale impulsen, die vervolgens via de sensorische banen naar het juiste deel van de hersenen worden geleid voor verdere verwerking. Niet alle stimuli leiden tot gewaarwordingen, doordat sommige ervan onder de **absolute drempelwaarde** vallen. Bovendien worden veranderingen van stimulatie alleen opgemerkt als ze de **verschildrempel** overschrijden. In het verleden hebben psychofysici geprobeerd vast te stellen waar de drempels van sensaties en net waarneembare verschillen precies liggen, maar een meer recente benadering, de **signaaldetectietheorie**, verklaart sensatie als een proces waarbij de context, de lichamelijke gevoeligheid en het oordeel een rol spelen. We zouden onze zintuigen moeten beschouwen als **veranderingsdetectoren**, omdat ze gewend raken aan prikkels die niet veranderen. Hierdoor worden we ons steeds minder bewust van constante stimuli die ons geen nieuwe informatie geven.

● **KERNCONCEPT 3.1**
De hersenen nemen de wereld indirect waar, omdat de zintuigen alle stimuli omzetten in de taal van het zenuwstelsel: neurale impulsen.

KERNVRAAG 3.2
. . . .
▶ Waarin lijken de zintuigen op elkaar? Waarin verschillen ze?

Alle zintuigen houden zich bezig met de omzetting van fysieke stimuli in zenuwimpulsen. Onze sensaties zijn geen eigenschappen van de oorspronkelijke stimulus, maar creaties van onze hersenen. Het gezichtsvermogen zorgt ervoor dat **fotoreceptoren** het binnenvallende licht omvormen tot neurale codes, die informatie over **frequentie** en **amplitude** bevatten. Deze visuele informatie wordt via de optische zenuw naar de occipitaalkwab van de hersenen geleid; hier worden de neurale signalen in gewaarwordingen van **kleur** en **helderheid** omgezet. Zowel de **trichromatische theorie** als de **opponent-procestheorie** zijn nodig om te verklaren hoe visuele gewaarwordingen tot stand komen. Bij het zien wordt slechts gebruikgemaakt van een klein 'venster' in het elektromagnetische spectrum.
In het oor worden geluidsgolven in de lucht in het **slakkenhuis** in neurale energie omgezet; de geluidsimpulsen worden vervolgens naar de slaapkwabben van de hersenen geleid, waar informatie omtrent de frequentie en amplitude van het geluid in gewaarwordingen van **toonhoogte**, **volume** en **timbre** wordt omgezet.
Andere zintuigen richten zich op de positie en bewegingen van het lichaam (**vestibulair orgaan** en **kinesthetisch zintuig**); op de **reuk**, de **smaak**, **sensaties via de huid** (aanraking, druk en temperatuur: huidzintuigen) en pijn. Evenals het gezichtsvermogen en het gehoor zijn deze andere zintuigen speciaal afgestemd op het detecteren van veranderingen in stimulatie.
Alle zintuigen sturen informatie in de vorm van neurale impulsen naar de hersenen, maar we ervaren verschillende gewaarwordingen doordat de impulsen door verschillende sensorische gebieden van de hersenen worden verwerkt.

● **KERNCONCEPT 3.2**
In grote lijnen werken de zintuigen allemaal op dezelfde manier, maar elk zintuig pikt zijn eigen soort informatie op en stuurt die naar zijn eigen, gespecialiseerde verwerkingsgebied in de hersenen.

KERNVRAAG 3.3
. . . .
▶ Wat is de relatie tussen perceptie en sensatie?

Psychologen definiëren perceptie als het stadium waarin betekenis wordt toegekend aan sensatie. Bij visuele identificatie van objecten zijn kenmerkdetectoren in de **wat-route** betrokken, die projecteren op de temporaalkwab. De **waar-route**, die op de pariëtaalkwab projecteert, gaat over de locatie van objecten in de ruimte. De stoornis die **blindzicht** heet, doet zich voor wanneer de waar-route onbewust kan opereren. De toekenning van betekenis berust ook op **bottom-up verwerking** en op **top-down processen** in de hersenen. Het blijft onduidelijk hoe de hersenen in staat zijn om de output van zo veel zintuigen te combineren tot een enkel **percept**: het **binding problem**. Door **illusies** en **perceptuele constantie** te bestuderen vergaren onderzoekers meer informatie over de factoren die de totstandkoming van percepties beïnvloeden of verstoren. Illusies laten zien dat perceptie niet noodzakelijkerwijs een accurate representatie van de buitenwereld geeft. **Perceptuele blindheid** en **veranderingsblindheid** tonen aan dat we sommige gebeurtenissen niet opmerken die vlak voor onze neus plaatsvinden, vooral als ze onverwachts optreden en we onze aandacht er niet op hebben gericht. **Perceptie** is wel verklaard door theorieën die verschillen ten aanzien van hun nadruk op de rol van aangeboren processen in de hersenen enerzijds en op de rol van leren anderzijds: nature tegenover nurture. Bij de **Gestaltpsychologie** ligt de nadruk op aangeboren factoren die ons helpen stimulatie tot betekenisvolle patronen te organiseren. In het bijzonder hebben de Gestaltpsychologen de processen beschreven waarmee we de **figuur** van de **grond** kunnen onderscheiden, contouren kunnen onderscheiden, en **sluiting** toepassen en stimuli groeperen aan de hand van **gelijkenis**, **nabijheid**, **continuïteit** en **gezamenlijke bestemming**. De theorie van **concluderen door leren** wijst erop dat perceptie wordt beïnvloed door ervaring, bijvoorbeeld door context, **perceptuele predispositie** en cultuur.

● **KERNCONCEPT 3.3**
Perceptie geeft betekenis aan sensatie. Door perceptie ontstaat een interpretatie van de externe wereld, geen letterlijke kopie.

 Op **www.pearsonmylab.nl** vind je tools en toetsen om je begrip en kennis van dit hoofdstuk uit te breiden en te oefenen.

BELANGRIJKE BEGRIPPEN

Absolute drempel (p. 87)
Ambigu figuur (p. 110)
Amplitude (p. 97)
Basilair membraan (p. 98)
Binding problem (p. 107)
Blinde vlek (p. 92)
Blindzicht (p. 106)
Bottom-up verwerking (p. 107)
Cochlea (slakkenhuis) (p. 98)
Concluderen door leren (p. 115)
Elektromagnetisch spectrum (p. 95)
Feromoon (p. 102)
Figuur (p. 113)
Fotoreceptor (p. 90)
Fovea (p. 91)
Frequentie (p. 97)
Ganglioncel (p. 91)
Gestaltpsychologie (p. 113)
Grond (p. 113)
Gustatie (p. 102)
Helderheid (p. 94)
Huidzintuig (p. 104)

Illusie (p. 109)
Kegeltje (p. 90)
Kenmerkdetector (p. 107)
Kinesthetisch zintuig (p. 102)
Kleur (p. 94)
Kleurenblindheid (daltonisme) (p. 96)
Nabeeld (p. 96)
Olfactie (p. 102)
Oogzenuw (p. 91)
Opponent-procestheorie (p. 96)
Percept (p. 106)
Perceptie (p. 83)
Perceptuele blindheid (p. 109)
Perceptuele constantie (p. 108)
Perceptuele predispositie (p. 116)
Retina (p. 90)
Sensatie (p. 82)
Sensorische adaptatie (p. 86)
Signaaldetectietheorie (p. 89)
Sluiting (p. 113)
Staafje (p. 90)
Timbre (p. 101)

Toonhoogte (p. 99)
Top-down verwerking (p. 107)
Transductie (p. 86)
Trichromatische theorie (p. 96)
Tympanisch membraan (p. 98)
Veranderingsblindheid (p. 109)
Verschildrempel (p. 87)
Vestibulair orgaan (p. 102)
Visueel spectrum (p. 95)
Volume (p. 100)
Waar-route (p. 106)
Wat-route (p. 106)
Wet van continuering (p. 115)
Wet van gelijkenis (p. 114)
Wet van gemeenschappelijke bestemming (p. 115)
Wet van nabijheid (p. 114)
Wet van Prägnanz (p. 115)
Wet van Weber (p. 88)
Wetten van perceptuele ordening (p. 114)

▶ KERNVRAGEN	● KERNCONCEPTEN	■ IN DE PRAKTIJK

4.1 Hoe verklaart klassieke conditionering leren?

4.1.1 De kernpunten van klassieke conditionering

4.1.2 Toepassingen van klassieke conditionering

4.1 Klassieke conditionering is een elementaire vorm van leren waarbij een stimulus die een aangeboren reflex oproept, wordt geassocieerd met een voorheen neutrale stimulus, die daarop het vermogen verwerft om dezelfde respons op te roepen.

Psychologische kwesties
Smaakaversies en chemotherapie

4.2 Hoe leren we nieuw gedrag door operante conditionering?

4.2.1 Skinners radicale behaviorisme

4.2.2 De kracht van bekrachtiging

4.2.3 Het probleem van straf

4.2.4 Vergelijking tussen operante en klassieke conditionering

4.2 In operante conditionering volgen op gedrag consequenties in de vorm van beloningen en straffen die de kans op herhaling van dat gedrag beïnvloeden.

Kritisch denken toegepast
Over de centrale vraag van dit hoofdstuk: nogmaals vliegangst op www.pearsonmylab.nl

Psychologie gebruiken om psychologie te leren

4.3 Hoe verklaart de cognitieve psychologie leren?

4.3.1 Inzichtelijk leren: Köhler en zijn chimpansees op de Canarische Eilanden

4.3.2 Cognitieve plattegronden: Tolman ontdekt wat er omgaat in het hoofd van de rat

4.3.3 Sociaal leren: Bandura's uitdaging aan het behaviorisme

4.3.4 Een cognitieve versie van stimulus-responsleren

4.3.5 De rol van de hersenen bij leren

4.3.6 Sociaal-constructivisme en 'het nieuwe leren'

4.3 Volgens de cognitieve psychologie leiden sommige vormen van leren alleen tot veranderingen in mentale processen en niet tot veranderingen in gedrag.

Doe het zelf!
Pas jezelf aan om beter te leren

Kritisch denken toegepast
Hebben verschillende mensen verschillende leerstijlen? op www.pearsonmylab.nl

---

CENTRALE VRAAG: Aangenomen dat Sandra's vliegangst een aangeleerde reactie is, zou ze daar dan ook door te leren van af kunnen komen? Zo ja, hoe?

 Op **www.pearsonmylab.nl** vind je tools en toetsen om je begrip en kennis van dit hoofdstuk uit te breiden en te oefenen.

Foto: Ruben Ottink, www.rubenottink.nl.

In 1924 zei John Watson: 'Geef me tien gezonde kinderen, zonder gebreken en mijn eigen gespecificeerde wereld om ze in op te voeden en ik verzeker je dat ik er willekeurig één kan kiezen en hem kan opleiden tot welk soort specialist ik maar wil: arts, advocaat, kunstenaar, zakenman, en, ja, zelfs dief of bedelaar, ongeacht zijn talenten, voorliefde, vaardigheden, roeping of het ras van zijn voorouders.' Watson beweerde daarmee dat *nurture* sterker is dan *nature*. Of, om het anders te stellen: bij het bepalen van ons gedrag is de omgeving veel belangrijker dan erfelijkheid.

Geïnspireerd door de visie van Watson werd jaren later de leefgemeenschap Walden Two bedacht. In Walden Two konden de gemeenschapsleden elk soort beroep uitoefenen waarin ze waren geïnteresseerd. In hun vrije tijd konden ze doen wat ze wilden: concerten bijwonen, in het gras liggen, lezen of koffiedrinken met vrienden. Er was geen misdaad, er waren geen drugsproblemen en geen hebzuchtige politici. In ruil voor deze gelukkige omstandigheden moesten gemeenschapsleden dagelijks vier 'werkpunten' verdienen met het uitvoeren van werk dat nodig was voor de gemeenschap. (Dat stond gelijk aan ongeveer vier uur werk, wat minder uren voor onplezierige taken zoals het schoonmaken van het riool, maar wat meer voor het gemakkelijkste werk, zoals het snoeien van rozen.)

In navolging van de visie van Watson geloofde de grondlegger van Walden Two, de psycholoog Frasier, dat een omgeving die psychologisch zo was opgezet dat mensen werden beloond voor het maken van sociaal nuttige keuzes, mensen in staat stelde een gelukkig en bevredigend leven te leiden. Om deze voordelen te verkrijgen, hoefde een maatschappij alleen een verandering aan te brengen in de wijze waarop zij beloningen uitdeelt.

Waar was deze minimaatschappij opgericht? Enkel in de gedachtewereld van de behaviorist B.F. Skinner. *Walden Two* is een roman, die door Skinner (1984) is geschreven om zijn ideeën te propageren over een beter leven, en de rol van de behavioristische psychologie daarin. Het beeld dat hij schetste van deze mythische miniatuurmaatschappij was echter zo aantrekkelijk dat er veel communes ontstonden die *Walden Two* als blauwdruk gebruikten.

Geen van de communes die zich in hun opzet baseerden op de fictie van *Walden Two* liep zo soepel als de leefgemeenschap in het boek van Skinner. Toch bestaat er nog steeds, bijna dertig jaar na publicatie van Skinners roman, minstens één soortgelijke commune: Twin Oaks in Virginia. Gezegd moet worden dat de visie van deze groep toch op enkele belangrijke

punten verschilt van de visie van Skinner (Kincade, 1973). Je kunt een elektronisch bezoekje aan de groep brengen op hun website Twinoaks.org (Twin Oaks, 2007).

Hoewel het behavioristische perspectief de psychologie gedurende het grootste deel van de twintigste eeuw heeft gedomineerd, raakte het met de opkomst van de cognitieve psychologie steeds meer op de achtergrond. Desalniettemin is de erfenis van het behaviorisme aanzienlijk; zo zijn er indrukwekkende theorieën over behavioristisch leren en waardevolle therapeutische hulpmiddelen voor het behandelen van aangeleerde stoornissen, zoals angsten en fobieën.

Om duidelijker te maken wat het behaviorisme ons heeft gegeven, kijken we naar het probleem waarmee reclamemaakster Sandra te maken kreeg. Kort nadat Sandra was afgestudeerd aan de grafische hogeschool vond ze een goede baan bij een reclamebureau in Antwerpen. Het werk was interessant en uitdagend, en ze kon uitstekend overweg met haar nieuwe collega's. Maar er was een probleem: haar begeleider wilde dat ze naar een conferentie in New York zou gaan. Hij gaf haar zelfs verlof om er op kosten van de zaak een korte vakantie aan vast te knopen. Het probleem was dat Sandra bang was om te vliegen.

CENTRALE VRAAG: Aangenomen dat Sandra's vliegangst een aangeleerde reactie is, zou ze daar dan ook door te leren van af kunnen komen? Zo ja, hoe?

Een veelvoorkomend stereotype van psychotherapie is dat angsten of andere symptomen kunnen worden genezen door 'herbeleving' van de traumatische ervaringen waardoor ze zouden zijn veroorzaakt. Behavioristische leertherapie, net als veel andere vormen van psychotherapie, werkt echter anders. Deze concentreert zich op het hier en nu en niet op het verleden. De therapeut werkt als coach en leert de patiënt nieuwe reacties aan die bestaande, problematische gedragingen kunnen vervangen. Als je je bezighoudt met Sandra's angst en hoe deze zou kunnen worden behandeld, zou je dus het volgende kunnen bedenken:

- Welke gedragingen komen waarschijnlijk voor bij mensen die, zoals Sandra, vliegangst hebben?
- Welke gedragingen zou Sandra kunnen aanleren die het angstige gedrag kunnen vervangen?
- Hoe zouden deze nieuwe gedragingen kunnen worden aangeleerd?

Hoewel leren een rol speelt bij het oplossen van Sandra's probleem, is dit niet het soort leren dat je aan je bureau doet, het soort leren waar studenten meestal meteen aan denken. Psychologen definiëren **leren** ruim: als *een proces waardoor ervaringen een blijvende verandering veroorzaken in het gedrag of in de mentale processen*. Volgens deze definitie valt Sandra's 'vliegtraining' zeker onder de noemer leren, net zoals het nemen van golflessen of het lezen van dit boek.

Om verwarring te voorkomen, zullen we twee aspecten van onze definitie van leren nader uitleggen. Ten eerste spreken we pas van leren als het tot een *blijvende verandering in gedrag* leidt. Stel dat je ooit een pijnlijke injectie hebt gehad waar-

Leren: Een blijvende verandering in gedrag of mentale processen als gevolg van een bepaalde ervaring.

door je het beeld van de injectienaald hebt gekoppeld aan de pijnlijke ervaring van de prik. Als je sindsdien alleen al bij het zien van een injectienaald ineenkrimpt, is er sprake van een blijvende verandering in je manier van reageren en heeft dat met leren te maken. Bij een eenvoudige, reflexmatige reactie, zoals opspringen wanneer je een onverwacht hard geluid hoort, is *geen* sprake van leren, omdat ze geen blijvende verandering produceert. Hoewel er een verandering in gedrag mee gepaard gaat, is dat een reactie van *voorbijgaande aard*.

Ten tweede moet leren, volgens onze definitie, leiden tot een verandering in *gedrag* of *mentale processen*. Het voorbeeld van de injectienaald illustreert duidelijk hoe leren gedrag kan beïnvloeden. Beïnvloeding van mentale processen is minder gemakkelijk te demonstreren, omdat we innerlijke ervaringen niet rechtstreeks kunnen observeren. Hoe kun je er bijvoorbeeld zeker van zijn dat een laboratoriumrat eenvoudig het gedrag heeft aangeleerd dat nodig is om door een doolhof heen te komen (rechtsaf, daarna linksaf, daarna weer rechtsaf enzovoort) of dat het dier een soort mentale kaart van de doolhof heeft gevolgd, ongeveer zoals jij een plattegrond zou volgen? Laten we eerst onze definitie van leren nader onderzoeken door ons te verdiepen in de controverse rond mentale processen.

Stimulus-responsleren versus cognitief leren

Het probleem met het observeren van mentale processen, of het nou gaat om ratten of mensen, heeft geleid tot een langlopende controverse tussen behavioristisch en cognitief psychologen die je overal in dit hoofdstuk zult tegenkomen. Al meer dan honderd jaar verdedigen behavioristen het standpunt dat psychologie alleen een echte wetenschap kan zijn als ze zich beperkt tot objectieve, waarneembare stimuli en responsen. Mentale processen vallen daar dus buiten. Aan de andere kant staan de cognitief psychologen, die het behavioristische gezichtspunt te beperkt vinden en die menen dat leren alleen begrepen kan worden als we bepaalde logische gevolgtrekkingen kunnen maken over verborgen mentale processen. In dit hoofdstuk zul je ontdekken dat beide partijen een belangrijke bijdrage hebben geleverd aan onze kennis over leren.

Leren versus instinct

Wat heeft leren, of het nu op gedragsniveau of op cognitief niveau plaatsvindt, eigenlijk voor zin? Bijna alles wat wij als mensen doen, of het nu om werken gaat, of om spelen, of om onze relaties met vrienden en familie, heeft te maken met leren. Zonder leren zouden we geen menselijke taal hebben. We zouden niet weten wie onze familie en vrienden zijn. We zouden geen herinnering aan ons verleden hebben en geen doelen voor onze toekomst. En zonder leren zouden we volledig afhankelijk zijn van onze reflexen en van de aangeboren gedragingen die meestal 'instincten' worden genoemd.

In tegenstelling tot leren, wordt instinctief gedrag sterk door genetische programmering beïnvloed, zoals we zien bij het trekgedrag van vogels en de paringsrituelen van dieren. In het algemeen wordt menselijk gedrag veel sterker door leren beïnvloed en in veel mindere mate door instincten dan het gedrag van andere dieren. Leren geeft ons de flexibiliteit om ons snel aan veranderende situaties en nieuwe omgevingen aan te passen. In deze zin geeft leren een evolutionair voordeel ten opzichte van instinct.

Eenvoudige en complexe vormen van leren

Sommige vormen van leren zijn tamelijk eenvoudig. Als je bijvoorbeeld in de buurt van een drukke straat woont, kun je leren om het geluid van het verkeer te negeren. Deze simpelste manier van leren wordt **habituatie** genoemd. Daarbij gaat het om het *niet* reageren op een stimulus. Alle dieren met een zenuwstelsel beschikken over deze vaardigheid, van insecten en wormen tot mensen. Door

▶▶ **Verbinding hoofdstuk 13**
Veel vormen van psychotherapie zijn erop gericht om de cliënt nieuw gedrag aan te leren, dat ongewenst gedrag kan vervangen (p. 531).

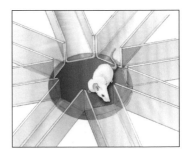

Het gedragsperspectief zegt dat veel abnormale gedragingen zijn aangeleerd.

Deze reusachtige lederschildpad keert ieder jaar 'instinctief' terug naar zijn geboorteplek om daar te nestelen. Dit gedrag is wel sterk genetisch bepaald, maar omgevingsfactoren zoals getijdenpatronen spelen ook een rol. Daarom zijn wetenschappers meestal huiverig voor de term 'instinct' en hebben ze het liever over 'soortspecifiek' gedrag.

Bron: Chris Johnson/Alamy.

▶▶ **Verbinding hoofdstuk 9**
Een *instinct* is een vorm van gemotiveerd gedrag met een sterke biologische basis (p. 347).

Habituatie: Leren niet te reageren op de herhaalde aanbieding van een stimulus.

◀◀ **Verbinding hoofdstuk 3**
Habituatie is het gevolg van sensorische adaptatie: het mechanisme dat ervoor zorgt dat zintuigen steeds minder gevoelig worden naarmate een stimulus langer aanhoudt (p. 125).

Mere exposure-effect: Aangeleerde voorkeur voor stimuli waaraan we al eerder zijn blootgesteld.

Stimulus-responsleren: Vormen van leren die we kunnen beschrijven in termen van stimuli en responsen, zoals klassieke en operante conditionering.

habituatie kun je je gemakkelijker concentreren op belangrijke stimuli, terwijl je stimuli die geen aandacht verdienen negeert, zoals het gevoel van de stoel waar je op zit of het geluid van de ventilator van je computer.

Een andere relatief eenvoudige vorm van leren vinden we vooral bij mensen: de voorkeur voor stimuli waaraan we al eerder zijn blootgesteld. Dit **mere exposure-effect** is waarschijnlijk de reden waarom veel adverteren zo effectief is (Zajonc, 1968, 2001). Verder verklaart dit 'blootstellingseffect' ook waarom we worden aangetrokken door mensen die we vaak op het werk of op school zien, en door liedjes die we minstens een paar keer hebben gehoord.

Er bestaan nog andere soorten van leren, waarvan sommige bijzonder complex zijn. Een voorbeeld is een schoolkind dat de bel van twaalf uur associeert met de lunchpauze. Deze vorm van leren berust op de verbinding tussen twee stimuli. Een andere vorm is wanneer we onze handelingen associëren met belonende of straffende stimuli, zoals een uitbrander van de baas of een goed cijfer van een docent. De eerste twee paragrafen van dit hoofdstuk gaan over deze twee belangrijke vormen van **stimulus-responsleren**, die meestal worden aangeduid met de termen klassieke conditionering en operante conditionering.

In de derde paragraaf van het hoofdstuk verschuift het accent van extern gedrag naar interne mentale processen. Daar kijken we naar *cognitief leren* en zullen we zien dat fenomenen als plotselinge 'flitsen van inzicht' en imitatiegedrag theorieën vereisen die verdergaan dan de theorie van het behavioristisch leren. Ook zullen we ingaan op de manier waarop de moderne leertheorie van het sociaal-constructivisme de kijk op leren verder heeft veranderd.

We eindigen op praktische wijze met een aantal tips uit de psychologie van het leren die je kunt gebruiken om effectiever te studeren – en er nog van te genieten ook. We beginnen echter met een vorm van leren die voor een groot deel bepaalt wat we wel en niet prettig vinden: *klassieke conditionering*.

KERNVRAAG 4.1

▶ Hoe verklaart klassieke conditionering leren?

Als je Ivan Pavlov (1849-1936) met de titel psycholoog had aangesproken, was hij zeker beledigd geweest. Maar zijn minachting gold alleen de psychologie van zijn tijd, want hij vond dat die ernstig in de problemen was geraakt door

In de oorspronkelijke klassieke conditioneringsexperimenten van Pavlov werden de honden in een tuigje gegespt. Vervolgens werden ze blootgesteld aan een neutrale stimulus, zoals een bepaalde toon. Door de associatie met voedsel veranderde de neutrale stimulus in een geconditioneerde stimulus: de toon alleen was voldoende om de productie van speeksel op gang te brengen.
Bron: Bettmann/Corbis.

speculaties over subjectieve mentale processen (Todes, 1997). Pavlov en zijn medewerkers (honderden student-assistenten die allemaal enige tijd in Pavlovs 'onderzoeksfabriek' werkten) hadden naam gemaakt met hun onderzoek naar het spijsverteringssysteem, waarvoor Pavlov uiteindelijk in 1904 ook de Nobelprijs zou krijgen (Fancher, 1979; Kimble, 1991).

Geheel onverwachts ging er echter iets mis met de experimenten op het gebied van de speekselafscheiding (de eerste stap in de spijsvertering). Dat was voor Pavlov en zijn medewerkers aanleiding om een uitstapje te maken naar de psychologie van het leren, een uitstapje dat Pavlov de rest van zijn leven zou blijven bezighouden. Tijdens metingen van het speeksel dat de honden tijdens het eten produceerden, ontdekten de onderzoekers dat de dieren al begonnen te kwijlen voordat het voedsel hun mond had bereikt (Dewsbury, 1997). Sterker nog, al bij het zien van het voedsel, of zelfs al wanneer ze de voetstappen hoorden van de onderzoeksassistent die het voedsel kwam brengen, begon het speeksel te vloeien.

Deze respons stelde de onderzoekers voor een raadsel. Wat was de functie van deze speekselproductie als er nog geen voedsel was om te verteren? Nadat Pavlov en zijn assistenten hun aandacht hadden verschoven naar deze 'psychische afscheidingen', deden ze ontdekkingen die de loop van de geschiedenis van de psychologie zouden veranderen (Pavlov, 1928; Todes, 1997). Min of meer bij toeval waren zij gestuit op een objectief model van *leren*, een model dat in het laboratorium gemanipuleerd kon worden en waarmee ze de verbanden tussen stimuli en responsen konden blootleggen. Dit leermodel, die nu **klassieke conditionering** wordt genoemd, vormt het kernconcept van deze paragraaf:

◄◄ **Verbinding hoofdstuk 1**
Oude vormen van psychologie waren structuralisme en functionalisme (p. 14).

Klassieke conditionering: Een vorm van stimulus-responsleren waarbij een in eerste instantie neutrale stimulus het vermogen verwerft om dezelfde aangeboren reflex op te roepen als een andere stimulus die deze reflex oorspronkelijk oproept.

● **KERNCONCEPT 4.1**
Klassieke conditionering is een elementaire vorm van leren waarbij een stimulus die een aangeboren reflex oproept, wordt geassocieerd met een voorheen neutrale stimulus, die daarop het vermogen verwerft om dezelfde respons op te roepen.

Klassieke conditionering is een vorm van leren die zowel bij dieren als bij mensen plaatsvindt. Dankzij dit proces leren organismen welke signalen gevaar aangeven, de aanwezigheid van voedsel, de mogelijkheid van seksuele interactie of andere zaken die de kans op overleving vergroten.

4.1.1 De kernpunten van klassieke conditionering
Pavlovs onderzoek richtte zich op eenvoudige, automatische responsen, oftewel reflexen (Windholz, 1997). Speekselafscheiding, de kniereflex en de knipperreflex zijn voorbeelden van zulke automatische responsen. Onder normale omstandigheden worden ze veroorzaakt door stimuli die biologisch gezien belangrijk zijn. Zo vormt de knipperreflex een belangrijke bescherming voor de ogen en helpt de speekselreflex bij de spijsvertering.

Het belang van Pavlovs ontdekking ligt in het feit dat zijn honden deze reflexieve responsen konden koppelen aan nieuwe stimuli: neutrale stimuli die daarvoor geen respons opleverden (zoals het geluid van de voetstappen van de onderzoeksassistent). Pavlov leerde bijvoorbeeld zijn honden speeksel af te scheiden zodra ze een bepaald geluid hoorden, zoals de klank van een stemvork of een bel.

Om te begrijpen hoe deze 'geconditioneerde reflexen' ontstonden, gebruikte Pavlovs team een eenvoudige strategie. Eerst gespten ze een ongetrainde hond in een tuigje. Vervolgens lieten ze met tussenpozen een bepaald geluid klinken, waarna de hond steeds een beetje voedsel kreeg. Eerst produceerde de hond al-

Neutrale stimulus (NS): Iedere stimulus die voorafgaand aan de verwervingsfase geen geconditioneerde respons oproept.

Ongeconditioneerde stimulus (UCS): In de klassieke conditionering: de stimulus die een ongeconditioneerde respons oproept.

Ongeconditioneerde respons (UCR): In de klassieke conditionering: de respons die voorafgaande aan de verwervingsfase wordt opgeroepen door een ongeconditioneerde stimulus.

Verwervingsfase: Het eerste leerstadium in de klassieke conditionering, waarin de geconditioneerde stimulus steeds vaker de geconditioneerde respons oproept.

Contiguïteit: In de klassieke conditionering: het samen, of vlak na elkaar, aanbieden van de NS en de UCS.

Geconditioneerde stimulus (CS): In de klassieke conditionering: een oorspronkelijk neutrale stimulus die na een leerproces de geconditioneerde respons oproept.

Geconditioneerde respons (CR): In de klassieke conditionering: een respons die wordt opgeroepen door een oorspronkelijk neutrale stimulus die na een leerproces geassocieerd wordt met de ongeconditioneerde stimulus.

leen speeksel nadat hij voedsel kreeg, een normale biologische reflex. Echter, nadat het geluid en het voedsel herhaaldelijk samen waren aangeboden, begon de hond ook als het geluid zonder voedsel werd aangeboden speeksel te produceren. Pavlov had ontdekt dat wanneer een **neutrale stimulus (NS)** (een stimulus die van nature geen reactie oproept, zoals een geluid of licht) gekoppeld wordt aan een reflex oproepende stimulus (zoals voedsel), deze neutrale respons na verloop van tijd een aangeleerde respons (speekselproductie) zal oproepen die gelijk is aan de oorspronkelijke reflex. Hetzelfde conditioneringsproces veroorzaakt bij mensen de associatie van bloemen of chocolade met romantiek.

De belangrijkste kenmerken van Pavlovs proces van klassieke conditionering zijn bijeengebracht in figuur 4.1. Op het eerste gezicht lijken de begrippen misschien lastig te leren, maar het is handig om dat wel te doen, want we zullen ze later gebruiken bij de analyse van een paar situaties uit het echte leven, zoals het aanleren van angsten, fobieën en aversies.

Verwerving

Klassieke conditionering begint altijd met een **ongeconditioneerde stimulus (UCS)**: een stimulus die zonder conditionering een reflexieve respons oproept. In Pavlovs experimenten was voedsel de UCS, omdat het de reflex van speekselvorming opriep. In de taal van de klassieke conditionering wordt dit dus een ongeconditioneerde reflex genoemd, of, om een algemenere term te gebruiken, een **ongeconditioneerde respons (UCR)**. De verbinding tussen UCS en UCR zit 'ingebakken' en komt dus *zonder leren* tot stand.

Tijdens de **verwervingsfase**, het eerste leerstadium in de klassieke conditionering, wordt een neutrale stimulus (bijvoorbeeld een geluid van een bel of een stemvork) herhaaldelijk samen met de UCS aangeboden. Dit samen aanbieden wordt in de klassieke conditionering **contiguïteit** genoemd. Na een aantal pogingen zal de neutrale stimulus in principe dezelfde respons oproepen als de UCS. Zodra het geluid in Pavlovs experiment tot speekselafscheiding leidt, zeggen we dat de oorspronkelijk neutrale stimulus is veranderd in een **geconditioneerde stimulus (CS)**. Het geluid is nu in staat dezelfde respons van speekselafscheiding op te roepen als de UCS. Hoewel de respons op de CS in essentie dezelfde is als de speekselrespons die oorspronkelijk door de UCS werd geproduceerd, noemen we hem nu de **geconditioneerde respons (CR)** (zie figuur 4.1).

Net als bij het vertellen van een mop is *timing* essentieel in conditionering. In de meeste gevallen moeten de CS en de UCS snel na elkaar worden aangeboden, zodat het organisme het gewenste verband kan leggen. De tijdsperiode tussen de CS en de UCS die tot de beste conditionering leidt, is afhankelijk van het soort respons dat moet worden geconditioneerd. Voor motorische responsen, zoals het knipperen met de ogen, is een kort interval van minder dan een seconde het beste. Voor viscerale responsen (automatische biologische reacties of processen zoals de hartslag en de speekselafscheiding) werken langere intervallen van vijf tot vijftien seconden het beste. Geconditioneerde angst echter, waarop we later nog zullen terugkomen, vereist intervallen van vele seconden of zelfs minuten om zich te kunnen ontwikkelen. Zoals we verderop zullen zien, kunnen smaakaversies zich zelfs ontwikkelen bij intervallen van een aantal uren. Deze verschillen zijn waarschijnlijk van belang voor overleving. In het geval van smaakaversie, bijvoorbeeld, lijken ratten genetisch geprogrammeerd om kleine hoeveelheden te eten van onbekend voedsel en, wanneer ze niet ziek worden, na een aantal uur terug te keren naar het voedsel.

De bouwstenen van klassieke conditionering zijn dus de volgende: de UCS, UCR, NS (die de CS wordt), CR en de tijdsperiode tussen stimulus en respons. Waardoor kostte het Pavlov meer dan dertig jaar en 523 experimenten om zo'n

Basiskenmerken van klassieke conditionering

Voordat de conditionering heeft plaatsgevonden, roept de ongeconditioneerde stimulus (UCS) van nature de ongeconditioneerde respons (UCR) op. Een neutrale stimulus (NS), zoals een geluid, leidt niet tot een respons. Tijdens de conditionering wordt de neutrale stimulus gekoppeld aan de UCS. Door de associatie van deze neutrale stimulus met de UCS verandert de neutrale stimulus in een geconditioneerde stimulus (CS), die voortaan een geconditioneerde respons (CR) zal oproepen die gelijk is aan de UCR.

Bron: Zimbardo, P.G. & Gerrig, R.J. (1999). *Psychology and Life* (15e ed.). Boston, MA: Allyn and Bacon.

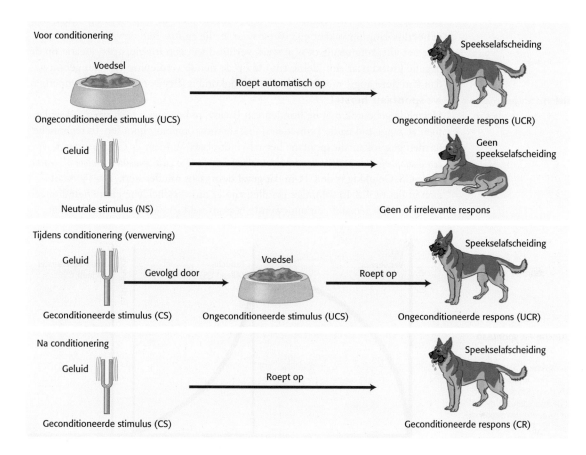

eenvoudig fenomeen in kaart te brengen? Dat komt doordat klassieke conditionering complexer is dan Pavlov in eerste instantie dacht. Hij ontdekte niet alleen het fenomeen van verwerving, hij stuitte gaandeweg ook op de fenomenen *extinctie, spontaan herstel, generalisatie* en *selectief leren*.

Extinctie en spontaan herstel

Stel dat het water je nog steeds in de mond loopt wanneer je de bel hoort van een school in de buurt, als gevolg van je ervaring met de lunchbel op jouw middelbare school (klassieke conditionering). Blijft deze geconditioneerde respons permanent onderdeel van je gedragsrepertoire? Het goede nieuws is dat uit experimenten van Pavlov en zijn medewerkers bleek dat dit niet het geval is. Zo konden ze de geconditioneerde responsen die ze hun honden hadden aangeleerd eenvoudig weer laten verdwijnen door gedurende een aantal pogingen alleen de CS (het geluid) aan te bieden en de UCS (het voedsel) achterwege te laten. In de taal van de klassieke conditionering wordt dit proces aangeduid met de term **extinctie** (uitdoving). De geconditioneerde respons 'dooft uit' als men de CS herhaaldelijk aanbiedt zonder de UCS. Figuur 4.2 illustreert hoe de CR (speekselafscheiding) vermindert naarmate er meer pogingen tot extinctie worden ge-

▶▶ **Verbinding hoofdstuk 13**
Gedragstherapie is gebaseerd op klassieke en operante conditionering (p. 539).

Extinctie: In de klassieke conditionering: De afname van een geconditioneerde associatie als gevolg van de afwezigheid van een ongeconditioneerde stimulus of bekrachtiger.

daan. Extinctie is daarom van belang bij behavioristische therapie tegen angsten en fobieën, zoals Sandra's vliegangst.

Maar nu het slechte nieuws: extinctie betekent niet dat de respons voorgoed verdwenen is. Het is beter te zeggen dat de respons (tijdelijk) onderdrukt wordt. Het lijkt erop dat het organisme tijdens het proces van extinctie een rivaliserende respons leert die 'zegt' dat het organisme *niet moet reageren* op de CS (Adelson, 2004; Travis, 2004).

Een angst voor kleine ruimtes kan bijvoorbeeld plots de kop weer opsteken. Ben je heerlijk lang op vakantie geweest waar je alle ruimte had en moet je ineens met het vliegtuig terug, of is je werk verhuisd van een mooie, open locatie op de begane grond naar een kleine ruimte op de tiende verdieping van een gebouw, dan kan deze angst ineens toch weer terugkomen (Brysbaert, 2006). Dit noemen we **spontaan herstel**.

Hetzelfde gebeurde met de honden van Pavlov: ze begonnen toch weer te kwijlen toen ze enige tijd na de extinctietraining de toon opnieuw hoorden. In technische termen gesproken: dit spontane herstel vindt plaats wanneer *de CR, na extinctie en een daaropvolgende periode zonder blootstelling aan de CS, zich opnieuw voordoet als reactie op de CS.* Gelukkig is de CR in dat geval doorgaans minder sterk, zoals je kunt zien in figuur 4.2. In sommige gevallen zijn er dus verscheidene extinctietrainingen nodig voordat iemand een ongewenste respons voldoende onder controle heeft.

Spontaan herstel: Het terugkeren van een uitgedoofde geconditioneerde respons na een rustperiode.

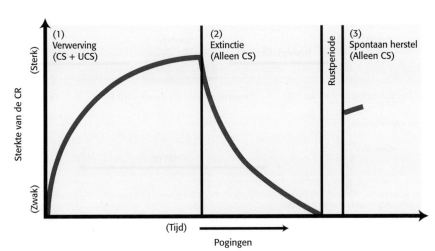

Figuur 4.2
Verwerving, extinctie en spontaan herstel

Tijdens de verwervingsfase (CS + UCS) neemt de sterkte van de CR snel toe. Tijdens de extinctiefase, als de UCS niet langer op de CS volgt, daalt de intensiteit van de CR tot nul. De CR kan na een korte rustperiode terugkeren, zelfs als de CS zonder de UCS wordt aangeboden. De terugkeer van de CR wordt 'spontaan herstel' genoemd.

Generalisatie

Als je bang bent voor spinnen, zul je waarschijnlijk op alle soorten en maten hetzelfde reageren. Dit proces, waarbij je een geconditioneerde respons vertoont op stimuli die op de CS lijken, wordt **stimulusgeneralisatie** genoemd. In zijn laboratorium kon Pavlov het principe van generalisatie aantonen met behulp van een goed getrainde hond, die ook reageerde op een bel die net iets anders klonk dan de bel die hij tijdens de conditionering had gebruikt. Zoals te verwachten is, geldt dat hoe meer het geluid van de nieuwe bel lijkt op het geluid van de oorspronkelijke bel, hoe sterker de respons is.

In het dagelijks leven komt generalisatie vaak voor bij mensen die angsten hebben opgelopen als gevolg van traumatische gebeurtenissen. Zo zal iemand die door een hond is gebeten mogelijk een angst ontwikkelen voor alle honden, en niet alleen voor de hond die aanviel. Hetzelfde proces van generalisatie is verantwoordelijk voor de niesbui die iemand met een allergie voor bloemen krijgt als hij een papieren bloem ziet. Kortom, stimulusgeneralisatie zorgt ervoor dat we aangeleerde responsen toepassen in nieuwe situaties.

Stimulusgeneralisatie: De uitbreiding van een aangeleerde respons naar stimuli die lijken op de geconditioneerde stimulus.

Stimulusdiscriminatie

Hoewel je misschien als kind hebt geleerd om speeksel af te scheiden als je de lunchbel hoort, begin je waarschijnlijk niet te kwijlen als de deurbel gaat. **Stimulusdiscriminatie** is het tegenovergestelde van generalisatie en wordt ook wel *selectief leren* genoemd. Het doet zich voor als een organisme leert op een bepaalde stimulus te reageren, maar niet op gelijksoortige stimuli. Pavlov en zijn medewerkers ontdekten dit principe tijdens een experiment waarin ze de honden leerden onderscheid te maken tussen geluiden met een verschillende toonhoogte. Opnieuw was hun procedure uiterst simpel: het ene geluid werd gevolgd door voedsel, het andere niet. Na een reeks pogingen leerden de honden langzaamaan onderscheid te maken tussen de geluiden, wat bleek uit het feit dat de speekselafscheiding bij het ene geluid wel op gang kwam en bij het andere niet. Buiten het laboratorium is stimulusdiscriminatie het concept dat ten grondslag ligt aan reclamecampagnes die erop zijn gericht ons te conditioneren een onderscheid te maken tussen merken, zoals bij de voortdurende advertentiestrijd tussen bijvoorbeeld Apple en Samsung.

Stimulusdiscriminatie: Het leren van een nieuwe respons op een specifieke stimulus, maar niet op andere daarop gelijkende stimuli (ook wel: selectief leren).

4.1.2 Toepassingen van klassieke conditionering

De schoonheid van de klassieke conditionering is dat ze een eenvoudige verklaring biedt voor vele soorten gedrag, van verlangens tot weerzin. Maar niet alleen biedt ze een verklaring, ze biedt ons tevens handvatten voor het elimineren van ongewenst gedrag, hoewel Pavlov zelf nooit pogingen heeft gewaagd zijn bevindingen op een therapeutische manier toe te passen. Het was de Amerikaanse behaviorist John Watson die technieken van de klassieke conditionering voor het eerst toepaste op mensen.

Het beroemde geval van de 'kleine Albert'

Het bestaan van geconditioneerde angst werd meer dan negentig jaar geleden op experimentele wijze aangetoond door John Watson en Rosalie Rayner (Brewer, 1991; Fancher, 1979). De manier waarop ze dat deden zou tegenwoordig absoluut onethisch worden genoemd. Watson en Rayner (1920/2000) conditioneerden een baby, Albert, zodanig dat hij angstig ging reageren op een witte rat. Oorspronkelijk reageerde Albert niet op de witte rat. De rat bleek dus een neutrale stimulus te zijn. Ze riepen bij Albert de angst (UCR) op door de rat herhaalde malen aan te bieden en tegelijkertijd Albert te laten schrikken door op een metalen staaf te slaan achter het hoofd van de jongen. Deze luide klank fungeerde als een *aversieve* of angstopwekkende UCS. In slechts zeven pogingen was Albert zo geconditioneerd dat de rat alleen (CS) hem al angst (CR) inboezemde. Nadat Alberts respons op de rat stevig verankerd was, toonden Watson en Rayner aan dat zijn angst zich gemakkelijk *generaliseerde* van de rat naar andere harige voorwerpen, zoals het masker van de kerstman dat Watson voor de gelegenheid droeg (Harris, 1979). Waarschijnlijk heeft het experiment Albert slechts tijdelijk ongemak opgeleverd, want zijn angst doofde al snel weer uit. In tegenstelling tot Alberts kortstondige aversie tegen harige voorwerpen, kunnen sommige angsten die onder extreme omstandigheden zijn aangeleerd jarenlang standhouden (LeDoux, 1996). Dat was bijvoorbeeld het geval met de mariniers die tijdens de Tweede Wereldoorlog aan de meeste extreme omstandigheden waren blootgesteld. Als er gevaar dreigde, werden ze naar hun gevechtsposities geroepen door een gong die honderd keer per minuut weerklonk. De mariniers leerden een sterk verband te leggen tussen dit geluid en gevaar; het geluid werd een CS voor emotionele arousal. Dat het effect van dit leerproces lang bleef aanhouden, bleek uit een onderzoek dat vijftien jaar na de oorlog werd uitgevoerd: veteranen die de gevechten hadden meegemaakt, reageerden nog steeds met een sterke autonome reactie op het signaal (Edwards & Acker, 1962).

▶▶ **Verbinding hoofdstuk 13**
In bepaalde therapieën voor fobieën, waarbij cliënten langdurig worden blootgesteld aan het fobische object, wordt gebruikgemaakt van contraconditionering (p. 541).

▶▶ **Verbinding hoofdstuk 2**
Het autonome zenuwstelsel reguleert de interne organen (p. 58).

Net als de veteranen handhaven we een aangeleerde alertheid om te kunnen reageren op emotionele signalen waarmee we eerder zijn geconfronteerd. Gelukkig kunnen we gebruikmaken van klassieke conditionering om zulke geconditioneerde angsten het hoofd te bieden (Wolpe & Plaud, 1997). Eén bepaalde therapeutische strategie bestaat uit een combinatie van extinctie van de geconditioneerde angstrespons en conditionering van een ontspanningsrespons op de CS. Met behulp van deze therapie van *contraconditionering* (letterlijk: 'tegenconditionering') leren patiënten op een ontspannen wijze te reageren op de CS. Contraconditionering is dan ook een soort versnelde extinctie doordat aan de CS een nieuwe UCS wordt gekoppeld die een UCR uitlokt die onverenigbaar is met de oorspronkelijke UCR. (Je kunt bijvoorbeeld niet tegelijkertijd zingen van blijdschap en gillen van angst.) De techniek is vooral effectief bij fobieën. We zouden contraconditionering kunnen gebruiken als deel van het behandelplan om Sandra haar vliegangst te laten overwinnen.

Geconditioneerde voedselaversies

Veel mensen doen in hun leven een slechte ervaring op met een bepaald soort voedsel. Vele jaren later is het ruiken of zien van het voedsel waarvan je ooit ziek werd genoeg om misselijkheid te veroorzaken. Hoewel onaangenaam, is dit leren dat met ziekte geassocieerd voedsel beter vermeden kan worden erg belangrijk in onze strijd om te overleven. Mensen, en vele andere diersoorten, leggen opvallend snel het verband tussen ziekte en voedsel – veel sneller dan tussen ziekte en een stimulus die niet met voedsel te maken heeft, zoals een lichtflits of een geluid. Het is ook opvallend dat, waar de meeste vormen van klassieke conditionering alleen werken als de tijd tussen de CS en de UCS kort is, voedselaversies daarop een uitzondering vormen. Zelfs als de ervaring van een bepaalde smaak uren verwijderd is van het begin van de ziekte, kan de associatie zich nog ontwikkelen. 'Ik heb vast iets verkeerds gegeten', zeggen we dan.

John Watson en Rosalie Rayner conditioneerden de baby Albert ('Little Albert') om bang te zijn voor harige voorwerpen zoals dit masker van de kerstman (*Discovering Psychology*, 1990). Jarenlang wist niemand wat er van 'Little Albert' geworden was. Recentelijk gevonden archiefmateriaal onthulde dat Douglass Merritte, zoals Albert eigenlijk heette, een paar jaar na het onderzoek aan een ziekte stierf (Beck et al., 2009).

Bron: Archives of the History of American Psychology/The University of Akron.

John Garcia en Robert Koelling (1966) herkenden deze selectieve verbinding tussen de CS en UCS toen ze opmerkten dat ratten niet uit de waterflessen dronken in de ruimten waarin eerder bij hen via straling misselijkheid was opgewekt. Zouden de ratten de smaak van het water in die flessen associëren met misselijkheid? Het vermoeden van de onderzoekers werd door vervolgexperimenten bevestigd. Dit leidde tot een andere belangrijke ontdekking: ratten leerden gemakkelijk water met een smaakstof met ziekte in verband te brengen, maar de dieren konden *niet* worden geconditioneerd om water met een smaakstof te associëren met de pijn van een elektrische schok die via een rooster op de bodem werd toegediend. Evolutionair gezien is dit nuttig, omdat ziekte gemakkelijk het gevolg kan zijn van het drinken (of eten) van giftige stoffen, maar zelden ontstaat na een scherpe pijn aan de poten (of benen). De onderzoekers ontdekten ook dat ratten gemakkelijk met angst leerden te reageren als een elektrische schok werd aangekondigd door helder licht of door lawaai, maar ze konden *niet* leren deze licht- en geluidsprikkels in verband te brengen met daaropvolgende ziekte. In paragraaf 4.3.4 wordt deze zogenoemde *informatieve waarde* van de geconditioneerde stimulus nader uitgelegd.

Biologische predispositie: een uitdaging aan Pavlov

Een groot inzicht dat uit de experimenten van Garcia en Koelling naar voren komt, is dat bij geconditioneerde aversies zowel nature als nurture een rol speelt. Dat wil zeggen dat de neiging om smaakaversies te ontwikkelen als deel van onze biologische aard lijkt te zijn 'ingebouwd' en niet alleen is aangeleerd. Door deze biologische basis van smaakaversies zijn psychologen vraagtekens gaan zetten bij bepaalde aspecten van de oorspronkelijke theorie van de klassieke conditionering van Pavlov (Rescorla & Wagner, 1972).

Bovendien kunnen voedselaversies ontstaan als het tijdsinterval tussen eten en ziekte enkele uren bedraagt, in tegenstelling tot slechts enkele seconden bij de experimenten van Pavlov. Dit suggereert opnieuw dat we bij voedselaversies niet te maken hebben met een eenvoudige, klassiek geconditioneerde reactie zoals Pavlov dacht, maar met een reactie die zowel in nature (biologische achtergrond) is gefundeerd als in nurture (leerprocessen).

Zulke biologische predisposities gaan veel verder dan smaak- en voedselaversies. Psychologen menen tegenwoordig dat veel van de algemeen voorkomende angsten en fobieën voortkomen uit een genetische *preparedness* (waakzaamheid), die in de loop van de evolutie is ontstaan. Door deze preparedness zijn we voorbestemd om angsten aan te leren voor dingen die gevaarlijk zijn: slangen, spinnen, bloed, bliksem, grote hoogten en afgesloten ruimten.

Wat hebben we nu geleerd over klassieke conditionering? We weten nu dat conditionering niet alleen afhankelijk is van de relaties tussen stimuli en responsen, maar ook van de genetische aanleg van een organisme, die het gevoelig maakt voor bepaalde stimuli in zijn omgeving (Barker et al., 1978; Dickinson, 2001). De mogelijkheden die een organisme in een bepaalde omgeving heeft om dingen te leren, is tot op zekere hoogte het product van zijn evolutionaire geschiedenis (Garcia, 1993). En dat is een concept dat Pavlov nooit heeft begrepen.

■ PSYCHOLOGISCHE/KWESTIES

Smaakaversies en chemotherapie

Stel je voor dat je vriendin Tineke wordt voorbereid op haar eerste chemokuur. Een tumor in haar borst is operatief verwijderd en deze behandeling is alleen bedoeld om mogelijk uitgezaaide cellen te vernietigen. Tot Tinekes verrassing komt de verpleegster niet binnen met de verwachte injectienaald, maar met een dropijsje. 'Is dit een nieuw soort therapie?' vraagt ze. De verpleegster antwoordt bevestigend. Ze legt uit dat de meeste mensen misselijk worden van chemotherapie, dat ze zich daardoor ziek voelen en stoppen met eten, terwijl hun lichaam juist voedsel nodig heeft om tegen de ziekte te kunnen vechten. 'Maar,' zegt de verpleegster, 'daar hebben we iets op gevonden. Als we patiënten voorafgaande aan hun chemotherapie een ongewoon soort

voedsel geven, ontwikkelen ze over het algemeen alleen een aversie tegen dat voedsel. Hebt u ooit van Pavlovs honden gehoord?'

Geconditioneerde smaakaversies hebben zich ontwikkeld tijdens de evolutie, doordat ze onze voorouders hielpen bij het vermijden van giftig voedsel. En net als sommige andere evolutionaire bagage, kan zo'n aangeboren aversie moderne problemen veroorzaken. Kankerpatiënten die chemotherapie ondergaan, ontwikkelen dikwijls aversies tegen normaal voedsel en dat gaat vaak zo ver dat ze ondervoed raken. Deze aversies zijn geconditioneerde responsen, waarbij voedsel (de CS) wordt geassocieerd met misselijkheid. Het probleem doet zich het sterkst voor als de chemotherapie, die de misselijkheid

veroorzaakt, direct na het eten wordt toegediend.

Therapeuten die in klassieke conditioneringsprocessen zijn getraind gebruiken hun kennis om de ontwikkeling van een aversie voor voedzaam eten te voorkomen door ervoor te zorgen dat de patiënt niet net voor de behandeling te eten krijgt. Daarnaast bieden ze ook een 'zondebok'-stimulus aan, zoals het dropijs van Tineke. Voordat de behandeling begint, krijgen patiënten snoepjes of ijs met ongebruikelijke smaken, zodat de smaakaversie alleen geconditioneerd wordt voor die speciale smaken. Voor sommige patiënten is deze praktische oplossing van de problemen waarmee chemotherapie gepaard gaat letterlijk levensreddend (Bernstein, 1988, 1991).

 Ga naar **www.pearsonmylab.nl** om je kennis en begrip van deze paragraaf te testen met de MyMap, MyCheck en MyDefinitions.

▶ ## Hoe leren we nieuw gedrag door operante conditionering?

Met behulp van klassieke conditionering kun je een hond leren kwijlen, maar je kunt hem niet leren op te zitten of op zijn rug te gaan liggen. Waarom niet? Speekselafscheiding is een passieve, onwillekeurige reflex, terwijl opzitten en op de rug gaan liggen veel complexere responsen zijn die we meestal als vrijwillig beschouwen. Voor een behavioristisch psycholoog worden zulke 'vrijwillige' gedragingen in werkelijkheid aangestuurd door *beloningen* en *straffen*. En omdat beloningen en straffen bij klassieke conditionering geen rol spelen, moet er een andere belangrijke vorm van leren aan het werk zijn. Psychologen noemen dit **operante conditionering**. Een *operant* is een waarneembare gedraging die een organisme gebruikt om in zijn omgeving te 'opereren', dat wil zeggen de omgeving te kunnen beïnvloeden. Als je dit boek leest om een goed cijfer te halen voor je volgende examen, is lezen een operante gedraging. Je zou operante conditionering ook kunnen beschouwen als een vorm van leren waarbij de *consequenties* van gedrag kunnen aanzetten tot een gedragsverandering. In het kernconcept van deze paragraaf wordt dit idee als volgt geformuleerd:

Operante conditionering: Een vorm van stimulus-responsleren waarbij de kans op een respons verandert door de gevolgen ervan, oftewel door de stimuli die op de respons volgen.

● ## KERNCONCEPT 4.2
In operante conditionering volgen op gedrag consequenties in de vorm van beloningen en straffen die de kans op herhaling van dat gedrag beïnvloeden.

Enkele veelgebruikte beloningen zijn geld, complimenten, voedsel of hoge cijfers. Ze zijn allemaal in staat om het gedrag waarop ze volgen te versterken. Straffen als pijn of lage cijfers hebben de neiging om het gedrag waarmee ze worden geassocieerd te ontmoedigen.

Het concept van operante conditionering heeft minstens twee sterke kanten. Ten eerste is operante conditionering van toepassing op veel meer gedragstypen dan klassieke conditionering. Ten tweede vormt het een verklaring voor de manier waarop organismen nieuwe en complexe gedragingen leren, en niet volkomen afhankelijk zijn van aangeboren reflexen.

4.2.1   Skinners radicale behaviorisme
De grondlegger van de operante conditionering, de Amerikaanse psycholoog B.F. Skinner (1904–1990), baseerde zijn hele carrière op het idee dat de krachtigste invloeden op het gedrag de *gevolgen* zijn: datgene wat onmiddellijk na het gedrag gebeurt. Dit was feitelijk niet oorspronkelijk het idee van Skinner. Het idee dat het gedrag door beloningen en straffen wordt aangestuurd, had hij geleend van Edward Thorndike, een andere Amerikaanse psycholoog. Deze had aangetoond dat hongerige dieren ijverig werkten om een probleem door middel van **trial-and-error** (het uitproberen en leren van fouten) op te lossen, teneinde een voedselbeloning te krijgen. Na opeenvolgende proeven verdwenen de foute reacties en de effectieve reacties werden aangeleerd. Thorndike noemde dit de **wet van effect** (zie figuur 4.3). Volgens deze wet leidt gedrag van een dier tot plezierige of onplezierige resultaten, en beïnvloeden die resultaten op hun beurt de kans dat het dier het gedrag nogmaals zal vertonen.

Voor een objectief begrip van gedrag was het volgens de aanhangers van deze theorie niet nodig om te weten wat een organisme 'wilde' of welk 'genot' het voelde. Als radicaal behaviorist weigerde Skinner te speculeren over wat zich

Trial-and-error: Door middel van het uitproberen en leren van fouten een oplossing vinden voor een probleem. Een begrip waarmee behavioristen het aanleren van nieuw gedrag verklaren.

Wet van effect: Het idee dat reacties die de gewenste resultaten produceren, worden geleerd, ofwel dat leren wordt geleid door het effect dat bepaald gedrag heeft.

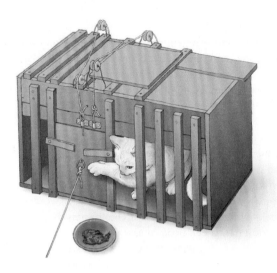

Figuur 4.3
De puzzeldoos van Thorndike
De kat wil uit de puzzeldoos ontsnappen om bij het voedsel te komen. Daartoe moet hij een mechanisme bedienen dat een gewicht vrijmaakt waardoor het deurtje opengaat.

in een organisme afspeelde. Zulke speculaties kunnen immers niet geverifieerd worden door observaties, en iets bestuderen wat niet direct geobserveerd kon worden, bedreigde de wetenschappelijke geloofwaardigheid van de psychologie. Eten kun je observeren, maar de innerlijke ervaring van honger, het verlangen naar voedsel of het plezier dat iemand aan eten beleeft, is niet waarneembaar.

4.2.2 De kracht van bekrachtiging

In het dagelijks leven spreken we vaak over 'beloning', maar Skinner verkoos de preciezere term **bekrachtiger**. Hiermee bedoelde hij elke omstandigheid die op een respons *volgt* en die *versterkt*. Voor de meeste mensen zijn voedsel, seks en geld sterke bekrachtigers. Hetzelfde geldt voor aandacht, complimenten en een glimlach. Dat zijn allemaal voorbeelden van **positieve bekrachtiging**. Ze versterken een respons doordat ze na deze respons worden *aangeboden* en maken het waarschijnlijker dat het gedrag zich herhaalt.

Er bestaat echter nog een andere vorm van bekrachtiging: het *weghalen* van een *aversieve* stimulus zoals kiespijn. Psychologen noemen dit **negatieve bekrachtiging**. (Let wel, 'negatief' is hier gerelateerd aan *verwijderen* of *weghalen*; 'positief' is gerelateerd aan *toevoegen* of *aanbieden*.) Het gebruik van een paraplu als het regent is aangeleerd gedrag dat in stand blijft door negatieve bekrachtiging. Je gebruikt de paraplu immers om een aversieve stimulus (de regen) te vermijden of te verwijderen. Hetzelfde mechanisme zorgt ervoor dat de automobilist zijn gordel vastgespt: hij wil dat het irritante geluid van de 'gordelverklikker' ophoudt. De negatieve bekrachtiging ontstaat dus door het 'verwijderen' van het onprettige geluid.

Bekrachtigingstechnologie: de Skinner-box

Een van de bijdragen die B.F. Skinner (1956) aan de psychologie heeft geleverd bestaat uit een eenvoudige methode waarmee hij de effecten van bekrachtigers op laboratoriumratten kon bestuderen: een kist waarin zich een hendel bevond die, als het proefdier hem indrukte, voedsel produceerde. Hij noemde dit apparaat een **operante ruimte**. (Bijna iedereen noemde het de *Skinner-box*, een term die hij verafschuwde.) Sindsdien hebben duizenden psychologen met behulp van deze Skinner-box onderzoek gedaan naar de effecten van bekrachtiging en straffen. De kracht van de Skinner-box was dat de tijdstippen en de frequentie van beloning konden worden gereguleerd; zoals je zo zult zien, oefenen deze factoren een belangrijke invloed op het gedrag uit.

Bekrachtiger: Een situatie (het aanbieden of verwijderen van een stimulus) die op een respons volgt en die versterkt.

Positieve bekrachtiging: Het aanbieden van een aangename stimulus na een respons, waardoor de kans dat die respons zich herhaalt, toeneemt.

Negatieve bekrachtiging: Het weghalen van een vervelende of aversieve stimulus na een respons, waardoor de kans toeneemt dat die respons zich herhaalt.

Operante ruimte: Een op een doos lijkend instrument dat zo geprogrammeerd kan worden dat na een bepaald gedrag van het proefdier specifieke bekrachtigers of straffers kunnen worden toegediend.

B.F. Skinner laat zien hoe bekrachtiging van het gedrag van dit dier in een operante ruimte of Skinner-box in zijn werk gaat. Met behulp van dit toestel kan de onderzoeker alle stimuli in de omgeving van het dier controleren.

Bron: Nina Leen/Time Life Pictures/Getty Images.

Gradaties van bekrachtiging: De vele mogelijke relaties tussen responsen en bekrachtigers.

Continue bekrachtiging: Bekrachtigingschema waarbij alle correcte responsen bekrachtigd worden.

Shaping: Een operante techniek of procedure om nieuw gedrag stapsgewijs aan te leren via positieve bekrachtiging van gedrag dat het vooropgestelde doelgedrag steeds dichter benadert.

Intermitterende bekrachtiging: Bekrachtigingschema waarbij enkele, maar niet alle goede responsen worden bekrachtigd; ook wel partiële bekrachtiging genoemd.

Gradaties van bekrachtiging

De timing en frequentie van bekrachtiging bepalen het effect ervan op gedrag. De meeste universiteiten en hogescholen plannen slechts een paar keer per jaar een examenperiode, met als gevolg dat de studenten maar heel af en toe in hun studieactiviteiten worden bekrachtigd. Veel docenten realiseren zich dit en daarom geven ze in de tussenliggende weken zo nu en dan een toets of een werkstuk. Ze willen je zo aanmoedigen om regelmatig te studeren, in plaats van alles op het einde van het semester te laten aankomen.

Of we het nu hebben over studenten, leiders van grote bedrijven of laboratoriumratten, elk plan om operant leren te beïnvloeden vraagt om een zorgvuldige overweging van frequentie, timing en het aantal beloningen. Hoe vaak moet de bekrachtiging worden toegediend? Hoeveel werk moet er worden verzet voordat iemand een bekrachtiger verdient? Wordt elke respons bekrachtigd of ontvangt de proefpersoon pas na een bepaald aantal responsen een bekrachtiging? Dit zijn belangrijke vragen, die allemaal te maken hebben met het fenomeen **gradaties van bekrachtiging**: de vele mogelijke relaties die er kunnen bestaan tussen responsen en bekrachtigers.

Continue versus intermitterende bekrachtiging

Stel dat je je hond een trucje wilt leren, namelijk dat hij op commando een poot geeft. Je kunt je trainingsprogramma dan het beste beginnen door élke goede respons te belonen. Psychologen noemen dit **continue bekrachtiging**. Vooral aan het begin van het leerproces is het een bruikbare tactiek, omdat continue bekrachtiging directe feedback geeft over hoe goed elke respons is uitgevoerd. Als je een goede respons niet beloont, loop je het risico dat de proefpersoon dat ten onrechte interpreteert als een teken dat de respons niet goed was (waardoor de respons kan verdwijnen). Continue bekrachtiging is eveneens goed bruikbaar om complex nieuw gedrag vorm te geven (*shaping*).

Bij **shaping**, dat vaak wordt toegepast bij het trainen van dieren, wordt opzettelijk gebruikgemaakt van beloningen (en soms van straffen) om steeds betere benaderingen van het gewenste gedrag te stimuleren. Op school heb je met shaping te maken gehad, toen je van je docent leerde lezen, schrijven of een muziekinstrument bespelen, doordat steeds hogere eisen aan je werden gesteld. De docent 'legt de lat voortdurend hoger', of verhoogt het prestatieniveau dat nodig is om een beloning te krijgen. Hierdoor weet de docent (en jij ook) wanneer de prestaties zijn verbeterd.

Continue bekrachtiging heeft ook een aantal nadelen. Als een juiste reactie bij één experiment niet wordt beloond, zou dit ten onrechte kunnen worden geïnterpreteerd als een teken dat de reactie niet juist was. Een ander nadeel is dat continue bekrachtiging de bekrachtigende eigenschap verliest naarmate het organisme verzadigd raakt. Stel je maar eens voor dat iemand je wilt trainen in het benutten van een strafschop door je met grote plakken chocoladecake te belonen voor ieder doelpunt. De eerste plak is misschien een echte beloning, maar na vijf of zes plakken verdwijnt de bekrachtigende waarde.

Gelukkig veranderen de eisen van de situatie zodra het gewenste gedrag goed is aangeleerd, bijvoorbeeld als je hond een poot heeft leren geven. Hij heeft immers geen beloning meer nodig om te weten welke respons goed was en welke niet. Dit is het moment waarop je moet overstappen op **intermitterende bekrachtiging**, oftewel *partiële bekrachtiging*. Dat wil zeggen dat je een minder frequent beloningsschema aanhoudt (bijvoorbeeld na elke derde goede respons) als aansporing om het gewenste gedrag vol te houden. Intermitterende bekrachtiging, de beloning van sommige, maar niet alle responsen, is dus de meest effectieve manier om reeds aangeleerd gedrag in stand te houden (Robbins, 1971; Terry, 2000).

Een groot voordeel van intermitterende bekrachtiging is dat responsen die werden bekrachtigd door intermitterende bekrachtiging veel beter bestand zijn tegen **extinctie** dan responsen die continu beloond werden. Hoe komt dat? Stel je voor dat twee gokkers ieder achter een gokkast zitten. Eén kast betaalt om een onverklaarbare reden bij elke poging uit, terwijl de andere, een gebruikelijker model, betaalt volgens een onvoorspelbaar, intermitterend schema. Stel nu dat beide machines plotseling helemaal niets meer uitbetalen. Welke gokker zou dan het langst blijven doorspelen? Degene die voor elke klap op de knoppen werd beloond (continue bekrachtiging) zal de verandering snel opmerken, terwijl de gokker die slechts af en toe iets won (intermitterende of partiële bekrachtiging) geneigd is om nog een hele tijd zonder beloning door te spelen.

Er werd ongetwijfeld gebruikgemaakt van shaping bij het trainen van deze dolfijnen. Waarschijnlijk werden eerst steeds hogere sprongen bekrachtigd, tot op een gegeven moment alleen nog de hoogste sprong werd bekrachtigd.
Bron: Iconotec/Alamy.

Bekrachtigingsschema's

Intermitterende bekrachtiging kan op twee manieren worden toegediend; er zijn twee soorten **bekrachtigingsschema's**. Een **ratioschema** beloont een proefpersoon na een bepaald *aantal responsen*. Een **intervalschema** geeft een beloning na een bepaald *tijdsinterval*. Elk schema heeft zijn voor- en nadelen.

Ratioschema's Als je werknemers betaalt op grond van de hoeveelheid werk die ze hebben verricht, gebruik je een ratioschema van bekrachtiging. Er is sprake van een ratioschema als de beloning is *gebaseerd op het aantal correcte responsen* (zie figuur 4.4). Psychologen onderscheiden twee soorten ratioschema's: *vaste* en *variabele ratioschema's*.

- **Vaste ratioschema's (Fixed Ratio, FR)** worden veel gebruikt in bedrijfstakken waar werknemers stukloon ontvangen. Stel dat je een fruitboerderij hebt en dat je je werknemers betaalt per geplukt stuk fruit. Dan maak je gebruik van een vast ratioschema. Met zo'n schema blijft de hoeveelheid werk die moet worden verricht voor een beloning constant. Directeuren houden wel van FR-schema's omdat het aantal responsen meestal hoog ligt (Whyte, 1972; Terry, 2000).

- **Variabele ratioschema's (VR)** zijn minder voorspelbaar. Telefonische verkopers werken volgens een VR-schema: ze weten nooit hoeveel telefoontjes ze moeten plegen voordat ze weer iets verkopen. Gokkers reageren ook op een VR-schema, ze weten niet wanneer de machine zal uitbetalen. In beide gevallen roept het variabele ratioschema een groot aantal responsen op, zo groot zelfs dat het VR-schema gewoonlijk meer responsen oproept dan welk ander bekrachtigingsschema ook. Zo liet Skinner in zijn laboratorium zien hoe een hongerige duif met behulp van een variabel ratioschema 12.000 keer per uur op een schijf pikte voor een beloning die gemiddeld na elke 110e pik werd aangeboden (Skinner, 1953).

Intervalschema's Als je een intervalschema gebruikt, wordt de bekrachtiging aangeboden zodra er sinds de laatste bekrachtiging een *bepaalde hoeveelheid tijd* is verstreken. Het is daarbij dus de tijdsperiode die bepaalt wanneer er bekrachtiging plaatsvindt (zie figuur 4.4). Psychologen onderscheiden twee soorten intervalschema's: *vaste intervalschema's* en *variabele intervalschema's*.

Extinctie: In de operante conditionering: proces waarbij een aangeleerde respons verdwijnt door de afwezigheid of afname van bekrachtiging. (Vergelijkbaar met extinctie bij klassieke conditionering.)

Bekrachtigingsschema's: Programma's voor de timing en frequentie van bekrachtigingen.

Ratioschema: Programma waarin bekrachtiging wordt aangeboden na een bepaald aantal goede responsen.

Intervalschema: Programma waarin bekrachtiging wordt aangeboden nadat een bepaalde tijd is verstreken sinds de laatste bekrachtiging.

Vast ratioschema (FR): Programma waarin bekrachtiging wordt aangeboden na een vast aantal responsen.

Variabel ratioschema (VR): Programma waarin het aantal responsen dat nodig is voor een bekrachtiging elke keer anders is.

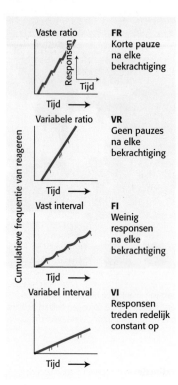

Figuur 4.4

Bekrachtigingschema's

Deze verschillende gedragspatronen worden veroorzaakt door vier eenvoudige bekrachtigingschema's. De kleine streepjes geven de momenten aan waarop de bekrachtiging plaatsvindt.

Bron: Gerrig & Zimbardo, 2002.

Vast intervalschema (FI): Programma waarbij bekrachtiging wordt aangeboden na een vaste tijdsduur.

Variabel intervalschema (VI): Programma waarbij de tijd tussen de bekrachtigingen steeds varieert.

Primaire bekrachtiger: Een bekrachtiger (zoals voedsel of seks) die een biologische waarde heeft voor het organisme.

Geconditioneerde of secundaire bekrachtiger: Stimulus (zoals zegeltjes of geld) die zijn bekrachtigende waarde krijgt door een aangeleerde associatie met een primaire bekrachtiger.

- **Vaste intervalschema's (Fixed Interval, FI)** komen veel voor in beroepssituaties; hier kunnen ze de vorm aannemen van een regelmatige betaling of van een complimentje van de baas bij de wekelijkse personeelsvergadering. Een leerling die voor een wekelijkse toets studeert, bevindt zich ook in een vast intervalschema. In al deze gevallen varieert het interval niet en blijft de periode tussen de beloningen constant. Je hebt waarschijnlijk al geraden dat vaste intervalbekrachtiging meestal leidt tot een geringe hoeveelheid responsen. Ironisch genoeg wordt dit schema het meest toegepast door werkgevers. Zelfs een rat in een op een vast intervalschema geprogrammeerde Skinnerbox leert binnen de kortste keren dat hij in de tussenliggende periode slechts een geringe inspanning hoeft te leveren om zijn beloning te krijgen. Hij heeft feilloos door dat het pure energieverspilling is om de hendel vaker in te drukken. Zowel ratten als mensen die met een vast intervalschema te maken hebben, zijn geneigd tot het einde van de periode tussen twee beloningen weinig uit te voeren. Als het moment van de bekrachtiging nadert, neemt de hoeveelheid responsen opeens sterk toe. Denk maar eens aan de studenten die tegen de deadline van hun scriptie aanzitten en opeens de hele nacht doorwerken. In figuur 4.4 zie je dat dit gedragspatroon er in een grafische weergave 'geschulpt' uitziet, het gevolg van koortsachtige activiteiten aan het einde van een interval.

- **Variabele intervalschema's (VI)** zijn waarschijnlijk de meest onvoorspelbare bekrachtigingschema's, omdat in die schema's de tijd tussen de beloningen varieert. Dat kan tot een groot aantal responsen leiden. Er is sprake van een variabel intervalschema wanneer een duif of rat in een Skinner-box de ene keer slechts dertig seconden moet wachten op een beloning, de andere keer drie minuten en de keer daarop een minuut. Als jouw baas de gewoonte heeft om zich onaangekondigd op de werkplek te vertonen (en daar bekrachtiging in de vorm van complimenten uitdeelt) gebruikt hij een variabel intervalschema. Sportvissen is een ander voorbeeld: je weet nooit hoelang het duurt voordat de volgende vis in het haakje bijt, maar die zeldzame en onvoorspelbare successen vormen beloning genoeg om de activiteit ondanks de lange tussenperioden de moeite waard te maken.

Wachten op de lift is ook een voorbeeld van een variabel intervalschema. De tijd die verstrijkt vanaf het moment waarop je op het knopje hebt gedrukt tot aan het moment waarop de lift komt, is telkens anders. Daardoor zal een aantal van de mensen die met jou staan te wachten, deze knop enkele malen indrukken (net als de duiven in de Skinner-box), alsof meer reacties binnen een onvoorspelbaar tijdsinterval de komst van de lift kunnen beïnvloeden.

Primaire en secundaire bekrachtigers

Stimuli die elementaire biologische behoeften of verlangens bevredigen, geven bekrachtiging: voedsel bekrachtigt het eetgedrag van een hongerig dier, water bekrachtigt het drinkgedrag van een dorstig dier, seks bedrijven vormt een sterke bekrachtiger voor een seksueel opgewonden dier. Al deze stimuli duiden psychologen aan met de term **primaire bekrachtigers**.

Geld of een hoog cijfer kun je niet eten of drinken, noch bevredigen ze op andere wijze direct een behoefte. Waarom zijn ze voor veel mensen dan toch zo'n sterke bekrachtiger? Dat komt doordat neutrale stimuli die met primaire bekrachtigers geassocieerd worden, ook op zichzelf een bekrachtigend effect kunnen verwerven. Zulke stimuli worden **geconditioneerde** of **secundaire bekrachtigers** van operante responsen genoemd. En daarmee wordt het bekrachtigende vermogen van geld, schoolcijfers, bewondering, goedkeurende glimlachjes en medailles opeens een stuk begrijpelijker: het zijn allemaal geconditioneerde bekrachtigers die onze handelingen beïnvloeden. In principe kan elke stimulus zich ontwikkelen tot een secundaire of geconditioneerde bekrachtiger, op voorwaarde dat hij gekoppeld wordt aan een primaire bekrachtiger. Door sterke conditionering kunnen secundaire bekrachtigers als geld, status of beloningen zelfs een doel op zich worden.

Spaarvarkens en token economies

Door het onderscheid tussen primaire en secundaire beloningen komt een subtieler punt aan het licht: precies zoals we hebben gezien bij klassieke conditionering, is operante conditionering geen zuivere vorm van leren; dit type conditionering heeft een biologische basis. Dit verklaart onze 'ingebouwde' voorkeur voor bepaalde beloningen, waar fabrikanten van junkfood met hun zoete en vette eetwaren op inspelen.

Het biologische aspect is ook te zien aan de gedragskant van operante conditionering. Daarom hadden Keller en Marian Breland, studenten van Skinner die dieren trainden, zo veel moeite hun varkens te trainen. De Brelands konden hun varkens gemakkelijk trainen om houten muntjes op te nemen en deze in een 'spaarvarken' te stoppen, waarna ze beloond werden. Het probleem was dat de varkens na enkele weken weer varkensgedrag gingen vertonen: ze werden trager, lieten het muntje herhaaldelijk vallen, gingen het begraven, pakten het op, gooiden het in de lucht en begroeven het opnieuw. Dit gebeurde bij alle varkens. Wat was er aan de hand? De Brelands (1961) noemden dit *instinctieve drift*; volgens hun definitie was dit een trend waarbij het aangeleerde gedrag door aangeboren reacties wordt verstoord. De Brelands ontdekten zulke patronen van instinctieve drift ook bij andere diersoorten als wasberen en kippen. Het is dus geen wonder dat mensen hun katten niet blijvend kunnen aanleren dat ze niet aan de meubels mogen krabben.

Bij mensen is het gebruiken van muntjes of 'tokens' bij gedragsverandering succesvoller. In psychiatrische inrichtingen vormt het mechanisme van geconditioneerde bekrachtiging de basis van een gedragstherapie die 'token economy' wordt genoemd. Het doel van deze therapie is het aanmoedigen van gewenst en gezond gedrag, door positieve gedragingen als een verzorgd uiterlijk of het innemen van medicijnen te belonen met plastic fiches. De patiënten kunnen de fiches vervolgens inwisselen voor allerlei soorten beloningen of privileges (Ayllon & Azrin, 1965; Holden, 1978). Als aanvulling op andere therapievormen kan de 'token economy' psychiatrische patiënten helpen bij het leren van bruikbare strategieën voor het leven buiten de inrichting (Kazdin, 1994).

Bekrachtiging van meer gewenste activiteiten: het Premack-principe

De belofte dat je in de nabije toekomst iets kunt doen wat je erg leuk vindt, kan een even effectieve bekrachtiger van gedrag zijn als voedsel, drinken of andere primaire bekrachtigers. Om een voorbeeld te noemen: mensen die regelmatig sporten, kunnen een dagelijks bezoek aan de sportschool gebruiken als beloning. Onderwijzers leren jonge kinderen een poosje stil te zitten door dat gedrag te bekrachtigen met de toestemming om na afloop even rond te rennen en lawaai te maken (Homme et al., 1963). Het principe dat hierbij een rol speelt, is dat een favoriete (vaak vertoonde) activiteit, zoals rondrennen en lawaai maken, gebruikt kan worden om een minder populaire (minder frequent vertoonde) activiteit als stilzitten te bekrachtigen. Psychologen noemen dit het **Premack-principe**, naar de ontdekker, David Premack (1965). Die toonde dit principe als eerste aan bij ratten die een tijd lang geen water hadden gekregen; ze leerden langer in de tredmolen te rennen als dat rennen gevolgd werd door de mogelijkheid om te drinken. Ratten die wel voldoende gedronken hadden, maar in hun bewegingsruimte beperkt waren, leerden meer te drinken als die respons werd gevolgd door de mogelijkheid om zich in de tredmolen uit te leven.

Positieve bekrachtiging heeft een sterke invloed op ons gedrag. Deze atlete bijvoorbeeld moet jaren trainen om deze bekrachtiging te bereiken. Wat is haar bekrachtigingschema? Is de trofee een primaire of secundaire bekrachtiger?

▶▶ **Verbinding hoofdstuk 13**
Een 'token economy' is een operante behandeltechniek voor groepen, zoals schoolklassen of de afdeling van een psychiatrisch ziekenhuis (p. 542).

Premack-principe: Het door David Premack ontwikkelde principe dat je een geliefde activiteit kunt gebruiken om een minder populaire activiteit te bekrachtigen.

Voedsel dat voor grote aantallen mensen heel aantrekkelijk is, zou voor de meeste Europeanen niet bepaald als bekrachtiging werken.

Ouders en leraren gebruiken het Premack-principe om kinderen aan te zetten tot gedrag dat ze uit zichzelf niet gauw vertonen. De mogelijkheid om met vriendjes te spelen (een geliefde activiteit) kan worden gebruikt om een minder geliefde activiteit te bekrachtigen, zoals het bed opmaken of afwassen.

Bekrachtiging in verschillende culturen

De wetten van operante conditionering zijn van toepassing op alle dieren die over hersenen beschikken. Het biologische proces dat aan bekrachtiging ten grondslag ligt, is op het eerste gezicht ook bij alle diersoorten hetzelfde. De vorm die de bekrachtiger kan aannemen varieert echter enorm. Onderzoek doet vermoeden dat voedsel voor een hongerig organisme of water voor een dorstig dier als bekrachtigers kunnen dienen, omdat ze elementaire behoeften vervullen die verband houden met overleven. *Welke* bekrachtiging het meest effect heeft, wordt zowel door leerprocessen bepaald als door overlevingsinstincten. Vooral bij mensen, bij wie secundaire bekrachtiging een belangrijke rol speelt, is de invloed van leerprocessen groot.

Bij mensen bepaalt de cultuur voor een groot deel wat wel en wat niet als bekrachtiger kan werken. Zo ervaren sommige bevolkingsgroepen het eten van een krekel als bekrachtiging, terwijl de meeste Europeanen daar heel anders over zullen denken. Het doodtrappen van een luidruchtige krekel is voor een westerling misschien zinvol en bevredigend, maar voor een boeddhist is het een afschuwelijke daad. Een Engelse liefhebber ontleent waarschijnlijk veel bevrediging aan een partijtje cricket, maar voor de meeste Nederlanders en Belgen is het gewoon een saai spelletje.

Cultuur geeft dus vorm aan onze voorkeuren voor bekrachtiging, maar bekrachtiging geeft eveneens vorm aan de cultuur. Als je voor de eerste keer in een onbekende stad over straat loopt, zie je allerlei verschillen met je eigen stad. Die verschillen reflecteren vaak de verschillende manieren waarop mensen hebben geleerd om bekrachtiging te zoeken en straf te vermijden. De manier van kleden kan een poging zijn om bekrachtiging van vrienden te krijgen of zich goed te voelen in het klimaat. De 'keuken' van een specifieke cultuur is ontstaan doordat het eten van bepaalde lokale planten en dieren overlevingswaarde bleek te hebben. Leren beïnvloedt alle aspecten van cultuur. Cultuur is dan ook op te vatten als een uitgebreide reeks *aangeleerde* gedragingen van een bepaalde groep mensen.

4.2.3   Het probleem van straf

Straf: Een situatie (het aanbieden of verwijderen van een stimulus) die op een respons volgt en die in frequentie doet afnemen.

Positieve straf: Het toedienen van een aversieve stimulus na een respons.

Negatieve straf: Het weghalen van een aantrekkelijke stimulus na een respons.

Straf is een riskante manier om gedrag te beïnvloeden, zoals onderwijzers en cipiers heel goed weten. In sommige opzichten is straf het tegenovergestelde van bekrachtiging: het is een consequentie die het gedrag dat erop volgt *verzwakt*. Net als bij bekrachtiging kun je twee vormen onderscheiden. De ene vorm noemen we **positieve straf**. Hierbij wordt een aversieve stimulus *toegediend*: als je bijvoorbeeld een hete pan aanraakt, wordt je door de pijn 'gestraft', waardoor de kans dat je de pan nog eens aanraakt afneemt. De andere belangrijke vorm van straf noemen we **negatieve straf**. Hierbij wordt een positieve stimulus *verwijderd*: wanneer bijvoorbeeld ouders hun kind ongehoorzaam vinden, verbieden ze het om televisie te kijken. Strikt genomen echter (en dit is een probleem van straf) is een aversieve stimulus alleen bestraffend als het gedrag waarop het volgt ook afneemt. Een pak slaag of een verkeersboete is dus, afhankelijk van het resultaat, wel of niet bestraffend.

Straf versus negatieve bekrachtiging

Het is je waarschijnlijk al opgevallen dat positieve straf en negatieve bekrachtiging beide te maken hebben met onaangename of aversieve stimuli. Om verwarring te voorkomen, gaan we nu iets dieper in op de verschillen tussen die twee.

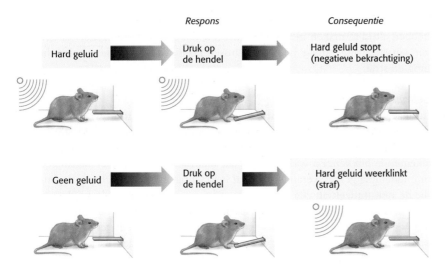

Figuur 4.5
Vergelijking tussen negatieve
bekrachtiging en straf

Stel dat een dier in een Skinner-box een hard geluid kan uitzetten door een hendel in te drukken. In dat geval spreken we van negatieve bekrachtiging. Als het harde geluid na het indrukken van de hendel juist begint, is er sprake van straf (zie figuur 4.5).

Hopelijk begrijp je nu dat straf en negatieve bekrachtiging een tegengesteld effect hebben op gedrag (Baum, 1994). Straf zorgt ervoor dat een bepaald soort gedrag *afneemt*, of het reduceert de kans dat het zich herhaalt. Negatieve bekrachtiging leidt (net als positieve bekrachtiging) altijd tot een *toename* van de kans dat een respons zich herhaalt.

De termen 'positief' en 'negatief' betekenen in dit geval dus: 'toevoegen' en 'verwijderen'. Zowel positieve bekrachtiging als positief straffen heeft te maken

Tabel 4.1   Vier soorten consequenties

Wat is de consequentie?

		Stimulus geven (positief)	Stimulus wegnemen (negatief)
Wat is het effect van de stimulus (de consequentie) op het gedrag?	De kans op het gedrag neemt toe	**Positieve bekrachtiging** *Voorbeeld:* Een werknemer krijgt een bonus voor goed werk, en blijft hard werken.	**Negatieve bekrachtiging** *Voorbeeld:* Je hoofdpijn verdwijnt nadat je een aspirine hebt ingenomen, dus neem je de volgende keer dat je hoofdpijn hebt weer een aspirine.
	De kans op het gedrag neemt af	**Positieve straf** *Voorbeeld:* Een hardrijder krijgt een bekeuring, en rijdt langzamer weg.	**Negatieve straf** *Voorbeeld:* Een kind dat te lang buiten blijft, krijgt geen eten, en komt de volgende keer eerder thuis.

Waar je aan moet denken bij het bestuderen van deze tabel:

1   De termen 'positief' en 'negatief' betekenen in dit verband dat een stimulus (consequentie) wordt gegeven dan wel weggenomen. De termen hebben niets te maken met de begrippen 'goed' en 'slecht'.

2   We kunnen vaak voorspellen welk effect een bepaalde consequentie zal hebben. Maar de enige manier om zeker te weten of het om een bekrachtiger of een straffer gaat, is door te kijken naar het effect op het gedrag. Zo kunnen we erop gokken dat een kind een aframmeling als straf ervaart, maar voor hetzelfde geld werkt het pak slaag juist als bekrachtiger voor het ongewenste gedrag omdat het kind op die manier aandacht krijgt.

3   Vanuit een cognitief gezichtspunt bestaat bekrachtiging uit het aanbieden van een aangename stimulus of het weghalen van een onaangename stimulus. Straf heeft te maken met het toedienen van een onaangename stimulus of het verwijderen van een aangename stimulus.

met het geven van een stimulus. Negatieve bekrachtiging en negatief straffen hebben altijd te maken met het wegnemen van een stimulus. Tabel 4.1 geeft een samenvatting van de verschillen tussen positieve en negatieve bekrachtiging en straf.

Gebruik en misbruik van straf

In onze samenleving speelt straf een grote rol, en het lijkt soms wel alsof de dreiging van straf het enige is wat de mensen in het gareel houdt. We stoppen mensen in de gevangenis, beboeten ze, slaan ze, we geven ze slechte cijfers en afkeurende blikken. En waartoe leidt dat allemaal? Straf leidt meestal tot een onmiddellijke gedragsverandering, wat bekrachtigend werkt richting degene die de straf uitdeelt en een belangrijke reden is waarom straf zo'n wijdverspreid fenomeen is. Verschillende andere factoren moedigen de gewoonte om te straffen nog verder aan. Ten eerste kan straffen een aangename uitwerking hebben op degene die de straf uitdeelt: denk maar aan uitdrukkingen als 'je gelijk halen', 'grenzen stellen' of 'de ander ergens voor laten boeten'. Daarom zeggen we ook dat 'wraak' (een vorm van straffen) 'zoet is'. Deze beloning zet dikwijls aan tot nog meer straffen, waarmee de cirkel rond is.

Toch werkt straf, in het bijzonder de soort waarbij pijn, vernedering of gevangenschap komen kijken, op lange termijn niet zo goed als we zouden willen (American Psychological Association, 2002b). Kinderen die gestraft zijn, blijven zich misdragen, werknemers die een uitbrander hebben gehad, blijven te laat komen en criminelen die na hun straf weer in de maatschappij terugkeren, komen niet zelden weer in de gevangenis terecht. Waarom is het zo moeilijk om straf effectief te laten zijn? Daarvoor zijn verschillende redenen aan te voeren.

Ten eerste, *het vermogen van straf om ongewenst gedrag te onderdrukken, verdwijnt meestal als de dreiging van de straf is verdwenen* (Skinner, 1953). Automobilisten houden zich alleen aan de maximale snelheid als ze weten dat de politie aan het controleren is. John zal zijn kleine broertje niet slaan als zijn ouders binnen gehoorsafstand zijn, maar anders... Kortom, de meeste mensen vertonen gewenst gedrag als ongewenst gedrag onvermijdelijk leidt tot een flinke straf. Maar als ze weten dat de kans op straf gering is, gedragen ze zich vaak heel anders. Dat verklaart waarom automobilisten op de snelweg zelden afremmen als er vanwege wegwerkzaamheden een snelheidsbeperking geldt; ze weten dat de politie hier zelden op controleert. Globaal gesproken kun je stellen dat het gedrag van een ander alleen met enige zekerheid te sturen is door middel van straf of dreiging als je zijn of haar omgeving *voortdurend* onder controle hebt. Zulke controle is meestal niet mogelijk, zelfs niet in een gevangenis.

Ten tweede *kan de verlokking van beloningen ertoe leiden dat de mogelijkheid van straf op de koop toe wordt genomen*. Dit lijkt een factor te zijn waardoor het dealen van drugs wordt gestimuleerd, waarbij de mogelijkheid een hoop geld te verdienen, opweegt tegen de kans op gevangenisstraf (Levitt & Dubner, 2005). Op een andere manier kan de aantrekking en afstoting van straf en beloning ook een rol spelen bij mensen die een dieet volgen, waarbij de aantrekkingskracht van voedsel op korte termijn mogelijk opweegt tegen de ongewenste consequenties van het aankomen op lange termijn. Het aansturen van iemands gedrag door middel van straf kan dus ook mislukken doordat je de beloningen niet onder controle hebt.

Ten derde *roept straf dikwijls vluchtgedrag of agressie op*. Organismen die gestraft zijn, proberen over het algemeen verdere straf te ontlopen. Maar als er geen ontkomen aan is, kunnen ze agressief worden. Als je een gewond dier in een hoek drijft, bijt het soms fel van zich af. Stop twee ratten in een Skinner-box waarvan het rooster op de bodem onder stroom staat en de ratten zullen uiteindelijk elkaar aanvallen (Ulrich & Azrin, 1962). Onderwerp mensen in een gevangenis aan een streng regime en de kans is groot dat ze in opstand komen of, wanneer ze bewakers zijn, ze gevangenen misbruiken (Zimbardo, 2004c; 2007). Ook in opvoedingssituaties bestaat de kans dat kinderen na een straf negatieve gevoelens gaan koesteren voor de bestraffer (ouders, leerkracht, opvoeder). Tevens is het zo dat mensen in een straffende omgeving, of het nu een gevangenis, de school of thuis is, gaan denken dat straf en agressie legitieme manieren zijn om anderen te beïnvloeden. De link tussen straf en agressie verklaart ook waarom ouders die als kind mishandeld zijn, eerder geneigd zijn hun eigen kinderen te mishandelen en waarom agressieve delinquenten dikwijls afkomstig zijn uit gezinnen waar agressief gedrag tegenover kinderen gewoon was (Golden, 2000). Hoewel er overtuigend wetenschappelijk bewijs bestaat dat straf maar al te vaak tot agressie leidt, is dit feit bij het grote publiek helaas zo goed als onbekend. Een vierde reden waarom straf vaak niet werkt, is dat *het toedienen van straf het 'slachtoffer' onrustig maakt, wat een blokkade opwerpt voor het leren van nieuwe en betere responsen*. Wanneer het organisme niet in staat is om straf te ontvluchten, kan het zijn pogingen om te vluchten of te vechten uiteindelijk opgeven, waarna het ten prooi valt aan wanhoop. Het passief ondergaan van de geselingen van het leven wordt *aangeleerde hulpeloosheid* genoemd. Dit fenomeen werd min of meer bij toeval ontdekt door Seligman en zijn collega's (Overmier & Seligman, 1967; Seligman & Maier, 1967) in een experiment dat zij uitvoerden met honden (zie figuur 4.6). Bij mensen kan deze reactie leiden tot een ziektebeeld dat we depressie noemen (Terry, 2000).

Een vijfde en laatste reden waarom straffen zelden effectief is, is dat *straf dikwijls oneerlijk wordt toegepast*, en bijvoorbeeld in strijd is met onze opvattingen over eerlijke en gelijke behandeling. Jongens worden vaker gestraft dan meisjes (Lytton & Romney, 1991); kinderen, vooral als ze nog op de basisschool zitten, ontvangen meer fysieke straf dan volwassenen; leden van etnische minderheden worden vaker met behulp van straffen in het gareel gehouden dan leden van de etnische meerderheid (Hyman, 1996).

Als je een constructieve verandering in attitudes en gedrag wilt aanbrengen, dan zijn aangeleerde hulpeloosheid, depressie, agressie en ontsnapping ongewenste resultaten. Bovendien hindert straf iemand om aan te leren wat hij anders moet doen, doordat door straf de aandacht wordt gericht op wat hij *niet* moet doen. Al deze resultaten hebben een negatieve invloed op het aanleren van nieuwe dingen. Mensen die niet zijn gestraft, voelen zich echter vrijer om met nieuwe gedragingen te experimenteren.

▶▶ **Verbinding hoofdstuk 14**
Personen met aangeleerde hulpeloosheid hebben vaak een extreme externe locus of control: zij denken heel weinig invloed te hebben op gebeurtenissen in hun leven (p. 591).

▶▶ **Verbinding hoofdstuk 12, 14**
Aangeleerde hulpeloosheid is in allerlei situaties aangetoond bij mensen, zoals bij misbruikte en depressieve kinderen, mishandelde vrouwen en krijgsgevangenen (pp. 502 en 591).

Figuur 4.6

De 'ontdekking' van aangeleerde hulpeloosheid: het experiment van Seligman

Seligman en zijn collega's dienden in dit experiment honden meermaals elektrische schokken toe. Honden die in eerste instantie geen mogelijkheid kregen om de duur van de schok te verkorten, door bijvoorbeeld op een knop te drukken, bleken dat later ook niet meer te leren. Dit in tegenstelling tot honden die in eerste instantie wel controle uitoefenen. Toen honden uit beide groepen later in een *'shuttle box'* werden gezet, bleek namelijk dat honden die hadden geleerd dat ze controle hadden, snel leerden om over de afscheiding te springen. Honden die hadden geleerd passief en hulpeloos te zijn, leden weliswaar onder de schok, maar ondernamen niets om deze te vermijden: ze hadden geleerd passief en hulpeloos te zijn.

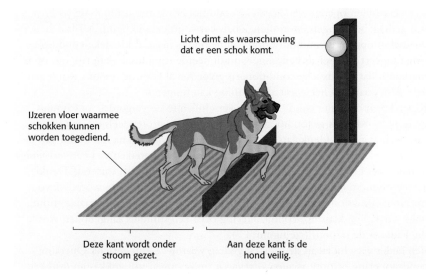

Licht dimt als waarschuwing dat er een schok komt.

IJzeren vloer waarmee schokken kunnen worden toegediend.

Deze kant wordt onder stroom gezet.

Aan deze kant is de hond veilig.

Extreem straffende omstandigheden kunnen uiteindelijk leiden tot een gevangenisopstand en ander agressief gedrag.

Tabel 4.2 Vergelijking tussen klassieke en operante conditionering

Klassieke conditionering	Operante conditionering
Gedrag wordt gecontroleerd door stimuli die voorafgaan aan de respons (de CS en UCS).	Gedrag wordt gecontroleerd door gevolgen (beloning, straf et cetera) die de respons volgen.
Geen beloning of straf (hoewel plezierige en aversieve stimuli kunnen worden toegepast).	Hierbij komt vaak toepassing van beloning (bekrachtiging) of straf kijken.
Door conditionering kan een nieuwe stimulus (de CS) 'aangeboren' (reflexief) gedrag veroorzaken.	Door conditionering veroorzaakt een nieuwe stimulus nieuw gedrag.
Extinctie wordt veroorzaakt door het weglaten van de UCS.	Extinctie wordt veroorzaakt door het weglaten van de bekrachtiging.
De leerder is passief (reageert reflexief): reponsen zijn onvrijwillig. Gedrag wordt opgeroepen door de stimulus.	De leerder is actief (vertoont operant gedrag): reponsen zijn vrijwillig. Gedrag wordt vertoond of juist niet vertoond door het organisme.

4.2.4 Vergelijking tussen operante en klassieke conditionering

Nu we de belangrijkste kenmerken van operante en klassieke conditionering hebben bekeken, is het tijd om ze naast elkaar te zetten. Zoals je in tabel 4.2 ziet, verschillen operante en klassieke conditionering met name in de *gevolgen* van gedrag: beloningen en straffen. Zoals het voorbeeld in figuur 4.7 laat zien, is voedsel in operante conditionering een beloning, maar in klassieke conditionering fungeert voedsel als een ongeconditioneerde stimulus. Belangrijk om op te merken is dat in klassieke conditionering voedsel al vóór de respons wordt aangeboden, waardoor het nooit als beloning kan fungeren.

Klassieke en operante conditionering verschillen in de volgorde van stimulus en respons. Klassiek geconditioneerd gedrag bestaat grotendeels uit een respons op *eerdere stimulatie* (denk aan Pavlovs honden die kwijlden na het horen van de bel), terwijl operant gedrag dikwijls gericht is op het bereiken van een *toekomstige toestand:* het krijgen van een bekrachtiging, of het vermijden van straf. Denk aan een hond die goed gaat zitten voor een koekje. Met andere woorden: voor operante conditionering is het nodig dat er op de respons een bepaalde stimulus volgt, terwijl bij klassieke conditionering eerst een stimulus aangeboden wordt, die leidt tot de respons (zie figuur 4.7).

Een ander verschil zit in de soorten gedrag waarop ze zijn gericht. Operante conditionering beloont *nieuwe gedragingen*: op knoppen van gokkasten drukken,

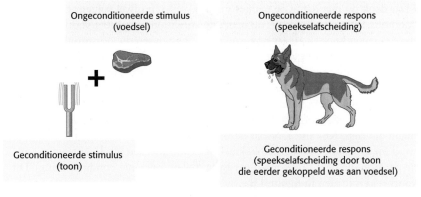

Klassieke conditionering

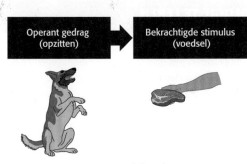

Operante conditionering

Figuur 4.7

Dezelfde stimulus kan verschillende rollen spelen in klassieke conditionering en operante conditionering

Dezelfde stimulus (voedsel) kan zeer uiteenlopende rollen spelen, afhankelijk van het soort conditionering dat wordt toegepast. Bij klassieke conditionering kan het de UCS zijn, terwijl het bij operante conditionering kan dienen als een bekrachtiger voor operant gedrag. Merk ook op dat het bij klassieke conditionering gaat om de verbinding tussen twee stimuli die vóór de respons worden toegepast. Operante conditionering is gebaseerd op de bekrachtigende (belonende) of straffende stimulus die ná de respons worden toegepast.

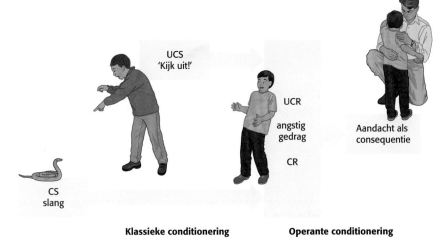

Klassieke conditionering   **Operante conditionering**

Figuur 4.8

Klassieke en operante conditionering kunnen samenwerken

Een respons die oorspronkelijk door middel van klassieke conditionering is aangeleerd, kan door operante bekrachtiging onderhouden en versterkt worden.

bedden opmaken, tandenpoetsen, naar het werk gaan of studeren voor een examen. Bij klassieke conditionering leert het individu *dezelfde responsen* te geven op *nieuwe stimuli*, zoals het afscheiden van speeksel na het geluid van een bel of terugdeinzen als je de boor van de tandarts hoort.

Je hebt misschien ook opgemerkt dat extinctie bij de twee vormen van leren op enigszins andere wijze verloopt. Bij klassieke conditionering is een voorwaarde voor extinctie dat de ongeconditioneerde stimulus niet aanwezig is. Bij operante conditionering is extinctie het gevolg van het achterwege blijven van de beloning.

Maar denk nu niet dat je de manier waarop we leren ofwel volgens de klassieke conditionering ofwel volgens de operante conditionering moet verklaren. De twee vormen kunnen elkaar ook aanvullen. Responsen die oorspronkelijk zijn aangeleerd met behulp van klassieke conditionering worden meestal in stand gehouden door operante conditionering. Hoe gaat dat in zijn werk? Stel dat iemand een fobie heeft voor slangen. En stel dat die angst voor slangen oorspronkelijk is aangeleerd met behulp van klassieke conditionering: dat gebeurde toen het beeld van een slang (NS) werd gekoppeld aan een beangstigende UCS (iemand die riep: 'Kijk uit!'). Nadat deze fobische respons eenmaal verankerd was, werd hij in stand gehouden en bekrachtigd door mensen uit de omgeving van de persoon die hem probeerden gerust te stellen (operante conditionering). Dit voorbeeld is te zien in figuur 4.8.

Kritisch denken toegepast
Ga naar 'In de praktijk' in de MyLab mediatheek om kritisch na te denken over de centrale vraag van dit hoofdstuk.

■ PSYCHOLOGIE GEBRUIKEN OM PSYCHOLOGIE TE LEREN

Misschien heb je het Premack-principe zonder het te weten al eens gebruikt om meer te gaan studeren. Misschien mocht je van jezelf pas televisiekijken of iets te drinken halen als je werk af was. Voor sommige mensen werkt dat. Maar als het voor jou niet werkt, probeer dan om het studeren zelf wat aangenamer, en dus meer bekrachtigend, te maken.

Voor de meesten van ons is samenzijn met mensen die we aardig vinden een sterke bekrachtiger, ongeacht wat we doen. Je kunt proberen een deel (niet alle!) van je studieactiviteiten te combineren met de voordelen van sociale omgang. Zoek een studiegenoot met wie je belangrijke onderdelen van de leerstof bespreekt en probeer met zijn tweeën te bedenken hoe het komende examen eruit zal zien.

Wat dit boek betreft: richt je niet alleen op de woorden. Probeer het geheel te overzien: de kern van elke paragraaf. De kernconcepten vormen een goed uitgangspunt. Bespreek met je studiegenoot hoe de details in het kernconcept passen. De sociale druk van een aanstaande studieafspraak is waarschijnlijk groot genoeg om ervoor te zorgen dat je klaar bent met je leeswerk en de moeilijke punten hebt opgeschreven. Door aan een ander uit te leggen wat je hebt geleerd, zul je de stof nog beter gaan beheersen. De werkelijke bekrachtiging bestaat echter uit de toename van de tijd die je – studerend – doorbrengt met je vrienden!

Ga naar **www.pearsonmylab.nl** om je kennis en begrip van deze paragraaf te testen met de MyMap, MyCheck en MyDefinitions.

KERNVRAAG 4.3
▶ Hoe verklaart de cognitieve psychologie leren?

J.D. Watson (1968) schrijft in *The Double Helix* dat hij maandenlang tevergeefs zocht naar het geheim van de genetische code, en dat de doorbraak uiteindelijk werd veroorzaakt door een onverwachte ingeving. Misschien heb je wel eens iets dergelijks meegemaakt toen je met een lastig probleem werd geconfronteerd. Zulke gebeurtenissen passen noch in het model van Pavlovs reflexen, noch in het model van Skinners 'shaping' en kunnen dus niet door stimulus-responsleren worden verklaard.

Veel psychologen denken dat hier sprake is van een geheel ander proces dat verantwoordelijk is voor zulke onverwachte ingevingen; een proces dat ze *cognitief leren* noemen. Vanuit een cognitief perspectief hoeft leren niet altijd tot veranderingen in gedrag te leiden, maar wel tot veranderingen in mentale activiteit. Daarover gaat het kernconcept van deze paragraaf:

● **KERNCONCEPT 4.3**
Volgens de cognitieve psychologie leiden sommige vormen van leren alleen tot veranderingen in mentale processen en niet tot veranderingen in gedrag.

Laten we eens kijken hoe cognitief psychologen het onderzoek naar de verborgen mentale processen achter leren hebben benaderd.

4.3.1 Inzichtelijk leren: Köhler en zijn chimpansees op de Canarische Eilanden

Toen Gestaltpsycholoog Wolfgang Köhler tijdens de Eerste Wereldoorlog min of meer gestrand was op Tenerife, had hij alle tijd om na te denken over het fenomeen leren. Köhler was ontgoocheld door de verklaringen van de behavioristen en probeerde zijn eigen theorieën te ontwikkelen. Volgens hem moest de psychologie mentale processen als een noodzakelijk onderdeel van het leren erkennen, ook al waren die door de behavioristen als subjectieve speculatie van de hand gewezen. Om zijn opvattingen te bewijzen, maakte Köhler handig gebruik van het primatenonderzoekscentrum dat de Duitse overheid op Tenerife had gevestigd. Daar bedacht hij experimenten waarmee cognitief leren via waarneembaar gedrag kon worden aangetoond (Sharps & Wertheimer, 2000; Sherill, 1991).

Met deze onderzoeken liet Köhler zien dat zijn chimpansees ingewikkelde problemen leerden op te lossen, niet alleen door trial-and-error maar ook dankzij 'flitsen van inzicht', waarbij ze gedragingen combineerden die ze eerder afzonderlijk hadden aangeleerd. Hieruit leidde hij af dat de dieren niet blindelings geconditioneerde gedragingen inzetten, maar dat ze in feite hun percepties van het probleem reorganiseerden.

Bij een van deze experimenten was Sultan betrokken, een chimpansee die had geleerd het fruit dat hoog in zijn kooi was opgehangen te bereiken door kisten op te stapelen. Sultan wist ook hoe hij fruit dat net buiten zijn bereik lag met een stok te pakken kon krijgen. Toen de chimpansee met een nieuwe situatie werd geconfronteerd (fruit dat nog hoger hing) ging het dier in eerste instantie in de weer met stokken (trial-and-error). Dat werkte niet. Duidelijk gefrustreerd gooide Sultan de stokken weg, sloeg tegen de muren en liet zich op de grond zakken. Köhler schrijft in zijn verslag dat het dier vervolgens op zijn hoofd krabde en naar enkele kisten in de buurt begon te staren. Na een moment van ogenschijnlijk 'denken' sprong hij plotseling overeind en sleepte een kist en een stok tot onder het fruit. Hij klom op de kist en sloeg met zijn stok tegen het fruit tot het naar beneden viel. Opmerkelijk genoeg had Sultan deze combinatie van responsen nog nooit gebruikt of gezien! Dit was volgens Köhler bewijs dat de dieren niet enkel gedachteloos geconditioneerd gedrag vertoonden, maar leerden door *inzicht*: door hun *percepties* van problemen te reorganiseren. Hij beargumenteerde dat apen, net als mensen, problemen leren op te lossen door bekende voorwerpen ineens in een an-

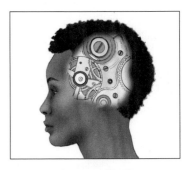

Het cognitieve perspectief zegt dat onze cognities onze geestelijke gezondheid (of psychische stoornissen) kunnen beïnvloeden.

◄◄ **Verbinding hoofdstuk 3**
De *Gestaltpsychologie* is het bekendst geworden met haar werk over perceptie (p. 113).

De ruïne van Köhlers oude laboratorium, bekend onder de naam La Casa Amarilla (het gele huis), kan nog bezichtigd worden in de buurt van Puerto de la Cruz. Als je van spionageverhalen houdt, kun je *A Whisper of Espionage* lezen, een boek dat de mogelijkheid verkent dat Köhler niet alleen het gedrag van chimpansees bestudeerde, maar ook de geallieerden bespioneerde vanuit zijn uitzichtpunt op de kust van Tenerife tijdens de Eerste Wereldoorlog (Ley, 1990).

Bron: Robert L. Johnson.

Inzichtelijk leren: Een vorm van cognitief leren, oorspronkelijk beschreven door Gestaltpsychologen, waarbij het oplossen van problemen plaatsvindt door een plotselinge reorganisatie van percepties.

dere vorm of context te zien. Zo'n proces speelt zich op mentaal niveau af, niet op gedragsniveau. Köhler noemde dit **inzichtelijk leren** (Köhler, 1925).

De behavioristische stroming had geen overtuigende verklaring voor Köhlers observaties. Noch de klassieke, noch de operante conditionering bood een verklaring voor Sultans gedrag in termen van stimulus–respons. Dus konden de prestaties van Köhlers apen alleen verklaard worden met het *cognitieve* concept van perceptuele reorganisatie.

Het soort leren dat Köhlers chimpansees lieten zien, ging loodrecht in tegen de uitleg van de behavioristen. Hier zie je Sultan, Köhlers slimme dier, die het probleem oplost van de bananen die buiten zijn bereik hangen door de kisten op elkaar te stapelen en er met de stok bovenop te klimmen. Köhler claimde dat zijn gedrag een demonstratie was van inzichtelijk leren.

Bron: SuperStock/SuperStock.

4.3.2 Cognitieve plattegronden: Tolman ontdekt wat er omgaat in het hoofd van de rat

Niet lang na Köhlers experimenten met chimpansees viel het de vroegere behaviorist Edward Tolman op dat de ratten in het lab zich gedroegen op manieren die de geaccepteerde behavioristische doctrine niet kon verklaren. Ze renden door de doolhof alsof ze een mentale 'plattegrond' volgden, in plaats van gedachteloos een serie aangeleerde gedragingen uit te voeren. Laten we eens kijken op welke manier Tolman in staat was om de 'bedachtzaamheid' van deze responsen te demonstreren.

Als je in het donker door je huis loopt of als je iemand de weg wijst, maak je gebruik van wat Edward Tolman (1886-1959) een 'cognitieve plattegrond' noemde.

Cognitieve plattegrond: In het werk van Tolman is het een mentale representatie van een doolhof of andere fysieke ruimte. Psychologen gebruiken de term vaak breder om er een begrip van verbanden tussen concepten mee aan te duiden.

Technisch gesproken is een **cognitieve plattegrond** een mentale representatie die een organisme gebruikt om zich in zijn omgeving te oriënteren. Maar was een dier met een eenvoudig bewustzijn als een rat wel tot zo'n complexe mentale representatie in staat? En zo ja, hoe kan het bestaan van cognitieve plattegronden met zekerheid worden aangetoond?

Een rat kan snel een alternatieve route kan kiezen als zijn favoriete pad geblokkeerd is. De enige verklaring voor dit feit is volgens Tolman dat het dier de beschikking heeft over een cognitieve plattegrond van de doolhof. Sterker nog, de ratten kiezen bijna altijd de kortste omweg rond de blokkade, zelfs als die route voordien nooit is bekrachtigd. In plaats van lukraak alle mogelijke wegen van de doolhof te onderzoeken door middel van trial-and-error, wat de ratten volgens de behavioristische theorie zouden moeten doen, gedroegen Tolmans proefdieren zich alsof ze een mentale representatie (een innerlijke cognitieve plattegrond) van de doolhof hadden. (In figuur 4.9 zie je de doolhof die Tolman gebruikte.)

Ter nadere ondersteuning van zijn bewering dat leren mentaal en niet zuiver gedragsmatig was, voerde Tolman nog een experiment uit: nadat ratten hadden geleerd door een doolhof te rennen, vulde hij dit met water. Vervolgens toonde hij aan dat de ratten in staat waren door de doolhof te zwemmen. Dit leidde tot de conclusie dat de dieren een concept hadden geleerd en niet alleen een bepaald gedrag: Tolman betoogde dat ze niet alleen een volgorde van rechts of links afslaan slaan hadden geleerd, maar dat ze een meer abstracte, mentale representatie hadden gekregen van de ruimtelijke opbouw van de doolhof (Tolman & Honzik, 1930; Tolman et al., 1946).

Leren zonder bekrachtiging

Bij een vervolgonderzoek liet Tolman (1948) zijn ratten enkele uren vrij rondzwerven door een doolhof, zonder dat ze enige bekrachtiging ontvingen; ze verkenden eenvoudigweg de doolhof. Ondanks het gebrek aan beloning, kostte het de ratten later minder tijd om te leren de routes te gebruiken door de doolhof die leidden tot een voedselbeloning dan andere ratten die de doolhof nooit hadden gezien. Blijkbaar hadden ze tijdens de exploratiefase de opbouw van de doolhof gememoreerd, hoewel hun gedrag gedurende die tijd geen aanwijzingen toonde voor vorderingen in dit leerproces. Tolman noemde dit **latent leren**.

De betekenis van Tolmans werk

Net als Köhlers experimenten was Tolmans werk zowel belangwekkend als controversieel, omdat het niet strookte met de heersende opvattingen van Pavlov, Watson, Skinner en andere behavioristen. Tolman was het weliswaar met de gevestigde orde eens dat psychologen bij voorkeur waarneembaar gedrag moesten bestuderen, maar voor het gedrag dat hij waarnam in zijn experimenten was de verklaring van een eenvoudige associatie tussen stimuli en responsen gewoonweg niet voldoende. Zijn *cognitieve* analyse betekende een uitdaging voor de behavioristen (Gleitman, 1991).

Later onderzoek naar een mogelijke rol van cognitieve plattegronden bij ratten, chimpansees en mensen hebben het werk van Tolman over het algemeen ondersteund (Olton, 1992). Redelijk recent bleek uit *brain imaging* (beeldvormingsonderzoeken van de hersenen) dat de hippocampus een rol speelt bij het 'tekenen'

▶▶ **Verbinding hoofdstuk 4**
Een concept is een mentale categorie waarmee we ons denken organiseren. De ratten in Tolmans experiment demonstreerden dat ze het concept van een doolhof hadden geleerd (p. 148).

Latent leren: Leren zonder bekrachtiging en zonder zichtbaar of waarneembaar bewijs dat er een leerproces plaatsvindt.

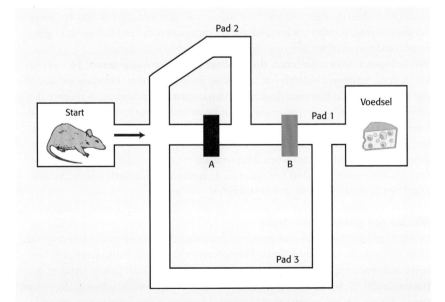

Figuur 4.9
Wegwijs in de doolhof dankzij een cognitieve plattegrond

Toen de kortste weg open was, kozen de ratten pad 1. Toen de weg op punt A werd geblokkeerd, kozen ze pad 2. Toen pad 2 op punt B werd geblokkeerd, kozen de ratten meestal voor pad 3. Uit dit gedrag blijkt dat de dieren met behulp van een cognitieve plattegrond de beste route naar het voedsel uitstippelden.

Bron: Tolman, E. C. & Honzik, C. H. (december 1930). Degrees of Hunger, Reward and Nonreward, and Maze Learning in Rats. *University of California Publication of Psychology*, 4(16).

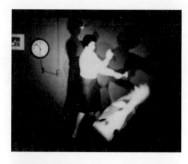

In het experiment met de opblaasclown imiteren een jongen en een meisje het agressieve gedrag dat ze hebben waargenomen bij een volwassene.

Bron: A. Bandura & R. Walters/Photo Courtesy of Albert Bandura.

Video
Ga naar de MyLab mediatheek om het filmfragment te bekijken van Bandura's onderzoek met de Bobo-pop.

Leren door observatie (sociaal leren):
Een vorm van cognitief leren waarbij nieuwe responsen worden geleerd door naar andermans gedrag en de consequenties van dat gedrag te kijken.

van een cognitieve plattegrond in de hersenen (Jacobs & Schenk, 2003). Het lijkt er dus op dat Tolman gelijk had: organismen verwerven een cognitieve representatie van de ruimtelijke opbouw van hun omgeving, zelfs als ze niet voor het exploreren worden beloond. Evolutionair gezien is het vermogen cognitieve plattegronden te maken sterk adaptief (berustend op aanpassing) bij dieren die voedsel moeten zoeken (Kamil et al., 1987).

In de volgende paragraaf zullen we zien dat onderzoeker Albert Bandura in de voetstappen van Tolman trad en een andere steunpilaar van het behaviorisme onderuit haalde. Bandura stelde dat beloningen effectief kunnen zijn, zelfs als we alleen maar zien dat iemand anders wordt beloond. (Daarom maken casino's zo'n heisa als iemand de jackpot wint.) Uit het werk van Bandura komen aanwijzingen naar voren dat beloning ook indirect kan werken, via waarneming. Laten we eens kijken hoe hij dit aantoonde.

4.3.3 Sociaal leren: Bandura's uitdaging aan het behaviorisme

Vergroot het zien van gewelddadig gedrag de kans dat je zelf gewelddadig wordt? Een klassiek onderzoek van Albert Bandura doet vermoeden van wel. Hij nodigde kinderen uit in zijn lab voor een eenvoudig onderzoek. Hij toonde aan dat agressief gedrag bij deze kinderen al kon worden opgewekt wanneer ze alleen maar naar volwassenen hadden *gekeken* die het leuk leken te vinden om een opgeblazen plastic clown (een Bobo-pop) te stompen, te slaan en te schoppen. Wanneer ze daar later de kans toe kregen, gedroegen kinderen die de volwassenen zo bezig hadden gezien, zich agressiever dan de kinderen uit de controlegroep, die niet met het agressieve gedrag geconfronteerd waren (Bandura et al., 1963). Ook uit vervolgstudies bleek dat kinderen de neiging hadden om agressief gedrag dat ze in een film hadden gezien te imiteren, zelfs als de voorbeelden tekenfilmfiguren waren geweest (Anderson et al., 2007; Boyatzis et al., 1995).

Leren door observatie en imitatie

Een belangrijke uitkomst van Bandura's onderzoek is dat we voorbeeldgedrag kunnen imiteren in nieuwe situaties waar we zelf geen ervaring mee hebben. Leren kan dus niet alleen plaatsvinden door directe ervaring, maar ook door te kijken naar het gedrag van iemands anders, een *model*. Als de handelingen van het model succesvol lijken, dat wil zeggen, als het model ze lijkt te beschouwen als bekrachtigend – zijn we geneigd ons op dezelfde manier te gedragen. Je kunt leren door observatie en imitatie beschouwen als een verlengstuk van operante conditionering, waarbij we iemand anders observeren die een beloning krijgt, maar handelen alsof we zelf ook een beloning hebben ontvangen.

Psychologen noemen dit **leren door observatie** of **sociaal leren**. Het verklaart deels waarom kinderen het agressieve gedrag van gewelddadige rolmodellen overnemen. Ze imiteren deze modellen omdat die in hun ogen succesvol of bewonderenswaardig zijn, of gewoon omdat ze zich lijken te vermaken. Sociaal leren verklaart ook hoe mensen atletische vaardigheden onder de knie krijgen, hoe je leert autorijden en hoe je het verschil leert tussen de houding die je aanneemt ten opzichte van vrienden enerzijds en in een sollicitatiegesprek anderzijds. Daarnaast verklaart het waarom de mode zo veranderlijk is en waarom jargon en straattaal zich zo snel verspreiden.

Effecten van geweld in de media

Psychologen hebben veel onderzoek gedaan naar de invloed van het gedrag van film- en tv-personages op kijkers (Huesmann et al., 2003). Zulke onderzoeken zijn controversieel, omdat ze gebruikmaken van *correlationeel* bewijs (Anders & Bushman, 2002). Meer dan vijftig onderzoeken geven namelijk bewijs dat er een verband is tussen het waarnemen van geweld en het zelf vertonen van gewelddadig gedrag. Maar het bewijs is correlationeel; *veroorzaakt* het waarnemen van geweld gewelddadig gedrag, of is het precies andersom? Kan het zo zijn dat gewelddadige mensen worden aangetrokken door gewelddadige films en video's? In vele *experimentele* onderzoeken hebben experts geconcludeerd dat het waarnemen van geweld de waarschijnlijkheid van gewelddadig gedrag vergroot (Huesmann & Moise, 1996; Primavera & Heron, 1996). Het verband tussen het waarnemen van geweld en het vertonen van gewelddadig gedrag later, blijkt bijna net zo sterk te zijn als die tussen roken en het krijgen van kanker (Bushman & Anderson, 2001). Bovendien is er experimenteel bewijs dat het waarnemen van geweld in de media leidt tot een afname van emotionele arousal en angst wanneer achtereenvolgens meerdere gewelddadige handelingen worden waargenomen; een toestand die *mentale afstomping* wordt genoemd (Murray & Kippax, 1979). Sociaal psycholoog Elliot Aronson meent dat de grote hoeveelheid geweld in de media waarschijnlijk een van de (vele) factoren is die een rol hebben gespeeld in geruchtmakende tragedies als de schietpartij op de middelbare school in het Amerikaanse Columbine (Aronson, 2000) en die in het Duitse Erfurt.

Imitatie van gedrag is natuurlijk niet altijd schadelijk. Dankzij observatie leren we ook om onszelf even opzij te zetten als dat nodig is, we leren hoe we anderen in moeilijke situaties kunnen troosten en we leren dat we aan de goede kant van de weg moeten rijden. Je zou kunnen zeggen dat mensen veel gedrag leren – zowel prosociaal (helpend) als antisociaal (schadelijk) – door observatie van anderen. Dankzij dit vermogen om te leren door te kijken, kunnen we ons gedrag eigen maken zonder eindeloos te hoeven zoeken naar de beste oplossing.

◀◀ **Verbinding hoofdstuk 1**
Alleen een *experimenteel onderzoek* kan een oorzaak-gevolgrelatie aantonen (p. 29).

Leren door observatie toegepast op sociale problemen overal ter wereld

Televisie is een van de krachtigste bronnen van leren door observatie, en niet uitsluitend van het ongewenste type dat we zojuist hebben genoemd. Het bekende kinderprogramma *Sesamstraat* maakt gebruik van geliefde karakters als Pino en Koekiemonster om kinderen taal, rekenen en goede manieren aan te leren via observatie. En in Mexico maakt de tv-producer Miguel Sabido gebruik van het werk van Bandura bij de populaire soapserie *Ven Conmigo* (*Kom met me mee*), die draait om een groep mensen die met elkaar in contact komen doordat ze een alfabetiseringscursus volgen. Na het eerste seizoen schreven zich negen keer zo veel mensen in voor een alfabetiseringscursus als gedurende het jaar daarvoor (Smith, 2002b).

Dit idee werd overgenomen door een non-profitorganisatie, Populations Communications International, die het over de hele wereld heeft verspreid. Er bestaan daardoor ook televisiedrama's gericht op het propageren van vrouwenrechten, veilig vrijen en de preventie van hiv en ongewenste zwangerschap. Zulke programma's zijn erg populair en bereiken grote aantallen mensen in Zuid-Amerika, Afrika, Zuid- en Oost-Azië en het Midden-Oosten.

Posters, billboards, televisieprogramma's en andere mediacampagnes zijn soms effectieve instrumenten om maatschappelijke veranderingen te stimuleren.
Bron: Soa Aids Nederland.

Werkt het? Heel goed, aldus de hoogleraren Arvind Singhal en Everett Rogers (2002). Als gevolg van een soapserie die in India werd uitgezonden, ondertekende een heel dorp een contract waarin werd beloofd de praktijk van de kinderhuwelijken te stoppen. Ook vindt geboortebeperking steeds meer goedkeuring, en in kleine dorpjes in India worden 10 tot 38 procent meer meisjes op scholen ingeschreven. Al met al lijkt het erop dat het gebruik van televisie als middel om positieve sociale verandering teweeg te brengen een succesverhaal is. Daaruit valt weer te concluderen dat psychologische theorie en onderzoek een belangrijke bijdrage kunnen leveren aan een verbetering van het leven van mensen.

4.3.4 Een cognitieve versie van stimulus-responsleren

In de jaren tachtig en negentig van de twintigste eeuw hebben cognitief psychologen zich op het terrein van de klassieke en operante conditionering gewaagd, wat leidde tot een cognitieve versie van de stimulus-responstheorieën. Een van de belangrijkste zaken die toen aan de orde kwam, gaat over de adaptieve waarde van klassieke conditionering voor het organisme (Hollis, 1997).

Leon Kamin (1969) heeft laten zien dat het cruciale kenmerk van de geconditioneerde stimulus de *informatieve waarde* is. Bij zijn grensverleggende experimenten over conditionering gaf Kamin een dier verschillende stimuli zoals lichten en geluiden, soms afzonderlijk en soms in paren. Hij ontdekte dat alleen die stimuli die het dier in staat stelden op betrouwbare wijze de ongeconditioneerde stimulus te voorspellen, tot geconditioneerde stimuli werden omgevormd en dus een geconditioneerde reactie gingen veroorzaken. Dit verklaart waarom de meest effectieve CS een prikkel is die aan de UCS *voorafgaat*. Eerder zagen we reeds een ander voorbeeld van de informatieve waarde van de CS. Toen bespraken we geconditioneerde voedselaversies waarbij een *smaak* als waarschuwing kon dienen voor giftig voedsel, zonder dat op dat moment andere stimuli aanwezig waren. Daardoor kon de smaak als geconditioneerde reactie misselijkheid teweegbrengen. Zoals Robert Rescorla (1988), een andere gezaghebbende cognitief behaviorist, opmerkte:

> *Klassieke conditionering is geen stom proces waarmee het organisme willekeurig associaties vormt tussen twee willekeurige stimuli die toevallig tegelijkertijd voorkomen. Het kan beter worden beschouwd als een proces waarbij het organisme informatie zoekt, met behulp van logische en perceptuele relaties tussen gebeurtenissen... zodat hij een verfijnde representatie van de wereld vormt (p. 154).*

Cognitief-behavioristische psychologen betogen dat voor operante conditionering ook een cognitieve verklaring nodig is. Dit is immers gebleken uit de rattenexperimenten van Tolman en het experiment met kinderen en de Bobo-pop van Bandura.

Ze stellen dat bekrachtiging niet alleen het gedrag verandert, maar ook de *verwachtingen* van het individu over zulke situaties in de toekomst. Stel dat je een beloning krijgt omdat je aanwezig was bij een psychologieles. Deze beloning verandert je toekomstige gedrag omdat je *verwacht* dat je de volgende keer als je de les bijwoont opnieuw beloond zult worden (zie tabel 4.3).

4.3.5 De rol van de hersenen bij leren

Wat weten we van de biologie van leren? Op neurologisch niveau lijkt leren te maken te hebben met fysische veranderingen die de spanning in de synapsen in groepen zenuwcellen doen toenemen, een proces dat **long-term potentation** wordt genoemd (Antonona et al., 2001; Kandel, 2000). Aanvankelijk werken de neuronen van de verschillende hersengebieden die bij het leren zijn betrokken, erg hard. Naarmate het leren vordert, worden de verbindingen tussen de ver-

Long-term potentation: Een biologisch proces waarbij de elektrische spanning in de synapsen van groepen zenuwcellen toeneemt. Men neemt aan dat dit proces de neurale basis van leren is.

schillende gebieden in de hersenschors sterker en wordt het vuurpatroon minder intens (Büchel et al., 1999).

Bij operante conditionering gaan de beloningsschakelingen van de hersenen een rol spelen, vooral delen van de frontale schors en het limbische systeem, met zijn schakelingen die rijk zijn aan dopaminereceptoren (O'Doherty et al., 2004; Roesch & Olson, 2004).Veel deskundigen nemen tegenwoordig aan dat de hersenen gebruikmaken van deze schakelingen om de beloningen waar te nemen die de essentie van positieve bekrachtiging vormen (Fiorillo et al., 2003; Shizgal & Avanitogiannis, 2003). Met behulp van het limbische systeem kunnen we ons ook sterke emoties herinneren, angst bijvoorbeeld, die zo vaak met klassieke conditionering gepaard gaan (Miller, 2004). In het volgende hoofdstuk, als we het geheugen behandelen, gaan we meer leren over andere delen van de hersenen die zijn betrokken bij het leren.

▶▶ **Verbinding hoofdstuk 9**
Het limbische systeem in de hersenen speelt onder meer een belangrijke rol bij emotie (p. 372).

De hersenen en extinctie

Hoewel het belangrijk is voor onze overleving om emotionele gebeurtenissen te onthouden, is het ook belangrijk om associaties die onbeduidend blijken, te *vergeten*. Net zoals dieren in het wild een bron moeten vergeten die is opgedroogd, moeten mensen leren omgaan met veranderingen van treintijden of verkeersregels. Bij deze voorbeelden speelt *extinctie* van eerder geleerde reacties een rol. Onderzoekers in de neurowetenschappen hebben ontdekt dat extinctie optreedt wanneer herinneringen door bepaalde neurotransmitters, waaronder glutamaat en norepinefrine, worden geblokkeerd (Miller, 2004; Travis, 2004). Deze ontdekkingen hebben aangezet tot een zoektocht naar therapeutische middelen die onwelkome herinneringen aan emotionele ervaringen kunnen blokkeren. Op een dag is het misschien mogelijk zulke middelen toe te dienen aan mensen die een extreem trauma hebben ondergaan. Zo wordt gehoopt dat kan worden vermeden dat soldaten of slachtoffers van ongelukken en verkrachting een posttraumatische stressstoornis krijgen, een aandoening die bij deze groepen veel voorkomt. Er bestaan echter veel ethische kwesties rond de vraag wie kan besluiten welke herinneringen moeten worden onderdrukt.

Wetenschappers hebben wel experimentele methoden ontwikkeld waarmee het emotionele trauma dat samenhangt met herinneringen aan een traumatische gebeurtenis kan worden geblokkeerd, maar het idee van een machine die selectief herinneringen wist (zoals in de film *Eternal Sunshine of the Spotless Mind*) zal waarschijnlijk fictie blijven.
Bron: Focus Features/Courtesy Everett Collection.

Stimulus-responsleren in verband brengen met cognitief leren

De neurowetenschap heeft aanwijzingen voor processen in de hersenen gevonden waarmee zowel de behavioristische als de cognitieve verklaring van leren wordt ondersteund. Ze stelt dat er twee afzonderlijke hersencircuits bestaan waarin wordt geleerd: één voor eenvoudig stimulus-responsleren en één voor complexere taken (Kandel & Hawkins, 1992). De eenvoudige banen lijken verantwoordelijk voor het soort leren dat optreedt als een hond gaat kwijlen bij het geluid van een bel, of dat een rol speelt bij het verwerven van motorische vaardigheden door mensen die leren fietsen of golfen. Dit soort leren gaat langzaam en verbetert naarmate het vaker herhaald wordt. Klassieke conditionering en een groot deel van operant leren passen prima in deze omschrijving. De tweede soort zenuwbanen lijkt verantwoordelijk voor meer complexe vormen van leren die een bewuste verwerking vereisen: conceptvorming, inzichtelijk leren, sociaal leren en het geheugen voor specifieke gebeurtenissen. Er moet nog veel onderzoek gedaan worden, maar als daaruit blijkt dat deze scheiding (zie tabel 4.3) de weerslag is van een fundamentele tweedeling in het zenuwstelsel, dan hadden zowel de behavioristen als de cognitief psychologen (deels) gelijk. Ze spraken alleen over fundamenteel verschillende vormen van leren (Clark & Squire, 1998; Jog et al., 1999).

Tabel 4.3   Een vergelijking tussen stimulus-responsleren en cognitief leren

Stimulus-responsleren	Cognitief leren
In onderzoek naar dit type leren ligt de focus op waarneembare gebeurtenissen (stimuli en responsen).	In onderzoek naar dit type leren worden veronderstellingen gemaakt over mentale processen die niet direct waarneembaar zijn.
Leren bestaat uit associaties tussen stimuli en responsen.	Leren is een proces van informatieverwerking: de lerende zoekt bruikbare informatie uit stimuli.
Belangrijke vormen van leren zijn habituatie, klassieke conditionering en operante conditionering.	Leren behelst ook inzicht, sociaal leren, cognitieve plattegronden en andere complexe vormen van leren.
Theorie over dit type leren werd ontwikkeld in reactie op de subjectieve methoden van structuralisme en functionalisme: behaviorisme werd het dominante perspectief in het grootste deel van de twintigste eeuw.	Theorie over dit type leren werd ontwikkeld in reactie op de beperkte blik van het behaviorisme: cognitieve psychologie werd het dominante perspectief aan het eind van de twintigste eeuw.
Grote namen uit het onderzoek naar dit type leren zijn Pavlov, Thorndike, Watson en Skinner.	Grote namen uit het onderzoek naar dit type leren zijn Köhler, Tolman, Bandura en Kamin.

Leren door observatie en spiegelneuronen

Mensen leren duidelijk van hun waarnemingen van anderen, zoals we hebben gezien in het onderzoek van Bandura met de Bobo-pop. Een andere vorm van leren door observatie: wanneer je iemand aan tafel een hap ziet nemen en een vies gezicht ziet trekken, zul je hetzelfde gerecht niet graag proberen. Het is tot nu toe altijd een mysterie geweest op welke wijze onze hersenen reageren wanneer iemand anders wordt beloond of bestraft. De recente ontdekking van spiegelneuronen geeft een aanwijzing voor een neurologische basis voor leren door observatie. De 'spiegelcellen' in onze hersenen zijn blijkbaar zodanig fijn afgestemd dat ze het gevoel van anderen die worden beloond of bestraft, 'weerspiegelen', doordat in dat geval dezelfde netwerken in onze eigen hersenen worden geactiveerd (Jaffe, 2007).

◀◀ **Verbinding hoofdstuk 2**
Spiegelneuronen helpen ons het gedrag van anderen te imiteren (p. 68).

4.3.6   Sociaal-constructivisme en 'het nieuwe leren'

De afgelopen decennia heeft het sociaal-constructivisme de manier waarop tegen leren wordt aangekeken verder veranderd. De moderne leertheorie gaat niet uit van het idee dat mensen passief toegediende informatie opnemen, maar gaat ervan uit dat mensen zelf betekenis verlenen aan hun omgeving waarbij sociale processen een belangrijke rol spelen. Oftewel: leren geschiedt in sociale interactie (Gergen, 1985). Tijdens dit 'actieve leren' wordt kennis door ieder individu op een eigen, unieke wijze geconstrueerd, waarbij reacties en opvattingen in de sociale omgeving een sterke invloed hebben op de persoon die leert. Ook speelt *transfer of learning* een belangrijke rol; hiermee wordt het proces bedoeld waarbij het opdoen van nieuwe kennis en vaardigheden wordt beïnvloed door eerder opgedane kennis en vaardigheden (Cormier & Hagman, 1987; Simons, 1999). Het gaat daarbij niet zozeer om het *vergaren* van kennis, maar om het *reconstrueren*, het omvormen en polijsten van de kennis die men al heeft (Gabringer et al., 1997).

In de vertaling van het sociaal-constructivisme naar de dagelijkse onderwijs- of opvoedingspraktijk vormt 'leren als een sociaal proces' het belangrijkste uitgangspunt. In Nederland is onder invloed van het sociaal-constructivisme onder meer 'het nieuwe leren' opgekomen, een leermethode die ervan uitgaat dat individuen 'van nature' willen leren (Simons et al., 2000). Hoewel het tijdens het 'actieve leren' voornamelijk draait om de zelfstandigheid en autonomie van degene die leert, kan de docent of begeleider, maar ook de ouder, er tijdens het leerproces voor zorgen dat de 'transfer of learning' optimaal is. Volgens Simons en collega's is een van de positieve effecten een toename in interesse en leergierigheid bij degene die het leerproces doormaakt.

▶▶ **Verbinding hoofdstuk 7**
Ook Piaget en Vygotsky waren al van mening dat kinderen niet passief, maar actief leren. Beiden legden, net als het sociaal-constructivisme, nadruk op de context waarin het leren plaatsvindt. Vygotsky's begrip 'zone van naaste ontwikkeling' wordt in nieuwe vormen van leren veelvuldig toegepast (p. 274).

⊕ **DOE HET ZELF!**   Pas jezelf aan om beter te leren

De meeste studenten zouden graag beter presteren in een of meer vakken. Probeer hiervoor de principes van klassieke en operante conditionering toe te passen op een specifiek plan om je doelen te bereiken. Ontwerp aan de hand van de verschillende principes die je in dit hoofdstuk hebt geleerd je eigen gedragsveranderingsprogramma.

Kies eerst een specifiek gedrag. Formuleer geen globale doelstelling, bijvoorbeeld een hoger cijfer halen, maar maak je doel specifiek: acht bladzijden per dag lezen, of je collegeaantekeningen elke dag doornemen. Verzin dan minimaal vijf manieren waarop je je nieuwe gedrag kunt stimuleren, op basis van de principes van klassieke en operante conditionering. Je zou om te beginnen een gevoel of biologische stimulus kunnen kiezen om te koppelen aan het gewenste gedrag. Bedenk dan hoe je dat met klassieke conditionering kunt bereiken. Vervolgens moet je in ieder geval een of twee bekrachtigingen kiezen die je kunt gebruiken, in het begin continu. Beslis dan welke bekrachtigingsschema's je gaat implementeren als het je begint te lukken om je het gedrag eigen te maken. Schrijf op basis daarvan op hoe vaak je een bekrachtiging wilt krijgen en wat die inhoudt. Gebruik voor het beste resultaat variërende bekrachtigingen in variërende schema's, dan blijf je er het best op reageren. Ga dan aan de slag! Houd je vorderingen bij en maak aanpassingen als het nodig is.

 Kritisch denken toegepast
Ga naar 'In de praktijk' in de MyLab mediatheek voor een bespreking van de vraag of verschillende mensen verschillende 'leerstijlen' hebben.

 Ga naar **www.pearsonmylab.nl** om je kennis en begrip van deze paragraaf te testen met de MyMap, MyCheck en MyDefinitions.

SAMENVATTING VAN HET HOOFDSTUK

CENTRALE VRAAG:

Aangenomen dat Sandra's vliegangst een aangeleerde reactie is, zou ze daar dan ook door te leren van af kunnen komen? Zo ja, hoe?

- *Klassieke conditionering* speelt een rol in de manier waarop Sandra haar vliegangst kan overwinnen. Door positieve associaties met de vliegervaring te creëren, zal Sandra een combinatie van *extinctie* en *contraconditionering* ondergaan.
- *Operante conditionering* helpt Sandra haar vliegangst te overwinnen door *shaping*: het bieden van positieve bekrachtiging voor elke stap die het waarschijnlijker maakt dat ze weer een reis in een vliegtuig maakt. Het effectieve van de behandeling is dat die *negatieve bekrachtiging* levert door de angst die ze vroeger voor vliegen had, weg te nemen.
- *Cognitief leren* voegt instructie toe over bepaalde aeronautische aspecten van vliegen, zodat Sandra beter begrijpt hoe vliegtuigen werken, en *leren door observeren* betekent dat Sandra heeft geobserveerd hoe passagiers kalm in een vliegtuig zaten.

KERNVRAAG 4.1

▶ Hoe verklaart klassieke conditionering leren?

Leren leidt tot blijvende veranderingen in gedrag of mentale processen, wat ons een evolutionair voordeel geeft ten opzichte van organismen die meer afhankelijk zijn van **reflexen** en **instincten**. Sommige vormen van leren, zoals **habituatie**, zijn tamelijk eenvoudig, terwijl andere, zoals klassieke conditionering, operante conditionering en cognitief leren, complexer zijn.

Het eerste onderzoek naar leren concentreerde zich op **klassieke conditionering** en begon met Ivan Pavlovs ontdekking dat **geconditioneerde stimuli** (nadat ze waren gecombineerd met **ongeconditioneerde stimuli**) reflexieve responsen oproepen. In zijn experimenten met honden liet hij zien hoe **geconditioneerde responsen** konden worden **aangeleerd, uitgedoofd** en **spontaan hersteld**. Hij demonstreerde ook **stimulusgeneralisatie** en **stimulusdiscriminatie**. Met het beroemde experiment met de 'kleine Albert' breidde John Watson Pavlovs werk uit naar het leren van de mens. Recentere onderzoeken, onder meer naar smaakaversies, doen echter vermoeden dat klassieke conditionering niet een simpel **stimulus-responsproces** is. In grote lijnen kun je zeggen dat klassieke conditionering van invloed is op elementaire, op overleving gerichte responsen, inclusief emoties en smaakaversies.

- **KERNCONCEPT 4.1**
  Klassieke conditionering is een elementaire vorm van leren waarbij een stimulus die een aangeboren reflex oproept, wordt geassocieerd met een neutrale stimulus, die daarop het vermogen verwerft om dezelfde respons op te roepen.

KERNVRAAG 4.2
▶ Hoe leren we nieuw gedrag door operante conditionering?

Een meer actieve vorm van leren, de zogenoemde **operante conditionering**, werd voor het eerst door Edward Thorndike onderzocht; op basis van zijn onderzoek naar leren via **trial-and-error** stelde hij de **wet van effect** op. B.F. Skinner zette het onderzoek naar wat tegenwoordig **operante conditionering** wordt genoemd voort, en vond een verklaring voor het feit dat responsen worden beïnvloed door hun consequenties. Hij onderzocht **positieve** en **negatieve bekrachtiging**, **straf**, en een operante vorm van **extinctie**. De kracht van operante conditionering heeft te maken met het produceren van nieuwe responsen. Hiertoe onderzochten Skinner en anderen **continue bekrachtiging**, evenals verschillende schema's met **intermitterende bekrachtiging**, waaronder programma's met **FR**, **VR**, **FI** en **VI**. Wat bestraffing betreft, is uit onderzoek gebleken dat dit moeilijker is toe te passen dan beloning, omdat bestraffing verschillende ongewenste bijwerkingen heeft. Er zijn echter alternatieven, waaronder operante extinctie en beloning van alternatieve reacties, toepassing van het **Premack-principe** en **shaping** van nieuwe gedragingen. Deze technieken hebben praktische toepassing gevonden bij het reguleren van gedrag op scholen en in andere instellingen, evenals bij gedragstherapie voor het behandelen van angsten en fobieën.

- **KERNCONCEPT 4.2**
  In operante conditionering volgen op gedrag consequenties in de vorm van beloningen en straffen die de kans op herhaling van dat gedrag beïnvloeden.

KERNVRAAG 4.3
▶ Hoe verklaart de cognitieve psychologie leren?

Het idee dat leren meer is dan een proces waarbij stimuli en responsen aan elkaar gekoppeld worden, wordt door talloze onderzoeken ondersteund. Leren heeft ook een cognitieve component. Dat blijkt onder meer uit Köhlers onderzoek naar **inzichtelijk leren**, Tolmans onderzoek naar **cognitieve plattegronden** bij ratten, en Bandura's onderzoek naar **sociaal leren** en imitatie bij mensen (in het bijzonder het effect van het observeren van agressieve voorbeelden). Dit heeft tot veel onderzoeken over geweld in de media geleid en, recenter, tot toepassingen voor het oplossen van sociale problemen. Bij al dit cognitieve onderzoek is aangetoond dat leren niet noodzakelijkerwijs gepaard gaat met veranderingen van het gedrag, en dat er ook geen beloning voor nodig is. In de afgelopen drie decennia hebben cognitieve onderzoekers gewerkt aan een herinterpretatie van behavioristisch leren in cognitieve termen, met name van operante en klassieke conditionering. Ook wordt tegenwoordig onderzoek gedaan naar de neurale basis van leerprocessen.

● KERNCONCEPT 4.3
Volgens de cognitieve psychologie leiden sommige vormen van leren alleen tot veranderingen in mentale processen en niet tot veranderingen in gedrag.

 Op **www.pearsonmylab.nl** vind je tools en toetsen om je begrip en kennis van dit hoofdstuk uit te breiden en te oefenen.

BELANGRIJKE BEGRIPPEN

Bekrachtiger (p. 135)

Bekrachtigingschema's (p. 137)

Cognitieve plattegrond (p. 148)

Contiguïteit (p. 128)

Continue bekrachtiging (p. 136)

Extinctie (p. 129 en p. 137)

Geconditioneerde of secundaire bekrachtiger (p. 138)

Geconditioneerde respons (CR) (p. 128)

Geconditioneerde stimulus (CS) (p. 128)

Gradaties van bekrachtiging (p. 136)

Habituatie (p. 125)

Intermitterende bekrachtiging (p. 136)

Intervalschema (p. 137)

Inzichtelijk leren (p. 148)

Klassieke conditionering (p. 127)

Latent leren (p. 149)

Leren (p. 124)

Leren door observatie (sociaal leren) (p. 150)

Long-term potentation (p. 152)

Mere exposure-effect (p. 126)

Negatieve bekrachtiging (p. 135)

Negatieve straf (p. 140)

Neutrale stimulus (NS) (p. 128)

Ongeconditioneerde respons (UCR) (p. 128)

Ongeconditioneerde stimulus (UCS) (p. 128)

Operante conditionering (p. 134)

Operante ruimte (p. 135)

Positieve bekrachtiging (p. 135)

Positieve straf (p. 140)

Premack-principe (p. 139)

Primaire bekrachtiger (p. 138)

Ratioschema (p. 137)

Shaping (p. 136)

Spontaan herstel (p. 130)

Stimulusdiscriminatie (p. 131)

Stimulusgeneralisatie (p. 130)

Stimulus-responsleren (p. 126)

Straf (p. 140)

Trial-and-error (p. 134)

Variabel intervalschema (VI) (p. 138)

Variabel ratioschema (VR) (p. 137)

Vast intervalschema (FI) (p. 138)

Vast ratioschema (FR) (p. 137)

Verwervingsfase (p. 128)

Wet van effect (p. 134)

▶ **KERNVRAGEN**	● **KERNCONCEPTEN**	■ **IN DE PRAKTIJK**

5.1 Wat is het geheugen?
5.1.1 Metaforen voor het geheugen
5.1.2 De drie essentiële functies van het geheugen

5.1 Het geheugen van de mens is een informatieverwerkingssysteem dat constructief werkt om informatie te coderen, op te slaan en weer terug te halen.

Psychologische kwesties
Een fotografisch geheugen op www.pearsonmylab.nl

Doe het zelf!
Beschik jij over eidetische vermogens? op www.pearsonmylab.nl

---

5.2 Hoe vormen we herinneringen?
5.2.1 Het eerste stadium: het sensorisch geheugen
5.2.2 Het tweede stadium: het werkgeheugen
5.2.3 Het derde stadium: het langetermijngeheugen

5.2 Elk van de drie geheugenstadia codeert en legt herinneringen op een andere manier vast, maar samen zorgen ze ervoor dat een sensorische ervaring wordt omgezet in een blijvend geheugenspoor met een bepaald patroon of een bepaalde betekenis.

Doe het zelf!
Meet de capaciteit van je werkgeheugen

Doe het zelf!
Hoe schema's het geheugen beïnvloeden

Psychologische kwesties
Het tragische geval van H.M.

Psychologische kwesties
Flitslichtherinneringen (Waar was je toen ...?) op www.pearsonmylab.nl

---

5.3 Hoe halen we herinneringen terug?
5.3.1 Impliciete en expliciete herinneringen
5.3.2 Herinneringscues
5.3.3 Andere factoren die van invloed zijn op terughalen

5.3 Of herinneringen nu impliciet of expliciet zijn, of we ze kunnen terughalen is afhankelijk van de manier waarop ze gecodeerd zijn en hoe ze worden opgeroepen.

5.4 Waarom laat ons geheugen ons soms in de steek?
5.4.1 Vluchtigheid: als herinneringen vervagen
5.4.2 Verstrooidheid: als verslappen van de aandacht tot vergeten leidt
5.4.3 Blokkades: toegangsproblemen
5.4.4 Foutieve attributie: herinneringen in de verkeerde context
5.4.5 Suggestibiliteit: externe cues vervormen of creëren herinneringen
5.4.6 Bias: overtuigingen, attitudes en meningen vervormen herinneringen
5.4.7 Persistentie: als we iets niet kunnen vergeten
5.4.8 Je geheugen verbeteren met mnemoniek

5.4 De meeste problemen die we met ons geheugen hebben, ontstaan door een van de 'zeven zonden' van het geheugen.

Psychologische kwesties
Interferentie op www.pearsonmylab.nl

Psychologische kwesties
Op het puntje van je tong

Psychologie gebruiken om psychologie te leren

Kritisch denken toegepast
De controverse over teruggehaalde herinneringen op www.pearsonmylab.nl

---

CENTRALE VRAAG: Hoe kunnen we op basis van onze kennis over het geheugen beweringen over teruggehaalde herinneringen beoordelen?

 Op **www.pearsonmylab.nl** vind je tools en toetsen om je begrip en kennis van dit hoofdstuk uit te breiden en te oefenen.

5 GEHEUGEN

Foto: Nadja Girod.

Kan het geheugen ons voor de gek houden? Of wordt ons verleden nauwkeurig en onuitwisbaar in het geheugen vastgelegd? Het blijkt dat ons geheugen er deels in slaagt zowel het ene als het andere te doen. Het geheugen houdt ons inderdaad soms voor de gek en toch zijn veel van onze herinneringen tamelijk nauwkeurig. Het probleem is dat we niet altijd weten wanneer we op ons geheugen kunnen vertrouwen en wanneer niet, zoals uit de volgende casussen blijkt.

Casus 1:

De twaalfjarige Donna kreeg plotseling last van zware migraineaanvallen, die leidden tot slapeloosheid en somberheid. Haar ouders, Judy en Dan, besloten hulp te zoeken. Toen Donna dertien was, kreeg ze de ene na de andere therapeut, en uiteindelijk kwam ze uit bij een maatschappelijk werkster die zich had gespecialiseerd in kindermishandeling. Bij deze therapeut onthulde Donna dat ze op driejarige leeftijd seksueel was misbruikt door een buurman. De therapeut concludeerde dat herinneringen aan het misbruik, die zo lang in haar geheugen waren verborgen, waarschijnlijk verantwoordelijk waren voor Donna's huidige klachten. Daarom ging ze op zoek naar verdere details en andere mogelijke gevallen van seksueel misbruik. Uiteindelijk vroeg de therapeut Donna een fotoalbum mee te nemen, waarin een foto zat van Donna in haar ondergoed, genomen toen ze twee of drie was. De therapeut deed de suggestie dat dit bewijs zou kunnen zijn dat Donna's vader seksuele interesse in haar had en haar, mogelijk, had misbruikt. De therapeute gaf Donna's vader onmiddellijk aan bij de autoriteiten, die een onderzoek instelden (ABC News, 1995).

Twee jaar lang voelde Donna een enorme druk om haar vader te beschuldigen, maar ze ontkende voortdurend dat hij haar had misbruikt. Te midden van toenemende verwarring over haar jeugdherinneringen, begon ze ten slotte te geloven dat ze leed aan het 'verdrongenherinneringensyndroom' en ze meende dat haar vader haar tijdens haar jeugd meer dan eens had misbruikt. Uiteindelijk werd Donna in een inrichting opgenomen. In de inrichting kreeg ze medicatie, werd ze herhaaldelijk gehypnotiseerd en kreeg ze de diagnose meervoudige persoonlijkheidsstoornis (tegenwoordig dissociatieve identiteitsstoornis genoemd).

Wat haar vader betreft: Dan werd gearresteerd en stond terecht wegens beschuldigingen van misbruik, uitsluitend op basis van de teruggehaalde herinneringen van zijn dochter. Toen zijn twee weken durende proces eindigde met een verdeelde jury, ging Dan vrijuit. Kort na het proces verhuisde Donna met een pleeggezin naar een andere staat. In een nieuwe omgeving en op grote afstand van het systeem dat haar verhaal had ondersteund, begon ze te geloven dat haar herinneringen onjuist waren. Uiteindelijk gaf haar arts het advies haar naar het eigen gezin terug te sturen, waar de relaties en het vertrouwen langzaam opnieuw moesten worden opgebouwd.

Casus 2:
Ross, een universitair docent, ging in therapie omdat hij ongelukkig was met zijn leven. Toen hij zijn probleem beschreef, zei hij: 'Ik voelde me stuurloos, alsof er een anker in mijn leven was gelicht. Ik twijfelde aan mijn huwelijk, aan mijn baan, aan alles' (Schacter, 1996, p. 249). Enkele maanden nadat hij met therapie was begonnen had hij een droom waardoor hij zich erg ongemakkelijk voelde. De droom ging over een kampbegeleider die hij als kind had gekend. Gedurende de volgende uren groeide het ongemakkelijke gevoel dat hij tijdens zijn droom had geleidelijk uit tot een levendige herinnering aan de begeleider die hem misbruikt had. Vanaf dat moment raakte Ross door deze herinnering geobsedeerd. Uiteindelijk nam hij een privédetective in de arm die de begeleider voor hem opspoorde. Na talloze pogingen om met de begeleider telefonisch in gesprek te komen, legde Ross ten slotte contact en nam het telefoongesprek op band op. De begeleider gaf toe dat hij Ross had misbruikt, evenals verschillende andere jongens in het kamp. Vreemd genoeg beweerde Ross dat hij, totdat hij in therapie ging, jarenlang gewoon niet aan het misbruik had gedacht.

CENTRALE VRAAG: Hoe kunnen we op basis van onze kennis over het geheugen beweringen over teruggehaalde herinneringen beoordelen?

Houd in gedachten dat er geen zekere manier is om te bewijzen dat iets *niet* is gebeurd. Dit betekent dat het zonder onafhankelijk bewijsmateriaal, zoals de brief van de kinderjuffrouw van Piaget die we later in dit hoofdstuk zullen tegenkomen, onmogelijk is overtuigend te bewijzen dat er *geen* mishandeling heeft plaatsgevonden. We moeten beweringen dus afwegen tegen ons inzicht in het geheugen. In het bijzonder moeten we de antwoorden op de volgende vragen kennen:

- Maakt het geheugen een accurate registratie van alles wat we ervaren?
- Worden traumatische ervaringen zoals seksueel misbruik vaak verdrongen, zoals Sigmund Freud ons leerde? Of herinneren we ons onze meest emotionele ervaringen juist het beste, zowel goede als slechte?
- Hoe betrouwbaar zijn herinneringen aan ervaringen uit de vroege jeugd?
- Hoe gemakkelijk kunnen herinneringen door suggestie worden veranderd, bijvoorbeeld wanneer een therapeut of politieagent suggereert dat er sprake is geweest van seksueel misbruik?
- Zijn onze levendigste herinneringen nauwkeuriger dan minder levendige herinneringen?

De antwoorden op deze vragen en vele andere zijn in dit hoofdstuk te vinden. Laten we eens beginnen met de meest fundamentele vraag van allemaal.

KERNVRAAG 5.1

▶ **Wat is het geheugen?**

Ongetwijfeld weet je dat het geheugen je soms behoorlijk bij de neus kan nemen. De beste manier om je daartegen te beschermen is door het goed te leren kennen. We beginnen met een definitie: cognitief psychologen definiëren het **geheugen** als een systeem dat informatie codeert, opslaat en weer terughaalt. Deze definitie geldt zowel voor organismen als voor computers. Maar in tegenstelling tot het geheugen van een computer, is dat van de mens een *cognitief* geheugensysteem dat informatie krijgt van de zintuigen en een gedeelte daarvan omzet in betekenisvolle patronen die opgeslagen kunnen worden voor eventueel later gebruik. Deze geheugenpatronen vormen vervolgens de grondstof voor gedachten en gedrag. Dankzij dergelijke geheugenpatronen kun je het gezicht van een vriend herkennen, fietsen, je een uitstapje herinneren en (als alles goed gaat) vragen tijdens een examen correct beantwoorden. Het kernconcept definieert ons geheugensysteem als volgt:

Geheugen: Elk systeem (van een mens, een dier of een apparaat) dat informatie codeert, opslaat en terughaalt.

● **KERNCONCEPT 5.1**
Het geheugen van de mens is een informatieverwerkingssysteem dat constructief werkt om informatie te coderen, op te slaan en weer terug te halen.

En wat is nu het verband tussen sensatie en perceptie, het geheugen en leren, de onderwerpen van de vorige hoofdstukken? Al deze aspecten kun je zien als processen in het complexe (cognitieve) informatieverwerkingssysteem dat een mens hanteert. Het begint bij de zintuigen, die fysieke stimulatie omzetten in neurale impulsen die ons op hun beurt sensaties geven, waarna het proces van perceptie betekenis aan deze informatie geeft. Je kunt je het geheugen vervolgens voorstellen als het cognitieve systeem dat de informatie die we opnemen verwerkt, codeert en opslaat, zodat we die informatie later kunnen opvragen. Met andere woorden, het geheugen maakt leren mogelijk, want zoals je weet is er alleen sprake van leren als er blijvende veranderingen optreden.
Dit hoofdstuk is feitelijk een uitbreiding van onze bespreking van cognitief leren in het laatste gedeelte van hoofdstuk 4. Nu ligt de nadruk echter op complexere vormen van leren en geheugen bij de mens, in tegenstelling tot de eenvoudigere vormen van leren en conditioneren bij dieren die we eerder hebben bestudeerd.

◀◀ **Verbinding hoofdstuk 3**
Het proces van perceptie bewerkt inkomende sensorische neurale patronen en geeft er betekenis aan. Ons geheugen slaat een gedeelte van deze betekenisvolle patronen op voor later gebruik (p. 106).

◀◀ **Verbinding hoofdstuk 1**
Cognitieve psychologie is een van de zes belangrijkste perspectieven in de psychologie (p. 22).

5.1.1 Metaforen voor het geheugen
We gebruiken vaak metaforen om gecompliceerde dingen te begrijpen. Het geheugen van de mens, een gecompliceerd fenomeen, wordt dan ook wel eens vergeleken met een bibliotheek of een pakhuis (Haberlandt, 1999), en daarmee wordt de nadruk gelegd op het vermogen van ons geheugen om grote hoeveelheden informatie op te slaan. Een andere metafoor vergelijkt het geheugen met een computer. Er bestaan echter ook metaforen die een misleidend beeld geven van wat ons geheugen is en kan. Zo geloven veel mensen ten onrechte dat het geheugen van de mens op dezelfde manier functioneert als een videocamera, wat impliceert dat het volledig en waarheidsgetrouw alles vastlegt wat we meemaken.

Experimenten laten duidelijk zien dat dit beeld niet klopt. Bovendien kan het geloof in de onfeilbare nauwkeurigheid van het geheugen in sommige gevallen van 'teruggehaalde herinneringen' onjuist en gevaarlijk zijn. In plaats daarvan zien cognitief psychologen het geheugen van de mens als een interpretatief systeem dat informatie opneemt, en, als een kunstenaar, bepaalde details verwijdert en de rest in betekenisvolle patronen reorganiseert.

Als je je iets herinnert, haal je fragmenten, vergelijkbaar met stukjes van een legpuzzel, terug uit je geheugen. Zoals we hebben gezien in de laatste paragraaf van het vorige hoofdstuk, *reconstrueer* je vervolgens de gebeurtenis (of het idee, de emotie of het beeld) met deze fragmenten door lege plekken in te vullen *zoals je denkt of wilt dat het was,* en niet zoals het feitelijk gebeurd is. Het grootste deel van de tijd werkt dit zo goed dat je niet beseft dat een deel van je herinnering eigenlijk uit reconstructie bestaat. Maar het proces van reconstructie is zo beschouwd geen objectief proces. Zeker als er sprake is van emotioneel belastende herinneringen, is men bij deze reconstructie heel erg vatbaar voor suggesties, zoals ook uit de casus van Donna blijkt.

Sommige herinneringen zijn vager dan andere. Psychologen hebben ontdekt dat ons geheugen over het algemeen het nauwkeurigst werkt bij het vastleggen van:

- informatie waaraan we *aandacht* hebben besteed, zoals de woorden van een vriend tegen de achtergrondgeluiden in een rumoerig restaurant;
- informatie die ons *interesseert*, zoals de plot van een favoriete film;
- informatie die ons *emotioneel raakt*, zoals een bijzonder prettige of pijnlijke ervaring (tenzij onze biases ook door het materiaal worden opgeroepen, bijvoorbeeld wanneer we naar een sterk partijdige politieke toespraak luisteren);
- informatie die aansluit bij *eerdere ervaringen*, zoals een nieuwtje over een popster die je vorige week hebt zien optreden;
- informatie die we *repeteren*, zoals de leerstof die je de avond voor een examen nog een keer doorneemt.

Informatieverwerkingsmodel: Een cognitieve benadering van het geheugen, die de nadruk legt op de wijze waarop informatie systematische verandering ondergaat bij het coderen, opslaan en terughalen ervan.

In het overige deel van dit hoofdstuk behandelen we deze cognitieve benadering van het geheugen, het zogenoemde **informatieverwerkingsmodel**, verder. Hierbij ligt de nadruk op de wijze waarop informatie systematische veranderingen ondergaat op de weg naar een permanente herinnering, een manier van informatieverwerking die heel anders is dan die in het naïeve videocameramodel. Bij dit informatieverwerkingsmodel ligt de nadruk er eveneens op dat het geheugen *functioneel* is, dat wil zeggen dat het nuttige functies voor ons uitvoert. Zoals we verderop zullen zien, zijn de meest elementaire hiervan het *coderen, opslaan* en *terughalen* van informatie.

5.1.2   De drie essentiële functies van het geheugen

Eenvoudig gezegd neemt het menselijk geheugen feitelijk betekenisloze sensorische informatie op (zoals het stemgeluid van je docent) en verandert dit in betekenisvolle patronen (woorden, zinnen en begrippen) die je kunt opslaan en later kunt gebruiken. Hiertoe moet het geheugen eerst de binnenkomende sensorische informatie in een nuttig formaat coderen.

Coderen: De eerste elementaire functie van het geheugen. Heeft te maken met het omzetten van informatie in een vorm die het beste in het geheugensysteem past.

Om informatie te kunnen **coderen**, moet je eerst een stimulus *selecteren* uit de immense brij van prikkels die via je zintuigen binnenkomt, en een eerste classificatie maken. Is het een geluid, beeld, geur, smaak of pijn? Vervolgens moet je de onderscheidende kenmerken van die stimulus *identificeren*. Als het een geluid is, is het dan hard, zacht, of schel? Past het in een patroon dat een naam vormt, een melodie, of een kreet om hulp? Is het misschien een geluid dat je al eens eerder hebt gehoord? Als je dat allemaal hebt uitgezocht, plak je in gedachten een *label* of *etiket* op de ervaring om deze betekenisvol te maken. ('Het is meneer Zimbardo. Hij is mijn psychologiedocent.')

De verschillende stappen van het coderen worden over het algemeen zo snel en automatisch gezet dat je er niets van merkt. Om een voorbeeld te noemen: je kunt je waarschijnlijk wel herinneren wat je vanochtend als ontbijt hebt gegeten, ondanks het feit dat je waarschijnlijk niet bewust hebt geprobeerd dit te onthouden. Van emotioneel geladen ervaringen, zoals een ruzie met een collega, is het nog waarschijnlijker dat ze in het geheugen blijven hangen zonder dat we ons best doen deze te coderen (Dolan, 2002).

Anderzijds is voor herinneringen aan concepten, zoals de basisprincipes van de psychologie die je in dit boek bestudeert, meestal een bewuste inspanning tot codering nodig om een bruikbare herinnering te vestigen. Tijdens een proces dat *elaboratie* wordt genoemd (zie ook het begrip 'actief herhalen door verbanden te leggen' in paragraaf 5.2.2), wordt de nieuwe informatie gekoppeld aan informatie die reeds in je geheugen ligt opgeslagen. Je kunt dit bijvoorbeeld doen door de nieuwe stof aan persoonlijke, concrete voorbeelden te koppelen, bijvoorbeeld toen je de term 'negatieve bekrachtiging' associeerde met het verdwijnen van pijn wanneer je een aspirientje neemt. (Als hulpmiddel voor elaboratie geeft dit boek opzettelijk veel van dergelijke voorbeelden die, naar wij hopen, bij je ervaringen zullen aansluiten.)

Opslaan, de tweede essentiële functie van het geheugen, heeft te maken met het gedurende langere tijd bewaren van het gecodeerde materiaal. Als we dieper op de werking van het geheugen ingaan, zul je leren dat het geheugen uit drie delen of fases bestaat; in elk van deze delen worden herinneringen gedurende een bepaalde tijd en in een bepaalde vorm opgeslagen. De truc om moeilijk te onthouden stof in het langetermijngeheugen te krijgen, is de informatie, voordat de tijd waarin deze opgeslagen kan blijven in een bepaald deel voorbij is, opnieuw te coderen en wel op een wijze die het langetermijngeheugen 'prettig' vindt. Als je bijvoorbeeld naar een college luistert, heb je slechts enkele seconden om patronen of betekenis in het stemgeluid van je docent te coderen voordat er nieuwe informatie binnenkomt en de oude informatie verloren is gegaan.

Terughalen, de derde elementaire geheugentaak, is de beloning voor je eerdere inspanningen bij coderen en opslaan. Als je een juist gecodeerde herinnering hebt, duurt het slechts een fractie van een seconde om de informatie te vinden, deze naar het bewustzijn te brengen of, in andere gevallen, om je gedrag op onbewust niveau te beïnvloeden. (Laten we eens kijken of jouw mechanismen voor toegang en terughalen goed functioneren. Kun je je nog herinneren welke van de drie geheugenfuncties voorafgaat aan *opslaan*?)

Helaas werkt het terughalen niet altijd goed, doordat het menselijk geheugensysteem, dat weliswaar geweldig goed werkt, soms fouten maakt, informatie vertekent of zelfs volkomen tekortschiet. In het laatste deel van dit hoofdstuk zullen we deze problemen nader bekijken.

Opslaan: De tweede elementaire functie van het geheugen. Heeft te maken met het langdurig bewaren van gecodeerd materiaal.

Terughalen: De derde elementaire functie van het geheugen. Heeft te maken met het lokaliseren en weer in het bewustzijn terugbrengen van informatie uit het geheugen.

Psychologische kwesties
Sommige mensen hebben een fotografisch geheugen. Zou jij dat willen hebben? Ga naar 'In de praktijk' in de MyLab mediatheek voor een bespreking van deze kwestie en de bijbehorende **Doe het zelf!**

 Ga naar **www.pearsonmylab.nl** om je kennis en begrip van deze paragraaf te testen met de MyMap, MyCheck en MyDefinitions.

KERNVRAAG 5.2
▶ Hoe vormen we herinneringen?

Als informatie uit een college onderdeel moet worden van je permanente geheugen, moet ze drie stadia doorlopen: eerst het stadium van het *sensorisch geheugen*, vervolgens dat van het *werkgeheugen* en ten slotte dat van het *langeter-*

Zoals het lichtspoor van deze sterretjes kort zichtbaar zijn, blijven indrukken niet langer dan een paar seconden in het sensorisch geheugen hangen.
Bron: Photodisc/Thinkstock.

Sensorisch geheugen: Het eerste van de drie geheugenstadia, waarin de sensorische indrukken van stimuli korte tijd worden bewaard of geregistreerd; ook wel *sensorisch register* genoemd.

Werkgeheugen: Het tweede van de drie geheugenstadia, met een zeer beperkte capaciteit. Zonder repeteren worden indrukken van pas waargenomen gebeurtenissen of ervaringen op z'n hoogst een minuut bewaard.

Langetermijngeheugen (LTG): Het derde van de drie geheugenstadia, met de grootste capaciteit en waar informatie het langst wordt vastgehouden. In welk deel van het langetermijngeheugen de informatie wordt opgeslagen, is afhankelijk van haar betekenis.

mijngeheugen. Je zou kunnen zeggen dat de drie stadia er samen voor zorgen dat het spervuur van in eerste instantie betekenisloze binnenkomende stimuli wordt omgezet in betekenisvolle patronen, die klaar zijn voor opslag en later gebruik. Dit driestadiamodel, ontwikkeld door Richard Atkinson en Richard Shiffrin (1968), wordt nu breed geaccepteerd, met enkele uitbreidingen en aanpassingen. Figuur 5.1 laat zien hoe de informatiestroom in deze drie stadia verloopt. (Let op: verwar deze stadia niet met de drie essentiële taken van het geheugen die we eerder hebben behandeld.)

Sensorisch geheugen

Beelden, geluiden, geuren, texturen en andere sensorische indrukken blijven slechts kort in het **sensorisch geheugen** hangen, niet langer dan een paar seconden. Hoewel we ons meestal niet bewust zijn van het sensorisch geheugen kun je de effecten ervan zien als je naar de snel vervagende sterrenregen kijkt die een vuurpijl in een donkere nacht nalaat. Je kunt de effecten ervan ook horen in de overgang van de ene toon naar een andere wanneer je naar een melodie luistert. De inkomende sensorische informatie wordt net lang genoeg in deze vorm vastgehouden om te kunnen onderzoeken of de informatie belangrijk genoeg is om deze toe te laten tot het werkgeheugen.

Werkgeheugen

Het tweede stadium van het geheugen, dat het **werkgeheugen** wordt genoemd, selecteert informatie uit het sensorisch geheugen en verbindt die met items die al in het langetermijngeheugen zijn opgeslagen. (Wanneer we zeggen dat 'iets een belletje doet rinkelen' hebben we het over deze verbinding.) Ook hier wordt de informatie slechts tijdelijk vastgehouden, maximaal twintig tot dertig seconden (Nairne, 2003), waardoor het werkgeheugen een handige buffer is voor items die je maar even hoeft te onthouden, zoals een telefoonnummer dat je net hebt opgezocht. Oorspronkelijk noemden psychologen dit stadium het *kortetermijngeheugen*, waarmee het idee werd weerspiegeld dat het alleen maar een passieve opslagplaats voor de korte termijn was. Maar uit onderzoek is gebleken dat informatie in deze fase via allerlei actieve mentale processen razendsnel wordt verwerkt, vandaar dat psychologen nu de voorkeur geven aan de term werkgeheugen.

Langetermijngeheugen

Het laatste stadium van het verwerkingsproces wordt het **langetermijngeheugen (LTG)** genoemd. Het LTG ontvangt informatie uit het werkgeheugen en kan die voor langere tijd bewaren, zodat ze op een later moment weer kan worden teruggehaald. Sommige informatie wordt een leven lang bewaard. De informatie in het langetermijngeheugen bevat onze kennis over de wereld, van de tekst van onze favoriete liedjes tot het jaar waarin Wilhelm Wundt het eerste psychologisch laboratorium opende. (Dit stond in hoofdstuk 1. Weet je nog welk jaar dat was?) Ons kernconcept vat de drie stadia kort samen:

● **KERNCONCEPT 5.2**
Elk van de drie geheugenstadia codeert en legt herinneringen op een andere manier vast, maar samen zorgen ze ervoor dat een sensorische ervaring wordt omgezet in een blijvend geheugenspoor met een bepaald patroon of een bepaalde betekenis.

In deze paragraaf ligt de nadruk op de unieke bijdrage van elk van de fases aan het uiteindelijke geheugenproduct (zie tabel 5.1). Om precies te zijn: we gaan van elk van deze fases de *opslagcapaciteit*, de *duur* (de tijd die informatie wordt vastgehouden), de *structuur* en de *functie* onderzoeken.

Figuur 5.1

De drie stadia van het geheugen (vereenvoudigd)

Volgens het 'standaardmodel' is het geheugen verdeeld in drie stadia. Alle informatie die in het langetermijn-geheugen wordt opgeslagen, is eerst verwerkt door het sensorisch geheugen en het werkgeheugen.

Tabel 5.1   Een vergelijking tussen de drie stadia van het geheugen

	Sensorisch geheugen	Werkgeheugen	Langetermijngeheugen (LTG)
Functie	Houdt korte tijd informatie vast voordat deze in het werkge-heugen komt	• Betrokken bij controle van aandacht • Kent betekenis toe aan informatie • Legt verbanden tussen ideeën en ge-beurtenissen	Langetermijnopslag van informatie
Codering	Sensorische beelden: geen betekenisvolle codering, enkel registratie	Codeert informatie (in het bijzonder op basis van betekenis) om deze bruikbaar te maken voor langetermijnopslag	Slaat informatie op in betekenisvolle mentale cate-gorieën
Opslagcapaciteit	12 – 16 items	7 +/– 2 chunks	Onbeperkt
Duur	Van ongeveer een kwart se-conde tot een paar seconden	Ongeveer twintig seconden, tenzij meer-dere malen gerepeteerd	Onbeperkt
Structuur	Een apart sensorisch register voor elk zintuig	• Centrale bestuurder • Fonologische lus • Schetsboek • Episodische buffer • Semantische buffer	Procedureel geheugen en declaratief geheugen (verder onderverdeeld in semantisch en episodisch geheugen)
Biologische basis	Zintuiglijke zenuwbanen	Behelst de hippocampus en de frontaal-kwabben	Behelst verschillende delen van de cerebrale cortex

5.2.1   Het eerste stadium: het sensorisch geheugen

Je zintuigen nemen veel meer informatie op dan je kunt gebruiken. Terwijl je dit boek leest, worden je zintuigen overspoeld met informatie: de woorden op de bladzijden, de geluiden in de kamer, de druk van je kleren op je huid, de tempe-ratuur van de lucht, de knagende honger in je maag et cetera. Hoe gaan je herse-nen om met al deze sensorische informatie?

De belangrijkste taak van het sensorisch geheugen is deze stroom van sensaties net zo lang vast te houden dat het je hersenen in staat stelt te beslissen welke informatie jouw aandacht verdient. Maar hoeveel informatie kan het sensorisch geheugen eigenlijk bevatten? De cognitief psycholoog George Sperling vond het antwoord op deze vraag met behulp van een van de eenvoudigste en slimste ex-perimenten uit de geschiedenis van de psychologie.

De capaciteit en duur van het sensorisch geheugen

Sperling toonde aan dat dit eerste stadium van het geheugen veel meer informa-tie vasthoudt dan er ooit in het bewustzijn terechtkomt. Hij vroeg mensen eerst zo goed mogelijk een aantal letters te onthouden die een fractie van een seconde op een scherm werden geprojecteerd. (Je kunt kort naar onderstaande letters kijken en vervolgens proberen er zo veel mogelijk te herinneren.)

D	J	B	W
X	H	G	N
C	L	Y	K

Eerst vroeg Sperling zijn proefpersonen alle letters uit de matrix op te noemen die ze zich konden herinneren. Zoals je zou verwachten na zo'n ultrakorte blootstelling aan de stimulus, konden de meeste mensen slechts drie of vier letters reproduceren.

Maar, vroeg Sperling zich af, is het misschien mogelijk dat er veel meer informatie dan deze drie of vier letters in een tijdelijke geheugenbuffer ligt opgeslagen, en dat die informatie verbleekt voordat ze kan worden opgemerkt? Om dit idee te onderzoeken, veranderde hij de experimentele opdracht op de volgende manier. Onmiddellijk nadat de matrix met letters was verdwenen, gaf een geluidssignaal aan welke rij letters de proefpersonen moesten reproduceren: een hoge toon betekende de bovenste rij, een normale toon vroeg om de middelste rij en een lage toon betekende de onderste rij. De proefpersonen hoefden dus alleen de letters van één rij te rapporteren, in plaats van de hele matrix.

In deze opdracht konden de meeste proefpersonen opeens bijna alle letters reproduceren – *welke* rij het geluid ook aangaf. Met andere woorden: ze konden elke rij *afzonderlijk* reproduceren, maar niet alle rijen *tegelijk*. Dit resultaat doet vermoeden dat de werkelijke capaciteit van het sensorisch geheugen bestaat uit twaalf of meer items, maar dat op drie of vier na, alle items uit het sensorisch geheugen verdwijnen voordat ze het bewustzijn bereiken (Sperling, 1960, 1963). Zou het niet beter zijn als ons sensorisch geheugen alle indrukken wat langer vasthield, zodat we meer tijd zouden hebben om ze te selecteren? Waarschijnlijk niet. Met voortdurend nieuwe informatie die binnenkomt, moet oude informatie snel verdwijnen, anders raakt het systeem te vol. Sensorische herinneringen produceren een nabeeld in het sensorische geheugen en blijven net lang genoeg hangen om in elkaar over te lopen en onze ervaring een gevoel van continuïteit te geven. Maar gelukkig blijven ze meestal niet lang genoeg hangen om de verwerking van nieuwe sensorische indrukken te verstoren.

De structuur en functie van het sensorisch geheugen

Je kunt je het sensorisch geheugen voorstellen als een mentaal 'filmdoek', waarop beelden kortstondig worden 'geprojecteerd' en vervolgens verdwijnen. Dit in elkaar overlopen van beelden in het sensorisch geheugen geeft ons de impressie van beweging in een film, die in feite niets meer is dan een serie snel opeenvolgende stilstaande beelden.

Maar het sensorisch geheugen bestaat niet alleen uit visuele beelden. Omdat elk zintuig een aparte sensorische opslagruimte heeft, bevat elk deel van het sensorisch geheugen een ander soort informatie (zie figuur 5.2). De sensorische opslagruimte voor beelden wordt het *iconisch geheugen* genoemd. Hier worden gecodeerde lichtpatronen geregistreerd die wij uiteindelijk waarnemen als visuele beelden (na verwerking in het werkgeheugen). In het sensorisch geheugen voor geluiden, het zogenaamde *echoïsch geheugen,* worden auditieve stimuli geregistreerd of vastgehouden.

Houd in gedachten dat aan beelden in het sensorisch geheugen geen betekenis is gehecht, net zoals een digitaal beeld voor een camera geen betekenis heeft. Het sensorisch geheugen heeft eenvoudig als taak de beelden gedurende korte tijd vast te houden. Zoals we zullen zien, wordt pas in de volgende fase, het werkgeheugen, betekenis aan gewaarwordingen gehecht.

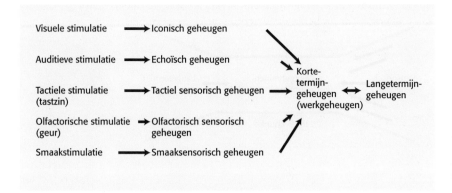

Figuur 5.2

Een veelvoud aan sensorische opslagplaatsen

Elk van onze sensorische zenuwbanen heeft een eigen sensorisch geheugen, en elk sensorisch geheugen heeft weer een eigen uitmonding in het werkgeheugen.

5.2.2 Het tweede stadium: het werkgeheugen

In het tweede stadium van verwerking vormt het werkgeheugen de tijdelijke buffer waarin je de naam vasthoudt van iemand met wie je zojuist kennis hebt gemaakt of de woorden van het begin van deze zin terwijl je de rest leest. Ruimer gezien is het werkgeheugen de verwerker van bewuste ervaringen, inclusief informatie uit het sensorisch geheugen en informatie die wordt opgehaald uit het langetermijngeheugen (Jonides et al., 2005). Het werkgeheugen is een soort psychische 'werkplaats' waar we informatie sorteren en coderen voordat we die aan het langetermijngeheugen toevoegen (Shiffrin, 1993).

Je zou het werkgeheugen kunnen beschouwen als de 'centrale verwerkingschip' voor het gehele geheugensysteem. De informatie blijft veel langer in het werkgeheugen dan in het sensorisch geheugen, gemiddeld twintig tot dertig seconden, en nog veel langer als je extra moeite doet om de informatie door repeteren actief te houden. Het werkgeheugen is ook de mentale werkplaats waar we spelen met ideeën en beelden die we uit het langetermijngeheugen hebben opgehaald, een proces dat we 'denken' noemen. Bij al deze functies fungeert het werkgeheugen niet alleen als centrum van het verstandelijk handelen, maar ook als tussenstation voor de andere onderdelen van het geheugen.

▶▶ **Verbinding hoofdstuk 6**
Het werkgeheugen is de plaats waar ons 'denken' plaatsvindt (p. 207).

De capaciteit en duur van het werkgeheugen

Het stadium van het werkgeheugen wordt geassocieerd met een 'magisch getal': 7 +/- 2. Dat wil zeggen dat het werkgeheugen ongeveer zeven items kan bevatten (Miller, 1956), hoewel dat van persoon tot persoon enigszins kan verschillen. Onder het kopje 'Doe het zelf!' kun je zien hoeveel cijfers jouw werkgeheugen kan bevatten.

Als we het werkgeheugen overladen, zijn het meestal oudere items die plaatsmaken voor recentere informatie. Maar als het werkgeheugen geheel gevuld is met informatie die onze aandacht vraagt, kan het ook gebeuren dat we nieuwe informatie die via onze zintuigen binnenkomt niet eens opmerken. Vanwege deze beperkte capaciteit van het werkgeheugen is het volgens veel psychologen niet verantwoord om tijdens het rijden te telefoneren (Wickelgren, 2001).

Valt het je op dat de capaciteit van het werkgeheugen opmerkelijk veel kleiner is dan die van het sensorisch geheugen? Het werkgeheugen heeft de geringste capaciteit van alle drie de geheugensystemen. Deze beperking en de beperkte tijd dat informatie beschikbaar blijft, maakt dit deel van het geheugen de bottleneck van het totale geheugensysteem (zie figuur 5.3). De problemen die ontstaan door de beperkte capaciteit en de korte houdbaarheid van de items in dit deel van het geheugen vormen een obstakel voor studenten die grote hoeveelheden informatie moeten verwerken en reproduceren. Gelukkig zijn er manieren om deze problemen te omzeilen. We zullen ze verderop in dit hoofdstuk bespreken.

De bottleneck van het werkgeheugen

Het werkgeheugen vormt het middelste deel van het geheugenproces en heeft veel minder capaciteit dan het sensorisch geheugen en het langetermijngeheugen. Daardoor vormt het een informatiebottleneck in het geheugensysteem. Het gevolg is dat veel informatie uit het sensorisch geheugen verloren gaat.

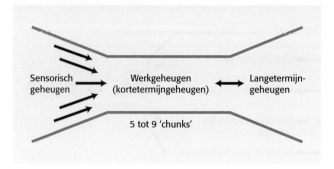

Coderen en opslaan in het werkgeheugen

Je kunt de beperkingen die door de geringe opslagcapaciteit van het werkgeheugen ontstaan op twee belangrijke manieren omzeilen: door middel van *chunking* en door middel van *repeteren*. Dankzij deze strategieën kun je informatie in het werkgeheugen behouden en doorgeven aan het langetermijngeheugen. Slimme studenten weten hoe ze beide technieken moeten toepassen.

Chunking: Proces waarbij stukjes informatie georganiseerd worden tot een kleiner aantal betekenisvolle eenheden (chunks). Op deze manier creëer je ruimte in het werkgeheugen.

Chunks en chunking   Een *chunk* is elk patroon of betekenisvolle eenheid van informatie die zich in het geheugen bevindt. Zo'n chunk kan een enkele letter of een enkel getal zijn, maar ook een groep letters of andere items, of zelfs een hele zin. De reeks P-H-I-L-I-P bestaat bijvoorbeeld uit zes letters die zes chunks kunnen vormen. Maar als je deze reeks herkent als een naam (de naam van een van de auteurs van dit boek) vormen de zes letters in je werkgeheugen maar één chunk. Door middel van **chunking** kun je meer materiaal in de zeven vakjes van je werkgeheugen kwijt.

Als je de tien cijfers van een telefoonnummer (bijvoorbeeld 0112900994) opdeelt in twee korte cijferreeksen (01129 – 00994) heb je tien afzonderlijke items omgezet in twee *chunks*.

⊕ **DOE HET ZELF!**   Meet de capaciteit van je werkgeheugen

Hiernaast is een lijst met cijfers afgebeeld. Werp een blik op het bovenste getal, dat uit vier cijfers bestaat. Probeer het niet in je geheugen te prenten, lees de cijfers gewoon snel achter elkaar en kijk vervolgens weg van de bladzijde. Probeer nu of je je het getal nog kunt herinneren. Als dat het geval is, ga je verder met het volgende, vijfcijferige getal. Ga zo door tot je een fout maakt. Uit hoeveel cijfers bestaat het langste getal dat je in je werkgeheugen kon prenten?

```
7485
36218
479103
2384971
36891756
747210324
8230138476
```

De uitslag is de capaciteit van jouw werkgeheugen voor cijfers. Uit onderzoek blijkt dat de meeste mensen zich onder ideale testomstandigheden vijf tot zeven cijfers kunnen herinneren. Als jij er meer had, dan heb je misschien speciale 'chunking'-technieken gebruikt.

Het nut van herhaling   Over telefoonnummers gesproken, stel dat je net het telefoonnummer van een vriend hebt opgezocht. Om dat in het werkgeheugen vast te houden, blijf je de cijfers waarschijnlijk voor jezelf herhalen. Deze techniek wordt **herhaling of repeteren** (*maintenance rehearsal*) genoemd en is een goede manier om informatie iets langer in het werkgeheugen vast te houden. Herhaling houdt de informatie in het werkgeheugen en voorkomt dat concurrerende nieuwe informatie deze informatie uitwist. Het is echter geen efficiënte manier om informatie over te brengen naar het langetermijngeheugen, hoewel mensen die niet weten hoe het geheugen werkt dat wel vaak proberen. Helaas, de student die stof voor een toets probeert te leren door eenvoudige herhaling zal waarschijnlijk niet zo veel onthouden.

Een betere manier om informatie naar het langetermijngeheugen te transporteren is door middel van **actief herhalen door verbanden te leggen** of **elaboratie**. Deze methode houdt in dat je de informatie niet simpelweg herhaalt, maar haar actief verbindt met kennis die je al eerder hebt opgeslagen. Je kunt dat onder meer doen door een nieuw idee te associëren met iets wat logischerwijs in je opkomt. Zo dacht je bij het lezen van het begrip 'echoïsch geheugen' misschien wel 'een logische naam, want echo's hebben te maken met geluid'.

Een andere manier is het bedenken van persoonlijke voorbeelden bij concepten. In het vorige hoofdstuk kwamen er misschien voorbeelden van positieve bekrachtiging, negatieve bekrachtiging en klassieke conditionering uit je eigen leven in je op. Als dat zo was, heb je die concepten vast veel beter onthouden. Een veelgebruikte methodiek die probeert deze verbanden en associaties te visualiseren, is het werken met zogenoemde *mindmaps*, soms ook aangeduid met de term *web*. Een mindmap of web is een diagram dat is opgebouwd uit begrippen, teksten, plaatjes en andere items, geordend in een boomstructuur rond een centraal thema. Deze methodiek is ook heel geschikt om te gebruiken in digitale media (e-mindmaps bijvoorbeeld) en wordt veel toegepast in het onderwijs en in werkomgevingen. Als je er zelf nog nooit een hebt gemaakt, zul je dat tijdens je studie ongetwijfeld een keer gaan doen.

Herhaling of repeteren: Proces waarbij informatie steeds herhaald wordt om te voorkomen dat de informatie vervaagt in de tijd dat het in het werkgeheugen zit. Repeteren vereist geen actieve elaboratie.

Actief herhalen door verbanden te leggen (elaboratie): Een proces van het werkgeheugen waarin informatie actief wordt herzien en verbonden met kennis die al in het langetermijngeheugen is opgeslagen.

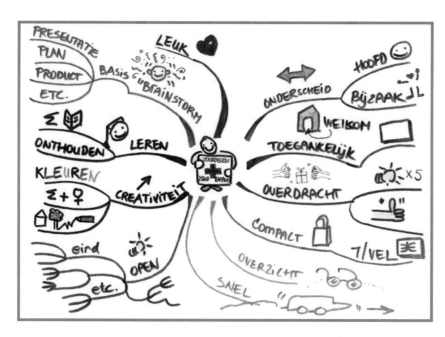

Het werken met mindmaps zoals deze is een veelgebruikte methode in het onderwijs en de werkomgeving. Door actief verbanden te maken stimuleert deze methode elaboratie.
Bron: www.learningfundamentals.com.au.

Je moet er wel voor oppassen dat je niet eindeloos gaat uitweiden en een heel web van connecties gaat weven als je niet eerst de feiten op een rijtje hebt! Stel, je denkt ten onrechte dat het geheugen een soort videorecorder is en je denkt er even over na hoe logisch dat is. Dan versterk je dus een valse of foute herinnering. Hetzelfde zou gelden als de therapeut die Donna behandelde (zie de casus uit het begin van dit hoofdstuk) haar zou opdragen om zich situaties voor te stellen waarin haar vader de gelegenheid had gehad om haar te misbruiken. Alleen al door zich dergelijke situaties voor te stellen, zou ze gemakkelijker valse herinneringen kunnen creëren (Loftus, 1997; Zaragoza et al., 2011).

De structuur en de functie van het werkgeheugen

Toen we het concept 'werkgeheugen' aan het begin van deze paragraaf introduceerden, zeiden we dat deze term het actieve karakter van deze fase in het geheugenproces uitdrukt. In het door verschillende onderzoekers voorgestelde model van het werkgeheugen (zie figuur 5.4) bestaat het werkgeheugen uit de centrale bestuurder, de fonologische lus, het schetsboek, de episodische buffer en de semantische buffer (Baddeley, 2000; Baddeley & Hitch, 1974; Martin, 2005).

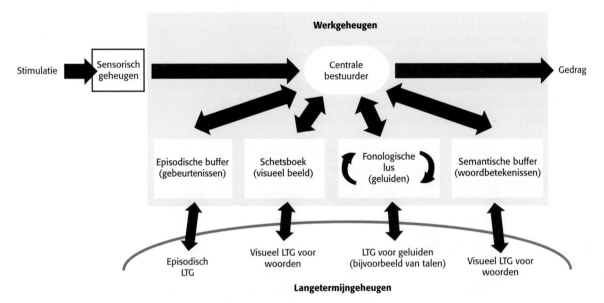

Figuur 5.4

Een model van het werkgeheugen

Het oorspronkelijke model van Atkinson en Shiffrin verdeelde het geheugen in drie stadia. Gebeurtenissen moeten eerst worden verwerkt door het sensorische geheugen en het werkgeheugen voordat ze in het langetermijngeheugen worden opgeslagen, van waaruit ze later weer kunnen worden opgehaald naar het werkgeheugen. De bijgewerkte versie van Baddeley van het werkgeheugen (2003) omvat een *centrale bestuurder* die de aandacht richt, een *schetsboek* voor visuele en ruimtelijke informatie, een *fonologische lus* voor geluiden en een *episodische buffer* die veel verschillende soorten informatie kan combineren tot herinneringen aan gebeurtenissen. Recenter neurowetenschappelijk onderzoek voegt daar nog een semantische buffer aan toe, die een beroep doet op de betekenis van woorden in het langetermijngeheugen (Martin, 2005). In deze figuur zijn alle verfijningen van het oorspronkelijke model van het werkgeheugen opgenomen.

Bron: gebaseerd op 'Episodic Buffer: A New Component of Working Memory?' van A. Baddeley, *Trends in Cognitive Sciences* [2000], 4, pp. 417–423, American Psychological Association.

De centrale bestuurder   De centrale bestuurder kan gezien worden als het distributiecentrum voor informatie. Het richt je aandacht op belangrijke input en coördineert welke informatie bewust verwerkt dient te worden. Terwijl je dit boek zit te lezen, bijvoorbeeld, helpt de centrale bestuurder in je werkgeheugen je te besluiten of je je aandacht richt op deze woorden, op andere prikkels die het werkgeheugen vanuit andere zintuigen binnenstromen of op binnendringende gedachten vanuit het langetermijngeheugen.

Akoestische codering: de fonologische lus

Als je poëzie zou lezen met woorden zoals 'beng', 'boem', 'koekoek' en 'splesj', zou je in je geest de geluiden die deze woorden beschrijven horen. Met woorden die geen imitatie van een geluid zijn, vindt deze **akoestische codering** ook plaats, maar dan minder duidelijk. Het werkgeheugen zet alle woorden die we tegenkomen om in geluiden van gesproken taal en stuurt ze naar de fonologische lus, of de woorden nu via onze ogen binnenkomen (zoals wanneer we lezen) of via onze oren (zoals wanneer we naar gesproken taal luisteren) (Baddeley, 2001). In de fonologische lus slaat het werkgeheugen de verbale patronen tijdens de verwerking in akoestische vorm op. Akoestische codering in het werkgeheugen kan leiden tot specifieke geheugenfouten. Wanneer mensen een zojuist geprojecteerd rijtje letters moeten herhalen, betreffen de fouten die ze maken vaak een verwarring tussen letters die hetzelfde *klinken* (zoals D en T) en niet tussen letters die er hetzelfde *uitzien (*zoals E en F) (Conrad, 1964). Ondanks deze fouten heeft akoestische codering haar voordelen, in het bijzonder bij het leren en gebruiken van taal (Baddeley et al., 1998; Schacter, 1999).

Akoestisch coderen: De omzetting van informatie in geluidspatronen in het werkgeheugen.

Visuele en ruimtelijke codering: het schetsboek

Het *schetsboek* van het werkgeheugen heeft grotendeels dezelfde functie voor visuele en ruimtelijke informatie. Het codeert visuele beelden en mentale representaties van voorwerpen in de ruimte. Het bevat de visuele beelden die je in gedachten doorzoekt als je je probeert te herinneren waar je je sleutels hebt gelaten. Het bevat ook de mentale plattegrond die je volgt op je weg van huis naar school of langs de schappen van de supermarkt als je boodschappen doet. Je hebt dan al snel een route in je hoofd, een soort mentale plattegrond van de plekken waar de producten die je wilt hebben, te vinden zijn. Al deze locaties 'zwemmen' dan rond in het werkgeheugen, terwijl je er, al lopende door de supermarkt, een mentale plattegrond van maakt.

◀◀ **Verbinding hoofdstuk 4**
Volgens Edward Tolman kunnen ratten goed de weg vinden in een doolhof, omdat ze de beschikking hebben over een 'mentale' of 'cognitieve' plattegrond van de omgeving (p. 148).

Stukjes informatie met elkaar verbinden: de episodische buffer

De nieuwste toevoeging aan Baddeleys model van het werkgeheugen, de episodische buffer, blijkt verschillende stukjes informatie in het werkgeheugen met elkaar te verbinden tot een coherente episode. De episodische buffer helpt ook om de verhaallijnen van een film of ander evenement te onthouden, doordat hij een plaats biedt waar we de visuele, ruimtelijke, fonologische en chronologische aspecten organiseren tot een episode of ervaring die we ons kunnen herinneren (Baddeley, 2003).

Een taalverwerkingsmodule: de semantische buffer

Recent onderzoek gaat uit van het bestaan van een semantische buffer, of taalverwerkingsmodule, met behulp waarvan we betekenis kunnen toekennen aan woorden die we zien of horen (Martin, 2005). Deze semantische buffer zou een beroep doen op de betekenis van woorden in het langetermijngeheugen. Meer onderzoek moet het daadwerkelijke bestaan van deze semantische buffer echter nog ondersteunen.

Verwerkingsniveaus in het werkgeheugen

Een belangrijke tip: hoe meer verbanden je kunt leggen tussen oude en nieuwe informatie in het werkgeheugen, hoe groter de kans dat je die informatie later kunt terughalen. Daarvoor is uiteraard interactie nodig tussen het werkgeheugen en het langetermijngeheugen. Volgens de **theorie van verwerkingsniveaus** van Fergus Craik en Robert Lockhart (1972) zorgt 'diepere' verwerking (het maken van meer verbindingen met langetermijnherinneringen) ervoor dat nieuwe informatie aan betekenis toeneemt en dus beter herinnerd wordt. Dat zullen we aan de hand van een experiment illustreren.

Theorie van verwerkingsniveaus:
Verklaring voor het feit dat informatie die grondig wordt gekoppeld aan betekenisvolle items in het langetermijngeheugen ('diepe' verwerking) beter herinnerd wordt dan oppervlakkig gekoppelde informatie.

Craik en zijn collega Endel Tulving (1975) lieten hun proefpersonen op een scherm achtereenvolgens zestig algemeen bekende woorden zien. Op het moment dat een woord in beeld was, stelden de onderzoekers vragen om erachter te komen hoe diep de proefpersonen dat woord verwerkten. Ze lieten bijvoorbeeld het woord BEER op het scherm verschijnen en stelden toen een van deze drie vragen: 'Is het woord met hoofdletters geschreven?' 'Rijmt het op "speer"?' of 'Is het een dier?' Craik en Tulving vermoedden dat de vraag of het woord met hoofdletters was geschreven een minder diepe verwerking vereiste dan de vraag of het woord op een ander woord rijmde. De diepste verwerking zou volgens hun hypothese plaatsvinden als de proefpersoon gedwongen werd om de *betekenis* van een woord te analyseren, zoals nodig is om de vraag te kunnen beantwoorden of BEER een dier is. Craik en Tulving voorspelden dus dat items die op een dieper niveau verwerkt werden, sterkere geheugensporen zouden achterlaten. Hun voorspelling kwam uit. Toen de proefpersonen later werd gevraagd op een lijst van 180 woorden de oorspronkelijke 60 woorden aan te wijzen, herinnerden ze zich de diep verwerkte woorden veel beter dan de oppervlakkig verwerkte woorden. De resultaten van dit experiment staan in figuur 5.5.

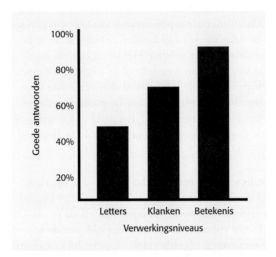

Figuur 5.5
Resultaten van het onderzoek naar verwerkingsniveaus door Craik en Tulving
Woorden die op een dieper niveau verwerkt worden (op grond van hun betekenis), werden beter onthouden dan woorden die verwerkt werden op grond van klank of het voorkomen van bepaalde letters.

5.2.3 Het derde stadium: het langetermijngeheugen

Kun je je nog herinneren wie het concept van klassieke conditionering heeft bedacht? Kun je een auto besturen? Hoeveel verjaardagen heb je al gevierd? De antwoorden op zulke vragen liggen opgeslagen in je langetermijngeheugen (LTG), dat bepalend is in het laatste van de drie geheugenstadia.

Als je je realiseert hoeveel gegevens er in het LTG liggen opgeslagen, sta je ervan versteld dat zo'n groot deel daarvan zo gemakkelijk toegankelijk is. Bovenstaande vragen kon je waarschijnlijk snel beantwoorden. Dat komt door een speciale eigenschap van het langetermijngeheugen: het coderen van woorden en concepten naar hun *betekenis*, en op die manier zijn ze weer verbonden met andere items die een gelijke betekenis hebben. Je zou je het LTG dus kunnen voorstellen als een enorm netwerk van onderling verbonden associaties. Goede ophaalaanwijzingen of herinneringscues (stimuli die de activering van een langetermijnherinnering teweegbrengen) kunnen je helpen het item dat je wilt hebben snel te lokaliseren.

De capaciteit en duur van het langetermijngeheugen

Hoeveel informatie kan het langetermijngeheugen eigenlijk bevatten? Heel veel, zo lijkt het. Het LTG gebruikt deze enorme capaciteit om alle ervaringen, gebeurtenissen, informatie, emoties, vaardigheden, woorden, categorieën, regels en oordelen die er ooit vanuit het werkgeheugen naartoe gebracht zijn, op te slaan. Dus je LTG bevat alle kennis die je hebt over de wereld en over jezelf. Door deze eigenschappen is het langetermijngeheugen met betrekking tot mogelijke duur van opslag en opslagcapaciteit duidelijk de kampioen van de drie fases van het geheugen. Wat zorgt er nu voor dat het LTG zo'n onbegrensde capaciteit heeft? Dat is een belangrijk onopgelost mysterie van het geheugen. Misschien kunnen we ons het LTG voorstellen als een soort uitbreidbare 'stellage' die meer informatie kan bevatten naarmate je meer associaties maakt.

De structuur en functie van het langetermijngeheugen

Laten we de twee belangrijkste afdelingen van het langetermijngeheugen eens onder de loep nemen. De ene afdeling is een archief voor procedures van handelingen waarvan we *weten hoe* we ze moeten verrichten, en wordt het *procedureel geheugen* genoemd. De andere afdeling, het *declaratief geheugen*, is een opslagplaats voor informatie over feiten die we kennen en ervaringen die we ons herinneren. We weten dat het procedureel geheugen en declaratief geheugen gescheiden afdelingen zijn, doordat patiënten met hersenbeschadigingen soms het ene geheugen kwijtraken, maar het andere behouden.

Figuur 5.6 is een verduidelijking van de relatie tussen de twee belangrijke onderdelen van het langetermijngeheugen.

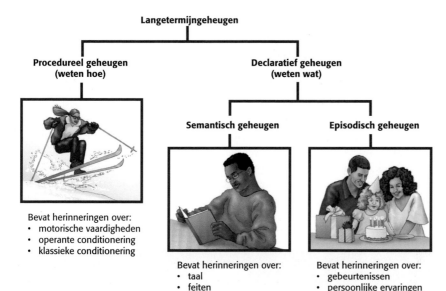

Figuur 5.6
Een model van de onderdelen van het langetermijngeheugen

Procedureel geheugen   We gebruiken het **procedureel geheugen** als we fietsen, onze schoenveters strikken of een muziekinstrument bespelen. We gebruiken het om mentale aanwijzingen of 'procedures' op te slaan voor goed geoefende vaardigheden (Schacter, 1996). Dit geheugen werkt grotendeels buiten ons bewustzijn. Alleen tijdens de eerste fases van de training, als we ons op elke beweging moeten concentreren, moeten we bewust nadenken over de details van ons handelen. Later, als de vaardigheid goed is aangeleerd, werkt het procedureel geheugen grotendeels buiten de grenzen van het bewustzijn, zoals bij een concertpianist die een stuk uitvoert zonder dat hij zich de afzonderlijke noten bewust herinnert.

Procedureel geheugen: Afdeling van het LTG waar herinneringen liggen opgeslagen over hoe dingen gedaan moeten worden (weten hoe). Wordt ook wel *motorisch geheugen* genoemd.

Ons procedureel geheugen zorgt ervoor dat geoefende turners complexe handelingen automatisch kunnen uitvoeren.

Bron: Chris Peterson, Flickr.

Declaratief geheugen: Afdeling van het LTG waar expliciete informatie wordt opgeslagen, ook wel *feitengeheugen (weten dat)* genoemd. Het declaratief geheugen heeft twee onderafdelingen: het episodisch geheugen en het semantisch geheugen.

Episodisch geheugen: Onderafdeling van het declaratief geheugen waar herinneringen aan persoonlijke gebeurtenissen, oftewel 'episodes', liggen opgeslagen.

Semantisch geheugen: Onderafdeling van het declaratief geheugen waar algemene kennis ligt opgeslagen, zoals de betekenis van woorden en concepten.

Het declaratief geheugen   We gebruiken het **declaratief geheugen** voor het opslaan van feiten, indrukken en gebeurtenissen. Je hebt het declaratief geheugen nodig om je te herinneren hoe je de weg moet vinden naar een bepaalde locatie (hoewel je bij het besturen van een auto gebruikmaakt van je procedureel geheugen). In tegenstelling tot het procedureel geheugen, vereist het declaratief geheugen vaker een zekere mate van bewuste mentale inspanning. Dat blijkt wel uit het feit dat mensen hun voorhoofd fronsen of moeilijk kijken als ze gegevens uit hun declaratief geheugen moeten ophalen.

Het declaratief geheugen heeft twee belangrijke onderafdelingen: het *episodisch* en het *semantisch* geheugen.

Het episodisch geheugen   is het deel van het declaratief geheugen waarin persoonlijke informatie ligt opgeslagen; je herinneringen aan gebeurtenissen, oftewel 'episodes', uit je leven. Het bevat ook *mentale tijdlabels*, waarmee je kunt vaststellen wanneer de gebeurtenis plaatsvond, en *contextuele labels*, die aangeven waar de gebeurtenis plaatsvond. Herinneringen aan je laatste vakantie bijvoorbeeld, of van een ongelukkige liefdesgeschiedenis, liggen opgeslagen in het **episodische geheugen**, samen met codes voor waar en wanneer deze gebeurtenissen plaatsvonden. Zo fungeert het episodisch geheugen als een soort intern dagboek, of autobiografisch verslag. Je raadpleegt je episodisch geheugen als iemand vraagt: 'Waar was jij met oud en nieuw?' of 'Wat hebben jullie gedaan tijdens het college van afgelopen donderdag?'

Het semantisch geheugen   is de andere onderafdeling van het declaratief geheugen. Het bevat de elementaire betekenissen van woorden en concepten. Gewoonlijk bevat het **semantisch geheugen** geen informatie over de tijd waarop en de plaats waar je die betekenissen hebt geleerd. De betekenis van het woord 'kat' bewaar je dus in het semantisch geheugen. De herinnering aan het moment dat je de betekenis van het woord 'kat' leerde, ligt daar echter niet opgeslagen (wel in het episodisch geheugen). Wat dat betreft lijkt het semantisch geheugen meer op een encyclopedie of een database dan op een autobiografie. Het herbergt grote hoeveelheden feiten over namen, gezichten, grammatica, geschiedenis, muziek, manieren, wetenschappelijke principes en religieuze opvattingen. Alle feiten en concepten die je kent liggen hier opgeslagen. Je raadpleegt dit geheugen als iemand vraagt: 'Wie is de moeder van de Britse prins Charles?' of 'Uit welke twee afdelingen bestaat het declaratief geheugen?'

In de kennisquiz *Met het mes op tafel* bevraagt Joost Prinsen feiten die in het semantisch geheugen zijn opgeslagen.

Bron: Omroep MAX/Foto: Rick Nederstigt.

Schema's Als je een les bijwoont, in een restaurant eet, een telefoongesprek voert of naar een verjaardagsfeestje gaat, weet je wat je kunt verwachten, omdat bij elk van deze gebeurtenissen sprake is van een bekend scenario. Cognitief psychologen noemen dit een **schema**: een cluster van kennis in het semantisch geheugen die ons een context geeft waarin we gebeurtenissen kunnen begrijpen (Squire, 2007). We gebruiken onze schema's om betekenis aan nieuwe ervaringen te verlenen en snel toegang tot informatie te krijgen. Dus als iemand 'verjaardagsfeestje' zegt, kun je onmiddellijk gebruikmaken van informatie die je vertelt wat je kan verwachten bij een verjaardagsfeestje, zoals taart eten, 'Lang zal ze leven' zingen, en cadeautjes uitpakken. Niet minder belangrijk is dat je bij het oproepen van je schema 'verjaardagsfeestje' niet allerlei irrelevante kennis in je geheugen hoeft te doorzoeken, zoals informatie die zich bevindt in je schema 'les bijwonen' of in je schema 'in een restaurant eten'. Kijk zelf maar in de 'Doe-het-zelf!' op deze bladzijde hoe handig schema's soms zijn.

Schema's kunnen dus een hulpmiddel zijn voor het declaratief langetermijn-geheugen wanneer we proberen nieuwe informatie te begrijpen, omdat ze ons daar een kant-en-klaar kader voor geven. Daar staat tegenover dat schema's vaak misleidend zijn als het op details aankomt, wat je misschien al hebt gemerkt in de 'Doe-het-zelf!'. Het probleem is dat we ons meestal niet bewust zijn van her-inneringsfouten op het moment dat we ze maken.

Schema: Een bepaalde hoeveelheid kennis die, oftewel een algemeen conceptueel raamwerk dat, verwachtingen genereert aangaande thema's, gebeurtenissen, voorwerpen, mensen en situaties in iemands leven.

⊕ **DOE HET ZELF!** Hoe schema's het geheugen beïnvloeden

Lees de volgende tekst aandachtig door:

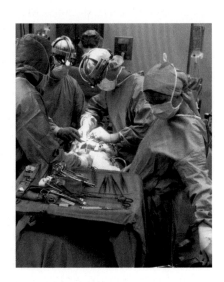

De jonge chirurg Jansen verschoof zijn gezichtsmasker terwijl hij vol spanning de bleke figuur bestudeerde die op de lange glanzende tafel voor hem lag. Een snelle uithaal met zijn kleine, scherpe instrument en er kwam een rode streep tevoorschijn. Vervolgens maakte de ijverige jonge assistent de opening groter, terwijl een andere assistent het glinsterende vet aan de oppervlakte opzij duwde, zodat de vitale delen bloot kwamen te liggen. Iedereen staarde vol afschuw naar het akelige gezwel, dat te groot was om te verwijderen. Jansen wist nu dat het geen zin had om door te gaan.

Doe nu zonder dit nog eens te lezen de volgende oefening. Omcirkel de woorden die in deze passage voorkwamen:

patiënt	scalpel	bloed	tumor
kanker	verpleegkundige	ziekte	operatie

In het oorspronkelijke onderzoek omcirkelden de meeste deelnemers de woorden *patiënt, scalpel* en *tumor*. Jij ook? Nou, geen van deze woorden kwam in de tekst voor! Door de tekst als een medisch verhaal te interpreteren, was het beter te begrijpen, maar het gevolg was wel dat het verkeerd werd onthouden (Lachman et al., 1979). Toen de deelnemers het verhaal eenmaal hadden gerelateerd aan hun schema voor chirurgie in

ziekenhuizen, 'herinnerden' ze zich labels uit hun schema die niet voorkwamen in de gelezen tekst. Schema's helpen ons dus om informatie te ordenen, maar scheppen ook alle
gelegenheid om dingen verkeerd op te slaan en terug te halen. Dat kan onjuiste herinneringen creëren, omdat we informatie onbewust wijzigen om die meer in overeenstemming te brengen met verwachtingen die we hebben op grond van onze schema's.

Infantiele amnesie: De onmogelijkheid om zich gebeurtenissen uit de eerste twee of drie jaar van het leven te herinneren.

Vroege herinneringen   De meeste mensen kunnen zich gebeurtenissen van voor hun derde verjaardag moeilijk herinneren, een verschijnsel dat **infantiele amnesie** wordt genoemd. Dit zou erop kunnen wijzen dat jonge kinderen een beperkt episodisch geheugen hebben. Lang voor het derde levensjaar is er echter al wel sprake van leren, misschien is dit zelfs al voor de geboorte het geval. Dit zien we bij baby's die het gezicht van hun ouders leren herkennen of bij peuters die leren spreken. We weten dus dat heel jonge kinderen een semantisch geheugen en een procedureel geheugen hebben. Ook is uit recent onderzoek bekend dat er bij kinderen rond de leeftijd van vier jaar al een verdeling is ontstaan tussen het visuele geheugen en het verbale geheugen en dat deze geheugens verder verbeteren tussen het vierde en het vijftiende levensjaar (Alloway et al., 2006).
Tot voor kort dachten psychologen dat infantiele amnesie optrad doordat in de hersenen van jonge kinderen de neurale verbindingen die nodig zijn voor het episodisch geheugen, nog niet waren aangelegd. Uit nieuw onderzoek is echter gebleken dat de benodigde banen al tegen het eerste levensjaar in de hersenen zijn gevormd. Bovendien hebben onderzoekers aanwijzingen gevonden die erop wijzen dat kinderen van negen maanden al wel gebruikmaken van het episodisch geheugen; dit blijkt uit het feit dat ze gedrag dat ze hebben geobserveerd, kunnen imiteren (Bauer et al., 2003). Maar waarom kun je je eerste verjaardag dan niet herinneren? Een deel van het antwoord ligt waarschijnlijk in de gebrekkige taalvaardigheden (voor het verbaal coderen van herinneringen), in het ontbreken van een zelfbewustzijn (dat noodzakelijk is als referentiepunt, maar zich pas rond de leeftijd van twee jaar ontwikkelt) en in het ontbreken van de complexe schema's die oudere kinderen en volwassenen als geheugensteuntjes gebruiken.
Uit ander onderzoek komen aanwijzingen naar voren dat cultuur van invloed is op de vroegste herinneringen van mensen. De oudste herinneringen van Maori's uit Nieuw-Zeeland gaan bijvoorbeeld terug tot 2,5 jaar, terwijl de meeste Koreaanse volwassenen geen herinneringen hebben aan gebeurtenissen van voor het vierde levensjaar. Het verschil lijkt afhankelijk te zijn van de mate waarin kinderen in een cultuur worden gestimuleerd gedetailleerde verhalen over hun leven te vertellen. Ouders die het vertellen over dagelijkse ervaringen stimuleren, stimuleren elaboratie. Dit lijkt de vroege herinneringen te versterken, waardoor ze tot in de volwassenheid kunnen blijven bestaan (Leichtman, 2006; Winerman, 2005a).

Maori's uit Nieuw-Zeeland herinneren zich vaak gebeurtenissen van toen ze 2,5 jaar oud waren. Dat komt waarschijnlijk doordat hun cultuur kinderen aanmoedigt verhalen over hun leven te vertellen.
Bron: Ace Stock Limited/Alamy.

Engram: Fysieke veranderingen in het brein die in verband worden gebracht met een herinnering. Ook wel *geheugenspoor* genoemd.

De biologische basis van het langetermijngeheugen
Wetenschappers hebben meer dan een eeuw gezocht naar het **engram** (geheugenspoor), de biologische basis van het langetermijngeheugen. Een van hun strategieën daarbij bestaat uit het zoeken naar neurale schakelingen waarvan de hersenen gebruikmaken wanneer ze herinneringen vormen. Bij een andere strategie wordt gekeken op het niveau van de synapsen; hierbij zoekt men naar biochemische veranderingen die de lichamelijke herinnering in zenuwcellen vormen. Een voorbeeld van de eerste van deze twee benaderingen vind je in het kader hieronder, waar we het tragische geval bespreken van iemand die onder de afkorting H.M. bekend is geworden.

Het tragische geval van H.M.

De jongeman 'H.M.' verloor zijn vermogen om nieuwe herinneringen aan te maken in 1953. Dat was het resultaat van een experimentele hersenoperatie die was uitgevoerd als laatste redmiddel om een einde te maken aan de zware epileptische aanvallen waar hij aan leed (Corkin, 2002; Hilts, 1995). Na de operatie was hij niet meer in staat nieuwe indrukken van dingen die hij meemaakte op te slaan. Zijn geheugenverlies was zo ernstig dat hij zelfs nooit heeft geleerd de mensen te herkennen die hem hebben verzorgd in de decennia na zijn operatie.

Opmerkelijk genoeg functioneerde H.M.'s geheugen voor gebeurtenissen die vóór zijn operatie plaatsvonden normaal, terwijl nieuwe ervaringen wegglipten voordat hij ze kon opslaan in zijn langetermijngeheugen. Hij wist niets van 11 september, de maanlanding of de computerrevolutie. Hij kon zich niet herinneren wat hij als ontbijt had gegeten of wat de naam was van een bezoeker die twee minuten geleden wegging. Ironisch genoeg kon hij zich wel herinneren dat hij problemen had met zijn geheugen. En toch was hij altijd weer geschokt als hij zijn oude gezicht in de spiegel zag, omdat hij nog steeds de jongeman verwachtte die hij was in 1953 (Milner et al., 1968; Rosenzweig, 1992b). H.M. zat gevangen in het absolute heden dat continu achter hem vervaagde zonder een enkel spoor achter te laten. Toch behield hij gedurende deze lange, pijnlijke ervaring over het algemeen een goed humeur en werkte hij bereidwillig samen met psycholoog Brenda Milner, die hij nooit heeft leren herkennen.

Officieel wordt zijn aandoening **anterograde amnesie** genoemd en komt ze neer op een handicap in het vormen van nieuwe herinneringen. Volgens cognitief psychologen was H.M. niet meer in staat nieuwe ervaringen van het werkgeheugen over te brengen naar het langetermijngeheugen (Scoville & Millner, 1957). De biologische oorzaak daarvan was de verwijdering van de hippocampus en amygdala aan beide zijden van de hersenen (zie figuur 5.7). Wonderbaarlijk genoeg bleek dat H.M. nog steeds nieuwe en complexe motorische vaardigheden kon leren, ondanks het feit dat hij het grootste gedeelte van zijn mogelijkheid om feiten en nieuwe gebeurtenissen te onthouden was kwijtgeraakt. Hij leerde zelfs nog in spiegelschrift te schrijven: schrijven terwijl je via een spiegel naar je handen kijkt (Milner et al., 1968; Raymond, 1989). Over het algemeen was H.M.'s *procedurele* geheugen voor zulke motorische taken redelijk normaal, tegelijkertijd kon hij zich niet herinneren dat hij deze vaardigheden had geleerd en dus ook niet weten dat hij ze beheerste.

Wat hebben we nu van H.M. geleerd? Over de biologie van het geheugen heeft hij ons geleerd dat de hippocampus en de amygdala noodzakelijk zijn voor het opslaan van nieuwe declaratieve herinneringen, hoewel ze geen rol lijken te spelen bij het terughalen van oude herinneringen (Bechara et al., 1995; Wirth et al., 2003). Bovendien kunnen we met behulp van H.M. het onderscheid begrijpen tussen procedurele en declaratieve herinneringen. Het is verbazingwekkend dat H.M. goedgehumeurd was over zijn aandoening, hij maakte zelfs grappen over zijn onvermogen zich dingen te herinneren. Ironisch genoeg heeft de verwijdering van zijn amygdala echter mogelijk aan zijn positieve humeur bijgedragen (Corkin, 2002).

Als we beter begrijpen hoe herinneringen worden opgeslagen en geconsolideerd, wordt ook duidelijk waarom H.M. geen nieuwe declaratieve herinneringen kon vormen: zonder hippocampus miste zijn brein de hardware die daarvoor nodig is. Het verklaart ook waarom zijn vermogen om nieuwe procedurele herinneringen te vormen intact bleef: de hippocampus heeft daar niets mee te maken.

Anterograde amnesie: Onvermogen om herinneringen te vormen van nieuwe informatie (tegenover retrograde amnesie).

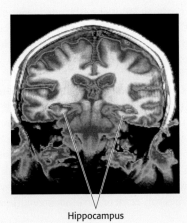

Hippocampus

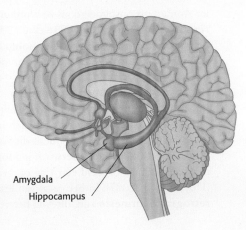

Amygdala
Hippocampus

Figuur 5.7

De hippocampus en de amygdala

Tijdens een operatie werden aan beide zijden van H.M.'s hersenen de hippocampus en de amygdala verwijderd. Om je een beeld te vormen van de ligging van deze structuren, kun je de tekening vergelijken met de MRI-scan. Op de scan zie je een dwarsdoorsnede van de hersenen, dwars door de hippocampus.

▶▶ **Verbinding hoofdstuk 14**
In de hersenen van mensen met posttraumatische stressstoornissen kunnen zich biologische veranderingen voordoen die blijvend zijn (p. 572).

▶▶ **Verbinding hoofdstuk 7**
De ziekte van Alzheimer is een degeneratieve aandoening van de hersenen waarbij het denkvermogen achteruitgaat, geheugenproblemen ontstaan en de patiënt uiteindelijk overlijdt (p. 295).

Video
Ga naar de MyLab mediatheek om het filmfragment te bekijken over alzheimer.

Consolidatie: Het proces waarin korteter-mijnherinneringen over een bepaalde perio-de veranderen in langetermijnherinneringen.

Retrograde amnesie: Het onvermogen om informatie die al in het geheugen is opgeslagen terug te halen (vergelijk met anterograde amnesie).

Delen van het brein die betrokken zijn bij het langetermijngeheugen In de afgelopen twintig jaar hebben neurowetenschappers nieuwe details over het geheugen van de mens ontdekt. Zo weten we nu dat de hippocampus betrokken is bij de ziekte van Alzheimer, waarbij ook het vermogen om nieuwe declaratieve herinneringen aan te maken verloren gaat. Neurowetenschappelijke onderzoekers hebben ook ontdekt dat de nabijgelegen amygdala herinneringen verwerkt die sterke emotionele associaties hebben (Bechara et al., 1995). Het lijkt erop dat deze emotionele associaties als hulpmiddel dienen voor het snel terughalen van herinneringen (Dolan, 2002). De amygdala speelt ook een rol bij de hardnekkige en storende herinneringen waar soldaten en anderen die gewelddadige gebeurtenissen hebben meegemaakt, melding van maken. In sommige gevallen kunnen deze herinneringen zo storend zijn, dat ze leiden tot de aandoening *posttraumatische stressstoornis.*

Liggen herinneringen dan opgeslagen in de hippocampus en de amygdala? Nee, herinneringen aan gebeurtenissen en informatie (declaratieve herinneringen) worden overal in de hersenschors (cerebrale cortex) opgeslagen, waarbij bepaalde stukjes van de herinneringen worden opgeslagen in dat deel van de schors dat dit specifieke sensorische signaal oorspronkelijk heeft verwerkt. De herinnering aan die fantastische vakantie aan zee de afgelopen zomer bestaat dus onder meer uit visuele componenten van de herinnering in je visuele cortex, geluiden in je auditieve cortex, geuren in de olfactorische bol en de opeenvolging van de gebeurtenissen in de frontale kwabben. En als je daar hebt leren surfen, zou die herinnering zijn gekoppeld aan het cerebellum en de motorische cortex, net als andere procedurele herinneringen die te maken hebben met lichaamsbewegingen.

Misschien vraag je je af hoe deze herinneringsfragmenten weer op de juiste manier in elkaar worden gezet. Met andere woorden: hoe komt de herinnering aan bijvoorbeeld het surfen weer bij de andere strandherinneringen terecht en wordt ze niet ten onrechte verbonden met herinneringen aan je laatste tandartsbezoek? Ook al zijn de technische details hiervan nog een mysterie voor de neurowetenschap, we weten wel dat één deel van de hersenen daarbij de hoofdrol speelt: de hippocampus. In het proces dat bekendstaat als **consolidatie** worden herinneringen met behulp van de hippocampus geleidelijk blijvender. Elke keer dat we een declaratieve herinnering terughalen, komen stukjes van die herinnering van overal in de hersenen samen in de hippocampus, die ze op een of andere manier sorteert en met de relevante stukjes weer een coherente herinnering samenstelt. Iedere keer daarbij wordt de neurale verbinding voor die specifieke herinnering sterker. Uiteindelijk is bij het oproepen van de herinnering de hippocampus dus niet meer nodig om de stukjes te verbinden. Als dat is gebeurd, is elk stukje van de herinnering (bijvoorbeeld de geur van de zee) al genoeg om de hele herinnering op te roepen.

Onderzoekers hebben overigens gerapporteerd dat nieuwe ervaringen veel sneller worden geconsolideerd als ze worden geassocieerd met bestaande herinneringsschema's (Squire, 2007; Tse et al., 2007). Voor jou is het dus misschien van belang om te verbinden wat je in hoofdstuk 2 over de hippocampus hebt geleerd met nieuwe informatie over de rol van deze structuur bij consolidatie.

Herinneringen, neuronen en synapsen Op het niveau van afzonderlijke neuronen ontstaan herinneringen aanvankelijk als fragiele chemische overblijfselen bij de synaps en consolideren deze zich in de loop van de tijd tot duurzamere synaptische veranderingen. Tijdens dit consolidatieproces zijn herinneringen bijzonder kwetsbaar voor verstoring door nieuwe ervaringen, bepaalde geneesmiddelen of bijvoorbeeld een klap op het hoofd bij een ruzie of een ongeluk (Doyère et al., 2007). In het geval van ernstig geheugenverlies zou de diagnose **retrograde amnesie** zijn, oftewel het verlies van eerdere herinneringen. (Je ziet dat retrograde amnesie het omgekeerde is van het probleem van H.M., *antero-grade* amnesie, het onvermogen *nieuwe* herinneringen te vormen.)

In de tijd dat herinneringen zich vormen, kunnen ze versterkt of verzwakt wor-den. Vooral de emotionele toestand van de betrokkene is hierop van invloed. Uit onderzoek blijkt echter dat positieve en negatieve emoties heel verschillende effecten kunnen hebben op de concentratie en daardoor op het geheugen. Als je gelukkig bent, bekijk je situaties meestal als geheel en herinner je je 'het al-gemene beeld'. Wanneer je echter onder bedreiging van een vuurwapen wordt beroofd, zul je meestal op het wapen letten en minder aandacht besteden aan details van het uiterlijk van de misdadiger. In het algemeen kunnen we zeggen dat emotionele arousal verantwoordelijk is voor onze levendigste herinneringen, maar niet onze meest precieze: het scala aan gelukkige en positieve herinnerin-gen is meestal vollediger, terwijl er bij negatieve herinnering vaak een bepaald aspect van de herinnering (over)belicht wordt (Dingfelder, 2005; Levine & Bluck, 2004).

Evolutionair gezien speelt emotie een sterk adaptieve rol in het geheugen. Als je bijvoorbeeld een beangstigende ontmoeting met een beer overleeft, is de kans groot dat je je in de toekomst zult voornemen beren uit de weg te gaan. De on-derliggende biologie berust op de amygdala, maar ook op chemische stoffen die met emoties geassocieerd worden, zoals epinefrine (adrenaline) en bepaalde stress-hormonen, die herinneringen voor zulke ervaringen verlevendigen (McGaugh, 2000).

 Psychologische kwesties
Ga naar 'In de praktijk' in de MyLab mediatheek voor een bespreking van het thema 'Flitslichtherinneringen: waar was je toen...?'

 Ga naar **www.pearsonmylab.nl** om je kennis en begrip van deze paragraaf te testen met de MyMap, MyCheck en MyDefinitions.

KERNVRAAG 5.3
▶ Hoe halen we herinneringen terug?

Het systeem dat verantwoordelijk is voor het terughalen van herinneringen stelt ons soms voor verrassingen. Eén daarvan is het vermogen om een herinnering terug te halen waarvan je niet eens wist dat je haar had, wat ons laat weten dat sommige herinneringen succesvol kunnen worden gecodeerd en opgeslagen zonder dat we ons daarvan bewust zijn. Een ander is dat je soms zeker weet dat een herinnering klopt, terwijl dat absoluut niet het geval is (zie bijvoorbeeld 'flitslichtherinneringen' op de website). Ons kernconcept vat het proces van te-rughalen als volgt samen:

● **KERNCONCEPT 5.3**
Of herinneringen nu impliciet of expliciet zijn, of we ze kunnen terughalen is afhankelijk van de manier waarop ze gecodeerd zijn en hoe ze worden opgeroepen.

5.3.1   Impliciete en expliciete herinneringen

Iedereen heeft herinneringen waar hij zich niet van bewust is. Ieder normaal ge-heugen bevat geïsoleerde eilandjes van informatie. Al meer dan honderd jaar we-ten psychologen dat mensen iets kunnen weten zonder dat ze weten dat ze het weten. Psycholoog Daniel Schacter (1992, 1996) noemt dit fenomeen **implicie-te herinneringen**: herinneringen die je gedrag kunnen beïnvloeden zonder dat je daar een bewust besef van hebt. Bij **expliciete herinneringen** daarentegen

Impliciete herinnering: Een herinnering die niet met opzet of bewust in het geheu-gen geprent is.

Expliciete herinnering: Een herinnering die met aandacht verwerkt is en bewust kan worden teruggehaald.

weet je heel goed dat je over bepaalde informatie beschikt, bijvoorbeeld over de manier waarop je een bepaalde taak moet uitvoeren.

Procedurele herinneringen zijn vaak impliciet, zoals golfers weten hoe ze hun swing moeten uitvoeren zonder dat ze hoeven na te denken over hoe ze hun lichaam bewegen. Maar impliciete herinneringen zijn niet beperkt tot procedurele herinneringen – en expliciete herinneringen zijn niet hetzelfde als declaratieve herinneringen. Je semantische geheugen bewaart zowel *expliciete informatie* (bijvoorbeeld de stof die je voor een examen hebt bestudeerd) als *impliciete informatie* (bijvoorbeeld het feit dat je weet welke kleur het gebouw heeft waarin je psychologieles hebt). De algemene regel luidt als volgt: een herinnering is impliciet als deze onbewust op het gedrag of op geestelijke processen van invloed kan zijn. Bij expliciete herinneringen is het bewustzijn echter altijd bij het terughalen betrokken.

5.3.2   Herinneringscues

Om impliciete of expliciete herinneringen accuraat te kunnen terughalen zijn goede cues nodig. Je hebt hier al een idee van wanneer je gebruikmaakt van zoektermen in Google of een andere zoekmachine: wanneer je de termen niet goed kiest, krijg je ofwel niets ofwel bergen onbruikbare informatie. Het langetermijngeheugen werkt vrijwel op dezelfde manier; hierbij is het voor een succesvolle zoekactie nodig dat er goede mentale **herinneringscues** zijn: 'zoektermen' die worden gebruikt om een herinnering terug te halen. Soms is de enige cue die nodig is om een lang vergeten ervaring terug te brengen een bepaalde geur, bijvoorbeeld de geur van versgebakken koekjes die je associeert met een bezoek aan het huis van je grootmoeder. Een andere keer kan de herinneringscue een emotie zijn, bijvoorbeeld wanneer iemand die met een depressie worstelt, gevangen raakt in een maalstroom van deprimerende herinneringen. In ons verhaal over Ross, aan het begin van dit hoofdstuk, kan iets in zijn droom hebben gediend als een cue om de vergeten herinnering aan het misbruik terug te halen.

Maar andere herinneringen, vooral semantische, zijn niet zo gemakkelijk met cues terug te halen. Tijdens een examen kun je bot vangen als de formulering van een vraag niet overeenkomt met de wijze waarop jij de stof tijdens het studeren in je geest hebt gevormd. Met andere woorden: je geheugen kan falen als de vraag geen goede herinneringscue is. Of een herinneringscue goed is, is afhankelijk van het type herinnering dat wordt gezocht en van het web van associaties waarin de herinnering is ingebed.

Impliciete herinneringen terughalen door middel van priming

Een trucje van het impliciete geheugen was er verantwoordelijk voor dat voormalig Beatle George Harrison voor de rechter moest verschijnen (Schacter, 1996). Advocaten van een andere band, de Chiffons, beweerden namelijk dat de melodie van Harrisons song 'My Sweet Lord' bijna identiek was aan de klassieker van de Chiffons genaamd 'He's So Fine'. Harrison ontkende dat hij de melodie van de Chiffons met opzet had gekopieerd, maar gaf toe dat hij het wel had gehoord voordat hij zijn eigen song schreef. De rechtbank geloofde zijn verhaal en stelde dat het leentjebuur spelen van Harrison het gevolg was van 'onbewust herinneren'. Volgens Daniel Schacter (1996) wemelt het in het dagelijks leven van zulke gebeurtenissen. Bijvoorbeeld: je doet iemand een voorstel dat hij onmiddellijk van tafel veegt. En een paar weken later doet diezelfde persoon precies hetzelfde voorstel aan jou, alsof hij het ter plekke heeft verzonnen. Bij zulke alledaagse situaties is het moeilijk te zeggen wat de impliciete herinnering oproept. Voor laboratoriumsituaties hebben psychologen manieren ontworpen om het terughalen van impliciete herinneringen voor te bereiden: **priming**

Herinneringscue: Stimulus die wordt gebruikt om een herinnering in het bewustzijn te brengen of om gedrag te activeren.

Priming: Techniek waarmee impliciete herinneringen worden voorzien van een label (cue) dat het terughalen van die herinneringen stimuleert, zonder dat de (proef)persoon zich bewust is van het verband tussen het label en de teruggehaalde herinnering.

(Schacter, 1996). We geven een voorbeeld van het gebruik van priming. Stel dat je als vrijwilliger meedoet aan een geheugenexperiment. Eerst krijg je gedurende een aantal seconden een lijst met verschillende woorden te zien:

moordenaar, octopus, avocado, mysterie, politieagent, klimaat

Vervolgens vraagt de onderzoeker je een uur later om een andere lijst te bekijken en aan te geven welke items je herkent van de eerste lijst: *schemering, moordenaar, dinosaurus* en *mysterie*. Dat was makkelijk. Maar dan laat de onderzoeker je enkele woorden zien waaraan letters ontbreken en vraagt je de lege plekken in te vullen:

ap------rt, o-t---us, s--ho--t, -l-m--t

Waarschijnlijk kun je twee woorden zo invullen: *octopus* en *klimaat*. Maar de kans is groot dat je met de andere twee woorden meer moeite zult hebben: *appeltaart* en *silhouet*. De reden voor dit verschil zit 'm in priming: een methode die bestaat uit het aanbieden van cues die het terughalen van herinneringen stimuleren zonder dat je dat beseft. Door priming voor de woorden *octopus* en *klimaat* kwamen die gemakkelijker in je bewustzijn dan woorden waar je niet op was voorbereid.

Het terughalen van expliciete herinneringen

Alles wat in het LTG is opgeslagen, moet aan de hand van een patroon of betekenis worden 'gearchiveerd'. Daardoor kan materiaal het beste aan het langetermijngeheugen worden toegevoegd door het, terwijl het zich in het werkgeheugen bevindt, in verband te brengen met materiaal dat al in het LTG is opgeslagen (*elaboratie*). Door veel van zulke verbindingen via elaboratieve repetitie te coderen, krijg je verschillende manieren om toegang te krijgen tot de informatie. De informatie is dan te vergelijken met een stad met veel toegangswegen, die vanuit veel verschillende richtingen kan worden benaderd.

▶▶ **Verbinding hoofdstuk 8**
Priming is een techniek die wordt toegepast in onderzoek naar onbewuste verwerking en impliciete herinnering (p. 310).

Betekenisvolle organisatie

Als je je de *essentie* van een idee herinnert in plaats van de feitelijke woorden die je hebt gehoord, wordt aangetoond welke rol betekenis heeft in het langetermijngeheugen. Stel je maar eens voor dat je de volgende zin hoort: 'Het boek werd door Mieke naar de bibliotheek teruggebracht.' Als je later wordt gevraagd of de zin die je had gehoord, luidde: 'Mieke heeft het boek naar de bibliotheek teruggebracht', is het mogelijk dat je bij vergissing denkt dat je de tweede zin hebt gehoord. Dit gebeurt omdat we meestal de betekenis, de **essentie** onthouden, in plaats van de exacte details. Hoewel de twee zinnen verschillen, is de betekenis dezelfde.

Essentie: De betekenis, in tegenstelling tot exacte details.

We willen nogmaals de praktische consequentie onderstrepen van het feit dat het LTG door betekenis wordt georganiseerd: *voor het opslaan van nieuwe informatie in het LTG is het nodig dat je betekenis aan deze informatie toekent terwijl de informatie zich nog in het werkgeheugen bevindt.* Dit betekent dat je nieuwe informatie in verband moet brengen met dingen die je al weet. Daarom is het belangrijk om tijdens je lessen (bijvoorbeeld tijdens de psychologielessen), persoonlijke voorbeelden te bedenken bij de begrippen die je wilt onthouden. (Ben je al persoonlijke voorbeelden aan het gebruiken voor de kernconcepten van de hoofdstukken?)

Ophalen en herkenning

Er zijn twee methoden voor het terughalen van expliciete herinneringen uit het geheugen, die je in bijna elk leslokaal kunt observeren: de ene methode heeft te maken met open vragen, de andere met meerkeuzevragen. De methode die je

Ophalen: Herinneringsmethode waarbij iemand eerder aangeboden informatie reproduceert met behulp van minimale herinneringscues.

Herkenning: Herinneringsmethode waarbij iemand aangeboden stimuli identificeert als informatie die hem al eens eerder is aangeboden.

Principe van specificiteit van codering: De leer die zegt dat herinneringen worden gecodeerd en opgeslagen samen met specifieke cues die verband houden met de context waarin ze werden gevormd. Hoe beter de herinneringscues overeenkomen met de cues die aanwezig waren op het moment dat de herinnering werd opgeslagen, hoe beter ze worden herinnerd.

nodig hebt om open vragen te kunnen beantwoorden, is **ophalen**: een herinnering terughalen met behulp van minimale herinneringscues. Bij een toets met open vragen moet je bijna geheel vanuit je geheugen een antwoord in elkaar zetten, met behulp van slechts minimale cues, gebruikmakend van een vraag als 'Wat zijn de twee manieren om een cue te geven voor expliciete herinneringen?' Bij meerkeuzevragen maak je echter gebruik van de methode van **herkenning**. Bij deze herinneringstaak moet je in feite bepalen of je een stimulus wel of niet eerder bent tegengekomen. Normaal gesproken kost herkenning minder moeite dan ophalen, omdat de cues vollediger zijn. Het ophalen van namen, bijvoorbeeld, is doorgaans lastiger dan het herkennen van gezichten. Vandaar dat sommige mensen zeggen 'Ik ben vreselijk met namen, maar ik vergeet nooit een gezicht.'

Als de politie aan een ooggetuige vraagt of hij de verdachte tussen een aantal willekeurige anderen kan herkennen, maakt ze ook gebruik van de methode van herkenning. De getuige hoeft niets anders te doen dan een stimulus uit zijn geheugen (de misdaad) te vergelijken met de stimulus die hem wordt aangeboden (de verdachte in de rij mensen). Een vergelijkbare ophaaltaak is een getuige die een politietekenaar vertelt hoe hij een verdachte moet tekenen, waarbij de getuige alle kenmerken van de verdachte geheel uit zijn geheugen moet putten.

5.3.3 Andere factoren die van invloed zijn op terughalen

We hebben gezien dat het vermogen om informatie uit het langetermijngeheugen terug te halen, afhankelijk is van de manier waarop die informatie is gecodeerd en bewerkt. Het zal je dan ook niet verbazen dat alertheid, de mate van stress, medicijnen en algemene ontwikkeling ook van invloed zijn op het proces van terughalen. Minder bekend echter zijn invloeden die verband houden met de *context* waarin je een herinnering hebt gecodeerd en de context waarin je een herinnering terughaalt.

Specificiteit van codering

Hoe meer herinneringscues lijken op de vorm waarin de informatie is gecodeerd, des te gemakkelijker wordt die herinnering teruggevonden. Stel je voor dat je je psychologiedocent tegenkomt in de supermarkt. Je hebt dan waarschijnlijk even nodig om hem te herkennen, omdat je de context niet in verband bracht met psychologiedocenten. Of stel dat je met een jeugdvriendin staat te praten. Opeens zegt ze iets waardoor je wordt bedolven onder een stortvloed van herinneringen, zaken waaraan je jarenlang niet had gedacht. Deze ervaringen zijn tegengestelde voorbeelden van het **principe van specificiteit van codering**, dat zegt dat het gemak waarmee je je iets herinnert afhangt van de mate waarin de herinneringscues overeenkomen met de cues die aanwezig waren op het moment dat de herinnering werd gecodeerd en opgeslagen.

Wat betreft leren voor je examen is het belangrijk om te anticiperen op de herinneringscues die je tijdens de toets zult krijgen en om je leerproces daarop af te stemmen. Studenten die leerstof lezen en dan maar hopen op het beste resultaat kunnen in de problemen komen. Omdat dit een veelvoorkomend probleem is voor studenten meent de cognitief psycholoog Robert Bjork (2000) dat docenten 'wenselijke moeilijkheden' in hun colleges moeten verwerken. Daarmee bedoelt hij dat studenten uitgedaagd moeten worden om op veel verschillende manieren met de lesstof te worstelen, in plaats van de informatie domweg in het geheugen te prenten en die vervolgens weer op te lepelen. Op deze manier helpt de docent de student bij het leggen van meer verbanden in het web van associaties waarin een herinnering is ingebed – en hoe meer verbanden er zijn, hoe eenvoudiger het wordt om een herinnering op te roepen.

Stemming en herinnering

Bij het verwerken van informatie spelen niet alleen feiten en gebeurtenissen een rol, maar ook emoties en stemmingen. De uitdrukking 'de wereld door een roze bril zien' geeft duidelijk aan dat stemming onze perceptie beïnvloedt. Op dezelfde manier kan onze stemming beïnvloeden wat we ons herinneren, een fenomeen dat **stemmingscongruente herinnering** wordt genoemd. Als je ooit wel eens de slappe lach hebt gehad (en dat gebeurde waarschijnlijk op een moment dat dat helemaal niet uitkwam) weet je hoe een euforische stemming de ene idiote gedachte na de andere kan triggeren. Dit principe gaat ook op bij sombere stemmingen: mensen met een depressie geven vaak aan dat *al* hun gedachten somber zijn. Depressie houdt zichzelf in stand door de bias die maakt dat patiënten alleen deprimerende herinneringen terughalen (Sakaki, 2007). Stemmingscongruente herinneringen zijn niet alleen een interessant fenomeen dat je in een laboratorium kunt bestuderen. Het kan ook grote effecten hebben op de gezondheid, aldus geheugenonderzoeker Gordon Bower: 'Dokters kiezen een behandelmethode op grond van de inhoud en de frequentie van je klachten' (McCarthy, 1991). Mensen met een depressie zijn geneigd hun medische problemen extra aan te dikken, en daarom krijgen ze soms een andere behandeling dan opgewekte mensen met dezelfde aandoening. 'Dat', zegt Bower, 'betekent dat artsen moeten leren om de psychologische toestand van de patiënt te betrekken bij het diagnosticeren en het uitstippelen van de behandeling.'

Prospectief geheugen

Bij een van de meest voorkomende geheugentaken moet iemand zich herinneren dat hij een bepaalde handeling moet uitvoeren, zoals een afspraak niet vergeten of het vuilnis op de juiste dag buiten zetten. Psychologen noemen dit **prospectief geheugen**. Wanneer het prospectief geheugen niet goed werkt, kunnen de gevolgen uiteenlopen van ongemakkelijk en gênant tot catastrofaal. Zo is in het Belgische Evere een baby van zes maanden omgekomen doordat de vader was vergeten het meisje naar de crèche te brengen. De vader, die als militair in de Brusselse voorstad Evere werkt, zette zijn auto aan het begin van de werkdag op de parkeerplaats van de legerbasis. Zijn dochter zat enkele uren achter in de auto in een kinderstoeltje en overleed door warmte en uitdroging (*RTL Nieuws*, 2012).

Hoe kan zoiets verschrikkelijks gebeuren? De vader raakte waarschijnlijk afgeleid van zijn geplande taak en verviel in zijn gewone routine. In zulke situaties, waarin mensen moeten onthouden van hun gewone routine af te wijken, maken ze meestal gebruik van *continue monitoring*, hetgeen betekent dat men probeert de bedoelde handeling in gedachten te houden (door de gedachte te herhalen). Continue monitoring kan echter gemakkelijk door afleiding of door gewoonte (automatisme) verstoord worden. Wanneer je een belangrijke taak moet uitvoeren waarvoor het nodig is een lang gevestigde routine te wijzigen, kun je dus maar beter gebruikmaken van een betrouwbaar geheugensteuntje, zoals een briefje op het dashboard. Een andere methode die je kunt toepassen: denk aan een specifieke aanwijzing die je verwacht tegen te komen, vlak voordat je de vereiste taak moet uitvoeren. In het geval van de vader die van plan was zijn dochter naar de crèche te brengen, had hij van tevoren een opvallend oriëntatiepunt kunnen bedenken dat hij zou zien, juist voordat hij van zijn gewone route moest afwijken; vervolgens zou hij zich dit oriëntatiepunt als geheugensteuntje in het hoofd kunnen prenten.

 Ga naar **www.pearsonmylab.nl** om je kennis en begrip van deze paragraaf te testen met de MyMap, MyCheck en MyDefinitions.

Stemmingscongruente herinnering: Een herinneringsproces dat selectief herinneringen ophaalt die overeenstemmen (congruent zijn) met iemands stemming.

Omdat stemming herinneringen beïnvloedt, kan het zijn dat depressieve mensen zich meer negatieve symptomen herinneren en die overbrengen op hun arts.
Bron: Alexander Raths/Shutterstock.

Prospectief geheugen: Het aspect van het geheugen dat iemand in staat stelt zich te herinneren dat hij een bepaalde actie moet uitvoeren.

▶ Waarom laat ons geheugen ons soms in de steek?

Je vergeet vast wel eens een afspraak of een verjaardag. Of je maakt een examen en je kunt je met geen mogelijkheid herinneren wat je gisteravond hebt gelezen. Of de naam van een bekende televisiepresentator wil je maar niet te binnen schieten, terwijl een onaangename gebeurtenis tot vervelens toe door je hoofd blijft spelen. Waarom speelt ons geheugen zulke spelletjes met ons? Waarom herinneren we ons wat we liever vergeten en vergeten we wat we ons willen herinneren?

Volgens geheugenexpert Daniel Schacter is dat de schuld van wat hij de 'zeven zonden' van het geheugen noemt: *vluchtigheid, verstrooidheid, blokkering, foutieve attributie, suggestibiliteit, bias* en *ongewenste persistentie* (Schacter, 1999, 2001). Hij beweert bovendien dat deze zeven problemen eigenlijk consequenties zijn van enkele zeer nuttige kenmerken van het geheugen van de mens. Het zijn kenmerken die onze voorouders goed hebben geholpen en die kenmerken van onze geheugensystemen zijn gebleven. Ons kernconcept formuleert dit wat bondiger:

● **KERNCONCEPT 5.4**
De meeste problemen die we met ons geheugen hebben, ontstaan door een van de 'zeven zonden' van het geheugen.

Terwijl we deze 'zeven zonden' aan een nader onderzoek onderwerpen, hebben we de kans om alledaagse geheugenproblemen te bekijken, zoals vergeten waar je je fietssleutels hebt gelaten, of de onmogelijkheid om een vervelende ervaring te vergeten. Ten slotte bespreken we enkele strategieën voor het verbeteren van je geheugen door het overwinnen van enkele van Schacters 'zeven zonden', waarbij we extra nadruk leggen op hoe bepaalde geheugentechnieken je kunnen helpen beter te studeren. We beginnen met de frustratie van vervagende herinneringen.

5.4.1   Vluchtigheid: als herinneringen vervagen

Het lijkt erop dat herinneringen in de loop van de tijd vervagen. (Zou je een voldoende halen als je over een jaar een examen moest maken over de leerstof van dit jaar?) Hoewel niemand ooit met eigen ogen heeft gezien dat een geheugenspoor van een mens vervaagde en verdween, is er veel indirect bewijs voor het idee van **vluchtigheid**, oftewel vergankelijkheid, van langetermijnherinneringen. Het is de eerste van Schacters 'zeven zonden'.

Vluchtigheid: De tijdelijkheid van een langetermijnherinnering. Vluchtigheid berust op het idee dat langetermijnherinneringen in de loop van de tijd minder sterk worden.

Ebbinghaus en de vergeetcurve
Tijdens een klassiek onderzoek naar vluchtigheid leerde psycholoog Hermann Ebbinghaus (1850-1909) zichzelf hele reeksen *betekenisloze lettergrepen* (zoals POV, KEB en RUZ) en keek vervolgens hoeveel hij zich na verloop van verschillende tijdsperioden kon herinneren. Die methode was heel geschikt om te meten wat hij gedurende korte periodes, met een maximum van enkele dagen, had onthouden. Maar voor het meten van zijn herinnering na langere periodes, zoals weken of zelfs maanden, was deze methode onbruikbaar, omdat Ebbinghaus zich na zo'n langere tijd helemaal niets meer kon herinneren. Daarom ontwierp hij een ander systeem: hij hield bij hoeveel pogingen hij nodig had om de lijst opnieuw te leren. Omdat hij doorgaans minder pogingen nodig had om de lijst opnieuw

te leren dan om de lijst de eerste keer te leren, gebruikte hij het verschil tussen deze twee tijden, de 'besparing', als maateenheid van het geheugen. (Als hij voor de eerste keer leren tien pogingen nodig had, en voor het opnieuw leren zeven, was de besparing dertig procent.) Met behulp van de *besparingsmethode* kon Ebbinghaus nagaan wat er in de loop van de tijd met een herinnering gebeurde. Toen hij de uitkomsten van zijn onderzoek in een grafiek vastlegde, verscheen een curve zoals weergegeven in figuur 5.8. Zoals je ziet, duikt de lijn in eerste instantie steil omlaag, om in de loop van de tijd af te vlakken. Een van de belangrijkste ontdekkingen van Ebbinghaus luidt dan ook: *'In het begin gaat een groot deel van relatief betekenisloze data binnen korte tijd verloren, later neemt de snelheid waarmee kennis verloren gaat steeds verder af.'* Vervolgonderzoek toont aan dat deze **vergeetcurve** een weergave vormt van het patroon van vluchtigheid, het patroon dat er verantwoordelijk voor is dat we een groot deel van het verbale materiaal dat we leren weer vergeten.

Moderne psychologen hebben op het werk van Ebbinghaus voortgebouwd, hoewel ze tegenwoordig meer geïnteresseerd zijn in de manier waarop we *betekenisvol* materiaal onthouden. Een groot deel van het moderne onderzoek maakt gebruik van hersenscantechnieken als fMRI en PET, die registreren hoe de hersenen tijdens het vergeten steeds minder activiteit vertonen (Schacter, 1996, 1999).

Niet alle herinneringen volgen echter de klassieke vergeetcurve. Dat geldt bijvoorbeeld voor motorische vaardigheden, die over het algemeen jarenlang bewaard blijven in het procedurele geheugen, zelfs zonder oefenen. Fietsen, bijvoorbeeld, verleer je nooit.

Vergeetcurve: Grafiek die weergeeft hoeveel items er in de loop van de tijd voor een bepaalde hoeveelheid informatie, zoals een lijst van betekenisloze lettergrepen, kunnen worden teruggehaald en hoeveel er worden vergeten. De kenmerkende vergeetcurve buigt eerst steil omlaag en vlakt in de loop van de tijd af. Met andere woorden: we vergeten eerst snel en daarna langzaam.

◀◀ **Verbinding hoofdstuk 2**
PET en fMRI zijn technieken om hersenactiviteit te registreren. Ze vormen beelden van bijzonder actieve gebieden in de hersenen (www.pearsonmylab.nl).

Psychologische kwesties
Als je twee conflicterende dingen na elkaar probeert te leren, bijvoorbeeld wanneer je Franse les door een Spaanse les wordt gevolgd, kan vluchtigheid optreden. De oorzaak hiervoor is volgens Schacter *interferentie*. Lees hier meer over bij 'In de praktijk' in de MyLab mediatheek.

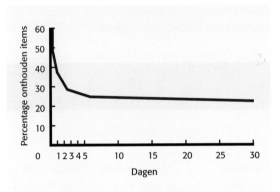

Figuur 5.8
De vergeetcurve van Ebbinghaus
Hoeveel betekenisloze lettergrepen kunnen mensen zich herinneren wanneer ze die na dertig dagen moeten reproduceren? De curve laat zien dat het aantal onthouden items eerst snel afneemt en daarna min of meer op hetzelfde niveau blijft.

5.4.2 Verstrooidheid: als verslappen van de aandacht tot vergeten leidt

Als je je autosleutels op de verkeerde plek opbergt of als je een verjaardag vergeet, ben je het slachtoffer van **verstrooidheid**, de tweede 'zonde van het geheugen'. De term wil niet zeggen dat de herinnering is verdwenen uit je hersenen, het betekent alleen dat je aandacht even verslapte en vervolgens afdwaalde. In het geval van de vergeten verjaardag trad het probleem op aan de kant van het terughalen: toen je je concentreerde op iets wat je aandacht afleidde van de komende verjaardag. In het geval van de autosleutels vond de verschuiving van je aandacht waarschijnlijk plaats tijdens de oorspronkelijke codering: toen je had moeten opletten waar je je autosleutels opborg. Studenten hebben vaak last van deze vorm van verstrooidheid, doordat ze tijdens het studeren muziek luisteren of Facebook hebben openstaan.

Verstrooidheid: Vergeten als gevolg van gaten in de aandacht.

◄◄ Verbinding hoofdstuk 3
Bij veranderingsblindheid, waarbij ons soms ontgaat dat er iets anders is dan daarvoor, is sprake van een perceptuele fout (p. 109).

Het op de verkeerde plaats opbergen van je autosleutels is een gevolg van een verschuiving in aandacht. Welk van de 'zeven zonden' speelt daarbij een rol?

Bron: Bubbles Photolibrary/Alamy.

Blokkade: Het soort vergeten dat plaatsvindt als een item in het geheugen niet kan worden gevonden of teruggehaald. Blokkades worden veroorzaakt door interferentie.

Deze laatste vorm van verstrooidheid, die dus neerkomt op een soort coderingsvergissing, speelde ook een rol bij de experimenten rond 'verwerkingsdiepte' die we eerder hebben besproken. Mensen die informatie oppervlakkig codeerden (staat het woord in hoofdletters?), waren minder goed in staat zich het bedoelde woord te herinneren dan degenen die het diep codeerden (is het een dier?). Nog een ander voorbeeld van verstrooidheid is te typeren als *veranderingsblindheid*. Het is aangetoond in een onderzoek waarbij participanten een filmfragment bekeken waarin een acteur die de weg vroeg door een andere acteur werd vervangen, terwijl de acteurs kort aan het zicht van de camera werden onttrokken door twee mannen die met een deur voor hen langs liepen. Het was verrassend dat minder dan de helft van de kijkers de verandering opmerkte (Simons & Levin, 1998).

5.4.3   Blokkades: toegangsproblemen

Blokkade, de derde van Schacters zonden, treedt op wanneer we geen toegang hebben tot de informatie die we in onze herinnering bewaren. Je kunt blokkades hebben op het moment dat je vertrouwde mensen ziet in een nieuwe omgeving, en je je hun namen niet kunt herinneren. De grondigst bestudeerde vorm van blokkades is het 'puntje-van-de-tongfenomeen': wanneer je weet dat de naam van iets je bekend is, maar je deze niet kunt terughalen. Het 'Tip Of the Tongue'-fenomeen, kortweg TOT-fenomeen, is vaak het resultaat van gebrekkige contextcues die er niet in slagen het noodzakelijke geheugenschema te activeren (zie het kader 'Psychologische kwesties').

Ook stress kan blokkades veroorzaken, misschien doordat iemand zijn aandacht dan niet goed kan richten; aangetoond is dat afleiding het prospectieve geheugen blokkeert, bijvoorbeeld wanneer iemand moet onthouden dat hij op een bepaald tijdstip een bepaalde handeling moet uitvoeren. Leeftijd speelt ook een rol: blokkade wordt een groter probleem naarmate iemand ouder wordt.

■ PSYCHOLOGISCHE KWESTIES

Op het puntje van je tong

Probeer voordat je verder leest de volgende vragen te beantwoorden:

- Wat is het Noord-Amerikaanse equivalent van het rendier?
- Hoe noemen kunstenaars het plankje waarop ze hun verf mengen?
- Wat is de naam van een langwerpig, vierhoekig stenen bouwwerk met een punt aan de bovenzijde?
- Welk instrument gebruiken zeevaarders om de geografische breedte te bepalen aan de hand van de sterren?
- Wat is de naam van de grote metalen ketels die ze in Rusland gebruiken om thee uit te schenken?
- Hoe heet een kleine Chinese boot

die meestal wordt voortgedreven door een enkele peddel of riem?

Als deze demonstratie werkt zoals verwacht, kon je je niet alle antwoorden herinneren, maar had sterk je het gevoel dat ze wel ergens in je geheugen zijn opgeslagen. Je zou kunnen zeggen dat het antwoord 'op het puntje van je tong' lag. Deze ervaringen wordt door psychologen het **puntje-van-de-tong-fenomeen (TOT-fenomeen)** genoemd (Brown, 1991). Uit onderzoek blijkt dat de meeste mensen ongeveer een keer per week iets dergelijks ervaren. Mensen die bijvoorbeeld het bordspel Triviant (of Trivial Pursuit) spelen, zal het wel eens overkomen. En uit een recent

onderzoek blijkt dat doven die gebarentaal gebruiken soms een puntje-van-de-vingerservaring (TOF) hebben, waarbij ze zeker weten dat ze een woord kennen, maar het gebaar niet kunnen terughalen (Thompson et al., 2005).

De meest voorkomende gevallen van het puntje-van-de-tongfenomeen hebben te maken met het herinneren van de namen van kennissen, beroemde personen en bekende voorwerpen (Brown, 1991). Ongeveer de helft van de keren schiet het gezochte woord je wel te binnen, meestal zelfs binnen een minuut (Brown & McNeill, 1966). Wat is de oorzaak van het puntje-van-de-tongfenomeen? Een mogelijke oorzaak die vaak wordt onderzocht in laboratoriumexperimenten, is het ontoereikend zijn van contextcues. Ontoereikende cues zorgden er waarschijnlijk voor dat je bij het eerder gepresenteerde lijstje haperde bij enkele vragen: we hebben je met die lijst namelijk onvoldoende context gegeven om het schema te activeren dat met het juiste antwoord is geassocieerd. Een andere mogelijke oorzaak is interferentie: een andere herinnering blokkeert de toegang tot een item uit het geheugen of blokkeert het proces van terughalen. Dat is het geval als je denkt aan Jan, terwijl je Jill onverwachts tegenkomt (Schacter, 1999).

Zelfs als je bij het beantwoorden van de vragenlijst niet in staat was om sommige van de correcte antwoorden te *reconstrueren* (kariboe, palet, obelisk, sextant, samowar, sampan) zou je ze misschien wel herkennen. Sommige kenmerken van het gezochte woord kunnen je zomaar te binnen schieten ('Ik weet dat het met een s begint!'), terwijl het woord zelf niet wil komen. Het puntje-van-de-tongfenomeen treedt dus op als er een slechte verbinding bestaat tussen herinneringscues en de manier waarop het woord in het langetermijngeheugen is gecodeerd.

Puntje-van-de-tongfenomeen (TOT-fenomeen): Het onvermogen je een woord te herinneren terwijl je weet dat het in je geheugen is opgeslagen.

5.4.4 Foutieve attributie: herinneringen in de verkeerde context

De drie 'zonden' die we tot nu toe hebben besproken, zorgen ervoor dat herinneringen ontoegankelijk zijn. Het komt echter ook voor dat je een herinnering wel kunt terughalen, maar dat die gekoppeld blijkt aan de verkeerde tijd, plaats of persoon. Schacter (1999) noemt dit **foutieve attributie**. Dit is een effect van de reconstructieve aard van het langetermijngeheugen. We halen meestal onvolledige herinneringen terug en vullen lege ruimten in, zodat ze betekenis voor ons krijgen. Dit effent de weg voor vergissingen, die ontstaan doordat informatie met een onjuiste, maar zeer voor de hand liggende context wordt verbonden. Een voorbeeld van foutieve attributie: soms geloven mensen ten onrechte dat de ideeën van anderen van henzelf zijn. Deze vorm van foutieve attributie vindt plaats wanneer iemand een idee hoort, daar op dat moment niets mee doet, maar het in zijn achterhoofd opslaat en vergeet van wie hij het heeft gehoord. Het onbedoelde plagiaat uit het voorbeeld met George Harrison van The Beatles, is een vorm van foutieve attributie.

Een andere vorm van foutieve attributie kan ervoor zorgen dat mensen zich iets herinneren wat ze helemaal niet hebben meegemaakt. Zo heeft men eens een aantal proefpersonen gevraagd een serie woorden in het geheugen te prenten die allemaal verband hielden met een bepaald thema: *deur, glas, ruit, rolgordijn, lijst, drempel, huis, open, gordijn, kozijn, uitzicht, briesje, stopverf* en *grendel*. Later herinnerden veel deelnemers zich ook het woord *raam*, hoewel dat woord niet op de lijst stond (Roediger & McDermott, 1995, 2000). Dit experiment geeft aan hoezeer *contextuele cues* de inhoud van een herinnering beïnvloeden. Er blijkt ook opnieuw uit hoezeer mensen geneigd zijn herinneringen op grond van betekenis te creëren en terug te halen.

Foutieve attributie: Geheugenfout die optreedt als je een herinnering wel kunt terughalen, maar hem aan de verkeerde tijd, plaats of persoon koppelt.

5.4.5 Suggestibiliteit: externe cues vervormen of creëren herinneringen

Herinneringen kunnen ook vervormd of gecreëerd worden door *suggestie*. Dit fenomeen kan een belangrijke rol spelen als getuigen tijdens een rechtszaak worden ondervraagd door iemand die opzettelijk of onbewust suggesties doet over de feiten, wat de herinnering van een getuige kan beïnvloeden en eventueel veranderen. Omdat ze zich zorgen maakten over de mogelijke gevolgen van **suggestibiliteit** onderzochten Elizabeth Loftus en John Palmer de omstandigheden waaronder herinneringen gevoelig zijn voor vervorming.

Suggestibiliteit: Verstoring van het geheugen die optreedt na opzettelijke of onopzettelijke suggesties.

Vervorming van herinneringen

Deelnemers aan het onderzoek van Loftus en Palmer keken eerst naar een film van twee auto's die tegen elkaar botsten. Vervolgens vroegen de onderzoekers of ze konden inschatten hoe snel de auto's hadden gereden. Loftus en Palmer ontdekten dat de antwoorden afhankelijk waren van de formulering van de vraag (Loftus & Palmer, 1973; Loftus, 1979, 1984). De helft van de proefpersonen was gevraagd: 'Hoe hard reden de auto's toen ze tegen elkaar *knalden*?' De schattingen van deze groep lagen ongeveer 25 procent hoger dan de schattingen van de groep aan wie was gevraagd: 'Hoe hard reden de auto's toen ze elkaar *raakten*?' Deze vertekening van het geheugen die door suggestieve informatie wordt veroorzaakt, hebben psychologen het **misinformatie-effect** genoemd.

Het onderzoek van Loftus en Palmer toont duidelijk aan dat herinneringen gevoelig zijn voor vervorming en dat ze door hints en suggesties ten tijde van het terughalen kunnen veranderen. Maar 'herinneringen' kunnen door soortgelijke methoden ook worden gecreëerd, *zonder* dat iemand die zich iets herinnert zich daarvan bewust is.

Misinformatie-effect: De vertekening van het geheugen door suggestie of onjuiste informatie.

Video
Ga naar de MyLab mediatheek om het filmfragment te bekijken over geheugen en het werk van Elizabeth Loftus.

Verzonnen herinneringen

De beroemde ontwikkelingspsycholoog Jean Piaget (1962) beschreef een levendige herinnering aan een traumatische gebeurtenis uit zijn eigen vroege jeugd:

> *Een van mijn eerste herinneringen dateert, als deze juist zou zijn, uit mijn tweede levensjaar. Ik kan nog altijd heel duidelijk de volgende gebeurtenis zien, waarvan ik tot ik circa vijftien jaar was dacht dat hij echt was gebeurd. Ik zat in mijn kinderwagen, die door mijn kinderjuffrouw op de Champs Elysées [in Parijs] werd voortgeduwd, toen een man mij probeerde te ontvoeren. Ik werd vastgehouden doordat er een riem om me heen zat, terwijl de kinderjuffrouw dapper tussen mij en de ontvoerder in ging staan. Ze werd gekrabd en ik heb een wazig beeld van de krassen op haar gezicht.*
> *(Piaget, 1962, pp. 187–188)*

De kinderjuffrouw van Piaget beschreef de aanval in levendig detail en kreeg een duur horloge van zijn ouders als uiting van dankbaarheid voor haar moed. Jaren later stuurde de voormalige kinderjuffrouw een brief aan het gezin van Piaget, waarin zij bekende dat het verhaal verzonnen was en gaf het horloge terug. Hieruit concludeerde Piaget:

> *Ik moet kennelijk als kind het verhaal hebben gehoord, dat mijn ouders geloofden, en het in het verleden in de vorm van een visuele herinnering hebben geprojecteerd.*
> *(Piaget, 1962, p. 188)*

Zijn we allemaal vatbaar voor het opslaan van verzonnen herinneringen zoals de herinnering die Piaget beschreef? Om hierachter te komen besloten Elizabeth Loftus en haar collega's een experiment te doen. Ze nam contact op met de ouders van een aantal studenten en vroeg hen een lijstje te maken van dingen die hun studerende kinderen tijdens hun jeugd hadden meegemaakt. Aan de studenten vroeg ze vervolgens of die zich deze gebeurtenissen nog konden herinneren. In de tussentijd had Loftus de lijstjes echter aangevuld met gebeurtenissen die nooit hadden plaatsgevonden, maar die wel plausibel waren. Zo werd een van de studenten wijsgemaakt dat hij zijn ouders een keer was kwijtgeraakt in een winkelcentrum, een andere student zou tijdens een huwelijksfeest de schaal met bowl hebben omgegooid en weer een ander had tijdens een verjaardagspartijtje een clown op bezoek gehad (Loftus, 2003a). Nadat de studenten zich met tussenpozen van een aantal dagen hadden ingespannen om de gevraagde herinneringen op te halen, beweerde ongeveer een kwart van de studenten dat ze zich de gebeurtenissen konden herinneren. Het enige wat daarvoor nodig was, waren een paar geloofwaardige suggesties.

Dit experiment kan je doen denken aan het geval van Donna, dat we in het begin van dit hoofdstuk hebben gepresenteerd. Herhaalde suggesties van de therapeut leidden tot Donna's verzonnen herinnering over misbruik. Het lijkt ook sterk op de geruchtmakende 'Bolderkar-affaire' eind jaren tachtig in Nederland, waarbij in totaal veertien kinderen uit huis werden geplaatst en de vaders werden vervolgd voor seksueel misbruik. Het vermeende misbruik werd gebaseerd op bewijsvoering die was verzameld door een orthopedagoog met behulp van de zogeheten poppenmethode (een methode die gebruikmaakt van speciaal ontwikkelde poppen met geslachtsdelen). De kinderen werden volgens deze methode geïnterviewd en herinnerden zich het misbruik door hun vaders. Later bleek dat ze de herinneringen verzonnen hadden. De poppenmethode was verkeerd gebruikt door de orthopedagoog en de herinneringen waren 'opgedrongen'.

Uit recent onderzoek van de Universiteit Maastricht blijkt dat valse of verzonnen herinneringen zoals deze voor de betreffende kinderen net zo echt zijn als echte herinneringen (Otgaar et al., 2012). De onderzoekers concluderen dat voor het vormen van herinneringen aan gebeurtenissen die niet hebben plaatsgevonden, dezelfde hersenmechanismen verantwoordelijk zijn als voor het vormen van herinneringen aan echte gebeurtenissen.

Uit nieuw onderzoek komen aanwijzingen naar voren dat ook bewerkte foto's valse herinneringen kunnen creëren, mogelijk nog sterkere dan de verhalen waar Loftus en haar collega's gebruik van maakten. Bij een vervolgexperiment, waarbij studenten werd verteld dat hun ouders hen in het winkelcentrum in de steek hadden gelaten, bekeken volwassenen aangepaste foto's die het deden voorkomen dat ze in een heteluchtballon zaten. Nadat ze de foto's gedurende een periode van twee weken enkele keren hadden gezien, 'herinnerde' de helft van de deelnemers zich details van de denkbeeldige ballonvaart (Wade et al., 2002). Zelfs in deze tijd van digitale camera's en software voor beeldbewerking vragen mensen zich niet altijd af of er misschien met een foto is geknoeid (Garry & Gerrie, 2005).

Factoren die van invloed zijn op de betrouwbaarheid van ooggetuigenverklaringen

In welke mate kunnen we op getuigenissen van ooggetuigen vertrouwen? Bij een laboratoriumexperiment is het natuurlijk gemakkelijk om valse herinneringen van echte te onderscheiden. Maar hoe is echt van onecht te scheiden in praktijksituaties waarin mensen beweren lang vergeten herinneringen te hebben teruggehaald?

Zoals we in de tweede casus zagen, werd de herinnering van Ross door de bekentenis van de kampbegeleider geverifieerd, maar dergelijk objectief bewijs is niet altijd aanwezig. In zulke gevallen is het beste wat we kunnen doen zoeken naar bewijsmateriaal dat aantoont dat de herinnering mogelijk door suggestie is gecreëerd, zoals ook gebeurde in de experimenten met valse herinneringen. Als er sprake blijkt te zijn van suggestie, is een gezonde dosis scepsis gerechtvaardigd, tenzij objectief bewijs de herinnering ondersteunt. We moeten met name op onze hoede zijn voor ooggetuigenverslagen die door de volgende factoren zijn verstoord (Kassin, 2001):

- *Sturende vragen*: dit soort vragen kan de herinneringen van ooggetuigen beïnvloeden ('Hoe hard reden de auto's toen ze tegen elkaar *knalden*?'). Dergelijke vragen hebben overigens minder effect als mensen van tevoren worden gewaarschuwd dat de ondervraging hun herinneringen kan beïnvloeden.
- *Tijd*: als er tussen de gebeurtenis en de ondervraging zoveel tijd verstreken is dat de oorspronkelijke herinnering is vervaagd, zijn mensen meer geneigd zich informatie verkeerd te herinneren.

Als er een misdrijf is gepleegd, is de politie vaak op zoek naar ooggetuigen. Het is bij verklaringen van ooggetuigen van belang te beseffen dat hun herinneringen door verschillende factoren worden verstoord.

Bron: ANP. Schietpartij in winkelcentrum Alphen aan den Rijn, 9 april 2011.

- *Herhaald terughalen*: telkens wanneer een herinnering wordt teruggehaald, wordt deze gereconstrueerd en daarna opnieuw opgeslagen (zoals bij een tekstverwerkingsbestand dat wordt opgevraagd, gewijzigd en opgeslagen); hierdoor neemt de kans op onjuistheden toe.
- *De leeftijd van de getuige*: jonge kinderen en volwassenen boven de vijfenzestig zijn over het algemeen gevoeliger voor misleidende informatie.
- *Vertrouwen in een herinnering*: dit is geen waarborg dat de herinnering nauwkeurig is, sterker nog: getuigen die door misleidende informatie beïnvloed zijn, geloven soms extra sterk in hun valse herinneringen.

5.4.6 Bias: overtuigingen, attitudes en meningen vervormen herinneringen

De zesde 'zonde' van het geheugen, bias, heeft betrekking op de invloed van persoonlijke overtuigingen, attitudes en ervaringen op herinneringen. Bij veel huiselijke ruzies van het type 'welles-nietes' ontstaan verhitte uitwisselingen door bias. Vertekeningen zie je gemakkelijker bij iemand anders dan bij jezelf. Toch zou je voor de twee veelvoorkomende vormen van bias die we nu presenteren ook bij jezelf op je hoede kunnen zijn.

Expectancy bias (verwachtingsbias)

De onbewuste neiging je gebeurtenissen zodanig te herinneren dat ze met je verwachtingen overeenkomen, veroorzaakt expectancy bias (*verwachtingsbias*). Expectancy bias is in een laboratorium onderzocht, waarbij twee groepen vrijwilligers een verhaal kregen te lezen. Het verhaal ging over de relatie tussen Bob en Marthe, een stel dat van plan is te trouwen. In het verhaal blijkt dat Bob geen kinderen wil en dat hij zich zorgen maakt over de manier waarop Marthe dit zal opvatten. Als hij het haar vertelt, is Marthe geschokt, omdat ze dolgraag kinderen wil. Een groep kreeg, tegen de verwachting in, na het verhaal te hebben gelezen, te horen dat Bob en Marthe toch waren getrouwd. De andere groep vrijwilligers werd verteld dat het stel uit elkaar ging. Zouden de mensen in deze twee groepen zich, afgezien van het einde, het verhaal over Bob en Marthe verschillend herinneren?

Het bleek dat degenen die het onverwachte einde hadden gehoord (waarbij Bob en Marthe besloten te trouwen) de meest onjuiste verslagen gaven. Waarom? Vanwege hun expectancy bias herinnerden zij zich vertekende informatie; door deze vertekende informatie werd het resultaat met hun oorspronkelijke verwachtingen in overeenstemming gebracht (Schacter, 1999; Spiro, 1980). Eén persoon 'herinnerde' zich bijvoorbeeld dat Bob en Marthe uit elkaar waren gegaan, maar hadden besloten dat hun liefde de verschillen kon overwinnen. Iemand anders vertelde dat het paar als compromis tot adoptie had besloten.

Wanneer er iets gebeurt dat niet strookt met onze verwachtingen, kunnen we de informatie onbewust vervormen, zodat die beter aansluit op onze bestaande ideeën.

Bias van zelfconsistentie

De meeste mensen beschouwen zichzelf niet graag als inconsistent (onvast of veranderlijk over een tijdsperiode), hoewel uit onderzoek blijkt dat we onszelf daarmee voor de gek houden. Dit noemt Schacter de **bias van zelfconsistentie**. Uit onderzoek is bijvoorbeeld gebleken dat mensen in hun keuze voor een politieke partij veel minder consistent (vasthoudend) zijn dan ze zelf denken, en ook wanneer het gaat om politieke kwesties als de gelijkheid van mannen en vrouwen, hulp aan minderheidsgroepen en het gedogen van drugs (Levine, 1997; Marcus, 1986).

Bias van zelfconsistentie: Het veelvoorkomende idee dat we consistenter zijn in onze attitudes, meningen en overtuigingen dan we werkelijk zijn.

De bias van zelfconsistentie is van bijzonder belang voor het geheugenonderzoek, omdat deze van invloed kan zijn op datgene wat we ons herinneren (Levine & Safer, 2002). Bij een onderzoek van koppels die tweemaal met een tussenperiode van twee maanden werden ondervraagd, veranderden hun herinneringen aan het verloop van de relatie afhankelijk van de mate waarin deze relatie zich gedurende de periode van twee maanden had ontwikkeld, hoewel de deelnemers hun inconsistenties meestal niet herkenden. Degenen die elkaar aardiger waren gaan vinden, herinnerden zich hun aanvankelijke beoordeling van hun partner als positiever dan die in het begin was. Degenen van wie de relatie zich in negatieve zin had ontwikkeld, hadden de tegenovergestelde reactie (Scharfe & Bartholomew, 1998).

Of deze onderzoeken nu betrekking hebben op attitudes, aannamen, meningen of emoties, telkens zien we dat onze bias als een soort vertekenende spiegel werkt waarin onze herinneringen worden gereflecteerd. Dit gebeurt echter zonder dat we ons er bewust van zijn dat onze herinneringen zijn veranderd.

5.4.7 Persistentie: als we iets niet kunnen vergeten

De zevende 'zonde' van het geheugen is **persistentie**. Deze zonde wijst ons erop dat het geheugen soms te goed werkt. We maken allemaal wel eens mee dat een hardnekkige gedachte, beeld of melodie constant door onze gedachten maalt. Dergelijke opdringerige herinneringen zijn vaak kortstondig. Ze kunnen echter een probleem worden wanneer we hardnekkige gedachten hebben die worden gekleurd door intense, negatieve emoties. In het uiterste geval kan de persistentie van herinneringen aan onaangename gebeurtenissen een neerwaartse spiraal creëren. Zo kunnen mensen met een depressie niet ophouden met piekeren over deprimerende perioden in hun leven. Hetzelfde overkomt *fobische* patiënten die geobsedeerd kunnen raken door angstige herinneringen aan slangen, honden, kraaien, spinnen of onweer. Dit alles wijst nogmaals op de krachtige rol die emoties spelen bij herinnering.

Persistentie: Geheugenprobleem waarbij iemand niet in staat is ongewenste herinneringen uit zijn hoofd te zetten.

▶▶ **Verbinding hoofdstuk 12**
Mensen met fobieën hebben extreme en onredelijke angsten voor specifieke objecten of situaties (p. 506).

5.4.8 Je geheugen verbeteren met mnemoniek

Met behulp van enkele door geheugenexperts ontwikkelde trucs kun je leren om je bepaalde informatie beter te herinneren: deze psychische strategieën wor-

Mnemoniek: Techniek om het geheugen te verbeteren, in het bijzonder door verbindingen te leggen tussen nieuw materiaal en informatie die al in het langetermijngeheugen ligt opgeslagen.

Methode van loci: Mnemoniek waarbij je items op een lijst associeert met een reeks vertrouwde plekken in een bepaalde ruimte.

Systeem van kapstokwoorden: Nieuwe informatie in je geheugen prenten door die te associëren met bepaalde woorden.

den mnemonieken (afgeleid van het Griekse woord voor 'herinneren') genoemd. **Mnemonieken** zijn methoden om informatie die in het geheugen moet worden opgeslagen te coderen door haar te associëren met informatie die zich al in het langetermijngeheugen bevindt. Hieronder bespreken we twee van dergelijke technieken, de methode van loci en het systeem van kapstokwoorden, die bijzonder handig zijn bij het onthouden van lijsten.

De methode van loci

De **methode van loci** dateert uit de tijd van de oude Grieken (het woord *loci* is afgeleid van het Latijnse woord *locus*, 'plaats'). Van de methoden die je in dit boek zult tegenkomen, is het is met recht een van de oudste te noemen. Oorspronkelijk werd de methode ontworpen om redenaars te helpen bij het onthouden van de hoofdpunten van hun redevoeringen. Het is een praktisch hulpmiddel voor het leren en terughalen van lijstjes.

Stel je voor dat je je in een vertrouwde ruimte bevindt, bijvoorbeeld je kamer. De methode van loci houdt in dat je je in gedachte van de ene plek in je kamer naar de andere beweegt terwijl je onderweg op elke plek een item van je lijstje neerzet. Als je je wilt herinneren wat er op je lijstje stond, maak je in gedachte gewoon nog een rondje door je kamer, langs alle plekken (loci) waar je eerder een item hebt neergezet. Je zult merken dat je de items dan 'voor je ziet'. Stel dat je boodschappen gaat doen. Dan leg je in gedachten bijvoorbeeld een blikje tonijn op je bed, giet je de shampoo over je bureau en leg je een doos eieren geopend op een stoel. Bizarre of onconventionele beeldcombinaties zijn meestal gemakkelijker te onthouden; een blikje tonijn in je slaapkamer herinner je je beter dan tonijn in de keuken (Bower, 1972).

Er een visuele voorstelling van maken is een van de meest effectieve manieren van coderen: je kunt je dingen gemakkelijk herinneren als je ze associeert met levendige, duidelijk herkenbare beelden. Sterker nog, alleen het maken van een visuele voorstelling is meestal al voldoende om je boodschappenlijstje in je geheugen te prenten. Maak een bizarre combinatie van de psychische beelden van tonijn, shampoo en eieren. Stel je voor dat de tonijn op een enorm gebakken ei ligt dat in een zee van schuimende shampoo drijft. Of dat een onsympathieke docent tonijn uit blik eet terwijl zijn haar overdekt is met dotten shampoo en jij eieren naar hem gooit.

Kapstokwoorden

Een ander geheugensteuntje maakt gebruik van **kapstokwoorden**. Ze associëren betekenisvolle woordpatronen met nieuwe informatie die in het geheugen geprent moet worden. Je kunt een verhaal verzinnen aan de hand waarvan je je boodschappenlijstje herinnert (hetzelfde lijstje: tonijn, shampoo en eieren). In het verhaal kun je de items bijvoorbeeld als volgt met elkaar verbinden: 'De kat ontdekt dat de tonijn op is, dus tikt ze tegen mijn kuiten als ik shampoo in mijn haar masseer en miauwt dat ze haar ei kwijt moet.' Reclamemakers weten dat klanten producten en merknamen die met rijmende slagzinnen en ritmische deuntjes aan de man worden gebracht beter onthouden. De kans is groot dat je op de basisschool een rijmpje of melodietje hebt gebruikt om een rekenregel te leren ('meneer van Dalen wacht op antwoord'). Denk ook maar aan de dreunende cadans waarop je de tafels van vermenigvuldiging moest opzeggen. Een bekend ezelsbruggetje voor een spellingsregel is ''t kofschip' of ''t fok-

Mnemonieken helpen ons bij het herinneren van dingen door ze betekenisvol te maken. Hier probeert Wangari Maathai, winnares van de Nobelprijs voor de Vrede, het Chinese karakter voor 'boom' te leren, dat een gelijkenis vertoont met een gestileerde boom. Veel Chinese en Japanse karakters waren oorspronkelijk tekeningen van het object dat ze vertegenwoordigden.

Bron: Kyodo/Landov.

schaap', waarmee je kunt bepalen of het voltooid deelwoord van een werkwoord met een –t of –d aan het eind wordt geschreven.

Het feit dat mnemonieken werken, leert ons dat het geheugen flexibel, persoonlijk en creatief is. Het bewijst bovendien dat het geheugen in feite werkt door betekenisvolle associaties. Met behulp van deze kennis en enig experimenteren kun je coderings- en terughaaltechnieken verzinnen waar jij het meeste aan hebt, gebaseerd op je eigen persoonlijke associaties en, misschien, op jouw gevoel voor humor.

Kritisch denken toegepast
Ga naar 'In de praktijk' in de MyLab mediatheek voor een bespreking van de controverse over teruggehaalde herinneringen.

■ PSYCHOLOGIE GEBRUIKEN OM PSYCHOLOGIE TE LEREN

Als je een examen over psychologie moet voorbereiden, heb je niet zo veel aan mnemonieken die zijn ontworpen om lijstjes met onsamenhangende items in je geheugen te prenten. De lesstof die je moet leren bestaat immers uit concepten, dikwijls abstracte concepten zoals 'operante conditionering' of 'semantisch geheugen', ideeën waarvan je de essentie, in plaats van alleen de definitie, uit je hoofd moet leren.

Dat soort informatie vraagt om andere mnemonieken: technieken die, toegespitst op het leren van concepten, de kans verkleinen dat je het slachtoffer wordt van twee door studenten zeer gevreesde 'geheugenzonden': vluchtigheid en blokkades. Laten we eens kijken wat cognitief psychologen adviseren aan studenten die deze twee valkuilen van het geheugen willen vermijden.

Studeren om vluchtigheid van de herinnering te voorkomen

- *Geef een persoonlijke betekenis aan de leerstof.* Uit verschillende onderzoeken blijkt dat herinneringen sterker blijven hangen wanneer de informatie betekenis heeft: als ze meer is dan een serie feiten en definities (Baddeley, 1998; Haberlandt, 1999; Terry, 2000). Een goede strategie om dat voor elkaar te krijgen is de **geheel-leren-methode**, een techniek die vaak wordt toegepast door acteurs die in korte tijd lange stukken tekst moeten leren. Deze methode houdt in dat je eerst probeert een overzicht

te krijgen van de volledige leerstof, het 'grote plaatje', waar je dan later de details in kunt voegen. Stel bijvoorbeeld dat je volgende week een toets krijgt over dit hoofdstuk. Als je de geheel-lerenmethode gebruikt, kijk je eerst naar de samenvatting van het hoofdstuk en vervolgens loop je alle kernvragen en kernconcepten door (die staan aan het begin van het hoofdstuk). Dan pas begin je het hoofdstuk te lezen. Met deze methode vorm je voor jezelf een mentaal kader, waarin je de details over coderen, terughalen en andere geheugenzaken later een plaats geeft.

- *Verdeel het leren over de tijd.* Maak gebruik van **gespreid leren**, in tegenstelling tot 'stampen', waarbij je alle leerstof in één keer in je hoofd propt. Gespreid leren voorkomt vluchtige opname. Door deze methode vermijd je dat je leerinspanning door vermoeidheid minder effectief wordt. Zo bleek uit een onderzoek dat studenten die de leerstof in twee sessies bestudeerden in plaats van in een één keer, twee keer zoveel informatie onthielden en de stof ook beter begrepen (Bahrick et al., 1993). En we begrijpen nu ook beter waarom we ons gezichten en namen van vroegere klasgenoten zelfs tientallen jaren later nog scherp herinneren. Waarschijnlijk hadden we vaak toegang tot die informatie toen we op school zaten, het equivalent van gespreid leren.

Studeren om blokkades tijdens het examen te voorkomen

De strategieën die we tot nu toe hebben besproken, helpen je om de vereiste leerstof goed in je geheugen op te slaan. Maar je wilt tijdens het examen de stof ook kunnen terughalen. Om ervoor te zorgen dat de informatie die je nodig hebt ook werkelijk toegankelijk is, bespreken we enkele technieken die gebaseerd zijn op twee ideeën die je in dit hoofdstuk bent tegengekomen: uitwerking en specificiteit van codering.

- *Herhaal de stof en werk deze uit.* Studenten denken vaak dat ze de leerstof zullen onthouden wanneer ze deze hebben gelezen en begrepen. Bij complexe concepten en ideeën is het echter waarschijnlijk nodig dat je herhaalt wat je hebt geleerd, misschien zelfs enkele keren. Je herhaling dient echter niet gedachteloos en passief te zijn: alleen maar staren naar de woorden in het boek is niet genoeg. In plaats daarvan zou je gebruik moeten

Geheel-lerenmethode: Mnemoniek waarbij je het materiaal eerst 'als geheel' benadert, zodat je een globale indruk vormt van de betekenis. Later kun je de details aan die algemene indruk 'ophangen'.

Gespreid leren: Mnemoniek waarbij je het leren over verschillende periodes verdeelt, in plaats van probeert de lesstof allemaal in één keer in je geheugen te proppen.

maken van de techniek van actief herhalen. Een van de beste manieren om dat te doen is door voor elk concept een eigen voorbeeld te verzinnen. Als je bijvoorbeeld bezig bent met vroege herinneringen, dan verzin je een voorbeeld uit je eigen ervaring. Verzin vooral ook een paar voorbeelden voor de kernconcepten. Met behulp van deze benadering verklein je de kans op blokkades, omdat de in je geheugen opgeslagen leerstof

dankzij al deze associaties via meer wegen bereikbaar is.

- *Test jezelf met herinneringscues die je op het examen verwacht.* Met het principe van specificiteit van codering kun je de stof zo leren dat ze weer bovenkomt door de vragen op het examen. Deze manier van leren is vaak gemakkelijker als je samen met iemand studeert die hetzelfde examen doet, liefst een paar dagen voor het examen, maar pas nadat je je al

hebt voorbereid en het gevoel hebt dat je er klaar voor bent. Je gaat dan geen nieuwe leerstof leren, maar je anticipeert gezamenlijk op de examenvragen. Stelt de docent graag open vragen? Heeft hij een voorkeur voor korte antwoorden? Is hij meer een type voor meerkeuzevragen? Probeer zo veel mogelijk van dat soort vragen te bedenken en te beantwoorden.

 Ga naar **www.pearsonmylab.nl** om je kennis en begrip van deze paragraaf te testen met de MyMap, MyCheck en MyDefinitions.

SAMENVATTING VAN HET HOOFDSTUK

CENTRALE VRAAG: Hoe kunnen we op basis van onze kennis over het geheugen beweringen over teruggehaalde herinneringen beoordelen?

- Uit onderzoeksresultaten blijkt duidelijk dat de meeste mensen sterke herinneringen vormen over traumatische gebeurtenissen in plaats van die te verdringen.
- Uit onderzoek is gebleken dat ongeveer een derde van de mensen in de Verenigde Staten de neiging heeft om vrijwel vanzelf valse herinneringen te vormen. Daardoor kunnen suggestieve vraagtechnieken door therapeuten of andere gezagsfiguren onbedoeld ertoe leiden dat iemand valse herinneringen creëert die in overeenstemming zijn met de suggestie.
- Onderzoekers hebben geconcludeerd dat mensen met een vermijdende hechtingsstijl traumatische herinneringen eerder verdringen dan mensen met andere hechtingsstijlen (zie 'Kritisch denken toegepast' op de website).

KERNVRAAG 5.1

▶ Wat is het geheugen?

Bij het geheugen van de mens spelen drie belangrijke processen een rol: **coderen**, **opslaan** en **terughalen**. Hoewel veel mensen geloven dat het geheugen gebeurtenissen volledig en nauwkeurig vastlegt, zien cognitief psychologen het menselijk geheugen als een informatieverwerkingssysteem dat informatie interpreteert, vertekent en reconstrueert.

● **KERNCONCEPT 5.1**
Het geheugen van de mens is een informatieverwerkingssysteem dat constructief werkt om informatie te coderen, op te slaan en weer terug te halen.

KERNVRAAG 5.2

▶ Hoe vormen we herinneringen?

Het geheugensysteem bestaat uit drie aparte stadia: **sensorisch geheugen**, **werkgeheugen** en **langetermijngeheugen**. De drie stadia werken met elkaar samen om binnenkomende sensorische informatie om te zetten in zinvolle patronen of concepten die kunnen worden opgeslagen en worden teruggehaald wanneer ze later nodig zijn.

Het **sensorisch geheugen** houdt twaalf tot zestien items gedurende ongeveer een kwart seconde tot twee seconden vast, en maakt gebruik van de sensorische zenuwbanen. Een apart sensorisch register voor elk zintuig houdt informatie net lang genoeg vast om de belangrijkste indrukken te selecteren voor verdere verwerking.

Het **werkgeheugen**, dat slechts een geringe capaciteit heeft, haalt informatie uit het sensorisch geheugen en het langetermijngeheugen en verwerkt die bewust. Onderzoekers hebben ten minste vier componenten van het werkgeheugen voorgesteld: een centrale bestuurder, een fonologische lus, een schetsboek en een episodische buffer. We kunnen met de beperkte duur en capaciteit omgaan door **chunking** en **herhaling**. De biologische basis van het werkgeheugen is niet helder, maar aangenomen wordt dat er actief vurende zenuwcircuits bij betrokken zijn, waarschijnlijk in de frontale cortex. Het **langetermijngeheugen** heeft schijnbaar onbeperkte opslagcapaciteit van onbeperkte duur. Het bestaat uit twee belangrijke onderdelen: het **declaratief geheugen** (voor feiten en gebeurtenissen) en het **procedureel geheugen** (voor perceptuele en motorische vaardigheden). Het declaratief geheugen kan nog verder worden onderverdeeld in het **episodische** en het **semantische** systeem. Semantische informatie wordt gecodeerd, opgeslagen en teruggehaald op grond van de betekenis en de context van het materiaal.

● **KERNCONCEPT 5.2**
Elk van de drie geheugensystemen codeert en legt herinneringen op een andere manier vast, maar samen zorgen ze ervoor dat een sensorische ervaring wordt omgezet in een blijvend geheugenspoor met een bepaald patroon of een bepaalde betekenis.

KERNVRAAG 5.3

▶ Hoe halen we herinneringen terug?

Informatie wordt opgeborgen als **expliciete** of als **impliciete** herinnering. Het succes van een zoektocht in het geheugen is gedeeltelijk afhankelijk van de **herinneringscues**.

Impliciete herinneringen kunnen geprikkeld worden met behulp van **priming**. Expliciete herinneringen kun je oproepen door **ophalen** of door **herkenning**, hoewel het voor sommige taken nodig is de **essentie** te onthouden in plaats van de exacte details. De nauwkeurigheid van een herinnering is afhankelijk van de manier waarop de informatie **gecodeerd** is en van **stemmingen**. Er is betrekkelijk weinig bekend over de omstandigheden die nodig zijn voor een succesvol **prospectief geheugen**. Als er weinig overeenkomst is tussen de herinneringscues en de codering, is het mogelijk dat we met het **puntje-van-de-tongfenomeen (TOT-fenomeen)** te maken krijgen.

● **KERNCONCEPT 5.3**
Of herinneringen nu impliciet of expliciet zijn, of we ze kunnen terughalen is afhankelijk van de manier waarop ze gecodeerd zijn en hoe ze worden opgeroepen.

KERNVRAAG 5.4

▶ Waarom laat ons geheugen ons soms in de steek?

Missers van het geheugen hebben betrekking op de 'zeven zonden' van het geheugen. De eerste drie daarvan zorgen dat we zonder het te willen dingen vergeten, als gevolg van vervagende geheugensporen (**vluchtigheid**), verslappen van aandacht (**verstrooidheid**) en de onmogelijkheid een herinnering terug te halen (**blokkeren**). Naast zaken te vergeten kan ons geheugen een misser begaan als herinneringen zijn vervormd door **foutieve attributie**, **suggestibiliteit** en **bias** (vooroordelen). Voorbeelden hiervan vinden we in verslagen van ooggetuigen, die vaak vervormd zijn. Suggestibiliteit kan ook foutieve herinneringen produceren, hoewel de betrokkene zelf meent dat ze absoluut waar zijn. De laatste zonde, die van de **persistentie**, treedt op als ongewenste herinneringen in het geheugen blijven hangen, terwijl we ze juist zouden willen kwijtraken.

Sommige van deze problemen kun je overwinnen met behulp van **mnemonieken**, zoals de **methode van loci**, **kapstokwoorden** en andere associatieve methoden. Het leren van concepten vraagt echter om speciale strategieën die erop zijn toegerust om de essentie van de leerstof te doorgronden en te onthouden en de twee zonden van vluchtigheid en blokkeren te vermijden: de **geheel-lerenmethode** en **gespreid leren**.

● **KERNCONCEPT 5.4**
De meeste problemen die we met ons geheugen hebben, ontstaan door een van de 'zeven zonden' van het geheugen.

 Op **www.pearsonmylab.nl** vind je tools en toetsen om je begrip en kennis van dit hoofdstuk uit te breiden en te oefenen.

BELANGRIJKE BEGRIPPEN

Actief herhalen door verbanden te leggen (elaboratie) (p. 169)

Akoestisch coderen (p. 171)

Anterograde amnesie (p. 177)

Bias van zelfconsistentie (p. 191)

Blokkade (p. 186)

Chunking (p. 168)

Coderen (p. 162)

Consolidatie (p. 178)

Declaratief geheugen (p. 174)

Engram (p. 176)

Episodisch geheugen (p. 174)

Essentie (p. 181)

Expliciete herinnering (p. 179)

Foutieve attributie (p. 187)

Geheel-lerenmethode (p. 193)

Geheugen (p. 161)

Gespreid leren (p. 193)

Herhaling of repeteren (p. 169)

Herinneringscue (p. 180)

Herkenning (p. 182)

Impliciete herinnering (p. 179)

Infantiele amnesie (p. 176)

Informatieverwerkingsmodel (p. 162)

Langetermijngeheugen (LTG) (p. 164)

Methode van loci (p. 192)

Misinformatie-effect (p. 188)

Mnemoniek (p. 192)

Ophalen (p. 182)

Opslaan (p. 163)

Persistentie (p. 191)

Priming (p. 180)

Principe van specificiteit van codering (p. 182)

Procedureel geheugen (p. 173)

Prospectief geheugen (p. 183)

Puntje-van-de-tongfenomeen (TOT-fenomeen) (p. 187)

Retrograde amnesie (p. 178)

Semantisch geheugen (p. 174)

Schema (p. 175)

Sensorisch geheugen (p. 164)

Stemmingscongruente herinnering (p. 183)

Suggestibiliteit (p. 187)

Systeem van kapstokwoorden (p. 192)

Terughalen (p. 163)

Theorie van verwerkingsniveaus (p. 171)

Vergeetcurve (p. 185)

Verstrooidheid (p. 185)

Vluchtigheid (p. 184)

Werkgeheugen (p. 164)

▶ **KERNVRAGEN**	● **KERNCONCEPTEN**	■ **IN DE PRAKTIJK**

6.1 Wat zijn de bouwstenen van denken?
6.1.1 Concepten
6.1.2 Voorstellingsvermogen en cognitieve plattegronden
6.1.3 Schema's en scripts
6.1.4 Denken en de hersenen
6.1.5 Intuïtie

6.1 Denken heeft te maken met de manipulatie van mentale representaties zoals concepten, beelden, schema's en scripts.

6.2 Over welke vaardigheden beschikken goede denkers?
6.2.1 Het oplossen van problemen
6.2.2 Oordelen en beslissen
6.2.3 Hoe word je een creatief genie?

6.2 Goede denkers beschikken niet alleen over een repertoire van effectieve algoritmen en heuristieken, ze weten ook hoe ze veelvoorkomende hindernissen bij het oplossen van problemen en het nemen van beslissingen moeten vermijden.

Doe het zelf!
Het overwinnen van mental sets

Psychologie gebruiken om psychologie te leren
Hoe word je een expert? op www.pearsonmylab.nl

6.3 Hoe wordt intelligentie gemeten?
6.3.1 Binet en Simon ontwerpen een intelligentietest voor schoolkinderen
6.3.2 Amerikaanse psychologen nemen het idee van Binet en Simon over
6.3.3 Problemen met de berekening van het IQ
6.3.4 IQ's vaststellen aan de hand van een grafiek
6.3.5 De moderne IQ-test: de Wechsler-reeks

6.3 Het testen van intelligentie heeft vanaf het begin geleid tot grote onenigheid, maar de meeste moderne psychologen zien intelligentie als een normaal verdeeld kenmerk dat kan worden vastgesteld op grond van iemands prestaties bij het verrichten van een aantal verschillende verbale en non-verbale taken.

Doe het zelf!
Voorbeelden van onderdelen van een IQ-test

Psychologische kwesties
Wat kun je doen voor een uitzonderlijk kind? op www.pearsonmylab.nl

---

6.4 Wat zijn de bouwstenen van intelligentie?
6.4.1 Psychometrische theorieën over intelligentie
6.4.2 Cognitieve theorieën over intelligentie
6.4.3 Culturele definities van intelligentie

6.4 Sommige psychologen geloven dat intelligentie in essentie een enkele, algemene factor is, terwijl anderen menen dat je intelligentie het beste kunt beschrijven als een verzameling van verschillende vaardigheden.

Psychologische kwesties
Testscores en selffulfilling prophecy

6.5 Hoe verklaren psychologen IQ-verschillen tussen groepen?
6.5.1 Bewijzen voor de stelling dat intelligentie wordt beïnvloed door erfelijke factoren
6.5.2 Bewijzen voor de stelling dat intelligentie wordt beïnvloed door de omgeving
6.5.3 Erfelijkheidsratio en verschillen tussen groepen

6.5 De meeste psychologen zijn van mening dat zowel erfelijke factoren als de omgeving van invloed zijn op intelligentie. Er bestaan verschillende visies over de oorzaak van IQ-verschillen tussen afzonderlijke etnische groeperingen en sociale klassen.

Psychologische kwesties
De dreiging van stereotypen

Kritisch denken toegepast
De vraag van de sekseverschillen op www.pearsonmylab.nl

Doe het zelf!
Rationeel denken over sekseverschillen

CENTRALE VRAAG: Waardoor ontstaat een 'genie' en hoe verschillen mensen die we 'geniaal' noemen van anderen?

 Op **www.pearsonmylab.nl** vind je tools en toetsen om je begrip en kennis van dit hoofdstuk uit te breiden en te oefenen.

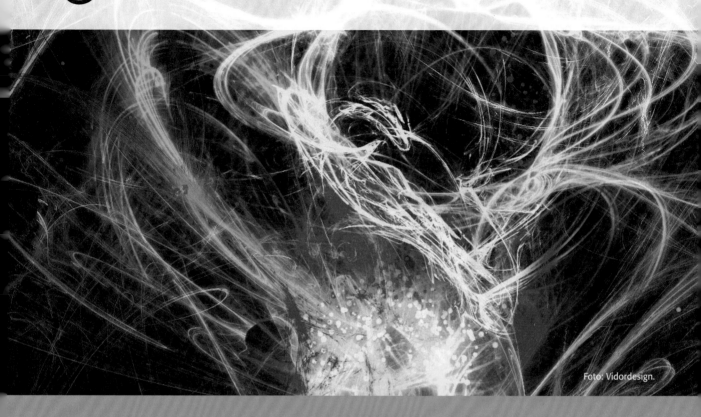

Foto: Vidordesign.

J e passie volgen en multimiljonair worden, dat is wat Sergey Brin en Larry Page
deden. Ze waren beiden afgestudeerd in
de informatica aan de Stanford universiteit.
Ze wilden beiden heel graag een snellere
manier vinden om internet te doorzoeken
en specifieke informatie op te vragen uit de
overvloed aan aanwezige gegevens.
In januari 1996 hadden Brin en Page een aantal creatieve ideeën over de wijze waarop internet efficiënter zou kunnen worden doorzocht
dan met de bestaande zoekmachines mogelijk
was. Nadat ze hadden besloten samen te werken, bouwden ze een computer in de studentenkamer van Larry, en voorzagen deze van zo
veel geheugen als ze konden betalen.

De eerste zoekmachine die uit hun samenwerking voortkwam, was BackRub, zo
genoemd omdat hij 'achterwaartse koppelingen' kon identificeren en volgen. Hiermee
kon worden vastgesteld welke websites een
bepaalde pagina bevatten, en daarmee weer
hoe sites door gebruikers werden gewaardeerd. En hoewel hun zoekmachine goed
presteerde, konden Brin en Page geen van
de grote computermaatschappijen of bestaande internetondernemers zover krijgen
dat ze hun ontwerp kochten. Dus begonnen ze hun eigen bedrijf, met wat financiële
steun van familie en vrienden. Een vriend
van een faculteitsmedewerker aan Stanford
zag zo veel mogelijkheden in hun onder-

neming dat hij een cheque uitschreef voor 100.000 dollar. De cheque lag twee weken in een bureaula van Page, omdat ze nog geen bedrijf hadden opgezet dat de cheque kon innen.

In de meeste opzichten werkt de zoekmachine van Brin en Page als alle andere software voor het doorzoeken van internet. Het programma stuurt elektronische 'spinnen' uit die belangrijke termen opzoeken op webpagina's, en vermeldt deze samen met de webadressen in een index. Ook volgt het programma links op de webpagina's die het doorzoekt (zowel voorwaarts als achterwaarts) en maakt daarbij lijsten van meer termen. Het belangrijkste ingrediënt van het succes wordt even goed geheimgehouden als de samenstelling van Coca-Cola. Het heeft te maken met de manier waarop de resultaten worden gerangschikt en aan de gebruiker worden gepresenteerd. Het programma slaagt er vaker wel dan niet in de sites waarnaar gebruikers op zoek zijn, bovenaan in een lijst te plaatsen die wel miljoenen mogelijke bronnen kan bevatten. De software is dus zo opgezet dat deze werkt als koppeling tussen een concept in het hoofd van de gebruiker en de ontelbare woorden op internet. Brin en Page moesten hun zoekmachine dus zo bouwen, dat ze zo veel mogelijk

zou 'denken' als een mens, het onderwerp van dit hoofdstuk.

De zoekmachine werd populair bij internetgebruikers, populairder dan bij de grote bedrijven die hem hadden afgewezen. En gedurende het volgende decennium ontwikkelde de machine zich verder. Eerst werd ze te groot voor de studentenkamer van Page, zodat de beide ondernemers – in de grote traditie van Amerikaanse uitvinders en popgroepen – in een garage verdergingen. Later kreeg de zoekmachine een eigen gebouwencomplex in Silicon Valley. Het werd zo druk dat Brin en Page hun studie moesten beëindigen om het bedrijf te leiden, dat ze vernoemden naar de term die wiskundigen gebruiken voor het getal 1 gevolgd door 100 nullen. Ze noemden het Google. Brin en Page lijken in sommige opzichten op andere legendarische pioniers op computergebied. Denk aan de twee Steves (Jobs en Wozniak) die het bedrijf Apple Computers begonnen vanuit een garage, en aan Bill Gates en zijn vriend Paul Allen die beschikten over een zeer bescheiden budget, maar wel Microsoft lanceerden. Ze zouden allemaal terecht 'genieën' kunnen worden genoemd, een term die de centrale vraag van dit hoofdstuk samenvat:

CENTRALE VRAAG: Waardoor ontstaat een 'genie' en hoe verschillen mensen die we 'geniaal' noemen van anderen?

Bij de beschouwing van deze vraag zijn de volgende aanvullende vragen het overdenken waard:

- Thomas Edison heeft ooit gezegd dat genialiteit voor 1 procent inspiratie is en voor 99 procent transpiratie. Als dit zo is, betekent dit dan dat genialiteit voornamelijk een kwestie is van sterke motivatie, en niet van begaafdheid of talent?
- Is genialiteit voornamelijk een product van nature of van nurture?
- Denken genieën anders dan de rest van ons? Of maken ze effectiever gebruik van dezelfde denkprocessen?
- Zou Einstein, die in natuurkunde was gespecialiseerd, een genie kunnen zijn geweest in schilderen of literatuur of geneeskunde als hij daarvoor had gekozen? Dat wil zeggen: zijn er verschillende soorten genialiteit? En is het potentieel voor genialiteit specifiek voor een bepaald gebied?

We zullen al deze vragen op de volgende pagina's beantwoorden. Maar laten we bij het begin van ons onderzoek naar denken en intelligentie eerst terugkeren naar het voorbeeld van Google en naar de computermetafoor voor de menselijke geest.

Ondanks het enorme succes is Google slechts een magere imitatie van de menselijke geest. Google is in staat tot het doorzoeken van zijn geheugen, dat uit ontelbare verzamelde webpagina's bestaat, en het programma kan in ongeveer een vijfde seconde achttien miljoen links opleveren rond bijvoorbeeld de term 'zoekmachine'. Wanneer je echter zou vragen wat je op een verjaardagspartijtje moet serveren, komt het programma (op het moment van schrijven van dit boek) met slechts vijf miljoen links (de gebruikte termen: 'verjaardag', 'feestje' en 'voedsel'). In tegenstelling tot de menselijke geest, vormen Google en het netwerk van ondersteunende hardware zich geen ideeën. Hetzelfde geldt voor de computer op je bureau. Computers delen informatie niet in naar *betekenis*.

De **computermetafoor**, de hersenen als informatieverwerker, suggereert dat denken niets meer of minder is dan informatieverwerking. De informatie die we bij het denken gebruiken, kan afkomstig zijn van ruwe gegevens die we van onze zintuigen ontvangen, maar deze kan ook afkomstig zijn van betekenisvolle *concepten* uit het langetermijngeheugen. De psychologie van het denken houdt zich dus bezig met de processen die we in verband met leren en het geheugen eerder hebben besproken (zie hoofdstuk 4 en 5). De computermetafoor is zeker niet perfect. Zoals we zullen zien, zijn computers niet erg goed in abstract denken of humor (hoewel ze erg goed zijn in het overbrengen van de miljoenen grappen die dagelijks per e-mail worden verzonden). Daarom hebben sommige psychologen een aanzet gedaan om de computermetafoor achter ons te laten en te spreken over een soort modulaire, parallelle informatieverwerking, een proces waarvan tegenwoordig bekend is dat dit in de hersenen plaatsvindt wanneer we nadenken. Evolutionair psychologen beweren bijvoorbeeld dat het brein eerder een soort Zwitsers zakmes is: een multifunctioneel stuk gereedschap dat zich kan aanpassen aan allerlei doeleinden, en allerlei gespecialiseerde componenten heeft voor specifieke functies. Toch is de computermetafoor een goed startpunt voor ons denken over gedachten. Bij denken gaat het tenslotte over informatieverwerking.

In de eerste twee paragrafen van dit hoofdstuk zullen we ons bezighouden met de processen die aan het denken ten grondslag liggen, vooral wat betreft besluitvorming en probleemoplossing. In deze paragrafen zullen we de bouwstenen van gedachten onderzoeken: *concepten*, *beelden*, *schema's* en *scripts*. Deze excursie geeft ons ook de gelegenheid om de mysterieuze eigenschap die we 'genialiteit' noemen nader te onderzoeken.

In het tweede deel van dit hoofdstuk buigen we ons over **intelligentie**, dat we definiëren als de mentale capaciteiten om kennis te verwerven, te redeneren en effectief problemen op te lossen. We gaan in op IQ-tests en bespreken tegenstrijdige perspectieven op wat intelligentie *in werkelijkheid* is. We gaan uitgebreid in op de consequenties van de visie dat intelligentie 'erfelijk is'. In het kader 'Psychologie gebruiken om psychologie te leren' op de website (www.pearsonmylab.nl) vertellen we hoe je de kennis die je in dit hoofdstuk hebt vergaard, kunt gebruiken om een expert te worden in de psychologie – of in een ander vak, als je dat liever wilt.

Computermetafoor: Het idee van de hersenen als informatieverwerker; suggereert dat denken niets meer of minder is dan informatieverwerking.

Intelligentie: De mentale capaciteiten om kennis te verwerven, te redeneren en effectief problemen op te lossen.

◀◀ **Verbinding hoofdstuk 1**
De computermetafoor en de visie van evolutionair psychologen op wat denken precies is, vertegenwoordigen verschillende perspectieven van de psychologie (p. 12).

KERNVRAAG 6.1
· ·
▶ Wat zijn de bouwstenen van denken?

Wat is de overeenkomst tussen een wiskundige som, beslissen wat je vrijdagavond gaat doen en je overgeven aan een privéfantasie? Ze hebben allemaal te maken met *denken*. We kunnen **denken** definiëren als het cognitieve proces dat betrokken is bij het vormen van een nieuwe mentale representatie door de beschikbare informatie te manipuleren. Denken kan dus bestaan uit een combinatie van mentale of psychische activiteiten, zoals redeneren, je iets voorstellen, oordelen, beslissen, het oplossen van problemen en creativiteit. Bovendien maakt ons denken gebruik van de meest uiteenlopende vormen van informatie. Het kernconcept formuleert dat als volgt:

Denken: Het cognitieve proces dat betrokken is bij het vormen van een nieuwe mentale representatie door de beschikbare informatie te manipuleren.

Denken heeft te maken met de manipulatie van mentale representaties zoals concepten, beelden, schema's en scripts.

Het cognitieve perspectief stelt mentale processen centraal bij het beschrijven van menselijk gedrag.

Het komt erop neer dat denken deze bouwstenen van cognitie op een betekenisvolle manier *organiseert*. Het uiteindelijke resultaat kan bestaan uit hogere gedachteprocessen die we redeneren, verbeelden, beoordelen, beslissen, probleemoplossing, deskundigheid, creativiteit en (soms) genialiteit noemen.

6.1.1 Concepten

Je weet waarschijnlijk wat een *déjà vu* (Frans voor 'eerder gezien') is. De term verwijst naar een gevoel dat je hebt als iets wat je op een bepaald moment ervaart, precies overeenkomt met iets wat je eerder hebt meegemaakt, terwijl je je de exacte gebeurtenis die aanleiding gaf voor die eerdere ervaring, niet meer voor de geest kunt halen. Misschien ben je wel eens ergens geweest waar het je vreemd bekend voorkwam, of heb je een gesprek gevoerd waarvan je dacht: zo heb ik al eens eerder staan praten. Dit gevoel weerspiegelt het vermogen van de hersenen om nieuwe stimuli te behandelen als voorbeelden van vertrouwde categorieën, zelfs als ze enigszins afwijken van wat we eerder hebben meegemaakt. Waarom is dat belangrijk? Stel je voor hoe ingewikkeld het leven zou zijn als je geen toegang had tot eerdere ervaringen. Elke keer als je naar college ging, moest je dan opnieuw uitzoeken wat je daar moest doen, hoe je moest studeren en wat het nut van een opleiding eigenlijk was. Waar het om gaat is dit: het vermogen om ervaringen onder te brengen in vertrouwde mentale categorieën, om ze op dezelfde manier te verwerken of ze hetzelfde label te geven. Dit noemen we *conceptvorming,* een van de meest elementaire kenmerken van denkende organismen (Mervis & Rosch, 1981).

De mentale categorieën die we op deze manier vormen, worden **concepten** genoemd. We gebruiken ze als bouwstenen van ons denken, omdat ze ons helpen kennis op een systematische manier te organiseren (Goldman-Rakic, 1992). Een concept kan te maken hebben met een type voorwerp (zoals 'stoel' of 'voedsel'), maar ook met activiteiten (zoals 'verjaardagsfeest') of levende organismen (zoals 'vogel' of 'boom'). Het kan ook over eigenschappen gaan (zoals 'rood' of 'breed'), abstracties (zoals 'waarheid' of 'liefde'), relaties (zoals 'slimmer dan'), procedures (zoals het strikken van je veters) of intenties (zoals de intentie om een gesprek te onderbreken) (Smith & Medin, 1981).

Omdat concepten mentale structuren zijn, kunnen onderzoekers ze niet rechtstreeks observeren. Wetenschappers moeten de invloed van concepten op ons denken afleiden uit hun observeerbare effecten op het gedrag. Een andere manier om concepten zichtbaar te maken, is door hersenactiviteit te bestuderen. Je kunt nooit zeker weten of iemand anders hetzelfde concept voor 'rood' heeft als jij, maar je kunt wel onderzoeken of hij of zij op dezelfde manier reageert op stimuli die jullie allebei 'rood' noemen.

Twee soorten concepten

Iedereen conceptualiseert de wereld op een unieke wijze, dus bepalen onze concepten wie we zijn. Toch bestaan er wel overeenkomsten in de manieren waarop we concepten vormen. Cognitief psychologen hebben bijvoorbeeld ontdekt dat we allemaal een onderscheid maken tussen twee soorten concepten: *natuurlijke concepten* en *artificiële (kunstmatige) concepten*.

Natuurlijke concepten zijn grove mentale classificaties die zich ontwikkelen uit onze alledaagse ervaringen. Je hebt misschien een natuurlijk concept van

Concept: Mentale representatie van een categorie van items of ideeën, gebaseerd op ervaring.

Natuurlijk concept: Mentale representatie van een voorwerp of gebeurtenis uit onze directe ervaring.

'vogel', dat is gebaseerd op jouw ervaringen met vogels. De meeste concepten die wij in het dagelijks leven gebruiken, zijn natuurlijke concepten, gebaseerd op eigen ervaringen.

Jouw natuurlijke concept van 'vogel' doet een beroep op een mentaal **prototype**, een algemeen beeld dat de typische vogel uit jouw ervaringen vertegenwoordigt (Hunt, 1989). Om te bepalen of een object wel of geen vogel is, vergelijk je in gedachten het object dat je waarneemt met jouw prototype van een vogel. Hoe dichter het daarbij in de buurt komt, hoe sneller je je beslissing kunt nemen. Het kost de meeste mensen bijvoorbeeld minder tijd om een arend als een vogel te herkennen dan een pinguïn als een vogel te herkennen (Rips, 1997). Onze persoonlijke prototypes omvatten allerlei soorten natuurlijke concepten, zoals vriendschap, intimiteit en seks. En voor al deze dingen kan het prototype per persoon verschillen. Vaak is dat de basis van misverstanden in onze relaties. Natuurlijke concepten worden soms 'vaag' genoemd, omdat ze niet zo nauwkeurig zijn (Kosko & Isaka, 1993).

Artificiële concepten zijn concepten die gedefinieerd worden door een combinatie van regels of kenmerken, zoals een definitie uit een woordenboek of een wiskundige formule. De definitie van 'driehoek' die je tijdens de wiskundeles hebt geleerd, is een voorbeeld van een artificieel concept. Artificiële concepten vertegenwoordigen precies gedefinieerde ideeën of abstracties, maar geen bestaande objecten. Voor een bijna afgestudeerd bioloog bestaat het artificiële concept van 'vogel' misschien uit 'bevederd en voorzien van een snavel'. Net als deze woordenboekdefinities van vogels en driehoeken zijn de meeste concepten die je op school leert artificiële concepten. 'Cognitieve psychologie' is ook een artificieel concept; net als het concept van 'concept'!

Conceptuele hiërarchieën

Een groot deel van onze declaratieve herinneringen is georganiseerd in **conceptuele hiërarchieën**, geordend van algemeen tot specifiek. Een voorbeeld hiervan vind je in figuur 6.1. Bij de meeste mensen bevat de brede categorie

Prototype: Het ideale of meest typische voorbeeld van een conceptuele categorie.

Artificieel concept: Concept dat gedefinieerd wordt door regels, zoals de betekenis van een woord of de inhoud van een wiskundige formule.

Conceptuele hiërarchie: Niveaus van concepten, van zeer algemeen tot zeer specifiek, waarin een meer algemeen niveau (zoals het concept voor 'dier'), meer specifieke concepten (zoals het concept voor 'hond', 'giraf' en 'vlinder') omvat.

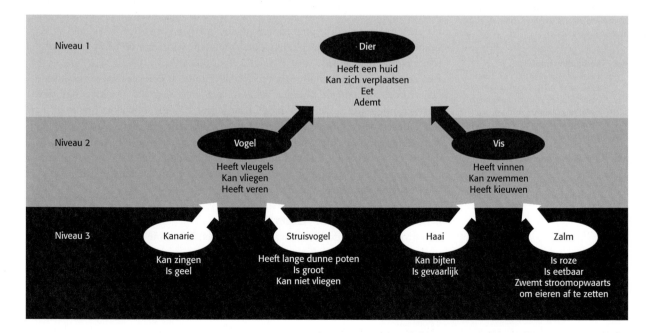

Figuur 6.1
Hiërarchisch georganiseerde structuur van concepten

Je natuurlijke concept van een 'vogel' doet beroep op een prototype dat waarschijnlijk meer lijkt op een roodborstje dan op een struisvogel. Studenten biologie echter kunnen een artificieel concept hebben van 'vogel' dat voor beide even goed werkt.

Bron: Florida Stock/Shutterstock; Janelle Lugge/Shutterstock.

◄◄ **Verbinding hoofdstuk 4**
Leertheoreticus Edward C. Tolman stelde voor dat we cognitieve plattegronden vormen van onze omgeving, die we gebruiken om onze handelingen te richten op gewenste doelen. (p. 148)

►► **Verbinding hoofdstuk 7**
Piaget zei dat cognitieve ontwikkeling gepaard gaat met veranderingen in schema's (p. 266).

Schema: Een bepaalde hoeveelheid kennis die, oftewel een algemeen conceptueel raamwerk dat, verwachtingen genereert aangaande thema's, gebeurtenissen, voorwerpen, mensen en situaties in iemands leven.

'*dieren*' verschillende subcategorieën, zoals 'vogels' en 'vissen', die op hun beurt zijn onderverdeeld in specifieke vormen van vogels en vissen, zoals 'kanarie', 'struisvogel', 'haai' en 'zalm'. De categorie 'dieren' kan op zichzelf weer een subcategorie zijn van de nog bredere categorie van 'levende wezens'. Elke categorie staat in verbinding met een groot aantal andere concepten: sommige vogels zijn eetbaar, sommige zijn zeldzaam, sommige komen voor in een symbool van een land of een organisatie. Zo vormen onze conceptuele hiërarchieën vaak een heel web van concepten en associaties.

Cultuur, concepten en gedachten

Onderzoek van crosscultureel psychologen laat zien dat het gebruik van concepten van cultuur tot cultuur verschilt. Ook bestaat er een duidelijk verschil in het gebruik van logica: Europeanen en Noord-Amerikanen hechten veel waarde aan logisch redeneren, terwijl veel andere culturen dit lang niet zo belangrijk vinden (Bower, 2000a; Nisbett et al., 2001).

Een ander verschil heeft te maken met conceptformatie. Hoewel mensen in alle uithoeken van de wereld concepten vormen, hechten de meeste Aziatische culturen minder belang aan precies gedefinieerde en helder afgebakende conceptuele categorieën dan de westerse culturen van Europa en Noord-Amerika (Nisbett, 2000; Peng & Nisbett, 1999). Volgens het Aziatische perspectief lopen concepten meer in elkaar over. Hun aandacht is meer gericht op de relaties tussen concepten dan op wat hen van elkaar onderscheidt. Hoewel iedereen concepten vormt, kun je dus niet zomaar aannemen dat anderen dat op dezelfde manier doen, of er dezelfde betekenis aan hechten, als jij.

6.1.2   Voorstellingsvermogen en cognitieve plattegronden

Denken we in woorden, of ook in visuele beelden en ruimtelijke relaties, of in andere sensorische 'beelden'? Sta maar eens stil bij een gezicht, een melodietje of de geur van vers brood, dan is het antwoord duidelijk. Tijdens het denken in sensorische denk-'beelden' wordt informatie die je eerder hebt waargenomen en opgeborgen, weer uit het geheugen tevoorschijn gehaald. Dat terughalen vindt plaats zonder directe sensorische prikkel en berust op interne representaties van gebeurtenissen en concepten in sensorische vorm, zoals visuele beelden. Dat is waarom in dit boek visueel denken gestimuleerd wordt aan de hand van foto's, tekeningen en schema's.

Een cognitieve representatie van een fysieke ruimte is een speciale vorm van een visueel concept, we noemen dat een *cognitieve plattegrond*. Dankzij cognitieve plattegronden kun je de weg vinden naar je psychologiecollege en ben je in staat om anderen de weg te wijzen. Door het gebruik van cognitieve plattegronden kun je met gesloten ogen door je huis lopen. Het stelt je ook in staat om ondanks een omleiding of wegafsluiting naar een bekende bestemming te rijden. Zoals je kunt zien in figuur 6.2 en 6.3, kunnen cognitieve plattegronden van mensen flink van elkaar verschillen.

6.1.3   Schema's en scripts

Een groot deel van de kennis waarover je beschikt is in je hersenen opgeborgen in de vorm van *schema's* (Oden, 1987). Een **schema** is een cluster van verwante concepten die een algemeen conceptueel kader vormen voor het denken over een thema, gebeurtenis, voorwerp, persoon of situatie in je leven. Zo heb je bijvoorbeeld schema's voor 'de universiteit' en 'muziek'. Sommige schema's bevatten een hele hiërarchie aan concepten. Laten we eens kijken naar enkele belangrijke manieren waarop schema's gebruikt worden.

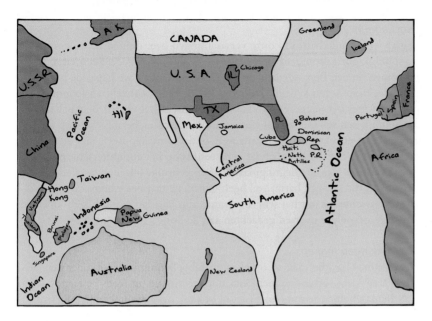

Figuur 6.2

Chicagocentrisch wereldbeeld

Geeft deze tekening weer hoe jij de wereld ziet?

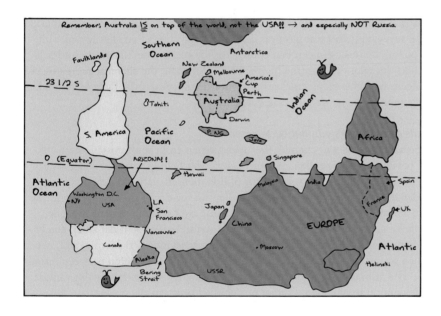

Figuur 6.3

Australiocentrisch wereldbeeld

Als iemand jou vraagt om een kaart van de wereld te tekenen, hoe ziet die er dan uit? Deze vraag werd voorgelegd aan bijna 4000 studenten uit 71 steden in 49 landen. Hij maakte deel uit van een internationale studie naar de manier waarop mensen van verschillende nationaliteiten zich de wereld voorstellen. Uit het onderzoek kwam naar voren dat de meerderheid van de kaarten gebaseerd was op een Eurocentrisch wereldbeeld: Europa in het centrum van de kaart en de andere landen eromheen (waarschijnlijk komt dit door de eeuwenlange dominantie van Eurocentrische kaarten in de meeste atlassen). Maar de studie leverde ook vele interessante, door culturele bias beïnvloede kaarten op, zoals de kaarten van een student uit Chicago (figuur 6.2) en die van een Australische student (figuur 6.3). Amerikaanse studenten scoorden trouwens slecht, ze tekenden de landen vaak op de verkeerde plek. Studenten uit de voormalige Sovjet-Unie en Hongarije vervaardigden de meest waarheidsgetrouwe kaarten (Saarinen, 1987).

Bron: Solso, R.L (1998). *Cognitive Psychology*. Boston, MA: Allyn and Bacon. Copyright © 1998 by Pearson Education. Overgenomen met toestemming van de uitgever.

Verwachtingen

Schema's vormen de basis van onze verwachtingen over dingen waarmee we waarschijnlijk geconfronteerd zullen worden als we bijvoorbeeld een vriend tegenkomen, in een bepaalde situatie terechtkomen, of als we bepaalde beelden zien of ideeën te horen krijgen (Baldwin, 1992). Een voorbeeld: als je morgenochtend met het vliegtuig op vakantie gaat, roept het woord 'beeldscherm' waarschijnlijk een schema op dat bestaat uit de televisieschermen waarop de aankomst- en vertrektijden staan aangeven, of dat te maken heeft met de videoschermen in het vliegtuig, of dat gebaseerd is op het computerscherm dat de medewerkster van de vliegtuigmaatschappij gebruikt om je in te checken. Voor iemand die net een hartaanval heeft gehad, bestaat het schema voor 'beeldscherm' waarschijnlijk uit het scherm waarop zijn hartslag wordt bijgehouden en uit angstige gevoelens over en gedachten aan de dood.

Gevolgtrekkingen maken

Nieuwe informatie, die vaak incompleet of dubbelzinnig is, krijgt meer betekenis als je haar kunt verbinden met bestaande informatie uit reeds bestaande schema's. Schema's helpen je om conclusies te trekken over ontbrekende informatie, zoals blijkt uit het volgende voorbeeld. Lees deze uitspraak: 'Tanja was ontdaan toen ze bij het openen van de mand ontdekte dat ze het zout was vergeten.' Als je verder geen informatie hebt, wat concludeer je dan over deze gebeurtenis? Het zout geeft aan dat het om een picknickmand gaat. Het feit dat Tanja ontdaan is over het vergeten zout, geeft aan dat het voedsel in de mand normaal gesproken gezouten wordt, misschien gaat het om gekookte eieren. Je weet automatisch welke andere dingen er in de mand kunnen zitten, en, even belangrijk, welke zeker niet: alles wat groter is dan een picknickmand en alles wat niet bij een picknick hoort, van een boa constrictor tot verzilverde kinderschoentjes. Je beschikt dus over een enorme hoeveelheid informatie, die allemaal georganiseerd is volgens het schema 'picknickmand'. Door de uitspraak over Tanja te verbinden met je schema, krijgt de uitspraak betekenis.

Scripts als schema's van gebeurtenissen

We hebben niet alleen schema's over voorwerpen en gebeurtenissen, maar ook over personen, sociale rollen en over onszelf. Met behulp van deze schema's beslissen we wat we kunnen verwachten of hoe mensen zich onder bepaalde omstandigheden zouden moeten gedragen. Een *schema dat bij een bepaalde gebeurtenis hoort*, oftewel een **script**, bestaat uit informatie over reeksen samenhangende, specifieke gebeurtenissen en handelingen waarvan je verwacht dat ze op een bepaalde manier in een specifieke setting zullen plaatsvinden (Baldwin, 1992). We hebben scripts voor uit eten gaan, op vakantie gaan, het luisteren naar een lezing, een eerste afspraakje maken en zelfs voor vrijen. Als jouw script afwijkt van dat van iemand in je omgeving, kan er een conflict ontstaan.

Script: Cluster van informatie over reeksen van gebeurtenissen en handelingen die je verwacht in een specifieke situatie.

Culturele invloeden op scripts

Onze westerse scripts kunnen aanzienlijk verschillen van de scripts die in andere culturen worden gebruikt. Zo ontdekten Amerikaanse vrouwen die tijdens de Golfoorlog in Saoedi-Arabië gestationeerd waren dat een aantal dingen die ze thuis gedachteloos deden (alleen over straat gaan, zich met ongesluierd gezicht en blote benen in het openbaar vertonen, een auto besturen) door hun gastheren en -vrouwen als volkomen ongepast werd beschouwd. Om de goede relaties niet te verstoren, moesten deze vrouwelijke soldaten hun gewoonten aanpassen. Dergelijke voorbeelden illustreren het feit dat de scripts van verschillende culturen gebaseerd zijn op verschillende schema's die bepalen hoe men naar de wereld kijkt.

6.1.4 Denken en de hersenen

Cognitieve onderzoekers beschikken over verschillende instrumenten waarmee mentale activiteit in verband gebracht kan worden met activiteit in de hersenen (Ashby & Waldron, 2000). Zo hebben biologen met behulp van een computer aangetoond dat bepaalde gedachten samenvallen met specifieke patronen van hersengolven (Garnsey, 1993; Osterhout & Holcomb, 1992). In dit experiment maten onderzoekers de elektrische responsen in de hersenen van een vrijwilliger, terwijl hij een aantal keren achter elkaar een stimulus kreeg aangeboden (zoals het woord 'hond', dat heel kort op een scherm werd geprojecteerd). Hoewel de hersengolven van een enkele poging geen helder patroon opleverden, kon men het gemiddelde van vele hersengolven na een enkele, herhaaldelijk aangeboden stimulus uitrekenen. Nadat de willekeurige 'achtergrondruis' van de hersenen was uitgefilterd, resteerde het unieke golfpatroon dat werd veroorzaakt door die ene specifieke stimulus (Kotchoubey, 2002).

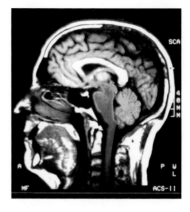

Deze MRI-scan laat zien hoe allerlei verschillende delen van de hersenen gelijktijdig actief kunnen zijn.

Bron: Mike Agliolo/Purestock/Superstock.

Andere methoden vertellen ons welke delen van de hersenen tijdens het denken worden 'in- en uitgeschakeld'. Zo zijn neurowetenschappers er met behulp van PET-scans, MRI and fMRI in geslaagd de hersengebieden in kaart te brengen die in actie komen tijdens verschillende psychische taken. Dat heeft twee belangrijke ontdekkingen opgeleverd. Ten eerste blijkt dat denken een activiteit is waarbij verschillende, over alle delen van de hersenen verspreide gebieden betrokken zijn, en niet slechts een enkel 'denkgebied'. Ten tweede blijkt uit hersenscans dat de hersenen bestaan uit een geheel van hooggespecialiseerde modules, waarbij elke module een component van het denken voor zijn rekening neemt (Cree & McRae, 2003). Over het algemeen geldt dat de hersenen gedachten vormen met behulp van de circuits die ze ook gebruiken voor de verwerking van sensatie en perceptie. Visuele beelden ontstaan dus in de visuele cortex en auditieve 'beelden' ontstaan in de auditieve cortex (Behrmann, 2000). Bovendien vindt het denken met behulp van woorden in verschillende hersengebieden plaats, afhankelijk van het onderwerp. Een hersenonderzoek wees uit dat de meeste grappen met name de taalverwerkende gebieden van de cortex prikkelen, terwijl geluidsgrapjes ook de geluidverwerkende circuits activeren (Goel & Dolan, 2001). Het beeld dat uit deze onderzoeken naar voren komt, onthult denken als een proces waarin veel verschillende modules samenwerken.

Wanneer we beslissingen nemen en problemen oplossen, spelen de frontaalkwabben van de hersenen een belangrijke rol bij de coördinatie van mentale activiteit (Helmuth, 2003a; Koechlin et al., 2003). Bij deze coördinatie voert de prefrontale cortex (in de frontale hersenkwabben, net boven je ogen) drie verschillende taken uit: het bijhouden van de *episode* (de situatie waarin we onszelf bevinden), het begrijpen van de *context* (de betekenis van de situatie) en het reageren op een specifieke *stimulus* in de situatie. Dat werkt op de volgende manier. Stel: je rijdt naar school en je ziet een hond langs de weg liggen die kennelijk is aangereden door een auto. De hond leeft nog, maar lijkt niet te kunnen lopen (de stimulus). Wat doe je? Als het je eigen buurt is en je herkent de hond, stop je waarschijnlijk om te helpen, door bijvoorbeeld de eigenaar te halen of de hond naar een dierenarts te brengen. Maar wat als je niet in je eigen buurt bent en de hond niet kent? Of wat als je zo meteen een examen hebt en je misschien te laat komt als je stopt, of het examen zelfs mist? Wat als je bang bent voor honden? Deze verschillende contexten spelen allemaal een rol in je beslissing, en dat allemaal in een paar seconden. Vanuit een neurowetenschappelijk perspectief is het interessant dat elk van deze taken coöperatief wordt uitgevoerd door verschillende combinaties van hersenmodules. Een indrukwekkend en verfijnd systeem!

6.1.5   Intuïtie

Psychologen weten al lang dat mensen vaak snel een oordeel vormen op basis van gevoel en verstand wanneer ze een beslissing nemen, of het nu gaat om het kopen van een huis of het kiezen van een partner (Gladwell, 2005; Myers, 2002). De emotionele component van het denken vindt kennelijk plaats in de prefrontale cortex. Dankzij dit deel van onze hersenen kunnen we onbewust emotionele 'voorgevoelens' in de vorm van informatie over beloning en straf in het verleden laten meewegen bij onze beslissingen. De meeste mensen bij wie dit gebied ernstig is beschadigd, vertonen weinig emotie. Ook kan bij hen de **intuïtie** zijn belemmerd: het vermogen een oordeel te vormen zonder bewust redeneren. Als gevolg daarvan maken zij vaak onverstandige keuzes wanneer ze een beslissing moeten nemen (Damasio, 1994).

Intuïtie: Het vermogen een oordeel te vormen zonder bewust redeneren.

Maar onze intuïtie is niet altijd juist. Soms bestaan onze intuïtieve, impulsieve oordelen, die mogelijk als de waarheid aanvoelen, slechts uit onze vooroordelen en vooringenomenheden (Myers, 2002). Gebleken is bijvoorbeeld dat dit geldt voor werkgevers die de kracht van hun intuïtie veelal overschatten: ze geloven namelijk dat ze de vaardigheden en het karakter van anderen bijzonder goed kunnen beoordelen. Daardoor maken leidinggevenden vaak uitsluitend gebruik van persoonlijke gesprekken om iemand aan te nemen, ook al heeft onderzoek uitgewezen dat ze meestal een beter oordeel vellen door rekening te houden met opleidingsniveau en testscores (Dawes, 2001).

Soms kunnen snelle, intuïtieve beoordelingen echter verrassend juiste resultaten opleveren. Dr. Nalini Ambady ontdekte dat mensen opmerkelijk nauwkeurige beoordelingen gaven van iemands persoonlijkheidskenmerken nadat ze een videoclip van slechts zes seconden hadden bekeken. Ook vertoonde het snelle oordeel van studenten over de onderwijscapaciteiten van docenten een hoge correlatie met hun beoordeling aan het einde van de cursus (Ambady & Rosenthal, 1993; Greer, 2005). Daniel Kahneman (2003) suggereert dat intuïtie een evolutionaire uitvinding is waarmee onze voorouders in moeilijke en gevaarlijke situaties snel een oordeel konden vormen. Hij is ook de grondlegger van de gedragseconomie waarin hij inzichten uit de psychologie combineert met die uit de economische wetenschap, in het bijzonder met betrekking tot het menselijk beoordelingsvermogen en keuzegedrag. Hij betoogt onder meer dat een groot deel van onze oordelen op intuïtie en emotie is gebaseerd.

Wat moeten we nu concluderen uit de ogenschijnlijk tegenstrijdige resultaten rond intuïtie? Over het algemeen zijn onze 'instincten' over persoonlijkheid vaak juist, maar, zo merkt psycholoog Frank Bernieri op, we maken dus ook wel verkeerde inschattingen (Winerman, 2005c). Kahneman merkt op dat we er vaak naast zitten als we intuïtief oordelen vellen op het gebied van statistiek of hoeveelheden. (Hoeveel Nederlandse woorden eindigen op een 'r'? Of: hoe groot is de kans dat ik door een terrorist zal worden gedood?)

Het is belangrijk dat we beseffen dat we intuïtieve oordelen vormen en dat we ons realiseren dat deze onjuist kunnen zijn. Zoals we bij onze bespreking van het geheugen hebben gezien, is vertrouwen geen betrouwbare indicator voor nauwkeurigheid. De taak van psychologen is ons te helpen nauwkeuriger gebruik van onze intuïtie te maken (Haslam, 2007). Dit is vooral belangrijk voor mensen die snel beslissingen over leven en dood moeten nemen, zoals politieagenten, soldaten, piloten, luchtverkeersleiders en medisch personeel. In veel situaties blijkt de beste manier om een beslissing te nemen het op een rij zetten van de feiten en het dan overlaten aan ons onbewuste. Op deze manier kunnen we leren om het gebruik van ons analytische vermogen en onze intuïtie in balans te brengen (Dijksterhuis, 2004).

Ga naar **www.pearsonmylab.nl** om je kennis en begrip van deze paragraaf te testen met de MyMap, MyCheck en MyDefinitions.

KERNVRAAG 6.2

▶ Over welke vaardigheden beschikken goede denkers?

De populariteit van loterijen en casino's, waar de kans dat je iets wint tamelijk gering is, toont aan dat mensen niet altijd logisch denken. Desondanks levert onze *psycho*-logische natuur ons enkele voordelen op: door af te wijken van de logica kunnen we fantaseren, dagdromen, creatief zijn, onbewust reageren, emotioneel reageren en met ideeën komen die niet in de realiteit getest kunnen worden. We zijn natuurlijk wel in staat om zorgvuldig te redeneren: onze soort heeft tenslotte het ultieme logische instrument uitgevonden: de computer. Toch leert de psychologie van het denken dat we niet moeten verwachten dat mensen zich altijd op een strikt logische manier gedragen. Dit vermogen om *psycho*-logisch te denken vergroot ons vermogen om problemen op te lossen en effectieve beslissingen te nemen. En goed denken heeft, zoals we zullen zien, ook te maken met de keuze van effectieve denkstrategieën en het vermijden van ineffectieve of misleidende methoden. In ons kernconcept formuleren we het op een meer technische manier:

● **KERNCONCEPT 6.2**
Goede denkers beschikken niet alleen over een repertoire van effectieve algoritmen en heuristieken, ze weten ook hoe ze veelvoorkomende hindernissen bij het oplossen van problemen en het nemen van beslissingen moeten vermijden.

We zullen zien dat zo'n benadering van denkstrategieën heel bruikbaar is, bruikbaarder dan alleen logica, omdat we daardoor snel kunnen beslissen in een veranderlijke wereld die ons meestal van incomplete informatie voorziet.

6.2.1 Het oplossen van problemen

Kunstenaars, uitvinders, Nobelprijswinnaars, ministers-presidenten, succesvolle zakenlieden, topatleten, succesvolle studenten en mensen als Sergey Brin en Larry Page moeten effectieve probleemoplossers zijn. Welke strategieën gebruiken zij? Onafhankelijk van het terrein waarop ze actief zijn, hebben de meest succesvolle probleemoplossers enkele kenmerken met elkaar gemeen. Ze beschikken natuurlijk over de vereiste kennis om de problemen waarvoor ze gesteld zijn op te lossen. Bovendien zijn ze bedreven in (a) het *identificeren van een probleem* en (b) het *uitkiezen van een strategie* om het probleem te lijf te gaan. We zullen deze twee vaardigheden nu nader beschouwen aan de hand van enkele voorbeelden.

Het probleem identificeren
Een goede probleemoplosser leert alle relevante mogelijkheden te overwegen zonder overhaaste conclusies te trekken. Stel dat je over de snelweg rijdt en dat je auto plotseling begint te sputteren en er vervolgens helemaal mee ophoudt. Terwijl je naar de vluchtstrook stuurt, valt je oog op de benzinemeter, die op 'leeg' staat. Wat doe je? Hoe je handelt in deze hachelijke situatie is afhankelijk van het probleem waarvoor je je gesteld ziet. Als je ervan uitgaat dat de benzine op is, lift je misschien naar de dichtstbijzijnde benzinepomp om een jerrycan met benzine te kopen. Maar dat kan tegenvallen. Door het probleem op te vatten

als 'lege benzinetank', zie je de mogelijkheid over het hoofd dat er een accukabel is losgeraakt. En in dat geval wordt het afslaan van de motor veroorzaakt doordat de bougies geen elektriciteit ontvangen. Een goede probleemoplosser overweegt alle mogelijkheden voor hij één bepaalde oplossing kiest. Dit wordt ook wel *divergent denken* genoemd.

Een strategie kiezen

Het tweede ingrediënt van succesvol problemen oplossen houdt in dat je een strategie kiest die past bij het probleem waarvoor je gesteld wordt (Wickelgren, 1974). Natuurlijk heb je voor het oplossen van zeer gespecialiseerde problemen, zoals in de techniek of in de geneeskunde, gespecialiseerde kennis nodig over speciale procedures of formules. Zulke strategieën om een probleem op te lossen worden *algoritmen* genoemd. Ze vormen de tegenhanger van de meer intuïtieve, maar minder precieze strategieën die *heuristieken* worden genoemd. In ons dagelijks leven hebben we beide strategieën nodig.

Algoritmen   Of je nu psychologiestudent of sterrenkundige bent, als je de juiste **algoritmen** kiest, weet je zeker dat sommige van je problemen op de goede manier worden opgelost. Algoritmen zijn formules of procedures, zoals de methoden die je leert tijdens de wiskundeles of in natuurkundige laboratoria. Ze zijn ontworpen om een speciaal soort problemen op te lossen. Zo kun je met behulp van algoritmen heel goed je boekhouding op orde brengen of uitrekenen hoeveel benzine je auto verbruikt. Als je een algoritme goed toepast, werkt het *altijd*, omdat je stap voor stap een procedure volgt die rechtstreeks van het probleem naar de oplossing voert.

Ondanks hun bruikbaarheid zijn algoritmen niet op alle problemen toepasbaar. Problemen waarbij subjectieve waarden een rol spelen, bijvoorbeeld hoe je moet bepalen of je nu gelukkiger bent met een rode of met een witte auto of welke vliegtuigmaatschappij je het beste kunt nemen als je naar Parijs wilt, alsmede problemen die gewoon te ingewikkeld zijn om er een formule op los te laten, zoals uitzoeken hoe je een bepaalde promotie krijgt, of voorspellen hoeveel vis je vangt op een bepaalde dag, lenen zich niet voor het gebruik van algoritmen. Daarom beschikken we ook over de meer intuïtieve en flexibelere strategieën die heuristieken worden genoemd.

Heuristieken   Ieder mens legt tijdens zijn leven een verzameling **heuristieken** aan, zoals: 'bananen horen niet in de koelkast', 'als hij het niet doet moet je kijken of de stekker wel in het stopcontact zit', 'zachte heelmeesters maken stinkende wonden'. Heuristieken zijn eenvoudige elementaire regels, de zogenoemde vuistregels, die ons helpen om verwarrende, complexe situaties het hoofd te bieden. In tegenstelling tot algoritmen garanderen heuristieken *geen* correcte oplossing, maar vormen ze een aardig zetje in de juiste richting. Sommige heuristieken vereisen speciale kennis, op te doen in een opleiding geneeskunde, natuurkunde of psychologie. Andere heuristieken, zoals de heuristieken die je in de volgende paragrafen tegenkomt, zijn breder toepasbaar en heel handig om te kennen.

Enkele bruikbare heuristieken

Hier volgen drie essentiële heuristieken die elke probleemoplosser moet kennen. Ze vereisen geen gespecialiseerde kennis. Ze kunnen je op weg helpen in zeer uiteenlopende en verwarrende situaties. Het gemeenschappelijke element is dat ze je stimuleren om het probleem vanuit een ander perspectief te bekijken.

Terugwerken   Sommige problemen, zoals de doolhof in figuur 6.4, zien er zo ingewikkeld uit dat we volkomen dichtslaan. Er zijn zo veel mogelijkheden dat

Algoritme: Procedure of formule om een probleem op te lossen die, als hij goed wordt toegepast, een correcte uitkomst garandeert.

Heuristiek: Cognitieve strategie of 'vuistregel' die wordt gebruikt om een complexe mentale opdracht 'even snel' te vervullen. In tegenstelling tot een algoritme weet je met een heuristiek niet zeker of je bij de juiste oplossing uitkomt.

we niet weten waar we moeten beginnen. Een goede manier om dit soort puzzels aan te pakken is door aan het einde te beginnen en *terug te werken*. (Wie zegt dat je altijd bij het begin moet beginnen?) Met behulp van deze strategie kun je een groot deel van de doodlopende paden vermijden, terwijl je daar, als je in het wilde weg een route had gekozen, zeker in verzeild was geraakt. In het algemeen is terugwerken een uitstekende strategie voor problemen waarvan het doel duidelijk omschreven is, zoals een doolhof, bepaalde wiskundige vraagstukken of de planning van een opdracht met een deadline. In de professionele wereld werken politieagenten en rechercheurs vaak terug om een misdaad op te lossen. Door bij de plaats van het misdrijf te beginnen (waar de gebeurtenis 'is geëindigd') en informatie te verzamelen op basis van bewijsmateriaal en getuigenverklaringen, wordt het aantal potentiële verdachten aanzienlijk verkleind. Als rechercheurs de beschikking hebben over vingerafdrukken en schetsen van de agressor, kunnen ze nog gerichter zoeken, terwijl ze aan de hand van aanwijzingen terugwerken naar het begin (Lesgold, 1988).

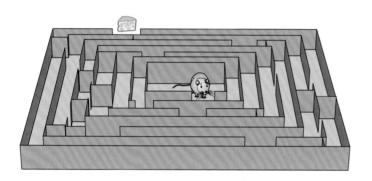

Figuur 6.4

Terugwerken

Doolhoven en wiskundige problemen lenen zich vaak voor de heuristiek van terugwerken. Probeer deze doolhof op te lossen zoals de muis dat zou doen, door bij de finish (in het midden) te beginnen en terug te werken naar het startpunt.

Zoek naar analogieën   Als een nieuw probleem overeenkomsten vertoont met een ander probleem dat je eerder bent tegengekomen, kun je misschien gebruikmaken van de strategie die je destijds hebt geleerd. Stel dat je vroeger, toen we nog echte winters hadden, regelmatig hebt geschaatst op natuurijs. De strategie die je toen hebt gebruikt om te bepalen of het ijs betrouwbaar was, kun je opnieuw toepassen als je, bij gebrek aan beter, tijdens een wintervakantie in Finland weer eens op de ijzers staat. Het gaat erom dat je de overeenkomst, oftewel *analogie*, tussen het nieuwe en het oude probleem herkent – een vaardigheid die overigens wel wat oefening vereist (Medin & Ross, 1992).

Deel een groot probleem op in kleinere problemen   Sta je voor een immens probleem, zoals het schrijven van je afstudeerscriptie? Dan ben je wellicht geholpen met een strategie waarmee je het grote probleem in kleinere, hapklare brokken kunt hakken. Neem het voorbeeld van de scriptie: je kunt het probleem opdelen in deelproblemen zoals het kiezen van een onderwerp, het literatuuronderzoek, het uitzetten van de grote lijnen, het schrijven van de eerste versie en het aanbrengen van de laatste wijzigingen. Op die manier organiseer je de opdracht en ontwerp je een plan om elk onderdeel van het probleem apart aan te pakken. En door een probleem stap voor stap aan te pakken, worden grote problemen hanteerbaarder. Elk groot en complex probleem, van het schrijven

Watson en Crick gebruikten de analogie van de wenteltrap om de bouw van het DNA-molecuul te begrijpen en de genetische code te breken.

van een scriptie tot het ontwerpen van een vliegtuig, kun je met deze benadering vereenvoudigen. Sterker nog, de gebroeders Wright hebben deze heuristiek bewust toegepast om de immense uitdaging van het ontwerpen van een gemotoriseerd vliegtuig tot een goed einde te brengen. Met behulp van vliegers, zweefvliegtuigen en modellen bestudeerden ze deelproblemen als opwaartse druk, stabiliteit, vermogen en besturing. Naderhand voegden ze alle oplossingen samen en waren zo in staat om het grotere probleem, het in de lucht krijgen van een bemand motorvliegtuig, op te lossen (Bradshaw, 1992).

Obstakels bij het oplossen van problemen

Voor het succesvol oplossen van problemen is het essentieel dat je beschikt over een aantal goede strategieën. Maar ook dan kun je nog vastlopen, bijvoorbeeld omdat je de verkeerde strategie hebt gekozen. Daarom is het belangrijk dat probleemoplossers doorhebben wanneer ze op een obstakel stuiten dat om een nieuwe benadering vraagt. Hier volgen enkele lastige obstakels.

Mental set Soms heb je de neiging om een minder ideale strategie te blijven gebruiken omdat die in het verleden bij het oplossen van andere problemen zo goed werkte. Psychologen zeggen dan dat je de verkeerde **mental set** hebt: de neiging om een nieuw probleem op dezelfde manier te benaderen als een schijnbaar soortgelijk probleem uit het verleden. In feite kies je dan de verkeerde analogie of het verkeerde algoritme. We zullen dit illustreren met behulp van de volgende puzzel.

◀◀ **Verbinding hoofdstuk 4**
Sultan, de chimpansee van Kohler, demonstreerde de beperkingen van een mental set toen hij in eerste instantie de banaan die boven hem hing, niet te pakken kreeg. De strategie die hij voorheen had toegepast, werkte niet meer. Dit voorbeeld laat ook zien wat vaak de oplossing is bij een mental set die als een obstakel werkt: *inzicht*, dat vaak spontaan optreedt wanneer we een stapje terug doen en we een nieuw perspectief hebben op het probleem (p. 147).

Mental set: Neiging om een nieuw probleem te benaderen op een manier die je bij een eerder probleem hebt gebruikt.

⊕ DOE HET ZELF! Het overwinnen van mental sets

Elke groep letters in de kolommen hieronder vormt een veelvoorkomend Nederlands woord, maar ze staan door elkaar. Kijk eens of je ze kunt ontwarren:

threc	dibru	nelev	redad
ensce	ejdip	thmac	tseer
posch	dnbli	poslo	snkra
nebak	lainv	ejvri	etkor
tkwer	rukle	etgro	tsper
kugel	mokol	tsker	redel
oglin	thzac	geste	reeis

(Bewerking van Leeper & Madison, 1959.)

Vergelijk je antwoorden met de oplossingen op pagina 213. De meeste mensen, of ze zich ervan bewust zijn of niet, gebruiken voor het oplossen van dit probleem een algoritme dat de volgorde van de letters overal op dezelfde manier verandert volgens de formule 3-4-5-2-1:

```
t h r e c        wordt       r e c h t
1 2 3 4 5                    3 4 5 2 1
```

Maar de antwoorden die je met behulp van dat algoritme krijgt, komen niet overeen met de 'correcte' antwoorden op pagina 213. De mental set die je tijdens het oplossen van de eerste twee kolommen hebt ontwikkeld, heeft je zo belemmerd dat je niet zag dat de laatste veertien lettergroepen allemaal meer dan één woord kunnen vormen. De les die je hieruit kunt trekken, is dat een mental set er soms toe leidt dat je nieuwe problemen op een oude en (te) beperkte manier benadert. Hoewel een mental set meestal wel resultaat oplevert, moet je je af en toe toch afvragen of je niet in een zekere sleur verzeild bent geraakt, waardoor je andere mogelijkheden niet meer ziet. (Probeer nu eens of je de door elkaar gehusselde letters van de woorden in de laatste twee kolommen op een andere manier kunt ordenen.)

De juiste volgorde

De woorden die je hebt gevonden, zijn misschien niet allemaal gelijk aan de lijst hieronder; vooral de woorden in de derde en de vierde kolom zijn waarschijnlijk anders. De meeste mensen ontwikkelen namelijk in de tijd dat ze met de eerste twee kolommen bezig zijn bewust of onbewust een algoritme. Hoewel die formule op alle kolommen toepasbaar is, interfereert dat met je vaardigheid om voor de laatste twee kolommen alternatieve oplossingen te bedenken.

recht	bruid	velen	adder
scene	dipje	match	eters
schop	blind	sloop	knars
baken	inval	ijver	koter
werkt	kleur	groet	spert
geluk	kolom	sterk	leder
lingo	zacht	geest	serie

Er is sprake van een speciaal soort mental set als je denkt dat je een schroevendraaier nodig hebt om een schroef los te draaien en niet beseft dat je daar ook een muntje voor kunt gebruiken. Psychologen noemen dit **functionele gefixeerdheid**. De *functie* van een bekend voorwerp is dan zo vastgeroest, of *gefixeerd*, dat je er geen nieuwe functie meer aan kunt verbinden. We illustreren dit aan de hand van het volgende, klassieke, probleem:

Je psychologiedocent biedt je vijf euro als het je lukt om twee touwen die aan het plafond hangen aan elkaar te knopen (zie figuur 6.5). Je mag ze niet lostrekken. Maar als je het ene touw vastgrijpt en het in de richting van het andere touw trekt, kom je erachter dat je net niet bij het andere touw kunt. In de hoek op de vloer liggen een paar voorwerpen: een pingpongballetje, vijf schroeven, een schroevendraaier, een glas water en een papieren zak. Hoe krijg je de touwen allebei te pakken? Hoe krijg je ze aan elkaar geknoopt?

Lees deze alinea pas als je het antwoord wilt weten. Bij het oplossen van dit probleem werd je waarschijnlijk belemmerd door functionele gefixeerdheid op de schroevendraaier. Had je door dat de schroevendraaier ook dienst kan doen als extra gewicht? Op die manier kun je een van de touwen naar je toe laten slingeren terwijl je het andere vastgrijpt.

Zelfopgelegde beperkingen Je kunt jezelf ook onnodig beperken. Dat wordt duidelijk geïllustreerd door het klassieke probleem met de negen stippen in figuur 6.6. Het gaat erom dat je de negen stippen door niet meer dan vier rechte lijnen met elkaar verbindt zonder je potlood van het papier te halen. Je mag een andere lijn wel snijden, maar er niet nog een keer overheen gaan.
De meeste mensen die met dit probleem geconfronteerd worden, leggen zichzelf een onnodige beperking op, door aan te nemen dat ze niet buiten het door de stippen gevormde vierkant mogen komen. Het probleem in figuur 6.6 heeft twee mogelijke oplossingen. Als we dit probleem naar ons eigen leven vertalen,

Functionele gefixeerdheid: Onvermogen om een nieuwe toepassing te zien voor een voorwerp dat al met iets anders is geassocieerd; een vorm van mental set.

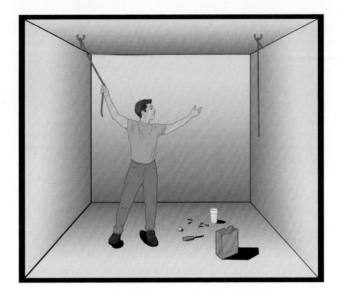

Figuur 6.5

Het probleem van de twee touwen

Hoe kun je de twee touwen aan elkaar knopen als je geen andere hulpmiddelen tot je beschikking hebt dan de afgebeelde voorwerpen?

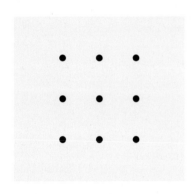

Figuur 6.6

Het probleem van de negen stippen

Kun je de negen stippen door middel van vier rechte lijnen met elkaar verbinden zonder dat je het potlood van het papier haalt?

Bron: gebaseerd op 'Can You Solve It?' in *How to Solve Mathematical Problems: Elements of a Theory of Problems and Problem Solving* van Wayne A. Wickelgren. Copyright © 1974 van W. H. Freeman and Company. Met toestemming van Dover Publications.

kunnen we talloze voorbeelden bedenken van situaties waarin we onszelf onnodige beperkingen opleggen. Studenten geloven misschien dat ze geen aanleg hebben voor wis- of natuurkunde, en snijden daarmee de weg af naar een carrière in de techniek. Door rolpatronen van man en vrouw zal een man niet zo snel overwegen in de thuiszorg of in de kinderopvang te gaan werken, en gaat een vrouw ervan uit dat ze secretaresse wordt, en geen directeur. Misschien worstel je zelfs op dit moment met problemen waarbij je jezelf onnodige beperkingen hebt opgelegd?

Andere obstakels Bij het oplossen van problemen kunnen zich nog veel meer obstakels voordoen. Een aantal daarvan zullen we hier kort noemen. Zo heb je misschien te weinig specifieke kennis om een probleem op te lossen, of te weinig belangstelling voor het probleem, of heb je te weinig zelfvertrouwen of ben je vermoeid of onder invloed van medicijnen (bijvoorbeeld slaapmiddelen) of drugs. Arousal (opwinding) en de daarbij behorende spanning vormen een ander belangrijk struikelblok voor het oplossen van problemen. In hoofdstuk 9 over motivatie en emotie kun je lezen dat elke taak, of het nu het spelen van een basketbalwedstrijd, het uitvoeren van een hersenoperatie of het geven van een presentatie voor de klas betreft, zijn eigen optimale niveau van arousal heeft. Als de arousal daarboven uitstijgt, gaat de prestatie achteruit. Een gematigde arousal vergemakkelijkt het oplossen van alledaagse problemen, terwijl hevige stress dat juist volledig kan blokkeren.

Over het algemeen zijn mensen denkers die graag overhaaste conclusies trekken, gebaseerd op kennis, maar ook bevooroordeeld door die kennis – en door motieven, emoties en percepties. In dit licht is het verrassend dat we in het dagelijks leven nog zo veel profijt hebben van ons denken. Anderzijds is dat juist logisch: bij het oplossen van problemen steken we de meeste energie in het terughalen van eerdere ervaringen. Op grond daarvan trachten we te voorspellen hoe we in de toekomst beloond of gestraft zullen worden. Als je er even over nadenkt, besef je dat dit alles te maken heeft met operante conditionering, wat doet vermoeden dat deze manier van denken een fundamenteel onderdeel vormt van onze natuur. Veel 'zwakke punten' in ons denkvermogen, zoals mental sets, maken in werkelijkheid deel uit van adaptieve (maar noodzakelijkerwijs onvolmaakte) strategieën die ons helpen om onze eerdere ervaringen te gebruiken bij het oplossen van nieuwe problemen.

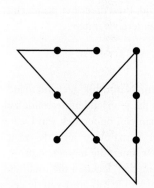 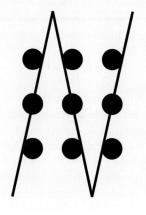

Figuur 6.7
Twee oplossingen voor het
probleem met de negen stippen

6.2.2 Oordelen en beslissen

Of je nu student, docent of directeur van een grote onderneming bent, je moet elke dag beslissingen nemen. 'Hoeveel tijd heb ik vanavond nodig voor mijn studie?', 'Welk cijfer is deze scriptie waard?' of 'Hoeveel moet ik investeren?'. Elke beslissing is de oplossing van een probleem – waar wellicht geen eenduidig antwoord op bestaat, maar desalniettemin een probleem dat een oordeel vereist. Helaas (vooral voor degenen die zich niet verdiept hebben in de psychologie van het beslissen) kan het oordeel vertroebeld worden door bias, wat in feite niets anders is dan het kiezen van een verkeerde heuristiek. De meest voorkomende oorzaken van slecht oordelen zetten we voor je op een rijtje.

Confirmation bias (bevestigingsbias)

Stel dat Fred duidelijke opvattingen heeft over het opvoeden van kinderen. 'Een pak slaag op zijn tijd kan geen kwaad', zegt hij. Hoe denk je dat Fred zal reageren als hij hoort dat dit soort straffen kan leiden tot agressief gedrag? Tien tegen één dat *confirmation bias* ervoor zorgt dat hij alle informatie die niet in zijn straatje past negeert of er kritiek op heeft. Waarschijnlijk gaat hij ook op zoek naar informatie waar hij het wel mee eens is. Uit tal van onderzoeken blijkt dat de confirmation bias een diepgewortelde en maar al te menselijke neiging is (Aronson, 1998; Nickerson, 1998). Sterker nog, van tijd tot tijd gedragen we ons allemaal als Fred, vooral als het onderwerpen betreft die ons nauw aan het hart liggen.

Hindsight bias

Een vriend vertelt je dat hij een ongeluk heeft gekregen doordat hij op de fiets zat te sms'en. 'Ik kan het eigenlijk niet geloven,' zegt hij, 'het was maar een paar seconden!' Wat antwoord je? 'Je moet nooit sms'en en fietsen tegelijk. Dat wist je toch wel? Heb je nooit onderzoeken gelezen waaruit is gebleken dat sms'en op de fiets kan leiden tot ongelukken?' Zo'n antwoord is niet alleen ongevoelig, je maakt je ook schuldig aan **hindsight bias** (Fischhoff, 1975; Hawkins & Hastie, 1990). Hindsight bias is de neiging om na afloop van een gebeurtenis te denken dat jij het al lang wist en allemaal hebt zien aankomen.

Anchoring bias (ankerheuristiek)

Vraag een paar vrienden een voor een of ze de volgende som snel en globaal kunnen oplossen:

$$1 \times 2 \times 3 \times 4 \times 5 \times 6 \times 7 \times 8 = ?$$

◀◀ **Verbinding hoofdstuk 1**
Confirmation bias zorgt ervoor dat we aandacht besteden aan gebeurtenissen die onze overtuigingen bevestigen en bewijs negeren dat ze tegenspreekt (p. 9).

Hindsight bias: De neiging om na afloop van een gebeurtenis te twijfelen aan andermans beslissingen en te denken dat jij die van tevoren hebt zien aankomen.

Zorg ervoor dat ze een schatting geven zonder daadwerkelijk aan het rekenen te slaan; geef ze niet meer dan vijf seconden bedenktijd. Presenteer het probleem vervolgens in omgekeerde volgorde aan een paar andere vrienden:

$$8 \times 7 \times 6 \times 5 \times 4 \times 3 \times 2 \times 1 = ?$$

Zit er verschil in de resultaten van de twee groepen? Natuurlijk geeft niemand precies het goede antwoord, maar de kans is groot dat je vrienden hetzelfde zullen reageren als de proefpersonen die deelnamen aan een onderzoek van Daniel Kahneman en Amos Tversky (2000). Het bleek dat de manier waarop de vraag werd gesteld van invloed was op de antwoorden. Degenen die het eerste probleem voorgelegd kregen, gaven een lagere schatting dan degenen die met het tweede probleem geconfronteerd werden. De gemiddelde uitkomst van de eerste groep was 512, terwijl het gemiddelde voor de tweede groep op 2250 stond. Blijkbaar werden de antwoorden door de 'eerste indruk' (hogere of lagere cijfers aan het begin van de som) in een bepaalde richting gestuurd.

Tversky en Kahneman verklaarden het verschil tussen de twee groepen met behulp van **anchoring bias**. Dat wil zeggen dat mensen gebruikmaken van een enigszins rammelende heuristiek die hun denken verankert (*anchoring* betekent 'verankeren') aan de eerste de beste informatie die ze tegenkomen. De eerste groep werd blijkbaar meer beïnvloed door de lagere getallen aan het begin (1 $\times$ 2 $\times$ 3…) en kwam daardoor tot een lager totaal dan de groep die zijn denken verankerde aan de hogere getallen (8 $\times$ 7 $\times$ 6…). Je kunt de som narekenen om te zien hoe dicht jouw eigen schatting bij het goede antwoord zat.

Anchoring bias (ankerheuristiek):
Foutieve heuristiek waarbij je een schatting baseert (verankert) op informatie die niets met het probleem te maken heeft.

Representativeness bias (representativiteitsheuristiek)

Als je ervan uitgaat dat alle blonde mensen dom zijn of alle ministers en wiskundestudenten nerds, is je oordeel verstoord door de **representativeness bias**. Een reden waarom zulke vooroordelen zo verleidelijk zijn, is dat we mensen met behulp van deze bias gemakkelijk kunnen beoordelen. Als je iemand eenmaal in een categorie ('hokje') hebt geplaatst, ken je hem automatisch alle eigenschappen van die categorie toe. Het zwakke punt van deze heuristiek is natuurlijk dat mensen, gebeurtenissen en voorwerpen nooit volledig in een bepaalde categorie thuishoren. We vinden het gewoon gemakkelijk om ze een etiket op te plakken. Maar als we al onze ervaringen op zo'n manier categoriseren, lopen we het risico dat we geen oog meer hebben voor de enorme verscheidenheid aan situaties en mensen.

Als je probeert in te schatten of iemand tot een bepaalde categorie behoort, bijvoorbeeld de categorie 'vegetariër', zoek je naar eigenschappen die kenmerkend zijn voor een typisch lid van die categorie. Stel, jouw prototype van 'de vegetariër' is iemand die altijd sandalen draagt, altijd de fiets pakt en lid is van Milieudefensie. Wanneer je dan iemand tegenkomt die al die kenmerken bezit (*representeert*), kun je tot de conclusie komen dat hij 'dus' vegetariër is.

Maar zo'n analyse is niet echt betrouwbaar. Hoewel sommige – misschien zelfs vele – vegetariërs op sandalen lopen, voor elke afstand de fiets nemen en lid zijn van Milieudefensie, is het tegenovergestelde waarschijnlijk niet waar: omdat de vegetariërs een minderheid vormen binnen de totale populatie mensen, is het onwaarschijnlijk dat iedereen die lid is van Milieudefensie, sandalen draagt en altijd de fiets pakt, ook vegetariër is. Dat wil zeggen dat je door het negeren van de informatie over de *basisfrequentie* (de kans dat een kenmerk in de gehele populatie voorkomt) een verkeerde conclusie trekt. Het fietsende Milieudefensielid op sandalen kan net zo goed een vleeseter zijn, zoals de meeste mensen. Wat niet wil zeggen dat ze nooit vegetarisch eten. Hoewel de representativeness bias, iemand beoordelen op grond van zijn 'type', in dit geval niet zulke ernstige

Representativeness bias (representativiteitsheuristiek): Foutieve heuristiek waarbij je ervan uitgaat dat een persoon of gebeurtenis die tot een bepaalde categorie behoort, dan ook alle eigenschappen van die categorie bezit.

▶▶ **Verbinding hoofdstuk 11**
Vooroordelen, negatieve houdingen tegenover een individu vanwege zijn lidmaatschap van een bepaalde groep of categorie, vormen een krachtige motor achter de selectieve verwerking, organisatie en herinnering van informatie die we over bepaalde mensen ontvangen (p. 468).

gevolgen heeft, ligt deze bias ook ten grondslag aan ernstigere vooroordelen die ontstaan als we anderen in een hokje stoppen omdat ze toevallig tot een bepaalde groep behoren.

Availability bias (beschikbaarheidsheuristiek)

Wat is riskanter: reizen per auto of per vliegtuig? Statistisch is de kans veel groter dat je in een auto-ongeluk om het leven komt dan in een neerstortend vliegtuig en de meesten van ons weten dat ook wel. Waarom zijn we dan toch banger voor vliegen dan voor autorijden? Het komt door de **availability bias** of **beschikbaarheidsheuristiek**. Deze weerspiegelt onze neiging om de waarschijnlijkheid van een gebeurtenis in te schatten op basis van voorbeelden die vanzelf in ons opkomen. En nieuwsberichten over een vliegtuigongeluk liggen vooraan in ons geheugen vanwege de sprekende beelden bij zo'n ongeluk, ook al is de kans dat je verongelukt als je de straat oversteekt veel groter dan wanneer je in een vliegtuig zit (Bailey, 2006). Vanwege dezelfde bias zijn sommige mensen veel banger voor haaien dan voor honden en banger voor een terroristische aanval dan voor een hartaanval. Zo schatten mensen die veel naar geweld op tv kijken de kans om te worden vermoord of beroofd veel hoger in dan mensen die weinig televisiekijken (Singer et al., 1984).

De tirannie van de keuze

Sommige beslissingsproblemen zijn geen gevolg van gebrekkige heuristiek, maar komen voort uit factoren buiten de betrokkene. Een voorbeeld: heb je ooit problemen gehad met het maken van een keuze uit een verbijsterende hoeveelheid mogelijkheden, misschien bij het kopen van een auto, een computer of zelfs een tube tandpasta? Effectieve besluitvorming kan door te veel keuzemogelijkheden worden verstoord. Soms kunnen we zelfs verlamd raken door een teveel aan keuzemogelijkheden. Sheena Iyengar en Wei Jiang (2003) ontdekten dat er een omgekeerd verband was tussen de kans op inschrijving in een pensioenfonds en het aantal mogelijke keuzes dat men kon maken bij inschrijving. Als er te veel keuzemogelijkheden waren op het gebied van bijvoorbeeld looptijd of grootte van investering, gaven sommige mensen het gewoon op. De psycholoog Barry Schwartz (2004) noemt dit de **tirannie van de keuze**.

Schwartz zegt dat de tirannie van de keuze ook een bron van stress kan vormen, vooral voor degenen die zich gedwongen voelen de 'juiste' beslissing te nemen of het 'allerbeste aanbod' te krijgen. Het middel hiertegen is volgens hem 'genoegen nemen met voldoende' in plaats van 'het onderste uit de kan willen halen'. Mensen die genoegen nemen met voldoende, bekijken hun mogelijkheden totdat ze er een hebben gevonden die eenvoudig 'goed genoeg' is, terwijl mensen die het onderste uit de kan willen halen, zichzelf stress bezorgen doordat ze proberen er zeker van te zijn dat ze de allerbeste keuze maken.

Besluitvorming en kritisch denken

Een groot deel van de voorafgaande discussie zou ons bekend moeten voorkomen, omdat hierbij kritisch denken is betrokken. Een van de kritische denkvragen die we hebben toegepast, is bijvoorbeeld gericht op de mogelijkheid van vooringenomenheid, zoals confirmation bias, anchoring bias en availability bias. Met andere woorden, kritische denkers zijn zich bewust van deze veelvoorkomende obstakels bij probleemoplossing.

Enkele andere punten die we in vorige hoofdstukken hebben besproken, dienen we ook op te nemen in de lijst van kritische denkvaardigheden. Kritische denkers moeten met name weten hoe ze een probleem moeten herkennen; hoe ze vervolgens een strategie moeten kiezen en hoe ze de meest algemene algoritmen en heuristische strategieën moeten toepassen. Al deze vaardigheden kunnen een

Availability bias (beschikbaarheidsheuristiek): Foutieve heuristiek waarbij je mogelijkheden inschat op basis van informatie uit eigen ervaring (de informatie die beschikbaar is).

Tirannie van de keuze: De verstoring van effectieve besluitvorming wanneer je wordt geconfronteerd met een overweldigende hoeveelheid mogelijkheden.

Winkelend publiek heeft te maken met de tirannie van de keuze bij de beslissing over vergelijkbare producten. De psycholoog Barry Schwartz adviseert om snel te kiezen voor datgene wat 'goed genoeg' is in plaats van tijd te verspillen aan 'het maximaliseren' van het kiezen van een 'optimaal' product.

Met dank aan Albert Heijn.

hulpmiddel vormen voor degenen die hun denken willen verbeteren om een expert te worden, of zelfs een creatief genie.

6.2.3 Hoe word je een creatief genie?

Iedereen is het erover eens dat Einstein, Aristoteles en Bach creatieve genieën waren. Maar hoe zit het met je aquarellerende tante Lies? En je neefje van vier dat zulke mooie paarden maakt van klei? Deze vragen illustreren het grote probleem waarmee het onderzoek naar creativiteit gepaard gaat: experts kunnen het maar niet eens worden over de precieze definitie van het begrip **creativiteit**. De meesten gaan echter wel akkoord met de enigszins vage omschrijving dat creativiteit een proces is dat nieuwe responsen voortbrengt die bijdragen aan de oplossing van problemen. Ook over de term 'genie' bestaat enige consensus: iemand die zich door zijn uitzonderlijke inzicht en creativiteit onderscheidt van gewone mensen. Zowel creativiteit als genialiteit zijn dus geen duidelijk afgebakende begrippen.

Creativiteit: Mentaal proces waarbij nieuwe responsen ontstaan die bijdragen aan de oplossing van een probleem.

Divergent en convergent denken

De meeste wetenschappelijke artikelen over creativiteit leggen een verband met divergent denken, het vermogen om verschillende responsen voor een probleem te bedenken (Guilford, 1967). Dat is de reden waarom veel creativiteitstests de nadruk leggen op taken waarbij divergent denken vereist is, zoals het bedenken van toepassingen voor kapotte fittingen of manieren om een polshorloge te verbeteren. Ze gaan ervan uit dat je creativiteit bepaald wordt door het aantal responsen dat je kunt bedenken.

Convergent denken is het tegenovergestelde van divergent denken. Je hebt het nodig als je geconfronteerd wordt met een probleem waarop maar een correct antwoord mogelijk is. Je denken spitst zich toe op dat antwoord, 'convergeert'. De meeste psychologen beschouwen convergent denken niet als een essentieel onderdeel van creativiteit.

Talloze consultants verdienen hun geld met workshops en trainingen aan mensen die hun gevoeligheid voor divergent denken willen vergroten. De meeste cursussen bestaan uit gezamenlijke oefeningen waarbij mensen worden aangemoedigd om zo veel mogelijk ideeën te spuien: hoe wilder hoe beter. Deze techniek, die brainstormen wordt genoemd, gaat ervan uit dat de creativiteit vanzelf komt als je maar veel ideeën laat opborrelen en niet meteen overal een oordeel over hebt (Osborn, 1953). Helaas is het bewijs dat er een verband bestaat tussen dit soort divergent denken en andere maatstaven voor creativiteit niet indrukwekkend (Barron & Harrington, 1981; Goldenberg et al., 1999; Nicholls, 1972).

Dus wat moet je nu doen om een creatief genie te worden? Daarvoor kijken we naar het werk van de psycholoog Robert Weisberg, die het fenomeen 'genie' op een nieuwe manier benadert. Kort samengevat beweert Weisberg dat genieën eigenlijk vooral goed zijn in het oplossen van problemen, en dat ze over bepaalde handige (maar bijzonder menselijke) eigenschappen beschikken.

Creatieve genieën zijn geen supermensen

Zitten de mensen die wij 'genieën' noemen fundamenteel anders in elkaar dan de rest van de mensheid? Hebben ze buitengewone talenten voor denken of perceptie, talenten die wij eenvoudigere stervelingen misschien niet hebben? *Zijn creatieve prestaties het gevolg van vindingrijke gedachtesprongen en beschikken creatieve mensen over grote intellectuele capaciteiten waardoor ze in staat zijn tot uitzonderlijke denkprocessen?* Volgens Weisberg (1986) en enkele andere wetenschappers die zich met dit onderwerp bezighouden (Bink & Marsh, 2000; Gardner, 1993), is er verrassend weinig bewijs voor dit zogeheten '*geniestandpunt*'. Weisberg (1986, p.11) komt met een vruchtbaardere invalshoek: hij beschouwt de manier waarop 'genieën' denken als 'gewone gedachteprocessen van gewone mensen'. Wat hen zo buitengewoon creatief maakt, zijn bepaalde persoonlijkheidskenmerken, hun uitgebreide kennis en hun enorme gedrevenheid – maar niet hun zogenaamd bovenmenselijke talenten.

Kennis en begrip

Iedereen is het eens met Weisberg op dit punt: de creatiefste mensen hebben *expertise*, oftewel een hoogontwikkelde kennis in hun vakgebied (Ericsson et al., 2006). Sterker nog, je kunt niet bijzonder creatief zijn als je geen **expert** bent: dat wil zeggen dat je over uitgebreide en goed georganiseerde kennis beschikt van het gebied waaraan je je creatieve bijdrage wilt leveren. Het verwerven van zulke kennis vergt intensieve training en oefening en daarvoor moet je zeer sterk gemotiveerd zijn. Uit onderzoek blijkt dat het gemiddeld zo'n tien jaar, of 10.000 uur, duurt voordat je je op een bepaald gebied een expert kunt noemen, of het nu om skiën, beeldhouwen, zingen of psychologie gaat (Ericsson et al., 1993; Gladwell, 2008). En ja, dit is ook van toepassing op het gebied van computing, zoals we zagen in de casus van Google-oprichters Brin en Page. In de tussentijd kunnen factoren als tijdsdruk of een extreem kritische supervisor, docent of ouder de creatieve flow belemmeren (Amabile et al., 2002).

Begaafdheid, persoonlijkheidskenmerken en creativiteit

In tegenstelling tot Weisberg, stelt Howard Gardner in zijn boek *Creating Minds* (1993) dat de buitengewone creativiteit die zo kenmerkend is voor het werk van mensen als Freud, Einstein en Picasso bestaat uit een combinatie van verschillende factoren. Het gaat niet alleen om expertise en motivatie, maar ook om bepaalde patronen waarin vaardigheden en persoonlijkheidskenmerken voorkomen. Uitzonderlijk creatieve mensen, aldus Gardner, hebben bepaalde **begaafdheden**, aangeboren mogelijkheden, die specifiek zijn voor bepaalde gebieden. (En natuurlijk moeten ze deze mogelijkheden door intensieve studie en oefening verder ontwikkelen.) Zo zou Freud een speciale aanleg hebben voor schrijven en het begrijpen van mensen, zou Einstein opmerkelijk goed zijn in logica en het doorzien van ruimtelijke relaties en zou Picasso's creativiteit het resultaat zijn van een bijzondere gevoeligheid voor ruimtelijke relaties en relaties tussen mensen. En wat zijn de persoonlijkheidskenmerken die alle uitzonderlijk creatieve mensen *met elkaar gemeen* hebben? De literatuur noemt er verschillende (Barron & Harrington, 1981; Csikszentmihalyi, 1996):

- *Onafhankelijkheid*
  Uitzonderlijk creatieve mensen zijn in staat zich te verzetten tegen de sociale druk om zich aan te passen aan conventionele manieren van denken. Dat geldt in ieder geval voor het terrein waarop hun creativiteit vorm krijgt (Amabile, 1983, 1987; Sternberg, 2001). Met andere woorden: ze hebben voldoende zelfvertrouwen om hun eigen weg te gaan.
- *Sterke belangstelling voor een probleem*
  Uitzonderlijk creatieve mensen hebben ook een allesoverheersende belangstelling voor de materie waar hun creativiteit zich op richt (Amabile, 2001). In gedachten zoeken ze continu naar oplossingen voor intrigerende problemen op hun vakgebied (Weisberg, 1986). Externe prikkels, zoals een Nobelprijs, spelen wel een rol in hun motivatie, maar hun interne motivatie is het sterkst.
- *Bereidheid om het probleem te herstructureren*
  Uitzonderlijk creatieve mensen worstelen niet alleen met problemen, ze zetten ook vaak vraagtekens bij de manier waarop een probleem gepresenteerd wordt. (Weet je nog wat we gezegd hebben over het definiëren van het probleem?) De studenten die na hun opleiding aan de School of Art Institute of

Albert Einstein was slim. Hij was ook eigenzinnig, had gevoel voor humor, was buitengewoon geïnteresseerd in het probleem van de zwaartekracht, en was bereid om dat probleem anders te benaderen. Hij zocht ook de dialoog met andere natuurkundigen. Maar hij gebruikte waarschijnlijk geen denkprocessen die radicaal anders waren dan die van andere denkers.

Bron: Bettmann/Corbis.

Expert: iemand die goed georganiseerde bronnen van kennis op een bepaald vakgebied bezit, waaronder probleemoplossingsstrategieën.

Begaafdheid: Aangeboren mogelijkheden (in tegenstelling tot vaardigheden die zijn verworven door leren).

Chicago het meeste succes hadden, deelden een opvallende eigenschap: ze waren altijd bezig de opdrachten die ze van hun docenten kregen te veranderen of ze op een andere manier te definiëren (Gertzels & Csikszentmihalyi, 1976).

- *Voorkeur voor complexiteit*
Het lijkt erop dat creatieve mensen zich speciaal aangetrokken voelen tot complexiteit, tot wat op anderen rommelig of chaotisch overkomt. Sterker nog, het zoeken naar eenvoud in complexiteit ervaren ze als een aangename uitdaging. Uitzonderlijk creatieve mensen voelen zich dus aangetrokken tot de grootste, lastigste en meest complexe problemen op hun vakgebied (Sternberg & Lubart, 1992).

- *Behoefte aan stimulerende interactie*
De grootste creativiteit ontstaat bijna altijd uit een interactie tussen uitzonderlijk creatieve mensen. In het begin van hun carrières vinden creatieve mensen meestal een mentor: een leraar die hen op weg helpt. Op een gegeven moment overtreffen uitzonderlijk creatieve mensen hun leermeester. Dan halen ze hun prikkels uit de ideeën van andere geestverwanten. Dat betekent niet zelden dat ze familie en vrienden moeten achterlaten (Gardner, 1993).

Welke conclusie kunnen we nu trekken uit deze informatie over creativiteit? De deskundigen zijn het op twee hoofdpunten met elkaar eens. Ten eerste vereist creativiteit een goed ontwikkelde kennis van het gebied waarop de creatieve persoon een bijdrage wil leveren. Ten tweede moet je voor het leveren van uitzonderlijk creatieve prestaties over bepaalde persoonlijkheidskenmerken beschikken, zoals onafhankelijkheid en de motivatie om je gedurende een zeer lange periode bezig te houden met een enkel onderwerp. Deze twee hoofdpunten vormen 'het recept' voor iemand die een creatief genie wil worden.

De rol van intelligentie bij creativiteit

Is een hoog IQ noodzakelijk voor creativiteit of genie? Het antwoord op deze vraag is gecompliceerd. Een laag intelligentieniveau beperkt de creativiteit, hoewel we zullen zien dat er uitzonderingsgevallen zijn, bekend onder de naam *savants*, die een goed ontwikkelde vaardigheid hebben, ondanks hun mentale handicaps. Aan de andere kant van het IQ-spectrum zien we dat het hebben van een hoge intelligentie niet altijd betekent dat de persoon creatief is: er zijn veel erg slimme mensen die nooit iets produceren dat wereldschokkend of uiterst origineel en inzichtelijk kan worden genoemd. Over het algemeen kunnen we zeggen dat intelligentie en creativiteit afzonderlijke vaardigheden zijn. We vinden moeizame, fantasieloze mensen op alle IQ-niveaus en we kunnen uiterst creatieve mensen vinden met een laag IQ.

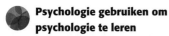

Psychologie gebruiken om psychologie te leren

Ga naar 'In de praktijk' in de MyLab mediatheek voor het antwoord op de vraag: 'Hoe word je een expert?'

Volgens Robert Sternberg (2002) loopt creativiteit een stap voor op IQ. Hij is van mening dat creativiteit vraagt om het besluit in te gaan tegen de verwachtingen van 'het publiek'. Volgens zijn opvatting is creativiteit haalbaar voor iedereen die ervoor kiest een creatieve houding aan te nemen. De meeste mensen doen dat niet, zo zegt hij, vanwege een aantal redenen, waaronder de onwil om de nodige risico's te nemen.

Ga naar **www.pearsonmylab.nl** om je kennis en begrip van deze paragraaf te testen met de MyMap, MyCheck en MyDefinitions.

KERNVRAAG 6.3

▶ Hoe wordt intelligentie gemeten?

Creativiteit, redeneren en problemen oplossen zijn vermogens waarin mensen van elkaar verschillen. Psychologen willen graag weten waardoor dat komt. Ondanks de lange geschiedenis van psychologische tests die deze vermogens objectief proberen te meten en het wijdverbreide gebruik van intelligentie-tests in onze samenleving, bestaat er nog steeds geen eenduidige definitie van de term *intelligentie* (Neisser et al., 1996). De meeste psychologen kunnen zich waarschijnlijk wel vinden in de algemene definitie die we aan het begin van dit hoofdstuk hebben gegeven: intelligentie omvat de mentale capaciteit om kennis te verwerven, te redeneren en problemen op te lossen. Ze zullen waarschijnlijk ook wel instemmen met het idee dat een compleet beeld van de intelligentie van een individu altijd de beoordeling van zeer verschillende vaardigheden omvat. Maar wat die mentale vaardigheden precies zijn en of het er veel of weinig zijn, daarover lopen de meningen uiteen.

De notie dat intelligentie relatief is, wordt wel unaniem onderschreven. Met relatief bedoelen we dat het intelligentieniveau van een persoon is gedefinieerd in relatie tot het niveau van een vergelijkingsgroep, meestal van dezelfde leeftijd. Ook het gegeven dat intelligentie een hypothetisch construct is, staat niet ter discussie: intelligentie is een kenmerk dat niet direct observeerbaar is, maar dat wordt afgeleid uit de waarneming van gedrag. In de praktijk komt het erop neer dat iemands intelligentie wordt vastgesteld op grond van zijn responsen op een intelligentietest. De scores worden vervolgens vergeleken met die van een refe-rentiegroep. Wat deze tests precies zouden moeten meten, is echter wel weer iets waarover de meningen uiteenlopen. Daarover gaat dit deel van het hoofdstuk. Het kernconcept zegt:

● **KERNCONCEPT 6.3**
Het testen van intelligentie heeft vanaf het begin geleid tot grote onenigheid, maar de meeste moderne psychologen zien intelligentie als een normaal verdeeld kenmerk, dat kan worden vastgesteld op grond van iemands prestaties bij het verrichten van een aantal verschillende verbale en non-verbale taken.

Het overzicht van de wereld van de intelligentie en intelligentietests begint bij de mensen die aan de wieg stonden van de eerste intelligentietest.

6.3.1 Binet en Simon ontwerpen een intelligentietest voor schoolkinderen

Alfred Binet en zijn collega Théodore Simon schreven in 1904 geschiedenis. In dat jaar werd in Frankrijk een wet uitgevaardigd die voorschreef dat alle kinderen naar school moesten. Maar de Franse overheid besloot dat ze dan ook over een instrument moest beschikken waarmee ze kon bepalen welke kinderen extra on-dersteuning nodig hadden. Binet en Simon kregen de opdracht om voor dit doel een test te ontwerpen. Hun test bestond uit dertig problemen die een beroep deden op verschillende vaardigheden die een schoolkind moest beheersen (zie figuur 6.8). De nieuwe benadering was een groot succes. De test voorspelde in-derdaad welke kinderen de normale schoolopdrachten aankonden, en welke niet. De benadering van Binet-Simon heeft vier opvallende kenmerken (Binet, 1911):
1. Binet en Simon interpreteerden de scores op hun test als een schatting van

de *huidige prestaties*, niet als een indicatie van aangeboren intelligentie.

2. De testscores waren bedoeld om te signaleren welke kinderen extra hulp nodig hadden, niet om ze onder te brengen in categorieën als 'slim' of 'dom'.
3. Binet en Simon benadrukten dat oefening en de mogelijkheden om zich te ontwikkelen de intelligentie konden beïnvloeden. Ze wilden vaststellen op welke gebieden bepaalde kinderen extra ondersteuning nodig hadden.
4. De test is op empirische wijze ontworpen (op basis van de prestaties van kinderen) en niet vanuit het idee dat de test per se in een of andere theorie over intelligentie zou moeten passen.

De test werd voorgelegd aan Franse kinderen van verschillende leeftijden. Daarna berekende men eerst de gemiddelde score van elke leeftijdsgroep. Vervolgens werden de testresultaten van elk kind vergeleken met de gemiddelden van de verschillende leeftijdscategorieën. Het resultaat van die vergelijking was een individuele score voor ieder kind, uitgedrukt in **mentale leeftijd (ML)**: de gemiddelde leeftijd waarop individuen een bepaalde score behalen. Als de score van een kind bijvoorbeeld gelijk was aan de gemiddelde score van een groep vijfjarigen, zei men dat het kind de *mentale leeftijd* had van 5, los van zijn of haar **kalenderleeftijd (KL)**: het aantal jaren dat verstreken is sinds de geboorte van het kind (ook wel *chronologische leeftijd* genoemd). Binet en Simon besloten dat kinderen met een ML die twee jaar achterliep op hun KL de meeste behoefte hadden aan extra ondersteuning.

Mentale leeftijd (ML): De gemiddelde leeftijd waarop normale (gemiddelde) individuen een bepaalde score bereiken.

Kalenderleeftijd (KL): Het aantal jaren dat is verlopen sinds de geboorte van het individu.

In de oorspronkelijke Binet-Simontest kregen de kinderen onder andere de volgende opdrachten:

- Noem een aantal bekende voorwerpen (zoals een klok of een kat) die je op de foto's ziet.
- Herhaal een uit vijftien woorden bestaande zin die door de onderzoeker wordt opgelezen.
- Noem een woord dat rijmt op het woord dat de onderzoeker zegt.
- Imiteer gebaren (zoals wijzen naar een voorwerp).
- Voer eenvoudige bevelen uit (zoals het bevel om een blokje van de ene plek naar de andere te verplaatsen).
- Noem de verschillen tussen twee bekende voorwerpen.
- Maak een zin waarin je drie woorden (die de onderzoeker je geeft) gebruikt.
- Definieer abstracte begrippen (zoals 'vriendschap').

Figuur 6.8
Voorbeelden van vragen uit de eerste Binet-Simontest

6.3.2 Amerikaanse psychologen nemen het idee van Binet en Simon over

In de VS werd de Binet-Simontest op schoolvaardigheden bewerkt tot wat we nu de IQ-test noemen. Men veranderde de scoringsprocedure, verbeterde de inhoud van de test en baseerde de normscores op de testresultaten van een grote groep mensen, inclusief volwassenen. Binnen de kortste keren vormden intelligentietesten een geaccepteerde methode waarmee Amerikanen zichzelf, en elkaar, een etiket opplakten.

De Stanford-Binet-intelligentieschaal
De nieuwe Amerikaanse intelligentietest die het meeste aanzien genoot, werd ontwikkeld door een professor van Stanford University: Lewis Terman. Hij wilde de Binet-Simontest aanpassen aan Amerikaanse schoolkinderen door

standaardisering van de manier van afnemen en van de leeftijdsnormen. Dat resulteerde in de Stanford-Binet-intelligentieschaal (Terman, 1916), die al snel uitgroeide tot de standaard en het ijkpunt van andere intelligentietests. Maar omdat de test van Terman individueel moest worden afgenomen, was hij duurder dan groepstests. Voor het opsporen van leerproblemen was hij echter zeer geschikt. En belangrijker, met de Stanford-Binettest konden zowel kinderen als volwassenen getest worden.

Met zijn nieuwe test introduceerde Terman het concept van het **intelligentiequotiënt (IQ)**, een term die in 1914 voor het eerst werd gelanceerd door de Duitse psycholoog William Stern. Het IQ is de verhouding tussen de mentale leeftijd (ML) en de kalenderleeftijd (KL), vermenigvuldigd met 100 (om cijfers achter de komma te verwijderen):

$$IQ = \frac{\text{mentale leeftijd}}{\text{kalenderleeftijd}} \times 100$$

Intelligentiequotiënt (IQ): Getalsmatige score op een intelligentietest, berekend door de mentale leeftijd van de proefpersoon te delen door zijn kalenderleeftijd en die met 100 te vermenigvuldigen.

Hier volgen enkele voorbeelden van de manier waarop je een IQ berekent: een kind heeft een kalenderleeftijd van acht jaar (96 maanden) en een testscore die wijst op een mentale leeftijd van tien jaar (120 maanden). De mentale leeftijd gedeeld door de kalenderleeftijd geeft 1,25 (ML ÷ KL = 120 ÷ 96 = 1,25). Vermenigvuldig je dit getal met 100, dan krijg je een IQ van 125. Een ander achtjarig kind scoort op het niveau van een gemiddelde zesjarige (ML = 72). Volgens Termans formule is zijn IQ dus 75 (72 ÷ 96 x 100 = 75). Als je mentale leeftijd gelijk is aan je kalenderleeftijd, dan heb je een IQ van 100, wat als een gemiddeld of 'normaal' IQ wordt beschouwd.

In de klinische psychologie, de psychiatrie en bij onderwijsadviesbureaus won de nieuwe Stanford-Binettest snel aan populariteit. Hoewel de Standford-Binettest de 'gouden standaard' van intelligentietests werd, was er ook kritiek. Een van de ernstigste verwijten was dat de test gebaseerd was op een inconsistent concept van intelligentie, omdat hij op verschillende leeftijden verschillende mentale capaciteiten beoordeelde. Zo werden twee- tot vierjarigen getest op hun vaardigheid om voorwerpen te manipuleren, terwijl volwassenen alleen verbale opdrachten kregen. De ontwerpers van de test namen deze kritiek ter harte, en terwijl de wetenschappelijke kennis over intelligentie groeide, begonnen psychologen steeds meer waarde te hechten aan het meten van *verschillende* intellectuele vaardigheden op *alle* leeftijdsniveaus. Een moderne versie van de Stanford-Binettest levert afzonderlijke scores voor verschillende mentale vaardigheden.

6.3.3 Problemen met de berekening van het IQ

Toen psychologen de IQ-formule op volwassenen begonnen toe te passen, kwam er een inherent probleem met de berekening aan het licht. Dit is wat hen opviel: halverwege of aan het einde van de tienerjaren vlakt de toename van de score op de mentale leeftijd meestal af omdat mensen zich in psychisch opzicht in veel verschillende richtingen ontwikkelen. Daardoor lijkt het net of de psychische ontwikkeling, die de test geacht wordt te meten, afneemt. Bovendien hebben normale kinderen op grond van Termans formule de neiging om als volwassene zwakbegaafd te worden – in ieder geval wat betreft hun scores! Kijk maar eens wat er gebeurt met de score van een dertigjarige als zijn mentale leeftijd, zoals gemeten door een test, sinds zijn vijftiende niet meer verandert:

$$IQ = \frac{\text{mentale leeftijd} = 15}{\text{kalenderleeftijd} = 30} \times 100 = 50$$

Psychologen begrepen al snel dat dit cijfer geen recht deed aan de psychische vaardigheden van volwassenen. Mensen worden niet minder intelligent als ze volwassen worden (hoewel hun kinderen dat soms wel denken!). Volwassenen ontwikkelen zich in verschillende richtingen, die je niet per se in IQ-scores terugziet. Psychologen besloten daarom de oorspronkelijke IQ-formule los te laten en een andere manier te zoeken om het IQ te berekenen. Hun oplossing had de vorm van een curve, wat natuurlijk enige uitleg vereist.

6.3.4 IQ's vaststellen aan de hand van een grafiek

De nieuwe methode om IQ's te berekenen is gebaseerd op de aanname dat intelligentie **normaal verdeeld** is. Dat wil zeggen dat men ervan uitgaat dat de verschillende niveaus van intelligentie zo over de algehele populatie verdeeld zijn dat de meeste mensen bij een IQ-test rond het gemiddelde scoren en dat de hoge en lage scores veel minder vaak voorkomen. Deze verdeling wordt daarom ook wel een frequentieverdeling genoemd. Men neemt aan dat intelligentie op dezelfde manier verdeeld is als een groot aantal lichamelijke eigenschappen zoals lengte, gewicht en schoenmaat. Als je deze kenmerken bij een grote groep mensen zou meten, vormen de scores waarschijnlijk een klokvormige grafiek.

We nemen de lengte van vrouwen als voorbeeld. Stel dat je willekeurig een aantal vrouwen hebt geselecteerd en dat je ze op grond van hun lengte in een aantal rijen hebt opgesteld (in de eerste rij staan vrouwen met een lengte tot 1,5 meter, in de tweede rij tot 1,6 meter, in de derde rij tot 1,7 meter et cetera). Je zult ontdekken dat er in de rijen rond de *gemiddelde* lengte van de groep de meeste vrouwen staan (zie figuur 6.9). De rijen met extreem lange of extreem kleine vrouwen zijn veel korter. Als je een lijn trekt langs het aantal vrouwen in elke rij, krijg je een curve. Deze klokvormige curve wordt een **normale verdeling** genoemd; hij geeft aan hoeveel vrouwen er zijn binnen elke lengtecategorie.

Toen psychologen volgens deze methode onderzochten hoe intelligentie verdeeld was, kwamen ze tot de conclusie dat de scores op IQ-tests ook zo'n curve opleverden (zie figuur 6.10). Met andere woorden: als je bij een grote groep mensen een IQ-test afneemt, zijn de scores in elke leeftijdsgroep normaal verdeeld. (Volwassenen vormen een aparte groep, onafhankelijk van hun leeftijd, en de verdeling van hun scores vormt ook een klokvormige curve.) De oude IQ-formule is nu vervangen door een methode waarbij de IQ-score van een individu wordt afgeleid uit tabellen die aangeven welke score bij welk deel van de curve hoort. De scores worden statistisch aangepast, zodat het gemiddelde van elke groep op 100 staat. Van scores tussen de 85 en 115 vindt men dat ze binnen de **normale spreidingsbreedte** vallen, in totaal is dat ongeveer 68 procent van de populatie (zie figuur 6.10). Bij mensen met een score die in het uiterste deel van de grafiek valt, spreekt men ofwel van een **mentale handicap** (onder de 70) of van **hoogbegaafdheid** (boven de 130).

IQ-scores worden dus niet langer berekend door de mentale leeftijd te delen door de kalenderleeftijd. Het concept van een 'ratio' vermenigvuldigd met 100 (een percentageachtig getal dat gemakkelijker te begrijpen is) wordt echter nog wel gebruikt. Hierdoor is het probleem van het berekenen van IQ-scores van volwassen opgelost door volwassenen alleen nog met volwassenen te vergelijken. Er is echter nog één probleem aan de oppervlakte gekomen dat onopgelost blijft. Tot groot ongenoegen van iedereen heeft James Flynn erop gewezen dat de gemiddelde IQ-score sinds de tests werden opgesteld, geleidelijk is gestegen met een snelheid van circa drie punten per decennium; een feit dat niet aan het licht komt doordat de tests elke paar jaar opnieuw worden genormeerd, opdat het gemiddelde IQ 100 blijft (Flynn, 1987). Als we dit oppervlakkig bezien, zou dit Flynn-effect betekenen dat iemand die in de tijd van je overgrootouders gemiddeld scoorde, tegenwoordig als zwakbegaafd zou worden beschouwd! Flynn is,

Normaal verdeeld: Frequentieverdeling waarbij scores in verschillende gradaties door de populatie verspreid zijn, en wel zodanig dat maar weinig mensen in de hoogste en de laagste categorieën terechtkomen, en de meeste mensen zich in het midden bevinden.

Normale verdeling: Een klokvormige grafiek die het voorkomen van een bepaald kenmerk in de totale populatie visualiseert.

Normale spreidingsbreedte: Scores die (ongeveer) in het middelste twee derde deel van een normale verdeling vallen.

Mentale handicap: Meestal gedefinieerd als de laagste twee procent van de IQ-schaal. Dit segment begint ongeveer 30 punten onder het gemiddelde (circa 70 IQ-punten en lager). Modernere definities kijken ook naar het niveau van sociaal functioneren en naar andere vaardigheden.

Hoogbegaafdheid: Meestal gedefinieerd als de bovenste twee procent van de IQ-schaal. Dit segment begint ongeveer 30 punten boven het gemiddelde (130 IQ-punten en hoger).

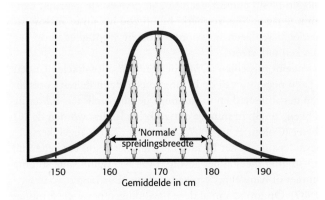

150 160 170 180 190
Gemiddelde in cm

'Normale' spreidingsbreedte

Figuur 6.9

Een (imaginaire) normale verdeling van de lengte van vrouwen

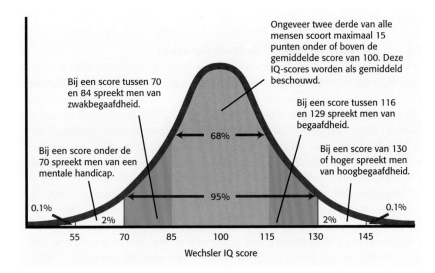

Bij een score tussen 70 en 84 spreekt men van zwakbegaafdheid.

Ongeveer twee derde van alle mensen scoort maximaal 15 punten onder of boven de gemiddelde score van 100. Deze IQ-scores worden als gemiddeld beschouwd.

Bij een score tussen 116 en 129 spreekt men van begaafdheid.

Bij een score onder de 70 spreekt men van een mentale handicap.

Bij een score van 130 of hoger spreekt men van hoogbegaafdheid.

68%

95%

0.1% 2% 2% 0.1%

55 70 85 100 115 130 145
Wechsler IQ score

Figuur 6.10

De normale verdeling van IQ-scores in een grote steekproef

Intelligentietesten worden meestal zo ontworpen dat de scores in een normale spreidingsbreedte passen, met een gemiddelde van 100. Binnen die spreidingsbreedte vallen de scores van circa 68 procent van de bevolking, met scores variërend van 85 tot 115. Binnen het bereik van de 'mentaal gehandicapten' enerzijds en de 'hoogbegaafden' anderzijds (de beide uitersten van het intelligentiespectrum) vallen de scores van minder dan vijf procent van de bevolking.

samen met de meeste andere waarnemers, van mening dat die conclusie absurd is. Toch is er nog geen algemeen aanvaarde verklaring (Flynn, 2003; Neisser et al., 1996).

De werkelijke verklaring bestaat waarschijnlijk uit een combinatie van factoren, zoals betere vaardigheden bij het afleggen van tests, grotere 'complexiteit' van en mentale stimulatie in de maatschappij (waarin films, spelletjes, computers en mobiele telefoons hun intrede hebben gedaan), meer opleiding en betere voeding. Flynn zelf (2007) wijst erop dat niet alle aspecten van de intelligentie even snel zijn vooruitgegaan (waarbij de woordenschat bijvoorbeeld nauwelijks is veranderd). De IQ-winst zou dus deels kunnen worden verklaard doordat bepaalde factoren in de maatschappij worden gewaardeerd en gestimuleerd en aan de hogere scores op de intelligentietests bijdragen. Als een vraag bijvoorbeeld luidt: 'Wat zijn de overeenkomsten tussen een hond en een konijn?', zou het antwoord een eeuw geleden volgens Flynn cultuurspecifiek zijn geweest: 'Je gebruikt een hond om op een konijn te jagen.' Nu, zo merkt hij op, zou het juiste antwoord zijn: 'Het zijn allebei zoogdieren', een antwoord dat betere vaardigheden op het gebied van abstract denken reflecteert.

Maar het Flynn-effect neemt misschien af, in ieder geval in ontwikkelde landen. Sinds halverwege de jaren negentig van de twintigste eeuw zijn de testscores in Europese steekproeven gestabiliseerd en in sommige gevallen zelfs iets achteruitgegaan (Teasdale & Owen, 2008). In minder ontwikkelde landen worden de IQ-scores echter steeds beter (Colom et al., 2007; Daley et al., 2003). Tegelijkertijd wijst nauwkeurige bestudering van het Flynn-effect van het begin tot heden uit dat de gemiddelde IQ-stijging meestal het gevolg is van een significante stijging in de lagere scores, en niet of nauwelijks van een stijging in de hogere scores (Teasdale & Owen, 1987). Op grond van al deze bevindingen beweren sommige theoretici dat het Flynn-effect in feite een teken is van gelijkheid in toegang tot onderwijs, voedsel en cognitieve stimulatie. Als dat waar is, kunnen we misschien verwachten dat de IQ-kloof tussen ontwikkelde landen en ontwikkelingslanden de komende tientallen jaren kleiner wordt.

6.3.5 De moderne IQ-test: de Wechsler-reeks

Het succes van de Stanford-Binettest stimuleerde de ontwikkeling van tal van andere IQ-tests. Daardoor hebben psychologen tegenwoordig een ruime keuze uit instrumenten waarmee ze intelligentie kunnen meten. De belangrijkste zijn de Wechsler Adult Intelligence Scale (WAIS), de Wechsler Intelligence Scale for Children (WISC) en de Wechsler Preschool and Primary Scale of Intelligence (WPPSI). Met deze instrumenten heeft psycholoog David Wechsler een groep tests ontworpen die uiteenlopende vaardigheden meten waarvan gedacht wordt dat ze componenten van intelligentie zijn, waaronder het opbouwen van een grote woordenschat, taalvaardigheden, rekenvaardigheden, het verwoorden van overeenkomsten (het vermogen om te verwoorden op welke manier twee dingen op elkaar lijken), het onthouden van cijfers (een serie cijfers herhalen) en het maken van een blokontwerp (het kind moet de blokken zo neerleggen dat er een afbeelding verschijnt). Zoals het kernconcept aangeeft, meten deze testen intelligentie door de prestaties bij de verrichting van verschillende verbale en non-verbale taken te meten. Van de reeks Wechsler-intelligentietests bestaan Nederlandstalige versies die met behulp van Nederlandse en Vlaamse normgroepen zijn genormeerd. We lichten de Nederlandstalige Wechsler-reeks hieronder kort toe, omdat deze tests veelvuldig worden gebruikt en belangrijk zijn bij verschillende vormen van psychodiagnostiek.

Leeftijdsgroepen en normering

De meest recente versie van de WAIS, de WAIS-IV-NL (Pearson, 2012), meet de algemene intelligentie van adolescenten en volwassenen van 16 tot en met 84 jaar. De test heeft een Nederlandse (n=1000) en Vlaamse normgroep (n=500). Voor beide normgroepen zijn er tien leeftijdsgroepen.

De WPPSI-III-NL (Hendriksen & Hurks, 2009) is ontwikkeld voor kinderen van tweeënhalf tot en met zeven jaar. Het is de eerste genormeerde Nederlandstalige intelligentietest voor deze leeftijdsgroep die betrouwbaar en valide genoemd kan worden. De test is geschikt voor het gehele Nederlandstalige gebied, waarbij gezamenlijke normen voor de jongste leeftijdsgroep (tweeënhalf tot en met drie jaar) verzameld zijn, en aparte normen voor Nederlandse en Vlaamse oudste kinderen (vier tot en met zeven jaar). De uiteindelijke steekproef van jongste kinderen bestaat uit 1672 Nederlandse en Vlaamse kinderen. De steekproef van de Nederlandse oudere kinderen bestaat uit 825 kinderen. De steekproef van de oudere Vlaamse kinderen bestaat uit 416 kinderen.

De Nederlandse vertaling van de derde editie van de WISC-III (Kort et al., 2002, 2005) is de meest gebruikte intelligentietest in Nederland en Vlaanderen. Deze intelligentietest is gericht op kinderen in de leeftijd van zes tot en met zestien jaar. De test is genormeerd door middel van onderzoek bij in totaal 1.229 kinderen, waarvan 898 kinderen uit Nederland en 341 kinderen uit Vlaanderen.

Subtests en berekening verschillende IQ-scores

Alle drie de testen bestaan uit subtests (taken en opdrachten) die verschillende vaardigheden meten. Kort gezegd doet een deel van de subtesten meer een beroep op vaardigheden die met taal te maken hebben (verbale taken), terwijl een ander deel meer een beroep doet op handelingsgerichte opdrachten (performale taken). Op iedere subtest wordt een zogenaamde 'subtestscore' behaald. Deze ruwe scores worden omgerekend naar (gestandaardiseerde) normscores. De scores op de verschillende subtesten leiden tot een intelligentiescore en een intelligentieprofiel. Zo wordt de score op verschillende cognitieve vaardigheden zichtbaar. Met de WAIS kan een totaal-IQ worden berekend en verder kunnen er zogeheten *indexen* worden berekend voor 'verbaal begrip', 'perceptueel redeneren', 'werkgeheugen' en 'verwerkingssnelheid'. Bij de WPPSI en WISC worden in totaal drie verschillende IQ's berekend: een verbaal IQ (VIQ), een performaal IQ (PIQ) en een totaal IQ (TIQ).

Voor de analyse en interpretatie van deze getallen worden verschillende methoden gebruikt (Kaldenbach, 2006, 2007; Kaufman & Lichtenberger, 2000). Bij de interpretatie worden ook andere factoren meegenomen, zoals de omstandigheden rondom de testafname, de observaties tijdens het onderzoek, schoolresultaten en stemming.

Kloof tussen verbaal en performaal

Bij hoge IQ's verschijnt er bij de WPPSI en WISC vaak een groot verschil tussen VIQ en PIQ (en tussen de subtesten onderling). Dit wordt een verbaal-performaalkloof genoemd. Een 'groot' verschil tussen het VIQ en het PIQ (vaak wordt 12 punten of meer als groot verschil opgevat), wordt ten onrechte vaak als aanwijzing voor een *stoornis* of *karaktertrek* gezien, zoals ADHD, perfectionisme of autisme. Wanneer dit verschil 15 punten of meer is, is er in statistisch opzicht weliswaar sprake van een significant verschil, maar veel kinderen – zeker bij de hogere IQ's – blijken een groot verschil tussen het verbale en performale IQ te hebben. Uit Nederlands onderzoek (Reuver & Peters, 2003) blijkt bijvoorbeeld dat 41 procent van de kinderen met een IQ boven de 109 een V-P verschil heeft van 12 punten of meer en dat bijna 50 procent met ofwel een PIQ ofwel een VIQ boven de 140 een discrepantie heeft van 15 punten of meer. Ook internationaal onderzoek laat zien dat veel kinderen een verbaal-performaalkloof vertonen (Sweetland et al., 2006).

Afname

De Wechslertests zijn, net als de Stanford-Binettest, *individuele* tests. Dat wil zeggen dat de test steeds bij één persoon tegelijk wordt afgenomen. Er bestaan ook intelligentietests waarmee grote groepen tegelijk getest kunnen worden. In tegenstelling tot de Stanford-Binettest en de Wechslertests, zijn deze groepstests voornamelijk schriftelijke tests. Je krijgt een boekje met vragen en een antwoordvel dat door de computer wordt nagekeken. Hoewel groepstests niet zo nauwkeurig zijn als individuele tests, zijn ze relatief gemakkelijk te organiseren, waardoor deze IQ-tests veel worden gebruikt. De kans is groot dat je ooit met zo'n instrument bent getest, misschien zonder dat je wist met welk doel. De Cito-toets die veel Nederlandse scholieren in groep 8 van het basisonderwijs maken, is geen intelligentietest: de toets meet wat leerlingen gedurende hun ba-

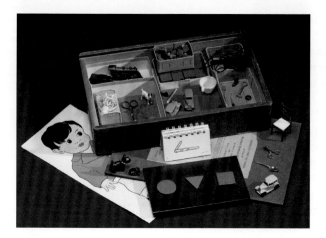

sisschoolperiode hebben geleerd. Er is wel een test die kan worden afgenomen bij leerlingen in het basisonderwijs en die, naast de schoolvorderingen, een indicatie geeft van de capaciteiten (intelligentie) van de leerlingen: de ISI-test: Interesse Schoolvorderingen Intelligentie. Vlaamse scholieren worden regelmatig tijdens hun schoolloopbaan, vooral aan het einde van het kleuter- en het basisonderwijs, geconfronteerd met collectieve tests, afgenomen door de CLB's (Centra voor Leerlingenbegeleiding).

De Stanford-Binet-intelligentietestkit bevat spullen die worden gebruikt om de intelligentie van kinderen te testen.

✪ DOE HET ZELF! Voorbeelden van onderdelen van een IQ-test

Probeer deze opdrachten zo goed mogelijk uit te voeren. Ze komen uit een groepsgewijs afgenomen intelligentietest. Sommige items zijn moeilijker dan andere. De goede antwoorden staan onderaan.

Cijferreeksen

1 Welk cijfer volgt logischerwijs op de reeks: **1 - 2 - 3 - 5 - 8 - ...**
   a. 9   c. 13
   b. 11   d. 17

2 Welk cijfer volgt logischerwijs op de reeks: **9 - 6 - 13 - 6 - 17 - 6 - ...**
   a. 12   c. 21
   b. 18   d. 22

3 Welk cijfer volgt logischerwijs op de reeks: **43046721 - 6561 - 81 - 9 - ...**
   a. -72   c. 3
   b. 0   d. 1,7

4 Welk cijfer volgt logischerwijs op de reeks: **144 - 73 - 14 - 8 - 236 - ...**
   a. 118   c. 120
   b. 119   d. 96

Syllogismen

5 Welke van de onderstaande conclusies kun je met **absolute zekerheid** trekken op basis van de twee stellingen hieronder?

   1. Alleen rode auto's rijden op diesel.
   2. Alle zwarte auto's hebben turbo.
      a. Sommige zwarte auto's rijden op diesel.   c. Alle rode auto's hebben turbo.
      b. Rode auto's hebben geen turbo.   d. Geen stelling is zeker.

6 Welke van de onderstaande conclusies kun je met **absolute zekerheid** trekken op basis van de twee stellingen hieronder?

1. Sommige psychologen hebben informatica gestudeerd.
2. Iedereen die informatica heeft gestudeerd, heeft een goede baan.
    a. Alle psychologen hebben geen goede baan.
    b. Sommige psychologen hebben een goede baan.
    c. Geen informaticus heeft psychologie gestudeerd
    d. Geen stelling is zeker.

Antoniemen

7 Welk woord is het meest **tegengesteld** in betekenis aan het woord 'mat'?
    a. glanzend   c. intens
    b. kleurrijk   d. heet

8 Welk woord is het meest **tegengesteld** in betekenis aan het woord 'koppig'?
    a. principeloos   c. kneedbaar
    b. meegaand   d. zonder ruggengraat

Redactiesom

9 Wat is het juiste antwoord op het volgende vraagstuk?

Nicole krijgt twee derde van het geld dat ze uitgeeft aan studieboeken door haar ouders vergoed. Ze geeft per maand gemiddeld 60 euro aan boeken uit. Hoeveel geld krijgt zij van haar ouders als ze na een halfjaar de bonnetjes van de gekochte studieboeken inlevert?
    a. 60 euro   c. 180 euro
    b. 120 euro   d. 240 euro

Antwoorden: 1. c (Fibonacci-reeks), 2. c (steeds plus 4), 3. c (de wortel van het voorgaande getal), 4. b. (getalparen waarbij het tweede getal de eerste is gedeeld door 2 plus 1), 5. d, 6. b, 7. a, 8. b, 9. d

Bron: www.123test.nl

Psychologische kwesties
Ga naar 'In de praktijk' in de MyLab mediatheek voor een bespreking van de vraag: Wat kun je doen voor een uitzonderlijk kind?

 Ga naar **www.pearsonmylab.nl** om je kennis en begrip van deze paragraaf te testen met de MyMap, MyCheck en MyDefinitions.

KERNVRAAG 6.4
. . . .
▶ Wat zijn de bouwstenen van intelligentie?

Mensen die op een bepaald gebied, bijvoorbeeld taal, een speciale aanleg vertonen, behalen dikwijls ook op andere gebieden, zoals wiskunde of ruimtelijke relaties, een hoge score. Dit zou wijzen op een enkele, algemene intellectuele vaardigheid. Maar niet alle begaafde mensen beschikken over zo'n schijnbaar universele aanleg. Neem bijvoorbeeld mensen met het **savantsyndroom**. Individuen met deze aandoening beschikken over een opmerkelijk, maar beperkt talent, zoals de vaardigheid om snel en uit het hoofd ingewikkelde sommen op te lossen, of het vermogen om uit te rekenen op welke dag een bepaalde datum valt, terwijl hun ontwikkeling op andere terreinen ernstig is achtergebleven.

Savantsyndroom: Aandoening die voorkomt bij mensen die enerzijds over een opmerkelijk talent beschikken, terwijl hun ontwikkeling op andere gebieden ernstig is achtergebleven.

(Denk maar aan de film *Rain Man*, waarin Dustin Hoffman een *idiot savant* speelde.) Deze gevallen zetten het concept van een enkele, algemene intelligentie weer op losse schroeven. Psychologen hebben verschillende opvattingen over dit fenomeen, zoals blijkt uit ons kernconcept:

● KERNCONCEPT 6.4
Sommige psychologen geloven dat intelligentie in essentie een enkele, algemene factor is, terwijl anderen menen dat je intelligentie het beste kunt beschrijven als een verzameling van verschillende vaardigheden.

We benaderen de kwestie eerst vanuit het gezichtspunt van de *psychometrische traditie*, die vooral geïnteresseerd is in het ontwikkelen van tests waarmee men psychische vaardigheden kan meten. Daarna bekijken we het fenomeen intelligentie vanuit het gezichtspunt van de cognitief psychologen, die een nieuwe benadering van het probleem hebben geponeerd.

6.4.1 Psychometrische theorieën over intelligentie
Psychometrie is een tak van de psychologie die zich bezighoudt met 'psychologische metingen'. Deze specialisatie is verantwoordelijk voor het merendeel van onze IQ-tests, evenals de schoolvorderingentest, persoonlijkheidstests, de Cito-toets en verschillende andere psychologische meetinstrumenten. Veel pioniers in de psychologie hebben hun sporen verdiend door een bijdrage te leveren op het gebied van de psychometrie. Denk maar aan Alfred Binet en Lewis Terman. Een andere beroemde wetenschapper in dit vakgebied was Charles Spearman, vooral bekend vanwege zijn werk dat is gebaseerd op het idee dat intelligentie door een enkele factor wordt bepaald.

Spearmans algemene factor
Rond 1920 waren er diverse intelligentietests in omloop. De Britse psycholoog Charles Spearman (1927) ontdekte dat de individuele scores op verschillende tests, die uit vele verschillende opdrachten bestonden, dikwijls een hoge correlatie vertoonden. Met andere woorden, degenen die een hoge score haalden op een bepaalde test, scoorden over het algemeen ook hoog op andere testen. Daaruit concludeerde hij dat er één enkele, gemeenschappelijke factor van *algemene intelligentie* moest bestaan die ten grondslag lag aan de prestaties op alle intellectuele terreinen. Spearman ontkende niet dat sommige mensen over uitzonderlijke talenten beschikten, noch dat hun intellect op bepaalde gebieden ernstig tekort kon schieten. Maar, zei hij, deze individuele verschillen moeten ons niet blind maken voor een enkele algemene intelligentiefactor die al onze mentale activiteiten aanstuurt. Spearman noemde deze algemene intellectuele vaardigheid de **algemene of g-factor**. Hij ging ervan uit dat deze algemene factor een aangeboren eigenschap was, en destijds waren de meeste psychologen het met hem eens (Tyler, 1988). Recentere studies ondersteunen het bestaan van een g-factor (Johnson et al., 2008), en leveren bewijs voor een aanzienlijke aangeboren component (Haworth et al., 2010).

Ook neurowetenschappers hebben enig bewijs gevonden voor Spearmans theorie. Verschillende onderzoeken naar de algemene g-factor komen steeds terecht bij hetzelfde kleine gebiedje in de frontaalkwabben (Duncan et al., 2000; Haier et al., 2004). Ze concluderen daaruit dat er een hersenmechanisme is dat verschillende vormen van intelligent gedrag aanstuurt. Zou hier dan de g-factor zetelen? Sommigen denken van wel. Maar anderen menen dat deze verklaring een al te eenvoudige voorstelling van zaken is die geen recht doet aan de complexe

Algemene of g-factor: Een algemene vaardigheid, volgens Spearman de hoofdfactor die de basis vormt van alle psychische activiteiten, dus ook van intelligentie.

natuur van onze intelligentie en onze hersenen (McArdle et al., 2002; Sternberg, 1999, 2000). Over het algemeen denken psychologen dat er een g-factor bestaat; er is echter discussie over de parameters (variabelen die de waarde bepalen) en de precieze betekenis van deze g-factor.

Cattells vloeibare en gekristalliseerde intelligentie

Met behulp van ingewikkelde wiskundige technieken heeft Raymond Cattell (1963) vastgesteld dat we algemene intelligentie kunnen verdelen in twee relatief onafhankelijke componenten die hij respectievelijk *gekristalliseerde* en *vloeibare* intelligentie heeft genoemd. **Gekristalliseerde intelligentie** omvat alle kennis die iemand heeft verworven plus de vaardigheid om toegang te krijgen tot die kennis. Gekristalliseerde intelligentie zegt dus iets over de vaardigheid van een persoon om informatie op te slaan in, en weer terug te halen uit het langetermijngeheugen. Je kunt deze vorm van intelligentie meten met behulp van tests naar woordenschat, wiskundige kennis en algemene ontwikkeling. **Vloeibare intelligentie** is de vaardigheid om complexe relaties te zien en problemen op te lossen; vaardigheden zoals het gebruik van *algoritmen* en *heuristieken*, die we eerder in dit hoofdstuk hebben besproken. Vloeibare intelligentie wordt dikwijls gemeten met behulp van tests op het gebied van blokontwerp en ruimtelijke visualisatie. Dit soort tests houdt zich niet bezig met de vraag of het individu over bepaalde 'gekristalliseerde' achtergrondinformatie beschikt. Volgens Cattell zijn beide soorten intelligentie essentieel voor een adaptieve levenshouding.

Gekristalliseerde intelligentie: De kennis die een persoon heeft verworven plus de vaardigheid om toegang te krijgen tot die kennis.

Vloeibare intelligentie: De vaardigheid om complexe relaties te zien en problemen op te lossen.

◄◄ **Verbinding hoofdstuk 5**
Veel van onze algemene kennis is opgeslagen in het *semantisch geheugen*, een onderdeel van het langetermijngeheugen (p. 174).

6.4.2 Cognitieve theorieën over intelligentie

Aan het einde van de twintigste eeuw ontwikkelde de cognitieve invalshoek zich tot een belangrijke factor in de psychologie. Dat leverde enkele radicaal nieuwe ideeën op over intelligentie. De cognitieve visie op intelligentie beperkte zich niet tot het meten van capaciteiten op het gebied van woordenschat, logica, het oplossen van problemen en andere kennis en vaardigheden die men tot dan toe gebruikte om succes op school te voorspellen. Intelligentie, zo zeiden cognitieve psychologen, omvat cognitieve processen die bijdragen aan succes op vele terreinen van het leven, niet alleen op school (Sternberg, 2000), en is derhalve veel breder dan de psychometrische opvatting van intelligentie. In plaats van te vragen: 'Hoe slim ben je?', stellen cognitieve theorieën de vraag: 'Wat maakt je slim?' Twee cognitieve theorieën zullen we hier nader bespreken.

Sternbergs triarchische theorie

In ieders kennissenkring komt wel iemand voor die over heel veel 'boekenwijsheid' beschikt, maar in de rest van het leven er weinig van bakt. Misschien omdat diegene niet goed met anderen kan omgaan of zich geen raad weet met onverwachte gebeurtenissen. De psycholoog Robert Sternberg spreekt in dat geval over tekortkomingen op het gebied van de **praktische intelligentie** (ook wel *contextuele intelligentie* genoemd): het vermogen om te gaan met de mensen en gebeurtenissen in je omgeving. Praktische intelligentie wordt ook wel geassocieerd met termen als 'gezond verstand' en 'door de wol geverfd'. Je hebt het overal nodig: thuis, op school, op het werk en in de winkel. Het draait er daarbij om dat je je omgeving zo kunt vormgeven dat die aan je behoeften voldoet, of dat je een omgeving vindt waarin je tot bloei kunt komen. Zelfbewustzijn, of kennis van je eigen sterke kanten en beperkingen, is een belangrijke component van praktische intelligentie. De vaardigheid die door de meeste IQ-tests wordt gemeten, noemt Sternberg **logisch redeneren** (ook wel *analytische* of *componentiële intelligentie* genoemd). Het is de vaardigheid die je nodig hebt om problemen te kunnen analyseren en de juiste antwoorden te vinden. De cijfers die je op de universiteit haalt, hangen waarschijnlijk nauw samen met je vermogen om logisch te redeneren.

Praktische intelligentie: Volgens Sternberg de vaardigheid om met de omgeving om te gaan. Wordt soms ook *contextuele intelligentie* of 'gezond verstand' genoemd.

Logisch redeneren: Volgens Sternberg de vaardigheid die wordt gemeten door de meeste IQ-tests: het vermogen om problemen te analyseren en de juiste antwoorden te vinden. Wordt ook wel *analytische* of *componentiële intelligentie* genoemd.

Experimentele intelligentie: Volgens Sternberg de vorm van intelligentie die mensen helpt om nieuwe relaties tussen concepten te zien. Heeft te maken met inzicht en creativiteit.

Triarchische theorie: Sternbergs theorie over intelligentie. De naam verwijst naar de combinatie van de drie hoofdvormen van intelligentie.

De derde vorm van intelligentie die Sternberg in zijn theorie onderscheidt, wordt **experimentele intelligentie** genoemd en heeft te maken met inzicht en creativiteit. Dit soort intelligentie helpt mensen om nieuwe relaties tussen concepten te zien. Zo gaan wetenschappers ervan uit dat Picasso bij het ontwikkelen van zijn nieuwe schilderstijl, het kubisme, een beroep deed op zijn experimentele intelligentie. Het is dezelfde vorm van intelligentie die Sternberg gebruikte om zijn theorie over intelligentie te ontwikkelen.

Sternbergs theorie wordt dikwijls de **triarchische theorie** genoemd, omdat hij drie soorten intelligentie onderscheidt (praktische intelligentie, logisch redeneren en experimentele intelligentie) die relatief onafhankelijk van elkaar kunnen voorkomen: als iemand erg vaardig is op het gebied van één soort intelligentie, zegt dat niet noodzakelijkerwijs iets over zijn intelligentie op een ander terrein. Elke soort intelligentie vertegenwoordigt een andere dimensie in de beschrijving en evaluatie van het gedrag van de mens. Sternbergs theorie oppert dat het onjuist is om alle belangrijke of waardevolle aspecten van de psychische vaardigheden van een persoon in één enkele IQ-score uit te drukken (Sternberg, 1999; Sternberg et al., 1995).

De populaire televisieshow *Fort Boyard* legt de nadruk op praktische intelligentie.
Foto: © AVRO, Fort Boyard, 2012.

Meervoudige intelligentie: Naam van Gardners theorie die stelt dat er acht (of meer) vormen van intelligentie bestaan.

 Video
Ga naar de MyLab mediatheek om de video te bekijken van Robert Sternberg over intelligentie.

Gardners acht vormen van intelligentie

Net als Sternberg gaat Howard Gardner ervan uit dat de traditionele IQ-test slechts een beperkt aantal psychische vaardigheden meet. In zijn ogen beschikken we over minstens acht verschillende mentale vermogens, die hij beschrijft met de term **meervoudige intelligentie** (Ellison, 1984; Gardner, 1983, 1999a, 1999b):

1. *Linguïstische intelligentie* – intelligentie die in traditionele IQ-tests meestal gemeten wordt met behulp van opdrachten op het gebied van woordenschat en begrijpend lezen.
2. *Logisch-mathematische intelligentie* – intelligentie die in de meeste IQ-tests gemeten wordt door middel van analogieën en wiskundige en logische problemen.
3. *Ruimtelijke intelligentie* – het vermogen om mentale beelden van voorwerpen te vormen en te manipuleren, en op een ruimtelijke manier over hun relaties te denken.
4. *Muzikale intelligentie* – het vermogen om patronen van ritmes en toonhoogte waar te nemen en te ontwikkelen.

5. *Lichamelijke-kinesthetische intelligentie* – het vermogen tot gecontroleerde bewegingen en coördinatie, zoals nodig is bij atletiek of opereren.
6. *Naturalistische intelligentie* – het vermogen om levende dingen in verschillende groepen in te delen (bijvoorbeeld honden, petunia's, bacteriën) en subtiele veranderingen in de omgeving te kunnen herkennen.
7. *Interpersoonlijke intelligentie* – het vermogen om de emoties, motieven en handelingen van andere mensen te begrijpen.
8. *Intrapersoonlijke intelligentie* – het vermogen om jezelf te kennen en een gevoel van identiteit te ontwikkelen.

Gardner meent dat elke vorm van intelligentie afkomstig is uit een aparte module in de hersenen. De laatste twee vormen van intelligentie, de interpersoonlijke en intrapersoonlijke intelligentie, zijn bepalend voor een kwaliteit die sommige psychologen *emotionele intelligentie* (EQ) noemen. Mensen met een grote emotionele intelligentie zijn goed in het 'lezen' van de emotionele toestand van andere mensen en ze zijn zich zeer bewust van hun eigen emotionele responsen.

▶▶ **Verbinding hoofdstuk 9**
We kunnen de emotionele intelligentie van kinderen meten met behulp van de 'marshmallowtest' (p. 380).

Tabel 6.1 De theorieën over intelligentie vergeleken

Spearman	Cattell	Sternberg	Gardner
	Gekristalliseerde intelligentie		
G-factor	Vloeibare intelligentie	Logisch redeneren	Naturalistische intelligentie
			Logisch-mathematische intelligentie
			Linguïstische intelligentie
		Experimentele intelligentie	Ruimtelijke intelligentie
			Muzikale intelligentie
			Lichamelijke / kinesthetische intelligentie
		Praktische intelligentie	Interpersoonlijke intelligentie
			Intrapersoonlijke intelligentie

Noot: Verschillende theoretici denken dat intelligentie uit verschillende componenten bestaat, zoals je in de kolommen van deze tabel kunt zien. In de rijen zijn onderling vergelijkbare componenten te zien die in de verscheidene theorieën worden beschreven (let wel: de vergelijking komt niet precies overeen). Sternbergs praktische intelligentie is bijvoorbeeld vergelijkbaar met twee van Gardners componenten, interpersoonlijke intelligentie en intrapersoonlijke intelligentie, terwijl Spearmans g-factortheorie deze vaardigheden negeert.

Waardering van cognitieve theorieën over intelligentie

Misschien is de grootste meerwaarde van de cognitieve theorieën die we hebben besproken wel hun inclusieve waardesysteem: volgens cognitieve theoretici zijn er talloze manieren om uit te blinken en de ene manier is niet per se superieur aan de andere. Dit is voor velen een aantrekkelijke gedachte. Maar het probleem van deze theorieën is de beoordeling. Hoe kunnen we creatieve, praktische of interpersoonlijke intelligentie betrouwbaar meten?

Sternberg en zijn medewerkers ontwikkelden aanvullende vragen voor SAT-tests (toelatingstesten voor hoger onderwijs in de VS), waarmee creatieve en praktische intelligentie werd gemeten (Sternberg, 2007). Voor het testen van hun creatieve intelligentie moesten studenten bijvoorbeeld een verhaal schrijven bij de titel 'De sneakers van de octopus', of een bijschrift bij een stripverhaal zonder titel verzinnen. Met een aantal verbale en non-verbale vraagstukken (bijvoorbeeld hoe je moet reageren als je een leraar om een aanbevelingsbrief vraagt, maar de leraar blijkt je niet te herkennen) werd de praktische intelligentie gemeten. Sternbergs team beoordeelde de antwoorden op originaliteit, geschiktheid binnen de context en inzet, en beoordeelde zo de creatieve intelligentie. Uitvoerbaarheid en geschiktheid binnen de context golden daarbij als criteria voor het evalueren van de praktische intelligentie. De nieuwe tests bleken niet alleen een effectieve methode om creativiteit en praktische intelligentie te meten, maar ook een goede voorspeller van de slagingskans van eerstejaarsstudenten. Ook namen etnische groepsverschillen in toelating af, omdat culturele variaties bij het demonstreren van intelligentie door de diversiteit van de testvragen beter vastgesteld konden worden (Sternberg et al., 2006). Dat is precies de benadering van intelligentie die we nu gaan onderzoeken.

6.4.3 Culturele definities van intelligentie

Sternberg en Gardner vinden elke vorm van intelligentie even belangrijk. Maar niet alle culturen zijn dat met hen eens. De behoeften van een bepaalde samenleving bepalen wat bruikbaar is en wat gewaardeerd wordt. Stel dat je zou opgroeien in de sociale cultuur van een van de eilanden in de Grote Oceaan. Waar zou je dan meer waarde aan hechten: je scores op je eindexamen of je vermogen om de weg te vinden op zee? Crosscultureel psychologen wijzen erop dat 'intelligentie' in verschillende culturen op een verschillende wijze wordt gedefinieerd (Sternberg, 2000, 2004). Sterker nog, veel talen hebben niet eens een woord voor dat wat wij 'intelligentie' noemen: de mentale processen die te maken hebben met logica, woordenschat, wiskundig inzicht, abstract denken en goede leerprestaties (Matsumoto, 1996).

Afrikaanse concepten van intelligentie

In landelijk Kenia kwam Robert Sternberg erachter dat kinderen met de grootste vaardigheden op het gebied van praktische intelligentie lager scoorden op traditionele IQ-tests die academische vaardigheden toetsen. 'In Kenia kom je nergens met goede cijfers', aldus Sternberg. 'Je bent beter af wanneer je bij iemand in de leer gaat of wanneer je leert vissen; dan kun je helpen je familie te onderhouden' (Winerman, 2005b). De slimste kinderen leren dus geen academische vaardigheden, maar richten zich op praktische vaardigheden waarmee ze verder komen in het leven.

De westerse aanname dat intelligentie vooral met schoolprestaties en het *snel* kunnen oplossen van problemen te maken heeft, is niet universeel. Het Bugandavolk in Uganda associeert intelligentie bijvoorbeeld met bedachtzaamheid en doordachte responsen. Weer een andere visie vind je bij het volk van de Djerma-Songhay in Niger (West-Afrika), dat intelligentie opvat als een combinatie van sociale vaardigheden en een goed geheugen. Voor Chinezen heeft intelligentie juist te maken met uitgebreide kennis, vastberadenheid, sociale verantwoordelijkheid en het vermogen om te imiteren.

Intelligentie volgens de indianen

John Berry (1992) onderzocht welke psychische vaardigheden de Noord-Amerikaanse indianen het belangrijkst vinden. Hij vroeg volwassen leden van de in Noord-Ontario levende Cree-indianen met welke woorden uit hun taal ze bepaalde kwaliteiten geassocieerd met denken (zoals 'slim' of 'intelligent') zouden beschrijven. De meeste antwoorden kwamen globaal overeen met wat wij 'wijs', 'diep nadenkend' en 'zorgvuldig nadenkend' zouden noemen.

Hoewel de Cree-kinderen op school onderwijs krijgen in de dominante Angelsaksische (Engels-Europese) cultuur, maken de Cree zelf onderscheid tussen 'school'-intelligentie en iets wat wij zouden aanduiden met 'goede gedachten hebbend', iets waar hun eigen cultuur waarde aan hecht. Deze manier van denken lijkt zich vooral te concentreren op 'respectvol zijn'. Zoals een proefpersoon uitlegde: 'Intelligentie is respectvol zijn in de indiaanse zin van het woord. Je moet de ander werkelijk kennen en hem respecteren in wie hij is' (Berry, 1992; p. 79). Berry ontdekte dat deze instelling van 'respect voor anderen' bij vele indiaanse culturen voorkomt.

Uit deze voorbeelden blijkt dat verschillende culturen er zeer uiteenlopende definities van het begrip intelligentie op na houden. Om mensen met een andere achtergrond beter te begrijpen zou het heel 'intelligent' zijn als we de neiging om onze eigen definitie van 'intelligentie' aan anderen op te leggen enigszins konden beheersen.

■ PSYCHOLOGISCHE KWESTIES

Testscores en selffulfilling prophecy

Als iemand je ooit 'traag', 'verlegen', 'saai', 'bazig' of 'onhandig' heeft genoemd, weet je welke enorme invloed etiketten en verwachtingen op mensen kunnen hebben. Dergelijke labels kunnen niet alleen iemands overtuigingen maar ook zijn resultaten beïnvloeden. Psychologen hebben onderzoek gedaan naar dit fascinerende proces.

Verwachtingen beïnvloeden de prestaties van studenten (het pygmalion-effect)

In hoofdstuk 1 heb je geleerd hoe sterk de expectancy bias is. Leerlingen die hadden gehoord dat ze 'slimme' ratten hadden, gingen daar enthousiaster mee om en stimuleerden ze meer dan leerlingen die hadden gehoord dat hun ratten 'traag leerden'. De verschillen waren ook van invloed op de prestaties van ratten als ze bijvoorbeeld door een doolhof moesten lopen. Robert Rosenthal en Lenore Jacobson (1968), die de studie leidden, vroegen zich af of verwachtingen van leraren de prestaties van leerlingen op dezelfde manier konden beïnvloeden. Om daarachter te komen gaven ze onderwijzers foute informatie over het academisch potentieel van circa 20 procent van hun leerlingen (ongeveer vijf per klas). De onderwijzers was expliciet verteld dat sommige leerlingen uit standaardtests als 'bloeiers' naar voren waren geko-

men en het komende jaar tot bloei zouden komen. In werkelijkheid hadden tests dat helemaal niet uitgewezen; de 'bloeiers' waren willekeurig door de onderzoekers geselecteerd.

Nu je weet wat er met de ratten gebeurde, kun je misschien wel raden wat het gevolg was in de klas. Kinderen van wie onderwijzers verwachtten dat ze zouden bloeien, deden dat ook. In aanvullend onderzoek werden vier factoren vastgesteld die het verschil uitmaakten (Harris & Rosenthal, 1986): onbewust schiepen de onderwijzers een stimulerender klimaat voor de leerlingen van wie ze verwachtten dat ze zouden 'bloeien', ze gaven hun meer gedifferentieerde feedback en meer gelegenheden om hun kennis te demonstreren en ze daagden hen uit met moeilijker werk.

De onderwijzers waren van oordeel dat deze kinderen leergieriger waren dan andere kinderen en meer potentieel hadden voor succes in het leven. Ze vonden deze kinderen ook gelukkiger, interessanter, beter aangepast, affectiever en minder op zoek naar bijval in sociale kring. Veelbetekenend was dat de 'bloeiers' (eigenlijk gewoon willekeurig gekozen kinderen) aan het eind van het jaar een hogere toename aan IQ-punten vertoonden dan leerlingen die geen speciale behandeling hadden gekregen. Rosenthal en Jacobson noe-

men dit effect *selffulfilling prophecy*. Dat kinderen beter functioneren als men hogere verwachtingen van hen heeft, is een fenomeen dat bekend werd als het **pygmalion-effect**, naar een verhaal uit de Griekse mythologie. Je komt het overal tegen, want iedereen probeert van tijd tot tijd te voldoen aan de verwachtingen van anderen, of van zichzelf.

Wat gebeurde er met de andere kinderen in dezelfde klassen; haalden geen van hen ook meer IQ-punten? Tests wezen uit van wel, al waren het er minder dan van de 'bloeiers'. Maar er kwam een onverwachte, verontrustende negatieve correlatie aan het licht: hoe meer extra IQ-punten leerlingen haalden van wie *niet* werd verwacht dat ze zouden bloeien, hoe minder interessant en aangepast ze door hun onderwijzers werden gevonden. Op basis daarvan waarschuwt Rosenthal (2002) dat onverwachte intellectuele groei negatieve reacties van anderen in hun omgeving kan uitlokken – een mogelijkheid die hij de moeite waard vindt om nader te onderzoeken.

Pygmalion-effect (Rosenthal-effect):
Het fenomeen dat hoe beter de verwachtingen zijn die men heeft over kinderen, werknemers et cetera, hoe beter ze functioneren en omgekeerd.

Selffulfilling prophecy kan ertoe leiden dat meisjes minder goed scoren in bètavakken zoals scheikunde.

Foto: Dan MacDonald, stock.xchng.

De selffulfilling prophecy buiten het klaslokaal

Voortbordurend op het pionierswerk van Robert Rosenthal, hebben sociaal psychologen onderzoek buiten het klaslokaal verricht om selffulfilling prophecy's in andere omgevingen te vinden. Op de werkvloer blijken werknemers aanzienlijk productiever te zijn als er positieve verwachtingen over hen bestaan. In het leger leiden positieve verwachtingen zelfs tot nog betere prestaties dan bij mensen die in het bedrijfsleven werken (Kierein & Gold, 2000). In rechtszaken met een jury lijken rechters hun instructies aan de juryleden anders te geven als ze denken dat de verdachte schuldig is dan wanneer ze deze onschuldig achten. Door dit verschil neemt de kans dat de beklaagde schuldig wordt bevonden met ruim dertig procent toe (Rosenthal, 2002). Uit een dubbelblinde studie in een verpleeghuis bleek dat wanneer verzorgers hogere verwachtingen hadden, het aantal depressies onder patiënten daalde (Learman et al., 1990). Verwachtingen van anderen kunnen dus duidelijk van grote psychologische invloed zijn op onze eigen overtuigingen en zelfs op onze resultaten.

Ga naar **www.pearsonmylab.nl** om je kennis en begrip van deze paragraaf te testen met de MyMap, MyCheck en MyDefinitions.

KERNVRAAG 6.5
▶ Hoe verklaren psychologen IQ-verschillen tussen groepen?

In elke etnische groep wordt het gehele spectrum aan IQ-scores gevonden, maar er worden ook verschillen in IQ-scores gevonden tussen groepen (Rushton & Jensen, 2005). Amerikanen met een Aziatische achtergrond scoren gemiddeld bijvoorbeeld hoger dan Amerikanen van gemengde, Euraziatische afkomst. Ook blijken kinderen van ouders met een modaal inkomen gemiddeld vijftien punten hoger te scoren dan kinderen van ouders met een minimuminkomen (Jensen & Figueroa, 1975; Oakland & Glutting, 1990). Geen enkele psycholoog zal het bestaan van deze verschillen ontkennen. Maar over de *oorzaken* lopen de meningen sterk uiteen. Ook deze onenigheid berust op de controverse over wat is aangeboren en wat is aangeleerd. Ons kernconcept formuleert de kwestie als volgt:

● KERNCONCEPT 6.5
De meeste psychologen zijn van mening dat zowel erfelijke factoren als de omgeving van invloed zijn op intelligentie. Er bestaan verschillende visies over de oorzaak van IQ-verschillen tussen afzonderlijke etnische groeperingen en sociale klassen.

We zijn ons er niet van bewust, maar de controverse over de oorzaak van intelligentie heeft grote invloed op de levens van talloze mensen, evenals op de politieke besluitvorming. Immers, als we ervan uitgaan dat intelligentie voornamelijk bepaald wordt door aangeboren (erfelijke) factoren, zullen we waarschijnlijk concluderen dat het een vaststaande, onveranderlijke eigenschap is. En daaruit trekken sommigen dan weer de conclusie dat een groep die gemiddeld lagere IQ-scores behaalt, genetisch gezien inferieur is, te beschouwen is als een soort tweederangs burgers. Als we echter aannemen dat intelligentie grotendeels door ervaring (omgeving) wordt bepaald, zijn wc waarschijnlijk geneigd om mensen met een andere etnische, culturele of economische achtergrond als gelijkwaardig te beschouwen en ervoor te zorgen dat iedereen toegang heeft tot het onderwijs. Met beide uitgangspunten loop je het risico dat je aanname uitgroeit tot een **selffulfilling prophecy**.

Natuurlijk is geen van beide invalshoeken volledig waar. We hebben het al vaker opgemerkt: psychologen beginnen steeds meer in te zien dat al ons gedrag en alle psychische processen zowel door erfelijke factoren als door de omgeving worden beïnvloed. Maar daarmee is het verschil tussen de gemiddelde scores van groepen nog niet voldoende uitgelegd. Ook al wordt de intelligentie van elk individu voor een deel bepaald door erfelijke factoren, dat betekent niet dat verschillen in IQ-scores tussen groepen een biologische basis hebben. Integendeel, veel psychologen zijn van mening dat verschillen tussen gemiddelde groepsscores volledig voor rekening van de omgeving komen. Wat laat recent onderzoek zien?

Selffulfilling prophecy: Gedrag dat of observaties die worden veroorzaakt door verwachtingen.

6.5.1 Bewijzen voor de stelling dat intelligentie wordt beïnvloed door erfelijke factoren

Zoals we in hoofdstuk 2 hebben gezien, bestudeert de erfelijkheidsleer de invloed die onze genen hebben op psychologische processen. Uit een groot aantal zeer uiteenlopende onderzoeken blijkt dat erfelijke factoren op z'n minst invloed hebben op intelligentie. Toen wetenschappers de IQ-scores van eeneiige tweelingen vergeleken met die van twee-eiige tweelingen en 'gewone' broers en zussen, bleek er een sterke correlatie te bestaan tussen IQ-scores en genetische verwantschap. Een goede manier om de effecten van erfelijke factoren en omgeving te kunnen onderscheiden, is door kinderen die opgroeien bij adoptieouders en de zeldzame gevallen van tweelingen die bij de geboorte van elkaar zijn gescheiden, te bestuderen. Psychologen hebben op die manier ontdekt dat de correlatie tussen de IQ's van de kinderen en hun biologische ouders hoger is dan die tussen de kinderen en hun adoptieouders (Plomin & DeFries, 1998). Ook het Human Genome Project levert bewijzen voor de stelling dat intelligentie een genetische component heeft (Chorney et al., 1998). Zoals tabel 6.2 laat zien, is de trend duidelijk: de correlatie tussen de IQ-scores is sterker als de genetische verwantschap sterker is. Onderzoek naar tweelingen en geadopteerde kinderen bevestigt het vermoeden dat genen invloed hebben op zeer uiteenlopende eigenschappen als hartfunctie (Brown, 1990), persoonlijkheidskenmerken (Tellegen et al., 1988), hypnotiseerbaarheid (Morgan et al., 1970) en intelligentie (Sternberg et al., 2005).

Tabel 6.2 Correlatie tussen IQ-scores en genetische verwantschap

Genetische verwantschap	Correlatie tussen IQ-scores
Eeneiige tweelingen	
Samen opgegroeid	0,86
Apart opgegroeid	0,72
Twee-eiige tweelingen	
Samen opgegroeid	0,60
Broers en zussen	
Samen opgegroeid	0,47
Apart opgegroeid	0,24
Ouder/kind	0,40
Pleegouder/kind	0,31
Neven, nichten	0,15

NB: Een correlatie geeft aan in welke mate variabelen samenhangen, in dit geval de IQ's van twee individuen. Hoe dichter het getal bij de 1,0 ligt, des te groter is de samenhang. Bijvoorbeeld: de IQ-scores van eeneiige tweelingen die samen zijn opgegroeid, vertonen een hogere correlatie (0,86) dan de IQ's van samen opgegroeide broers en zussen (0,47). Deze cijfers zijn een indicatie voor het bestaan van een genetische component die bijdraagt aan intelligentie.

Bron: Bouchard & McGue (2003). Familial studies of intelligence: A review. *Science, 212,* 1055-1059. Aangepast met toestemming van AAAS.

◄◄ **Verbinding hoofdstuk 2**
Bij de verklaring voor het ontstaan
van psychologische kenmerken
leggen biologisch psychologen
de nadruk op de invloed van
erfelijke factoren (nature), terwijl
behavioristen de invloed van de
omgeving (nurture) benadrukken
(p. 46).

Hoewel psychologen allemaal van mening zijn dat erfelijke factoren een belangrijke rol spelen in de intelligentie van een individu, kost het ze moeite om aan te
geven hoe die invloed zich verhoudt tot de invloed van de omgeving (Sternberg
et al., 2005). Dat komt onder meer doordat kinderen uit hetzelfde gezin niet per
definitie in precies dezelfde psychologische omgeving opgroeien. Het oudste
kind wordt bijvoorbeeld anders behandeld dan het jongste, zoals je zelf misschien
maar al te goed weet.

6.5.2 Bewijzen voor de stelling dat intelligentie wordt beïnvloed door de omgeving

Het beschikbare bewijs voor de stelling dat de omgeving invloed heeft op de
intellectuele ontwikkeling heeft ook veel overtuigingskracht. Neem bijvoorbeeld
het longitudinaal onderzoek naar intelligentieontwikkeling bij 110 kinderen
uit achterstandsgezinnen gedurende een periode van circa tien jaar (Farah et al.,
2008). De onderzoekers beoordeelden kinderen op taalvaardigheid en geheugen
(twee belangrijke aspecten van intelligentie). Ze beoordeelden ook de thuisomgeving op twee factoren: (a) de mate waarin de thuisomgeving stimulerend was
(beoordeeld aan de hand van de toegang van het kind tot boeken en muziek-
instrumenten) en (b) de mate waarin de thuisomgeving responsief en sensitief
was (beoordeeld door te observeren in welke mate er sprake was van een positief
emotioneel klimaat en aandacht en lof werd gegeven door de ouders). Wat uit
het onderzoek bleek, was een combinatie van het verwachte en het onverwachte:

- Een verwacht sterk verband tussen een stimulerende omgeving en taalvaardigheid (terwijl een stimulerende omgeving en geheugen dit sterke verband
  niet vertoonden).
- Een onverwacht verband tussen responsiviteit en sensitiviteit enerzijds en
  geheugen anderzijds (terwijl responsiviteit en sensitiviteit geen verband vertoonden met taalvaardigheid).

Video
Ga naar de MyLab mediatheek
om de video te bekijken over
pianolessen en ontwikkeling.

Hoe kunnen we deze resultaten verklaren? Het verband tussen responsiviteit en
sensitiviteit van ouders en geheugen weerspiegelt de resultaten van onderzoek
onder dieren waaruit blijkt dat dit opvoedingsklimaat stress vermindert – en omdat de productie van stresshormonen nadelig is voor het geheugen, is het logisch
dat dit klimaat het geheugen verbetert. Het verwachte verband tussen een stimulerende omgeving en taalvermogen ondersteunde de resultaten uit allerlei andere
onderzoeken die het positieve effect van een rijke omgeving op de cognitieve
ontwikkeling hebben aangetoond.
Omgevingseffecten komen zelfs naar voren als we op zoek zijn naar effecten van
genetische factoren. Zo blijkt de correlatie tussen de IQ's van mensen die samen
zijn opgegroeid groter te zijn dan die van mensen die apart zijn opgegroeid. Als
je laboratoriumdieren in hun vroege jeugd een stimulusrijke omgeving aanbiedt,
blijken de hersencellen in de corticale gebieden complexer, vollediger en beter
ontwikkeld te zijn. Deze dieren blijven hun hele leven op een hoger niveau presteren. Een ander experiment wees uit dat jonge aapjes die bepaalde probleemoplossingsstrategieën hadden geleerd en die veel in het gezelschap van andere apen
verkeerden, een actievere nieuwsgierigheid en een grotere intelligentie tentoon-
spreidden dan dieren die zonder deze omgevingsstimuli waren opgegroeid.
Waarschijnlijk reageren mensenkinderen op dezelfde manier. Deze bevindingen
suggereren dan ook dat hun intellectueel functioneren gestimuleerd wordt door
hun omgeving te verrijken. Programma's waarbij kinderen op heel jonge leeftijd
aan een stimulusrijke omgeving worden blootgesteld, kunnen inderdaad leiden
tot hogere IQ-scores (Barlow, 2008). Regelmatig onderwijs stuwt de scores verder omhoog: de hoeveelheid onderwijs die kinderen ontvangen, is rechtstreeks
gecorreleerd aan hun IQ-scores (Ceci & Williams, 1997). Zelfs bij volwassenen

kunnen omgevingsfactoren, zoals de cognitieve complexiteit en de intellectuele beroepseisen, hun psychische vaardigheden langdurig beïnvloeden (Dixon et al., 1985).

In 2006 maakten William Dickens en James Flynn melding van de eerste aanwijzingen dat de IQ-kloof tussen blank en zwart in Amerika kleiner wordt; aanwijzingen die de invloed van de omgeving benadrukken en niet die van erfelijke factoren. De onderzoekers bestudeerden gegevens met betrekking tot vier verschillende IQ-tests, verricht bij grote groepen in de voorgaande dertig jaar en ontdekten dat de kloof in die periode met wel vijftig procent was afgenomen, wat neerkwam op een afname van bijna acht IQ-punten (Krakovsky, 2007).

Er is in het nature-nurturedebat over intelligentie meer bewijs voor de omgevingsinvloeden, maar om die bewijzen te begrijpen, moeten we even stilstaan bij een heel belangrijk en vaak niet goed begrepen concept: *erfelijkheidsratio.*

6.5.3 Erfelijkheidsratio en verschillen tussen groepen

Welnu, erfelijke factoren zijn dus van invloed, misschien zelfs van grote invloed, op intelligentie (Dickens & Flynn, 2001). Er is echter nog een term die we hier moeten introduceren: *erfelijkheidsratio (ofwel heritabiliteit).* De term **erfelijkheidsratio** verwijst naar de mate van variatie van een kenmerk *binnen een groep* die kan worden toegeschreven aan genetische verschillen. Uiteraard kunnen we alleen spreken over de erfelijke verschillen *binnen een groep individuen die dezelfde omgeving delen* (Sternberg et al., 2005). De erfelijkheidsratio geeft dus aan in welke mate het verschil in bijvoorbeeld intelligentie binnen de groep psychologiestudenten met dezelfde opvoeding verklaard kan worden door erfelijke factoren. Een voorbeeld: stel dat we een groep kinderen onderzoeken die allemaal zijn opgegroeid in een in intellectueel opzicht stimulerende omgeving, met toegewijde ouders die veel aandacht aan hun kroost besteedden en hen regelmatig hebben voorgelezen, zaken waarvan we weten dat ze de intellectuele vermogens verbeteren. Tussen deze kinderen vinden we een zekere variatie in intellectuele vermogens. Omdat de omgeving van al deze kinderen in principe hetzelfde was, kunnen we een groot deel van de verschillen in hun IQ-scores toeschrijven aan de effecten van erfelijke factoren. In deze groep zou de *erfelijkheidsratio* van het IQ dus *hoog* zijn.

Stel daarentegen dat we kinderen onderzoeken die zijn opgegroeid in een omgeving waarin ze werden verwaarloosd (een weeshuis met alleen praktische verzorging, zonder enige intellectuele stimulatie). Hoogstwaarschijnlijk zouden we ontdekken dat de IQ-scores van deze kinderen relatief weinig variatie vertonen. Dat zou dan komen doordat de kinderen allemaal in hun ontwikkeling zijn geremd. De *erfelijkheidsratio* van deze groep zou dus *laag* zijn. De kinderen zijn immers opgegroeid in een omgeving die hen geen ruimte bood om hun genetische mogelijkheden te ontwikkelen.

De verschillen in gemiddelde IQ-scores tussen deze twee groepen kinderen zouden dus echt zijn. Maar – en daar gaat het om – op grond van onze observaties kunnen we niets zeggen over de eventuele genetische verschillen tussen de groepen. Het is heel goed mogelijk dat deze kinderen genetisch gezien allemaal dezelfde mogelijkheden hadden. Maar omdat ze in zulke verschillende omgevingen zijn opgegroeid, kunnen we nooit met zekerheid vaststellen in hoeverre genen verantwoordelijk zijn voor de verschillen in hun IQ-scores. Als je dit idee toepast op groepen mensen die in verschillende culturele tradities zijn opgegroeid of die verschillende niveaus van welvaart of discriminatie hebben ervaren, begrijp je hopelijk dat het onmogelijk is om te bepalen in hoeverre erfelijke factoren verantwoordelijk zijn voor bepaalde verschillen tussen groepen. Nogmaals: *erfelijkheidsratio is een concept dat verwijst naar verschillen binnen een groep, niet naar verschillen tussen groepen.*

Erfelijkheidsratio: De mate waarin de variatie van een bepaalde eigenschap binnen een groep die onder dezelfde omstandigheden is opgegroeid, kan worden toegeschreven aan genetische verschillen. De erfelijkheidsratio vertelt niets over de verschillen tussen groepen.

In de bovenste foto bevinden de kinderen zich in een stimulerende omgeving. Omdat deze omgeving hun potentiële vermogens maximaal tot uitdrukking laat komen, kunnen we de individuele verschillen in IQ toeschrijven aan erfelijke factoren. Bij de kinderen op de onderste foto, die opgroeien in een arm Albanees weeshuis, leidt het gebrek aan stimulatie tot een lager IQ. Omdat hun genetische aanleg wordt beperkt door hun omgeving, is bij hen de erfelijkheidsratio van het IQ laag.

Bron: Emese/Shutterstock; Jeremy Sutton-Hibbert/Alamy.

En ten slotte nog een ander belangrijk punt: biologen vertellen ons dat 'ras' geen geldig biologisch concept is (Cooper, 2005; Sternberg et al., 2005). Er zijn geen biologische grenzen die de verschillende rassen scheiden. En zelfs als we een sociale definitie gebruiken, waarbij mensen hun eigen etnische groep omschrijven, zijn de verschillen tussen de genenpools van mensen die beweren tot verschillende raciale groepen te behoren, heel klein in vergelijking met de genetische verschillen tussen afzonderlijke mensen uit dezelfde groep (Bamshad & Olson, 2003). Rekening houdend met al deze inzichten kunnen we dus niet concluderen dat er bewijsmateriaal is voor het idee dat genetische verschillen verantwoordelijk zijn voor de discrepanties in IQ tussen etnische groepen.

De Jensen-controverse
Ondanks al deze argumenten vragen sommige psychologen zich nog steeds af of je groepsverschillen in IQ-scores wel moet verklaren door factoren uit de omgeving (Nisbett, 2005; Rushton & Jensen, 2005). De Amerikaanse psycholoog Arthur Jensen (1969), die is verbonden aan Harvard, verklaarde bijvoorbeeld dat etnische verschillen in IQ een genetische basis hebben. Hoewel we de IQ-scores van kansarmen tot op zekere hoogte door middel van extra ondersteuning kunnen verbeteren, aldus Jensen, worden die mogelijkheden beperkt door erfelijke factoren.

De eerste vijf jaren na Jensens gewaagde uitspraken verschenen er meer dan honderd artikelen over het onderwerp. In een heftig debat wezen critici op verschillende factoren die Jensen had onderschat of genegeerd, waaronder de effecten van racisme, het feit dat onderwijzers minder van zwarte kinderen verwachten, het gebrek aan mogelijkheden om zich te ontplooien, een laag zelfbeeld en een in de IQ- en prestatietests verankerde blanke middenklassebias (Neisser, 1997; Neisser et al., 1996). Hoewel Jensen nooit op zijn oorspronkelijke standpunt is teruggekomen (Jensen, 1998, 2000), zijn vele psychologen het er nu over eens dat de verschillen waarop Jensen zijn theorie baseerde beter verklaard kunnen worden door een combinatie van omgevingsfactoren. Laten we nu eens kijken welke nieuwe inzichten de Jensen-controverse uiteindelijk heeft opgeleverd, te beginnen met een nieuw perspectief op de resultaten van een onderzoek naar kinderen wiens omgeving drastisch veranderde toen ze werden geadopteerd.

De Scarr en Weinberg-adoptiestudie
Sandra Scarr en Richard Weinberg (1967, 1978) vergeleken in Minnesota 115 zwarte en blanke kinderen die door adoptie in gelijkwaardige gezinnen terecht waren gekomen. Hun onderzoek was gebaseerd op schoolcijfers en IQ-scores van zowel de biologische familie als de adoptiefamilie. De biologische ouders van beide groepen kinderen hadden gemiddelde IQ-scores (rond de 100), terwijl de scores van de adoptieouders iets hoger lagen, gemiddeld boven de 115. Toen Scarr en Weinberg de twee groepen geadopteerden aan het einde van hun adolescentie opnieuw aan een IQ-test onderwierpen, bleek dat er *geen* verschillen waren! Zowel de zwarte als de blanke groep geadopteerden scoorden gemiddeld rond de 110, significant hoger dan hun biologische ouders, hoewel iets minder hoog dan hun adoptieouders. Zulke resultaten bewijzen duidelijk dat de omgeving grote invloed uitoefent op het IQ.

Sociale klasse en IQ
Uit onderzoek naar de relatie tussen sociale klasse en IQ blijkt dat ook daar omgevingsinvloeden een rol spelen. De socio-economische klasse (bepaald door de financiële situatie en leefstijl van het gezin) vertoont een duidelijke correlatie met de hoogte van het IQ. Welzijn en welvaart hangen samen met hogere IQ-scores, terwijl we de laagste scores aantreffen onder de bevolkingsgroepen voor

wie armoede, analfabetisme en uitzichtloosheid aan de orde van de dag zijn. Aanhangers van het idee dat de omgeving van invloed is op de hoogte van het IQ zeggen dat racisme en discriminatie er eerst voor hebben gezorgd dat veel minderheden in de verarmde binnensteden terechtkwamen, en dat dezelfde factoren hen daar tot op de dag van vandaag gevangen houden.

Op wat voor manier beïnvloedt de sociale klasse de hoogte van het IQ? Armoede veroorzaakt omstandigheden waarin de mogelijkheden van het individu op vele manieren beperkt zijn. Dat geldt met name voor voeding, gezondheidszorg en onderwijs (Brown & Pollitt, 1996; Neisser et al., 1996). Armoede is slecht voor de gezondheid. En onderzoekers hebben ontdekt dat een slechte gezondheid van de moeder tijdens de zwangerschap en een laag geboortegewicht van het kind de psychische vermogens van het kind in negatieve zin beïnvloeden. Armoede betekent ook dat andere factoren die een bewezen stimulerend effect hebben op de intellectuele ontwikkeling minder beschikbaar zijn. Gebrek aan gezonde voeding, minder toegang tot boeken en computers, ouders die door onpraktische werktijden niet in staat zijn om de intellectuele ontwikkeling van hun kinderen te stimuleren, het zijn allemaal factoren die samenhangen met armoede en die een negatief effect kunnen hebben op de vaardigheden die door een IQ-test worden gemeten (zoals woordenschat of begrijpend lezen). Uit onderzoek blijkt dat een significant deel van de kinderen met lage IQ's negatief beïnvloed is door 'een beschadigende omgeving'. Denk maar eens aan een woning waar de loodhoudende verf van de muur bladdert, waardoor een kind onbedoeld verf binnenkrijgt en vervolgens te maken krijgt met een giftige hoeveelheid lood in het bloed (Needleman et al., 1990).

In een dergelijke omgeving hebben zelfs kinderen met een talent voor leren moeite om zich aan de omstandigheden te ontworstelen. Aanhangers van de visie dat omgeving veel invloed heeft op intelligentie, zijn meestal voorstanders van wetgeving die gelijke kansen bevordert, ze pleiten voor betere scholen en interventieprogramma's die achtergestelde kinderen helpen om hun zelfvertrouwen te verbeteren en de vaardigheden te leren die nodig zijn voor een succesvolle schoolloopbaan (Tirozzi & Uro, 1997).

Effect van interventieprogramma's

Over de vraag of deze interventieprogramma's werken, lopen de meningen uiteen (Jensen, 1969; Kantrowitz, 1992), hoewel een groot deel van het bestaande onderzoek wijst in de richting van succes en dat het inderdaad helpt om kinderen uit een achterstandssituatie voor te bereiden op de basisschool (Garces et al., 2002; Ripple & Zigler, 2003). Uit onderzoek is gebleken dat kinderen die aan een programma deelnamen, hoger scoorden op IQ-tests en beter presteerden in de lagere klassen dan kinderen uit een gelijkwaardige controlegroep die deze extra ondersteuning niet had ontvangen (Zigler & Styfco, 1994). Belangrijker nog: ze wisten deze voorsprong ook vast te houden.

Het blijkt echter dat dit soort pogingen om het IQ te verbeteren met behulp van speciale omgevingsinterventies niet vroeg genoeg kan beginnen. Uit onderzoek blijkt dat 'vroege scholing', die al in de eerste levensmaanden aanvangt, de IQ-scores van peuters dertig procent hoger doet uitvallen dan die van peuters uit een controlegroep (Ramey & Ramey, 1998a, b; Wickelgren, 1999). Hoewel de voorsprong in de loop der tijd minder wordt, vooral als de ondersteunende programma's niet worden voortgezet, blijven er, als de interventie al tijdens de peutertijd plaatsvond, significante verschillen bestaan. Duidelijk is dat hoe eerder het kind in een rijke en stimulerende omgeving terechtkomt, hoe beter dat voor zijn ontwikkeling is.

In België en Nederland worden ook dergelijke initiatieven ontwikkeld. Zo is in Vlaanderen het interventieprogramma *Instapje* ontwikkeld (www.instapje.be),

Voorschoolse educatie heeft tot doel kinderen uit achterstandsituaties beter voor te bereiden op het reguliere onderwijs.

Bron: Oberon, 2009, www. oberon.eu.

om kinderen uit achterstandssituaties beter voor te bereiden op het reguliere onderwijs. Onderzoek van de KU Leuven naar de effectiviteit van dit programma laat positieve resultaten zien (De Haene & Colpin, 2010). Een voorbeeld in Nederland is de zogenoemde voorschool. Deze is een combinatie van een peuterspeelzaal en een basisschool, die een doorlopend educatief programma verzorgt. Kinderen van tweeënhalf tot zes jaar met een taalachterstand en een achterstand in hun sociaal-emotionele ontwikkeling vormen de doelgroep van dit programma. Onderzoek bij twee voorscholen in Amsterdam heeft uitgewezen dat er een positief effect is op de cognitieve ontwikkeling van de kinderen, maar dat de gewenste effecten op de sociaal-emotionele ontwikkeling uitbleven. Over de effecten op de lange termijn is nog niets bekend (De Goede & Reezigt, 2002). Een ander programma is het project *Opstap Opnieuw*, dat van start is gegaan in 1987. Hierin worden allochtone (en waar nodig ook autochtone) moeders gedurende een tweejarig programma begeleid om hun kleuters thuis te stimuleren en beter voor te bereiden op groep 3 van de basisschool (Groenestege & Legters, 1995). Uit effectonderzoeken blijkt dat de kinderen die aan dit programma deelnemen, beter doorstromen naar de basisschool. Ook blijken er geen verschillen op Cito-toetsen en krijgen kinderen vergelijkbare vervolgadviezen als kinderen uit controlegroepen (Van Tuijl, 2001; 2004).

Testbias en cultuuronafhankelijke tests

Er zijn nog meer factoren die de IQ-scores beïnvloeden en daardoor bijdragen aan verschillen tussen groepen, waaronder problemen met de IQ-test zelf. Veel psychologen menen dat de vragen in de IQ-tests een ingebouwde bias hebben waardoor mensen uit de modale en hogere klassen, meestal blanken, bevoordeeld worden (Helms, 1992). Een bron van bias komt voort uit het feit dat de meeste IQ-tests zwaar leunen op een uitgebreide woordenschat. Dat betekent dat kinderen die vaak zijn voorgelezen en wier ouders hen hebben aangemoedigd om zelf te lezen een groot voordeel hebben. Het is lovenswaardig dat de testmakers erg hun best doen om hun tests te ontdoen van elementen die minderheden met een andere culturele achtergrond discrimineren (Benson, 2003a).

De gerenommeerde psychologe Janet Helms (1992, p. 1086) wijst op een andere mogelijke tekortkoming van bestaande IQ-tests: die 'gaan ervan uit dat de cultuur van de blanke Amerikanen in intellectueel opzicht de rijkste omgeving vormt'. We vragen ons zelden af hoe goed blanke kinderen op de hoogte zijn van de normen van andere culturen. Helms vraagt terecht: 'Waarom moet de blanke Amerikaanse norm de standaard zijn op grond waarvan iedereen wordt beoordeeld?'

Psychologen beseffen dat het onmogelijk is een cultuurvrije test van vaardigheden of prestaties op te stellen. Toch zijn de meesten het erover eens dat we zouden moeten streven naar tests die *cultuuronafhankelijk* zijn, waarbij culturele vertekeningen zo veel mogelijk zijn geminimaliseerd. Zo zijn er bijvoorbeeld verschillende pogingen gedaan tot het ontwikkelen van non-verbale intelligentietests met doolhoven en met het manipuleren van vormen.

Critici van cultuuronafhankelijke tests voeren twee belangrijke argumenten aan. Ten eerste presteren niet alle minderheidsgroepen slecht bij traditionele intelligentietests. We hebben bijvoorbeeld gezien dat Aziatische Amerikanen vaak beter presteren dan Amerikanen met Europese voorouders (Sue & Okazaki, 1990). Ten tweede kunnen schoolprestaties met cultuuronafhankelijke tests slechter worden voorspeld dan met traditionele IQ-tests. De belangrijkste verklaring voor het feit dat schoolprestaties met cultuuronafhankelijke tests relatief slecht kunnen worden voorspeld, is dat bij deze tests geen nadruk ligt op verbale vaardigheden en deze vaardigheden een belangrijke voorwaarde zijn voor succes op school (Aiken, 1987; Humphreys, 1988).

De Bellcurve: het laatste offensief van de erfelijkheidsaanhangers

In 1994 vlamde de discussie over de door de etnische achtergrond bepaalde groepsverschillen in IQ-scores opnieuw op. De aanleiding was het boek *The Bell Curve: Intelligence and Class Structure in American Life* door Richard Herrnstein en Charles Murray. De titel doet denken aan de klokvormige 'normale verdeling' (ook wel *gausscurve* of *gausskromme* genoemd) van IQ-scores (zie de vorm van de grafiek in figuur 6.10). Herrnstein en Murray beweerden dat de VS door genetisch bepaalde groepsverschillen in IQ-scores dreigden te veranderen in een gespleten samenleving met een voornamelijk blanke 'elite' aan de ene kant van de IQ-curve en de minder intelligente, voornamelijk uit zwarte Amerikanen en andere minderheden bestaande, massa aan de andere kant. Volgens hen is het beter om te erkennen dat die aangeboren groepsverschillen in IQ-scores bestaan, zodat er een verstandiger en menselijker beleid ontwikkeld kan worden. Critici maakten onmiddellijk duidelijk dat hier sprake was van een racistische bias, bovendien wezen ze op het 'ondeugdelijke' wetenschappelijke werk dat aan de *The Bell Curve* ten grondslag lag.

Wat was er zo ondeugdelijk aan de argumentatie in *The Bell Curve*? Het antwoord zal je inmiddels wel vertrouwd in de oren klinken: hoewel we zeker weten dat erfelijke factoren van invloed zijn op de individuele intelligentie, zijn Herrnstein en Murray, evenmin als alle 'erfelijkheidsaanhangers' voor hen, er niet in geslaagd om onomstotelijk te bewijzen dat verschillen *tussen groepen die aan verschillende omgevingen zijn blootgesteld door een erfelijke factor worden veroorzaakt* (Coughlin, 1994; Fraser, 1995). Bovendien was veel van het 'bewijs' dat ze aandroegen nogal verdacht (Kamin, 1994). Zo beweerde een door Herrnstein en Murray geciteerde onderzoeker dat hij cijfers had waarmee hij kon aantonen dat zwarte Afrikanen een laag IQ hebben. Maar de tests waarmee hij die cijfers had verkregen waren in het Engels, en die taal waren de tot het Zoeloevolk behorende proefpersonen nu net niet machtig (Kamin, 1995). Diezelfde test ging er bovendien van uit dat de proefpersonen vertrouwd waren met elektrische apparaten die je niet zo snel in een Zoeloedorp zult tegenkomen.

Deze dubieuze bewijzen vormden niet de enige zwakke plek in het onderzoek van Herrnstein en Murray. Bij de analyse van de gegevens maakten ze een wetenschappelijke fout die we enkele hoofdstukken geleden al hebben besproken: ze verwarden correlatie met causaliteit. Immers, als je het argument dat Herrnstein en Murray gebruikten omkeert, is het even plausibel: je kunt zeggen dat een lage IQ-score tot armoede leidt, maar het is ook heel goed mogelijk dat armoede en alle sociale en economische nadelen waarmee dat gepaard gaat tot lage IQ-scores leiden.

Ondanks deze zwakke punten raakte *The Bell Curve* bij veel Amerikanen een gevoelige snaar. Het boek voorzag in een behoefte aan een verklaring gebaseerd op eenvoudige genetische 'oorzaken' van gedrag, in plaats van complexere verklaringen. Bovendien bevestigde het boek het in de blanke Amerikaanse cultuur heersende vooroordeel over leerprestaties. Niet elke cultuur benadrukt genetische oorzaken op een dergelijke manier. Dat blijkt uit een onderzoek waarbij men aan Amerikanen en Aziaten vroeg wat er de oorzaak van was als een kind op school goed presteerde. Zoals te verwachten benadrukten de Amerikanen de 'aangeboren vaardigheden', terwijl de Aziatische respondenten de nadruk legden op het belang van 'flink studeren' (Stevenson et al., 1993). Het idee dat prestatieverschillen veroorzaakt worden door genetische verschillen is dus een wijdverspreid idee in de Amerikaanse cultuur. Het is daarom interessant dat het werk van Carol Dweck (2007/2008) aantoont dat kinderen geïnteresseerder zijn in school, meer leren en hogere cijfers halen als ouders en docenten een aanpak kiezen die past bij het Aziatische perspectief.

De dreiging van stereotypen

Kun je intelligenter worden? Is je IQ een vast getal? Zoals we hebben gezien, geloven veel mensen dat hun intelligentieniveau een gegeven is. Ze beperken zo hun eigen mogelijkheden: als je denkt dat je intelligentie vastligt, zul je waarschijnlijk je eigen verwachtingen waarmaken. Dit is een duidelijk gevolg van de expectancy bias. Psychologen betogen dat leden van bepaalde groepen lage verwachtingen hebben over de vaardigheden van iedereen in hun groep. Zoals je in de bespreking van de selffulfilling prophecy in paragraaf 6.4 al hebt gezien, kunnen deze verwachtingen bepaald gedrag veroorzaken. Volgens Schwartz kan dit ook een negatief effect hebben op de IQ-scores, vooral als mensen aan het stereotype worden herinnerd (Schwartz, 1997). De psycholoog Claude Steele noemt dit de **stereotypedreiging** en hij heeft veel bewijsmateriaal verzameld dat deze een negatief effect heeft op veel leden van minderheidsgroepen, vooral in onderwijssituaties (Steele, 1997, 2002). Stereotypedreiging is niet noodzakelijkerwijs een raciaal of etnisch probleem. We vinden deze bedreiging ook in het domein van het geslacht, waar meisjes

Nieuw onderzoek naar stereotypedreiging wijst uit dat slechte prestaties van mannen, vrouwen en etnische minderheden op niet-traditionele gebieden kunnen worden opgelost als stereotypen worden geëlimineerd of bestreden.
Bron: Nomad Soul/Shutterstock.

mogelijk leren dat ze minder goed zijn in natuurwetenschappen en wiskunde, of waar jongens mogelijk wordt geleerd dat ze minder goede verbale vermogens hebben. Ook ouderen kunnen door stereotypedreiging worden geïntimideerd wanneer ze zich zorgen maken over het geheugen of denken dat ze te 'oud' zijn om nieuwe vaardigheden aan te leren. Iedereen die gelooft dat hij of zij deel uitmaakt van een inferieure groep, is kwetsbaar voor deze gevoelens van nervositeit, intimidatie en inferioriteit. Is er een manier om stereotypedreiging te bestrijden? De sociaal psycholoog

Joshua Aronson en zijn collega's (2001) merkten dat studenten betere cijfers haalden als ze werden gestimuleerd intelligentie te beschouwen als een product van ervaring en verwachtingen en niet als een vastliggend kenmerk. De cijfers van Afro-Amerikaanse studenten stegen door deze stimulatie meer dan die van de blanke studenten en dan de cijfers van studenten in een controlegroep. Blijkbaar hadden degenen die zichzelf het doelwit voelden van stereotypedreiging het meeste voordeel van dit programma.

Stereotypedreiging: Een verwachting te worden beoordeeld naar de standaard van een negatief stereotype. Dergelijke verwachtingen kunnen een negatieve invloed hebben op prestaties.

▶▶ **Verbinding hoofdstuk 11**
Aronson ontdekte vergelijkbare effecten van een interventie bij 'stereotypedreiging' op het gebied van geslacht: vrouwen in een natuurkundeklas die een korte, positieve verklaring aflegden over hun persoonlijke waarden, leverden betere prestaties dan een vergelijkbare groep vrouwen in een controlegroep (p. 473).

Kritisch denken toegepast
Ga naar 'In de praktijk' in de MyLab mediatheek voor een bespreking van sekseverschillen: welke verschillen zijn er tussen mannen en vrouwen en hoe komt dat?

⊕ **DOE HET ZELF!** Rationeel denken over sekseverschillen

Herinner je je favoriete speelgoed en spelletjes van toen je nog klein was? Noem er twee of drie en vraag je af of deze vroege voorkeuren misschien beïnvloed waren door je omgeving. Werd je bijvoorbeeld aangemoedigd om je met bepaalde spelletjes, speeltjes of activiteiten bezig te houden (of juist niet)? Waren er omstandigheden in je buurt of op school die primair op het ene geslacht waren gericht, waardoor het andere werd uitgesloten? Hoe hebben deze omgevingsfactoren je voorkeuren gevormd? Hoe beïnvloeden je overwegingen over vroege invloeden op je eigen seksespecifieke ontwikkeling je gedachten over de effecten van nature en nurture op sekseverschillen?

Ga naar **www.pearsonmylab.nl** om je kennis en begrip van deze paragraaf te testen met de MyMap, MyCheck en MyDefinitions.

CENTRALE VRAAG: Waardoor ontstaat een 'genie' en hoe verschillen mensen die we 'geniaal' noemen van anderen?

- Mensen denken wel dat 'genieën' anders zijn dan gewone mensen, maar daarvoor zijn weinig bewijzen gevonden.
- Uit onderzoek blijkt dat genieën mensen zijn met normale denkprocessen. Ze zijn wel erg gemotiveerd, hebben veel kennis op hun eigen terrein en vertonen bepaalde persoonlijkheidskenmerken.
- Naast de bovengenoemde kenmerken zijn belangrijke componenten in de formule voor 'het worden van een genie' het uitzoeken van een terrein waar je veel talent voor hebt en veel plezier aan beleeft en het vervolgens besteden van minimaal 10.000 uur aan de ontwikkeling van je expertise op dat gebied.

KERNVRAAG 6.1
▶ Wat zijn de bouwstenen van denken?

Cognitiewetenschappers gebruiken vaak de **computermetafoor** om het brein te begrijpen als een informatieverwerkend orgaan. Denken is een mentaal proces waarbij nieuwe mentale representaties worden gevormd door veranderingen aan te brengen in de beschikbare informatie die afkomstig is uit verschillende bronnen, waaronder de zintuigen, emoties en geheugen. De bouwstenen van denken worden **natuurlijke** en **artificiële concepten** genoemd: het zijn categorieën van voorwerpen of ideeën die een of meer kenmerken gemeenschappelijk hebben. Concepten zijn vaak hiërarchisch georganiseerd, oplopend van algemeen tot specifiek, en de manier waarop ze worden georganiseerd verschilt tussen culturen.
Andere psychische structuren die het denken sturen zijn **schema's**, **scripts** en visuele beelden zoals mentale plattegronden. Neurowetenschappers gebruiken brain imaging (beeldvormingstechnieken) om te leren over de verbanden tussen denkprocessen en de hersenen, in het bijzonder de frontaalkwabben. Andere wetenschappers hebben de nadruk gelegd op de rol van emoties bij denken, in het bijzonder bij **intuïtie**. Schema's en scripts zijn bijzonder belangrijk bij het begrijpen van denken, omdat ze mentale structuren zijn die concepten organiseren, en ons helpen bij het geven van betekenis aan nieuwe informatie en gebeurtenissen. Onze schema's en scripts worden beïnvloed door cultuur.

● **KERNCONCEPT 6.1**
Denken heeft te maken met de manipulatie van mentale representaties zoals concepten, beelden, schema's en scripts.

KERNVRAAG 6.2
▶ Over welke vaardigheden beschikken goede denkers?

Twee van de belangrijkste vaardigheden waarover een goede denker moet beschikken zijn het vermogen om een probleem te definiëren en het vermogen om een probleemoplossingsstrategie te selecteren. Deze strategieën worden **algoritmen** en **heuristieken** genoemd. De meest bruikbare heuristieken zijn terugwerken, naar analogieën zoeken en een groot probleem opdelen in kleinere deelproblemen. Veelvoorkomende hindernissen bij het oplossen van problemen zijn een **mental set**, **functionele gefixeerdheid** en zelfopgelegde beperkingen.
Je vermogen om te oordelen of te beslissen kan vertroebeld worden door een verkeerd gekozen heuristiek of door bias. Veelvoorkomende soorten bias zijn onder meer **confirmation bias**, **hindsight bias**, **anchoring bias** en de **representativeness bias**. Besluitvorming kan ook worden beïnvloed door factoren buiten iemand om, zoals de **tirannie van de keuze**. Over het algemeen zijn goede beslissers mensen die goed gebruikmaken van kritische denkvaardigheden.

Mensen die 'creatieve genieën' worden genoemd, zijn supergemotiveerde **experts** die dikwijls over bepaalde persoonlijkheidskenmerken beschikken. De denkprocessen waarvan ze gebruikmaken, lijken echter heel gewoon te zijn.

● **KERNCONCEPT 6.2**
Goede denkers beschikken niet alleen over een repertoire van effectieve algoritmen en heuristieken, ze weten ook hoe ze veelvoorkomende hindernissen bij het oplossen van problemen en het nemen van beslissingen moeten vermijden.

KERNVRAAG 6.3
▶ Hoe wordt intelligentie gemeten?

Het meten van **intelligentie** is zowel wijdverbreid als omstreden. In 1904 ontwikkelden Binet en Simon de eerste bruikbare intelligentietest, die was gebaseerd op de aanname dat onderwijs van invloed is op de intellectuele prestaties. De oorspronkelijke berekeningsmethode van het **IQ** werd vervangen door standaardscores gebaseerd op de **normale verdeling**. IQ-scores spelen een essentiële rol in het opsporen van **mentale handicaps** en **hoogbegaafdheid**, die dikwijls geassocieerd worden met de twee uitersten van de IQ-curve.

● **KERNCONCEPT 6.3**
Het testen van intelligentie heeft vanaf het begin geleid tot grote onenigheid, maar de meeste moderne psychologen zien intelligentie als een normaal verdeeld kenmerk dat kan worden vastgesteld op grond van iemands prestaties bij het verrichten van een aantal verschillende verbale en non-verbale taken.

KERNVRAAG 6.4
▶ Wat zijn de bouwstenen van intelligentie?

Een van de eerste *psychometrische theorieën* over intelligentie was afkomstig van Spearman. Zijn analyse benadrukt één enkele, algemene factor die hij **g** noemde. Cattell maakte een onderverdeling in twee bouwstenen: **vloeibare** en **gekristalliseerde intelligentie**. Moderne cognitief psychologen zien intelligentie ook als een combinatie van vaardigheden. Gardner en Sternberg waren de eersten die intelligentie breder opvatten dan de prestaties bij het uitvoeren van schoolgerelateerde opdrachten. Sternbergs **triarchische theorie** stelt een **analytische**, **creatieve** en **praktische intelligentie** voor, en Gardners theorie van **meervoudige intelligentie** stelt acht vormen van intelligentie voor. Ondertussen wijzen crosscultureel psychologen erop dat 'intelligentie' in verschillende culturen op verschillende wijze wordt gedefinieerd. Als er grote nadruk wordt gelegd op psychologische tests, is het gevaar groot dat testresultaten uitgroeien tot een soort stempel dat het gedrag van mensen door **selffulfilling prophecy** beïnvloedt.

● **KERNCONCEPT 6.4**
Sommige psychologen geloven dat intelligentie in essentie een enkele, algemene factor is, terwijl anderen menen dat je intelligentie het beste kunt beschrijven als een verzameling van verschillende vaardigheden.

KERNVRAAG 6.5
▶ Hoe verklaren psychologen IQ-verschillen tussen groepen?

Sommige theorieën berusten op het idee dat intelligentie grotendeels bepaald wordt door erfelijke factoren. Andere theorieën stellen dat iemands IQ ingrijpend kan veranderen door omgevingsinvloeden als gezondheid, economische omstandigheden en onderwijs. Hoewel de meeste psychologen het erover eens zijn dat intelligentie deels erfelijk bepaald is, weten ze dat de **erfelijkheidsratio** verwijst naar de variatie van een kenmerk binnen een groep, en dat niet zegt dat IQ-verschillen tussen groepen het gevolg zijn van genetische factoren.

Desondanks vlamde de discussie over de vraag of verschillen tussen de gemiddelde intelligentie van groepen te maken hadden met aangeboren of juist aangeleerde kwaliteiten opnieuw op in 1969, toen Jensen beweerde dat alle onderzoek wees in de richting van een grote genetische invloed. Dit argument werd wederom aangevoerd in het boek *The Bell Curve*, dat in 1994 verscheen. Critici wezen erop dat een groot deel van het in het boek geciteerde onderzoek niet deugde. Bovendien is het waarschijnlijk dat ook de intelligentietest zelf mensen die een bepaalde taal spreken en bepaalde culturele ervaringen delen een voorsprong geeft. Aanhangers van de genetische theorie hebben met hun uitingen wetenschappers uitgedaagd meer onderzoek te doen. Uit deze onderzoeken blijkt dat verschillen in IQ-scores tussen groepen die verschillen in etnische achtergrond en groepen uit verschillende sociale klassen kunnen worden toegeschreven aan omgevingsfactoren en aan de invloed van lage verwachtingen en negatieve stereotypen, zoals in **stereotypedreiging**.

● **KERNCONCEPT 6.5**
De meeste psychologen zijn van mening dat zowel erfelijke factoren als de omgeving van invloed zijn op intelligentie. Er bestaan verschillende visies over de oorzaak van IQ-verschillen tussen afzonderlijke etnische groeperingen en sociale klassen.

 Op **www.pearsonmylab.nl** vind je tools en toetsen om je begrip en kennis van dit hoofdstuk uit te breiden en te oefenen.

BELANGRIJKE BEGRIPPEN

Algemene of g-factor (p. 230)

Algoritme (p. 210)

Anchoring bias (ankerheuristiek) (p. 216)

Artificieel concept (p. 203)

Availability bias (beschikbaar-heidsheuristiek) (p. 217)

Begaafdheid (p. 219)

Computermetafoor (p. 201)

Concept (p. 202)

Conceptuele hiërarchie (p. 203)

Creativiteit (p. 218)

Denken (p. 201)

Erfelijkheidsratio (p. 239)

Experimentele intelligentie (p. 232)

Expert (p. 219)

Functionele gefixeerdheid (p. 213)

Gekristalliseerde intelligentie (p. 231)

Heuristiek (p. 210)

Hindsight bias (p. 215)

Hoogbegaafdheid (p. 224)

Intelligentie (p. 201)

Intelligentiequotiënt (IQ) (p. 223)

Intuïtie (p. 208)

Kalenderleeftijd (KL) (p. 222)

Logisch redeneren (p. 231)

Meervoudige intelligentie (p. 232)

Mentale handicap (p. 224)

Mentale leeftijd (ML) (p. 222)

Mental set (p. 212)

Natuurlijk concept (p. 202)

Normaal verdeeld (p. 224)

Normale spreidingsbreedte (p. 224)

Normale verdeling (p. 224)

Praktische intelligentie (p. 231)

Prototype (p. 203)

Pygmalion-effect (Rosenthal-effect) (p. 235)

Representativeness bias (representativi-teitsheuristiek) (p. 216)

Savantsyndroom (p. 229)

Schema (p. 204)

Script (p. 206)

Selffulfilling prophecy (p. 237)

Stereotypedreiging (p. 244)

Tirannie van de keuze (p. 217)

Triarchische theorie (p. 232)

Vloeibare intelligentie (p. 231)

▶ KERNVRAGEN	● KERNCONCEPTEN	■ IN DE PRAKTIJK

7.1 Wat kan een pasgeboren baby?
7.1.1 Prenatale ontwikkeling
7.1.2 De neonatale periode: vaardigheden van het pasgeboren kind
7.1.3 Infancy: verder bouwen op de neonatale blauwdruk

7.1 Pasgeborenen bezitten vaardigheden voor drie elementaire overlevingstaken: voedsel vinden, contact maken en gevaarlijke situaties vermijden.

Psychologische kwesties
Spelen is niet alleen maar voor de lol op www.pearsonmylab.nl

7.2 Welke vaardigheden moet een kind zich eigen maken?
7.2.1 Hoe kinderen taal verwerven
7.2.2 Cognitieve ontwikkeling: Piagets theorie
7.2.3 Sociale en emotionele ontwikkeling

7.2 De samenwerking van nature and nurture zorgt ervoor dat kinderen belangrijke ontwikkelingstaken kunnen verrichten, vooral op het gebied van taalverwerving, cognitieve ontwikkeling en het ontwikkelen van sociale relaties.

Doe het zelf!
Spelen met kinderen in de stijl van Piaget

Psychologische kwesties
De puzzel van ADHD op www.pearsonmylab.nl

7.3 Welke ontwikkelingen vinden plaats tijdens de adolescentie?
7.3.1 Adolescentie en cultuur
7.3.2 Lichamelijke rijping tijdens de adolescentie
7.3.3 Seksualiteit tijdens de adolescentie
7.3.4 Cognitieve ontwikkeling tijdens de adolescentie
7.3.5 Sociale en emotionele problemen tijdens de adolescentie

7.3 De adolescentie brengt nieuwe ontwikkelingsproblemen met zich mee, die het gevolg zijn van lichamelijke veranderingen, cognitieve veranderingen en sociaal-emotionele druk.

Psychologische kwesties
Het puberende brein

Doe het zelf!
Nature en nurture in je eigen ontwikkeling

Psychologie gebruiken om psychologie te leren
op www.pearsonmylab.nl

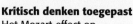

7.4 Welke ontwikkelingen vinden plaats tijdens de volwassenheid?
7.4.1 Vroege volwassenheid: verkenning, autonomie en intimiteit
7.4.2 De problemen van de middelbare leeftijd: complexiteit en zorg voor de volgende generatie
7.4.3 Late volwassenheid: de leeftijd van integriteit

7.4 Tijdens de overgangen die we als volwassenen doormaken, blijft de wisselwerking tussen nature en nurture bestaan: moderne culturele normen en technologie verbeteren de duur en kwaliteit van het leven van veel volwassenen.

Psychologische kwesties
Een terugblik op het tweelingenonderzoek op www.pearsonmylab.nl

Kritisch denken toegepast
Het Mozart-effect op www.pearsonmylab.nl

CENTRALE VRAAG: Blijkt uit het verbluffende aantal overeenkomsten tussen tweelingen die afzonderlijk zijn opgegroeid dat we primair een product van onze genen zijn? Of beïnvloeden erfelijkheid en omgeving samen de groei en ontwikkeling tijdens het gehele leven?

 Op **www.pearsonmylab.nl** vind je tools en toetsen om je begrip en kennis van dit hoofdstuk uit te breiden en te oefenen.

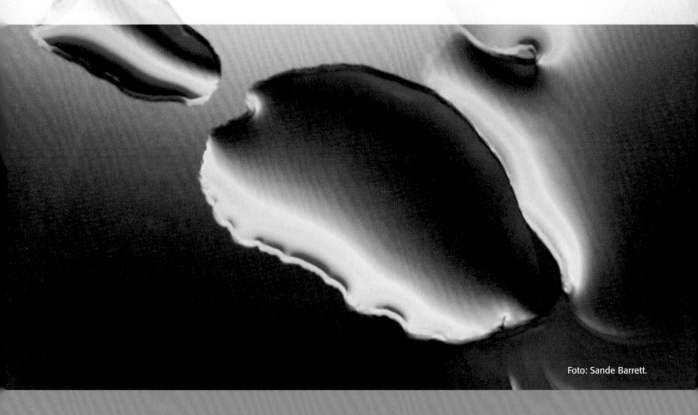

Foto: Sande Barrett.

Waardoor zou de aandacht van de media effectiever kunnen worden vastgehouden dan door een verhaal over tweelingen die bij de geboorte worden gescheiden en als volwassenen worden herenigd? Veel van zulke verhalen zijn afkomstig van het beroemde studieproject over tweelingen van Thomas Bouchard aan de universiteit van Minnesota. Wat vooral de aandacht van journalisten trekt, zijn meldingen van griezelige overeenkomsten tussen eeneiige tweelingen die door verschillende ouders zijn opgevoed, op verschillende scholen hebben gezeten, beïnvloed zijn door andere leeftijdsgenoten en soms zelfs in verschillende culturen zijn opgegroeid.

Neem bijvoorbeeld de 'tweeling Jim'. De eeneiige tweelingbroers Jim Springer en Jim Lewis werden enkele weken na de geboorte gescheiden, door verschillende ouders geadopteerd en verschillend opgevoed. Toch was er iets wat hen zich via 'parallelle routes' liet ontwikkelen, ook al waren deze routes gedurende 39 jaar gescheiden. Bij hun hereniging ontdekten de tweelingbroers Jim enkele opmerkelijke overeenkomsten. Enkele voorbeelden:

- Ze behaalden vrijwel identieke scores op persoonlijkheids-, intelligentie-, attitude- en interessetests.
- Ze hadden een vergelijkbaar medisch dossier: beiden kampten met een licht

verhoogde bloeddruk, beiden hadden aanvallen gehad die ze ten onrechte voor een hartaanval hielden; beiden hadden een vasectomie ondergaan; beiden leden aan migraine.

- Beide mannen waren kettingrokers, ze rookten hetzelfde merk en dronken hetzelfde bier.
- Beiden waren tweemaal getrouwd en bij beiden heette de vrouw uit het eerste huwelijk Linda en de vrouw uit het tweede huwelijk Betty. Beide mannen lieten liefdesbriefjes in huis achter.
- Lewis had drie zoons, van wie één James Alan heette. Springer had drie dochters, plus een zoon die James Alan heette.
- Beiden hadden vroeger een hond die Toy heette.
- Beiden hadden hetzelfde merk auto, beten op hun nagels en hadden een hekel aan baseball.
- Beiden waren hulpsheriff geweest.

- Beiden hadden als hobby houtbewerking. Lewis vond het leuk om miniatuurpicknicktafels te maken en Springer maakte miniatuurschommelstoelen. Beiden bouwden een witte bank rond een boom in de tuin.

Toen Bouchard in de krant over de twee Jims las, wist hij dat hun geval een zeldzame gelegenheid bood om de relatieve effecten van erfelijkheid en omgeving te bestuderen en hoe deze zich in de loop van de tijd ontplooien tijdens het proces dat we ontwikkeling noemen (Holden, 1980a, b; Lykken et al., 1992). De Jims stemden ermee in deel te nemen en werden aldus het eerste van circa 115 paren herenigde tweelingen (plus vier groepen gescheiden van elkaar opgevoede drielingen) die gedurende de volgende twintig jaar aan de universiteit van Minnesota werden bestudeerd.

CENTRALE VRAAG: Blijkt uit het verbluffende aantal overeenkomsten tussen tweelingen die afzonderlijk zijn opgegroeid dat we primair een product van onze genen zijn? Of beïnvloeden erfelijkheid en omgeving samen de groei en ontwikkeling tijdens het gehele leven?

Hoe fascinerend deze verhalen ook zijn, we moeten ze zorgvuldig interpreteren (Phelps et al., 1997). Laten we deze interpretatie beginnen door eens diep en kritisch na te denken, en enkele belangrijke vragen te stellen:

- Zijn deze verhalen over tweelingen representatief voor alle tweelingen die afzonderlijk worden opgevoed, of zijn dit uitzonderingen?
- Als we opvallende overeenkomsten tussen biologische verwanten zien, of het nu om tweelingen, broers en zussen of ouders en kinderen gaat, door welke andere factoren dan door erfelijkheid zouden deze overeenkomsten dan kunnen worden verklaard?
- Zijn er methoden waarmee we op betrouwbare wijze onderscheid kunnen maken tussen de genetische bijdrage en die van omgevingsinvloeden, zodat we nauwkeurig kunnen bepalen hoe groot de bijdrage van elk van deze factoren is?

Ontwikkelingspsychologie: Specialisme in de psychologie dat de groei, verandering en consistentie gedurende het hele leven bestudeert.

Deze fascinerende vragen vormen slechts een deel van het studieterrein rond de menselijke ontwikkeling. **Ontwikkelingspsychologie** is de psychologie van groei, verandering en consistentie gedurende het hele leven. Bij deze discipline worden vragen gesteld over de wijze waarop denken, voelen en gedrag veranderen tijdens de zuigelingentijd, de peuter- en kleutertijd, de kindertijd, de adolescentie en de volwassenheid. Deze veranderingen worden vanuit verschillende invalshoeken onderzocht: lichamelijke, emotionele, cognitieve en sociaal-culturele. De primaire vragen voor ontwikkelingspsychologen zijn de volgende: welke voorspelbare veranderingen vinden gedurende het gehele leven bij individuen plaats en welke rol spelen erfelijke factoren en omgeving bij deze veranderingen? Psychologen noemen het probleem van erfelijkheid en omgeving het **nature-nurturevraagstuk.** Zoals je uit hoofdstuk 2 en 4 weet, staat *nature* voor de bijdrage van onze erfelijke factoren, terwijl onder *nurture* de rol van onze omgeving wordt verstaan. In eerdere jaren was de vraag over nature en nurture een of-ofvraag, maar moderne onderzoekers hebben een genuanceerder inzicht in de complexe aard van

Nature-nurturevraagstuk: Oud meningsverschil over de vraag of erfelijke factoren dan wel omgevingsfactoren de meeste invloed hebben op ons gedrag en psychische processen.

dit probleem (Bronfenbrenner & Ceci, 1994; Dannefer & Perlmutter, 1990). Tegenwoordig wordt erkend dat zowel nature als nurture bij bijna alle aspecten van menselijk gedrag een rol spelen. De vragen zijn dus veranderd: (1) wat is het relatieve aandeel van elk van deze factoren en (2) op welke wijze vertonen de twee factoren interactie, zodanig dat uiteindelijk een bepaalde eigenschap ontstaat?

Eenvoudig gezegd, betekent *interactie tussen nature en nurture* dat we allemaal worden geboren met een bepaalde aanleg (nature) die, als deze wordt blootgesteld aan de juiste invloeden uit onze omgeving (nurture) het volledige potentieel kan bereiken. Als je bijvoorbeeld goed bent in wiskunde of muziek, is jouw vaardigheid feitelijk het resultaat van erfelijke aanleg en ervaring. Erfelijkheid bepaalt je potentieel (wat er in principe mogelijk is), maar ervaring bepaalt of en hoe je dat potentieel gestalte geeft.

Desondanks kunnen we ons nog steeds afvragen welke eigenschappen het meest door erfelijke factoren worden beïnvloed en welke eigenschappen vooral worden gevormd door leerprocessen en andere omgevingsfactoren als ziektes en voeding. Aan het beantwoorden van deze vragen kleven enkele gevaren. We weten bijvoorbeeld dat in bepaalde genetische afwijkingen, zoals het syndroom van Down, de biologie een erg sterke invloed heeft. Bij deze aandoening leidt het afwijkende chromosomenaantal tot het ontstaan van zwakzinnigheid. We weten ook dat er geen genezing mogelijk is. Het mogelijke gevaar is dat ouders of leraren van kinderen met zulke problemen concluderen dat biologie het lot van het kind bepaalt en dat er geen hoop op verbetering is. Door zich blind te staren op de genetische oorzaak verliezen ze uit het oog dat veel mensen met het syndroom van Down door een specifieke training in staat zijn een groot aantal alledaagse vaardigheden onder de knie te krijgen.

Met deze risico's in gedachten zijn psychologen doorgegaan met het bestuderen van erfelijke en door de omgeving bepaalde bijdragen aan gedachten en gedrag. Ze hebben verschillende intelligente methoden ontwikkeld om de effecten van nature en nurture af te wegen. Een van de methoden is **tweelingenonderzoek**. Het onderzoek van Thomas Bouchard biedt bijvoorbeeld enkele aanwijzingen over de relatieve bijdrage van nature en nurture: in het geval van de tweelingbroers Jim is de kans groot dat overeenkomsten het gevolg zijn van hun gedeelde erfelijkheid, omdat ze niet in dezelfde omgeving zijn opgegroeid. Tweelingen met een levensloop als de broers Jim zijn schaars. Veel vaker worden tweelingen samen opgevoed en gelukkig hebben psychologen een manier bedacht om ook van deze tweelingen te leren. Omdat eeneiige tweelingen overwegend hetzelfde genotype hebben en twee-eiige tweelingen (gemiddeld) de helft van hun genen gemeenschappelijk hebben, zouden erfelijke effecten zich bij eeneiige tweelingen sterker moeten uiten. Bij onderzoeken waarbij deze twee typen tweelingen worden vergeleken, fungeren de twee-eiige tweelingen als controlegroep. Uit zulke onderzoeken is waardevolle informatie naar voren gekomen over de erfelijkheid van psychische stoornissen en gedragsstoornissen, waaronder alcoholisme, de ziekte van Alzheimer, schizofrenie, depressie en autisme (Constantino et al., 2012; Muhle, 2004; Plomin et al., 1994).

Een andere methode om de effecten van erfelijkheid en omgeving te meten, wordt gevormd door **adoptieonderzoeken**. Bij adoptieonderzoek vergelijken onderzoekers de kenmerken van geadopteerde kinderen met die van hun biologische ouders en die van de leden van het adoptiegezin. Overeenkomsten met biologische gezinsleden wijzen op invloed van erfelijke factoren, terwijl overeenkomsten met gezinsleden uit het adoptiegezin doen vermoeden dat de omgeving een rol speelt. Uit dit soort onderzoeken, en uit tweelingenonderzoek, kan men voorzichtig concluderen dat vele psychologische kenmerken, waaronder intelligentie, seksuele voorkeur, temperament en impulsief gedrag, een genetische component hebben; dit zien we allemaal in meer detail in de komende bladzijden (Alanko et al., 2010; Bouchard, 1994; Dabbs, 2000).

Harry Potter is een bekend denkbeeldig voorbeeld van de interactie tussen nature en nurture. Hij is geboren uit ouders met magische krachten, maar opgevoed door Dreuzels (mensen zonder magische krachten); hij kon zijn eigen toverkracht pas ontwikkelen toen hij op Zweinstein werd opgeleid.

Bron: Mary Evans/Warner Bros. and J.K. Rowling/Ronald Grant/Courtesy Everett Collection.

Tweelingenonderzoek: Onderzoek naar (eeneiige) tweelingen. Door hun ontwikkelingen met elkaar te vergelijken, hoopt men te ontdekken welke eigenschappen zijn aangeleerd, en welke aangeboren.

◀◀ **Verbinding hoofdstuk 1**
De controlegroep bij een onderzoek dient als standaard waarmee groepen kunnen worden vergeleken (p. 26).

Adoptieonderzoek: Alternatief voor tweelingenonderzoek waarbij de eigenschappen van het geadopteerde kind worden vergeleken met de eigenschappen van de biologische gezinsleden en die van de adopterende gezinsleden.

▶ Wat kan een pasgeboren baby?

Aangeboren vaardigheden: Vaardigheden die een kind al beheerst bij de geboorte; deel van de biologische erfenis.

Vroeger dachten mensen dat baby's volkomen hulpeloos ter wereld kwamen en volledig afhankelijk waren van hun verzorgers. De laatste jaren is dat beeld echter aan het veranderen. Psychologen hebben ontdekt dat pasgeboren baby's al over een opmerkelijk aantal in de genen verankerde vaardigheden beschikken. Deze **aangeboren vaardigheden** vormen de essentie van ons kernconcept van deze paragraaf:

● **KERNCONCEPT 7.1**
Pasgeborenen bezitten vaardigheden voor drie elementaire overlevingstaken: voedsel vinden, contact maken en gevaarlijke situaties vermijden.

De vaardigheden van pasgeborenen zijn weliswaar beperkt, maar ze zijn wel zo effectief dat ze de overlevingskans verhogen. Je bent ter wereld gekomen, terwijl je al 'wist' hoe je voedsel kon krijgen door te zuigen, dat je je ogen tegen helder licht kon beschermen door je handen voor je ogen te houden en hoe je de aandacht kon trekken door te kirren en te huilen. De basisvaardigheden van de pasgeborene kunnen worden beschouwd als een soort raamwerk dat wordt uitgebreid met nieuwe en complexere vaardigheden naarmate het kind groeit en zich ontwikkelt.

Om te verklaren waar deze vaardigheden vandaan komen en hoe ze zich ontwikkelen, is de stof in deze paragraaf georganiseerd rond drie belangrijke perioden in de ontwikkeling: de *prenatale periode,* de pasgeborenentijd oftewel *neonatale periode,* en de *zuigelingentijd.* Je zult zien dat de ontwikkeling in elke fase voortbouwt op vaardigheden en structuren die eerder zijn aangelegd.

Prenatale periode: Ontwikkelingsperiode voorafgaande aan de geboorte.

Zygote: Bevruchte eicel.

Embryo: Het ongeboren kind gedurende de eerste acht weken na de conceptie.

7.1.1 Prenatale ontwikkeling

De **prenatale periode** is de periode tussen de conceptie en de geboorte. Voor het nieuwe organisme is het een tijd van koortsachtige ontwikkelingen, waarin het zich voorbereidt op een onafhankelijk leven buiten de baarmoeder. In deze prenatale periode doorloopt het ongeboren kind drie fases: de germinale, de embryonale en de foetale fase.

Drie fases van prenatale ontwikkeling
Kort na de conceptie begint de bevruchte eicel, de **zygote**, door celdeling te groeien: in deze zogeheten *germinale fase* splitst de bevruchte eicel zich eerst in tweeën, vervolgens splitsen de twee cellen zich tot vier, en tegen de tijd dat er ongeveer honderdvijftig cellen zijn, nestelt de zygote zich in de wand van de baarmoeder. Dit proces duurt in totaal circa een week. Na de nesteling in de baarmoederwand wordt de zygote, samen met de cellen die zich in de *placenta* en in andere ondersteunende structuren ontwikkelen, een **embryo** genoemd. Het embryo is door middel van de navelstreng verbonden met het lichaam van de moeder en wordt beïnvloed door alles wat de moeder eet, drinkt of waar ze aan wordt blootgesteld.

Tijdens het *embryonale stadium* bepaalt de genetische aanleg op welke wijze het embryo zich ontwikkelt. In het differentiatieproces gaan de cellen van het embryo zich specialiseren tot onderdelen van specifieke orgaansystemen. (Voorafgaand aan de differentiatie zijn bepaalde embryonale cellen, de zogenoemde

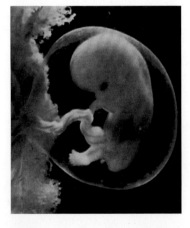

De hersenen van een embryo groeien met ongeveer 250.000 neuronen per minuut.
Bron: Dr G. Moscoso/SPL/Photo Researchers Inc.

stamcellen, in staat zich tot elk soort lichaamscel te transformeren.) Eén voorbeeld van differentiatie is de ontwikkeling van het anatomische geslacht. Als de celkernen van het embryo twee X-chromosomen bevatten, zal het kind een meisje worden. Bevatten de celkernen echter een X- en een Y-chromosoom, dan groeit het uit tot een jongen.

Na de achtste week tot aan de geboorte wordt het ongeboren kind een **foetus** genoemd. Vroeg tijdens het *foetale stadium* beginnen spontane bewegingen en basale reflexen te ontstaan. Al tijdens de veertiende week bijvoorbeeld is op een echografie te zien dat sommige baby's hun handen krommen rond iets wat met de handpalm in contact komt (Sparling et al., 1999): dit is het begin van de grijpreflex, die van adaptief belang is (dat wil zeggen: van belang bij de aanpassing van het individu aan de omgeving). Tegen de zestiende week zijn de hersenen volledig gevormd en kan de foetus pijn voelen (Anand & Hickey, 1987). Na de zevenentwintigste week kunnen baby's geluiden buiten de baarmoeder horen, waardoor ze kort na de geboorte in staat zijn bepaalde geluiden en ritmes te herkennen. In de periode voorafgaande aan de geboorte maken de hersenen nieuwe neuronen aan in een ongelooflijk tempo van zo'n 250.000 stuks per minuut. Tegen de tijd dat het kind geboren wordt, bestaan de hersenen in totaal uit meer dan honderd miljard neuronen (Dowling, 1992).

Prenatale gevaren: teratogenen

Tijdens de prenatale ontwikkeling is de **placenta** het orgaan tussen het embryo, later de foetus, en de moeder. Dit orgaan dient als verbinding tussen moeder en kind, zodat voedingsstoffen naar het embryo worden gevoerd en afvalstoffen weer worden afgevoerd. De placenta kan ook enkele, maar niet alle, schadelijke stoffen (gifstoffen) uitfilteren. Deze giftige stoffen worden **teratogenen** genoemd. Het zijn onder meer virussen (zoals hiv), verschillende drugs en andere chemische stoffen, zoals nicotine en alcohol, en zelfs enkele kruiden.

Foetaal Alcohol Syndroom (**FAS**) kan zich voordoen bij kinderen van moeders die tijdens de zwangerschap alcohol drinken. FAS is een belangrijke oorzaak van mentale handicaps. Bij kinderen met deze aandoening is de motorische coördinatie vaak ook slecht, ze kunnen zich slecht concentreren en zijn hyperactief. Moeders die een of meer alcoholische dranken per dag drinken, lopen het risico dat de foetus aan alcohol wordt blootgesteld. Gebleken is dat hierdoor leerprocessen, de ontwikkeling van taalvaardigheden, het geheugen en veel andere cognitieve en lichamelijke functies worden belemmerd (Office of the Surgeon General, 2005). Bovendien komen uit een reeks onderzoeken aan de universiteit van Pittsburgh aanwijzingen naar voren dat zelfs een minimale blootstelling (in sommige gevallen minder dan vijf alcoholische consumpties per week) kan leiden tot een verlaging van het IQ en een aanzienlijk vertraagde lichamelijke ontwikkeling: op een leeftijd van veertien jaar wogen kinderen die in de baarmoeder aan alcohol werden blootgesteld, doordat hun moeders in geringe mate alcohol consumeerden, gemiddeld zo'n 7,3 kilogram minder dan kinderen van moeders die tijdens de zwangerschap geen alcohol hadden gedronken (Willford, 2006; Day, 2002).

Blootstelling aan nicotine en aan enkele veelgebruikte kruiden en supplementen kan ook een negatieve invloed op de foetus hebben. Vrouwen die tijdens de zwangerschap roken, hebben een grotere kans op een kind met een laag geboortegewicht, leerstoornissen en ADHD (Button et al., 2005). Roken van de moeder gaat ook gepaard met een groter risico op wiegendood (SIDS, *sudden infant death syndrome*) (Bruin et al., 2007). Zelfs van enkele populaire kruidengeneesmiddelen en supplementen, zoals ginkgo en ginseng, is gebleken dat ze een schadelijk effect hebben op een foetus in ontwikkeling (Chan et al., 2003; Dugoua et al., 2006).

Foetus: Het ongeboren kind in de periode tussen het embryonale stadium en de geboorte.

Placenta: Orgaan dat het embryo en later de foetus scheidt van de moeder. De placenta vormt een barrière tussen de bloedbanen, maar laat wel voedingsstoffen en afvalstoffen door.

Teratogeen: Substantie uit de omgeving (bijvoorbeeld een virus, drug of andere chemische stof) die schade kan toebrengen aan het ongeboren kind.

Foetaal Alcohol Syndroom (FAS): Een aantal fysieke en mentale problemen die voorkomen bij kinderen van wie de moeders excessieve hoeveelheden alcohol dronken tijdens de zwangerschap.

 Video
Ga naar de MyLab mediatheek om de video te bekijken over de effecten van roken door de moeder op de ontwikkeling van het ongeboren kind.

7.1.2 De neonatale periode: vaardigheden van het pasgeboren kind

De **neonatale periode** heeft betrekking op de eerste maand na de geboorte. Tegen de tijd dat een pasgeborene ter wereld komt, heeft een groot deel van de neurale en sensorische ontwikkeling al plaatsgevonden. Uit recent onderzoek is gebleken dat bij pasgeborenen alle vijf zintuigen werken, evenals een reeks gedragsmatige reflexen die ze gebruiken om op hun omgeving te reageren en deze te manipuleren. Al deze vermogens bij elkaar spelen een rol bij het overleven van de pasgeborene en zorgen ervoor dat deze beter in zijn omgeving gedijt.

Sensorische vaardigheden van de pasgeborene

Hoe ziet de sensorische wereld van een pasgeboren kind eruit? Allereerst reageert het op smaak. Als een kind drinkt, geldt: hoe zoeter de vloeistof, des te regelmatiger en sterker de zuigbeweging (Lipsitt et al., 1976). Een pasgeborene glimlacht als het een banaan ruikt en prefereert gezouten boven ongezouten pap (Bernstein, 1990; Harris et al., 1990). De smaak van citroen en garnalen en de geur van rotte eieren doet de pasgeborene terugschrikken. Al deze responsen maken deel uit van het vermogen dat de pasgeborene heeft om gezonde voeding binnen te krijgen. Het is genetisch bepaald dat baby's menselijke stemmen verkiezen boven andere geluiden, en menselijke gezichten verkiezen boven de meeste andere visuele patronen (Fantz, 1963). Zelfs de bijziendheid van pasgeborenen is van nut: hun optimale gezichtsscherpte van circa dertig centimeter is ideaal voor het kijken naar gezichten. Al enkele dagen na de geboorte kunnen ze het gezicht van hun moeder herkennen. Hun gezichtsscherpte bedraagt niet meer dan vier procent (dat betekent bijvoorbeeld dat een baby een voorwerp kan identificeren dat zich op zes meter afstand bevindt, terwijl een ouder kind voorwerpen op honderdvijftig meter afstand scherp kan waarnemen). De visuele systemen ontwikkelen zich echter zeer snel (Banks & Bennett, 1988) en rond de zevende week zijn bij een zuigeling de visuele banen en de motorische coördinatie ontstaan die nodig zijn om oogcontact met een verzorger te onderhouden – een belangrijk element bij het vormen van een relatie. Feldman (2012) geeft een interessant overzicht van de ontwikkeling van visuele perceptie bij baby's. Het blijkt dat pasgeborenen (twee-drie maanden) duidelijk veel meer fixeren op een afbeelding van het menselijk gezicht dan op andere complexe stimuli.

Wat kunnen pasgeborenen nog meer met hun zintuigen? Hoewel ze kleuren kunnen zien, wordt het vermogen kleuren te onderscheiden (zoals rood van oranje en blauw) rond twee maanden na de geboorte aanzienlijk beter (Teller, 1998). Ook geven ze er de voorkeur aan naar voorwerpen te kijken die veel contrast hebben, zoals zwart-witte ruiten of voorwerpen met contrasterende kleuren. Met drie maanden kan de baby diepte waarnemen en beschikt hij of zij in grote lijnen over dezelfde visuele mogelijkheden als een volwassene. Verrassend genoeg lijken kinderen tussen nul en twee jaar zelfs in staat tot een rudimentair soort 'tellen'. Ze weten bijvoorbeeld het verschil tussen twee en drie poppen (Wynn, 1992, 1995). Zulke fundamentele kennis vormt de basis voor de latere ontwikkeling van complexere vaardigheden, zoals rekenen (Spelke, 2000). Pasgeborenen hebben ook sterke auditieve voorkeuren: ze geven de voorkeur aan de menselijke stem boven andere geluiden en de geluiden en ritmen van hun eigen taal boven die van vreemde talen (Goodwyn en Acredolo, 2000). Voordat we gaan veronderstellen dat deze voorkeuren erfelijk zijn, moeten we ons echter herinneren dat de zich ontwikkelende foetus tijdens de laatste paar maanden van de zwangerschap geluiden van buiten de baarmoeder kan horen. Een alternatieve verklaring is dus dat deze auditieve preferenties het gevolg zijn van eerdere blootstelling aan de menselijke stem en aan de moedertaal. Om te onderscheiden of deze preferenties erfelijk zijn of door de omgeving worden bepaald, lazen bij een onderzoek zwangere vrouwen gedurende de laatste zes weken van de zwangerschap tweemaal per dag *The Cat in the Hat* hardop voor. Ook werden geluidsopnamen gemaakt van de moeders tijdens het voorlezen van dit verhaal én tijdens het voorlezen van een ander verhaal. Toen de baby's waren geboren, werden de geluidsbandjes afgedraaid. Het resultaat? Baby's vertoonden een overweldigende voorkeur voor de klanken van het bekende verhaal dat voorgelezen was boven de klanken van het andere verhaal. Pasgeborenen vertonen ook grotere aandacht voor vrouwelijke stemmen dan voor mannelijke stemmen en binnen enkele weken na de geboorte beginnen ze de stem van hun moeder te herkennen (Carpenter, 1973; DeCasper & Spence, 1986). Daarom vormt nurture, in de vorm van eerdere ervaringen, mogelijk de belangrijkste oorzaak van de auditieve voorkeur van pasgeborenen.

Sociale vaardigheden

Heb je ooit gemerkt dat een baby zijn tong naar je uitsteekt wanneer jij jouw tong naar hem uitsteekt? Deze mimiek is slechts een van de vele gedragingen die pasgeborenen en zuigelingen zullen nadoen. Hoewel enkele specialisten in de ontwikkeling van kinderen zich afvroegen of dit gedrag een reflectie vormde van een diepgaand cognitief inzicht in het gedrag van de ander, is er dankzij de recente ontdekking van **spiegelneuronen** een meer waarschijnlijke verklaring te geven (Rizzolatti & Craighero, 2004). Met behulp van **imitatie** van uiteenlopende gedragingen, zoals andere vaardigheden die we hebben besproken, kan het kind in de omgeving overleven en gedijen.

Zuigelingen beschikken dus al over vaardigheden die hen in staat stellen tot sociale interactie: vanaf het moment van de geboorte reageren ze niet alleen op hun verzorgers, maar vertonen ze ook interactie met hen. Uit filmonderzoek met betrekking tot deze interactie blijkt een verbazingwekkende mate van **synchroniciteit**: nauwkeurige coördinatie van de kijkrichting, de stemuitingen, het aanraken en glimlachen van zuigelingen en moeders of andere verzorgers (Martin, 1981). En terwijl baby's reageren en leren, sturen ze ook hun eigen berichten uit naar degenen die van hen houden en die bereid zijn te luisteren. Het resultaat van deze interactie is zichtbaar bij onderzoeken waarbij wordt aangetoond op welke wijze de expressies van moeders en zuigelingen zijn gecoördineerd (Fogel, 1991). Op deze wijze kan een zuigeling van drie maanden dus lachen als zijn of haar moeder lacht en fronsen of huilen wanneer ze blijk geeft van een negatieve emotie (Tronick et al., 1980). Deze vroege interacties, die het resultaat zijn van zowel nature (spiegelneuronen) als nurture (positieve bekrachtiging door imitatie), vormen de basis voor de latere ontwikkeling van empathie.

Aangeboren reflexen

De baby beschikt niet alleen over zintuiglijke vaardigheden en imitatie, maar komt ook ter wereld met een opmerkelijk aantal **aangeboren reflexen**, die een biologische basis voor latere ontwikkeling vormen. Van deze reflexen zorgt de *houdingsreflex* er bijvoorbeeld voor dat de pasgeborene met steun kan zitten, terwijl hij of zij zich met behulp van de *grijpreflex* kan vastklampen aan een verzorger. De *zuigreflex* treedt op wanneer pasgeborenen hun hoofd draaien in de richting van elk voorwerp of lichaamsdeel dat hun wangen beroert, zoals een tepel of een vinger, en eraan beginnen te zuigen. Ook heft een baby zijn benen op wanneer je hem of haar boven een stevige ondergrond rechtop houdt, de *loopreflex*, waarmee een baby zich op het lopen voorbereidt. Bovendien hebben zuigelingen een aangeboren neiging om onaangename stimuli als harde geluiden, helder licht, sterke geuren en pijn te vermijden of te ontvluchten. Het kirren, glimlachen en huilen zijn wellicht de meest effectieve hulpmiddelen die baby's hebben voor het opbouwen van sociale relaties. Vanuit evolutionair perspectief zijn deze vaardigheden bijzonder adaptief en vergroten ze de kans op overleving.

Spiegelneuron: Zenuwcel die geactiveerd wordt als er een handeling wordt uitgevoerd, maar ook als je iemand anders een handeling ziet uitvoeren. De ontdekking van spiegelneuronen wordt beschouwd als een van de belangrijkste recente ontdekkingen in de neurowetenschappen.

Imitatie: Het imiteren van het gedrag van andere mensen.

Synchroniciteit: De nauwkeurige coördinatie van de kijkrichting, het stemgebruik, de aanrakingen en glimlachen van baby en moeder of een andere verzorger.

◀◀ **Verbinding hoofdstuk 2**
Onderzoek naar spiegelneuronen bevindt zich in een vroeg stadium, maar we weten inmiddels dat als we iemand een handeling zien verrichten, ons eigen brein dezelfde gebieden activeert als wanneer we zelf de handeling zouden verrichten (p. 68).

Aangeboren reflex: Reflexieve reactie die al aanwezig is vanaf de geboorte.

▶▶ **Verbinding hoofdstuk 9**
Instinct is een alledaagse, maar onnauwkeurige term voor gedragingen met een sterk genetische basis (p. 347).

7.1.3   Infancy: verder bouwen op de neonatale blauwdruk

Na de neonatale periode breekt een periode aan die Engelstaligen **infancy** noemen. Deze **zuigelingentijd** duurt ongeveer tot het kind achttien maanden tot twee jaar oud is, het moment dat de taalvaardigheid zich begint te ontwikkelen. (Het Latijnse woord *infans* betekent 'niet in staat om te spreken'.) Het is een periode van snelle, sterk genetisch bepaalde groei en van verder bouwen op het repertoire van reflexen en 'instinctieve' gedragingen dat we hiervoor hebben besproken. Al deze vaardigheden ontstaan in een zenuwstelsel dat zich met adembenemende snelheid blijft ontwikkelen.

Neurale ontwikkeling

Stimulatie door de omgeving speelt een belangrijke rol bij het vormen en consolideren van verbindingen. Telkens wanneer een zuigeling aan een nieuwe prikkel wordt blootgesteld, groeien dendrieten en axonen; deze structuren vertakken zich om verbindingen te vormen tussen de neuronen die bij die ervaring zijn betrokken (Kolb, 1989). Hoe vaker de nieuwe neurale verbindingen worden gebruikt, hoe duurzamer ze worden. Met andere woorden: tussen neuronen die samen vuren, worden verbindingen gevormd (Courchesne et al., 1994).

Gevoelige perioden   Voor de ontwikkeling van de hersenen, met betrekking tot bijvoorbeeld taalvaardigheid en emotionele intelligentie, zijn de eerste jaren de vruchtbaarste tijd. Bepaalde vermogens, zoals het gehoor en het gezichtsvermogen, ontwikkelen zich alleen normaal als de stimulatie binnen een specifieke periode plaatsvindt (Lewis & Maurer, 2005; Trainor, 2005). Zulke perioden worden **gevoelige perioden** in de ontwikkeling genoemd. Aanwijzingen hiervoor komen bijvoorbeeld uit een onderzoek bij mensen die volledig doof geboren zijn. Enkelen van hen leerden in hun vroege jeugd gebarentaal, terwijl anderen dit pas veel later leerden. De kinderen die pas tijdens de puberteit of de volwassenheid gebarentaal als eerste taal leerden, bereikten nooit hetzelfde niveau van taalvaardigheid als kinderen die de taal tijdens de vroege jeugd leerden (Mayberry, 1991; Singleton & Newport, 2004). Als je ooit als volwassene hebt geprobeerd een nieuwe taal te leren, zul je dit resultaat niet vreemd vinden; dit is veel moeilijker dan wanneer kinderen een taal leren.

Ontwikkeling van de hersenen   Naarmate de dendrieten en de axonen groeien en verbindingen vormen, neemt het totale gewicht van het zenuwweefsel in de hersenen snel toe: gedurende de eerste twee jaar met vijftig procent. Tegen het vierde levensjaar zijn de hersenen bijna twee keer zo groot als bij de geboorte. Gedurende de volgende tien jaar zullen de ervaringen waaraan het kind wordt blootgesteld grotendeels bepalen welke gebieden en functies van de hersenen het best worden ontwikkeld. Als gevolg van het genetische programma (in combinatie met de beperking die door de omvang van de schedel wordt opgelegd) kan deze enorme groei van hersenbanen niet oneindig doorgaan. Tegelijkertijd gaan ongebruikte verbindingen verloren, in een proces dat **synaptic pruning** ('snoeien') wordt genoemd. In dit proces worden de neuronen zelf niet vernietigd, maar keren ze terug naar een ongedifferentieerde toestand, waarin ze 'wachten' op een functie tijdens de toekomstige ontwikkeling (Johnson, 1998).

Rijping en ontwikkeling

De vaardigheden om te zitten, te kruipen en te lopen openbaren zich op momenten die worden aangegeven door het biologische tijdschema. Hier is hetzelfde mechanisme aan het werk dat bijvoorbeeld de groei van de hersenen, de groeispurts tijdens de puberteit en het begin van de menopauze bepaalt. Dit genetisch bepaalde groei- en ontwikkelingsprogramma dat zich in de loop van

---

Zuigelingentijd (infancy): De periode tussen het einde van de neonatale periode (de geboorte) en het moment dat het kind kan praten, meestal rond achttien maanden of twee jaar.

Gevoelige periode: Een periode waarin het organisme bijzonder gevoelig is voor specifieke stimuli. Organismen hebben vermoedelijk gevoelige perioden voor het ontwikkelen van het gehoor en het ontvangen van visuele stimulatie die nodig is voor de normale ontwikkeling van zicht.

Synaptic pruning: Een proces waarbij ongebruikte verbindingen in de hersenen verloren gaan en neuronen beschikbaar komen voor toekomstige ontwikkeling.

de tijd ontvouwt, wordt door psychologen aangeduid met de term **rijping** (of *maturatie*). Als organismen in een geschikte omgeving opgroeien, verloopt hun rijping volgens een voorspelbaar patroon. Bij mensen ligt rijping ten grondslag aan alle opeenvolgende gedragspatronen die in figuur 7.1 worden genoemd. We moeten echter de rol van de omgeving in gedachten houden en de wijze waarop deze samenwerkt met onze erfelijke aard. Hoewel de rijping bepalend is voor het algemene tijdsverloop waarin een individu biologisch gezien rijp is voor een nieuwe fase, kan het exacte tijdstip van de ontwikkeling door de omgeving worden vervroegd of verlaat. De bekende bioloog Edward Wilson (1998, 2004) noemt dit principe de **genetic leash**. Als gevolg van de genetic leash leert een kind zonder speciale training lopen volgens een in de tijd geordend patroon dat kenmerkend is voor alle lichamelijk gezonde kinderen (zie figuur 7.1). Zelfs in de Hopicultuur, waar kinderen veelvuldig worden gedragen, vindt de ontwikkeling van het lopen volgens ditzelfde patroon plaats (Dennis & Dennis, 1940). Kinderen die speciale training krijgen, kunnen echter enkele maanden eerder leren lopen (Gardiner et al., 1998). Een tekort aan menselijk contact kan het tegengestelde resultaat tot gevolg hebben en leiden tot ernstige achterstanden in het leren zitten en lopen (Dennis, 1960).

Het concept van de genetic leash blijft bruikbaar bij het bestuderen van verschillende patronen van de menselijke ontwikkeling. Dit concept illustreert op veelzeggende wijze de onvermijdelijke interactie tussen nature en nurture, die zo fundamenteel is wanneer we willen begrijpen hoe en waarom individuen zich zo ontwikkelen als ze doen. Bij het bestuderen van de taalontwikkeling en de cognitieve, de morele en de emotionele ontwikkeling alsmede bij het bestuderen van alle belangrijke stadia van een mensenleven komen we voorbeelden van deze interactie tegen.

Contactsteun

Zuigelingen ontwikkelen op basis van nature en nurture sensorische en motorische vaardigheden en zijn afhankelijk van verzorgers die de noodzakelijke stimulatie bieden. Een type stimulatie dat we nog niet hebben besproken, is aanraking. Het belang van aanraking werd door de psychologen Harry en Margaret Harlow onderzocht (Harlow, 1965, Harlow & Harlow, 1966). Zij gebruikten hiervoor babyaapjes die na de geboorte van hun moeder waren gescheiden. Ze plaatsten de jonge aapjes in kooien waarin zich twee kunstmatige surrogaatmoeders bevonden. De ene 'moeder' was een eenvoudig gazen figuur met een 'tepel' waar melk uitkwam. De andere 'moeder' gaf geen melk, maar wel stimulatie dankzij de zachte badstof bekleding. Het resultaat? Hoewel het draadmodel voeding bood, brachten de babyaapjes er maar weinig tijd bij door, ze nestelden zich liever tegen de stoffen moederfiguur aan. Als de babyaapjes bang waren, zochten ze steun bij de stoffen moederfiguur. Ze gebruikten haar ook als uitvalsbasis om nieuwe situaties te onderzoeken. Op grond van deze observaties konden de Harlows aantonen dat de aapjes zich hadden gehecht aan een 'moederfiguur' die **contactsteun** gaf: stimulatie en geruststelling door lichamelijke aanraking.

Ook mensenbaby's hebben contactsteun nodig. Sinds het baanbrekende onderzoek van de Harlows hebben we geleerd dat de afgifte van met genot verbonden endorfinen door lichamelijk contact wordt bevorderd. De lichamelijke ontwikkeling wordt ook door aanraking beïnvloed. Tiffany Field, ontwikkelingspsycholoog aan de universiteit van Miami, experimenteerde in 1986 voor het eerst met massage van te vroeg geboren baby's. Ze ontdekte dat baby's die dagelijks werden gemasseerd, sneller in gewicht toenamen (Field & Schanberg, 1990). Na het grensverleggende onderzoek van Field heeft nader onderzoek uitgewezen dat aanraking sterk uiteenlopende voordelen heeft, met inbegrip van een snellere

Rijping: Ook wel *maturatie* genoemd. Proces waarin het genetische programma in de loop van de tijd tot uiting komt. Biologische ontplooiing.

Genetic leash: De term van Edward Wilson voor de beperkingen die erfelijke factoren opleggen aan ontwikkeling.

Contactsteun: Stimulatie en steun die wordt verkregen door de fysieke aanraking van een verzorger.

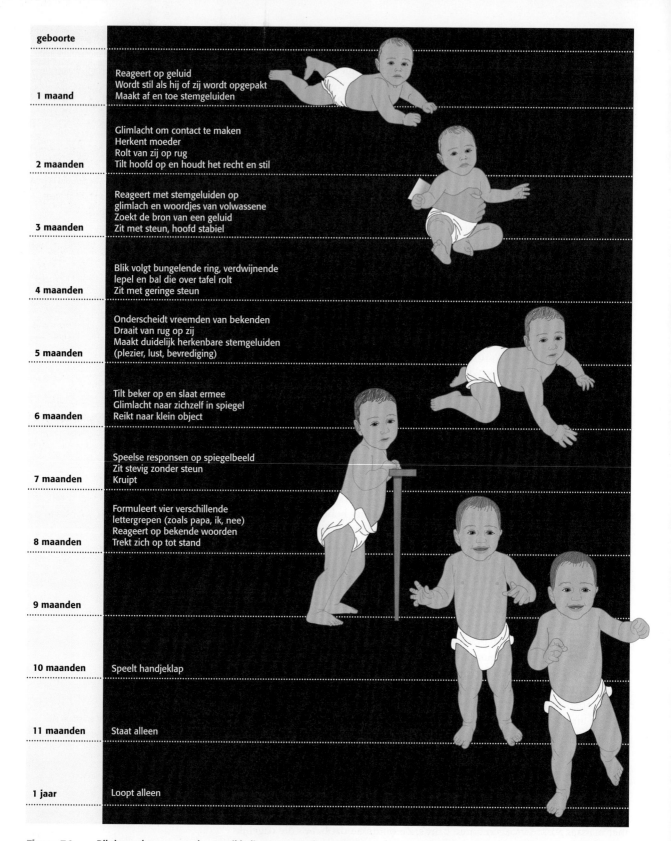

geboorte	
1 maand	Reageert op geluid Wordt stil als hij of zij wordt opgepakt Maakt af en toe stemgeluiden
2 maanden	Glimlacht om contact te maken Herkent moeder Rolt van zij op rug Tilt hoofd op en houdt het recht en stil
3 maanden	Reageert met stemgeluiden op glimlach en woordjes van volwassene Zoekt de bron van een geluid Zit met steun, hoofd stabiel
4 maanden	Blik volgt bungelende ring, verdwijnende lepel en bal die over tafel rolt Zit met geringe steun
5 maanden	Onderscheidt vreemden van bekenden Draait van rug op zij Maakt duidelijk herkenbare stemgeluiden (plezier, lust, bevrediging)
6 maanden	Tilt beker op en slaat ermee Glimlacht naar zichzelf in spiegel Reikt naar klein object
7 maanden	Speelse responsen op spiegelbeeld Zit stevig zonder steun Kruipt
8 maanden	Formuleert vier verschillende lettergrepen (zoals papa, ik, nee) Reageert op bekende woorden Trekt zich op tot stand
9 maanden	
10 maanden	Speelt handjeklap
11 maanden	Staat alleen
1 jaar	Loopt alleen

Figuur 7.1   Rijpingsschema voor de ontwikkeling van voortbeweging

Deze figuur geeft de gemiddelde leeftijden aan waarop elk soort gedrag voor het eerst wordt vertoond. Er bestaan aanzienlijke individuele verschillen in de snelheid van ontwikkeling: het moment waarop elke respons optreedt, varieert. De ontwikkeling van de meeste zuigelingen vindt echter wel in dezelfde volgorde plaats.

intellectuele ontwikkeling, een beter functionerend spijsverteringskanaal, een verbeterde bloedsomloop en een verminderde productie van stresshormonen. Resultaten uit studies waarin de voordelen van aanraking worden benadrukt, sluiten aan op onderzoeksresultaten over de negatieve gevolgen voor kinderen die zijn mishandeld, misbruikt of verwaarloosd (Glaser, 2003). Het is duidelijk dat een hechte, interactieve relatie met liefhebbende volwassenen de eerste stap vormt in een ontwikkeling waarbij kinderen lichamelijk gezond kunnen groeien en zich normaal kunnen socialiseren (Blum, 2002; Sapolsky, 2002).

Hechting

Psychologen noemen de ontwikkeling van een hechte emotionele band tussen het kind en een ouderfiguur **hechting**. Deze relatie is vooral belangrijk omdat zij de basis legt voor alle andere hechte relaties in iemands leven (Cassidy & Shaver, 2008).

Hechtingsgedrag komt 'instinctief' voor bij vele diersoorten, maar dat gedrag beperkt zich niet per se tot de ouders en het jong. Een opmerkelijk voorbeeld van instinctieve hechting treedt op bij **inprenting**: het fenomeen dat sommige pasgeboren diersoorten zich sterk aangetrokken voelen tot het eerste bewegende object of individu dat ze zien. Een kipkuiken dat door een eend is uitgebroed, hecht zich aan deze surrogaatmoeder en blijft dicht bij haar in de buurt, ondanks het feit dat het kuiken een kip is en geen eend. Het instinct voor inprenting is aangeboren, hoewel de omgeving en de ervaringen van het organisme bepalen tot welke relatie het leidt.

Bij de mens blijkt uit onderzoek aan contactsteun dat er enige lichamelijke behoefte aan hechting bestaat. Voortbouwend op het werk van de Harlows met apen, dacht de psycholoog John Bowlby (1969, 1973) dat menselijke hechting aangeboren is, al tijdens de eerste weken ontstaat en als overlevingsstrategie voor zuigelingen functioneert. Evolutionair gezien spreekt het vanzelf dat zuigelingen die dicht bij hun verzorgers blijven, minder kwetsbaar zijn voor bedreigingen uit de omgeving. Uit een onderzoek bleek bijvoorbeeld dat de huidtemperatuur van een aantal twee tot vier maanden oude baby's daalde als hun moeder het vertrek verliet, een duidelijk teken van emotioneel ongenoegen (Mizukami et al., 1990). De huidtemperatuur van de kinderen daalde nog verder als een vreemde de plaats van de moeder innam. Als de moeder in het vertrek bleef en er een vreemde bijkwam, bleef de temperatuur gelijk. Blijkbaar beschouwen kinderen, zelfs als ze nog maar een paar maanden oud zijn, hun verzorgers als een soort 'veilige basis'. Dat is nog voordat ze door huilen of een beweging aangeven dat ze gehecht zijn (Bee, 1994).

Hechtingsstijlen   Heb je ooit opgemerkt dat kinderen lijken te verschillen in de manier waarop ze gehecht zijn? Sommige kinderen lijken op hun gemak bij vreemden wanneer hun belangrijkste verzorger aanwezig is, terwijl anderen zich vastklampen en angstig zijn. Weer anderen lijken er weinig om te geven wie er aanwezig is. De ontwikkelingspsycholoog Mary Ainsworth heeft deze patronen van hechting gedurende haar gehele loopbaan bestudeerd. Hiertoe heeft ze een laboratoriumexperiment ontwikkeld, de zogenoemde 'vreemde situatie' (*strange situation*), die tegenwoordig nog altijd wordt gebruikt als norm voor het meten van hechting.

Waaruit bestaat dit experiment? Bij de vreemdesituatieprocedure worden jonge kinderen en hun primaire verzorgers aan een reeks interacties blootgesteld, soms samen, soms afzonderlijk en soms in gezelschap van een vreemde. Vervolgens observeren onderzoekers hoe het kind op deze verschillende situaties reageert (Ainsworth, 1989; Lamb, 1999). Door zulke methoden in uiteenlopende culturen toe te passen, merkte Ainsworth dat de reacties van kinderen in twee hoofdca-

Een van Harlows aapjes en zijn kunstmatige moeder van badstof. Ernaast zie je ook de 'moeder' van gaas die wel melk bood, maar geen contactsteun.
Bron: Nina Leen/Time Life Pictures/Getty Images.

Hechting: Langdurige sociaal-emotionele relatie tussen het kind en een ouder of andere vaste verzorger.

Inprenting: Primitieve vorm van leren waarbij sommige jonge dieren zich hechten aan het eerste bewegende object dat ze zien.

Veilige hechting: De hechtingsstijl van kinderen die – in tegenstelling tot kinderen die onveilig gehecht zijn – ontspannen en op hun gemak zijn bij hun verzorgers en die verdraagzaam zijn tegenover vreemden en nieuwe ervaringen.

Verlatingsangst: Een veelvoorkomend patroon van angst dat wordt waargenomen bij jonge kinderen die worden gescheiden van hun verzorgers.

Angstig-ambivalente hechting: Een van de twee primaire reactiepatronen bij onveilig gehechte kinderen, waarin een kind contact wil met de verzorger, extreme blijk van verdriet vertoont wanneer het wordt gescheiden van de verzorger en moeilijk te troosten is wanneer het is herenigd met de verzorger.

Angstig-vermijdende hechting: Een van de twee primaire reactiepatronen bij onveilig gehechte kinderen, waarin een kind geen interesse toont in contact met de verzorger en geen blijk van verdriet vertoont wanneer het van de verzorger wordt gescheiden, noch blijdschap vertoont wanneer het wordt herenigd met de verzorger.

Video
Ga naar de MyLab mediatheek om de video te bekijken over hechting bij zuigelingen.

tegorieën uiteenvielen: de kinderen vertoonden **veilige hechting** of onveilige hechting. *Veilig gehechte* kinderen waren ontspannen en op hun gemak met hun verzorgers en verdroegen vreemden en nieuwe ervaringen of waren daar zelfs in geïnteresseerd. Als ze van hun verzorgers werden gescheiden, raakten ze van streek; op een leeftijd van zes tot dertig maanden is dit een uiting van zogenoemde **verlatingsangst** en wordt dit beschouwd als normaal gedrag. Zodra de verzorger terugkeerde, kalmeerden ze echter onmiddellijk en hervatten hun normale activiteiten. Ze leken hun verzorgers als een 'veilige basis' te beschouwen, van waaruit ze de wereld konden verkennen en ze waren blijkbaar vol vertrouwen dat de verzorger beschikbaar zou zijn om te helpen indien nodig.

Onveilig gehechte kinderen konden in twee categorieën worden verdeeld: *angstig-ambivalent gehecht* en *vermijdend gehecht.* De **angstig-ambivalent gehechte** kinderen wilden contact met hun verzorgers, huilden van angst en woede als ze van hun verzorgers werden gescheiden en bleken moeilijk te troosten, zelfs als ze waren herenigd met hun verzorger. Ze klampten zich angstvallig aan hun verzorgers vast wanneer een vreemde naderde en voelden zich niet op hun gemak bij het verkennen van nieuwe situaties. De **angstig-vermijdend gehechte** kinderen waren niet geïnteresseerd in contact, gaven geen blijk van verdriet wanneer ze van hun verzorgers werden gescheiden en toonden geen duidelijke blijdschap als ze werden herenigd. Al met al ontwikkelt circa 65 procent van de kinderen een veilige hechting, terwijl circa 20 procent angstig-ambivalent gehecht is en 15 procent angstig-vermijdend gehecht.

Gedurende het laatste decennium is hechting een belangrijk onderwerp geworden, doordat onderzoek uitwijst dat hechtingspatronen uit de zuigelingentijd van invloed zijn op uiteenlopende gedragingen tijdens de jeugd en de volwassenheid, waaronder agressie, vriendschappen, arbeidsvreugde, relatiekeuzes en ervaringen met intimiteit (Berk, 2004; Gomez & McLaren, 2007). Maar waardoor ontwikkelt een kind een bepaalde hechtingsstijl? Gedurende vele jaren werd gedacht dat alle bepalende factoren gerelateerd waren aan de omgeving (nurture). Met name werd gedacht dat goede ouders veilig gehechte kinderen voortbrachten, terwijl kinderen angstig-ambivalent gehecht raakten door een inconsequente opvoeding, en dat verwaarlozing leidde tot een vermijdende hechting.

Tegenwoordig erkennen de meeste onderzoekers echter dat nature en nurture interactie vertonen bij de ontwikkeling van de hechtingsstijl. Het temperament van de zuigeling, dat grotendeels genetisch wordt bepaald, is bijvoorbeeld van invloed op de mate waarin het gemakkelijk of moeilijk is om te reageren op een zuigeling Het hoeft dus geen verbazing te wekken dat bij één onderzoek bleek dat bij baby's die tijdens de eerste dagen van het leven lastiger waren om mee om te gaan, de kans op een angstig-ambivalente hechtingsstijl een jaar later groter was (Miyake, 1993). Dit lijkt logisch, doordat de meeste ouders meer problemen hebben met een consistente interpretatie van de signalen van een temperamentvolle baby dan met die van een rustige en gemakkelijke baby. Hierdoor ontstaat er een interactie-effect tussen het temperament van de zuigeling en de opvoedingsstijl van de ouders.

Cultuur en hechting   Voordat je gaat bedenken welke hechtingsstijl de 'beste' is, moet je de belangrijke factor cultuur in aanmerking nemen. Vele Amerikanen beschouwen veilige hechting als het ideaal. Duitse gezinnen geven juist de voorkeur aan vermijdende hechting, omdat hierdoor de zelfstandigheid wordt bevorderd, terwijl Japanse ouders hun kinderen zelden aan hun lot overlaten, waardoor afhankelijkheid wordt bevorderd, wat gepaard gaat met een angstig-ambivalente hechtingsstijl (Grossman et al., 1985; Miyake et al., 1985). Zoals bij zoveel eigenschappen is de beoordeling van wat 'ideaal' is, sterk afhankelijk van de heersende waarden in de desbetreffende cultuur.

Langetermijneffecten van hechting   Naarmate kinderen opgroeien en volwassen worden, beperken ze hun hechting niet langer tot hun primaire verzorger; ze verbreden hun hechting geleidelijk tot andere gezinsleden, vrienden, docenten, collega's en anderen. Er bestaan echter aanwijzingen dat de primaire hechtingsrelatie als werkmodel dient voor latere belangrijke relaties. Met andere woorden: datgene wat het kind bij de eerste relatie met de verzorger leert te verwachten, bepaalt hoe latere relaties worden waargenomen en geïnterpreteerd. Kinderen met een veilige hechting zijn meestal beter aangepast en gaan gemakkelijk met anderen om, terwijl angstig-ambivalent gehechte kinderen vaak wantrouwige volwassenen worden. Kinderen met een angstig-vermijdende hechting hebben de minste kans om hechte emotionele relaties met anderen aan te gaan. We moeten echter benadrukken dat, hoewel het proces van hechting bijzonder sterk is, een slechte hechting tijdens de baby- en kindertijd niet per se impliceert dat iemand de rest van zijn leven relationele problemen zal hebben. Hechtingsproblemen zijn redelijk goede voorspellers van relatieproblemen tijdens de volwassenheid, maar veel mensen blijken in staat die te overwinnen (Kagan, 1996, 1998).

Psychosociale ontwikkeling: vertrouwen tegenover wantrouwen

Een van de belangrijkste theorieën over de ontwikkeling gedurende de levensloop komt wat betreft de eerste fase overeen met het grootste deel van het onderzoek naar hechting. Bedenker van deze theorie was Erik Erikson (1902-1994), een belangrijk psychoanalyticus die ervan uitging dat we tijdens ons leven op een onbewust niveau basisideeën vormen over onszelf en onze relatie met onze sociale wereld. Deze fundamentele aannamen beïnvloeden onze ontwikkeling doordat ze bepalend zijn bij de keuzes die we in onze relaties maken. Bovendien dacht Erikson dat elk van deze fundamentele basisovertuigingen het resultaat was van een crisis tijdens een kritieke (overgangs)fase in onze ontwikkeling (al dan niet met succes opgelost). Zo beschreef hij acht **psychosociale stadia** in zijn ontwikkelingstheorie als een keuze tussen twee tegengestelde basisaannamen; zoals de keuze tussen *vertrouwen* en *wantrouwen*, het eerste ontwikkelingsprobleem van ons leven.

Volgens de theorie van Erikson is de eerste belangrijke taak van de zuigeling het ontwikkelen van een gevoel van **vertrouwen** in de wereld. Zoals we hebben gezien, beschouwen zuigelingen die een veilige hechtingsstijl ontwikkelen, de wereld als interessant en vol nieuwe ervaringen die kunnen worden verkend. Doordat ze weten dat de primaire verzorger een 'veilige basis' biedt van waaruit de wereld kan worden verkend, ontwikkelen deze zuigelingen zich tot kinderen (en later volwassenen) die zich in nieuwe situaties op hun gemak voelen en over een avontuurlijke en veerkrachtige geest beschikken. Kinderen die de veilige hechtingsstijl niet ontwikkelen, zullen meer problemen ondervinden in de verdere ontwikkelingsfases, omdat het probleem van het vertrouwen niet adequaat is opgelost en als barrière werkt tussen het individu en de sociale wereld. Om het eenvoudiger te stellen: zuigelingen die geen fundamenteel gevoel van vertrouwen in hun sociale wereld ontwikkelen, zullen moeilijk bevredigende relaties kunnen vormen en onderhouden.

Hoewel de theorie van Erikson wordt bekritiseerd, draait deze kritiek primair rond de vraag of deze acht fases voor iedereen in de voorgeschreven volgorde plaatsvinden, of dat verschillende mensen ze op verschillende tijdstippen kunnen doormaken (afhankelijk van heersende culturele normen). Critici merken ook op dat het werk van Erikson primair op zijn eigen klinische waarnemingen was gebaseerd en niet op nauwkeurige wetenschappelijke methoden. Het is echter opmerkelijk dat veel van zijn waarnemingen sindsdien door resultaten uit methodologisch deugdelijk onderzoek worden ondersteund. Eriksons theorie is bovendien waardevol omdat deze de menselijke ontwikkeling gedurende de gehele levensloop omvat,

Psychosociale stadia: Volgens Erikson wordt de psychosociale ontwikkeling gekenmerkt door acht opeenvolgende stadia, waarin een individu verschillende ontwikkelingsproblemen ervaart en waarin hij zijn doelen en sociale relaties heroverweegt.

Vertrouwen: Het belangrijkste ontwikkelingsdoel tijdens de eerste 18 maanden van het leven. Volgens Eriksons theorie moet het kind kiezen tussen het wel of niet vertrouwen van anderen.

◄◄ **Verbinding hoofdstuk 1**
Klinische observatie is een vorm van
de casestudymethode (p. 31).

terwijl veel eerdere theorieën zich enkel richtten op de eerste twaalf tot zeventien levensjaren. De onjuiste aanname in deze eerdere theorieën was dat je volledig zou zijn ontwikkeld zodra je eenmaal door de puberteit heen bent. Tegenwoordig is de theorie van Erikson nog steeds belangrijk bij het onderzoek naar de menselijke ontwikkeling. Verderop in dit hoofdstuk zullen we zijn theorie opnieuw bekijken en bespreken we ook de andere zeven stadia die hij heeft opgesteld.

Tabel 7.1 Eriksons psychosociale stadia

Leeftijd/periode (ongeveer)	Crisis	Adequate oplossing	Inadequate oplossing
0 tot 1,5 jaar	Vertrouwen tegenover wantrouwen	Fundamenteel gevoel van veiligheid, vertrouwen; vermogen om te vertrouwen op krachten buiten jezelf	Gevoelens van onzekerheid en angst
1,5 tot 3 jaar	Autonomie tegenover schaamte en twijfel	Perceptie van jezelf als handelend persoon die in staat is het eigen lichaam te beheersen en dingen voor elkaar te krijgen	Gevoel dat je jezelf en de gebeurtenissen niet onder controle hebt
3 tot 6 jaar	Initiatief tegenover schuld	Vertrouwen in jezelf als wezen dat in staat is dingen in gang te zetten en te scheppen	Ontoereikend gevoel van eigenwaarde
6 jaar tot puberteit	Vlijt tegenover minderwaardigheid	Beheersing van fundamentele sociale en intellectuele vaardigheden; acceptatie door leeftijdsgenoten	Gebrek aan zelfvertrouwen, gevoel dat je faalt
Adolescentie	Identiteit tegenover rolverwarring	Tevreden met jezelf als persoon die zowel uniek als sociaal geaccepteerd is	Gefragmenteerd zelfbeeld, instabiel, onduidelijk zelfgevoel
Vroege volwassenheid	Intimiteit tegenover isolement	In staat tot nabijheid en betrokkenheid ten opzichte van een ander	Gevoel van eenzaamheid, afgescheiden zijn; ontkenning van de behoefte aan intimiteit
Middelbare leeftijd	Zorg voor de volgende generatie (generativiteit) tegenover stagnatie	Focus op zorg buiten jezelf: voor je gezin, de gemeenschap of volgende generaties	Erg op jezelf gericht, geen toekomstvisie
Ouderdom	Integriteit tegenover wanhoop	Gevoel van compleetheid, fundamentele tevredenheid met het leven	Gevoel van nutteloosheid, teleurstelling

 Psychologische kwesties
Spelen is niet alleen maar voor de lol. Welke invloed heeft kinderspel op succes in het latere leven? Ga naar 'In de praktijk' in de MyLab mediatheek voor een bespreking van deze kwestie.

Ga naar **www.pearsonmylab.nl** om je kennis en begrip van deze paragraaf te testen met de MyMap, MyCheck en MyDefinitions.

KERNVRAAG 7.2
. . . .
▶ Welke vaardigheden moet een kind zich eigen maken?

Misschien wel de drie belangrijkste prestaties die je in je leven verricht, zijn het verwerven van je moedertaal, het ontwikkelen van het vermogen om logisch te denken en het aangaan van relaties met mensen die belangrijk voor je zijn. Elk van deze prestaties vormt een onderdeel van het fundament voor volwassenheid dat je als kind voor jezelf aanlegt. Terwijl kinderen deze prestaties verrichten, ondergaan ze ingrijpende psychologische veranderingen. Het kernconcept formuleert de belangrijkste gedachte van deze paragraaf als volgt:

De samenwerking van nature and nurture zorgt ervoor dat kinderen belangrijke ontwikkelingstaken kunnen verrichten, vooral op het gebied van taalverwerving, cognitieve ontwikkeling en het ontwikkelen van sociale relaties.

Verderop zullen we zien dat kinderen zich op een andere manier ontwikkelen dan volwassenen. De verschillen in taalgebruik, denken en socialisatie worden niet alleen veroorzaakt doordat volwassenen meer ervaring hebben of meer informatie hebben opgeslagen. Ze zijn ook het gevolg van essentiële rijpingsprocessen die zich in de loop van de tijd voltrekken. Met andere woorden, hun vaardigheden zijn zowel afhankelijk van hun leerprocessen als van hun unieke niveau van ontwikkeling van het brein. We zullen deze processen eerst beschrijven aan de hand van taalverwerving.

7.2.1 Hoe kinderen taal verwerven

Een van de bepalende kenmerken van de mens is het gebruik van complexe taal, ons vermogen te communiceren via gebaren en gesproken en geschreven woorden. Vanuit een ontwikkelingsstandpunt is de menselijke taalverwerving ontzagwekkend. Zuigelingen kennen geen enkel woord, maar binnen een paar jaar kunnen bijna alle kinderen de taal die ze om zich heen horen en waarin ze zich verder kunnen bekwamen al vloeiend spreken (of zien, zoals in het geval van gebarentaal). Wat maakt hen tot zulke uitstekende taalstudenten? Het lijkt erop dat baby's over aangeboren vaardigheden beschikken die hen helpen een taal te leren (Pinker, 2006, 1994).

Aangeboren taalstructuren in de hersenen

Volgens een prominente theorie leren kinderen een taal niet zozeer door imitatie, maar doordat ze een aangeboren programma afwerken. Stap voor stap verwerven ze de woordenschat en de grammatica van de taal die in hun omgeving wordt gesproken. Psycholinguïst Noam Chomsky (1965, 1975) meent dat kinderen worden geboren met bepaalde in de hersenen verankerde structuren die ervoor zorgen dat ze taal kunnen begrijpen en produceren: taalverwerving van kinderen wordt aangestuurd door een aangeboren psychisch systeem. Veel deskundigen zijn het wat dit betreft met Chomsky eens (Hauser et. al, 2002). Uit onderzoek op basis van het Human Genome Project zijn aanwijzingen naar voren gekomen dat de basis van de taal deels genetisch is (Liegeois et al., 2001). Chomsky noemt het geheel van structuren die spraak mogelijk maken het **taalverwervingssysteem** of **LAD** (*language acquisition device*).

Volgens Chomsky's theorie lijkt het LAD nog het meest op mentale software die enkele zeer elementaire grammaticale regels bevat die geldig zijn voor alle menselijke talen. Zo'n regel kan bijvoorbeeld inhouden dat er een onderscheid bestaat tussen zelfstandig naamwoorden (voor namen of dingen) en werkwoorden (voor handelingen). Deze aangeboren regels, zo stelt Chomsky, vergemakkelijken het ontdekken van patronen in de taal waaraan het kind wordt blootgesteld. Een bevestiging van Chomsky's theorie is het feit dat kinderen overal ter wereld tamelijk identieke stadia doorlopen bij het leren van hun moedertaal. Een logische hypothese om dit patroon te verklaren is dat kinderen voor de ontwikkeling van taal over aangeboren 'programma's' beschikken, en dat die zich in de loop van de tijd en afhankelijk van de ervaring ontvouwen.

Ook al is men het er vrijwel over eens dat mensen een aangeboren vermogen tot taalverwerving bezitten, we kunnen de rol van de omgeving niet negeren. De invloed van de omgeving blijkt bijvoorbeeld uit het feit dat zuigelingen worden geboren met het vermogen alle klanken te vormen uit de circa vierduizend talen

Taalverwervingssysteem (LAD): Biologisch georganiseerde hersenstructuur die (volgens Chomsky) enkele elementaire grammaticale regels bevat waardoor het leren van taal gemakkelijker zou verlopen.

die op onze planeet worden gesproken, terwijl het erop lijkt dat ze zich rond de leeftijd van zes maanden volkomen op de in hun omgeving dominante taal hebben geconcentreerd. De ervaringen tijdens de maanden waarin ze deze klanken hebben gehoord, worden met hun eigen pogingen tot verbalisatie gecombineerd. Zo worden hun pogingen gerichter en gaat het vermogen om klanken te vormen die geen deel uitmaken van hun eigen taal verloren. Kinderen die in een cultuur worden opgevoed waarin Japans de voertaal is, verliezen bijvoorbeeld het vermogen onderscheid te maken tussen de klanken van de letters R en L, omdat de letter L in het Japans niet voorkomt (Iverson et al., 2003).

Zulke culturele variaties doen vermoeden dat het ingebouwde vermogen voor taal geen star instrument is, maar eerder een soort set van 'luisterregels' of 'tips om taal te verwerven' (Bee, 1994; Goldin-Meadow & Mylander, 1990; Meier, 1991; Slobin, 1985a, 1985b). Baby's luisteren aandachtig naar de geluiden en het ritme van bepaalde geluidsreeksen die mensen om hen heen produceren (en iets soortgelijks geldt voor gebarentaal), met name naar het begin en het einde van elke reeks en naar beklemtoonde lettergrepen. Op grond van hun ingebouwde 'luisterregels' leren jonge kinderen bepaalde patronen en regels kennen, aan de hand waarvan ze vervolgens hun eigen spraak kunnen produceren.

Verwerving van vocabulaire en grammatica

Het is dus duidelijk dat aangeboren taalvaardigheden de basis leggen voor taalverwerving, maar hoe leren kinderen precies de specifieke woorden en de elementaire grammatica van hun moedertaal? Het blijkt dat ze dit al heel vroeg oefenen. Tegen de tijd dat ze vier maanden oud zijn, **brabbelen** baby's: ze brengen repetitieve lettergrepen voort, zoals 'mamamama'. Dit is niet alleen gebrabbel, maar een vorm van experimenteren met de elementaire beginselen van de taal. Het is interessant dat dove baby's die worden opgevoed in een omgeving waar met behulp van gebarentaal wordt gecommuniceerd, op dezelfde leeftijd beginnen te brabbelen, maar dan met hun handen; daarbij imiteren ze repetitieve lettergrepen in gebarentaal (Pettito & Marentette, 1991). Ongeveer rond de eerste verjaardag beginnen baby's aan de één-woordfase, waarbij ze volledige woorden spreken. In die periode kun je zien wat psychologen de 'benoemingsexplosie' noemen, waarbij kinderen graag naar voorwerpen wijzen en ze benoemen. Op ongeveer tweejarige leeftijd beginnen kinderen aan hun twee-woordfase, en neemt het aantal betekenissen dat ze kunnen overbrengen enorm toe. Rond die tijd heeft het gemiddelde kind een vocabulaire van bijna duizend verschillende woorden (Huttenlocher et al., 1991). Op zesjarige leeftijd begrijpt het gemiddelde kind ongeveer tienduizend woorden (Anglin, 1993, 1995). En de snelheid van de taalverwerving neemt vanaf het zesde jaar nog meer toe, zoals je in figuur 7.2 kunt zien.

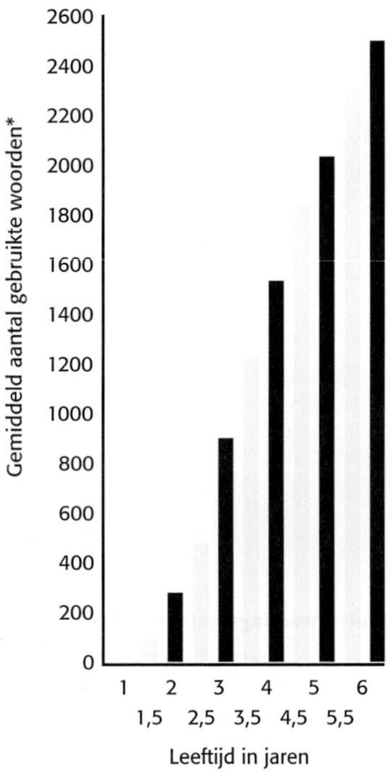

Oefening baart kunst Hoewel de snelle ontwikkeling van de taal grotendeels door een genetisch tijdschema lijkt te worden aangestuurd, zijn de cultuur en omgeving van invloed op de mate waarin en de snelheid waarmee kinderen taal leren. Zoals bij zoveel leertaken maakt het uit hoeveel er wordt geoefend. En van kind tot kind kan de mate waarin geoefend wordt behoorlijk verschillen, zoals uit diverse onderzoeken is gebleken. Zo praten moeders meestal aanzienlijk meer met hun jonge dochters dan met hun jonge zoons (Leaper et al., 1998). Nog opvallender is het verschil tussen kinderen die in gezinnen met een lagere sociaaleconomische status worden opgevoed vergeleken met kinderen uit de sociaaleconomische middenklasse (sociaaleconomische status wordt bepaald door inkomen en opleidingsniveau). Ouders in huishoudens met een lage sociaaleconomische status lezen hun kinderen tussen het eerste en vijfde levensjaar slechts gedurende 25 uur voor. In de sociaaleconomische middengroep gebeurt dat veel

Brabbelstadium: Periode in het eerste levensjaar waarin een zuigeling een groot aantal verschillende geluiden produceert, maar geen bruikbare woorden.

*×10

Figuur 7.2

Groei van de actieve woordenschat van kinderen

Het aantal woorden dat een kind kan gebruiken neemt tussen achttien maanden en zes jaar snel toe. Dit onderzoek laat zien hoe de gemiddelde woordenschat van kinderen elke zes maanden is gegroeid.

Bron: B.A. Moskovitz, 'The Acquisition of Language', *Scientific American*, overgenomen met toestemming.

meer: ouders uit deze groep lezen hun kinderen daar gemiddeld duizend uur voor (Neuman, 2003). De consequenties van deze verschillen worden zichtbaar als kinderen aan de kleuterschool beginnen: meisjes en kinderen uit gezinnen in de sociaaleconomische middenklasse hebben dan betere verbale vaardigheden dan jongens en kinderen uit gezinnen met een lage sociaaleconomische status (Ready et al., 2005).

Door grammatica wordt woordenschat in taal omgezet   Zelfs met een beperkte woordenschat kun je woorden op verschillende manieren met elkaar combineren, waardoor een grote variatie aan mogelijke betekenissen ontstaat. Een voorbeeld: de zinnen 'Ik zag hem op de hond jagen' en 'Ik zag de hond op hem jagen' bevatten precies dezelfde woorden, maar door de woordvolgorde te veranderen, krijg je twee compleet verschillende betekenissen. Dat kan dankzij **grammatica**: een set van regels die bij een taal horen en die bepalen hoe woorden gecombineerd en geordend moeten worden om begrijpelijke zinnen te vormen (Naigles, 1990; Naigles & Kako, 1993). De grammaticale regels verschillen per taal, en soms zijn die verschillen best groot. In het Japans komt het werkwoord bijvoorbeeld altijd achteraan, terwijl de positie van het werkwoord in het Nederlands veel flexibeler is. En wij zeggen 'het blauwe huis', maar in bijvoorbeeld het Spaans komt de naam van de kleur na het zelfstandig naamwoord (*la casa azul*).

Eerste zinnetjes   Als een kind zinnetjes van twee of drie woorden gaat gebruiken, is er sprake van **telegramspraak**: korte, eenvoudige reeksen van zelfstandige naamwoorden en werkwoorden zonder meervoud, werkwoordstijden of tussenvoegsels als 'de' en 'of'. De zin 'Bal raakt Eva huilt' is een voorbeeld van telegramspraak. De vaardigheid om volledige zinnen te vormen, ontwikkelen kinderen pas als ze andere onderdelen van de taal hebben geleerd, zoals bepalingen (bijvoeglijke naamwoorden en bijwoorden) en lidwoorden. Daarnaast moeten ze leren hoe de woorden volgens de grammaticale regels worden samengevoegd. In het Nederlands moeten ze de vertrouwde volgorde onderwerp-werkwoord-lijdend voorwerp, zoals in 'Jan sloeg de hond', leren herkennen en toepassen. Ten slotte moeten kinderen leren hoe het gebruik van **morfemen** in zijn werk gaat. Dat zijn de kleinste nog betekenisvolle eenheden waaruit een woord bestaat. Sommige morfemen zijn complete woorden ('woord'), andere morfemen bestaan alleen in combinatie met een ander morfeem, ('on-', '-heid'). Morfemen uit die laatste categorie geven bijvoorbeeld de tijden van werkwoorden aan (handel*de*), of het eigendom van zelfstandig naamwoorden (Marjan*s*). Jonge kinderen maken nog veel fouten met morfemen, omdat ze de regels niet goed kennen of ze verkeerd toepassen (Marcus, 1996). Een veelvoorkomende fout is *overgeneralisatie*. Het kind past de regel in dit geval te vaak toe, waardoor incorrecte woordvormen ontstaan. Als een kind bijvoorbeeld heeft geleerd dat het een zin in de verleden tijd kan zetten door -*de* of -*te* achter het werkwoord te plakken en het vervolgens niet-bestaande woorden als 'loopte' en 'slaapte' maakt, is er sprake van overgeneralisatie. Hetzelfde geldt voor woorden als 'booms' en 'honds', waarbij de regel dat je een zelfstandig naamwoord in het meervoud zet door er een -*s* achter te plakken verkeerd is toegepast.

Andere taalvaardigheden

Woorden en de grammaticale regels om die woorden met elkaar te combineren zijn slechts het begin van communicatie. Om goed te kunnen communiceren moeten kinderen zich ook de *sociale communicatieregels* eigen maken. Ze moeten bijvoorbeeld leren hoe ze zich in een gesprek mengen, en dat mensen om beurten praten en luisteren. Volwassen sprekers maken gebruik van lichaamstaal,

Grammatica: De regels van een taal die bepalen hoe met woorden, morfemen en syntaxis een begrijpelijke zin moet worden gevormd.

Telegramspraak: Korte, eenvoudige zinnen, typerend voor jonge kinderen die meervoudsvormen, werkwoordstijden en lidwoorden weglaten, net als in een telegram.

Morfeem: Elke kleinste nog betekenisvolle eenheid binnen een woord. Sommige morfemen zijn hele woorden (bijvoorbeeld 'woord'), andere morfemen zijn grammaticale onderdelen die de betekenis van een woord veranderen (-de en -te voor verleden tijd, -s en -en voor meervoud).

intonatie en gelaatsuitdrukkingen om hun gesprekken te verduidelijken. Ze verwerken de feedback die ze van hun gesprekspartners krijgen en zijn vaak in staat zich in hen te verplaatsen. Om succesvol te kunnen communiceren moeten kinderen ook deze vaardigheden onder de knie krijgen.

Als het kind wat ouder wordt, gaat het abstractere termen gebruiken, termen die zijn of haar fysieke wereld overstijgen en uitdrukking geven aan innerlijke ervaringen. Kinderen van een jaar of drie gebruiken daarvoor woorden als 'droom', 'vergeten', 'doen alsof', 'geloven', 'raden' en 'hopen' (Shatz et al., 1983). Ook woorden als 'blij', 'verdrietig' en 'boos' worden op die leeftijd voor het eerst gebruikt om emoties uit te drukken. Als het kind in een later stadium op cognitief terrein een bepaalde ontwikkeling heeft doorgemaakt, een ontwikkeling die we hierna zullen behandelen, zal het ten slotte ook zeer abstracte woorden als 'waarheid', 'rechtvaardigheid' en 'idee' gaan begrijpen.

Zoals we in het kernconcept al hebben genoemd: het gebruik van taal is een bijzonder belangrijke vaardigheid. Kinderen moeten deze vaardigheid ontwikkelen en dit is een proces waarop kinderen uitstekend voorbereid zijn. De manier waarop taal verworven en gebruikt wordt, doet vermoeden dat het hele proces van opgroeien en volwassen worden bestaat uit een combinatie van leerprocessen en aangeboren processen, die zich volgens hun eigen ontwikkelingsschema's voltrekken. Voor specifieke informatie over de taalontwikkeling van Nederlandstalige kinderen verwijzen we naar de publicaties van Annemarie Schaerlaekens (2008) en Sineke Goorhuis-Brouwer (2007).

7.2.2 Cognitieve ontwikkeling: Piagets theorie

Je hebt vast wel eens een peuter meegemaakt die in de 'waarom'-fase was. Ongetwijfeld heb je toen gemerkt dat het kind een onstuitbare drang had zijn wereld te begrijpen en dingen die het kende te benoemen. De drijvende kracht achter dit verlangen tot benoemen is een toenemende vaardigheid in het denken, waarnemen en herinneren. Op de komende bladzijden leggen we uit hoe deze mensen zich deze mentale vaardigheden eigen maken, een proces dat **cognitieve ontwikkeling** wordt genoemd (het tweede van de drie belangrijke ontwikkelingstaken van de kindertijd die in ons kernconcept zijn geïdentificeerd).

Psychologen die geïnteresseerd zijn in cognitieve ontwikkelingen stellen vragen als: 'Wanneer beseffen kinderen dat objecten ook bestaan als ze niet zichtbaar zijn?', 'Weten kinderen dat je overtuigingen kunt hebben die niet waar zijn?' en 'Begrijpen kinderen dat mensen verlangens en dromen hebben, maar objecten niet?' Ontwikkelingspsychologen onderzoeken niet alleen wat kinderen denken, maar ook hoe ze denken, zoals wordt geïllustreerd door het baanbrekende werk van de Zwitserse psycholoog Jean Piaget. Gedurende bijna vijftig jaar onderzocht Piaget de intellectuele ontwikkeling van kinderen en op basis van zijn vele waarnemingen formuleerde hij een veelomvattende theorie.

Piaget begon zijn zoektocht naar kennis over de aard van de kinderlijke geest door zorgvuldig naar het gedrag van zijn eigen drie kinderen te kijken. Zijn methode was eenvoudig: hij confronteerde zijn kinderen met een probleem, observeerde hun reactie, veranderde de situatie een klein beetje en keek opnieuw hoe ze reageerden. Piaget wilde weten hoe de ontwikkeling van het vermogen om te denken, te redeneren en problemen op te lossen verloopt. Hij richtte zich daarbij vooral op de overgangen en veranderingen tijdens dat proces. Deze invalshoek leidde tot een **theorie van de gefaseerde ontwikkeling**. Piaget was namelijk van mening dat de manier waarop kinderen denken in elk stadium een revolutionaire ontwikkeling doormaakt, waardoor het mogelijk is in de periode van de kindertijd en de puberteit vier afzonderlijke fases of *stadia* te onderscheiden. Verder stelt Piaget in zijn benadering drie ideeën centraal: (1) *schema's*, (2) de interactie tussen *assimilatie* en *accommodatie* en (3) de *stadia van cognitieve ontwikkeling*.

Cognitieve ontwikkeling: Proces waarbij de manier van denken in de loop der tijd verandert.

Theorie van de gefaseerde ontwikkeling: Een theorie die fases aanduidt in de cognitieve ontwikkeling en belangrijke veranderingen in denkprocessen benadrukt.

Schema's

Om Piagets definitie van een schema te verduidelijken, kun je het beste denken aan een dier met vier poten. Stel je nu een paar vriendelijke dieren voor. Stel je vervolgens een blaffend dier voor. Misschien zag je in eerste instantie olifanten, tijgers, katten of honden voor je (alle hebben vier poten), daarna heb je je keuze beperkt tot honden en katten (die hebben vier poten en zijn vriendelijk), en ten slotte bleven alleen honden over (die blaffen). Het gemak waarmee je deze stappen hebt gezet, is te danken aan de mentale structuren die je hebt ontwikkeld voor het interpreteren van concepten en gebeurtenissen. Piaget noemde zulke mentale structuren **schema's**.

We hebben schema's voor concepten, zoals 'hond' en 'ontwikkeling', we hebben schema's voor handelingen, zoals 'eten met stokjes' of 'studeren', en we hebben schema's voor het oplossen van problemen, zoals het berekenen van de oppervlakte van een cirkel of het omgaan met een huilende baby. Schema's vormen als het ware een raamwerk dat ons helpt denken. Piaget meende daarnaast dat deze schema's de bouwstenen vormen aan de hand waarvan we ons ontwikkelen. Naarmate we onze kennis uitbreiden en organiseren, vormen en veranderen we onze schema's. Zo kunnen we nieuwe ervaringen hanteren en ons op toekomstige gebeurtenissen voorbereiden. Op dit moment ben je bijvoorbeeld een schema aan het construeren voor schema's!

Assimilatie en accommodatie

Volgens het systeem van Piaget zijn twee dynamische processen verantwoordelijk voor alle cognitieve groei: assimilatie en accommodatie. **Assimilatie** is een psychologisch proces waarbij nieuwe informatie in bestaande schema's wordt opgenomen. Als we assimileren, verbreden we een bestaand schema door daarin nieuwe informatie te integreren. Jij maakt bijvoorbeeld gebruik van assimilatie wanneer je iets leest over een nieuwe film van een favoriete acteur of wanneer je een nieuwe versie van een programma op je computer leert gebruiken.

Wanneer nieuwe informatie niet netjes in een bestaand schema past, maken we gebruik van accommodatie. **Accommodatie** is een proces waarbij schema's worden veranderd of aangepast om nieuwe informatie te kunnen opnemen. Als student moet je misschien een schema modificeren als je strategieën om bepaalde cijfers te halen niet langer werken. Accommodatie kan ook helpen bij de aanpassing aan andere gebruiken en culturen. Communicatievoorschriften bijvoorbeeld, variëren per cultuur of zelfs binnen een land. Als je communicatieschema voorschrijft dat je tijdens een gesprek een beleefde pauze inlast nadat de ene spreker is uitgesproken en de andere begint, zal je het moeilijk vinden het woord te nemen in een groep met een schema dat onderbrekingen en 'het woord overnemen' gebruikt. In een multiculturele wereld kan accommodatie een heel effectieve strategie zijn bij de aanpassing aan nieuwe omgevingen. Volgens Piaget is cognitieve ontwikkeling het resultaat van een constante wisselwerking tussen assimilatie en accommodatie. Deze twee processen maken het gedrag en de kennis van een individu minder afhankelijk van de concrete, externe realiteit: ze stellen het kind in staat te vertrouwen op interne denkprocessen. Kort samengevat, zorgt *assimilatie* ervoor dat nieuwe informatie in onze bestaande wereldbeelden wordt geïntegreerd, terwijl *accommodatie* onze wereldbeelden zodanig verandert dat de nieuwe informatie kan worden opgenomen.

Schema: In Piagets theorie: mentale structuur of programma dat de ontwikkeling van het denken van het kind aanstuurt.

◄◄ **Verbinding hoofdstuk 6**
Schema's zijn kennisclusters van algemene conceptuele raamwerken waardoor verwachtingen ontstaan omtrent onderwerpen, gebeurtenissen, objecten, mensen en situaties in iemands leven (p. 204).

Assimilatie: Mentaal proces dat nieuwe informatie in bestaande schema's past.

Accommodatie: Mentaal proces dat bestaande schema's aanpast om nieuwe informatie beter te kunnen opnemen.

Hoewel een zuigeling op dezelfde manier aan een fles zal beginnen te zuigen als waarop hij of zij aan een borst zoog (assimilatie), zal het kind al snel ontdekken dat het de nieuwe situatie anders dient te benaderen (accommodatie). De overgang van drinken uit een fles naar drinken uit een kopje vergt een nog sterkere accommodatie.

Accommodatie treedt op wanneer dit kind leert dat ook andere dieren dan vogels kunnen vliegen.

Bron: Michelle D. Bridwell/PhotoEdit, Inc.

Sensomotorisch stadium: Eerste stadium in Piagets theorie. Het kind is sterk afhankelijk van zijn aangeboren motorische responsen op stimuli.

Sensomotorische intelligentie: Mentaal vermogen dat zichtbaar wordt in de eerste schema's die een kind gebruikt. Deze schema's bestaan voornamelijk uit motorische responsen op stimuli en hebben een sterk genetisch bepaald karakter.

Objectpermanentie: Het besef dat een object onafhankelijk van de eigen handelingen of aandacht bestaat.

Doelgericht gedrag: Een vaardigheid die naar voren komt tijdens het sensomotorische stadium en waardoor kinderen het vermogen ontwikkelen om een enkel doel voor ogen te houden en dat na te streven.

Piagets stadia van cognitieve ontwikkeling

Volgens Piaget vinden in de ontwikkeling van de manier waarop een opgroeiend mens over de wereld denkt vier revolutionaire veranderingen plaats. Hij noemt deze veranderingen de vier stadia van cognitieve groei: het *sensomotorische stadium* (babytijd), het *preoperationele stadium* (peuter- en kleutertijd), het *concreet-operationele stadium* (vanaf het zesde jaar tot het begin van de adolescentie) en het *formeel-operationele stadium* (adolescentie). Elk stadium in deze ontwikkeling, van sensorische reactie tot logisch denken, onderscheidt zich door een nieuwe, kenmerkende manier van denken. Het rijpingsproces schrijft voor dat alle kinderen deze stadia in dezelfde volgorde doorlopen, hoewel het ene kind misschien langer in een bepaald stadium verkeert dan een ander.

Het sensomotorische stadium (van geboorte tot tweede verjaardag) Je weet inmiddels dat kinderen bij de geboorte beschikken over een groot aantal reflexmatige en aangeboren gedragingen, zoals zuigreflexen en het herkennen van bekende geluiden. Geen van deze gedragingen vereist denken, in de zin van de complexe mentale activiteit die in een later stadium nodig is om problemen op te lossen. Kinderen in het **sensomotorische stadium** ontdekken de wereld primair via hun zintuigen en motorische handelingen. En dat vergt slechts een minimum aan denkwerk. Dit soort eenvoudig denken noemde Piaget **sensomotorische intelligentie**.

Tijdens dit zich snel voltrekkende ontwikkelingsstadium verwerven baby's het belangrijkste inzicht van dit stadium: de **objectpermanentie**, die rond de achtste maand begint. Je hebt misschien opgemerkt dat baby's voor die tijd niet zoeken naar speeltjes of naar andere voorwerpen die zijn verdwenen. Volgens de interpretatie van Piaget betekende dit gedrag dat ze niet begrepen dat het voorwerp ook bleef bestaan als ze het niet langer konden zien. Voor de jonge baby's geldt met andere woorden 'uit het oog, uit het hart'. Als je een kind rond de achtste maand een speeltje laat zien en hem dan laat zoeken wanneer je het bijvoorbeeld onder een laken hebt verstopt, zal het kind onder het laken gaan zoeken – zelfs als er één minuut verstreken is tussen het verstoppen en het zoeken. Hiermee wordt het begin van inzicht in objectpermanentie aangetoond. Gedurende de volgende maanden ontwikkelen kinderen het vermogen na steeds langere pauzes te zoeken naar het verstopte object en ze weten ook steeds vaker voorwerpen terug te vinden die op nieuwe plaatsen zijn verstopt (Moore & Meltzoff, 2004).

Het begrip objectpermanentie geeft meer inzicht in verlatingsangst, een angst die we eerder in dit hoofdstuk even hebben besproken. Zoals iedereen die wel eens voor een baby heeft gezorgd vast heeft gemerkt, raakt die tamelijk overstuur als je weggaat, wat heel logisch is in de vroege fases van objectpermanentie. Zo'n baby begrijpt tenslotte niet dat je op een bepaald moment terugkomt. Voor hem houd je op te bestaan zodra je de kamer uit bent. Als de objectpermanentie zich eenmaal volledig heeft ontwikkeld, wat het einde van de sensomotorische fase markeert, begrijpen kinderen dat iets of iemand nog steeds bestaat, ook als ze het/hem niet kunnen zien. Op die manier ontgroeien de meeste kinderen hun verlatingsangst als ze een jaar of twee zijn.

Rond dezelfde tijd leren baby's **doelgericht gedrag**, zoals blijkt uit het feit dat ze met verschillende voorwerpen experimenteren. Een kind dat een lepel laat vallen, zal bijvoorbeeld heel geïnteresseerd zijn in het gerinkel dat de lepel maakt wanneer hij op een tegelvloer valt, en het kind zal de handeling steeds opnieuw willen herhalen. Wat irritant kan lijken voor een toeschouwer met een gevoelig gehoor, is voor het kind vreugdevol, omdat het enige controle over zijn wereld ervaart!

Samen met de toenemende neiging tot doelgericht experimenteren vormt het ontstaan van objectpermanentie een substantieel bewijs dat jonge kinderen **mentale representaties** van voorwerpen beginnen te vormen en dat ze hun eigen relatie met de wereld beginnen te herkennen. Door deze mentale beeld-vorming worden het denken en het probleemoplossend vermogen van kinderen gestimuleerd. Dit is goed zichtbaar in het imitatiegedrag. Baby's zullen alleen onmiddellijk en het direct zichtbare kunnen imiteren; kleuters kunnen ook al zich dingen herinneren en nadoen die veel langer geleden zijn. Daarmee begint het *leren door observatie*. Tijdens het tweede levensjaar kunnen kinderen wel een maand lang beelden van eerder geziene gedragingen onthouden en imiteren (Klein & Meltzoff, 1999). Door deze vaardigheden van het sensomotorische sta-dium komt het kind in het volgende stadium terecht: de preoperationele fase.

Objectpermanentie ontwikkelt zich geleidelijk tijdens het eerste stadium van de cognitieve ontwikkeling en is stevig veranderd tegen de tijd dat het kind een jaar oud is. Het is duide-lijk dat de baby op deze foto's denkt dat het speeltje niet meer bestaat als het zicht erop door het scherm wordt ontnomen.

Het preoperationele stadium (van ongeveer twee tot zes jaar) De cognitieve ontwikkeling in het volgende stadium, het **preoperationele stadium**, bouwt verder op het vermogen om mentale representaties te maken van objecten. Pi-aget merkte dat de ontwikkeling tijdens de sensomotorische fase snel verliep en hij lijkt de preoperationele fase te beschouwen als een soort overgangsfase tussen de sensomotorische fase en de derde fase (de concreet-operationele fase). Volgens zijn waarnemingen was dit een periode waarin symbolische vaardigheden die tij-dens de sensomotorische fase ontstonden, werden uitgebreid en geconsolideerd. Als zodanig beschreef hij de primaire kenmerken van deze fase als beperking in het denken van kinderen, en niet als een vooruitgang. Laten we enkele van deze kenmerken eens bekijken.

- **Egocentrisme** leidt ertoe dat kinderen de wereld alleen zien in relatie tot henzelf en hun eigen positie. Bovendien nemen ze aan dat de manier waarop anderen de wereld zien geheel gelijk is aan hun eigen visie. (We willen wel benadrukken dat Piaget egocentrisme niet als egoïsme interpreteerde, maar als een beperkt perspectief op de wereld.) Piaget ontdekte dit door middel van een experiment dat hij de 'taak van de drie bergen' noemde (zie figuur 7.3).

Als je met een preoperationeel kind telefoneert, is het heel goed mogelijk dat het alleen maar knikt (en niets zegt) als antwoord op wat je zegt, zonder dat het zich realiseert dat jij dat niet ziet. Het gevolg van dit egocentrisme is dat preoperationele kinderen nog niet in staat zijn zich volledig in andere men-sen of hun standpunten in te leven.

Mentale representatie: Vermogen om innerlijke beelden te vormen van objecten en gebeurtenissen.

Preoperationeel stadium: Het tweede stadium in Piagets theorie. Wordt geken-merkt door een goed ontwikkelde mentale representatie en het gebruik van taal.

Egocentrisme: In Piagets theorie: op zich-zelf gericht zijn, zich niet kunnen voorstellen dat er een ander standpunt mogelijk is dan het eigen.

Figuur 7.3

Opgave van de drie bergen van Piaget

Bij de opgave van de drie bergen van Piaget krijgt een kind een afbeelding van drie bergen te zien. Op de eerste staat een huis, op de tweede een rood kruisje en de derde is met sneeuw bedekt. Aan de andere zijde van de figuur (op de tafel tegenover het kind) staat een pop. Als het kind wordt gevraagd op welke berg de pop uitkijkt, denkt het pre-operationele kind meestal dat de pop hetzelfde uitzicht heeft als het kind zelf. Piaget gebruikte deze taak om egocentrisme te illustreren.
Bron: L.E. Berk, *Development through the lifespan*, 4e ed. Copyright © 2007 Pearson Education. Overgenomen met toestemming van de uitgever.

 Video
Ga naar de MyLab mediatheek om de video te bekijken over egocentrisme in de peuter- en kleutertijd.

Animistisch denken: Preoperationele manier van denken waarbij het kind aanneemt dat objecten een leven hebben en mentale processen kennen.

Centratie: Preoperationeel denkpatroon waarbij het kind zijn aandacht op niet meer dan één factor tegelijk kan richten.

Irreversibiliteit (onomkeerbaarheid): Het onvermogen bij het preoperationele kind om een serie gebeurtenissen of mentale stappen door te denken en vervolgens het verloop mentaal terug te draaien.

- **Animistisch denken** is het geloof dat levenloze objecten een leven hebben en mentale processen kennen. Dit doet zich voor wanneer kinderen symbolisch gedrag vertonen, bijvoorbeeld wanneer ze thee drinken met hun teddyberen, of een pleister op een pop plakken die op de grond is gevallen. Kinderen zullen in deze fase ook in het 'mannetje in de maan' geloven of zich er zorgen over maken dat een boom pijn heeft als hij wordt gesnoeid. Dit fenomeen is mooi beschreven door Selma Fraiberg (1966) in haar publicatie *De magische wereld van het kind*.

- **Centratie** is het onvermogen om een gebeurtenis helemaal te begrijpen omdat de aandacht op een te klein onderdeel gericht (gecentreerd) is en andere belangrijke informatie wordt gemist. Dat wil zeggen dat een kind zich slechts op één stukje informatie tegelijkertijd kan richten. Daardoor zal een kind het 'grote geheel' van een gebeurtenis of probleem niet begrijpen. Zo kan een dorstig kind per se uit een hoog, smal glas willen drinken en een laag, breed glas met dezelfde hoeveelheid afwijzen, omdat het ten onrechte aanneemt dat alleen de hoogte van het glas bepaalt hoeveel sap erin gaat. Het concentreert zich dus alleen op de hoogte van het glas en negeert het feit dat de breedte ook relevant is. (Zie *Doe het zelf! Spelen met kinderen in de stijl van Piaget*.)

- **Irreversibiliteit** of **onomkeerbaarheid** is het onvermogen een reeks gebeurtenissen of stappen te doordenken die deel uitmaakt van de oplossing van een probleem en vervolgens het verloop om te draaien, waarbij naar het mentale beginpunt wordt teruggekeerd. Kortom, preoperationele kinderen hebben niet het vermogen tot denkbeeldige *trial-and-error* (het in gedachten uitvoeren van een handeling en deze vervolgens ongedaan maken) dat oudere kinderen wel hebben. Om een concreet voorbeeld te geven: Sam ziet Natanja een doosje rozijnen op de tafel morsen en omdat de rozijnen over een groot oppervlak zijn verspreid, denkt hij: Jeetje, Natanja heeft veel meer rozijnen dan ik in mijn doosje. De preoperationele Sam kan echter niet terugredeneren en denken: Als zij ze allemaal terug in het doosje zou doen, zouden het er evenveel lijken als ik in mijn doosje heb. Dit onvermogen vormt voor het preoperationele kind het grootste obstakel in het leerproces dat leidt tot logisch denken.

We zouden deze kenmerken als beperkingen kunnen opvatten, maar het is belangrijk te beseffen welke ontwikkelingen ze gedurende deze tijd ondersteunen. Kinderen experimenteren met hun nieuw verworven vermogen om mentale representaties te gebruiken en zijn vaak erg creatief in dit proces. We zien deze creativiteit terug in het animisme dat ze vertonen en in hun andere fantasiespelletjes, die een centraal kenmerk zijn van de preoperationele fase.

⊕ DOE HET ZELF! Spelen met kinderen in de stijl van Piaget

Piaget bestudeerde de denkprocessen bij kinderen door zijn eigen kinderen een aantal problemen voor te leggen en hun reacties te observeren. Als jij een kind kent of er zelf een hebt, kun je hetzelfde proberen. Het is bijvoorbeeld altijd leuk om te zien hoe een preoperationeel of concreet-operationeel kind een 'conservatieprobleem' oplost. Giet dezelfde hoeveelheid water in twee identieke glazen. Vraag het kind of hij of zij vindt dat er in elk glas evenveel water zit. Giet vervolgens het water uit een glas in een ondiepe pan. Vraag het kind dan of er in het andere glas evenveel water zit als in de pan, of dat er verschil is. Komt de reactie van het kind overeen met Piagets observaties?
Piaget ontdekte dat het concreet-operationele kind – dat begrijpt wat conservatie is – weet dat het volume van het water gelijk blijft, of het nu in een glas of in een pan zit. Het preoperationele kind zal denken dat er minder water in de ondiepe pan zit omdat het

water daar minder hoog staat dan in het glas. Hieruit blijkt dat het jongere kind niet weet dat het volume gelijk blijft zolang je er niets bij doet of afhaalt, onafhankelijk van waar de vloeistof in zit. Volgens Piaget bleek uit dit experiment ook dat het jongere kind nog niet tegelijkertijd kan nadenken over hoogte en breedte.

Bevatten ze een gelijke of een verschillende hoeveelheid water?

Kijk nu maar eens wat er gebeurt (overgieten).

Bevatten ze een gelijke of een verschillende hoeveelheid water?

Figuur 7.4

Opgave over het gelijk blijven van de hoeveelheid vloeistoffen

Kinderen in de preoperationele fase begrijpen niet dat de hoeveelheid vloeistof gelijk blijft wanneer het in een ander formaat beker geschonken wordt. Als deze taak goed wordt uitgevoerd, geeft dat aan dat het kind de overgang heeft gemaakt naar de concreet-operationele fase.

Het concreet-operationele stadium (van circa zes tot circa elf jaar) In het volgende stadium doorbreken kinderen voor de eerste keer de barrière van de irreversibiliteit door het inzicht dat veel dingen in essentie hetzelfde blijven, hoewel ze oppervlakkig gezien kunnen veranderen (zie figuur 7.4). In dit **concreet-operationele stadium** leren ze begrijpen dat een laag, breed glas evenveel sap kan bevatten als een smal, hoog exemplaar, of dat de gemorste rozijnen in het doosje waar ze uitkwamen moeten passen. Wanneer kinderen in staat zijn tot **conservatie**, krijgen ze een nieuw inzicht in de manier waarop volume wordt geconserveerd. Ze begrijpen dan ook dat een in de volle lengte uitgespreide ketting met rode kralen niet langer is dan het kleine hoopje dat overblijft als je een identieke ketting met blauwe kralen ineen frommelt. In dit stadium beseffen kinderen dat de kralen er door hun presentatie misschien anders uitzien, maar dat dit niet per definitie betekent dat ze ook anders zijn.

Als de kinderen het begrip conservatie hebben verworven, zijn ze in staat om **logische operaties** uit te voeren. Ze bezitten de vaardigheid om problemen op te lossen door bepaalde concepten volledig in hun hoofd te manipuleren, waardoor ze dingen eerst helemaal kunnen uitdenken voordat ze in actie komen. Het gevolg is meestal dat kinderen zich in deze fase iets minder impulsief gaan gedragen. Ze worden ook minder naïef omdat veel 'magisch' denken, zoals het geloof in Sinterklaas, overboord wordt gezet.

Concreet-operationeel stadium: Derde stadium van Piaget. Het kind begrijpt het principe van conservatie, maar is nog niet in staat tot abstract denken.

Conservatie: Besef dat de fysieke eigenschappen van een object of substantie niet veranderen als het uiterlijk van het object verandert, maar er niets wordt toegevoegd of weggenomen.

Logische operatie: Oplossen van problemen door beelden in gedachten te manipuleren.

Tabel 7.2 Piagets fases van de cognitieve ontwikkeling

Fase (leeftijd)	Kenmerken en belangrijkste vaardigheden
Sensomotorisch (circa 0-2 jaar)	Kinderen verkennen de wereld via hun zintuigen en motorische vaardigheden Objectpermanentie en doelgericht gedrag beginnen te ontstaan, in combinatie met het begin van symbolische gedachten
Preoperationeel (circa 2-7 jaar)	De gedachten van kinderen worden gekenmerkt door egocentrisme, animistisch denken, centratie en irreversibiliteit Symbolisch denken blijft zich ontwikkelen
Concreet-operationeel (circa 7-11 jaar)	Kinderen hebben besef van conservatie en ontwikkelen het vermogen om verstandelijke handelingen uit te voeren met beelden van concrete, tastbare voorwerpen
Formeel-operationeel (vanaf ongeveer 11 jaar)	Tieners en volwassenen in deze fase ontwikkelen het vermogen tot abstract redeneren en hypothetisch denken

Met behulp van dit nieuwe vermogen om logische operaties uit te voeren, beginnen kinderen in het concreet-operationele stadium bij het oplossen van problemen gebruik te maken van eenvoudige redeneringen en deducties. Maar de symbolen die ze daarbij gebruiken, verwijzen nog steeds voornamelijk naar concrete objecten en gebeurtenissen, en niet naar abstracties. De beperkingen van hun concrete denken blijken uit het spel '20 vragen', waarbij een kind de identiteit van een object moet bepalen door ja/nee-vragen te stellen aan de persoon die het object in gedachten heeft. Een kind van een jaar of zeven of acht stelt meestal heel specifieke vragen ('Is het een vogel?', 'Is het een kat?'). Het komt niet op het idee om vragen van een hoger niveau te stellen ('Kan het vliegen?', 'Heeft het haar?') waarmee hij of zij de mogelijkheden op efficiënte wijze kan inperken.

We bewaren de bespreking van het laatste stadium van de cognitieve ontwikkeling van Piaget, het formeel-operationele stadium, tot we de adolescentie bespreken. Voor nu volstaan we ermee te zeggen dat dit laatste stadium gepaard gaat met de ontwikkeling van abstract denken.

Na Piaget: hedendaagse perspectieven op cognitieve ontwikkeling

De meeste psychologen zijn het in grote lijnen eens met Piagets theorie over ontwikkeling (Beilin, 1992; Lourenço & Machado, 1996). Onderzoekers hebben echter aangetoond dat kinderen wat sommige intellectuele vaardigheden betreft in elk stadium verder ontwikkeld zijn dan Piaget in zijn theorie beweerde (Munakata et al., 1997).

De aanzet van vaardigheden ontstaat eerder dan Piaget dacht De beperkingen die Piaget tijdens de sensomotorische en preoperationele fase had waargenomen, blijken sommige kinderen binnen die leeftijdsgroepen toch te hebben overwonnen. Neem bijvoorbeeld objectpermanentie. Gebleken is dat al in de derde maand sprake is van een soort mentale representatie, en niet pas in het tweede jaar, zoals Piaget dacht. Kinderen van drie maanden oud die 'mogelijke' en 'onmogelijke' gebeurtenissen worden getoond, geven geen blijk van verbazing als ze de mogelijke gebeurtenis waarnemen, maar vertonen wel verbazing als ze de 'onmogelijke' gebeurtenis zien (Baillargeon & DeVos, 1991; zie figuur 7.5).

Testgebeurtenissen

Mogelijke gebeurtenis	Mogelijke gebeurtenis	Onmogelijke gebeurtenis

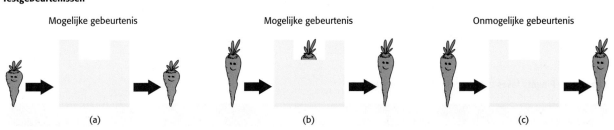

(a) (b) (c)

Figuur 7.5
Kinderen testen op objectpermanentie

Bij deze objectpermanentietest wordt kinderen een serie 'mogelijke' en 'onmogelijke' gebeurtenissen getoond. Bij (a) nadert een korte wortel een scherm met een raam bovenin, verdwijnt dan achter het scherm en komt aan de andere kant van het scherm weer tevoorschijn. Bij (b) doet een lange wortel hetzelfde. De bovenkant van de korte wortel is *niet* zichtbaar door het raam (omdat de wortel korter is dan het raam), maar de bovenkant van de lange wortel is *wel* zichtbaar als hij langs het raam komt. Omdat beide scenario's logisch zijn, vormen ze de 'mogelijke' gebeurtenissen. Bij (c) nadert en passeert een lange wortel het scherm, maar nu is de bovenkant van de wortel *niet* zichtbaar door het raam (wat wel zou moeten). Drie tot vier maanden oude kinderen kijken langer naar dit 'onmogelijke' scenario dan naar de 'mogelijke' gebeurtenissen. Dit geeft het begin van het begrip van objectpermanentie aan.

Bron: Bewerking van figuur 1, Baillargeon, R., & DeVos, J., 1991, Object permanence in young infants: further evidence. *Child Development*, 62 p. 1230 © The Society for Research in Child Development.

Onderzoekers hebben ook ontdekt dat jonge kinderen (van drie en vier jaar), in weerwil van Piagets theorie over centratie, wel degelijk begrijpen dat de niet zichtbare 'binnenkant' van een object (zoals de binnenkant van een ei, een rubberen bal of een hond), niet per se identiek hoeft te zijn aan de buitenkant (Gelman & Wellman, 1991). En in weerwil van Piagets beweringen over animistisch denken, zijn kinderen van drie tot vijf jaar over het algemeen goed in staat onderscheid te maken tussen echte en puur psychische (verzonnen) entiteiten (Wellman & Estes, 1986). Met betrekking tot egocentrisme kunnen kinderen rond het vierde jaar het perspectief van anderen zien, zoals blijkt uit het feit dat ze eenvoudigere taal en kortere woorden gebruiken wanneer ze met tweejarigen praten dan wanneer ze met oudere kinderen of volwassenen spreken (Gelman & Shatz, 1978). Al met al zijn de waarnemingen van Piaget over de volgorde van de stadia accuraat, maar lijken kinderen tegenwoordig bepaalde cognitieve vaardigheden sneller te ontwikkelen dan Piaget aannam.

Theory of mind is het inzicht dat een ander bepaalde opvattingen, verlangens en emoties kan hebben die verschillen van de eigen opvattingen, verlangens en emoties, en dat de geestestoestand van die ander van invloed kan zijn op diens gedrag (Frith & Frith, 1999, Steerneman & Meesters, 2009). Jouw theory of mind ligt ten grondslag aan je verwachtingen over de wijze waarop mensen in bepaalde situaties zullen handelen, bijvoorbeeld wanneer ze een cadeautje krijgen of wanneer er boos tegen hen wordt gesproken. Met andere woorden, je bent in staat om een hypothese op te stellen over hoe een ander denkt of zich voelt. Deze theorie omvat ook de erkenning dat onze verwachtingen over handelingen van anderen mogelijk moeten worden aangepast op basis van wat we weten over het individu in kwestie. Door het begrip van de mentale wereld van anderen wordt empathie voor anderen vergemakkelijkt. Ook wordt de kans dat we een juist oordeel over mensen vormen groter, en wordt misleiding mogelijk. Deze vaardigheden ontstaan mogelijk al tijdens de zesde maand, wat overeenstemt met recente bevindingen over objectpermanentie die in de vorige paragraaf zijn besproken. Bij een onderzoek bleek dat baby's op die leeftijd op betrouwbare wijze onderscheid konden maken tussen een behulpzaam figuur en een schadelijk figuur en consequent de behulpzame figuur als speelgenootje kozen (Hamlin et al., 2007). De cognitieve mijlpalen van de sensomotorische en preoperationele fases bevorderen de verdere ontwikkeling van deze initiële vaardigheid en tegen het vijfde levensjaar lijken kinderen in alle culturen te begrijpen dat anderen de wereld mogelijk anders waarnemen dan zijzelf (Callaghan et al., 2005).

Stadia of golven?

Een tweede vorm van kritiek op de theorie van Piaget bestaat uit twijfel aan de stadia als abrupte overgangen. Recenter onderzoek doet vermoeden dat de overgangen van de ene fase naar de andere geleidelijker verlopen dan de theorie van Piaget suggereert. Robert Siegler bedacht een nieuwe metafoor voor ontwikkeling (Siegler, 1994). In plaats van de abrupte veranderingen die alle stadiumtheorieën gemeen hebben, komt hij met het beeld van 'golven'. De **metafoor van de golf** past beter bij de wetenschappelijke data en bij onze ervaringen van alledag. Het gedrag van een kind kan immers enorm fluctueren. Het is heel goed mogelijk dat een kind op één dag voor hetzelfde taalkundige probleem verschillende strategieën gebruikt; hij zegt bijvoorbeeld: 'ik heb gegeten', 'ik eette' en 'ik at'. Zo'n patroon past niet bij het beeld van een kind dat met een vrij plotselinge sprong van het ene naar het andere stadium overgaat. Het past wel bij Sieglers beeld van elkaar overlappende ontwikkelingsgolven, waarbij elke golf een nieuwe cognitieve strategie is die opkomt, weer terugzakt en opnieuw opkomt (Azar, 1995).

Theory of mind: Besef dat anderen opvattingen, verlangens en emoties kunnen hebben die verschillen van die van jezelf.

Metafoor van de golf: Een manier om cognitieve ontwikkeling te conceptualiseren als iets wat meer in fluctuaties gebeurt (in golven) dan abrupt, zoals de theorie van de gefaseerde ontwikkeling voorstelt.

Het belang van cultuur bij het leren   De Russische psycholoog Lev Vygotsky (1934, 1987) benadrukte de impact van culturele waarden en gebruiken op de cognitieve ontwikkeling van een kind, en ook de rol van communicatie in het leerproces. Volgens Vygotsky is cognitieve ontwikkeling het vermogen om via sociale interactie de regels en normen van een cultuur door middel van sociale interactie te leren. Vygotsky's ideeën zijn de afgelopen jaren ondersteund door andere onderzoekers (Conner & Cross, 2003; Rogoff, 2003). Het toont aan hoe volwassenen en 'deskundigen' kinderen aan de hand van een proces dat *scaffolding* wordt genoemd, kunnen leren hun cognitieve vermogens sneller te ontwikkelen. Zoals een steiger van hout en staal de ondersteuning vormt in de bouw, creëert cognitieve **scaffolding** een ondersteunende structuur voor de opbouw van kennis. Als ouders en onderwijzers voortdurend goed in de gaten houden welk vaardigheidsniveau een kind heeft bereikt, kunnen ze hun instructies op dat kind toespitsen door elke les iets toe te voegen aan dat wat het al weet. Vygotsky heeft verder ook vastgesteld dat kinderen uitdagingen nodig hebben die iets boven hun bestaande leerniveau liggen, maar waar ze met een beetje hulp wel uitkomen. De uitdaging mag niet zo groot zijn dat die hun bevattingsvermogen te boven gaat en ze falen. Vygotsky's theorie spreekt van een *zone van naaste ontwikkeling* en geeft een belangrijke richtlijn voor ouders en onderwijzers bij het ontwerpen van een leerplan voor kinderen.

> **Scaffolding:** Een leerstrategie waarin de nadruk ligt op de hulp ter ondersteuning van iemands leerproces.

7.2.3   Sociale en emotionele ontwikkeling

Onze gezondheid, ons geluk en zelfs onze overleving zijn afhankelijk van het vormen van betekenisvolle, effectieve relaties, in het gezin, met leeftijdsgenoten en in het latere leven en op het werk. Dat betekent dat kinderen moeten leren welke regels hun gemeenschap gebruikt om de sociale en politieke interacties tussen de leden te sturen. Ze moeten bovendien leren omgaan met hun eigen gevoelens en die van anderen. Dit proces van sociale en emotionele ontwikkeling is een van de belangrijkste ontwikkelingstaken van de kindertijd, en is afhankelijk van zowel nature als nurture.

Temperament

Een sterke invloed op de wijze waarop kinderen interactie vertonen met de wereld, is hun **temperament**. Psychologen gebruiken de term temperament voor de genetisch bepaalde, tamelijk stabiele manier waarop een individu reageert op situaties en externe stimuli. Temperament is dus dat deel van de persoonlijkheid dat al bij de geboorte aanwezig is. Jerome Kagan, een onderzoeker van Harvard University, bestudeerde het temperament van duizenden kinderen en ontdekte dat ongeveer 20 procent van de kinderen 'verlegen' ter wereld komt en 40 procent 'zelfverzekerd' of moedig (Kagan, 1998). Wanneer verlegen baby's met onbekende situaties worden geconfronteerd, raken ze van streek of trekken ze zich terug, en de kans is groot dat ze de situatie proberen te ontwijken. Moedige baby's zijn daarentegen socialer en de kans is groot dat ze met belangstelling op nieuwe situaties reageren.

Uit beeldvormingsonderzoeken blijkt dat deze verschillen fysiologisch zijn. Verlegen baby's hebben een actievere amygdala dan moedige baby's (Schwartz et al., 2003). Deze actieve amygdala's veroorzaken een serie fysiologische reacties op stress, zoals een snellere hartslag, het vrijkomen van stresshormonen en grotere temperatuurschommelingen van de huid in reactie op nieuwe situaties. Verlegen kinderen zijn dus fysiologisch gevoeliger voor verandering en stress dan hun moedige, sensatiebeluste tegenhangers. Deze gevoeligheid kan echter een voordeel blijken in interpersoonlijke relaties. Grazyna Kochanska (2009) heeft naar voren gebracht dat angstigheid een belangrijke rol speelt in de morele ontwikkeling van kinderen. Ze zijn zich bewust van de consequenties van wandaden

> **Temperament:** De karakteristieke manier waarop een individu reageert en zich gedraagt; is vermoedelijk sterk genetisch bepaald.

en voelen ook empathie voor het slachtoffer. Kinderen met normaal angstgedrag zullen zich eerder schuldig voelen als ze een overtreding begaan, en dat schuldgevoel werkt later als een afschrikmiddel om wandaden te herhalen.

Hoewel het temperament al vanaf de geboorte aanwezig is, ligt het niet voor honderd procent vast (Kagan, 1996). De ervaringen van het kind en het gedrag van de ouders beïnvloeden de manier waarop het temperament vorm krijgt. Zo zal een zelfverzekerd kind dat door zelfverzekerde ouders wordt opgevoed, de wereld zeker anders ervaren en er anders op reageren dan een zelfverzekerd kind dat is opgevoed door verlegen of angstige ouders. Evenzo, als de ouders van een verlegen baby de teruggetrokkenheid van hun kind opmerken en hem vriendelijk en op een speelse wijze uitdagen, zal het kind extraverter worden dan zijn temperament in eerste instantie deed vermoeden.

Binnen de grenzen van zijn of haar temperament kan het kind dus nog beïnvloed worden. Er bestaat bovendien geen temperament dat ideaal is voor alle situaties. We moeten 'beseffen dat een complexe samenleving als de onze voor elk soort temperament een eigen adaptieve niche heeft' (Kagan, geciteerd in Gallagher, 1994, p. 47).

Socialisatie

Via interactie met je ouders, leeftijdsgenoten en anderen heb je geleerd hoe je met mensen kunt omgaan, een ontwikkelingstaak die **socialisatie** wordt genoemd. Socialisatie gebeurt echter niet alleen tijdens de kindertijd. Het is het levenslange proces van het aanleren en vervolgens bijschaven van gedragspatronen, waarden, normen, vaardigheden, houdingen en motieven zodat ze aansluiten bij wat in een bepaalde gemeenschap gewenst is (Hetherington & Parke, 1975). Het gezin, de school en de media oefenen druk uit op het kind om sociaal geaccepteerde waarden aan te nemen. Ook in hun vrije tijd worden kinderen sterk beïnvloed door bijvoorbeeld leeftijdsgenootjes en televisieprogramma's. Voor de schoolleeftijd worden steeds meer kinderen ook gevormd door hun ervaringen op het kinderdagverblijf. Binnen het gezin is de opvoedingsstijl van de ouders (of andere verzorgers) een belangrijke invloed.

Vier opvoedingsstijlen en hun effecten
De meeste benaderingen van de opvoeding van kinderen behoren tot een van vier duidelijk onderscheiden opvoedingsstijlen die zijn aangetroffen in gezinnen over de hele wereld (Baumrind, 1967, 1971; Russell et al., 2002). **Autoritaire ouders** eisen conformiteit en gehoorzaamheid en ze tolereren weinig discussie over regels, naleving van regels die ze afdwingen door het geven van straf of door het dreigen met straf. Een alternatieve benadering is die van de **autoritatieve ouders**, die ook veeleisend zijn. Deze ouders hebben hoge verwachtingen van hun kinderen en verbinden consequenties aan de mate waarin deze verwachtingen uitkomen. Maar in tegenstelling tot autoritaire ouders combineren ze hoge normen met warmte en respect voor de standpunten van het kind: ze zijn bereid naar de ideeën en de gevoelens van het kind te luisteren en stimuleren vaak een democratische sfeer in het gezin. Autoritatieve ouders leggen vaak een grote nadruk op redeneren en verklaren om kinderen te leren de consequenties van hun gedrag te voorzien. Bij een derde benadering, de zogenoemde **permissieve opvoeding**, stellen de ouders weinig regels en staan ze kinderen toe hun eigen beslissingen te nemen. Evenals autoritatieve ouders zijn ze zorgzaam en communicatief, maar permissieve ouders laten het grootste deel van de verantwoordelijkheid voor beslissingen aan hun kinderen over. Permissieve ouders menen dat kinderen meer kunnen leren van de consequenties van hun eigen daden dan ze zouden leren door de regels te volgen die door de ouders zijn ingesteld. **Onverschillige ouders** ten slotte, zijn meestal onverschillig of afwijzend, soms zelfs in die mate dat er sprake

◄◄ **Verbinding hoofdstuk 2**
De amygdala, een deel van het limbische systeem, is specifiek betrokken bij de emoties angst en agressie (p. 66).

 Video
Ga naar de MyLab mediatheek om de video te bekijken over temperament.

Socialisatie: Levenslange ontwikkeling van gedragspatronen, waarden, normen, vaardigheden, houdingen en motieven die volgens de eigen gemeenschap gewenst zijn.

Autoritaire opvoedingsstijl: Een van de vier opvoedstijlen; deze wordt gekenmerkt door eisen van aanpassing en gehoorzaamheid, naleving van regels die wordt afgedwongen met het geven van straf of het dreigen met straf en een geringe verdraagzaamheid voor discussie.

Autoritatieve opvoedingsstijl: Een van de vier opvoedstijlen; deze wordt gekenmerkt door hoge verwachtingen ten aanzien van de kinderen en consequenties gerelateerd aan de mate waarin de verwachtingen uitkomen. Autoritatieve ouders combineren hoge normen met warmte en respect voor de opvattingen van het kind.

Permissieve opvoedingsstijl: Een van de vier opvoedstijlen; deze wordt gekenmerkt doordat er weinig regels zijn en doordat kinderen hun eigen beslissingen mogen nemen. Hoewel permissieve ouders zorgzaam en communicatief zijn, geven ze de grootste verantwoordelijkheid voor de besluitvorming aan hun kinderen.

Onverschillige opvoedingsstijl: Een van de vier opvoedstijlen; deze wordt gekenmerkt door onverschilligheid of afwijzing, soms in die mate dat van verwaarlozing of mishandeling sprake is.

Tabel 7.3   Kenmerken van de vier opvoedingsstijlen

Stijl	Emotionele betrokkenheid	Autoriteit	Autonomie
Autoritatieve opvoedingsstijl	Ouders of andere verzorgers zijn warm, oplettend en gevoelig voor de behoeften en interesses van het kind	Ouders of andere verzorgers stellen redelijke eisen aan het volwassenheidsniveau van het kind; leggen regels uit en versterken deze	Ouders of andere verzorgers staan het kind toe beslissingen te nemen wanneer het daaraan toe is; luisteren naar het standpunt van het kind
Autoritaire opvoedingsstijl:	Ouders of andere verzorgers zijn koud en afwijzend; halen het kind vaak naar beneden	Ouders of andere verzorgers zijn veeleisend, kunnen dwang gebruiken door te schreeuwen, commanderen en bekritiseren en vertrouwen op straffen	Ouders of andere verzorgers nemen de meeste beslissingen voor het kind, luisteren zelden naar het standpunt van het kind
Permissieve opvoedingsstijl	Ouders of andere verzorgers zijn warm, maar lopen het risico het kind te verwennen	Ouders of andere verzorgers stellen weinig tot geen eisen aan het kind, vaak vanuit misplaatste zorg voor de eigenwaarde van het kind	Ouders of andere verzorgers staan kinderen toe zelf beslissingen te nemen voor het daaraan toe is
Onverschillige opvoedingsstijl	Ouders of andere verzorgers zijn emotioneel verwijderd, teruggetrokken en onoplettend	Ouders of andere verzorgers stellen weinig tot geen eisen aan het kind; interesse of verwachtingen voor het kind ontbreken	Ouders of andere verzorgers zijn onverschillig tegenover beslissingen of standpunten van het kind

Bron: L.E. Berk, *Development Through The Lifespan*, 3e druk. Copyright © 2004 van Pearson Education. Gepubliceerd en herdrukt met toestemming van Allyn & Bacon, Boston, MA.

is van verwaarlozing of mishandeling (Maccoby & Martin, 1983). Meestal leiden ouders in deze groep zulke stressvolle levens dat ze weinig tijd of energie hebben voor hun kinderen (zie tabel 7.3).

Wat zijn de resultaten van deze verschillende opvoedingsstijlen? Uit onderzoek blijkt dat kinderen met autoritatieve ouders meestal veel zelfvertrouwen hebben en dat ze zelfstandig en enthousiast zijn. Over het algemeen zijn deze kinderen gelukkiger, minder lastig en succesvoller. Kinderen met permissieve of nietbetrokken ouders zijn meestal minder volwassen, impulsiever, afhankelijker en veeleisender. Kinderen met autoritaire ouders zijn meestal nerveus en onzeker. In sommige gevallen kan autoritair ouderschap zelfs leiden tot asociaal gedrag. In een baanbrekende nieuwe studie werd onderzocht wat de gecombineerde effecten van ouderschapsstijl en hechtingsstijl zijn op kinderen. Wat werd er ontdekt? Bij onveilige gehechte kinderen vergrootte autoritair ouderschap het risico dat kinderen later asociaal gedrag gingen vertonen, terwijl veilig gehechte kinderen autoritair ouderschap konden tolereren zonder in verzet te komen. Onderzoekers komen met de stelling dat veilige hechting mogelijk een beschermende rol speelt, waardoor het veilig gehechte kind de strengere aanpak van ouders eerder als heilzaam interpreteert, waar een onveilig gehecht kind zo'n aanpak misschien als bedreigend zou ervaren (Kochanska et al., 2009). In dit opzicht is het begrip *goodness of fit* relevant. Dit houdt in dat de ene opvoedingsstijl heel functioneel is bij een bepaald temperament, maar misschien minder efficiënt in andere situaties. De Fever (2005) stelt dat bijvoorbeeld bij kinderen met een bipolaire stoornis een autoritatieve opvoedingsstijl de meest geschikte is.

Terugdenkend aan onze eerdere bespreking van hechting, zijn deze resultaten niet verrassend. Over het algemeen nemen autoritatieve ouders een meer betrokken, interactieve rol op zich in het leven van hun kinderen en vormen ze een sterkere sociaal-emotionele hechting dan de andere drie typen ouders. Dit legt een sterke basis voor prosociaal gedrag bij het kind.

We moeten bedenken dat veel van het eerste onderzoek naar opvoedingsstijlen is uitgevoerd in westerse culturen en in de sociaaleconomische middenklasse. Kunnen we elders dezelfde resultaten verwachten? Uit recent onderzoek blijkt dat cultuur een rol speelt bij opvoedingsstijl en de effectiviteit van de ouders, maar niet op de wijze die je misschien verwacht. Chinese en Zuid-Amerikaanse ouders en ouders op Aziatische eilanden in de Grote Oceaan voeden meestal strenger op dan veel westerse ouders. Van een afstand lijkt dit misschien op een autoritaire opvoedingsstijl. Als we beter kijken, blijkt echter dat deze ouders hun strenge regels en eisen voor respect meestal combineren met een grote hoeveelheid warmte, vooral van de vaders. Als deze combinatie aanwezig is, heeft dit dezelfde positieve resultaten als bij westerse kinderen met autoritatieve ouders (Berk, 2007).

Sekseverschillen Iedereen die wel eens heeft gekeken hoe jongens en meisjes spelen, weet dat ze op verschillende manieren met elkaar omgaan. Jongens spelen over het algemeen het liefst met jongens, meisjes met meisjes; een patroon dat in alle culturen terugkomt (Maccoby, 1998, 2000). Jongens zijn vaak agressiever dan meisjes, hoewel er zeker uitzonderingen zijn. Meisjes zijn geneigd zich te verenigen in kleine, samenwerkende groepjes, terwijl jongens vaak grotere, hiërarchische groepen vormen met een duidelijke 'pikorde', waar een voortdurende strijd plaatsvindt om de hogere posities. Hierbij wordt niet zelden gebruikgemaakt van agressieve methoden zoals slaan, duwen en verbale dreigementen. Sekseverschillen zijn ook zichtbaar in de keuze van vrijetijdsactiviteiten: in hun vrije tijd beoefenen jongens vaker sport of spelen computerspelletjes dan meisjes, terwijl meisjes meer televisiekijken (Cherney & London, 2006).

Evolutionair psychologen menen dat deze sekseverschillen een aangeboren basis hebben (Buss, 1999), die verband zou houden met verschillen in testosteronniveaus (Dabbs, 2000). Dat betekent natuurlijk niet dat omgevingsfactoren als opvoeding en leeftijdsgenoten geen invloed hebben. Sociaal-cognitieve theoretici zoals Kay Bussey en Albert Bandura (1999) herinneren ons eraan dat kinderen sekserollen en aan sekse gerelateerd gedrag zoals agressiviteit, ambitie of samenwerking ook door hun sociale omgeving en door rolmodellen aanleren.

Psychosociale ontwikkeling tijdens de kindertijd: de stadia van Erikson

In de eerste paragraaf van dit hoofdstuk hebben we je kennis laten maken met de theorie van Erikson over de ontwikkeling tijdens de levensloop en hebben we het eerste stadium van vertrouwen tegenover wantrouwen onderzocht. Tijdens de kinderleeftijd maakt men nog drie van Eriksons psychosociale stadia door. Tijdens elk stadium komen kinderen een nieuw beslissend moment tegen, waarbij ze een andere belangrijke component van hun schema ontwikkelen met betrekking tot zichzelf en hun relatie met de wereld. Wat onthullen deze fases over de wijze waarop de wereld eruitziet door de ogen van een kind?

Autonomie tegenover schaamte en twijfel In het tweede stadium, dat van circa achttien maanden tot het derde levensjaar duurt, leren peuters snel te lopen en te spreken. Dit verhoogde niveau van interactie met de wereld biedt veel gelegenheid tot directe beïnvloeding. Het ontwikkelen van een gevoel van onafhankelijkheid of **autonomie** is de belangrijkste ontwikkelingstaak tijdens deze fase. Hiertoe hebben kinderen vrijheid (en soms stimulans) nodig om dingen zelfstandig te doen wanneer dit gewenst is.

Extreme beperkingen en overdadige kritiek in dit stadium kunnen ertoe leiden dat het kind aan zichzelf gaat twijfelen. Als de eisen te hoog zijn, zoals bij te vroege zindelijkheidstraining, kan het kind beschaamd en ontmoedigd raken – vandaar de naam van deze fase: *autonomie tegenover schaamte en twijfel*. Kinderen die aan deze fase beginnen met een algemeen gevoel van vertrouwen in de wereld, hebben een grotere kans om met succes autonomie te ontwikkelen dan kinderen die deze eerste fase niet adequaat hebben afgerond.

Hoewel Erikson zich niet bezighield met de rol van temperament in de psychosociale ontwikkeling, heeft dat wel invloed: verlegen kinderen hebben meer

Autonomie: Vermogen om onafhankelijk te handelen. Volgens Erikson is dit de belangrijkste ontwikkelingstaak in het tweede stadium van de kindertijd. Om autonomie te ontwikkelen is een gevoel van onafhankelijkheid nodig, in plaats van schaamte en twijfel.

vriendelijke stimulans nodig dan moedige kinderen. Hoewel dus een koesterende en ondersteunende omgeving van wezenlijk belang is voor de ontwikkeling van autonomie, speelt ook nature een rol.

Initiatief tegenover schuld

Zodra een kind vertrouwen en autonomie heeft ontwikkeld, is de derde opgave het ontwikkelen van **initiatief**, oftewel het vermogen uit zichzelf activiteiten te starten, in plaats van alleen op anderen te reageren. Als kleuter zal het autonome kind doelgerichter worden en willen kiezen welke kleren het aantrekt, wat het eet of hoe het zijn tijd doorbrengt. Als de ouders nu te veel zelfbeheersing van hun kind eisen ('Waarom kun je niet stilzitten?'), wordt het kind overspoeld door gevoelens van ontoereikendheid en schuld. De term voor deze fase reflecteert deze twee alternatieven: *initiatief tegenover schuld*. De manier waarop de verzorgers reageren op initiatieven van het kind bepaalt dus of het de vrijheid en het zelfvertrouwen verwerft die nodig zijn voor het volgende stadium.

Vlijt tegenover minderwaardigheid

Kinderen die met succes de eerste drie stadia van Erikson afronden, zijn, als ze naar groep 3 (in België: het eerste leerjaar) gaan, klaar om hun vaardigheden en talenten op meer systematische wijze te ontwikkelen. Van het zesde tot het twaalfde jaar bieden schoolactiviteiten en sport de gelegenheid complexere intellectuele en motorische vaardigheden aan te leren, terwijl interactie met leeftijdsgenoten de kans biedt voor het aanleren van sociale vaardigheden. Succesvolle pogingen op deze terreinen leiden tot gevoelens van competentie, die Erikson **vlijt** noemt. Koesterende en ondersteunende ouders helpen kinderen in deze fase terug te blikken op hun ervaringen, waarbij ze zowel van hun successen als van hun mislukkingen leren, en erkennen ook dat sommige mislukkingen onvermijdelijk zijn. Kinderen met overmatig veeleisende of ongeïnteresseerde ouders kunnen echter problemen hebben hun mislukkingen in perspectief te zien en ontwikkelen uiteindelijk een gevoel van minderwaardigheid. Ook ontwikkelen kinderen die problemen hebben gehad met een of meer van de eerdere fases zich mogelijk tot ontmoedigde toeschouwers en niet tot deelnemers. Ook dat leidt tot gevoelens van minderwaardigheid en niet tot een gevoel van competentie. De term voor deze fase luidt dan ook: *vlijt tegenover minderwaardigheid*.

Samengevat: we hebben gezien hoe de ontwikkeling van taal, cognitieve vaardigheden en sociale competentie allemaal op elkaar inwerken tijdens de snelle groei en veranderingsprocessen in de kindertijd. Individuele winst op elk van deze gebieden wordt geboekt volgens een algemeen biologisch tijdschema, maar de snelheid en aard van deze winst worden sterk door onze omgeving beïnvloed. In de volgende paragraaf zullen we zien hoe deze vaardigheden van de kindertijd de basis vormen voor een andere periode van snelle verandering: de adolescentie.

Initiatief: Volgens Erikson is initiatief de belangrijkste ontwikkelingstaak in het derde stadium van de kindertijd. Initiatief wordt gekenmerkt door de mogelijkheid om zelf activiteiten te starten, in plaats van alleen op anderen te reageren of zich schuldig te voelen wanneer het kind niet aan andermans eisen kan voldoen.

Vlijt: Eriksons term voor een gevoel van zelfvertrouwen die het belangrijkste doel van het vierde ontwikkelingsstadium in de kindertijd kenmerkt. Kinderen die geen vlijt (vertrouwen) ontwikkelen, zullen wegglijden in een gevoel van minderwaardigheid.

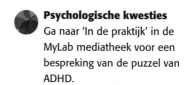

Psychologische kwesties
Ga naar 'In de praktijk' in de MyLab mediatheek voor een bespreking van de puzzel van ADHD.

Ga naar **www.pearsonmylab.nl** om je kennis en begrip van deze paragraaf te testen met de MyMap, MyCheck en MyDefinitions.

KERNVRAAG 7.3

▶ Welke ontwikkelingen vinden plaats tijdens de adolescentie?

De meeste vroege theoretici gingen uit van het idee dat de belangrijkste ontwikkelingen van de mens voor de *adolescentie* plaatsvonden. Daarna, meenden ze, was de psyche voor het leven bepaald en zouden er weinig belangrijke veranderingen meer optreden. Modern onderzoek trekt deze ideeën in twijfel. Tegenwoordig menen psychologen dat de mens een opmerkelijk vermogen heeft om zich gedurende zijn hele leven te blijven ontwikkelen (Kagan, 1996, 1998). Tijdens de puberteit vinden opnieuw op drie belangrijke terreinen veranderingen plaats, zoals in ons kernconcept wordt gesteld:

● **KERNCONCEPT 7.3**
De adolescentie brengt nieuwe ontwikkelingsproblemen met zich mee, die het gevolg zijn van lichamelijke veranderingen, cognitieve veranderingen en sociaal-emotionele druk.

Wanneer begint de puberteit? Of om de vraag persoonlijker te stellen: door welke gebeurtenis ging je jezelf als puber beschouwen? De kans is groot dat het iets te maken had met je seksuele rijping, zoals de eerste menstruatie of een nachtelijke ejaculatie. Volgens psychologen begint de **adolescentie** op het moment dat de **puberteit** begint. Dat wil zeggen, op het moment dat je seksueel rijp bent, oftewel in staat bent om je voort te planten. De grens tussen het einde van de adolescentie en het begin van de volwassenheid is minder gemakkelijk te trekken.

Adolescentie: In industriële landen: ontwikkelingsperiode die begint met de puberteit en (minder duidelijk) eindigt bij aanvang van de volwassenheid.

Puberteit: Seksuele rijping.

7.3.1   Adolescentie en cultuur

Variaties tussen verschillende culturen maken het nog moeilijker om het einde van de adolescentie duidelijk af te bakenen. Hoewel de lichamelijke veranderingen die in dat stadium plaatsvinden universeel zijn, is de sociale en psychologische dimensie van de adolescentie erg afhankelijk van de culturele context. Als je bijvoorbeeld in een cultuur leeft waar de puberteit wordt beschouwd als de feestelijke overgang naar de volwassenheid waarvoor je wordt beloond met een zekere verantwoordelijkheid, zul je die periode heel anders ervaren dan iemand die in een cultuur leeft die tieners beschouwt als verwarde en potentieel gevaarlijke herrieschoppers.

De meeste niet-industriële samenlevingen kennen geen stadium van adolescentie zoals wij dat kennen. In deze samenlevingen ondergaan kinderen na hun kindertijd een **overgangsritueel**. Deze overgangsrituelen vinden meestal plaats rond het begin van de puberteit en fungeren als openbare erkenning dat het individu geen kind meer is, maar als volwassene moet worden behandeld. Overgangsrituelen verschillen van cultuur tot cultuur. Sommige zijn uiterst pijnlijk, andere bestaan uit een periode van onderricht in seksuele en culturele praktijken, of een periode waarin de aspirant-volwassene geheel alleen en onder moeilijke omstandigheden moet zien te overleven. In sommige stammen moet de persoon in zijn eentje een meditatieve tocht maken, in andere ontvangt hij of zij symbolische littekens en in weer andere culturen vindt een besnijdenis plaats te midden van vrienden en familie. Nadat het overgangsritueel is volbracht, bestaat er geen twijfel meer over de status: hij of zij is volwassen en banden met de kindertijd zijn doorgesneden.

Onze cultuur kent weinig overgangsrituelen, waardoor kinderen niet weten wanneer hun nieuwe status als adolescent precies ingaat, en adolescenten niet

Overgangsritueel: Sociaal ritueel dat de overgang tussen twee ontwikkelingsstadia markeert, vooral die tussen de kindertijd en de volwassenheid.

weten wanneer ze zich jonge volwassenen mogen noemen. Een subtiel overgangsritueel dat we wel kennen is het bereiken van de leeftijd waarop je een scooter of brommer mag berijden. Het is zowel een symbolische als een praktische overgang. Een scooter of brommer geeft je een vrijheid, onafhankelijkheid, mobiliteit en status die niet bereikbaar is voor kinderen.

Hoewel tijdens de adolescentie allerlei zaken aan de orde komen, zullen we ons concentreren op de belangrijkste uitdagingen waarmee adolescenten in de westerse wereld worden geconfronteerd. De kerntaak in deze periode is het vormen van een identiteit. Dit complexe proces omvat het leren omgaan met lichamelijke rijpheid, het bereiken van een nieuw niveau van cognitieve ontwikkeling, het herdefiniëren van sociale rollen en emotionele problemen, het omgaan met seksuele kansen en de druk en ontwikkeling van morele normen. Laten we beginnen met de lichamelijke veranderingen die het einde van de kindertijd en het begin van de puberteit markeren.

7.3.2   Lichamelijke rijping tijdens de adolescentie

De puberteit of seksuele volwassenheid begint voor jongens met een grotere omvang van de testikels, voor meisjes gewoonlijk met de ontwikkeling van borsten. De groei van schaamhaar verloopt gewoonlijk bij beide seksen tegelijk met de groei van uitwendige genitaliën. Dit proces begint meestal rond de leeftijd van tien of elf jaar bij meisjes, en twee jaar later bij jongens. De puberteit voor jongens bereikt zijn top wanneer de productie van levend sperma begint (meestal rond de leeftijd van veertien), en voor meisjes wanneer de **menarche** plaatsvindt, de eerste menstruatie (tussen elf en veertien jaar; Slyper, 2006).

Menarche: Eerste menstruatie, begin van de puberteit bij meisjes.

Je herinnert je misschien dat je je tijdens de puberteit bewuster werd van je uiterlijk. Ingrijpende lichamelijke veranderingen en het toegenomen belang van acceptatie door leeftijdsgenoten (met name door seksueel aantrekkelijke leeftijdsgenoten) versterken de zorg over het eigen **lichaamsbeeld**: het persoonlijke en subjectieve beeld van je eigen uiterlijk. Jongens en meisjes beoordelen zichzelf vaak streng aan de hand van de normen waarvan ze denken dat andere mensen hen die opleggen. Hoe oneerlijk het ook klinkt, lichamelijke aantrekkelijkheid beïnvloedt de manier waarop mensen elkaar zien (Hatfield & Rapson, 1993).

Lichaamsbeeld: De perceptie van en gevoelens over de eigen lichamelijke verschijning.

Het gevolg is dat de adolescente taak om een persoonlijke identiteit te ontwikkelen ook inhoudt dat je moet leren leven met je fysieke voorkomen. Met andere woorden, je moet een realistisch (en tegelijkertijd acceptabel) lichaamsbeeld ontwikkelen. Dit beeld is niet alleen afhankelijk van meetbare kenmerken als lengte en gewicht, maar ook van de manier waarop je denkt dat andere mensen jouw lichaam waarderen en van culturele normen over lichamelijke schoonheid. De leeftijd waarop tieners de puberteit doormaken, is ook van invloed op het lichaamsbeeld: jongens die eerder geslachtsrijp worden dan hun leeftijdsgenoten, hebben meestal een positief lichaamsbeeld, terwijl vroegrijpe meisjes vaak een negatief lichaamsbeeld hebben. Deze meisjes melden ook vaker dat ze worden gepest door hun leeftijdsgenoten (Downing & Bellis, 2009).

Er zijn ook andere sekseverschillen: ongeveer de helft van de meisjes in de adolescente leeftijd en een kwart van de jongens beweert dat hij of zij zich 'regelmatig lelijk en onaantrekkelijk' voelt (Offer et al., 1981, 1988). Het is duidelijk dat lichamelijke aantrekkelijkheid tijdens de adolescentie een uiterst belangrijke rol speelt (Perkins & Lerner, 1995). Het zelfbeeld van meisjes hangt nauw samen met de perceptie van hun eigen lichamelijke aantrekkelijkheid, terwijl jongens zich meer zorgen lijken te maken over hun lichamelijke vaardigheden, hun atletisch vermogen en de mate waarin ze hun doelen weten te bereiken (Lerner et al., 1976; Wade, 1991). Meisjes en vrouwen zijn vaker ontevreden over hun gewicht en de vorm van hun lichaam dan jongens en mannen, en ze ervaren meer conflicten op het gebied van voedsel en eten (Rolls et al., 1991). Deze verschillen weerspiegelen waarschijnlijk een culturele preoccupatie met vrouwelijk schoon en mannelijke kracht, een onvermijdelijke bron van zorg omdat natuurlijk niet alle adolescenten aan die culturele idealen van aantrekkelijkheid voldoen. Verder is cultuur van invloed op de relatie tussen lichaamsbeeld en zelfwaardering. Onderzoek wijst bijvoorbeeld uit dat de zelfwaardering van blanke adolescenten van beide seksen meer gekoppeld is aan lichamelijke aantrekkelijkheid dan het zelfbeeld van zwarte adolescenten (Wade, 1991). Toch geldt voor tieners in Hong Kong dat lichaamsvet wel samenhangt met het fysieke zelfbeeld, maar helemaal geen afbreuk doet aan hun algemene zelfwaardering. Te dun zijn wordt zelfs als iets even negatiefs gezien als te dik zijn, wat waarschijnlijk de Chinese culturele deugd van matigheid weerspiegelt, evenals een acceptatie van obesitas die groter is dan in onze cultuur (Marsh et al., 2007). De westerse idealen spreiden zich echter steeds meer uit over de wereld, vanwege het enorme bereik van mediabeelden en hun invloed op het beeld dat tieners van hun eigen lichaam hebben: jonge vrouwen in het Midden-Oosten en Japan krijgen steeds vaker problemen met het zelfbeeld van hun lichaam (Chisuwa & O'Day, 2010; Thomas et al., 2010). De meeste adolescenten lijken zich in de loop der tijd met hun uiterlijk te verzoenen, maar voor sommigen is het verwerven van een acceptabel beeld van het eigen lichaam een heel lastige opgave.

Tijdens de tienerjaren wordt het lichaamsbeeld van groot belang.
Bron: Ted Foxx/Alamy.

7.3.3 Seksualiteit tijdens de adolescentie

De lichamelijke rijpheid gaat gepaard met een nieuw bewustzijn van de eigen seksuele gevoelens en impulsen. Maar velen ontberen de juiste kennis of hebben verkeerde beelden over seks en seksualiteit. En dit gebrek aan goede kennis schept allerlei problemen, variërend van soa's (seksueel overdraagbare aandoeningen) tot ongewenste zwangerschap en onbevredigende seksuele ervaringen. Aan het begin van de adolescentie is masturbatie de meest voorkomende orgastische expressie van seksuele impulsen (Wilson & Medora, 1990). Uit onderzoek uitgevoerd door Rutgers WPF en Soa Aids Nederland, twee Nederlandse kenniscentra op het gebied van seksualiteit, blijkt dat in de leeftijd van 15 tot en met 17 jaar 85 procent van de jongens wel eens gemasturbeerd heeft en 88 procent wel eens een orgasme heeft gehad, tegenover respectievelijk 44 procent en 46 procent van de meisjes van deze leeftijd (De Graaf et al., 2012). Cijfers uit Vlaanderen laten ongeveer hetzelfde beeld zien: 82 procent van de jongens heeft op zijn 15e al gemasturbeerd, tegen slechts 25 procent van de meisjes (E-Gezondheid.be, 2003). Cijfers uit dergelijk onderzoek zijn echter slechts schattingen en zijn mogelijk aan de lage kant. Het verkrijgen van juiste gegevens over zulke persoonlijke seksuele praktijken blijkt lastig. Onderzoek naar seksuele gedragingen wordt meestal met enquêtes uitgevoerd die, zelfs als ze anoniem zijn, vaak een onvolledig beeld geven van gedragingen die vaak gepaard gaan met schaamte en schuldgevoel. De **seksuele oriëntatie** begint ook tijdens de puberteit duidelijk te worden, waarbij het grootste deel van de pubers een overwegend heteroseksuele oriëntatie heeft. Er is enig bewijs voor de stelling dat de eerste seksuele ervaringen van mannen en vrouwen aanzienlijk van elkaar verschillen. In het onderzoek van Rutgers WPF en Soa Aids Nederland zegt 22 procent van de meisjes dat ze achteraf eigenlijk nog even had willen wachten, tegenover 8 procent van de jongens. Ook zegt 23 procent van de meisjes dat haar eerste geslachtsgemeenschap vervelend was, tegenover 5 procent van de jongens. Ten slotte had 16 procent van de jongens in mindere of meerdere mate spijt van zijn eerste geslachtsgemeenschap, bij meisjes is dit percentage bijna twee keer zo hoog: 29 procent (De Graaf et al., 2012). Verder blijkt uit het onderzoek dat meisjes over het algemeen meer negatieve en minder positieve gevoelens hebben over seks. Meisjes zeggen bijvoorbeeld vaker dan jongens dat ze zich schamen over seksuele gevoelens of dat ze zich schuldig voelen als ze (zouden) masturberen. Jongens zeggen juist vaker dat ze seks be-

Seksuele oriëntatie: De richting van iemands seksuele belangstelling (meestal voor mensen van het andere geslacht, hetzelfde geslacht of beide geslachten).

langrijk vinden, dat ze van alles willen uitproberen en dat ze seks erg fijn vinden. Ook geven jongens aan het heel belangrijk te vinden om de ander te laten genieten, dit is bij jongens zelfs de meest genoemde reden voor seks (81 procent). Door meisjes worden relationele motieven zoals liefde tonen, dicht bij de ander zijn en verliefdheid vaker genoemd dan door jongens, hoewel ook een meerderheid van de jongens zegt dit belangrijk te vinden (De Graaf et al., 2012).

Uit onderzoek onder adolescenten met homoseksuele, lesbische en biseksuele oriëntaties blijkt in het algemeen dat 8 tot 12 procent van de pubers seksuele contacten met iemand van hetzelfde geslacht heeft. Er is geen reden om aan te nemen dat die cijfers in Nederland of België verschillen. Een melding van seksuele activiteit met hetzelfde geslacht betekent niet noodzakelijkerwijs dat de betrokkene zichzelf als homoseksueel, lesbisch of biseksueel beschouwt. Sommigen experimenteren met seksuele activiteiten met anderen van hetzelfde geslacht, maar beschouwen zichzelf als heteroseksueel. Voor anderen komen zulk ervaringen echter overeen met een homoseksuele, lesbische of biseksuele oriëntatie. En weer anderen blijven onzeker over hun primaire seksuele oriëntatie. Al met al bleek uit één steekproef van het bovengenoemde onderzoek dat 1 op de 8 tieners onzeker is over de eigen seksuele oriëntatie (Faulkner & Cranston, 1998). Overigens zijn de cijfers ook bij deze onderzoeken slechts schattingen en mogelijk aan de lage kant gezien de eerdergenoemde beperkingen.

Tijdens de adolescentie zijn seksuele gevoelens voor hetzelfde geslacht of beide geslachten moeilijk met het zelfbeeld in overeenstemming te brengen. Het is immers een periode waarin jongeren zich angstvallig proberen aan te passen aan de waarden en normen van hun samenleving. Hoewel de meeste homoseksuelen en lesbiennes zich al aan het begin van de adolescentie voor het eerst bewust worden van hun seksuele oriëntatie, is uit Amerikaans onderzoek gebleken dat velen hun seksuele identiteit pas werkelijk accepteren tussen hun vijfentwintigste en dertigste levensjaar (Newman & Muzzonigro, 1993). Deze uitgestelde acceptatie weerspiegelt waarschijnlijk het gebrek aan sociale steun voor een homoseksuele oriëntatie in veel samenlevingen, maar illustreert ook het belang van de rol van de maatschappij bij de ontwikkeling van alle aspecten van de identiteit.

Video
Ga naar de MyLab mediatheek om de video te bekijken over seksualiteit tijdens de adolescentie.

7.3.4 Cognitieve ontwikkeling tijdens de adolescentie

Veranderingsprocessen die in de baarmoeder zijn begonnen, blijven in de hersenen van de puber doorgaan (Spear, 2000). Terwijl de neurale verbindingen zich tijdens de vroege kindertijd het snelst ontwikkelen, ontwikkelen de frontale kwabben van de hersenen zich gedurende de gehele adolescentie tot in de jonge volwassenheid. Wat zijn de gevolgen van deze neurologische veranderingen tijdens de adolescentie?

Tienerjaren: geleid door rede of emotie?

De frontaalkwabben zijn betrokken bij sociale en emotionele gedragingen, net als bij rationeel denken en oordelen. In de volwassenheid wordt informatie verwerkt door de rationelere frontaalkwab, maar in de puberteit zijn deze kwabben nog niet volledig ontwikkeld en wordt meer informatie via de amygdala verwerkt. Daardoor zullen reacties van pubers emotioneler zijn. De amygdala van een tiener verstuurt impulsen die zijn of haar onrijpe frontale cortex nog niet kan verwerken (McClure et al., 2004). Dit fenomeen biedt, samen met een toename van de concentratie oestrogeen en testosteron (Spear, 2000), een verklaring voor het feit dat tieners vaak sensatiezoekend en risicovol gedrag vertonen.

Maar is dit unieke hersenpatroon van adolescenten per se slecht? Zoals gezegd is de puberteit een tijd waarin individuen hun identiteit bepalen, met het uiteindelijke doel onafhankelijk te worden van het gezin van oorsprong. Misschien is dit riskante gedrag voor pubers een noodzakelijke component van het gedragsreper-

Seksuele oriëntatie is een belangrijk element van de identiteit.
Bron: Creatas/Thinkstock.

toire die hen in staat stelt hun omgeving te kunnen verkennen en daarin te experimenteren. Met andere woorden, misschien creëert het een biologische basis voor de moed die nodig is om op eigen benen te staan. Verder kan de verhoogde emotionele reactiviteit helpen bij het waarnemen van bedreigingen, zodat de tiener zich sneller bewust is van de gevaren die gepaard gaan met de nieuwe activiteiten en zo dus de kans op succes en overleving vergroten. Hetzelfde hersenpatroon is bij dieren als apen en knaagdieren waargenomen, wat er mogelijk op duidt dat de neurale ontwikkeling in de adolescentie inderdaad een belangrijk evolutionair doel dient (Casey et al., 2008).

De hersenen worden drastisch gesnoeid

Eerder in dit hoofdstuk hebben we besproken hoe belangrijk gevoelige perioden zijn voor de ontwikkeling van bepaalde vermogens, en wat het belang is van het 'snoeiproces' dat zo rond de puberteit op gang komt (Kurth et al., 2010). Deze twee concepten benadrukken op hun beurt weer het belang van een rijke omgeving in de eerste levensjaren, die ervoor zorgt dat zich neurale verbindingen kunnen vormen ter ondersteuning van allerlei vaardigheden en vermogens. Aan het begin van de puberteit wordt in dit synaptisch snoeiproces (*synaptic pruning*) een begin gemaakt met het kortwieken van hersendelen die niet adequaat gestimuleerd zijn. Tijdens dit proces wordt het brein van de puber geleidelijk steeds minder goed in het leren van compleet nieuwe dingen, omdat de capaciteit voor de vorming van neurale verbindingen afneemt. Het positieve is dat andere regio's van de hersenen zich nu beter ontwikkelen: als bestaande verbindingen gebruikt blijven worden, krijgen de neuronen meer myeline en gaan daardoor sneller functioneren. Een minpunt is weer dat de plasticiteit afneemt en dat problematische gedragspatronen of eigenschappen die zich hebben ontwikkeld, resistenter worden tegen verandering of interventie. Als het snoeiproces uit de hand loopt, kunnen bovendien belangrijke verbindingen verloren gaan, wat mogelijk mede verklaart waarom er tegen het eind van de puberteit en aan het begin van de volwassenheid stoornissen zoals schizofrenie ontstaan (Moskowitz, 2009).

◄◄ **Verbinding hoofdstuk 2**
De myelineschede is een vetachtige isolatielaag waarmee veel axonen in de hersenen en het ruggenmerg zijn omgeven (p. 55).

Het laatste stadium van Piaget: het formeel-operationeel stadium

De adolescentie gaat gepaard met Piagets laatste fase van de cognitieve groei; deze bestaat uit het vermogen tot abstract en complex denken. Tijdens dit **formeeloperationele stadium** komt het individu tot introspectie en begint het problemen te overdenken, bijvoorbeeld hoe het beter door leeftijdsgenoten kan worden geaccepteerd. Tieners ontwikkelen ook het vermogen om te gaan met abstracte en ontastbare problemen zoals eerlijkheid, liefde en de zin van het bestaan. In wezen leren ze om te gaan met hypothetische problemen, waarbij ze niet langer de concrete basis van het vorige stadium nodig hebben. Dankzij de bij dit formeeloperationele stadium behorende denkvermogens zullen adolescenten en volwassen het spel '20 vragen' (zie paragraaf 7.2.2) op een heel andere manier benaderen dan kinderen. Er komt structuur in de manier waarop de opdracht wordt aangepakt: eerst worden er brede, algemene vragen gesteld en vervolgens worden op grond van kennis van categorieën en relaties bepaalde hypotheses geformuleerd, die ten slotte worden getest. Naarmate het spel vordert, verschuiven de vragen van algemene categorieën ('Is het een dier?'), via subcategorieën ('Kan het vliegen?'), naar precieze hypotheses ('Is het een vogel?') (Bruner et al., 1966). Door recent onderzoek zijn echter vraagtekens komen te staan bij het idee van Piaget dat formeel-operationeel denken noodzakelijkerwijs tijdens de adolescentie ontstaat. Bepaalde volwassenen, zo lijkt het, hebben dit vermogen nooit ontwikkeld; het lijkt afhankelijk van opleiding en ervaring te zijn. Mensen met een universitaire opleiding blijken vaker in staat tot formeel-operationeel denken, en over het algemeen zijn mensen het vaardigst met abstracties en hypothesen op

Formeel-operationeel stadium: Laatste stadium uit Piagets theorie, waarin abstract denken zijn intrede doet.

het gebied waarop ze deskundig zijn (Keating, 2004). Al met al lijkt de ontwikkeling van dit type cognitief vermogen, meer dan welke van Piagets andere cognitieve taken ook, in hoge mate door culturele waarden en door de omgeving te worden bepaald.

Het puberende brein

De grote veranderingen die tijdens de adolescentie optreden, sturen het gedrag van adolescenten in deze fase: de zoektocht naar uitdagingen en spanning, de warrigheid en het gebrek aan planning of de waarde die de puber hecht aan de mening van vrienden. Voor de adolescent en zijn omgeving kunnen dit moeilijke en verwarrende veranderingen zijn, maar tegelijkertijd zijn ze heel normaal. Recent onderzoek naar het adolescente brein kan veel toevoegen aan het inzicht in het gedrag in deze leeftijdsfase.

Bij het Brain & Development Lab van de Universiteit Leiden wordt dergelijk onderzoek verricht. Het laboratorium werd in 2005 opgericht door hoogleraar ontwikkelingspsychologie Eveline Crone. Ze is bekend geworden door haar boek *Het puberende brein. Over de ontwikkeling van de hersenen in de unieke periode van de adolescentie* (2008). Dit boek geeft een mooi overzicht van het onderzoek naar het

adolescente brein. Ook staan er in het boek allerlei toepassingen van dit onderzoek. Bevindingen op het nieuwe onderzoeksveld van '*educational neuroscience*' bijvoorbeeld, geven allerlei aanknopingspunten om de leersituatie op scholen aan te passen aan de (on) mogelijkheden van de adolescent.

 Video
Ga naar de MyLab mediatheek om de video te bekijken over de manier waarop hersenen volwassen worden.

In het boek *Het puberende brein* beschrijft Eveline Crone wat er de laatste jaren is ontdekt over de ontwikkeling van de hersenen van adolescenten.
Bron: WIM Ontwerpers.

7.3.5 Sociale en emotionele problemen tijdens de adolescentie

Naarmate tieners hun eigen identiteit ontwikkelen, verschuift het relatieve belang van anderen die zich in hun invloedssfeer bevinden. De gezinsbanden worden losser naarmate de tiener meer tijd buitenshuis doorbrengt (Paikoff & Brooks-Gunn, 1991). Wat tieners doen buitenshuis, is mede bepaald door hun geslacht (Buhrmester, 1996). Vriendschappen tussen meisjes zijn gebaseerd op emotionele intimiteit, waarbij meisjes vaak alleen samenkomen 'om te praten'. Bij vriendschappen tussen jongens ligt de nadruk echter op activiteiten, waarbij de gesprekken vooral draaien om persoonlijke prestaties of om de prestaties van anderen.

Doen ouders er nog steeds toe?

Sommige ontwikkelingspsychologen menen dat de invloed van ouders en familie en de indrukken uit de kindertijd steeds zwakker worden naarmate de adolescent gevoeliger wordt voor leeftijdsgenoten (Harris, 1995). In onze westerse samenleving maakt de jongere tijdens de adolescentie kennis met nieuwe waarden, hij krijgt meer bewegingsvrijheid van zijn ouders en ervaart een sterke behoefte aan acceptatie door zijn leeftijdsgenoten. Het blijkt dat adolescenten meer dan vier keer zo veel tijd besteden aan gesprekken met leeftijdsgenoten als aan contact met volwassenen (Csikszentmihalyi et al., 1977; Larson 2001). In contacten met leeftijdsgenoten verfijnt de adolescent zijn sociale vaardigheden en experimenteert hij met verschillende sociale rollen. Geleidelijk definieert hij zijn sociale identiteit, oftewel het soort mens dat hij is en wil zijn en het soort relaties dat hij wil aangaan.

In de adolescentie worden relaties met leeftijdsgenoten steeds belangrijker.
Foto: Tijs J. Breuer, Flickr.

Zijn ouders nog belangrijk voor de adolescent? Het antwoord luidt ondubbelzinnig: ja. Ouders die doorgaan toezicht te houden op de activiteiten van hun tieners en die gedurende deze jaren een open en gezonde communicatie in stand houden, hebben de grootste kans dat hun tieners met succes door de uitdagingen van de puberteit komen. Als de relatie tussen ouder en kind van hoge kwaliteit is, heeft de puber een significant hogere kans op een goede geestelijke gezondheid (Steinberg & Silk, 2002).

Eriksons psychosociale ontwikkeling tijdens de adolescentie

Erik Erikson wees op het ontstaan van een onafhankelijk zelf tijdens de adolescentie en beschouwde dit als het essentiële dilemma van de adolescentie. Erikson benadrukte dat deze zoektocht naar de **identiteit** kan worden geremd door de verwarring die ontstaat door het spelen van vele verschillende rollen. Je sociale wereld breidt zich steeds verder uit en in elke kring waarin je verkeert, speel je een andere rol. En juist in deze wirwar van rollen moet je uitzoeken wie je werkelijk bent. Daarom noemde hij deze fase *identiteit tegenover rolverwarring*. Tijdens het oplossen van deze *identiteitscrisis* ontwikkel je als het goed is een coherent zelfbeeld. Terwijl het normaal is dat iemands identiteit gedurende het gehele leven verandert, kan een zelfbeeld waaraan een stabiele kern ontbreekt, ontstaan wanneer de adolescent er niet in slaagt een bevredigende oplossing te vinden voor zijn of haar identiteitsproblemen. Het zoeken naar een uitweg in deze crisis is zowel een persoonlijk proces als een sociale ervaring (Erikson, 1973).

Identiteit: Volgens de theorie van Erikson is identiteit het gevoel dat iemand heeft over wie hij is: een coherent zelf. Het ontwikkelen van een gevoel van identiteit is het belangrijkste doel van de puberteit.

Is adolescentie een roerige tijd?

Tijdens de adolescentie kunnen ook problemen met eenzaamheid, depressie en verlegenheid ontstaan; deze problemen zijn een van de redenen voor de sterke toename van het aantal zelfmoorden onder tieners (Berk, 2004; US Bureau of the Census, 2002). Onderzoek naar zelfmoord onder adolescenten wijst uit dat in de voorgeschiedenis van zo'n tragedie dikwijls sprake is van een beschamende of vernederende ervaring, zoals het niet kunnen volbrengen van een taak of een romantische afwijzing (Garland & Zigler, 1993). Jonge mensen hebben vaak intense emoties op het sociale en persoonlijke vlak, waardoor het voor hen lastig is om dingen in perspectief te plaatsen, te beseffen dat zelfs moeilijke tijden voorbijgaan en dat iedereen wel eens een fout maakt.

Gedurende de adolescentie is de kans op conflicten met de ouders het grootst, het is een tijd van extreme stemmingen en veel adolescenten voelen zich aangetrokken tot risicovol gedrag (Arnett, 1999). Maar is het voor iedereen zo'n verwarrende periode? De adolescentie vormt voor sommigen een zeer lastige opgave op het gebied van relaties en zelfwaardering. Maar voor de meeste tieners vormen deze jaren geen tijd van onzekerheid en wanhoop (Myers & Diener, 1995). Terwijl veel ouders zich voorbereiden op een turbulente periode, blijkt die over het algemeen relatief kalm te verlopen. Sterker nog, de meeste adolescenten zeggen dat ze een hechte band hebben met hun ouders (Galambos, 1992). De kans op een rustige adolescentie is het grootst voor ouders die openstaan voor de behoeften van hun tieners, maar tegelijkertijd duidelijke grenzen stellen. De kans dat de adolescentie een moeilijke periode wordt, is het grootst in gezinnen met permissieve of autoritaire ouders (Collins et al., 2000).

⊕ DOE HET ZELF! Nature en nurture in je eigen ontwikkeling

Denk eens aan een eigenschap van jezelf. Kies er een die je interesseert of waar je erg nieuwsgierig naar bent.

Psychologie gebruiken om psychologie te leren
Is het bereiken van de formeel-operationele fase tijdens de middelbare school of de studietijd een teken van het einde van de cognitieve ontwikkeling? Ga naar 'In de praktijk' in de MyLab mediatheek voor het antwoord op deze vraag.

1. Benoem en beschrijf de eigenschap, en geef een of twee voorbeelden van hoe die eigenschap zich uit in je gedrag en je leven beïnvloedt.
2. Denk dan eens na over de rol van nature en nurture met betrekking tot je specifieke eigenschap. Bespreek eerst de overeenkomsten die je hebt opgemerkt tussen jou en je familieleden.
3. Kijk vervolgens of je onderzoeksresultaten kunt vinden waaruit blijkt welk aandeel van de specifieke eigenschap genetisch is en welk aandeel aangeleerd. Als je in de literatuurlijst van dit boek kijkt, vind je misschien referenties naar literatuur over de eigenschap; zo niet, dan kan je docent je misschien een paar suggesties geven.
4. Maak ten slotte een samenvatting van wat je hebt ontdekt. Bespreek vervolgens je bevindingen uit de literatuur in relatie tot je eigen leven: bespreek in welke mate je eigenschap is bepaald door erfelijke factoren én in welke mate je eigenschap is gevormd door je omgeving.

Ga naar **www.pearsonmylab.nl** om je kennis en begrip van deze paragraaf te testen met de MyMap, MyCheck en MyDefinitions.

KERNVRAAG 7.4

▶ Welke ontwikkelingen vinden plaats tijdens de volwassenheid?

De overgang van de adolescentie naar de jonge volwassenheid wordt gemarkeerd door beslissingen over vervolgopleiding, carrière en intieme relaties. Het nemen van deze beslissingen en het dragen van de consequenties vormen de belangrijkste uitdagingen van de volwassenheid. Ze vormen immers het kader van de psychologische ontwikkeling in deze fase. De ontwikkeling stopt daar echter niet. De voortdurende druk van de werkomgeving, het gezin en vrienden, in combinatie met het zich nog steeds voltrekkende rijpingsproces (en later het zich voltrekkende proces van achteruitgang) van het lichaam zorgen voortdurend voor nieuwe ontwikkelingsproblemen. In de huidige wereld is er voor volwassenen in alle fases van de volwassenheid meer tijd. Deze verandering in de manier waarop we ouder worden vormt een belangrijk element in ons kernconcept van deze paragraaf.

Voordat we de volwassenheid uitgebreider gaan onderzoeken, dient een aantal punten van ons kernconcept te worden verklaard. Ten eerste heb je waarschijn-

Tijdens de overgangen die we als volwassenen doormaken, blijft de wisselwerking tussen nature en nurture bestaan: moderne culturele normen en technologie verbeteren de duur en kwaliteit van het leven van veel volwassenen.

lijk uit de eerdere paragrafen van dit hoofdstuk al begrepen dat theorieën over fases, hoewel deze erg populair zijn als beschrijving van de menselijke ontwikkeling, zich vaak schuldig maken aan oversimplificatie. Hoewel beschrijvingen van de belangrijkste ontwikkelingstaken en categorieën van de belangrijkste fasetheorieën, zoals die van Piaget en Erikson, na kritisch empirisch onderzoek als bruikbaar worden beschouwd, zijn psychologen het er tegenwoordig over eens dat de ontwikkeling zich niet volgens vaste stadia voltrekt. In plaats daarvan is het een meer continu proces dat in golven of vlagen verloopt. Met andere woorden, de fasetheorieën hebben waarschijnlijk gelijk wat betreft de inhoud en de opeenvolging van de verschillende fases, maar het 'wanneer' is flexibeler dan ze dachten. En voor geen enkele periode in de levensloop geldt dit meer dan voor de volwassenheid. Uit onderzoek blijkt dat gezonde volwassenen een overgang doormaken van vroege naar middelbare volwassenheid en vervolgens van middelbare naar late volwassenheid. Om deze overgangen succesvol te kunnen doorlopen, zijn reflectie en aanpassing nodig, wat we op de volgende pagina's bespreken.

Een tweede punt dat moet worden genoemd, is de veranderende aard van de volwassenheid in de westerse wereld. Dankzij een betere gezondheidszorg en technologie leven mensen langer dan ooit tevoren en hebben ze gedurende de laatste levensjaren vaak een betere gezondheid dan ouderen uit eerdere generaties. Hierdoor verandert het perspectief van volwassenen op de levensloop en op de verschillende leeftijden en fases ervan. Minder volwassenen voelen de drang rond het twintigste levensjaar te trouwen of zich op andere wijze te settelen, of om met pensioen te gaan als ze vijfenzestig worden. We zien het begin van een 'revolutie' van het ouder worden, die het gevolg is van zowel een langere levensduur als de manier waarop onze cultuur zich aan deze veranderingen aanpast.

Door deze **revolutie van het ouder worden** wordt de aandacht in de psychologische wetenschappen opnieuw gericht op het onderzoek naar de ontwikkeling van volwassenen. Terwijl we gedurende vele jaren afhankelijk waren van theorieën op basis van klinische observatie, verzamelen we nu steeds meer empirisch onderzoek. Het is interessant dat enerzijds traditionele klinische theorieën door veel van het nieuwe onderzoek worden ondersteund, maar dat er anderzijds ook nieuw licht wordt geworpen op de processen van de volwassenheid in de eenentwintigste eeuw. Laten we beginnen met het onderzoek naar de ontwikkeling van persoonlijkheid, waar we verrassende overeenstemming vinden tussen verschillende theorieën.

Volgens Freud wordt de volwassen ontwikkeling gestuurd door twee elementaire behoeften: liefde en werk. Abraham Maslow (1970) omschreef deze behoeften als liefde en erbij horen, en hij meende dat bevrediging van deze behoeften weer nieuwe behoeften zou genereren, namelijk die aan waardering en vervulling. Andere theoretici verdelen de elementaire behoeften van de volwassenheid in een behoefte aan verwantschap oftewel sociale acceptatie, een behoefte aan iets bereiken oftewel competentie, en een behoefte aan macht (McClelland, 1975, 1985; McClelland & Boyatzis, 1982). Eriksons theorie stelt dat het conflict van de volwassenheid en de middelbare leeftijd draait om een behoefte aan intimiteit en 'zorg voor de volgende generaties' (generativiteit). Omdat Erikson het meest uitgebreide verslag gaf van de volwassen ontwikkeling, zullen we zijn theorie als raamwerk gebruiken. In dit raamwerk plaatsen we besprekingen van resultaten

Revolutie van het ouder worden: Een verandering van de wijze waarop mensen in moderne geïndustrialiseerde landen denken over ouder worden. Dit nieuwe perspectief is ontstaan doordat ouderen langer leven, een betere gezondheidszorg hebben en meer keuzes hebben ten aanzien van hun leefwijze.

▶▶ **Verbinding hoofdstuk 10**
Persoonlijkheidstheorieën willen de hele persoon verklaren en richten zich op eigenschappen die iemands hele leven min of meer stabiel blijven (p. 398).

uit het recente empirische onderzoek, resultaten waarmee het verloop van de volwassenheid wordt verklaard.

7.4.1 Vroege volwassenheid: verkenning, autonomie en intimiteit

Wat zijn de ontwikkelingstaken van de vroege volwassenheid? En wanneer begint de volwassenheid precies? Gedurende de tienerjaren verheugen velen zich op de 'vrijheid' die je krijgt als je achttien wordt en wettelijk volwassen. Maar ben je op het achttiende levensjaar ook psychologisch volwassen?

Intimiteit tegenover isolement

Volgens Eriksons theorie van psychosociale ontwikkeling wordt de jonge volwassene geconfronteerd met de uitdaging een intieme relatie aan te gaan met een geliefde (zie tabel 7.1). **Intimiteit** betekent in de theorie van Erikson het vermogen om een volledige, seksuele, emotionele en morele verbintenis aan te gaan met een ander. Bij het aangaan van zo'n relatie botst het verlangen naar nabijheid met de angst voor de risico's en opofferingen die met het realiseren van zo'n nabijheid gepaard gaan. Bij het aangaan van intieme verbintenissen moet je immers in staat zijn persoonlijke voorkeuren opzij te zetten, verantwoordelijkheid te accepteren en iets in te leveren op het gebied van privacy en onafhankelijkheid – maar dit kan ook grote beloningen met zich meebrengen. Als je als jongvolwassene geen intieme verbintenissen weet aan te gaan, leidt dat tot *isolement* en het onvermogen om op een zinvolle wijze contact te maken met anderen.

Volgens Erikson moet het zelfbeeld dat je tijdens de crisis van de adolescentie hebt gevormd zich aan het begin van de volwassenheid consolideren tot een duidelijk en comfortabel concept. Pas dan ben je in staat om de risico's en aantrekkelijkheden van volwassen intimiteit te hanteren. Met andere woorden: je moet weten wie en wat je bent voordat je van een ander kunt houden en je leven met hem of haar kunt delen. Erikson stelde dus dat je eerst een identiteit moet ontwikkelen voordat je tot intimiteit in staat bent.

Die volgorde strookt misschien niet met de hedendaagse realiteit. Veel jonge volwassenen gaan tegenwoordig al snel samenwonen en schuiven het huwelijk, met zijn contractuele verplichtingen en de belofte van levenslange intimiteit met één persoon, voor zich uit of zien er helemaal van af. Het komt niet zelden voor dat jonge mensen tegelijkertijd worstelen met problemen op het gebied van identiteit (bijvoorbeeld keuzes betreffende de carrière) en met problemen op het gebied van intimiteit. Het leven voor jonge volwassenen biedt tegenwoordig meer keuzes en meer complicaties dan dezelfde levensperiode voor de generatie die Erikson heeft beschreven.

Intimiteit: Volgens de theorie van Erikson de belangrijkste ontwikkelingstaak van de vroege volwassenheid, met inbegrip van het vermogen met iemand anders een volledige relatie aan te gaan: seksueel, emotioneel en moreel.

Vroege volwassenheid: de tussenfase

Als erkenning van de verschillen tussen volwassenheid tegenwoordig en in eerdere generaties heeft de psycholoog Jeffrey Arnett (2000a, 2001) een overgangsperiode tot de volwassenheid gepostuleerd, die hij de **vroege volwassenheid** noemt. Deze periode beslaat de late tienerjaren tot circa het dertigste levensjaar, een tijd waarin veel individuen in geïndustrialiseerde maatschappijen de puberteit hebben doorgemaakt, maar zichzelf nog niet als volwassen beschouwen. Terwijl in vroegere tijden zichtbare gebeurtenissen zoals een huwelijk, de geboorte van het eerste kind en het opbouwen van een loopbaan werden beschouwd als bewijs dat iemand volwassen was geworden, noemen jonge mensen tegenwoordig minder duidelijke gebeurtenissen zoals het accepteren van persoonlijke verantwoordelijkheid voor zichzelf en het nemen van onafhankelijke beslissingen als de belangrijke indicatoren van de volwassenheid. De meeste jonge volwassenen van tegenwoordig maken slechts melding van een partiële progressie in de richting van de mijlpalen van zelfstandigheid (Arnett, 1997).

Vroege volwassenheid: De overgangsperiode tussen puberteit en volwassenheid.

De vroege volwassenheid is een tijd van exploratie en experimenteren op alle gebieden. De late tieners en twintigers proberen verschillende typen werk, verkennen alternatieve levensstijlen en wereldvisies en proberen erachter te komen wat voor soort persoon voor hen geschikt is als levenspartner. Terwijl ze dit doen, zijn ze minder voorspelbaar ten aanzien van opleiding, keuze van woonplaats en mate van financiële verantwoordelijkheid dan op enig ander moment in hun leven. Dit patroon van experimenteren kan mogelijk worden verklaard door de afwezigheid van grote verantwoordelijkheden in combinatie met de afwezigheid van ouderlijk toezicht.

Had Erikson gelijk bij zijn identificatie van de belangrijkste taken van de adolescentie en de vroege volwassenheid? In het algemeen wel. Hoewel hier niet veel aandacht aan wordt besteed, merkte hij op dat jonge mensen in geïndustrialiseerde maatschappijen genoten van wat hij een 'verlengde periode van adolescentie' noemde; tijdens deze periode duurde het experimenteren met rollen voort. Dit stemt precies overeen met de resultaten van recenter, empirisch onderzoek zoals dat van Arnett. De meerderheid van de jongeren in het westen is rond het dertigste levensjaar getrouwd, heeft dan het eerste kind gekregen, de overgang van school naar werk gemaakt en vindt zichzelf volwassen. Vermoedelijk hebben ze op dit punt de intimiteit verwezenlijkt die Erikson als de belangrijkste ontwikkelingstaak van de vroege volwassenheid heeft beschreven. Jongvolwassenen noemen vooral intimiteit of persoonlijke relaties als de sleutel tot een gelukkig leven (Arnett, 2000b), hoewel velen worstelen met het vinden van een evenwicht tussen intimiteit en de behoefte aan autonomie. Dit streven naar een optimaal evenwicht tussen deze twee behoeften blijft kenmerkend voor de latere fases van de volwassenheid.

Moderne benaderingen van intimiteit

Hoe verwezenlijken de volwassenen van tegenwoordig dan intimiteit? Feldman (2012) geeft een overzicht van de belangrijkste ontwikkelingen van de laatste decennia. Zo is het aantal getrouwde stellen de afgelopen dertig jaar afgenomen, terwijl het aantal ongetrouwde stellen is toegenomen. In Nederland stapt minder dan 10 procent van de jongeren direct vanuit het ouderlijk huis in het huwelijksbootje, 80 procent van de stellen woont al samen voordat ze gaan trouwen (CBS, 2006). In Vlaanderen woonde in 2003 ruim 7 procent van alle Vlamingen (van 18 jaar en ouder) ongehuwd samen. Dit is een verdriedubbeling in tien jaar tijd (Corijn & Lodewijckx, 2004).

Hoewel het huwelijk een belangrijk sociaal fenomeen blijft, is het aantal getrouwden flink gedaald sinds het einde van de negentiende eeuw. Een deel van de afname van de populariteit van het huwelijk is toe te schrijven aan de toename van het aantal echtscheidingen, maar de beslissing om op latere leeftijd te trouwen speelt ook een rol. In 1976 lag de huwelijksleeftijd van Nederlandse vrouwen nog onder de 23 jaar, in 2005 is deze, onder meer door de populariteit van het ongehuwd samenwonen, gestegen tot bijna dertig jaar (CBS, 2006).

Een andere oorzaak voor het dalende aantal huwelijken is mogelijk de toename van het aantal wettelijk geregelde alternatieven voor het huwelijk. Zo is er in Nederland sinds 1998 de mogelijkheid tot het geregistreerd partnerschap, een wettelijk erkende en geregelde vorm van samenleving tussen man en vrouw, twee mannen of twee vrouwen. In de Nederlandse wet staat een geregistreerd partnerschap gelijk aan een huwelijk, op de (familierechtelijke) situatie van eventuele tijdens het partnerschap geboren kinderen na. Het aantal nieuwe geregistreerde partnerschappen is tussen 2001 en 2005 gestegen van tweeduizend naar ruim zesduizend (CBS, 2006).

Sinds 2000 kunnen koppels in België een samenlevingscontract sluiten, wat vóór november 2006 in totaal 96.039 mensen hebben gedaan. En de populariteit van

Dit gelukkige paar kan een goed huwelijk verwachten als ze erin slagen vijf keer zo veel positieve als negatieve interacties met elkaar te hebben.

het samenlevingscontract lijkt in België toe te nemen: alleen al in 2010 sloten 72.191 mensen dit contract af (FOD Economie – ADSEI, 2010). Betekent dit dat het huwelijk zijn bestaansrecht als sociaal instituut begint te verliezen? Waarschijnlijk niet, hoewel het in die zin wel snel aan betekenis heeft ingeboet. Op dit moment is er bij jonge twintigers en dertigers in België geen dominante samenleefvorm meer (FOD Economie – ADSEI, 2010). En waar in Nederland rond 1970 nog negentig procent van de vrouwen trouwde, was dat percentage in 2000 gedaald tot nog geen 75 procent. Het huwelijk is wel nog steeds dé relatievorm waarbinnen mensen kinderen krijgen: in 2000 werd twee derde van de eerste kinderen binnen het huwelijk geboren (in 1970 lag dit aantal op bijna honderd procent) (CBS, 2006). In Vlaanderen is ongeveer 87 procent van de ouders gehuwd samenwonend (FOD Economie – ADSEI, 2010).

7.4.2 De problemen van de middelbare leeftijd: complexiteit en zorg voor de volgende generatie

Voor veel mensen brengt het idee van de middelbare leeftijd gedachten voort aan de gevreesde midlifecrisis en aan verjaardagskaarten met grappen in de trant van 'over het hoogtepunt heen zijn'. In tegenstelling tot stereotypen over de middelbare leeftijd, blijkt uit onderzoek dat de middelbare jaren in veel opzichten een topperiode zijn voor de ontwikkeling. Uit onderzoek naar de cognitieve ontwikkeling blijkt dat veel volwassenen in deze leeftijdsgroep een aanzienlijke vaardigheid hebben ontwikkeld in het combineren en integreren van uiteenlopende denkstijlen, met inbegrip van reflectie, analyse en dialectisch redeneren (het vermogen tegenstrijdige standpunten te vergelijken en te beoordelen) (Baltes & Staudinger, 1993, King & Kitchener, 1994). Velen blijken ook zeer kundig geworden in het integreren van hun cognities en hun emoties, hetgeen leidt tot beter doordachte, meer weloverwogen en reflectievere copingstrategieën met betrekking tot stressvolle gebeurtenissen (Diehl et al., 1996).

De volwassene kan tijdens de middelbare jaren uiteenlopende interesses combineren, die vaak te maken hebben met werk, gezin, gemeenschap, hobby's en persoonlijke verzorging. Inderdaad is deze drukke, complexe levensstijl tegenwoordig een kenmerk van gezonde volwassenen in de middelbare leeftijd. De psychologen Rosalind Barnett en Janet Hyde (2001) merken op dat gezinnen met tweeverdieners tegenwoordig de norm zijn, waarbij vrouwen een hogere beroepsopleiding hebben dan ooit tevoren. Tegelijkertijd met deze trend zien we een grotere vervaging van de grenzen tussen de rol als werknemer en gezinslid: mannen omschrijven zichzelf minder vaak uitsluitend als werknemer en kostwinner voor het gezin en vrouwen omschrijven zichzelf minder vaak uitsluitend als echtgenote en moeder. Voor de meeste mensen biedt deze uitbreiding van de rol een groter netwerk van sociale ondersteuning en een toegenomen gevoel van welbevinden. Behalve dat er een grotere diversiteit aan rollen is, genieten volwassenen tegenwoordig een grotere variëteit in hun relaties, middelen en levensstijl dan ooit tevoren (Moen en Wethington, 1999). Deze *complexiteit* gaat gepaard met welzijn, doordat complexe individuen het leven beschouwen als een reeks gevarieerde uitdagingen die tot groei leiden (Ryff & Heincke, 1983). In het algemeen zijn volwassenen van boven de 50 minder gestrest, gelukkiger en minder bezorgd dan jongere individuen (Stone et al., 2010).

Zorg voor de volgende generatie tegenover stagnatie

De volgende belangrijke crisis, en mogelijkheid tot groei, vindt plaats tijdens de middelbare leeftijd. Erikson omschrijft deze uitdaging als '**zorg voor de volgende generatie**' (**generativiteit**). Als je de eerdere uitdagingen van identiteit en intimiteit succesvol hebt doorlopen, begin je nu een zekere betrokkenheid bij de rest van de wereld te voelen, de behoefte iets bij te dragen aan het gezin, je werk, de gemeenschap of toekomstige generaties. Het is de fundamentele uitdaging voor mensen tussen de dertig en zestig jaar. Ze moeten leren verder te kijken dan hun eigen wereld en die van hun partner en zich bijvoorbeeld als vrijwilliger inzetten voor een goed doel. Onderzoek bevestigt dat volwassenen die zich sterk betrokken voelen bij de volgende generatie zeer tevreden zijn met hun leven (McAdams et al., 1993).

Een actueel fenomeen is dat van zogeheten boemerangkinderen (Lodewijckx, 2008): kinderen die uit economische overwegingen of na een relatiebreuk weer in het ouderlijk huis komen wonen. Hun ouders behoren in die situatie tot een groep die wordt aangeduid met de term 'sandwichgeneratie'. Hiermee wordt de groep mensen bedoeld van middelbare leeftijd, die zowel de behoeften van hun opgroeiende (volwassen) kinderen moeten vervullen als die van de ouder wordende ouders, en daarbij voor zichzelf ontplooiingsmogelijkheden en een bepaalde vorm van vrijheid opeisen. Voor sommige ouders kan deze situatie tot irritatie leiden.

Degenen die de eerdere crises over identiteit en intimiteit echter niet naar tevredenheid hebben opgelost, komen vaak terecht in een zogenoemde midlifecrisis. Ze trekken de in het verleden gemaakte keuzes in twijfel en worden cynisch en star of, het andere uiterste, wentelen zich in zelfmedelijden en neigen tot roekeloos gedrag.

Overgangen

De meeste volwassenen maken tijdens de middelbare leeftijd een **overgang** door; dit gaat gepaard met het opnieuw definiëren of transformeren van de eigen rol in het leven. Er zijn inderdaad aanwijzingen dat het volwassen leven wordt gekenmerkt door een reeks overgangen. Naast de overgang naar de volwassenheid zelf vinden gedurende de gehele volwassenheid mogelijk vergelijkbare overgangen elke vijftien tot twintig jaar plaats (Levinson, 1986; Sugarman, 2001). Een belangrijke overgang is bijvoorbeeld het vertrek van de kinderen die gaan studeren of samenwonen. Voor sommige ouders en verzorgers kan deze overgang zeer ontwrichtend zijn. Dit wordt 'het lege-nestsyndroom' genoemd. Deze term verwijst naar de ervaringen van verdriet of eenzaamheid bij ouders die het gevolg zijn van het vertrek van hun kinderen uit het ouderlijk huis (Lauer & Lauer, 1999).

Succesvolle overgangen gaan meestal gepaard met een periode van verhoogde zelfreflectie, waarbij de huidige rol opnieuw wordt beoordeeld en waarbij nieuwe mogelijkheden worden verkend. Ook moet besluitvorming plaatsvinden over het loslaten van de oude rol en moet de volwassene zich op een nieuwe rol gaan toeleggen. Overgangen kunnen uit verwachte gebeurtenissen bestaan, zoals een huwelijk, het krijgen van kinderen of het met pensioen gaan, of uit onverwachte gebeurtenissen zoals een plotselinge ziekte, een scheiding of het verlies van een baan of geliefde. Bovendien kan een overgang worden ingezet door gebeurtenissen die werden verwacht, maar die niet plaatsvonden, zoals een promotie op het werk die niet werd gerealiseerd, of het niet krijgen van kinderen terwijl er wel naar uitgekeken werd. En ten slotte kunnen overgangen geleidelijk zijn, zoals met een relatie of een baan die in de loop van de tijd steeds minder bevredigend is, of bij het gedrag van iemand die steeds assertiever wordt: in beide gevallen

Zorg voor de volgende generatie (generativiteit): In Eriksons theorie: proces waarbij men zich betrokken voelt bij zaken buiten zichzelf, zoals gezin, werk, gemeenschap of toekomstige generaties.

Overgang: Het herdefiniëren of transformeren van iemands rol in het leven.

Nieuwe uitdagingen aangaan is een van de sleutels tot een succesvol doorlopen van de overgangen van de volwassenheid.

wordt de betrokkene zich bewust van een cruciaal verschil, dat het startschot van de overgang wordt.

Aangezien onze lichamelijke, cognitieve en emotionele vaardigheden, evenals onze sociale context, zich meestal gedurende het hele leven ontwikkelen en veranderen, zijn overgangen natuurlijke reacties op deze veranderingen. Er komen steeds meer aanwijzingen dat volwassenen die het langst en gezondst leven, degenen zijn die deze overgangen met succes hebben doorgemaakt en die met een hernieuwd gevoel van betekenis en liefde voor het leven uit elk van deze overgangen naar voren zijn gekomen (Levinson, 1978, 1996; Ryff & Heidrich, 1997). Het is interessant dat overgangen soms bestaan uit een terugkeer naar een van de eerdere stadia van Erikson, zoals het opnieuw vormen van de identiteit of de transformatie van een intieme relatie. Complexe individuen, met hun positieve, op uitdagingen en groei gerichte kijk, hebben waarschijnlijk een grote kans een succesvolle transitie door te maken.

Samengevat: de realiteit van de middelbare leeftijd in de huidige maatschappij heeft weinig te maken met het stereotype van 'over het hoogtepunt heen zijn'. Veel volwassenen van middelbare leeftijd zijn energieke, progressieve mensen die een betekenisvolle bijdrage aan de wereld leveren en die genieten van de vele mogelijkheden op het gebied van liefde, werk en persoonlijke groei. Het lijkt erop dat het verwezenlijken van dit gezonde model van de middelbare leeftijd wordt bevorderd door generativiteit en complexiteit.

7.4.3 Late volwassenheid: de leeftijd van integriteit

Aan het begin van de twintigste eeuw was slechts 7 procent van de Nederlandse populatie ouder dan 65 jaar. Een eeuw later is dat getal gestegen tot meer dan 15 procent. In België is dat zelfs 17 procent (Eurostat, 2012). Verwacht wordt dat in 2025 meer dan 20 procent van de Nederlanders en Belgen in deze categorie valt. Rond het jaar 2030 zal er een ingrijpende demografische verschuiving plaatsvinden. Voor de eerste keer in de geschiedenis zal de groep van zestigplussers groter zijn dan die van jongeren tot twintig jaar. Dat is een ingrijpende omkering van alle voorgaande bevolkingssamenstellingen en het zal een potentiële verandering teweegbrengen in onze hedendaagse, op de jeugd gerichte cultuur (Pifer & Bronte, 1986). Zo zullen tatoeages en piercings vaker voorkomen in verpleeghuizen en er zullen veel minder mensen zijn die werken en sociale premies betalen.

Nu de leeftijdsopbouw van onze samenleving binnenkort zo drastisch zal wijzigen, is het meer dan ooit noodzakelijk dat we de essentie van het ouder worden begrijpen, evenals de mogelijkheden en behoeften van ouderen (Roush, 1996). Ook op persoonlijk niveau kan het zinnig zijn je voor te bereiden op enkele uitdagingen die je in je latere leven kunt verwachten.

Vanuit een biologisch perspectief gaan mensen die ouder worden achteruit: energiereserves nemen af en de celmachinerie functioneert minder efficiënt. Vanuit een cognitief standpunt komt ouder worden echter niet langer op hetzelfde neer als achteruitgang (Qualls & Abeles, 2000). Veel vermogens, met inbegrip van vakkennis en bepaalde aspecten van het geheugen, kunnen zelfs beter worden met de jaren (Azar, 1996; Krampe & Ericsson, 1996). De opbouw van ervaring kan uiteindelijk tot grote wijsheid leiden, mits de geest open en actief blijft. Activiteit, ongeacht of deze lichamelijk, sociaal-emotioneel of cognitief is, lijkt van cruciaal belang te zijn om gezond oud te worden. De uitspraak: 'Use it or lose it!' is van toepassing op veel aspecten van de late volwassenheid. Zo zien we dat theorieën over het ouder worden modellen zijn van evenwicht of compensatie: naarmate iemand ouder wordt kan hij of zij minder energie hebben te besteden, maar wel het vermogen verwerven emotionele ervaringen te beheersen en daarmee weer energie te besparen (Baltes, 1987). En veel van onze negatieve aannamen over het ouder worden hebben betrekking op onze culturele waarden:

in culturen waarin ouderen worden gerespecteerd, leven ze met een heel ander perspectief en hebben ze heel andere verwachtingen van het ouder worden. Wat zijn de taken van het ouder worden en welke mogelijkheden en beperkingen moeten we onder ogen zien in onze latere jaren?

Integriteit tegenover wanhoop

Volgens Erikson wordt de ouderdom bepaald door een toenemend bewustzijn van je eigen sterfelijkheid en van veranderingen in je lichaam, gedrag en sociale rollen. Erikson noemde de crisis in dit stadium *integriteit tegenover wanhoop*. **Integriteit**, de gezonde kant van deze dimensie, heeft betrekking op het vermogen om zonder spijt terug te blikken op het leven en te genieten van een gevoel van heelheid. Hiervoor is reflectie nodig, met waardering voor datgene wat goed is gelukt en acceptatie van de dingen die niet zijn gelukt. Nu weten we dat Erikson van mening was dat eerdere crises met goed gevolg moeten zijn opgelost om nieuwe problemen aan te kunnen, dus is het niet gek om te denken dat dit type reflectie en acceptatie zou kunnen worden vergemakkelijkt door een goed ontwikkelde identiteit, door betekenisvolle intieme relaties en door het gevoel iets aan de volgende generatie te hebben bijgedragen. Degenen die de vorige crises niet adequaat hebben verwerkt, zullen niet alle doelen in hun leven hebben bereikt. Helaas zijn zij vaak niet in staat de crisis van het laatste ontwikkelingsstadium succesvol op te lossen.

Integriteit: In Eriksons theorie: vermogen om zonder spijt en met een gevoel van heelheid op het leven terug te kijken.

Fysieke veranderingen

Enkele van de meest opvallende veranderingen waarmee de ouderdom gepaard gaat, voltrekken zich in het uiterlijk en de lichamelijke vermogens. Naarmate we ouder worden krijgt onze huid meer rimpels, wordt ons haar dun en grijs en worden we een centimeter of vijf korter. Ons hart en onze longen werken minder efficiënt, waardoor ons fysieke uithoudingsvermogen afneemt. Waarschijnlijk gaat de werking van onze zintuigen ook enigszins achteruit. Maar oudere volwassenen nemen in het moderne leven wel steeds vaker zelf het heft in handen om zodoende de lichamelijke achteruitgang te beperken. Succesvol ouder worden heeft zowel te maken met het benutten van individuele mogelijkheden als met het realistisch zijn over beperkingen (Baltes, 1993).

In hoeverre kunnen oudere volwassenen hun lichamelijke veroudering beïnvloeden? Een consequent programma van lichamelijke inspanning volhouden (of beginnen) helpt oudere volwassenen een deel van de lichamelijke achteruitgang die met het ouder worden gepaard gaat, af te wenden. Het functioneren van hart en bloedvaten wordt door activiteiten als wandelen of zwemmen verbeterd en door oefeningen met gewichten wordt de doorbloeding verbeterd en spiermassa opgebouwd, waardoor vervolgens de houding, het evenwicht en het vermogen dagelijkse activiteiten te verrichten (zoals boodschappen doen of tuinieren) worden verbeterd. Zelfs mensen die voorheen een zittend leven hebben geleid en pas op hun tachtigste met lichamelijke oefening beginnen, boeken nog meetbare winst. Deze winst is niet alleen lichamelijk, maar ook emotioneel en zelfs cognitief: door regelmatige lichaamsbeweging wordt de bloed- en zuurstofvoorziening van de hersenen verbeterd, waardoor minder hersencellen afsterven, wat het concentratievermogen ten goede komt (Colcombe et al., 2004). Er zijn ook aanwijzingen dat door lichaamsbeweging de incidentie van de ziekte van Alzheimer en andere hersenaandoeningen afneemt (Marx, 2005).

Een hardnekkige mythe in de westerse wereld over ouder worden is dat oudere mensen niet meer in staat zouden zijn tot seksuele activiteiten. Het geloof in deze mythe is vaak een groter obstakel dan welke lichamelijke beperking dan ook. Hoewel de frequentie en het verlangen iets kunnen afnemen is er voor zowel mannen als vrouwen geen leeftijd waarop het vermogen opgewonden te

Oudere mensen die meer uit hun omgeving proberen te halen, houden doorgaans hun cognitieve vermogens op een hoger niveau.

Foto: Werkgroep Trage Wegen Merelbeke/ Frank Monsecour.

raken of een orgasme te krijgen verloren gaat. (Dit geldt vooral doordat genees-middelen, zoals het bekende middel Viagra, de erectiestoornissen van miljoenen oudere mannen kunnen oplossen.) In de laatste levensfase heeft seks weliswaar zijn reproductieve functie verloren, maar niet zijn vermogen om aangename ge-voelens op te wekken. Regelmatig vrijen bevordert gezond ouder worden omdat het opwinding, lichaamsbeweging, een levendigere fantasie en sociale interactie bevordert (Ornstein & Sobel, 1989). Hierbij kunnen ervaring en creativiteit fy-sieke veranderingen of een geringer uithoudingsvermogen compenseren.

Cognitieve veranderingen

Veel mensen zijn bang dat hun mentale vermogens met het klimmen der jaren zullen afnemen. Is die angst gerechtvaardigd? Bepaalde delen van de hersenen, in het bijzonder de frontaalkwabben, worden kleiner naarmate we ouder wor-den, maar er is weinig bewijs voor de theorie dat de cognitieve vermogens van gezonde ouderen minder worden. Wel is het zo dat opdrachten waarbij een be-roep wordt gedaan op de fantasie, zoals de strategie om oude en nieuwe herin-neringen met elkaar te verbinden zodat je ze beter kunt onthouden, moeilijker worden naarmate men ouder wordt (Baltes & Kliegl, 1992). En het is zo dat mensen van een jaar of zeventig à tachtig minder snel informatie opnemen. Maar daarentegen is de afname van mentale vermogens voor de gemiddelde mens niet zo hevig als vaak werd aangenomen (Helmuth, 2003c). Uit onderzoeken waarbij gebruik is gemaakt van hersenscans blijkt dat de hersenen van ouderen achter-uitgang compenseren door informatie op andere wijze te verwerken en daarbij meer hersengebieden inschakelen (Cabeza, 2002; Helmuth, 2002). En net zoals fysieke training de lichamelijke gezondheid verbetert, zorgt mentale training er-voor dat de hersenen effectiever blijven werken.

Bovendien boeken ouderen soms nog zelfs vooruitgang met het ouder worden. De woordenschat is bijvoorbeeld consistent groter bij ouderen, evenals de be-heersing van sociale vaardigheden. Ook is gebleken dat musici tot ver boven de negentig alleen maar beter worden (Krampe & Ericcson, 1996). Psychologen on-derzoeken tegenwoordig ook wat de leeftijdgerelateerde winst is als het gaat om wijsheid, zoals expertise in praktische kennis en levenservaring (Baltes, 1990). Ten slotte zijn er aanwijzingen dat door lichamelijke oefening het leervermogen, het geheugen en andere cognitieve functies bij oudere volwassenen verbeteren, en dat de consumptie van omega-vetzuren in combinatie met lichamelijke oefening gunstig is voor de werking en plasticiteit van de hersenen (Chodzko-Zajko et al., 2009; Von Praag, 2009). De boodschap is duidelijk: actievere ouderen hebben een betere cognitieve en lichamelijke gezondheid.

Hoe zit het met het geheugen? Een veelvoorkomende klacht bij ouderen is dat ze zich dingen minder goed kunnen herinneren. De meeste van deze leeftijdsgebonden geheugenproblemen ontstaan in het gedeelte van het geheugensysteem waar nieuwe informatie wordt verwerkt en opgeslagen (Poon, 1985). Ouder worden schijnt geen invloed te hebben op de toegankelijkheid van kennis of gebeurtenissen die lang geleden zijn opgeslagen. Het mag dus geen verbazing wekken dat een oudere twee keer naar de naam van een nieuwe kennis moet vragen, maar geen moeite heeft om zich de namen van oude vrienden te herinneren. Vreemd genoeg laten we de verklaring voor een slecht geheugen dikwijls afhangen van de leeftijd van de vergeetachtige persoon. Jonge volwassenen wijten een slecht geheugen bij andere jonge volwassenen aan laksheid, terwijl ze bij ouderen uitgaan van onvermogen (Parr & Siegert, 1993). We vallen hier ook ten prooi aan de confirmation bias (bevestigingsbias): als we denken dat ouderen meer vergeten, merken en onthouden we het vaker als een oudere dat doet en wijten we dit aan leeftijd. Als een jonger iemand dingen vergeet, negeren we dit of wijten we het aan situationele dingen.

Vooral zorgwekkend voor ouderen en voor hun dierbaren is de **ziekte van Alzheimer** (een vorm van dementie): een degeneratieve hersenaandoening die leidt tot een afname van het denkvermogen, tot geheugenproblemen en uiteindelijk tot de dood. In België kampen meer dan 160.000 mensen met dementie en in Nederland zijn dat er zo'n 235.000 (Geestelijke Gezondheid België, 2012; Alzheimer Nederland, 2010). De meerderheid van hen lijdt aan de ziekte van Alzheimer. Geschat wordt dat de ziekte van Alzheimer bij circa 10 procent van de populatie ouder dan 65 voorkomt, waarbij de incidentie met het ouder worden toeneemt tot meer dan 40 procent van de mensen ouder dan negentig (Alzheimer Nederland, 2010). Tot de eerste symptomen behoren problemen met het geheugen, een gegeven dat veel ouderen nerveus maakt, wanneer ze merken dat ze niet in staat zijn zich een naam of een gebeurtenis te herinneren, een probleem waar ze op jongere leeftijd weinig aandacht aan zouden hebben besteed. De ziekte van Alzheimer is vooral een beangstigende aandoening, omdat deze tot hulpeloosheid kan leiden en mensen kan beroven van het vermogen nieuwe herinneringen te maken en hen zelfs dierbaren kan doen vergeten. Nieuwe onderzoeksresultaten geven ons echter inzichten die veelbelovend zijn voor de behandeling van deze ernstige aandoening. Met nieuwe tests is de ziekte van Alzheimer bijvoorbeeld vroeg vast te stellen, zelfs jaren voor de symptomen zich voordoen (DeMeyer et al., 2010). Hoewel er nog geen geneesmiddel is ontwikkeld, kan de progressie van de ziekte door een vroege diagnose en behandeling worden vertraagd, waardoor de kwaliteit van leven van de persoon met alzheimer kan verbeteren.

Ziekte van Alzheimer: Een degeneratieve aandoening van de hersenen, waardoor het denkvermogen achteruitgaat, geheugenproblemen ontstaan en de patiënt uiteindelijk overlijdt.

Dementie is een wereldwijd zeer veelvoorkomende aandoening. De meeste mensen met dementie zijn ouder dan 65, maar de ziekte komt ook op jongere leeftijd voor. Door de toenemende vergrijzing zal het aantal mensen met dementie de komende jaren enorm gaan groeien. De laatste decennia is de hoeveelheid wetenschappelijk onderzoek naar de ziekte snel toegenomen, waardoor er meer inzicht in de ziekte is ontstaan. Momenteel wordt onder meer aan de Katholieke Universiteit Leuven belangrijk fundamenteel onderzoek verricht naar de ziekte van Alzheimer.

Foto: Pierre Amerlynck, stock.xchng.

Sociale en emotionele veranderingen

De sociale en emotionele toestand van oudere volwassenen is nog een terrein vol misvattingen en stereotypen. Het is waar dat een ongelukkig gevolg van een lang leven is dat men vrienden en familieleden overleeft. Toch hebben oudere volwassenen veelal gezonde emoties en gezonde sociale relaties. Professor Laura Carstensen van Stanford University merkt op dat mensen, naarmate ze ouder worden, steeds **selectiever zijn in de keuze van hun relaties**. Ze willen hun lichamelijke en emotionele energie alleen aan de meest waardevolle contacten besteden (Carstensen, 1987, 1991; Lang & Carstensen, 1994). Zelfs slechts één intieme relatie kan de gezondheid aanzienlijk verbeteren (Siegel, 1990). Oudere volwassenen lijken ook voordeel te hebben van emotionele systemen die in sommige opzichten scherper worden met de jaren. Oudere volwassenen blijken verdrietiger te worden van bepaalde treurige filmbeelden dan volwassenen van middelbare leeftijd of jongere volwassenen (Seider et al., 2010), maar tegelijk hebben oudere volwassenen meer positieve en minder negatieve emoties dan jongere volwassenen (Mroczek, 2001). Hoe zijn deze schijnbaar tegenstrijdige bevindingen met elkaar te rijmen? Volgens Carstensen (1987, 1991) regelen oudere volwassenen hun emoties door positieve omgevingen op te zoeken en negatieve te vermijden (Sanders, 2010). Bovendien hebben ze een breder perspectief, waarschijnlijk als gevolg van hun levenservaring. Ze nemen teleurstellingen eerder voor lief, zijn minder gevoelig voor persoonlijke kritiek en concentreren zich op het positieve. Al met al zijn oudere volwassenen tevreden over het leven en genieten ze een tamelijk hoog welzijnsniveau (Charles & Carstensen, 2010). Hoe karakteriseren ouderen zelf welzijn tenslotte? Tijdens een reeks gesprekken met volwassenen van middelbare leeftijd en ouder, concludeerde Ryff (1989) dat zowel mannen als vrouwen welzijn omschreven in termen van relaties met anderen: ze streefden ernaar zorgzame, meelevende mensen te zijn en hechtten een grote waarde aan het hebben van een goed sociaal netwerk. Respondenten legden hierbij de nadruk op de waarde van het accepteren van verandering, genieten van het leven en het cultiveren van een gevoel voor humor.

Selectieve keuze in relaties: Ervoor kiezen het aantal sociale contacten te beperken tot die contacten die de meeste voldoening geven.

Psychologische kwesties
Ga naar 'In de praktijk' in de MyLab mediatheek voor een terugblik op het tweelingenonderzoek.

Kritisch denken toegepast
Stel, je hebt net je eerste kind gekregen en je vindt hem de meest verbazingwekkende baby ooit geboren... Ga naar 'In de praktijk' in de MyLab mediatheek om meer te lezen over het Mozart-effect.

Ga naar **www.pearsonmylab.nl** om je kennis en begrip van deze paragraaf te testen met de MyMap, MyCheck en MyDefinitions.

SAMENVATTING VAN HET HOOFDSTUK

CENTRALE VRAAG: Blijkt uit het verbluffende aantal overeenkomsten tussen tweelingen die afzonderlijk zijn opgegroeid dat we primair een product van onze genen zijn? Of beïnvloeden erfelijkheid en omgeving samen de groei en ontwikkeling tijdens het gehele leven?

- Verhalen in de media, zoals die over de tweeling Jim, vermelden de spectaculairste gevallen van overeenkomsten tussen leden van een eeneiige tweeling die gescheiden zijn opgevoed. Bovendien zullen tussen twee willekeurige individuen die in dezelfde cultuur zijn opgegroeid, waarschijnlijk altijd wel een paar 'verbluffende' overeenkomsten in overtuigingen, houding, ervaringen of gedragingen te vinden zijn.
- Veel van onze fysieke kenmerken zijn primair genetisch. Van onze psychologische kenmerken kunnen eigenschappen als intelligentie, temperament en bepaalde persoonlijkheidskenmerken (die momenteel als de meest genetisch beïnvloede eigenschappen worden beschouwd) slechts voor een deel worden toegeschreven aan genetische factoren.
- Onze omgeving speelt ons hele leven, van de conceptie tot de dood, een belangrijke rol in de ontwikkeling van al onze psychologische kenmerken.

KERNVRAAG 7.1

▶ Wat kan een pasgeboren baby?

Vanaf het moment van de bevruchting zijn erfelijke factoren en omgeving samen van invloed op de vroege ontwikkeling. Tijdens de **prenatale periode** ontwikkelt de bevruchte eicel (**zygote**) zich tot een **embryo** en vervolgens tot een **foetus**. **Teratogenen** zijn schadelijke stoffen die de moeder opneemt en die de foetus in ontwikkeling kunnen beschadigen. De ontwikkeling van de sensorische vermogens en basale reflexen begint tijdens de prenatale periode. Pasgeborenen geven al voorkeur aan zoet smakende stoffen en vertrouwde geluiden en hebben visuele vermogens die ideaal zijn voor het kijken naar gezichten. Hun vermogen tot **imitatie** en **aangeboren reflexen**, zoals grijpen en zuigen, helpen hen overleven en gedijen. De hersenen van een pasgeborene bevatten circa honderd miljard neuronen.

De **zuigelingentijd** beslaat de eerste achttien maanden van het leven. Onder **rijping** verstaan we de genetisch geprogrammeerde gebeurtenissen en de tijdlijn van de normale ontwikkeling, zoals eerst kruipen, dan lopen en eerst brabbelen, dan taalontwikkeling. En terwijl blootstelling aan sterk uiteenlopende prikkels in de omgeving een optimale ontwikkeling van de hersenen bevordert, en de 'gemiddelde' snelheid van de ontwikkeling kan verhogen, wordt de mate waarin de omgeving een rol speelt door de **genetic leash** beperkt.

Zuigelingen hebben behoefte aan menselijk contact om te overleven en te gedijen, en hun aangeboren sensorische vermogens, reflexen en imitatie bevorderen de ontwikkeling van sociale relaties. Zuigelingen gaan een nauwe, emotionele relatie aan met hun belangrijkste verzorger; deze eerste relatie vormt de basis voor de wijze waarop ze tijdens het latere leven omgaan met intieme relaties. De **hechtingsstijl** is **veilig**, **angstig-ambivalent** of **angstig-vermijdend** en wordt beïnvloed door het temperament van het kind en door de responsiviteit en toegankelijkheid van de belangrijkste verzorger. Erikson noemde dit eerste stadium van de sociale ontwikkeling *vertrouwen tegenover wantrouwen*. Culturele gebruiken en voorkeuren aangaande de hechtingsstijlen variëren, wat de rol van de omgeving bij de ontwikkeling illustreert.

● **KERNCONCEPT 7.1**
Pasgeborenen bezitten vaardigheden voor drie elementaire overlevingstaken: voedsel vinden, contact maken en gevaarlijke situaties vermijden.

KERNVRAAG 7.2

▶ Welke vaardigheden moet een kind zich eigen maken?

De snelle ontwikkeling van de taalvaardigheid is een van de meest verbazingwekkende prestaties van de vroege kindertijd. Algemeen wordt aangenomen dat we worden geboren met een aangeboren mentale structuur waardoor de taalontwikkeling wordt bevorderd; Chomsky noemde deze structuur een **Language Acquisition Device (LAD, taalverwervingssysteem)**. Terwijl alle zich normaal ontwikkelende kinderen taal zullen verwerven langs een betrekkelijk voorspelbare tijdlijn, is de specifieke taal die ze ontwikkelen afhankelijk van de taal (of talen) waaraan ze worden blootgesteld; dit kan zowel gesproken taal als gebarentaal zijn. Tegen de tijd dat ze vier maanden oud zijn, beginnen baby's te **brabbelen**. Stap voor stap verwerven ze de woordenschat en de **grammatica** van de taal die in hun omgeving wordt gesproken. De frequentie van de blootstelling kan ook van invloed zijn op de snelheid van de taalontwikkeling.

Onder **cognitieve ontwikkeling** wordt het ontstaan van verstandelijke vermogens verstaan, zoals denken, opmerken en onthouden. Jean Piaget stelde het meest invloedrijke model van de cognitieve ontwikkeling op; hij stelt dat kinderen vier afzonderlijke fases doormaken, die elk worden gekenmerkt door herkenbare veranderingen van de verstandelijke vermogens. Gedurende alle fases vormen **schema's** het verstandelijke raamwerk voor ons inzicht in concepten, en deze schema's worden door assimilatie en accommodatie gemodificeerd wanneer we nieuwe informatie verwerven.

De **sensomotorische fase** wordt gekenmerkt door het ontstaan van doelgericht gedrag en objectpermanentie, terwijl de daaropvolgende **preoperationele fase** wordt gekenmerkt door egocentrisme, animistisch denken, centratie en irreversibiliteit. Progressie voorbij de beperkingen van de preoperationele fase markeert het begin van de **concreet-operationele fase**, waarbij kinderen leren gesprekken te voeren. De formeel-operationele fase begint pas tijdens de puberteit.

Hoewel veel van Piagets conclusies in de loop van de tijd geldig zijn gebleven, merken huidige onderzoekers in het algemeen op dat kinderen de stadia sneller doormaken dan Piaget aannam en dat de overgangen tussen de verschillende fases minder abrupt zijn dan in oorspronkelijke visie van Piaget. In Vygotsky's theorie over cognitieve ontwikkeling wordt opgemerkt hoe belangrijk cultuur voor ontwikkeling is, waarbij de concepten van **scaffolding** en een *zone van naaste ontwikkeling* ons meer inzicht bieden in de manier waarop de mentale processen bij kinderen zich ontwikkelen.

De derde ontwikkelingstaak van de kindertijd is de ontwikkeling van sociale relaties. Ons basale temperament, dat al bij de geboorte aanwezig is, speelt een sterke rol bij onze sociaal-emotionele ontwikkeling, maar kan evenals de meeste andere vaardigheden door steun of door problemen in de omgeving worden gemodificeerd. **Socialisatie** is het proces waarbij kinderen de sociale regels en normen van hun cultuur leren, en de opvoedingsstijl speelt een belangrijke rol bij de socialisatie. Al met al heeft een **autoritatieve** opvoedingsstijl de beste resultaten voor een kind.

Erikson nam drie belangrijke ontwikkelingsstadia waar tijdens de kindertijd. **Autonomie** kan worden bevorderd door een optimaal evenwicht tussen vrijheid en ondersteuning. **Initiatief**, het doel van de derde fase, wordt gekenmerkt door toename van het aantal keuzes dat een kind maakt en gedrag dat op het zelf is gericht. **Vlijt** kan zich ontwikkelen tijdens de peuter- en kleutertijd wanneer kinderen worden aangemoedigd hun vaardigheden te ontwikkelen en te leren effectief op succes en mislukking te reageren. Tijdens elke fase geldt dat een optimale ontwikkeling de kans verhoogt dat de daaropvolgende fase goed wordt aangeleerd.

● **KERNCONCEPT 7.2**
De samenwerking van nature and nurture zorgt ervoor dat kinderen belangrijke ontwikkelingstaken kunnen verrichten, vooral op het gebied van taalverwerving, cognitieve ontwikkeling en het ontwikkelen van sociale relaties.

KERNVRAAG 7.3

▶ Welke ontwikkelingen vinden plaats tijdens de adolescentie?

Lichamelijk gezien begint de **adolescentie** met het begin van de **puberteit**. Er zijn cultuurverschillen met betrekking tot de betekenis die aan de adolescentie wordt toegekend. Dit geldt ook voor het moment waarop men aanneemt dat de adolescentie beëindigd is. Lichamelijke veranderingen tijdens de puberteit vestigen vooral in westerse culturen de aandacht op het uiterlijk, wat vaak weer sterk samenhangt met zelfwaardering. Tijdens de adolescentie beginnen de seksualiteit en **seksuele oriëntatie** zich te ontwikkelen.

Cognitief gezien wordt de adolescentie gekenmerkt door de **formeel-operationele fase**, waarin zich een toenemend vermogen tot abstract denken ontwikkelt, mits de culturele onderwijsnormen het abstract denken ondersteunen. Westerse tieners nemen tijdens de adolescentie vaker risico's dan daarvoor en hoewel de emotionaliteit soms door hormonale pieken wordt verhoogd, ervaren de meeste tieners de adolescentie niet als een tijd van beroering. Hoewel de invloed van leeftijdsgenoten belangrijker wordt dan tijdens de kindertijd, is een stabiele relatie met de ouders een cruciale factor bij het succesvol doormaken van de adolescentie. Volgens Erikson is de belangrijkste taak van deze periode het ontwikkelen van een unieke **identiteit**.

● **KERNCONCEPT 7.3**
De adolescentie brengt nieuwe ontwikkelingsproblemen met zich mee, die het gevolg zijn van lichamelijke veranderingen, cognitieve veranderingen en sociaal-emotionele druk.

KERNVRAAG 7.4

▶ ## Welke ontwikkelingen vinden plaats tijdens de volwassenheid?

Volwassen ontwikkeling is een relatief nieuw onderzoeksveld en krijgt steeds meer aandacht van psychologen naarmate meer volwassenen langer en gezonder leven. Bij onderzoek wordt de volwassenheid niet zozeer opgevat als een reeks concrete en goed begrensde fases; veeleer blijkt dat de goed ontwikkelde volwassene gedurende de gehele volwassenheid een reeks **overgangen** doormaakt, die elk worden gekenmerkt door reflectie over de afgelopen jaren en door groei in nieuwe richtingen.

Volgens Erikson is de belangrijkste ontwikkelingstaak van de **vroege volwassenheid** de ontwikkeling van **intimiteit**, die wordt gekenmerkt door een langdurige binding aan een vertrouwde liefdespartner. In vorige generaties verwachtte men in het westen dat dit rond het twintigste levensjaar gebeurde, maar in de huidige geïndustrialiseerde maatschappijen kan een transitieperiode die vroege volwassenheid wordt genoemd, aan intimiteit en volwassenheid voorafgaan.

In tegenstelling tot wat algemeen wordt aangenomen, blijkt uit onderzoek dat de middelbare leeftijd in veel opzichten een periode van maximale ontwikkeling is. Doordat volwassenen van middelbare leeftijd in staat zijn uiteenlopende denkvaardigheden te integreren, wordt een complex leven mogelijk gemaakt dat bestaat uit werk, relaties en een gezonde omgang met stressvolle levensgebeurtenissen. Erikson beschouwde **generativiteit** als de belangrijkste ontwikkelingstaak van de middelbare leeftijd; generativiteit bestaat uit het leveren van een bijdrage aan de volgende generatie. De meeste volwassenen krijgen geen midlifecrisis. Degenen die eerdere ontwikkelingstaken niet met succes hebben opgelost, lopen wel een groter risico geconfronteerd te worden met een midlifecrisis.

Volgens Erikson wordt de late volwassenheid het best doorgemaakt wanneer men erin slaagt **integriteit** te bereiken; dit betekent dat de betrokkene in staat is zowel de successen als de mislukkingen van het eigen verleden en heden te accepteren. Hoewel onze sensorische vermogens tijdens de late volwassenheid meestal achteruitgaan, kunnen de cognitieve en lichamelijke achteruitgang tot op zekere hoogte aanzienlijk worden vertraagd door regelmatige lichaamsbeweging en geestelijke oefening. Bovendien boeken ouderen soms zelfs nog vooruitgang, zoals met hun woordenschat en met sociale vaardigheden. Ook culturele normen zijn van invloed op het ouder worden, evenals verwachtingen over positieve of negatieve veranderingen.

● ### KERNCONCEPT 7.4
Tijdens de overgangen die we als volwassenen doormaken, blijft de wisselwerking tussen nature en nurture bestaan: moderne culturele normen en technologie verbeteren de duur en kwaliteit van het leven van veel volwassenen.

 Op **www.pearsonmylab.nl** vind je tools en toetsen om je begrip en kennis van dit hoofdstuk uit te breiden en te oefenen.

BELANGRIJKE BEGRIPPEN

Aangeboren reflex (p. 255)

Aangeboren vaardigheden (p. 252)

Accommodatie (p. 267)

Adolescentie (p. 279)

Adoptieonderzoek (p. 251)

Angstig-ambivalente hechting (p. 260)

Angstig-vermijdende hechting (p. 260)

Animistisch denken (p. 270)

Assimilatie (p. 267)

Autonomie (p. 277)

Autoritaire opvoedingsstijl (p. 275)

Autoritatieve opvoedingsstijl (p. 275)

Brabbelstadium (p. 264)

Centratie (p. 270)

Cognitieve ontwikkeling (p. 266)

Concreet-operationeel stadium (p. 271)

Conservatie (p. 271)

Contactsteun (p. 257)

Doelgericht gedrag (p. 268)

Egocentrisme (p. 269)

Embryo (p. 252)

Foetaal Alcohol Syndroom (FAS) (p. 253)

Foetus (p. 253)

Formeel-operationeel stadium (p. 283)

Genetic leash (p. 257)

Gevoelige periode (p. 256)

Grammatica (p. 265)

Hechting (p. 259)

Identiteit (p. 285)

Imitatie (p. 255)

Initiatief (p. 278)

Inprenting (p. 259)

Integriteit (p. 293)

Intimiteit (p. 288)

Irreversibiliteit (onomkeerbaarheid)
(p. 270)

Lichaamsbeeld (p. 280)

Logische operatie (p. 271)

Menarche (p. 280)

Mentale representatie (p. 269)

Metafoor van de golf (p. 273)

Morfeem (p. 265)

Nature-nurturevraagstuk (p. 250)

Neonatale periode (p. 254)

Objectpermanentie (p. 268)

Ontwikkelingspsychologie (p. 250)

Onverschillige opvoedingsstijl (p. 275)

Overgang (p. 291)

Overgangsritueel (p. 279)

Permissieve opvoedingsstijl (p. 275)

Placenta (p. 253)

Prenatale periode (p. 252)

Preoperationeel stadium (p. 269)

Psychosociale stadia (p. 261)

Puberteit (p. 279)

Revolutie van het ouder worden (p. 287)

Rijping (p. 257)

Scaffolding (p. 274)

Schema (p. 267)

Seksuele oriëntatie (p. 281)

Selectieve keuze in relaties (p. 296)

Sensomotorisch stadium (p. 268)

Sensomotorische intelligentie (p. 268)

Socialisatie (p. 275)

Spiegelneuron (p. 255)

Synaptic pruning (p. 256)

Synchroniciteit (p. 255)

Taalverwervingssysteem (LAD) (p. 263)

Telegramspraak (p. 265)

Temperament (p. 274)

Teratogeen (p. 253)

Theorie van de gefaseerde ontwikkeling
(p. 266)

Theory of mind (p. 273)

Tweelingenonderzoek (p. 251)

Veilige hechting (p. 260)

Verlatingsangst (p. 260)

Vertrouwen (p. 261)

Vlijt (p. 278)

Vroege volwassenheid (p. 288)

Ziekte van Alzheimer (p. 295)

**Zorg voor de volgende generatie
(generativiteit)** (p. 291)

Zuigelingentijd (infancy) (p. 256)

Zygote (p. 252)

► KERNVRAGEN	● KERNCONCEPTEN	■ IN DE PRAKTIJK
8.1 Op welke wijze is het bewustzijn aan andere geestelijke processen gerelateerd? 8.1.1 Instrumenten om bewustzijn te bestuderen 8.1.2 Modellen van de bewuste en onbewuste geest 8.1.3 Wat doet het bewustzijn voor ons? 8.1.4 Coma en verwante bewustzijns-toestanden	8.1 De hersenen werken op vele niveaus tegelijk, zowel bewuste als onbewuste.	**Doe het zelf!** Inzoomen op mentale beelden **Psychologie gebruiken om psychologie te leren** op www.pearsonmylab.nl
8.2 Hoe ziet de cyclus van het normale bewustzijn eruit? 8.2.1 Dagdromen 8.2.2 Slaap: het mysterieuze derde deel van ons leven 8.2.3 Dromen: de nachtelijke voorstel-lingen	8.2 Het bewustzijn verschuift volgens vaste cycli, die normaal gesproken overeenkomen met onze biologische ritmes en de patronen in onze omgeving.	**Doe het zelf!** Hoeveel slaap heb jij nodig? **Psychologische kwesties:** Slaapstoornissen
8.3 Welke andere vormen kan het bewustzijn aannemen? 8.3.1 Hypnose 8.3.2 Meditatie 8.3.3 Bewustzijn en psychoactieve middelen	8.3 Een veranderde bewustzijnstoe-stand treedt op als een aspect van het normale bewustzijn is gewijzigd met behulp van psychi-sche, gedragsmatige of chemi-sche middelen.	**Doe het zelf!** Culturele percepties van bewustzijn **Kritisch denken toegepast** Het onbewuste opnieuw bekeken op www.pearsonmylab.nl **Psychologische kwesties** Afhankelijkheid en verslaving op www.pearsonmylab.nl

CENTRALE VRAAG: Hoe kunnen psychologen dromen en andere subjectieve mentale toestanden objectief bestuderen?

 Op **www.pearsonmylab.nl** vind je tools en toetsen om je begrip en kennis van dit hoofdstuk uit te breiden en te oefenen.

Foto: Billy Frank Alexander.

Heb je wel eens een droom gehad die zo mooi was dat je in bed wilde blijven om er weer in te kunnen verdwijnen? Op een warme juniochtend in Phoenix ontwaakte Stephenie Meyer, een huisvrouw met drie kinderen, uit precies zo'n droom.

In mijn droom waren twee mensen diep in gesprek op een open weide in het bos. Een van de twee was een gewoon, alledaags meisje. De ander was oogverblindend mooi, sprankelend, en een vampier. Ze bespraken de problemen die ontstaan waren omdat (A) ze bezig waren verliefd te worden op elkaar, terwijl (B) de vampier erg werd aangetrok- *ken door de geur van haar bloed en alle moeite moest doen om haar niet onmiddellijk te doden* (Meyer, 2011).

Gefascineerd door de prachtige jonge man in de droom en het dilemma van het stel, schreef Stephenie Meyer de *Twilight Saga*, een reeks van vier zeer populaire boeken en films.

Al sinds mensenheugenis worden dromen beschouwd als een belangrijke bron van inzicht, creativiteit en voorspelling. Dat blijkt bijvoorbeeld uit het oudtestamentische verhaal over de Israëliet Jozef, die de dromen van de farao over vette en magere koeien interpreteerde als een voorspelling dat het

Egyptische rijk eerst zeven jaren vol voorspoed zou kennen, gevolgd door zeven jaren van hongersnood (Genesis 41: 1-31).

Aan het einde van de achttiende eeuw schreef de Engelse dichter Samuel Taylor Coleridge dat de poëtische beeldentaal van zijn uit 1797 daterende gedicht 'Kubla Khan' is ontleend aan een droom (wellicht beïnvloed door druggebruik) die hij had na het lezen van een biografie over deze beroemde Mongoolse strijder. De hedendaagse horrorschrijver Stephen King beweert ook dat hij de ideeën voor zijn verhalen ontleent aan de nachtmerries uit zijn jeugd. Ook schilders als de surrealist Salvador Dalí gingen dikwijls bij hun dromen te rade voor nieuwe beelden. Componisten als Mozart, Beethoven, de Beatles en Sting, hoe verschillend hun werk ook is, lieten zich allemaal door hun dromen inspireren. In de wetenschappelijke wereld is de chemicus August Kekule een goed voorbeeld. Hij droomde van een slang die zich zo had opgerold dat hij zichzelf in zijn staart beet, en kwam kort daarop tot de conclusie dat het benzeenmolecuul de vorm moest hebben van een zeshoekige, ringvormige structuur.

Wat is de functie van dromen? Helpen dromen ons om problemen op te lossen? Zijn het reflecties van de werking van de onbewuste geest? Of zijn dromen een soort geestelijk 'afval', misschien restmateriaal van gedachten van de vorige dag? Het probleem bij het bestuderen van dromen door middel van wetenschappelijke methoden is dat deze geestestoestanden persoonlijke ervaringen zijn. Niemand anders kan je dromen direct ervaren. Dit is het probleem waarop we ons in dit hoofdstuk gaan richten.

CENTRALE VRAAG: Hoe kunnen psychologen dromen en andere subjectieve mentale toestanden objectief bestuderen?

Het hebben van dromen representeert een van vele bewustzijnstoestanden die mogelijk zijn voor de menselijke geest. Andere voorbeelden zijn: onze vertrouwde toestand van waken, de minder vertrouwde toestand van hypnose of meditatie, en de chemisch beïnvloede toestand die door psychoactieve stoffen (zoals alcohol of xtc) wordt teweeggebracht. We bestuderen ze allemaal in dit hoofdstuk.

Maar dat is nog niet alles. Achter deze bewustzijnstoestanden gebeurt een groot deel van het werk van de hersenen 'offline', buiten het bewustzijn (Wallace & Fisher, 1999). Hieronder vallen alledaagse taken zoals het opvragen van informatie uit het geheugen ('Hoeveel is zeven maal negen?'), maar ook de primitieve activiteiten die plaatsvinden in de diepe hersengebieden waar fundamentele biologische functies worden gereguleerd, zoals onze bloeddruk en lichaamstemperatuur.

◄◄ **Verbinding hoofdstuk 2**
De hypothalamus reguleert verschillende biologische driften buiten het bewustzijn om (p. 66).

Zoals we zullen zien, is de aard van deze onderwereld van onbewuste ideeën, gevoelens, verlangens en beelden al controversieel sinds de tijd van Freud, die suggereerde dat dromen mogelijk een reflectie vormen van onze niet herkende en onbewuste angsten en verlangens. In dit hoofdstuk zullen we deze bewering evalueren, evenals andere theorieën die zijn opgesteld over de verborgen niveaus van verwerking in de geest. Maar eerst onderzoeken we de vertrouwde bewustzijnstoestand, die het grootste deel van onze wakende uren vult.

KERNVRAAG 8.1

▶ Op welke wijze is het bewustzijn aan andere geestelijke processen gerelateerd?

Wat betekent bewustzijn? Is het alertheid, of is het misschien dat je je 'bewust' bent van jezelf en van je omgeving? Beide mogelijkheden lijken plausibel. Maar denk hier eens over na: de fysioloog Otto Loewi kwam in een droom tot de ontdekking dat de transmissie tussen neuronen een chemisch (en niet zoals altijd gedacht: elektrisch) proces is. Toen hij wakker werd, noteerde hij dit idee op een papier naast zijn bed. Hij ging weer slapen, maar de volgende ochtend bleek hij zijn handschrift niet te kunnen ontcijferen en herinnerde hij zich niet meer hoe het experiment in zijn droom was ontworpen. Gelukkig had hij de volgende nacht dezelfde droom. Deze keer stond hij meteen op, rende naar zijn lab en probeerde het experiment uit. Met dit onderzoek won hij in 1936 de Nobelprijs. De vraag is nu of Loewi bij bewustzijn was toen hij in zijn slaap het revolutionaire experiment ontwikkelde. We gaan er gewoonlijk van uit dat we alert moeten zijn om helder te kunnen denken of een probleem op te lossen, maar slapen of dromen zien we meestal niet als een toestand van alertheid. We plegen dus de toestand waarin Loewi zijn droom had, te benoemen als 'niet alert'. Was hij *bewust* toen hij zijn droom opschreef, om er de volgende ochtend achter te komen dat hij niet kon lezen wat hij had genoteerd? Hij was in ieder geval bewust genoeg om pen en papier te pakken, en we gaan er gewoonlijk van uit dat we bewust handelen bij dergelijk doelgericht gedrag. Maar als hij zijn droom bewust opschreef, waarom kon hij er de volgende dag dan geen wijs uit worden? Dit raadsel illustreert hoe lastig het soms voor psychologen is om een exacte definitie van bewustzijn te geven. Het probleem is dat bewustzijn subjectief en ongrijpbaar is (Damasio, 1999, 2000). Het zijn de zogeheten structuralisten die de bewuste ervaring ruim een eeuw geleden probeerden te analyseren. Ze maakten gebruik van een eenvoudige techniek die introspectie werd genoemd: zij vroegen mensen hun eigen bewuste ervaringen te rapporteren. De ongrijpbare, subjectieve aard van het bewustzijn werd al snel voor vrijwel iedereen duidelijk en psychologen vroegen zich af of de wetenschap ooit een manier zou vinden om zoiets persoonlijks als de bewuste ervaring op objectieve wijze te bestuderen. (Denk er maar eens over na: hoe zou je kunnen bewijzen dat je een bewustzijn hebt?)

Het probleem leek zo onoplosbaar dat de invloedrijke behaviorist John Watson aan het begin van de twintigste eeuw verklaarde dat de geest verboden terrein was voor de jonge wetenschap van de psychologie. Mentale processen waren niet veel meer dan bijproducten van onze handelingen, zei hij. In navolging van Watson veranderde de psychologie eenvoudigweg in de wetenschap van het gedrag. De psychologie van het bewustzijn bleef tot circa 1960 weinig belicht; in dat jaar bracht een groep van cognitief psychologen, neurologisch onderzoekers en informatici deze wetenschap weer tot leven (Garner, 1985). Dit deden ze om twee redenen. Ten eerste waren veel psychologische problemen aan het licht gekomen die een betere verklaring nodig hadden dan het behaviorisme kon leveren: grillen van het geheugen, perceptuele illusies, door psychoactieve stoffen geïnduceerde geestestoestanden (die in de jaren zestig erg populair waren). De tweede reden voor de hernieuwde interesse voor het bewustzijn was afkomstig van de technologie. Wetenschappers kregen nieuwe hulpmiddelen tot hun beschikking, met name computers, die hen in staat stelden hersenscans te maken. De computer was bovendien een model dat kon verklaren op welke wijze de hersenen informatie verwerken.

Door de combinatie van nieuwe hulpmiddelen en problemen ontstond een multidisciplinaire wetenschap die **cognitieve neurowetenschap** werd genoemd. De cognitieve neurowetenschap trok onderzoekers aan uit uiteenlopende disciplines, waaronder de cognitieve psychologie, neurologie, biologie, informatica en linguïstiek, en begon te ontrafelen hoe de hersenen informatie verwerken en bewuste ervaringen creëren. Vanuit het perspectief van de cognitieve neurowetenschappen werken de hersenen als een enorm krachtige biologische computer, die voor een deel bestaat uit honderd miljard als een soort transistors fungerende neuronen – elk met duizenden verbindingen naar andere neuronen – en die in

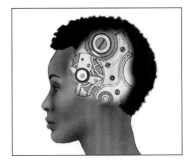

Terwijl Freud een psychodynamisch perspectief gebruikte voor zijn pionierswerk op het gebied van onbewuste processen bij zijn patiënten, waren het de cognitief psychologen die lieten zien dat subjectieve toestanden van de geest objectief bestudeerd konden worden met wetenschappelijke instrumenten.

◀◀ **Verbinding hoofdstuk 1**
Wundt en de structuralisten waren de eersten die introspectie toepasten bij hun onderzoek naar de 'elementen van de bewuste ervaring' (p. 14).

◀◀ **Verbinding hoofdstuk 6**
Cognitief psychologen gebruiken vaak de *computermetafoor* voor de menselijke geest, waarbij ze suggereren dat denken niet meer is dan informatieverwerking door de hersenen (p. 201).

Cognitieve neurowetenschap: Een nieuw interdisciplinair wetenschapsgebied waarin cognitief psychologen, neurowetenschappers, computerwetenschappers en onderzoekers uit andere vakgebieden onderzoek doen naar het verband tussen mentale processen en de hersenen.

staat is tot het creëren van het complexe universum van de verbeelding en de ervaringen die we als het bewustzijn beschouwen (Chalmers, 1995). Voor een mooie en levendige beschrijving van de functie en de werking van de hersenen kun je *Wij zijn ons brein* lezen van Dick Swaab (2010).

Zoals we zullen zien, concentreert de bewuste geest zich steeds op één ding tegelijk: eerst op het ene en daarna op het andere, net als een bewegend spotlight (Tononi & Edelman, 1998). Het bewustzijn is niet goed in staat zich tegelijkertijd op veel dingen te concentreren. Dus als je aan het fietsen bent en tegelijkertijd een sms'je stuurt, moet je je aandacht over verschillende activiteiten heen en weer verschuiven (Rubenstein et al., 2001; Strayer et al., 2003). **Onbewuste processen** zijn echter niet aan zo'n restrictie onderhevig; zij kunnen tegelijkertijd verschillende activiteiten aansturen. Hierdoor ben je in staat om tegelijkertijd te lopen, kauwgom te kauwen en adem te halen. Technischer geformuleerd: het bewustzijn moet informatie *serieel* verwerken, terwijl onbewuste hersencircuits in staat zijn tot *parallelle* verwerking van vele informatiestromen, tot het tegelijkertijd verwerken van meerdere informatiestromen dus. Met dit algemene beeld komen we uit bij het kernconcept van deze paragraaf:

Onbewust proces: Proces in de hersenen dat buiten het bewustzijn omgaat, bijvoorbeeld de regulering van de hartslag, de ademhaling en de controle over de interne organen en klieren.

● KERNCONCEPT 8.1
De hersenen werken op vele niveaus tegelijk, zowel bewuste als onbewuste.

Bewustzijn: Het proces waarmee de hersenen een mentaal model creëren van onze ervaringen.

Laten we even teruggaan naar de vraag die we aan het begin van deze paragraaf hebben gesteld: wat is bewustzijn precies? Dankzij de vooruitgang in de cognitieve neurowetenschap definiëren we **bewustzijn** nu niet meer als een toestand van 'zijn', maar als het proces in de hersenen dat onze gedachten en onze mentale weergave van de wereld creëert. De definiëring als een proces geeft aan dat bewustzijn dynamisch en continu is in plaats van statisch en concreet. Bovendien is dit proces gekoppeld aan andere processen die we hebben bestudeerd, zoals geheugen, leren, sensatie en perceptie.

Alles wat in ons bewustzijn verschijnt, gaat door ons werkgeheugen. Wanneer een sensorische stimulering onze aandacht oproept en van het sensorisch geheugen naar het werkgeheugen overgaat, worden we ons ervan bewust. We kunnen dus ook zeggen dat we ons bewust zijn van alles wat ons werkgeheugen inkomt. Daarom zijn sommige psychologen van mening dat het werkgeheugen de zetel van het bewustzijn is waar zo lang naar is gezocht (Engle, 2002; LeDoux, 1996). Bewustzijn is ook gekoppeld aan leren. Zoals je misschien nog weet uit hoofdstuk 4, lijken er verschillende hersenmechanismen betrokken te zijn bij cognitief leren en gedragsmatig leren. De meeste cognitieve leerprocessen, zoals het leren van de inhoud van dit hoofdstuk, verlopen volgens bewuste processen. Aan de andere kant is veel gedragsmatig leren, vooral leren dat plaatsvindt volgens het mechanisme van klassieke conditionering, zoals het verwerven van een fobische respons, sterk afhankelijk van processen die buiten het bewustzijn kunnen plaatsvinden.

Aandacht: Een proces waarbij het bewustzijn zich concentreert op één item of 'chunk' in het werkgeheugen.

Nog een proces dat is gekoppeld aan bewustzijn is **aandacht**, een kenmerk dat ervoor zorgt dat iets opvalt te midden van andere zaken in het bewustzijn – zoals wanneer iemand je naam roept in een overvolle ruimte. Aandacht stelt je in staat om de draad van een gesprek te volgen terwijl op de achtergrond allerlei andere stemmen klinken (psychologen noemen dit *selectieve aandacht* of het *cocktailparty*-verschijnsel). Aandacht hangt weer nauw samen met het tweevoudige proces van *sensatie* en *perceptie*, dat we in hoofdstuk 3 hebben bestudeerd. Daar heb je ook over de perceptie van *pijn* gelezen, een mentaal proces waarvan de connectie met bewustzijn maar gedeeltelijk bekend is. Verderop in dit hoofdstuk gaan we onderzoeken hoe bewustzijnstoestanden, zoals hypnose, effectief kunnen zijn bij pijnbeheersing.

Het bewustzijn helpt je om realiteit en fantasie te combineren en creëert een soort continue 'film' in je hoofd. Als je bijvoorbeeld een wafel ziet terwijl je honger hebt, vormt het werkgeheugen een bewust beeld van de wafel (op basis van sensatie en perceptie) en raadpleegt het langetermijngeheugen, waarin – met dank aan gedragsmatig leren – het beeld van de wafel met de herinnering aan het eten van voedsel wordt geassocieerd, en waardoor je je kunt voorstellen dat je de wafel opeet. Op welke wijze de hersenen dit precies doen, is misschien wel het grootste raadsel van de psychologie. Hoe veranderen de patronen in de activiteit van miljarden neuronen in het bewuste beeld van een wafel of van de woorden en ideeën op deze pagina?

◀◀ **Verbinding hoofdstuk 5**
Het *werkgeheugen* legt een beperking op aan het bewustzijn, omdat het slechts circa zeven 'stukjes' informatie kan bevatten (p. 164).

◀◀ **Verbinding hoofdstuk 4**
Gedragsmatig leren bestaat uit *operante conditionering* en *klassieke conditionering* (p. 144).

8.1.1 Instrumenten om bewustzijn te bestuderen

De nieuwe medische technieken voor *brain imaging* zoals eeg, MRI, fMRI, PET-scan en CT-scan vormen nieuwe vensters waardoor wetenschappers in de hersenen kunnen kijken om te zien welke gebieden bij verschillende mentale taken actief zijn; ze tonen ons het 'wat' van bewustzijn (zie ook het kader Dieper graven op www.pearsonmylab.nl bij hoofdstuk 2). Deze instrumenten laten natuurlijk niet de werkelijke inhoud van de bewuste ervaring zien, maar ze maken wel duidelijk dat er afzonderlijke groepen hersenstructuren zijn die 'oplichten' wanneer we bijvoorbeeld lezen, spreken of onze aandacht verschuiven (zie figuur 8.1). De beelden die ontstaan, laten er geen twijfel over bestaan dat bewuste verwerking gepaard gaat met gelijktijdige activiteit in vele hersencircuits, met name in de hersenschors en in de banen die de thalamus met de hersenschors verbinden. Om een glimp van de *onderliggende* mentale processen – het 'hoe' van bewustzijn – op te vangen, hebben psychologen andere, nog veel ingenieuzere technieken ontwikkeld. Van deze technieken zullen we er veel zien in dit hoofdstuk, sterker nog, je komt ze tegen in het hele boek. Voor nu geven we je slechts twee voorbeelden, als voorproefje van wat komen gaat.

◀◀ **Verbinding hoofdstuk 2**
Psychologen beschikken tegenwoordig over allerlei methoden om de hersenactiviteit te onderzoeken (www.pearsonmylab.nl).

Mentale rotatie

Bij een klassiek experiment van Roger Shepard en Jacqueline Metzler (1971) werd aangetoond dat het niet slechts een metafoor is als mensen het hebben over zaken in hun bewuste geest 'van alle kanten bekijken'. Met behulp van afbeeldingen zoals die in figuur 8.2 vroegen Shepard en Metzler vrijwilligers te beoordelen of de twee beelden in elk paar hetzelfde voorwerp in verschillende posities lieten zien. Hun redenering was dat mensen meer tijd nodig zouden hebben voor het antwoord naarmate de afbeeldingen in elk van de paren grotere hoeken hebben, omdat de geest de beelden bij de vergelijking werkelijk roteert. Dit stemde precies overeen met hun bevindingen. Als je dit experiment met je vrienden probeert, is het waarschijnlijk dat ook zij sneller bij paar A hun oordeel geven, dan bij de paren B en C, omdat in paar A de beelden over een kleinere hoek zijn geroteerd.

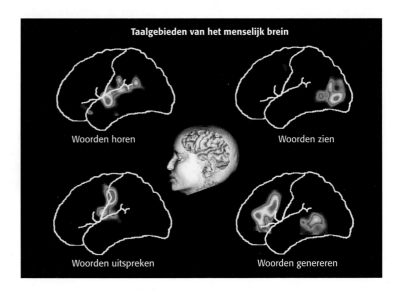

Figuur 8.1

PET-scans van de actieve hersenen

Op deze PET-scans is te zien op welke wijze verschillende gebieden in de hersenen actief worden tijdens verschillende mentale taken.

Bron: Marcus E. Raichle, M.D. Prof. of Radiology and Neurology.

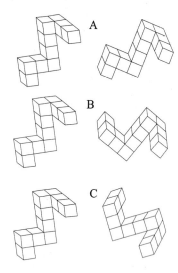

Figuur 8.2

Figuren voor het mentale rotatie-experiment

Deze figuren lijken op de afbeeldingen die werden gebruikt bij het experiment met mentale rotatie van Shepard en Metzler. Uit de resultaten bleek dat mensen meer tijd nodig hadden om te bepalen of de beelden gelijk of verschillend waren, naarmate de afbeeldingen in elk van de paren over grotere hoeken waren geroteerd. Er zijn hier maar drie paren afgebeeld. In het oorspronkelijke experiment waren er veel meer paren, gelijk en verschillend, waarbij de mate van rotatie meer kon variëren dan bij de drie paren in deze figuur.

Inzoomen met de geest

Een andere benadering voor het 'hoe' van het bewustzijn volgt een andere weg. Stephen Kosslyn ontdekte dat we onze bewuste geest kunnen gebruiken om op de details van onze mentale beelden 'in te zoomen', net als een camera. Om dit aan te tonen vroeg Kosslyn (1976) mensen eerst te denken aan objecten zoals een olifant of een kat of een stoel. Vervolgens stelde hij vragen over details van het ingebeelde voorwerp (bijvoorbeeld: 'Is het een zwarte kat?' of 'Heeft hij een lange staart?'), en registreerde hij hoelang het duurde voordat zijn proefpersonen antwoordden. Hij ontdekte dat de proefpersonen meer tijd nodig hadden voor hun antwoord naarmate het detail waarnaar hij vroeg, kleiner was. Mensen hadden extra tijd nodig, zo redeneerde Kosslyn, om hun mentale beelden nader te onderzoeken.

Beide experimenten suggereren dat we onze visuele beelden bewust manipuleren. En dat doen we op vrijwel dezelfde wijze als bij de manipulatie van fysieke voorwerpen in de buitenwereld (Kosslyn, 1983). Je kunt dit zelf proberen met de proef in het kader 'Doe het zelf!'.

Naarmate we verder komen in dit hoofdstuk, zul je andere technieken leren kennen die door onderzoekers in de neurowetenschappen worden toegepast om het bewustzijn en de ermee gepaard gaande mentale processen te bestuderen. Laten we nu wat modellen over de geest nader bekijken.

⊕ DOE HET ZELF! Inzoomen op mentale beelden

Vraag maar eens aan een vriend of die zijn ogen wil sluiten en zich een huis wil voorstellen. Vraag je vriend dan achtereenvolgens de kleur van het dak, de voordeur en de deurbel te beschrijven. Registreer de tijd die nodig is om elk van de antwoorden te krijgen. Voorspel op basis van het onderzoek van Kosslyn voor welke vraag de langste responstijd nodig is en voor welke de kortste. Je zult waarschijnlijk merken dat je vriend meer tijd nodig heeft om te antwoorden naarmate het detail waarnaar je vraagt, kleiner is. Volgens de interpretatie van Kosslyn betekende dit dat mensen extra tijd nodig hebben om 'in te zoomen' op een mentaal beeld teneinde kleinere details te kunnen zien. Met andere woorden: we onderzoeken onze mentale beelden op dezelfde manier als fysieke voorwerpen in de buitenwereld, voor het waarnemen van respectievelijk het 'algemene beeld' en de kleinere details.

8.1.2 Modellen van de bewuste en onbewuste geest

De studie van het bewustzijn door psychologen heeft een aantal modellen opgeleverd die nog altijd bruikbaar zijn. Je weet misschien nog wel uit hoofdstuk 6 dat het zoeken naar analogieën soms een nuttige probleemoplossende strategie is. Psychologen hebben een vergelijkbare strategie toegepast om de essentie van bewustzijn te achterhalen. Ze hebben daarbij steeds de in hun ogen beste metafoor (het beste model) voor dit ongrijpbare concept proberen te vinden. Laten we eens een paar van deze modellen bekijken.

Verschillende bewustzijnsniveaus

Sigmund Freud was de eerste die een idee opperde dat we tegenwoordig bijna allemaal vanzelfsprekend vinden: dat onze geest op een aantal niveaus tegelijk opereert. Freud gebruikt hiervoor de metafoor van een ijsberg. Hiermee geeft hij aan dat het menselijk bewustzijn maar het topje van een ijsberg is, en dat de belangrijkste motieven en drijfveren zich onbewust doen gelden. Freud zag het *onbewuste* als een reservoir van behoeften, verlangens, wensen en traumatische herinneringen. Bovendien meende hij dat verwerking in het onbewuste, dus verwerking buiten ons bewustzijn, onze bewuste gedachten, gevoelens, dromen, fantasieën en daden kan beïnvloeden. Tegenwoordig wordt de hypothese van Freud dat een groot deel van de geest zich schuilhoudt en buiten het gezichtsveld werkt, onder het niveau van het bewustzijn, door een grote hoeveelheid bewijsmateriaal ondersteund. De metafoor van de ijsberg wordt nog steeds gebruikt om het bewustzijn en de verschillende niveaus weer te geven.

Volgens Freud was het menselijk bewustzijn slechts het topje van de ijsberg. Deze metafoor wordt nog steeds gebruikt door de neurowetenschap.

Bron: Jocelyn Browning, stock.xchng.

Voorbewuste: Het idee dat de geest een speciale onbewuste opslagruimte heeft voor informatie waarvan we ons momenteel niet bewust zijn, maar die wel in het bewustzijn beschikbaar is.

Seriële verwerking: Werkwijze waarbij slechts één ding tegelijkertijd verwerkt kan worden.

Parallelle verwerking: Bij parallelle verwerking vinden twee of meer activiteiten tegelijkertijd plaats.

Het voorbewuste

Psychologen gebruiken Freuds term 'het **voorbewuste**' als ze refereren aan herinneringen van gebeurtenissen (bijvoorbeeld je laatste verjaardag) en feiten (Brussel is de hoofdstad van de Europese Unie) waarvan je je niet bewust bent, maar die wel direct toegankelijk zijn. Deze herinneringen kunnen oversteken naar het bewustzijn wanneer het signaal wordt gegeven ze op te roepen. Voor het overige zijn deze herinneringen op de achtergrond van de geest aanwezig, juist buiten de grens van het bewustzijn, om naar voren te komen op het moment waarop ze nodig zijn. Het voorbewuste bevindt zich, sprekend in de termen van de metafoor van de ijsberg, net onder het wateroppervlak. Het voorbewuste, in de moderne, cognitieve betekenis, is bijna hetzelfde als het *langetermijngeheugen*. De beperking die geldt voor het bewustzijn, die erop neerkomt dat slechts één ding tegelijkertijd, op **seriële** wijze, kan worden verwerkt, geldt niet voor de voorbewuste verwerking. Het voorbewuste lijkt namelijk in staat te zijn op veel plaatsen tegelijkertijd naar informatie te zoeken, een vermogen dat **parallelle verwerking** wordt genoemd. Anderzijds heeft het voorbewuste niet het vermogen tot weloverwogen gedachten dat het bewuste weer wel heeft. Je kunt het voorbewuste beschouwen als een opslagplaats voor herinneringen waar de voorraad voortdurend wordt geroteerd, zodanig dat de meest recente informatie, met de grootste emotionele lading, het gemakkelijkst toegankelijk is.

Het onbewuste

Als iemand niet 'bij bewustzijn' is, dus als het ware 'onbewust', wordt daarmee bedoeld dat bij diegene alle bewustzijn afwezig is, zoals bij iemand die is flauwgevallen, in coma ligt of onder algehele narcose verkeert. Dit is 'onbewust zijn' zoals we het beschouwen binnen een medische context. Freuds psychologische definitie van het **onbewuste** is een reservoir van primitieve motieven en bedreigende herinneringen die voor het bewustzijn verborgen zijn. Neurowetenschappelijk is het onbewuste een onderdeel van het bewustzijn waarvan we nog niet precies weten wat het inhoudt of hoe het werkt. We kunnen het bestaan ervan wel aantonen via priming.

En dan zijn er nog alle typen onbewuste, mentale processen die in de hersenen plaatsvinden (zoals de regulatie van de ademhaling en de aansturing van een schrikreactie). Dit zijn de eerder besproken onbewuste processen, die automatisch en buiten het bewustzijn optreden. In de metafoor van de ijsberg is dit het water waarin het bewustzijn drijft.

Het bewustzijn is dus een geheel van processen en herinneringen op verschillende niveaus, waarvan de meeste in het onbewuste zijn gelokaliseerd. Dat kunnen voorbewuste herinneringen zijn of hersenactiviteiten die fundamentele lichaamsfuncties reguleren, maar ook processen die op de achtergrond aan het werk zijn wanneer we een perceptie vormen van bijvoorbeeld een tafel of een opmerking van een vriend. Zulke onbewuste processen zijn subtiel en kunnen wellicht, zonder dat we dat beseffen, tot nervositeit of depressie leiden (Kihlstrom, 1987).

Je kunt enig idee krijgen over de wijze waarop we door deze onbewuste processen worden beïnvloed, wanneer je eraan denkt hoe vaak je een vertrouwde weg naar het werk of naar school volgt, zonder er bewust met je gedachten bij te zijn. Je handelingen die ervoor zorgen dat je een bepaalde route volgt, worden dan aangestuurd door het voorbewuste.

Met behulp van een techniek die *priming* wordt genoemd, zijn psychologen in staat de onbewuste processen te bestuderen. Bij deze techniek wordt iemand aan woorden, beelden, geuren of geluiden blootgesteld om in zijn brein opgeslagen informatie, en soms direct bepaald gedrag, te activeren, zonder dat diegene zich daarvan bewust is. Zo is bijvoorbeeld aangetoond dat als je mensen aantrekkelijke beelden laat zien van voedsel, en je ze daarna laat eten, ze meer gaan eten dan mensen die deze beelden niet hebben gezien (Harris et al., 2009). De methode van *priming* vormt een nuttig instrument voor het aftasten van de interactie tussen bewuste en onbewuste processen. Het gebruik van *priming* in bijvoorbeeld reclame wordt kritisch bekeken in het 'In de praktijk'-kader 'Subliminale perceptie en subliminale verleiding' op www.pearsonmylab.nl.

◄◄ **Verbinding hoofdstuk 5**
Priming is een techniek om door te dringen tot het *impliciete geheugen* (p. 180).

James' Stream of Consciousness

William James (1890) had een andere metafoor voor bewustzijn, waarin hij het gewone wakkere bewustzijn vergeleek met een vloeiende stroom vol continu veranderende sensaties, percepties, gedachten, herinneringen, gevoelens, motieven en verlangens. Deze 'stroom van bewustzijn' omvat het bewustzijn van onszelf en die van prikkels uit onze omgeving. Volgens James kan deze stroom ook fysieke sensaties bevatten, zoals honger, dorst, pijn en genot.

Voor een deel was James' theorie enigszins vergelijkbaar met Freuds onderscheid tussen het onbewuste en het voorbewuste. Voor James bestond bewustzijn uit twee niveaus: een 'focusbewustzijn', dus alles waar we onze aandacht op een gegeven moment op richten, en een perifeer bewustzijn dat de gevoelens en associaties omvat die datgene waarop we ons concentreren betekenis geven en in een context plaatsen. Als je bijvoorbeeld naar de bruiloft van een vriendin gaat, concentreer je je op het paar dat gaat trouwen en op de gasten met wie je praat. Je gevoelens over het huwelijk, je kennis over alles wat tot dit cruciale moment in hun leven heeft geleid en andere herinneringen die door de gebeurtenis in je opkomen, maken allemaal deel uit van het perifere bewustzijn.

Het moderne cognitieve perspectief

Onze laatste metafoor voor bewustzijn is uit de cognitieve psychologie afkomstig. De computermetafoor vergelijkt het bewustzijn met de informatie en beelden die op een computerscherm verschijnen, terwijl de onbewuste processen zoiets zijn als de elektronische activiteit achter de schermen (ook figuurlijk), in het binnenste van de computer. Meestal opereert onze onbewuste machinerie rustig parallel met ons bewustzijn, maar af en toe wordt een onbewust motief of een emotie zo sterk dat die uitbarst in het bewustzijn. Bijvoorbeeld als een luchtje dat je associeert met een emotionele herinnering deze emotie plotseling naar de voorgrond brengt, of als een groeiende honger uitbarst in gewaarwording ervan. Al deze metaforen helpen om inzicht te krijgen in de aard van het bewustzijn, en we zullen er in de loop van dit hoofdstuk telkens op terugkomen als we ons verder verdiepen in dit fascinerende proces. Maar voor we deze paragraaf afsluiten, willen we nog een belangrijke vraag stellen: waarom is bewustzijn van belang?

8.1.3 Wat doet het bewustzijn voor ons?

Op dit moment is je bewustzijn op deze woorden gericht, die in zwarte letters op een witte pagina zijn gedrukt. Deze woorden staan echter niet op zichzelf. Ze hebben, zoals James suggereerde met het perifeer bewustzijn, een betekenis, die door je bewustzijn stroomt terwijl je leest. Je kunt het spotlight van je aandacht natuurlijk ergens anders op richten: bijvoorbeeld op muziek op de achtergrond, en terwijl je dat doet, glijden de woorden op de pagina naar de marges van het bewustzijn. Misschien beweeg je je ogen wel over de pagina, maar dringt de betekenis niet werkelijk tot je door. (Elke student kent dit effect.)

Als we nu je volle aandacht weer mogen hebben, herinneren we je er graag aan dat het bewustzijn vele functies heeft. Drie daarvan zijn van speciaal belang en werden al geïllustreerd door het scenario in de vorige alinea (Solso, 2001; Tononi & Edelman, 1998):

- *Bewustzijn beperkt onze aandacht.* Omdat het bewustzijn informatie serieel verwerkt, beperkt het wat je opmerkt en waar je over denkt. Op die manier beschermt het bewustzijn onze hersenen tegen een overvloed aan prikkels. Helaas kun je je door deze eigenschap van het bewustzijn niet concentreren op wat je leest als je je aandacht naar muziek op de achtergrond verschuift.
- *Het bewustzijn biedt een mentale 'ontmoetingsplaats'* waar gewaarwording (sensatie) kan worden gecombineerd met geheugen, emoties, motieven en talrijke andere psychologische processen bij het proces dat we *perceptie* hebben genoemd. Hoewel er buiten het bewustzijn om een beperkte cognitie plaatsvindt, is het bewustzijn het schildersdoek waarop we gewoonlijk een zinvolle afbeelding schilderen met de kleuren van de stimulatie vanuit onze interne en externe wereld. Dit is het aspect van het bewustzijn dat betekenis toekent aan woorden op een pagina of dat vreugde associeert met het zien van het gezicht van een goede vriend. Uit onderzoek door middel van *brain imaging* komen aanwijzingen naar voren dat de essentie van bewustzijn wordt gevormd door het maken van koppelingen tussen verschillende delen van de hersenen (Massimini et al., 2005). Bewustzijn ligt dus ten grondslag aan cognitie.
- *Dankzij bewustzijn kunnen we een mentaal model van de wereld creëren dat we kunnen manipuleren.* In tegenstelling tot eenvoudiger organismen zijn wij dankzij het bewustzijn niet gevangen in het moment: we reageren niet uitsluitend reflexmatig op stimulatie. Integendeel, we maken gebruik van een bewust model van onze wereld. Hierbij wordt een beroep gedaan op het geheugen en worden zowel het verleden als de toekomst onder de bewuste aandacht gebracht. Met dit model kunnen we denken en plannen, waarbij we alternatieve reacties evalueren en ons voorstellen in welke mate deze effectief zullen zijn.

Zowel James als Freud onderscheidde twee niveaus van bewustzijn. Vaak wordt vooral het belang van slechts één niveau, namelijk ons 'focusbewustzijn', benadrukt. Dit niveau van ons bewustzijn richt onze aandacht, zoals de spotlight de zanger van een band belicht. Volgens James is ons perifere bewustzijn echter net zo belangrijk. Zoals de band het optreden van de zanger begeleidt, zo voegt het perifere bewustzijn contextuele details toe aan ons focusbewustzijn.

Bron: Stock Shot/Alamy.

◄◄ **Verbinding hoofdstuk 3**
Perceptie is het proces waarbij *betekenis* aan gewaarwording wordt toegekend (p. 106).

◄◄ **Verbinding hoofdstuk 6**
Goede denkers kunnen effectief denken en plannen doordat ze in staat zijn om het probleem te definiëren en een probleemoplossingsstrategie te selecteren (p. 219).

Deze drie kenmerken: restrictie, combinatie en manipulatie, zijn in verschillende mate aanwezig bij alle toestanden van bewustzijn, of we nu dromen, onder hypnose verkeren, mediteren, gedrogeerd zijn of in onze 'normale' waaktoestand verkeren. Maar hoe zit het met de toestand die we kennen als een coma: hoe kunnen we die plaatsen in onze bestudering van het bewustzijn?

8.1.4 Coma en verwante bewustzijnstoestanden

Coma: Een toestand van diepe bewusteloosheid waarin de patiënt geen normale slaap-waakcyclus meer doormaakt, en die meestal slechts enkele dagen duurt.

Het blijkt dat de meeste mensen een verkeerd beeld hebben van wat het betekent om in coma te liggen en de gevolgen ervan. Uiteraard ontstaan er dan ook discussies over de ethiek van het stopzetten van de beademing van patiënten met ernstig hersenletsel (Meyers, 2007). Het vuur wordt verder aangewakkerd door verslagen over 'miraculeuze' genezingen. Wat zijn de feiten?

Een **coma** is geen stabiele, langdurige toestand, maar een toestand van diepe bewusteloosheid die meestal slechts enkele dagen tot maximaal twee weken duurt. Patiënten in comateuze toestand maken geen normale slaap-waakcyclus meer door, hun ogen blijven meestal gesloten en ze kunnen niet worden gewekt. Een veelgebruikte schaal om de ernst van een comateuze toestand te meten is de Glasgow Coma Schaal (Teasdale & Jennett, 1974) waarbij de patiënt op drie onderdelen beoordeeld wordt: E*ye opening response* (reactie door opening van de ogen), M*otor response* (motorische reactie) en V*erbal response* (spraak). De Glasgow-comascore wordt daarom ook wel *EMV-score* genoemd.

Degenen die herstellen, gaan over naar een toestand met minimaal bewustzijn, waarbij ze zich zeer beperkt bewust zijn van de omgeving en de hersenen op minimaal niveau functioneren. Het herstel verloopt meestal geleidelijk (National Institute of Neurological Disorders and Stroke, 2007). Degenen die geen verbetering vertonen, glijden af naar een blijvend vegetatieve toestand. In deze toestand openen patiënten mogelijk hun ogen van tijd tot tijd, en maken ze weer normale slaapcycli door, maar hebben ze slechts een minimale hersenactiviteit en vertonen ze slechts basale reflexen. De kans op volledig herstel vanuit een blijvend vegetatieve toestand is zeer gering.

De diagnose van een blijvend vegetatieve toestand is niet altijd accuraat, omdat de meting van hersenactiviteit geen exacte wetenschap is. Daarom kan een fout fataal zijn als de diagnose wordt gebruikt voor beslissingen over het stoppen van de instandhouding van de vitale functies. Maar er worden nieuwe, veelbelovende hersenbeeldtechnieken ontworpen, waarmee de hersenactiviteit en het bewustzijn accurater kunnen worden vastgesteld bij patiënten die in een blijvend vegetatieve toestand lijken te verkeren. Door de ontwikkelingen in de PET- en MRI-technologie kunnen wetenschappers tegenwoordig met succes voorspellen welke patiënten in blijvend vegetatieve toestand vooruitgang boeken en overgaan naar een minimaal bewuste toestand (Owen et al., 2009).

Een uitzonderlijke en zeldzame aandoening, waarbij het lijkt alsof iemand in coma ligt, terwijl hij volledig bij bewustzijn is, wordt het *Locked In*-syndroom genoemd. De persoon kan zijn lichaam (bijna) niet bewegen en is nauwelijks of niet in staat te communiceren. In 2007 verscheen de film *Le scaphandre et le papillon* (De duikklok en de vlinder), waarin het aangrijpende verhaal wordt verteld van de in 1997 overleden Jean-Dominique Bauby, die na een ernstige beroerte leed aan het Locked In-syndroom. De film schetst een treffend beeld van de manier waarop Bauby de strijd met zijn situatie aanging.

Psychologie gebruiken om psychologie te leren

Als je leert om extra bruggen te slaan tussen je bewustzijn en je geheugen kun je veel informatie opnemen die je op het moment dat het nodig is, bijvoorbeeld tijdens een examen, gemakkelijk kunt ophalen. Ga naar 'In de praktijk' in de MyLab mediatheek om te zien hoe je dat kunt doen.

Ga naar **www.pearsonmylab.nl** om je kennis en begrip van deze paragraaf te testen met de MyMap, MyCheck en MyDefinitions.

KERNVRAAG 8.2

▶ Hoe ziet de cyclus van het normale bewustzijn eruit?

Als je een 'ochtendmens' bent, is de periode kort na het ontwaken waarschijnlijk de tijd dat je het meest alert bent. Maar deze psychische toestand blijft niet de hele dag bestaan. Net als de meeste mensen, beleef je in de middag waarschijnlijk een periode van psychische lusteloosheid. In Spanje houdt men tijdens deze inzinking in de cyclus van waakzaamheid dan ook siësta. Later op de dag zal je alertheid weer een poosje toenemen, om in de loop van de avond weer weg te zakken. Deze cyclus wordt af en toe onderbroken door periodes van verscherpte concentratie en aandacht (bijvoorbeeld als je tijdens college een vraag moet beantwoorden) en periodes waarin je je overgeeft aan dagdromen. En of je nu een 'ochtendmens' of een 'avondmens' bent, op een gegeven moment zak je geleidelijk weg in de toestand waarin je ongeveer een derde van je leven doorbrengt: de slaap. In deze toestand is bewust contact met de buitenwereld bijna nihil. Psychologen hebben deze cyclische veranderingen in het bewustzijn onderzocht en er vaste patronen in ontdekt. Ons kernconcept luidt daarom als volgt:

● **KERNCONCEPT 8.2**
Het bewustzijn verschuift volgens vaste cycli, die normaal gesproken overeenkomen met onze biologische ritmes en de patronen in onze omgeving.

In deze paragraaf zullen we vooral aandacht besteden aan de cyclische bewustzijnsveranderingen die te maken hebben met slaap en nachtelijke dromen. Maar eerst kijken we naar het soort dromen dat plaatsvindt terwijl we wakker zijn.

8.2.1 Dagdromen

In de bewustzijnstoestand waarin we ons iets minder bewust zijn van onze omgeving en die we **dagdromen** noemen, richt de aandacht zich naar binnen, om zich te concentreren op herinneringen, verwachtingen en verlangens, vaak met levendige beelden erbij (Roche & McConkey, 1990). Dagdromen gebeurt meestal als mensen alleen zijn, ontspannen, bezig met een saaie of routineuze klus, of als ze op het punt staan in slaap te vallen (Singer, 1966, 1975).
De meeste mensen dagdromen elke dag. Het is abnormaal als je dat niet doet. Gemiddeld besteden we zo'n 30 procent van onze doorwaakte uren aan dagdromen, terwijl jongvolwassenen de meeste en de levendigste dagdromen zeggen te hebben. Zowel de frequentie als de intensiteit van dagdromen blijken significant af te nemen met de jaren (Giambra, 2000; Singer & McCraven, 1961).

Waarom dagdromen we?
Uit een onderzoek van Malia Mason en haar collega's (2007) blijkt dat dagdromerij gerelateerd is aan een 'standaardmodus' van de hersenen die actief blijft tijdens de rustende waaktoestand. Derhalve is dagdromen te beschouwen als datgene wat de geest van nature doet wanneer deze niet door binnenkomende prikkels wordt belast. De activiteit in dit netwerk blijkt het grootst wanneer mensen dagdromen over toekomstige gebeurtenissen of persoonlijke herinneringen uit het verleden of wanneer ze zich voorstellen wat iemand voelt of denkt (Buckner et al., 2008). De hersenen lijken dus ingesteld op activiteit, ook in rusttoestand. Met deze bevinding wordt het gemakkelijker om onze nachtelijke dromen, waar we het verderop over zullen hebben, te begrijpen.

Dagdromen: Een veelvoorkomende (en heel normale) activiteit of staat van het bewustzijn, waarbij de aandacht verschuift van de onmiddellijke situatie naar herinneringen, verwachtingen, verlangens of fantasieën.

Is dagdromen nuttig of schadelijk?

Dagdromen kan nuttig en gezond zijn (Klinger, 1987). De mijmeringen gaan over praktische en actuele zorgen in iemands leven: studie, doelstellingen (triviaal of uiterst belangrijk) of persoonlijke relaties. Dagdromen kan ons helpen om plannen te maken en problemen op te lossen: voor sommige mensen wordt de kans groter dat ze met dit soort dagdromen hun doelen bereiken (Langens, 2003). Dagdromen kunnen ook een bron van creatief inzicht zijn, ongeveer zoals de flitsen van intuïtie, die we in hoofdstuk 6 hebben besproken. Als we voor een lastig probleem staan, krijgen onze hersenen door af en toe af te dwalen toegang tot onbewuste associaties en mogelijkheden die een 'aha'-moment op kunnen leveren waarin de perfecte oplossing wordt ontdekt (Schooler et al., 1995).

Maar pas op met de timing van je dagdromen. Uit nieuw onderzoek blijkt dat dagdromen de herinnering aan net aangeleerde stof kan uitwissen. En hoe verder de dagdroom van de werkelijkheid af staat, hoe groter dat effect is. Studenten die dagdromen over een buitenlandse vakantie vergaten meer dan studenten die over een vakantie in eigen land droomden (Delaney et al., 2010). Dit duidt erop dat je een deel van wat je net hebt geleerd, vergeet als je wegdrijft in een dagdroom tijdens een belangrijk college.

We moeten nog een waarschuwing geven over dagdromen. Onderzoek van Matthew Killingsworth en Dan Gilbert (2010) dreigt een van onze meest geaccepteerde ideeën over dagdromen onderuit te halen, namelijk het idee dat dagdromen iets leuks is. In deze studie werden ruim tweeduizend volwassenen van alle leeftijden met een speciaal ontworpen iPhone-app op willekeurige momenten van de dag gecontroleerd. Als de app een geluid maakte, moesten de deelnemers snel antwoorden op vragen over wat ze aan het doen waren, en daarbij aangeven of ze geconcentreerd bezig waren of niet, en of ze gelukkig waren. De onderzoeksgegevens leverden een resultaat op dat je misschien verbaast: mensen waren het gelukkigst wanneer ze geconcentreerd helemaal opgingen in hun taak, niet wanneer ze aan het dagdromen waren.

8.2.2 Slaap: het mysterieuze derde deel van ons leven

Stel dat je negentig jaar oud wordt, dan heb je in totaal bijna dertig jaar geslapen. Maar waar wordt deze geheimzinnige mentale toestand door gekenmerkt? In het verleden vormden slapen en dromen het terrein van psychoanalytici, profeten, dichters en schilders, maar nu vormen ze ook een belangrijk onderzoeksgebied voor wetenschappers. Zij hebben ontdekt dat de slaap deel uitmaakt van onze natuurlijke biologische ritmes (Beardsley, 1996). We beginnen onze ontdekkingstocht door dit gebied van veranderd bewustzijn met een bespreking van deze biologische patronen.

Circadiaanse ritmes

Bijna alle levende wezens worden beïnvloed door natuurlijke cycli, waarvan de dag-nachtcyclus de belangrijkste is. De cycli die voor de mens het belangrijkst zijn, worden **circadiaanse ritmes** genoemd: lichaamspatronen die zich ongeveer elke 24 uur herhalen. (Het woord circadiaans is afkomstig van de Latijnse woorden *circa*, 'ongeveer' en *dies*, 'dag'.) Deze circadiaanse ritmes worden gereguleerd in onze hypothalamus, waar onze 'biologische klok' de cadans bepaalt van onze verbranding, hartslag, lichaamstemperatuur en hormonale activiteit (Pinel, 2005). De suprachiasmatische nucleus (SCN), een groepje cellen in de hypothalamus, krijgt input vanuit de ogen en is daardoor specifiek gevoelig voor de licht-donkercyclus van dag en nacht (Barinaga, 2002).

In verschillende organismen zijn zogeheten kloksystemen gevonden die van invloed zijn op dat ritme. Deze tot nu toe gevonden biologische systemen bleken

Circadiaanse ritmes: Fysiologische patronen die zich ongeveer elke 24 uur herhalen, zoals de slaap-waakcyclus.

echter uniek voor de desbetreffende tak van organismen. Recente bevindingen van onderzoekers van de Rijksuniversiteit Groningen, die samenwerkten met wetenschappers uit Groot-Brittannië en de Verenigde Staten, wijzen echter op het bestaan van een universeel mechanisme voor 24-uursritmiek in alle levensvormen. De onderzoekers ontdekten dat de toestand waarin een bepaald enzym, peroxiredoxine, zich bevindt, onderdeel is van een kloksysteem dat in alle hoofdgroepen van organismen aanwezig is (Edgar et al., 2012).

Bij de meeste mensen is het normale circadiaanse ritme iets langer dan een dag. Wanneer mensen voor langere tijd in een omgeving leven waarin ze geen idee hebben hoe laat het is, geldt voor de meesten dat ze in een circadiaanse cyclus van tegen de 25 uur terechtkomen. Maar in een 24-uurswereld worden we getraind om ons patroon elke dag aan te passen aan de blootstelling aan licht en aan onze gewoonten (Dement & Vaughan, 1999).

Mogelijk beschouw je de slaap als een proces dat optreedt in een periode van circa acht uur, vanaf het ogenblik dat je naar bed gaat totdat de wekker je 's morgens wakker maakt. Dit patroon is echter vrij nieuw in de menselijke geschiedenis en voornamelijk beperkt tot mensen in geïndustrialiseerde landen. Van 'nature' zijn mensen geneigd volgens een flexibeler patroon te slapen: telkens wanneer ze zin hebben, slapen ze overdag gedurende korte tijd en 's nachts langer (Bosveld, 2007; Warren, 2007). Overal in de wereld zijn er landelijke dorpjes waar mensen midden in de nacht vaak een uur of twee wakker zijn en praten, spelen, vrijen of voor het vuur zorgen; hieruit blijkt duidelijk hoe plooibaar ons slaap-waakritme kan zijn.

Zonder de aardse cycli van dag en nacht, die onze biologische klok aanstuurt wordt gezet, krijgen deze slapende astronauten aan boord van het ruimteveer te maken met nieuwe problemen bij het synchroniseren van hun werkrooster met hun circadiaanse ritmiek.

Toch kan elke factor waardoor onze slaap wordt onderbroken of waardoor het ritme van onze biologische klok wordt verstoord, van invloed zijn op onze gevoelens en ons gedrag. Een verschuiving van dag- naar nachtwerk en andere veranderingen in het slaap-waakritme zijn berucht om zulke effecten (Dement & Vaughan, 1999; Moore-Ede, 1993). De hele nacht opblijven om voor een toets te leren heeft dezelfde gevolgen.

Als je met het vliegtuig reist en verscheidene tijdzones passeert, krijg je een *jetlag*. Dat komt doordat het interne circadiaanse ritme wordt verstoord door de tijd die in je nieuwe omgeving geldt. Als het volgens jouw lichaam één uur 's nachts is, maar volgens de mensen om je heen pas tien uur in de avond, moet je energie gebruiken en reserves aanspreken om je aan je omgeving aan te passen. De symptomen van jetlag zijn vermoeidheid, onbeheersbare slaperigheid en tijdelijke cognitieve verstoringen. Mensen die gaan vliegen moeten zich realiseren dat onze biologische klok zich beter kan aanpassen aan langere dagen dan aan kortere. Dus oostwaarts reizen (waardoor je de dag verkort) veroorzaakt een sterkere jetlag dan als je naar het westen reist (waardoor je de dag verlengt).

De belangrijkste gebeurtenissen tijdens de slaap

De mens heeft de slaap eeuwenlang als een mysterie beschouwd, totdat de doctoraalstudent Eugene Aserinsky in 1952 besloot om de hersengolven en bewegingen van de oogspieren van zijn slapende zoon te registreren (Brown, 2003). Gedurende circa anderhalf uur verliep de sessie zonder gebeurtenissen, en verschenen alleen de langzame slaapritmen op het eeg. Toen verscheen plotseling een vlaag van snelle oogbewegingen. Uit de registratie bleek dat de oogbollen van de jongen heen en weer schoten, alsof hij een snel bewegend voorwerp bekeek. Ook bleek uit de hersengolfpatronen dat de jongen alert was. Aserinsky verwachtte dat zijn zoon wakker was geworden en lag rond te kijken, dus ging hij de slaapkamer binnen en constateerde verbaasd dat hij hem rustig zag liggen, met gesloten ogen en diep in slaap. De onderzoeker onderwierp meer vrijwilligers aan dezelfde procedure en ontdekte dat zich bij alle proefpersonen gedurende de gehele nacht zo'n patroon voordeed.

REM-slaap: Periode in de slaap die onge-veer elke negentig minuten terugkeert en gekenmerkt wordt door snelle, onrustige oogbewegingen die onder de gesloten oog-leden plaatsvinden (rapid eye movements). REM-slaap wordt geassocieerd met dromen.

Non-REM (NREM)-slaap: De steeds terugkerende periodes waarin de slaper geen REM vertoont.

Slaapverlamming: Een toestand waarin de slaper niet in staat is zijn willekeurige spieren te gebruiken, met uitzondering van de spieren van de ogen. Slaapverlamming treedt normaliter op tijdens de REM-slaap.

Ongeveer om de negentig minuten start de periode die Aserinsky zo opviel. We noemen deze nu de **REM-slaap**, een periode die wordt gekenmerkt door snelle hersengolven en snelle oogbewegingen, oftewel *rapid eye movements*. De oogbe-wegingen vinden plaats onder de gesloten oogleden, duren een paar minuten en stoppen dan abrupt (Aserinsky & Kleitman, 1953). De tussenliggende periodes, zonder snelle oogbewegingen, worden aangeduid met de term **non-REM-(NREM)-slaap**.

Wat gebeurt er tijdens deze twee fases van de slaap in de hersenen? Om dat te onderzoeken, hebben wetenschappers een aantal slapende proefpersonen tij-dens de REM-slaap of tijdens de NREM-slaap gewekt. Aan alle proefpersonen werd gevraagd wat er op dat moment in hen omging (Dement & Kleitman, 1957; McNamara et al., 2005). De proefpersonen die tijdens de NREM-periode werden gewekt, meldden ofwel geen enkele psychische activiteit, of ze gaven korte beschrijvingen van gewone dagelijkse gebeurtenissen, ongeveer zoals de gedachten die we hebben als we wakker zijn. De proefpersonen die tijdens de REM-periode waren gewekt, maakten daarentegen melding van levendige ge-beurtenissen vol sprookjesachtige en bizarre taferelen, vaak van agressieve aard. Met andere woorden: de snelle oogbewegingen waren een teken van dromen. Vreemd genoeg zijn de spieren die je bewust kunt aansturen in de rest van het lichaam tijdens de snelle oogbewegingen van de REM-slaap bewegingloos, ver-lamd, een toestand die **slaapverlamming** wordt genoemd. Evolutionair gezien is deze verlamming vermoedelijk gunstig, omdat zo werd verhinderd dat onze voorouders hun grotten uitliepen en in moeilijkheden kwamen doordat ze in overeenstemming met hun droom gingen handelen. (Slaapwandelen en praten in de slaap vinden plaats gedurende de diepere fases van de NREM-periode.)

De slaapcyclus

Stel je voor dat je een proefpersoon bent in een laboratorium dat zich speciali-seert in slaaponderzoek. Je bent op een eeg-apparaat aangesloten, de draden tus-sen je lichaam en de machine zitten je bewegingen niet in de weg en je maakt je gereed om te gaan slapen. Als je wakker en alert bent, pulseren de golven van je eeg met een frequentie van ongeveer veertien cycli per seconde (cps). Zodra je je begint te ontspannen, zakken ze af naar acht tot twaalf cps. Maar als je in slaap valt, vertonen je hersengolven een zich steeds herhalende cyclus van wisselende activiteit, vergelijkbaar met het patroon uit figuur 8.3. Als je de opname van deze cyclus de volgende morgen bekijkt, kun je de verschillende stadia duidelijk onderscheiden omdat ze allemaal een eigen, kenmerkend eeg hebben (zie figuur 8.4):

- In *stadium 1*, als je net in slaap bent gevallen, laat het eeg wat langzamere (thèta-)activiteit zien, afgewisseld met snelle (bèta)hersengolven die lijken op het eeg in wakende toestand.
- In *stadium 2* wordt het over de gehele linie tragere patroon van het eeg, dat wil zeggen golven met een langere golflengte, gekenmerkt door slaapspoelen, korte uitbarstingen van snelle elektrische activiteit, waarvan de eerste een teken is voor het einde van stadium 1.
- In de volgende twee fases (*stadia 3 en 4*) raak je in een steeds diepere toestand van ontspannen slaap. Je hersengolven worden opvallend trager, evenals hart-slag en ademhaling. Voor het eerst verschijnen deltagolven. Stadium 4 is het diepste punt van de slaapcyclus; deze fase begint ongeveer een halfuur nadat je in slaap bent gevallen. Ademhaling en hartslag zijn dan het laagst.
- Aan het einde van *stadium 4* neemt de elektrische activiteit in de hersenen weer toe en doorloop je de stadia in omgekeerde volgorde.
- Het eeg laat bij stadium 1 snelle (bèta)golven zien en er vinden *rapid eye movements* plaats, het teken van REM-slaap. Na circa tien minuten van REM-

slaap komt de slaper weer in stadium 2 terecht en herhaalt de gehele cyclus zich, waarbij elke volgende periode van REM-slaap steeds langer wordt.

De meeste mensen doorlopen deze cyclus in de loop van een gemiddelde nacht vier tot zes keer. Maar in elke volgende cyclus neemt de duur van de diepe slaap (stadia 3 en 4) af, terwijl de hoeveelheid REM-slaap toeneemt: in de laatste cyclus kan de REM-slaap wel een uur kan duren. Zie figuur 8.3 voor het slaappatroon tijdens een normale nacht. Normale slaap herken je dus aan drie dingen: (a) de cycli van negentig minuten, (b) het feit dat de diepste slaap aan het begin van de nacht optreedt en (c) het feit dat de REM-slaap steeds langer duurt naarmate de nacht vordert.

Wat gebeurt er als iemand gedurende een nacht een substantieel deel van zijn REM-slaap misloopt? Laboratoriumstudies tonen aan dat proefpersonen die te weinig REM-slaap krijgen, zich de volgende dag moe en geïrriteerd voelen. Bovendien duren de REM-fases de volgende nacht vervolgens langer dan normaal, een toestand die **REM-rebound** wordt genoemd. Dit feit doet vermoeden dat de REM-slaap een bepaalde biologische behoefte bevredigt. Een andere functie van REM-slaap is wellicht het behoud van ons emotionele evenwicht. Als je geneigd bent je slaapbehoefte met een korreltje zout te nemen, let dan toch even op! Omdat we de meeste REM-slaap in de laatste paar cycli van elke nacht krijgen, krijg je, als je te weinig slaapt, onvermijdelijk last van een REM-tekort en REM-rebound.

Waarom slapen we?

Slaap komt zo algemeen onder dieren voor dat het absoluut een essentiële functie moet hebben, maar slaapwetenschappers zijn het niet met elkaar eens over wat die functie is (Maquet, 2001; Rechtschaffen, 1998). Er zijn diverse mogelijkheden. Evolutionair psychologen menen dat slaap geleidelijk is ontstaan omdat dieren zo energie kunnen besparen op momenten dat het niet nodig is om voedsel te verzamelen of een partner te zoeken (Dement & Vaughan, 1999; Miller, 2007). Deze functies worden door de circadiaanse klok van de hersenen gecoördineerd. Sommige experimenten tonen aan dat slaap het verstandelijke functioneren bevordert; dit geldt vooral voor het geheugen en voor probleemoplossing (Wagner et al., 2004).

William Shakespeare omschreef een andere functie van slaap op elegante wijze: 'Sleep that knits up the ravelled sleave of care' (slaap die ervoor zorgt dat onze zorgen verdwijnen). De slaap heeft dus mogelijk een herstellende functie voor lichaam en geest. Uit sommige onderzoeken komen aanwijzingen naar voren dat beschadigde hersencellen tijdens de slaap worden hersteld; andere onderzoeken doen vermoeden dat de vorming van nieuwe neuronen in de hersenen door de slaap wordt bevorderd, terwijl dit proces door slaapdeprivatie wordt geremd (Siegel, 2003; Winerman, 2006). Slaap en dromen helpen de hersenen wellicht ook om de gedurende de dag opgehoopte ongewenste en onbruikbare informatie weg te spoelen (Crick & Mitchison, 1983). Hoewel er vorderingen zijn geboekt bij het onderzoek naar de wijze waarop we tijdens de slaap nu werkelijk herstellen, hebben slaaponderzoekers nog steeds geen duidelijk beeld (Winerman, 2006b).

De behoefte aan slaap

Hoeveel slaap we nodig hebben, hangt af van vele factoren. Ten eerste zijn genetische factoren bepalend voor onze slaapbehoefte en de individuele variaties in onze circadiaanse ritmen (Barinaga, 1997b; Haimov & Lavie, 1996). De hoeveelheid slaap die we nodig hebben, is ook gekoppeld aan onze persoonlijke kenmerken en gewoonten. Mensen die bijvoorbeeld langer dan gemiddeld slapen,

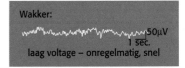

Wakker:
50μV
1 sec.
laag voltage – onregelmatig, snel

Slaperig:
alfagolven (8-12 cps)

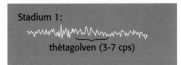

Stadium 1:
thètagolven (3-7 cps)

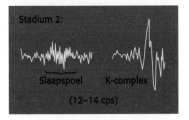

Stadium 2:
Slaapspoel   K-complex
(12–14 cps)

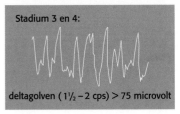

Stadium 3 en 4:
deltagolven (1½ – 2 cps) > 75 microvolt

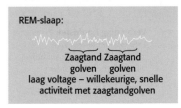

REM-slaap:
Zaagtand Zaagtand
golven   golven
laag voltage – willekeurige, snelle
activiteit met zaagtandgolven

Figuur 8.3

Slaapstadia

Tijdens een gemiddelde nachtrust valt de diepste slaap (stadia 3 en 4) voornamelijk in de eerste paar uren. Naarmate de nacht vordert, duren de stadia van lichte slaap en REM-slaap steeds langer.

REM-rebound: Extra REM-slaap volgend op een periode van tekort aan REM-slaap.

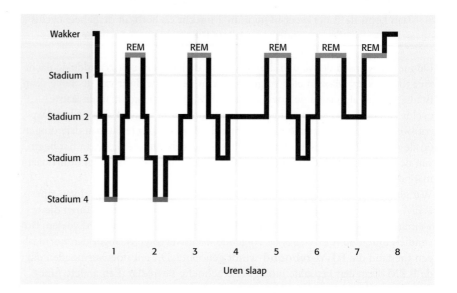

Figuur 8.4
Eeg-patronen in de slaapstadia

zijn over het algemeen nerveuzer, zorgelijker, artistieker, creatiever en non-conformistischer, terwijl korte slapers meestal energieker en extraverter zijn (Hartmann, 1973). En het is geen verrassing dat de hoeveelheid lichaamsbeweging die iemand krijgt, van invloed is op de behoefte aan slaap. Uitputtende lichamelijke activiteit overdag verlengt stadium 4, het stadium met de trage hersengolven, maar heeft geen effect op de duur van de REM-slaap (Horne, 1988).

De duur van de slaap en de vorm van de slaapcyclus veranderen naarmate we ouder worden. Zoals figuur 8.5 laat zien, beginnen we ons leven met ongeveer zestien uur slaap per etmaal, waarvan de helft is gewijd aan REM-slaap. Tijdens de kindertijd neemt het aantal slaapuren geleidelijk af, waarschijnlijk doordat de hersenen rijpen. Tieners slapen over het algemeen zeven tot acht uur, hoewel ze volgens recent onderzoek meer dan negen uur slaap nodig zouden hebben (Carskadon, 2002), waarvan 20 procent REM-slaap. Als we oud zijn, slapen we relatief minder en besteden we slechts 15 procent aan REM-slaap. Je kunt erachter komen of je genoeg slaap krijgt door de vragen in het kader 'Doe het zelf!' te beantwoorden.

◄◄ **Verbinding hoofdstuk 7**
De hersenen blijven zich ontwikkelen en rijpen, en ook blijven de hersenen tijdens de kindertijd en adolescentie overtollige neuronen 'wegsnoeien' (p. 256).

Figuur 8.5   Patronen van menselijke slaap gedurende het leven

De grafiek toont de veranderingen per leeftijd van de totale hoeveelheid REM- en NREM-slaap en van het deel van de nacht dat aan REM-slaap wordt besteed. De hoeveelheid REM-slaap neemt in de loop der jaren aanzienlijk af, terwijl de hoeveelheid NREM-slaap minder scherp daalt.

Bron: Overgenomen van Roffwarg et al., Ontogenetic Development of the Human Sleep-Dream Cycle. *Science*, 152, 604–616. Met toestemming van AAAS.

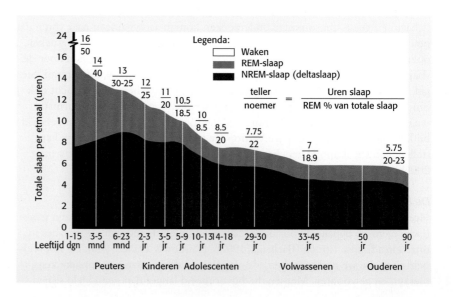

⊕ DOE HET ZELF! Hoeveel slaap heb jij nodig?

Veel studenten hebben een chronisch slaaptekort. Prioriteit gevend aan studie, bijbaantjes en de noodzakelijke sociale contacten maken ze zichzelf wijs dat ze niet meer dan enkele uren slaap per nacht nodig hebben. De gemiddelde student slaapt slechts 6,8 uur per nacht (Hicks, 1990). Maar heeft slaaptekort ook invloed op je studieprestaties? Een Amerikaanse psychologe ontdekte dat eerstejaarsstudenten met een chronisch slaaptekort lagere cijfers halen dan hun studiegenoten die wel genoeg slapen. Uit recente onderzoeken blijkt ook dat slaapdeprivatie bijdraagt aan gewichtstoename: in de groep van mensen die minder dan zeven uur per nacht slapen, is het aandeel van mensen met overgewicht hoger (Harder, 2006).

Hoe weet je of je te weinig slaap krijgt? Geef eerlijk antwoord op de volgende vragen:

1. Ben je vaak slaperig tijdens colleges?
2. Slaap je uit in de weekeinden?
3. Word je meestal slaperig als je je verveelt?
4. Val je vaak in slaap terwijl je leest of tv-kijkt?
5. Val je meestal binnen vijf minuten nadat je naar bed bent gegaan in slaap?
6. Word je 's ochtends wakker met het gevoel dat je niet bent uitgerust?
7. Verslaap je je als je 's ochtends geen wekker zet?

Als je een of meer van deze vragen met 'ja' hebt beantwoord, is de kans groot dat je jezelf te weinig slaap gunt. Daardoor leer je waarschijnlijk minder dan je zou kunnen en haal je lagere cijfers.

Slaaptekort versus de circadiaanse klok

De meeste volwassenen hebben ongeveer acht uur slaap nodig, misschien iets meer, om zich lekker te voelen en efficiënt te kunnen functioneren. In een slaaplaboratorium, waar vrijwilligers in een verduisterd vertrek ongestoord kunnen slapen zonder dat er klokken aanwezig zijn, vervalt de gemiddelde volwassene in een patroon van ongeveer achtenhalf uur per nacht. Maar in de westerse wereld slapen de meeste mensen korter, elke nacht opnieuw (Greer, 2004b; Maas, 1999). Dat leidt tot slaapgebrek, een toestand die **slaaptekort** wordt genoemd (Dement & Vaughan, 1999).

De meeste mensen die een chronisch slaaptekort hebben, beseffen dit niet (Dement, 2000; Dement & Vaughan, 1999). Misschien voelen ze zich een beetje suf als de wekker hen 's ochtends wakker maakt. Maar dat beschouwen ze niet als een teken van slaaptekort, omdat hun circadiaanse klok hen gedurende de volgende paar uur tot waakzaamheid aanzet. Een slaperig gevoel halverwege de middag wordt toegeschreven aan een zware lunch, wat niet de oorzaak is. (Wederom die interne klok.) Hun worsteling om wakker te blijven tijdens een vergadering of college verklaren ze door zichzelf wijs te maken dat verveling altijd tot slaperigheid leidt (Van Dongen et al., 2003). In werkelijkheid is onrust de normale reactie op verveling, tenzij men slaap tekortkomt.

Zelfs als je niet genoeg slaap hebt gehad, maakt de klok in je hersenen je op bepaalde tijden van de dag relatief alert: meestal laat in de morgen en laat in de middag. Met een chronisch slaaptekort ben je echter nooit zo alert en verstandelijk efficiënt als je zou zijn wanneer het slaaptekort door enkele nachten goede slaap werd opgeheven (Van Dongen et al., 2003). En slaaptekort kan je leven nog ingrijpender beïnvloeden: slaapdeprivatie wordt geassocieerd met gewichtstoename en zelfs met een verkorting van de levensduur (National Institute of Medicine, 2006).

Van speciaal belang voor studenten is dit feit: slaapdeprivatie heeft een verwoestende uitwerking op het cognitief en motorisch functioneren (Pilcher & Walters,

Slaaptekort: Toestand die ontstaat als je minder slaapt dan nodig is om optimaal te kunnen functioneren.

Slaaptekort kan gevaarlijk zijn voor chauffeurs en voor anderen voor wie waakzaamheid een kwestie van leven of dood is.

Bron: Adrian Sherratt/Alamy.

1997). In gewone taal stelt William Dement, 'dat een groot slaaptekort je dom maakt' (Dement & Vaughan, 1999, p. 231). Aanwijzingen hiervoor zijn ontdekt bij een onderzoek waarbij een groep vrijwilligers uit hun slaap werd gehouden en waarbij een andere groep genoeg alcohol kreeg om hen volgens de wet dronken te voeren (het alcoholpercentage in hun bloed bedroeg 0,1 procent). Bij een onderzoek naar denken en coördinatie presteerden de slaperige vrijwilligers na 24 uur zonder slaap (zoals jij wanneer je een hele nacht opblijft om voor een examen te studeren), even goed als de alcoholgroep (Fletcher et al., 2003). Welke effecten denk je dat chronische slaapdeprivatie, die veel voorkomt bij coassistenten en artsen in opleiding, heeft op de werkprestaties van een arts (zie Howard, 2005; Vorona et al., 2009)?

Slaapstoornissen

Miljoenen mensen krijgen te weinig slaap of slaap van slechte kwaliteit. Sommige van deze slaapstoornissen zijn werkgerelateerd. Van alle mensen die nachtdiensten draaien valt bijvoorbeeld meer dan de helft minstens eenmaal per week tijdens het werk in slaap. En het is geen toeval dat enkele van de ernstigste ongelukken ter wereld – bijvoorbeeld de ramp met de kerncentrale in Tsjernobyl en het vrijkomen van de gifwolk in Bhopal, India – allebei laat op de avond plaatsvonden, een tijdstip waarop mensen waarschijnlijk geprogrammeerd zijn om te gaan slapen. Slaapdeskundigen schatten dat er heel wat ongelukken gebeuren omdat personeel op sleutelposities door slaaptekort niet optimaal functioneert (Dement & Vaughan, 1999).

Behalve deze slaapproblemen die verband houden met het werk, zijn er verschillende klinische slaapstoornissen die slaaponderzoekers in het laboratorium hebben bestudeerd. Sommige komen veel voor, terwijl andere zeldzaam en bizar zijn. Sommige zijn relatief onschuldig en andere zijn potentieel levensbedreigend. Het enige element dat ze gemeenschappelijk hebben, is dat één of meer delen van de normale slaapcyclus is of zijn verstoord. **Slapeloosheid (insomnia)** is een diagnose die gewoonlijk gesteld wordt

bij mensen die niet tevreden zijn met de hoeveelheid slaap die ze krijgen. De symptomen zijn chronisch onvermogen om snel in slaap te vallen, dikwijls wakker worden tijdens de nacht of 's ochtends te vroeg ontwaken. Een derde van alle volwassenen lijdt aan slapeloosheid, wat dit de meest voorkomende slaapstoornis maakt (Dement & Vaughan, 1999).

Dat je af en toe een periode hebt waarin het slapen minder gaat, is normaal, vooral als je overdag geconfronteerd wordt met uitputtende of zorgwekkende gebeurtenissen. Deze incidenten vormen op zichzelf geen bijzonder gevaar, tenzij je het probleem tracht op te lossen met barbituraten of slaapmiddelen die zonder recept verkrijgbaar zijn. Zulke medicijnen verstoren de normale slaapcyclus doordat ze de REM-periodes verkorten (Dement, 1980). Daardoor kunnen de feitelijke effecten van slapeloosheid door deze middelen worden verergerd, doordat de gebruiker zich minder uitgerust en

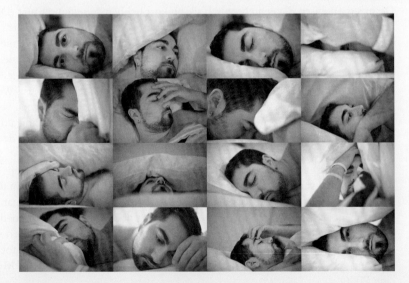

Deze student heeft last van slapeloosheid, een probleem dat veel psychologische en biologische oorzaken heeft en daarnaast veel oorzaken in de omgeving. Circa een derde van alle volwassenen wordt geplaagd door deze meest voorkomende slaapstoornis.

slaperiger voelt. Een nieuwe generatie geneesmiddelen voor de behandeling van slapeloosheid lijkt beter te werken, hoewel het gebruik gedurende langere tijd nog niet is onderzocht (Harder, 2005). Een alternatief is psychotherapie, met name cognitieve gedragstherapie. Mensen leren met deze vorm van therapie effectieve strategieën om slapeloosheid te vermijden (Smith, 2001). Schaapjes tellen zal je trouwens niet helpen de slapeloosheidsbarrière te doorbreken. Hetzelfde geldt voor andere saaie verstandelijke taken. Onderzoekers aan de universiteit van Oxford hebben aangetoond dat het beter is je een kalmerend, maar complex decor voor te stellen zoals een waterval. Het tellen van het ene schaap na het andere is blijkbaar niet interessant genoeg om de zorgen van de dag, die je slaap verstoren, uit je geest te verbannen (Randerson, 2002).

Slaapapnoe, een andere veelvoorkomende stoornis, blijft vaak onopgemerkt, en uit zich vaak eerst alleen in klachten van de betrokkene over slaperigheid overdag en klachten over snurken van zijn of haar partner. Achter het gordijn van de nacht is de oorzaak te vinden in een afwijkende ademhaling. Lijders aan slaapapnoe stoppen met ademen, soms wel een minuut lang en honderden keren per nacht! (Voor het geval je je zorgen maakt, het is normaal dat de ademhaling 's nachts enkele malen per nacht gedurende korte tijd stopt.) Meestal is dit het gevolg van het dichtklappen van de luchtwegen in de keel wanneer de spiertonus van de slaper afneemt. Het gevolg is het tweede belangrijke symptoom van slaapapnoe: regelmatig luid snurken, telkens wanneer de patiënt zuurstoftekort heeft en uit alle macht probeert lucht te krijgen door de dichtgeklapte luchtwegen (Seligson, 1994). Als de ademhaling stopt en de zuurstofconcentratie in het bloed van de slaper daalt, wordt het alarmsysteem van het lichaam geactiveerd, waarbij stresshormonen door het lichaam stromen. Bij dit proces wordt de slaper kort wakker, begint opnieuw te ademen en valt weer in slaap. Omdat

dit voornamelijk tijdens de diepe slaap (stadium 4) gebeurt, weet de slaper er de volgende dag meestal niets meer van.

Als de oorzaak van het probleem niet wordt gevonden, is de kans groot dat het slachtoffer – en zijn familie en collega's – zijn ongewone gedrag overdag interpreteren als luiheid of onverschilligheid. Dit is uiteraard niet bevorderlijk voor de goede verhoudingen, maar het missen van de juiste diagnose kan ook gevaarlijke biologische gevolgen hebben, zoals schade aan hersencellen, en een verhoogde bloeddruk, die gevaarlijk hoge spanning in de bloedbanen en het hart kan veroorzaken (Gami et al., 2005).

De kans dat een volwassene met slaapapnoe niet vanzelf weer gaat ademhalen is erg klein. De behandeling concentreert zich op de honderden nachtelijke apnoe-episodes, die men probeert te voorkomen met behulp van een instrument dat extra lucht in de longen pompt en de luchtwegen tijdens de slaap openhoudt.

Pavor nocturnus (nachtelijke paniekaanvallen), een stoornis die voornamelijk bij kinderen voorkomt, vormt geen bedreiging voor de gezondheid. Meestal manifesteert een aanval van pavor nocturnus zich als het schreeuwen van een kind dat er doodsbang uitziet en feitelijk in stadium 4 van de slaap verkeert en erg moeilijk wakker te maken is. Als het kind eindelijk alert is, voelt het zich mogelijk nog angstig, maar heeft het geen specifieke herinnering aan de psychische gebeurtenis die de aanval heeft veroorzaakt. In feite is de hele ervaring schokkender voor de geschrokken gezinsleden dan voor het kind zelf.

In tegenstelling tot nachtmerries doen episodes van pavor nocturnus zich tijdens de diepe slaap voor en niet tijdens de REM-slaap. In dit opzicht lijken ze op slaapwandelen, praten tijdens de slaap en bedplassen, dat ook tijdens stadium 4 voorkomt. Al deze aandoeningen lijken een genetische component te hebben. Op zichzelf vormen ze geen gevaar, hoewel slaapwandelaars

soms onbedoeld uit een raam op de bovenste verdieping klimmen of een drukke straat op lopen, zodat het de moeite waard is enkele voorzorgsmaatregelen te nemen. (Het is trouwens een fabeltje dat het gevaarlijk is een slaapwandelaar wakker te maken.) In de meeste gevallen nemen slaapwandelen en pavor nocturnus tijdens de volwassenheid af of verdwijnen ze, maar als ze hardnekkige en chronische problemen opleveren, moet de patiënt door een slaapspecialist worden onderzocht. Bedplassen kan meestal worden behandeld met een eenvoudige procedure voor gedragsmodificatie waarbij gebruik wordt gemaakt van een plaswekker.

Narcolepsie is een opmerkelijke slaapstoornis waarbij mensen overdag plotseling en dikwijls zonder enige waarschuwing in slaap vallen. Dit zijn echter geen normale aanvallen van slaperigheid. Mensen met narcolepsie vertellen bijvoorbeeld dat ze tijdens het autorijden of het beklimmen van een ladder neervielen en diep in slaap waren, anderen overkwam hetzelfde terwijl ze op zes meter diepte aan het duiken waren. Deze slaapaanvallen gaan soms gepaard met een plotseling verlies van spierspanning, een toestand die *cataplexie* wordt genoemd. Vreemd genoeg kan elk soort opwinding een aanval van narcolepsie veroorzaken. Zo rapporteren patiënten regelmatig dat ze in slaap vallen terwijl ze om een grap lachen of tijdens een vrijpartij. Vanzelfsprekend kan narcolepsie gevaarlijk zijn en is het soms niet bepaald bevorderlijk voor intieme relaties.

Onderzoek naar de verschillende symptomen van narcolepsie wijst op een bijzondere verstoring van de REM-slaap (Marschall, 2007). Als er een slaap-eeg gemaakt wordt, dan blijkt dat de narcolepsiepatiënt bij het begin van de slaap een abnormale REM-periode doormaakt. Die eerste REM-periode komt niet zoals gebruikelijk pas na negentig minuten, maar direct na aanvang van de slaap. Je begrijpt nu waarschijnlijk wel waar de cataplexie vandaan komt:

het is de verlamming die tijdens de REM-slaap optreedt.

Uit onderzoek bij narcoleptische dieren blijkt dat de aandoening ontstaat als gevolg van een genetisch probleem dat een negatieve invloed heeft op de schakelingen in de hersenstam waar het slapen wordt gereguleerd. Uit recent onderzoek blijkt dat dit gepaard gaat met een afgenomen aanvoer van *hypocretine*, een stof die in de hypothalamus wordt geproduceerd (Harder, 2004; Marschall, 2007). Genezing is niet mogelijk, maar er bestaan goede medicijnen die het aantal slaapaanvallen en de cataplexie verminderen. Vroe-

ger dacht men dat de stoornis werd veroorzaakt door onbewuste conflicten, waardoor narcolepsiepatiënten automatisch werden doorverwezen naar de psychotherapeut. Dat is nu gelukkig niet meer het geval.

Wat moet je doen als je vermoedt dat je een ernstige slaapstoornis hebt, zoals narcolepsie of slaapapnoe? Je kunt je om te beginnen laten onderzoeken door een slaapdeskundige. In verschillende ziekenhuizen is een speciale afdeling voor slaapstoornissen. Je huisarts of klinisch psycholoog kan je doorverwijzen.

Slapeloosheid (insomnia): Stoornis die wordt gekenmerkt door slaapgebrek, het onvermogen om snel in slaap te vallen, regelmatig wakker worden of te vroeg ontwaken.

Slaapapnoe: Ademhalingsstoornis waardoor iemand tijdens de slaap regelmatig stopt met ademhalen.

Pavor nocturnus: Episode in de diepe slaap waarbij iemand in angst lijkt te verkeren, hoewel de beangstigende mentale ervaring (zoals een droom) bij het ontwaken meestal vergeten is. Komt voornamelijk voor bij kinderen.

Narcolepsie: Verstoring van de REM-slaap, waardoor overdag plotselinge REM-slaap optreedt, die meestal gepaard gaat met cataplexie.

Door de ontdekking van narcolepsie bij honden werd aangetoond dat de stoornis een biologische basis heeft. Hier houdt de gerenommeerde slaaponderzoeker William Dement een van zijn slapende proefdieren vast.

▶▶ **Verbinding hoofdstuk 13**
Cognitieve gedragstherapie is een combinatie van cognitieve en behavioristische technieken voor het behandelen van psychologische stoornissen (p. 543).

8.2.3 Dromen: de nachtelijke voorstellingen

Je maakt elke normale nacht van je leven iets heel spectaculairs mee dat zich alleen in je geest afspeelt: een droom. Wat veroorzaakt deze fantastische cognitieve voorstellingen? En wat betekenen ze, als ze al iets betekenen? Slaaponderzoekers weten tegenwoordig dat dromen regelmatig en gedurende de hele nacht plaatsvinden, voornamelijk tijdens de REM-slaap. Ze hebben ook vastgesteld door welke delen van de hersenen het dromen wordt aangestuurd, met inbegrip van specifieke delen van de hersenstam. Wat nog het grootste raadsel blijft over deze fase van de slaap is de vraag waarom we dromen.

Slaapwetenschappers benaderen de droom met slechts één vraag in het hoofd: welke biologische functie hebben dromen? De meeste deskundigen vermoeden dat dromen nodig kunnen zijn voor het gezond functioneren van de hersenen, hoewel het bewijs hiervoor niet zeker is, zoals we verderop zullen zien (Siegel, 2003). Sinds kort richten onderzoekers zich ook op de cognitieve functie van dromen.

Een verwant probleem heeft betrekking op de betekenis van dromen. Evolutionair psychologen denken dat het vermogen te dromen mogelijk een veilige manier biedt om te repeteren hoe met gevaarlijke situaties moet worden omgegaan, maar de bewijzen hiervoor zijn dubieus (Franklin & Zyphur, 2005). Vanuit een cognitieve invalshoek beschouwen sommige deskundigen dromen als betekenisvolle, mentale processen, als vorm van reflectie op belangrijke gebeurtenissen of fantasieën in de geestelijke wereld van de dromer. Andere cognitief wetenschappers vinden relaties tussen dromen en geheugen. Ze opperen zelfs het idee dat dromen ons helpen zin te geven aan ons leven (Stickgold, 2011). Weer anderen betogen dat dromen mogelijk helemaal geen betekenis hebben. Een droom zou het gevolg zijn van willekeurige activiteiten van de hersenen tijdens de slaap. Laten we de verschillende kanten van deze discussie over de betekenis van dromen eens nader bekijken.

Dromen als betekenisvolle gebeurtenissen

Aan het begin van de twintigste eeuw ontwierp Sigmund Freud de meest complexe en veelomvattende theorie over dromen en hun betekenis die ooit is ontwikkeld. Hoewel er geen bewijs voor was, heeft deze theorie veel invloed gehad (Squier & Domhoff, 1998). Volgens Freuds theorie vertegenwoordigt de droom 'de koninklijke weg naar het onbewuste'. In elke droom zou het wemelen van de aanwijzingen over het verborgen psychische leven van de dromer. Voor Freud werd droomanalyse in zijn klassieke boek *Traumdeutung* ('droomuitleg') (1900) de hoeksteen van de psychoanalyse.

Freuds dromentheorie

In de psychoanalytische theorie hebben dromen twee belangrijke functies: ze bewaken de slaap (door verontrustende gedachten in symbolen te hullen) en zijn in staat elke wens te vervullen. De bewakersrol houdt in dat dromen helpen de psychische spanningen die in de loop van de dag zijn ontstaan te verlichten en de wensvervullende functie zorgt ervoor dat de dromer zijn onbewuste verlangens kan verwerken.

Freud maakte een belangrijk onderscheid tussen de **manifeste inhoud** (de verhaallijn van de droom) en de **latente inhoud** (de – veronderstelde – symbolische betekenis van de droom). Psychoanalytisch therapeuten speuren in de dromen van hun cliënten naar aanwijzingen over motieven en conflicten die zich wellicht in hun onbewuste verschuilen. Aanwijzingen met betrekking tot seksuele conflicten zouden bijvoorbeeld de vorm kunnen aannemen van lange, onbuigzame voorwerpen of houders, die, volgens de freudiaanse theorie, de mannelijke en vrouwelijke geslachtsdelen symboliseren. Symbolen van verlies, dood of een nieuw begin zijn onder meer een vertrek of een reis.

Manifeste inhoud: De verhaallijn van een droom, zonder interpretatie.

Latente inhoud: De symbolische betekenis van objecten en gebeurtenissen in een droom.

Invloed van cultuur, geslacht en leeftijd op dromen

De invloed van cultuur op de inhoud van dromen komt op allerlei manieren tot uitdrukking. Verslagen uit het West-Afrikaanse Ghana vertellen ons bijvoorbeeld dat dromen in die regio vaak gaan over een aanval door koeien (Barnouw, 1963). Ook is het zo dat Europeanen dikwijls dromen over naaktheid in het openbaar en de daarmee gepaard gaande schaamte, terwijl zulke dromen zelden voorkomen in culturen waar mensen over het algemeen weinig kleren dragen (Roll et al., 1974). Over het algemeen ondersteunt crosscultureel onderzoek de hypothese van Rosalind Cartwright (1977) dat dromen een reflectie zijn van belangrijke gebeurtenissen uit het dagelijks leven van de dromer.

Ook weten slaaponderzoekers inmiddels dat de inhoud van dromen varieert met leeftijd en geslacht (Domhoff, 1996). Kinderen dromen vaker over dieren dan volwassen en de dieren in hun dromen zijn vaker groot, dreigend en wild. Studenten daarentegen dromen vaker over kleine dieren, huisdieren en tamme schepsels. Misschien hebben kinderen het gevoel dat ze weinig controle hebben over de wereld, minder dan volwassenen, en neemt die wereld in hun slaap daarom angstaanjagendere vormen aan (Van de Castle, 1983, 1994). Verder is bekend dat overal ter wereld vrouwen meer over kinderen dromen, terwijl mannen vaker over agressie, wapens en gereedschappen dromen (Murray, 1995). Droomonderzoeker Calvin Hall ontdekte in zijn onderzoeken dat vrouwen zowel over vrou-

Beelden die aan de dood zijn gerelateerd komen vaker voor in dromen van Mexicaans-Amerikaanse universitaire studenten dan in de dromen van Anglo-Amerikaanse studenten. Dit komt waarschijnlijk doordat de dood zichtbaarder aanwezig is in de Mexicaanse cultuur, zoals in deze afbeelding te zien is, die wordt gebruikt bij de viering van Allerzielen.

Bron: Paul Conklin/PhotoEdit, Inc.

◄◄ **Verbinding hoofdstuk 5**
Tijdens het proces van consolidatie worden herinneringen geleidelijk duurzamer in ons langetermijngeheugen verankerd (p. 178).

Activatie-synthesehypothese: Theorie die stelt dat dromen beginnen met willekeurige elektrische *activatie* vanuit de hersenstam. Dromen zouden niet meer zijn dan een poging van de hersenen om deze willekeurige activiteit betekenis te geven (*synthetiseren*).

wen als over mannen dromen, terwijl mannen twee keer zo veel over mannen dromen als over vrouwen. Uit een ander onderzoek concludeerde Hall dat vijandige interacties tussen personen vaker voorkwamen dan vriendelijke interacties, en dat twee derde van de gedroomde emoties een negatieve inslag had, zoals woede en verdriet (Hall, 1951, 1984).

Dromen en recente ervaringen   De inhoud van dromen houdt dikwijls verband met recente ervaringen en dingen waarover je de vorige dag hebt nagedacht. Vreemd genoeg is de kans nog groter dat iets in je dromen voorkomt, als je probeert er opzettelijk *niet* aan te denken (Wegner et al., 2004). Dus als je je de hele dag al zorgen maakt over je werk, of dit probeert te vergeten, is het waarschijnlijk dat je vannacht over je werk droomt, met name tijdens je eerste REM-periode.

In de regel heeft de eerste droom van de nacht te maken met gebeurtenissen van de afgelopen dag. De droom tijdens de tweede REM-periode (negentig minuten later) bouwt eventueel verder op een thema dat tijdens de eerste REM-periode aan de orde is gekomen. En zo gaat het verder, als een roddel die van de ene aan de andere persoon wordt doorgegeven, tot de laatste droom nog slechts een minimale verwantschap vertoont met de gebeurtenissen van de vorige dag. Maar omdat deze laatste droom vaak de enige droom is die we ons herinneren, is het mogelijk dat we het verband met de gebeurtenissen van de vorige dag niet herkennen (Cartwright, 1977; Kiester, 1980).

Dromen en het geheugen   Het spannendste onderzoek naar dromen komt voor een deel uit de cognitieve neurowetenschap. We weten nu bijvoorbeeld dat de REM-slaap een belangrijke rol speelt in de consolidatie van herinneringen. Wanneer studenten een moeilijk logisch spel leerden, waren degenen die een volledige nacht REM-slaap hadden genoten de volgende dag beter in dat spel dan studenten die hun REM-slaap hadden gemist (Smith, 2004). Tijdens de REM-slaap vullen de hersenen neurotransmitters in de geheugennetwerken aan, aldus slaaponderzoeker James Maas. Mogelijk helpt de REM-slaap bij het inpassen van nieuwe ervaringen in het weefsel van oude herinneringen (Geer, 2004b). Uit recent onderzoek komen aanwijzingen naar voren dat de NREM-slaap bepaalde soorten herinneringen ook selectief versterkt, vooral de herinnering aan feiten en plaatsen (Miller, 2007).

Dromen als willekeurige hersenactiviteit
Niet iedereen gelooft dat de inhoud van dromen belangrijk is. De **activatie-synthesehypothese** stelt dat dromen ontstaan als de slapende hersenen proberen betekenis te geven aan hun eigen spontane uitbarstingen van activiteit (Leonard, 1998; Squier & Domhoff, 1998). Volgens dit standpunt ontstaan dromen uit periodieke neurale ontladingen vanuit de slapende hersenstam.

Als deze energie zich over de cerebrale cortex verspreidt, ervaart de slaper sensaties, herinneringen, verlangens, emoties en bewegingen (het activatiegedeelte van de theorie). Hoewel de corticale activering willekeurig is en de opgeroepen beelden waarschijnlijk geen enkel logisch verband vertonen, proberen de hersenen er toch lijn in te brengen. Hiertoe synthetiseren de hersenen de 'berichten' in deze willekeurige elektrische uitbarstingen door een samenhangend verhaal te creëren. Een droom zou dan mogelijk slechts de manier zijn waarop de hersenen betekenis geven aan willekeurige uitbarstingen. J. Allan Hobson en Robert McCarley (1977) baseerden dit punt op het idee dat de hersenen constante stimulatie nodig hebben om te groeien en zich te ontwikkelen. Op het moment dat de slapende hersenen alle externe stimulatie hebben geblokkeerd, voorziet de REM-slaap de hersenen van binnenuit van de volgens dit idee noodzakelijke stimulatie. De inhoud van dromen zou daarom beschouwd moeten worden als het gevolg van de activatie van de hersenen en niet als uiting van onbewuste verlangens of andere betekenisvolle mentale processen. Hoewel Hobson (1988, 2002) beweert dat de verhaallijn achteraf wordt toegevoegd, als een soort ingeving achteraf, is het mogelijk dat de droom desondanks een zekere psychologische betekenis heeft, omdat het verhaal beïnvloed wordt door cultuur, geslacht, persoonlijkheidsfactoren en recente gebeurtenissen.

Dromen als bron van creatieve inzichten

Ook al is de bewering van Hobson en McCarley juist en zijn dromen niet meer dan onzin, ze kunnen toch een bron van creatieve ideeën vormen. Het zou feitelijk verbijsterend zijn als we geen inspiratie zouden putten uit zulke wilde, en soms prachtige, taferelen in de nacht. Zoals we hebben gezien, is dat precies wat schrijvers, componisten en wetenschappelijk onderzoekers soms doen. 'Droomonderzoeker' Robert Moss (1996) citeert het werk van de negentiende-eeuwse fysioloog Herman von Helmholtz, die meende dat je creatief dromen op drie manieren kunt stimuleren: (1) je moet volkomen opgaan in je vakgebied of onderwerp; (2) je moet je creatieve ideeën laten rijpen door even iets anders te gaan doen dat je ontspant, maar niet afleidt; (3) je moet ruimte in jezelf vrijmaken voor een helder moment, voor die plotselinge flits van inzicht, voor het antwoord dat je zoekt.

Inmiddels zijn er steeds meer empirische onderzoeksresultaten die de visie van Von Helmholtz ondersteunen. In de REM-slaap lijken onze hersenen zo voorbereid te worden dat ze ideeën op een volstrekt nieuwe manier rangschikken. Wanneer mensen tijdens de REM-slaap wakker gemaakt worden en opdrachten over woordassociaties moeten uitvoeren, komen ze met meer nieuwe associaties dan als ze gewoon wakker zijn. En de kans dat studenten die complexe wiskundeproblemen bestuderen, nieuwe oplossingen vinden, is twee keer zo groot na een volledige nachtrust (Stickgold & Walker, 2004). Het is alsof onze hersenen tijdens de REM-slaap de beperkingen van onze gevoeligheden in wakende toestand opheffen en daarvan gebruikmaken om ideeën op nieuwe manieren te combineren – en dat is nu precies de basis van creativiteit.

Slaap en dromen hebben veel kunstenaars geïnspireerd, zoals hier is te zien in de *Sleeping Gypsy* van Rousseau.

Bron: Digital Image© The Museum of Modern Art/Licensed by SCALA/Art Resource, NY.

 Ga naar **www.pearsonmylab.nl** om je kennis en begrip van deze paragraaf te testen met de MyMap, MyCheck en MyDefinitions.

▶ Welke andere vormen kan het bewustzijn aannemen?

Kinderen gaan op hun hoofd staan of draaien snel in het rond om zichzelf duizelig te maken. Misschien ervaar jij iets dergelijks als je in de achtbaan zit. Maar wat proberen we eigenlijk met zulke vreemde capriolen te bereiken? Een opvatting is dat 'mensen een aangeboren drang hebben om de werkelijkheid op een andere manier te ervaren dan ze normaal gesproken doen; vanaf hun vroegste jeugd experimenteren kinderen met manieren om een andere vorm van bewustzijn te bereiken' (Weil, 1977, p. 37). Dus slaap, dromen, fantasieën en wilde ritjes in de achtbaan vormen aantrekkelijke alternatieven voor onze normale, bewuste ervaringen.

Het bewustzijn kan ook worden veranderd met behulp van bepaalde psychologische technieken, zoals hypnose en meditatie. Dat geldt ook voor drugs, die sommige mensen gebruiken als ze in een andere bewustzijnstoestand willen komen. In deze paragraaf bestuderen we deze variaties in bewustzijn en zoeken we het thema dat deze veranderde bewustzijnstoestanden gemeenschappelijk hebben. Het kernconcept van deze paragraaf luidt:

● **KERNCONCEPT 8.3**
Een veranderde bewustzijnstoestand treedt op als een aspect van het normale bewustzijn is gewijzigd met behulp van psychische, gedragsmatige of chemische middelen.

Een ritje in de achtbaan is een manier om je bewustzijn te veranderen.

Hypnose: Opzettelijk veranderde bewustzijnstoestand die wordt gekenmerkt door toegenomen beïnvloedbaarheid en (meestal) diepe ontspanning.

Dit idee bevat de belangrijke implicatie dat bij een veranderde bewustzijnstoestand geen sprake is van mysterieuze of paranormale verschijnselen die zich aan een rationele verklaring onttrekken. Een veranderde bewustzijnstoestand is een modificatie van het gewone bewustzijn; we kunnen deze dus met wetenschappelijke middelen onderzoeken. Laten we eens beginnen met wat er bekend is over hypnose.

8.3.1 Hypnose

Het zijn niet de ogen of vingertoppen van de hypnotiseur die vreemde, biologerende stralen uitzenden waardoor de proefpersoon in een volgzame bedwelming terechtkomt, en een slingerende, glanzende bol heeft al evenmin de macht iemands geest te besturen. De effectieve middelen van de hypnotiseur zijn de suggesties die hij doet, suggesties die de concentratie en ontspanning bevorderen (Barber, 1976, 1986). Als deze suggesties hun effect sorteren, lijkt het alsof de gehypnotiseerde persoon slaapt, hoewel hij of zij nog wel suggesties kan horen en bevelen kan uitvoeren. De proefpersoon lijkt verbazingwekkend goed in staat om pijn te negeren, zich lang vergeten details te herinneren en hallucinaties te creëren. Welke mentale processen liggen aan deze veranderingen ten grondslag? De term 'hypnose' is afgeleid van *Hypnos*, de Griekse god van de slaap. Uit het eeg blijkt echter dat er bij hypnose geen sprake is van gewone slaap, hoewel de proefpersoon in een zeer ontspannen, slaapachtige toestand lijkt te verkeren. De meeste deskundigen definiëren **hypnose** als een bewustzijnstoestand die wordt gekenmerkt door diepe ontspanning, verhoogde beïnvloedbaarheid en intense aandacht. Hypnose levert echter geen uniek eeg-patroon op.

Sommige mensen reageren, als ze diep onder hypnose zijn, na bepaalde suggesties met ingrijpende veranderingen in hun perceptie, herinnering, motivatie en gevoel van zelfcontrole (Orne, 1980). Hypnotiseurs op het toneel kunnen zorgvuldig geselecteerde vrijwilligers laten kwaken als een eend of hen doen geloven dat ze een citroen lekker vinden smaken. Onder hypnose gebrachte proefpersonen vertellen na afloop vaak dat ze een verhoogde gevoeligheid ervoeren voor de suggesties van de hypnotiseur en dat ze het gevoel hadden dat ze zijn opdrachten zonder intentie of bewuste inspanning uitvoerden. Maar is iedereen vatbaar voor hypnose?

Hypnotiseerbaarheid

Spetterende hypnosehows op tv wekken de indruk dat de kracht van hypnose bij de hypnotiseur berust. Maar de werkelijke ster is de persoon die gehypnotiseerd wordt. De hypnotiseur is meer een soort ervaren gids die de weg wijst. Sommige mensen kunnen zelfs leren zichzelf onder hypnose te brengen (autohypnose) met behulp van bepaalde suggesties.

De belangrijkste factor die bepaalt of een persoon in een hypnotische toestand gebracht kan worden, is zijn gevoeligheid voor suggestie. Deskundigen noemen dit hypnotiseerbaarheid, en ze meten die af aan de mate waarin iemand reageert op standaardsuggesties. Sommige mensen vertonen geen enkele reactie op welke suggestie dan ook, terwijl anderen zich 'met hart en ziel' aan elke suggestie overgeven. Een zeer hypnotiseerbaar persoon reageert bijvoorbeeld op suggesties om een arm te bewegen, rond te lopen, hallucinaties te vormen, belangrijke herinneringen te vergeten of pijnstimuli te negeren. En omdat hypnose gepaard gaat met een verhoogde beïnvloedbaarheid, moeten we hieraan toevoegen dat alle 'teruggevonden herinneringen' die op deze wijze zijn verkregen, enigszins verdacht zijn. Hypnotiseerbaarheid is ook afhankelijk van de leeftijd. Slechts circa tien tot vijftien procent van de volwassenen is in hoge mate hypnotiseerbaar, terwijl dit voor 85 procent van de kinderen geldt (Blakeslee, 2005). Figuur 8.6 toont de mate van hypnotiseerbaarheid van een aantal studenten die voor het eerst onder hypnose werden gebracht. Een hypnotiseur onderzoekt als volgt in hoeverre een nieuwe proefpersoon openstaat voor suggestie. Hij begint met een opmerking in de trant van: 'Je rechterhand is lichter dan de lucht'. Vervolgens kijkt hij of de persoon zijn of haar arm toestaat om omhoog te zweven. Bij mensen die hoog scoren, is de kans groter dat ze ook reageren op suggesties pijn anders (minder) te ervaren, oftewel hypnotische analgesie, en suggesties waardoor de perceptie van de proefpersoon verandert.

Is hypnose een afzonderlijke bewustzijnstoestand?

De deskundigen zijn het niet eens over de psychologische mechanismen die een rol spelen bij hypnose (Kirsch & Lynn, 1995, 1998). Sommigen geloven dat hypnose een duidelijk onderscheiden bewustzijnstoestand is, heel anders dan slaap of de normale waaktoestand (Fromm & Shor, 1979). Andere deskundigen stellen dat hypnose eenvoudigweg beïnvloedbaarheid is (Barber, 1979; Kirsch & Braffman, 2001). Deze wetenschappers stellen dat mensen niet in trance worden gebracht, maar simpelweg worden gemotiveerd om hun aandacht te concentreren

Voor veel mensen is hypnose een hulpmiddel om pijn in bedwang te houden. Hier leert een vrouw hypnotische technieken aan om te gebruiken bij een natuurlijke bevalling.
Bron: Simona Balink, stock.xchng.

◄◄ **Verbinding hoofdstuk 5**
Door onderzoek waarbij valse herinneringen worden gecreëerd, worden vraagtekens gezet bij 'teruggevonden' herinneringen die als gevolg van enig soort voorzeggen of suggestie zijn verkregen (p. 188).

Figuur 8.6

Diepte van de hypnose tijdens de eerste sessie

Deze figuur geeft de resultaten van 533 proefpersonen die voor de eerste keer werden gehypnotiseerd. (Hypnotiseerbaarheid werd gemeten door de uit twaalf stappen bestaande *Stanford Hypnotic Susceptibility Scale*.)

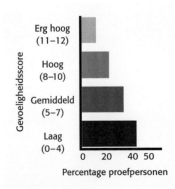

en energie te steken in de gesuggereerde activiteiten. Een derde zienswijze is dat hypnose te maken heeft met het spelen van een sociale rol; de proefpersoon zou de hypnotiseur gewoon graag een plezier doen (Sarbin & Coe, 1972).

Volgens een intrigerende benadering, die oorspronkelijk door de onderzoeker Ernest Hilgard (1992) werd voorgesteld, wordt hypnose als een dissociatieve toestand beschreven, waarbij in de geest van de betrokkene een 'verborgen waarnemer' een rol speelt, die tegelijkertijd met het normale bewustzijn actief is. Hilgard heeft aangetoond dat gehypnotiseerde mensen die zeggen geen pijn te voelen als hun hand in ijswater wordt geplaatst, toch bevestigend zullen reageren op de aanwijzing: 'Als een deel van jou pijn voelt, til dan je rechterwijsvinger op.' Hilgard meende dat de aandacht voor de pijnlijke gewaarwording naar de verborgen waarnemer was verschoven, waardoor het normale bewustzijn in zalige onwetendheid verkeerde.

Volgens een cognitief standpunt wordt ten slotte gesteld dat hypnose gepaard gaat met een verandering van de top-down verwerking. Het denken wordt onder hypnose in sterkere mate door verwachtingen en mentale beeldvorming aangedreven dan door binnenkomende prikkeling. Mensen laten zich vrijwillig hypnotiseren, en zijn daardoor misschien extra gemotiveerd om te voldoen aan de suggesties van de hypnotiseur. Om dit idee te onderzoeken, wijzigden de neurologisch onderzoeker Amir Raz en zijn collega's de top-down verwerking van vrijwilligers door hen onder hypnose te vertellen dat ze zouden 'vergeten' hoe ze moesten lezen. Op hersenscans was te zien dat het deel van de hersenen waarin woorden worden gecodeerd, door deze suggestie tijdelijk werd geïnactiveerd (Blakeslee, 2005; Raz et al., 2002).

De 'menselijke plank' is een van de oudste trucs die wordt uitgevoerd door artiesten die beweren mensen te hypnotiseren.

Bron: BSIP/Photoshot.

Ter ondersteuning van het idee dat hypnose diepgaande top-down veranderingen in de hersenen teweegbrengt, werd in een ander onderzoek bij diep gehypnotiseerde patiënten gesuggereerd dat ze gloeiend heet metaal aanraakten. Hetzelfde patroon van hersenactiviteit werd aangetroffen als in de hersenscans van een controlegroep die daadwerkelijk een metalen staaf van 120 graden aanraakte (Derbyshire et al., 2004; Winerman, 2006b).

Mogelijk bevatten al deze standpunten een element van waarheid. Misschien omvat hypnose, evenals de normale waaktoestand, sterk uiteenlopende geestestoestanden zoals een toestand van dissociatie, geïntensiveerde motieven, verschoven verwachtingen en sociale interacties.

Praktische toepassingen van hypnose

Het levert altijd een leuke voorstelling op, maar heeft hypnose ook nog enig praktisch nut? Doordat hypnose bij sommige mensen een sterke invloed op psychologische en lichamelijke functies kan hebben, kan het een nuttig hulpmiddel vormen voor onderzoekers die de verbinding tussen lichaam en geest bestuderen (Oakley, 2006). Door gebruik te maken van normale vrijwilligers onder hypnose, kan een onderzoeker tijdelijk een geestelijke stoornis induceren zoals angst, depressie of hallucinaties en hoeft daardoor geen patiënten te zoeken die deze problemen hebben. Bij een onderzoek van de psychologische problemen die gepaard gaan met doof worden, werd aan gehypnotiseerde proefpersonen bijvoorbeeld verteld dat ze op een bepaald teken plotseling doof zouden zijn. De proefpersonen rapporteerden gevoelens van paranoia en uitsluiting, omdat ze niet konden verstaan wat andere proefpersonen zeiden en omdat ze ervan uitgingen dat de anderen bewust fluisterden om hen buiten te sluiten (Zimbardo et al., 1981).

Hypnose heeft ook nut bij psychologische behandelingen. Het kan bijvoorbeeld een effectief hulpmiddel zijn bij de desensibilisatie van fobische patiënten die bang zijn voor hoogten of spinnen. Ook kan hypnose deel uitmaken van een relaxatieprogramma om stress te bestrijden. Bovendien vinden therapeuten deze methode nuttig om ongewenst gedrag zoals roken te elimineren. Hierbij is het nodig een zogenaamde posthypnotische suggestie aan te brengen, waarbij aan een gehypnotiseerde persoon wordt gesuggereerd een opdracht uit te voeren na- dat de hypnose voorbij is en waardoor de hunkering van de patiënt naar nicotine wordt verminderd (Barnier & McConkey, 1998; Kihlstrom, 1985). Door middel van posthypnotische suggestie kan een therapeut de patiënt er ook toe aanzetten gebeurtenissen te vergeten die tijdens of voor de hypnotische sessie plaatsvonden, een effect dat *posthypnotische amnesie* wordt genoemd.

Ten slotte heeft hypnose een functie in pijnbestrijding, vooral tijdens ingrepen waarbij anders een algehele verdoving zou moeten worden toegediend, een ingreep die enigszins riskant is (Nash, 2001; Patterson, 2004). Bij de methode voor natuurlijke bevalling van Lamaze wordt bijvoorbeeld gebruikgemaakt van een hypnoseachtige procedure als belangrijkste middel voor pijnbestrijding. Je moet je hierbij wel realiseren dat niet iedereen hypnotiseerbaar genoeg is om er baat bij te hebben (Callahan, 1997). In sommige gevallen is echter aangetoond dat proefpersonen onder hypnose behandelingen kunnen ondergaan die zon- der verdoving verschrikkelijke pijn zouden veroorzaken (Finer, 1980). Bepaalde personen die intens pijn lijden, hebben meer baat bij hypnose dan bij aspirine, valium of zelfs morfine (Stern et al., 1977). In experimentele, gerandomiseerde studies is gebleken dat hypnose pijn bij zeer uiteenlopende aandoeningen heeft verminderd, bijvoorbeeld bij vrouwen met uitgezaaide borstkanker, patiënten met gevoelige tanden en overlevenden van een fysiek trauma (Nash & Tasso, 2010; Patterson et al., 2010). Chronische pijncondities, zoals artritis, fibromyalgie en hoofdpijn zijn ook effectief bestreden met hypnose (Patterson, 2010).

Op welke wijze brengt hypnose pijnverlichting (oftewel analgesie) teweeg? De verklaring gebaseerd op de 'verborgen waarnemer' van Hilgard is één mogelijk- heid, hoewel andere onderzoekers dit vraagstuk op meer biologische wijze bena- deren. Op dit moment is er geen universeel geaccepteerde verklaring, hoewel we één voorheen plausibel geachte verklaring kunnen uitsluiten. Bij experimenten is gebleken dat de opiaat-achtige *endorfinen,* die verantwoordelijk zijn voor de pijnstillende eigenschap van placebo's, *niet* verantwoordelijk zijn voor hypnoti- sche analgesie (Grevert & Goldstein, 1985). Zoals je je misschien herinnert, heb- ben we een andere mogelijkheid in overweging genomen, de zogenoemde *gate control*-theorie in onze bespreking van pijn (in hoofdstuk 3). Voor dit moment zullen we hypnose accepteren als een waardevol hulpmiddel waarover nog veel te leren valt voor wat betreft de manier waarop het bewustzijn erdoor kan wor- den veranderd.

 Video
Ga naar de MyLab mediatheek om het filmfragment te bekijken over hypnose.

8.3.2 Meditatie

Veel religies en traditionele mensbeelden van Aziatische culturen en die van de eilanden in de Grote Oceaan gebruiken **meditatie** om zich doelbewust af te sluiten voor de beslommeringen en verleidingen van alledag. Hoewel het doel van meditatie van de ene mens tot de andere verschilt, wordt het door velen gebruikt voor het nastreven van een vorm van spirituele verlichting en het be- vorderen van de zelfkennis en het welzijn. Bij meditatie kunnen uiteenlopende technieken worden toegepast, maar het begint meestal door zich te concen- treren op steeds terugkerend (reflexmatig) gedrag (zoals ademhaling), bepaalde lichaamshoudingen (yoga) of door zo min mogelijk externe prikkels toe te laten (concentratie). Meditatie kan enkele minuten tot enkele uren duren.

Het idee dat meditatie een veranderde bewustzijnstoestand is, berust misschien op een puur westers wereldbeeld, want de Aziatische opvattingen over de geest zijn fundamenteel anders dan die van de westerse culturen (Austin, 1998; Rosch, 1999). Zo leert het boeddhisme dat het zichtbare universum niet meer is dan een illusie van de zintuigen. Om zijn geest te verlichten tracht een boeddhist alle

Meditatie: Een vorm van veranderd be- wustzijn die meestal wordt opgeroepen door zich te concentreren op terugkerend gedrag, het aannemen van bepaalde houdingen en zich af te sluiten voor externe stimuli. Medi- tatie kan de bedoeling hebben een vorm van spirituele verlichting te brengen alsmede de zelfkennis en het welzijn te vergroten.

lichamelijke verlangens te onderdrukken en alle indrukken van de zintuigen en de geest uit te wissen. Op die manier hoopt hij door te dringen tot de essentie van de dingen. Een boeddhist zal dus zeggen dat men zich via meditatie juist op de realiteit richt.

Ondanks haar lange geschiedenis in Azië en de eilanden van de Grote Oceaan, wordt meditatie door psychologen pas sinds kort als onderwerp voor wetenschappelijk onderzoek beschouwd. Uit eerder onderzoek komen aanwijzingen naar voren dat mediteren veel overeenkomsten met rusten vertoont, doordat het lichamelijke arousal vermindert (Morrell, 1986). Recentere, uitdagende onderzoeksresultaten tonen een serie veranderingen in de hersenen die samenhangen met meditatie; veranderingen die op hun beurt van invloed zijn op empathie, zelfbewustzijn, aandacht en stress.

Welke effecten van meditatie kunnen objectief worden aangetoond? Bij mensen die veel hebben gemediteerd, zijn veranderingen van de hersengolven te zien, vooral wat betreft de activiteit in de voorhoofdskwabben die gepaard gaat met positieve emoties (Davidson et al., 2003; Kasamatsu & Hirai, 1966). Bij andere onderzoeken wordt meditatie in verband gebracht met gunstige veranderingen van de bloeddruk en stresshormonen (Seeman et al., 2003). En weer andere onderzoeken laten zien dat meditatie ontspanning teweegbrengt en afname van angst, vooral bij mensen die in een stressvolle omgeving functioneren (Benson, 1975; Van Dam, 1996). Anderzijds is uit nieuw onderzoek met controlegroepen niet gebleken dat meditatie beter is dan andere ontspanningstechnieken (Toneatto & Nguyen, 2007). Meditatie lijkt, althans voor de korte termijn, ook bevorderlijk voor aandacht en probleemoplossend vermogen (Van den Hurk et al., 2010). En onderzoek met MRI-scans waarbij de hersenen van mensen voor en na een meditatietraining van acht weken werden bestudeerd, heeft laten zien wat er in de hersenen gebeurt. Dat leverde de volgende verklaring voor bovengenoemde bevindingen op: de hippocampus, delen van de voorhoofdskwabben en hersendelen die te maken hebben met leren, geheugen, compassie en aandacht werden bij mediteerders allemaal groter dan bij een controlegroep (Hölzel et al., 2011). Verder nam de dichtheid van de amygdala bij mediteerders af, wat erop duidt dat meditatie stress vermindert.

Uit het algehele beeld blijkt dat meditatie een effectieve methode is voor ontspanning, het verminderen van stress en, het zich losmaken van wereldlijke zorgen en – mogelijk – het verbeteren van cognitief functioneren. Ook worden door meditatie lichamelijke veranderingen teweeggebracht waardoor de gezondheid wordt bevorderd. Steeds meer artsen en psychologen proberen daar gebruik van te maken bij de behandeling van patiënten (Barinaga, 2003). Of meditatie psychologisch en lichamelijk ook meer voordelen biedt dan andere technieken moet echter nog uit toekomstig onderzoek blijken.

Een belangrijk begrip in dit verband is *mindfulness*, het richten van de aandacht op directe ervaringen, waarbij een nieuwsgierige, oordeelsvrije en accepterende houding wordt aangenomen, vooral ten opzichte van psychologische processen als gedachten en gevoelens (Baer et al., 2006; Bishop et al., 2004). Mindfulness en de daaraan gerelateerde vaardigheden en meditatietechnieken hebben hun oorsprong in het boeddhisme. Er zijn inmiddels veel aanwijzingen dat mindfulness samenhangt met allerlei aspecten van lichamelijk en psychologisch welzijn. In hoofdstuk 14 zullen we dit uitgebreider bespreken.

Meditatie leidt tot ontspanning, veranderingen van hersengolven, verlaging van de bloeddruk, een afname van de concentratie van stresshormonen en mogelijk ook tot nieuwe inzichten.

Bron: Steve Mason/Photodisc/Getty Images.

8.3.3 Bewustzijn en psychoactieve middelen

Duizenden jaren geleden gebruikten onze voorouders al alcohol, opium, cannabis, mescaline, coca, cafeïne en andere middelen om hun blik op de werkelijkheid te verruimen. Redenen waarom mensen deze middelen tegenwoordig gebruiken zijn divers. Overal ter wereld zijn er mensen die veel stress ervaren en naar drugs grijpen om te ontspannen of de onaangenaamheden van de dagelijkse realiteit te ontvluchten. Sommige middelen, zoals LSD, worden gebruikt vanwege de hallucinaties die ze oproepen. Andere middelen (alcohol is een voorbeeld) kunnen als 'sociaal smeermiddel' werken waardoor mensen worden geholpen zich beter met elkaar op hun gemak te voelen. Weer andere middelen worden gebruikt door mensen die een euforische 'kick' zoeken, een staat van kalmte of zelfs bedwelming. Jongeren beginnen vaak met het gebruik van deze middelen uit nieuwsgierigheid, door groepsdruk, om een pose aan te nemen of omdat het niet mag.

Hebben deze middelen iets gemeenschappelijk en zo ja, wat is dat dan? Tot op zekere hoogte geldt voor de meeste **psychoactieve middelen** dat ze een verlammend effect hebben op hersenmechanismen die tijdens het normale bewustzijn een rol spelen bij het nemen van beslissingen (Gazzaniga, 1998a). Drugs zijn bovendien aantrekkelijk omdat ze, direct of indirect, de beloningscentra in de hersenen stimuleren. Vanuit het evolutionaire perspectief zijn onze hersenen zó gebouwd dat een aantal stoffen (zoals zoete of vettige voedingsmiddelen) een aangenaam gevoel oproepen. Dat kenmerk heeft onze voorouders geholpen om te overleven en zich voort te planten. Cocaïne, heroïne en amfetaminen houden ons voor het lapje door hetzelfde mechanisme te gebruiken. Ze sturen sterke, aangename signalen naar de hersenen waardoor ons lichaam 'denkt' dat dit soort drugs goed voor ons is (Nesse & Berridge, 1997).

Psychoactief middel: Chemische stof die mentale processen en gedrag beïnvloedt doordat het een bepaald effect heeft op het zenuwstelsel.

Trends in druggebruik

Culturele ontwikkelingen hebben invloed op druggebruik. De jaren zestig en zeventig van de vorige eeuw waren een periode waarin talloze mensen in Europa en de VS onbezorgd experimenteerden met recreatieve drugs en geestverruimende technieken toepasten.

Voor recente cijfers over cannabisgebruik in Nederland en België is gebruikgemaakt van recent onderzoek van het Trimbos-instituut in Utrecht (Van Dorsselaer et al., 2010) en de Vereniging voor Alcohol en andere Drugsproblemen in Brussel (De Donder, 2011). Cijfers van het Trimbos-instituut laten zien dat 14 procent van de jongens en 10 procent van de meisjes in het secundair onderwijs (twaalf-zestien jaar) ooit cannabis gebruikte, respectievelijk 11 en 8 procent nog het laatste jaar. Voor België geldt ongeveer hetzelfde beeld: 12 procent van de leerlingen gebruikte het jaar voor de bevraging cannabis, 3 procent doet dat regelmatig (wekelijks tot dagelijks) en 1 procent dagelijks. Cannabisgebruik komt ook in België meer voor bij jongens dan bij meisjes: in het jaar voorafgaand aan het onderzoek gebruikte 15 procent van de jongens tegenover 8 procent van de meisjes cannabis. In vergelijking met cijfers uit 2001 is het cannabisgebruik onder scholieren in Nederland en België gedaald.

Zoals ook geldt voor andere genotmiddelen, neemt het cannabisgebruik wel sterk toe met de leeftijd. Terwijl slechts 1 procent van de twaalfjarige scholieren in Nederland wel eens blowt (alleen jongens), is er onder veertienjarigen al een enorme toename naar 11 procent die ooit in het leven heeft geblowd en 5 procent in de laatste maand. Onder zestienjarigen zegt bijna een derde ooit cannabis te hebben gebruikt en twaalf procent de laatste maand (Van Dorsselaer et al., 2010). Cannabis is onder Nederlandse scholieren naast tabak en alcohol het meest gebruikte genotmiddel (Monshouwer et al., 2008). In België is hetzelfde patroon zichtbaar: cannabisgebruik neemt toe met de leeftijd en vanaf zestien jaar is die toename zelfs sterk. Recent onderzoek laat zien dat van de leerlingen ouder dan zestien jaar 22 procent het jaar voor de bevraging cannabis heeft gebruikt, 14 procent maandelijks gebruikt en 6 procent regelmatig (De Donder, 2011).

We zullen nu de meest algemene psychoactieve middelen bespreken. We hebben ze in vier categorieën verdeeld: hallucinogenen, opiaten, kalmerende middelen en stimulerende middelen. Grof gezegd geldt dat alle middelen van een bepaalde categorie een gelijksoortige invloed hebben op de geest en de hersenen.

Hallucinogenen

Drugs die veranderingen in het bewustzijn teweegbrengen waardoor de perceptie van de externe omgeving en het innerlijke bewustzijn gewijzigd wordt, noemt men **hallucinogenen**. Ze leiden dikwijls tot hallucinaties en een vervaging van de grens tussen het zelf en de buitenwereld. Zo kan iemand die zo'n drug heeft gebruikt naar muziek luisteren en plotseling het gevoel krijgen dat hij of zij de muziek zelf maakt, of dat de muziek van binnenuit komt. De meeste hallucinogene drugs hechten zich in de hersenen aan specifieke receptorplaatsen die zijn bestemd voor de neurotransmitter serotonine (Jacobs, 1987).

Vier van de meest gebruikte hallucinogenen zijn *mescaline* (afkomstig van een bepaald soort cactus), *psilocybine* (uit een paddenstoel), *LSD* en *PCP* (phencyclidine). Zowel LSD als PCP zijn synthetische drugs die in chemische laboratoria worden gemaakt. PCP, oftewel '*angel dust*', was favoriet bij jongeren totdat bekend werd dat de intensiteit en de duur van de effecten erg onvoorspelbaar waren. Deze drug veroorzaakt een vreemde, dissociatieve reactie waarbij de gebruiker het gevoel krijgt dat hij uit zijn lichaam treedt of dat bepaalde delen van de persoonlijkheid verdwijnen. De gebruiker kan in verwarring raken of bij hoge doses ongevoelig worden voor pijn en zich afgesneden (gedissocieerd) voelen van zijn omgeving, of zelfs overlijden.

Cannabis wordt gewonnen uit de hennepplant en wordt over het algemeen ook als hallucinogeen aangemerkt. (Hier zijn experts het echter niet over eens, aangezien het onder meer ook stimulerende en kalmerende eigenschappen heeft). Het actieve ingrediënt van dit middel is THC (tetrahydrocannabinol), dat zowel in de gedroogde bladeren en bloemen voorkomt (marihuana) als in het gestolde sap van de plant (hasj).

De kans op lichamelijke afhankelijkheid van cannabis is kleiner dan bij de meeste andere psychoactieve stoffen (Grinspoon et al., 1997; Pinel, 2005). De gevolgen van cannabisverslaving zijn echter niet te onderschatten. Bij chronisch gebruik worden gevoelens, gedachten, motivatie, geheugen, concentratie en energie in sterke mate negatief beïnvloed. Sommige mensen die regelmatig cannabis gebruiken, raken bovendien psychologisch verslaafd aan de plezierige effecten. Cannabis heeft ook enkele medische toepassingen, vooral bij de behandeling van misselijkheid die gepaard gaat met chemotherapie en bij het verlagen van de oogdruk bij glaucoom. Deze toepassing is echter controversieel.

Waardoor heeft dit middel invloed op de geest? In de hersenen veroorzaakt THC de afgifte van dopamine, wat wijst op een effect op het beloningssysteem in de hersenen (Carlson, 2007). Ook hebben neurologische onderzoekers cannabisreceptoren in vele andere delen van de hersenen ontdekt (Nicoll & Alger, 2004; Wilson & Nicol, 2002). Dit wijst er sterk op dat de hersenen hun eigen THC-achtige stoffen aanmaken, die worden gebruikt om de informatiestroom te moduleren. Marihuana en hasj beïnvloeden de geest dus doordat deze stoffen interfereren met de natuurlijke chemie van de hersenen. We hoeven ons dus niet te verwonderen over het feit dat ze het denken en het geheugen kunnen verstoren, omdat cannabisreceptoren vooral veel voorkomen in banen die zijn betrokken bij deze functies.

Opiaten of pijnstillende middelen

De categorie middelen die we aanduiden met de term *opiaten* (gewonnen uit de papaverplant) bestaat uit morfine, heroïne en codeïne. Alle drie zijn het zeer verslavende drugs die lichamelijke sensaties en responsen op stimulatie onderdruk-

Hallucinogeen: Drug die de perceptie van zowel de externe omgeving als de innerlijke wereld verandert; middel dat een bewustzijnsverruimend effect heeft.

◄◄ **Verbinding hoofdstuk 2**
Serotonine is een neurotransmitter die is betrokken bij beloning, slaap, herinnering en depressie (p. 61).

ken. Daardoor hebben enkele van deze middelen een brede toepassing gevonden in de geneeskunde, waar ze buitengewoon goede analgetische (pijnstillende) eigenschappen hebben en ook de hoest onderdrukken. (De enige andere medische toepassing van opiaten is de behandeling van hevige diarree.)

Intraveneus toegediende heroïne biedt de gebruiker enkele zeer aantrekkelijke effecten, waaronder een vloedgolf van aangename sensaties. Door deze euforische gevoelens verdwijnen alle zorgen en het besef van lichamelijke behoeften als sneeuw voor de zon. Verrassend genoeg treden er geen grote veranderingen op in de cognitieve capaciteiten van de gebruiker. Onder invloed van deze drug is de gebruiker meestal in staat om een normaal gesprek te voeren en helder na te denken. Als men eenmaal voor het plezier begint met injecteren is de kans op verslaving echter erg groot. Onthouding veroorzaakt pijn en een intens verlangen naar het middel. Daarom moet de heroïnegebruiker zichzelf minimaal elke dag een nieuw shot toedienen, waardoor het een buitengewoon dure verslaving is. Methadon, een synthetisch opiaat, kan oraal worden ingenomen en hoeft dus niet te worden geïnjecteerd. Het heeft in wezen dezelfde euforische, pijnstillende en verslavende effecten als heroïne, maar het brengt niet dezelfde 'kick' teweeg, doordat de concentratie van het middel in de hersenen langzaam toeneemt. Door deze eigenschap is methadon van nut als substituut voor heroïne bij programma's voor het behandelen van verslaafden; hierbij schakelt de patiënt op methadon over en kan vervolgens geleidelijk van de opiaten ontwennen.

Opiaten worden gewonnen uit de papaverplant.
Bron: Trent Webb, stock.xchng.

Kalmerende middelen en anxiolytica

Alle middelen die de psychische en lichamelijke activiteit van het lichaam afremmen door de werking van het centrale zenuwstelsel te vertragen, worden **kalmerende middelen** genoemd. Deze categorie omvat barbituraten (meestal voorgeschreven als slaapmiddel), benzodiazepinen (angstremmende medicijnen) en alcohol (stimuleert sociale interactie en onderdrukt de activiteit van het zenuwstelsel). In de juiste dosering kunnen kalmerende middelen verlichting brengen bij symptomen als pijn en onrust. Maar een overdosis of verkeerd gebruik is gevaarlijk, omdat deze middelen de reflexen en het beoordelingsvermogen verstoren. Ze kunnen ook verslavend zijn.

Barbituraten komen algemeen voor in 'slaappillen'; ze brengen de gebruiker in slaap. Helaas hebben ze de weinig bekende bijwerking dat ze de stadia van de REM-slaap bekorten. Daardoor blijft de patiënt duizelig en is er kans op een ernstige REM-rebound vol onaangename dromen. Een overdosis barbituraten kan bewusteloosheid tot gevolg hebben, de patiënt kan in coma raken en zelfs overlijden. De kans op een fatale reactie op barbituraten is extra groot omdat de dodelijke dosis relatief weinig verschilt van de dosis die nodig is om slaap of andere gewenste effecten te bewerkstelligen. Het risico wordt nog vergroot als men er alcohol of andere kalmerende middelen naast gebruikt, want die versterken de kalmerende werking van de barbituraten (Maisto et al., 1995).

De benzodiazepinen worden meestal voorgeschreven tegen angst. Ze zijn veiliger dan barbituraten en verminderen de angst van patiënten, terwijl ze geen slaperigheid of verdoving veroorzaken. Daarom worden ze vaak '*minor tranquillizers*' genoemd. De bekendste en vaakst voorgeschreven van deze middelen zijn Valium en Xanax.

Alcohol werkt ook dempend op het zenuwstelsel. Het is een van de oudste psychoactieve middelen die door de mensheid worden gebruikt. Alcohol heeft zeer uiteenlopende effecten op mensen, waaronder het wegvallen van remmingen. Op het eerste gezicht lijkt dit misschien een tegenstelling: kalmeren en tegelijkertijd wegnemen van remmingen. Wat er feitelijk echter gebeurt, is dat alcohol de activiteit in de hersencircuits onderdrukt die het eigen 'toezicht' op onze gedachten en gedrag aansturen. Het resultaat is afhankelijk van de context en van

Kalmerend middel: Drug die de psychische en lichamelijke activiteit afremt of vertraagt doordat deze het transport van zenuwimpulsen in het centrale zenuwstelsel belemmert.

▶▶ **Verbinding hoofdstuk 13**
Benzodiazepinen worden gebruikt bij de behandeling van angstklachten, zoals paniekstoornissen en obsessief-compulsieve stoornissen (p. 551).

Lichamelijke afhankelijkheid, tolerantie en alcoholverslaving beginnen mogelijk met sociale druk en *binge drinking*. Onder studenten is het spelen van drankspelletjes populair.

Bron: Laura Bittner, Flickr.

Stimulerend middel: Middel dat het activiteitsniveau verhoogt door de afgifte van dopamine en noradraline te verhogen. Gebleken is dat deze producten cognitieve functies zoals aandacht, concentratie en zelfcontrole kunnen stimuleren, en op deze manier ook de hyperactiviteit van personen met ADHD gunstig kunnen beïnvloeden.

de persoonlijkheid van de drinker, die mogelijk spraakzamer of juist stiller wordt, vriendelijk of juist beledigend, uitbundig of, soms, depressief.

Lichamelijk kan alcohol in zeer kleine doseringen tot ontspanning leiden en de reactietijd van volwassenen enigszins verkorten. In enigszins grotere hoeveelheden belemmert het de coördinatie en de verstandelijke verwerking en vertraagt het de reactietijd, hoewel in sommige gevallen de drinker zelf meent dat zijn prestaties zijn verbeterd. Bovendien kan alcohol zich bij snellere inname gemakkelijk in het systeem ophopen, doordat het lichaam de stof langzaam afbreekt. Het lichaam kan in het algemeen slechts dertig milliliter alcohol per uur afbreken, en de consumptie van grotere hoeveelheden in korte tijd schaadt het centrale zenuwstelsel. Als het percentage alcohol in het bloed boven de 0,1 procent komt (1/1000 deel van het bloed) krijgt de drinker problemen met denken, herinneren en beoordelen. Hij vertoont dan ook tekenen van emotionele instabiliteit en zijn bewegingen worden onvast. In Nederland en België ben je met een promillage (promille = aantal gram alcohol per liter bloed) van 0,5 (0,05 procent oftewel 0,5/1000 deel van het bloed) strafbaar als je je in het verkeer begeeft, ook op de fiets of te voet!

Destillateurs, brouwers en wijnfabrikanten besteden jaarlijks miljoenen om de sociale en persoonlijke voordelen van alcoholische dranken aan te prijzen. En veel volwassenen gebruiken alcohol op verstandige wijze, maar er zijn uitzonderingen. Bij het inschatten van de omvang van de alcoholproblematiek is de gehanteerde definitie van belang. In onderzoek wordt onderscheid gemaakt tussen zwaar drinken, probleemdrinken en afhankelijkheid of misbruik van alcohol. Volgens gegevens uit de Nationale Drugsmonitor (Trimbos-instituut, 2010), waarbij als definitie voor 'zwaar drinken' het drinken van minstens zes glazen alcohol op één of meer dagen per week (CBS, 2010) werd gebruikt, was in 2009 10 procent van de Nederlandse bevolking van twaalf jaar en ouder een zware drinker. Volgens hetzelfde onderzoek zijn probleemdrinkers mensen die niet alleen boven deze drempelwaarde drinken, maar daarnaast door hun alcoholgebruik problemen ondervinden. In 2003 was 10 procent van de Nederlandse bevolking van 16-69 jaar een probleemdrinker. Onder mannen waren meer probleemdrinkers (17 procent) dan onder vrouwen (4 procent) (Van Dijck & Knibbe, 2005). Volgens gegevens van het NEMESIS-2-onderzoek uit 2007-2009 (De Graaf et al., 2010) voldeed op jaarbasis tussen 0,3 en 1,2 procent van de bevolking van 18 tot en met 64 jaar aan de psychiatrische diagnose van alcoholafhankelijkheid (DSM-IV-R). In Vlaanderen voldeed volgens de gezondheidsenquête van 2008 (Gisle et al., 2010) 10 procent van de personen die alcohol drinken aan de normen van problematisch alcoholgebruik. Onder mannen was dat 13 procent en onder vrouwen 6 procent. (Het 'problematisch alcoholgebruik' verwijst in dit onderzoek naar het alcoholgebruik waarbij het individu en/of zijn omgeving zich vragen stelt over het gebruik, omdat dit gebruik overmatig of chronisch is, wat zou kunnen duiden op een neiging tot afhankelijkheid).

In enige mate is het alcoholprobleem genetisch bepaald, maar niet doorslaggevend (Nurnberger & Bierut, 2007). Sommige mensen *leren* alcohol te misbruiken, meestal in reactie op sociale druk. Maar lichamelijke afhankelijkheid, tolerantie en verslaving ontwikkelen zich pas na langdurig veel drinken, het soort drinken dat vaak begint met drankpartijen tijdens de studietijd. Als de hoeveelheid en frequentie van het alcoholgebruik de werk- of schoolprestaties beïnvloeden, relaties met vrienden en familie verstoren en/of ernstige gezondheidsproblemen veroorzaken, spreekt men van *alcoholisme* (Julien 2007; Vallee, 1998).

Stimulerende middelen

In tegenstelling tot kalmerende middelen neemt de activiteit van het centrale zenuwstelsel onder invloed van **stimulerende middelen** juist toe. Deze mid-

delen jagen zowel het psychische als het lichamelijke niveau van activiteit op en
verscherpen de aandacht. Medisch gezien verlichten stimulerende middelen de
symptomen van bepaalde slaapstoornissen en onderdrukken ze de symptomen
van ADHD (aandachtstekortstoornis met hyperactiviteit) bij kinderen. Stimulerende middelen worden ook gebruikt in de behandeling van slaapaanvallen van
narcolepsiepatiënten.

Recreatieve gebruikers van stimulerende middelen hebben andere motieven dan
medische gebruikers: ze verlangen naar de intens aangename sensaties, het toegenomen zelfvertrouwen, meer energie en alertheid en een gevoel van euforie.
Cocaïne is waarschijnlijk de sterkste oppepper van alle illegale middelen (Landry,
1997). *Crack*, een bijzonder verslavende vorm van cocaïne, veroorzaakt een
snelle 'high' die even snel weer verdwijnt. *Amfetamine* (vaak 'speed' genoemd) en
verwante middelen hebben effecten die vergelijkbaar zijn met die van cocaïne.
Een van deze middelen, een bijzonder sterke variant die *metamfetamine* wordt
genoemd, werd rond 1990 heel populair. Het gebruik van 'meth' kan tot ernstige
gezondheidsproblemen leiden, waaronder ernstige beschadiging van de hersenen.
Weer een ander stimulerend middel, het zogenoemde *MDMA* (vaak 'ecstasy' of
'xtc' genoemd) werd populair in de 'rave'-cultuur; naar verluidt brengt het middel een gevoel van euforie teweeg en geeft het gebruikers de energie om uren
achter elkaar te dansen (Thompson et al., 2007). Soms leidt het middel tot stuip-
trekkingen, andere onplezierige gevolgen of zelfs overlijden (Gahlinger, 2004;
Yacoubian et al., 2004). Ecstasy verhoogt de bloeddruk en versnelt de hartslag,
veroorzaakt hyperthermie (verhoogde lichaamstemperatuur) en uitdroging.
Bekend is dat langdurig gebruik van het middel een negatief effect heeft op de
concentratie, het leren en het geheugen, waarschijnlijk doordat de neuronen die
serotonine gebruiken, worden beschadigd (Levinthal, 2008;Verbaten, 2003).
Nog een keerzijde is dat veelvuldig amfetamine- en cocaïnegebruik soms leidt
tot beangstigende hallucinaties en paranoïde wanen (symptomen die ook worden
geassocieerd met zware psychische stoornissen). Een bijzonder gevaar bij deze
middelen is de emotionele achtbaan van euforische hoogtepunten en depressieve
dieptepunten, waardoor men geneigd is de frequentie en dosering op te voeren.
Daardoor loopt het gebruik snel uit de hand. Omdat cocaïne de zogenoemde
'placentabarrière' kan passeren, wordt de foetus er ook aan blootgesteld. Onder-

▶▶ **Verbinding hoofdstuk 12**
ADHD is een relatief
veelvoorkomende
concentratiestoornis, die meestal
bij kinderen wordt vastgesteld,
maar soms bij volwassenen wordt
aangetroffen (p. 514).

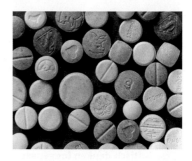

MDMA (algemeen bekend als ecstasy) wordt
verkocht als een ongevaarlijke feelgood-drug.
Onderzoek toont echter aan dat deze drug
ernstige bijeffecten kan hebben, zowel op de
korte als lange termijn, terwijl veel gebruikers
hiervan niet op de hoogte zijn.

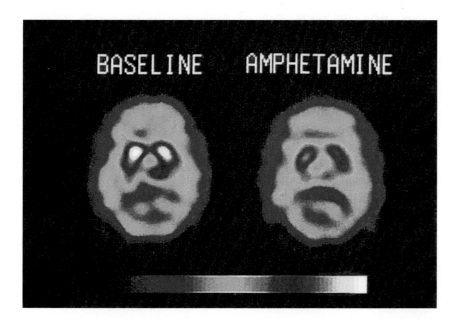

Veranderingen in de hersenen tijdens druggebruik worden zichtbaar met een PET-scan.
Links een foto van normale hersenen, rechts
een opname van hersenen onder invloed
van amfetaminen. Het limbische systeem
vertoont veel minder activiteit.

Als psychologen over middelen spreken, vallen hieronder ook wettelijk toegestane middelen zoals tabak en cafeïne. In de meeste culturen zijn deze twee stimulerende middelen buitengewoon populair.

Kritisch denken toegepast
In dit hoofdstuk zijn de invloedrijke ideeën van Sigmund Freud besproken. Maar had Freud het bij het rechte eind? Of waren zijn ideeën eerder een metafoor dan objectieve wetenschap? Ga naar 'In de praktijk' in de MyLab mediatheek voor Het onbewuste opnieuw bekeken.

Psychologische kwesties
Ga naar 'In de praktijk' in de MyLab mediatheek om meer te lezen over afhankelijkheid en verslaving.

zoek toont aan dat kinderen die als foetus aan cocaïne blootgesteld zijn geweest, een verhoogde kans hebben op cognitieve problemen, emotionele moeilijkheden en gedragsproblemen (Vogel, 1997b).

Twee andere stimulerende middelen die je misschien niet direct onder de psychoactieve drugs zou scharen, zijn *cafeïne* en *nicotine*. Hun effecten zijn snel en sterk. Twee koppen sterke koffie of thee leveren binnen tien minuten voldoende cafeïne om het hart, de bloedsomloop en de efficiëntie van de hersenfuncties ingrijpend te beïnvloeden. Nicotine die via tabaksrook wordt geïnhaleerd geeft hetzelfde effect binnen enkele seconden. Beide middelen zijn verslavend, omdat ze de effecten van de natuurlijke chemische beloningsstoffen in de hersenen versterken. Cafeïne en nicotine stimuleren de neuronen die ervoor zorgen dat we ons goed voelen als we iets hebben gedaan dat gunstig is voor onze overleving of voortplanting. Op die manier dwingen ze de beloningscentra in de hersenen om te reageren alsof het gebruik van deze middelen goed voor ons zou zijn. Gelukkig lijken de negatieve effecten van cafeïnegebruik voor de meeste mensen wel mee te vallen. Bovendien heeft cafeïne een ingebouwd 'remsysteem' dat de inname beperkt. Hoge doseringen veroorzaken onaangename angstgevoelens. Nicotine is een veel gevaarlijker middel omdat het zo verslavend is. Bovendien wordt nicotine in verband gebracht met verschillende gezondheidsproblemen zoals kanker, emfyseem en hartziekten. Verreweg de belangrijkste veroorzaker van longkanker is roken. Sterker nog, het negatieve effect van roken op de volksgezondheid is groter dan dat van alle andere psychoactieve middelen bij elkaar, inclusief heroïne, cocaïne en alcohol. Waarschijnlijk mede dankzij wetten die bedoeld zijn om het roken te ontmoedigen, zoals een rookverbod in openbare ruimtes en in de horeca en een verbod op tabaksreclame en duidelijke waarschuwingen op de verpakking, daalt het aantal rokers in België en Nederland de laatste decennia. Volgens de cijfers van de Gezondheidsenquête 2008 (Gisle et al., 2010) is er een stabiele daling in het aantal rokers in Vlaanderen (zoals ook geldt voor heel België) in de periode 1997 tot 2008. Rookte in 1997 nog 29 procent van de Vlamingen, in 2001 was dit 28 procent, in 2004 27 procent en in 2008 was dit 23 procent. Volgens recente cijfers (STIVORO, 2012) lag het percentage volwassen rokers in Nederland in 1990 nog op 35 procent, terwijl dat percentage in 2011 was gedaald naar 25 procent.

⊕ DOE HET ZELF! Culturele percepties van bewustzijn

Zoek op internet eens naar 'drugs' en 'culturele verschillen'. In welke culturen zijn bewustzijnsveranderende praktijken toegestaan die in jouw cultuur verboden zijn? En omgekeerd: zijn er culturen waarin bewustzijnsveranderende praktijken (zoals alcoholgebruik) verboden zijn, terwijl die in westerse culturen zijn toegestaan? Hoe zou een veranderde bewustzijnstoestand beïnvloed kunnen worden door het overtuigingenstelsel van een cultuur die zo'n bewustzijnstoestand toestaat of verbiedt?

Ga naar **www.pearsonmylab.nl** om je kennis en begrip van deze paragraaf te testen met de MyMap, MyCheck en MyDefinitions.

CENTRALE VRAAG: Hoe kunnen psychologen dromen en andere subjectieve mentale toestanden objectief bestuderen?

- Hersenscantechnologieën als echografie, eeg, PET, MRI, en fMRI helpen wetenschappers bij de bestudering van subjectieve mentale toestanden.
- Gebruik van deze technologieën in combinatie met andere wetenschappelijke methoden, zoals experimenten, hebben onderzoekers veel geleerd over de aard van slaap. Hypnose en meditatie worden nog maar sinds kort wetenschappelijk bestudeerd, maar uit de eerste resultaten blijkt dat deze veranderde bewustzijnstoestanden een paar voorspelbare veranderingen in de hersenen veroorzaken.
- Psychoactieve middelen veroorzaken ook een veranderde bewustzijnstoestand, als gevolg van de effecten van de specifieke drug op het communicatiesysteem en de neurotransmitters in de hersenen.

KERNVRAAG 8.1

▶ Op welke wijze is het bewustzijn aan andere geestelijke processen gerelateerd?

Het **bewustzijn** vormt een van de grootste mysteriën van de psychologie. Het bewustzijn is een proces dat gerelateerd is aan het werkgeheugen, leren en aandacht. Behavioristen verklaarden het bewustzijn tot een onderwerp dat te subjectief was voor wetenschappelijk onderzoek, maar de cognitieve neurowetenschappen hebben aangetoond dat wetenschappelijke methoden op het bewustzijn kunnen worden toegepast; hierbij wordt zowel van psychologische technieken als van hersenscantechnologie gebruikgemaakt.

Psychologen gebruiken verschillende metaforen voor het bewustzijn. Freud vergeleek het bewustzijn met een ijsberg, waarbij onbewuste motieven een sterke rol speelden. James sprak van een 'stroom van bewustzijn'. In het moderne cognitieve perspectief wordt gebruikgemaakt van een computermetafoor. Behalve het bewustzijn heeft de geest veel **on-bewuste** werkwijzen die buiten het bewustzijn om werken. Deze bestaan uit het **voorbewuste** en verschillende niveaus van **onbewuste processen**. Terwijl het bewustzijn tot **seriële verwerking** is beperkt, kan de geest informatie onbewust in **parallelle** kanalen verwerken.

Het bewustzijn heeft ten minste drie kenmerken: beperkte **aandacht**, talrijke verbindingen tussen verschillende gebieden van de hersenen en een intern mentaal model van de wereld dat bij het denken wordt gebruikt. Bij patiënten in **coma** ontbreekt het bewustzijn; een coma is een kortdurende toestand die overgaat in een toestand met minimaal bewustzijn of in een blijvend vegetatieve toestand.

● **KERNCONCEPT 8.1**
De hersenen werken op vele niveaus tegelijkertijd, zowel bewuste als onbewuste.

KERNVRAAG 8.2

▶ Hoe ziet de cyclus van het normale bewustzijn eruit?

In het dagelijks leven verschuift en verandert het bewustzijn; vaak neemt het de vorm aan van dagdromen, slaap en nachtelijke dromen. **Dagdromen** is waarschijnlijk een functie van de standaardtoestand van de hersenen van mensen die wakker zijn. Het kan probleemoplossing en creativiteit verbeteren, maar het kan ook negatieve effecten hebben. Hoewel de functie van de slaap nog niet helemaal duidelijk is, is iedereen het erover eens dat slaap en waken deel uitmaken van de **circadiaanse cyclus**. Te weinig slaap veroorzaakt een **slaaptekort**, dat het verstandelijke functioneren belemmert. Slaaponderzoekers hebben de kenmerken van de normale slaapcyclus ontdekt, met inbegrip van de vier fases van de slaap, zoals is gebleken uit registraties van hersengolven op een eeg. Deze slaapfases keren steeds terug in cycli van 90 minuten, waarbij zowel **REM-** als **non-REM**-perioden voorkomen. In de loop van de nacht wordt bij elke volgende slaapcyclus minder diep geslapen en neemt de hoeveelheid REM-slaap toe. Met het ouder worden verandert de slaapcyclus ook radicaal. De meeste volwassenen hebben elke nacht ten minste acht uur slaap nodig.

De functie van dromen is ook onduidelijk; dromen komen echter vaak voor tijdens de REM-slaap. Ze gaan gepaard met **slaapverlamming**. Dromen zijn altijd een bron van inspiratie en creativiteit geweest voor de mensheid. De droomtheorie van Freud is erg invloedrijk geweest, hoewel er geen empirische ondersteuning voor is. Uit onderzoek blijkt dat dromen variëren per cultuur, geslacht en leeftijd. Volgens veel theorieën zijn dromen betekenisvolle gebeurtenissen en uit onderzoek blijkt dat ze vaak gaan over problemen van de voorafgaande dag. Volgens de **activatie-synthesetheorie** echter, zijn dromen in wezen betekenisloos. Uit recent onderzoek komen aanwijzingen naar voren dat dromen mogelijk helpen het geheugen te consolideren.

Afwijkingen van de slaapcyclus kunnen verschillende slaapstoornissen teweegbrengen. **Narcolepsie** is een stoornis van de REM-slaap, bij **slapeloosheid** is de slaap verkort en **slaapapnoe** gaat gepaard met afwijkingen van de diepe slaap. Andere stoornissen van minder ernstige aard zijn onder meer **pavor nocturnus**, praten in de slaap, bedplassen en slaapwandelen.

● **KERNCONCEPT 8.2**
Het bewustzijn verschuift volgens vaste cycli, die normaal gesproken overeenkomen met onze biologische ritmes en de patronen in onze omgeving.

KERNVRAAG 8.3
▶ Welke andere vormen kan het bewustzijn aannemen?

Veranderde bewustzijnstoestanden kunnen ontstaan door het gebruik van psychoactieve middelen, maar ook door bijvoorbeeld hypnose en meditatie. Is **hypnose** een afzonderlijke bewustzijnstoestand of niet? Sommige onderzoekers beschouwen dit alleen als een beïnvloedbare toestand, anderen zien het als rollenspel of denken dat er een 'verborgen waarnemer' bij is betrokken. Volgens cognitief psychologen gaat hypnose gepaard met een verandering van de top-down verwerking. Bekend is dat hypnose de gewaarwording van pijn blokkeert, hoewel het anders werkt dan een placebo. Hoewel hypnose bij behandelingen en onderzoek veel wordt toegepast, is een nadeel dat niet iedereen in een toestand van diepe hypnose kan worden gebracht.

Meditatie wordt nog maar sinds kort door psychologen bestudeerd. Evenzo zijn de deskundigen het er niet over eens of meditatie een afzonderlijke bewustzijnstoestand is, ook al heeft het meetbare effecten op de arousal en op angst en brengt het veranderingen in hersengolven, bloeddruk en de concentratie van stresshormonen teweeg. Recent onderzoek laat zien dat meditatie het functioneren van de hersenen op verschillende gebieden verbetert.

De meeste **psychoactieve middelen** veroorzaken gewaarwordingen van genot en welzijn, waardoor deze middelen aantrekkelijk zijn en potentieel verslavend kunnen werken. De meeste **hallucinogene middelen** (zoals cannabis, mescaline, psilocybine, LSD en PCP) werken in op receptorplaatsen voor serotonine. Het bestaan van specifieke receptorplaatsen voor THC en voor de opiaten (waaronder morfine, heroïne, codeïne en methadon) wijst erop dat de hersenen hun eigen versie van deze stoffen vormen. De **kalmerende middelen** (waaronder barbituraten, benzodiazepinen en alcohol) remmen de communicatie binnen de hersenen. Veel kalmerende middelen behoren tot de algemeen misbruikte middelen. De meeste mensen gebruiken alcohol verantwoordelijk, hoewel zo'n 10 procent van de Nederlandse en Belgische volwassenen probleemdrinkers zijn. **Opwekkende middelen** (zoals amfetaminen, cocaïne en MDMA) worden veel misbruikt, hoewel amfetaminen ook bij ADHD worden voorgeschreven. Ook cafeïne en nicotine werken opwekkend.

● **KERNCONCEPT 8.3**
Een veranderde bewustzijnstoestand treedt op als een aspect van het normale bewustzijn is gewijzigd met behulp van psychische, gedragsmatige of chemische middelen.

Op **www.pearsonmylab.nl** vind je tools en toetsen om je begrip en kennis van dit hoofdstuk uit te breiden en te oefenen.

BELANGRIJKE BEGRIPPEN

Aandacht (p. 306)

Activatie-synthesehypothese (p. 324)

Bewustzijn (p. 306)

Circadiaanse ritmes (p. 314)

Cognitieve neurowetenschap (p. 305)

Coma (p. 312)

Dagdromen (p. 313)

Hallucinogeen (p. 332)

Hypnose (p. 326)

Kalmerend middel (p. 333)

Latente inhoud (p. 323)

Manifeste inhoud (p. 323)

Meditatie (p. 329)

Narcolepsie (p. 322)

Non-REM (NREM)-slaap (p. 316)

Onbewust proces (p. 306)

Onbewuste (p. 309)

Parallelle verwerking (p. 309)

Pavor nocturnus (p. 322)

Psychoactief middel (p. 331)

REM-rebound (p. 317)

REM-slaap (p. 316)

Seriële verwerking (p. 309)

Slaapapnoe (p. 322)

Slaaptekort (p. 319)

Slaapverlamming (p. 316)

Slapeloosheid (insomnia) (p. 322)

Stimulerend middel (p. 334)

Voorbewuste (p. 309)

▶ **KERNVRAGEN**	● **KERNCONCEPTEN**	■ **IN DE PRAKTIJK**

9.1 Wat motiveert ons?
9.1.1 Prestatiemotivatie
9.1.2 De onverwachte effecten van beloningen op motivatie

9.1 Motieven zijn innerlijke drijfveren om op een bepaalde manier te handelen, al kunnen ze door allerlei factoren worden beïnvloed, zowel interne als externe.

Psychologie gebruiken om psychologie te leren

9.2 Hoe worden onze motivatieprioriteiten gesteld?
9.2.1 De instincttheorie
9.2.2 De drijfveertheorie
9.2.3 Freuds psychodynamische theorie
9.2.4 Maslows behoeftehiërarchie
9.2.5 Een nieuwe behoeftehiërarchie
9.2.6 De zelfdeterminatietheorie (ZDT)

9.2 Een nieuwe theorie die Maslows hiërarchie combineert met evolutionaire psychologie, stelt dat functionele, proximale en ontwikkelingsfactoren bepalen welke motieven prioriteit krijgen.

9.3 Waar staan honger en seksuele motivatie in de motivatiehiërarchie?
9.3.1 Honger: een homeostatische drijfveer én een psychologisch motief
9.3.2 Wilskracht en de biologie van zelfbeheersing
9.3.3 Seksuele motivatie: een impuls waar je zonder kunt

9.3 Hoewel ze in veel opzichten van elkaar verschillen, hebben honger en seks allebei een evolutionaire oorsprong en nemen beide een belangrijke plaats in de motivatiehiërarchie in.

Psychologische kwesties
Het wat en waarom van seksuele voorkeur op www.pearsonmylab.nl

---

9.4 Hoe motiveren onze emoties ons?
9.4.1 De onderdelen van emoties
9.4.2 Wat emoties voor ons doen
9.4.3 Emoties tellen
9.4.4 Universele expressie van emotie

9.4 Emoties zijn een speciale klasse motieven die ons helpen om te gaan met belangrijke (meestal externe) situaties en onze bedoelingen aan anderen over te brengen.

Doe het zelf!
Welke emoties lees je op deze gezichten?

Psychologische kwesties
Sekseverschillen in emoties op www.pearsonmylab.nl

9.5 Waar komen onze emoties vandaan?
9.5.1 De neurowetenschap van emotie
9.5.2 Theorieën van emotie: een oude controverse
9.5.3 Het beheersen van emoties

9.5 Onderzoek heeft duidelijk gemaakt welke processen ten grondslag liggen aan zowel ons bewuste als ons onbewuste gevoelsleven.

Psychologische kwesties
Arousal, prestatie en de omgekeerde 'U'

Doe het zelf!
Ben jij een sensatiezoeker?

Psychologische kwesties
Misleiding opmerken

Doe het zelf!
Het zit in de ogen

Kritisch denken toegepast
Kun je met een 'leugendetector' vaststellen of iemand liegt? op www.pearsonmylab.nl

---

CENTRALE VRAAG: Motivatie is grotendeels een innerlijk en subjectief proces. Hoe kunnen we vaststellen wat mensen als Maarten van der Weijden motiveert om koste wat kost de beste van de wereld te willen zijn op hun gebied?

 Op **www.pearsonmylab.nl** vind je tools en toetsen om je begrip en kennis van dit hoofdstuk uit te breiden en te oefenen.

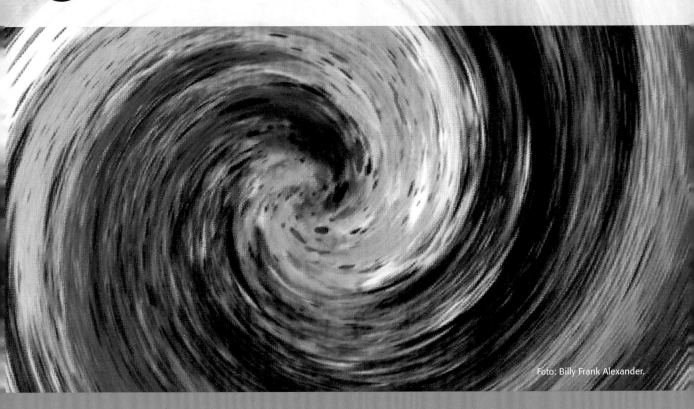

Foto: Billy Frank Alexander.

Wat motiveert Maarten van der Weijden? Deze Nederlandse oud-zwemmer was in zijn jeugd al een competitief kind en een fanatiek zwemmer. Hij kreeg op jonge leeftijd kanker, maar na een intensieve en zware behandeling genas hij, om een paar jaar later als langeafstands-zwemmer goud te winnen tijdens de Olym-pische Spelen van 2008 in Peking.

Als kind is Maarten een talentvol zwemmer met een enorm uithoudingsvermogen. Hij begint op jonge leeftijd met het zwemmen van lange afstanden en tijdens de Neder-landse Kampioenschappen in 1998 wint hij zijn eerste gouden medaille op de 1500 meter. Hij is dan net 17 jaar. In 1999 wint hij twee nationale titels (op de 400 en de 1500 meter) en in 2000 zelfs drie (op de 400, 800 en 1500 meter). In datzelfde jaar wordt hij bij de Wereldkampioenschappen open water in Hawaï negende.

Als hij aan het begin van 2001 last krijgt van verschillende vreemde klachten, zoals dub-belzien en benauwdheid, breekt een zware en zwarte periode aan. Na verschillende onderzoeken wordt acute lymfatische leu-kemie bij hem geconstateerd. Hij moet een halfjaar in het ziekenhuis verblijven, onder-gaat verschillende chemokuren en krijgt een stamceltransplantatie. Uiteindelijk duurt zijn behandeling meer dan twee jaar. Als enige van zijn zaal met acht patiënten in een Am-

Maarten van der Weijden.
Bron: Soenar Chamid Sportfotografie.

in een recordtijd het IJsselmeer over. Een geweldige prestatie waarmee hij een groot bedrag inzamelt voor KWF Kankerbestrijding.

Van der Weijden, die inmiddels ook wiskunde is gaan studeren, begint zich dan andere, hogere doelen te stellen. Zijn prestatiedrang zorgt ervoor dat hij intens leeft voor zijn sport en de successen blijven komen. In 2006 behaalt hij een zilveren medaille op het EK open water en beseft hij dat hij mogelijkheden heeft om bij de Olympische Spelen uit te blinken op het onderdeel 10 kilometer openwaterzwemmen.

In 2008 kwalificeert hij zich voor de Olympische Spelen en vlak daarna wint hij de wereldtitel op de 25 kilometer. Met dit succes op zak arriveert hij in Peking voor de Olympische Spelen. Op 21 augustus 2008 komt daar het grootste succes uit zijn carrière: hij wint een gouden medaille op de 10 km open water.

Welke rol speelde zijn ziekte in zijn motivatie om uit te blinken? Als hij eind 2008 wordt verkozen tot Sportman van het Jaar maakt Van der Weijden bekend te stoppen met zwemmen. In zijn speech verklaart hij: 'Nu ik heb kunnen laten zien wat er allemaal mogelijk is na kanker, is de cirkel rond' (*Beter*; autobiografie van Maarten van der Weijden, 2009).

sterdams ziekenhuis, overleeft hij de zware ziekte. Met dank aan de medische wetenschap, én zijn vechtlust. Zijn strijdlust brengt hem al snel weer terug in de door hem zo geliefde sport, het langeafstandszwemmen, want direct na zijn herstel pakte hij zijn zwemcarrière weer op. In 2004 verbreekt hij het Nederlands record op de 800 meter vrije slag. Datzelfde jaar zwemt hij

CENTRALE VRAAG: Motivatie is grotendeels een innerlijk en subjectief proces. Hoe kunnen we vaststellen wat mensen als Maarten van der Weijden motiveert om koste wat kost de beste van de wereld te willen zijn op hun gebied?

We zullen het verhaal van Maarten van der Weijden gebruiken als illustratie van de basisconcepten die betrokken zijn bij motivatie en emotie. Eerst geven we een definitie van wat we met motivatie bedoelen, dan gaan we nadenken over de motivatie van mensen om te werken, of om urenlang hard te trainen voor uitputtende sportwedstrijden. Doen ze dat voor een of andere externe (extrinsieke) beloning of voor persoonlijke (intrinsieke) voldoening?

KERNVRAAG 9.1
....
▶ Wat motiveert ons?

In alledaagse conversaties gebruiken we allerlei termen die verwijzen naar motivatie: doorzettingsvermogen, verlangen, drive, instinct, energie, bedoeling, doel, intensiteit, wil en behoefte. Je ziet dat al deze termen naar innerlijke psychologische 'krachten' verwijzen. We veronderstellen dat die ervoor zorgen dat we doen wat we doen. Omdat we deze innerlijke krachten niet kunnen observeren is de psychologie van motivatie lastig.

Er rijzen maar zelden vragen over motivatie als mensen zich voorspelbaar gedragen: 's morgens opstaan, de telefoon beantwoorden, stoppen voor rode stoplichten of vrienden begroeten. Wél vragen we ons af wat mensen motiveert die gedrag vertonen dat buiten de grenzen van het gewone valt, zoals mensen met een eet- of seksobsessie, mensen die hun spaargeld vergokken of banken beroven – en beroemdheden die zich indiscreet gedragen.

Weer een ander onderdeel van het motivatievraagstuk gaat over het motiveren van mensen. Als je een werkgever bent, wil je je werknemers waarschijnlijk motiveren om hard te werken. Als je een coach bent, wil je je spelers motiveren om hard te trainen, zodat het team kan winnen.

Maar laten we dichter bij huis blijven: als student wil je vast wel weten hoe je jezelf kunt motiveren tot studiegedrag dat zal leiden tot een succesvol examen. Hoe werkt motivatie en hoe kunnen we er controle over uitoefenen? Laten we bij het begin beginnen en definiëren wat we met motivatie bedoelen.

● **KERNCONCEPT 9.1**
Motieven zijn innerlijke drijfveren om op een bepaalde manier te handelen, al kunnen ze door allerlei factoren worden beïnvloed, zowel interne als externe.

In bredere zin verwijst het concept **motivatie** naar alle processen met betrekking tot (a) het voelen van een behoefte of verlangen en vervolgens (b) het activeren en richting geven aan het organisme door het selecteren, sturen en volhouden van mentale en fysieke activiteit die gericht is op bevrediging van de behoefte of het verlangen en daardoor (c) het reduceren van de behoeftesensatie. Neem bijvoorbeeld dorst: op een warme dag voel je misschien de biologische behoefte aan vocht die dorst veroorzaakt. Door dat gevoel van dorst is je gedrag erop gericht dat je iets te drinken krijgt. Wanneer je genoeg gedronken hebt, neemt het onplezierige gevoel van dorst af en verdwijnt de motivatie naar de achtergrond.

Soms drinken studenten geen bier om hun dorst te lessen, maar omdat hun vrienden bier drinken of omdat reclames hun hebben geprogrammeerd om bier met plezier te associëren. In dat geval zegt men dat de behoefte puur psychologisch en niet biologisch is. Bij veel van onze motieven is dan ook een complexe combinatie van biologische en psychologische behoeften betrokken, vooral als die te maken hebben met onze sociale interacties, emoties en doelen. Neem bijvoorbeeld de complexe processen die ten grondslag liggen aan onze motivatie om te werken.

Motivatie: Term voor alle processen die te maken hebben met de aanzet, de richting, de intensiteit en het volhouden van lichamelijke en psychische activiteiten.

9.1.1 Prestatiemotivatie

De meeste mensen werken natuurlijk om geld te verdienen. Psychologen noemen geld en andere prikkels extrinsieke motieven, omdat ze van buiten de persoon komen. In het algemeen heeft **extrinsieke motivatie** betrekking op externe prikkels die een organisme tot actie aanzetten. Voor studenten zijn cijfers een van de sterkste extrinsieke motieven. Andere voorbeelden zijn eten, drinken, lof, beloningen en seks.

Mensen kunnen ook **intrinsieke motieven** hebben om te werken: motieven die vanuit de persoon ontstaan. Je wordt intrinsiek gemotiveerd als je graag een nieuwe uitdaging in je werk krijgt. Meer in het algemeen heeft intrinsieke motivatie betrekking op een activiteit (werk of spel) waaraan iemand zich wijdt omwille van de activiteit zelf, ongeacht externe beloningen of straffen. Je doet het gewoon omdat je er een psychologische behoefte mee bevredigt. Kortom, een intrinsiek gemotiveerde activiteit is beloning op zichzelf.

Hoe kunnen we iemands motivatie om te werken beoordelen? De psycholoog David McClelland (1958) vermoedde dat de verhalen die mensen vertelden over een serie ambigue plaatjes hun motieven konden onthullen. Daarvoor maakte hij

Extrinsieke motivatie: Het verlangen om een activiteit uit te voeren omwille van een externe consequentie, zoals een beloning.

Intrinsieke motivatie: Het verlangen om een activiteit uit te voeren omwille van de activiteit zelf, en niet vanwege een externe consequentie, zoals een beloning.

Prestatiedrang (need for achieve-
ment, n Ach): In McClellands theorie: een
geestelijke toestand die een psychologische
behoefte veroorzaakt om een moeilijk maar
aantrekkelijk doel te bereiken.

◄◄ **Verbinding hoofdstuk 4**
Geld kan ook een secundaire
bekrachtiger zijn, omdat het
geassocieerd kan worden met
dingen die meer basale behoeften
bevredigen (p. 139).

Figuur 9.1

Mogelijke interpretaties van een
ambigue afbeelding

*Verhaal waaruit een grote prestatiedrang
spreekt*: De jongen is net klaar met zijn viool-
les. Hij is blij dat hij zo goed vooruitgaat en
begint zowaar te geloven dat al zijn offers
toch de moeite waard zijn. Hij wil concertvi-
olist worden, en daarvoor zal hij een groot
deel van zijn sociale leven moeten opgeven
en elke dag vele uren moeten studeren.
Hoewel hij weet dat hij meer geld kan
verdienen door zijn vaders bedrijf over te
nemen, wil hij liever een groot violist worden
en mensen gelukkig maken met zijn muziek.
Hij neemt zich opnieuw voor om alles op
alles te zetten om zijn doel te bereiken.

*Verhaal waaruit een geringe prestatiedrang
spreekt*: De jongen houdt de viool van zijn
broer vast en fantaseert dat hij erop kan
spelen. Maar hij weet dat het niet de moeite
waard is om zo veel tijd, energie en geld aan
lessen te besteden. Hij heeft medelijden met
zijn broer, die alle leuke dingen in zijn leven
heeft laten vallen om te oefenen, oefenen,
oefenen. Het zou fantastisch zijn als je van
de ene op de andere dag een topmusicus
kon zijn, maar zo gaat dat niet. De realiteit is
dat je eindeloos moet oefenen, alle plezier-
tjes opzij moet zetten en dat je waarschijnlijk
toch nooit verder komt dan een tweederangs
orkestje.

Bron: PhotosIndia.com/LLC/Alamy.

gebruik van de *Thematic Apperception Test (TAT)*, ontwikkeld door Henry Murray
(1938). Je ziet zo'n afbeelding in figuur 9.1. Probeer je voor te stellen wat er met
de jongen en de viool gebeurt, voor je het bijschrift leest. In het bijschrift staan
twee voorbeelden van manieren waarop iemand met een hoge prestatiedrang en
iemand met een lage prestatiedrang deze afbeelding interpreteren. **Prestatie-**
drang (need for achievement, n Ach) wordt gedefinieerd als het verlangen
om een moeilijk maar verlangd doel te bereiken. Lees nu het bijschrift en beoordeel of je eigen verhaal hoog of laag scoort op n Ach.

McClelland bepaalde hoe hoog de beschrijvingen van verschillende mensen
scoorden op prestatiedrang en ontdekte dat bepaalde kenmerken mensen met
een grote prestatiedrang onderscheiden. Niet alleen werken ze harder en zijn
ze succesvoller in hun werk dan mensen met een lagere prestatiemotivatie, ze
tonen ook meer doorzettingsvermogen bij moeilijke opdrachten (McClelland,
1987b; Schultz & Schultz, 2006). Op school halen kinderen met een hoge n Ach
meestal hogere cijfers (Raynor, 1970), misschien omdat ze doorgaans ook hogere
IQ-scores hebben (Harris, 2004). Daarnaast kiezen ze later beroepen waarin
competitie een belangrijke factor is (McClelland, 1965), nemen ze vaker de lei-
dersrol op zich en maken ze sneller carrière (Andrews, 1967). Ondernemers met
een grote prestatiedrang zijn eveneens succesvoller dan minder prestatiegerichte
zakenmensen (McClelland, 1987a, 1993).

De prestatiemotivatietest

Een specifieke test om prestatiemotivatie te meten werd ontworpen door de Nederlandse psycholoog Hubert Hermans (1970). De prestatiemotivatietest (PMT)
meet drie aspecten die gerelateerd zijn aan prestatiemotivatie: prestatiemotief:
een relatief stabiele persoonlijkheidseigenschap die in specifieke situaties leidt tot
presteren; positieve én negatieve faalangst, die beide bepalend zijn voor de productiviteit en de houding ten opzichte van werk.

Deze test, waarvan in 2004 een herziening verscheen, wordt toegepast in het
Nederlands taalgebied, zowel in de bedrijfs- als in de opvoedings- en onderwijs-
context. De oorspronkelijke PMT is te gebruiken vanaf de leeftijd van 16 jaar. Er
is ook een versie voor kinderen ontwikkeld, de PMT-K.

Een crosscultureel perspectief op prestatie

Toen ze op de Olympische Spelen de gouden medaille won op de 50 meter
vlinderslag voor vrouwen, haar derde gouden medaille tijdens de Spelen, zei de
Nederlandse zwemster Inge de Bruijn:

> '*Deze tijd is niet te bevatten. Ik schrok van mezelf. Dat ik dit in me heb. Ik weet niet
> wat mijn limiet is en wil het ook niet weten. Dit is het jaar 2000, dit is mijn jaar. Ik
> denk dat ik gewoon geconcentreerd bleef. Het was tijd om de wereld te laten zien waar-
> toe ik in staat ben.' (Hoogstad, 2000).*

Vergelijk dat eens met de verklaring van Naoko Takahashi over waarom zij de
marathon bij de vrouwen won tijdens dezelfde Olympische Spelen:

> '*Hier is de beste coach ter wereld, de beste manager ter wereld en alle mensen die me
> hebben gesteund, al deze zaken kwamen samen en resulteerden in een gouden medaille.
> Ik denk dus dat ik hem niet alleen heb verdiend, niet helemaal op mezelf.' (Yamamoto,
> 2000).*

Zoals je aan deze sterk verschillende citaten kunt zien, kan het Nederlandse perspectief op prestatiedrang een reflectie zijn van een westerse vertekening.

Westerlingen zien prestaties meestal als het gevolg van individueel talent, vastberadenheid, intelligentie of houding. In een groot deel van de wereld wordt prestatie echter anders bekeken, in een bredere context, als een combinatie van persoonlijke, sociale en emotionele factoren (Markus et al., 2006).

Deze waarneming komt overeen met het onderscheid dat Harry Triandis (1990) vond tussen culturen waarin de nadruk ligt óf op *individualisme* óf op *collectivisme*. Westerse culturen, dat wil zeggen de culturen van West-Europa, de VS en Canada, benadrukken het **individualisme**. Persoonlijke prestaties worden hier vooral gewaardeerd. In Zuid-Amerika, Azië, Afrika en het Midden-Oosten ligt de nadruk juist op **collectivisme**. In deze culturen wordt veel waarde gehecht aan loyaliteit. Het individu is ondergeschikt aan de groep. Zelfs in de collectivistische culturen van Japan, Hongkong en Zuid-Korea, waar men veel waarde hecht aan schoolprestaties en zakelijke successen, gaat het niet om persoonlijke eer, maar om de eer van de familie, het team of een andere groep.

9.1.2 De onverwachte effecten van beloningen op motivatie

Een extrinsieke beloning kan een reden zijn waarom mensen presteren. Maar wat gebeurt er, denk je, als mensen extrinsieke beloningen (lof, geld of andere prikkels) krijgen voor vrijetijdsactiviteiten – beloningen voor dingen die ze intrinsiek leuk vinden? Zou de beloning de activiteit leuker of minder leuk maken? Beïnvloedt een beloning de motivatie?

Overrechtvaardiging

Om dat te onderzoeken, bestudeerden Mark Lepper en zijn collega's een aantal schoolkinderen die van tekenen hielden (Lepper et al., 1973). De kinderen in de ene groep was verteld dat ze voor hun tekening een diploma zouden krijgen, terwijl de kinderen in de controlegroep aan de slag gingen zonder een beloning te verwachten. Beide groepen sloegen enthousiast aan het tekenen. Maar toen ze een paar dagen later opnieuw mochten tekenen, zonder dat er een beloning in het vooruitzicht werd gesteld, waren de kinderen die een beloning hadden ontvangen significant minder enthousiast over dat idee dan de kinderen die geen beloning hadden ontvangen. De groep die geen beloning had ontvangen, was zelfs nog enthousiaster dan daarvoor!

Leppers groep concludeerde hieruit dat de externe bekrachtiging (het diploma) de interne motivatie van de kinderen in de kiem had gesmoord. Ze noemden dit **overrechtvaardiging** (*overjustification*). Door overrechtvaardiging was de motivatie van de kinderen verschoven van intrinsiek naar extrinsiek. Het gevolg was dat de kinderen geen zin hadden om een tekening te maken zonder daar een beloning voor te krijgen. Het lijkt erop dat een beloning soms het plezier wegneemt van iets 'voor de lol' doen. Het fenomeen van overrechtvaardiging werd later ook aangetoond bij volwassenen en uitgebreider beschreven in de zogenaamde *motivation crowding theory* (Frey & Jegen, 2001).

Wanneer werken beloningen?

Maar heeft belonen *altijd* dit effect? Als dat zo zou zijn, hoe kunnen we dan verklaren dat veel professionals van hun werk houden terwijl ze ervoor worden betaald? Sinds het tekenexperiment is daar veelvuldig onderzoek naar gedaan. Daaruit blijkt dat beloningen kunnen botsen met intrinsieke motivatie, maar alleen onder bepaalde omstandigheden (Covington, 2000; Eisenberger & Cameron, 1996; Kok et al., 2002).

Specifiek blijkt dat overrechtvaardiging alleen optreedt als de beloning *geen rekening houdt met de kwaliteit van de prestatie*. En dat was het geval bij de kinderen die een diploma kregen voor hun tekening. Iets dergelijks valt te verwachten als een

Individualisme: Het standpunt dat individuele prestaties en jezelf onderscheiden erg belangrijk zijn. Deze visie wordt vooral in de westerse wereld aangehangen.

Collectivisme: Het standpunt dat groepsloyaliteit en het aanzien van de groep belangrijker zijn dan individuele prestaties. Deze visie is gangbaar in Azië, Afrika, Zuid-Amerika en het Midden-Oosten.

Overrechtvaardiging: Proces waarbij een extrinsieke beloning een interne motivatie verdringt.

Inge de Bruijn (boven) and Naoko Takahashi (beneden) hebben heel verschillende perspectieven op hun atletische prestaties – perspectieven die hun culturele verschillen reflecteren.

Foto boven: Soenar Chamid Sportfotografie.
Foto onder: Matt Rourke/AP Images.

Van overrechtvaardiging is sprake wanneer de intrinsieke vreugde uit een plezierige activiteit wordt weggenomen door extrinsieke beloningen voor het verrichten van deze activiteit. Het is waarschijnlijk dat deze persoon het videospelletje niet zo leuk zou vinden als hij voor het spelen ervan werd betaald.

Bron: David Young-Wolff/PhotoEdit, Inc.

bedrijf zijn werknemers aan het eind van het jaar een bonus geeft die losstaat van de geleverde prestaties.

Gelukkig beschikken we nu over het bewijs dat belonen wel degelijk een functie heeft bij het motiveren van mensen, maar alleen als de beloning in verhouding staat tot de prestatie, en niet wordt gebruikt om iemand 'om te kopen'. In het algemeen hebben beloningen drie belangrijke gevolgen voor motivatie, afhankelijk van de omstandigheden:

- Beloningen kunnen een effectieve manier zijn om mensen te motiveren dingen te doen die ze anders niet zouden doen, zoals het gras maaien of de vuilniszak buiten zetten.
- Beloningen kunnen de motivatie vergroten, mits ze worden gegeven voor een goede prestatie; we hebben dit gezien in het geval van Maarten van der Weijden.
- Beloningen kunnen intrinsieke motivatie nadelig beïnvloeden, als ze worden gegeven zonder rekening te houden met de kwaliteit van het werk (zoals Leppers studie heeft aangetoond).

Rekening houdend met bovenstaande gevolgen van beloningen voor motivatie, is het wel degelijk mogelijk een gemotiveerde persoon nog gemotiveerder te maken. Werknemers en studenten gaan beter presteren na een welverdiend compliment of onverwachte beloning (Korb, 2012; Pollock, 2012; Skinner, 2012). Het nadelige effect van beloningen doet zich alleen maar voor als ze gegeven worden zonder rekening te houden met het prestatieniveau.

■ PSYCHOLOGIE GEBRUIKEN OM PSYCHOLOGIE TE LEREN

De grootste prestaties op het gebied van muziek, kunst, wetenschap, handel en talloze andere zaken zijn meestal het gevolg van intrinsieke motivatie. Het gaat om mensen die doelen nastreven waarin ze intens geïnteresseerd zijn. Er ontstaat een bepaalde geestestoestand als je zo intens op een probleem of activiteit bent geconcentreerd dat je alle gevoel voor tijd kwijtraakt en niet meer weet wat er om je heen gebeurt. De psycholoog Mihaly Csikszentmihalyi noemt deze toestand **flow** (1990, 1998). Hoewel sommige mensen flow langs kunstmatige weg proberen op te roepen met behulp van drugs of alcohol, geeft de ervaring meer bevrediging en houdt hij langer aan als hij tijdens

een betekenisvolle bezigheid ontstaat. Maar wat heeft dat te maken met studeren en leren? Als je tot de ontdekking komt dat je motivatie om de leerstof voor een bepaald college te leren tekortschiet, is de extrinsieke belofte van een eventueel goed cijfer waarschijnlijk onvoldoende om je vanavond nog tot effectief studeren te bewegen. In dat geval kun je proberen om jezelf een intrinsieke motivatie en flow aan te praten, door jezelf deze vraag te stellen: 'Wat vinden mensen die specialist zijn op dit gebied nou interessant?' Experts zijn altijd gefascineerd door een onopgelost mysterie, een theoretische discussie of de mogelijkheid van een opwindende praktische toepassing. Zo

kan een psycholoog zich afvragen wat de motivatie achter gewelddadig gedrag is, of hoe we de prestatiedrang van mensen kunnen vergroten. Als je eenmaal zo'n onderwerp bij de kop hebt, kun je proberen uit te vinden welke oplossingen er al zijn opgeworpen. Op die manier ontwikkel je dezelfde instelling als die van vooraanstaande wetenschappers in je vakgebied. En – wie weet – misschien raak jij ook gefascineerd.

Flow: In Csikszentmihalyi's theorie: intense concentratie op een bepaalde activiteit. Gaat gepaard met bijna extatische gevoelens. Flow heeft te maken met intrinsieke motivatie.

 Ga naar **www.pearsonmylab.nl** om je kennis en begrip van deze paragraaf te testen met de MyMap, MyCheck en MyDefinitions.

KERNVRAAG 9.2

▶ Hoe worden onze motivatieprioriteiten gesteld?

Tot voor kort had de psychologie geen allesomvattende verklaring of sluitende theorie voor het hele motivatiespectrum. Honger leek zo anders dan de behoefte aan prestaties. Angsten hebben vaak wortels die verborgen zijn voor het bewustzijn. De meeste biologische drijfveren voelen onplezierig aan, maar seksuele arousal is plezierig. Het gevolg was dat sommige psychologen zich op de meest elementaire overlevingsmotieven richtten, zoals honger en dorst, terwijl andere seks, affiliatie (verbondenheid met een groep mensen of organisatie), creativiteit en allerlei andere motieven probeerden te verklaren. Maar niemand wist een 'theorie van alles' over motivatie te construeren waarin al onze motieven worden beschreven en die tegelijkertijd consistent is met observaties in de concrete wereld. Nu is er echter een nieuwe theorie bekend geworden die dat misschien wel allemaal kan.

● **KERNCONCEPT 9.2**
  Een nieuwe theorie die Maslows hiërarchie combineert met evolutiepsychologie, stelt dat functionele, proximale en ontwikkelingsfactoren bepalen welke motieven prioriteit krijgen.

Ongeveer een halve eeuw geleden opperde Abraham Maslow een van de invloedrijkste ideeën in de geschiedenis van de psychologie: dat verschillende motieven verschillende prioriteiten hebben, op basis van de *behoeftehiërarchie*. Dorst heeft bijvoorbeeld prioriteit boven de behoefte aan affiliatie of respect. Maar hoe zit het met de kunstenaar die in een flow zit en zijn behoefte aan eten of warmte vergeet, soms wel dagen achter elkaar? En wat te denken van de 'instincten' die dieren tot migratie drijven, en misschien ook bepaald menselijk gedrag, zoals de zuigreflex van pasgeboren baby's? Laten we eens kijken naar verschillende theorieën die elk hun eigen accent leggen op verschillende aspecten van motivatie. Vervolgens bekijken we hoe deze concepten allemaal passen in een nieuwe behoeftehiërarchie die, zoals het kernconcept stelt, bestaat uit een combinatie van functionele, proximale en ontwikkelingsfactoren.

9.2.1 De instincttheorie

Sinds de tijd van William James realiseren psychologen zich dat elk organisme, ook de mens, wordt geboren met een reeks biologisch en evolutionair bepaalde gedragspatronen die essentieel zijn voor zijn overleving. Volgens de **instinct-theorie** zijn deze ingebouwde gedragspatronen, *instincten*, een redelijk goede verklaring voor regelmatige cycli in diergedrag, die in wezen bij een gehele soort op dezelfde manier voorkomen. We zien de cycli bij migrerende vogels, het paringsritueel van antilopen en bij zalmen die duizenden kilometers afleggen om kuit te schieten en die sterven in dezelfde stroom als waarin ze uit het eitje zijn gekomen.

Hoewel leren bij zulk instinctief gedrag geen grote rol speelt, is ervaring vaak wel in staat om het gedrag enigszins bij te sturen. Dat gebeurt bijvoorbeeld als bijen met de bijendans aan elkaar doorgeven waar voedsel te vinden is, of als een moederkat haar kittens leert jagen. Dergelijke voorbeelden tonen aan dat 'instincten' te maken hebben met een hoop nature (dus sterk genetisch bepaald zijn) en een beetje nurture (beïnvloed worden door leren).

Instincttheorie: Verouderd idee dat bepaalde gedragspatronen worden bepaald door aangeboren factoren. De instincttheorie hield geen rekening met de effecten van leren en gebruikte instincten vooral als labels, in plaats van als verklaringen voor gedrag.

Omdat hij zo veel lijkt te verklaren, is de term *instinct* van het wetenschappelijke jargon overgewaaid naar het dagelijks taalgebruik. We spreken van 'moederinstinct', van een sporter die 'instinctief naar de bal grijpt' en van het 'killersinstinct' van een meedogenloze zakenman. We gebruiken de term op zo veel manieren dat de betekenis vaag is geworden; het is meer een label dan een verklaring voor gedrag. Dat probleem heeft zich ook voorgedaan in de wetenschappelijke discussie. Daardoor is de term *instinct* bij de meeste psychologen niet meer zo populair (Deckers, 2001). Ethologen (wetenschappers die het gedrag van dieren in hun natuurlijke omgeving bestuderen) spreken daarom liever van **gefixeerde actiepatronen**. De exacte definitie van deze term luidt: niet-aangeleerde gedragingen die bij de gehele soort voorkomen en het gevolg zijn van duidelijk identificeerbare stimuli. Voorbeelden van gefixeerde actiepatronen zijn niet alleen de 'instinctieve' gedragingen die eerder zijn beschreven, maar ook uiteenlopende gedragingen als nestbouw bij vogels, de zuigreflex bij pasgeboren zoogdieren en dominant gedrag bij bavianen.

Kunnen instincten, of gefixeerde actiepatronen, iets bijdragen aan de verklaring van het menselijk gedrag? De biologie lijkt verantwoordelijk te zijn voor een deel van het menselijk gedrag, zoals de zuigreflex van pasgeborenen. Het is echter niet duidelijk hoe nuttig instincten zijn bij het verklaren van complexere gedragingen die worden aangetroffen bij mensen die werken en spelen. Het gedrag van een keiharde topmanager toeschrijven aan een 'killersinstinct' verklaart net zo weinig als het succes van Maarten van der Weijden toeschrijven aan een instinct om hard te zwemmen.

9.2.2 De drijfveertheorie

Het concept 'drijfveer' werd ontwikkeld als alternatief voor het concept instinct om gedrag zoals eten, drinken en seks bedrijven, gedrag met een sterke biologische basis, beter te verklaren. Een **biologische drijfveer** wordt gedefinieerd als de toestand van energie of spanning die een organisme beweegt om een biologische **behoefte** te vervullen (Woodworth, 1918). Een dier dat dorst heeft wordt 'gedreven' om te drinken. Evenzo drijft de behoefte aan voedsel tot eten. Volgens de **drijfveertheorie** produceert een biologische behoefte een drijfveer, die op zijn beurt het gedrag aanstuurt in een zodanige richting dat in de behoefte wordt voorzien. De drijfveer motiveert het dier dus tot handelen om de door de drijfveer veroorzaakte spanning te reduceren, een proces dat *drive reduction* (reductie van de drijfveer) wordt genoemd. Deze opbouw en afname van spanning kun je zelf ervaren als je het wel eens erg koud hebt gehad en toen in een warm bad stapte. Volgens de drijfveertheorie verkeert het organisme bij voorkeur in een toestand van evenwicht, die **homeostase** wordt genoemd (Hull, 1943, 1952). Organismen die een biologische onevenwichtigheid ervaren (gebrek aan water bijvoorbeeld) voelen de aandrang om het homeostatische evenwicht te herstellen (door te drinken). In deze zin kunnen we honger opvatten als een onevenwichtigheid in de energievoorraad van het lichaam. Deze onevenwichtigheid zet een dier aan, of motiveert het, tot eten, zodat het evenwicht wordt hersteld.

Helaas voor de drijfveertheorie blijkt het verhaal van motivatie niet zo eenvoudig te zijn. Er zijn namelijk ook cognitieve, sociale en culturele krachten aan het werk. Bovendien kan de drijfveertheorie niet verklaren waarom organismen die het aan niets ontbreekt, soms toch actie ondernemen om een bepaalde stimulatie te *vergroten*. Welke elementaire behoefte of biologische drijfveer dwingt ons bijvoorbeeld om uit een vliegtuig te springen of een berg te beklimmen?

De drijfveertheorie kan dus niet alle vragen over motivatie beantwoorden. Toch willen psychologen de theorie niet helemaal loslaten. Ze erkennen dat een biologisch gefundeerd motief een belangrijke rol speelt in de overleving en voortplanting en dat dat motief soms deels verantwoordelijk is voor sommige van

Gefixeerd actiepatroon: Genetisch bepaald gedragspatroon dat bij alle individuen van een soort voorkomt en dat door een specifieke stimulus wordt ontketend. Het concept van gefixeerde actiepatronen heeft de verouderde term 'instinct' vervangen.

Biologische drijfveer: Een motief, zoals dorst, dat primair biologisch is. Een drijfveer is een toestand van energie of spanning die een organisme beweegt om een biologische behoefte te vervullen.

Behoefte: In de drijfveertheorie: een behoefte is een biologische onevenwichtigheid (zoals uitdroging) die de overleving in gevaar brengt als het evenwicht niet wordt hersteld. Men denkt dat biologische behoeften ten grondslag liggen aan drijfveren.

Drijfveertheorie: Ontwikkeld als een alternatief voor de instincttheorie. De drijfveertheorie verklaart motivatie als een proces waarin een biologische behoefte een drijfveer produceert die het gedrag aanstuurt in een zodanige richting dat in de behoefte wordt voorzien.

Homeostase: Neiging van het lichaam om een biologisch evenwicht te handhaven.

onze handelingen. We beschouwen de drijfveertheorie tegenwoordig als een nuttige, maar onvolledige theorie over motivatie.

9.2.3 Freuds psychodynamische theorie

Sigmund Freud trok het idee dat we weten wat ons motiveert in twijfel. Volgens hem was motivatie afkomstig uit de troebele diepten van de onbewuste geest, die hij het *id* noemde, en waar zich twee elementaire verlangens zouden bevinden: *Eros*, het erotische of constructieve verlangen, en *Thanatos*, de agressieve of destructieve impuls. Bijna alles wat we doen, aldus Freud, is op een van deze driften gebaseerd of op de manoeuvres die de geest gebruikt om deze verlangens binnen de perken te houden. Om psychische problemen te voorkomen moeten we voortdurend zoeken naar een acceptabele uitlaatklep voor onze seksuele en agressieve behoeften. Freud meende dat werk, vooral creatief werk, de seksuele drift bevredigt, terwijl agressieve daden zoals vloeken en schreeuwen of het spelen van agressieve spelletjes een psychologisch veilige uitlaatklep vormen voor onze diepere destructieve neigingen.

Het is belangrijk je te realiseren dat Freud zijn ideeën ontwikkelde in de hoogtijdagen van de instincttheorie, dus Eros en Thanatos worden vaak als instincten beschouwd. Het zou echter een oversimplificatie zijn van de theorie van Freud om deze eenvoudig als een andere instincttheorie te beschouwen. Hij wilde geen verklaring vinden voor de alledaagse, biologisch gebaseerde gedragingen die we aantreffen bij eten, drinken, paren, zogen en slapen; hij probeerde de symptomen te verklaren die we aantreffen bij geestelijke stoornissen zoals fobieën of depressie.

De nieuwe evolutionaire motivatietheorie, die in ons kernconcept werd benoemd, heeft Freuds idee overgenomen dat aan alles wat we doen twee hoofdmotieven ten grondslag liggen. Maar in plaats van seks en agressie stelt de nieuwe theorie dat dit de evolutionair gezien basale behoeften aan overleving en reproductie zijn.

Hedendaagse psychologen zijn het ook eens met een ander belangrijk idee van Freud, namelijk dat veel mentale activiteit, waaronder motivatie, inderdaad buiten het bewustzijn plaatsvindt. Maar, zoals we in hoofdstuk 8 hebben kunnen zien, ze zijn verdeeld over de details van Freuds standpunt ten aanzien van de onbewuste motivatie (Bornstein, 2001; Westen, 1998).

Met nog een ander idee had Freud het, volgens de evolutionaire theoretici, eveneens bij het rechte eind. Van de theorieën over motivatie die in dit hoofdstuk worden besproken, is Freuds theorie de enige die motivatie benadert vanuit het *ontwikkelingsperspectief*. Dat wil zeggen dat Freud dacht dat onze motieven veranderingen ondergaan tijdens onze ontwikkeling van kind naar volwassene. Bij het volwassen worden, ervaren we onze seksuele en agressieve verlangens minder bewust. We ontwikkelen subtielere en verfijndere manieren om onze behoeften te bevredigen – vooral het verlangen naar seks en agressie – zonder dat we in de problemen komen (zie tabel 9.1).

9.2.4 Maslows behoeftehiërarchie

Wat gebeurt er als je moet kiezen tussen het vervullen van een biologische behoefte en het bevredigen van een aangeleerd verlangen, zoals wanneer je ervoor kiest om de hele nacht wakker te blijven om voor een examen te studeren? Abraham Maslow (1970) poneerde de stelling dat de meest prangende behoeften het eerst worden bevredigd, in een natuurlijke hiërarchie of prioriteitsvolgorde, waarbij biologische behoeften voorrang krijgen. In tegenstelling tot de motivatietheorieën die we tot nu toe hebben besproken, probeert Maslow met zijn

Volgens de drijfveertheorie motiveert de behoefte aan vloeistof ons om te drinken. Wanneer de behoefte wordt vervuld, wordt homeostase bereikt.

Bron: Bobby Yip/Reuters/Landov.

Tabel 9.1   Vergelijking van motivatietheorieën

Theorie	Nadruk	Voorbeeld
Instincttheorie	Biologische processen die gedragspatronen motiveren die specifiek zijn voor een soort	vogelmigratie, vissenscholen
Drijfveertheorie	Behoeften leiden tot drijfveren die gedrag motiveren totdat ze gereduceerd zijn	honger, dorst
Theorie van Freud	Motivatie komt voort uit onbewuste behoeften; onze motieven ondergaan veranderingen tijdens de ontwikkeling van kind naar volwassene	seks, agressie
Theorie van Maslow	Motieven komen voort uit behoeften die geordend zijn volgens een bepaalde prioriteit (een behoeftehiërarchie)	behoefte aan waardering, zelfactualisatie
Evolutionaire theorie	Motivatieprioriteit wordt bepaald door functionele, proximale en ontwikkelingsfactoren	Geur van voedsel (proximale stimulus) kan de prioriteit van het hongermotief verhogen

Behoeftehiërarchie: In Maslows theorie: het idee dat behoeften zich in volgorde van belangrijkheid aandienen, de biologische behoeften zijn de meest basale.

humanistische theorie een verklaring te geven voor het hele spectrum van menselijke motivaties, van biologische drijfveren tot sociale motieven en creativiteit (Nicholson, 2007).

Maslows bekendste innovatie was zijn **behoeftehiërarchie**: een opsomming van zes klassen van behoeften die zijn geordend in volgorde van belangrijkheid (zie figuur 9.2). Zolang de meer basale behoeften niet zijn vervuld, aldus Maslow, hebben de 'hogere' behoeften weinig invloed op ons gedrag:

Biologische behoeften, zoals honger en dorst, bevinden zich onder aan de hiërarchie. Ze moeten bevredigd zijn voordat de hogere behoeften zich manifesteren. Als de biologische behoeften dringend zijn, worden alle andere behoeften (zoals sociale relaties of zelfrespect) in de ijskast gezet.

- *Behoefte aan veiligheid* motiveert ons om gevaar te vermijden, maar dat kan pas als onze biologische behoeften redelijk bevredigd zijn. Een hongerig dier zal zijn fysieke veiligheid in de waagschaal stellen om maar te kunnen eten. Pas als hij zijn maag gevuld heeft, gaat de behoefte aan veiligheid overheersen.
- *Liefde, behoefte aan hechting en verbondenheid* maakt dat we ergens bij willen horen. We verlangen naar een band met anderen, naar liefhebben en bemind worden. Pas als we ons geen zorgen meer maken over de meer basale behoeften als honger, dorst en veiligheid, krijgen we energie om deze behoefte te vervullen.
- *Behoefte aan waardering* is de volgende stap in de hiërarchie. Hierbij gaat het om de behoefte om van jezelf te houden, jezelf als competent en effectief te beschouwen en te doen wat nodig is om door jezelf en anderen gerespecteerd te worden.
- *Zelfactualisatie.* Dit is de bovenste trede van de behoeftehiërarchie. Hier ontstaat de motivatie om jezelf zo volledig mogelijk te ontplooien. Mensen die zichzelf volledig ontplooid hebben, zijn zelfbewust en tevreden met zichzelf. Ze zijn sociaal ontvankelijk, spontaan en staan open voor nieuwe ervaringen en veranderingen.
- In zijn latere leven breidde Maslow zijn lijst uit met een behoefte die hij *zelftranscendentie (zelfontstijging)* noemde. Volgens zijn conceptualisering ging deze verder dan zelfactualisatie, en was dit een behoefte aan het verwezenlijken van een doel buiten het zelf (Koltko-Rivera, 2006). Het voorzien in deze behoefte kon van alles omvatten, van vrijwilligerswerk tot opgaan in religie, politiek, muziek of een intellectuele bezigheid. Het onderscheid tussen zelftranscendentie en zelfactualisatie is de verschuiving naar een gebied buiten persoonlijk genot of andere egocentrische voordelen.

◀◀ **Verbinding hoofdstuk 7**
Let op de overeenkomst tussen zelftranscendentie en Eriksons opvatting over generativiteit, die inhoudt dat iemand een bijdrage levert aan familie, werk, samenleving of toekomstige generaties (p. 261).

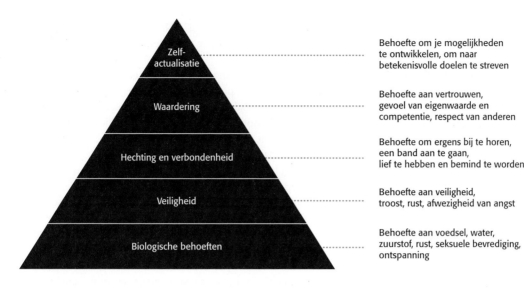

Figuur 9.2
Maslows behoeftehiërarchie

9.2.5 Een nieuwe behoeftehiërarchie

In weerwil van Maslows theorie blijkt dat mensen regelmatig hun elementaire biologische behoeften opzij zetten om 'hogere' sociale behoeften te bevredigen, zoals we zien aan het voorbeeld van een vader die zijn eigen leven riskeert wanneer hij zijn kind uit een brandend gebouw probeert te redden. Critici wijzen er bovendien op dat de theorie van Maslow ook niet kan verklaren waarom je een maaltijd overslaat als je bent verdiept in een interessant boek, of waarom sensatiezoekers riskante hobby's beoefenen (zoals uit een vliegtuig springen), waarbij ze voorbijgaan aan hun behoefte aan veiligheid. Een andere beperking van Maslows theorie en andere theorieën over het 'zelf' werd naar voren gebracht door crosscultureel psychologen. Ze menen dat zijn ideeën alleen van toepassing zijn op individualistische, op het zelf georiënteerde culturen (Gambrel & Cianci, 2003), en niet op collectivistische culturen, waar het groepsbelang immers de belangrijkste factor is en niet zelfactualisatie (Shiraev & Levy, 2006).

Blijft er na zo veel kritiek nog wel iets over van Maslows theorie dat de moeite waard is? Douglas Kenrick en zijn collega's (2010) erkennen dat het idee van een motivatiehiërarchie zoals die van Maslow van groot inzicht getuigt. Maar, zeggen ze erbij, het grote probleem is dat de prioriteit van onze motivaties niet onveranderlijk vaststaat – zoals Maslow zelf ook besefte. Een individu kan zijn motivatieprioriteiten inderdaad van tijd tot tijd veranderen. En mensen hebben niet per se allemaal dezelfde motivatieprioriteiten. Volgens Kenricks team moeten we de behoeftehiërarchie als iets vloeiends zien, dat voortdurend onderhevig is aan verandering die wordt veroorzaakt door invloeden op drie niveaus: het functionele, proximale en ontwikkelingsanalyseniveau.

Het **functionele analyseniveau** kijkt naar de *functie* van een motief, wat (vanuit evolutionair perspectief) samenhangt met overleving en reproductie. Functionele invloeden rangschikken onze motieven in een soort 'standaard'-hiërarchie, die is gefundeerd in onze basisbehoeften, zoals honger en dorst. Deze behoeften motiveren ons om op zoek te gaan naar dingen als eten, drinken, warmte en onderdak, zaken waar we niet zonder kunnen. Ook seksuele arousal komt voort uit een evolutionaire 'opdracht', namelijk de opdracht om genen over te dragen aan volgende generaties. Deze behoefte aan seksuele bevrediging en reproductie leidt

Functioneel analyseniveau: Onderzoekt de adaptieve functie van een motief in termen van overleving en reproductie.

Proximaal analyseniveau: Onderzoekt stimuli in de directe omgeving van het organisme die de motivatieprioriteiten kunnen veranderen. (Bij mensen kan proximaal ook verwijzen naar dingen waaraan het individu denkt).

Ontwikkelingsanalyseniveau: Onderzoekt in de ontwikkeling van het organisme veranderingen die op hun beurt mogelijk de motivatieprioriteit veranderen, bijvoorbeeld wanneer de seksuele belangstelling in de puberteit toeneemt onder invloed van hormonen.

◄◄ **Verbinding hoofdstuk 7**
Het belang van aanraking of contactsteun werd in de jaren zestig door de psychologen Harry en Margaret Harlow onderzocht met behulp van aapjes. Daarna werd aangetoond dat contactsteun ook bij mensenbaby's erg belangrijk is (p. 257).

dus tot een hele serie sociale behoeften, niet alleen de fysieke drang naar seks, maar ook behoefte aan affiliatie, achting en ouderschap. Deze 'hogere' reproductiebehoeften hebben gewoonlijk echter lagere prioriteit dan de overlevingsbehoeften.

Proximaal betekent 'dichtbij'. Het **proximale analyseniveau** richt zich dus op onmiddellijke gebeurtenissen, voorwerpen, prikkels en bedreigingen die motivatie beïnvloeden. De geur van versgebakken brood is bijvoorbeeld een proximale prikkel die plotseling het hongermotief kan opwekken. Of stel je eens voor dat je in de bioscoop naar een film zit te kijken als iemand 'Brand!' gilt. Je motivatie verschuift dan opeens van ontspanning en plezier naar het motief angst en jezelf redden. Formeler gesteld: een belangrijke proximale prikkel kan een tijdelijke wijziging in je motivatiehiërarchie teweegbrengen.

Je levensfase kan je motivatieprofiel ook beïnvloeden. Daarom wordt in het **ontwikkelingsanalyseniveau** aangetoond hoe de volgorde van je motieven in de loop van je leven verandert. Honger, dorst en contactsteun stonden op de voorgrond toen je een baby was, maar reproductie of het respect van je gelijken konden je gestolen worden. Maar toen je puber werd, namen seksuele motieven en de behoefte aan sociale goedkeuring een prominente plaats in je behoeftehiërarchie in, soms nog voor biologische drijfveren als honger en dorst. En zo kunnen ook proximale prikkels van minder of meer belang zijn in verschillende levensfases. Je bent dus in verschillende fases gevoelig voor verschillende proximale prikkels, je bent bijvoorbeeld gevoelig voor troostend contact als je klein bent of gevoelig voor een aantrekkelijke leeftijdsgenoot in je puberjaren.

Minder voor de hand liggend is de evolutionaire basis voor artistieke creativiteit, sportieve bezigheden, postzegels verzamelen of een van de duizenden andere hobby's die mensen kunnen hebben. En dat is precies het punt waarop de nieuwe theorie van Kenrick en zijn groep controversieel wordt: uitgaande van Maslows hiërarchische piramide vervangt het, aan de top, de behoefte aan zelfrealisatie door de behoefte aan ouderschap (die Maslow had verwaarloosd) en seks. Alle productiviteit en creativiteit die Maslow in de categorie zelfrealisatie plaatste, is volgens hen slechts een middel om het eigenlijke doel van reproductie te bereiken en overleving in ruimere zin te waarborgen, door middel van zorg voor de overleving van nakomelingen. Zoals je misschien verwacht, hebben critici hier bezwaar tegen gemaakt (Ackerman & Bargh, 2010; Kesebir et al., 2010; Lyubomirsky & Boehm, 2010; Peterson & Park, 2010).

Wat Kenricks groep misschien over het hoofd heeft gezien, is de mogelijkheid dat 'hogere' motieven (zoals de behoefte om creatief te zijn of je nieuwsgierigheid te bevredigen) functioneel los zijn komen te staan van hun evolutionaire wortels. Natuurlijk hebben creatieve personen (beroemde artiesten bijvoorbeeld) een voorsprong in het veroveringsspel. Toch heeft de evolutie misschien een bocht afgesneden door onze creatieve behoeften rechtstreeks te koppelen aan onze genotscentra. Als dat waar is, en dat moet nog worden onderzocht door de wetenschap, wijden mensen zich misschien puur voor de lol aan hun interesses (Peterson & Park, 2010). Deze intrinsieke motivatie is mogelijk functioneel onafhankelijk geworden van haar oorspronkelijke biologische doeleinden.

Wat betekent dat allemaal voor ons? Er lijkt een consensus te ontstaan die eindelijk een beetje eenduidigheid brengt op het gebied van motivatie (Schaller et al., 2010). De meeste psychologen zijn het er waarschijnlijk over eens dat:
- er een 'standaard' hiërarchische volgorde voor onze motieven bestaat, die in wezen voor iedereen gelijk is – in grote lijnen zoals Maslow beschreef;
- deze standaardhiërarchie in een functionele of evolutionaire context moet worden gezien, waarin de meest elementaire motieven te maken hebben met overleving, gevolgd door motieven die te maken hebben met reproductie en de overleving van nakomelingen;

- de motivatiehiërarchie van mensen niet onveranderlijk is, maar kan worden beïnvloed door proximale stimuli en ontwikkelingsniveaus (zie figuur 9.3).

Zoals al opgemerkt, is er nog altijd geen overeenstemming over de vraag of de 'hogere' motieven (zoals creativiteit) altijd gebaseerd zijn op de behoefte aan reproductie, of ook los daarvan intrinsieke motieven kunnen worden.
Deze nieuwe benadering van motivatie combineert dus Maslows hiërarchie en de evolutiepsychologie en vormt een groot geheel waar motivaties van allerlei aard in passen: van honger en dorst tot affiliatie, status en creativiteit. Uiteindelijk moeten ze allemaal worden opgevat in termen van een hiërarchie en in termen van hun evolutionaire wortels. We weten nog altijd niet precies hoe de hersenen de motivatiehiërarchie rangschikken en herschikken, maar we hebben nu wel een kader waarbinnen we de theoretische details kunnen uitwerken.

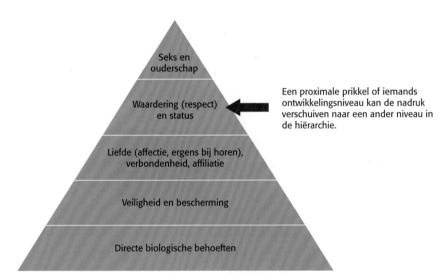

Figuur 9.3
Maslows behoeftehiërarchie herzien door de evolutiepsychologie

9.2.6 De zelfdeterminatietheorie (ZDT)

Een interessante nieuwe toevoeging op het gebied van motivatiepsychologie is de **zelfdeterminatietheorie** of **ZDT** van Deci en Ryan (Deci & Ryan, 2002; Ryan & Deci 2000), met een belangrijke bijdrage van de Vlaamse onderzoeker Vansteenkiste (Deci & Vansteenkiste, 2004). In deze theorie over motivatie wordt verondersteld dat mensen van nature proactief hun omgeving vormgeven en dat deze activiteit gericht is op groei en integratie. Hierbij is het belangrijk dat mensen zich in een stimulerende omgeving bevinden, die wordt gedefinieerd door tegemoetkoming aan drie 'basisbehoeften': de behoefte aan autonomie, aan competentie en aan verbondenheid (zie figuur 9.4). De behoefte aan autonomie verwijst naar de wens om psychologisch vrij te kunnen handelen en niet onder druk te staan. De behoefte aan competentie wil zeggen dat men zich bekwaam voelt om een gewenst resultaat neer te zetten. De behoefte aan relationele verbondenheid wordt ten slotte gedefinieerd als de wens om positieve relaties op te bouwen met anderen, zich geliefd en verzorgd te voelen en zelf voor anderen te zorgen. Indien aan deze drie behoeften wordt voldaan zal de persoon goed functioneren en groeien. Een belangrijk verschil met bekrachtigingstheorieën (gebaseerd op operante conditionering) is dat de zelfdeterminatietheorie uitgaat van intrinsieke motivatie (de eigen vrije wil), terwijl bekrachtiging gebruikmaakt van beloning of bestraffing en dus (vooral) gericht is op extrinsieke motivatie. Bij het optimaal motiveren van een gedragsverandering zijn volgens de ZDT extrinsieke beloningen daarom vaak niet effectief (Vansteenkiste & Neyrinck, 2010).

Zelfdeterminatietheorie (ZDT): Theorie over motivatie die veronderstelt dat mensen van nature proactief hun omgeving vormgeven en dat deze activiteit gericht is op groei en integratie.

De ZDT kan goed worden toegepast in de A&O-psychologie. Zo zijn autonomie en competentie volgens deze theorie bepalend voor de intrinsieke motivatie van een werknemer. Op die manier biedt de theorie een raamwerk voor hoe werknemers meer extrinsiek gemotiveerd kunnen worden zonder dat hun intrinsieke motivatie ondermijnd wordt. Ook kan een werkgever in individuele gesprekken en bij organisatieveranderingen ervoor zorgen dat de genoemde basisbehoeften van werknemers gewaarborgd blijven (Van den Broeck et al., 2009). Ook zijn er toepassingen binnen het onderwijs, die erop gericht zijn kinderen en jongeren tot gewenst (studie)gedrag te brengen door het creëren van een autonomieverhogend schoolklimaat (Vansteenkiste et al., 2005; Vansteenkiste, 2010). Het aanbieden van leeftijdgerelateerde keuzes ondersteunt de autonomie van leerlingen. Het bieden van haalbare uitdagingen, het scheppen van duidelijke verwachtingen en het geven van constructieve feedback verhoogt dan weer het gevoel van competentie. De relationele verbondenheid wordt verhoogd door het bieden van betrokkenheid, warmte en zorg, en door het zich inleven in de leefwereld van de leerlingen (Victoir, 2010).

▶▶ **Verbinding hoofdstuk 10**
De zelfdeterminatietheorie heeft zijn wortels in de positieve psychologie, die zich richt op de 'wenselijke aspecten van het menselijk functioneren'. In het volgende hoofdstuk wordt deze nieuwe stroming in de psychologie besproken (p. 418).

Figuur 9.4

De basisbehoeften van de zelfdeterminatietheorie

De zelfdeterminatietheorie gaat ervan uit dat mensen van nature een aangeboren groeitendens hebben, die zich manifesteert in een stimulerende omgeving, die wordt gedefinieerd door tegemoetkoming aan drie basisbehoeften: de behoefte aan autonomie, aan competentie en aan verbondenheid.

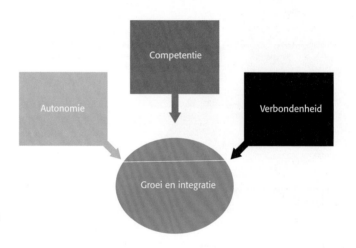

 Ga naar **www.pearsonmylab.nl** om je kennis en begrip van deze paragraaf te testen met de MyMap, MyCheck en MyDefinitions.

KERNVRAAG 9.3

▶ Waar staan honger en seksuele motivatie in de motivatiehiërarchie?

In deze paragraaf concentreren we ons op honger en seksuele motivatie, twee verschillende motieven die staan voor de tweelingkrachten waarmee de evolutie de menselijke soort heeft gevormd: de drijfveer om te overleven en de drijfveer om zich voort te planten. Iedereen die dit boek leest, heeft de genen van voorouders geërfd die zowel in het overleven als in het zich voortplanten zijn geslaagd. Hier volgt het idee dat centraal staat in deze paragraaf:

● KERNCONCEPT 9.3
Hoewel ze in veel opzichten verschillen, hebben honger en seks allebei een evolutionaire oorsprong en nemen beide een belangrijke plaats in de motivatiehiërarchie in.

Uiteindelijk is het onze taak om je te laten zien hoe een nieuw evolutionair perspectief op motivatie deze beide motieven onder één theoretische paraplu weet te plaatsen.

9.3.1 Honger: een homeostatische drijfveer én een psychologisch motief

Waarschijnlijk overleef je wel als je geen seks hebt, maar als je niet eet, ga je dood. In tegenstelling tot seks is honger een van onze persoonlijke biologische overlevingsmechanismen (Rozin, 1996). Wanneer er voedsel beschikbaar is, leidt de drijfveer honger vrijwel vanzelf tot eten. Honger heeft ook een sociale en cognitieve basis, zoals we zullen zien in *meervoudigesystemenbenadering* van honger en gewichtscontrole (zie figuur 9.5).

Meervoudigesystemenbenadering van honger en eten
De hersenen genereren een hongergevoel door het combineren van allerlei biologische en psychologische informatie, waaronder de lichamelijke behoefte aan energie, de hoeveelheid voedingsstoffen die op dat moment aanwezig zijn, voorkeuren voor bepaalde voedingsmiddelen, voedselprikkels uit de omgeving en culturele normen en waarden. Stel dat je een stuk pizza krijgt aangeboden. De vraag of, en zo ja, hoe je dat opeet, wordt bepaald door factoren als bloedsuikerspiegel, de tijd die verlopen is sinds de laatste maaltijd, de vraag of je pizza lekker vindt, het tijdstip van de dag (pizza als ontbijt?), aanmoedigingen of afkeurende blikken van mensen in je omgeving en de vraag of pizza een geaccepteerd soort voedsel is in jouw cultuur. De hersenen verzamelen al deze gegevens en sturen vervolgens boodschappen naar het zenuwstelsel, het endocriene stelsel, de organen en het spierstelsel. Het resultaat is dat je gaat eten, of niet gaat eten (DeAngelis, 2004b; Flier & Maratos-Flier, 2007). Zoals je wellicht zelf al hebt geconcludeerd, is de meervoudigesystemenbenadering een andere manier om te zeggen dat honger op verschillende niveaus van de behoeftehiërarchie opereert, en niet altijd uitsluitend vanuit de biologische behoefte.

Biologische factoren die van invloed zijn op honger en eten
In de hersenen, de maag, het bloed en in vetcellen die in het gehele lichaam zijn opgeslagen, is een enorm aantal biologische mechanismen aan het werk om het hongergevoel en het eetgedrag te reguleren. Enkele van de belangrijkste zijn:
- *Hersenmechanismen die honger reguleren.* De hypothalamus is letterlijk een zenuwcentrum voor honger, met een regio die hongergevoelens activeert en een andere die ze dempt. Maar de hypothalamus opereert niet alleen: andere regio's, met name gelokaliseerd in de hersenstam, werken samen met de hypothalamus bij het in de gaten houden van de bloedsuikerspiegel, de voorraad voedingsstoffen in de darmen en de vetreserves (Flier, 2006).
- *Mechanismen voor het instellen van set point (homeostatische mechanismen).* Een interne biologische 'schaal' houdt de vetreserves van het lichaam in de gaten en geeft die informatie door aan het centrale zenuwstelsel. Als de voorraden in die gespecialiseerde vetcellen onder een bepaald niveau, oftewel **set point** zakken, geven ze signalen af die eetgedrag produceren – een homeostatisch proces. Onderzoek doet vermoeden dat zwaarlijvigheid een mogelijk gevolg is van het uit balans raken van dit homeostatische proces. Studies wijzen naar bepaalde chemische stoffen (bijvoorbeeld het hormoon ghreline) waarmee

Set point: De tendens van het lichaam om de vetvoorraad en het lichaamsgewicht op een bepaald niveau te handhaven.

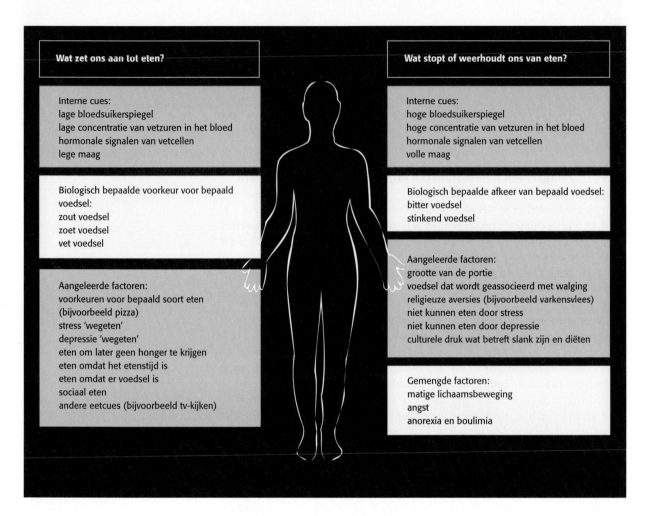

Wat zet ons aan tot eten?

Interne cues:
lage bloedsuikerspiegel
lage concentratie van vetzuren in het bloed
hormonale signalen van vetcellen
lege maag

Biologisch bepaalde voorkeur voor bepaald voedsel:
zout voedsel
zoet voedsel
vet voedsel

Aangeleerde factoren:
voorkeuren voor bepaald soort eten (bijvoorbeeld pizza)
stress 'wegeten'
depressie 'wegeten'
eten om later geen honger te krijgen
eten omdat het etenstijd is
eten omdat er voedsel is
sociaal eten
andere eetcues (bijvoorbeeld tv-kijken)

Wat stopt of weerhoudt ons van eten?

Interne cues:
hoge bloedsuikerspiegel
hoge concentratie van vetzuren in het bloed
hormonale signalen van vetcellen
volle maag

Biologisch bepaalde afkeer van bepaald voedsel:
bitter voedsel
stinkend voedsel

Aangeleerde factoren:
grootte van de portie
voedsel dat wordt geassocieerd met walging
religieuze aversies (bijvoorbeeld varkensvlees)
niet kunnen eten door stress
niet kunnen eten door depressie
culturele druk wat betreft slank zijn en diëten

Gemengde factoren:
matige lichaamsbeweging
angst
anorexia en boulimia

Figuur 9.5

Meervoudigesystemenbenadering van honger en eten

een hongersignaal wordt doorgeseind en andere (bijvoorbeeld leptine) die een signaal geven wanneer de streefwaarde is bereikt. Dieren bij wie leptine ontbreekt, blijven bijvoorbeeld eten, zelfs als ze geen honger hebben (Grimm, 2007).

- *Detectoren in de maag.* Drukdetectoren in de maag signaleren of de maag vol of leeg is. Ook deze informatie wordt naar de hersenen gestuurd, waar ze gecombineerd wordt met informatie over de voedingsstoffen in het bloed en de toestand van de vetcellen.
- *Voorkeuren van het beloningssysteem.* Het beloningssysteem van de hersenen geeft ons een voorkeur voor zoete en vette voedingsmiddelen die eveneens een biologische basis heeft en die in de loop van de evolutie is ontstaan. Zoet en vet eten is namelijk zeer calorierijk, een essentiële eigenschap in tijden van voedselschaarste. Tegenwoordig zijn het vooral producenten van zoete en vettige tussendoortjes die bij het aan de man te brengen van hun waren profiteren van deze evolutionair ontwikkelde voorkeur.
- *Beweging.* Lichamelijke activiteit heeft ook invloed op onze gevoelens van honger en verzadiging. Extreme lichaamsbeweging roept honger op, maar uit onderzoek blijkt dat matige lichaamsbeweging de trek juist onderdrukt (Hill & Peters, 1998).

Bovengenoemde biologische mechanismen opereren op het meest basale niveau van de behoeftehiërarchie.

Psychologische factoren die van invloed zijn op honger en eten

Naast deze biologische mechanismen speelt onze emotionele toestand ook een rol in de manier waarop we met voedsel omgaan. Angst onderdrukt bijvoorbeeld de behoefte aan eten, zowel bij mensen als bij dieren. (Dit is een voorbeeld van een proximale prikkel, een begrip dat we eerder hebben besproken.) Stress en depressie hebben eveneens invloed op onze eetlust, hoewel de effecten daarvan minder eenduidig zijn; sommige mensen gaan er meer door eten, anderen juist minder.

Leren speelt hierbij eveneens een rol. Omdat we hebben geleerd om bepaalde situaties met eten te associëren, kunnen we ons ook zonder een biologische behoefte hongerig voelen. Dit verklaart waarom je plotseling behoefte hebt aan eten op het moment dat je merkt dat de klok aangeeft dat het lunchtijd is. Het verklaart ook waarom je zin krijgt in chips als je tv-kijkt.

Cultuur kan ook een enorm effect hebben. Dit zien we bijvoorbeeld in veel westerse samenlevingen waar de sociale normen en invloeden van de media slankheid voorschrijven. Dit in tegenstelling tot de sociale normen in Oceanië, waar volslank als aantrekkelijker wordt beschouwd (Newman, 2004).

Terwijl er uit films, tijdschriften en televisie een slankheidsideaal naar voren komt, ontvangen kijkers een andere boodschap uit reclames die eten juist aanmoedigen. Het resultaat van die boodschap, gecombineerd met een enorme hoeveelheid goedkoop en makkelijk te verkrijgen junkfood, is toenemende obesitas in een maatschappij met een obsessie voor gewicht. Naarmate de invloed van de Amerikaanse cultuur zich over de hele wereld verspreidt, worden Amerikaanse eetgewoonten bovendien universeler, met als gevolg dat mensen over de hele wereld dikker worden door calorierijke snacks en junkfood (Hébert, 2005; Popkin, 2007).

In de mondiale economie is calorierijk voedsel overal beschikbaar, wat onze eetgewoonten verandert en bijdraagt aan een wereldwijde epidemie van obesitas.
Bron: Eightfish/Getty Images.

Eetstoornissen

De aandoening die we *anorexia* (een persistent gebrek aan eetlust) noemen, ontwikkelt zich slechts zelden als gevolg van bepaalde lichamelijke ziekten of aandoeningen zoals shock, misselijkheid of een allergische reactie. Veel vaker ligt de oorzaak bij emotionele of psychologische omstandigheden, en wordt het syndroom **anorexia nervosa** ('nerveuze anorexia') genoemd. Over het algemeen wordt anorexia nervosa in verband gebracht met extreem lijnen, zelfs zo extreem dat anorexia verantwoordelijk is voor een hoger sterftecijfer dan welke andere erkende psychische stoornis ook (Agras et al., 2004, Park, 2007).

Als iemand minder dan 85 procent van zijn ideale gewicht weegt, maar zich nog steeds zorgen maakt te dik te zijn, is de kans groot dat die persoon anorexia heeft. Mensen met anorexia kunnen ook *boulimia* of **boulimia nervosa** hebben, wat gekarakteriseerd wordt door perioden met vreetbuien (*binge eating*) gevolgd door 'purgeren' (braken om het gegeten voedsel kwijt te raken). In veel gevallen is er ook sprake van een klinische depressie of een obsessief-compulsieve stoornis.

In Nederland leden in 2009 ongeveer 5600 mensen aan anorexia nervosa. Jaarlijks komen er ongeveer 1300 mensen met anorexia nervosa bij. Boulimia nervosa komt veel vaker voor. Ongeveer 22.000 mensen lijden aan deze eetstoornis en jaarlijks komen er ongeveer 2200 nieuwe gevallen bij (Trimbos, 2010a). Volgens Europees onderzoek liggen de cijfers in België iets anders. Anorexia en boulimia komen ongeveer even vaak voor: in 2009 bij in totaal zo'n 18.000 mensen (Preti et al., 2009).

Iemand die aan anorexia nervosa lijdt, kan volkomen uitgemergeld zijn, terwijl hij of zij zich totaal niet ongerust lijkt te maken en doorgaat met 'lijnen', ondertussen allerlei alarmsignalen van het lichaam, zoals het uitblijven van de menstruatie, negerend. Bij boulimiapatiënten leidt het veelvuldig braken er in de loop

Anorexia nervosa: Eetstoornis die wordt gekenmerkt door het zichzelf zodanig uithongeren dat de gezondheid in gevaar komt; begint bijna altijd als een manier om af te vallen.

Boulimia nervosa: Eetstoornis die wordt gekenmerkt door eetbuien gevolgd door 'zuiveringen' zoals overgeven of het gebruik van laxeermiddelen; begint bijna altijd als een manier om af te vallen.

van de tijd toe dat de slokdarm, de keel en het gebit door het maagzuur worden beschadigd.

Wat veroorzaakt anorexia? Dat de meeste patiënten jonge vrouwen zijn, wijst al in een bepaalde richting. Bovendien komen dergelijke eetstoornissen het meest voor in westerse culturen, meestal bij vrouwen uit de sociale middenklasse (Striegel-Moore & Bulik, 2007). Mensen met anorexia hebben vaak een achtergrond van goed gedrag en goede schoolprestaties, maar ze hongeren zichzelf uit in de hoop acceptabel dun en aantrekkelijk te worden (Keel & Klump, 2003). In een poging om imaginair 'overgewicht' kwijt te raken onderdrukt de patiënt alle hongergevoelens. Hoewel haar zelfbeheersing wordt beloond met gewichtsverlies, voelt de anorexiapatiënt zich nooit slank genoeg (zie figuur 9.6).

Onderzoek naar genetische factoren laat zien dat de oorzaak voor anorexia en boulimia niet alleen gelegen is in sociale druk. (Novotney, 2009; Striegel-Moore & Bulik, 2007). Alles bij elkaar lijkt het erop dat anorexia, net als honger, een toestand is die door biologische, cognitieve en sociale factoren wordt veroorzaakt.

►► **Verbinding hoofdstuk 12**
Mensen met obsessief-compulsieve stoornis hebben hardnekkige en ongewenste gedachten en voelen zich gedwongen rituele gedragingen te verrichten. Anorexia nervosa toont aan dat cognities en emoties de hongerdrijfveer kunnen beïnvloeden (p. 507).

Figuur 9.6

Hoe vrouwen over hun lichaam denken

April Fallon en Paul Rozin (1985) vroegen vrouwelijke studenten naar hun huidige gewicht, hun ideale gewicht en het gewicht waarvan ze dachten dat mannen het ideaal zouden vinden. Het bleek dat de gemiddelde vrouw haar huidige gewicht significant hoger vond dan haar ideale gewicht, en hoger dan wat ze dacht dat mannen aantrekkelijk vonden. En erger nog, vrouwen schatten hun lichaam omvangrijker in dan dat in werkelijkheid was (Thompson, 1986). Bij mannen bleek geen discrepantie te bestaan tussen het ideale en het reële gewicht. De mannen gaven een hoger ideaal gewicht van de vrouw op dan de vrouwen zelf. Geen wonder dat vrouwen vaker lijnen dan mannen, en dat ze meer risico lopen op een ernstige eetstoornis (Mintz & Betz, 1986; Striegel-Moore et al., 1993).

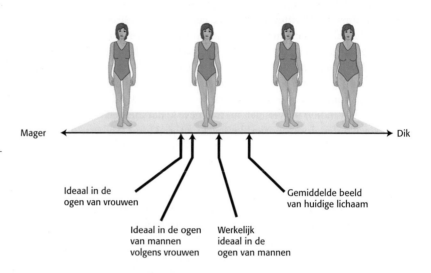

Mager ⟷ Dik

Ideaal in de ogen van vrouwen

Ideaal in de ogen van mannen volgens vrouwen

Werkelijk ideaal in de ogen van mannen

Gemiddelde beeld van huidige lichaam

Overgewicht en gewichtsbeheersing

Het probleem van overgewicht is de afgelopen jaren ook in België en Nederland maatschappelijk gezien met een alarmerende snelheid gegroeid. Uit de Gezondheidsenquête van 2008 (Van der Heyden et al., 2010) blijkt dat 47 procent van de volwassen Belgen te zwaar is. Daarvan kampt 33 procent met overgewicht (BMI tussen 25 en 30) en 14 procent heeft last van ernstig overgewicht (obesitas, BMI ≥ 30). Bovendien heeft maar liefst 18 procent van de Belgische jongeren van 2 tot en met 17 jaar overgewicht. Volgens cijfers van het CBS was in 2009 47 procent van de volwassen Nederlanders ouder dan 20 jaar te zwaar (CBS StatLine, 2012). Het percentage mensen met ernstig overgewicht ligt op ruim 11 procent. Van de jeugd van 2 tot 21 jaar in Nederland heeft 14 procent overgewicht en 2 procent ernstig overgewicht (TNO, 2010).

Deze cijfers blijven niet ver achter bij de situatie in de VS: 65 procent van de Amerikanen is te zwaar en 30 procent kan nu als obees worden geclassificeerd (DeAngelis, 2004b; Mann et al., 2007). De laatste decennia is het probleem van obesitas een wereldwijde 'epidemie' geworden, waarbij de problemen in de niet-westerse wereld, zoals China, het snelst groeien (Popkin, 2010; Popkin et al., 2012). Het echte probleem is natuurlijk niet het overgewicht zelf, maar de daarmee gepaard gaande gezondheidsrisico's op problemen als hartaandoeningen, herseninfarct en diabetes. Deskundigen zijn het er overigens niet over eens hoe groot dit probleem precies is onder degenen die behalve overgewicht geen andere aandoeningen hebben (Couzin, 2005; Gibbs, 2005).

Helaas worden de oorzaken van deze epidemie van overgewicht niet goed begrepen (Doyle, 2006). Niemand in het vakgebied van het onderzoek naar overgewicht gelooft dat de aandoening het gevolg is van een gebrek aan 'wilskracht', een simplistisch en wetenschappelijk nutteloos begrip, zoals we in het volgende gedeelte zullen zien (Friedman, 2003). De meeste deskundigen menen dat overgewicht het gevolg is van meerdere factoren, zoals slechte voeding, te grote porties en een toenemende beschikbaarheid van voedsel met veel vet en suiker. Genetica speelt ook een rol (Bell, 2010; DeAngelis, 2004a; Flier & Maratos-Flier, 2007), maar ook de mate van lichaamsbeweging. Uit een langlopend gezondheidsonderzoek onder verplegend personeel bleek bijvoorbeeld dat als er per dag twee uur langer televisie werd gekeken, het overgewicht met 23 procent toenam (Hu et al., 2003). Ten slotte lijkt een slaaptekort tot overeten met gewichtstoename te kunnen leiden, misschien doordat het lichaam slaperigheid met honger verwart (Hasler et al., 2004).

Evolutionair gezien zijn mensen wezens uit de steentijd, die biologisch zijn aangepast om met de afwisseling in perioden van overmaat en hongersnood om te gaan. Daardoor zijn we geneigd meer te eten dan we nodig hebben als er veel voedsel aanwezig is, ter bescherming tegen toekomstige perioden van honger. Helaas is deze strategie uit het stenen tijdperk niet geschikt voor het leven in de moderne wereld, waarin de meeste mensen in ontwikkelde landen geen energie hoeven te steken in het opjagen van wild of het opgraven van wortels, maar waar frites, milkshakes, chocoladerepen en chips – calorierijke voedingsmiddelen die aantrekkelijk zijn voor onze diep gewortelde voorkeur voor zout, vet en zoet voedsel – makkelijk beschikbaar zijn (Parker-Pope, 2009; Pinel et al., 2000).

Het probleem is niet een gebrek aan aandacht. Vooral Amerikanen lijken te zijn geobsedeerd door gewicht en afvallen, zoals je kunt zien wanneer je een blik werpt op de koppen in tijdschriften in de kiosk. Op elk willekeurig moment zegt circa 30 procent van de volwassen Amerikanen dat ze een of ander dieet volgen om af te vallen (Gallup, 2010). Er is ook in Nederland steeds meer aandacht voor overgewicht. Er zijn informatiecampagnes op scholen en via de media krijgen gezonde leefstijl en afslankprogramma's, maar ook ingrijpendere medische behandelingen als maagverkleiningen, bekendheid. De laatste jaren komen gezondheidsorganisaties met serieuze voorstellen aan de politiek. Zo adviseerde De Raad voor de Volksgezondheid en Zorg (RVZ, 2011) in Nederland in haar rapport *Preventie van Welvaartsziekten* om de belasting op voedingsmiddelen te verhogen om te veel eten te ontmoedigen en zou het nut van een speciale belasting op ongezond eten, een zogenaamde 'vettaks', onderzocht moeten worden. In België is hetzelfde maatschappelijke debat gaande, en wordt naast de al genoemde maatregelen, eveneens gesproken over fiscale maatregelen, zoals een vettaks, om het probleem van overgewicht te bestrijden.

Ondanks alles wat we over honger en gewichtsbeheersing weten, heeft toch nog niemand een systeem voor gewichtsverlies ontdekt dat echt werkt; hoewel in reclames soms anders wordt geclaimd, bestaat er geen enkel dieet, chirurgische ingreep, geneesmiddel of andere uitvinding voor afvallen die leidt tot blijvend gewichtsverlies, althans niet bij de meeste mensen die het hebben geprobeerd. De beste oplossing voor de meeste mensen is een vorm van cognitieve gedragstherapie (Institute of Medicine, 2002; Rich, 2004). Voor degenen die met hun gewicht worstelen, is het bemoedigend te weten dat op dit moment bepaalde stoffen worden onderzocht waarmee gewichtsbeheersing misschien ooit mogelijk zal zijn. Het kan echter nog wel enkele jaren duren voordat effectieve en veilige middelen op de markt komen (Flier & Maratos-Flier, 2007). In de tussen-

In het populaire tv-programma *Obese*, dat in Nederland en België wordt uitgezonden, worden verschillende mensen een jaar lang gevolgd gedurende hun strijd tegen de kilo's.
Bron: Tony Alter, Flickr.

tijd zijn deskundigen van mening dat de beste weg naar gewichtsbeheersing op de lange termijn bestaat uit een evenwichtig dieet, een programma van matige lichaamsbeweging en, als je wat extra hulp kunt gebruiken, cognitieve gedragstherapie.

9.3.2 Wilskracht en de biologie van zelfbeheersing

Psychologen hebben het meestal niet over 'wilskracht', maar dit woord wordt in dagelijkse gesprekken vaak gebruikt. Psychologen hebben bezwaar tegen de verouderde aanname dat de 'wil' een speciaal vermogen van de geest is, omdat het slechts een 'label' is en geen verklaring geeft. Moderne psychologen geven daarom meestal de voorkeur aan termen als 'zelfbeheersing' of 'impulscontrole', termen die minder beladen zijn en die in verband kunnen worden gebracht met omgevingsinvloeden en met bekende hersenmechanismen.

Een groep onderzoekers aan de universiteit van Florida lijkt recentelijk een degelijke wetenschappelijke onderbouwing te hebben gevonden voor het vermogen om weerstand te bieden aan verleidingen (Gailliot et al., 2007). Ze hebben ontdekt dat zelfbeheersing een biologische basis heeft. De eigenschap heeft ook een prijs. Het team in Florida heeft eerst psychologiestudenten in een lastige omgeving gebracht, waarbij hen werd gevraagd zelfbeheersing uit te oefenen; ze moesten bijvoorbeeld de verleiding van warme, versgebakken chocoladekoekjes weerstaan of een grappige videoclip bekijken zonder te lachen. Daarna gaven de onderzoekers de studenten een tweede taak, bijvoorbeeld het oplezen van een woord waarvan de letters waren verwisseld of een test met hand-oogcoördinatie. Een controlegroep werd eveneens gevraagd de laatste taken uit te voeren, maar hen was niet eerst gevraagd hun lachen te onderdrukken en ze werden ook niet blootgesteld aan de verleiding van de koekjes.

Kijk voordat we verdergaan maar eens of je kunt voorspellen wie beter presteerde bij de tweede taak. Waren het degenen in de experimentele groep, die hun impulsen met succes hadden weerstaan? Of de controlegroep aan wie was toegestaan zich te laten gaan?

Je had gelijk als je had geraden dat degenen die de verleiding hadden weerstaan (nee zeggen tegen de koekjes of ernstig blijven bij het bekijken van de grappige video) minder succes hadden bij de daaropvolgende taak. Blijkbaar is zelfbeheersing een cognitieve bron, die, evenals lichamelijk uithoudingsvermogen, tijdelijk uitgeput kan raken. Verrassend genoeg lijkt zelfbeheersing niet alleen in het gedrag, maar ook in het bloed meetbaar te zijn. Bij het onderzoek bleek dat degenen die gevraagd was hun gedrag te beheersen, een lagere bloedsuikerspiegel hadden dan degenen die zich niet hadden beheerst. Aangezien suiker (glucose) een energiebron is voor het lichaam, speculeren de onderzoekers dat bij het uitoefenen van zelfbeheersing een deel van die energie werd verbruikt, waardoor mensen minder efficiënt werden bij de tweede taak (Baumeister et al., 1998, 2007; Wargo, 2009).

Er is echter hoop voor degenen die een zwakke wilskracht hebben! Een suikerhoudende drank bracht niet alleen de bloedsuikerspiegel terug naar het oorspronkelijke niveau, maar bracht ook de prestaties van degenen met zelfbeheersing terug naar het niveau van degenen die zich konden laten gaan. Blijkbaar berust de eigenschap die de meeste mensen 'wilskracht' noemen in elk geval voor een deel op de energiereserves in de bloedsomloop.

Dus zou je een glas frisdrank en een chocoladereep moeten nemen om je 'wilskracht' te versterken voor het volgende psychologie-examen? Waarschijnlijk is dat niet zo'n goed idee, aldus Matthew Gaillot, leider van het onderzoek in Florida, vooral niet als je probeert je gewicht onder controle te houden. Het is beter, zo zegt hij, je energieniveau te handhaven met een eiwitrijk dieet of met complexe koolhydraten (Cynkar, 2007).

En nog wat extra advies vanuit een cognitief perspectief: als je ervoor wilt zorgen dat je mentaal scherp bent, is matigheid een betere strategie dan ontzegging.

9.3.3 Seksuele motivatie: een impuls waar je zonder kunt

Niemand heeft graag honger of dorst. Maar over seks kunnen we niet hetzelfde zeggen: in tegenstelling tot honger en dorst is de arousal van de seksuele drijfveer meestal wel aangenaam. En verder geldt nog: al proberen seksueel opgewonden mensen de spanning misschien te verminderen door seks te hebben, toch is de seksuele motivatie niet homeostatisch – ook weer in tegenstelling tot honger en dorst. Dat wil zeggen: seks hebben heeft niet tot doel een bepaald evenwicht in het lichaam te herstellen. Seksuele motivatie kan echter vele andere doelen dienen, waaronder plezier, voortplanting en het versterken van een sociale band. Met andere woorden: seks is (net als honger) gerelateerd aan diverse motieven in de hiërarchie. Seksuele motivatie is in een ander opzicht wel verwant aan honger en dorst: het wortelt in onze behoefte om te overleven. Maar zelfs in dat opzicht neemt seks te midden van de biologische drijfveren een unieke plaats in, omdat gebrek aan seks geen bedreiging vormt voor de overleving van het individu. Zonder voedsel of water sterven we een wisse dood, maar sommige mensen leiden een volkomen seksloos leven. Seksuele motivatie heeft te maken met de overleving van de *genen*, niet met die van het individu.

Alle biologische drijfveren, inclusief het verlangen naar seks, hebben grote invloed op ons gedrag. Het gevolg is dat ze met vele beperkingen en taboes zijn omgeven, zoals het verbod om bepaalde soorten vlees te eten of het verbod op de consumptie van alcohol. Op het terrein van seksualiteit bestaan uitgebreide cultuurspecifieke regels en sancties die te maken hebben met een grote variatie aan seksuele praktijken. Sterker nog, in alle samenlevingen worden de seksuele activiteiten gereguleerd, maar de manier waarop dat gebeurt loopt sterk uiteen. Zo is homoseksualiteit in de VS en in veel islamitische landen nog steeds een beladen onderwerp, terwijl zulk gedrag in Nederland en België over het algemeen meer geaccepteerd is.

Alleen al het praten over seks verzandt gemakkelijk in taboes, verkeerde informatie en schaamte. Wetenschappers die de menselijke seksualiteit bestuderen worden zelfs vandaag de dag nog geconfronteerd met grote sociale en politieke weerstanden. De wetenschappelijke kennis over seksualiteit die we nu voor je samenvatten, is dan ook moeizaam verworven.

Onze culturele lessen en levenservaring zijn van invloed op de betekenis van seks in ons leven.

Masters en Johnson: geslachtsovereenkomsten en de fysiologie van seks

Het waren William Masters en Virginia Johnson (1966, 1970, 1979) die seks onderzochten in het laboratorium. Daarmee doorbraken ze werkelijk alle tradities en taboes. Nooit eerder hadden wetenschappers seks bestudeerd door mensen die allerlei seksuele handelingen verrichtten, direct te observeren en vast te leggen. Met deze methode richtten ze zich niet op wat mensen over seks *zeiden* (waarbij natuurlijk sprake was van responsbias: mensen zijn niet altijd bereid om volkomen eerlijke antwoorden te geven op zeer persoonlijke vragen), maar op hun *fysieke reacties* tijdens het vrijen. Het gevolg van Masters en Johnsons gewaagde experiment is dat het onderzoek naar de menselijke seksualiteit tegenwoordig veel meer geaccepteerd wordt als legitiem gebied voor wetenschappelijk onderzoek.

Masters en Johnson noemden de menselijke reacties tijdens een vrijpartij de **seksuele responscyclus**. Deze cyclus bestond naar hun idee uit vier fases (zie figuur 9.7): de verlangfase, de opwindingsfase, de orgastische fase en de herstelfase. Masters en Johnson concentreerden zich puur op de lichamelijke opwinding en de lichamelijke responsen. Ze keken niet naar de psychologische aspecten van seksualiteit, zoals emotionele responsen of sociale invloeden op seksuele activi-

Seksuele responscyclus: Uit vier stadia bestaande reeks van verlangen, opwinding, orgasme en herstel die zowel bij mannen als vrouwen optreedt.

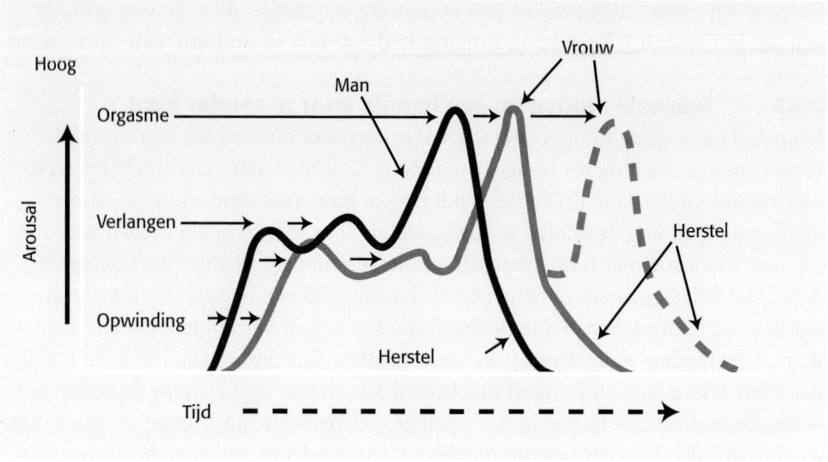

Figuur 9.7

De fases van de menselijke seksuele respons

De fases van de seksuele respons bij mannen en vrouwen vertonen een bijna identiek patroon. De belangrijkste verschillen betreffen de tijd die mannen en vrouwen nodig hebben om elke fase te bereiken en het feit dat vrouwen vaker meerdere orgasmen achter elkaar kunnen hebben.

teit. Desondanks hebben hun biologische observaties van het seksuele gedrag van de proefpersonen enkele interessante conclusies opgeleverd over de biologie van seks:

- De manier waarop de biologische responsen zich ontwikkelen, is bij mannen en vrouwen opmerkelijk gelijkvormig en onafhankelijk van de bron van seksuele arousal. Het maakt dus niet uit of de opwinding wordt veroorzaakt door geslachtsgemeenschap of door masturbatie.
- Hoewel de seksuele responscyclus zich bij mannen en vrouwen op een gelijke manier ontwikkelt, reageren vrouwen over het algemeen wat trager. Hun opwinding houdt wel langer stand. Vanuit een biologisch perspectief lijkt dit logisch, omdat de kans dan groot is dat de man ejaculeert voordat de vrouw haar interesse verliest.
- Veel vrouwen kunnen in een korte periode meerdere orgasmen beleven, dat komt bij mannen zelden voor.
- De maat van de genitaliën of andere kenmerken van de bij seks betrokken lichaamsdelen (zoals vagina, borsten, penis) houdt over het algemeen geen verband met enig onderdeel van de seksuele handeling (behalve misschien met de attitude tegenover de eigen seksuele mogelijkheden).

Masters en Johnson gebruikten hun bevindingen over het seksuele gedrag van de mens om effectieve gedragstherapieën te ontwikkelen voor de behandeling van seksuele stoornissen, zoals erectieproblemen (onvermogen om een erectie te krijgen of vol te houden), voortijdige zaadlozing en frigiditeit (seksuele ongevoeligheid).

Een alternatieve benadering: verschillen tussen mannen en vrouwen in seksualiteit

Hoewel Masters en Johnson onze aandacht vroegen voor de overeenkomsten tussen mannen en vrouwen bij de seksuele responscyclus, hebben andere onderzoekers zich gericht op de verschillen. Meredith Chivers en haar collega's (2007) hebben bijvoorbeeld ontdekt dat heteroseksuele vrouwen door een breder spectrum aan erotische prikkels opgewonden worden dan heteroseksuele mannen. Bovendien zijn homoseksuele mannen en lesbische vrouwen specifieker in hun erotische smaak dan hun heteroseksuele tegenhangers. Andere onderzoekers hebben diep in het brein gekeken en de beloningsgebieden gevonden die samenhangen met een orgasme; de reacties kunnen net zo sterk zijn als de hersenrespons op bijvoorbeeld heroïne (Portner, 2008).

▶▶ **Verbinding hoofdstuk 13**
Gedragstherapie richt zich vooral op wat mensen doen, in plaats van op wat zij denken of voelen. Zulke behandelingen zijn behalve bij seksuele problemen, ook effectief bij diverse andere problemen, zoals fobieën en angststoornissen (p. 539).

Neurowetenschappers hebben ook sekseverschillen ontdekt in de hersenrespons (Portner, 2008). Met name de hersendelen die over emotionele controle gaan, lijken tijdens een orgasme bij vrouwen stil te vallen, bij mannen niet. Hierdoor worden de angstresponsen onderdrukt die een orgasme anders misschien zouden blokkeren (Holstege et al., 2003).

Seks vanuit evolutionair perspectief

Vanuit het evolutionaire perspectief onderzoeken wetenschappers hoe natuurlijke selectie de seksuele motivatie heeft gevormd. Daarmee in overeenstemming beweren sommige wetenschappers (Buss, 2008) dat selectiedruk verschillende paarstrategieën heeft opgeleverd en daarom verschillende sekserollen voor mannen en vrouwen. (We hebben het hier over heteroseksuelen, omdat de evolutionaire aspecten van homo- en biseksualiteit nog niet duidelijk zijn.) Evolutionair gezien is het doel van beide seksen om zo veel mogelijk nageslacht te produceren. Maar de lichamelijke gevolgen van seks en ouderschap zijn voor de man heel anders dan voor de vrouw (Bjorklund & Shackelford, 1999). Daardoor hebben de seksen op het gebied van voortplanting verschillende (en soms conflicterende) strategieën ontwikkeld, aldus evolutionair psychologen. Omdat vrouwen in hun leven slechts enkele kinderen kunnen produceren en omdat de zwangerschap en het opvoeden van het kind heel wat tijd en energie kosten, vormt elk kind een enorme biologische investering. Het is dus belangrijk dat een vrouw haar partner zorgvuldig uitkiest. Voor een man liggen de kosten en baten van geslachtsgemeenschap heel anders. Volgens de evolutionaire theorie bereikt de man het meeste resultaat als hij seks heeft met zo veel mogelijk partners in de vruchtbare leeftijd. Het gevolg van dit biologische verschil is dat mannen geneigd zijn om jonge en lichamelijk goed ontwikkelde partners te kiezen, terwijl vrouwen iets oudere partners prefereren die middelen, status en bescherming kunnen bieden aan hun nageslacht. Helaas leiden deze wensen dikwijls tot conflicten en seksuele jaloezie.

Over seksuele motivatie worden vanuit het evolutionaire perspectief beweringen gedaan die misschien hardvochtig overkomen, maar wel een groot aantal verschillen in seksueel gedrag tussen mannen en vrouwen verklaren. Desondanks verbiedt de biologie niet dat we alternatieve seksuele rollen en scripts aanleren en evenmin geeft ze een verklaring voor de sociale en culturele druk die mannen en vrouwen tot verschillende rollen dwingen (Eagly & Wood, 1999). Bovendien verklaart de biologie niet waarom de meeste mensen gedurende lange tijdsperioden bij hun partner blijven (Hazan & Diamond, 2000) of waarom homoseksuele relaties in verschillende culturen bestaan.

Voor een volledig beeld van de menselijke seksuele motivatie moet je daarom zowel naar de evolutionaire wortels kijken, als naar de vele variaties die door leerprocessen ontstaan.

Psychologische kwesties
Mensen hebben verschillende seksuele voorkeuren. Ga naar 'In de praktijk' in de MyLab mediatheek om te lezen wat de wetenschap zegt over de oorsprong van seksuele geaardheid.

◀◀ **Verbinding hoofdstuk 2**
'Natuurlijke selectie' is Darwins term voor de drijvende kracht achter de evolutie, waardoor de omgeving de best aangepaste organismen 'selecteert' (p. 13).

◀◀ **Verbinding hoofdstuk 6**
Over het algemeen zijn scripts de verwachtingen die we hebben van gebeurtenissen in verschillende situaties. Ze hebben vaak betrekking op sociale situaties, waaronder seksuele relaties (p. 204).

Ga naar **www.pearsonmylab.nl** om je kennis en begrip van deze paragraaf te testen met de MyMap, MyCheck en MyDefinitions.

KERNVRAAG 9.4

▶ Hoe motiveren onze emoties ons?

Een van de hardnekkigste misverstanden over de menselijke geest is het idee dat emotie het tegenovergestelde van de rede is. Neem de situatie van Elliot. Eens was hij een voorbeeldige werknemer, maar zijn prestaties waren langzaam maar zeker achteruitgegaan, tot zijn baas zich genoodzaakt voelde om hem te ontslaan. Zijn superieuren zeiden dat Elliot zich te veel richtte op de details van zijn werk, en moeite had met het stellen van prioriteiten. Hij kon zich volledig op een relatief onbelangrijke taak storten, zoals het ordenen van de papieren van een cliënt, en was dan een hele middag verdiept in verschillende soorten opbergsystemen. Maar het werk waarvoor hij eigenlijk was aangenomen bleef daardoor wel liggen (Damasio, 1994).

Ook in zijn privéleven liep het spaak. Na zijn echtscheiding volgde een kortstondig tweede huwelijk, en een tweede scheiding. Elliot ondernam een aantal pogingen om voor zichzelf te beginnen, maar hij maakte zulke grove inschattingsfouten dat hij uiteindelijk zijn hele vermogen verspeelde.

Het gekke was dat Elliot in de meeste opzichten volkomen normaal leek. Hij was prettig in de omgang en had een aanstekelijk gevoel voor humor. Hij was ontegenzeggelijk slim, had een brede algemene ontwikkeling en volgde het nieuws op de voet. Sterker nog, uit tests bleek dat er niets mis was met zijn motoriek, geheugen, perceptuele vermogens, taalgevoel, intellect en leervermogen. Het waren klachten over hoofdpijn waardoor zijn huisarts uiteindelijk begon te vermoeden dat de veranderingen in Elliots gedrag werden veroorzaakt door een hersenbeschadiging. Na onderzoek bleek dat hij gelijk had. Op de hersenscans was een vreemde massa ter grootte van een kleine sinaasappel te zien die tegen de frontaalkwabben vlak boven Elliots ogen drukte.

Hoewel de artsen erin slaagden om de tumor te verwijderen, had die al aanzienlijke schade aangericht. De tumor veroorzaakte vergelijkbare veranderingen als de beschadiging bij Phineas Gage bijna 150 jaar eerder (zie hoofdstuk 2). Net als bij Gage, was Elliots persoonlijkheid door de beschadiging van zijn frontaalkwabben ingrijpend veranderd, maar bij Elliot waren de effecten wel subtieler. Een psycholoog die hem had onderzocht, formuleerde het als volgt: 'We kunnen Elliots penibele situatie samenvatten als 'weten, maar niet voelen' (Damasio, 1994, p. 45). Zijn redeneervermogen was nog intact, maar door de schade aan de verbindingen in zijn frontaalkwabben was hij niet meer in staat om zijn emoties te gebruiken om prioriteiten te stellen. Kortom, Elliot was emotioneel gehandicapt. Door Elliots onvermogen concepten en emoties te verbinden, was hij niet in staat aan de ene handelwijze een grotere waarde toe te kennen dan aan de andere.

Wat vertelt het geval van Elliot ons over het verband tussen redeneren en emotie? Wat er met Elliot, en ook met Phineas Gage en anderen met soortgelijke aandoeningen gebeurde, maakt duidelijk dat emoties een wezenlijk ingrediënt vormen van denken, in het bijzonder bij het maken van beslissingen (Forgas, 2008; Gray, 2004). In de rest van dit hoofdstuk bestuderen we enkele ontdekkingen uit onderzoek naar de wijze waarop de hersenen emoties verwerken en bespreken we wat deze ontdekkingen betekenen voor het nauwe verband tussen emotie en rede.

● **KERNCONCEPT 9.4**
Emoties zijn een speciale klasse motieven die ons helpen om te gaan met belangrijke (meestal externe) situaties en onze bedoelingen aan anderen over te brengen.

Hoe is emotie gekoppeld aan motivatie? Merk op dat beide woorden dezelfde wortel hebben: 'mot' van het Latijnse *motus*, wat 'beweging' betekent. De psychologie van emoties heeft deze betekenis vastgehouden, omdat emotie wordt gezien als een speciaal soort motivatie die naar buiten is gericht. Emoties vergroten ook onze arousal, hechten de waarden die we 'gevoelens' noemen aan mensen en aan gebeurtenissen die we belangrijk vinden, en zorgen voor een toenaderings- of vermijdingsrespons. Laten we al deze componenten van emotie eens nader bekijken.

9.4.1   De onderdelen van emoties

De Nederlandse psycholoog Nico Frijda beschrijft in zijn invloedrijke boek *De emoties: een overzicht van onderzoek en theorie* (1988) een veelomvattende 'componententheorie van emoties'. Hierbij benadert hij emoties vanuit een *functionalistisch* perspectief. Onze emoties dienen volgens Frijda als een signaal om aan te geven dat een bepaalde gebeurtenis belangrijk voor ons is.

Emoties bestaan uit vier samenhangende onderdelen: fysiologische arousal, cognitieve interpretatie, subjectieve gevoelens en gedragsmatige expressie.

Kort gezegd krijgt een gebeurtenis een bepaalde betekenis (cognitieve interpretatie) die tot een emotie kan leiden; die resulterende emotie kan voor verschillende mensen hetzelfde zijn, maar is vaker verschillend en wordt ook verschillend benoemd (subjectieve gevoelens zoals vrolijk of gelukkig). Bij emotie horen ook gevoelens van lust of onlust, lichamelijke sensaties die typerend zijn voor emoties (fysiologische arousal). Ten slotte zorgt een emotie voor een reactie op de gebeurtenis (gedragsmatige expressie, zoals zingen).

Laten we dit illustreren met een voorbeeld. Stel dat je vijftig miljoen euro wint bij de loterij. De kans bestaat dat je zult springen en schreeuwen als je het nieuws hoort, dat je hartkloppingen krijgt en dat je hersenen overspoeld raken van vreugde. De *fysiologische arousal* die daarbij hoort, gaat gepaard met een signaal dat tegelijkertijd door het hele autonome zenuwstelsel en het hormoonstelsel wordt uitgezonden. Het resultaat is een uitgebreide fysiologische reactie, die onder meer uit hartkloppingen bestaat.

Bij het tweede deel van de emotie, de *cognitieve interpretatie* van de gebeurtenissen en gevoelens, is sprake van een bewuste erkenning en interpretatie van de situatie. Ongetwijfeld interpreteer je het nieuws over het winnende lot als een gunstig levenslot. Dezelfde processen, zowel bewust als onbewust, kunnen plaatsvinden bij onplezierige ervaringen. (Stel je maar eens voor dat je door een hongerige beer wordt achternagezeten.)

Het onderdeel *subjectieve beleving,* van bijvoorbeeld het plezierige gevoel nadat je hebt gehoord dat je de loterij hebt gewonnen, is het gevolg van twee verschillende mechanismen. De ene is het door de hersenen waarnemen van de huidige toestand van het lichaam. De andere is het oproepen van herinneringen aan de toestand van het lichaam in soortgelijke, plezierige situaties in het verleden.

Ten slotte brengt de vierde component van emotie een *expressie van de emotie in het gedrag* teweeg. Toen je vernam dat je de loterij had gewonnen, glimlachte je misschien, of uitte je een vreugdekreet, en misschien danste je wel de kamer rond terwijl je het nieuws tegen je vrienden uitschreeuwde.

9.4.2   Wat emoties voor ons doen

Of het nu om mensen gaat of om hyena's, katten of kangoeroes, emoties dienen als toestand van arousal die het signaal vormt voor een belangrijke gebeurtenis, bijvoorbeeld een dreiging of de aanwezigheid van een geschikte partner. Emoties raken ook in het geheugen geëtst, als hulpmiddel voor het organisme om zulke situaties snel te beoordelen als ze zich opnieuw voordoen (Dolan, 2002; LeDoux, 1996; Lee, 2009). Dit verklaart onze eigen emoties, die ver uiteen kunnen lopen,

Emotie: Viervoudig proces dat te maken heeft met fysiologische arousal, cognitieve interpretatie, subjectieve gevoelens en gedragsmatige expressie. Emoties helpen het organisme om te gaan met belangrijke gebeurtenissen.

◀◀   **Verbinding hoofdstuk 2**
Dankzij 'spiegelneuronen' kunnen we het gedrag, de emotionele toestand en bedoelingen van anderen begrijpen (p. 68).

Tabel 9.2 Responsen die worden geassocieerd met emotie

Onderdeel van de emotie	Soort respons	Voorbeeld
Fysiologische arousal	Veranderingen op neuraal, hormonaal, visceraal (de inwendige organen betreffend) of musculair niveau	Versnelde hartslag, blozen, verbleken, zweten, snel ademhalen
Subjectieve gevoelens	Persoonlijke ervaring van de interne affectieve toestand	Gevoelens van woede, verdriet, geluk
Cognitieve interpretatie	Betekenis toekennen aan de emotionele ervaring op grond van herinneringen en perceptuele processen	Iemand de schuld geven, een bedreiging waarnemen
Sociale/gedragsmatige reacties	Emotie uitdrukken door gebaren, gezichtsuitdrukkingen of andere handelingen	Glimlachen, huilen, om hulp roepen

zoals de vreugde die door een winnend lot wordt veroorzaakt, of door een tien voor een scriptie of paper, of de angst die wordt opgewekt door een hongerige beer die op je af komt rennen.

In het algemeen zijn onze emoties positief of negatief, wat leidt tot een neiging tot nadering of vermijding (Davidson et al., 2000). De emoties die aanzetten tot 'naderen', zoals verrukking en vreugde, zijn overwegend positief en ze maken een persoon, voorwerp of situatie aantrekkelijk (bijvoorbeeld als we ons tot iemand anders aangetrokken voelen). Uit hersenscans komen aanwijzingen naar voren dat het dopaminebeloningssysteem in de hersenen bij deze emoties is betrokken. De meeste negatieve emoties daarentegen, zoals angst en afkeer, gaan gepaard met afwijzing of vermijding (bijvoorbeeld wanneer we bang zijn om naar de tandarts te gaan). Bij de meeste van deze emoties die aanzetten tot vermijding, is de amygdala betrokken.

Ook hebben de hersenen een soort emotioneel 'lichaamsbeeld' opgeslagen, dat Antonio Damasio (1994, 2003) een *somatische marker* noemt. In reactie op de hongerige beer bijvoorbeeld, halen je hersenen een herinnering aan een lichaamsbeeld op in een eerdere gevaarlijke situatie, inclusief hartkloppingen, zweet en het gevoel van wegrennen.

Het recent ontdekte systeem van 'spiegelneuronen' is een andere bron van emotionele gevoelens. Deze hersencircuits raken zodanig geactiveerd dat je een somatische marker oproept of een emotie voelt, wanneer je de emotionele toestand van iemand anders waarneemt, bijvoorbeeld bij het bekijken van een droevige film (Miller, 2006c; Niedenthal, 2007). Bij het voorbeeld van een hongerige beer die op je af komt rennen, reflecteren je spiegelneuronen mogelijk de emoties van een metgezel die de beer eerder heeft gezien dan jij. Dit vermoeden wordt door talrijke onderzoeken ondersteund. Bij een van de interessantste onderzoeken werd gekeken naar de hersenscans van stelletjes. Er werd ontdekt dat wanneer een van de twee een onplezierige ervaring had, bij beide partners grotendeels dezelfde veranderingen voorkwamen in de delen van de hersenen die met emoties zijn gerelateerd (Singer et al., 2004).

Natuurlijke selectie heeft onze emoties gevormd, wat verklaart waarom onze meest basale emoties opwellen in situaties die van invloed kunnen zijn op onze overleving of voortplanting (Gross, 1998; Izard, 2007). Angst bijvoorbeeld, heeft onze voorouders ongetwijfeld geholpen om adequaat te reageren op levensbedreigende situaties. En de emotie die we 'liefde' noemen, maakt dat we een gezin willen stichten, waardoor we onze genetische lijn kunnen voortzetten. Seksuele jaloezie kun je opvatten als een emotie die zich heeft ontwikkeld vanuit het in biologisch opzicht belangrijke probleem van trouw en ontrouw, dat essentieel is voor de kansen van het individu om nageslacht te produceren (Buss & Schmitt, 1993). Ook humor is mogelijk voor een sociaal doeleinde geëvolueerd, zoals we

◄◄ **Verbinding hoofdstuk 2**
De amygdala maakt deel uit van het limbische systeem dat in het bijzonder te maken heeft met angst (p. 66).

kunnen vermoeden wanneer we kijken naar de incrowdgrapjes van mensen in sterk verbonden sociale groepen (Ayan, 2009; Provine, 2004; Winerman, 2006). In het verhaal van Elliot hebben we een glimp opgevangen van een andere, maar weinig bekende functie van emoties. Zoals je je herinnert, werd door zijn tumor niet alleen zijn vermogen tot het verwerken van emoties verstoord, maar ook zijn beoordelingsvermogen. Zulke gevallen tonen aan dat we beslissingen nemen met behulp van onze emoties, doordat ze ons helpen de alternatieven op waarde te schatten (De Martino et al., 2006; Miller, 2006b).

En waar passen emoties in de evolutionaire behoeftehiërarchie die in paragraaf 9.2.5 werd beschreven? Natuurlijk hebben veel emoties met onze overlevingsinstincten te maken, zoals de angst die je misschien zou voelen bij het zien van een hongerige beer. Andere emoties hebben te maken met seksuele arousal en reproductie, zoals de aantrekkingskracht die een potentiële seksuele partner op je uitoefent. De emoties die met overleving te maken hebben, zouden dan onderaan in de motivatiepiramide staan, waar ze gewoonlijk een hoge prioriteit hebben. Daardoor komen de seks- en affiliatiegerelateerde emoties (aantrekkingskracht en liefde bijvoorbeeld) in de hogere regionen van de hiërarchie te staan, waar ze meestal een lagere prioriteit hebben dan motieven die met overleving te maken hebben.

Seksuele jaloezie heeft vermoedelijk een evolutionaire basis, doordat iemands kansen op het krijgen van nakomelingen door ontrouw van de partner worden bedreigd.
Bron: Larry Williams/CORBIS.

9.4.3   Emoties tellen

Hoeveel emoties zijn er? Als je in het woordenboek kijkt, vind je minstens vijfhonderd uitdrukkingen die op de een of andere manier met een emotie te maken hebben (Averill, 1980). Maar de meeste deskundigen onderscheiden een kleiner aantal *elementaire emoties*. Zo maakt Frijda (1988) een onderscheid tussen *primaire* en *secundaire* emoties. De primaire emoties zijn de 'pure emoties': vreugde, angst, verbazing, boosheid, verdriet en onbehagen. De secundaire emoties hebben een relatie tot de context en/of omgeving van de persoon en noemt Frijda 'sociale emoties': trots, schaamte, medelijden, hoop, onzekerheid en dergelijke.

Carroll Izard (2007) betoogt dat er zes elementaire emoties zijn: interesse, vreugde/geluk, droefheid, woede, afgrijzen en angst. De lijst van Paul Ekman bevat er zeven: woede, afkeer, angst, geluk, verdriet, minachting en verrassing. Deze lijst is gebaseerd op de gezichtsuitdrukkingen die overal ter wereld worden herkend. Robert Plutchik (1980, 1984) gaat ervan uit dat er acht elementaire emoties zijn: vreugde, acceptatie, angst, verrassing, verdriet, afkeer, woede en verwachting (zie figuur 9.8). Dat aantal is de uitkomst van een wiskundige analyse van de cijfers die een grote groep mensen heeft toegekend aan een lange opsomming van emotionele uitdrukkingen. Later verfijnde Plutchik zijn model tot een conus of kegel, een driedimensionale weergave van het oorspronkelijke model waaraan hij de intensiteit van de verschillende basisemoties had toegevoegd (Plutchik & Conte, 1997; Plutchik, 2002). Uit recent onderzoek komen aanwijzingen naar voren dat de lijst basisemoties met 'trots' zou kunnen worden uitgebreid (Azar, 2006; Tracy & Robins, 2006).

Ook al benaderen verschillende theoretici deze vraag op verschillende manieren, hun verschillen zijn relatief onbeduidend. Het centrale idee is dat we een beperkt aantal elementaire emoties hebben, die zich kunnen vermengen tot een groter aantal secundaire emoties.

9.4.4   Universele expressie van emotie

Meestal kun je aan het gezicht of het gedrag van je vrienden wel aflezen of ze gelukkig of kwaad zijn. Dat is handig, want daardoor kun je gemakkelijker bepalen hoe je op ze kunt reageren. Emotionele expressie is bevorderlijk voor de sociale interactie. Maar heeft een bepaalde gelaatsuitdrukking in Brussel per defini-

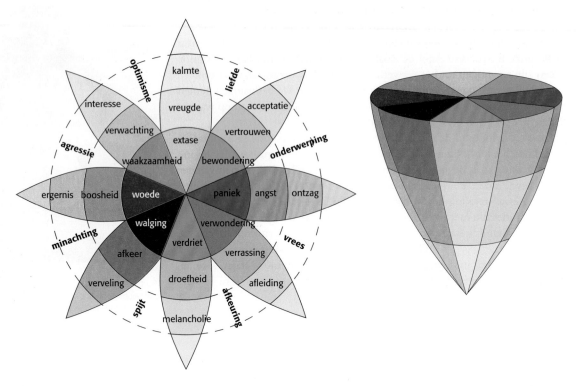

Figuur 9.8

De kegel van Plutchik, zowel in driedimensionale vorm (rechts) als uitgeklapt en tweedimensionaal (links)

In de tweedimensionale weergave van dit model zie je op de binnenste cirkel de acht primaire emoties, die op grond van hun betekenis tegenover elkaar zijn geplaatst. Je ziet dat deze acht basisemoties in verschillende intensiteiten ervaren kunnen worden. Ook zijn enkele secundaire emoties (tussen elk paar kleurvlakken) in de afbeelding opgenomen. Deze worden gevormd door paren van aangrenzende emoties. Zo bestaat spijt uit een combinatie van afkeer en verdriet.

tie dezelfde betekenis als op Madagaskar? Naar dit soort vragen over emotionele expressie is veel onderzoek verricht.

Volgens Paul Ekman (2003), de meest vooraanstaande wetenschapper op het gebied van gezichtsuitdrukkingen van emoties, spreken en begrijpen mensen overal ter wereld in grote lijnen dezelfde 'gezichtstaal'. Ekman en zijn medewerkers hebben aangetoond dat de mensheid over een aantal universele emotionele uitdrukkingen beschikt. Dat komt waarschijnlijk doordat onze soort een gemeenschappelijke biologische erfenis deelt. Crosscultureel onderzoekers zijn er bijvoorbeeld achter gekomen dat mensen in uiteenlopende landen en streken als Argentinië, Japan, Spanje, Hongarije, Polen, Sumatra, de VS, Vietnam, de oerwouden van Nieuw-Guinea en de inheemse dorpen ten noorden van de poolcirkel glimlachen als ze gelukkig zijn, terwijl een frons van de wenkbrauw in al deze streken op verdriet duidt (Biehl et al., 1997).

Misschien verbaast het je niet dat geslacht een verschil kan maken in wat we lezen in de gelaatsuitdrukkingen van anderen. Bij een onderzoek bleek dat men eerder geneigd is woede te zien in gezichten van mannen en gelukkige uitdrukkingen in gezichten van vrouwen (Becker et al., 2007). Dit resultaat is vanuit een evolutionaire invalshoek goed te verklaren, omdat woedende mannen vaker een bron van gevaar kunnen zijn geweest, terwijl het gezicht van een gelukkige vrouw een teken van veiligheid kan zijn geweest (Azar, 2007).

Volgens Ekman en zijn collega's (1987) kunnen mensen overal ter wereld minstens zeven elementaire emoties herkennen: verdriet, angst, woede, afkeer, minachting, geluk en verrassing. (Je kunt zelf kijken hoe goed je bent in het interpreteren van gelaatsuitdrukkingen door de quiz te doen in het kader 'Doe het zelf!'.) Er bestaan echter wel enorme culturele verschillen in de context en intensiteit waarmee emoties worden geuit, vanwege de zogenoemde **uitingsregels**. Zo leren kinderen in veel Aziatische culturen hun emotionele responsen (de gedragsmatige expressie van emoties dus), vooral met betrekking tot negatieve emoties, te onderdrukken, terwijl Amerikaanse en ook West-Europese kinderen juist worden aangemoedigd om hun gevoelens te laten zien (Smith et al., 2006). Als gevolg daarvan zijn mensen meestal beter in het beoordelen van emoties bij mensen van hun eigen cultuur, dan van mensen met een andere culturele achtergrond (Elfenbein & Ambady, 2003).

Jongens- en meisjesbaby's uit alle culturen uiten emoties vrijwel direct bij de geboorte. In feite is een krachtige schreeuw een teken van een goede gezondheid. Zelfs pasgeboren baby's gebruiken hun gezichtsuitdrukking om aan te geven hoe ze zich voelen (Ganchrow et al., 1983). Ook de vaardigheid om gezichtsuitdrukkingen te lezen ontwikkelt zich op zeer jonge leeftijd (maar niet zo vroeg als het uiten van emoties). Peuters reageren al op gezichtsuitdrukkingen en rond het vijfde jaar kunnen ze die al bijna even goed lezen als volwassenen (Nelson, 1987). Maar er zijn nieuwe aanwijzingen dat ten minste een van Ekmans 'elementaire' emotionele uitdrukkingen niet zo gemakkelijk wordt begrepen. Volgens James Russell begrijpen kinderen gezichtsuitdrukkingen die op walging wijzen pas als ze een jaar of vijf zijn, ook al gebruiken ze woorden die walging uitdrukken (bijvoorbeeld 'jakkes' of 'vies') veel eerder (Bower, 2010; Russel & Widen, 2002).

Al deze feiten wijzen in de richting van een biologische basis voor ons vermogen om een elementaire set van emoties te kunnen uitdrukken en herkennen. Charles Darwin merkte meer dan een eeuw geleden al op dat sommige emotionele expressies zelfs bij meerdere soorten lijken voor te komen. Hij doelde met name op de overeenkomst tussen de manier waarop mensen kijken als we angstig of kwaad zijn en de gezichtsuitdrukkingen van chimpansees en wolven in die gemoedstoestand (Darwin, 1998/1862; Ekman, 1984).

Maar wil dat zeggen dat alle emotionele uitdrukkingen universeel zijn? Uit crosscultureel onderzoek naar emotionele expressie blijkt dat bepaalde emotionele responsen van cultuur tot cultuur verschillen (Ekman, 1992, 1994; Ellsworth, 1994). Die emoties zijn dus niet aangeboren, maar aangeleerd. Welke

Uitingsregels: De manieren waarop emoties in een bepaalde samenleving geuit mogen worden.

⊕ DOE HET ZELF! Welke emoties lees je op deze gezichten?

Met behulp van deze test kun je onderzoeken of je in staat bent om de zeven emoties te definiëren die volgens Ekman in alle culturen voorkomen. Probeer bij elke afbeelding de juiste emotie te vinden en kijk dan pas naar de antwoorden. Je kunt kiezen uit: afkeer, geluk, woede, verdriet, verrassing, angst en minachting. Het blijkt dat deze uitdrukkingen overal ter wereld op dezelfde manier worden geïnterpreteerd. Daaruit kunnen we concluderen dat bepaalde gelaatsuitdrukkingen waarschijnlijk onderdeel uitmaken van onze gemeenschappelijke genetische erfenis.

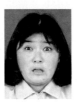

Bron: David Matsumoto.

Welke emoties lees je op deze gezichten?

Antwoorden: De gezichtsuitdrukkingen zijn (bovenste rij vanaf links) geluk, verrassing, woede, afkeer, (onderste rij) angst, verdriet en minachting.

Psychologische kwesties
Ga naar 'In de praktijk'
in de MyLab mediatheek
voor meer informatie over
sekseverschillen in emoties.

emotie associeer je bijvoorbeeld met het uitsteken van de tong? Voor Nederlanders is het een teken van afkeer, maar in China kan het ook duiden op verrassing. Een grijnzende Belg is waarschijnlijk erg tevreden, terwijl grijnzen voor een Japanner een uitdrukking van schaamte is. Om nog één voorbeeld te geven, in de Europese en Amerikaanse cultuur vormen een sombere uitdrukking en neergeslagen ogen een teken dat iemand ongelukkig is, terwijl dit voor veel Aziaten tekenen van respect kunnen zijn. Het is dus duidelijk dat cultuur invloed heeft op de expressie van emoties.

Ga naar **www.pearsonmylab.nl** om je kennis en begrip van deze paragraaf te testen met de MyMap, MyCheck en MyDefinitions.

KERNVRAAG 9.5
▶ Waar komen onze emoties vandaan?

Stel dat je op de kermis door een 'spookhuis' rijdt, waar een eng figuur je aan het schrikken brengt door met griezelige stem 'Boe!' te roepen. Je emotionele respons treedt onmiddellijk op. Mogelijk bestaat deze uit een externe reactie, zoals springen, naar adem snakken of schreeuwen. Tegelijkertijd reageer je intern: in je lichaam treden chemische veranderingen op, inwendige organen gaan anders functioneren en in bepaalde delen van de hersenen en het autonome zenuwstelsel verandert de arousal. Bovendien kunnen instinctieve emotionele reacties, zoals een versnelde hartslag, nog lang doorgaan nadat je hebt beseft dat je niet werkelijk in gevaar was.

Hieruit blijkt dat emotie op een bewust en op een onbewust of automatisch niveau werkt. En dit idee is verbonden met een belangrijke recente ontdekking in de psychologie: het bestaan van twee emotionele banen in de hersenen. Deze dubbele banen zijn het onderwerp van het kernconcept van deze paragraaf:

● **KERNCONCEPT 9.5**
Onderzoek heeft duidelijk gemaakt welke processen ten grondslag liggen aan zowel ons bewuste als ons onbewuste gevoelsleven.

De neurowetenschap is nog maar pas begonnen met het onderzoek van de machinerie die onze emoties teweegbrengt. De details zijn nog niet helemaal duidelijk, maar we hebben een globaal beeld van de emotionele banen in de hersenen en hun verbindingen met de rest van het lichaam. Onderzoek laat zien dat er twee hersensystemen betrokken zijn bij onze emoties. In deze laatste paragraaf onderzoeken we hoe deze twee systemen zorgen voor het tot stand komen van onze emoties.

9.5.1 De neurowetenschap van emotie
Mensen die aan intense angsten voor slangen of spinnen lijden, zogeheten *fobieën*, weten meestal dat hun responsen niet rationeel zijn, maar ze kunnen desondanks hun angst niet overwinnen. Hoe kan dat naast elkaar bestaan? Het antwoord is gelegen in het feit dat de hersenen twee verschillende systemen gebruiken om emoties te verwerken (LeDoux, 1996, 2000).

▶▶ **Verbinding hoofdstuk 12**
Fobieën zijn een vorm van
angststoornissen (p. 504).

Onbewuste en bewuste emotionele verwerking

Een van de twee emotionele systemen, het systeem met een snelle respons, werkt grotendeels op een onbewust, automatisch en intuïtief niveau (buiten het bewustzijn), waar het binnenkomende stimuli controleert en ervoor zorgt dat je snel op een potentieel gevaarlijke gebeurtenis reageert, zelfs voordat je je van die gebeurtenis bewust wordt. Dit systeem is verbonden met het impliciete geheugen en het fungeert als een waarschuwingssysteem dat bijvoorbeeld direct een angstrespons produceert als je midden in de nacht een hard geluid hoort (Helmuth, 2003b). Het berust voornamelijk op verbindingen die diep in de hersenen verborgen liggen en daar automatisch hun werk doen, zonder dat je er bewust over hoeft na te denken (zie figuur 9.9).

Onze onbewuste emotiecircuits hebben een aangeboren gevoeligheid voor bepaalde stimuli, zoals slangen en spinnen, die door de hele evolutionaire geschiedenis van de mensheid bedreigingen vormden. Dit verklaart waarom angst voor spinnen en slangen vaker voorkomt dan bijvoorbeeld angst voor elektriciteit of auto's, die nog maar pas sinds kort gevaren zijn (terwijl door de laatste twee nu meer sterfgevallen worden veroorzaakt dan door spinnen of slangen). De onbewuste circuits zijn niet alleen gevoelig door overerving, maar zijn ook in staat om snel nieuwe angsten aan te leren via klassieke conditionering.

Je begrijpt hoe dit snelle responssysteem adaptief zou kunnen zijn, omdat het ons voorzichtig maakt. Helaas is het ook een systeem dat niet snel vergeet, waardoor het moeilijk is om angsten en onrusten, die kunnen uitgroeien tot fobieën, kwijt te raken.

◄◄ **Verbinding hoofdstuk 5**
Impliciete herinneringen hebben betrekking op materiaal waarvan we ons niet bewust zijn, maar dat toch van invloed kan zijn op ons gedrag (p. 179).

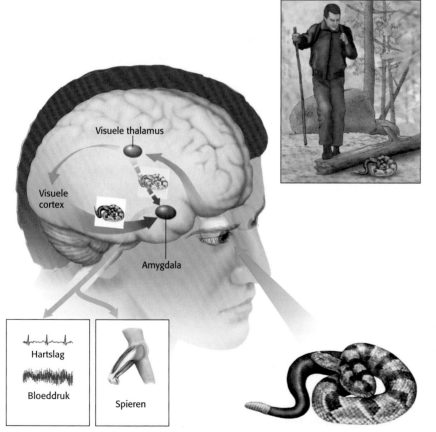

Figuur 9.9

Twee vormen van emotieverwerking

Als de wandelaar een slang ziet, treden er twee emotiesystemen in werking. Het onbewuste (impliciete) systeem stuurt de inkomende visuele informatie via de visuele thalamus naar de amygdala, dat direct een aantal angst- en vermijdingsresponsen in werking stelt. De langzamere route loopt via de visuele cortex, waar de stimulus volledig in kaart wordt gebracht. Vervolgens sturen de hersenen een emotionele boodschap naar de amygdala en andere lagere hersengebieden.

Het andere emotionele systeem maakt gebruik van bewuste verwerking, en is verbonden met het expliciete geheugen (LeDoux, 1996, Mather, 2007). De responsen van dit systeem zijn relatief langzaam. Dit is het systeem waardoor een wandelaar voorzichtig is op plaatsen waar slangen kunnen zitten. Omdat het bewuste systeem andere hersencircuits gebruikt dan het systeem van onbewuste emotieverwerking, kan je bewuste opvatting over gebeurtenissen aanzienlijk afwijken van de emoties die onbewust worden opgewekt. Dus als je een fobie hebt, kun je 'in twee werelden leven' en angst voelen, terwijl je 'weet' dat er geen logische reden is voor dat gevoel.

De interactie van de twee systemen bij emotionele verwerking

Er is geen afgebakend 'emotiecentrum' in de hersenen (Davidson, 2000a). Het brein heeft echter vele aan emoties gerelateerde circuits die deel uitmaken van de twee afzonderlijke systemen. En om de zaak nog ingewikkelder te maken, vertonen deze twee systemen ook interactie. Daardoor kunnen de gevoelens die we met een emotie als angst associëren, vanuit het onbewuste systeem in het bewustzijn opwellen. Dit proces brengt de gevoelens teweeg die we 'intuïtie' noemen (Myers, 2002). Ook kan het bewuste emotionele systeem angst naar de onbewuste circuits seinen, waardoor een knoop in je maag kan ontstaan vlak voordat je een presentatie moet geven.

◀◀ **Verbinding hoofdstuk 6**
Het snelle, onbewuste hersensysteem is bij emotionele verwerking verantwoordelijk voor bepaalde gevoelens die we intuïtie noemen (p. 208).

Wanneer we een emotie voelen, vinden er in ons lichaam heel wat lichamelijke reacties plaats. Met name de cerebrale cortex, het limbische systeem, het sympathisch zenuwstelsel en het hormonaal stelsel spelen hierbij een belangrijke rol. Hieronder wordt uitgelegd hoe deze organen en stelsels onze emoties vormgeven.

De rol van verschillende hersengebieden bij emoties

Welke rol spelen verschillende hersengebieden precies bij emoties? Onderzoekers hebben slechts een deel van deze complexe vraag kunnen beantwoorden. We weten dat er verschillende hersengebieden zijn betrokken bij emoties. De belangrijkste daarvan zijn de cerebrale cortex, het limbische systeem en een deel van de hersenen met de ingewikkelde naam *ventromediale prefrontale cortex*. We zullen wat we weten over de rol van deze verschillende hersengebieden bij emoties hieronder kort bespreken.

Allereerst speelt de cerebrale cortex, de buitenste laag van het hersenweefsel en het 'denk'-gedeelte, de belangrijkste rol bij de bewuste verwerking: deze interpreteert gebeurtenissen en associeert ze met herinneringen en gevoelens. Zoals we hebben gezien, helpen emotionele herinneringen ons beslissingen te nemen door emotionele waarden te hechten aan de keuzes waarmee we worden geconfronteerd, zoals 'Wil ik chocolade of aardbeien?' of 'Wil ik mijn geld bewaren of een nieuwe gsm kopen?'

We moeten daarbij wel waarschuwen dat emotie weliswaar integraal deel uitmaakt van besluitvorming, maar niet per se de *juiste* beslissingen oplevert. Bovendien kunnen intense emoties verlammend werken, waardoor afgewogen besluitvorming onmogelijk wordt (Pham, 2007). En extreme of langdurige emotionele responsen kunnen lichamelijke kwalen veroorzaken, zoals we zullen zien in het laatste hoofdstuk van dit boek, dat over stress gaat.

De hersenschors is nog op een andere wijze betrokken: de twee voorhoofdskwabben hebben een aanvullende rol bij het reguleren van onze emoties. Zoals afzonderlijke delen van de hersenschors verschillende gewaarwordingen teweegbrengen, zijn positieve en negatieve emoties geassocieerd met de tegenover elkaar gelegen hersenhelften, een effect dat **lateralisatie van emoties** wordt genoemd. (In hoofdstuk 2 is de lateralisatie van de hersenhelften besproken, kijk nog eens naar figuur 2.16 op p. 75.) Het bewijs is afkomstig van eeg-opnamen

Lateralisatie van emoties: Het idee dat de twee hersenhelften uiteenlopende emoties op een verschillende manier beïnvloeden. De linkerhersenhelft lijkt met name positieve emoties te beïnvloeden (zoals geluk), terwijl de rechterhersenhelft negatieve emoties beïnvloedt (zoals woede).

van de emotionele reacties van normale mensen, in combinatie met reacties van mensen bij wie de rechter- of de linkerhersenhelft is beschadigd (Davidson et al., 2000). In het algemeen is de rechterhelft gespecialiseerd in negatieve emoties, zoals woede en depressie, terwijl in de linkerhelft meer positieve, vreugdevolle emoties worden verwerkt (Kosslyn et al., 2002).

Het volgende belangrijke hersengebied dat we bespreken is het limbische systeem. Dit systeem is bij het snelle en onbewuste verwerkingssysteem betrokken (zie figuur 9.9) en bevindt zich boven de hersenstam. Er wordt aangenomen dat het limbische systeem in de loop van de evolutie is ontstaan om gedrag aan te sturen dat je nodig hebt tijdens een aanval, verdediging of vlucht: de fight-or-flightrespons (Caldwell, 1995; LeDoux, 1994, 1996). Bewijzen voor deze stelling zijn afkomstig uit onderzoek naar mensen met een hersenbeschadiging en uit onderzoek met behulp van elektrische stimulatie van delen van het limbische systeem. Het blijkt dat dergelijke stimulatie de emotionele reactie dramatisch kan veranderen. Tamme dieren met een gemanipuleerd limbisch systeem veranderden in bloeddorstige beesten, terwijl roofdieren en hun prooi door een ingreep in hetzelfde hersengebied juist de beste maatjes werden (Delgado, 1969).

De invloed van de amygdala op de emotie die we angst noemen, is bijzonder goed gedocumenteerd (LeDoux, 1996; Whalen, 1998; Winkielman et al., 2007). Zoals een waakhond is de amygdala alert op bedreigingen (Hamann et al., 2002; Helmuth, 2003a). De amygdala ontvangt zowel berichten van het snelle en onbewuste systeem, als van het tragere en langduriger effect sorterende, bewuste systeem.

Ten slotte bespreken we het kleine gedeelte van de hersenen dat neurowetenschappers beschouwen als de ontmoetingsplaats van emotie en rede. Dit is de plek waar de banen van de bewuste emotieverwerking die van het limbische systeem kruisen. Het is een klein deel van de hersenen met een grote naam: de *ventromediale prefrontale cortex (VMPFC)*. De VMPFC bevindt zich op de bodem van de voorhoofdskwabben van de hersenen, vlak achter de ogen, en heeft uitgebreide verbindingen met de amygdala en de hippocampus (Wagar & Thagard, 2006). Daar mengt de VMPFC, net als een opnametechnicus die invoer voor een geluidsopname combineert, externe stimulatie met de 'instinctieve' reactie van het lichaam en zet het resultaat om in een emotionele herinnering. Was deze positief of negatief? Kreeg je er kippenvel van? Had je een brok in je keel? Een knoop in je maag? Dankzij je VMPFC zijn de meeste van je herinneringen waarschijnlijk met zo'n viscerale associatie verbonden.

De rol van het autonome zenuwstelsel bij emoties

Ook het autonome zenuwstelsel is betrokken bij emoties. De eerste boodschappen die de interne organen bij emotionele arousal ontvangen, zijn verstuurd via het autonome zenuwstelsel (Levenson, 1992). Bij aangename emoties domineert het parasympathische zenuwstelsel, terwijl bij schrik of een andere onaangename emotie de sympathische afdeling actief wordt (zie tabel 9.2).

Stel dat zich een noodgeval voordoet (een auto komt met volle snelheid op je af). Je hersenen waarschuwen je lichaam met boodschappen die via het sympathische zenuwstelsel worden getransporteerd. Boodschappen snellen door het sympathische zenuwstelsel en stimuleren de bijnieren tot de aanmaak van stresshormonen. Andere zorgen dat je hart sneller gaat kloppen en dat je bloeddruk stijgt. Tegelijkertijd zorgt het sympathische zenuwstelsel dat bepaalde bloedvaten zich samentrekken, waardoor er meer energie naar de willekeurige spieren gaat en minder naar de maag en de ingewanden. (Daarom voel je op zulke momenten een 'knoop' in je maag.)

Als de noodsituatie weer voorbij is, neemt de parasympathische afdeling de controle over. Dit zenuwstelsel verstuurt opdrachten die tegengesteld zijn aan de

'A lifetime's worth of wisdom'
Steven D. Levitt, co-author of *Freakonomics*

The International Bestseller

Thinking, Fast and Slow

Daniel Kahneman
Winner of the Nobel Prize

In zijn boek *Thinking Fast and Slow* (in het Nederlands vertaald als *Ons feilbare denken*) bespreekt Daniel Kahneman, de grondlegger van de gedragseconomie wiens werk in hoofdstuk 6 al kort werd besproken, de kenmerken van de systemen in onze hersenen. Het eerste systeem is sneller, instinctiever en emotioneler, terwijl het tweede systeem langzamer is en meer weloverwogen en logisch. Beide systemen zijn bij ons denken en onze emoties en besluitvorming betrokken. Het werk van Kahneman heeft internationaal veel erkenning gekregen. Ook verschillende onderzoekers in het Nederlandse taalgebied zijn door zijn werk geïnspireerd.

◄◄ **Verbinding hoofdstuk 2**
Het autonome zenuwstelsel beheert de interne organen, en veel tekenen van emotionele aurousal (p. 58).

noodsignalen die enkele ogenblikken eerder door het lichaam circuleerden. Toch kan het gebeuren dat je enige tijd na een sterke emotionele opwinding nog steeds arousal ervaart. Dat komt doordat sommige hormonen langer in de bloedbanen aanwezig blijven. Als de situatie die verantwoordelijk is voor deze emotionele opwinding langer duurt – als je bijvoorbeeld voor een baas werkt die elke dag te veel van je vraagt – kan de aanhoudende noodrespons je energievoorraad volledig uitputten, waardoor zowel lichamelijke als psychische problemen ontstaan.

De rol van hormonen en neurotransmitters bij emoties

Naast de besproken hersengebieden en het autonome zenuwstelsel, spelen neurotransmitters en hormonen een belangrijke rol bij emoties. In emotionele situaties zal de hypothalamus de hypofyse stimuleren om ACTH aan te maken. Dit hormoon zal op zijn beurt de bijnieren stimuleren om stresshormonen aan te maken: epinefrine (adrenaline) komt vrij in stresssituaties en induceert de fight-or-flightreactie (het wordt geproduceerd als je bang bent) en norepinefrine, dat wordt afgegeven aan je bloed als je boos bent.

Ook steroïde hormonen (die soms door bodybuilders en andere sporters worden misbruikt) kunnen onze emoties ingrijpend veranderen. Ze hebben niet alleen invloed op de spieren, maar ook op de zenuwcellen. Die kunnen ze gevoeliger of ongevoeliger maken. In een noodsituatie is dat een normale reactie van het lichaam. Maar als je gedurende langere tijd extra doses steroïden inneemt, hebben deze krachtige stoffen het effect dat ze het lichaam (met inbegrip van de hersenen) in een voortdurende toestand van arousal houden. Hersencircuits, vooral de circuits die een rol spelen bij arousal, bedreiging, stress en bij bepaalde sterke emoties, kunnen in een toestand van verhoogde waakzaamheid blijven. Een van de consequenties is mogelijk een neiging tot door 'steroïden opgewekte woedeaanvallen' of soms depressie (Daly et al., 2003; Miller et al., 2002). Bij onze bespreking van stress in hoofdstuk 14 zul je nog veel meer leren over de effecten van steroïde hormonen.

Je lichaam produceert honderden chemische stoffen, maar wat de emoties betreft zijn de belangrijkste de neurotransmitters serotonine, epinefrine (adrenaline) en norepinefrine. Serotonine speelt een rol bij gevoelens van depressie. Over de rol van de andere neurotransmitters (die ook als hormonen in ons lichaam voorkomen) kon je hierboven reeds lezen.

Kun je deze responsen leren beheersen? Tot op zekere hoogte wel. Biofeedback en cognitieve gedragstherapie richten zich juist op responsen die samenhangen met ongerustheid, stress, angst en woede. In de laatste paragraaf van dit hoofdstuk zullen we zien hoe programma's die zich op ontwikkeling van emotionele intelligentie richten, mensen kunnen helpen hun emotionele responsen te beheersen voor ze uit de hand lopen.

▶▶ **Verbinding hoofdstuk 13**
Bij de behandeling van depressies worden vaak medicijnen gebruikt die de opname van serotonine blokkeren (p. 550).

▶▶ **Verbinding hoofdstuk 13**
Cognitieve gedragstherapie concentreert zich op de verandering van zowel mentale als gedragsmatige responsen (p. 543).

■ **PSYCHOLOGISCHE KWESTIES**

Arousal, prestatie en de omgekeerde 'U'

Sporters streven ernaar om 'opgeladen' aan een wedstrijd beginnen, maar hoeveel 'opgeladen' is het best? Het publiek op de tribunes denkt misschien dat extra arousal de prestaties alleen maar kan opdrijven, maar dat hoeft niet zo te zijn. Te veel arousal kan een sporter 'blokkeren', waardoor zijn prestaties dramatisch achteruitgaan. Zoiets kan je ook overkomen tijdens een examen.

Arousal stimuleert je om te studeren en het maakt je geheugen tijdens een examen gemakkelijk toegankelijk. Maar als de arousal te groot wordt, kan dat positieve effect omslaan in examenvrees, en dat komt je prestaties bepaald niet ten goede.

Deze relatie tussen arousal en gedrag is zowel bij proefdieren als bij mensen onderzocht. Uit een experiment op het gebied van leren, waarbij men ratten gebruikte die langere tijd geen eten en drinken hadden gekregen, bleek dat de prestatiecurve bij toenemende arousal eerst steeg en vervolgens daalde. De prestaties van mensen in allerlei omstandigheden, zoals chirurgen boven de operatietafel, vrachtwagenchauffeurs op de weg en entertainers op het podium, vertonen hetzelfde verloop.

Psychologen noemen dit patroon de **omgekeerde 'U'-functie** (omdat de grafiek op een omgekeerde 'U' lijkt, zoals blijkt uit figuur 9.10). Te weinig arousal is even slecht voor de prestatie als te veel. Denk er maar eens over na: hoeveel spanning wil je dat je tandarts of chirurg ervaart?

Dit brengt ons tot een tweede belangrijk punt: het ideale niveau van arousal is afhankelijk van de taak. Zoals je uit de illustratie kunt opmaken, heb je bij een eenvoudige of dikwijls geoefende taak meer arousal nodig om een topprestatie te kunnen leveren dan bij complexe taken waarbij iemand hard moet nadenken. Aanmoedigen is dus wel effectief als je een basketbalwedstrijd bijwoont, maar niet als je aanwezig bent bij een openhartoperatie. De mate van stimulatie die nodig is om optimale arousal te produceren, varieert van persoon tot persoon. Sterker nog, sommige mensen lijken helemaal op te bloeien door de kick van gevaarlijke sporten als rotsklimmen en parachutespringen; activiteiten die bij de meesten van ons tot verlammende niveaus van arousal zouden leiden. Marvin Zuckerman (2004) heeft veel onderzoek gedaan onder **sensatiezoekers**. Hij gelooft dat deze individuen een bio-

logische behoefte hebben aan hoge niveaus van stimulatie. Frank Farley noemt ze 'Big T'-karakters, en gelooft dat ze duidelijk aanwezig zijn in de sport, het zakenleven, de wetenschap en kunst. Einstein was volgens Farley bijvoorbeeld een 'Big T' op basis van 'mentaal karakter' (Munsey, 2006). Onderzoek wijst uit dat de achterliggende biologie berust op de dopaminebanen in de hersenen (Bevins, 2001). Test je eigen behoefte aan sensatie met Zuckermans Sensation Seeking Scale, die je vindt in het kader 'Doe het zelf!'.

Omgekeerde 'U'-functie: Beschrijft de relatie tussen arousal en prestatie. Zowel de hoge als de lage arousalniveaus leiden tot slechtere prestaties dan een gemiddeld arousalniveau.

Sensatiezoeker: In Zuckermans theorie: iemand met een bovengemiddelde biologische behoefte aan stimulatie.

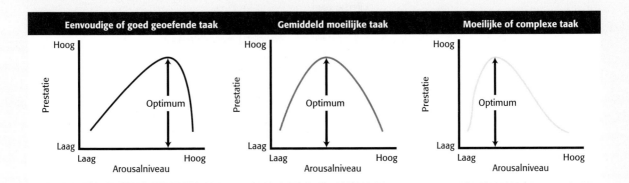

Figuur 9.10

De omgekeerde 'U'

Prestaties zijn afhankelijk van het arousalniveau en de moeilijkheidsgraad van de taak. Bij eenvoudige of goed geoefende taken leidt een hoger arousalniveau tot betere prestaties. Maar voor lastige of gecompliceerde taken ligt het optimale arousalniveau lager. Een gemiddeld arousalniveau is over het algemeen het best voor taken met een gemiddelde moeilijkheidsgraad. Uit deze omgekeerde U-vormige functies blijkt dat de slechtste prestaties geleverd worden bij een extreem hoog of een extreem laag arousalniveau.

⊕ DOE HET ZELF!   Ben jij een sensatiezoeker?

Marvin Zuckerman betoogt dat 'sensatiezoekers' een ongewoon sterke behoefte hebben aan stimulatie die arousal veroorzaakt. Naast een opvallende behoefte aan sensatie (*thrills*), zijn sensatiezoekers vaak impulsief, hebben ze een voorkeur voor nieuwe ervaringen en zijn ze snel verveeld (Kohn et al., 1979; Malatesta et al., 1981; Zuckerman, 1974). In intieme relaties kan een groot verschil in de behoefte aan sensatie tot spanningen

Sensatiezoekers gedijen bij stimulatie die anderen doodsangsten bezorgt.

Bron: 2happy/Shutterstock.

leiden, omdat de ene partner actief op zoek is naar risico's die de ander liever niet wil nemen

Vul de Sensation Seeking Scale in en ontdek of je een sensatiezoeker bent. Leg deze test ook voor aan een paar vrienden. Denk je dat hun niveau van sensatie zoeken erg afwijkt van dat van jou?

De Sensation Seeking Scale

Kies bij elk item de uitspraak die het beste bij je past. Aan het eind staat hoe je de antwoorden moet interpreteren.

1. A Ik zou werk willen doen waarbij ik veel moet reizen.
    B Ik zou werk willen doen waarbij ik op één plek kan blijven.
2. A Ik vind een frisse, koude dag heel stimulerend.
    B Als het koud is, wil ik zo snel mogelijk naar binnen.
3. A Ik ga me vervelen als ik steeds dezelfde gezichten zie.
    B Dagelijks contact met mijn vrienden geeft me een gevoel van veiligheid en vertrouwdheid.
4. A Ik woon het liefst in een ideale samenleving waar iedereen veilig, geborgen en gelukkig is.
    B Ik had liever in de spannende dagen van de Tachtigjarige Oorlog geleefd.
5. A Ik vind het soms wel leuk om iets engs te doen.
    B Een verstandig mens laat zich niet in met gevaarlijke activiteiten.
6. A Ik zou me nooit laten hypnotiseren.
    B Ik wil wel eens meemaken hoe het is om gehypnotiseerd te worden.
7. A De belangrijkste doelen in mijn leven zijn zo veel mogelijk meemaken en tot het uiterste gaan.
    B De belangrijkste doelen in mijn leven zijn rust en geluk.
8. A Ik zou best een keer willen parachutespringen.
    B Ik zou nooit met een parachute uit een vliegtuig springen.
9. A Ik ga langzaam het koude water in, zodat ik eraan kan wennen.
    B Ik vind het leuk om meteen in de zee of in een koud meer te springen.
10. A Tijdens de vakantie geef ik de voorkeur aan een comfortabele kamer en een goed bed.
    B Tijdens de vakantie ga ik graag kamperen.
11. A Ik houd van mensen die emotioneel of zelfs een beetje instabiel zijn.
    B Ik houd van kalme en evenwichtige mensen.
12. A Een goed schilderij moet de zintuigen schokken of mensen wakker schudden.
    B Een goed schilderij moet een gevoel van vrede en veiligheid oproepen.
13. A Mensen die motorrijden, hebben waarschijnlijk onbewust de behoefte om zichzelf pijn te doen.
    B Ik zou best eens op een motor willen rijden.

Berekening

Voor elk van de volgende antwoorden krijg je een punt: 1A, 2A, 3A, 4B, 5A, 6B, 7A, 8A, 9B, 10B, 11A, 12A, 13B. Vergelijk de door jou behaalde punten met deze normen voor sensatie zoeken:

0-3:	Erg laag
4-5:	Laag
6-9:	Gemiddeld
10-11:	Hoog
12-13:	Erg hoog

Bron: Zuckerman, M. (februari 1978). The search for high sensation. *Psychology Today*, 12, 38-46. Copyright © 1978 bij Sussex Publishers, Inc. Overgenomen met toestemming van de uitgever.

9.5.2 Theorieën van emotie: een oude controverse

Laten we terugkeren naar onze hongerige beer. Stel dat je de pech hebt er een tegen te komen op weg naar college vanmorgen. Wedden dat je de emotie angst ervaart? Welke interne processen hebben het gevoel van angst teweeggebracht? Ontstaat de angst door de gedachte 'O jee, ik ben in gevaar'? Of ontstaat de angst doordat je voelt dat je hart tekeergaat en je steken in je darmen hebt? Je kunt je bovendien afvragen waarom dit iemand ook maar iets interesseert.

In reactie op de laatste vraag: psychologen hebben lang gediscussieerd over de relatie tussen emotie, cognitie en lichamelijke reacties, niet alleen uit intellectuele nieuwsgierigheid, maar ook omdat een inzicht in emoties noodzakelijk is voor het vinden van een effectieve behandeling voor bepaalde emotionele problemen, zoals paniekaanvallen en depressie, evenals voor de alledaagse problemen van woede en jaloezie. Moeten we woede bijvoorbeeld behandelen door ons te richten op boze gedachten? Of zouden we ons moeten richten op boos gedrag of de reacties van de inwendige organen (viscerale reacties) die gepaard gaan met boosheid?

Met behulp van ontdekkingen in de neurowetenschappen hebben psychologen enkele lang als lastig beschouwde vraagstukken over de interactie van biologie, cognitie en gedrag bij emotie kunnen oplossen (Forgas, 2008). Laten we eens kort naar deze controverses kijken.

Komen onze gevoelens voort uit fysieke responsen?

In de vroege dagen van de psychologie leerde William James dat er fysieke sensaties ten grondslag liggen aan onze gevoelens. 'We voelen ons verdrietig omdat we huilen, we zijn boos omdat we schreeuwen, we ervaren angst omdat we beven', zei James (1890/1950, p. 1006). Wat de beer betreft, betoogde James dat je niet van de beer wegrent omdat je bang bent, maar dat je angst voelt omdat je lichaam reageert met bijvoorbeeld hartkloppingen en omdat je wegrent. Hoewel deze bewering op het eerste gezicht misschien absurd lijkt, wist James dat emotie meer was dan alleen gevoel. Wat hij feitelijk zei, was iets heel zinnigs: dat voor het oproepen van emoties een *combinatie* nodig is van cognities en lichamelijke gewaarwordingen, en dat de fysieke sensaties de gevoelens zijn. In James' eigen woorden:

> *Zonder de lichamelijke toestand die volgt op de perceptie [van de beer], zou het laatste zuiver cognitief van vorm zijn, bleek, kleurloos, ontdaan van emotie. We zouden de beer kunnen zien en oordelen dat we het beste kunnen wegrennen. We zouden worden beledigd en het juist achten te slaan. Maar we zouden ons niet werkelijk bang of boos kunnen voelen (pp. 189-190).*

Deze visie, die in dezelfde periode ook door de Deense psycholoog Carl Lange werd geuit, staat bekend als de **James-Lange-theorie**.

Of zijn onze gevoelens het resultaat van onze cognities?

Critici zoals Walter Cannon en Philip Bard, brachten hiertegen in dat sommige emoties (zoals de emoties die we ervaren als we gevaar bespeuren) in een honderdste van een seconde kunnen ontstaan, veel sneller dan de lichamelijke veranderingen die in ons gedrag of in onze interne organen plaatsvinden. Een tweede bezwaar tegen de James-Lange-theorie is dat onze lichamelijke reacties niet gevarieerd genoeg zijn om het hele scala aan menselijke emoties te verklaren. In hun opvatting, die de **Cannon-Bard-theorie** wordt genoemd, brengt de cognitieve interpretatie van een situatie (de hongerige beer) gelijktijdig zowel de emotie als de fysieke respons teweeg.

Wie had er gelijk? Allebei een beetje. De moderne neurowetenschap heeft bevestigd dat onze lichamelijke toestand invloed kan uitoefenen op onze emoties

James-Lange-theorie: De theorie dat een emotieoproepende stimulus eerst een lichamelijke respons veroorzaakt, die vervolgens een emotie produceert.

Cannon-Bard-theorie: Theorie die stelt, in reactie op de ideeën van James en Lange, dat een emotioneel gevoel en een interne fysiologische respons tegelijkertijd plaatsvinden: de een is niet de oorzaak van de ander. Beide werden gezien als het resultaat van een cognitieve beoordeling van de situatie.

– zoals de James-Lange-theorie stelt (LeDoux, 1996). Dat is bijvoorbeeld het geval als je je prikkelbaar voelt door te veel koffie, of als je chagrijnig bent van de honger.

Een andere ondersteuning voor de James-Lange-theorie is afkomstig van de ontdekking dat de hersenen herinneringen opslaan aan de lichamelijke toestand die met een gebeurtenis gepaard ging. Dit zijn de 'somatische markers' die we eerder hebben genoemd (Damasio, 1994; Niedenthal, 2007). Als je de beer op je af ziet komen, roepen je hersenen snel een herinnering op aan de lichamelijke reactie die ze eerder in een andere bedreigende situatie vertoonden. Deze *somatische-markerhypothese* is een effectieve weerlegging van het bezwaar van Walter Cannon dat lichamelijke veranderingen in het lichaam te traag optreden om onze gevoelens te kunnen veroorzaken, omdat de somatische marker van emotie in de hersenen zelf zetelt.

Aan de andere kant – en dit ter ondersteuning van de Cannon-Bard-theorie – kunnen emoties ook worden opgeroepen door externe cues die eerder door het bewuste of onbewuste emotionele systeem zijn gedetecteerd. Emoties kunnen dus het gevolg zijn van bewuste gedachten (zoals wanneer je je zorgen maakt over een examen) en van onbewuste herinneringen (zoals bij de aanblik van bloed). Veel hedendaagse psychologen hangen de theorie aan dat depressies en fobische reacties het gevolg zijn van geconditioneerde responsen veroorzaakt door dit onbewuste emotiesysteem. Zo kan een fobie voor kleine ruimtes bijvoorbeeld ontstaan als iemand een vervelende ervaring heeft terwijl hij zich in een afgesloten ruimte bevindt, een situatie waar men eerst eigenlijk niet bang voor was. Doordat een vervelende ervaring (die niets met de ruimte zelf te maken had) angst opriep in een situatie waarbij iemand zich in een afgesloten ruimte bevond, kan de angst aan die onschuldige situatie gekoppeld raken, met een geconditioneerde angstrespons voor afgesloten ruimtes als gevolg.

De tweefactortheorie

De **tweefactortheorie** van Stanley Schachter (1971) maakt de zaak zo mogelijk nog ingewikkelder. Schachter stelt dat de emoties die we ervaren afhankelijk zijn van onze inschatting van (1) de interne *lichamelijke toestand* en (2) de *externe situatie* waarin we ons bevinden (stimulus) (zie figuur 9.11). Als deze twee factoren tegenstrijdig zijn, gebeuren er vreemde dingen. Dit blijkt uit het volgende experiment.

Een aantrekkelijke vrouwelijke onderzoekster interviewde mannelijke proefpersonen die zojuist een voetbrug waren overgestoken. De ene helft van de groep was over een veilige constructie gestuurd, terwijl de andere helft de oversteek moest maken over een wiebelige brug, die speciaal was uitgekozen om lichamelijke arousal op te roepen. De onderzoekster deed alsof ze geïnteresseerd was in de effecten van de omgeving op creativiteit, en ze vroeg de mannen om een kort verhaaltje te schrijven over de foto van een vrouw. Ze vertelde de mannen dat ze haar konden bellen als ze meer over het onderzoek wilden weten. Zoals verwacht, bevatten de verhalen van de mannen die de krakkemikkige brug waren overgestoken meer seksuele beelden dan de verhalen van de mannen die de stevige brug hadden betreden. Bovendien belden de mannen die over de wiebelige brug waren gelopen, de vrouwelijke onderzoeker vier keer zo vaak op 'omdat ze meer informatie wilden'! Blijkbaar interpreteerden zij hun toegenomen arousal als teken van zich emotioneel aangetrokken voelen tot de vrouwelijke onderzoekster (Dutton & Aron, 1974).

De tweefactortheorie is vele malen onderzocht en de resultaten ondersteunen de theorie alleen onder bepaalde condities (Leventhal & Tomarken, 1986; Sinclair et al., 1994). In welke omstandigheden lopen we het grootste risico dat we onze arousal verkeerd interpreteren? Misattributie lijkt het meest voor te komen in

◄◄ **Verbinding hoofdstuk 4**
In de beroemde experimenten van J.B. Watson met baby Albert, werd Albert een geconditioneerde angst voor witte ratten en later ook andere harige (knuffel)beesten aangeleerd (p. 131).

Tweefactortheorie: Het idee dat een emotie ontstaat uit de cognitieve interpretatie van zowel lichamelijke arousal (factor 1) als een emotieoproepende stimulus (factor 2).

Theorie van James-Lange: elke emotie correspondeert met een afzonderlijk patroon van psychologische arousal

Stimulus → **Fysiologische arousal** → **Emotie**
(slang) **trillen** **(angst)**
versnelde hartslag

Theorie van Cannon-Bard: emoties ontstaan vanuit een cognitieve beoordeling van de stimulus. (Een alternatief voor de theorie van James-Lange, omdat Cannon & Bard aannamen dat emoties vaak zo snel voorkomen dat ze niet het gevolg kunnen zijn van psychologische arousal, zoals bij de theorie van James-Lange wordt gesteld.)

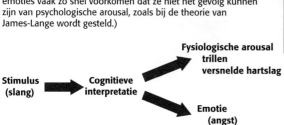

Stimulus → **Cognitieve**
(slang) **interpretatie**

Fysiologische arousal
trillen
versnelde hartslag

Emotie
(angst)

Tweefactortheorie van Schachter: emoties ontstaan uit een cognitieve interpretatie van de stimulus *en* psychologische arousal. (De toestand van arousal is echter niet noodzakelijkerwijs een reactie op de stimulus (de slang) waaraan de betrokkene de arousal toeschrijft.)

? ■ ■ ■ → **Fysiologische arousal**
trillen
versnelde hartslag

Stimulus
(slang)

Cognitieve interpretatie → **Emotie**
(angst)

Figuur 9.11
Vergelijking theorieën over emotie

een complexe omgeving waar vele stimuli om onze aandacht strijden, zoals bij het onderzoek met de brug. We zijn eveneens geneigd ons te vergissen als de omgeving ons verkeerde informatie geeft over de lichamelijke arousal die we ervaren, bijvoorbeeld als je prikkelbaar wordt en niet weet dat er cafeïne in je frisdrank zit.

9.5.3 Het beheersen van emoties

In veel beroepen is het belangrijk dat mensen in staat zijn hun emoties te beheersen. Artsen, brandweerlieden en politieagenten moeten bijvoorbeeld in staat zijn anderen bij te staan, en tegelijkertijd een 'professionele afstand' te bewaren wanneer ze met extreme situaties te maken hebben. In tal van sociale situaties (niet alleen tijdens een spelletje poker!) kan het handig zijn om je gevoelens te maskeren of enigszins aan te passen. Emotionele beheersing speelt een belangrijke rol bij ons vermogen met andere mensen om te gaan.

Het ontwikkelen van emotionele intelligentie

Peter Salovey en John Mayer (1990) stellen dat het begrijpen en beheersen van je eigen emoties een bepaald soort intelligentie vereist. Zij noemden dit **emotionele intelligentie**. Korter geleden hebben Salovey en zijn collega Daisy Grewal (2005) de nadruk gelegd op vier onderdelen van emotionele intelligentie:

- *Het waarnemen van emoties*: het vermogen om bij zichzelf en anderen emoties te detecteren en te interpreteren;
- *Het gebruiken van emoties*: het vermogen de eigen emoties in te zetten voor denken en probleemoplossing;
- *Het begrijpen van emoties*: het vermogen complexe relaties tussen emoties te

Emotionele intelligentie: In Golemans theorie: het vermogen om emotionele responsen te begrijpen en te beheersen.

Een commandant van de reddingsbrigade heeft emotionele intelligentie nodig om zijn bemanning leiding te geven in stressvolle situaties.

Bron: ©Reddingsbrigade Nederland.

begrijpen, zoals de relatie tussen verdriet en woede, of de wijze waarop twee mensen verschillende emotionele reacties hebben op dezelfde gebeurtenis;

- *Het beheersen van emoties*: het vermogen de eigen emoties te reguleren en die van anderen te beïnvloeden.

De voorspellende kracht van emotionele intelligentie

Zoals Salovey en Grewal suggereren, staan mensen met een grote emotionele intelligentie niet alleen in contact met hun eigen emoties en die van anderen, ze kunnen hun negatieve gevoelens ook goed beheersen en zijn in staat om ongepaste expressies van hun emoties te bedwingen. De waarde van deze vaardigheid blijkt onder meer uit Walter Mischels ingenieuze 'marshmallowtest', waarbij werd gekeken hoe vierjarige kinderen reageerden op de verleiding van een marshmallow die pal voor hun neus op tafel lag, terwijl niemand hen op de vingers keek. Het experiment ging als volgt:

> *Het kind zat op een stoel met een marshmallow voor zich op tafel. Vervolgens deed iemand hem of haar het volgende aanbod: 'De testleider moet even weg voor een boodschap. Als je wilt wachten tot hij weer terug is, krijg je twee marshmallows als beloning. Als je niet zo lang kunt wachten, krijg je er maar één, maar die krijg je dan ook meteen.' Sommige vierjarigen waren in staat om zich de eindeloze vijftien of twintig minuten die het duurde voordat de testleider terugkeerde te bedwingen. Ze bedekten hun ogen zodat ze de verleidelijke marshmallow niet hoefden te zien, lieten hun hoofd op hun armen rusten, spraken tegen zichzelf, zongen liedjes, speelden spelletjes met hun handen en voeten en sommige kinderen probeerden zelfs te slapen. Deze dappere kleuters kregen allemaal twee marshmallows als beloning. Andere, meer impulsieve kinderen kozen voor de marshmallow die al op tafel lag, bijna altijd binnen enkele seconden nadat de onderzoeker de kamer had verlaten (Goleman, 1995).*

Toen men dezelfde kinderen tijdens hun adolescentie opnieuw opzocht, bleek de marshmallowtest een uitstekende voorspeller van het aanpassingsvermogen op latere leeftijd. De groep die de impuls om de marshmallow op tafel te pakken had bedwongen, was op alle terreinen beter af. De jongeren waren onafhankelijker, effectiever in interpersoonlijke relaties, ze haalden hogere cijfers op school en konden beter overweg met frustratie en stress. De kinderen die wel aan de verleiding hadden toegegeven, hadden te kampen met problematische relaties, verlegenheid, koppigheid en besluiteloosheid. Ze waren ook veel meer geneigd om negatief over zichzelf te denken, anderen te wantrouwen en ze waren snel overstuur door frustraties. Over het algemeen toonden ze weinig belangstelling voor school of leren in het algemeen.

De toepasbaarheid van de marshmallowtest is natuurlijk tot jonge kinderen beperkt. Voor oudere kinderen en volwassenen zijn echter andere, meer geavanceerde maatstaven ontwikkeld (zie figuur 9.12). De Mayer-Salovey-Caruso Emotional Intelligence Test (MSCEIT) is bijvoorbeeld een voorspellende factor voor de tevredenheid met sociale relaties onder universitaire studenten, afwijkend gedrag bij mannelijke adolescenten en tevredenheid over het huwelijk en succes in het werk (Salovey & Grewal, 2005). De test is gebaseerd op een serie vragen waarbij problemen moeten worden opgelost op de vier genoemde onderdelen van emotionele intelligentie. De MSCEIT beschikt over het geheel genomen over een redelijke betrouwbaarheid (Mayer et al., 2003) en zal ook worden aangepast en genormeerd voor gebruik in Nederland en België.

Maar emotionele intelligentie is geen perfecte voorspeller van succes, geluk en goede relaties, waarschuwt John Mayer (1999). En we moeten de vaardigheid niet zien als vervanging van de traditionele IQ-score. Emotionele intelligentie is in feite een van de vele variabelen die ons kunnen helpen om onze kennis over gedrag te verbeteren, aldus Mayer.

Figuur 9.12

Voorbeelditems van een emotionele-intelligentietest

Hieronder zie je verschillende items uit de Mayer-Salovey-Caruso Emotional Intelligence Test.

Identifying Emotions
Indicate how much of each emotion is present in this picture.

Bron: Phil Date, Dreamstime.

Emotion	Not Much				Very
Happiness	1	2	3	4	5
Fear	1	2	3	4	5
Sadness	1	2	3	4	5
Surprise	1	2	3	4	5

Using Emotions
What mood(s) might be helpful to feel when meeting in-laws for the very first time?

Mood	Not Useful				Useful
Tension	1	2	3	4	5
Surprise	1	2	3	4	5
Joy	1	2	3	4	5

Understanding Emotions
Tom felt anxious, and became a bit stressed when he thought about all the work he needed to do. When his supervisor brought him an additional project, he felt _____.(Select the best choice.)

a) overwhelmed
b) depressed
c) ashamed
d) self-conscious
e) jittery

Bron: Salovey, P. & Grewal, D. (2005). The Science of Emotional Intelligence. *Current Directions in Psychological Science*, 14, 283. Uit de oorspronkelijke Mayer-Salovey-Caruso Emotional Intelligence Test.

Is emotionele intelligentie aangeboren of aangeleerd?

Is deze intelligentie genetisch bepaald of wordt ze beïnvloed door onze vroegste ervaringen? Studies laten zien dat ernstig mishandelde kinderen later als volwassenen vaak problemen hebben in het vormen van hechte relaties en het interpreteren van emotionele expressies (Pollak, 2008). Maar Goleman (1995) meent dat leren ook een positief effect kan hebben. Hij gaat ervan uit dat het een vaardigheid is die net als academische intelligentie kan worden aangeleerd. Steeds meer scholen in Nederland en België besteden aandacht aan de emotionele intelligentie van de leerlingen, in plaats van alleen maar aandacht te besteden aan het IQ. Bijvoorbeeld in vakken als maatschappijleer, godsdienst en levensbeschouwing is er aandacht voor maatschappelijke kwesties en het hebben van respect voor anderen. Goleman gelooft dat aandacht voor de ontwikkeling van emotionele intelligentie zal leiden tot betere relaties, een groter gevoel van eigenwaarde en mogelijk zelfs tot betere schoolprestaties. Het begrijpen en kunnen controleren van emoties zijn vaardigheden die kunnen worden geleerd (Clifton & Myers, 2005). Recente bevindingen van een team van Nederlandse onderzoekers lijken te bevestigen dat vaardigheden met betrekking tot emotionele intelligentie, tot op zekere hoogte, trainbaar zijn (Zijlmans et al., 2010). In hun onderzoek werden begeleiders van mensen met een verstandelijke beperking (een beroep waarbij emotionele vaardigheden zeer van belang zijn) getraind in hun emotionele vaardigheden. In dit vier maanden durende trainingsprogramma werd gebruikgemaakt van rollenspellen en groepsopdrachten, van verbale feedback op eigen individuele EQ-profielen en van videofeedback. Voor en na de training werd een zogeheten Bar-On EQ-i ingevuld en de scores hierop werden vergeleken met die van een controlegroep. Uit de resultaten concludeerde men dat de training ervoor zorgde dat het emotioneel functioneren van de begeleiders aanzienlijk verbeterde.

De onderzoekers Lieberman en Rosenthal (2001) stellen echter dat emotionele intelligentie mogelijk alleen een ander woord is voor extraversie, een persoonlijkheidskenmerk dat zijn wortels heeft in de biologie en in leerprocessen. Volgens hun onderzoek zijn introverten gewoon niet zo goed in het waarnemen van de emoties van anderen, vooral niet in omgevingen waarin multitasking nodig is. Lieberman en Rosenthal stellen tevens dat introverten misschien wel nooit kunnen leren even gevoelig voor anderen te zijn als extraverten.

Maar emotionele beheersing heeft ook een negatieve kant. Hoewel het ongebreideld uiten van emoties, met name negatieve emoties, tot problemen leidt, is een extreme beheersing van emoties evenmin gezond. Mensen die hiertoe neigen, zijn zo op hun hoede dat ze nooit van affectie, gevoel voor humor of onverbloemde ontevredenheid blijk geven. Uit onderzoek blijkt ook dat overdreven controle van emoties interfereert met het vermogen om emotioneel geladen gebeurtenissen te herinneren (Carpenter, 2000; Richards & Gross, 2000). In feite blijkt uit onderzoek dat emotioneel gezonde mensen weten hoe ze hun emoties moeten beheersen, hoe ze deze moeten uiten, en wanneer beheersen of uiten gepast is (Bonanno et al., 2004).

■ PSYCHOLOGISCHE KWESTIES

Misleiding opmerken

Hoe gemakkelijk is het voor mensen om hun emoties te verbergen als ze liegen? Als iemand 'je recht in de ogen kijkt' en niet nerveus met zijn handen frummelt, concludeer jij dan automatisch dat hij de waarheid spreekt? Als dat zo is, ben je een willig slachtoffer voor oplichters. Want mensen zijn over het algemeen erg slecht in het opmerken van een leugen. Een reden hiervoor is dat onze sociale interacties vaak plaatsvinden in vertrouwde situaties, waar we weinig aandacht besteden aan non-verbale signalen. Desondanks hebben experts op het gebied van misleiding ontdekt dat iemand die ons expres op het verkeerde been probeert te zetten, wel degelijk onwillekeurige non-verbale signalen 'uitzendt'. Als je in staat bent om deze signalen op te merken, ben je beter in staat om te bepalen of een verkoper tegen je liegt, of dat een politicus de waarheid geweld aandoet. Onthoud echter dat studies naar misleiding gebaseerd zijn op waarschijnlijkheden, niet op zekerheden. Dit onderzoek is vooralsnog geen exacte wetenschap.

In de Amerikaanse tv-serie *Lie to me* (ook in België en Nederland uitgezonden) wordt het bedrijf van Cal Lightman ingehuurd om in onderzoek misleiding op te merken en de waarheid boven tafel te krijgen. Zij maken hierbij onder meer gebruik van universele micro-expressie van emoties. Het personage van Lightman werd gebaseerd op Paul Ekman, de grondlegger van de theorie over de universele expressie van emotie (Ekman, 1992b, 1999, 2003). Ekman ontwikkelde ook het zogenoemde *Facial Action Encoding System*, waarmee micro-expressie van emotie in het menselijk gezicht kan worden gecodeerd (Ekman & Friesen, 1978; Ekman et al., 2002). Ook in Nederland worden sinds een aantal jaar verschillende trainingen en cursussen in het herkennen van micro-expressies aangeboden, die zijn gebaseerd op de theorie en methoden van Ekman.

De sleutel tot effectieve signalering van misleiding is het langdurig bestuderen van de gedragspatronen van de betrokkene. Als je zijn gedrag niet regelmatig kunt observeren, is het veel moeilijker om te beoordelen of iemand wel of niet eerlijk is (Marsh, 1988). Toch kunnen we je wat vuistregels geven voor situaties waarin elke mogelijkheid om misleiding te signaleren mooi is meegenomen (Adelson, 2004; DePaulo et al., 2003):

- Als dat wat wordt gezegd foutieve informatie bevat (en dus een leugen is), kost het de leugenaar enige cognitieve inspanning om de waarheid te verbergen. Dat leidt in zulke gevallen tot verscherpte aandacht (toegeknepen pupillen), langere pauzes tijdens het spreken (zorgvuldige woordkeuze) en verkramptere bewegingen en gebaren (om de waarheid niet te 'laten ontglippen').

- Soms bekennen misdadigers betrokkenheid bij een misdaad terwijl er ander specifiek bewijsmateriaal bestaat waaruit blijkt dat ze liegen; ze doen dit mogelijk om de mate van hun betrokkenheid bij de misdaad te minimaliseren. Uit analyse van opnamen van zulke bekentenissen blijkt dat de leugenaar de neiging heeft de verdraaide of gefalsificeerde details van het verhaal te herhalen (Dingfelder, 2004c).

- Als de leugen te maken heeft met het verbergen van iemands werkelijke gevoelens van woede of enthousiasme (zoals een goede pokerspeler doet als hij goede kaarten heeft) dan kan de leugenaar lichamelijk en gedragsmatig meer arousal vertonen. Dat blijkt uit veranderingen van houding, versprekingen, nerveuze gebaren (door het haar of over het gezicht strijken) en schouders ophalen (als om de leugen af te schudden).

- We kunnen ons gezicht gemakkelijker in de plooi houden dan ons lichaam. Zo kan iemand die jou wil misleiden zijn best doen om een 'pokerface' op te zetten, maar vergeten om de signalen van zijn lichaam te onderdrukken. Let dus op de lichaamsbewegingen van de spreker: Zijn ze ritmisch? Zijn ze ingestudeerd? Bewegen de handen zich vrijelijk of juist onrustig?

- Soms verraden de ogen de bedrieger, vooral als hij er gelukkig of geamuseerd probeert uit te zien terwijl hij dat niet is. Terwijl onze aandacht zich van nature richt op een glimlach als indicator van geluk

of geamuseerdheid, kan deze veel gemakkelijker worden gemanipuleerd dan de spieren rond de ogen. Alleen bij een echte grijns of glimlach rimpelen de oogspieren de huid aan beide zijden van de ogen. Je kunt in het kader 'Doe het zelf!' onderzoeken hoe goed je een echte van een valse glimlach weet te onderscheiden.

- Het vermogen om 'iemand recht in de ogen te kijken' is eigenlijk een redelijk goede indicator van de waarheid, maar alleen als je te maken hebt met mensen die gewoonlijk de waarheid vertellen. Hun amateuristische poging om te liegen uit zich in dat geval in een afgewende blik, minder knipperen met de ogen (de aandacht is op iets anders gericht) en minder glimlachen. Let wel: een geoefende leugenaar kan je met een stalen gezicht de grootste onzin verkopen.

- Cultuur is van invloed op de wijze waarop we de waarheid van leugens onderscheiden. Daardoor is het voor mensen gemakkelijker leugenaars te herkennen onder mensen uit hun eigen cultuur dan onder mensen uit een andere cultuur. Bij een onderzoek bleek bijvoorbeeld dat Jordaniërs meestal geanimeerder zijn dan Amerikanen wanneer ze spreken en dat Amerikanen dat onterecht als 'nervositeit' interpreteren en oordelen dat de Jordaniër liegt (Bond & Atoum, 2000; Dingfelder, 2004c).

⊕ DOE HET ZELF! Het zit in de ogen

Weet jij of mensen oprecht zijn als ze tegen je glimlachen? Een gemeende glimlach wordt niet alleen met de mond gemaakt, maar met het hele gezicht, vooral met de ogen. Wanneer we werkelijke vreugde of vrolijkheid voelen, raakt de huid rond de ogen gerimpeld door de oogkringspier.

Laten we dit in gedachten houden en de twee afbeeldingen van glimlachende gezichten bekijken en zien of we kunnen bepalen welke de werkelijke glimlach is en welke geforceerd is. In de tekst kun je lezen welke tekens een valse glimlach verklikken.

Kritisch denken toegepast

Hoe zit het met zogenoemde leugendetectors, die vooral in de Verenigde Staten worden gebruikt, maar ook in Nederland en België bij strafzaken gebruikt mogen worden? Ga naar 'In de praktijk' in de MyLab mediatheek voor een nader onderzoek van deze instrumenten.

Bron: (links en rechts) Dacher Keltner, UC Berkley.

Ga naar **www.pearsonmylab.nl** om je kennis en begrip van deze paragraaf te testen met de MyMap, MyCheck en MyDefinitions.

SAMENVATTING VAN HET HOOFDSTUK

CENTRALE VRAAG: Motivatie is grotendeels een innerlijk en subjectief proces. Hoe kunnen we vaststellen wat mensen als Maarten van der Weijden motiveert om koste wat kost de beste van de wereld te willen zijn op hun gebied?

- Vanwege het subjectieve karakter van motivatie zijn psychologen gedwongen om de onderliggende processen indirect te bestuderen, aan de hand van allerlei methoden, zoals studies naar dieren, de *TAT* en hersenscans.
- Psychologen hebben vastgesteld dat er allerlei belangrijke factoren van invloed zijn op motivatie, zoals cultuur, doelen, onbewuste processen, verscheidene biologische factoren en sociale dwang. Beloningen, zowel intrinsieke als extrinsieke, zijn ook belangrijk.
- Een van de belangrijkste kwesties is welke prioriteit we aan onze motieven geven; een kwestie die Maslow heeft behandeld in zijn beroemde behoeftehiërarchie. Recentelijk hebben evolutiepsychologen deze behoeftehiërarchie aangepast. Veel sporters, artiesten en kunstenaars doen veel van hun werk kennelijk in een toestand van flow: een mentale gesteldheid waarin iemand zich concentreert op een intrinsiek lonende taak en alle andere behoeften zelfs kan uitsluiten.

- Als we iemands motivatie willen begrijpen, moeten we ook zijn emoties begrijpen, want emoties zijn een klasse motieven die worden opgewekt door personen, voorwerpen en situaties in de wereld buiten het individu. Emoties dienen als de 'waarden' die we aan alternatieven hechten bij het maken van keuzes en het nemen van beslissingen.

KERNVRAAG 9.1

▶ Wat motiveert ons?

Het concept **motivatie** verwijst naar interne processen die gedrag selecteren en sturen om een bepaald doel te bereiken. Motivatie helpt ook gedrag uit te leggen dat niet alleen op grond van omstandigheden kan worden verklaard. Psychologen vinden het nuttig om onderscheid te maken tussen **intrinsieke motivatie** en **extrinsieke motivatie**.

David McClelland was pionier op het gebied van de **prestatiedrang** (**n Ach**), een motief dat belangrijk is voor A&O-psychologen, die motivatie en voldoening op het gebied van werk bestuderen. Prestatiedrang hangt ook samen met studiesucces en andere resultaten in het leven. Maar volgens McClelland zijn de behoeften aan macht en affiliatie net zo belangrijk als *n Ach*. Uit crosscultureel onderzoek blijkt ook dat de intensiteit van de behoefte aan prestaties per maatschappij verschilt, afhankelijk van hun oriëntatie op **individualisme** of **collectivisme**.

Psychologen hebben ontdekt dat extrinsieke beloningen de motivatie voor intrinsiek lonende taken teniet kunnen doen door **overrechtvaardiging**. Dat is vooral het geval als beloningen worden gegeven zonder aandacht voor de kwaliteit van de prestatie.

Grote prestaties zijn meestal afkomstig van mensen in een toestand van **flow**. Degenen die in een toestand van flow verkeren, worden intrinsiek gemotiveerd door een probleem of een activiteit. Het gebruik van middelen of alcohol om een kunstmatig gevoel van flow te bereiken is meestal niet effectief.

● **KERNCONCEPT 9.1**
Motieven zijn innerlijke drijfveren om op een bepaalde manier te handelen, al kunnen ze door allerlei factoren worden beïnvloed, zowel interne als externe.

KERNVRAAG 9.2

▶ Hoe worden onze motivatieprioriteiten gesteld?

Psychologen hebben biologische motivatie uitgelegd met behulp van de **instincttheorie**, **gefixeerde actiepatronen** en de **drijfveertheorie**, alsmede **homeostase**. Cognitief psychologen leggen de nadruk op biologische motieven. Freud vroeg aandacht voor onbewuste motivatie en stelde dat al onze motieven voortvloeien uit onbewuste seksuele en agressieve verlangens. Maar geen van deze benaderingen kan het hele spectrum aan menselijke motivaties met succes verklaren.

Met zijn invloedrijke **behoeftehiërarchie** probeerde Maslow de prioriteiten te verklaren die lijken te gelden voor menselijke motieven. Critici hebben echter allerlei uitzonderingen op de geldigheid van deze hiërarchie naar voren gebracht. Recentelijk hebben evolutiepsychologen Maslows theorie herzien met de suggestie dat onze 'standaard'-motivatieprioriteiten kunnen veranderen, afhankelijk van ontwikkelingsfactoren en belangrijke (proximale) stimuli.

Als we iemands motivatie willen begrijpen, zijn diens extrinsieke prikkels en bedreigingen een goed uitgangspunt. Een nieuwe toevoeging aan de theorie over motivatie is de **zelfdeterminatietheorie (ZDT)**, die ervan uitgaat dat mensen van nature proactief hun omgeving vormgeven en dat deze activiteit gericht is op groei en integratie.

● **KERNCONCEPT 9.2**
Een nieuwe theorie die Maslows hiërarchie combineert met evolutionaire psychologie, stelt dat functionele, proximale en ontwikkelingsfactoren bepalen welke motieven prioriteit krijgen.

KERNVRAAG 9.3

▶ Waar staan honger en seksuele motivatie in de motivatiehiërarchie?

Honger is zowel een biologisch als een psychologisch motief, dat het best kan worden uitgelegd aan de hand van een meervoudigesystemenbenadering. Westerlingen krijgen gemengde boodschappen uit de media, die zowel slank zijn als calorierijk voedsel promoten, wat waarschijnlijk een rol speelt in stoornissen als obesitas, **anorexia nervosa** en **boulimia nervosa**. De oorsprong van deze problemen is niet helemaal duidelijk, al denkt men dat er zowel biologische als sociale factoren bij betrokken zijn.

'Wilskracht' is een veelgebruikte term in het dagelijks taalgebruik, maar psychologen vermijden deze, omdat de term suggereert dat het een afzonderlijke eigenschap van de geest is. Zij geven de voorkeur aan 'impulscontrole' of 'zelfbeheersing', termen die met behulp van hersenmechanismen en omgevingsinvloeden kunnen worden verklaard. Onlangs hebben onderzoekers ontdekt dat impulscontrole een cognitieve tol eist, meetbaar als een daling van de bloedsuikerspiegel.

In tegenstelling tot honger en gewichtscontrole berust de seksuele drijfveer niet op homeostase. De seksuele motivatie is wel sterk geworteld in onze biologische natuur, maar leerprocessen spelen ook een rol, in het bijzonder bij mensen. Masters en Johnson waren de eersten die in het laboratorium uitgebreid onderzoek deden naar seksueel gedrag; zij ontdekten dat de **seksuele responscyclus** van de man en de vrouw sterke overeenkomsten vertonen. Degenen die het controversiële evolutionaire perspectief aanhangen, betogen dat verschillen tussen mannelijke en vrouwelijke seksualiteit het gevolg zijn van conflicterende voortplantingstrategieën en vanuit de grote biologische investering die vrouwen doen bij zwangerschap; beide factoren leiden volgens hen tot een grotere promiscuïteit bij mannen.

Net als in Maslows piramide krijgt honger in de nieuwe evolutionaire hiërarchie prioriteit boven seks, al is de hiërarchie niet vaststaand.

● **KERNCONCEPT 9.3**
Hoewel ze in veel opzichten van elkaar verschillen, hebben honger en seks allebei een evolutionaire oorsprong en nemen beide een belangrijke plaats in de motivatiehiërarchie in.

KERNVRAAG 9.4

▶ Hoe motiveren onze emoties ons?

Emotie is een proces waarbij vier hoofdcomponenten betrokken zijn: fysiologische arousal, cognitieve interpretatie, subjectieve gevoelens en gedragsmatige uitingen. Emoties kunnen ook als motieven werken. Evolutionair gezien kunnen we met behulp van emoties steeds terugkerende stimuli opzoeken dan wel mijden, een vermogen dat van belang is voor onze overleving en de voortplanting. Sociaal gezien hebben emotionele uitingen de functie gevoelens en bedoelingen over te brengen, een functie waarbij mogelijk 'spiegelneuronen' een rol spelen.

De meeste experts benoemen een beperkt aantal basisemoties die, gecombineerd, een groter aantal secundaire emoties produceren. Ten minste zeven gezichtsuitdrukkingen van emotie worden universeel in alle culturen begrepen, ondanks het feit dat deze uitdrukkingen door cultuurspecifieke **uitingsregels** kunnen worden gemodificeerd. Deze universele emoties zijn waarschijnlijk biologisch verankerd.

Enkele emotionele verschillen tussen mannen en vrouwen zijn bepaald door biologische factoren. Tegelijkertijd blijkt uit culturele verschillen dat enkele sekseverschillen ten aanzien van emoties zijn aangeleerd. Dit geldt met name voor verschillen over het beheersen van emotionele uitingen. Ondanks de verschillen kan niet worden gezegd dat het ene geslacht emotioneler is dan het andere.

● **KERNCONCEPT 9.4**
Emoties zijn een speciale klasse motieven die ons helpen om te gaan met belangrijke (meestal externe) situaties en onze bedoelingen aan anderen over te brengen.

KERNVRAAG 9.5

▶ ## Waar komen onze emoties vandaan?

De neurowetenschap heeft aan het licht gebracht dat de hersenen twee verschillende systemen bevatten die bij emotionele verwerking betrokken zijn. Het ene systeem, een systeem met een snelle respons, opereert voornamelijk op onbewust niveau en is verankerd in diepliggende limbische structuren, met name de amygdala. Het andere systeem heeft te maken met bewuste verwerking in de cortex. De banen van deze systemen kruisen elkaar in de ventromediale prefrontale cortex. Emoties veroorzaken ook lichamelijke veranderingen in reactie op boodschappen van het autonome zenuwstelsel en het hormoonstelsel.

De **omgekeerde 'U'-theorie** beschrijft de complexe relatie tussen emotionele arousal en prestatie: een toegenomen arousal verbetert de prestatie, maar slechts tot een bepaald niveau van optimale arousal, die afhankelijk is van de complexiteit van de taak. **Sensatiezoekers** lijken een bijzonder hoge behoefte aan arousal te hebben.

Nu er inzicht is in de manier waarop deze twee emotiesystemen werken, komt er ook langzaam een eind aan een paar oude controverses over de rol van cognitie en fysieke responsen in emoties. De **James-Lange-theorie** zei dat fysieke sensaties en fysieke responsen emotionele gevoelens opleveren. De **Cannon-Bard-theorie** beweerde daarentegen dat onze cognitieve beoordeling tegelijkertijd zowel emoties als de bijbehorende fysieke responsen oplevert. In Stanley Schachters **tweefactorentheorie** werd gesuggereerd dat emoties het resultaat zijn van de cognitieve beoordeling van zowel onze innerlijke fysieke toestand als de externe situatie. Onderzoek toont aan dat alle drie gezichtspunten een deel zijn van de waarheid.

De kenmerken van emotionele intelligentie worden niet gemeten op de traditionele IQ-test. EQ wordt gekenmerkt door het vermogen om je eigen emoties te beheersen, een essentiële vaardigheid als je goede sociale relaties wilt onderhouden. Je kunt leren om je emoties in bedwang te houden. Uit tests van de emotionele intelligentie blijkt dat degenen die hoog scoren, meestal succesvol zijn in sociale situaties.

● ## KERNCONCEPT 9.5
Onderzoek heeft duidelijk gemaakt welke processen ten grondslag liggen aan zowel ons bewuste als ons onbewuste gevoelsleven.

 Op **www.pearsonmylab.nl** vind je tools en toetsen om je begrip en kennis van dit hoofdstuk uit te breiden en te oefenen.

BELANGRIJKE BEGRIPPEN

Anorexia nervosa (p. 357)

Behoefte (p. 348)

Behoeftehiërarchie (p. 350)

Biologische drijfveer (p. 348)

Boulimia nervosa (p. 357)

Cannon-Bard-theorie (p. 377)

Collectivisme (p. 345)

Drijfveertheorie (p. 348)

Emotie (p. 365)

Emotionele intelligentie (p. 379)

Extrinsieke motivatie (p. 343)

Flow (p. 346)

Functioneel analyseniveau (p. 351)

Gefixeerd actiepatroon (p. 348)

Homeostase (p. 348)

Individualisme (p. 345)

Instincttheorie (p. 347)

Intrinsieke motivatie (p. 343)

James-Lange-theorie (p. 377)

Lateralisatie van emoties (p. 372)

Motivatie (p. 343)

Omgekeerde 'U'-functie (p. 375)

Ontwikkelingsanalyseniveau (p. 352)

Overrechtvaardiging (p. 345)

Prestatiedrang (need for achievement, n Ach) (p. 344)

Proximaal analyseniveau (p. 352)

Seksuele responscyclus (p. 361)

Sensatiezoeker (p. 375)

Set point (p. 355)

Tweefactortheorie (p. 378)

Uitingsregels (p. 369)

Zelfdeterminatietheorie (ZDT) (p. 353)

▶ KERNVRAGEN	● KERNCONCEPTEN	■ IN DE PRAKTIJK

10.1 Door welke krachten wordt de persoonlijkheid gevormd?

10.1.1 Biologie, menselijke natuur en persoonlijkheid

10.1.2 De effecten van nurture: persoonlijkheid en de omgeving

10.1.3 De effecten van nature: karakter en psychische processen

10.1.4 Sociale en culturele bijdragen aan de persoonlijkheid

10.1 De persoonlijkheid wordt gevormd door de gecombineerde krachten van biologische, situationele en psychologische processen, die allemaal in een context van sociaal-culturele en ontwikkelingsfactoren zijn ingebed.

Psychologische kwesties
Ongewone mensen en ongewoon gedrag verklaren

- -

10.2 Uit welke blijvende patronen of disposities bestaat onze persoonlijkheid?

10.2.1 Persoonlijkheid en temperament

10.2.2 Persoonlijkheid als verzameling karaktertrekken

10.2 Volgens alle dispositionele theorieën bestaat er een kleine groep van persoonlijkheidskenmerken die temperamenten, karaktertrekken of typen worden genoemd; het individu vertoont met betrekking tot deze kenmerken gedurende zijn hele leven een consistent beeld.

Psychologische kwesties
Bepaal je eigen persoonlijkheidstype op
www.pearsonmylab.nl

- -

10.3 Op welke manier helpen mentale processen bij het vormen van onze persoonlijkheid?

10.3.1 De psychodynamische theorieën: nadruk op motivatie en psychische stoornissen

10.3.2 De humanistische theorieën: nadruk op menselijk potentieel en geestelijke gezondheid

10.3.3 De sociaal-cognitieve theorieën: nadruk op sociaal leren

10.3.4 Huidige trends: de persoon in een sociaal systeem

10.3 Hoewel volgens de procestheorieën verschillende krachten in de persoonlijkheid aan het werk zijn, is de persoonlijkheid volgens elk van deze theorieën het resultaat van zowel interne psychische processen als van sociale interacties.

Doe het zelf!
Waar ligt jouw locus of control?

Psychologie gebruiken om psychologie te leren
op www.pearsonmylab.nl

- -

10.4 Welke theorieën gebruiken mensen om zichzelf en anderen te begrijpen?

10.4.1 Impliciete persoonlijkheidstheorieën

10.4.2 Self-narratives: het verhaal over het eigen leven

10.4.3 De effecten van cultuur op onze kijk op de persoonlijkheid

10.4 Ons inzicht in onszelf en anderen is gebaseerd op impliciete theorieën van de persoonlijkheid en op onze eigen levensverhalen – factoren die beide door cultuur worden beïnvloed.

Kritisch denken toegepast
De controverse persoon-situatie

- -

CENTRALE VRAAG: Welke invloeden hebben geresulteerd in de unieke gedragspatronen en consistentie in de persoonlijkheid van Mary Calkins?

10 PERSOONLIJKHEID: THEORIEËN VAN DE GEHELE PERSOON

Foto: www.by-angie.eu.

Beschouw je jezelf als uniek? Of vind je dat je bent als de meeste andere mensen? Vinden je vrienden en familie jou en de manier waarop je je in verschillende situaties gedraagt consequent en voorspelbaar? De meeste mensen gaan ervan uit dat de manier waarop ze zich gewoonlijk gedragen hoofdzakelijk wordt bepaald door genen, karakter, persoonlijkheidskenmerken en een aantal innerlijke determinanten, die alles bij elkaar hun wezenlijke zelf vormen. Het idee dat je een uniek individu bent met een zelf dat jou anders maakt dan alle anderen is een aanname die we zelden ter discussie stellen. Maar de meesten van ons staan er waarschijnlijk niet bij stil dat het

concept van het zelf grotendeels dankzij Mary Whiton Calkins (1863-1930) een plaats heeft gekregen in de psychologie; zij heeft uitgebreid over het zelf geschreven. Ook heeft ze er haar hele leven voor gestreden om als competent geleerde te worden erkend door een academische wereld die haar afwees omdat ze een vrouw was (Calkins, 1906, 1930; DiFebo, 2002).

Mary Calkins kwam de psychologie via de achterdeur binnen. Wellesley College, waar ze talen onderwees, erkende haar als een uitstekend docent. Daarom kreeg ze een baan aangeboden in de prille wetenschap van de psychologie, uiteraard op voorwaarde dat ze hierin zou worden opgeleid. Dit was op universiteiten een gebruikelijke manier van doen aan het einde van de negentiende eeuw. Het was echter niet gemakkelijk een reguliere universiteit te vinden die vrouwen aannam. Aan Harvard maakte Mary kans, vooral omdat de legendarische William James haar als student wilde hebben. Er was echter één obstakel: Harvard accepteerde in die tijd geen vrouwelijke studenten. De rector, Charles Eliot, was een sterk voorstander van gescheiden onderwijs voor mannen en vrouwen, maar hij zwichtte voor de druk van James en andere leden van de afdeling psychologie. Aan de toelating van Mary Calkins verbond de rector wel de voorwaarde dat de studente de colleges als toehoorder zou bijwonen en niet in aanmerking zou komen voor een graad. (Harvard heeft tot 1963 geweigerd vrouwen een doctoraaldiploma te verlenen.)

In de lente van 1895 rondde Calkins haar academische studie af. Zij had grensverleggend onderzoek verricht naar de werking van het geheugen, en schreef daar haar proefschrift over: *Association: An Essay Analytic and Experimental.* De opstandige psychologiefaculteit van Harvard organiseerde een ongeautoriseerde mondelinge verdediging van haar proefschrift en diende een petitie in bij de raad van bestuur om haar de doctorstitel te verlenen. William James prees haar prestatie als 'het meest briljante examen voor de doctorstitel dat we aan Harvard hebben gehad'. Het bestuur weigerde echter. Een woedende William James vertelde Calkins dat de actie van Harvard genoeg was om haar en alle andere vrouwen 'te bewegen tot terroristische actie' (Furumoto, 1979, pag. 350). Hoewel Mary Calkins de doctorstitel die ze had verdiend niet kreeg, keerde ze terug naar Wellesley, waar ze, zoals beloofd, als docent psychologie werd verwelkomd. Behalve docent was ze een productief geleerde en ze publiceerde uiteindelijk meer dan honderd artikelen en boeken, waaronder haar best verkopende titel *An Introduction to Psychology*. In 1902 weigerde ze de 'troostprijs' van een doctorstitel van Radcliffe College, een vrouwenuniversiteit die aan Harvard was verbonden. En in 1905 werd ze de eerste vrouwelijke voorzitter van de American Psychological Association.

Persoonlijkheid: De psychologische kenmerken die een zekere continuïteit verlenen aan het gedrag van een individu in verschillende situaties en op verschillende momenten.

Mary Whiton Calkins, de eerste vrouwelijke voorzitter van de APA, kreeg nooit de doctorstitel die ze verdiend had.

Bron: Archives of the History of American Psychology.

Het begrip **persoonlijkheid** slaat op de psychologische eigenschappen die een zekere continuïteit verlenen aan het gedrag van een individu in verschillende situaties en op verschillende momenten. Het is een veelomvattend concept dat we kunnen beschouwen als de rode draad van ons leven (Cervone & Shoda, 1999). Als die draad onverhoopt zou breken, kan dit ertoe leiden dat een persoonlijkheid beladen raakt met de inconsequenties die we bijvoorbeeld zien bij manischdepressieve psychose, schizofrenie of de 'meervoudige persoonlijkheidsstoornis'. De psycholoog die de puzzel van de persoonlijkheid wil oplossen, moet alle verschillende delen waaruit een persoonlijkheid bestaat met elkaar verbinden. Hiertoe dient alles wat we tot nu toe hebben bestudeerd te worden geïntegreerd: leren, perceptie, ontwikkeling, motivatie, emotie en al het overige, in een poging het individu als geheel te begrijpen. In hoofdstuk 1 hebben we dit het *perspectief vanuit de gehele persoon* genoemd.

In sommige opzichten is het begrip *persoonlijkheid* tamelijk eenvoudig, omdat wij mensen allemaal enigszins op elkaar lijken. Over het algemeen geven we de voorkeur aan genot boven pijn, zoeken we naar betekenis in ons leven en beoordelen we elkaar vaak aan de hand van normen die door het gedrag van anderen worden gesteld. Afgezien van deze duidelijke overeenkomsten, zijn we echter ook unieke individuen: ieder van ons is anders dan alle anderen. De persoonlijkheidsleer is dus ook de psychologie van individuele verschillen: wat maakt dat we anders denken, voelen en doen dan anderen in dezelfde situatie?

Hoe gaat een psycholoog te werk als hij inzicht wil krijgen in de persoonlijkheid? Laten we dit aan de hand van Mary Calkins illustreren; haar persoonlijkheid staat centraal in dit hoofdstuk.

CENTRALE VRAAG: Welke invloeden hebben geresulteerd in de unieke gedragspatronen en consistentie in de persoonlijkheid van Mary Calkins?

Werd haar persoonlijkheid vooral gevormd door de mensen om haar heen en de gebeurtenissen in haar leven? Of berustten haar moed en vastberadenheid meer op innerlijke eigenschappen; was dat haar fundamentele aard? Waarschijnlijk herken je in deze twee mogelijkheden een voorbeeld van de controverse tussen aangeboren en aangeleerd, zoals we die eerder zijn tegengekomen. Het antwoord luidt natuurlijk: beide. Mary Calkins' persoonlijkheid is gevormd door een samenspel van ervaring én innerlijke factoren, net als onze eigen persoonlijkheid. Dit hoofdstuk bevat een aantal theoretische verklaringen over wat persoonlijkheid precies is. Gaandeweg zul je ontdekken dat sommige theorieën meer nadruk leggen op aangeboren factoren, terwijl andere meer naar leeraspecten kijken. Je zult er ook achter komen dat bepaalde theorieën speciaal geschikt zijn voor specifieke problemen, zoals die zich voordoen in de volgende situaties:

- Als je snel een overzichtelijk beeld wilt hebben van de huidige persoonlijkheidskenmerken van een individu – misschien van iemand die solliciteert naar een functie in je bedrijf – kom je een heel eind met een van de theorieën over *temperamenten*, *trekken* of *typen*. Het tweede deel van dit hoofdstuk is aan deze theorieën gewijd.
- Als je een manier zoekt om iemand te begrijpen – bijvoorbeeld een vriend die jou om advies vraagt – en je deze persoon beschouwt als een zich ontwikkelend, veranderlijk wezen, ben je waarschijnlijk het beste geholpen met de *psychodynamische*, de *humanistische* of de *sociaal-cognitieve persoonlijkheidstheorieën*. Deze theorieën komen in het derde deel van dit hoofdstuk aan de orde.
- Als je geïnteresseerd bent in de manier waarop individuen elkaar begrijpen – omdat je relatietherapeut of mediator bent – wil je graag weten welke ideeën mensen over elkaar hebben. Je bent op zoek naar hun *impliciete persoonlijkheidstheorieën*. Daarover gaat het laatste deel van dit hoofdstuk.
- En als je je afvraagt of mensen elkaar overal ter wereld op dezelfde manier begrijpen, zal je interesse vooral uitgaan naar het *crossculturele* onderzoek naar de persoonlijkheid. Informatie over zulk onderzoek vind je terug in het gehele hoofdstuk.

In de volgende paragraaf beginnen we onze verkenning van de persoonlijkheid met een overzicht van de krachten die ieder van ons hebben gevormd.

KERNVRAAG 10.1

▶ Door welke krachten wordt de persoonlijkheid gevormd?

Persoonlijkheid maakt ons niet alleen menselijk, maar door onze persoonlijkheid verschillen we ook van alle andere mensen. We zouden persoonlijkheid kunnen beschouwen als de 'standaardinstellingen' van ons unieke patroon van motieven, emoties en percepties, in combinatie met de aangeleerde schema's die we toepassen om onszelf en onze wereld te begrijpen (McAdams & Pals, 2006). Persoonlijkheid is ook de collectieve term voor de eigenschappen die ons maken tot wie we zijn. Dit alles is op zijn beurt ingebed in de context van onze cultuur, sociale relaties en ontwikkelingsniveau. Met andere woorden: onze persoonlijkheid bestaat uit vrijwel alle aspecten van ons wezen (zie figuur 10.1). We kunnen dit idee vastleggen in het kernconcept van deze paragraaf.

● KERNCONCEPT 10.1

De persoonlijkheid wordt gevormd door de gecombineerde krachten van biologische, situationele en psychologische processen, die allemaal in een context van sociaal-culturele en ontwikkelingsfactoren zijn ingebed.

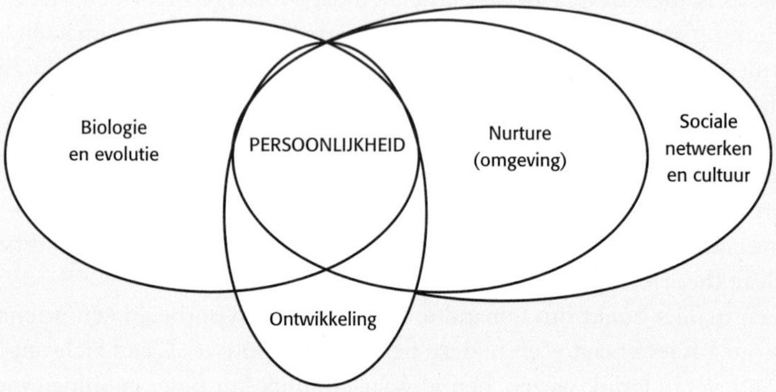

Figuur 10.1

Persoonlijkheid als de psychologie van de gehele persoon

We kunnen persoonlijkheid beschouwen als de doorsnede van alle psychologische kenmerken en processen die ons menselijk maken, maar tegelijkertijd ervoor zorgen dat ieder mens uniek is.

Laten we elk van deze elementen van de persoonlijkheid eens bekijken, te beginnen met een overzicht van de biologische en evolutionaire krachten.

10.1.1   Biologie, menselijke natuur en persoonlijkheid

Als twee laboratoriumratten in een kooi worden geplaatst waarvan de bodem herhaaldelijk onder stroom wordt gezet, zullen de ratten elkaar gaan aanvallen. Iets dergelijks zien we bij mensen die uithalen naar elk geschikt doel als ze pijn lijden. Zo raakten in 1994 in het Afrikaanse land Rwanda, waar al lang sociale spanningen waren, twee bevolkingsgroepen slaags in een verbijsterend bloedbad waarbij vermoedelijk driekwart miljoen mensen om het leven kwamen.

Dit zijn voorbeelden van wat Sigmund Freud *verplaatsing van agressie* noemde. Soms noemen we dit verschijnsel *het aanwijzen van een zondebok*, verwijzend naar het oude Hebreeuwse ritueel waarbij de zonden van een stam symbolisch werden overgedragen op een bok die de woestijn in werd gedreven om te sterven. Een hypothetisch geval van displacement van agressie is de suggestie van William James dat de weigering van Harvard om Mary Calkins de graad te geven die ze had verdiend, genoeg was om haar en alle andere vrouwen in terroristen te veranderen.

Natuurlijk kan geweld, moord of genocide nooit worden gerechtvaardigd, maar misschien kunnen deze vormen van agressie wel worden verklaard. Volgens David Barash (2007) is de menselijke geschiedenis het verhaal van mensen die op pijnlijke of bedreigende situaties hebben gereageerd door naar het dichtstbijzijnde doel uit te halen. Degenen die dat deden, hadden een duidelijk evolutionair voordeel ten opzichte van degenen die het rustig 'ondergingen', omdat ze minder kans hadden een volgende keer zelf slachtoffer te worden. Ze hadden ook meer kans zich voort te planten en deze neiging tot agressie en tot displacement op hun nakomelingen over te dragen.

Displacement van agressie is niet de enige menselijke eigenschap die in onze biologie lijkt te zijn ingebouwd. Zoals we eerder hebben opgemerkt, geven de meeste mensen de voorkeur aan genot, vooral als het gaat om seksueel genot, boven pijn. De duidelijke menselijke neiging tot seks en agressie klopt met het idee van Darwin dat we nakomelingen zijn van een lange lijn van voorouders die waren gemotiveerd om te overleven en zich voort te planten. Sigmund Freud nam dit idee over en betoogde dat alles wat we doen, voortkomt uit een op seks gebaseerd 'overlevingsinstinct' en een 'instinctieve' neiging tot verdediging en agressie. Volgens andere theoretici is de persoonlijkheid ook op andere motieven gebaseerd, zoals sociale motieven, die ongetwijfeld enige basis hebben in de biologie. Evenals mieren en bijen, zo verklaren zij, zijn wij mensen ook 'sociale wezens'.

Welk standpunt is juist? Uit de moderne neurologie en evolutionaire psychologie blijkt dat het onjuist is te veronderstellen dat al het menselijk gedrag door slechts enkele basale motieven wordt veroorzaakt (McAdams & Pals, 2006). Het beeld dat in de wetenschap naar voren komt, is veel complexer. Wij (dat wil zeggen, onze hersenen) lijken te bestaan uit een verzameling 'modulen' waarvan elk zich heeft gespecialiseerd in, dat wil zeggen is aangepast aan, de realisatie van een specifiek doel. Dit zou de reden kunnen zijn dat we zo veel motieven hebben, die stuk voor stuk hun eigen regels hebben voor de manier waarop ze invloed op ons uitoefenen, zoals we in het vorige hoofdstuk hebben gezien. Seks, agressie, honger, affiliatie, dorst en prestaties: elk motief is een afzonderlijke module in de hersenen, maar ook vormt de manier waarop een motief ons beïnvloedt een deel van de eenheid die we 'persoonlijkheid' noemen.

William James onderzocht bewustzijn en was geïnteresseerd in de manier waarop de geest gedrag stuurt.
Bron: Harvard University Archives, HUP James, W.

10.1.2   De effecten van nurture: persoonlijkheid en de omgeving

Niet alles kan aan de hand van biologie en evolutie worden verklaard. Ondanks het feit dat de genetica steeds meer inzicht biedt in het verband tussen erfelijkheid en gedrag, is het toch duidelijk dat ons gedrag voor een belangrijk deel gevormd wordt volgens de principes van behavioristische conditionering, cognitief leren en sociale psychologie (Robins, 2005).

Welke omgeving heeft de sterkste invloed? Veel persoonlijkheidstheoretici leggen de nadruk op ervaringen opgedaan in de vroege jeugd. Vanuit dit perspectief wordt je eigen persoonlijkheid in sterke mate door je ouders gevormd, niet alleen door hun genen, maar ook door de omgeving die ze je geven (aangenomen dat je door je ouders bent opgevoed). Aan het andere uiterste zien we dat kinderen die vrijwel geen menselijk contact hebben gehad, zoals kinderen die opgroeien in weeshuizen waar ze worden verwaarloosd, een belemmerde ontwikkeling vertonen (Nelson et al., 2007; Spitz, 1946, Rutter, 2011). Omgevingsinvloeden worden zeer belangrijk geacht. Persoonlijkheidspsycholoog Walter Mischel (2003) heeft zelfs gesuggereerd dat alle andere effecten, met inbegrip van alle aangeboren eigenschappen, door deze invloeden worden overstemd. Denk maar eens aan alle 'bevelen' die je op een dag krijgt en die je gedrag bepalen: zoals het bevel van de wekker die afgaat, het bevel van het rode verkeerslicht, en het bevel dat is vervat in de vraag 'Hoe gaat het ermee?' Heeft Mischel gelijk? We zullen dit onderwerp, dat de persoon-situatiecontroverse wordt genoemd, in het kader 'Kritisch denken toegepast' aan het einde van dit hoofdstuk onderzoeken.

◀◀   **Verbinding hoofdstuk 4**
De omgeving beïnvloedt ons vaak via operante conditionering en klassieke conditionering (p. 144).

10.1.3   De effecten van nature: karakter en psychische processen

Hoe belangrijk de omgeving ook is, we moeten al onze ervaringen ook door een reeks interne mentale 'filters' laten lopen; deze filters representeren kernelementen van de persoonlijkheid. Stel bijvoorbeeld dat je een *extravert* persoon bent, die het liefst in het gezelschap van andere mensen verkeert. In dat geval zul je je ervaringen vanuit een extravert standpunt interpreteren. De dimensie introvert-extravert is een voorbeeld van een *beschrijvende persoonlijkheidstheorie*; bij dit type theorie ligt de nadruk op de betrekkelijk stabiele persoonlijkheidskenmerken of **karaktertrekken** van een individu. Andere theorieën, zogenoemde

Karaktertrek: Stabiel persoonlijkheidskenmerk waarvan men aanneemt dat het zich in het individu bevindt en dat in verschillende omstandigheden een leidraad vormt voor zijn of haar gedachten en handelingen.

Persoonlijkheidsproces: De interne werking van de persoonlijkheid, omvat motivatie, emotie, perceptie en leren en daarnaast ook onbewuste processen.

procestheorieën, gaan verder dan beschrijven alleen en verklaren de persoonlijkheid in termen van de interne **persoonlijkheidsprocessen** die we in dit boek bestuderen – motivatie, perceptie, leren en ontwikkeling – en op basis van bewuste en onbewuste processen. Voor een volledige verklaring van de persoonlijkheid lijken we zowel de karaktertheorieën als de procestheorieën nodig te hebben, theorieën die we verderop in dit hoofdstuk tegenkomen.

10.1.4 Sociale en culturele bijdragen aan de persoonlijkheid

Volgens crosscultureel psycholoog Juris Draguns (1979) is het concept persoonlijkheidstheorie op zichzelf al een westerse (Euro-Amerikaanse) uitvinding. Het is dan ook geen verrassing dat de meest controversiële en invloedrijke theorieën over persoonlijkheid zijn ontwikkeld door mensen die zijn opgeleid in het denkkader van de westerse sociale wetenschappen. Dat kader heeft een ingebouwde bias richting individualisme en een uniek 'zelf' (Guisinger & Blatt, 1994; Segall et al., 1999). Andere culturen benaderen het probleem van verschillen tussen mensen op een geheel andere manier. De meeste niet-westerse perspectieven op de persoonlijkheid zijn stevig geworteld in religie (Walsh, 1984). Zo beschouwen hindoes het begrip persoonlijkheid als een vereniging van tegengestelde kenmerken (Murphy & Murphy, 1968). Het Chinese concept van complementaire tegengestelde krachten, *yin* en *yang*, is een variant op ditzelfde thema. Welke invloed heeft de cultuur nu op de persoonlijkheid? We zullen zien dat enkele persoonlijkheidskenmerken in verschillende culturen voorkomen. Dat wil zeggen dat we mensen van over de hele wereld aan de hand van slechts enkele elementaire persoonlijkheidskenmerken kunnen beschrijven. Mensen variëren bijvoorbeeld in hun angstniveau en in hun neiging extravert of introvert te zijn. Er zijn echter ook onderdelen van de persoonlijkheid waarop de cultuur een enorme invloed heeft. Mensen in de Verenigde Staten en andere westerse landen leggen meestal de nadruk op *individualisme*, waarbij degenen die opvallen in de menigte door hun talent, intelligentie of atletisch vermogen, worden beloond. Bij mensen in meer groepsgerichte culturen zoals die voorkomen in Azië, Afrika, Zuid-Amerika en het Midden-Oosten, ligt de nadruk op *collectivisme*: daar worden mensen beloond als ze in de groep passen en de sociale harmonie bevorderen.

En binnen elke cultuur, of deze nu individualistisch of collectivistisch is, hebben sociale relaties een enorme invloed op de persoonlijkheid, zoals we hebben willen aangeven met het voorbeeld van verwaarloosde kinderen. In grote mate wordt wie je bent bepaald door degenen met wie je bent omgegaan toen je opgroeide, niet alleen je ouders, maar ook je broertjes en zusjes, klasgenoten, docenten en alle andere mensen met wie je omging. Derhalve is je persoonlijkheid deels de creatie van anderen. Op welke wijze sociale en culturele factoren van invloed zijn op onze persoonlijkheid onderzoeken we in de laatste paragraaf van dit hoofdstuk.

■ **PSYCHOLOGISCHE KWESTIES**

Ongewone mensen en ongewoon gedrag verklaren

Je hebt geen persoonlijkheidstheorie nodig om te verklaren waarom mensen meestal op tijd naar hun werk gaan, waarom ze meezingen bij concerten of het weekend doorbrengen met familie of vrienden. Anders gezegd, je hebt geen persoonlijkheidstheorie nodig om te verklaren waarom mensen doen wat je verwacht dat ze doen, want in sommige situaties doet bijna iedereen hetzelfde. Maar als mensen zich op een vreemde en onverwachte manier gaan gedragen, is een persoonlijkheidstheorie soms wel handig. Met behulp van een goede theorie kun je mensen met uitzonderlijk gedrag, zoals Mary Calkins, of mensen over wie je in de krant leest, beter begrijpen: politici die in een seksschandaal verwikkeld zijn, de bokkensprongen van filmsterren die zo'n beetje om de week in een drugskliniek zitten, of mensen die ernstige misdaden hebben begaan, zoals Joran van der Sloot of Marc Dutroux. Begin 2011 werd Nederland geschokt door een terreurdaad in Alphen aan den Rijn. Een 24-jarige man schoot 23 mensen neer in een winkelcentrum. Zes van hen vonden de dood, en de dader, Tristan van der Vlis, pleegde zelfmoord. Er hadden nog meer slachtoffers kunnen vallen, maar gelukkig werd dat verhinderd door de heldendaden van verschillende mensen. Zo wierp een vader zich tussen de schutter en zijn zoon, en probeerde een eigenaresse van een modezaak de schutter tegen te houden. Wat was er mis met de moordenaar en wat maakte dat de helden zich zo moedig gedroegen? Het publiek wil antwoorden op dergelijke vragen en psychologen zoeken ernaar.

Elke theorie die we in dit hoofdstuk behandelen, biedt weer een andere invalshoek voor het bekijken van mensen. Je hebt dus wellicht verschillende perspectieven nodig om een beeld te kunnen vormen van een persoonlijkheid als geheel. Om je alvast een voorproefje te geven van wat komen gaat; stel dat je psycholoog bent en dat een cliënt, een jonge vrouw, je vertelt over haar plannen om zelfmoord te plegen. Je wilt de vrouw graag beter begrijpen. Hoe kun je jouw kennis over de persoonlijkheid daarvoor gebruiken?

Op basis van een theorie voor beschrijvingen zou je haar *persoonlijkheidskenmerken* en *temperament* kunnen proberen te overzien. Is ze gewetensvol? Is ze extravert of verlegen? Nerveus? Om hierachter te komen, kun je haar een van de vele 'persoonlijkheidstests' laten ondergaan die we in de volgende paragraaf van dit hoofdstuk zullen behandelen. Haar profiel van eigenschappen en temperament zou een aanwijzing kunnen

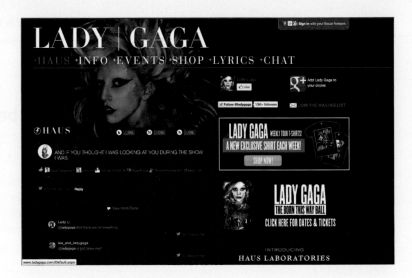

Een persoonlijkheidstheorie is nuttig bij het begrijpen van ongewone persoonlijkheden.

geven voor een vorm van psychotherapie of een mogelijke behandeling met geneesmiddelen.

Als je kiest voor psychotherapie, ga je aan het werk met de interne *processen* in haar persoonlijkheid en mogelijk met de sociale krachten die een rol spelen in haar omgeving en cultuur. Dit is het territorium dat oorspronkelijk werd afgebakend door Sigmund Freud en zijn volgelingen en, korter geleden, eveneens door experimenteel psychologen.

Bij een *psychodynamisch perspectief* ligt het accent op haar motieven en emoties, die deels onbewust kunnen zijn. Heeft ze een agressieve persoonlijkheid en keren haar agressieve gevoelens zich tegen haarzelf? Is er sprake van onopgeloste emotionele problemen in een vroeg ontwikkelingsstadium, zoals schuldgevoelens over woede richting haar ouders? Wat is de aard van haar sociale relaties?

Bij een *humanistische theorie* zal de nadruk liggen op haar mogelijkheden, en niet op haar tekorten. Wat zijn haar talenten? Wat hoopt en verlangt zij? En welke obstakels staan er tussen haar en haar doelstellingen? Met behulp van een humanistische theorie kun je ook haar onvervulde behoeften verkennen. Zijn haar suïcidale gedachten het gevolg van bewuste gevoelens dat ze alleen en onbemind is of onvoldoende wordt gerespecteerd?

Een *sociaal-cognitief perspectief*, met zijn nadruk op perceptie en leren, zal de oorzaak van haar sombere gevoelens in eerste instantie zoeken in haar interpretatie van gebeurtenissen. Gaat ze er altijd van uit dat haar beste inspanningen nog niet goed genoeg zijn? Meent ze dat ze zelf controle heeft over de gebeurtenissen in haar leven, of wordt ze door externe gebeurtenissen aangestuurd? Een cognitieve benadering kan je ook attent maken op de mogelijkheid dat haar gedachten aan zelfmoord zijn ingegeven door een suïcidaal rolmodel – misschien een vriend, familielid of, zoals bij 'copycat zelfmoorden', een beroemdheid die op een bepaalde manier zelfmoord pleegde. Al deze benaderingen van de persoonlijkheid worden verderop in dit hoofdstuk gedetailleerd behandeld. Voor nu is dit de boodschap: geen enkele theorie voldoet op zichzelf om te verklaren waarom mensen doen wat ze doen. Met de theorieën omtrent eigenschappen en temperament kun je een beschrijvende momentopname verkrijgen van iemands eigenschappen, terwijl bij de 'procestheorieën' (psychodynamische, humanistische, of sociaal-cognitieve theorieën) de krachten worden beschreven die aan deze eigenschappen ten grondslag liggen. Meestal, zoals bij de suïcidale jonge vrouw die we hebben beschreven, vergt de juiste aanpak gebruikmaking van beide soorten theorieën.

Ga naar **www.pearsonmylab.nl** om je kennis en begrip van deze paragraaf te testen met de MyMap, MyCheck en MyDefinitions.

KERNVRAAG 10.2

▶ Uit welke blijvende patronen of disposities bestaat onze persoonlijkheid?

Ruim tweeduizend jaar voor de opkomst van de wetenschappelijke psychologie maakte men al onderscheid tussen vier temperamenten. Dit onderscheid was gebaseerd op een theorie van de Griekse arts Hippocrates, die dacht dat ons temperament werd bepaald door de verhouding tussen de vier *humores*, oftewel lichaamssappen (zie tabel 10.1).

Tabel 10.1 De humorestheorie

Humores	Bron	Temperament
bloed	hart	optimistisch (monter)
cholè (gele gal)	lever	cholerisch (licht ontvlambaar)
melancholè (zwarte gal)	milt	melancholisch (depressief)
flegma (slijm)	hersenen	flegmatisch (traag)

Sinds de dagen van Hippocrates zijn er talloze andere classificatiesystemen ontwikkeld. De meest simplistische zijn de stereotypen: dikke mensen zijn gezellig, zakenmensen zijn conservatief, vrouwen zijn meevoelend. Deze 'theorieën' getuigen natuurlijk van een oversimplificatie van het zeer gecompliceerde probleem dat zich voordoet wanneer we de patronen in de persoonlijkheid willen begrijpen. Sommige persoonlijkheidstheoretici proberen op eenzelfde manier te simplificeren, door mensen te beschrijven in termen van enkele elementaire *temperamenten*: globale **disposities** van de persoonlijkheid, zoals 'extravert' of 'verlegen', eigenschappen met een sterk biologische basis. Anderen kijken liever naar combinaties van *karaktertrekken*, die meestal als meervoudige dimensies van de persoonlijkheid worden beschouwd, bijvoorbeeld behoedzaam tegenover roekeloos of vriendelijk tegenover onvriendelijk; meestal wordt gedacht dat deze karaktertrekken in sterkere mate door de ervaring (leren) worden beïnvloed dan het temperament. Weer anderen delen mensen in aan de hand van *persoonlijkheidstypen*. Dit zijn categorieën in plaats van dimensies: je past al dan niet bij het patroon voor een type. Als bijvoorbeeld het begrip 'introversie' gehanteerd wordt als karakterdimensie, wordt beoordeeld in welke mate mensen introvert zijn. Als introversie daarentegen de aanduiding is van een type, worden mensen ingedeeld als introvert of niet.

Dispositie: Een psychische en fysieke kwaliteit of eigenschap van een persoon.

● **KERNCONCEPT 10.2**
Volgens alle dispositionele theorieën bestaat er een kleine groep van persoonlijkheidskenmerken die temperamenten, karaktertrekken of typen worden genoemd; het individu vertoont met betrekking tot deze kenmerken gedurende zijn hele leven een consistent beeld.

Hoewel al deze benaderingen enigszins verschillen, blijkt uit ons kernconcept dat ze ook een gezamenlijke basis hebben.

Omdat de termen *temperament*, *karaktertrek* en *type* enige overlap vertonen, plaatsen we ze samen onder het kopje **dispositionele theorieën**. Je kunt je echter afvragen wat het verschil is tussen zulke theorieën en een eenvoudig stereotype zoals dat van de conservatieve ingenieur, de machoman of het domme blondje. De wetenschappelijke achtergrond is bepalend voor dit verschil: een deugdelijke theorie over temperament, karaktertrek of type moet een degelijke wetenschappelijke basis hebben. Laten we met dit idee in het achterhoofd elk van deze benaderingen van de persoonlijkheid eens beoordelen, te beginnen met de benaderingen die het temperament centraal stellen.

Dispositionele theorieën: Een verzamelnaam voor benaderingen van de persoonlijkheid op basis van temperament, karaktertrekken en persoonlijkheidstypen.

10.2.1 Persoonlijkheid en temperament

Psychologen definiëren *temperament* als de biologisch bepaalde persoonlijkheidsdisposities die al in de vroege jeugd waarneembaar zijn en die de snelheid en intensiteit van emotionele reacties en overheersende stemming van een individu bepalen (Hogan et al., 1996; Mischel, 1993). Als ze het over temperamenten hebben, verwijzen ze meestal naar één of twee dominante en blijvende 'thema's', zoals verlegenheid of humeurigheid, die typerend zijn voor iemands persoonlijkheid. Uiteraard berust de moderne psychologie al lang niet meer op Hippocrates' theorie van de vier lichaamssappen, maar het elementaire concept is wel bewaard gebleven: biologische disposities beïnvloeden onze basale persoonlijkheid. Zo is van bepaalde hersenstructuren bekend dat ze fundamentele aspecten van de persoonlijkheid reguleren (LeDoux, 2002). Denk maar aan het geval van Phineas Gage, die tijdens een ongeluk een ijzeren staaf in zijn schedel kreeg, waarna zijn gedrag volkomen veranderde. Dankzij de onbedoelde lobotomie werd onomstotelijk bewezen dat de frontaalkwabben een rol spelen bij het reguleren van iemands elementaire disposities. Ook de moderne neurowetenschappen leveren bewijs voor deze belangrijke rol van de frontaalkwabben, zoals blijkt uit onderzoek naar de hersenstructuren van psychiatrische patiënten of het veranderende gedrag van mensen met alzheimer.

Hippocrates leverde een vroege bijdrage aan het idee van een verband tussen lichaam en geest. Een van zijn overtuigingen was dat ons individuele temperament wordt bepaald door het dominante lichaamssap en we daardoor optimistisch, cholerisch, melancholisch of flegmatisch zijn.

Temperament en transmitters?

Biologisch psychologen vermoeden nu dat sommige individuele verschillen in temperament worden bepaald door de verhoudingen waarin bepaalde chemische stoffen in de hersenen voorkomen. Waarschijnlijk zijn deze verhoudingen genetisch bepaald (Azar, 2002b; Sapolsky, 1992). Zo beschouwd is de theorie over de vier lichaamssappen nog steeds springlevend, al worden er nu andere termen gehanteerd: de moderne biologische psychologie heeft het niet meer over humores, maar over neurotransmitters. Het is duidelijk dat suïcidale gedachten en depressie samengaan met een overschot en/of een tekort aan bepaalde transmitters. De ontwikkelingspsycholoog Jerome Kagan formuleert dat als volgt: 'We hebben allemaal dezelfde neurotransmitters, maar bij elk van ons is de verhouding net weer even anders' (Stavish, 1994a, p. 7). Dat is de oorzaak van een groot aantal verschillen in de temperamenten van mensen, aldus Kagan.

Kagan is bezig met een fascinerend onderzoek naar de aangeboren basis van verlegenheid (Kagan et al., 2005; Kagan et al., 1994). Uit dit onderzoek komt duidelijk naar voren dat baby's al op hun eerste levensdag in verschillende mate reageren op stimulatie. Circa 20 procent van alle kinderen is sterk responsief en prikkelbaar in de zin van snel opgewonden, en rond de 10 procent reageert extreem geremd. Ongeveer 35-40 procent blijft kalm in reactie op nieuwe stimulatie, en rond de 10 procent reageert nieuwsgierig en zonder vrees. Gedurende de volgende paar maanden komen deze oorspronkelijke

◀◀ **Verbinding hoofdstuk 2**
Phineas Gage was een spoorwegarbeider die een ongeluk kreeg waarbij een metalen staaf dwars door zijn schedel schoot. Hij overleefde het, maar zijn persoonlijkheid en reactiestijl veranderden ingrijpend. Hij werd conflictueus en emotioneel (p. 62).

Sommige vormen van verlegenheid zijn erfelijk, andere worden geleerd door persoonlijke ervaring en culturele normen.

Bron: Rebecca Radcliff, Flickr.

verschillen tot uiting als verschillen in temperament: de meeste van de prikkelbare, geremde kinderen worden verlegen en introvert, terwijl de minder snel geprikkelde, onbevreesde kinderen extravert worden. Het lijkt erop dat deze eigenschappen in de loop der tijd weinig veranderen. Van de kinderen die na elf jaar opnieuw werden getest, bleek het merendeel nog steeds hetzelfde temperament te hebben. Kagan beschrijft deze effecten als het gevolg van een 'duw van de natuur' in verschillende richtingen.

Gematigd door het leren?

Tegelijkertijd weten we dat het percentage verlegen studenten veel hoger is dan het percentage kinderen dat direct na de geboorte geremd, teruggetrokken gedrag vertoont (Zimbardo, 1990). Daaruit kun je afleiden dat, hoewel verlegenheid in sommige gevallen is aangeboren, er in andere gevallen sprake moet zijn van leren door negatieve ervaringen. Erfelijkheid en omgeving beïnvloeden elkaar dus, doordat in eerste instantie aangeboren eigenschappen in de loop der tijd door ervaringen worden versterkt, of afgezwakt. Dat komt doordat het kind met zijn gedrag signalen uitzendt die anderen vertellen dat ze dichtbij mogen komen of uit de buurt moeten blijven.

Wordt ons leven dan volledig bepaald door onze biologische structuur? Misschien dat ons aangeboren temperament wel het bereik van onze responsen op bepaalde situaties vastlegt. Maar het bepaalt natuurlijk niet volledig hoe je leven eruit zal zien (Kagan & Snidman, 1998). Zelfs te midden van familieleden ontwikkel je, dankzij je positie in het gezin, je ervaringen en je zelfbewustzijn, een uniek persoonlijkheidspatroon (Bouchard et al., 1990).

10.2.2   Persoonlijkheid als verzameling karaktertrekken

Als je een vriend zou moeten beschrijven, spreek je waarschijnlijk over 'karaktertrekken': humeurig, opgewekt, melancholiek, enthousiast, wispelturig, vriendelijk, slim. Karaktertrekken zijn meervoudige, stabiele persoonlijkheidskenmerken waarvan men aanneemt dat ze zich in het individu bevinden en die in verschillende omstandigheden bepalend zijn voor zijn of haar gedachten en handelingen. We zouden karaktertrekken kunnen beschouwen als het product van verborgen psychologische processen; de manier waarop onze motieven, emoties en cognities gewoonlijk in gedrag tot uiting komen (Winter et al., 1998).

Wat is het verschil tussen karaktertrekken en temperament?

Volgens de Encyclopedia Brittanica (www.brittanica.com, geraadpleegd april 2012) is temperament een psychologisch begrip dat verwijst naar dat gedeelte van de persoonlijkheid dat betrokken is bij emotionele eigenschappen en de snelheid en intensiteit van emotionele reacties. Deze eigenschap is diep in onze individuele biologische aard geworteld en tot op zekere hoogte erfelijk. Het temperament is dus datgene waarmee je geboren wordt, maar wat slechts de basis is voor de vorming van je karakter. Karaktertrekken kun je vervolgens beschouwen als een meerdimensionale structuur die op de basis van het temperament rust, maar die zich later ontwikkelt en die sterk door ervaringen en door psychologische processen in de persoon wordt beïnvloed.

De 'grote vijf' karaktertrekken: de vijf-factorentheorie

Ontwikkelaars van theorieën over het karakter hebben geen aandacht voor eigenschappen als IQ, vaardigheden en creativiteit en richten hun aandacht volledig op de motivationele en emotionele componenten van de persoonlijkheid. Die bouwstenen zijn geïdentificeerd met behulp van *factoranalyse* (een statistische techniek waarmee de onderzoeker relaties tussen, of clusters van, items op persoonlijkheidstests kan aantonen). In totaal zijn er vijf dominante persoonlijkheidsfactoren naar voren gekomen, die de 'vijf factoren' of de *Big Five* worden genoemd (Carver & Scheier, 2008; John & Srivastava, 1999). Er worden veel verschillende benamingen gehanteerd voor verschillende componenten van de **vijf-factorentheorie**, maar de namen in de lijst hieronder zijn de meest gangbare. Je ziet dat de persoonlijkheidsfactoren in deze theorie allemaal *dimensies* zijn, wat betekent dat deze karaktertrekken gedefinieerd worden als posities op een bepaald continuüm, met voor elke dimensie een aanzienlijk verschil tussen het ene uiterste en het andere. Ten aanzien van de meeste van deze dimensies bevinden de meeste mensen zich ergens nabij het midden van het continuüm.

Vijf-factorentheorie: Een perspectief op karaktertrekken dat aangeeft dat persoonlijkheid is samengesteld uit vijf fundamentele persoonlijkheidsdimensies (ook bekend als de grote vijf of Big Five).

- *Open-nieuwsgierig* versus *gesloten-ongeïnteresseerd* (*openness to experience*). De ene kant wordt ook wel beschreven met de termen onderzoekende geest, nieuwsgierig en onafhankelijk. De tegenpool bevat trekken als kleingeestig, ongeïnteresseerd of fantasieloos.
- *Betrouwbaar-georganiseerd* versus *onbetrouwbaar-chaotisch* (*conscientiousness*). Deze dimensie bevat aan de ene kant trekken als doelgericht, vasthoudend, een sterk superego hebbend, voorzichtig/zorgvuldig en over zelfbeheersing beschikkend. De andere pool wordt gekenmerkt door de karaktertrekken impulsief, zorgeloos en onverantwoordelijk.
- *Dominant-extravert* versus *ondergeschikt-introvert* (*extraversion*). De ene pool wordt gekenmerkt door sociaal aanpassingsvermogen, assertiviteit, sociabiliteit, onbevangenheid en zelfbewustzijn, de andere pool door introversie of verlegenheid.
- *Warm-vertrouwend* versus *koel-achterdochtig* (*agreeableness*). Aan de ene kant van het continuüm vinden we warme en innemende mensen die een prosociale benadering ten aanzien van anderen hebben, terwijl we aan de andere kant mensen vinden die we beschrijven met termen als kil en negatief, ook wel antagonistisch genoemd.
- *Gelijkmatig-zelfverzekerd* versus *nerveus-temperamentvol* (*neuroticism*). Mensen aan de ene kant beschikken over emotionele stabiliteit of emotionele controle, terwijl de andere pool wordt gekenmerkt door angst of emotionaliteit.

Als hulpmiddel om deze vijf dimensies van karaktertrekken te onthouden, kun je de termen afkorten tot het acroniem *OCEAN*, dat staat voor *O*pen, *C*onsciëntieus, *E*xtravert, *A*angenaam en *N*eurotisch.

Bij beschouwing van deze vijf-factorentheorie is het goed te beseffen dat noch extreem hoge, noch extreem lage scores op deze schalen ideaal zijn, terwijl gematigde scores in beide richtingen adaptief kunnen zijn. In onze westerse cultuur wordt extraversie verkozen boven introversie, maar beide eigenschappen kunnen adaptief zijn. Dit is afhankelijk van de sociale en culturele situatie. Voor een schrijver kan introversie bijvoorbeeld een wenselijke karaktertrek zijn, terwijl bij een verkoopmanager meestal de voorkeur aan extraversie zal worden gegeven. Op soortgelijke wijze hebben we waardering voor betrouwbaarheid, openheid, warmte en emotionele stabiliteit, maar een score aan het 'lage' uiteinde van elk van deze eigenschappen is niet noodzakelijkerwijs slecht (zolang de score niet te laag is). Voor een creatief persoon is het bijvoorbeeld gunstig als hij zijn eigen overtuiging volgt en zich niet overmatig door anderen laat beïnvloeden (lage meegaandheid). In plaats van een oordeel te vellen over de kenmerken die we 'zouden moeten' bezitten, kunnen we beter de kenmerken benutten die we hebben en op zoek gaan naar een omgeving die goed bij ons past.

Hoewel er nog steeds discussie is over de details, is een grote groep theoretici tot de conclusie gekomen dat we mensen met redelijke nauwkeurigheid kunnen beschrijven aan de hand van alleen deze vijf dimensies. Dit is nogal een prestatie, gezien de honderden termen voor karaktertrekken die in woordenboeken worden vermeld (Allport & Odbert, 1936)! Onderzoekers hebben zowel genetische factoren als omgevingsfactoren ontdekt die van invloed zijn op de ontwikkeling van individuele verschillen in persoonlijkheid (Bouchard & McGue, 2003).

Uit een Nederlands-Duitse studie naar de *Big Five* bij kinderen blijkt bovendien dat deze persoonlijkheidsdimensies ook op jongere leeftijd redelijk stabiel zijn. Kinderen die op vierjarige leeftijd hoog scoorden op een bepaalde dimensie, deden dat op twaalfjarige leeftijd nog steeds (Asendorpf & Van Aken, 2003). De persoonlijkheid van kinderen is een belangrijke factor in hun ontwikkeling, net als de sociale omgeving. Uit allerlei onderzoek blijkt dat persoonlijkheidsverschillen een effect hebben op het functioneren van kinderen, en ook op hun sociale omgeving, wat zichtbaar is in hun relatie met opvoeders en leeftijdsgenoten (Van Aken, 2006).

Tot slot is het opvallend dat het vijf-factorenmodel ook een hoge validiteit lijkt te hebben in verschillende culturen: bij verschillende grote onderzoeken is aangetoond dat het vijf-factorenmodel bruikbaar is in meer dan vijftig culturen in Europa, Azië, Afrika en Noord- en Zuid-Amerika (McCrae et al., 2005; Schmitt et al., 2007). Maar die brede conclusie vraagt wel om een voorbehoud, want in de meeste van deze studies werden studenten als respondenten gebruikt, en dat zijn doorgaans mensen die meer dan gemiddeld beïnvloed zijn door Europees-Amerikaanse zienswijzen op de wereld. Culturele subgroepen die misschien niet voldoen aan de beschrijvende elementen in dit vereenvoudigde model deden niet mee.

Karaktertrekken beoordelen met behulp van persoonlijkheidstests

Als je klinisch psycholoog of psychotherapeut bent, wil je de persoonlijkheid van een cliënt mogelijk op de vijf factoren beoordelen aan de hand van een schriftelijke test, zoals de *NEO Personality Inventory* (of *NEO-PI*). Deze eenvoudige, maar zeer gerespecteerde maat wordt gebruikt om de stabiliteit van de persoonlijkheid gedurende het hele leven te bestuderen, evenals de relatie van persoonlijkheidskenmerken met lichamelijke gezondheid en met verschillende gebeurtenissen die bepalend zijn voor het verloop van iemands leven (zie figuur 10.2). Als je daarentegen een instrument wilt hebben voor het meten van klinische kenmerken, ofwel psychische stoornissen, is de *Minnesota Multiphasic Personality Inventory*, meestal de **MMPI-2** genoemd, een goede keuze (de '2' betekent dat dit een herziene vorm is van de oorspronkelijke MMPI.) In tegenstelling tot de NEO-PI meet de MMPI-2 niet de vijf persoonlijkheidsdimensies, maar maakt gebruik van tien klinische schalen (die in tabel 10.2 zijn vermeld), ontwikkeld voor het beoordelen van ernstige geestelijke problemen zoals depressie, schizofrenie en paranoia (Helmes & Reddon, 1993). De 567 items hebben betrekking op uiteenlopende attitudes, gewoonten, angsten en voorkeuren, en op kenmerken van lichamelijke gezondheid, overtuigingen en algemene levensvisie. We willen de feitelijke testitems niet weggeven en daardoor onbruikbaar maken, maar hier zijn enkele juist-onjuistbeweringen die vergelijkbaar zijn met de beweringen in de MMPI-2:

- Ik voel me vaak onrustig door gedachten over seks.
- Ik vind het wel leuk om af en toe wat onrust te zaaien.
- Als mensen me niet zo oneerlijk hadden beoordeeld, was ik veel succesvoller geweest.

MMPI-2: Veelgebruikt instrument voor het in kaart brengen van de persoonlijkheid. Geeft aan hoe hoog een individu scoort op tien belangrijke klinische trekken. De volledige naam luidt: Minnesota Multiphasic Personality Inventory.

	Zeer mee oneens	Een beetje mee oneens	Niet mee oneens/ niet mee eens	Een beetje mee eens	Zeer mee eens
Ik ben een spraakzaam persoon.	○	○	○	○	○
Ik ben vaak verlegen.	○	○	○	○	○
Ik heb meestal veel energie.	○	○	○	○	○
Ik maak me vaak zorgen.	○	○	○	○	○
Ik ben vindingrijk.	○	○	○	○	○
Ik heb geen artistieke interesse.	○	○	○	○	○
Ik houd van nieuwe uitdagingen en ervaringen.	○	○	○	○	○
Ik zie mezelf als betrouwbaar.	○	○	○	○	○
Ik vind het leuk om onder de mensen te zijn.	○	○	○	○	○
Ik kan kalm blijven in lastige situaties.	○	○	○	○	○

Figuur 10.2

Voorbeeldvragen van de vijf-factorenpersoonlijkheidstest

Bij een persoonlijkheidstest die de grote vijf karaktertrekken meet, kan je gevraagd worden om aan te geven in hoeverre je het eens of oneens bent met elke uitspraak. Er zijn geen goede of foute antwoorden.

De respondenten moeten aangeven in hoeverre elke uitspraak op hen van toepassing is. Vervolgens worden de antwoorden vergeleken met antwoorden van mensen uit klinische populaties met verschillende bekende psychische stoornissen. Deze score heeft dus een *empirische* basis, dat wil zeggen dat deze op wetenschappelijke gegevens is gebaseerd en niet uitsluitend op een mening van de maker van de test.

Mensen die persoonlijkheidstests zoals de MMPI-2 invullen, maken zich vaak zorgen over hun antwoorden op bepaalde vragen, waarbij ze bang zijn dat een 'verkeerd' antwoord leidt tot een diagnose van een psychische stoornis. Maak je geen zorgen! Persoonlijkheidsprofielen die worden gemaakt op basis van antwoorden op MMPI-2 worden nooit gebaseerd op een enkel item, en ook niet op twee of drie. Elk item is een gewogen toevoeging aan een of meer van de vele subschalen.

Het is niet zo gemakkelijk om vals te spelen met de MMPI-2. De test bevat vier 'leugenschalen' die bijna alle pogingen om een positieve of negatieve score te simuleren aan het licht brengen. Ze reageren namelijk als je te veel ongebruikelijke responsen geeft. Zo'n 'leugenschaal' bevat bijvoorbeeld de volgende vragen:

● Soms schuif ik dingen die ik moet doen voor me uit.
● Ik heb wel eens een roddel doorverteld.
● Soms moet ik lachen om een schuine mop.

Wetenschappelijk gezien zijn de MMPI-2 en de NEO-PI te beschouwen als uitstekende instrumenten en wel om twee redenen. Ten eerste hebben ze een zeer hoge **betrouwbaarheid**. Dit betekent dat ze vrij zijn van de invloed van toevallige factoren en consistente en stabiele scores opleveren. Dus als iemand bij twee verschillende gelegenheden dezelfde test doet, is de kans groot dat de scores sterk

Betrouwbaarheid: Kenmerk van een psychologische test die de mate aangeeft waarin de meetresultaten een afspiegeling zijn van de te meten variabele en vrij zijn van de invloed van toevallige factoren.

overeenkomen. In feite valt of staat de bruikbaarheid van elke test met een goede betrouwbaarheid; scores die sterk variëren, hebben weinig betekenis.

Ten tweede hebben de MMPI-2 en de NEO-PI een goede **validiteit**, wat betekent dat ze daadwerkelijk meten wat ze moeten meten, bijvoorbeeld persoonlijkheidskenmerken of symptomen van psychische stoornissen. De MMPI-2 is een zeer acceptabel instrument voor het identificeren van mensen met een depressie of psychose (Greene, 1991) – hoewel deze in niet-westerse culturen met grotere zorgvuldigheid moet worden gebruikt, omdat nog niet duidelijk is of de validiteit onaangetast blijft wanneer het instrument wordt vertaald (Dana, 1993). Bovendien suggereren sommige waarnemers dat de inhoud van bepaalde items mogelijk specifiek is voor de westerse cultuur (Golden & Figueroa, 2007). Ook bij toepassing onder respondenten uit etnische minderheden is voorzichtigheid geboden, omdat mensen uit deze groepen ondervertegenwoordigd waren in de oorspronkelijke steekproef die tijdens de ontwikkeling van de test werd gebruikt (Butcher & Williams, 1992; Graham, 1990).

Uitbreiding van de Big Five?

Recentelijk is de discussie over het *Big Five*-model opnieuw opgelaaid, onder meer doordat onderzoekers, ook uit Nederland, op basis van dezelfde lexicale data waarmee de *Big Five* tot stand is gekomen, een uitbreiding van het model hebben voorgesteld. Volgens de onderzoekers zijn er namelijk niet vijf, maar zes persoonlijkheidsdimensies. De zesde dimensie wordt 'eerlijkheid' of 'integriteit' genoemd en heeft betrekking op de mate waarin personen oprecht, rechtvaardig en bescheiden zijn en hebzucht vermijden (Ashton et al., 2004). Dit heeft geresulteerd in de HEXACO Persoonlijkheidsvragenlijst (De Vries et al., 2009).

Een evaluatie van theorieën over temperamenten en trekken

Er is van verschillende kanten kritiek geleverd op de theorieën over temperament en karaktertrekken en op de tests die daaruit zijn voortgekomen. Ten eerste geven deze theorieën ons een 'momentopname' van de persoonlijkheid: een beeld waarbij de persoonlijkheid als vast en statisch wordt weergegeven in plaats van als een dynamisch proces dat afhankelijk van onze ervaring verandering en ontwikkeling kan ondergaan. Een andere groep critici zegt dat onze complexe aard overmatig wordt gesimplificeerd wanneer de persoonlijkheid slechts aan de hand van enkele dimensies wordt beschreven. Wat voor nut heeft het bijvoorbeeld te constateren dat Mary Calkins een hoge score had op karaktertrekken als

Validiteit: Mate waarin een psychologische test meet wat hij geacht wordt te meten.

Tabel 10.2 Klinische meetschalen van de MMPI-2

Hypochondrie	Abnormale bezorgdheid over de eigen lichaamsfuncties
Depressie	Pessimisme, wanhoop, traagheid in handelen en denken
Conversie	Onbewust gebruik van psychische problemen om conflicten of verantwoordelijkheid te mijden
Antisociale persoonlijkheid	Geen aandacht voor sociale omgangsvormen, oppervlakkige emoties, onvermogen om te leren uit ervaringen
Mannelijkheid-vrouwelijkheid	Verschillen tussen mannen en vrouwen
Paranoia	Wantrouwen, grootheidswaan, achtervolgingswaan
Psychastenie	Obsessies, compulsies, angsten, negatief zelfbeeld, schuldgevoelens, besluiteloosheid
Schizofrenie	Bizarre gedachten, vreemd gedrag, teruggetrokkenheid, hallucinaties, wanen
Hypomanie	Emotionele opwinding, vlucht van ideeën, overactiviteit
Sociale introversie	Verlegenheid, geen interesse in anderen, onzekerheid

betrouwbaarheid en dominantie, maar een lage op meegaandheid? Hoewel onze waarnemingen door zulke oordelen zouden kunnen worden gevalideerd, worden belangrijke details weggelaten als we gebruikmaken van zulke etiketten.

Aan de andere kant zijn we met theorieën over trekken tot op zekere hoogte in staat om gedrag in veelvoorkomende situaties, zoals in situaties die aan een werkomgeving zijn gerelateerd, te detecteren of te voorspellen. Dat kan bijvoorbeeld van nut zijn bij het selecteren van sollicitanten. Bovendien voorspellen de karaktertrekken van de *Big Five* veel zaken die voor ons werkelijk belangrijk zijn, waaronder gezondheid, schoolprestaties en succes in onze interpersoonlijke relaties; de nauwkeurigheid van deze voorspellingen is vergelijkbaar met die van veel diagnostische onderzoeken die in de geneeskunde worden gebruikt (Robins, 2005).

Aan theorieën over trekken kleven echter dezelfde bezwaren die we ook al zijn tegengekomen bij de instincttheorieën: beide theorieën beschrijven gedrag door er een stickertje op te plakken, maar ze geven er geen verklaring voor. We kunnen een depressie natuurlijk toeschrijven aan een depressieve karaktertrek of extravert gedrag aan een extraverte trek, maar dat geeft ons nog geen inzicht in de aard van dat gedrag (McAdams, 1992; Pervin, 1985). Bovendien is het merendeel van de trekken bij de meeste mensen in gematigde vorm aanwezig, en dan kun je je afvragen in hoeverre karaktertrekken iets toevoegen aan onze kennis over niet-extreme gevallen.

Een laatste minpunt van theorieën over trekken is het probleem van de selffulfilling prophecy. Mensen die eenmaal het stempel van een bepaalde trek hebben gekregen, gaan zich daarnaar gedragen en worden daardoor belemmerd in hun pogingen om te veranderen. Zo moet een kind dat het etiketje 'verlegen' heeft ontvangen, in zijn inspanning om minder verlegen te zijn zowel tegen de trek als tegen het etiket vechten.

 Verbinding hoofdstuk 6
De oorspronkelijke selffulfilling prophecy in de psychologie had betrekking op een experiment waarbij de studieprestaties van studenten veranderden doordat de verwachtingen van de docenten waren beïnvloed (p. 235).

Psychologische kwesties
Ga naar 'In de praktijk' in de MyLab mediatheek om je eigen persoonlijkheidstype te bepalen.

 Ga naar **www.pearsonmylab.nl** om je kennis en begrip van deze paragraaf te testen met de MyMap, MyCheck en MyDefinitions.

KERNVRAAG 10.3
....
▶ Op welke manier helpen mentale processen bij het vormen van onze persoonlijkheid?

Aan het begin van het hoofdstuk vertelden we het verhaal van Mary Calkins. Om de psychische krachten te begrijpen die haar karaktertrekken hebben gevormd, moeten we ons richten op theorieën waarbij de mentale processen die de menselijke persoonlijkheid actief vormgeven, in tegenstelling tot de statische trekken, typen en temperamenten die we tot nu toe hebben besproken, centraal staan. In het bijzonder zullen we drie soorten 'procestheorieën' onderzoeken: de psychodynamische, de humanistische en de sociaal-cognitieve theorie. Wat hebben ze gemeenschappelijk?

● **KERNCONCEPT 10.3**
Hoewel volgens de procestheorieën verschillende krachten in de persoonlijkheid aan het werk zijn, is de persoonlijkheid volgens elk van deze theorieën het resultaat van zowel interne psychische processen als van sociale interacties.

Psychodynamische persoon-lijkheidstheorie: Een groep theorieën waarvan Freud de grondlegger was. Deze theorieën richten onze aandacht op motivatie (met name op motieven vanuit het onbewuste) en op de invloed van de vroege jeugd op onze geestelijke gezondheid.

Humanistische persoonlijkheidstheorie: Een type theorie dat het accent legt op menselijke groei en potentieel in plaats van op psychische stoornissen. Theorieën van dit type benadrukken het functioneren van het individu in het heden in plaats van de invloed van gebeurtenissen uit het verleden.

Sociaal-cognitieve theorie: Een type theorie dat een beperkt aantal, maar wel belangrijke, aspecten van de persoonlijkheid verklaart (bijvoorbeeld locus of control). Theorieën van dit type komen voort uit de experimentele psychologie.

Hoewel de drie invalshoeken die we in dit deel bespreken op bepaalde punten redelijk met elkaar overeenkomen, leggen ze elk de nadruk op een geheel eigen combinatie van factoren. De **psychodynamische persoonlijkheidstheorie** richt onze aandacht op motivatie, met name op motieven vanuit het onbewuste, en op de invloed van ervaringen uit de vroege jeugd op onze geestelijke gezondheid. De **humanistische persoonlijkheidstheorie** legt het accent op het bewuste en op de huidige, subjectieve realiteit: op onze overtuigingen en de manier waarop we onszelf zien in relatie tot anderen. Volgens de **sociaal-cognitieve theorie** wordt onze persoonlijkheid vooral beïnvloed door leren, perceptie en sociale interactie.

10.3.1 De psychodynamische theorieën: nadruk op motivatie en psychische stoornissen

De psychodynamische benadering ontstond aan het einde van de negentiende eeuw als gevolg van een medisch vraagstuk dat destijds *hysterie* werd genoemd, maar dat nu wordt aangeduid met de term *conversie*. Deze stoornis wordt gekenmerkt door symptomen als spierslapte, ongevoeligheid in delen van het lichaam of zelfs verlamming, zonder dat er een duidelijke lichamelijke oorzaak, zoals een beschadigde zenuw, is. De Franse arts Jean Charcot bewees uiteindelijk dat hysterie een psychische oorzaak heeft. Nadat hij zijn patiënten onder hypnose had gebracht, kon hij de symptomen met behulp van suggestie laten verdwijnen.

Freud en de psychoanalyse

Toen de jonge en leergierige arts Sigmund Freud (1856-1939) de hypnotische behandeling op zijn eigen patiënten probeerde toe te passen, bleek dat hij een aantal patiënten niet diep genoeg onder hypnose kon brengen om Charcots resultaten te dupliceren. Sterker nog, zelfs bij degenen die hun symptomen onder hypnose waren kwijtgeraakt, keerden de klachten terug zodra de trance was verbroken. Een gefrustreerde Freud besloot daarop dat hij een andere manier moest vinden om de mysterieuze ziekte te begrijpen en te behandelen. Het resultaat was de eerste uitgebreide theorie over de persoonlijkheid, die nog altijd een standaard is waarmee alle andere theorieën worden vergeleken.

De Franse arts Jean Charcot toonde aan dat hij symptomen van hysterie tijdelijk kon uitschakelen bij patiënten die waren gehypnotiseerd. De jonge Sigmund Freud werd door de demonstraties van Charcot geïnspireerd.
Bron: ND/Roger-Viollet/The Image Works.

De nieuwe benadering die Freud opstelde, raakte bekend als de **psychoana-lyse** of **psychoanalytische theorie**. Technisch gezien is de psychoanalytische theorie de term voor Freuds verklaring van de persoonlijkheidsstoornissen en psychische stoornissen, terwijl onder psychoanalyse zijn systeem van behandelingen van psychische stoornissen wordt verstaan. In de praktijk is het echter altijd moeilijk geweest om Freuds theorie van zijn therapeutische procedures te scheiden. Derhalve wordt de term psychoanalyse vaak voor beide gebruikt (Carver & Scheier, 2000).

Het freudiaanse onbewuste

Het **onbewuste**, de verborgen borrelende ketel van krachtige impulsen, instincten, motieven en conflicten waardoor de persoonlijkheid wordt aangedreven, werd door Freud centraal in de persoonlijkheid geplaatst. We zijn ons normaal gesproken niet van dit deel van onze geest bewust, aldus Freud, omdat de inhoud zo bedreigend en beangstigend is dat de bewuste geest het bestaan ervan weigert te erkennen, zelfs bij gezonde mensen. Alleen door toepassing van de speciale technieken van de psychoanalyse kan een therapeut er bijvoorbeeld achter komen dat bij iemand die in haar jeugd seksueel is misbruikt, nog altijd knagende herinneringen in het onbewuste aanwezig zijn. We krijgen slechts een glimp te zien van deze herinneringen wanneer ze uit het onbewuste proberen te ontsnappen, mogelijk vermomd als droom of een verspreking, of als een symptoom van een psychische stoornis als een depressie of een fobie. Freud stelde dus dat we, ongeacht of we al dan niet geestelijk gezond zijn, handelen zonder dat we de werkelijke motieven achter al ons gedrag kennen.

Onbewuste drijfveren en instincten

De turbulente processen in de onbewuste geest worden van psychische energie voorzien die vrijkomt uit onze meest basale en geheime motieven, driften en begeertes. De psychoanalytische theorie verklaart hoe deze motieven, driften en begeertes worden getransformeerd en in vermomde vorm in onze bewuste gedachten en gedrag worden geuit.

De onbewuste geslachtsdrift, die Freud *Eros* noemde, naar de Griekse god van de hartstochtelijke liefde, zou hetzij direct via seksuele activiteit kunnen worden geuit of indirect via uitingen zoals grapjes, werk of creatieve bezigheden. (Misschien heb je activiteiten zoals dansen, tekenen, koken, studeren of bodybuilding nooit als seksuele handelingen opgevat, maar Freud deed dat wel!) De energie die door Eros werd voortgebracht, door Freud **libido** genoemd, naar het Latijnse woord voor 'lust', voorziet vervolgens het overige deel van de persoonlijkheid van energie.

Maar sommige verschijnselen laten zich niet verklaren door de energie van Eros. Dat geldt met name voor menselijk gedrag dat verband houdt met agressie en vernietigingsdrang en voor de symptomen van oorlogsveteranen, die hun trauma's steeds opnieuw beleven in nachtmerries en hallucinaties. Om dit lijden te verklaren, onderscheidde Freud een andere drijfveer, die hij *Thanatos* noemde (naar het Griekse woord voor 'dood'). Thanatos is het onbewuste 'doodsinstinct', de drijfveer achter alle agressieve en destructieve daden die mensen elkaar en zichzelf aandoen. (Denk bij dat laatste aan roken, dwangmatig gokken, roekeloos rijden of misbruik van middelen.)

Persoonlijkheidsstructuur

Freud beschreef de persoonlijkheid als een drie-eenheid van het ego, het id (ook wel 'es') en het superego, die samen een geest vormen die voortdurend met zichzelf in oorlog verkeert. Hij geloofde dat de seksuele en agressieve krachten van het id een voortdurende strijd voeren tegen de moralistische krachten van het superego. Het altijd praktische ego dient als bemiddelaar bij dit conflict. In figuur 10.3 zijn de drie delen van de persoonlijkheid afgebeeld.

Psychoanalyse of psychoanalytische theorie: Freuds persoonlijkheidstheorie en de methode die hij toepaste in de behandeling van psychische stoornissen.

Onbewuste: Het deel van de geest waarvan een individu zich niet bewust is, maar waar zich onderdrukte impulsen, drijfveren en conflicten bevinden die geen toegang hebben tot het bewuste.

◀◀ **Verbinding hoofdstuk 5**
Door experimenten met valse herinneringen, zoals uitgevoerd door Elizabeth Loftus en anderen, zijn ernstige vragen opgeworpen over herinneringen aan seksueel misbruik die tijdens therapie weer worden opgeroepen (p. 187).

Libido: Het freudiaanse concept van psychische energie die individuen aanzet tot het ervaren van sensueel genot.

Sigmund Freud was de grondlegger van de psychoanalyse en het psychodynamisch perspectief. Hier is hij aan het wandelen met Anna Freud, zijn dochter, die later zelf ook psychoanalyticus werd.
Bron: Mary Evans Picture Library/Sigmund Freud Copyrights.

Id: Het primitieve, onbewuste deel van de persoonlijkheid. Bevat de fundamentele drijfveren en onderdrukte herinneringen.

Superego: Deel van de persoonlijkheid dat onze normen en waarden bevat, inclusief morele attitudes die zijn overgenomen van ouders en maatschappij; correspondeert in grote lijnen met het meer alledaagse begrip 'geweten'.

Ego: Het bewuste, rationele deel van de persoonlijkheid, dat is belast met het handhaven van de vrede tussen het superego en het id.

Psychoseksuele fases: Opeenvolgende, instinctieve patronen waarbij genot wordt geassocieerd met de stimulatie van verschillende delen van het lichaam in verschillende perioden van het leven.

Freud beschouwde het **id** als het primitieve, onbewuste reservoir dat de elementaire motieven, driften en instinctieve begeertes bevat, met inbegrip van Eros en Thanatos, die alle drie de delen van de persoonlijkheid van energie voorzien. Het werkt volgens het *lustprincipe*: het id handelt altijd impulsief en streeft naar onmiddellijke bevrediging (vooral als het gaat om lichamelijke en emotionele behoeften), ongeacht de consequenties.

Het **superego** fungeert als virtuele opvoeder in onze geest en houdt zich bezig met de naleving van de morele eisen die het individu heeft overgenomen van zijn ouders, leraren, andere dominante figuren en de maatschappij. Het superego komt in grote lijnen overeen met het vertrouwdere begrip 'geweten'. Het superego ontwikkelt zich als het kind op grond van de externe ge- en verboden van zijn ouders en andere volwassenen een interne set van regels vormt. Het is het innerlijke stemmetje dat zegt 'je zou moeten' of 'dat kun je beter niet doen'. In dit deel van de persoonlijkheid bevindt zich het *ik-ideaal*: ons beeld van de persoon die we zouden moeten zijn of waarnaar we streven. Natuurlijk ligt het superego regelmatig overhoop met de behoeften van het id, want het id wil doen wat lekker voelt, terwijl het superego per se wil vasthouden aan normen, waarden en moraal.

In freudiaanse termen is het **ego** het bewuste, rationele gedeelte van de geest dat volgens het *realiteitsprincipe* werkt: het leert om de driften te beheersen en aan te passen aan de verwachtingen van anderen. Het zijn de cultuur en de opvoeding die deze aanpassing afdwingen. Net als een scheidsrechter moet het ego vaak beslissingen nemen die geen van de twee andere delen van de persoonlijkheid volledig tevreden stelt, maar waardoor wordt voorkomen dat het geheel in moeilijkheden komt, tot op het punt waarop het ego geen werkbare compromissen meer kan vinden. Het resultaat kan een psychisch conflict zijn, leidend tot een psychische stoornis.

De invloed van de vroege ervaring op de persoonlijkheidsontwikkeling

Toen Freud met zijn patiënten over het verleden sprak, begon hij te begrijpen dat de persoonlijkheid vanaf de jeugd naar de volwassenheid een ontwikkelingspatroon volgt. Hij stelde dat het kind door de opkomende seksuele en agressieve driften door een reeks **psychoseksuele fases** wordt gestuwd. Tijdens elk van deze fases gaat stimulatie van specifieke delen van het lichaam gepaard met erotisch genot. Tijdens de *orale fase* wordt genot met de mond geassocieerd: zuigen, huilen, spu-

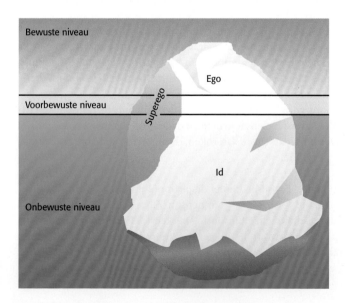

Figuur 10.3
Freuds model van de geest
Freud zag de geest als een ijsberg. Slechts een klein deel, het ego, is zichtbaar, terwijl de grote massa van het onbewuste zich onder de oppervlakte bevindt.

gen. Tijdens de *anale fase* komt het genot van het stimuleren van delen van het lichaam die een rol spelen bij de stoelgang. Tijdens de daaropvolgende *fallische fase*, is het genot afkomstig van 'onrijpe' seksuele uitingen, zoals masturbatie. Ten slotte, na een rustige periode van *latentie*, brengt de volwassen *genitale fase* rijpheid en geestelijk welzijn aan diegenen die het geluk hebben gehad de conflicten van de eerdere fases op te lossen.

Waarom zo'n schijnbaar bizarre theorie van ontwikkeling? Enkele zaken die Freud met zijn theorie over psychoseksuele ontwikkeling probeerde te verklaren waren genderidentiteit en geslachtsrol. Hoe komt het dat jongens in de meeste gevallen een mannelijke identiteit ontwikkelen, hoewel ze vooral door hun moeder worden opgevoed? Hoe komt het dat de meeste meisjes zich vanaf een bepaalde leeftijd aangetrokken voelen tot mannen, en jongens tot vrouwen? En hoe komt het dat sommige mensen buiten dit patroon vallen?

Freuds antwoorden op deze vragen waren ingewikkeld en, volgens veel psychologen, nogal geforceerd. Omdat hij zich zo sterk op het innerlijk concentreerde, zag hij de enorme verschillen in de socialisatie van jongens en meisjes over het hoofd. Hij hield evenmin rekening met eventuele verschillen in genetische programmering, waarover in zijn tijd overigens nog weinig bekend was. Voor jongens was zijn oplossing het **oedipuscomplex**, een onbewust conflict waarbij jonge mannen er aanvankelijk toe worden gedreven een onvolwassen erotische aantrekking tot hun moeder te voelen. (Je hebt misschien een klein jongetje wel eens horen zeggen dat hij met zijn moeder wil trouwen als hij groot is.) Terwijl de jongen de fases van zijn psychoseksuele ontwikkeling doorloopt, kan hij het oedipale conflict alleen oplossen als hij zijn opkomende seksuele begeerten verschuift van zijn moeder naar vrouwen van zijn eigen leeftijd. Tegelijkertijd ontwikkelt hij een **identificatie** met zijn vader. Meisjes ontwikkelen volgens de theorie van Freud een 'vrouwelijke oedipushouding'. Als zij ontdekken dat ze geen penis hebben 'gekregen', worden zij boos op hun moeder (dit wordt *penisnijd* genoemd). Ze richten zich dan op hun vader, fantaseren erover zwanger van hem te worden, en gaan concurreren met hun moeder om zijn affectie. Dit onbewuste conflict bij meisjes werd later door Carl Jung het **elektracomplex** genoemd, naar een andere belangrijke Griekse figuur.

Tegenwoordig verwerpen de meeste psychologen deze freudiaanse aannamen over de psychoseksuele ontwikkeling, omdat ze niet wetenschappelijk worden ondersteund. Toch is het belangrijk drie dingen te onthouden: ten eerste begrijpen we nog steeds niet volledig hoe seksuele aantrekkingskracht werkt. Ten tweede hebben de freudiaanse inzichten rond de psychoseksuele ontwikkeling, hoewel ze misschien vreemd lijken, nog altijd een brede invloed buiten de psy-

Oedipuscomplex: Volgens Freud: grotendeels onbewust proces waarbij jongens zich aangetrokken voelen tot hun moeder en zich identificeren met hun vader. Later verschuift de erotische aantrekkingskracht naar vrouwen van hun eigen leeftijd.

Identificatie: Het psychologische proces waarbij een individu probeert net zo te worden als iemand anders, met name zoals de ouder van hetzelfde geslacht.

Elektracomplex: Volgens Carl Jung: de psychoseksuele competitie van een meisje met haar moeder om de liefde van de vader. Dit conflict wordt opgelost wanneer, net als bij het Oedipuscomplex, identificatie plaatsvindt met de ouder van hetzelfde geslacht.

Tijdens de fallische fase moet een kind volgens Freud gevoelens van conflict en angst oplossen door zich nauwer met de ouder van hetzelfde geslacht te identificeren.
Bron: Wavebreakmedia ltd/Shutterstock.

◀◀ Verbinding hoofdstuk 7
Ontwikkelingsfases staan centraal in onze bespreking van de menselijke ontwikkeling tijdens de levensloop (p. 266).

Fixatie: Stagnatie van de psychoseksuele ontwikkeling in een onvolwassen stadium.

Ego-afweermechanisme: Voornamelijk onbewuste psychische strategie die gebruikt wordt om de ervaring van een conflict of angst te verzachten.

Verdringing: Een onbewust proces dat onacceptabele gedachten en gevoelens uit het bewustzijn en het geheugen verdrijft.

◀◀ Verbinding hoofdstuk 8
Freud ontwikkelde een gedetailleerd systeem van droominterpretatie (p. 323).

chologie, vooral in de literatuur. En ten slotte: hoewel Freud misschien ongelijk had over de details van de psychoseksuele ontwikkeling, zijn het algemene patroon dat hij naar voren bracht en het idee dat de ontwikkeling van kinderen zich voltrekt in bepaalde ontwikkelingsfases, mogelijk wel juist (Bower, 1998b). Wat bijvoorbeeld wel kan kloppen is zijn bewering dat problemen in de vroegste levensfases kunnen leiden tot **fixatie**: een stagnatie in onze psychologische ontwikkeling. Hiervan is sprake als het kind er in het orale stadium niet in slaagt om de afhankelijkheid van het eerste levensjaar achter zich te laten. In de latere kindertijd en het volwassen leven vertoont diegene een sterke neiging tot afhankelijk gedrag. Orale fixatie uit zich ook in bepaalde gedragspatronen die te maken hebben met 'orale neigingen', zoals overmatig eten, alcoholisme en spraakzaamheid. Deze uiteenlopende problemen hebben een gemeenschappelijk kenmerk: de mond als instrument waarmee het individu contact maakt met wat hij nodig heeft. Een fixatie in het anale stadium zou volgens Freud ontstaan door problemen die samenhangen met het tweede levensjaar, waarin zindelijkheidstraining een belangrijke plaats inneemt. Anale fixatie kan leiden tot een koppig, dwangmatig, vrekkig of overdreven ordelijk gedragspatroon, dat gebaseerd is op het idee van 'vasthouden': de controle houden over je lichaam of je leven.

Ego-afweer   Volgens Freud doet het ego een beroep op een reeks **ego-afweermechanismen** bij het omgaan met het conflict tussen de impulsen van het id en de eis van het superego om deze impulsen te onderdrukken. Volgens Freud opereren al deze verdedigingstechnieken op een *voorbewust niveau*: net onder het oppervlak van het bewuste. Als de druk van het id gering is, kunnen we ons beperken tot eenvoudige egoverdedigingsmiddelen zoals fantasie of rationalisatie. Maar als de onbewuste verlangens te sterk worden, zal het ego zijn toevlucht nemen tot zwaardere wapens en 'het id de mond snoeren'. Om dat te bewerkstelligen verdrijft het ego extreme verlangens en bedreigende herinneringen uit het bewustzijn naar de uithoeken van het onbewuste. Dit proces van verbanning van onacceptabele gedachten en gevoelens uit het bewustzijn wordt **verdringing** genoemd. Het zou het belangrijkste ego-afweermechanisme zijn, omdat er wordt verondersteld dat verdringing veel van ons gedrag en onze perceptie in vermomming beïnvloedt. Verdringing kan tot disfunctionele seksuele relaties leiden en tot onvermogen om openlijk om te gaan met anderen die een onderdrukt ideaal of een gevreesde persoon symboliseren.

Verdringing kan de toegang tot zowel gevoelens als herinneringen blokkeren. Als een kind bijvoorbeeld erg boos is op haar vader, maar weet dat ze straf krijgt als ze haar gevoelens de vrije loop laat, zal ze haar gevoelens verdringen. Evenzo onderdrukken jongens de erotische oedipale gevoelens die ze voor hun moeder hebben. De onderdrukte vijandige impuls kan dan niet langer bewust om bevrediging vragen. Maar hoewel de impuls niet langer bewust wordt ervaren, is hij niet verdwenen, aldus Freud. Op een onbewust niveau blijft hij invloed uitoefenen op het gedrag, maar dan op een minder directe manier, misschien vermomd als droom, fantasie of als de symptomen van een psychische stoornis.

Als scherp waarnemer van menselijk gedrag postuleerde Freud vele andere ego-afweermechanismen naast fantasie en onderdrukking. Hier volgen enkele van de belangrijkste:

- *Ontkenning* 'Ik heb geen probleem.' Dankzij dit afweermechanisme kun je een lastige situatie vermijden door eenvoudigweg te ontkennen dat die bestaat. Ontkenning is een strategie die dikwijls gebruikt wordt door onder meer mensen met een drankprobleem, mensen met agressieproblemen en mensen die neigen tot gevaarlijk gedrag, zoals onveilige seks.
- *Rationalisatie* Als een student bijvoorbeeld tijdens een examen spiekt, kan hij dat onacceptabele gedrag 'goedpraten' met behulp van de rationalisatie:

'Iedereen doet het.' Iemand die dit verdedigingsmechanisme gebruikt, geeft sociaal acceptabele redenen voor gedrag dat in feite gebaseerd is op motieven waarvan hij of zij denkt dat ze sociaal onacceptabel zijn.

- *Reactieformatie* We zien bijvoorbeeld reactieformatie bij mensen die problemen hebben met hun seksuele gevoelens en een heksenjacht openen tegen 'smerige boekjes' in de openbare bibliotheek of gaan actievoeren voor wetgeving om het seksuele gedrag van andere mensen te reguleren. Dit afweermechanisme treedt op als individuen zich precies tegengesteld gedragen aan hun onbewuste verlangens.
- *Verschuiving* Als je chef je het bloed onder de nagels vandaan haalt, kun je je woede afreageren door tegen je vriend te schreeuwen of tegen de muur te beuken. Dit afweermechanisme berust op het verschuiven van de reactie van de werkelijke bron van stress naar een veiliger persoon of object.
- *Regressie* In stressvolle situaties kan het gebeuren dat mensen wegkruipen, beginnen te huilen, met dingen gaan gooien of zelfs in hun broek gaan plassen. Ze keren terug naar een eerdere ontwikkelingsfase en vertonen onvolwassen, kinderlijk gedrag dat effectief was toen ze als kind met stress werden geconfronteerd.
- *Sublimatie* Iemand die zijn seksuele energie opkropt, kan een meer sociaal geaccepteerde uitlaatklep zoeken in de vorm van intensieve creatieve bezigheden of excessief hard werken. Freud vermoedde dat sublimatie verantwoordelijk was voor een aantal belangrijke ontwikkelingen in onze beschaving.
- *Projectie* We zien projectie aan het werk als een onzekere bedrijfsdirecteur een onschuldige collega als bedreiging beschouwt, of als iemand in een vaste relatie zich aangetrokken voelt tot iemand anders, en vervolgens zijn of haar partner van bedrog beschuldigt. Algemener gesteld, kunnen mensen het verdedigingsmechanisme projectie gebruiken om de eigen begeerten en angsten niet zelf bewust te hoeven ervaren.

Het laatste concept uit bovenstaande opsomming, projectie, heeft geleid tot de ontwikkeling van projectieve tests, die in de klinische psychologie veel toepassing hebben gevonden bij het in kaart brengen van eventuele persoonlijkheidsstoornissen en psychische stoornissen. We maken een klein uitstapje om je een inleiding te geven in deze projectieve technieken.

Projectieve testen: diagnose aan de hand van een verdedigingsmechanisme

Wat zie je in figuur 10.4? De kop van een insect? Een MRI-scan van de hersenen? Iets heel anders? Ambigue beelden zoals deze worden vaak gebruikt in een **projectieve test**. Dat is een methode die psychodynamische therapeuten gebruiken als ze trachten door te dringen tot de intiemste gevoelens, motieven, conflicten en verlangens van hun patiënten. Projectieve tests zijn gebaseerd op het idee dat mensen hun verborgen motieven en conflicten op de afbeeldingen projecteren, net zoals mensen die naar de wolken staren er voorwerpen in kunnen zien die met hun fantasieën overeenkomen.

In de bekendste projectieve test, de **Rorschachtest**, bestaan de ambigue stimuli uit symmetrische inktvlekken (Rorschach, 1942). De vlekken worden een voor een getoond, terwijl de respondent moet vertellen wat hij ziet of waar de vlek op lijkt. Over het algemeen interpreteert de onderzoeker de projecties vanuit de psychoanalytische invalshoek en vraagt zich af wat ze vertellen over de onbewuste seksuele en agressieve impulsen of verdrongen conflicten van de respondent (Erdberg, 1990).

Hoe goed werkt de Rorschachtest? De waarde van de Rorschachtest is omstreden, omdat uit objectief onderzoek is gebleken dat de accuraatheid nogal te wensen overlaat (Lilienfeld et al., 2010). Bovendien, zo voeren critici aan, is de

Projectieve test: Instrument waarmee we ons een beeld kunnen vormen van de de persoonlijkheid van een individu. Gebaseerd op Freuds concept van projectie.

Rorschachtest: Projectieve test waarbij respondenten moeten beschrijven wat ze in tien inktvlekken zien.

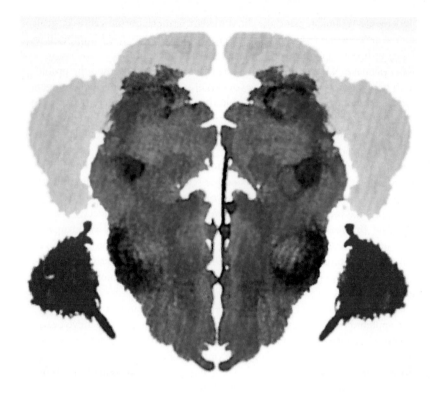

Figuur 10.4
De Rorschachtest maakt gebruik van
dit soort inktvlekken

Thematische Apperceptietest (TAT):
Projectieve test waarbij respondenten
verhaaltjes moeten verzinnen bij ambigue
afbeeldingen.

test gebaseerd op theoretische concepten (zoals onbewuste motieven) die je onmogelijk objectief kunt aantonen. Ondanks deze kritiekpunten maken vele therapeuten nog altijd enthousiast gebruik van de test. Ze menen dat hij, als onderdeel van een breder persoonlijkheidsonderzoek, unieke inzichten kan verschaffen
(Hibbard, 2003).

De **Thematische Apperceptietest (TAT)** van Henry Murray is wetenschappelijk gezien beter onderbouwd, zeker voor wat betreft het meten van prestatiemotivatie (zie hoofdstuk 9). Deze projectieve test bestaat uit een serie ambigue
afbeeldingen waarbij de respondent een verhaaltje moet verzinnen. Dat verhaaltje moet beschrijven wat de personen op de afbeeldingen doen en denken (focus
op het heden), wat er voorafgaand aan deze situatie is gebeurd (focus op het verleden) en hoe elke situatie zal aflopen (focus op de toekomst). De projectiehypothese achter de TAT is dat de respondent de elementen van de afbeelding waarneemt en ze vervolgens aanvult met persoonlijke interpretaties en verklaringen
die zijn gebaseerd op zijn of haar eigen gedachten, gevoelens en behoeften. De
onderzoeker interpreteert de responses door zich te concentreren op psychologische thema's als agressie, seksuele behoeften, prestatiemotieven en de relaties
tussen de mensen die in de verhaaltjes voorkomen.

De Thematische Apperceptietest wordt sinds kort in Nederland ook toegepast bij
de detectie van autismespectrumstoornissen. Zo vertellen personen met ASS hun
verhalen vaak op een monotone of onrustige manier en is er in hun verhalen
vaak een gebrek aan interactie tussen mensen. De test blijkt de typische stijl van
informatieverwerking van mensen met ASS goed aan het licht te kunnen brengen (Edrisi & Eurelings-Bontekoe, 2009).

Een evaluatie van Freuds werk
Hoe je ook over Freud denkt, je moet hem enig krediet geven, omdat hij de
eerste, en mogelijk nog steeds de meest uitgebreide theorie over persoonlijkheid,
psychische stoornissen en psychotherapie heeft ontwikkeld. Dit deed hij in een

tijd waarin we nog geen inzicht hadden in erfelijkheidsleer en neurotransmitters, toen er voor de meeste psychische stoornissen nog geen bijzonder effectieve behandeling bestond en er geen inzicht was in de invloeden op genderidentiteit of seksuele ontwikkeling. Zijn geschriften waren zo scherpzinnig en zijn argumenten zo meeslepend, dat hij een grotere invloed heeft gehad op de manier waarop we over persoonlijkheid en psychische afwijkingen denken dan welke theoreticus dan ook, of we dit nu beseffen of niet. Hij gaf ons begrip van het onbewuste, het concept van de ontwikkelingsfases, het idee van afweermechanismen en het idee dat gedrag, en zelfs onze dromen, een verborgen betekenis kunnen hebben. Bovendien maakte hij de menselijke seksualiteit tot een centraal thema in de persoonlijke ontwikkeling, waarmee hij de victoriaanse maatschappij (waarin seksualiteit taboe was) op zijn grondvesten deed schudden. Zelfs onder psychologen, die toch zijn ideeën grotendeels hebben verworpen, wordt Freud beschouwd als een van de scherpzinnigste waarnemers van het menselijk gedrag aller tijden (Solms, 2004). Steeds opnieuw zag hij dingen die anderen misten, ook al waren zijn verklaringen soms gekunsteld. Bijna iedereen is het erover eens dat mensen agressie verschuiven, hun gedrag rationaliseren en hun eigen tekortkomingen gemakkelijker bij anderen opmerken dan bij zichzelf.

Kritiek op Freud   De meeste hedendaagse psychologen staan tamelijk kritisch tegenover Freuds werk (Azar, 1997; McCullough, 2001). Een van hun bezwaren is dat veel freudiaanse concepten, zoals 'libido', 'anale fase' of 'verdringing', nogal vaag zijn. Omdat de definities niet op een duidelijke, operationele wijze zijn geformuleerd, kan een groot deel van zijn theorie niet wetenschappelijk worden getoetst. Dit probleem is duidelijk zichtbaar in de controverse over het terughalen van onderdrukte herinneringen. Hoe zou iemand zonder geloofwaardig ondersteunend bewijsmateriaal (dat zelden bestaat) ooit kunnen bepalen of een teruggehaalde herinnering werkelijk onderdrukt was of alleen door suggestie van een therapeut, door het lezen van kranten of het kijken naar de televisie in het geheugen is geplant? Door zulke problemen wordt een wetenschappelijke beoordeling van de psychoanalytische theorie vrijwel ondoenlijk.

◀◀ **Verbinding hoofdstuk 1**
Operationele definities zijn in objectieve, waarneembare en meetbare termen geformuleerd (p. 24).

Een tweede kritiekpunt luidt dat de freudiaanse theorie een verleidelijke verklaring van het verleden geeft, maar dat haar voorspellingen over toekomstige responsen nogal te wensen overlaten. Dat wil zeggen dat het mogelijk slechts een slim voorbeeld is van *vertekening achteraf*, waarbij we de illusie hebben dat we zaken achteraf duidelijker zien. Door de overdreven nadruk op de historische wortels van het huidige gedrag wordt de aandacht afgeleid van huidige gebeurtenissen die misschien verantwoordelijk zijn voor psychische problemen of gedragsproblemen.

Een derde kritiekpunt op Freuds werk is dat er maar weinig aandacht wordt besteed aan vrouwen. Vooral ergerlijk is zijn idee dat het onvermijdelijk is dat vrouwen aan 'penisnijd' lijden. (Hij dacht dat vrouwen hun hele leven onbewust proberen compensatie vinden voor deze frustratie.) Een betere verklaring is dat Freud in dit onderdeel van zijn theorie zijn eigen attitudes en die van de wereld van zijn tijd, waarin de man centraal stond, projecteerde op vrouwen.

Een laatste kritiekpunt luidt dat de onbewuste geest minder slim en doelgericht is dan Freud meende (Loftus & Klinger, 1992). Volgens dit nieuwere standpunt, dat afkomstig is uit neurowetenschappelijk onderzoek op het gebied van emotie, hebben de hersenen parallelle bewuste en onbewuste verwerkingsbanen, waarbij het onbewuste snel emotieopwekkende stimuli detecteert (bijvoorbeeld een schimmige figuur die in een donkere straat op je afkomt), terwijl het bewuste meer weloverwogen en logischer werkt ('Oké', zeg je tegen jezelf. 'Blijf kalm en handel natuurlijk en misschien heeft hij niet door dat je bang bent'.) Dit nieuwe standpunt over een onderbewust emotioneel verwerkingssysteem is veel minder kwaadaardig en turbulent dan het onbewuste vol met seksuele begeerten en destructieve doodswensen dat Freud zich voorstelde (LeDoux, 1996).

Toch moeten wij de psychodynamische visie niet beschouwen als iets tot het verleden behoort. De Vlaamse auteur Paul Verhaeghe, psychoanalyticus en hoogleraar aan de Universiteit van Gent, slaagt er bijvoorbeeld in om vanuit een psychodynamische visie heel interessante kritiek op de huidige maatschappij en zeker op de medicalisering van zorg en therapie te formuleren (Verhaeghe, 2009, 2011).

Hoe zou Freud Mary Calkins hebben gezien?

Tot slot van onze evaluatie van het werk van Freud kijken we of zijn theorie een nieuw licht werpt op Mary Calkins. Een psychoanalyticus die haar doelbewustheid en bereidheid tegen het systeem te vechten zou interpreteren, zou eerst in haar jeugd zoeken naar ervaringen die haar persoonlijkheid hebben gevormd.

Het gezin Calkins was bijzonder hecht (Furumoto, 1979). Mary's moeder, Charlotte Calkins, had een slechte gezondheid, dus nam Mary, als oudste kind, veel van de huishoudelijke taken over, een bijzonder interessante ontwikkeling in het licht van de suggestie van Freud dat meisjes met hun moeder concurreren om de aandacht van hun vader. Mary's vader, dominee Wolcott Calkins, hechtte veel waarde aan onderwijs en gaf Mary persoonlijk les in een tijd waarin scholing voor vrouwen niet populair was. Mogelijke seksuele gevoelens die ze zou hebben gevoeld voor haar vader zouden gesublimeerd zijn in haar extreme werkgewoonten die zich in de rest van haar leven manifesteerden.

Een doorslaggevende gebeurtenis, die Mary groot verdriet deed, was het overlijden van haar jongere zusje. Vanuit een freudiaans standpunt bezien kan het overlijden van het zusje een conflict hebben veroorzaakt, op basis van onbewuste gevoelens van rivaliteit om de affectie van de ouders. Een freudiaanse analyticus zou kunnen suggereren dat het werk van Calkins een sublimatie was van droefheid, of mogelijk van woede, omdat zij de rol van haar moeder moest overnemen en vanwege de vooroordelen waarmee ze te kampen had. Zoals bij psychoanalyse gebruikelijk is, worden deze veronderstellingen geleid door wijsheid achteraf en kunnen ze niet worden bewezen of weerlegd.

◄◄ **Verbinding hoofdstuk 9**
Emotieopwekkende stimuli worden in twee parallelle banen in de hersenen verwerkt (p. 371).

De neofreudianen

Freud was altijd een controversieel en charismatisch figuur – een beeld dat hij graag in stand hield (Sulloway, 1992). Hij had veel volgelingen en duldde van hen geen kritiek op de fundamenten van de psychoanalyse. Daardoor maakten enkele van Freuds al even vastberaden volgelingen zich als opstandige kinderen los van hun leermeester en ontwikkelden ze hun eigen systemen van persoonlijkheid, psychische stoornissen en behandelingen. Onder hen waren Carl Jung, Karen Horney, Erik Erikson en Alfred Adler. Hoewel deze **neofreudianen** (letterlijk 'nieuwe freudianen') soms van de theorie van Freud afweken, hebben ze zijn psychodynamische nadruk altijd in stand gehouden. Dat wil zeggen, ze handhaafden Freuds idee over de persoonlijkheid als een proces dat door motivationele energie wordt aangedreven, ook al hadden ze andere ideeën over de specifieke motieven die de persoonlijkheid van energie voorzien. En mogelijk heb jij ook moeite met de volgende vragen: Zijn onze motieven voornamelijk seksueel of sociaal? Zijn ze bewust of onbewust? Wordt de persoonlijkheid bepaald door gebeurtenissen uit het verleden of door een doel in de toekomst? We beperken ons tot het bespreken van de theorie van een van de bekendste neofreudianen, Carl Jung.

Neofreudiaan: Letterlijk: 'nieuwe freudiaan', een theoreticus die afstand heeft genomen van Freud, maar bij wiens theorie een psychodynamisch aspect gehandhaafd is, met name de nadruk op motivatie als bron van energie voor de persoonlijkheid.

Carl Jung: een uitbreiding van het onbewuste

Freud had vele volgelingen, maar geen daarvan is zo beroemd geworden als Carl

Jung. Hij behoorde tot het kleine kringetje van collega's die Freud in de eerste jaren van de twintigste eeuw hielpen bij het ontwikkelen en uitwerken van zijn psychoanalytische theorie. Freud beschouwde Jung zelfs een tijdlang als zijn 'troonopvolger'. Maar Jung ergerde zich steeds meer aan Freuds paternalistische houding en begon langzaam maar zeker zijn eigen theoretische ideeën te ontwikkelen (Carver & Scheier, 2008). Uiteindelijk leidde deze botsing van persoonlijkheden (door Freud uitgelegd als Jungs onbewuste verlangen om zijn autoriteit over te nemen) tot een breuk in hun relatie.

Voor Jung was die breuk met Freud om twee redenen onvermijdelijk. Ten eerste vond hij dat zijn leermeester te veel nadruk legde op seksualiteit, wat naar zijn idee ten koste ging van andere

De complexe relatie tussen Jung en Freud, en hun breuk, staat centraal in de film *A Dangerous Method* (2011).
Bron: Sony Classics.

onbewuste behoeften en verlangens die Jung zag in de kern van persoonlijkheid. Zo meende hij bijvoorbeeld dat spiritualiteit een even fundamenteel menselijk motief was als seksualiteit. Ten tweede was Jung het niet eens met Freuds opvattingen over de structuur van het onbewuste. Jung ontwikkelde een nieuwe, uitgebreide visie op het onbewuste. Deze visie, die zijn bekendste bijdrage is aan de psychologie, zullen we nu bespreken.

Het collectief onbewuste   Jung verving het freudiaanse id door een tweeledig onbewuste; het persoonlijk onbewuste en het collectief onbewuste. Het jungiaanse **persoonlijk onbewuste** komt in grote lijnen overeen met Freuds id. De collectieve tegenhanger was nieuw, en een volledig jungiaans concept. Volgens Jung is het **collectief onbewuste** een reservoir van instinctieve 'herinneringen' waarover elk mens beschikt. (Zoals ook het grootste gedeelte van de genetische code bij alle mensen hetzelfde is – maar die analogie kon Jung nog niet aangeven.) Deze collectie is een aaneensmeding van herinneringen van ontelbare generaties uit de menselijke geschiedenis. De collectie bevat daarnaast eeuwenoude beelden, **archetypen** genaamd, die overal ter wereld in de literatuur, beeldende kunst en sprookjes voorkomen (Jung, 1936/1959). Volgens Jung konden psychologische stoornissen niet alleen worden veroorzaakt door onderdrukte trauma's en conflicten in het persoonlijke onderbewuste, maar ook door een onvermogen de archetypen die we in ons collectieve onderbewuste niet acceptabel vinden, te erkennen.

Twee van deze archetypische herinneringen noemde Jung de *animus* en de *anima*, de mannelijke en vrouwelijke kant van onze natuur. Andere archetypen belichamen de universele concepten van *moeder, vader, geboorte, dood,* de *held,* de *bedrieger, God* en het *zelf.* Daarnaast is er nog de *schaduw,* die zich ophoudt in de donkere uithoeken van het zelf. Hij vertegenwoordigt de destructieve en agressieve neigingen in onze persoonlijkheid (vergelijkbaar met Freuds Thanatos) waar we liever niets van willen weten. Een goede manier om je schaduw te leren kennen, doet zich voor de volgende keer dat je boos, vijandig, competitief of jaloers bent.

Persoonlijkheidstypen opnieuw bekeken   Volgens Jungs *principe van tegenstellingen* bestaat onze persoonlijkheid uit paren van tegengestelde neigingen, of

Persoonlijk onbewuste: Jungs term voor dat deel van het onbewuste dat grofweg overeenkomt met Freuds id.

Collectief onbewuste: Jungs aanvulling op het persoonlijk onbewuste: deel van het onbewuste dat onze instinctieve 'herinneringen', onder meer de archetypen, bevat. De inhoud van dit onbewuste is universeel.

Archetype: Eeuwenoud herinneringsbeeld in het collectief onbewuste. Archetypen worden overal ter wereld gebruikt in de beeldende kunst, literatuur en sprookjes.

 Video
Ga naar de MyLab mediatheek om het filmfragment te bekijken over Carl Jung.

Overal in de beeldende kunst, literatuur en film kom je jungiaanse archetypen tegen. Op deze foto uit de film *The Lord of the Rings* zie je Gandalf, die het archetype van de magiër belichaamt. Het is hetzelfde archetype als de coyote in de indiaanse legendes en de figuur van Merlijn in de Arthurlegendes.

Bron: Courtesy Everett Collection.

Introversie: Jungiaans persoonlijkheidskenmerk waarbij de aandacht gericht is op interne ervaringen, op de eigen gedachten en gevoelens. Dit maakt een introvert persoon minder toegankelijk en minder gemakkelijk in de omgang dan iemand met een extraverte persoonlijkheid.

Extraversie: Jungiaans persoonlijkheidskenmerk waarbij de aandacht naar buiten, op anderen gericht is.

disposities (zie tabel 10.3). Jung beweerde dat de meeste mensen bij elk van deze paren de voorkeur hebben voor de ene of de andere neiging. Het algemene patroon van zulke neigingen werd een *persoonlijkheidstype* genoemd. Jung nam aan dat het persoonlijkheidstype een stabiel en duurzaam aspect was van de persoonlijkheid van het individu.

De bekendste tegenstelling is die tussen **introversie** en **extraversie**. Extraverte mensen richten hun aandacht naar buiten, op externe ervaringen. Daardoor hebben ze vaak meer contact met mensen en voorwerpen om hen heen dan met hun innerlijke behoeften. Ze zijn meestal gemakkelijk in de omgang en niet erg zelfbewust. Introverte mensen daarentegen, zijn gericht op de eigen gedachten en gevoelens, waardoor ze wat meer verlegen en minder sociaal zijn. De paren van tegengestelde krachten zijn bij bijna niemand volkomen in evenwicht, meende Jung. Meestal domineert een van de twee. Zo ontstaat een bepaald persoonlijkheidstype (Fadiman & Frager, 2001).

Een evaluatie van Jungs werk   Net als bij Freud hebben Jungs ideeën vooral veel invloed gehad buiten de psychologie, met name in de literatuur en in populaire tijdschriften. Psychologen waren over het algemeen weinig gecharmeerd van Jungs werk, voornamelijk omdat zijn ideeën, net als die van Freud, zich niet lenen voor objectieve observaties en experimenten. Toch heeft Jung wel enige invloed gehad op het gedachtegoed van de psychologie. Met zijn uitdaging aan Freud heeft hij de deur geopend voor een stortvloed aan alternatieve persoon-

Tabel 10.3   De tegengestelde neigingen in de persoonlijkheid volgens Jung

bewust	onbewust
extravert	introvert
rationeel	irrationeel
denken	voelen
intuïtie	gewaarwording
goed	slecht
mannelijk	vrouwelijk

lijkheidstheorieën. Ten tweede maakt zijn concept van persoonlijkheidstypen, en vooral de concepten van introversie en extraversie, hem niet alleen tot een psychodynamische theoreticus, maar ook tot een van de grondleggers van de theorieën over karaktertrekken, typen en temperamenten.

Zou Jung ons een nieuw perspectief kunnen geven op Mary Calkins? Hij had misschien vermoed dat haar vastberadenheid om te slagen in de wereld van haar tijd, die door mannen werd overheerst, werd aangedreven door een conflict tussen de mannelijke en vrouwelijke kant van haar aard: animus en anima. Een andere jungiaanse mogelijkheid is dat haar moeder, door een slechte gezondheid gedwongen afstand te doen van een groot deel van de moederlijke rol, Mary ertoe bracht haar eigen moederlijke archetype te ontkennen. Wat op zijn beurt mogelijk verklaart waarom Mary zelf nooit is getrouwd.

Introverte mensen zijn gericht op innerlijke ervaringen: hun eigen gevoelens en gedachten.
Bron: © Andres Rodriguez, Dreamstime.

10.3.2 De humanistische theorieën: nadruk op menselijk potentieel en geestelijke gezondheid

Noch Freud, noch de neofreudianen hadden veel te zeggen over diegenen van ons die 'normaal' zijn. Door de nadruk op interne conflicten en psychische stoornissen, leverden ze fascinerende verklaringen voor psychische stoornissen, maar ze slaagden er niet echt in een bruikbare theorie van de gezonde persoonlijkheid te bieden. Het humanistische standpunt, met zijn optimistische visie op de essentie van de menselijke natuur, biedt een alternatieve visie op persoonlijkheid.

Volgens de humanisten wordt de persoonlijkheid niet gedreven door onbewuste conflicten en afweer tegen angst, maar door de positieve behoefte om zich aan te passen, te leren, te groeien en uit te blinken. Ze hebben het idee behouden van motivatie als centraal onderdeel van de persoonlijkheid, maar ze hebben een sterker accent gelegd op positieve motieven zoals liefde, achting en zelfactualisatie. Als er sprake is van een psychische stoornis, wordt die veroorzaakt door een ongezonde *situatie* en niet door ongezonde *individuen*. Zodra mensen zich hebben bevrijd van negatieve situaties, zoals een slechte relatie, een negatief zelfbeeld ('Ik ben niet slim') of een ongelukkige carrière, zullen ze door een natuurlijke neiging tot gezondheid vanzelf kiezen voor de alternatieven die hun leven nog waardevoller maken.

Abraham Maslow en de gezonde persoonlijkheid

Maslow noemde de humanistische invalshoek graag de 'derde stroming' in de psychologie. Daarmee zette hij zich af tegen de psychoanalytische en de behavioristische stromingen die de psychologie gedurende het grootste deel van zijn leven zouden domineren. Maslow was met name geïnteresseerd in Freuds fixatie op psychische stoornissen en onevenwichtigheid. Naar zijn mening was er vooral behoefte aan een theorie die psychische gezondheid uitgebreider beschreef dan enkel als de afwezigheid van ziekte. De invulling van deze theoretische behoefte werd uiteindelijk zijn belangrijkste levensdoel. Hij zocht de ingrediënten van de gezonde persoonlijkheid waar niemand die tot dan toe had gezocht: bij mensen die een bijzonder vol en productief leven hadden geleid (Maslow, 1968, 1970, 1971).

Zelfactualiserende persoonlijkheden Maslows 'bronnen' waren onder meer historische figuren als Abraham Lincoln en Thomas Jefferson, en andere aanzienlijke personen uit zijn eigen tijd: Albert Einstein, Albert Schweitzer en Eleanor Roosevelt. Bij deze mensen ontdekte Maslow een gezonde persoonlijkheid die was gericht op doelen niet gerelateerd aan eigen basale behoeften, die al vervuld waren. Sommigen, zoals Lincoln en Roosevelt, richtten zich op de noden van de mensheid. Anderen, zoals Einstein, richtten zich op een inzicht in de fysieke wereld. Een gemeenschappelijk kenmerk was dat ze zich bezighielden met zaken waarbij ze een sterke betrokkenheid voelden.

Zelfactualiserende persoonlijkheid:
Gezond individu van wie de basisbehoeften vervuld zijn en dat daardoor de vrijheid heeft om zijn interesse in 'hogere' idealen zoals waarheid, rechtvaardigheid en schoonheid te ontwikkelen.

◀◀ **Verbinding hoofdstuk 9**
Maslow stelt in zijn behoeftehiërarchie dat motieven in een volgorde van prioriteit voorkomen (p. 349).

Volledig functionerend persoon: Carl Rogers term voor een zelfactualiserend individu wiens zelfbeeld positief is en congruent met de realiteit.

Fenomenaal veld: Onze psychologische realiteit, bestaat uit percepties.

Maslow noemde dit soort individuen **zelfactualiserende persoonlijkheden**. Hij ontdekte dat mensen met zo'n persoonlijkheid creatief en spontaan zijn en dat ze een aanstekelijk gevoel voor humor hebben. Tegelijkertijd accepteren ze hun eigen beperkingen en die van anderen. Kortom, mensen met een zelfactualiserende persoonlijkheid voelen zich vrij om hun mogelijkheden te ontwikkelen. Een staat van zijn waar eenieder van ons naar zou moeten streven.

Behoeften in een hiërarchie Hoewel Maslows interesse vooral uitging naar de gezonde, zelfactualiserende persoonlijkheid, biedt zijn theorie van de behoefte-hiërarchie ook een verklaring voor onevenwichtigheid. Maslow stelt dat onze behoeften in volgorde van prioriteit zijn gerangschikt, eerst de biologische be-hoeften, dan behoeften aan veiligheid, liefde, respect en uiteindelijk de behoefte aan zelfactualisatie. Een onvervulde behoefte – een 'deficiëntie', bijvoorbeeld een gebrek aan liefde of respect, kan tot onevenwichtigheid leiden. Iemand die niet door zulke behoeften wordt geplaagd, is in staat om interesses te ontwikkelen die bijdragen aan zijn groei en gevoel van vervulling. Uit onderzoek blijkt inderdaad dat mensen die zichzelf accepteren gelukkiger zijn, terwijl mensen die gering over zichzelf denken vaak angstig, boos of gedeprimeerd zijn (Baumeister, 1993; Brown, 1991).

Carl Rogers volledig functionerend persoon

In tegenstelling tot Maslow, was Carl Rogers (1902-1987) een therapeut die niet met zelfactualiserende, maar met slecht functionerende mensen werkte. Toch zag hij de gezonde persoonlijkheid, die hij een **volledig functionerend persoon** noemde, niet over het hoofd. Zo'n persoonlijkheid onderscheidt zich volgens Rogers door een zelfbeeld dat zowel positief is als in overeenstemming met de realiteit (Rogers, 1961). Dat wil zeggen dat een volledig functionerend persoon een positief zelfbeeld heeft dat consistent (congruent) is met de boodschappen van goedkeuring, vriendschap en liefde die hij of zij van anderen ontvangt. Ne-gatieve ervaringen, zoals het verlies van een baan of afwijzing door een geliefde, kunnen echter tot incongruentie leiden. Hierdoor komt het zelfbeeld in gevaar.

Het fenomenale veld: de realiteit van de persoon Rogers hechtte veel waarde aan het belang van percepties en gevoelens, die hij het **fenomenale veld** noem-de. Hij meende dat we gewoonlijk op deze subjectieve ervaring reageren, en niet op een 'objectieve' realiteit. De manier waarop een student een cijfer waardeert, is dus volledig afhankelijk van zijn of haar eigen perceptie van dat cijfer. Voor een briljante student is een zes misschien een enorme teleurstelling, terwijl een zwakkere student er dolgelukkig mee kan zijn: beiden reageren op hun eigen subjectieve fenomenale veld. In het systeem van Rogers maakt het fenomenale veld deel uit van de persoonlijkheid, als een soort filter van onze ervaringen (zie figuur 10.5). Het bevat onze interpretaties van zowel de externe als de interne wereld, en het bevat ook het *zelf*, de humanistische versie van het freudiaanse ego.

Voorwaardelijke tegenover onvoorwaardelijke relaties Interessant genoeg had Rogers zelf een geïsoleerde en ongelukkige jeugd die werd gedomineerd door rigide regels van strenge religieuze ouders. De omgeving waarin hij opgroeide was zo bekrompen dat hij zich al 'zondig' voelde toen hij voor het eerst zonder toestemming van zijn ouders een flesje limonade dronk (Rogers, 1961). Later zou Rogers concluderen dat kinderen die opgroeien in een omgeving waar de ouderlijke liefde voorwaardelijk is (afhankelijk van goed gedrag), zich vaak ontwikkelen tot zeer angstige volwassenen met een sterk schuldgevoel, dé ingre-diënten voor een negatief zelfbeeld en psychische stoornissen. We hebben geen behoefte aan mensen die ons met schuldgevoelens opzadelen. We willen liever omringd worden door mensen die ons onvoorwaardelijke positieve waardering geven, oftewel liefde waaraan geen voorwaarden zijn verbonden.

In tegenstelling tot de psychodynamische theoretici, die zich concentreerden op duistere motieven, menen Rogers, Maslow en andere humanistische theoretici, waaronder Rollo May (1966), dat onze meest intense motieven gericht zijn op positieve groei. In zijn gezondste vorm is zelfactualisatie een streven om de eigen mogelijkheden, capaciteiten en talenten zo veel mogelijk te ontplooien. Volgens de humanistische theorie is deze aangeboren drijfveer een constructieve, sturende kracht die elke persoon aanzet tot positief gedrag en groei van het zelf.

Een humanistisch perspectief op Mary Calkins

Als een humanist probeerde te begrijpen wat Mary Calkins dreef, zou hij waarschijnlijk eerst vragen: Hoe zag zij haar wereld? Wat was belangrijk voor haar? Humanisten zouden vooral geïnteresseerd zijn in haar sterke punten: haar intelligentie, haar gezinsachtergrond waarin sprake was van koestering en haar loyale groep collega's aan Wellesley en aan de psychologiefaculteit van Harvard. Ze zouden ook opmerken dat Calkins er haar hele leven aan werkte de psychologie tot de wetenschap van het zelf te maken (waarmee zij de hele persoon bedoelde, en niet de gefragmenteerde en begrensde benadering van de structuralisten of de 'geestloze' benadering van de behavioristen uit die tijd). In dit opzicht zou Mary Calkins als een van de grondleggers van de humanistische psychologie kunnen worden beschouwd.

Een evaluatie van de humanistische theorieën

De optimistische humanistische visie op persoonlijkheid werd door vele psychologen met enthousiasme ontvangen. Het was een hele opluchting na het sombere perspectief van de psychodynamische theorie met haar nadruk op onacceptabele verlangens en onderdrukte trauma's. Eindelijk konden therapeuten het naar boven halen van pijnlijke herinneringen uit een vaststaand verleden verruilen voor een humanistische theorie die de nadruk legde op het veraangenamen van het heden en de toekomst. Ook het feit dat de theorieën meer aandacht besteedden aan psychische gezondheid dan aan psychische stoornissen, klonk hen aangenaam in de oren.

Zijn humanistische theorieën te veel op het 'zelf' gericht?

Niet iedereen sloot zich aan bij de humanistische euforie. Zo vonden veel critici de formulering van de humanistische concepten veel te vaag. Ze vroegen zich af wat de humanisten precies bedoelden met de term 'zelfactualisatie'. Is ze een aangeboren neiging, is ze cultuurbepaald? Psychoanalytische theoretici bekritiseerden de humanistische nadruk op de huidige, bewuste ervaring. Ze vonden dat de humanisten de kracht van het onbewuste onderschatten. Crosscultureel psychologen hadden kritiek op de humanistische nadruk op het zelf, denk maar aan *zelf*concept, *zelf*waardering en *zelf*actualisatie. Deze op het zelf gerichte visie op de persoonlijkheid was in hun ogen duidelijk vertekend door de invalshoek van de individualistische, westerse cultuur die vreemd is aan niet-westerse zienswijzen, waarin gemeenschap en familie belangrijker geacht worden dan eigenbelang (Heine et al., 1999). We moeten duidelijk zijn: niemand ontkent het bestaan van een zelf binnen de persoonlijkheid, dat wil zeggen een soort proces dat onderscheid maakt tussen het individu en al het andere. We maken allemaal onderscheid tussen 'mij' en

Figuur 10.5

Het fenomenale veld van Rogers

Voor Carl Rogers is wat we waarnemen en voelen de enige werkelijkheid. Het totaal van al onze gevoelens en percepties noemde hij het fenomenale veld. Je ziet dat het zelfconcept een waarneming van het zelf is en daarom deel uitmaakt van het fenomenale veld. Bij de volledig functionerende persoon is het zelfconcept positief en congruent met de feedback die van anderen wordt ontvangen.

◀◀ **Verbinding hoofdstuk 1**
Het structuralisme zocht naar de 'elementen' van de bewuste ervaring (p. 14).

De auteur Philip Zimbardo wordt begroet door de Dalai Lama, voorafgaand aan hun publieke gesprek over het belang van compassie.

Bron: Philip G. Zimbardo, Inc.

'jou'. In feite wordt met MRI- en PET-scans het bestaan aangetoond van gespecialiseerde hersenmodules die zijn gerelateerd aan het verwerken van gedachten over het zelf (Heatherton et al., 2004). En zelfs in collectivistische culturen bestaat het zelf, hoewel daar de nadruk ligt op een zelf dat in een sociale context is ingebed. Het werkelijke probleem is dus of het zelf wel of niet het centrum van de persoonlijkheid is.

Eigenwaarde: oorzaak of gevolg? Onlangs heeft het populaire idee dat eigenwaarde het noodzakelijke ingrediënt is voor geestelijke gezondheid, de aandacht gekregen van onderzoek en kritisch denken... en verrassend genoeg is gebleken dat het idee dubieus is. Waarom is het belangrijk dit te vermelden? Veel programma's die zijn bedoeld om het opleidingsniveau te verbeteren, drugsmisbruik te bestrijden en seks en geweld bij tieners te beperken, zijn gebaseerd op het bevorderen van het gevoel van eigenwaarde van mensen. Na bestudering van het beschikbare onderzoek meldden de psycholoog Roy Baumeister en zijn collega's (2003) echter dat geen van deze problemen door een gering gevoel van eigenwaarde wordt veroorzaakt. Baumeister en zijn collega's stellen dat het niet effectief is een hoog gevoel van eigenwaarde doel van de programma's te maken, maar dringen aan op het bevorderen van positieve prestaties en prosociale gedragingen in de verwachting dat het gevoel van eigenwaarde vanzelf zal volgen.

Positieve psychologie: het nieuwe humanisme? Het afgelopen decennium ontstond een nieuwe stroming, de **positieve psychologie**, met als grondleggers de psychologen Martin Seligman en Mihaly Csikszentmihalyi (2000). De aanhangers van deze stroming streven in essentie dezelfde doelen na als hun humanistische collega's, maar ze besteden meer aandacht aan de wetenschappelijke grondslag van hun theorieën, waarin de specifieke termen in het lexicon over de sterke kanten en deugden van mensen (Peterson & Seligman, 2004) nauwkeuriger worden beschreven. Deze 'vierde kracht', die zich steeds verder uitbreidt, heeft een aantal zorgvuldig opgezette onderzoeken opgeleverd. In die onderzoeken richtte men zich op optimisme, geluk, sociale steun en gezondheid, wat we zullen zien in hoofdstuk 14. Maar ondanks deze successen draagt de positieve psychologie nog weinig bij aan ons begrip van het fenomeen persoonlijkheid. Dat komt doordat het onderzoek zich tot nu toe heeft beperkt tot de wenselijke aspecten van het menselijk gedrag. In zekere zin is dit vergelijkbaar met het belang dat de Dalai Lama hecht aan compassie, misschien wel een van de nobelste persoonlijke deugden, al wordt niet altijd erkend wat de functie daarvan is in een wereld vol kwaad van allerlei aard. Die positieve, zelfgeoriënteerde compassie moet in heroïsche *daden* worden omgezet om een mechanisme in maatschappelijke en politieke verandering te kunnen worden (Dalai Lama, 2007).

Bestaat er naast de psychodynamische, humanistische en de nieuwe positieve psychologie nu ook nog een standpunt dat al deze problemen niet kent? Laten we onze blik eens richten op de cognitieve benadering.

Positieve psychologie: Stroming in de psychologie die zich concentreert op de wenselijke aspecten van het functioneren van de mens, in plaats van op de psychopathologie.

10.3.3 De sociaal-cognitieve theorieën: nadruk op sociaal leren

Volgens sociaal-cognitieve theoretici moeten we rekening houden met leren, sociaal leren om precies te zijn, bij het verklaren van gedrag vanuit de persoonlijkheid. In feite moeten we rekening houden met de volledige reeks psychologische processen, met inbegrip van cognitie, motivatie en emotie, evenals met de omgeving (Cervone, 2004). Hier bespreken we twee van deze benaderingen.

Observationeel leren en persoonlijkheid: de theorie van Bandura

Je hoeft geen 'Brand!' in een volle bioscoop te roepen om te weten wat er gebeurt als je dat zou doen. Volgens Albert Bandura worden we niet alleen gedreven door innerlijke motivationele krachten en door het verkrijgen van beloningen of straffen, maar ook door onze *verwachtingen* over de wijze waarop onze handelingen ons beloningen of straffen zouden kunnen opleveren. En veel van die verwachtingen, zo merkt hij op, zijn niet afkomstig van directe ervaring, maar zijn gebaseerd op de waarneming van wat er met anderen gebeurt (Bandura, 1986). Een duidelijke eigenschap van de menselijke persoonlijkheid is dus de mogelijkheid om de gevolgen van handelingen te voorzien, vooral door te leren wat er met anderen gebeurt als ze zich op een bepaalde manier gedragen. Misschien is dit de belangrijkste bijdrage van Bandura's theorie: het idee dat we indirect leren, dat wil zeggen via anderen. Dit sociale leren, of **observationeel leren**, is een proces waarbij mensen nieuwe responsen aanleren door naar elkaars gedrag te kijken en de consequenties van dat gedrag waar te nemen. Dat wil zeggen dat anderen als *rolmodel* werken; of wij dit rolmodel accepteren of verwerpen wordt bepaald door het feit of ze voor hun gedrag worden beloond of gestraft. Als Ramon bijvoorbeeld ziet dat Tarik zijn broertje slaat en daarvoor wordt gestraft, leert Ramon via observatie dat slaan geen goede strategie is. Maar als Tarik ermee wegkomt of geprezen wordt voor het weerbaar maken van zijn jongere broertje, leert Ramon een heel andere les. Op deze wijze kan Ramon via observationeel leren zien wat werkt en wat niet werkt, zonder zelf *trial-and-error* te hoeven doormaken. Volgens Bandura's theorie is de persoonlijkheid een verzameling van aangeleerde gedragspatronen, waarvan we er vele via observationeel leren hebben geleerd.

In het proces van leren door imiteren verwerven kinderen en volwassenen informatie over hun sociale omgeving. Vaardigheden, attitudes en overtuigingen kun je simpel verwerven door te kijken naar wat anderen doen en welke consequenties hun handelingen hebben. Op deze wijze leren kinderen 'alstublieft' en 'dank u wel' zeggen, en niet in het openbaar in hun neus te peuteren. Het nadeel is natuurlijk dat ook slechte gewoonten kunnen worden aangeleerd door gerichtheid op slechte rolmodellen, zoals een familielid dat bang is voor spinnen of door het kijken naar bepaalde televisieprogramma's, zoals programma's die antisociale gedragingen lijken te belonen. Het belangrijkste om te onthouden is dat mensen gedragingen niet altijd zelf hoeven uit te proberen om van ervaring te leren. Volgens Bandura is de persoonlijkheid echter meer dan een repertoire van aangeleerd gedrag. Een inzicht in de gehele mens betekent een inzicht in de voortdurende interactie tussen gedrag, cognitie en de omgeving. Bandura noemt dit **wederzijds** of **reciproque determinisme** (Bandura, 1981, 1999).

Maar hoe werkt dat dan? Stel dat je geïnteresseerd bent in psychologie. Je belangstelling (een cognitie) zal er waarschijnlijk toe leiden dat je veel tijd doorbrengt aan de psychologiefaculteit (een omgeving), waar je andere mensen ontmoet (sociaal gedrag) die dezelfde interesse hebben. Omdat dit een stimulerende en belonende situatie is, zal deze activiteit je belangstelling voor psychologie versterken én je aanmoedigen om nog meer tijd met je vrienden aan de psychologiefaculteit door te brengen. Elk van de drie elementen: gedrag, cognitie en de omgeving, versterkt de andere twee. Je ziet de eenvoudige, maar sterke relatie tussen deze variabelen in figuur 10.6.

Observationeel leren: Een vorm van cognitief leren waarbij nieuwe reacties worden verworven nadat het gedrag van anderen en de gevolgen van dit gedrag zijn waargenomen.

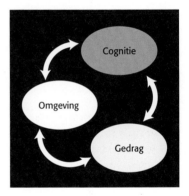

Figuur 10.6
Wederzijds determinisme
Wederzijds determinisme is het proces waarbij de cognities, het gedrag en de omgeving van een individu elkaar beïnvloeden.

Wederzijds (reciproque) determinisme: Het proces waarbij de persoon, de situatie en de omgeving elkaar wederzijds beïnvloeden.

Locus of control: de theorie van Rotter

Een andere cognitief psycholoog, Julian Rotter, ontwikkelde een theorie met betrekking tot motivatie. Rotter meent dat de manier waarop we handelen afhankelijk is van ons gevoel van persoonlijke invloed, oftewel **locus of control**. De vermeende locus of control werkt als een soort filter waardoor we onze ervaringen zien, en vervolgens als motief voor ons handelen of voor ons juist niet handelen. Daarom is de theorie van Rotter zowel een theorie over karaktertrekken als een 'procestheorie' die zich richt op één enkele, maar belangrijke dimensie van de persoonlijkheid.

Om dit toe te lichten, stellen we je de volgende vraag: als je autorijdt, draag je dan altijd de autogordel, of denk je dat gewond raken of overlijden bij een ongeluk wordt bepaald door de vraag 'wanneer het je tijd is'? Als je altijd je autogordel draagt, heb je waarschijnlijk een interne locus of control, omdat je hierdoor enige controle over je lot uitoefent. Als je daarentegen het gevoel hebt dat je geen controle hebt over de gebeurtenissen in je leven, gesp je de riem waarschijnlijk niet vast (misschien alleen om te voorkomen dat je een boete krijgt). In dat geval heb je een externe locus of control.

Kinderen krijgen een duidelijker beeld van hun identiteit door waar te nemen hoe mannen en vrouwen zich in hun cultuur gedragen.
Bron: PhotosIndia.com LLC/Alamy.

De scores op Rotters *Internal-External Locus of Control Scale* vertonen in verschillende situaties een sterke correlatie met de emoties en het gedrag van mensen (Rotter, 1990). Zo halen mensen met een interne locus of control niet alleen hogere cijfers, ze doen ook meer aan lichaamsbeweging en letten beter op wat ze eten dan mensen met een externe locus of control (Balch & Ross, 1975; Findley & Cooper, 1983). Geheel volgens de verwachting komt depressie meer voor bij mensen met een externe locus of control (Benassi et al., 1988).

Uit veel onderzoeken komen aanwijzingen naar voren dat de locus of control een belangrijk kenmerk is van onze persoonlijkheid. Dat wil zeggen, het hebben van een interne of externe locus of control lijkt een betrouwbaar persoonlijkheidskenmerk te zijn. Toch spreekt Rotter liever niet over een karaktertrek, omdat die term ten onrechte zou suggereren dat zo'n dispositie vaststaand en onveranderlijk is. Met behulp van de test onder het kopje 'Doe het zelf! Waar ligt jouw locus of control?' kun je bepalen waar jouw locus of control ligt.

Mensen met een interne locus of control halen hogere cijfers dan mensen met een externe locus of control.

Bron: Ann-Kathrin Rehse, stock.xchng.

⊕ DOE HET ZELF! Waar ligt jouw locus of control?

Julian Rotter (1966) heeft een test ontwikkeld waarmee je kunt bepalen waar een individu de belangrijkste invloed op gebeurtenissen in zijn leven situeert: binnen of buiten zichzelf. De test bestaat uit paren van tegengestelde uitspraken, waarvan de proefpersoon steeds moet aangeven welke uitspraak het meest op hem of haar van toepassing is. Deze opzet wordt een gedwongenkeuzetest genoemd. In tegenstelling tot vele andere persoonlijkheidstests, is het scoren van elk item in Rotters Internal-External Scale geheel transparant: de testleider kan eenvoudig bepalen in welke richting de meeste items beantwoord zijn. Hier volgt een gedeelte van een voorlopige versie van de test (Rotter, 1971):

1a. Promotie verdien je door hard werken en volharding.	1b. Veel geld verdienen is voornamelijk een kwestie van de juiste kansen krijgen.
2a. Ik heb ervaren dat er een direct verband bestaat tussen hoe hard ik studeer en de cijfers die ik krijg.	2b. De manier waarop docenten reageren komt me meestal volstrekt willekeurig over.
3a. Als je weet hoe je met ze moet omgaan, zijn mensen heel eenvoudig te beïnvloeden.	3b. Ik heb weinig invloed op de manier waarop anderen zich gedragen.
4a. Als we onze stem verheffen, kunnen mensen zoals ik de loop van de geschiedenis veranderen.	4b. Het is een illusie om te denken dat je werkelijk invloed hebt op de wereldpolitiek.
5a. Ik ben meester over mijn eigen lot.	5b. De meeste dingen die me overkomen zijn waarschijnlijk het gevolg van toeval.

Tel van elke kolom de uitspraken waar je het mee eens bent. Zo kun je zien naar welke kant je neigt. Herken je je vooral in de uitspraken in de linkerkolom? Dan heb je waarschijnlijk een interne locus of control.

Een evaluatie van de sociaal-cognitieve benadering van persoonlijkheid
Sommige critici vinden dat de cognitieve theorieën over het algemeen te veel nadruk leggen op de rationele informatieverwerking, ten koste van emoties en onbewuste processen. Wetenschappers die menen dat emoties en motivaties essentieel zijn voor het functioneren van de menselijke persoonlijkheid hebben het moeilijk met de uitgangspunten van de cognitieve benadering. Emotie en daarmee geassocieerde onbewuste processen krijgen de laatste jaren echter een steeds belangrijkere rol in de cognitieve psychologie. Waarschijnlijk ziet binnenkort een nieuwe generatie cognitieve persoonlijkheidstheorieën het licht, theorieën die wel rekening houden met deze aspecten (Mischel & Shoda, 1995).

De echte kracht van de sociaal-cognitieve theorieën is dat ze in deugdelijk psychologisch onderzoek zijn geworteld, in tegenstelling tot de meeste van de ideeen van de freudianen, neofreudianen en humanisten. Je zult je bijvoorbeeld Bandura's beroemde experiment met de Bobo-poppen herinneren dat we bespraken in hoofdstuk 4, toen we het hadden over observationeel leren. Het nadeel van de sociaal-cognitieve theorieën is dat ze veel minder uitgebreid zijn dan de oude en grootse persoonlijkheidstheorieën van Freud en zijn opvolgers. De compensatie daarvoor is echter gekomen in de vorm van verklaringen van en specifieke behandelingen voor een aantal psychische stoornissen die vaak het gevolg lijken te zijn van observationeel leren, met name angststoornissen (zoals fobieën) en gedragsstoornissen bij kinderen.

▶▶ **Verbinding hoofdstuk 12**
Andere angststoornissen zijn paniekstoornissen en obsessief-compulsieve stoornissen (p. 504).

Hoe zou een cognitief psycholoog zich uitlaten over Mary Calkins? Een accent zou liggen op de wijze waarop ze de beloningen en straffen interpreteerde die ze ontving toen ze probeerde haar studie psychologie te voltooien, en op de invloed van deze interpretaties op haar gedrag. Een cognitief theoreticus zou kunnen opmerken dat Calkins duidelijk een interne locus of control had, die deel uitmaakte van een interactie met de sociale steun die ze thuis, aan Wellesley en van haar mentoren aan Harvard kreeg. Hierdoor werd vervolgens haar vastberadenheid bevorderd en werd ze tot hard werken gestimuleerd. En, zo zouden ze kunnen toevoegen, werd Mary Calkins een rolmodel voor vrouwen die na haar psychologie gingen studeren.

10.3.4 Huidige trends: de persoon in een sociaal systeem

De dagen dat Freud, Jung, Horney en andere psychologen met hun allesomvattende persoonlijkheidstheorieën het volledige spectrum van het menselijk gedrag probeerden te verklaren, zijn voorbij. De humanistische en cognitieve psychologen verhieven hun stem en wezen op de zwakke plekken van de oudere psychodynamische theorieën. En nu is het accent opnieuw verschoven. Psychologen koppelen elementen uit de psychodynamische, humanistische en cognitieve theorieën aan nieuw verworven kennis over de invloeden van cultuur, sekse en familierelaties. Het huidige denken over persoonlijkheid valt in drie belangrijke trends uiteen.

In de *family systems theory* (systeemtheorie, familieopstellingen) is het onderwerp van analyse niet langer het individu, maar het hele gezin (Gilbert, 1992; Mones et al., 2007). Dit gezichtspunt houdt in dat de manieren waarop mensen met elkaar omgaan, eerst in het gezin en later met leeftijdsgenoten, de persoonlijkheid vormen. Het is niet zo dat Freud en andere psychologen de invloed van ouders op hun kinderen helemaal over het hoofd zagen, maar de *family systems theory* richt zich specifiek op de interactie: op de manieren waarop gezinsleden en leeftijdsgenootjes elkaar beïnvloeden. Ze ziet mensen met psychische problemen als individuen die deel uitmaken van slecht functionerende groepen, en niet als 'zieke' personen. Het taalgebruik is ook veranderd: het begrip *afhankelijke persoonlijkheid* is vervangen door de term *onderlinge afhankelijkheid*, en *communicatie* is in de plaats gekomen van het beperktere begrip *praten*. Deze theorie weerspiegelt zo een trend, een groeiend maatschappelijk bewustzijn ten aanzien van relaties en processen (dus van de veranderingen die plaatsvinden terwijl een relatie zich ontwikkelt).

Een tweede trend heeft te maken met het groeiende besef dat culturen ingrijpend van elkaar kunnen verschillen. Steeds meer publicaties over persoonlijkheid zijn afkomstig van psychologen buiten Europa en Amerika (Quiñones-Vidal et al., 2004). Stanley Sue (1991) wijst erop dat onze samenleving etnisch gezien steeds diverser wordt. We kunnen er niet langer van uitgaan dat iedereen dezelfde culturele ervaringen en dezelfde waarden deelt. Dit houdt ook in dat psychologen oog moeten hebben voor de rol van culturele factoren in de vorming van persoonlijkheid en de invloed daarvan op de psychische gezondheid en problemen van etnisch verschillende mensen (Sue, 1983).

Een derde trend vloeit voort uit het feit dat we steeds meer zicht krijgen op de invloed van sekse(rollen). Hoewel we niet weten in hoeverre de verschillen tussen mannen en vrouwen genetisch bepaald, dan wel aangeleerd zijn, is wel duidelijk dat mannen en vrouwen eenzelfde situatie vaak heel verschillend waarnemen (Tavris, 1991). Mannen zijn over het algemeen meer geneigd tot fysieke agressie dan vrouwen. Vrouwen vormen vaak hechte relaties in kleine, horizontaal georganiseerde groepen, terwijl mannen de voorkeur geven aan grotere, hiërarchisch georganiseerde groepen (teams) met leiders en volgers.

Bij elkaar hebben deze drie trends een belangrijke bijdrage geleverd aan onze kennis over de krachten die een rol spelen in de vorming van onze persoonlijkheid. Op dit moment ligt het accent op diversiteit en groepsprocessen, en niet zozeer op kenmerken en mentale processen van individuen. Dat maakt het plaatje van de persoonlijkheid veel complexer, maar wel veel realistischer.

 Psychologie gebruiken om psychologie te leren
Wil je weten waar jouw locus of control op het gebied van studie ligt, en wat je kunt doen om meer greep te krijgen op je studie? Ga naar 'In de praktijk' in de MyLab mediatheek om hierover te lezen.

 Ga naar **www.pearsonmylab.nl** om je kennis en begrip van deze paragraaf te testen met de MyMap, MyCheck en MyDefinitions.

KERNVRAAG 10.4

▶ Welke theorieën gebruiken mensen om zichzelf en anderen te begrijpen?

Je hebt zo ondertussen een aardig beeld van de manier waarop psychologen tegen de persoonlijkheid aankijken. Maar hoe denken niet-psychologen eigenlijk over hun medemens? We trekken allemaal regelmatig conclusies, goed of fout, over de persoonlijkheid van anderen, evenals over onze eigen persoonlijkheid. Dat doe je bijvoorbeeld als je iemand ontmoet op een feestje, als je solliciteert naar een baan, of terwijl je je een eerste indruk vormt van een docent of studiegenoot. Trekken mensen in andere culturen gelijksoortige conclusies over elkaar? Ook dit is een belangrijke vraag, omdat de 'volkswijsheden', of *impliciete persoonlijkheidstheorieën*, die mensen gebruiken om elkaar te begrijpen, een essentiële rol spelen in de relaties tussen individuen, groepen en hele naties. Het kernconcept luidt:

Ons inzicht in onszelf en anderen is gebaseerd op impliciete theorieën over de persoonlijkheid en op onze eigen levensverhalen – factoren die beide door cultuur worden beïnvloed.

Laten we eerst eens kijken naar de impliciete theorieën die we gebruiken om anderen te begrijpen, voordat we gaan onderzoeken hoe we onszelf begrijpen.

10.4.1   Impliciete persoonlijkheidstheorieën

Denk eens aan iemand die je als een rolmodel beschouwt. Denk vervolgens aan iemand die je niet kunt uitstaan. In beide gevallen is het eerste wat in je opkomt een persoonlijk kenmerk, een karaktertrek, bijvoorbeeld: eerlijk, betrouwbaar, gevoel voor humor, gul, open, agressief, humeurig of pessimistisch. Zelfs als kind beschikte je al over een rudimentair systeem om iemands persoonlijkheid te duiden. Dat hielp je te voorspellen of nieuwe kinderen op school vriendjes of vijanden zouden worden, en om een manier te ontwikkelen om met je ouders of leerkrachten om te gaan.

Hoe dan ook, de manier waarop je iemands persoonlijkheid beoordeelt, reflecteert jouw **impliciete persoonlijkheidstheorie.** Dit is je eigen verklaring van persoonlijkheid, die je vrijwel zeker baseert op een verband dat je hebt gelegd tussen het gedrag van mensen en de karaktertrekken die je aan hen hebt toegeschreven. Evenals de impliciete herinneringen die we in hoofdstuk 5 hebben bestudeerd, opereren impliciete theorieën van de persoonlijkheid op de achtergrond, grotendeels buiten ons bewustzijn, waar ze het gemakkelijker maken andere mensen te begrijpen (Fiske & Neuberg, 1990; Macrae et al., 1994).

Het grootste deel van de tijd werken impliciete theorieën goed genoeg om sociale relaties gladjes te laten verlopen, althans in een vertrouwde omgeving. Hoewel we met onze verwachtingen in een onbekende cultuur de plank gemakkelijk kunnen misslaan, kunnen we met behulp van onze impliciete theorieën over de persoonlijkheid de motieven en het gedrag van mensen voorspellen, ons werk doen, onze koffie kopen, onze examens halen en met onze vrienden omgaan. In sommige opzichten is er mogelijk niet zo'n groot verschil tussen onze impliciete theorieën en de vijf-factorentheorie. Bij een onderzoek waarbij studenten een beoordeling gaven van de persoonlijkheid van andere studenten die ze hadden geobserveerd, maar die ze niet kenden, kwamen hun indrukken opmerkelijk goed overeen met de scores van de *Big Five Inventory* (Mehl et al., 2006). Er was één interessante uitzondering: assertief of twistziek gedrag werd door de beoordelaars bij mannen als teken van emotionele stabiliteit beschouwd, maar bij vrouwen werd dit gedrag als teken van emotionele instabiliteit gezien!

Impliciete theorieën kunnen eveneens blinde vlekken vertonen. Ze kunnen foutief zijn doordat ze gebaseerd zijn op naïeve aannamen en stereotypen rond karaktertrekken en lichamelijke kenmerken (Hochwalder, 1995). Zo kan bijvoorbeeld worden aangenomen dat dikke mensen gezellig zijn of dat vrouwen die blond zijn, een beetje dom zijn. Evenzo kunnen we ten onrechte aannemen dat bepaalde karaktertrekken altijd in combinatie voorkomen: creativiteit en emotionele instabiliteit bijvoorbeeld.

Wanneer eigen motieven en gevoelens van mensen van invloed zijn op hun beoordeling van de persoonlijkheid van anderen, is het mogelijk dat impliciete theorieën een slechte voorspelling geven, zoals Freud al suggereerde met zijn concept *projectie.* Daarom kan iemand die zich boos, gelukkig of depressief voelt, de naïeve aanname hanteren dat andere mensen zich ook zo voelen.

Ten slotte kan bij de impliciete theorieën omtrent mensen een meningsverschil bestaan over de vraag of karaktertrekken vast of veranderlijk zijn. Mensen die in vaste karaktertrekken geloven, zien anderen eerder als stereotypen ('alle Italia-

Impliciete persoonlijkheidstheorie:

Aanname over de persoonlijkheid die mensen (met name niet-psychologen) hanteren met het doel anderen gemakkelijker te kunnen begrijpen.

nen lijken op elkaar') dan degenen die een impliciete theorie omhelzen waarin wordt gesteld dat de persoonlijkheid veranderlijk is (Levy et al., 1998; Molden & Dweck, 2006). Denk maar eens aan de invloed die elk van beide aannamen (vast of veranderlijk) zou kunnen hebben op de manier waarop ouders hun kinderen opvoeden, docenten reageren op bepaalde leerlingen, en coaches, trainers en managers omgaan met succes of mislukkingen van hun spelers en medewerkers. Carol Dweck (2006) heeft in haar twintig jaar van onderzoek met betrekking tot dit onderwerp ontdekt dat onze **mindset** (mentaliteit) geen bijrol speelt in onze persoonlijkheid, maar een belangrijk aspect vormt van onze hele geestelijke wereld. Onze doelstellingen worden mede vormgeven door onze mindset. Onze mindset bepaalt of we optimistisch of pessimistisch over onze toekomst zijn, en beïnvloedt zelfs de kans dat we ons potentieel verwezenlijken.

Wat gebeurt er als jij, je ouders, leraren of coaches geloven dat een bepaald vermogen of talent 'vast' is: je hebt het of je hebt het niet? En stel dat je denkt dat je een van die speciale mensen bent die HET heeft. Als kind ben je een muzikale protegé, een supersnelle hardloper of een begenadigd schrijver. Met talenten die 'door de natuur zijn vastgelegd' heb je recht op succes, zonder daar ook maar een vinger voor te hoeven uitsteken. Dan is de kans groot dat je minder hard werkt, en minder oefent. Een belangrijke, tegengestelde overtuiging is de 'groei'-mindset. Met zo'n mindset ben je van mening dat elk talent of vermogen in een voortdurende toestand van ontwikkeling zit en alleen verbeterd kan worden door intensief te oefenen en hard te werken. Stel je vervolgens voor dat geen van jullie beiden je doel bereikt. Het kind met de groeimentaliteit realiseert zich dat het nog harder moet werken om vooruit te komen, terwijl het kind met een eerder fatalistische instelling zich mislukt gaat voelen, en misschien het gevoel krijgt dat hij diegenen die geloofden in zijn aangeboren superioriteit in de steek heeft gelaten. Je kunt je misschien voorstellen dat deze verschillende mindsets grote gevolgen kunnen hebben voor het toekomstig succes of falen van een individu.

10.4.2   Self-narratives: het verhaal over het eigen leven

Wat antwoord je als iemand vraagt: 'Vertel eens iets over jezelf'? Waarschijnlijk vertel je waar je vandaan komt, wat je graag doet in je vrije tijd en welk beroep je wilt uitoefenen. Maar wat zeg je als je jezelf dezelfde vraag stelt? Het 'verhaal' dat je jezelf vertelt, is wat de psycholoog Dan McAdams (2006) een **levensverhaal (self-narrative)** noemt. Hij beweert dat het self-narrative even belangrijk is voor de persoonlijkheid als ieder motief, iedere emotie en sociale relatie. Het levensverhaal is feitelijk een breder idee van het zelfconcept: het is het verhaal van het zelfconcept in de loop van de tijd. Het levensverhaal dient als het frame waarmee de elementen van de persoonlijkheid bij elkaar worden gehouden. En onze identiteit is afhankelijk van het blijven ontwikkelen van dit verhaal gedurende het gehele leven, aldus McAdams, zo behouden we een gevoel van eenheid en doelgerichtheid.

Natuurlijk heeft cultuur een groot effect op de verhalen die we onszelf in de self-narrative *willen* vertellen. Hoewel McAdams nog geen uitgebreid crosscultureel onderzoek heeft gedaan, heeft hij een bijzonder belangrijke self-narrative in de Amerikaanse cultuur geïdentificeerd. Hij noemt dit het **redemptive self** (bevrijdende zelf). Kijk maar eens of je jezelf herkent in sommige elementen van het redemptive self-narrative.

- Je hebt altijd het gevoel gehad dat je geluk hebt gehad: niet noodzakelijkerwijs vanwege een economisch voordeel, maar misschien doordat je een speciaal talent hebt of werd uitgekozen voor een speciale behandeling door een docent of koesterende volwassene.
- Op een bepaald moment besefte je dat andere mensen niet zo veel geluk hebben. Buiten hun schuld lijden ze of worden ze benadeeld.

Mindset: Een reeks van vooronderstellingen, attitudes en opinies, en een wijze van denken van een individu of een groep.

Levensverhaal (self-narrative): Het 'verhaal' dat iemand over zichzelf vertelt. Levensverhalen geven iemand een gevoel van continuïteit en samenhang in de loop van de tijd.

Redemptive self: Een veelvoorkomend levensverhaal dat door McAdams bij volwassen Amerikanen is aangetroffen. Het redemptive self bestaat onder meer uit het gevoel te zijn geroepen om obstakels te overwinnen bij pogingen om anderen te helpen.

- Omdat jij bevoordeeld bent en anderen niet, voel je je verantwoordelijk of verplicht het leven van anderen op een of andere wijze te verbeteren.
- Waarschijnlijk heb je tijdens je jeugd of adolescentie een geloofsysteem ontwikkeld, mogelijk geworteld in een religie, hoewel dit niet zo hoeft te zijn. Dit systeem heeft sindsdien je handelen geleid, vooral in je pogingen anderen te helpen.
- Je komt onverwachte obstakels tegen en overwint ze. Je hebt negatieve ervaringen, maar leert en groeit daardoor en je ziet een toekomst van voortdurende groei en vooruitgang, ook al is het vrijwel zeker dat er moeilijke obstakels in het verschiet liggen.

Natuurlijk volgt niet ieders self-narrative precies dit patroon. McAdams heeft zo'n patroon echter vaak aangetroffen bij *generatieve* volwassenen, een term die aanvankelijk door de ontwikkelingspsycholoog Erik Erikson werd gebruikt om gezonde, productieve volwassenen aan te duiden. Een meer specifieke definitie van *generativiteit* is: volwassenen die aan iets buiten zichzelf zijn toegewijd, aan de maatschappij en aan het welzijn van toekomstige generaties. Het is nog niet duidelijk welke verhalen kenmerkend zijn voor gezonde volwassenen in andere culturen.

◄◄ **Verbinding hoofdstuk 7**
In de theorie van Erikson is generativiteit de ontwikkelingsfase van de middelbare leeftijd (p. 291).

De dialogical selftheorie: het meerstemmige zelf

Hieraan gerelateerd is de *dialogical selftheorie*. Ontwikkelaars van deze theorie zijn de Nederlandse psychologen Hermans (in hoofdstuk 9 genoemd als ontwikkelaar van de prestatiemotivatietest) en Van Kempen. In tegenstelling tot de self-narrative van McAdams, die uitgaat van een enkel zelf dat kan worden gezien als een zich constant ontwikkelend 'verhaal', gaat de DST uit van een *meerstemmig* of *dialogisch zelf*. Uitgangspunt hierbij is de gedachte dat de verhalen die mensen over zichzelf vertellen, voortkomen uit verschillende rollen die een persoon op zich kan nemen. Dit zijn de zogenoemde *ik-posities* (bijvoorbeeld: het ik als kind van vroeg overleden ouders, het ik als ambitieuze professional of het ik als globetrotter) die in de ruimte en in de tijd een positie innemen ten opzichte van andere ik-posities. De theorie van het dialogische zelf vooronderstelt dat deze verschillende ik-posities in dialoog met elkaar kunnen gaan. Volgens Hermans en Van Kempen (1993) zijn dialogische relaties tussen individuen, groepen en culturen enkel mogelijk als het individu in staat is tot productieve dialogische relaties met zichzelf. De theorie kan met name in een interculturele setting grote waarde hebben en kent inmiddels verschillende praktische toepassingen, onder meer in de psychotherapie en het maatschappelijk werk (Guilfoyle, 2006; Van Nijnatten, 2007).

10.4.3 De effecten van cultuur op onze kijk op de persoonlijkheid

Zoals we hebben gezien, hebben mensen in het westen de neiging het individu als het centrum van de persoonlijkheid te beschouwen. Hoewel mensen over de hele wereld aannemen dat er een duidelijk begrensd zelf bestaat, wordt in een groot deel van de wereld, vooral door mensen in collectivistische culturen, aangenomen dat het zelf in een breder sociaal netwerk is ingebed. Verder nemen ze aan dat het individu niet kan worden begrepen als afgescheiden van anderen met wie ze een bepaalde relatie hebben, hetgeen ons bij het crosscultureel onderzoek van Harry Triandis brengt.

Individualisme, collectivisme en persoonlijkheid

Volgens Triandis (1995) berust het meest fundamentele verschil tussen culturen op de dimensie individualisme tegenover collectivisme. Voor mensen die in de Euro-Amerikaanse traditie zijn opgegroeid, is het individu de basiseenheid van de maatschappij, terwijl in veel Aziatische en Afrikaanse culturen de nadruk ligt op het gezin of een andere sociale groep. In collectivistische culturen zijn mensen geneigd een identiteit te vormen die op harmonieuze wijze in de groep opgaat en ze verwachten dat anderen gemotiveerd zijn hetzelfde te doen. In individualistische culturen denken mensen dat ze een unieke identiteit hebben, onafhankelijk van hun sociale relaties (Pedersen, 1979). Voor Europeanen en Amerikanen vormt het zelf een geheel, terwijl voor veel Aziaten en Afrikanen het zelf slechts een deel is (Cohen & Gunz, 2002).

Laten we duidelijk zijn: noch de individualistische, noch de collectivistische benadering is 'het beste'. Ze hebben allebei voordelen en nadelen. In collectivistische culturen worden groepsinspanningen gestimuleerd, meestal voor het voordeel en de eer van de groep; hierbij gaat het vaak om een groep op het werk of een familie. De kans dat iemand zoals Mary Calkins, die zich tegen de normen van de maatschappij verzette, tot bloei komt, is in een individualistische cultuur groter. Veel aspecten van de persoonlijkheid en het gedrag zijn bepaald door de positie van de eigen cultuur op het spectrum individualisme tegenover collectivisme. Bij het beoordelen van mensen hebben Amerikanen en Europeanen vaak de neiging deze **fundamentele attributiefout** te maken. Dit misverstand is afkomstig van de aanname dat de handelingen van anderen, vooral waar ze geïnterpreteerd worden als irritant, onhandig, ongepast of anderszins ongewenst gedrag, voortkomen uit hun persoonlijkheid en niet uit de situatie. Ook in de beeldvorming van Vlamingen over Nederlanders en vice versa, vindt men overigens dit soort attributies. De indruk heerst dat in de Nederlandse cultuur assertiviteit en mondigheid heel belangrijk zijn, terwijl de modale Vlaming eerder naar consensus en samenhang zou streven.

Als je te laat komt op je psychologiecollege, is de kans groot dat andere studenten aannemen dat je een 'traag' of chaotisch persoon bent – als je aan een Amerikaanse of Europese universiteit of hogeschool studeert. Wanneer je in China of Japan echter te laat komt op college, nemen je medestudenten daar waarschijnlijk aan dat je gedrag een externe oorzaak heeft, bijvoorbeeld een verkeersprobleem. In het algemeen komt de fundamentele attributiefout in groepsgeoriënteerde, collectivistische culturen minder vaak voor; voorbeelden van deze culturen vinden we in Zuid-Amerika en Azië (Church et al., 2005; Lillard, 1997).

De meeste Aziatische culturen hebben een collectivistische traditie waarbij de groep en niet het individu als de fundamentele sociale eenheid wordt erkend.

Bron: Michael Newman/PhotoEdit, Inc.

Fundamentele attributiefout (fundamental attribution error, FAE): De neiging om bij het interpreteren van gedrag van anderen enerzijds een overmatige nadruk te leggen op persoonlijke karaktertrekken (de hang naar het dispositionele) terwijl anderzijds de situationele invloeden worden geminimaliseerd.

▶▶ **Verbinding hoofdstuk 11**
Om de fundamentele attributiefout te vermijden, raden sociaal psychologen aan eerst naar een situationele verklaring voor ongewoon gedrag te zoeken (p. 465).

■ KRITISCH DENKEN TOEGEPAST

De controverse persoon-situatie

Met zijn stelling dat we ons in verschillende situaties veel minder consistent gedragen dan veel psychologen tot nu toe aannamen, heeft de cognitief theoreticus Walter Mischel een wetenschappelijke bom gelegd onder de theorieën over trekken (1968, 1973, 2003). Uit zijn onderzoek bleek dat iemand die in de ene situatie extravert is, zich in een andere situatie verlegen en teruggetrokken kan gedragen, en een evenwichtig

persoon kan helemaal van zijn stuk raken als de situatie opeens radicaal verandert. Iemand kan in verschillende situaties en bij verschillende mensen verschillende persoonlijkheden laten zien. Daarom, zo stelt Mischel, is kennis over de situatie een belangrijkere factor in het voorspellen van gedrag dan kennis over iemands karaktertrekken. Het tumult dat op deze uitspraken volgde, staat bekend als het **persoon-situatiedebat** (Pervin, 1985).

Mischels stellingname was een aanval op de basis van de meeste persoonlijkheidstheorieën. Immers, als mensen zich in verschillende situaties verschillend gedragen, wat heb je dan nog aan een persoonlijkheidstheorie? Is er dan geen continuïteit in de persoonlijkheid? De reacties van critici waren dan ook vernietigend. Ze beweerden dat de methode die Mischel had gebruikt niet genoeg aandacht besteedde aan de rode draad die in alle situaties zichtbaar zou zijn (Epstein, 1980). Bem en Allen (1974) wierpen op dat sommige mensen zich consistenter gedragen dan anderen. Bovendien gaan mensen zich consistenter gedragen als anderen toekijken (Kenrick & Stringfield, 1980) en als ze zich in een bekende situatie bevinden (Funder, 1983a, b; Funder & Ozer, 1983). Terwijl de psychologie op haar grondvesten stond te trillen, werd de sociale psychologie gestimuleerd door de controverse persoon-situatie; psychologen uit die richting hadden immers altijd gepleit voor de 'kracht van de situatie'. Zoals we in het volgende hoofdstuk zullen zien, kunnen normale studenten in bepaalde situaties in leugenaars, minnaars of zelfs in sadisten veranderen. De vraag is echter hoe dit gegeven ons helpt de controverse persoon-situatie op te lossen.

Welke vragen kunnen we stellen?

Dit is *niet* een of/ofdiscussie. Het is niet de vraag of het gedrag uitsluitend door karaktertrekken of uitsluitend door situaties wordt aangestuurd. Het is eerder de vraag wat, afhankelijk van het moment, de relatieve invloed is van respectievelijk de karaktertrekken en de situatie. Alle partijen in de discussie persoon-situatie zijn het erover eens dat zowel de persoon als de situatie een effect hebben. Het is het toekennen van het juiste gewicht aan de invloed van de persoon en de invloed van de situatie dat ter discussie staat.

Mensen zijn inconsistent

Als we in de loop van de tijd naar dezelfde persoon kijken, kunnen we zien dat hij of zij op verschillende momenten heel anders op dezelfde situatie reageert. Denk er maar eens over na: bestel je altijd hetzelfde als je naar je favoriete restaurant gaat? Of ben je altijd opgewekt als je bij je vrienden bent? Volgens de psycholoog William

Fleeson dienen we karaktertrekken als een soort gemiddelde te beschouwen van de wijze waarop de betrokkene zich gewoonlijk gedraagt. (Je zegt bijvoorbeeld dat iemand gewoonlijk opgewekt is, dat betekent dan dat diegene meestal opgewekt is)

Nog verrassender was wat onderzoekers ontdekten bij het observeren van mensen die van de ene situatie in de andere terechtkwamen. Bij een onderzoek moesten vrijwilligers een kleine palmcomputer (PDA) bij zich hebben en enkele malen per dag hun situatie, hun gedrag en hun zelfbeoordeling ten aanzien van de *Big Five*-karaktertrekken registreren. De ontdekking: hoe mensen hun karaktertrekken beschrijven, verandert even radicaal als hun gedrag wanneer ze van de ene situatie in de andere terechtkomen (Fleeson, 2004). De conclusie die we hieruit kunnen trekken is dat de meeste factoren die ons gedrag beïnvloeden, niet eenvoudigweg aan de persoonlijkheid of de situatie toegeschreven kunnen worden. Ons gedrag lijkt het resultaat van een *interactie* tussen trekken en situationele variabelen (Kenrick & Funder, 1988). Mischel heeft overigens nooit beweerd dat we de persoonlijkheidstheorieën maar overboord moesten gooien. In zijn visie is gedrag een functie van de situatie, de individuele interpretatie van die situatie, en de persoonlijkheid (Mischel, 1990, 2003; Mischel & Shoda, 1995).

Het soort situatie maakt ook uit

Het feit of een situatie je al dan niet bekend voorkomt, speelt een belangrijke rol. In een bekende situatie is de kans groot dat je je op een gebruikelijke manier gedraagt en kunnen we op basis van onze kennis over iemands persoonlijkheid redelijk nauwkeurige voorspellingen doen. Maar in nieuwe situaties, waar de oude gewoonten niet aan de orde zijn, kijken mensen vaak

naar anderen om te bepalen hoe ze zich dienen te gedragen, en dan worden persoonlijkheidsverschillen ondergesneeuwd door de krachten van de situatie. Denk in het hoofdstuk over sociale psychologie (hoofdstuk 11) nog eens aan deze les, wanneer je leest over een paar fascinerende studies in de psychologie die de wereld hebben geschokt.

Welke conclusies kunnen we trekken?

Welk van de twee partijen in de discussie persoon-situatie heeft nu gelijk? Het antwoord is: allebei voor een deel. Volgens de persoonlijkheidspycholoog William Fleeson (2004) kunnen we gedrag zoals dat zich manifesteert gedurende langere perioden, begrijpen aan de hand van karaktertrekken, waarbij een rode draad in de persoonlijkheid te zien is en het gedrag van een individu naar een persoonlijk gemiddelde convergeert. Binnen kortere perioden, en vooral in bepaalde situaties, kan iemands gedrag sterk variabel zijn, zoals we hebben gezien. Dus wanneer de zaken op lange termijn worden bekeken, is het perspectief van karaktertrekken bruikbaar, terwijl verklaringen voor gedrag van moment tot moment, zich het beste kunnen baseren op het situatieperspectief.

Welke kant het grootste gewicht krijgt, hangt er echter ook vanaf of de situatie sterk of zwak is, zoals Mischel heeft gezegd. En om de zaken nog ingewikkelder te maken, moeten we de cultuur als deel van de situatie in de vergelijking opnemen: er is bewijsmateriaal naar voren gekomen dat iemands persoonlijkheidstrekken in individualistische culturen meer invloed op het gedrag hebben dan in collectivistische culturen (Church et al., 2006).

Persoon-situatiedebat: Een theoretische discussie over de relatieve invloed van persoonlijkheidskenmerken en kenmerken van de omgeving op gedrag.

 Ga naar **www.pearsonmylab.nl** om je kennis en begrip van deze paragraaf te testen met de MyMap, MyCheck en MyDefinitions.

CENTRALE VRAAG: Welke invloeden hebben geresulteerd in de unieke gedragspatronen en consistentie in de persoonlijkheid van Mary Calkins?

- Psychologen erkennen dat de persoonlijkheid van mensen uniek is, maar proberen toch gemeenschappelijke patronen in eigenschappen, karakter en aanleg te ontdekken op basis van genetische, biologische, ervaringsgerelateerde, sociale en culturele factoren.
- Psychodynamische theorieën, met name die van Freud, leggen de nadruk op vroege ervaringen (vooral trauma's) en de relatie tussen broers en zussen en met ouders.
- Theorieën over eigenschappen en temperament richten zich op duurzame persoonlijkheidskenmerken, zoals openheid, betrouwbaarheid en introversie. Een grote bijdrage aan dit terrein van de psychologie is geleverd door de kwantificatie van persoonlijkheidskenmerken, waarbij allerlei beoordelingstechnieken worden gebruikt om individuele verschillen in persoonlijkheid aan te tonen.
- Humanistische psychologen als Maslow richten zich op de doelstellingen, de sterke kanten, het zelfbeeld en de sociale relaties van een persoon.
- Sociaal-cognitieve theoretici zijn geïnteresseerd in iemands locus of control. Ze beoordelen ook hoe iemand belangrijke ervaringen in zijn leven interpreteert.

KERNVRAAG 10.1
....

▶ Door welke krachten wordt de persoonlijkheid gevormd?

We kunnen de **persoonlijkheid** beschouwen als de 'standaardinstellingen' voor ons unieke patroon van motieven, emoties en percepties; tot de persoonlijkheid behoren ook onze aangeleerde schema's waarmee we onszelf en onze wereld begrijpen. Persoonlijkheid heeft ook diepe evolutionaire wortels, zoals te zien is in displacement van agressie. Uit de neurowetenschappen komen aanwijzingen naar voren dat de biologie van de persoonlijkheid bestaat uit een verzameling hersenmodules, die elk aan een ander doel zijn aangepast.

De persoonlijkheid omvat echter ook nurture, dat wil zeggen leerprocessen aangedreven door de omgeving, zoals te zien is aan het effect van de positie in het gezin op de persoonlijkheid. De **controverse persoon-situatie** draait om de relatieve invloed van situaties (de omgeving) in vergelijking met de invloed van interne karaktertrekken en psychologische processen. In het hoofdstuk wordt een belangrijk onderscheid gemaakt tussen **persoonlijkheidseigenschappen** (disposities) en **persoonlijkheidsprocessen**. Voor een volledig inzicht in de persoonlijkheid hebben we zowel **dispositionele theorieën** als **procestheorieën** nodig.

Crosscultureel psychologen hebben het probleem van de persoonlijkheid ingewikkelder gemaakt door te suggereren dat persoonlijkheid mogelijk geen universeel concept is en dat westerse culturen geneigd zijn tot individualisme waarin mensen nadruk leggen op een uniek zelf. In feite heeft elke cultuur een neiging tot hetzij **individualisme** hetzij **collectivisme**, een neiging die zijn stempel drukt op de persoonlijkheid. In elke cultuur is iemands persoonlijkheid echter ten dele de creatie van andere mensen.

Je hebt geen theorie over persoonlijkheid nodig om gewoon gedrag te verklaren. Een goede theorie is echter van nut voor het verklaren van ongewoon gedrag en excentrieke mensen. De meest voorkomende theorieën kunnen als volgt worden ingedeeld: dispositionele theorieën (waarin **karaktertrekken** en temperament centraal staan), psychodynamische theorieën, humanistische theorieën en sociaal-cognitieve theorieën.

- **KERNCONCEPT 10.1**
  De persoonlijkheid wordt gevormd door de gecombineerde krachten van biologische, situationele en psychische processen, die allemaal in een context van sociaal-culturele en ontwikkelingsfactoren zijn ingebed.

KERNVRAAG 10.2

▶ Uit welke blijvende patronen of disposities bestaat onze persoonlijkheid?

Theorieën over type, trek en temperament vormen in feite een beschrijving van het concept persoonlijkheid. Hun geschiedenis gaat terug tot de humorestheorie van de oude Grieken. Moderne theorieën spreken van typen, karaktertrekken en temperamenten. In dit hoofdstuk groeperen we deze drie termen onder het kopje van het **dispositionele perspectief**. De term temperament verwijst naar aangeboren persoonlijkheidsdisposities die mogelijk verband houden met bepaalde factoren in de hersenen. Gedacht wordt dat karaktertrekken meervoudige dimensies zijn die in meer of mindere mate in de persoonlijkheid van ieder mens aanwezig zijn. Trekken geven een persoonlijkheid een zekere consistentie in verschillende situaties. Ze worden beïnvloed door erfelijkheid en leren. De meeste hedendaagse psychologen gaan akkoord met de *Big Five*-karaktertrekken, een indeling die in verschillende culturen validiteit lijkt te bezitten.

Het beoordelen van karaktertrekken is de basis van veel psychologische tests. Bij sommige tests worden veelvoorkomende karaktertrekken beoordeeld, zoals de *Big Five*, terwijl bij andere tests, zoals de **MMPI-2**, klinische kenmerken worden beoordeeld. Gedrag kan zowel met theorieën over karaktertrekken als met theorieën over temperament redelijk goed worden beschreven en voorspeld. Deze theorieën bieden echter geen verklaring voor de achterliggende processen.

● **KERNCONCEPT 10.2**
Volgens alle dispositionele theorieën bestaat er een kleine groep van persoonlijkheidskenmerken die temperamenten, karaktertrekken of typen worden genoemd; het individu vertoont met betrekking tot deze kenmerken gedurende zijn hele leven een consistent beeld.

KERNVRAAG 10.3

▶ Op welke manier helpen mentale processen bij het vormen van onze persoonlijkheid?

De **psychodynamische**, **humanistische** en **sociaal-cognitieve theorieën** streven naar een verklaring voor de interne processen en sociale interacties die onze persoonlijkheid vormen. In de **psychoanalytische theorie** van Freud wordt gesteld dat de persoonlijkheid ontstaat uit onbewuste begeerten, conflicten en herinneringen. Ervaringen uit de vroege jeugd hebben eveneens een sterke invloed op de persoonlijkheid; hierbij maakt het kind voorspelbare **psychoseksuele fases** door, waarbij conflicten onbewust worden verwerkt. Freud meende dat de persoonlijkheid uit drie belangrijke structuren bestaat: het **id** (het reservoir van onbewuste begeerten), het **ego** (het grotendeels bewuste deel van de geest) en het **superego** (dat het geweten en het ego-ideaal bevat). Een deel van het ego, waartoe ook de **ego-afweermechanismen** behoren, werkt buiten het bewustzijn.

Een van deze ego-afweermechanismen, projectie, vormt de basis van veelgebruikte **projectieve tests**, waaronder de **Rorschach-test** en de **TAT**.

De theorie van Freud heeft buitengewoon veel invloed gehad. Toch is er kritiek op het werk van Freud: het zou wetenschappelijk onbetrouwbaar zijn, een slechte basis voor voorspellingen vormen en onrechtvaardig zijn ten opzichte van vrouwen. Uit de moderne psychologie komen eveneens aanwijzingen naar voren dat de onbewuste geest minder intelligent en doelgericht is dan Freud aannam.

Andere **psychodynamische theorieën**, zoals die van Jung en Erikson, gingen er eveneens van uit dat de persoonlijkheid een dynamisch proces is waarbij sterke, en vaak tegenstrijdige motieven en emoties een rol spelen. De **neofreudianen** accentueren echter verschillende aspecten van de persoonlijkheid. Jung veronderstelde het **collectief onderbewuste**, dat door **archetypen** is bevolkt. Hij veronderstelde ook dat mensen in bepaalde persoonlijkheidstypen vallen, die vooral werden gekenmerkt door neigingen tot **introversie** en **extraversie**.

Volgens de **humanistische theorieën**, zoals die van Maslow en Rogers, worden mensen van nature in de richting van **zelfactualisatie** gedreven; deze neiging kan echter door ongezonde omstandigheden en percepties worden onderdrukt. Maslow legde de nadruk op een hiërarchie van behoeften, wat betekent dat de kans dat iemand naar zelfactualisatie streeft, groter is als in de elementaire behoeften is voorzien. Rogers zei dat de **volledig functionerende persoon** een positief zelfconcept heeft dat congruent is met de werkelijkheid, terwijl psychische stoornissen uit incongruentie ontstaan. Een sterk gevoel van eigenwaarde komt vaker voor bij kinderen uit gezinnen waar onvoorwaardelijke positieve waardering wordt geboden. De humanistische theorieën zijn van grote invloed geweest op de psychotherapie, maar ze worden bekritiseerd, omdat ze het 'zelf' centraal stellen en geen sterke wetenschappelijke basis hebben.

De **sociaal-cognitieve theorieën** hebben wel een wetenschappelijke basis. De theorie van Bandura suggereert dat de persoonlijkheid door **observationeel leren** wordt gevormd. Dit vindt plaats via een interactie van cognitie, gedrag en de omgeving en wordt **wederzijds (reciproque) determinisme** genoemd. Volgens de **locus-of-controltheorie** van Rotter, hebben mensen met een interne locus of control vaker het gevoel dat ze controle hebben over gebeurtenissen in hun leven dan mensen met een externe locus of control. De sociaal-cognitieve theorieën hebben een beperktere reikwijdte dan de psychodynamische of humanistische theorieën.

In tegenstelling tot de theorieën van Freud, Jung en de andere psychodynamische theoretici, hebben moderne persoonlijkheidstheorieën niet geprobeerd een uitputtende verklaring te geven voor alle aspecten van de persoonlijkheid. Bij de *family systems theory* is de nadruk bijvoorbeeld komen te liggen op het individu dat in een sociale omgeving functioneert. Accenten gelegd in andere theorieën zijn onder meer culturele invloeden op de persoonlijkheid, evenals een bewustzijn van sekseverschillen.

● **KERNCONCEPT 10.3**
Hoewel volgens de procestheorieën verschillende krachten in de persoonlijkheid aan het werk zijn, is de persoonlijkheid volgens elk van deze theorieën het resultaat van zowel interne psychische processen als van sociale interacties.

KERNVRAAG 10.4
▶ Welke theorieën gebruiken mensen om zichzelf en anderen te begrijpen?

Overal gaan mensen met elkaar om op basis van hun **impliciete persoonlijkheidstheorieën,** die hen helpen elkaar te begrijpen. Bij impliciete theorieën ligt de nadruk vaak op dezelfde karaktertrekken als bij de vijf-factorentheorie, hoewel melding is gemaakt van enkele sekseverschillen. Impliciete theorieën maken soms ook gebruik van naïeve aannamen, bijvoorbeeld de aanname dat de persoonlijkheid onveranderlijk is.

Verder hebben crossculturele psychologen ontdekt dat de aannamen die mensen doen over persoonlijkheid en gedrag, in verschillende culturen sterk variëren, vooral afhankelijk van de vraag of de cultuur de nadruk legt op individualisme of collectivisme. Mensen in individualistische culturen zijn vatbaarder voor de **fundamentele attributiefout**.

● **KERNCONCEPT 10.4**
Ons inzicht in onszelf en anderen is gebaseerd op impliciete theorieën van de persoonlijkheid en op onze eigen levensverhalen – factoren die beide door cultuur worden beïnvloed.

 Op **www.pearsonmylab.nl** vind je tools en toetsen om je begrip en kennis van dit hoofdstuk uit te breiden en te oefenen.

BELANGRIJKE BEGRIPPEN

Archetype (p. 413)

Betrouwbaarheid (p. 401)

Collectief onbewuste (p. 413)

Dispositie (p. 396)

Dispositionele theorieën (p. 397)

Ego (p. 406)

Ego-afweermechanisme (p. 408)

Elektracomplex (p. 407)

Extraversie (p. 414)

Fenomenaal veld (p. 416)

Fixatie (p. 408)

Fundamentele attributiefout (fundamental attribution error, FAE) (p. 427)

Humanistische persoonlijkheidstheorie (p. 404)

Id (p. 406)

Identificatie (p. 407)

Impliciete persoonlijkheidstheorie (p. 424)

Introversie (p. 414)

Karaktertrek (p. 393)

Levensverhaal (self-narrative) (p. 425)

Libido (p. 405)

Locus of control (p. 420)

Mindset (p. 425)

MMPI-2 (p. 400)

Neofreudiaan (p. 412)

Observationeel leren (p. 419)

Oedipuscomplex (p. 407)

Onbewuste (p. 405)

Persoonlijk onbewuste (p. 413)

Persoonlijkheid (p. 390)

Persoonlijkheidsproces (p. 394)

Persoon-situatiedebat (p. 428)

Positieve psychologie (p. 418)

Projectieve test (p. 409)

Psychoanalyse of psychoanalytische theorie (p. 405)

Psychodynamische persoonlijkheidstheorie (p. 404)

Psychoseksuele fases (p. 406)

Redemptive self (p. 425)

Rorschachtest (p. 409)

Superego (p. 406)

Sociaal-cognitieve theorie (p. 404)

Thematische Apperceptietest (TAT) (p. 410)

Validiteit (p. 402)

Verdringing (p. 408)

Volledig functionerend persoon (p. 416)

Vijf-factorentheorie (p. 399)

Wederzijds (reciproque) determinisme (p. 419)

Zelfactualiserende persoonlijkheid (p. 416)

▶ KERNVRAGEN	● KERNCONCEPTEN	■ IN DE PRAKTIJK

11.1 Hoe beïnvloedt de sociale situatie ons gedrag?

11.1.1 Sociale gedragsnormen

11.1.2 Conformisme

11.1.3 Gehoorzaamheid aan autoriteit

11.1.4 Het probleem van de omstander: het kwaad van inactiviteit

11.1 We passen ons gedrag gewoonlijk aan de eisen van de sociale situatie aan, en in nieuwe of ambigue situaties reageren we op de cues die we afleiden uit het gedrag van anderen.

Doe het zelf!
Wat maakt een Samaritaan barmhartig?

11.2 Het construeren van de sociale werkelijkheid: wat beïnvloedt ons oordeel over anderen?

11.2.1 Interpersoonlijke aantrekkingskracht

11.2.2 Cognitieve attributies maken

11.2.3 Vooroordeel en discriminatie

11.2 Ons oordeel over anderen berust niet alleen op hun gedrag, maar ook op onze interpretatie van hun handelingen binnen een sociale context.

Psychologische kwesties
Stereotypelift en waardebevestiging

11.3 Hoe creëren systemen situaties die het gedrag beïnvloeden?

11.3.1 Het Stanford Prison Experiment

11.3.2 Keten van systematisch bevel

11.3 Systemen geven vorm aan situaties, waardoor vervolgens het gedrag wordt beïnvloed. Door inzicht in het functioneren van systemen, begrijpen we beter hoe we die (en daarmee hun invloed op ons) kunnen veranderen.

Psychologische kwesties
De mishandelingen in Abu Ghraib begrijpen op www.pearsonmylab.nl

Psychologie gebruiken om psychologie te leren

Kritisch denken toegepast
'Is terrorisme een zinloze daad van geweld, gepleegd door krankzinnige fanaten'?
op www.pearsonmylab.nl

CENTRALE VRAAG: Hoe komt het dat gewone mensen bereid zijn anderen schade te berokkenen, zoals aangetoond werd in Milgrams schokkende experiment?

 Op **www.pearsonmylab.nl** vind je tools en toetsen om je begrip en kennis van dit hoofdstuk uit te breiden en te oefenen.

Foto: John Nyberg, sxc.hu.

Wanneer Bill op een dag de krant leest, ziet hij dat een universiteit proefpersonen zoekt voor een psychologisch onderzoek dat als doel heeft mensen te helpen hun geheugen te verbeteren. Het lijkt hem een interessant en nuttig experiment, waarvoor hij bovendien een vergoeding zal krijgen, dus hij besluit zich op te geven. Bij aankomst in het universiteitslaboratorium wordt Bill door de onderzoeker begroet en aan Douglas voorgesteld, een tweede deelnemer. De onderzoeker legt uit dat een nieuwe methode zal worden getest om het geheugen te verbeteren: proefpersonen worden voor hun fouten gestraft. 'We weten dat een positieve bekrachtiging van correcte antwoorden cruciaal is voor het ontwikkelen van het geheugen bij mens en dier. Nu willen we onderzoeken of we zo'n effect kunnen bereiken door iemand voor onjuiste antwoorden te straffen', zegt hij. De twee mannen trekken lootjes om te bepalen wie de rol van 'leraar' en wie de rol van 'leerling' zal spelen; het lijkt niet uit te maken wie welke rol heeft.

De taak is eenvoudig: Bill speelt de rol van 'leraar' en geeft Douglas, de 'leerling' een reeks woordparen die hij binnen een bepaalde tijd uit het hoofd moet leren. Telkens als de 'leerling' een juist antwoord geeft, geeft de 'leraar' hem een verbale beloning: 'goed', of 'dat klopt'. Als het antwoord fout is, moet de 'leraar' de fout bestraffen en een knop indrukken op de imposante schokgenerator die de 'leerling' onmiddellijk een schok geeft.

De schokgenerator heeft 30 standen: variërend van 15 volt tot 450 volt. Op het controlepaneel is van elk van de standen het spanningsniveau vermeld, in combinatie met een beschrijving. Bij het 25e niveau (375 volt) staat bijvoorbeeld 'gevaar, ernstige schok', en bij het 29e en 30e niveau (435 en 450 volt) staat een dreigende XXX op het controlepaneel. De onderzoeker merkt op dat de 'leraar' telkens als de 'leerling' een fout maakt, de schakelaar van het volgende niveau moet indrukken.

De 'leerling' wordt naar een naburige ruimte begeleid, waar zijn armen worden vastgebonden en een elektrode aan zijn pols wordt bevestigd. Telkens wanneer de 'leerling' zich vergist, zullen schokken worden toegediend via de schokgenerator in de ruimte daarnaast. Douglas merkt op dat hij een lichte hartaandoening heeft en hoopt dat de schokken hem geen kwaad zullen doen. De onderzoeker stelt hem gerust en zegt dat hij zich geen zorgen hoeft te maken: de schokken kunnen sterk worden, maar zullen geen blijvende schade veroorzaken. Bill geeft Douglas de woordparen en spreekt via de intercom met hem, terwijl de onderzoeker naast hem staat.

Aanvankelijk presteert Douglas goed en wordt hij door Bill met lof beloond. Hij begint echter al snel vergissingen te maken en Bill begint onmiddellijk de schakelaars in te drukken. Naarmate Douglas meer fouten maakt, gaat het niveau van de schokken omhoog en hij klaagt dat de schokken pijn beginnen te doen. Bij 75 volt kreunt hij. Bij 150 volt heeft Douglas er genoeg van en eist hij dat het experiment wordt gestopt. Bill kijkt nerveus naar de onderzoeker die knikt dat hij door moet gaan. Naarmate de schokken sterker worden, schreeuwt Douglas luider, en hij herinnert de onderzoekers eraan dat hij een hartaandoening heeft. Bill maakt zich nu echt zorgen: 'Meneer, wie is er verantwoordelijk als er iets met die man gebeurt?' De onderzoeker wuift zijn bezorgdheid weg door te zeggen: 'Ik ben volledig verantwoordelijk, ga nu door met uw taak, leraar.' Meer experimenten, meer geschreeuw uit de ruimte ernaast. Bill aarzelt, vraagt of hij door moet gaan, maar de onderzoeker staat erop en zegt dat hij geen andere keuze heeft. Bij 300 volt eist Douglas te worden vrijgelaten en klaagt hij luider over zijn hartaandoening. Bill heeft er genoeg van, hij verklaart: 'Ik kan niet doorgaan hem pijn te doen, meneer, ik stop ermee'. De onderzoeker

wijst Bill er kalm op dat hij moet doorgaan, omdat in zijn contract is bepaald dat hij de experimentele procedure moet voltooien. Met tegenzin gaat Bill door. Hij hoort een schreeuw, een plof en daarna stilte uit de schokkamer. 'Hij reageert niet, iemand moet gaan kijken of het wel goed met hem gaat,' probeert hij. De onderzoeker doet echter niets en zegt tegen Bill: 'Als de leerling niet binnen redelijke tijd antwoordt, rekent u het fout; fouten door niet antwoorden moeten op dezelfde wijze worden bestraft als foute antwoorden, dat is de regel waaraan u moet gehoorzamen'.

Als Bill de volgende schok toedient, komt er geen antwoord van zijn 'leerling', Douglas. Misschien is hij wel bewusteloos of nog erger! Bill klaagt luider dat hij niet inziet dat het zin heeft onder deze omstandigheden door te gaan. Hij kan de onderzoeker er echter niet toe bewegen hem weg te laten gaan uit deze verontrustende situatie. In plaats daarvan krijgt hij te horen dat hij de regels moet blijven volgen, zelfs als dit betekent dat hij tot aan de 450 volt moet gaan. Hoe denk jij dat je zou handelen als je in Bills schoenen stond als 'leraar' bij dit experiment? Bij welk schokniveau zou je absoluut weigeren door te gaan? De meesten van ons nemen aan dat we eerst verbaal zouden protesteren en dan zouden stoppen met gehoorzamen en weg zouden lopen. Je zou je moraal nooit voor een paar euro verkopen, of wel?

De jonge sociaal psycholoog Stanley Milgram heeft dit experiment in 1963 in werkelijkheid uitgevoerd aan de universiteit van Yale in Connecticut. Hij testte meer dan 500 gewone burgers uit allerlei beroepen (geen van allen studenten) en ontdekte dat twee derde van de 'leraren' (65 procent) helemaal doorgingen tot het maximale schokniveau van 450 volt. De meesten opperden bezwaren tijdens het onderzoek, maar de meerderheid gehoorzaamde aan de autoriteit van de onderzoeksleider en diende schokken toe waarvan zij dachten dat ze dodelijk waren. (De 'leerling' was in werkelijkheid een onderzoeksassistent, getraind om te acteren dat hij ook deelnemer aan het onderzoek was. Hij kreeg geen echte schokken toegediend, maar de 'leraar' dacht van wel). Het is van even groot belang te beseffen dat er een minderheid was die weigerde deze onrechtvaardige autoriteit te gehoorzamen. Je zult verderop in dit hoofdstuk meer lezen over Milgrams experiment, maar laten we eerst eens onderzoeken wat dit experiment ons over de menselijke aard vertelt. Daarna overdenken we wat mensen ertoe aanzet anderen te helpen, noodlijdenden te hulp te komen, vrijwilligerswerk te doen en zelfs heldendaden te verrichten.

CENTRALE VRAAG: Hoe komt het dat gewone mensen bereid zijn anderen schade te berokkenen, zoals aangetoond werd in Milgrams schokkende experiment?

Welkom bij de **sociale psychologie**, het vakgebied waarin wordt onderzocht op welke wijze individuen elkaar beïnvloeden. Misschien is het een opluchting te bedenken dat de sociale psychologie niet altijd zulk slecht nieuws over de mens brengt als dit experiment over gehoorzaamheid aan autoriteit doet. De sociale psychologie onderzoekt ook welke krachten mensen samenbrengen in vriendschappen en liefdesrelaties, en hoe mensen samenwerken en conflicten oplossen. Dit hoofdstuk gaat over de manieren waarop onze gedachten, gevoelens, percepties, motieven en gedragingen worden beïnvloed door onze interacties met anderen. Met andere woorden: sociaal psychologen proberen ons gedrag te begrijpen in zijn **sociale context**. In ruimere zin bestaat deze context uit de werkelijke, gefantaseerde of symbolische aanwezigheid van andere mensen; de activiteiten en interacties tussen mensen; de omstandigheden waarin bepaald gedrag plaatsvindt; en de verwachtingen en sociale normen die bepalen hoe het gedrag er in een gegeven situatie uit moet zien (Sherif, 1981).

Eenvoudig gesteld bestuderen sociaal psychologen de mens in zijn gedragsmatige context. Ze zijn benieuwd naar de onderlinge relaties tussen de persoon en de situatie; naar de wijze waarop de individuele persoonlijkheid en het karakter van invloed zijn op het gedrag in de sociale omgeving, en ook naar de manier waarop persoonlijkheid en karakter op hun beurt door factoren in de sociale situatie worden beïnvloed. Bij zo'n onderwerp hoort natuurlijk onderzoek naar groepsgedrag. Van zulk gedrag is sprake bij teamwerk en aanpassing, maar ook bij groepsvooroordelen en terrorisme. Sociaal psychologen geloven dat, als we eenmaal begrijpen welke processen en mechanismen tot negatief sociaal gedrag leiden, positieve interventies ontwikkeld kunnen worden om dergelijke daden te voorkomen of te veranderen.

Bij gehoorzaamheidsonderzoek wordt vooral onderstreept hoe sterk *de invloed van sociale situaties is bij de aansturing van menselijk gedrag*. Dit is een van de belangrijkste onderzoeksthema's in de sociale psychologie van de afgelopen vijftig jaar. In het eerste deel van dit hoofdstuk laten we zien hoe ogenschijnlijk onbelangrijke kenmerken van sociale situaties grote invloed kunnen uitoefenen op ons denken en doen.

Hoewel de situatie ons gedrag ingrijpend kan beïnvloeden, weten psychologen dat die situatie niet de objectieve werkelijkheid is. Het zijn niet alleen de omvang, vorm en kleur van een ruimte die van invloed zijn op de wijze waarop we ons erin gedragen; veeleer reageren we op onze subjectieve interpretatie van deze ruimte, we reageren op onze persoonlijke *perceptie*, dus op wat deze ruimte voor ons betekent. Dezelfde fysieke omgeving kan dus van persoon tot persoon verschillend geïnterpreteerd worden en deze interpretatie kan in de loop van de tijd veranderen. Dat is het tweede belangrijke thema in de sociale psychologie: *de persoonlijke constructie van een subjectieve sociale werkelijkheid*. Pas als we een duidelijk beeld hebben van deze wereld van verwachtingen en percepties, kunnen we de factoren begrijpen die een rol spelen in het ontstaan van vriendschappen en liefdesrelaties, en ook de afstotende krachten begrijpen waarop geweld, vooroordelen en discriminatie gebaseerd zijn.

In het derde gedeelte van dit hoofdstuk onderzoeken we *door wie of door wat verschillende situaties worden gecreëerd en in stand gehouden*. We bestuderen daarbij negatieve omgevingen zoals gevangenissen, bendes, sektes en martelcentra, maar ook positieve omgevingen zoals de schoolomgeving, vrijwilligersorganisaties, zomerkampen en vele andere omgevingen die van invloed zijn op het menselijk gedrag. Aanvankelijk richten we ons op onderzoek naar de wijze waarop *situaties* van invloed zijn op ons denken, voelen en handelen. Vervolgens breiden we ons perspectief uit en bestuderen we op welke wijze *systemen* van belang zijn bij het creëren, in stand houden en rechtvaardigen van verschillende levenssituaties, ten goede of ten kwade. Een klaslokaal waar sprake is van psychische terreur is een

Video
Ga naar de MyLab mediatheek voor het bekijken van de videofragmenten over de experimenten van Milgram.

Sociale psychologie: Tak van de psychologie die zich verdiept in de invloed van sociale variabelen en cognities op individueel gedrag en sociale interacties.

Sociale context: De combinatie van (a) mensen, (b) de activiteiten van en interacties tussen mensen, (c) de omstandigheden waarin bepaald gedrag plaatsvindt, en (d) de verwachtingen en sociale normen die bepalen hoe het gedrag er in een gegeven situatie uit moet zien.

◄◄ **Verbinding hoofdstuk 3**
In het proces dat psychologen perceptie of waarneming noemen, krijgen sensorische boodschappen die naar ons brein worden gestuurd een persoonlijke betekenis (p. 83).

situatie, een gedragsmatige context, terwijl het *systeem* in dat geval bestaat uit het schoolbestuur met zijn beleid en procedures. We zullen ook zien op welke wijze sociaal psychologen geëxperimenteerd hebben met het wijzigen van situaties zodat de subjectieve sociale werkelijkheid wordt veranderd.

We beginnen nu met het eerste van deze drie thema's: de invloed van de situatie. We willen je graag vertellen over wat wij een van de interessantste onderzoeken in de hele psychologie vinden.

KERNVRAAG 11.1

▶ Hoe beïnvloedt de sociale situatie ons gedrag?

Stel je voor dat je een sollicitatiegesprek voert voor een geweldig vakantie-baantje. Tijdens het gesprek probeert de vragensteller het ijs te breken door een schuine mop te vertellen die jij zelf een beetje aanstootgevend vindt. Vertel je hem wat je vindt, of lach je? Naderhand nodigt hij je uit voor de lunch in de bedrijfskantine. De lunch is gratis en je moet besluiten of je een volledige maal-tijd bestelt of een eenvoudig broodje. Begin jij het gesprek of wacht je tot hij het onderwerp bepaalt? Snijd je je boterham met mes en vork of eet je die met je handen?

Zelfs in deze eenvoudige sociale situatie zijn er veel sociale en culturele regels die bepalen wat passend en acceptabel gedrag is. In een onbekende situatie ba-seren de meeste mensen hun gedrag op de cues die ze van de mensen om zich heen ontvangen en die aangeven wat de 'juiste' handeling is. De potentiële werk-gever bepaalt in wezen het gesprek en jij volgt hem: je bestelt bijvoorbeeld het-zelfde soort maaltijd als hij en je doet alsof je zijn mopje leuk vindt. Je wilt het baantje graag hebben en bent daarom inschikkelijker dan je anders zou zijn. Vooral als we ons in een nieuwe omgeving bevinden, hebben situaties een grote kracht: dan domineren ze onze persoonlijkheid en hebben ze meer invloed dan wat we hebben geleerd en dan onze waarden en uitgangspunten. Hoe nieuwer de situatie, hoe minder we gebruikmaken van onze oude manieren van reageren en hoe minder we onze, gewoonlijk automatisch getriggerde, cognitieve vertekenin-gen in werking stellen. We kijken naar anderen om een voorbeeld te krijgen van het gedrag dat door anderen als acceptabel en passend wordt beschouwd. Wat bij je eerste bezoek aan een kerkdienst of tijdens een begrafenis acceptabel is, zal echter sterk verschillen van je eerste ervaringen bij een popconcert of met je studenten-vereniging. We zullen zien dat de druk van deze sociale situaties een sterk psycho-logisch effect kan hebben en ons kan aanzetten tot handelingen die we normaal niet zouden verrichten, zelfs tot immorele, onethische en criminele handelingen. De druk waar Bill onder stond toen hij de rol van 'leraar' speelde bij het gehoor-zaamheidsexperiment van Milgram, bracht hem ertoe extreem pijnlijke schok-ken toe te dienen aan een onschuldige 'leerling'. Door sociale rollen, situationele regels, door de wijze waarop we zijn gekleed, door een context waarin we ano-niem zijn, of juist heel zichtbaar, door het fenomeen concurrentie, of zelfs alleen al door de aanwezigheid van anderen, kan ons gedrag ingrijpend worden gewij-zigd. We zijn ons vaak niet bewust van de invloed van deze subtiele situationele variabelen. Dat is wat we met het kernconcept van dit deel willen benadrukken:

● **KERNCONCEPT 11.1**
We passen ons gedrag gewoonlijk aan de eisen van de sociale situatie aan, en in nieuwe of ambigue situaties reageren we op de cues die we afleiden uit het gedrag van anderen.

In dit deel bespreken we dit concept, dat *situationisme* wordt genoemd, en het ondersteunende onderzoek. **Situationisme** gaat ervan uit dat de externe omgeving, of de gedragsmatige context, onze gedachten, gevoelens en gedragingen op een subtiele, maar krachtige manier kan beïnvloeden. Situationisme staat tegenover **dispositionalisme**: de neiging gedrag aan interne factoren toe te schrijven, zoals genen, persoonlijkheidstrekken en karaktereigenschappen. Dispositionalisme is de tendens binnen het individu te zoeken naar antwoorden op de vraag waarom iemand op een bepaalde wijze heeft gehandeld. Sociaal psychologen betogen dat we door deze tendens onvoldoende waarde toekennen aan de mate waarin de sociale situatie een betere verklaring voor dat gedrag vormt. Het is natuurlijk geen kwestie van of/of: bij het ontstaan van het uiteindelijke gedrag dat we waarnemen en willen begrijpen, is meestal sprake van een interactie tussen dispositionele neigingen en situationele krachten. Deze interactie tussen persoonlijke en situationele factoren (ook wel *persoon-situatie-interactie* genoemd) vormt de kern van zowel de persoonlijkheids- als de sociale psychologie, al is er relatief weinig onderzoek gedaan om vast te stellen in hoeverre elke factor bij specifieke soorten mensen in een bepaalde sociale omgeving bijdraagt tot een gegeven gedrag (Kihlstrom, 2011).

In dit deel van het hoofdstuk verdiepen we ons met name in situaties die leiden tot conformisme, gehoorzaamheid, gedachteloos groepsdenken en de vraag waarom we anderen in nood niet helpen.

11.1.1 Sociale gedragsnormen

Een sollicitatiegesprek, zoals voor een geweldig vakantiebaantje, is een goed voorbeeld van de manier waarop een situatie je gedrag kan beïnvloeden. Je probeert 'juist' te handelen in de confrontatie met je mogelijke werkgever. De macht van de situatie blijkt ook duidelijk uit het verschil tussen de manier waarop studenten met elkaar praten en de manier waarop ze met hun docenten praten, of uit het verschil tussen het gedrag tijdens een familie-etentje en tijdens een avondje stappen met je vrienden. Waar het om gaat, is dat de meeste mensen een inschatting maken van de situatie waarin ze verkeren en vervolgens hun gedrag aan de eisen van die situatie aanpassen. Hun responsen worden grotendeels door twee factoren bepaald: de *sociale rollen* die ze spelen en de *sociale normen* van de groep. Beide factoren zullen we uitgebreid bespreken.

Sociale rollen en sociale normen

Hoe ga je te werk bij het beantwoorden van de elementaire vraag: wie ben je? Voorbeelden van mogelijke antwoorden zijn: ik ben student, ik werk parttime in een winkel, ik ben de oudste van een groot gezin, ik ben religieus, ik ben een fietser, ik ben een muzikant en ik zie er goed uit. Elk van deze beschrijvingen wordt een *sociale rol* die je in je persoonlijke 'levenstoneelstuk' speelt. In culturen waar een grotere nadruk ligt op collectieve dan op individuele waarden, beantwoordt iemand de vraag 'wie ben ik' misschien met: 'Ik ben de zus van', 'Ik behoor tot familie X' of 'Ik maak deel uit van stam Y.'

Een **sociale rol** is een sociaal gedefinieerd gedragspatroon dat mensen in een bepaalde omstandigheid of groep dienen te vertonen. De rollen die je in verschillende situaties speelt, zijn bijvoorbeeld gebaseerd op zaken waarvoor je belangstelling hebt, op je vaardigheden en doelen, of ze worden je opgelegd door de groep of door culturele, economische of biologische omstandigheden waarop je geen invloed hebt. Hoe dan ook, sociale rollen vertellen hoe je je moet gedragen door duidelijk te maken wat je zou moeten doen, hoe je dat zou moeten doen, wanneer, waar en waarom. Sommige rollen zijn toegewezen op basis van ons geslacht: vrouwen zorgen bijvoorbeeld vaker voor kinderen en ouderen dan mannen. Andere belangrijke rollen zijn georganiseerd in relatie tot gezinsactivi-

Situationisme: Idee dat ons gedrag evenveel of zelfs meer bepaald wordt door omgevingsfactoren dan door persoonlijkheidskenmerken.

Dispositionalisme: Een psychologische oriëntatie die zich bij de verklaring van gedrag primair richt op de innerlijke eigenschappen van individuen, zoals persoonlijkheidskenmerken, waarden, karakter en genetische aanleg.

◀◀ **Verbinding hoofdstuk 10**
Het persoon-situatiedebat wordt zowel binnen de persoonlijkheidspsychologie als binnen de sociale psychologie gevoerd (p. 427).

Sociale rol: Sociaal gedefinieerd gedragspatroon dat mensen in een bepaalde situatie of groep dienen te vertonen.

teiten, zoals vakanties plannen, de vuilnis buiten zetten, koken, tafel dekken en kapotte dingen repareren. In beroepen kom je heel veel verschillende rollen tegen, zoals receptionist, manager, verzekeringsagent en techneut.

De omstandigheden waarin je leeft en functioneert, bepalen uit welke rollen je kunt kiezen en welke gedragspatronen anderen van je verwachten. Als je bijvoorbeeld student bent, brengt die sociale rol bepaalde impliciete verwachtingen met zich mee, zoals aanwezig zijn bij colleges, studeren en werkstukken op tijd inleveren. Deze rol brengt ook een zekere bevoorrechte positie met zich mee: je hoeft bijvoorbeeld meestal niet een volledige werkweek te werken en je bent bezig met het ontwikkelen van je verstand en je carrièremogelijkheden. Verder maakt het aannemen van deze rol de kans kleiner dat je een andere rol aanneemt. Zo blokkeert de rol van student min of meer de weg naar de rol van dakloze, drugshandelaar of medicijnman, om maar wat te noemen. Oudere studenten hebben echter misschien een eigen gezin, werken voltijds, of zijn politiek actief.

Behalve specifieke sociale rollen die mensen vervullen, ontwikkelen groepen veel 'ongeschreven regels' voor de manier waarop alle leden zich zouden moeten gedragen. In sommige bendes wordt onvoorwaardelijke gehoorzaamheid aan de leider geëist en moet je vechten met iedereen die als vijand wordt beschouwd, of moet je zelfs werkelijke of vermeende vijanden om het leven brengen. Moderne mannelijke directieleden in technische bedrijven dragen op het werk meestal jeans en een trui of overhemd zonder stropdas, kledij die in andere bedrijven niet gepast zou zijn. Vrouwelijke studenten uit islamitische culturen dragen mogelijk een hoofddoek als ze naar college gaan. Mensen uit bepaalde culturen groeten elkaar door elkaar volgens een vaste volgorde op de wang te kussen: eerst rechts, dan links en in Nederland voegen ze daar, voor de goede orde, zelfs nog een derde kus aan toe. In Brussel en Wallonië kunnen ze er soms helemaal geen genoeg van krijgen en beroeren ze elke wang twee keer.

Deze verwachtingen worden **sociale normen** genoemd. Het kunnen zeer ruime gedragsrichtlijnen zijn, zoals ideeën over acceptabele politieke en religieuze opvattingen, of juist heel specifieke normen, zoals de eis dat je stil bent in de bibliotheek of dat je je schoenen poetst voor een sollicitatiegesprek. Normen kunnen grote invloed hebben op het verloop van een gesprek, omdat ze het aansnijden van gevoelige of met taboes omringde onderwerpen in bepaalde gezelschappen verbieden.

Sommige normen bestaan in de vorm van ongeschreven regels die in verschillende situaties zijn ingebouwd. Wanneer een docent lesgeeft, wordt van studenten bijvoorbeeld verwacht dat ze luisteren en niet tegelijkertijd praten. Hoe zit het echter met de normen die je gedrag in een lift bepalen? We wedden dat je altijd naar de voorkant van de lift kijkt en dat je stopt met praten tegen een vriend of zachter gaat praten als er ook anderen aanwezig zijn. Waarom? Waar staan deze regels geschreven? Hoe heb je ze geleerd? Wat zal er de volgende keer gebeuren als je een lift vol mensen binnenkomt en je gaat andersom staan? Probeer dit experiment eens uit en kijk hoe de anderen reageren. Je kunt onderzoeken of in bepaalde situaties een sociale norm in werking is, door deze te overtreden en de reacties van de anderen in je omgeving te observeren. Als ze verstoord reageren, weet je dat je een norm hebt overtreden.

Als iemand zich bij een nieuwe groep aansluit, zoals een werkgroep of een vriendenkring, volgt er altijd een aanpassingsperiode waarin de betrokkene probeert uit te vinden hoe hij zich moet gedragen om erbij te horen. Aanpassen aan een groep betekent eigenlijk dat je uitzoekt wat de sociale normen van die groep zijn. Dat gebeurt op twee manieren: door te letten op de *uniformiteit* en op de *frequentie* van bepaalde gedragingen, en door de *negatieve consequenties* van een overtreding van een sociale norm op te merken.

Sociale norm: De attitudes en gedragingen die een groep passend vindt voor zijn eigen leden.

◀◀ **Verbinding hoofdstuk 4**
Albert Bandura heeft aangetoond dat een groot aantal sociale gedragspatronen wordt verworven door middel van leren door observatie (p. 150).

Sociale normen bepalen je gedrag in een lift.
Bron: Procsilas Moscas, Flickr.

Schema's en scripts

Denk nog maar eens aan de manier waarop we schema's vormen waarmee we grote hoeveelheden informatie organiseren en onze handelingen bepalen. Een *schema* is een groep verwante concepten die een algemeen conceptueel raamwerk bieden voor het begrijpen van onderwerpen, gebeurtenissen, voorwerpen, personen of situaties in het leven. Zodra een schema is gevormd, kunnen we daarmee voorspellingen doen over wat we in verschillende omgevingen kunnen verwachten. Vaak is het storend als een van onze schema's niet wordt gevolgd, waardoor onze voorspelling over wat we verwachtten, onjuist blijkt. Stel je maar eens voor dat je naar een restaurant gaat, een maaltijd bestelt en de rekening krijgt voordat er voedsel op tafel is geweest.

Schema's worden 'verplichtingen' over de wijze waarop mensen zich in bepaalde situaties zouden moeten gedragen. Wanneer ze dit niet doen, wekt dat negatieve reacties op. Stel je voor dat de ober eerst het dessert brengt, daarna de hoofdmaaltijd en vervolgens het voorafje. In dat geval wordt een schema van gebeurtenissen, oftewel een script, geschonden. Een *script* is iemands kennis over de *volgorde* van gebeurtenissen en handelingen die van een bepaalde sociale rol in een bepaalde situatie wordt verwacht.

◀◀ **Verbinding hoofdstuk 6**
Schema's zijn cognitieve structuren die kennis en verwachtingen over een onderwerp of concept met elkaar verbinden (p. 204).

11.1.2 Conformisme

Hoe sterk zijn sociale invloeden? De effecten van sociale druk zijn onder meer zichtbaar in de stemming van mensen, in hun manier van kleden en in hun vrijetijdsbesteding (Totterdell, 2000; Totterdell et al., 1998). De neiging om andere mensen te imiteren wordt ook wel het **kameleoneffect** genoemd, naar het dier dat van kleur verandert om zich aan verschillende omgevingen aan te passen (Chartrand & Bargh, 1999). Maar kan sociale druk zo sterk zijn dat mensen zich aanpassen aan een groepsnorm die duidelijk en objectief fout is? Is het mogelijk dat de kracht van de situatie sterker is dan wat je met je eigen ogen ziet? Zou een groep vreemden jou ertoe kunnen brengen de wereld door hun vertekende blik te zien?

Kameleoneffect: De neiging anderen na te bootsen, genoemd naar het dier dat van kleur verandert zodat het niet opvalt in uiteenlopende omgevingen.

Het Asch-effect

Een receptioniste brengt de laatst aangekomen persoon naar een wachtkamer, waar uit de conversatie met zes andere aanwezigen blijkt dat iedereen hier is voor hetzelfde experiment. Wat de laatst gearriveerde persoon niet weet, is dat de andere zes eigenlijk samenzweren met degene die het experiment uitvoert. Samen hebben ze een uitgebreid plan voorbereid om sociale druk op de enige echte deelnemer aan het experiment, degene die als laatste binnenkwam, uit te oefenen.

De leider van het experiment komt al snel binnen en nodigt alle zeven uit om mee te gaan naar een andere kamer, waar ze op een rij met zeven stoelen voor een schildersezel gaan zitten. Op de ezel zijn kaarten met vier verticale lijnen zichtbaar, zoals te zien in figuur 11.1. De deelnemers moeten zeggen welke van de lijnen A, B of C net zo lang is als de standaardlijn X. De leider van het experiment informeert nonchalant naar de mening van de groep, beginnend bij de deelnemer die het verst van de echte deelnemer aan het andere uiteinde van de rij zit. Iedereen doet een beetje verveeld over deze schijnbaar simpele opdracht. Alles verloopt vanzelf tot de derde kaart tevoorschijn komt. Op die kaart (zie figuur 11.1) is lijn B duidelijk het correcte antwoord. De naïeve deelnemer kan dus niet geloven dat de eerste persoon 'A' zegt. Als student psychologie weet onze naïeve vrijwilliger echter dat iedereen de wereld anders waarneemt. Hij kan het gegeven antwoord toeschrijven aan een individuele perceptieafwijking. Dan zegt ook de tweede persoon: 'A'. Wanneer ook de derde en vierde het daarmee eens zijn, begint de naïeve deelnemer zich af te vragen: 'Ben ík nu degene

Figuur 11.1

Conformisme in de Asch-experimenten

Op deze foto van het experiment van Asch maakt de onwetende proefpersoon nummer 6 zich duidelijk zorgen over het foutieve oordeel van de meerderheid. Bovenaan rechts zie je de standaardstimulusopstelling. De grafiek links illustreert het conformisme tijdens twaalf pogingen waarin de proefpersonen werden geconfronteerd met een unanieme meerderheid, of steun ondervonden van een enkele dissidente partner. (Hoe lager het percentage correcte antwoorden, des te groter de mate van conformisme met het foute oordeel van de groep.)

Bron: William Vandivert/Scientific American.

met een vervormde waarneming?' Wanneer hij als de op één na laatste moet antwoorden, is zijn perceptie inmiddels in strijd met de vijf voorafgaande uitspraken. Nog eens naar de kaart turend, hakkelt hij: 'Uh... A.' De laatste deelnemer maakt het oordeel unaniem.

Wanneer de overige achttien kaarten van het experiment aan de beurt komen, geven de andere deelnemers soms het 'juiste' antwoord, maar vaak een overduidelijk verkeerd antwoord. Zijn ze gek? Van zijn stuk gebracht gaat de naïeve deelnemer altijd mee met de 'vergissingen' van de anderen, omdat hij meent dat hij het experiment verpest als hij een afwijkend antwoord geeft.

Wat zou jij in zo'n situatie doen? Misschien denk je dat je bestand zou zijn tegen de druk als je ook zou deelnemen aan Aschs experiment. Dat kan. In het oorspronkelijke experiment van Asch weerstond twee derde van de naïeve deelnemers de groepsdruk om zich te conformeren aan het duidelijk verkeerde oordeel. Maar een derde kon dat niet.

Sociaal psychologen noemen dit het **Asch-effect**: de sterke invloed van een groep op het oordeel van een individu. En Solomon Aschs experiment is een klassieke illustratie geworden van **conformisme**: de neiging van mensen om het gedrag en de meningen van andere groepsleden over te nemen. Ook al beoordeelden individuen feitelijke zaken, en geen persoonlijke meningen, toch bezweken velen voor de druk om te conformeren.

Dit resultaat stimuleerde Asch en anderen om een beetje aan de voorwaarden van het experiment te sleutelen. Welke omstandigheden die conformisme bevorderen hebben de onderzoekers uiteindelijk ontdekt?

- *Unanimiteit van de meerderheid.* Als iedereen in de groep het ergens over eens is, kunnen ze grote sociale druk uitoefenen. Maar als zelfs maar één persoon afwijkt van de meerderheid, wordt de betovering verbroken en daalt het aantal dat buigt voor de meerderheid aanzienlijk (Asch, 1940, 1955, 1956; Allen & Levine, 1969; Morris & Miller, 1975).
- *Omvang van de groep.* In een groep van slechts twee andere mensen voelen de meeste deelnemers kennelijk minder druk om zich aan de verkeerde inzichten van de groep te conformeren. De druk neemt plotseling toe wanneer ze met een groep van drie te maken krijgen. Verrassend genoeg is er vrijwel geen verschil voor het conformiteitseffect tussen een groep van drie en een groep van vijftien.
- *Openbaarheid.* Als je denkt dat anderen in de groep je reacties niet horen, is de kans kleiner dat je met hen meegaat, dan als je denkt dat ze je antwoord te weten komen (Deutsch & Gerard, 1955).
- *Ambiguïteit.* Als de lijnen bijna even lang zijn (zodat het antwoord dus niet kristalhelder is) gaan mensen eerder aan zichzelf twijfelen en zich eerder conformeren (Saltzstein & Sandberg, 1979).
- *Samenstelling van de meerderheid.* Er is meer sprake van conformiteit wanneer de groep een hoge status heeft (Eagly, 1987) of door een individu gezien wordt als belangrijk. Overigens zullen vrouwen zich niet eerder aan de groep conformeren dan mannen, tenzij het om een stereotype op mannen georiënteerde opdracht gaat, zoals het beoordelen van de kwaliteit van elektrisch gereedschap (Eagly & Carli, 1981).
- *Gevoel van eigenwaarde.* Je kunt wel raden dat mensen die weinig gevoel van eigenwaarde hebben, zich in het experiment van Asch eerder zullen conformeren (Aronson, 1991).
- *Macht van een bondgenoot.* Zelfs in een grote groep nam de conformiteit sterk af als de deelnemer een bondgenoot kreeg die het oneens was met de mening van de meerderheid (zoals te zien is in figuur 11.1). Met zo'n 'partner' weerstonden vrijwel alle deelnemers de druk om zich te conformeren. Dit is een van de meest positieve boodschappen van dit onderzoek. Als je de

Asch-effect: Vorm van conformisme waarbij een groepsmeerderheid het oordeel van een individu beïnvloedt.

Conformisme: De neiging van mensen om de gedragingen, attitudes en meningen van de andere groepsleden over te nemen.

groepsmening openlijk ter discussie durft te stellen, is de kans groot dat je anderen beïnvloedt om zich aan te sluiten bij je rebellie. Zelfs maar één held kan anderen inspireren om niet toe te geven aan de groepsdruk.

- *Onafhankelijken*. Ondanks de sterke druk kunnen sommige individuen volharden en hun onafhankelijkheid bewaren. Ze staan erop te kunnen 'zeggen hoe zij de dingen zien'. Dat kan zelfs zo ver gaan dat ze opzettelijk een verkeerd antwoord geven als de groep het juiste geeft (Friend et al., 1990).

In het Asch-effect conformeren mensen zich vanwege *normatieve invloeden*: ze willen geaccepteerd, goedgekeurd en aardig gevonden worden en niet worden afgewezen door anderen. Een andere oorzaak voor conformiteit vinden we bij *informationele invloeden*: correct willen zijn en begrijpen wat de juiste manier van handelen is in bepaalde situaties.

Het levert natuurlijk ethische problemen op als samenzweerders van de onderzoeker tegen hun medestudenten liegen over hun waarnemingen. Hoe zou je het Asch-paradigma kunnen uitvoeren zonder bedrog? Wat als iedereen de lijnen bijvoorbeeld door een bepaalde bril zag? De echte deelnemer krijgt een bril met neutrale glazen, waardoor de lijnen worden getoond zoals ze in werkelijkheid zijn, maar de bril van de meerderheid van de studenten vervormt het beeld zo dat lijnen van verschillende lengte er net zo uitzien als de standaardlijn. Deze techniek is onlangs gebruikt in een studie met deelnemers die een bril met polariserende filters droegen, zoals een bril voor 3D-films (Mori & Arai, 2010). In die studie werden 104 Japanse studenten getest in groepen van vier, waarvan drie leden de vervormende bril droegen, en de vierde een normale bril. Daarin werd het Asch-effect verkregen zonder bedriegende samenzweerders. Het effect deed zich nu echter alleen onder vrouwelijke studenten voor en met zelfs een hoger conformiteitspercentage dan in de oorspronkelijke test. Volstrekt in tegenstelling tot de resultaten van de oorspronkelijke test kon de meerderheid de mannelijke kandidaten niet doen zwichten. Hoe zou dit verschil tussen de seksen zijn ontstaan, denk je?

Video
Ga naar de MyLab mediatheek om het filmfragment te bekijken over conformisme en de invloed van groepen.

Culturele verschillen in conformiteit
De Asch-test is in allerlei delen van de wereld uitgevoerd en heeft opmerkelijk gelijke resultaten in de meeste groepen opgeleverd. Het percentage van degenen die bezwijken onder groepsdruk (onder Asch's oorspronkelijke voorwaarden) schommelt in een groot aantal verschillende samenlevingen rond een derde. Dat deze resultaten zo consistent zijn wijst erop dat in verschillende culturen dezelfde kracht aan het werk is. Toch moeten we een beetje terughoudend zijn. De deelnemers aan deze onderzoeken waren overwegend studenten die vrijwillig meededen, waardoor een generalisatie van de resultaten wellicht niet gerechtvaardigd is.

Autokinetische groepsnormen
Bij een klassiek experiment dat door de psycholoog Muzafer Sherif werd uitgevoerd (1935), werd aangetoond op welke wijze sociale invloed ertoe kan leiden dat een nieuwe norm wordt geïnternaliseerd. Participanten werd gevraagd de mate van beweging van een lichtvlek te beoordelen; de lichtvlek stond in werkelijkheid stil, maar leek te bewegen wanneer deze in volledige duisternis, zonder referentiepunten, werd bekeken. Dit is een perceptuele illusie die het **autokinetische effect** wordt genoemd. Oorspronkelijk varieerden de afzonderlijke oordelen sterk. Toen de participanten echter samen werden gebracht in een groep die uit vreemden bestond, en hun oordelen hardop moesten geven, begonnen hun schattingen op elkaar te lijken. Ze zagen het licht in dezelfde richting en in dezelfde mate bewegen. Nog interessanter was het laatste deel van het onderzoek

Autokinetisch effect: Perceptuele illusie waarbij men beweging waarneemt van een stilstaande lichtstip in een volkomen donkere kamer. Dit effect is gebruikt door Muzafer Sherif om de vorming van autokinetische groepsnormen te bestuderen.

van Sherif. Hierbij zaten de proefpersonen alleen in dezelfde verduisterde kamer, nadat ze de lichtvlek met de groep hadden bekeken. Onder deze omstandigheden bleven deze participanten de groepsnorm volgen die was ontstaan toen ze samen waren. Net als in de Asch-studies, beïnvloedde de groep de perceptie van het individu.

Zodra normen in een groep zijn gevestigd, hebben ze de neiging zichzelf in stand te houden. Een jaar later bleken bij onderzoek deze autokinetische groepsnormen zelfs nog te bestaan. De onderzoekers testten toen de deelnemers aan het eerste onderzoek opnieuw, afzonderlijk, dus zonder dat de vroegere groepsleden getuige waren van de oordelen (Rohrer et al., 1954). Normen kunnen van de ene generatie groepsleden op de volgende worden overgedragen en kunnen het gedrag van mensen blijven beïnvloeden, lang nadat de oorspronkelijke groep die de norm had opgesteld, is opgehouden te bestaan (Insko et al., 1980). Hoe weten we dat normen op verschillende generaties van invloed kunnen zijn? Bij onderzoeken naar autokinetische normen, vervingen de onderzoekers na elke reeks autokinetische tests één groepslid door een nieuwe proefpersoon totdat alle oorspronkelijke groepsleden waren vervangen door nieuwe. De autokinetische norm van de groep bleef gedurende verscheidene achtereenvolgende 'generaties' gelijk aan de overgeleverde norm (Jacobs & Campbell, 1961).

Zie je op welke wijze bij dit experiment processen werden geregistreerd waarbij normen in het echte leven via verschillende generaties binnen een bedrijf of politieke groepering worden overgedragen? Dergelijke normen kunnen bijvoorbeeld deel gaan uitmaken van een bedrijfscultuur die dicteert hoe de leden de wereld gezamenlijk dienen te zien.

Conformisme en onafhankelijkheid gaan gepaard met verschillen in hersenactiviteit

Met behulp van nieuwe technologie, die in de tijd van Asch nog niet bestond, worden interessante inzichten verkregen in de rol van de hersenen bij sociaal conformisme. Nemen mensen die zich conformeren, een rationele beslissing om zich uit normatieve behoeften aan de groep aan te passen, of veranderen ze werkelijk hun percepties en accepteren ze de validiteit van de nieuwe, hoewel onjuiste, informatie die de groep geeft? Bij een recent onderzoek (Berns et al., 2005) werd gebruikgemaakt van geavanceerde technologie voor het maken van hersenscans om deze vraag te beantwoorden. Hierbij werd ook de vraag beantwoord of het oude Asch-effect bij de huidige generatie wereldwijze studenten werkt. (We verklappen het alvast: het antwoord is 'ja'.)

Met fMRI kunnen onderzoekers tegenwoordig in de actieve hersenen kijken tijdens de uitvoering van verschillende taken. Zo kunnen ze ontdekken welke hersengebieden specifiek actief zijn, terwijl deze taken worden uitgevoerd. Als we begrijpen door welke hersengebieden deze psychologische functies worden aangestuurd, weten we wat het betekent wanneer deze gebieden bij bepaalde experimentele taken worden geactiveerd.

Het onderzoek werkte als volgt. Stel je voor dat je 1 van de 32 vrijwilligers bent die voor een onderzoek naar perceptie zijn geworven. Bij dit onderzoek wordt je gevraagd in je hoofd beelden van driedimensionale voorwerpen te roteren om te ontdekken of de voorwerpen gelijk zijn aan of verschillend van een standaardvoorwerp. In de wachtkamer kom je vier andere vrijwilligers tegen, met wie je kennismaakt door spelletjes op een laptop te spelen, foto's van elkaar te maken en te kletsen. In werkelijkheid zijn dit acteurs, die al spoedig met opzet verkeerde antwoorden geven bij de testexperimenten: ze zorgen er daarbij voor dat hun antwoorden met elkaar overeenstemmen. Jij bedenkt wel de juiste antwoorden. Jij wordt gekozen als degene die de scanner in gaat, terwijl de anderen buiten als groep eerst naar de voorwerpen kijken, en bepalen of deze gelijk of verschil-

◀◀ **Verbinding hoofdstuk 3**
Van een perceptuele illusie is sprake wanneer je een aantoonbaar verkeerde perceptie hebt van een stimuluspatroon. De literatuur beschrijft verschillende perceptuele illusies (p. 109).

◀◀ **Verbinding hoofdstuk 2**
Neurowetenschappers maken gebruik van hersenscans als techniek voor het bestuderen van specifieke hersengebieden die bij verschillende psychologische taken worden geactiveerd (www.pearsonmylab.nl).

lend zijn. Net als bij het oorspronkelijke experiment van Asch, geven de acteurs eenstemmig het foute antwoord, terwijl jij moet besluiten of je de groep volgt of vertrouwt op je eigen perceptie.

Net als bij de experimenten van Asch zou jij (als gemiddelde proefpersoon) vaak voor de groepsdruk zijn gezwicht en in gemiddeld 41 procent van de gevallen de foute antwoorden van de groep hebben gegeven. Als je zwichtte voor het onjuiste oordeel van de groep, zou het conformisme op de hersenscan zichtbaar zijn geweest in de vorm van veranderingen in bepaalde gebieden van de hersenschors die zijn gespecialiseerd in het gezichtsvermogen en het ruimtelijk bewustzijn. Het is verrassend dat er geen veranderingen optreden in delen van de frontaalkwabben die zich bezighouden met toezicht op conflicten, planning en andere mentale activiteiten van hogere orde. Anderzijds, als je een onafhankelijk oordeel velt dat tegen de groep ingaat, lichten hersengebieden op die in verband worden gebracht met emotionele verwerking (de rechteramygdala en gerelateerde gebieden). Dit betekent dat verzet tot emotionele belasting leidt bij degenen die aan hun onafhankelijkheid vasthouden; voor autonomie betaal je een psychologische prijs.

Neurologisch onderzoeker Gregory Berns concludeert het volgende: 'We denken graag dat zien geloven is, maar uit de resultaten van het onderzoek blijkt dat je gelooft datgene te zien wat de groep je vertelt te geloven' (2005). Dit betekent dat het standpunt van anderen, als er sprake is van een groepsconsensus, daadwerkelijk van invloed kan zijn op de wijze waarop we belangrijke aspecten van de buitenwereld waarnemen; hierdoor komt de aard van de waarheid zelf ter discussie te staan.

Alleen als we ons bewust worden van onze gevoeligheid voor sociale druk, kunnen we beginnen ons tegen het conformisme te verzetten. Een probleem is dat veel mensen een illusie van persoonlijke onkwetsbaarheid hebben: een 'ik niet'-syndroom. Ze nemen aan dat anderen wél gevoelig zijn voor situationele krachten, maar dat *zij* anders zijn. Het paradoxale is dat ze door zo'n naïeve opvatting juist gevoeliger voor invloedsfactoren zijn, omdat ze niet op hun hoede zijn en de situationele krachten die op hen inwerken niet aandachtig en kritisch analyseren. Het is ook belangrijk te vermelden dat dit soort onderzoek, waarbij technieken uit de neurobiologie worden toegepast voor het onderzoeken van sociaalpsychologische processen, steeds meer in de sociale psychologie wordt toegepast. Zo is een nieuw onderzoeksgebied ontstaan, dat aangeduid wordt met de term **sociale neurowetenschappen**. In dit onderzoeksgebied worden methoden uit het hersenonderzoek gebruikt om verschillende typen sociaal gedrag te onderzoeken, zoals stereotypering bij vooroordelen, attitudes, zelfbeheersing en emotionele regulering (Azar, 2002a; Cacioppo en Brentson, 2005).

Sociale neurowetenschappen: Nieuw onderzoeksgebied dat gebruikmaakt van methoden uit hersenonderzoek om verschillende typen sociaal gedrag te onderzoeken.

Groepsdenken: De term voor de gebrekkige oordelen en slechte beslissingen die door groepsleden worden genomen en die in te sterke mate door veronderstelde groepsconsensus of door het standpunt van de leider worden beïnvloed.

Groepsdenken

Groepen kunnen zelf ook druk ervaren om zich te conformeren. Dit belangrijke sociaalpsychologische proces waarbij conformisme van denken en besluitvorming van individuen in groepen, zoals commissies, wordt gestimuleerd, werd door de psycholoog Irving Janis **groepsdenken** genoemd (1972; Janis & Mann, 1977). Bij groepsdenken conformeren leden van de groep hun mening aan wat volgens ieder van hen de consensus van de groep is. Door bias in de richting van conformiteit

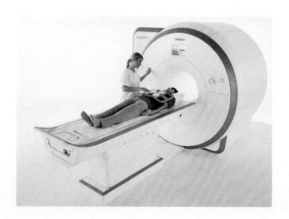

In de sociale neurowetenschappen wordt gebruikgemaakt van fMRI-scanners om hersenactiviteit zichtbaar te maken tijdens sociaal gedrag.

Met dank aan Siemens.

gaat de groep acties ondernemen die elk lid afzonderlijk onder normale omstandigheden als onverstandig zou beschouwen. Vijf omstandigheden die het groepsdenken bevorderen, zijn:

- directief leiderschap, een dominante leider;
- sterke **cohesie** in een groep, er zijn geen afwijkende meningen;
- gebrek aan normen waarin een zorgvuldige procedure is vastgelegd om bewijsmateriaal te verzamelen en te beoordelen;
- homogeniteit van de sociale achtergrond en van de ideologie van de leden;
- sterke druk als gevolg van externe dreiging, met weinig hoop op een betere oplossing dan die van de groepsleider.

◀◀ **Verbinding hoofdstuk 6**
Onze oordelen en beslissingen worden vaak door persoonlijke vooroordelen beïnvloed (p. 208).

Cohesie: Term die refereert aan solidariteit, loyaliteit en een groepsgevoel.

Dit concept werd ontwikkeld als hulpmiddel om de beslissingen te begrijpen die de Amerikaanse regering nam omtrent het bombardement op Pearl Harbor in 1941, de Vietnamoorlog en vooral de rampzalige invasie van de Cubaanse Varkensbaai. Voorafgaand aan de laatste gebeurtenis namen zeer intelligente leden van het kabinet van president John Kennedy de onverstandige beslissing om een invasie te beginnen van Cuba op basis van foutieve rapporten van Cubaanse vluchtelingen. Later zijn ook andere onjuiste beslissingen gedeeltelijk aan groepsdenken toegeschreven, bijvoorbeeld beslissingen die leidden tot rampen met ruimteveren, tot het faillissement van Enron Corporation, en, in 2003, tot het besluit om een 'preventieve' oorlog tegen Irak te voeren (Schwartz & Wald, 2003).
De Amerikaanse inlichtingendienst van de Amerikaanse Senaat, die de rechtvaardigingen voor de Irakoorlog onderzocht, noemde groepsdenken een van de processen die bij dat besluit een rol speelde. Het is interessant om te zien dat we dit sociaalpsychologische begrip in een officieel rapport van die regeringscommissie tegenkomen.

> *De Amerikaanse inlichtingendienst (Intelligence Community of IC) heeft lang geprobeerd om de analytische bias te overwinnen… Deze bias, waarvan zowel de analytische afdeling als de afdeling die informatie verzamelt, zijn doordrongen, is het gevolg van 'groepsdenken', een term die rond 1970 door de psycholoog Irving Janis is bedacht. Met deze term wordt een proces beschreven waarbij een groep slechte of irrationele beslissingen neemt, doordat elk lid van de groep probeert zijn mening te conformeren aan datgene waarvan hij of zij denkt dat het de consensus van de groep is. IC-personeel dat betrokken was bij de kwestie van de Iraakse massavernietigingswapens, gaf blijk van verschillende aspecten van groepsdenken: nauwelijks alternatieven onderzoeken, selectief informatie verzamelen, druk om zich binnen de groep te conformeren of zich van kritiek te onthouden en collectieve rationalisering (Amerikaanse Senaat, 2004, p. 4).*

Veel andere landen, waaronder België, waren openlijk tegen de Irakoorlog. Nederland steunde de oorlog wel, als onderdeel van de zogenaamde *Coalition of the Willing*. Deze beslissing is een aantal jaar later bekritiseerd in een onderzoeksrapport van de commissie-Davids. Ook bij de aan deze beslissing voorafgaande besluitvorming in het kabinet Balkenende I, speelde groepsdenken mogelijk een rol.

11.1.3   Gehoorzaamheid aan autoriteit

Je weet nu hoe een groep een individu kan beïnvloeden. Maar die invloed werkt in twee richtingen: bepaalde individuen, zoals charismatische leiders en autoriteiten, kunnen groepen, zelfs grote massa's, tot gehoorzaamheid dwingen. Het ultieme bewijs van dit effect is zichtbaar in de periode rond de Tweede Wereldoorlog, met de opkomst van Adolf Hitler in Duitsland en Benito Mussolini in Italië. Deze dictators wisten vele weldenkende inwoners van hun land om te vormen tot gedachteloze, loyale volgelingen van een fascistische ideologie die gericht was op wereldheerschappij. Hetzelfde gebeurde rond 1970 in Cambodja, waar Pol Pot, de wrede dictator en leider van de Rode Khmer, besloot sociale klassen te elimineren door iedereen te dwingen in de landbouw te werken. Degenen die waarschijnlijk verzet zouden plegen – de beroepsbevolking, intellectuelen en buitenlanders – werden gemarteld, doodgehongerd en vermoord. Gedurende een vier jaar durend regime van terreur werden bijna twee miljoen mensen vermoord.

De moderne sociale psychologie ontstond rond de Tweede Wereldoorlog, in een tijd van angst en vooroordelen. Het was logisch dat veel van de eerste sociaal psychologen zich in de persoonlijkheid van de mensen verdiepten die werden aangetrokken door deze fascistische groeperingen. Ze waren vooral geïnteresseerd in de autoritaire persoonlijkheid (iemand die een autoritair systeem wenselijk acht), die ze verantwoordelijk hielden voor het ontstaan van de fascistische groepsmentaliteit (Adorno et al., 1950). Deze dispositionele analyse had echter geen succes als het erom ging de sociale, economische, historische en politieke werkelijkheid te identificeren die destijds op bepaalde Europese bevolkingsgroepen inwerkte. We willen dit punt verhelderen aan de hand van recentere voorbeelden van onvoorwaardelijke gehoorzaamheid aan gezag.

In 1993 omsingelden federale agenten het terrein van de religieuze sekte van David Koresh in Waco, Texas. Ondanks de hopeloze situatie bleven honderd leden trouw aan hun leider. Toen de patstelling enkele weken had geduurd, staken de volgelingen van de Branch Davidians hun verblijven in brand, in plaats van zich over te geven aan de autoriteiten. Tientallen mannen, vrouwen en kinderen kwamen in de vlammenzee om het leven. Vier jaar later pleegden de leden van een andere sekte, die zichzelf Heaven's Gate noemde, op bevel van hun leider massaal zelfmoord om een 'hoger niveau' van zijn te bereiken. En op 11 september 2001 kaapten volgelingen van Osama bin Laden enkele vliegtuigen, waarmee ze vervolgens aanslagen pleegden op het Pentagon en het World Trade Center. Behalve dat ze duizenden mensen vermoordden, pleegden ze weloverwogen zelfmoord.

In 1993 staken volgelingen van David Koresh hun verblijven in brand in Waco, Texas. Bron: ANP.

Waren deze mensen allemaal knettergekke, stompzinnige en totaal vreemde wezens – waren ze in alle opzichten anders dan wij zijn? Met andere woorden: kun je je omstandigheden voorstellen waarin je blindelings een bevel van iemand die je liefhebt en respecteert (of vreest) zou opvolgen? Zou je, bijvoorbeeld, een autoriteit gehoorzamen als die je opdroeg iemand te elektrocuteren? Waarschijnlijk zeg je tegen jezelf: 'Onmogelijk, ik niet, zo iemand ben ik niet.' De vraag is echter wat de mensen die we hierboven hebben beschreven, dachten voordat ze in de gehoorzaamheidsval gevangen raakten. Waarschijnlijk dachten zij hetzelfde als jij. Laten we eens terugkeren naar ons openingsverhaal over Bill die verstrikt raakte in het experiment dat door de sociaal psycholoog Stanley Milgram werd opgezet (1965, 1974). Zijn onderzoek bracht aan het licht dat niet alleen extreme of gestoorde mensen bereid zijn om bevelen, zelfs potentieel dodelijke bevelen, van een autoriteit op te volgen. Voor zover de 'leraren' wisten, was de 'leerling' mogelijk bewusteloos of dood als hij stil werd na de 330 volt, maar in beide gevallen kon zijn geheugen niet verder door verdere schokken worden verbeterd. Toch gehoorzaamden honderden mensen (in het oorspronkelijke experiment 65 procent) gedachteloos en bleven ze handelen zoals hen werd bevolen. Dit resultaat, in combinatie met bepaalde ethische vragen die dit experiment oproept, plaatst het werk van Milgram in het middelpunt van een van de grootste controverses in de psychologie (Blass, 1996).

Milgram vroeg aan een panel van psychiaters de uitkomst van het experiment te voorspellen. Deze deskundigen schatten het toen geheel verkeerd in: gemiddeld voorspelden zij dat minder dan 1 procent helemaal tot het einde zou gaan, dat alleen sadisten zich met zulk wreed gedrag zouden inlaten en dat de meeste mensen bij het tiende niveau van 150 volt zouden stoppen. Hoe kwam het panel van deskundigen tot hun onrealistische verwachting? Ten eerste hadden ze de situationele determinanten van het gedrag in de procedurele beschrijving van het experiment genegeerd. Ten tweede vertrouwden ze, als gevolg van hun opleiding in de traditionele psychiatrie, te veel op het dispositionele perspectief bij hun pogingen ongewoon gedrag te begrijpen: ze zochten de verklaring in de persoonlijkheid van het individu en niet in de externe gedragsmatige context. Deze dubbele neiging om de kracht van de mens te overschatten en de kracht van de situatie te onderschatten wordt de *fundamentele attributiefout* genoemd. Dit begrip komt in de volgende paragraaf nog aan de orde.

◄◄ **Verbinding hoofdstuk 10**
In tegenstelling tot de meeste persoonlijkheidstheorieën waarbij de nadruk ligt op interne processen als determinant van het gedrag, ligt het accent bij de sociale psychologie op het belang van de externe sociale situatie (p. 394).

Variaties op een gehoorzaamheidsthema

Milgram voerde negentien verschillende experimenten uit, allemaal variaties op het eerste experiment, waarin een 'leraar' in het kader van een vermeend geheugenonderzoek schokken moest toedienen bij onjuiste antwoorden van een zogenaamde leerling. Bij elk van deze onderzoeken varieerde hij één sociaalpsychologische variabele en observeerde hij de invloed van deze variabele op de mate van gehoorzaamheid aan de autoriteit die druk uitoefende om door te gaan met het toedienen van schokken aan de 'leerling'. Bij één onderzoek deden bijvoorbeeld ook vrouwen mee; hij varieerde de lichamelijke nabijheid of afstand van de onderzoeker tot de 'leraar' of van de 'leraar' tot de 'leerling'; liet groepsgenoten het

Deskundigen schatten het gedrag van Milgrams proefpersonen totaal verkeerd in, omdat ze de invloed van de speciaal voor dit experiment gecreëerde situatie over het hoofd zagen. Hoewel de meeste proefpersonen in Milgrams experiment lieten weten dat ze het niet met de gang van zaken eens waren, gehoorzaamden ze uiteindelijk toch.

Bron: Uit de film *Obedience* ©.

voorbeeld geven van verzet of van volledige gehoorzaamheid voordat de 'leraar' kans kreeg om te beginnen, en hij bracht andere sociale variabelen in.

Zoals in figuur 11.2 te zien is, wordt de extreme plooibaarheid van de menselijke aard duidelijk aan het licht gebracht door de gegevens over zestien van deze variabelen. Onder bepaalde condities was vrijwel iedereen volkomen gehoorzaam aan de autoriteiten, terwijl onder andere condities bijna iedereen verzet kon bieden tegen de druk van de autoriteiten. De mate van gehoorzaamheid was afhankelijk van de wijze waarop de sociale situatie door de onderzoeker werd geconstrueerd en hoe deze door de deelnemers werd ervaren. Milgram toonde aan dat het percentage gehoorzaamheid voor het toedienen van 450 volt kon stijgen tot 90 procent als men andere mensen zag gehoorzamen. Ook toonde hij aan dat het percentage gehoorzaamheid tot minder dan 10 procent kon dalen wanneer slechts 1 cruciale sociale variabele in het experiment werd opgenomen: andere mensen die zich verzetten. Wil je maximale gehoorzaamheid? Laat de nieuwe 'leraar' eerst iemand anders waarnemen die het maximale schokniveau toedient. Wil je dat mensen zich verzetten tegen de druk van de autoriteiten? Dan moet je een sociaal voorbeeld geven van groepsgenoten die verzet bieden. Participanten weigerden ook de schokken toe te dienen als de 'leerling' zei dat hij een schok wilde krijgen: 'Dat is masochistisch en ik ben geen sadist!', moeten ze hebben gedacht. Ook aarzelden ze een sterke schok toe te dienen als de onderzoeker de rol van de 'leerling' innam en zij hem een schok moesten toedienen. De kans op gehoorzaamheid was groter als de 'leerling' ver weg was dan wanneer deze dichtbij was. Bij elk van de andere variaties op deze gevarieerde steekproef van representatieve Amerikaanse burgers van sterk uiteenlopende leeftijden, beroepen en van beide geslachten bleek het mogelijk een laag, middelmatig of een hoog niveau van gehoorzaam-

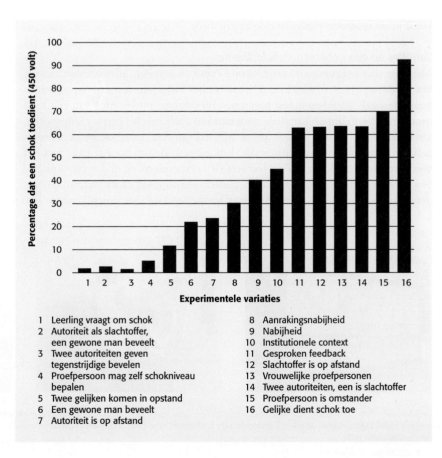

Figuur 11.2

Gehoorzaamheid in de experimenten van Milgram

De grafiek toont een profiel van zwakke of sterke gehoorzaamheidsreacties in verschillende versies van Milgrams onderzoek naar gehoorzaamheid aan een autoriteit.

Bron: *The Obedience Experiments. A Case Study of Controversy in the Social Sciences* van A.G. Miller. Copyright © 1986, Praeger Publishers, Inc. Overgenomen met toestemming van Greenwood Publishing Group, Inc., Westport, Connecticut, VS.

Experimentele variaties

1 Leerling vraagt om schok
2 Autoriteit als slachtoffer, een gewone man beveelt
3 Twee autoriteiten geven tegenstrijdige bevelen
4 Proefpersoon mag zelf schokniveau bepalen
5 Twee gelijken komen in opstand
6 Een gewone man beveelt
7 Autoriteit is op afstand
8 Aanrakingsnabijheid
9 Nabijheid
10 Institutionele context
11 Gesproken feedback
12 Slachtoffer is op afstand
13 Vrouwelijke proefpersonen
14 Twee autoriteiten, een is slachtoffer
15 Proefpersoon is omstander
16 Gelijke dient schok toe

heid op te roepen door de situationele parameters iets anders in te stellen. Deze grote steekproef van duizend burgers met sterk verschillende achtergronden maakt de resultaten van deze gehoorzaamheidsonderzoeken van Milgram tot de meest generaliseerbare in de sociale wetenschappen.

Zoals eerder gezegd: de 'leerling' kreeg geen echte schokken. Het 'slachtoffer' was een acteur. Na afloop van het experiment maakte hij een praatje met zijn 'leraar'. Hij verzekerde hem dat hij zich prima voelde en dat hij geen enkele schok had gekregen. Om de procedure bij alle experimenten en variaties te standaardiseren, waren alle opmerkingen die hij tijdens het onderzoek maakte, eerder opgenomen. Bovendien was de machtige autoriteitsfiguur in de grijze labjas geen 'echte' autoriteit, niet Milgram zelf bijvoorbeeld, maar een biologiedocent van een middelbare school.

Door dit onderzoek en de vele herhalingen in landen over de hele wereld, wordt onze opvatting dat 'goede mensen' niet tot misdadige handelingen kunnen worden verleid, in twijfel getrokken. Uit het onderzoek komen aanwijzingen naar voren dat de grens tussen goed en kwaad niet vast en blijvend is, maar zodanig flexibel, dat vrijwel iedereen in staat blijkt te zijn tot ofwel misdadig gedrag ofwel heldhaftig gedrag. Dit wordt *bijna* geheel bepaald door de kracht van de nieuwe, onbekende situatie waarmee de betrokkene wordt geconfronteerd en waarin hij zich moet redden.

Heroïsche rebellie

Het concept van de kracht van de situatie wordt in twijfel getrokken door één probleem: dat van de individuele, heroïsche rebellie. **Helden** zijn mensen die in staat zijn verzet te bieden tegen situationele krachten waarvoor hun groepsgenoten zwichten en die zelf trouw blijven aan hun persoonlijke waarden. Zij bevechten corrupte of immorele systemen doordat ze niet meegaan met de algemene norm. Voorbeelden van zulke helden zijn de zogeheten klokkenluiders. *Klokkenluiden* is gedefinieerd als het bekendmaken door personeelsleden van illegale, immorele of niet-legitieme praktijken die onder de controle vallen van hun werkgever, aan personen of entiteiten die tegen dergelijke praktijken actie kunnen ondernemen. De Vlaamse regering heeft in 2005 maatregelen getroffen om deze personen wettelijk te beschermen. In Nederland zijn dergelijke maatregelen nog niet getroffen.

De soldaat Joe Darby werd zo'n held in 2004, toen hij aan het licht bracht dat zijn maten de gevangenen in de Abu Ghraib-gevangenis in Irak gruwelijk mishandelden. Hij toonde een cd met de beelden van mishandelingen van gevangenen, die tijdens de nachtdienst door andere soldaten waren gemaakt, aan een hoger geplaatst lid van de militaire politie. Vervolgens begon het onderzoek, waardoor een eind werd gemaakt aan de mishandelingen die daar al maandenlang hadden plaatsgevonden. Zulke 'helden' worden echter vaak door hun voormalige collega's geminacht en moeten een hoge prijs betalen, omdat ze niet zwijgen en 'oncollegiaal' zijn. Darby moest bijvoorbeeld gedurende drie jaar onderduiken, samen met zijn vrouw en zijn moeder, omdat militairen uit zijn bataljon en mensen in zijn woonplaats hem met de dood hadden bedreigd. Dit alles omdat hij het Amerikaanse leger in opspraak had gebracht door deze beelden van sadistische martelingen van gevangenen in de openbaarheid te brengen. Uiteindelijk heeft Darby een onderscheiding voor moedig gedrag ontvangen.

Held: Iemand die een ander in nood helpt of die een onrechtvaardig of corrupt systeem bevecht, zonder zich erom te bekommeren of hij zal worden beloond of dat het afwijkende gedrag mogelijk negatieve consequenties voor hem zal hebben.

Met deze uitdaging aan het adres van de autoriteiten op het Plein van de Hemelse Vrede riskeerde deze Chinese student zijn leven. Zou jij hetzelfde hebben gedaan?
Bron: Jeff Widener/AP Images.

In februari 2011 verzetten honderdduizenden moedige Egyptenaren, vooral jonge mannen en vrouwen, zich met succes tegen het brute regime van President Mubarak.

Bron: Claudia Wiens/Alamy.

Recenter, in februari 2011, verzetten honderdduizenden moedige Egyptenaren zich openlijk tegen het brute regime van President Mubarak. Ze weerstonden aanvallen van andere groepen die loyaal waren aan Mubarak en na wekenlang demonstreren op het Tahrirplein in Caïro, en in hun organisatie onder meer gebruikmakend van sociale media, zegevierde hun collectieve moed.

Vreemd genoeg is er relatief weinig onderzoek gedaan naar helden en moed, zeker in vergelijking met de hoeveelheid onderzoek naar de donkere kanten van de menselijke natuur. Waarom is dat zo, denk je?

Klokkenluidersgedrag nader onderzocht

Een recent onderzoek uitgevoerd onder Nederlandse studenten van de Vrije Universiteit in Amsterdam, geeft aan dat klokkenluidersgedrag zeldzaam is. In een experiment dat gelijkenissen vertoont met dat van Milgram, kregen proefpersonen een onethisch verzoek van een proefleider (gekleed in witte jas). Het verzoek kwam er kort gezegd op neer dat proefpersonen werd gevraagd een valse verklaring op te stellen waarmee anderen moesten worden overgehaald aan een ander, dubieus onderzoek mee te doen. Studenten hadden de keuze om te gehoorzamen, te weigeren, maar ze hadden ook de mogelijkheid om anoniem aan de bel te trekken bij een onderzoekscommissie. Uit de resultaten blijkt dat een overweldigende meerderheid gehoorzaamde aan het verzoek (77 procent), terwijl een kleine groep weigerde (14 procent). Slechts 9 procent van de proefpersonen trok aan de bel en deed een anonieme melding bij de onderzoekcommissie (Bocchiaro et al., 2012).

Crossculturele replicaties van het onderzoek van Milgram

Dankzij de structurele opzet en het gedetailleerde protocol kon het gehoorzaamheidsexperiment van Milgram in veel landen door onafhankelijke onderzoekers worden herhaald. Er is een vergelijkende analyse gemaakt van de percentages gehoorzaamheid bij acht onderzoeken in de Verenigde Staten en bij negen herhalingen in Europa, Afrika en Azië. Bij al deze herhalingsonderzoeken was het niveau van gehoorzaamheid bij vrijwillige proefpersonen relatief hoog. Het belangrijkste gehoorzaamheidseffect van gemiddeld 61 procent dat bij de herhalingsonderzoeken in de Verenigde Staten was gevonden, werd bevestigd door de 66 procent gehoorzaamheid die gevonden werd bij alle andere nationale steekproeven. Bij de Amerikaanse onderzoeken liep de spreiding van de gehoorzaamheid uiteen van een minimum van 31 tot een maximum van 91 procent en bij de internationale onderzoeken van een minimum van 28 procent (Australië) tot een maximum van 88 procent (Zuid-Afrika). Gehoorzaamheid is stabiel over tijd en in verschillende landen. De tijd waarin het experiment werd uitgevoerd (variërend van 1963 tot 1985) bleek geen invloed te hebben op de mate van gehoorzaamheid (Blass, 2004).

Bij een variatie op het model van Milgram ontdekten onderzoekers van de Universiteit Utrecht en van de universiteit van Palermo, op Sicilië, gehoorzaamheidspercentages die vergelijkbaar waren met enkele van de experimentele variaties van Milgram. De situatie die zij creëerden, was die van een coach die steeds kritischer feedback aan een lid van zijn team moest geven als hij slecht presteerde, zogenaamd om hen geestelijk weerbaar te maken. De kritische feedback bestond uit een oplopende reeks steeds negatievere opmerkingen over de prestaties en uit grove opmerkingen over de onkunde van de deelnemer. Een milde opmerking was bijvoorbeeld: 'Je doet het slecht...', een matig negatieve opmerking was 'Je bent echt belachelijk!' en een extreem negatieve opmerking was 'Je bent echt de stomste persoon die ik ooit heb gezien!' Proefpersonen werden als gehoorzaam omschreven als zij de gehele reeks van vijftien vijandige opmerkingen gaven. Bij een van de onderzoeken in Utrecht voltooide meer dan 90 procent van de studenten die de rol van coach speelden, de gehele reeks (Meeus & Raaijmakers, 1986). Bij het Siciliaanse onderzoek met dezelfde procedure bedroeg de gehoorzaamheid slechts 30 procent, maar dat was in een omstandigheid waarbij de coach en het teamlid zich dicht bij elkaar bevonden en de onderzoeker zich in een kamer daarnaast bevond. Dit komt precies overeen met de resultaten van Milgram bij deze experimentele variaties (Bocchiaro & Zimbardo, 2008).

Waarom gehoorzamen we een autoriteit?

Milgram heeft zijn oorspronkelijke onderzoek in vele variaties herhaald. Op grond van de resultaten kunnen we een aantal omstandigheden destilleren waarin proefpersonen extra geneigd waren om te gehoorzamen (Milgram, 1965, 1974; Rosenhan, 1969):

- als een gelijkwaardige persoon gehoorzaamheid voordeed (modelleerde) door in te stemmen met de opdrachten van de autoriteitsfiguur;
- als het slachtoffer zich niet in de buurt van de 'leraar' bevond en als de proefpersoon hem niet zag of hoorde, wat een gevoel van anonimiteit versterkte;
- als de 'leraar' onder direct toezicht stond van de autoriteitsfiguur, zodat de leraar zich bewust was van diens aanwezigheid;
- als de autoriteitsfiguur een hogere status had dan de 'leraar'.

Wat moeten we hiervan leren? Als je deze omstandigheden goed bekijkt (zie ook figuur 11.2), zie je dat de mate van gehoorzaamheid wordt bepaald door situationele variabelen, en niet door persoonlijkheidsvariabelen. Sterker nog, nadat men de proefpersonen een aantal persoonlijkheidstests had afgenomen, bleek dat degenen die gehoorzaamden niet anders scoorden dan de mensen die weigerden. Degenen die gehoorzaamden gaven evenmin blijk van psychologische verwarring of een psychische afwijking. Op grond van deze resultaten kunnen we concluderen dat meetbare persoonlijkheidskenmerken geen doorslaggevende rol spelen in gehoorzaam gedrag. Als we met deze experimentele resultaten in ons achterhoofd kijken naar de praktijk, kunnen we tien elementaire manieren aangeven waardoor gewone mensen tot het kwaad kunnen worden verleid:

- Mensen doordringen van een ideologie die bepaalde acties of denkwijzen rechtvaardigt.
- Mensen eerst een triviaal schijnende, maar schadelijke handeling laten verrichten en geleidelijk aanzetten tot steeds schadelijkere handelingen.
- Een leider zich in het begin meelevend laten gedragen, maar geleidelijk aan steeds dictatorialer laten optreden.
- Mensen vage en steeds veranderende regels geven.
- De handelende figuren en hun handelingen van een nieuw etiket voorzien om de ideologie te legitimeren.
- Mensen sociale voorbeelden van volgzaamheid geven.
- Toestaan dat een afwijkende mening verbaal wordt geuit, maar alleen als mensen bevelen blijven opvolgen.
- Dehumanisatie van het slachtoffer stimuleren.
- Verantwoordelijkheid spreiden.
- Het moeilijk maken zich aan de situatie te onttrekken.

11.1.4 Het probleem van de omstander: het kwaad van inactiviteit

The only thing necessary for evil to triumph is for good men to do nothing.
– Edmund Burke

Niet alle leed wordt veroorzaakt door schadelijk gedrag, in sommige gevallen is het juist de afwezigheid van gedrag die schade berokkent. Dat wordt duidelijk

Kitty Genovese werd in haar eigen buurt vermoord terwijl 38 buurtgenoten toekeken. Waarom schoot niemand haar te hulp?

Bron: The New York Times Photo Archive.

geïllustreerd door een gebeurtenis die de Amerikaanse bevolking verbijsterde. In de New Yorkse wijk Queens keken 38 buurtbewoners toe hoe een man Kitty Genovese meer dan een halfuur lang achtervolgde en als gevolg van drie afzonderlijke aanvallen doodstak. Tijdens de eerste twee aanvallen werd de man in zijn bezigheden gestoord en liet hij zich afschrikken door stemmen van omstanders en slaapkamerlichten die aangingen. Maar in beide gevallen keerde hij terug om Kitty Genovese opnieuw te steken. Tijdens deze aanvallen belde niemand de politie. Uiteindelijk belde er slechts één getuige – toen de vrouw vermoord was. De media schreven uitgebreid over de 'apathie' van de omstanders, de gevoelloze onverschilligheid van New Yorkers vervulden de Amerikanen met ontzetting.

Ook bij de mishandeling van de Nederlander René Steegmans in oktober 2002 keken veel mensen toe, maar greep niemand in. Steegmans had twee jongens op een scooter aangesproken op hun onverantwoordelijke rijgedrag, nadat ze bijna een oud dametje omver hadden gereden. Steegmans overleed een dag later aan zijn verwondingen. Sommige omstanders verklaarden later dat ze bang waren om in te grijpen bij de vechtpartij die volgde, anderen zeiden dat het allemaal te snel ging. Naar aanleiding hiervan ontstond in Nederland een discussie over de rol van omstanders bij een vechtpartij.

Waarom grepen de omstanders tijdens de aanvallen op Kitty Genovese niet in? Lag dat aan de personen die zij waren (opnieuw de dispositionele analyse: New Yorkers, die 'gevoelloze' types worden genoemd), of aan de situatie? Een recent onderzoek naar politierapporten en ander archiefmateriaal wees uit dat het echte verhaal afweek van het oorspronkelijke rapport van de *Times* (Manning et al., 2007). Zo was er geen hard bewijs voor de claim dat er 38 getuigen waren van de gebeurtenis. Bovendien vond het grootste deel van de aanval plaats in een portiek, buiten het zicht van de buren. En er werden wel degelijk tijdens de aanval telefoontjes naar de politie gepleegd. Het blijft hoe dan ook een tragisch voorval, maar niet één dat bewijst dat New Yorkers onverschillige omstanders zijn, wat het oorspronkelijke verhaal wilde doen geloven.

Voor de psychologie is het belang van het Kitty-Genovese-incident dat het leidde tot belangrijk onderzoek op het gebied van bemoeienis van omstanders. Dit onderzoek richtte zich op de *macht van de situatie*. Onder welke omstandigheden helpen mensen elkaar, en onder welke omstandigheden doen ze dat niet?

Kunstmatige noodgevallen

Kort na de moord op Kitty Genovese en de daaropvolgende analyses in de media begonnen de sociaal psychologen Bibb Latané en John Darley met een serie onderzoeken naar behulpzaamheid van omstanders. Ze creëerden een aantal ingenieuze laboratoriumversies van de moeilijkheden waarmee omstanders in echte noodsituaties worden geconfronteerd. Zo bracht men een proefpersoon die alleen in een ruimte zat en slechts via de intercom kon communiceren in de waan dat hij contact had met een of meer studenten in naburige kamers. Tijdens een gesprek over persoonlijke problemen hoorde de proefpersoon verontrustende geluiden, alsof een van zijn gesprekspartners een soort epileptische aanval kreeg en buiten adem om hulp riep. Tijdens de 'aanval' kon de proefpersoon niet met de andere studenten praten. Hij wist niet of ze doorhadden dat er iets aan de hand was en evenmin of ze al actie hadden ondernomen. De afhankelijke variabele was de snelheid waarmee de proefpersoon het noodgeval aan de onderzoeksleider rapporteerde. De onafhankelijke variabele was het aantal mensen dat volgens de proefpersoon aan de discussie deelnam.

Uit het onderzoek bleek dat de snelheid waarmee de proefpersonen in deze situatie reageerden, werd bepaald door hun perceptie van het aantal aanwezigen. Hoe meer mensen er in de andere vertrekken leken mee te luisteren, hoe later ze de aanval rapporteerden. Sommige proefpersonen grepen helemaal niet in! Zoals

◀◀ **Verbinding hoofdstuk 1**
De onafhankelijke variabele verwijst naar de verschillende condities waaraan de proefpersonen in een experiment worden blootgesteld (p. 26).

je kunt zien in figuur 11.3 sloegen alle proefpersonen die meenden dat ze slechts mct z'n tweeën waren, binnen 160 seconden alarm. Van de proefpersonen die dachten dat de groep groter was, gaf in totaal slechts 60 procent aan de onderzoeksleider door dat er iets met een van hun gesprekspartners aan de hand was (Latané & Darley, 1968).

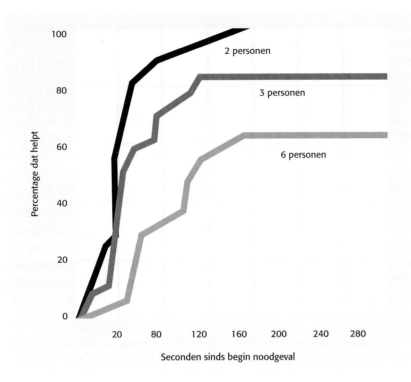

Figuur 11.3

Ingrijpen door omstanders tijdens een noodgeval

Hoe meer mensen bij een crisis aanwezig zijn, des te kleiner de kans dat een van de omstanders zal ingrijpen. Uit deze samenvatting van de onderzoeksresultaten blijkt dat omstanders het snelst ingrijpen als ze met z'n tweeën zijn.

Was het de persoon of de situatie? Uit persoonlijkheidstesten bleek dat er geen significante relatie bestond tussen bepaalde persoonlijkheidstrekken en de kans op en de snelheid van de interventie. De beste voorspeller voor het al dan niet plaatsvinden van een interventie was de situationele variabele van de grootte van de aanwezige groep: het aantal andere omstanders. Darley en Latané concludeerden dat de kans op interventie afneemt naarmate de groep groter is. Dit is het zogenaamde **omstandereffect (bystander effect)**. Ze vermoedden dat dat komt doordat elk individu ervan uitgaat dat de ander wel iets zal doen, zodat hij of zij niet betrokken hoeft te raken. Mensen die het gevoel hebben dat ze deel uitmaken van een grote groep potentiële hulpverleners, ervaren een diffusie van verantwoordelijkheid, oftewel een verstrooiing van de plicht van ieder individu om te helpen, om persoonlijk betrokken te raken. Als je een gestrande automobilist passeert en doorrijdt, omdat je gelooft dat 'er natuurlijk al hulp onderweg is', gebeurt er in feite hetzelfde.

Maar er speelt nog een andere factor mee: *conformisme*. Het kernconcept en de onderzoeken van Asch naar conformisme zeggen beide dat als mensen niet weten wat ze moeten doen, ze zich baseren op cues in het gedrag van anderen. Dat gebeurde ook tijdens de onderzoeken naar het omstandereffect. Mensen die niet ingrepen, observeerden het gedrag van anderen die niet ingrepen en conformeerden zich daaraan. Doordat er geen anderen waren die hielpen, concludeerden ze dat het in deze situatie in orde was passief en onverschillig te zijn.

Omstandereffect (bystander effect):

Hoe groter het aantal omstanders dat getuige is van een noodgeval, hoe kleiner de kans dat een van hen het slachtoffer te hulp komt.

Stimuleert training behulpzaamheid?

Uit twee onderzoeken blijkt dat het probleem van het omstandereffect kan worden aangepakt door middel van een passende training. Ted Huston en zijn collega's (1981) onderzochten of mensen die in werkelijke noodgevallen hulp hadden geboden andere persoonlijkheidskenmerken bezaten dan mensen die niet hadden ingegrepen. Dat bleek niet het geval. Wat ze wel ontdekten, was dat de helpers vaker een opleiding tot medicus, politieagent, EHBO'er of reanimatiedeskundige hadden gevolgd. Een ander onderzoek wees uit dat zelfs het bijwonen van een lezing over het omstandereffect al positief werkte (Beaman et al., 1978). Voor dit onderzoek liet men een student en een handlanger langs een portiek lopen waar juist een 'slachtoffer' in elkaar zakte. De handlanger reageerde niet. De studenten die net een lezing over het omstandereffect hadden gevolgd, stopten twee keer zo vaak om hulp te bieden als degenen die geen lezing over behulpzaamheid hadden bijgewoond. Het heeft dus zin om mensen goed voor te lichten; we hopen dan ook dat je de lessen uit dit hoofdstuk constructief zult gebruiken.

⊕ **DOE HET ZELF!** Wat maakt een Samaritaan barmhartig?

Nu je het een en ander over het omstandereffect weet, kunnen we onderzoeken of je in staat bent om de bepalende variabele te identificeren in een situatie die is geïnspireerd op het Bijbelverhaal van de barmhartige Samaritaan (Lucas 10: 30-37). In dit verhaal hebben verscheidene belangrijke mensen het te druk met hun eigen zaken om hulp te bieden aan een persoon die in de problemen zit. Uiteindelijk is het een buitenstaander, een Samaritaan, die zich over de man ontfermt. Waarom helpen de anderen hem niet? Hebben ze een slecht karakter of een nare persoonlijkheid? Of lag het aan de situatie? Een aantal sociaal psychologen besloot dit te onderzoeken door studenten van het Theologische Seminarie (een priesteropleiding) van Princeton in een vergelijkbare situatie te plaatsen. Hun experiment had een ironisch tintje, omdat de studenten een preek moesten voorbereiden over de parabel van de barmhartige Samaritaan en dachten dat ze zouden worden beoordeeld tijdens hun preek. De studenten werden een voor een naar een naburig gebouw gestuurd, waar de preek zou worden opgenomen. Elk van hen liep van het ene naar het andere gebouw, met de preek onder de arm, en passeerde een man die in een portiek in elkaar was gezakt en duidelijk hulpbehoevend was: een uitgelezen kans voor de student om in de praktijk te brengen wat hij over enkele ogenblikken zou gaan verkondigen in zijn preek.

Wat is volgens jou de variabele die bepaalt of de student, die op weg is naar zijn preek over de barmhartige Samaritaan, de onwel geworden man te hulp schiet? Je kunt kiezen uit deze mogelijkheden:

- hoe gelovig de seminarist is (volgens zijn klasgenoten);
- hoe 'neurotisch' de seminarist is (volgens de *Big Five*-persoonlijkheidstest);
- hoeveel haast de seminarist heeft;
- hoe oud de seminarist is.

De invloed van alle dispositionele variabelen (persoonlijke kenmerken) van de studenten was uitgevlakt doordat men de proefpersonen willekeurig aan drie verschillende condities had toegewezen. Persoonlijkheid was dus niet de bepalende factor. Het was een situationele variabele: tijd. Nadat de proefpersonen hadden vernomen hoe de beoordeling van hun preken in zijn werk ging, werd elk van hen verteld hoeveel tijd ze hadden om naar de opnamestudio te lopen.

Sommigen waren ingedeeld in de te-laatconditie; ze moesten zich haasten om de volgende sessie te halen; anderen zaten in de op-tijdconditie; zij zouden precies op tijd zijn voor de volgende sessie; een derde groep zat in een te-vroegconditie, deze studenten hadden nog een paar minuten over voordat de opname zou beginnen.

Wat waren de resultaten? Van degenen die haast hadden, hielp slechts 10 procent, de overige 90 procent gedroeg zich niet als barmhartige Samaritaan! Van de studenten die op tijd waren, hielp 45 procent de vreemdeling. Maar het meeste hulpvaardige gedrag (63 procent) was afkomstig van de studenten die niet onder tijdsdruk stonden (Darley & Batson, 1973; zie figuur 11.4).

Het is opmerkelijk dat degenen in de te-laatconditie door tijdsdruk zes keer minder geneigd waren om te helpen dan degenen in de te-vroegconditie. De boodschap dat ze zich moesten haasten werkte blijkbaar als een paar oogkleppen, waardoor ze de gebeurtenissen om zich heen niet waarnamen. Wederom bepaalde de situatie hoe mensen zich gedroegen.

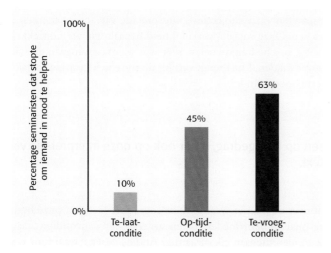

Figuur 11.4

Resultaten van het 'barmhartige Samaritaan'-onderzoek

Zelfs met een preek over de barmhartige Samaritaan onder de arm, nam het merendeel van de gehaaste seminaristen niet de tijd om te helpen.

Het omstandereffect 'omgekeerd'

Ook in Nederland en België wordt er regelmatig discussie gevoerd over het omstandereffect, vooral in relatie tot verschillende gevallen van zinloos geweld. Zo werd in een campagne die een aantal jaar geleden in Nederland gevoerd werd door de Stichting Meld Geweld, de nadruk gelegd op het 'mobiliseren van omstanders', oftewel het voorkomen van het omstandereffect.

Ook wordt in deze discussie regelmatig 'cameratoezicht' genoemd, niet alleen als mogelijk middel om daders op te sporen, maar ook als preventiemiddel voor het omstandereffect: op het moment dat mensen weten dat ze niet anoniem zijn, zouden ze eerder gaan helpen. Recent Nederlands onderzoek geeft enige ondersteuning voor deze aanname (Van Bommel et al., 2012). Uit de resultaten van dit onderzoek blijkt dat op een online forum mensen meer hulp boden aan anderen als ze alleen op het forum zijn dan als er anderen online op het forum zijn: het standaard omstandereffect, in een virtuele context. Echter, op het moment dat mensen het gevoel kregen dat ze niet anoniem waren (bijvoorbeeld doordat een webcam werd aangezet) gingen ze juist *meer* helpen als er anderen bij waren, waarschijnlijk omdat dan hun reputatie op het spel staat. Dit onderzoek laat zien dat relatief eenvoudige interventies als 'cameratoezicht' gedrag van mensen (omstanders) mogelijk sterk kunnen beïnvloeden in de gewenste richting.

Campagneposter van de Stichting Meld Geweld. Doelstelling: 'de bewustmaking van burgers omtrent hun mogelijkheden tot het ondernemen van actie wanneer zij getuige zijn van geweld'.

Bron: Stichting Meld Geweld.

 Ga naar **www.pearsonmylab.nl** om je kennis en begrip van deze paragraaf te testen met de MyMap, MyCheck en MyDefinitions.

KERNVRAAG 11.2

▶ **Het construeren van de sociale werkelijkheid: wat beïnvloedt ons oordeel over anderen?**

De sociale situatie heeft weliswaar veel invloed, maar verklaart niet alles wat mensen doen. Je kunt bijvoorbeeld niet aan de omstandigheden aflezen waarom mensen juist bepaalde vrienden en een bepaalde geliefde kiezen, en geen andere. Hetzelfde geldt voor vooroordelen. Om de patronen die we in sociale interacties tegenkomen te kunnen verklaren moeten we ook begrijpen hoe we onze *sociale werkelijkheid* construeren: onze subjectieve interpretatie van andere mensen en onze relaties met hen. Onze sociale werkelijkheid bepaalt wie we aantrekkelijk vinden, door wie we ons bedreigd voelen, met wie we graag omgaan en wiens gezelschap we liever mijden. Dat brengt ons bij de tweede les van de sociale psychologie. Het kernconcept luidt:

● **KERNCONCEPT 11.2**
Ons oordeel over anderen berust niet alleen op hun gedrag, maar ook op onze interpretatie van hun handelingen binnen een sociale context.

Dit gedeelte gaat over de manier waarop deze cognitieve factoren onze houding tegenover andere mensen beïnvloeden. Laten we eerst een eenvoudige vraag stellen: waardoor vinden mensen elkaar aardig? Anders gezegd: waardoor wordt interpersoonlijke aantrekkingskracht veroorzaakt?

11.2.1 Interpersoonlijke aantrekkingskracht

Het ligt voor de hand dat we ons aangetrokken voelen tot mensen die ons iets te bieden hebben (Brehm et al., 2002; Simpson & Harris, 1994). Mensen die ons cadeautjes geven, het met ons eens zijn, ons vriendelijk behandelen, onze interesses delen, ons aan het lachen maken en ons in tijden van nood bijstaan vinden we vanzelfsprekend aardig – tenzij we vermoeden dat hun gedrag op eigenbelang of hypocrisie stoelt. We hebben er geen bezwaar tegen om iets terug te geven (een sociale uitwisseling). We houden niet van relaties waarin de ander alleen maar neemt en niets teruggeeft. De beste relaties – of het nu om vriendschappen, liefdesrelaties, huwelijken of zakelijke verbintenissen gaat – zijn relaties waarin beide partijen beloningen ontvangen. Aan de hand van de volgende bespreking van de *reward theory of attraction* ('beloningstheorie van aantrekkingskracht') kun je onderzoeken in hoeverre dat het geval is in jouw relaties.

Beloningstheorie: we geven (meestal) de voorkeur aan belonende relaties
De meeste goede relaties kun je opvatten als een uitwisseling van voordelen (Batson, 1987; Clark et al., 1989). Die voordelen kunnen bestaan uit een bepaalde combinatie van geld en materiële bezittingen. Maar het kan ook om iets immateriels gaan, zoals goedkeuring, status, informatie, seks of emotionele steun. De sociaal psycholoog Elliot Aronson (2004) vat dit gegeven samen in zijn **beloningstheorie van aantrekkingskracht** (*reward theory of attraction*), die stelt dat aantrekkingskracht een vorm van sociaal leren is. Als we de sociale kosten en baten van een relatie overzien, zo stelt Aronson, kunnen we meestal wel begrijpen waarom mensen zich tot elkaar aangetrokken voelen. In grote lijnen komt de beloningstheorie erop neer dat de mensen die we het aardigst vinden, de mensen zijn die ons zo veel mogelijk voordeel opleveren tegen zo weinig mogelijk

Beloningstheorie van aantrekkingskracht: Onderdeel van de theorie over sociaal leren: de mensen die we het aardigst vinden, zijn de mensen die ons een maximale beloning geven tegen minimale kosten.

kosten. De bewijzen doen vermoeden dat deze theorie (bijna) alle facetten van aantrekkingskracht kan verklaren.

Sociaal psychologen onderscheiden vier belonende factoren die als duidelijke voorspellers van aantrekkingskracht kunnen fungeren: nabijheid, gelijkenis, openheid (*disclosure*) en fysieke aantrekkelijkheid. We kiezen onze vrienden, zakenrelaties en geliefden omdat ze ons een bepaalde combinatie van deze factoren bieden tegen relatief lage kosten. Laten we eens kijken op wat voor manier deze factoren onze relaties beïnvloeden.

Nabijheid

Een oud gezegde luidt: 'Afwezigheid versterkt de liefde.' Maar een ander gezegde beweert precies het tegenovergestelde: 'Uit het oog, uit het hart.' Welke van de twee is correct? Uit onderzoek blijkt dat regelmatig contact de beste voorspeller is van hechte vriendschap en de mensen die we het meest zien, zijn de mensen die dicht bij ons leven en werken (Simpson & Harris, 1994). De kans dat een bewoner van een studentenhuis goed bevriend raakt met zijn naaste buurman is groter dan wanneer die persoon twee deuren verderop zou wonen (Priest & Sawyer, 1967). Bewoners van appartementen sluiten vaker vriendschap met mensen van dezelfde verdieping dan met de bewoners van een andere verdieping (Nahemow & Lawton, 1975). Mensen die bij elkaar in de buurt wonen, raken vaker bevriend met hun directe buren dan met de mensen die twee huizen verderop wonen (Festinger et al., 1950). Dit principe van **nabijheid** verklaart ook waarom veel mensen uiteindelijk met hun buurjongen of -meisje trouwen (Ineichen, 1979). En het voorspelt terecht dat mensen op het werk vooral bevriend raken met de collega's met wie ze het meeste contact hebben (Segal, 1974). Hoewel je je buren helemaal niet aardig hoeft te vinden, zegt het principe van nabijheid dat als je twee mensen kent die even aantrekkelijk zijn, je eerder bevriend zult raken met degene die het dichtste bij is: de beloningen zijn gelijk, maar de kosten qua tijd en moeite liggen lager (Gilbertson et al., 1998). We kunnen het gezegde 'Onbekend maakt onbemind' dus beter veranderen in: 'Bekend maakt bemind'. Meer contact leidt vaak tot hechtere relaties (Bornstein, 1989).

Gelijkheid

Berust het gezegde 'Soort zoekt soort' op waarheid, of trekken tegengestelden elkaar aan? Welk van deze beweringen wordt het best door wetenschappelijk bewijs ondersteund? Mensen sluiten bij voorkeur vriendschap met iemand die dezelfde opvattingen, interesses, normen en ervaringen heeft als zijzelf. Dat vinden ze bevredigender dan een vriendschap met iemand die hen uitdaagt met afwijkende meningen en een andere instelling (Simpson & Harris, 1994). Een gemeenschappelijke belangstelling voor muziek, politiek of onderwijs is waarschijnlijk voldoende basis voor een prettige interactie. In feite doen we dan niets anders dan complimenten uitwisselen, de ander belonen voor zijn smaak of mening (Byrne, 1969). Het **principe van gelijkheid** verklaart ook waarom tieners meestal bevriend raken met jongeren die dezelfde politieke en religieuze idealen hebben, dezelfde studie gaan doen of op dezelfde manier over muziek, alcohol en drugs denken (Kandel, 1978). Dit principe verklaart ook waarom de meeste mensen trouwen met iemand die ongeveer even oud is, dezelfde etnische afkomst en sociale status heeft en op dezelfde manier in het leven staat (Brehm, 1992; Hendrick & Hendrick, 1992). Over het algemeen maakt gelijkenis (net als nabijheid) iemand aantrekkelijker.

Openheid

Goede vrienden en geliefden 'laten zich kennen' (Sternberg, 1998). Ze vertellen elkaar dingen die ze niet zo snel met anderen zouden delen. **Openheid** (*disclo-*

◀◀ **Verbinding hoofdstuk 4**
Sociaal leren vindt plaats via verwachtingen over beloningen en straffen; deze verwachtingen worden aangeleerd door middel van interacties met en observaties van anderen (p. 150).

Nabijheid: De notie dat mensen vooral vriendschap zullen sluiten met anderen in hun nabije omgeving, met wie ze het meeste contact hebben.

Principe van gelijkheid: De notie dat mensen zich aangetrokken voelen tot degenen die het meeste op henzelf lijken.

◀◀ **Verbinding hoofdstuk 3**
Het Gestaltprincipe van gelijkenis verwijst naar een perceptuele groepering van objecten met dezelfde gemeenschappelijke kenmerken (p. 114).

Openheid: Het delen van persoonlijke informatie en gevoelens met een ander als deel van het proces waarbij vertrouwen wordt ontwikkeld.

sure) is, naast een manier om elkaar op een dieper niveau te leren kennen, ook een teken van vertrouwen. Het is alsof je zegt: 'Hier is een stukje informatie over mezelf dat ik je toevertrouw, en ik ga ervan uit dat je het niet tegen me zult gebruiken.' Voor vrienden en geliefden zijn zulke uitwisselingen meestal bijzonder belonend. Mensen die vertrouwelijkheden uitwisselen en persoonlijke details vertellen voelen zich over het algemeen steeds meer tot elkaar aangetrokken. Gezien het feit dat persoonlijke ontboezemingen pas worden uitgewisseld nadat een gevoel van vertrouwen in een relatie is ontstaan, kost het tijd om dit niveau van intimiteit te bereiken. Dit niveau is een maat voor het vertrouwen dat degene die de mededeling doet, in de ander heeft. Denk maar eens aan de mensen met wie je geheimen deelt en de mensen met wie je dat nooit zou doen. Wat ligt ten grondslag aan dit delen of achterhouden van geheimen?

Fysieke aantrekkelijkheid

Nog een oude uitdrukking luidt: 'Uiterlijk schoon is slechts vertoon'. In weerwil van dit gezegde vinden mensen gewoonlijk meer beloning in het omgaan met mensen die ze lichamelijk aantrekkelijk vinden dan in het omgaan met mensen die er 'gewoon' of 'alledaags' uitzien (Patzer, 1985). Eerlijk of niet, een mooi uiterlijk is absoluut een voordeel in de wereld van de relaties. Potentiële werkgevers hebben bijvoorbeeld een voorkeur voor knappe sollicitanten ten koste van sollicitanten met een gewoner voorkomen (Cash & Janda, 1984). Het uiterlijk heeft ook invloed op ons oordeel over kinderen. We schatten aantrekkelijke kinderen gelukkiger en competenter in dan hun minder aantrekkelijke leeftijdsgenootjes (Eagly et al., 1991). Zelfs baby's beoordelen mensen op hun uiterlijk. Ze staren langer naar foto's van 'normale' mensen dan naar foto's van mensen met een mismaakt gezicht (Langlois et al., 1987). Kinderen krijgen van kleins af aan ingeprent dat wat mooi is, goed is en dat wat lelijk is, slecht is. En in sprookjes hebben de mooie prinsen en prinsessen alle geluk, terwijl de lelijkaards met de slechte rollen bedeeld worden (Gielen, 2006).

De meeste mensen wijzen het idee dat ze anderen alleen op hun uiterlijk zouden beoordelen verontwaardigd van de hand. Sterker nog, toen studenten werd gevraagd aan welke criteria hun date moest voldoen, stond fysieke aantrekkelijkheid in de onderste helft van het lijstje. Maar wat mensen *zeggen*, komt niet overeen met hoe ze zich *gedragen*, in ieder geval niet wat betreft de eerste indruk. Wetenschappers vroegen zich af welk kenmerk bepaalt of we iemand na een eerste ontmoeting wel of niet aardig vinden. Uit diverse onderzoeken naar zeer uiteenlopende kenmerken, waaronder intelligentie, eerlijkheid, mannelijkheid, vrouwelijkheid en onafhankelijkheid, scoorde *lichamelijke aantrekkelijkheid* verreweg het hoogst (Aronson, 2004). Zelfs hulpverleners zijn niet immuun voor aantrekkelijke cliënten. Toen hulpverleners louter op basis van foto's van kinderen kenmerken moesten toekennen, bleken de aantrekkelijkste kinderen de meest positieve eigenschappen toebedeeld te krijgen en onaantrekkelijke kinderen kregen de hoogste scores voor opstandig gedrag en agressiviteit (Gielen, 2003).

Het principe van aantrekkelijkheid speelt zowel in relaties tussen mensen van hetzelfde geslacht als in relaties tussen mensen van verschillend geslacht (Maruyama & Miller, 1975). Dat wil niet zeggen dat geslacht helemaal geen invloed heeft. Hoewel mannen en vrouwen beide sterk beïnvloed worden door lichamelijke aantrekkelijkheid, lijken mannen gevoeliger voor uiterlijk schoon dan vrouwen (Feingold, 1990).

Misschien vallen deze uitkomsten je rauw op het dak, vooral als je je eigen uiterlijk tamelijk gewoon vindt. Maar er is een troost: het blijkt dat mensen zich vooral aangetrokken voelen tot 'gemiddelde' kenmerken. In het kader van een onderzoek naar deze materie manipuleerden wetenschappers een groot aantal foto's van studenten, zodat de kenmerken van de gezichten min of meer de gemiddelde combinaties waren van alle kenmerken van de vele verschillende portretten. Tot hun verrassing ontdekten ze dat mensen over het algemeen het meest gecharmeerd waren van gezichten die werden gekenmerkt door een gemiddelde vorm en omvang (Rhodes et al., 1999).

Voor de buitengewoon aantrekkelijke lezers hebben we echter slecht nieuws: hoewel we positieve kenmerken meestal met aantrekkelijke mensen associëren (Calvert, 1988), vormt een extreem aantrekkelijk uiterlijk weer een nadeel. Aantrekkelijke mensen vinden we evenwichtig, interessant, sociaal, onafhankelijk, opwindend, sexy, intelligent, flexibel en succesvol, maar we associëren ze ook met ijdelheid en een materialistische levenshouding (Hassebrauck, 1988). Er is ook sprake van een soort 'dubbele standaard'. De meeste mensen vinden aantrekkelijke mannelijke politici bijvoorbeeld sympathiek, terwijl hun even knappe, vrouwelijke collega's vooral op minachting kunnen rekenen (Sigelman et al., 1986). Het is helemaal pech als je verlegen en knap bent, omdat anderen je gereserveerde houding ten onrechte als koelheid, onverschilligheid of arrogantie opvatten (meer informatie hierover vind je op www.onaantrekkelijk.be).

De conclusie die we uit de effecten van lichamelijke aantrekkelijkheid kunnen trekken, is dat beloningen, hoe machtig ze ook zijn, niet alles verklaren. Dat blijkt nog duidelijker uit het volgende gedeelte over uitzonderingen op de beloningstheorie.

Uitzonderingen op de beloningstheorie van aantrekkingskracht

Hoewel de principes van nabijheid, gelijkenis, openheid en fysieke aantrekkelijkheid de aantrekkingskracht tot op grote hoogte kunnen verklaren, kent iedereen voorbeelden van relaties die zo op het oog helemaal niet belonend lijken. Waarom voelt een vrouw zich aangetrokken tot een man die haar mishandelt, waarom wil iemand lid worden van een vereniging als dat gepaard gaat met een moeilijk of vernederend inwijdingsritueel? Zulke relaties vormen interessante puzzels (Aronson, 2004). Is het misschien zo dat sommige mensen zich meer aangetrokken voelen naarmate ze ontdekken dat een ander hen minder te bieden heeft? Zoals je weet, voorspelt de beloningstheorie dat we ons aangetrokken voelen tot knappe mensen en (in mindere mate) tot slimme, nabije, openhartige en geestverwante mensen. Maar de meeste mensen hebben vrienden en een partner die in grote lijnen even aantrekkelijk zijn als zijzelf, geheel in overeenstemming met de zogeheten **matching hypothese** (Feingold, 1988; Harvey & Pauwels, 1999). Hoe kan dat? Zijn onze partnerkeuze en de samenstelling van onze vriendenkring misschien beide het resultaat van een soort loven en bieden op het beste wat op de markt van de interpersoonlijke relaties voor ons is weggelegd?

Ja, zegt de **theorie over de verwachte waarde** (*expectancy-value theory*). De beslissing om wel of geen energie in een nieuwe vriendschap te steken wordt bepaald door de *waarde* die we aan een ander toekennen (zoals fysieke aantrekkelijkheid, gevoel voor humor, interesses en intelligentie) afgezet tegen de *verwachting* dat de vriendschap inderdaad van de grond zal komen (vindt de ander mij ook aantrekkelijk?) We verspillen liever geen tijd aan interpersoonlijke ondernemingen die al bij voorbaat kansloos lijken. We steken onze energie bij voorkeur in zo aantrekkelijk mogelijke mensen, die ons ook aantrekkelijk vinden. In die zin is de theorie over de verwachte waarde niet zozeer in tegenspraak met de beloningstheorie van aantrekkingskracht, het is eerder een verfijning ervan.

Voor een nieuwe kijk op de *matching hypothese* werd gebruikgemaakt van een populaire online datingsite en van laboratoriumstudies. Daarmee wilden onderzoekers aantonen dat de *matching hypothese* ingewikkelder in elkaar zit dan psychologen hadden gedacht (Taylor et al., 2011). Tegen de verwachting in bleek fysieke aantrekkelijkheid op zich geen goede voorspellende factor in deze studies. Er werd aangetoond dat we rekening moeten houden met twee of meer

Matching hypothese: De hypothese die stelt dat de meeste mensen vrienden en partners vinden die even aantrekkelijk worden bevonden zijn als zijzelf.

Theorie over de verwachte waarde: Theorie uit de sociale psychologie die stelt dat mensen een beslissing nemen over het wel of niet nastreven van een vriendschap door de potentiële *waarde* van de vriendschap af te zetten tegen hun *verwachtingen* over de kans van slagen.

algemene factoren: *gevoel van eigenwaarde* (wat mensen van zichzelf vinden) en *sociale aantrekkelijkheid* (populariteit). In het algemeen zochten de deelnemers aan deze online experimenten contact met mensen die evenveel gevoel van eigen-waarde hadden als zijzelf en sociaal even aantrekkelijk waren als zijzelf.

En wat gebeurde er wanneer ze zich 'buiten hun bereik' waagden? Mannen wa-ren vaker dan vrouwen succesvol in het leggen van contacten met personen die op of boven hun eigen sociale aantrekkelijkheidsniveau waren ingedeeld. Maar degenen die het in hun hoofd haalden om het 'buiten hun bereik' te proberen als het ging om fysieke aantrekkelijkheid werden vaker wel dan niet genegeerd als ze contact wilden maken met mensen die (onafhankelijk beoordeeld) fysiek aantrekkelijker waren dan zijzelf.

Ander onderzoek laat zien dat iemand die zichzelf niet veel waard vindt, helaas geneigd is een relatie aan te gaan met iemand die die mening deelt, dat wil zeg-gen iemand die zijn of haar zelfbeeld nog verder omlaaghaalt. Deze mensen voelen zich meestal sterker betrokken bij een relatie met iemand die negatief over hen denkt, dan bij een relatie met iemand die een constructieve houding aanneemt (Swann et al., 1992).

Een andere risicogroep in het spel met de verwachtingswaarden wordt gevormd door mensen die juist extreem competent overkomen. Waarom? We zijn geneigd om dat soort mensen op een afstandje te houden, waarschijnlijk omdat we bang zijn dat ze toch wel negatief op onze toenaderingspogingen zullen reageren. Als je toevallig tot deze buitengewoon superieure categorie behoort, wanhoop dan niet: de sociale psychologie heeft de oplossing! Als een bijzonder competent persoon een kleine blunder begaat – bijvoorbeeld een beker melk omgooit of een stapel papieren laat vallen – wordt hij meteen een stuk *aardiger* gevonden, waarschijnlijk omdat hij door die blunder weer een beetje op 'ons niveau' komt (Aronson et al., 1966, 1970). Je moet daar echter wel mee oppassen, tenzij je ont-zettend competent bent. De meesten van ons worden door het omgooien van een beker vooral als 'kluns' beschouwd, en dat vinden we over het algemeen juist *minder* aantrekkelijk.

Aantrekkelijkheid en zelfrechtvaardiging

'Semper fidelis' luidt het motto van het Amerikaanse Korps Mariniers: 'Altijd trouw'. Gezien de buitengewoon onaangename ervaringen die mensen moeten doorstaan voordat ze marinier kunnen worden (afmattende lichamelijke training, slaapgebrek, geen privacy, mensen die tegen je schreeuwen, zware straffen voor de kleinste overtredingen), lijkt het vreemd dat rekruten zo loyaal zijn aan hun werkgever. Dezelfde paradox zien we bij studentenverenigingen. Bij verenigin-gen waar een strenge ontgroening plaatsvindt, zijn studenten langer loyaal dan bij andere verenigingen.

De *cognitieve dissonantietheorie* biedt een overtuigende verklaring voor de psychi-sche aanpassing die plaatsvindt bij mensen die zich vrijwillig aan *psychologisch* onaangename ervaringen onderwerpen (Festinger, 1957). De theorie zegt dat als mensen zich vrijwillig overgeven aan gedrag dat hun ongemak oplevert of dat anderszins botst met hun opvattingen en hun normen, ze in een bijzonder gemotiveerde psychische toestand belanden, die **cognitieve dissonantie** wordt genoemd. Mensen die blijven roken, maar de negatieve gevolgen van sigaretten-verslaving kennen, ervaren dissonantie, net als gokkers die steeds verliezen, maar toch blijven spelen.

Hetzelfde geldt voor mensen die vrijwillig kiezen voor gedrag dat lichamelijk ongemak oplevert. Dat wil zeggen dat de mariniers waarschijnlijk cognitieve dis-sonantie ervaren als ze erachter komen dat ze zich vrijwillig hebben opgegeven voor een ervaring die veel zwaarder is dan ze verwacht hadden op basis van de oproep. En wat is het psychologische resultaat?

Cognitieve dissonantie: Een toestand waarin mensen tegenstrijdige cognities er-varen, met name als hun bewuste gedrag in strijd is met hun overtuigingen.

◀◀ **Verbinding hoofdstuk 9**
Sociaal psychologen beschouwen cognitieve dissonantie als een krachtig psychologisch motief (p. 348).

Volgens de cognitieve dissonantietheorie zijn mensen zeer gemotiveerd om deze oncomfortabele toestand van dissonantie ongedaan te maken. Zodra ze cognitieve dissonantie ervaren, proberen ze die op een aantal voorspelbare, hoewel niet altijd even logische, manieren te verminderen. De twee belangrijkste manieren zijn je gedrag veranderen en je cognities veranderen. Stel dat je baas continu vervelende opmerkingen maakt. De makkelijkste manier om dissonantie te verminderen is door op zoek te gaan naar een andere baan. Maar voor de mariniers is dat geen optie; als de basistraining eenmaal is begonnen, kunnen ze niet meer terug. Een rekruut die cognitieve dissonantie ervaart, heeft dus geen andere mogelijkheid dan zijn of haar denken aan te passen. Hoogstwaarschijnlijk zal hij de dissonantie oplossen door de ervaring te rationaliseren ('Het is zwaar, maar ik word er mentaal sterker van!'), en door een sterke loyaliteit te ontwikkelen ten opzichte van de werkgever ('Het is zwaar, maar lid zijn van zo'n organisatie is alle ellende waard!').

Je kunt de cognitieve dissonantietheorie als volgt samenvatten: als iemand een tegenstrijdigheid (dissonantie) ervaart tussen zijn cognities en zijn gedrag, reduceert hij het conflict meestal door zijn denken, attitudes en waarden aan te passen aan zijn gedrag. Waarom? Mensen kunnen niet goed uit de voeten met een raar of inconsistent zelfbeeld. En om hun eigen gedrag weer in overeenstemming te brengen met hun cognities, zullen ze die laatste (die privé zijn) eerder veranderen dan het gedrag (dat publiek zichtbaar is). Doen ze dat niet, dan komt hun gevoel van eigenwaarde in gevaar.

Onlangs hebben wetenschappers een uitzondering op deze theorie gevonden. Het blijkt dat mensen in Japan, en misschien ook in andere delen van Azië, minder behoefte hebben om hun gevoel van eigenwaarde te beschermen dan mensen in de westerse wereld (Bower, 1997a; Heine et al., 1999). Het gevolg is dat het principe van cognitieve dissonantie in Japan minder vaak aanzet tot het veranderen van opvattingen dan in het Westen. Blijkbaar is cognitieve dissonantie opnieuw een voorbeeld van een psychologisch proces dat in collectivistische culturen anders verloopt dan in individualistische culturen.

De verklarende kracht van de dissonantie

Ondanks deze culturele variaties geeft de cognitieve dissonantietheorie een goede verklaring voor de talloze manieren waarop mensen hun gedrag rechtvaardigen om dissonantie te vermijden. Denk maar aan rokers die hun verslaving rationaliseren. Mensen die veel in een project hebben geïnvesteerd, of het nu om vrijwilligerswerk gaat of om het schrijven van een aanbevelingsbrief, raken daar in de loop der tijd steeds meer bij betrokken. Dat komt omdat ze een rechtvaardiging zoeken voor hun inspanningen. Heb je onlangs besloten om een Toyota Prius te kopen? Tien tegen een dat je overal informatie ziet die je keuze bevestigt (zoals een reclame op tv), terwijl je alle dissonantie producerende informatie (zoals de hoge prijs of een kapotte Prius langs de kant van de weg) negeert.

De cognitieve dissonantietheorie werpt ook een nieuw licht op sommige nogal verwarrende sociale relaties, zoals de vrouw die zich aangetrokken voelt tot de man die haar mishandelt. We kunnen haar dissonantie als volgt verwoorden: 'Waarom blijf ik bij iemand die me pijn doet?' Door de krachtige drang tot zelfrechtvaardiging zal ze de spanning proberen te verminderen door zich vooral op zijn goede kanten te concentreren en de mishandeling te bagatelliseren. Als ze weinig gevoel van eigenwaarde heeft, kan ze zichzelf ook wijsmaken dat ze de mishandeling verdiend heeft.

In algemene zin geldt: de cognitieve dissonantietheorie verklaart dat mensen zich aangetrokken voelen tot diegenen voor wie ze bereid zijn te lijden. Een algemene beloningstheorie zou nooit tot zo'n voorspelling komen. Een andere belangrijke bijdrage die de cognitieve dissonantietheorie heeft geleverd,

De cognitieve dissonantietheorie voorspelt dat de loyaliteit van deze rekruten aan de marine toeneemt door de beproevingen van hun basistraining.
Bron: David Wells/The Image Works.

Video
Ga naar de MyLab mediatheek om het filmfragment te bekijken over cognitieve dissonantie.

◀◀ **Verbinding hoofdstuk 9**
In collectivistische culturen worden mensen zodanig gesocialiseerd dat ze de behoeften van de groep boven de wensen van het individu stellen (p. 345).

◀◀ **Verbinding hoofdstuk 1**
Confirmation bias zorgt ervoor dat we aandacht besteden aan gebeurtenissen die onze overtuigingen bevestigen en bewijs negeren dat ze tegenspreekt (p. 9).

Liefde is... Sociaal psychologen onderzoeken de psychologie van het menselijk hart, en verzamelen gegevens over hoe mensen verliefd worden en hoe ze hun intieme band versterken. De laatste jaren verschuift de aandacht naar de factoren die mensen bij elkaar houden.

Bron: taliesin, Morguefile.

Romantische liefde: Een tijdelijke en bijzonder emotionele toestand die gebaseerd is op verliefdheid en seksuele verlangens.

Driedimensionale theorie over liefde: Theorie die verschillende soorten liefde beschrijft aan de hand van drie componenten: passie (erotische aantrekkingskracht), intimiteit (gevoelens en vertrouwelijkheden delen) en toewijding (vast voornemen om deze relatie op de eerste plaats te zetten).

is dat deze een theoretisch raamwerk biedt voor het inzicht dat ieder van ons dwaze opvattingen, slechte beslissingen en zelfs pijnlijke handelingen jegens anderen rechtvaardigt via rationalisatie en door te ontkennen dat we persoonlijk verantwoordelijk zijn voor beslissingen die dissonantie opwekken (Tavris & Aronson, 2007).

Een samenvatting: over het algemeen is de beloningstheorie van aantrekkingskracht redelijk geschikt om te verklaren waarom mensen zich tot elkaar aangetrokken voelen. Mensen gaan sociale relaties aan omdat ze daar een zeker voordeel van verwachten. Dat kan een duidelijke beloning zijn zoals geld, status of seks, of het vermijden van een gevreesde consequentie, zoals pijn of sociale isolatie en uitsluiting. De sociale psychologie laat ook zien dat een simpele beloningstheorie niet alle subtiliteiten van de menselijke interactie kan verklaren. Een meer verfijnde en bruikbaardere verklaring van aantrekking moet ook rekening houden met cognitieve factoren als verwachtingen, zelfwaardering en cognitieve dissonantie. Dat wil zeggen, een complete theorie moet zich ook uitspreken over de manieren waarop we onze sociale omgeving interpreteren.

Wanneer aantrekking liefde wordt

Hoewel mensen elkaar soms verschrikkelijke dingen aandoen, kan de mens, dankzij de complexiteit en de schoonheid van de menselijke geest, ook zorgzaam en liefdevol zijn. Anderen aardig vinden en hen liefhebbend bejegenen, zijn noodzakelijk voor geluk (Kim & Hatfield, 2004). Voorts lijkt het plezier van aantrekkingskracht en liefde in de hersenbanen en in de chemie van de hersenen te zijn ingebouwd (Bartels & Zeki, 2004).

Hoe weten we wanneer aantrekkingskracht overgaat in liefde? Tot op grote hoogte is dat cultureel bepaald. Dat wil zeggen: elke cultuur heeft een aantal algemene thema's waarmee ze liefde definieert, zoals seksuele opwinding, hechting, zorg om het welzijn van de ander en het verlangen om 'ervoor te gaan'. Maar wat 'liefde' nou precies is, daar zijn de verschillende culturen het niet over eens (Sternberg, 1998).

Er bestaan bovendien vele soorten van liefde. De liefde van een vader voor zijn kind is anders dan de liefde tussen goede vrienden. En beide verschillen weer van de toewijding die je vaak tegenkomt bij, laten we zeggen, een echtpaar dat al veertig jaar getrouwd is. De meeste westerlingen denken bij het woord 'liefde' aan nog een andere vorm van aantrekkingskracht, één die is gebaseerd op verliefdheid en seksuele verlangens: **romantische liefde**. Daarmee bedoelen we een tijdelijke en bijzonder emotionele toestand die meestal na een paar maanden langzaam maar zeker wegebt (Hatfield et al., 1995; Hatfield & Rapson, 1998). Maar het westerse idee dat elke langdurige intieme verbintenis gebaseerd moet zijn op romantische liefde, is verre van universeel. In veel andere culturen beschouwt men het huwelijk als een economisch contract of als een politieke stap om twee families met elkaar te verbinden.

Een bekende visie op de liefde is afkomstig van Robert Sternberg (1998). Zijn **driedimensionale theorie over liefde** zegt dat liefde uit drie componenten kan bestaan: passie (erotische aantrekkingskracht), intimiteit (gedeelde gevoelens en vertrouwelijkheid) en toewijding (het voornemen om de relatie op de eerste plaats te zetten). Je kunt de verschillende soorten liefde definiëren als verschillende combinaties van deze drie componenten. Sternberg stelt dat:

- romantische liefde vooral uit passie en intimiteit bestaat, maar slechts weinig toewijding bevat;
- iemand aardig vinden en vriendschap worden gekenmerkt door intimiteit, maar niet door passie en toewijding;
- verliefdheid hoog scoort op passie, maar zich niet heeft ontwikkeld tot intimiteit of toewijding;

- volledige liefde (complete liefde) alle drie de componenten omvat: passie, intimiteit en toewijding. Kameraadschappelijke liefde volgt vaak na de verliefdheidsfase; hierbij is de passie afgenomen, maar ontstaat vaak grotere intimiteit en sterkere binding.

11.2.2 Cognitieve attributies maken

We zoeken voortdurend verklaringen voor andermans gedrag. Stel, je zit in de bus als er een vrouw van middelbare leeftijd instapt die allemaal pakjes bij zich heeft. Terwijl ze nog op zoek is naar een plaatsje, trekt de bus alweer op, waardoor de vrouw haar evenwicht verliest en al haar pakjes laat vallen. Hoe zou je haar gedrag verklaren? Zie je haar als slachtoffer van de omstandigheden, als incompetent, of probeert ze sympathie op te wekken bij iemand zodat die zijn plaats aan haar zal afstaan?

Volgens sociaal psychologen hebben we de neiging om de acties en de pech van anderen toe te schrijven aan hun persoonlijkheid, en niet aan situationele factoren zoals het optrekken van de bus. Dat verklaart waarom er zo vaak gezegd wordt dat daklozen of werklozen lui of dom zijn, in plaats van dat ze enorme pech hebben gehad (Zucker & Weiner, 1993). Het verklaart ook waarom de meeste critici van mening waren dat de omstanders tijdens de moord op Kitty Genovese gewoon te beroerd waren om in te grijpen, en de sociale omstandigheden die in die situatie een rol speelden, negeerden (er was nog geen alarmnummer, en het was moeilijk de misdaad te zien vanaf hogere verdiepingen). Als iemand iets positiefs meemaakt, reageren we op eenzelfde manier. We zijn geneigd om het succes van onze favoriete zanger, sportvrouw of een familielid toe te schrijven aan persoonlijkheidskenmerken zoals een uitzonderlijk talent of een sterke motivatie. Daarmee negeren we het effect van situationele krachten zoals de invloed van familie, coaches, een reclamecampagne, veel oefening, opoffering of gewoon stom geluk.

Video
Ga naar de MyLab mediatheek om het filmfragment te bekijken over attributie.

De fundamentele attributiefout

Onder de **fundamentele attributiefout (fundamental attribution error, FAE)** verstaan psychologen de neiging om bij het interpreteren van gedrag van anderen enerzijds een overmatige nadruk te leggen op persoonlijke karaktertrekken (de hang naar het dispositionele), terwijl anderzijds de situationele invloeden worden geminimaliseerd. Denk bijvoorbeeld aan de wijze waarop wij de lage schattingen van psychiaters aan de hand van de FAE verklaarden toen zij schatten hoe hoog het maximale schokniveau van de meeste Amerikaanse burgers gemiddeld zou zijn bij het gehoorzaamheidsexperiment van Milgram. Het leggen van de nadruk op persoonlijke karaktertrekken is natuurlijk niet altijd fout. Als de oorzaken werkelijk dispositioneel zijn, is de gok van de waarnemer juist. De FAE kan dus beter als een vertekening (bias) dan als een fout worden beschouwd.

De FAE is echter wel een fout in de zin dat een waarnemer mogelijk legitieme, situationele verklaringen voor de handelingen van anderen over het hoofd ziet. Om een voorbeeld te geven: als de auto voor je plotseling remt, zodat er bijna een aanrijding ontstaat, is je eerste indruk misschien dat de andere chauffeur een fout heeft gemaakt, een dispositioneel oordeel. Maar wat zou je denken wanneer de chauffeur remde om te voorkomen dat hij een hond raakte die de weg oprende? Dan zou de verklaring voor deze gebeurtenis situationeel zijn en niet dispositioneel. Wanneer we onszelf eraan herinneren dat de omstandigheden een mogelijke verklaring vormen voor ogenschijnlijk onverklaarbare handelingen, is de kans kleiner dat we een FAE begaan. We willen je er in principe toe aanzetten 'attributionele liefdadigheid' te beoefenen, waarbij je altijd eerst een situationele verklaring zoekt voor vreemd of ongewoon gedrag van anderen, voordat je hen via dispositionele verklaringen veroordeelt.

Fundamentele attributiefout (fundamental attribution error, FAE): De neiging om bij het interpreteren van gedrag van anderen enerzijds een overmatige nadruk te leggen op persoonlijke karaktertrekken (de hang naar het dispositionele) terwijl anderzijds de situationele invloeden worden geminimaliseerd.

Ondanks de naam is de fundamentele attributiefout niet zo fundamenteel als psychologen in eerste instantie dachten. Uit crosscultureel onderzoek blijkt dat het fenomeen in individualistische culturen (West-Europa, Verenigde Staten) algemener voorkomt dan in collectivistische samenlevingen (Japan, China) (Norenzayan & Nisbett, 2000). Zelfs binnen de Verenigde Staten zijn kinderen uit de grote steden gevoeliger voor de fundamentele attributiefout dan hun neefjes en nichtjes op het platteland (Lillard, 1999).

Vertekend denken over jezelf

Vreemd genoeg beoordeel je jezelf waarschijnlijk volgens twee andere criteria, afhankelijk van de vraag of je succes hebt geboekt of dat je streven is mislukt. In geval van succes wijzen de meeste mensen naar interne factoren zoals motivatie, talent of vaardigheden ('Ik ben gewoon erg goed in meerkeuzevragen'). Maar als iets niet helemaal verloopt zoals je zou willen, schrijven we dat gewoonlijk toe aan externe factoren waarop we geen invloed hebben ('De docent stelde heel lastige vragen') (Smith & Ellsworth, 1987). Deze neiging noemen psychologen de **self-serving bias** (bias van het eigenbelang) (Bradley, 1978; Fletcher & Ward, 1988). Self-serving biases wortelen waarschijnlijk in onze behoefte aan zelfachting en in onze voorkeur voor interpretaties waarbij we ons gezicht niet verliezen, en die onze handelingen in een zo gunstig mogelijk daglicht plaatsen (Schlenker et al., 1990).

Self-serving bias: Attributie waarbij men succes toeschrijft aan interne factoren en verantwoordelijkheid voor falen afwijst.

Net als de fundamentele attributiefout komt de self-serving bias vooral voor in individualistische culturen. Dat komt doordat de sociale druk om als individu uit te blinken in deze culturen groter is (Markus & Kitayama, 1994). Wanneer we proberen het gedrag van anderen te begrijpen, hebben we bovendien vaak de neiging gebruik te maken van dispositionele verklaringen en gaan we op zoek naar eigenschappen in 'de ander' waarmee kan worden verklaard waarom die bepaalde dingen doet. Als we echter naar oorzaken voor het eigen handelen gaan zoeken, zijn we geneigd te kijken naar de situationele factoren die op ons inwerken, omdat we ons daar beter van bewust zijn dan wanneer we over anderen oordelen. Als je meende dat je je tegen de autoriteit in het onderzoek van Milgram zou hebben verzet en dat je lang voor het schokniveau van 450 volt zou zijn weggelopen, ondanks het bewijs dat de meeste mensen wel het gehele experiment voltooiden, was er een door eigenbelang geïnspireerde vertekening aan het werk. Daardoor ging je jezelf beschouwen als iemand die verzet kan bieden aan krachten in de situatie waarvoor anderen zijn gezwicht.

Universele dimensies van de sociale cognitie: warmte en competentie

Een van de meest elementaire sociale percepties die iedereen maakt, is de 'ander' als vriend of als vijand te beschouwen, als iemand die goede of kwade bedoelingen heeft en die in staat is die bedoelingen al dan niet uit te voeren. Er is veel nieuw onderzoek gedaan waarbij is vastgesteld dat aardig vinden en respect de twee universele dimensies van de menselijke sociale cognitie vormen, zowel op individueel niveau als op groepsniveau. In alle culturen maken mensen onderscheid tussen anderen, doordat ze bepaalde mensen aardig vinden (als warm en betrouwbaar beoordelen) en respecteren

Kun je ten minste drie factoren bedenken die tot nu toe in dit hoofdstuk zijn besproken waardoor het behulpzame gedrag dat in deze situatie is afgebeeld, zou kunnen worden gemotiveerd?
Bron: Michael Blann/Digital Vision/Getty Images.

(als competent, kundig en efficiënt beoordelen). De dimensie warmte wordt gevat in karaktertrekken die in relatie staan met vriendelijkheid, behulpzaamheid, oprechtheid, betrouwbaarheid en moraal waarvan wordt gedacht dat de ander die heeft. De dimensie competentie vormt daarentegen een reflectie van die karaktertrekken die zijn gerelateerd aan de kundigheid, intelligentie, vaardigheden, creativiteit en effectiviteit (Fiske et al., 2007).

Als we deze twee dimensies combineren, zoals in figuur 11.5, ontstaan er vier kwadranten: I. hoge warmte, lage competentie; II. hoge warmte, hoge competentie; III. lage warmte en lage competentie; en IV. lage warmte, hoge competentie. Bij zeer veel onderzoek is gebleken dat met elk van de sociale percepties die kenmerkend zijn voor elk van de vier kwadranten, duidelijke emoties en gedragingen zijn geassocieerd (Fiske et al., 2006).

Degenen met een hoge score voor warmte, behoren tot de kwadranten I en II. Zoals je zult zien, reageren we heel verschillend op deze twee groepen, ook al worden we vanwege hun vermeende warmte tot beide groepen aangetrokken. Voor mensen die we in kwadrant I indelen, voelen we meestal medelijden en misschien gaan we hen actief proberen te helpen. (Vaak delen mensen ouderen en invaliden in kwadrant I in.) Wanneer de betrokkene volgens de waarnemer echter ook over competentie beschikt, wordt deze in kwadrant II ingedeeld. Dit kwadrant bevat degenen met wie we ons identificeren, die we aardig vinden of bewonderen en met wie we willen omgaan. (Dit kwadrant kan bijvoorbeeld filmsterren en sporthelden bevatten).

Laten we nu eens kijken hoe we reageren op mensen met een lage score op warmte. Voor degenen die we in kwadrant III indelen, mensen met een lage score op zowel warmte als competentie, voelen we minachting; die mensen willen we mijden, negeren of verwaarlozen. (Voor veel mensen horen hier leden van minderheidsgroeperingen of uitkeringstrekkers bij.) Onze meest negatieve gevoelens worden echter gereserveerd voor degenen die we in kwadrant IV indelen: mensen die we als bevoorrecht, maar op één of andere wijze onwaardig beschouwen. Voor de meesten van ons wekken degenen in kwadrant IV gevoelens van jaloezie op en misschien zelfs het verlangen hen kwaad te doen. (Veelvoorkomende voorbeelden zijn bijvoorbeeld politici, advocaten en de buitengewoon rijken.)

Ouderen worden vaak in kwadrant I ingedeeld: hoge warmte, lage competentie.
Bron: Nikita 'Nimov' Asimov, Flickr.

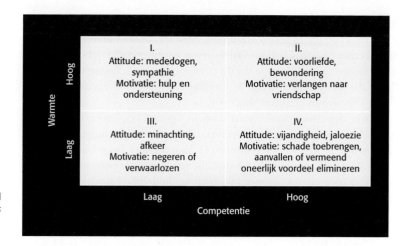

De dimensies warmte en competentie

Uit de dimensies warmte en competentie komen vier kwadranten naar voren waarin het handelen en de emoties tegenover anderen kunnen worden weergegeven.

Bron: op basis van gegevens van Fiske et al. [2007]. Universal Dimensions of Social Cognition. Warmth and Competence. *Trends in Cognitive Science*, 11, 77–83.

Crosscultureel onderzoek naar de behoefte aan een positief zelfbeeld

Voordat we naar het laatste gedeelte van de bestudering van de sociale psychologie overgaan, is het belangrijk de fundamentele vraag te stellen over het zelf in relatie tot anderen. Is het waar dat alle mensen op zoek zijn naar een positief zelfbeeld? Met andere woorden: zijn alle mensen ertoe gemotiveerd een positief beeld van zichzelf te hebben, te bevorderen en in stand te houden? Is dit een fundamentele eigenschap van de mensheid? Het lijkt wel zo te zijn als we kijken naar wat de mensen om ons heen doen om hun gevoel voor eigenwaarde te bevorderen, of naar de pogingen die we doen om bijzonder te zijn, zelfs via egocentrische vertekening en het accentueren van persoonlijke verdiensten. In Europa of Noord-Amerika is het antwoord op deze vraag echter mogelijk anders dan in Japan.

Onderzoekers hebben beide culturele contexten zorgvuldig onderzocht. Ze ontdekten dat veel aspecten van het leven in Noord-Amerika een buitensporige nadruk op het zelf leggen. Ook constateerden ze dat in deze maatschappij een *positief* zelfbeeld wordt gestimuleerd; zoals te zien is in advertenties, films, liedjes, dagboeken en in veel andere hedendaagse aspecten van deze cultuur.

Kenmerkend voor de Japanse cultuur is echter de ontwikkeling van zelfkritiek. Een beoordeling van jezelf begint in deze cultuur meestal met kritiek op de eigen prestaties of leefwijze. Bij deze kritische houding wordt het zelf weggecijferd, wat in bescheidenheid resulteert. Dit minimaliseert elke neiging tot arrogantie. Het doel is echter naar manieren te zoeken om de attituden en gedragingen, die in de behoeften van het individu, maar vooral in die van het gezin, het team, het bedrijf en van de maatschappij in het algemeen voorzien, op constructieve wijze te verbeteren. Crosscultureel onderzoek is dus belangrijk voor het kwalificeren van aspecten die op het eerste zicht universele aspecten van de menselijke aard zijn, maar die in feite cultuurspecifiek zijn (Heine et al., 1999).

11.2.3 Vooroordeel en discriminatie

Attributie ten aanzien van anderen kan dus zowel positief als negatief uitpakken. Vooroordeel, in de betekenis die sociaal psychologen eraan geven, heeft altijd te maken met een negatief oordeel dat sommige mensen hebben over anderen. Vanwege vooroordelen biedt een werkgever vrouwen (of mannen) minder kans op een leidinggevende functie. Door vooroordelen kan een leraar lage verwachtingen hebben van een scholier die tot een etnische minderheid behoort. En op sommige plekken in de wereld hebben vooroordelen zelfs tot *genocide* geleid: de systematische uitroeiing van een bepaalde groep mensen vanwege hun raciale of etnische oorsprong. We definiëren het begrip **vooroordeel** als negatieve hou-

Vooroordeel: Negatieve houding tegenover een individu vanwege zijn of haar lidmaatschap van een bepaalde groep.

dingen, overtuigingen en gevoelens tegenover een individu vanwege zijn of haar lidmaatschap van een bepaalde groep of categorie. Die categorie kan reëel zijn, zoals het geslacht of de etnische groep, maar ze kan ook ontstaan in de geest van de bevooroordeelde persoon; sommige mensen worden bijvoorbeeld als 'blank uitschot' beschouwd en anderen als 'linkse vrijdenkers'.

Een vooroordeel kan tot uiting komen in negatieve emoties (zoals antipathie of angst), in negatieve attributies of stereotypen die zo'n houding rechtvaardigen, en/of in pogingen om alle leden van de bewuste groep te mijden, te controleren, te domineren of te elimineren. Bevooroordeelde opvattingen vormen een extreem vertekenend filter dat de manier waarop we anderen waarnemen en behandelen al bij voorbaat in een bepaalde richting stuurt. Vooroordelen vormen een krachtige motor achter de selectieve verwerking, organisatie en herinnering van informatie die we over bepaalde mensen ontvangen. Het is een wijdverspreid verschijnsel: de meeste mensen in de meeste landen hebben uiteenlopende vooroordelen, sommige bewust en sommige onbewust (zoals uit nieuw onderzoek blijkt, dat verderop in deze paragraaf wordt behandeld).

Laten we een onderscheid maken tussen vooroordeel en *discriminatie*, een verwant begrip. De term vooroordeel slaat op een attitude, op iemands opvattingen, terwijl discriminatie een gedragspatroon is. We definiëren **discriminatie** als een negatieve actie ten opzichte van een individu vanwege zijn of haar lidmaatschap van een bepaalde groep. Als je een sollicitant afwijst vanwege zijn achternaam, maak je je schuldig aan discriminatie, omdat je de betrokkene enkel en alleen beoordeelt op zijn lidmaatschap van een bepaalde groep. Discriminatie kan er ook toe leiden dat leden van minderheidsgroepen vaker worden gearresteerd, doordat de kans groter is dat zij, vanwege hun 'verdachte gedrag', door de politie worden aangehouden dan leden van meerderheidsgroepen.

Maar hoewel vooroordelen kunnen leiden tot discriminatie, hoeft dat niet altijd het geval te zijn. In deze paragraaf bestuderen we de oorzaken van vooroordelen en de rol van dehumanisering als elementair proces bij het ontstaan van vooroordelen, en eindigen we met nieuw onderzoek over bedreiging via stereotypering.

Oorzaken van vooroordelen

Vooroordelen hebben vele oorzaken (Allport, 1954; Aronson, 2004). Sommige leren we al op jonge leeftijd. Sommige zijn verdedigingsreacties die ontstaan als we ons bedreigd voelen. Sommige zijn het resultaat van conformisme aan sociale normen. En sommige helpen ons om vreemden (en mogelijke vijanden) te onderscheiden van vrienden (Whitley, 1999). Pas als we deze oorzaken van vooroordelen goed begrijpen, kunnen we gaan nadenken over mogelijke 'oplossingen', manieren om antisociale reacties tegen te gaan. Hier presenteren we vijf oorzaken van vooroordelen die door sociaal psychologen zijn bestudeerd: *ongelijkheid en sociale afstand, economische concurrentie, het zondebokmechanisme, aanpassing aan sociale normen* en *stereotypering in de media*.

Ongelijkheid en sociale afstand   Onbekend maakt onbemind, en *onbemind* leidt dikwijls tot minachting en vooroordelen. Als je een slobberige broek aantrekt, een pet verkeerd om op je hoofd zet, en een neuspiercing draagt, is de kans groot dat mensen van middelbare leeftijd zich in jouw buurt niet op hun gemak voelen. Waarschijnlijk beschouwen ze je als onderdeel van een sociale groep die in hun ogen onacceptabele waarden aanhangt en 'radicaal' gedrag aanmoedigt dat sterk afwijkt van de normen en gedragingen van hun eigen groep. Dit waargenomen verschil vormt een vruchtbare voedingsbodem voor vooroordelen.

Welke psychologische principes spelen hierbij een rol? Als je merkt dat iemand afwijkt van de mensen in jouw 'in-group', plaats je die persoon in gedachten op een grotere **sociale afstand** dan de leden van je eigen groep. Je bent dan min-

Discriminatie: Negatieve actie ten opzichte van een individu vanwege zijn of haar lidmaatschap van een bepaalde groep.

Video
Ga naar de MyLab mediatheek om het filmfragment te bekijken over vooroordelen.

Sociale afstand: Waargenomen verschillen of overeenkomsten tussen jezelf en anderen.

der geneigd om die persoon als sociaal gelijk te beschouwen (Turner & Oakes, 1989). Deze ongelijkheid vertaalt zich al snel in inferioriteit, waardoor het gemakkelijker wordt om leden van een 'out-group' met minachting te behandelen. Machtige groepen zijn soms geneigd om leden van de 'out-group' te discrimineren, bijvoorbeeld door ze alleen in slecht betaalde baantjes toe te laten, ze bij voorbaat te wantrouwen, ze allerlei kansen en mogelijkheden te ontzeggen, of zelfs door ze gevangen te zetten.

Economische competitie   Een tweede oorzaak van vooroordelen komt voor in zeer competitieve situaties, bijvoorbeeld als de ene groep economische voordelen geniet of de beste banen heeft ten koste van een andere groep. In een dichtbevolkt land voelt men zich sneller bedreigd door een grote stroom asielzoekers dan in een dunbevolkt land. Aan weerszijden ontstaan vooroordelen, aan de ene kant heeft men het al gauw over 'die profiteurs' en aan de andere kant zegt men gemakkelijk dat 'iedereen discrimineert'. Als verschillende groepen volwassenen op dezelfde baan azen, kunnen er ook vooroordelen ontstaan, met name wanneer de ene groep een voorkeursbehandeling lijkt te krijgen. Zo blijkt uit onderzoek dat de groep met de sterkste vooroordelen over zwarte Amerikanen wordt gevormd door de mensen die economisch gezien net boven het gemiddelde inkomen van zwarte Amerikanen zitten. Dat zijn precies degenen die vrezen dat de zwarte Amerikanen hun banen zullen afpakken (Greeley & Sheatsley, 1971). Zo blijkt ook dat het kiezerspubliek van het Vlaams Belang voornamelijk bestaat uit jonge mensen en laaggeschoolde arbeiders, een groep die eveneens vreest dat hun banen zullen worden ingenomen door slecht opgeleide en onderbetaalde migranten (Swyngedouw & Heerwegh, 2009).

Vooroordelen bestaan niet alleen bij mensen in bevoorrechte posities tegenover mensen in minderheidsposities, vaak worden ze ook aangetroffen tussen verschillende minderheidsgroepen, tussen immigranten uit verschillende landen, of in gevallen waarin de financiële zekerheid van gevestigde minderheden door nieuwe immigranten wordt bedreigd. Omgekeerd geldt ook dat minderheidsgroeperingen verwachtingen hebben over de manier waarop zij worden waargenomen door de meerderheidsgroepering (*meta-stereotypen*). Deze verwachtingen blijken van invloed te zijn op hun gedrag (Vonk, 2007). Over het algemeen blijken mensen de neiging hebben deze meta-stereotypen over hun eigen groep positiever te kleuren in het bijzijn van de andere groep (Klein & Azzi, 2001). Maar soms gebeurt het omgekeerde en zijn mensen juist geneigd tot het bevestigen van de negatieve meta-stereotypen die er over hen bestaan (Kamans et al., 2009).

Een zondebok aanwijzen   Denk, om een derde oorzaak van vooroordelen te begrijpen, maar eens aan hoe Hebreeuwse priesters in de oudheid een ritueel uitvoerden waarmee ze de zonden van de mensen op symbolische wijze overdroegen op een bok, de *zondebok*. Daarna werd het dier de woestijn in gedreven om zijn lading schuld weg te voeren van de gemeenschap. De term zondebok wordt tegenwoordig gebruikt voor een persoon of groep die ten onrechte de schuld krijgt als anderen zich bedreigd voelen. Tijdens het Derde Rijk fungeerden Joden als zondebokken van de nazi's.

Schoolkinderen in nazi-Duitsland hadden schoolboeken waarin Joden werden beschreven als inferieur aan het 'Arische ras'. Op illustraties in deze boeken waren ook Joodse kinderen afgebeeld die van school waren uitgesloten.
Bron: Philip G. Zimbardo, Inc.

Dit werd door Hitlers propagandamachine bevorderd, door Joden af te schilderen als volkomen verschillend van het overige deel van de Duitse bevolking; door zulke beelden werden zij het 'gezicht van de vijand' (Keen, 1991). Zulke visuele propaganda, die door de meeste landen gebruikt wordt voorafgaand aan een oorlog, creëert een gemeenschappelijke vijand die door het volk gehaat en gevreesd wordt, en moet worden vernietigd. Dit wordt *hostile imagination* genoemd, en creëert afkeer en haat jegens 'de ander'.

Een **zondebok aanwijzen** werkt het best als het voorwerp van de minachting gemakkelijk en duidelijk herkenbaar is aan huidskleur of aan andere lichamelijke kenmerken, of als zulke verschillen door mediapropaganda in de geest van de dominante groep kunnen worden gecreëerd (Sax, 2002). De kans op vooroordelen wordt ook groter wanneer de omstandigheden in een bepaald stadsdeel of land verslechteren en mensen op zoek zijn naar iemand die ze de schuld kunnen geven van deze verslechtering.

Zondebok aanwijzen: Een onschuldige persoon of groep de schuld geven van je eigen problemen.

Conformisme aan sociale normen

De meest voorkomende oorzaak van discriminatie en vooroordelen is waarschijnlijk de onbewuste neiging om de situatie te willen houden zoals die is, zelfs als dat betekent dat men onrechtvaardige aannames, vooroordelen en gewoonten in stand houdt. Zo is het in vele kantoren de norm dat de secretaressen vrouwen zijn en de leidinggevenden mannen. Het onderzoeksrapport Grant Thornton International Business Report (IBR) laat zien dat in 2012 wereldwijd 21 procent van de hogere managementfuncties door vrouwen werd bekleed. In Nederland was dat jaar 18 procent van de Nederlandse 'senior managers' vrouw, 8 jaar eerder was dat percentage nog 9 procent. In België stijgt het aantal vrouwelijke senior managers eveneens: in 2012 lag het Belgisch percentage op 21 procent (Grant Thornton, 2012). Ondanks deze stijgingen blijft het aantal vrouwen in topposities dus nog steeds achter bij het aantal mannelijke senior managers.

Zo'n norm maakt het voor een hoogopgeleide vrouw moeilijk om zich op te werken tot een leidinggevende positie, om het 'glazen plafond' boven haar te doorbreken. Mogelijk hebben we met hetzelfde proces te maken in gevallen waarin verpleegsters en laboranten volgens de norm vrouwelijk moeten zijn en ingenieurs en wiskundigen mannelijk. Als we zien dat de meeste mensen in een bepaald beroep tot een bepaald geslacht of ras behoren, nemen we aan dat dit zo hoort, dat de sociale orde het zo heeft bedoeld en gaan we niet over tot een onderzoek van de sociale en economische omstandigheden die dit hebben veroorzaakt. Dus als vrouwen vaststellen dat de meeste informatici mannen zijn, is de kans klein dat ze zelf informatica gaan studeren of zo'n loopbaan gaan volgen; het gevolg is dat zulke beroepen 'typisch mannelijk' worden. Het tegenovergestelde geldt tegenwoordig voor de psychologie: de meeste studenten die psychologie gaan studeren en als psycholoog gaan werken, zijn vrouwen, wat een grote omkering van de man-vrouwverhouding is ten opzichte van tien jaar geleden. Sommige psychologen denken dat, naarmate ons vakgebied meer als 'typisch vrouwelijk' wordt aangemerkt, de kans kleiner is dat mannen het zullen betreden en ook de salarissen aanzienlijk zullen dalen.

We zien dus dat verschillende oorzaken ervoor kunnen zorgen dat een sociale norm ontstaat; en dat vervolgens de ontstane norm als de geaccepteerde norm voor wat passend en 'juist' is, wordt beschouwd. Wanneer dat eenmaal gebeurt, kunnen bevooroordeelde attitudes door gedragsmatige discriminatie worden veroorzaakt of versterkt.

Stel dat je de mannelijke directeur bent over wie we het daarnet hadden, degene die vrouwen discrimineert als zij op een leidinggevende baan solliciteren. Of stel dat je de blanke vrouw bent die 's avonds laat aan de overkant van de straat gaat lopen als ze een groepje Marokkaanse jongeren ziet. In beide gevallen volg je eenvoudig de sociale norm, namelijk wat alle anderen zoals jij doen. Je moet je gedrag echter aan jezelf en anderen kunnen verkopen. En als je mensen als twee-derangs burgers behandelt vanwege hun geslacht of etnische achtergrond, is het lastig, misschien zelfs onmogelijk, om iets anders in hen te zien dan inferieure wezens. Ze degraderen is de enige manier waarop je een zware aanval van cognitieve dissonantie kunt vermijden. Dus ja, discriminatie kan vooroordelen oproepen en versterken. Omdat we evenzeer rationaliserende als rationele wezens zijn, geven we eindeloze rechtvaardigingen voor onze beslissingen en ons gedrag, opdat ze redelijk zullen lijken. Dit doen we door 'goede redenen' voor onze verkeerde gedragingen te geven (Tavris & Aronson, 2007).

Stereotypering in de media   Ook stereotiepe beelden van mensen in films, boeken of tijdschriften versterken onze bevooroordeelde sociale normen. Dit is onze vijfde oorzaak van vooroordelen. Dat deze beelden allesbehalve onschuldig zijn, blijkt uit het feit dat mensen een groot deel van hun vooroordelen leren van stereotypen die ze op tv of in films hebben gezien en waarover ze in boeken en tijdschriften hebben gelezen (Greenberg, 1986). Die beelden kunnen bevooroordeelde sociale normen bevatten en versterken, maar aan de andere kant kunnen ze die normen ook veranderen.

Dehumanisering

Het krachtigste psychologische proces dat aan vooroordeel, discriminatie en geweld tussen groepen ten grondslag ligt, is dehumanisering. Dit gebeurt wanneer sommige mensen anderen als minder dan menselijk gaan beschouwen, zelfs als sub-humaan. **Dehumanisering** kan worden gedefinieerd als het psychologische proces waarbij de perceptie en cognities van anderen op zodanige wijze worden vertekend dat deze van hun menselijkheid worden beroofd en waarbij ze als volkomen anders en waardeloos worden afgeschilderd. Het is het mechanisme waarbij bepaalde onpopulaire anderen als voorwerpen, als de vijand of als dieren worden beschouwd. Zoals de blik door staar kan worden vertroebeld, is dehumanisering te vergelijken met een soort 'staar van de hersenschors', waardoor de geest blind wordt voor alle geregistreerde overeenkomsten tussen onszelf en de ander. Als we anderen als minder dan menselijk gaan beschouwen, betekent dit dat het moreel redeneren, de empathie, het mededogen en andere processen die haat en geweld beteugelen, worden afgeremd. Hierdoor kunnen gewone, zelfs goede mensen kwaad gaan bedrijven (Sherrer, 2008; Zimbardo, 2007).

Waartoe dehumanisering kan leiden, is bijvoorbeeld te zien aan de burgeroorlog in Rwanda, die plaatsvond in 1994. De Hutu-regering verspreidde propaganda, vooral via de haat-radio 'Mille Collines', dat de Tutsi-bevolking daar de vijand van de Hutu's was; dat ze kakkerlakken waren en dat ze moesten worden uitgeroeid. In 100 dagen vermoordden mannen die door de regering met kapmessen waren bewapend en vrouwen met knuppels honderdduizenden van hun buren (Hatzfield, 2005). Over deze dehumanisering en genocide zijn indrukwekkende documentaires en een film, *Hotel Rwanda*, gemaakt (zie www.pearsonmylab.nl voor een link).

Echter, ook in Nederland, België en andere Europese landen is er het afgelopen decennium sprake van een groeiend aantal vooroordelen jegens minderheidsgroepen, met name islamitische migrantengroepen, en een opkomst van (extreem)rechtse politieke partijen en personen. De door sociaal psychologen geïdentificeerde oorzaken die hierboven worden beschreven, lijken het ontstaan van zulke vooroordelen eenvoudig te kunnen verklaren. Hoewel de rol van onderzoekers en psychologen meestal beperkt blijft tot het onderzoeken van dergelijke processen, kan het ook een bijdrage leveren aan het maatschappelijk debat. De jaarlijkse Monitor Racisme & Extremisme, die wordt uitgevoerd door de

Dehumanisering: Het psychologische proces waarbij bepaalde mensen of groepen als minder dan menselijk worden beschouwd, bijvoorbeeld als gevreesde of gehate dieren. Het is een fundamenteel proces bij veel vooroordelen en massaal geweld.

Anne Frank Stichting en de Universiteit Leiden en waaraan onder meer sociaal psychologen meewerken, is een voorbeeld van zo'n onderzoek dat een rol speelt in het maatschappelijk debat.

Stereotypedreiging

Wie we denken te zijn of hoe we denken dat anderen ons zien, is bepalend voor onze prestaties bij verschillende vaardigheidstests. Dit principe komt naar voren uit een groot aantal onderzoeken op dit nieuwe onderzoeksterrein van de sociale psychologie, waarvan de onderzoeker Claude Steele en zijn collega's en studenten de grondleggers zijn (Steele et al., 2002). **Stereotypedreiging** is een negatieve beïnvloeding van de prestaties die ontstaat wanneer iemand zich ervan bewust wordt dat van leden van zijn of haar groep wordt verwacht dat ze op dat gebied slecht presteren. Dit effect doet zich zelfs voor in gevallen waarin de betrokkene niet in het stereotype gelooft. Waar het om gaat is dat anderen het geloven en dat de betrokkene zich ervan bewust is dat zijn of haar identiteit door zo'n negatief stereotype wordt bedreigd (Haslam et al., 2008).

Stereotypedreiging: Een verwachting te worden beoordeeld naar de standaard van een negatief stereotype. Dergelijke verwachtingen kunnen een negatieve invloed hebben op prestaties.

◄◄ **Verbinding hoofdstuk 6**
Gebleken is dat stereotypedreiging van invloed is op de schoolprestaties (p. 244).

■ **PSYCHOLOGISCHE KWESTIES**

Stereotypelift en waardebevestiging

De betere prestaties van een *omgekeerd* stereotype (een stereotype dat je doet geloven dat je in alle opzichten superieur bent aan een andere groep) wordt **stereotypelift** genoemd. Als blanken een test doen waarvan ze weten dat die hun intellectuele vermogens beoordeelt, of een test waarin het negatieve stereotype van zwarten op de voorgrond wordt geplaatst, krijgen ze de psychologische voorsprong dat ze aan de tegengestelde kant van het negatieve stereotype staan en presteren ze beter (Walton & Cohen, 2003). Als mensen het gevoel hebben dat ze een positief stereotype-etiket opgeplakt hebben gekregen, presteren ze ook beter. Dit effect is bekend als 'stereotype-pegevoeligheid'. Als Aziatische vrouwen die een wiskundetest afleggen zich moeten concentreren op het feit dat ze vrouw zijn, presteren ze slechter dan de controlegroep, maar als ze aan hun Aziatische afkomst worden herinnerd (en aan het impliciete stereotype dat Aziaten beter zijn in wiskunde), dan presteren ze beter dan de controlegroep. Als gevolg van stereotypen kunnen we dus zowel beter als slechter gaan presteren (Shih et al., 1999).

Kunnen we het idee van stereotypelift gebruiken om stereotypedreiging tegen te gaan? Misschien moeten we mensen aanmoedigen om hun beste zelf opnieuw te ontdekken voor ze aan een lastig examen of een cursus beginnen. Wat als we hen laten aangeven welke waarden ze het belangrijkst vinden voor ze aan een cursus beginnen waarin mensen als zij het vaak niet goed doen? In een specifieker voorbeeld: wat zou er gebeuren als vrouwen hun waarden bevestigden vlak voor aanvang van een cursus natuurkunde, waarop vrouwen gemiddeld een zesje halen en mannen een acht? Dit onderzoek is uitgevoerd door Akira Miyake en zijn onderzoeksteam (Miyake et al., 2010). De resultaten bevestigen dat de seksekloof in de prestaties op bètagebied enorm verkleind kan worden door een psychologische ingreep waarbij vrouwen hun waarden moeten aangeven.

In dit dubbelblinde experiment werd de helft van de mannelijke (*n* 5.283) en de helft van de vrouwelijke studenten (*n* 5.116) vlak voor de inleidende cursus natuurkunde willekeurig toegewezen aan een schrijfopdracht die

inhield dat ze hun belangrijkste waarden moesten opschrijven. De instructies waren als volgt: 'Bedenk welke dingen belangrijk voor je zijn. Misschien is dat creativiteit, je familierelaties, je carrière en/of gevoel voor humor. Pik er twee of drie uit en schrijf in een paar regels op *waarom* ze belangrijk voor je zijn. Jullie hebben een kwartier de tijd.' Voor de controleomstandigheid moest de andere helft van de studenten nadenken over waarden die ze het *minst* belangrijk vonden en wat dat betekende voor hun relatie tot andere mensen. De medewerkers die deze opdracht gaven, wisten niet dat die bedoeld was voor het bevestigingsonderzoek en geen van de onderzoekers wist hoe de studenten over beide groepen waren verdeeld. Dat wisten ze pas toen de data werden geanalyseerd. Er werden twee soorten gegevens gebruikt om te beoordelen hoe effectief de waardebevestiging was geweest: eindcijfers, hoofdzakelijk gebaseerd op vier examens, en een beoordeling van het inzicht in de basisconcepten van de natuurkunde. Zoals te zien is in de grafiek in figuur 11.6 deden de mannen in de controlegroep het gemiddeld 10 punten beter dan de vrouwen. Maar onder de studenten die hun eigen waarden hadden aangegeven/bevestigd, was deze seksekloof vrijwel verdwenen. De vrouwen die hun waarden bevestigd hadden, haalden veel vaker een acht en veel minder vaak een zes. Hetzelfde effect trad op voor de meting van het inzicht in de natuurkundige concepten.

Geoffrey Cohen en zijn collega's stelden het belang van waardebevestiging al eerder vast in onderzoek onder blanke en zwarte brugklassers. Zwarte leerlingen haalden significant betere cijfers na deze oefening en bij degenen die daarvoor laag of matig hadden gepresteerd, was het verschil in cijferresultaten het grootst (Cohen et al., 2006). Er is zelfs nog meer goed nieuws: deze winstpunten blijven jarenlang van kracht als er af en toe een stimulerende sessie plaatsvindt, waarin kinderen over een waarde moeten schrijven die ze nog niet eerder hebben beschreven of dieper moeten ingaan op de waarden waarover ze al wel eerder hebben geschreven (Cohen et al., 2009).

Stereotypelift: Een verhoging van inzet of prestaties die voorkomt wanneer er een vergelijking gemaakt wordt met een minder presterende of zwakker geclassificeerde groep.

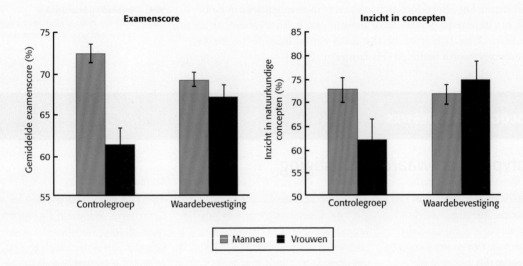

Figuur 11.6
Waardebevestiging vermindert het verschil tussen de natuurkundecijfers van mannen en vrouwen

 Ga naar **www.pearsonmylab.nl** om je kennis en begrip van deze paragraaf te testen met de MyMap, MyCheck en MyDefinitions.

KERNVRAAG 11.3

▶ Hoe creëren systemen situaties die het gedrag beïnvloeden?

Macht van het systeem: Top-down invloed die situaties creëert en in stand houdt, die vervolgens van invloed zijn op het gedrag van individuen.

Het grootste deel van ons leven verkeren we in instituten: het gezin, de school, een ziekenhuis, het werk, een verpleeghuis. In elk van deze omgevingen is sprake van een *systeem* van bestuur en beheer, van expliciete en impliciete gedragsregels, van structuren voor beloning en straf en al deze instellingen hebben een geschiedenis, een cultuur en een juridische status. In veel gevallen is het de **macht van het systeem** die betekenis en rechtvaardiging aan een sociale situatie verleent. De macht van het systeem verschilt van sociale normen die vanuit groepen komen omdat dit een top-down kracht is die controle uitoefent over groepen en individuen. Hoewel sociaal psychologen de nadruk hebben gelegd op de invloed van situaties op gedrag, zoals je in dit hoofdstuk hebt gezien, erkennen ze vaak niet de grotere macht van systemen bij de beïnvloeding van deze situaties, soms ten goede, maar soms ook ten kwade. Dit leidt ons vervolgens tot de derde les van de sociale psychologie, die we in ons laatste kernconcept hebben geformuleerd:

● KERNCONCEPT 11.3

Systemen geven vorm aan situaties, waardoor vervolgens het gedrag wordt beïnvloed. Door inzicht in het functioneren van systemen, begrijpen we beter hoe we die (en daarmee hun invloed op ons) kunnen veranderen.

We zullen laten zien hoe door de macht van systemen een opmerkelijk krachtige sociale situatie kan ontstaan die van invloed is op het gedrag van iedereen die in dezelfde gedragsmatige context verkeert. Dit doen we aan de hand van het zogenoemde Stanford Prison Experiment. Daarna bekijken we kort andere systemen die ook tot martelingen hebben geleid, zoals die in de Abu Ghraib-gevangenis in Irak. Het ontbreekt ons in dit hoofdstuk helaas aan ruimte om in detail te laten zien op welke wijze netwerksystemen betrokken zijn bij de meeste geweldloze bewegingen waarbij burgers in passief verzet worden getraind, zoals die van Mahatma Gandhi in India, van Martin Luther King jr. in de Amerikaanse burgerrechtenbeweging en van Nelson Mandela bij zijn verzet tegen de apartheid in Zuid-Afrika. Zulke systeemnetwerken waren van cruciaal belang voor burgers die tijdens de Tweede Wereldoorlog Joden lieten onderduiken.

▶▶ **Verbinding hoofdstuk 13**
Huwelijks- en gezinstherapeuten maken vaak gebruik van een systeembenadering voor inzicht in en oplossing van gezinsconflicten (p. 538).

11.3.1 Het Stanford Prison Experiment

De rustige zomerse zondagochtend van student Tommy Whitlow werd wreed verstoord door het geluid van een sirene. Pal voor zijn huis kwam een politieauto met gierende remmen tot stilstand. Binnen enkele minuten was Tommy in staat van beschuldiging gesteld, waren hem zijn rechten voorgelezen, was hij gefouilleerd, geboeid en afgevoerd. Op het politiebureau werd hij geregistreerd en werden zijn vingerafdrukken afgenomen. Vervolgens werd hij naar de Stanford County Prison vervoerd. Nadat hij zich had uitgekleed, kreeg hij een plens water met ontsmettingsmiddel over zich heen. Daarna moest hij een op een grote vuilniszak gelijkend uniform met een identiteitsnummer erop aantrekken. Vanaf nu was Tommy 'Gevangene nr. 8612'. Hij was niet de enige: acht andere studenten werden ook gearresteerd en van een nummer voorzien.

De bewakers hadden geen naam en hun anonimiteit werd nog versterkt door het feit dat ze allemaal een kakikleurig uniform en een reflecterende zonnebril droegen: Gevangene 8612 heeft hun ogen nooit gezien. Hij moest zijn cipiers aanspreken met 'Meneer de Cipier'; voor hen was hij niet meer dan nummer 8612. De bewakers zagen erop toe dat de gevangenen zich strikt aan de regels hielden. Elke overtreding leidde onmiddellijk tot het verlies van een privilege. In eerste instantie bestonden die privileges uit de mogelijkheid om te lezen, te schrijven of met andere gevangenen te praten. Later werd zelfs het geringste protest bestraft met het intrekken van 'privileges' als eten, slapen, wassen, of bezoek ontvangen tijdens bezoekuren. Gevangenen die de regels overtraden, moesten vernederende en onaangename opdrachten uitvoeren zoals eindeloos opdrukken, gymnastiekoefeningen en tellen, wat uren achter elkaar doorging. Elke dag escaleerde het vijandige gedrag van de bewakers tegen de gevangenen verder: de wc's laten schoonmaken zonder handschoenen, opdrukken terwijl een bewaker op hun rug stapte, urenlang naakt in een isoleercel zitten en ten slotte seksuele vernedering.

'Gevangene 8612' kwam enkele bewakers tegen die zich tegen hem en de andere gevangenen sadistisch gedroegen, ze ontleenden duidelijk plezier aan wreedheid. Andere bewakers waren alleen hard en veeleisend, enkelen deden niet aan de mishandelingen mee. Geen enkele van de 'goede' bewakers confronteerde de 'kwaden' ooit met hun vernederende handelingen.

Binnen 36 uur na de massale arrestatie begon Gevangene 8612, die diezelfde ochtend een mislukte gevangenisopstand had geleid, onbedaarlijk te huilen. Hij moest worden vrijgelaten omdat hij woedeaanvallen had, blijk gaf van verwarde denkbeelden en tekenen van een zware depressie vertoonde. De daaropvolgende dagen ontwikkelden drie andere gevangenen soortgelijke stressgerelateerde symptomen. Een vijfde gevangene, die had vernomen dat zijn straf ook in hoger beroep was bevestigd, kreeg over zijn hele lichaam last van huiduitslag; ook hij werd vrijgelaten uit de Stanford County Prison.

Iedereen in de gevangenis, zowel de bewakers als de gevangenen, had zich vrijwillig voor het experiment aangemeld. Op grond van uitgebreide psychologische tests en interviews selecteerden de onderzoekers proefpersonen die hoog scoorden op de criteria 'gezagsgetrouw', 'evenwichtig', 'lichamelijk gezond' en 'gemiddeld volgens alle psychologische maatstaven'. Het lot bepaalde vervolgens wie de rol van 'cipier' zou spelen en wie tot 'gevangene' werd gebombardeerd. De gedetineerden bleven continu in de gevangenis; de bewakers werkten volgens de standaard achtuurdiensten. In het begin waren er geen systematische verschillen tussen de 'gewone' studenten die in de twee verschillende experimentele rollen verkeerden. Aan het einde van het onderzoek waren er geen overeenkomsten meer tussen deze twee vijandige groepen.

Studenten die in hun eigen omgeving pacifisten en gewone, aardige jongens waren, veranderden tijdens het experiment in agressieve, soms zelfs sadistische, bewakers. En zelfs de evenwichtigste student-gevangene vertoonde binnen de kortste keren (psycho)pathologische symptomen en legde zich lijdzaam neer bij zijn onverwachte lot van aangeleerde hulpeloosheid. De gesimuleerde gevangenissituatie was zo dwingend dat er zowel onder de gevangenen als in de hoofden van de cipiers een geheel nieuwe sociale werkelijkheid ontstond: die van een echte gevangenis. De situatie was enorm geladen, en hoewel het experiment oorspronkelijk twee weken zou duren, besloten de onderzoekers het al na zes dagen af te breken.

Tommy Whitlow zei dat hij nooit meer zoiets wilde meemaken, maar dat hij blij was met de ervaring omdat hij veel geleerd had over zichzelf en over hoe mensen in elkaar zitten. Gelukkig waren hij en de andere studenten die aan het experiment hadden deelgenomen gezonde jongens die wel tegen een stootje konden. Uit de nabespreking bleek dat ze de gevangeniservaring redelijk snel hadden verwerkt. De proefpersonen werden jarenlang gevolgd, maar niemand hield blijvende schade over aan de ervaring. Alle deelnemers hadden een belangrijke les geleerd: onderschat nooit de invloed van een ongunstige situatie, en van een systeem dat zulke situaties creëert (Zimbardo, 2007). Zie www.pearsonmylab.nl voor een link naar gedetailleerde informatie over dit onderzoek.

Bij crosscultureel onderzoek in Australië werden grotendeels dezelfde resultaten verkregen (Lovibond et al., 1979). Daar werd echter niet dezelfde mate van gewelddadigheid van de bewakers waargenomen, misschien doordat bij dit onderzoek de culturele norm werd gevolgd dat iedereen 's middags thee dronk.

Stel dat jij een van de proefpersonen in het Stanford-gevangenisexperiment was geweest. Was je dan een aardige cipier geweest, of een sadist? Een modelgevangene of een dwarsligger? Was jij opgewassen tegen de druk en de spanningen van zo'n situatie? Deze vraag lijkt op de vraag hoe jij je volgens jezelf had gedragen als je de 'leraar' was geweest bij het gehoorzaamheidsonderzoek van Milgram: had je gehoorzaamd of geweigerd? We willen allemaal graag geloven dat we goede bewakers en heldhaftige gevangenen zouden zijn, en dat we de grens tussen goed en kwaad nooit zouden overschrijden. En natuurlijk geloven we allemaal dat we in staat zouden zijn de zaken te relativeren, en te beseffen dat het 'maar een experiment' was, een rollenspel en geen werkelijkheid. Waarschijnlijk zouden de meesten van ons echter precies zo reageren als deze proefpersonen. Door dit verontrustende onderzoek gaan we ons afvragen hoe goed we onszelf en onze innerlijke dispositionele eigenschappen echt kennen, en hoeveel oog we hebben voor de subtiele invloed van uitwendige krachten, de situationele eigenschappen. Het onderzoek werpt natuurlijk ook ethische vragen op: had het ooit mogen worden uitgevoerd of voortgezet?

Tegen het einde van het Stanford Prison Experiment verschilde het gedrag van de bewakers op bijna alle waarneembare punten van dat van de gevangenen (zie figuur 11.7). Toch was hun rol uitsluitend door het toeval beslist, in de vorm van een willekeurige indeling. Deze rollen hadden de verschillen in status en macht gecreëerd die door de gevangenissituatie werden gevalideerd en door het systeem van gevangenisautoriteiten werden ondersteund. Niemand leerde de participanten hoe ze hun rol moesten spelen. Zonder dat ze ooit een echte gevangenis hadden bezocht, hadden alle deelnemers eerder in hun leven iets over de interactie tussen machthebbers en machtelozen geleerd. Een bewaker is iemand die de vrijheid van een gevangene beperkt om zijn gedrag te beïnvloeden en om meer voorspelbaar gedrag af te dwingen. Deze taak wordt vergemakkelijkt door het toepassen van dwangmaatregelen, waaronder expliciete straf voor het schenden van de regels. Gevangenen kunnen alleen op de sociale structuur van een gevangenisomgeving reageren die door de machthebbers is gecreëerd. De enige keuze die de gevangenen hebben is die tussen opstand en gehoorzaamheid: de eerste keuze leidt tot straf, terwijl de tweede in het verlies van autonomie en waardigheid resulteert.

De studenten die aan het onderzoek deelnamen, hadden zulke machtsverschillen al meegemaakt bij veel van hun vorige sociale interacties in verschillende systemen: ouder-kind, docent-student, arts-patiënt, baas-werknemer, man-vrouw. In deze specifieke omgeving verfijnden en versterkten ze slechts hun eerdere gedragspatronen. Elke student had beide rollen kunnen spelen. Veel studenten in de rol van bewaker meldden dat ze verbaasd waren over het gemak waarmee ze het leuk gingen vinden de baas over anderen te spelen. Alleen al door het uniform aan te trekken veranderden ze van passieve studenten in agressieve gevangenbewaarders.

Behalve het gehoorzaamheidsonderzoek van Milgram en het Stanford Prison Experiment zijn er veel andere onderzoeken gedaan waarbij de macht van de situatie over het gedrag wordt aangetoond. Het gehoorzaamheidsonderzoek handelde echter over individuele autoriteit, bij het gevangenisexperiment ging het om de macht van een instelling, een systeem van overheersing. De bewakers hielden de situatie van mishandeling in stand, maar dat gold ook voor het psychologische onderzoeksteam; de politie leverde een bijdrage aan de realiteit van de situatie, net als vele anderen die de gevangenis bezochten: een gevangenisdominee, een advocaat, ouders en vrienden tijdens bezoekuren en burgers van de jury.

Beelden van het Stanford Prison Experiment.
Bron: Philip G. Zimbardo, Inc.

11.3.2 Keten van systematisch bevel

Psychologen streven naar een inzicht in gedrag om prosociale vormen van gedrag te bevorderen en antisociale aspecten van gedrag ten goede te veranderen. Inzicht in de vraag waarom sommige mensen zich schuldig maken aan 'slecht gedrag' leidt tot nieuwe ideeën over het wijzigen van de invloeden die deze gedragingen veroorzaken. Behalve disposities en situaties moeten systemen worden bestudeerd om inzicht in complexe gedragspatronen te krijgen.

Afwijkend, illegaal of immoreel gedrag van individuen in dienstverlenende beroepen, zoals politieagenten, gevangenisbewaarders of soldaten, of zelfs in het bedrijfsleven, wordt meestal afgedaan als de wandaden van enkele 'rotte appels'. De implicatie is dat de personen die dit gedrag vertonen een uitzondering vormen en dat ze aan de ene zijde van de harde grens tussen goed en kwaad moeten

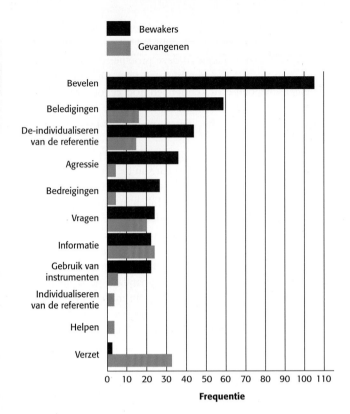

Bewakers
Gevangenen

Figuur 11.7

Gedrag bewakers en gevangenen

Bron: uit R.J. Gerrig en P.G. Zimbardo, *Psychology and Life*, 18de druk. Uitgegeven door Allyn en Bacon, Boston, MA, Copyright © 2008 Pearson Education. Overgenomen met toestemming van de uitgever.

worden geplaatst, terwijl de 'gezonde appels', die de meerderheid vormen, aan de andere zijde staan. Wie maakt dat onderscheid eigenlijk? Meestal zijn het de bewakers van het systeem; zij willen het probleem isoleren om de aandacht af te leiden van degenen aan de top die verantwoordelijk zijn voor het creëren van onmogelijke werkomstandigheden of voor een gebrek aan toezicht of supervisie. Op die manier worden de mensen aan de top van blaam gezuiverd. Bij het dispositionele standpunt van de rotte appel wordt het situationele standpunt van de slechte appelmand genegeerd: de potentieel corrumperende situationele invloed van zo'n systeem op degenen die zich daarin bevinden. Bij een systeemanalyse ligt het accent op degenen die zich één stap hoger in het systeem bevinden, op de 'makers van de appelmand', op degenen die de macht hebben om de mand vorm te geven. Dit is de 'machtselite', die de levensomstandigheden bepaalt van de mensen die hun tijd doorbrengen in de verschillende institutionele omgevingen die zij geschapen heeft.

Wat is er in de Abu Ghraib-gevangenis gebeurd?

Toen in april 2004 gruwelijke televisiebeelden werden uitgezonden, werd de wereld zich bewust van de mishandeling van Iraakse gevangenen door Amerikaanse gevangenbewaarders in de Abu Ghraib-gevangenis. Onmiddellijk wees de militaire commandoketen dit van de hand als het werk van enkele misdadige soldaten, terwijl de commandoketen van de Amerikaanse president het op soortgelijke wijze aan enkele rotte appels toeschreef. Beide systemen stelden al snel dat deze praktijken niet systematisch waren en in andere militaire gevangenissen niet plaatsvonden. Onderzoeksjournalist Seymour Hersh (2004a) toonde echter aan dat deze bewering een leugen was. Zijn analyse was dat beide machtssystemen schuld hadden. De titel van zijn artikel van 5 mei 2004 in de *New Yorker* luidde: 'Torture at Abu Ghraib. American Soldiers Brutalize Iraqis: How Far Up Does the Responsibility Go?' ('Marteling in Abu Ghraib. Amerikaanse soldaten mishandelen Irakezen: tot op welk niveau is men verantwoordelijk?') Zijn antwoord was: tot op het hoogste niveau van het militaire en civiele commandosysteem (zie ook Hersh, 2004b).

Bij een onderzoek van tientallen rapporten over deze mishandelingen, waarvan de meeste door generaals en regeringsfunctionarissen zijn opgesteld, wordt duidelijk de nadruk gelegd op de situationele invloed die de onmogelijke werkomstandigheden in de gevangenis hadden op de soldaten. Duidelijk is nu dat deze invloed mogelijk werd door het falen van het militaire leiderschap en toezicht. Deze rapporten wijzen behalve op het morele falen van de betrokken soldaten op vele situationele fouten en gebreken van het systeem (Zimbardo, 2007). In dit geval werkten dus dispositionele, situationele en systemische processen op elkaar in. Tragisch genoeg hebben zich voor, tijdens en ook na de gebeurtenissen in Abu Ghraib soortgelijke mishandelingen voorgedaan in andere militaire gevangenissen en oorlogsgebieden.

Een van de vele foto's die door Amerikaanse soldaten in Abu Ghraib werden gemaakt.
Bron: AP Images.

De systeemles

De belangrijkste les die kan worden getrokken uit deze paragraaf is dat *situaties worden gecreëerd door systemen*. Systemen bieden de institutionele ondersteuning, autoriteit en middelen waardoor situaties kunnen ontstaan. Bij de macht van systemen is sprake van autorisatie of geïnstitutionaliseerde toestemming om zich op voorgeschreven wijze te gedragen, of om handelingen die niet zijn toegestaan, te bestraffen. Deze macht vormt de 'hogere autoriteit', die nieuwe rollen bevestigt, en mensen nieuwe regels laat volgen en acties laat ondernemen die onder normale omstandigheden onderhevig zouden zijn aan de beperkingen van wetten en morele en ethische regels. De toestemming om af te wijken van de gebruikelijke regels wordt meestal in een mantel van ideologie gehuld. Ideologie is in essentie een stellingname die meestal dient om mensen ervan te doordringen dat 'het doel alle middelen heiligt'. De programma's, het beleid en de standaardprotocollen die worden ontwikkeld om de ideologie te ondersteunen, gaan een noodzakelijk onderdeel van het systeem vormen. Wanneer de ideologie eenmaal als heilig is geaccepteerd, worden de procedures van zulke systemen als redelijk en juist beschouwd.

Hoewel bij alle systemen individuen betrokken zijn op verschillende niveaus van macht en status, zijn de meeste systemen niet transparant: voor buitenstaanders is een groot deel van de werking ervan verborgen. Zelfs als een systeem zijn doelstellingen niet realiseert, zoals het geval is in veel gebrekkige opleidingssystemen of gevangenissen (en ook in grote bedrijven die zich schuldig maken aan corrupte praktijken), zijn de machthebbers verborgen voor de kritische blik van het publiek.

Wanneer de oorzaak van ongewenst gedrag in de situatie is gelegen, kunnen we voor het veranderen van dit gedrag en voor het bevorderen van meer sociaal wenselijk gedrag niet blijven vertrouwen op het individualistische, medische model waarbij mensen voor problematisch gedrag worden behandeld of gestraft. Als je een situatie wilt verbeteren, is het nodig inzicht te hebben in de systemen waarin deze gedragingen worden gecreëerd en in stand gehouden, en moeten deze systemen worden veranderd. Het is dus bijvoorbeeld beter om een model van gezondheidszorg te gebruiken dat erkent dat individuele nood en ziekte het gevolg zijn van systeemgevoeligheden en systeemfouten in de maatschappij. Niet alleen behandeling, maar ook preventie wordt dan een doel. Dit principe wordt gevolgd als we ons tegen een virus laten vaccineren en zo de verspreiding van een epidemie voorkomen. Een principe dat niet alleen voor virusinfecties zou moeten gelden, maar ook voor het kwaad van vooroordelen, geweld en psychische terreur in onze maatschappij.

 Psychologische kwesties
Ga naar 'In de praktijk' in de MyLab mediatheek om de mishandelingen in Abu Ghraib te begrijpen.

 Kritisch denken toegepast
Ga naar 'In de praktijk' in de MyLab mediatheek voor een bespreking van de vraag: 'Is terrorisme een zinloze daad van geweld, gepleegd door krankzinnige fanaten?'

Misschien associeer je het woord overredingskracht met reclame en politiek, maar dat zijn niet de enige terreinen waarop het begrip een rol speelt. Het is verweven met alle menselijke interacties, inclusief de uitwisseling van ideeën die plaatsvindt in de collegezaal. Daar proberen je docenten en je medestudenten jou te overtuigen door middel van gefundeerde argumenten, en ze verwachten van jou dat je je standpunten op dezelfde manier uiteenzet. Maar naast deze duidelijke uitwisseling van ideeën en opvattingen waarbij argumenten centraal staan, zijn er ook interacties waarbij subtielere verleiders aan het werk zijn. Psycholoog Robert Cialdini (2001a) vindt dat we ons daar beter bewust van moeten zijn, want als je ze niet kent, loop je het risico dat andere mensen bepalen wat jij vindt. Om je daartegen te wapenen, bespreken we enkele van die subtiele beïnvloedingsmethoden die je tijdens je studie aan de universiteit of hogeschool zult tegenkomen.

Sociale validering

Veel theorieën die tegenwoordig niet meer geldig zijn, waren eens algemeen geaccepteerd. Dit geldt bijvoorbeeld voor een aantal vastgeroeste ideeën in de psychologie: het idee dat we slechts 10 procent van onze hersenen gebruiken, het idee dat onze persoonlijkheid in de eerste twee levensjaren wordt bepaald en het idee dat IQ-tests een goede maatstaf vormen voor aangeboren vaardigheden. Dus in plaats van voetstoots aan te nemen wat je hoort en leest, is het een goede gewoonte om zelfs de meest geaccepteerde concepten met een kritische blik te

benaderen. Sterker nog, de meeste beroemde wetenschappers hebben carrière gemaakt doordat ze algemeen geaccepteerde ideeën vanuit een andere hoek beschouwden.

Autoriteit

Tijdens colleges en in je studieboeken kom je voortdurend autoriteiten tegen. De tussen haakjes geplaatste referenties in dit boek verwijzen stuk voor stuk naar een autoriteit. De meeste referenties zijn, deels, bedoeld om jou ervan te overtuigen dat de voorafgaande redenering betrouwbaar is. Het probleem is natuurlijk dat ideeën niet per se waar hoeven te zijn omdat een of andere autoriteit dat toevallig zegt. Tot een paar jaar geleden stond in elke introductie in de psychologie dat de hersenen na de geboorte geen nieuwe neuronen meer aanmaakten. Nu weten we dat dat niet waar is, dat de boeken en de geciteerde experts het fout hadden. Zulke beweringen kunnen alleen gestaafd worden door objectief bewijs dat is verkregen door de wetenschappelijke methode. Een uitspraak van een autoriteit is onvoldoende.

De 'vergiftigde parasiet'-redenering

In de reclamewereld probeert men soms een concurrent onderuit te halen door een boodschap te lanceren die de betrouwbaarheid van deze tegenstander ondermijnt. Om er vervolgens voor te zorgen dat mensen zich de boodschap blijven herinneren, infecteert men de tegenstander met een 'parasiet': een ezelsbruggetje dat de herinnering aan de boodschap oproept

zodra mensen geconfronteerd worden met de reclame van de concurrent (Brookhart, 2001). Een klassiek voorbeeld zijn de anti-rookadvertenties die op de reclamefilmpjes van Marlboro leken, behalve dat er in deze filmpjes een hoestende, doodzieke 'Marlboroman' optrad. Zo'n vergiftigde parasiet kun je ook in een college of studieboek tegenkomen in de vorm van het belachelijk maken van bepaalde ideeën. Dat is op zich niet slecht: in de academische wereld moeten zwakke ideeën zo snel mogelijk het veld ruimen. Maar als er sprake is van een verkeerde weergave of oversimplificatie van een bepaalde redenering, wordt deze techniek op een geniepige en oneigenlijke manier gebruikt. Je kunt je hiertegen wapenen door alert te zijn op het belachelijk maken van theorieën en door ervoor te zorgen dat je altijd alle argumenten bekijkt voordat je voor jezelf een oordeel velt.

De sociale psychologie van verleiding en overreding bestrijkt natuurlijk een veel breder terrein dan we hier hebben besproken. Meer informatie vind je in Cialdini's boek *Influence: The Psychology of Persuasion* (2007). Het belangrijkste idee is waarschijnlijk dat je met kennis over geniepige vormen van overreding beter bewapend bent tegen de verleidingstechnieken die je in je leven zult tegenkomen, zowel binnen als buiten de collegezaal. Als je weet hoe effectieve overredingstechnieken werken, ben je minder geneigd om geld te geven aan goede doelen die je eigenlijk niet belangrijk vindt, of om een theorie te accepteren zonder eerst kritisch naar de bewijzen te kijken.

Ga naar **www.pearsonmylab.nl** om je kennis en begrip van deze paragraaf te testen met de MyMap, MyCheck en MyDefinitions.

CENTRALE VRAAG: Hoe komt het dat gewone mensen bereid zijn anderen schade te berokkenen, zoals aangetoond werd in Milgrams schokkende experiment?

- Individueel gedrag wordt sterker beïnvloed door situationele factoren dan we beseffen, met alle goede en kwade gevolgen van dien. Als we begrijpen hoe die factoren werken, kunnen we ons wapenen tegen hun negatieve krachten.
- Situaties zijn ook persoonlijke, mentale constructies, omdat ieder van ons subjectieve realiteiten creëert van de gedragscontext om ons heen en van de mensen met wie we een liefde- of haatvolle relatie hebben.
- De meeste psychologen hebben systematische krachten grotendeels genegeerd, maar om effectief grote gedragsveranderingen teweeg te kunnen brengen, moeten ze ook beseffen hoe systemen situaties creëren en rechtvaardigen, situaties die op hun beurt invloed op onze gedachten, gevoelens en daden kunnen uitoefenen.

KERNVRAAG 11.1
· ·
▶ Hoe beïnvloedt de sociale situatie ons gedrag?

Sociaal psychologen bestuderen het gedrag van mensen of groepen in de context van bepaalde situaties. Bij veel onderzoek op dit gebied blijkt op welke wijze **normen** en **sociale rollen** een belangrijke bron van situationele invloed kunnen vormen. De Asch-studies demonstreren de sterke invloed van de groep bij het ontstaan van **conformisme**, zelfs als de groep duidelijk fout zit. Een andere onthullende demonstratie van de kracht van de situatie is afkomstig van Stanley Milgrams controversiële, experimentele onderzoek naar gehoorzaamheid aan een autoriteit. Situationele invloed kan ook tot inactiviteit leiden. Onderzoek naar het **omstandereffect** toont aan dat de kans dat een individu hulp biedt afhankelijk is van het aantal omstanders, de ambiguïteit van de situatie en de daaruit voortvloeiende perceptie van zijn sociale rol en verantwoordelijkheid. **Groepsdenken** vindt zelfs op het hoogste niveau van besluitvorming, in de regering, plaats, waarbij intelligente mensen handelingen, die rampzalig kunnen uitwerken, bepleiten door zonder na te denken de consensus van de groep of de mening van de leider te volgen. **Helden** zijn vaak gewone mensen die buitengewone handelingen verrichten om anderen te helpen of om weerstand te bieden aan het kwaad.

● **KERNCONCEPT 11.1**
We passen ons gedrag gewoonlijk aan de eisen van de sociale situatie aan, en in nieuwe of ambigue situaties reageren we op de cues die we afleiden uit het gedrag van anderen.

KERNVRAAG 11.2
· ·
▶ Het construeren van de sociale werkelijkheid: wat beïnvloedt ons oordeel over anderen?

De situatie op zich bepaalt niet hoe we ons gedragen. Het is onze eigen interpretatie van de situatie, onze geconstrueerde sociale realiteit, die ons gedrag reguleert, ook in onze sociale interacties. Gewoonlijk voelen we ons aangetrokken tot relaties die op de een of andere manier belonend zijn, maar er zijn uitzonderingen, zoals wordt voorspeld door de **theorie over de verwachte waarde** en de **cognitieve dissonantietheorie**. De attributietheorie voorspelt dat we andermans flaters wijten aan hun karaktereigenschappen (de **fundamentele attributiefout**), terwijl we onze eigen miskleunen toeschrijven aan de situatie (**self-serving bias**), hoewel deze neiging afhankelijk is van de cultuur waarin we leven. Gezonde liefdesrelaties vormen ook een demonstratie van de sociale constructie van de realiteit. Er bestaan vele soorten liefde en verschillende culturen hebben verschillende opvattingen over wat liefde is.
Vooroordelen en **discriminatie** demonstreren ook hoe we onze eigen sociale realiteit construeren door cognitieve

processen zoals de perceptie van **sociale afstand** en dreigingen, de invloed van stereotypen uit de media, een **zondebok aanwijzen** en **dehumaniserIng**.

We zijn allemaal kwetsbaar voor **stereotypedreiging**; deze kan een negatieve invloed op onze prestaties hebben wanneer ons wordt verteld dat we tot een groep behoren die bij bepaalde taken of proefwerken slecht presteert.

● KERNCONCEPT 11.2
Ons oordeel over anderen berust niet alleen op hun gedrag, maar ook op onze interpretatie van hun handelingen binnen een sociale context.

KERNVRAAG 11.3
· ·
▶ Hoe creëren systemen situaties die het gedrag beïnvloeden?

Uit talloze onderzoeken in de sociale psychologie, vooral uit onderzoeken naar gehoorzaamheid en conformisme, blijkt dat gewone mensen door de macht van de situatie afschuwelijke daden kunnen begaan (zoals de soldaten in de Abu Ghraib-gevangenis in Irak). Voor inzicht in zulk complex gedrag zijn drie analyseniveaus nodig: de disposities van het individu, de krachten van de situatie en de **macht van het systeem** waardoor bepaalde situaties worden gecreëerd en in stand gehouden.

Bij het Stanford Prison Experiment werden gedurende bijna een week 'goede appels' in een 'slechte mand' gestopt, om te testen of de uitkomst door dispositionele of door situationele factoren kon worden verklaard. Wat echter werd genegeerd, is het systeem dat zulke slechte manden voortbrengt. Voor het veranderen van onacceptabel gedrag, zoals pesten, discriminatie of terrorisme, is niet alleen inzicht nodig in gedragsmodificatie van de afzonderlijke daders. Ook is er inzicht nodig in de wijze waarop machtssystemen en de situaties die ze creëren en in stand houden, kunnen worden gemodificeerd.

● KERNCONCEPT 11.3
Systemen geven vorm aan situaties, waardoor vervolgens het gedrag wordt beïnvloed. Door inzicht in het functioneren van systemen, begrijpen we beter hoe we die (en daarmee hun invloed op ons) kunnen veranderen.

 Op **www.pearsonmylab.nl** vind je tools en toetsen om je begrip en kennis van dit hoofdstuk uit te breiden en te oefenen.

BELANGRIJKE BEGRIPPEN

Asch-effect (p. 443)

Autokinetisch effect (p. 444)

Beloningstheorie van aantrekkings-kracht (p. 458)

Cognitieve dissonantie (p. 462)

Cohesie (p. 447)

Conformisme (p. 443)

Dehumanisering (p. 472)

Discriminatie (p. 469)

Dispositionalisme (p. 439)

Driedimensionale theorie over de liefde (p. 464)

Fundamentele attributiefout (fundamental attribution error, FAE) (p. 465)

Groepsdenken (p. 446)

Held (p. 451)

Kameleoneffect (p. 441)

Macht van het systeem (p. 474)

Matching hypothese (p. 461)

Nabijheid (p. 459)

Omstandereffect (bystander effect) (p. 455)

Openheid (p. 459)

Principe van gelijkheid (p. 459)

Romantische liefde (p. 464)

Self-serving bias (p. 466)

Situationisme (p. 439)

Sociale afstand (p. 469)

Sociale context (p. 437)

Sociale neurowetenschappen (p. 446)

Sociale norm (p. 440)

Sociale psychologie (p. 437)

Sociale rol (p. 439)

Stereotypedreiging (p. 473)

Stereotypelift (p. 474)

Theorie over de verwachte waarde (p. 461)

Vooroordeel (p. 468)

Zondebok aanwijzen (p. 471)

▶ KERNVRAGEN	● KERNCONCEPTEN	■ IN DE PRAKTIJK

12.1 Wat is een psychische stoornis?

12.1.1 Veranderende ideeën over psychische stoornissen

12.1.2 Indicatoren van psychische stoornissen

12.1 Het medische model beschouwt psychische stoornissen als een 'ziekte', terwijl de psychologie ze opvat als een interactie tussen biologische, gedragsmatige, cognitieve, ontwikkelings- en sociaal-culturele factoren.

Doe het zelf!
Een waarschuwing aan de lezer

Psychologische kwesties
ICD-10 versus *DSM*

12.2 Hoe worden psychische stoornissen geclassificeerd?

12.2.1 Overzicht van het *DSM*-classificatiesysteem

12.2.2 Stemmingsstoornissen

12.2.3 Angststoornissen

12.2.4 Schizofrenie

12.2.5 Ontwikkelingsstoornissen

12.2.6 Persoonlijkheidsstoornissen

12.2.7 Aanpassingsstoornissen en andere aandoeningen

12.2.8 Sekseverschillen bij psychische stoornissen

12.2 De *DSM* is het classificatiesysteem dat wereldwijd het meeste wordt gebruikt voor psychische stoornissen. Dit systeem classificeert de stoornissen op grond van hun psychische en gedragsmatige symptomen.

Doe het zelf!
Een checklist voor depressie
op www.pearsonmylab.nl

Dieper graven
Psychopathologie en de nieuwe *DSM-5* op www.pearsonmylab.nl

Psychologie gebruiken om psychologie te leren

Psychologische kwesties
Wat zijn de consequenties als je iemand een etiket opplakt?

Doe het zelf!
De relatie tussen stoornissen en de psychologische processen die ze verstoren

Kritisch denken toegepast
Terug naar Rosehans onderzoek
op www.pearsonmylab.nl

CENTRALE VRAAG: Is het mogelijk om onderscheid te maken tussen een psychische stoornis en enkel ongewoon gedrag? Anders gezegd: zijn er specifieke tekenen die duidelijk op een psychische stoornis wijzen?

 Op **www.pearsonmylab.nl** vind je tools en toetsen om je begrip en kennis van dit hoofdstuk uit te breiden en te oefenen.

Foto: Debbie Schiel.

D e vrijwilligers, vijf mannen en drie vrouwen, wisten dat ze volledig op zichzelf waren aangewezen. Eerst moest ieder van hen proberen om als patiënt een psychiatrisch ziekenhuis binnen te komen. Als ze daarin slaagden, was de volgende opdracht om het personeel ervan te overtuigen dat ze eigenlijk volkomen gezond waren, en dus weer ontslagen konden worden. De deskundigen van het ziekenhuis werden zo op de proef gesteld. Ze zouden namelijk tot de ontdekking komen dat bij de nieuwe 'patiënt' nimmer een psychische afwijking was geconstateerd. Tegelijkertijd zouden ze twijfelen: was deze persoon wel zo 'normaal'? Welk normaal mens zou immers

liegen om hun ziekenhuis binnen te komen? Wat ze niet zouden weten: de wispelturige nieuwkomer werkte mee aan een onderzoek naar de vraag of 'normaliteit' in een psychiatrisch ziekenhuis zou worden opgemerkt. De onderzoeksleider, David Rosenhan, was zelf een van de zogenaamde patiënten. Hij vermoedde dat de definities van begrippen als *geestelijke gezondheid, krankzinnigheid, schizofrenie, psychische stoornis* en *abnormaliteit* minder helder zijn dan men in de psychiatrische gemeenschap dacht. Een tweede onderzoekshypothese luidde dat een deel van het afwijkende of 'abnormale' gedrag van psychiatrische patiënten wordt veroorzaakt door de abnormale atmosfeer in het psychiatrische ziekenhuis, en niet door de ziekte zelf. Om deze ideeën te testen, besloten Rosenhan en zijn collega's eens te kijken hoe het personeel van een psychiatrisch ziekenhuis omging met patiënten die niet psychisch gestoord waren. Zouden de medewerkers van het psychiatrisch ziekenhuis gezonde mensen kunnen onderscheiden van mensen met psychische stoornissen?

De proefpersonen meldden zich een voor een bij verschillende ziekenhuizen met de klacht dat ze sinds kort stemmen hoorden die dingen zeiden als 'leeg', 'hol' of 'plof'. Dat was de enige klacht. Ze zeiden niets over eventuele andere symptomen van een psychische stoornis. Alle proefpersonen gebruikten een valse naam en de vier die werkzaam waren in de geestelijke gezondheidszorg logen over de aard hun beroep. Dat waren de enige, kleine leugens die ze vertelden, voor het overige gaven ze eerlijk antwoord op alle vragen. Eenmaal binnen probeerden de simulanten zich zo normaal mogelijk te gedragen, hoewel het vooruitzicht van een opname in de vreemde ziekenhuisomgeving hen wel enigszins onzeker maakte. Ze vroegen zich ook af of ze wel toegelaten zouden worden, in plaats van ontmaskerd te worden. Die zorg verdween snel. Het kostte de proefpersonen weinig moeite om in een van de twaalf ziekenhuizen uit het onderzoek te worden opgenomen (sommigen haalden het geintje twee keer uit). Bij op één na alle 'patiënten' werd de diagnose 'schizofrenie' gesteld, een ernstige psychische stoornis die dikwijls gepaard gaat met het horen van imaginaire stemmen.

Nadat ze waren opgenomen, repten de simulanten met geen woord meer over stemmen of andere abnormale symptomen. Sterker nog, ze deden hun uiterste best om zo snel mogelijk te worden ontslagen. De enige duidelijke 'afwijking' die ze vertoonden, was dat ze aantekeningen maakten over het onderzoek – eerst in het geniep en later openlijk. Uit de ziekenhuisverslagen bleek dat de verplegers dit gedrag opvatten als onderdeel van de ziekte van de patiënt. (Een commentaar luidde: 'Patiënt wijdt zich aan schrijfgedrag.') De patiënten voelden zich overwegend door het personeel genegeerd, zelfs wanneer ze om hulp of advies vroegen. Als het personeel al met de patiënten omging, leek het wel alsof de patiënten eenvoudigweg 'gevallen' waren en geen mensen. Daardoor kostte het de zogenaamde patiënten gemiddeld negentien dagen

om het personeel ervan te overtuigen dat ze gezond genoeg waren om te vertrekken. Eén onfortuinlijke proefpersoon werd pas na twee maanden ontslagen! Dit klassieke onderzoek leidde tot een belangrijke conclusie, die de psychiatrische wereld op zijn grondvesten deed schudden. Geen enkel gekwalificeerd personeelslid had door dat een van Rosenhans pseudopatiënten een mentale stoornis simuleerde. Natuurlijk is het mogelijk dat de staf ervan uitging dat de patiënten ziek waren ten tijde van de opname, en dat hun toestand tijdens hun verblijf in het ziekenhuis verbeterde. Maar dat pleit het personeel niet volledig vrij: ondanks hun uitgesproken normale gedrag werd geen van de zogenaamde patiënten tijdens zijn of haar verblijf in het ziekenhuis ooit als 'normaal' of 'gezond' aangemerkt. Tot op de dag van hun ontslag ging het personeel ervan uit dat de proefpersonen aan schizofrenie leden, zij het in 'remissie'.

Was het personeel van het ziekenhuis ondeskundig of lette het niet goed op? Rosenhan dacht van niet. Dat het personeel het gedrag van de pseudopatiënten niet als normaal waarnam, schreef hij toe aan het feit dat ze het druk hadden met papierwerk en andere taken, waardoor er weinig tijd overbleef voor observatie en interactie met de patiënten. Ook het ontwerp van de psychiatrische ziekenzalen droeg bij aan het probleem: de personeelsleden brachten hun tijd voor het merendeel door in een met glas afgescheiden ruimte die door de patiënten 'de kooi' werd genoemd. Rosenhan (1973a) zei daarover:

> Het zou een vergissing zijn, en een hele ongelukkige, om wat ons is overkomen te wijten aan kwade opzet of domheid van het personeel. Onze indruk van hen was juist het tegenovergestelde. Het waren mensen die werkelijk om ons gaven, die zich betrokken voelden en die buitengewoon intelligent waren. Als ze in de fout gingen, en dat gebeurde meermaals, is het meer conform de waarheid om die fouten toe te schrijven aan de omgeving waaraan ook zij waren overgeleverd, dan aan persoonlijke ongevoeligheid. Hun percepties en gedrag werden bepaald door de situatie… (p. 257)

Het probleem dat het onderzoek van Rosenhan voor ons opwerpt, luidt als volgt:

CENTRALE VRAAG: Is het mogelijk om onderscheid te maken tussen een psychische stoornis en enkel ongewoon gedrag? Anders gezegd: zijn er specifieke tekenen die duidelijk op een psychische stoornis wijzen?

Dit is het centrale thema van dit hoofdstuk. Houd in gedachten dat Rosenhan het bestaan van psychische stoornissen niet ter discussie stelde. Hij erkende de **psychopathologie** (ook wel *psychische stoornis* of *geesteszieke* genoemd) als aandoeningen die ernstig lijden kunnen veroorzaken. Maar hij zette vraagtekens bij klinische oordelen die in de geestelijke gezondheidszorg worden geveld: hij wilde benadrukken dat het soms moeilijk is om normale mensen van afwijkende te onderscheiden, vooral op het moment dat we 'abnormaliteit' verwachten te zien. Rosenhans onderzoek met de pseudopatiënten veroorzaakte een geweldige consternatie en veel psychiaters en klinisch psychologen waren sterk verontwaardigd. In verschillende reacties in *Science*, het tijdschrift waarin het onderzoek was gepubliceerd, werd Rosenhan ervan beschuldigd dat zijn onderzoek onzorgvuldig was geweest en dat hij de reputatie van de geestelijke gezondheidszorg had beschadigd. Hadden ze gelijk? Vertoonde het onderzoek van Rosenhan gebreken? Of waren dit slechts uitingen van degenen die het onderzoek van Rosenhan als een persoonlijke aanval hadden opgevat? Op de website, bij 'Kritisch denken toegepast', richten we ons op deze vragen. Laten we hier nu eens kijken naar de wijze waarop kan worden bepaald wat een psychische stoornis is en hoe deze kan worden herkend.

◀◀ **Verbinding hoofdstuk 11**
Ook de sociale psychologie heeft nadruk gelegd op de macht van de situatie op gedrag (p. 438).

Psychopathologie: Elk patroon van emoties, gedragingen of gedachten dat niet bij de situatie past en dat persoonlijk lijden veroorzaakt of het individu ervan weerhoudt om belangrijke doelen te realiseren.

◀◀ **Verbinding hoofdstuk 1**
Het cognitieve perspectief zegt dat onze cognities onze geestelijke gezondheid – of geestelijke stoornissen – kunnen beïnvloeden (p. 13).

Publiekscampagnes kunnen begrip voor psychische problemen vergroten. In Nederland organiseert het Fonds Psychische Gezondheid (www.psychischegezondheid.nl) verschillende campagnes.

KERNVRAAG 12.1
▶ Wat is een psychische stoornis?

Wereldwijd bekeken, maken psychische klachten en geestelijke ongezondheid overal een snelle opmars. Volgens de Wereldgezondheidsorganisatie lijden over de hele wereld ongeveer 450 miljoen mensen aan psychische stoornissen en de meesten van hen wonen in arme landen waar geen instellingen voor geestelijke gezondheidszorg bestaan (Miller, 2006d). Depressie veroorzaakt bijvoorbeeld meer invaliditeit bij mensen van 15-44 dan alle andere aandoeningen, met uitzondering van hiv/aids. In Nederland en België is dat beeld niet anders. Het aantal Nederlanders en Belgen met psychische problemen groeit.
Uit de Nationale Gezondheidsenquête (Demarest et al., 2010) blijkt dat een kwart (26 procent) van de Belgen 'slecht in zijn vel zit', waarvan een groot deel (16 procent) zelfs een vrij ernstig psychologisch probleem rapporteert. Volgens

een Nota van de Vlaamse Gezondheidsraad (2006) is bovendien de hoge incidentie van zelfdoding met gemiddeld drie zelfmoordpogingen per dag een bijzonder punt van aandacht. Bij mannelijke dertigers en veertigers is zelfdoding momenteel de belangrijkste doodsoorzaak, terwijl dit voor vrouwen het geval is bij de 25-29 jarigen.

Nederlandse cijfers komen van het NEMESIS-2 onderzoek, een grootschalige studie naar de psychische gezondheidstoestand van de Nederlandse bevolking van het Trimbos-instituut (De Graaf et al., 2010). Deze cijfers laten zien dat ongeveer 18 procent van de Nederlanders tussen de 18 en 64 jaar lijdt aan een psychische aandoening. Gedurende het gehele leven lijdt naar schatting 43 procent van de Nederlandse bevolking ooit aan een psychische stoornis – met uitzondering van persoonlijkheidsstoornissen en zwakzinnigheid.

Maar het is, zoals het onderzoek van Rosenhan liet zien, niet eenvoudig om een onderscheid te maken tussen 'normaal' en 'abnormaal'. Klinisch psychologen kijken naar drie klassieke symptomen van ernstige psychopathologie: hallucinaties, wanen en extreme affectieve verstoringen. **Hallucinaties** zijn zintuiglijke belevingen die niet overeenkomen met de werkelijkheid, zoals stemmen in het hoofd of 'dingen zien' (Rosenhans simulanten beweerden dat zij daar last van hadden). **Wanen** zijn extreme verstoringen van het denken, waaronder hardnekkige irrationele overtuigingen. Als je denkt dat je Napoleon bent (wat niet het geval is), is dat een symptoom van pathologie. Of als je denkt dat er mensen 'achter je aan zitten' (terwijl dat niet zo is) heb je waarschijnlijk een waanstoornis. Ook mensen wier **affect** (emotionele leven) zonder duidelijke oorzaak verstoord is en die gedeprimeerd, angstig of manisch zijn – of die juist helemaal geen emoties lijken te hebben – vertonen mogelijke tekenen van een ernstige psychische stoornis.

Over deze tekenen van distress (lijden) bestaat onder deskundigen een redelijke consensus. Dat geldt echter niet voor veel andere symptomen van psychisch lijden. Wat 'abnormaal' of afwijkend is en wat niet, is dus moeilijk te beoordelen. Dit komt doordat er geen scherpe grens bestaat tussen normaal en abnormaal denken en gedrag. Misschien helpt het om je een psychische stoornis voor te stellen als een punt op een continuüm of een dimensie, die zich uitstrekt van de volledige afwezigheid van de stoornis tot ernstige gestoordheid (zie tabel 12.1). Het idee hierachter is dat mensen met psychische stoornissen geen aparte groep vormen. Hun stoornissen zijn daarentegen normale reacties in een verhevigde vorm. Zoals in de volgende paragraaf zal blijken, benadrukt men ook in de classificatie van psychopathologie de laatste jaren steeds meer het dimensionele karakter van psychische stoornissen.

In dit deel van het hoofdstuk concentreren we ons op twee tegengestelde visies op psychopathologie. De ene visie is afkomstig uit de geneeskunde en wordt soms het 'medische model' van psychische stoornissen genoemd. Deze invalshoek benadert psychische problemen in grote lijnen op dezelfde manier als lichamelijke problemen: als ziekten. De andere invalshoek, de psychologische, beschouwt psychische stoornissen als het gevolg van diverse factoren die zich zowel in de persoon zelf bevinden, als in zijn of haar omgeving. Het kernconcept van deze paragraaf luidt:

Hallucinatie: Zintuiglijke beleving die niet overeenkomt met de werkelijkheid; kan op een psychische stoornis wijzen. Hallucinaties kunnen ook een andere oorzaak hebben, zoals drugs of langdurige afwezigheid van sensorische input.

Waan: Extreme verstoring van het denken, waaronder hardnekkige foutieve overtuigingen. Wanen vormen een belangrijk kenmerk van paranoïde stoornissen.

Affect: Term die verwijst naar een emotie of stemming.

● **KERNCONCEPT 12.1**
Het medische model beschouwt psychische stoornissen als een 'ziekte', terwijl de psychologie ze opvat als een interactie tussen biologische, gedragsmatige, cognitieve, ontwikkelings- en sociaal-culturele factoren.

De in de westerse wereld als de twee belangrijkste beschouwde visies op psycho-pathologie, het medische model en de psychologische invalshoek, staan dikwijls lijnrecht tegenover elkaar. Tot op zekere hoogte is er sprake van een professionele machtsstrijd over de vraag tot wiens territorium de psychopathologie behoort. Maar een deel van het conflict stamt uit het verleden, zoals we verderop zullen ontdekken.

Tabel 12.1 Het spectrum van psychische stoornissen

Een psychische stoornis is te beschouwen als een punt op een spectrum dat zich uitstrekt van de totale afwezigheid van pathologische symptomen tot aan ernstige stoornissen, als bijvoorbeeld schizofrenie. Het is belangrijk dat je beseft dat er geen scherp onderscheid bestaat tussen mensen met een psychische stoornis en mensen die 'normaal' zijn.

Geen stoornis	Lichte stoornis	Middelmatige stoornis	Ernstige stoornis
• Geen tekenen die op een psychische stoornis wijzen • Geen gedragsproblemen • Geen problemen in persoonlijke relaties	• Lichte tekenen van ongemak of distress • Enigszins problematische gedragingen • Lichte problemen in persoonlijke relaties	• Meer uitgesproken of frequentere tekenen van ongemak of distress • Duidelijke gedragsproblemen • Regelmatig problemen in persoonlijke relaties	• Duidelijke tekenen van een psychische stoornis volgens *DSM*-criteria • Ernstige gedragsproblemen volgens *DSM*-criteria • Kwaliteit van relaties is slecht en soms ontbreken persoonlijke relaties zelfs

12.1.1 Veranderende ideeën over psychische stoornissen

In de oudheid voelde men zich omringd door bovennatuurlijke krachten, die verantwoordelijk waren voor geluk, ziekten en rampen. De mensen geloofden dat psychopathologie werd veroorzaakt door demonen en geesten die zich in de geest en het lichaam van het slachtoffer hadden verschanst (Sprock & Blashfield, 1991). Als jij in die tijd had geleefd, had je waarschijnlijk dagelijks rituelen volbracht om deze bovennatuurlijke wezens te slim af te zijn of om ze te gunstig te stemmen. Aangenomen wordt dat de Griekse arts Hippocrates de eerste was die psychische stoornissen op een wetenschappelijke manier benaderde toen hij rond 400 v. Chr. verklaarde dat abnormaal gedrag een lichamelijke oorzaak had. Zoals we in het hoofdstuk over persoonlijkheid zagen, onderwees hij zijn leerlingen dat ze symptomen van psychopathologie moesten interpreteren als het gevolg van een verstoring in het evenwicht tussen de vier lichaamssappen, die hij 'humores' noemde. Dat waren: bloed, flegma (slijm), zwarte gal en gele gal. Mensen met een teveel aan zwarte gal zouden geneigd zijn tot melancholie of depressie, ter-wijl mensen met te veel bloed sanguinisch (optimistisch of monter) waren. Met deze revolutionaire opvatting introduceerde Hippocrates de psychopathologie in de wereld van de westerse medische wetenschap, waar zijn uitgangspunten tot het einde van het Romeinse Rijk een belangrijke rol bleven spelen.

◀◀ **Verbinding hoofdstuk 10**
Hippocrates' theorie van de vier 'humores' is een theorie over temperamenten (p. 396).

In de middeleeuwen raakte het Hippocratische model van psychische stoornis-sen ondergesneeuwd door talloze vormen van bijgeloof. Onder invloed van de kerk vielen artsen en geestelijken terug op de oudere opvattingen die abnormaal gedrag toeschreven aan demonen en heksen. Het was de tijd van de inquisitie en de inquisiteurs meenden dat elk afwijkend gedrag het werk van de duivel was. 'Genezing' was alleen mogelijk door de demonen uit de geest van het onfortuin-lijke slachtoffer te verjagen. Overal op het Europese continent werden duizenden geestelijk gestoorde mensen gemarteld en geëxecuteerd.

Het medische model

Aan het eind van de achttiende eeuw komt, dankzij de opkomst van de weten-schap, Hippocrates' opvatting van psychopathologie als ziekte weer bovendrijven.

Schilderij van de heksenprocessen in Salem, Massachusetts, in 1692. De gemeenschap van Salem was opgeschrikt door het bericht dat een aantal meisjes aan convulsies en sensorische stoornissen zou lijden, tekenen van bezetenheid door demonen. Uiteindelijk werd een grote groep inwoners schuldig bevonden aan hekserij en geëxecuteerd. Later bleek dat de meisjes waarschijnlijk waren vergiftigd door een schimmel die op rogge groeit – dezelfde schimmel die als grondstof wordt gebruikt in de hallucinogene drug LSD (Caporeal, 1976; Matossian, 1982, 1989).

Bron: Peabody Essex Museum.

Medisch model: Standpunt dat psychische stoornissen ziekten zijn die, net als lichamelijke ziekten, een objectieve oorzaak hebben en een specifieke behandeling vereisen.

Het hieruit voortkomende **medische model** beschouwt psychische stoornissen als ziekten van de geest, die, net als lichamelijke ziekten, een objectieve oorzaak hebben en een specifieke behandeling vereisen. Langzamerhand begon men individuen met psychologische problemen als zieke mensen te beschouwen, in plaats van als door demonen bezeten of immoreel. Deze nieuwe theorie had ingrijpende gevolgen! Men voelde zich niet langer genoodzaakt mensen met psychische stoornissen martelingen of andere vormen van mishandeling te laten ondergaan. Er verschenen 'toevluchtsoorden' waar de 'geesteszieken' rust en bezinning, en eenvoudig, maar zinvol werk vonden. In deze ondersteunende omgeving vertoonden vele patiënten een duidelijke vooruitgang; sommigen bloeiden zelfs helemaal op (Maher & Maher, 1985). Helaas groeiden de oorspronkelijke toevluchtsoorden door politieke druk al snel uit tot overbevolkte pakhuizen vol verwaarloosde patiënten.

Ondanks deze problemen was het medische model absoluut een verbetering ten opzichte van het 'demonische' model. En nu, enkele eeuwen later, menen moderne psychologen dat we klaar zijn voor een volgende revolutionaire wijziging van het perspectief, omdat het medische model ook zijn zwakke plekken heeft. Zo wijzen ze erop dat het concept 'ziekte' alle verantwoordelijkheid voor de diagnose en de behandeling bij de therapeut legt. Hierdoor is de patiënt niets anders dan een passieve consument van medicijnen en adviezen, in plaats van iemand die actief deelneemt aan de behandeling. Volgens hedendaagse psychologen heeft deze opvatting ongewenste gevolgen, zoals een afhankelijke houding en overbodige medicatie, en zet het de patiënt onvoldoende aan tot het leren van gezonde 'coping'-strategieën en gezond gedrag.

Door de houding die zich laat omschrijven als 'de dokter weet het het beste', verschuift de verantwoordelijkheid voor (en het werk met betrekking tot) de behandeling van psychische stoornissen van de psychologie naar de psychiatrie. Het medische model leidt ertoe dat een psychologische behandeling van een psychische 'ziekte' alleen zou kunnen plaatsvinden door artsen of onder supervisie van een arts. Dat zou betekenen dat psychologen door het medische model worden gedegradeerd tot therapeuten van het tweede garnituur. Een idee dat door psychologen zelf uiteraard wordt bevochten.

◀◀ **Verbinding hoofdstuk 1**
Psychiaters hebben geneeskunde gestudeerd, in tegenstelling tot psychologen (p. 7).

Psychologische modellen

Veel psychologen zijn het dus niet eens met het medische model. Maar wat is hun alternatief? Tegenwoordig zijn de meeste klinisch psychologen overgegaan op combinaties van psychologische perspectieven die afkomstig zijn uit het behaviorisme, de cognitieve psychologie, de ontwikkelingspsychologie, het sociaal leren en de biologische psychologie of biopsychologie (in Vlaanderen ook wel gedragsbiologie genoemd). We gaan deze vakgebieden nader bestuderen.

Psychologische alternatieven voor het medische model   Moderne psychologen zijn het eens met de stelling van het medische model dat biologie een rol kan spelen in psychische stoornissen. Er moet zeker rekening gehouden worden met het *biologische perspectief* als het gaat om genetische invloeden bij depressie, schizofrenie, angststoornissen, verstandelijke handicaps en allerlei andere aandoeningen. Maar in de psychologie wordt ook rekening gehouden met factoren gerelateerd aan gedrag, cognitie en ontwikkeling en met sociaal-culturele factoren – factoren die in het medische perspectief vaak worden genegeerd.

Het *behavioristisch perspectief* richt zich voor wat betreft de persoon op het uitwendig waarneembare en benadrukt de invloed van de omgeving. Gedragspsychologie vertelt ons dus dat allerlei abnormale gedragingen op dezelfde manier kunnen worden aangeleerd als gezond gedrag: door gedragsmatig leren. Gebruikmakend van dit perspectief kunnen we ons concentreren op de omgevingsinvloeden die abnormaal gedrag in stand houden: beloningen en straffen. Zo zou je vanuit behavioristisch perspectief kunnen concluderen dat angst om in het openbaar te spreken het gevolg is van een onprettige ervaring op dat gebied. Die zou dan kunnen leiden tot het vermijden van situaties waar je mogelijk zou moeten spreken in het openbaar.

Het *cognitieve perspectief* richt zich op het mentale en legt de nadruk op psychische processen, zoals gedachten, gevoelens, percepties en herinneringen. De cognitieve psychologie concentreert zich op vragen als: Geloven mensen dat ze controle over hun eigen leven hebben (hebben ze een interne of externe locus of control)? Hoe gaan ze om met bedreiging en stress? Hebben ze vaak problematische emoties, zoals depressies of angsten?

We hebben in het hoofdstuk over leren gezien dat theoretici op het gebied van sociaal leren een brug hebben geslagen tussen deze verschillende perspectieven. Zowel behavioristisch psychologen als cognitief psychologen erkennen nu dat cognitie en gedrag zich gewoonlijk voordoen in een sociale context en dat bij de bestudering van cognitie en gedrag dus een *sociaal perspectief* nodig is. Met zo'n bril op zal een psycholoog vragen naar het sociale ondersteuningssysteem van een cliënt, en naar de sociale bronnen van stress gerelateerd aan werk, school of familie- en vriendenkring.

Albert Bandura is een voorbeeld van een psycholoog die het sociale, behavioristische en cognitieve perspectief combineert: zijn concept van wederzijds (reciproque) determinisme suggereert dat gedrag, cognitie en sociale (omgevings)factoren elkaar wederzijds beïnvloeden door sociaal leren, gedragsmatig leren en cognitief leren. Vanuit dit standpunt kan angst voor spreken in het openbaar bijvoorbeeld worden opgevat als een product van sociaal leren, gedragsmatig leren en cognitief leren. De angst voor spreken in het openbaar zou dus zijn wortels in sociaal leren kunnen hebben wanneer je mensen hebt horen spreken over hun 'plankenkoorts' en angst om een toespraak te houden. Tegen die achtergrond zou je misschien een onplezierige gedragsmatige conditionering kunnen hebben gehad: een ervaring waarbij je werd uitgelachen terwijl je een toespraak hield. Door die ervaring kun je jezelf, als gevolg van cognitief leren, gemakkelijk als een 'slecht spreker' gaan zien. Een gevolg van deze opeenvolging van sociaal leren, gedragsmatig leren en cognitief leren, waarbij elke stap de andere stappen reciproque (wederzijds) versterkt, is het idee dat spreken in het openbaar een angstwekkende ervaring is. Vanuit een ontwikkelingsperspectief, ten slotte, kijkt men bij psychische stoornissen naar afwijkingen van het verwachte biologische en psychologische ont-

◀◀ **Verbinding hoofdstuk 10**
Wederzijds of reciproque determinisme is een deel van de theorie over sociaal leren van Bandura (p. 419).

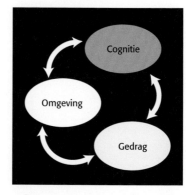

Wederzijds of reciproque determinisme is het proces waarbij onze cognities, ons gedrag en onze omgeving elkaar beïnvloeden.

wikkelingspatroon. Begon het kind te praten in het tweede levensjaar? Heeft de persoon een functionele theory of mind, waardoor hij of zij de gedachten en bedoelingen van anderen kan begrijpen? Stemt de mate waarin emoties worden beheerst overeen met wat voor een bepaalde leeftijd verwacht mag worden? Dergelijke vragen helpen een arts om stoornissen als autisme en geestelijke achterstand vast te stellen en te behandelen.

Een geheel andere manier om naar psychische problemen te kijken, wordt geformuleerd in de zogeheten empowermentbenaderingen, zoals het *empowerment model van herstel* (Fisher, 2005) en andere, verwante modellen. In deze modellen wordt *empowerment* opgevat als het zich bewust zijn van de eigen capaciteiten, het nemen van de regie over het eigen leven en het zelf maken van keuzes. In tegenstelling tot het medische model, dat ervan uitgaat dat de expertise van de arts de patiënt zal laten genezen, gaan deze modellen ervan uit dat de patiënt zijn conditie zelf, met wat hulp, kan sturen in de richting van rehabilitatie en/of genezing van zijn of haar psychische stoornis.

Het empowerment model van herstel gaat uit van tien principes, op basis waarvan iedereen geholpen kan worden het leven weer in eigen hand te nemen en te werken aan genezing:
● belang hechten aan vertrouwen;
● belang hechten aan zelfbeschikking;
● hopen: geloven in je herstel;
● geloven in de persoon;
● verbonden zijn op een menselijk niveau;
● beseffen dat gedrag altijd betekenisvol is;
● beseffen dat ieder zijn eigen stem heeft;
● toestaan van alle gevoelens;
● belang hechten aan het volgen van dromen;
● elkaar ontmoeten met waardigheid en respect.

Andere empowermentmodellen zijn het *Strengths Model* (Rapp, 1998; Rapp & Goscha, 2006) en het *Chronic Care Model* (Wagner et al., 1999; Wagner et al. 2001). Hoewel bij deze modellen ook de empowerment van de cliënt centraal staat, stelt elk van deze modellen – in tegenstelling tot het model van Fisher – de overtuiging dat men van een psychische stoornis kan genezen, niet voorop. Het gebruik van empowerment is bij deze benadering vooral gericht op (zo veel mogelijk zelfstandige) integratie van mensen met ernstige psychische problemen. In Nederland wordt zowel in de geestelijke gezondheidszorg als daarbuiten steeds meer gebruikgemaakt van de empowermentbenadering. Ook maakt het Strengths model sinds een aantal jaar deel uit van het opleidingsaanbod van de RINO Groep (een instituut dat opleidingen, trainingen en cursussen verzorgt voor professionals in de geestelijke gezondheidszorg in Nederland).

De biopsychologie van psychische stoornissen   Hoewel de meeste psychologen grote bedenkingen hebben bij het medische model, ontkennen ze niet dat de biologie ons denken en gedrag beïnvloedt. De afgelopen jaren is er enorm veel neurowetenschappelijk onderzoek verricht, waaruit eens temeer blijkt dat de hersenen een complex orgaan zijn. Zo heeft men ontdekt dat de psychische functies van de hersenen afhankelijk zijn van een zeer gevoelig evenwicht tussen chemische stoffen en neurale circuits dat voortdurend wordt gewijzigd door onze ervaringen. Genetische invloeden, hersenletsel, stress en infecties zijn weer andere factoren die de biologische weegschaal kunnen laten doorslaan naar psychopathologie (zie figuur 12.1). De moderne biopsychologie gaat er dus van uit dat niet alleen cognitieve, gedragsmatige, ontwikkelingsgebonden en sociaal-culturele factoren, maar ook de hersenen, het zenuwstelsel en andere biologische

factoren een rol kunnen spelen bij psychische stoornissen (Insel, 2010).
Ook het onderzoek naar erfelijke factoren heeft een bijdrage geleverd: door het
Human Genome Project zijn alle tot nu bekende erfelijke kenmerken van de
mens gespecificeerd. Veel psychologen beschouwen deze prestatie als een goede
kans voor genetici die op zoek zijn naar genen die met specifieke psychische
stoornissen zijn geassocieerd (NIMH, 2003b). Dit zal echter niet gemakkelijk zijn.
Tot dusver zijn bepaalde genetische afwijkingen in verband gebracht met schizofrenie, bipolaire stoornis, angststoornissen en autisme, maar is de rol van deze afwijkingen bij deze stoornissen nog niet precies duidelijk. De meeste deskundigen
menen dat dergelijke stoornissen waarschijnlijk ontstaan als gevolg van interactie
van verschillende genen met omgevingsfactoren zoals giftige stoffen, infecties of
stressvolle gebeurtenissen die grote invloed hebben op het leven van een persoon.
Maar laat ons duidelijk zijn: wat de neurowetenschap in de toekomst ook ontdekt, biologie zal nooit een volledige verklaring geven voor het menselijk gedrag. Onze gedachten en gedragingen zijn altijd een product van nature én nurture: biologie én ervaring. En zoals we zullen zien bij de bespreking van stress:
de manier waarop we denken en voelen beïnvloedt soms juist ons biologische
systeem, inclusief de structuur van onze hersenen zelf.

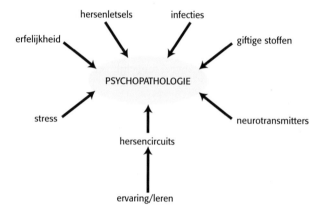

Figuur 12.1

De biopsychologie van psychische stoornissen

Een explosie van onderzoek in de neurowetenschappen impliceert een groot aantal mogelijke biologische factoren in de
psychopathologie.

12.1.2 Indicatoren van psychische stoornissen

Hoewel therapeuten het soms oneens zijn over de *etiologie* (oorzaken) van psychische stoornissen, bestaat er gewoonlijk wel consensus over de indicatoren
of tekenen die wijzen op het bestaan van een stoornis (Rosenhan & Seligman,
1995). Wat zijn die indicatoren? Eerder hebben we gezegd dat hallucinaties,
wanen en extreme affectieve verstoringen tekenen zijn van ernstige psychische
stoornissen. Veel psychische problemen gaan echter niet met zulke duidelijke
symptomen gepaard. Daarom letten klinisch psychologen ook op de volgende,
subtielere kenmerken, die eveneens op psychische stoornissen kunnen wijzen
(zie tabel 12.1):

- *Distress*. Vertoont de betrokkene ongewone of langdurige symptomen van
  onbehagen of angst? Bijna iedereen is zenuwachtig voor een belangrijk examen, maar als je zo overspoeld wordt door onaangename emoties dat je je
  niet meer kunt concentreren, wordt dat een teken van disfunctioneren.
- *Onaangepastheid*. Gedraagt de betrokkene zich regelmatig op een manier die
  bedreigend is voor zichzelf en/of anderen? Dat is bijvoorbeeld het geval met
  iemand die zo veel drinkt dat hij of zij steeds weer wordt ontslagen of met
  iemand die dronken achter het stuur kruipt.
- *Irrationaliteit*. Gedraagt of uit de betrokkene zich op een manier die irrationeel of zelfs onbegrijpelijk is voor anderen? Een vrouw die de stem van

haar reeds lang geleden overleden zus in haar hoofd hoort en met haar praat, gedraagt zich irrationeel. Ook gedragingen of emotionele reacties die ongepast zijn in een bepaalde situatie, zoals lachen als er iets ergs gebeurt, zijn een teken van irrationeel verlies van contact met de sociale omgeving.

- *Onvoorspelbaarheid*. Gedraagt de betrokkene zich onvoorspelbaar en inconsistent op verschillende tijdstippen of in verschillende situaties, alsof hij of zij de controle kwijt is? Een kind dat plotseling zonder enige duidelijke aanleiding in huilen uitbarst of een speelgoedje kapot slaat, gedraagt zich onvoorspelbaar. Ook een bedrijfsleider die de ene dag veel interesse in zijn medewerkers toont en de andere dag alles en iedereen verrot scheldt, gedraagt zich onvoorspelbaar.

- *Onconventioneel en ongewenst gedrag*. Gedraagt de betrokkene zich op een manier die zelden voorkomt, die sociale normen of wetten schendt en moreel onacceptabel of onwenselijk is? Gewoon 'anders' zijn is geen teken van abnormaliteit, dus verf je haar gerust rood en groen met Kerstmis. Maar als je bepaalde sociale grenzen overschrijdt door bijvoorbeeld naakt door een winkelcentrum te lopen wordt dat wel als *abnormaal* of mogelijke indicator voor pathologie beschouwd. Toch moeten we zeer voorzichtig zijn met het gebruik van het woord 'abnormaal'. Het is altijd nodig om gedrag in een context te plaatsen; een *streaker* tijdens een voetbalwedstrijd wordt als 'prettig gestoord' ervaren en wie zou schaars geklede danseressen tijdens het carnaval in Rio als 'abnormaal' beschouwen? Hoewel de term 'abnormaal', zeker in de Engelstalige literatuur (*abnormal psychology*), veelvuldig wordt gebruikt, proberen we die in dit hoofdstuk daarom zoveel mogelijk vermijden en te spreken van *afwijkend* of *pathologisch*.

Het is de vraag of een enkele indicator voldoende is om van psychopathologie te spreken. Therapeuten noemen gedrag over het algemeen pas afwijkend als er twee of meer indicatoren aanwezig zijn. (Je zult je herinneren dat de pseudopatiënten bij het onderzoek van Rosenhan slechts één symptoom hadden: ze hoorden stemmen.)

Hoe extremer en frequenter een indicator voorkomt, des te zekerder kan de psycholoog vaststellen dat er sprake is van een abnormale situatie. Aan de andere kant is het zo dat geen van deze criteria van toepassing is op alle vormen van stoornissen die we verderop in dit hoofdstuk bespreken.

Hoewel deze indicatoren kunnen aangeven dat er misschien sprake is van een stoornis, is het toch aan de therapeut om de aard van de stoornis te bepalen. Dat kan best moeilijk zijn, omdat de psychopathologie een uitgebreid terrein bestrijkt. Sommige diagnoses, zoals depressie, fobie en paniekstoornis, klinken je misschien vertrouwd in de oren. Van andere, zoals het syndroom van Tourette, conversiestoornis of een borderline-persoonlijkheidsstoornis, weet je misschien iets minder. Alles bij elkaar worden er meer dan driehonderd psychische stoornissen beschreven in de *Diagnostic and Statistical Manual of Mental Disorders*,

Gedrag waardoor andere mensen zich bedreigd of niet op hun gemak voelen, kan duiden op abnormaliteit.
Bron: Paul Seheult; Eye Ubiquitous/CORBIS.

die door therapeuten en onderzoekers wordt aangeduid met de term *DSM*. Dit is een handboek dat is opgesteld door de American Psychiatric Association (APA), en een wereldwijd gebruikt systeem voor de classificatie van psychologische en psychiatrische stoornissen. In mei 2013 verschijnt een vijfde versie (hierover lees je meer in de volgende paragraaf). Ondanks het feit dat de *DSM* een sterke basis heeft in het medische model, wordt het overal in de geestelijke gezondheidszorg gebruikt bij de diagnose en beschrijving van psychopathologie. Het systeem is zo belangrijk en invloedrijk dat we er verderop in dit hoofdstuk uitgebreid aandacht aan zullen besteden.

"It's a little early for a definitive diagnosis – although we can certainly rule out normalcy."

Bron: That's Life © 2003 Mike Twohy. Alle rechten voorbehouden. Gebruikt met toestemming van Mike Twohy and the Cartoonist Group.

✚ DOE HET ZELF!
Een waarschuwing aan de lezer

Terwijl je leest over de symptomen van psychische stoornissen, ga je je misschien afvragen of je zelf wel 'normaal' bent. Alle studenten die zich met dit deelgebied van de psychologie bezighouden, worden vroeg of laat met deze vraag geconfronteerd. Ter illustratie van dit fenomeen moet je, om te beginnen, de volgende vragen eens proberen te beantwoorden. Ze zijn gebaseerd op de indicatoren van abnormaliteit die we hiervoor hebben besproken.

1. Heb je wel eens een periode gehad waarin je zonder duidelijke reden zwaarmoedig was? (een indicator van distress)
2. Ben je wel eens naar een feestje gegaan terwijl je wist dat je eigenlijk moest studeren? (een indicator van onaangepastheid)
3. Heb je wel eens een ervaring gehad waarbij je dacht dat je iets hoorde of zag dat er niet was? (een indicator van irrationaliteit)
4. Heb je wel eens in een opwelling iets gezegd waar je later spijt van had? (een indicator van onvoorspelbaarheid)
5. Heb je wel eens ongewone gedachten die je aan niemand vertelt? (een indicator van onconventionaliteit)
6. Heb je wel eens iemand bang gemaakt of in verlegenheid gebracht door iets wat je zei of deed? (een indicator van onbehagen bij de omstander)

Bijna iedereen beantwoordt een of meerdere van deze vragen met 'ja'. Dat wijst niet direct op abnormaliteit. Of jij, of wie dan ook, abnormaal bent, is een kwestie van mate en frequentie – en van beoordeling.

Als we in het volgende deel van dit hoofdstuk enkele specifieke psychische stoornissen bespreken, zul je misschien symptomen herkennen bij jezelf of bij anderen. (Ook geneeskundestudenten hebben hier last van: bij het bestuderen van lichamelijke ziekten komen ze regelmatig symptomen bij zichzelf tegen.) Je moet je realiseren dat dit heel normaal is. Een reden daarvoor is natuurlijk dat er geen scherpe grens bestaat tussen psychopathologie en normaliteit. Psychische stoornissen hebben te maken met overdrijving van normale neigingen. Dat wil niet zeggen dat je eventuele zorgen over psychische stoornissen niet serieus moet nemen. Als je na het lezen van dit hoofdstuk meent dat je werkelijk een probleem hebt, moet je dat natuurlijk wel met een deskundige bespreken.

 Ga naar **www.pearsonmylab.nl** om je kennis en begrip van deze paragraaf te testen met de MyMap, MyCheck en MyDefinitions.

KERNVRAAG 12.2

▶ Hoe worden psychische stoornissen geclassificeerd?

DSM: De *Diagnostic and Statistical Manual of Mental Disorders*, die is uitgebracht door de American Psychiatric Association; wereldwijd het meest gebruikte classificatiesysteem. In 2013 verschijnt de nieuwe versie (de *DSM-5*).

De afgelopen decennia zijn er verschillende systemen ontwikkeld die orde proberen te scheppen in het universum van de psychopathologie, door de honderden verschillende psychische stoornissen in slechts een paar diagnostische categorieën te plaatsen. De bekendste van deze classificatiesystemen zijn de *ICD* (*International Classification of Diseases*, samengesteld door de Wereldgezondheidsorganisatie WHO) en de **DSM** (de *Diagnostic and Statistical Manual of Mental Disorders*), die in de vorige paragraaf al werd genoemd. Dit classificatiesysteem is samengesteld door de American Psychiatric Association (APA). Van beide handboeken worden binnenkort nieuwe versies verwacht. Zo zal van de *ICD* naar verwachting in 2016 een nieuwe versie verschijnen, de *ICD-11*. De nieuwe versie van de *DSM*, de *DSM-5*, verschijnt al in 2013. Aangezien de *DSM* het meest gebruikte classificatiesysteem van psychopathologieën is, zullen we de belangrijkste categorieën uit dit handboek in deze paragraaf bespreken. Omdat de *DSM-5* tijdens het schrijven van dit boek nog niet was verschenen, volgen we hierbij de indeling van de vierde versie van de *DSM*, de *DSM-IV*.

Het is echter belangrijk te weten dat de *DSM-5* naar verwachting enkele grote structurele veranderingen zal ondergaan ten opzichte van de *DSM-IV*. De belangrijkste wijziging die wordt verwacht en die we hier willen noemen, is dat er gekozen is voor een nieuwe, zogeheten metastructuur in verschillende diagnostische hoofdcategorieën (APA, 2012). De nieuwe indeling volgt per hoofdcategorie de lijn van de ontwikkeling, beginnend met stoornissen in de kindertijd en daarna die in de volwassenheid. Ook is er gekozen voor een dimensionele indeling, naast een indeling in categorieën.

De voorgestelde veranderingen hebben, al voor het verschijnen van de *DSM-5*, gezorgd voor ophef, waar we verderop in deze paragraaf kort op zullen ingaan. Mede hierdoor is het op dit moment nog niet duidelijk of, en zo ja wanneer, de *DSM-5* in de Nederlandse en Vlaamse praktijk de standaard zal worden. Waarschijnlijk zal er in ieder geval een overgangsperiode zijn waarin beide versies van het *DSM*-handboek gebruikt zullen worden.

Omdat verwacht wordt dat hierin de minste veranderingen zullen zijn, bespreken we in deze paragraaf achtereenvolgens: stemmingsstoornissen, angststoornissen, schizofrenie, ontwikkelingsstoornissen (waarvan dus de verwachting is dat deze als aparte categorie verdwijnen), persoonlijkheidsstoornissen en aanpassingsstoornissen. Een bespreking van een aantal andere categorieën stoornissen die je in de *DSM-IV* vindt, zoals somatoforme en dissociatieve stoornissen, laten we hier achterwege.

Tot slot merken we op dat de *DSM* de meeste stoornissen niet op oorzaak indeelt, omdat voor de meeste psychische stoornissen ofwel nog geen oorzaak is aangewezen, ofwel de aanwijzing van de oorzaak omstreden is. In plaats daarvan houdt het kernconcept het volgende in:

● **KERNCONCEPT 12.2**
De *DSM* is het classificatiesysteem voor psychische stoornissen dat wereldwijd het meeste wordt gebruikt. Dit systeem classificeert de stoornissen op grond van hun psychische en gedragsmatige symptomen.

In dit hoofdstuk kunnen we onmogelijk alle erkende psychische stoornissen bespreken. Daarom concentreren we ons op de stoornissen die je in de praktijk en in vervolgcursussen over psychopathologie het vaakst zult tegenkomen.

ICD-10 versus *DSM*

De *International Classification of Diseases* is een classificatiesysteem van zowel lichamelijke ziekten als psychische stoornissen. Het wordt al meer dan 100 jaar uitgegeven door de Wereldgezondheidsorganisatie en naar verwachting zal in 2016 de *ICD-11* verschijnen. Oorspronkelijk bevatte de *ICD* enkel een overzicht van lichamelijke klachten, maar later werden ook psychische stoornissen in de *ICD* opgenomen. Het bereik van de *ICD* werd daarmee een stuk breder en het systeem wordt daarom zowel in de medische als in de geestelijke gezondheidszorg veel gebruikt. In de psychiatrie en psychopathologie is het gebruik van de *DSM* echter nog altijd gangbaarder. Dat geldt zeker ook voor Nederland en België. De coderingssystemen van de *DSM-IV* en *ICD-10*, waarmee aan psychische stoornissen aan unieke codering wordt gegeven, zijn wel aan elkaar gelinkt. Naar verwachting zullen de nieuwe, aangepaste versies van beide handboeken, de *DSM-5* en *ICD-11*, in gebruik nog meer met elkaar corresponderen.

12.2.1   Overzicht van het *DSM*-classificatiesysteem

De *DSM* heeft twee grote verdiensten. Ten eerste worden de specifieke criteria voor de diagnose van elk van de meer dan driehonderd psychische stoornissen gegeven. En ten tweede biedt het de beroepspraktijk een gemeenschappelijk taalgebruik voor de beschrijving van de psychopathologie. Hoewel de handleiding in eerste instantie is ontwikkeld voor psychiaters, is de terminologie overgenomen door therapeuten van allerlei pluimage, waaronder psychologen en maatschappelijk werkers. Ook veel verzekeringsmaatschappijen hanteren de criteria van de *DSM* bij de beoordeling van een verzoek om vergoeding van een behandeling. Dat maakt de *DSM* tot een economische factor van betekenis.

De *DSM* is afkomstig uit de wereld van de psychiatrie en onderhoudt dus nauwe banden met het medische model van psychische stoornissen. De taal die erin wordt gebruikt, is de taal van de medische wetenschap (die spreekt van symptomen, syndromen, diagnoses en ziekten) en de uiteindelijke vorm is een wonderlijk mengsel van wetenschap en traditie. (Let wel: er staat geen diagnose van 'normaliteit' in!). In tegenstelling tot eerdere versies van het handboek, die duidelijk op Freud geïnspireerd waren, weet de *DSM-IV* voor het grootste deel de bestaande theorieën over oorzaken en behandelingen te vermijden. Er worden wel uitgebreide en specifieke omschrijvingen gegeven van de symptomen van iedere stoornis.

Hoewel er wel het een en ander op de *DSM* als classificatiesysteem valt aan te merken, heeft de behoefte aan een gemeenschappelijke taal voor psychische stoornissen toch tot brede acceptatie geleid, zo breed zelfs dat sommige critici klagen over de 'Amerikanisering van psychische aandoeningen': het idee dat de opvattingen van de *DSM* over psychische stoornissen als uitgangspunt hebben dat psychische stoornissen overal hetzelfde zijn, ongeacht de cultuur (Watters, 2010).

Een multiaxiaal systeem: een vijfdimensionale diagnose

De kern van de vierde versie van het handboek, de *DSM-IV* (waarvan de allerlaatste versie, de *DSM IV-R*, een tekstrevisie is), is een multiaxiaal systeem waarin het functioneren van een patiënt op grond van vijf 'assen' of dimensies moet worden beoordeeld. De primaire diagnose gebeurt meestal op As I, waar de specifieke klinische stoornissen van de patiënt worden aangegeven. Voorbeelden zijn een zware depressie, paniekstoornis of een obsessief-compulsieve stoornis. Op de andere vier assen staat, gerelateerd aan de stoornis die op As I aangegeven is, essentiële bijkomende informatie of informatie over de context.

As II specificeert langdurige problemen, zoals persoonlijkheids- en ontwikkelingsstoornissen. Een diagnose op As III specificeert relevante medische problemen, zoals een beroerte of dementie. As IV herinnert de arts eraan om psychosociale of omgevingskwesties op te merken die het functioneren van een patiënt mogelijk beïnvloeden. Dit zijn kwesties als: een scheiding, de dood van een dierbare, ontslag, dakloosheid, juridische problemen en ervaring van een ramp. En ten slotte wordt de patiënt op As V algemeen beoordeeld op de Global Assessment of Functioning (GAF) Scale. De beoordeling kan variëren van een hoge score van 100 (totale afwezigheid van symptomen) tot de laagste score van 1 (ernstige stoornis waardoor de patiënt een gevaar voor zichzelf of anderen is). Aan de hand van het multiaxiale systeem kan een arts dus de specifieke stoornis van de patiënt vaststellen en de context waarin die zich voordoet. Eigenlijk zijn er vijf verschillende diagnoses nodig. Hier volgt een voorbeeld van een multiaxiale diagnose voor een patiënt.

As I Zware depressieve stoornis
As II Narcistische persoonlijkheidsstoornis
As III Chronische lage rugpijn, hypothyroïdie
As IV Onlangs gescheiden, werkloos
As V GAF = 65

Controverse rond de DSM-IV

Veel artsen hebben hun bedenkingen bij het *DSM-IV*-systeem, bijvoorbeeld omdat de *DSM-IV* stoornissen naar symptomen indeelt en niet naar achterliggende oorzaken. Er bestaan zelfs geen objectieve tests in laboratoriumstijl voor welke primaire stoornis dan ook. Elke *DSM-IV*-diagnose is dus gebaseerd op een subjectief klinisch oordeel en op gedragsbeschrijvingen.

Nog een probleem is het 'alles-of-niets'-karakter van een *DSM-IV*-diagnose: veel psychologen hebben het idee dat psychische stoornissen niet in afzonderlijke categorieën vallen, maar uitvergrotingen zijn van het normaal functioneren. Zo bezien hebben we allemaal een plek op het schizofreniespectrum, en ook op het spectrum van autisme, fobieën en paranoia.

Ten slotte hebben veel psychologen moeite met het idee dat psychische stoornissen worden opgevat als 'ziekten' en worden opgenomen in het medische model. Ze zijn van mening dat veel psychische stoornissen helemaal geen medische toestand zijn, maar eerder gedragspatronen die zijn aangeleerd. Sommige psychische 'ziekten' zijn mogelijk zelfs te beschouwen als een normale respons op een abnormale omgeving.

Ondanks deze discussiepunten maken de meeste psychologen wel gebruik van de *DSM-IV*, omdat dit systeem de criteria voor de diagnose van psychische stoornissen standaardiseert. Bovendien wordt dit systeem door de meeste verzekeringsmaatschappijen geaccepteerd, en dat is voor zorgverleners toch een sterk motief om zich te houden aan een kader, ook al weet men dat dat kader niet perfect is.

Bron: Peter de Wit.

De DSM-5: een nieuwe versie en een nieuwe controverse

In mei 2013 zal de langverwachte vijfde editie van de *DSM* verschijnen. Zoals we in de inleiding van deze paragraaf al opmerkten, zullen er in deze nieuwste versie van dit handboek ingrijpende wijzigingen staan. Zo zullen er verschillende nieuwe diagnoses in zijn opgenomen en zal de *DSM-5* voor As-II een dimensionale benadering hebben, al dan niet in combinatie met een categoriale benadering (APA, 2012). Zo worden straks bijvoorbeeld alle varianten uit het autismespectrum op een en dezelfde dimensie ondergebracht. Er is dan geen sprake meer van het Asperger-syndroom, klassiek autisme of PDD-NOS. Dit terwijl in de praktijk en ook in aanpak vaak wel verschil tussen de autismevarianten bestaat.

In de aanloop naar het verschijnen van de *DSM-5* is er grote ophef ontstaan over deze veranderingen. De belangrijkste kritiek is afkomstig van de British Psychological Society (2011), de beroepsvereniging voor psychologen in Groot-Brittannië. Het nieuwe handboek zou te veel verschijnselen als 'ziekte' classificeren. Door het sneller opplakken van het etiket 'ziekte' ontstaat er een kunstmatig onderscheid tussen patiënten en andere mensen. Ook het Nederlands Instituut van Psychologen onderschrijft deze klacht en voorziet dat het hierdoor lastiger wordt om laagdrempelige hulp te bieden (NIP, 2011).

Een ander punt van kritiek betreft belangenverstrengeling bij de commissie die verantwoordelijk is voor het maken van de nieuwe editie van de *DSM*. Een recent onderzoek meldt dat 56 procent van de leden van de 170-koppige *DSM-IV*- en *IV-R*-commissie één of meer financiële banden had met de farmaceutische industrie (Cosgrove et al., 2006).

Laten we met deze voor- en nadelen en kritiek in gedachten eens kijken naar een paar voorbeelden van stoornissen die worden beschreven op As I en II van de *DSM-IV.* We beginnen met de stoornissen die te maken hebben met extreme emoties: de *stemmingsstoornissen*, ook wel *affectieve stoornissen* genoemd.

12.2.2 Stemmingsstoornissen

Iedereen ervaart van tijd tot tijd sterke of onaangename emoties. Emotionele hoogte- en dieptepunten zijn een deel van ons leven en een normaal onderdeel van ons vermogen om de wereld om ons heen te interpreteren. Maar als stemmingen uit de hand lopen, van extreme verrukking tot diepe wanhoop, en lijden veroorzaken of belemmeringen in het sociaal of beroepsmatig functioneren, is er waarschijnlijk sprake van een **stemmingsstoornis**. Ook als de emoties van een individu aanhoudend niet bij de situatie passen, zal de therapeut aan een stemmingsstoornis denken. We bespreken de twee bekendste affectieve stoornissen: depressieve stoornis en bipolaire stoornis.

Stemmingsstoornissen:
van manie tot depressie

- Depressieve stoornis
- Bipolaire stoornis

Stemmingsstoornis: Abnormale verstoring in emoties of stemming, inclusief bipolaire en unipolaire stoornis. Stemmingsstoornissen worden ook wel *affectieve stoornissen* genoemd.

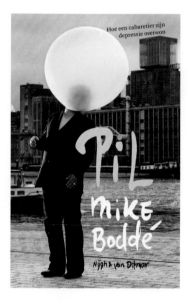

Cabaretier Mike Boddé geeft in het boek *Pil*
(2010) een beeldende beschrijving van zijn
eigen ervaring met een ernstige depressie.

  Doe het zelf!
Als je wilt weten of jij gevoelig
bent voor depressiviteit, ga
dan naar 'In de praktijk' in de
MyLab mediatheek en vul de
checklist in met vragen uit de
DSM-IV.

Depressieve stoornis

Als je voor een belangrijk examen niet slaagt, je baan verliest of als je relatie
uitgaat, is het normaal dat je je somber voelt. Het is ook normaal dat je verdrietig bent na de dood van een dierbare vriend. Maar als deze gevoelens weken,
maanden achtereen aanhouden, terwijl de nare gebeurtenis al lang voorbij is, en
er tegelijkertijd een subjectief lijden of beperking van de levenskwaliteit is, lijd je
misschien aan de stoornis die **depressieve stoornis** wordt genoemd. Dit is de
meest voorkomende ernstige psychische stoornis.

Depressie komt, ook in Nederland en Vlaanderen, relatief vaak voor. Elk jaar
lijden er zo'n 650.000 mensen in Nederland aan een depressie. Van de totale volwassen Nederlandse bevolking wordt één op de zeven mensen ooit in zijn of haar
leven geconfronteerd met een depressie. Daarbij is het zo dat depressies relatief
vaker voorkomen bij vrouwen: bijna twee keer zo vaak als bij mannen (De Graaf
et al., 2010). Uit een prevalentie-onderzoek bij Vlaamse huisartsen komt naar
voren dat gemiddeld 6 op de 1000 mannen en 12 op de 1000 vrouwen tussen 25
en 44 jaar, een depressieve fase doormaken (Zorg en Gezondheid België, 2012).
Depressie heeft daarnaast grote economische gevolgen. Mensen met depressie
maken extra gebruik van medische voorzieningen en door het ziekteverzuim
ontstaan er productieverliezen in betaalde en onbetaalde arbeid. Volgens het
Trimbos-instituut zijn de jaarlijkse behandelkosten van depressie in Nederland
660 miljoen euro. Daarnaast ontstaan ook nog eens 953 miljoen euro aan kosten door ziekteverzuim in betaalde arbeid (Trimbos-instituut, 2010a). Maar het
menselijk leed kan niet in geld worden uitgedrukt. Talloze mensen die worstelen
met een depressie, voelen zich waardeloos, hebben nergens zin in, zonderen zich
af van familie en vrienden, kunnen niet slapen, verliezen hun baan en worden
steeds geagiteerder of vervallen in lethargie. In ernstige gevallen ontstaan zelfs
psychotische vervormingen van de realiteit.

Crossculturele vergelijkingen   Uit studies blijkt dat depressie wereldwijd vaak
voorkomt (Holden, 2000a), hoewel de incidentie grote verschillen vertoont.
Maar de eerlijkheid gebiedt ons erbij te zeggen dat een minderheid van mening
is dat de diagnose depressie te vaak wordt gesteld, omdat artsen dit etiket ook
plakken op mensen die een normale reactie vertonen op ongeluk en omdat
farmaceutische bedrijven ons onophoudelijk pillen opdringen als antwoord op
ongeluk in het leven (Andrews & Thompson, 2009, 2010). Een deel van de variatie in incidentie van depressie in verschillende landen en culturen wordt misschien veroorzaakt door verschillende manieren van rapporteren en verschillen
in de mate waarin mensen geneigd zijn om hulp te zoeken. Maar er spelen nog
meer zaken mee. Het aantal gevallen van depressie in het Midden-Oosten is bijvoorbeeld ongetwijfeld enorm toegenomen door oorlogen (Thabet, 2004). En
de lage depressiecijfers in Taiwan en Korea zijn deels geassocieerd met het relatief
geringe aantal echtscheidingen in die landen.

Oorzaken van depressie   Er zijn fragmentarisch veel onderzoeksresultaten over
het fenomeen depressie verzameld, maar tot nu toe is niemand erin geslaagd er
een compleet beeld mee samen te stellen. In bepaalde gevallen is er zeker sprake
van een genetische aanleg. Iemand die aan ernstige aanvallen van depressie lijdt,
heeft vaak diverse familieleden met dezelfde aandoening (Plomin et al., 1994).
Een andere reden waarom we denken dat depressie op zijn minst een biologische
component heeft, is dat veel gedeprimeerde patiënten goed reageren op medicijnen die inwerken op de neurotransmitters norepinefrine, serotonine en dopamine (Ezzell, 2003). Door deze antidepressiva wordt ook de groei van nieuwe
neuronen in de hippocampus bevorderd (Insel, 2007).

Er zijn ook aanwijzingen voor een verband tussen depressie en een geringere activiteit van de hersengolven in de linker frontaalkwab (Davidson, 1992a, b, 2000a; Robbins, 2000). En in enkele gevallen kan depressie door een virale infectie worden veroorzaakt (Bower, 1995b; Neimark, 2005). Als gevolg van deze resultaten zijn sommigen depressie gaan beschouwen als een verzamelnaam voor stoornissen met uiteenlopende oorzaken die van invloed zijn op verschillende delen van de hersenen (Kendler & Gardner, 1998).

Kortgeleden is met *brain imaging* (beeldvormingsonderzoek van de hersenen) een link ontdekt tussen de amygdala en een deel van de hersenschors, het zogenoemde *gebied 25*. Dit gebied bevindt zich aan de onderkant van de voorhoofdskwab, juist boven het monddak. Bij de hersenen van mensen met een depressie, bij wie vele functies vertraagd lijken te zijn, licht gebied 25 op scans op als 'warm', aldus neurologisch onderzoeker Helen Mayberg (Dobbs, 2006b; Insel, 2010; Mayberg, 2006, 2009). In die gevallen waarin therapieën voor depressie effect hebben, of deze therapieën nu gebaseerd zijn op geneesmiddelen of op psychotherapie, neemt de activiteit in gebied 25 af. Niemand weet precies wat gebied 25 is of hoe het precies werkt, maar Mayberg vermoedt dat het als een soort 'schakelaar' fungeert die het bewust denkende deel van de frontaalkwabben aan een onbewust 'alarmsysteem' verbindt.

Mayberg denkt ook dat gebied 25 niet op zichzelf werkt, maar interacteert met een hele reeks hersenmodules die samen depressie veroorzaken. Dus ook al heeft Mayberg gebied 25 aangewezen, ze zegt dat we depressies niet moeten zien als een stoornis van een specifiek deel van de hersenen. Er is eerder sprake van een gebrekkig functionerend systeem van structuren in de cortex, subcortex en het limbisch systeem, samen met een verstoorde balans in de neurotransmitters die in deze delen functioneren. Ze beweert dat depressieve episoden zich voordoen wanneer iemand met een gebrek in dit complexe stemmingsregulerende systeem met stress te maken krijgt (zie figuur 12.2).

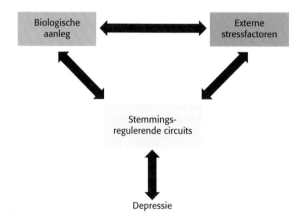

Figuur 12.2
Maybergs depressiemodel

Volgens deze opvatting is depressie het gevolg van drie belangrijke factoren die op elkaar inwerken: (a) de stemmingsregulerende circuits (inclusief gebieden in de cortex, subcortex en het limbisch systeem, en hun neurotransmitters, (b) externe stressfactoren (zoals ingrijpende gebeurtenissen, fysiek trauma en ziekte) en (c) biologische aanleg (inclusief genetica en geslacht).

Bron: bewerking van figuur 1 van Mayberg, H. S. (2006). Defining Neurocircuits in Depression: Strategies toward Treatment Selection Based on Neuroimaging Phenotypes. Psychiatric Annals, 36(4), 259–268.

Seizoensgebonden depressie   Dit verwarrende beeld wordt nog verder gecompliceerd doordat ontdekt is dat een gebrek aan zonlicht eveneens een speciale vorm van depressie kan veroorzaken die voorkomt tijdens de donkere wintermaanden bij mensen die op hoge geografische breedte wonen (Insel, 2010; Lewy et al., 2006) (zie figuur 12.3). De **affectieve stoornis met seizoensgebonden patroon** of **SAD** hangt samen met het niveau van het lichtgevoelige hormoon melatonine. De natuurlijke productie van melatonine door de pijnappelklier is direct gekoppeld aan de blootstelling aan licht van bepaalde receptoren in het netvlies (retina). Dagelijkse fluctuaties in melatonine reguleren onze interne biologische klok (Steele & Johnson, 2009). Op grond van deze kennis hebben

Affectieve stoornis met seizoensgebonden patroon (SAD): Vorm van depressie waarvan men aanneemt dat ze wordt veroorzaakt door een gebrek aan zonlicht.

◄◄ **Verbinding hoofdstuk 8**
De 'biologische klok', die zich in
de thalamus bevindt, reguleert onze
circadiaanse ritmes (p. 314).

onderzoekers een simpele en effectieve therapie ontwikkeld die het melatoninenniveau reguleert: ze stellen SAD-patiënten dagelijks bloot aan een portie helder kunstlicht (Lewy et al., 1987)! Therapeuten melden dat een combinatie van lichttherapie met cognitief-behavioristische therapie of antidepressiva nog effectiever is (DeAngelis, 2006).

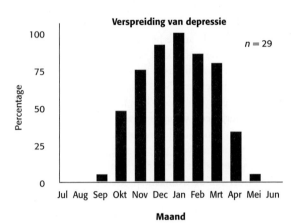

Figuur 12.3

Affectieve stoornis met seizoensgebonden patroon

Mensen die lijden aan de affectieve stoornis met seizoensgebonden patroon lopen het grootste risico in de maanden met weinig zonlicht.

Psychologische factoren   Net als bij de meeste andere stoornissen, kunnen biologische factoren nooit alle aspecten van depressies verklaren. De stoornis heeft ook psychische, sociale en gedragsmatige aspecten. Er zijn veel aanwijzingen dat stressvolle gebeurtenissen, zoals het verliezen van een baan of de dood van een dierbare persoon, belangrijke factoren in een depressie zijn (Monroe & Reid, 2009). Maar een negatief zelfbeeld en een pessimistische levenshouding kunnen een vicieuze cirkel van negatieve denkpatronen laten ontstaan. Psychologen noemen het *piekeren* wanneer iemand onophoudelijk depressieve gedachten 'afspeelt' in zijn hoofd (Nolen-Hoeksema et al., 2008). Hoewel dit aanvankelijk aandacht en sympathie kan opwekken, keren anderen zich uiteindelijk van een depressieve patiënt af, waardoor deze geïsoleerd raakt en nog depressiever wordt (zie figuur 12.4).

Het risico bestaat dat mensen met een aanleg voor depressie deze cyclus in stand houden door hun geringe zelfwaardering en de neiging om negatieve gebeurtenissen toe te schrijven aan hun eigen tekortkomingen of aan externe omstandigheden waarop ze geen invloed denken te hebben (Azar, 1994). Martin Seligman ontdekte dit verschijnsel bij honden (zijn oorspronkelijke experiment werd in hoofdstuk 4 uitgebreid besproken) en noemde het **aangeleerde hulpeloosheid**. Later werd het bestaan van aangeleerde hulpeloosheid ook bij mensen aangetoond. Hierbij voeden de negatieve gedachten over het zelf de cyclus van depressie en somberheid (Coyne et al., 1991).

Aangeleerde hulpeloosheid: Een verschijnsel waarbij iemand geleerd heeft negatieve gebeurtenissen toe te schrijven aan zijn eigen persoonlijke gebreken of aan externe omstandigheden waarover hij zelf geen controle denkt te hebben. Van mensen met aangeleerde hulpeloosheid wordt gedacht dat ze een extreem externe locus of control hebben.

Wie krijgt een depressie?   Niemand weet waarom depressies meer voorkomen bij vrouwen dan bij mannen (Holden, 2005). Volgens Susan Nolen-Hoeksema (2001) is het verschil mogelijk te verklaren uit het feit dat mannen en vrouwen verschillend reageren op somberheid. Ze meent dat vrouwen die somberheid ervaren vooral gaan nadenken over de mogelijke oorzaken en gevolgen van hun gevoelens. Mannen daarentegen proberen zichzelf af te leiden, ze trachten de deprimerende gevoelens te onderdrukken door ofwel hun aandacht ergens anders op te richten, of een lichamelijke activiteit te ondernemen waardoor ze hun sombere stemming vergeten. Op grond van dit model zou de contemplatieve respons van vrouwen hen kwetsbaarder maken voor depressie (Shea, 1998). Een

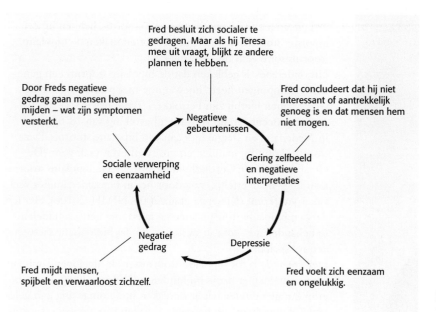

Fred besluit zich socialer te gedragen. Maar als hij Teresa mee uit vraagt, blijkt ze andere plannen te hebben.

Door Freds negatieve gedrag gaan mensen hem mijden – wat zijn symptomen versterkt.

Negatieve gebeurtenissen

Fred concludeert dat hij niet interessant of aantrekkelijk genoeg is en dat mensen hem niet mogen.

Sociale verwerping en eenzaamheid

Gering zelfbeeld en negatieve interpretaties

Negatief gedrag

Depressie

Fred mijdt mensen, spijbelt en verwaarloost zichzelf.

Fred voelt zich eenzaam en ongelukkig.

Figuur 12.4
De cyclus van depressie

andere oorzaak van dit verschil tussen de seksen heeft mogelijk te maken met normen waardoor vrouwen worden aangemoedigd hulp te zoeken, maar waardoor mannen ervan worden weerhouden dit te doen. Daarom zou dit verschil, althans gedeeltelijk, het gevolg kunnen zijn van verschillen tussen het aantal mannen en vrouwen dat hulp zoekt voor een depressie.

Naast geslacht speelt leeftijd ook een rol in depressies. Over het geheel genomen doen depressies zich vaker voor bij mensen tussen de 25 en 45 jaar en komen ze minder vaak voor bij ouderen en kinderen (Van 't Land et al., 2008b). Uit onderzoek naar het voorkomen van *dysthymie*, een mildere vorm van depressie, bij ouderen blijkt dat zij vaak pas op latere leeftijd (tussen de leeftijd van 50 en 60 jaar) dysthymie hebben gekregen, vaak kort na een stressvolle gebeurtenis die van grote invloed was op hun leven (Devanand et al., 2002; Beekman et al., 2004).

Bipolaire stoornis

Bij de andere stemmingsstoornis die we hier bespreken, komen ook episoden van depressie voor, maar deze worden afgewisseld met perioden van extreme opgetogenheid of euforie. Vroeger werd dit *manisch-depressieve stoornis* genoemd, maar tegenwoordig wordt de stoornis in de *DSM-IV* als **bipolaire stoornis** vermeld. De afwisselende perioden van een *manie* (extreme opgetogenheid of manische opwinding) en de intense somberheid van een depressie vertegenwoordigen de twee 'polen' van deze stoornis.

Tijdens de *manische fase* is de patiënt euforisch, vol energie, hyperactief, erg spraakzaam en emotioneel zeer opgewonden. Niet zelden besteden mensen die in een manie verkeren, al hun spaargeld aan extravagante aankopen of hebben ze losse seksuele contacten of vertonen ze ander risicovol gedrag. Als de manie voorbij is, blijven ze achter met de schade die ze tijdens de zorgeloze periode van bezetenheid hebben aangericht. Kort daarop volgt de *depressieve fase*, waarin een duistere golf van melancholie over hun geest neerdaalt. De patiënt vertoont nu symptomen die zich in geen enkel opzicht onderscheiden van de symptomen van een 'gewone' depressie (die ook wel 'unipolaire' depressie wordt genoemd). Biologisch gezien is er echter wel een verschil tussen deze twee vormen van depressie. Dit kunnen we afleiden uit het feit dat beide vormen medicamenteus

Bipolaire stoornis: Psychische afwijking die gepaard gaat met stemmingsschommelingen, van manie tot depressie.

Vincent van Gogh vertoonde symptomen van de bipolaire stoornis. Dit probleem lijkt vaak voor te komen onder uitzonderlijk creatieve personen.

Bron: Burstein Collection/Corbis.

Angststoornis: Psychisch probleem waarvan het belangrijkste kenmerk angst is. Angststoornissen zijn onder meer paniekstoornissen, specifieke fobieën en obsessief-compulsieve stoornis.

Gegeneraliseerde angststoornis: Een psychologisch probleem dat wordt gekenmerkt door hardnekkige en algemene gevoelens van angst zonder externe oorzaak.

Angststoornissen: angst, nervositeit, paniekaanvallen

- Gegeneraliseerde angststoornis
- Paniekstoornis
- Agorafobie
- Specifieke fobieën
- Obsessief-compulsieve stoornis

---

helemaal anders behandeld moeten worden: antidepressiva die wel effectief zijn bij een depressieve stoornis, hebben bij een bipolaire stoornis meestal geen effect en maken de bipolaire stoornis soms zelfs nog ernstiger.

Uit onderzoek is gebleken dat de bipolaire stoornis een genetische component heeft, hoewel nog niet precies is gebleken welke genen hierbij zijn betrokken (Bradbury, 2001). Slechts 1 tot 3 procent van de volwassen bevolking van 18-64 jaar in Nederland en België lijdt aan een bipolaire stoornis. Deze stoornis komt bij mannen en vrouwen even vaak voor (De Graaf et al., 2010; Gezondheid.be, 2012a). De bipolaire stoornis is in hoge mate erfelijk, waardoor het in bepaalde families veel vaker voorkomt (Kieseppa et al., 2004; NIMH, 2010b). Het feit dat een bipolaire stoornis meestal goed met geneesmiddelen te behandelen is, wijst er eveneens op dat biologische factoren een rol spelen.

Het vreemde is dat bipolaire stoornissen de afgelopen jaren zijn toegenomen, met name bij kinderen (Holden, 2008). Dit zou erop kunnen duiden dat er oorzaken in de omgeving zijn gelegen. Of misschien zijn bepaalde gevallen van bipolaire stoornis in het verleden over het hoofd gezien, of wordt de diagnose tegenwoordig te snel gesteld. Hoe het ook zij, naast de invloeden van erfelijke factoren zijn er nog andere.

12.2.3 Angststoornissen

Iedereen is wel eens bang geweest in bedreigende of stressvolle situaties. Durf jij een slang op te pakken of een vogelspin over je schouder te laten lopen? Voor veel mensen is alleen al de gedachte aan slangen of spinnen voldoende om rillingen over de rug te krijgen, maar dat betekent nog niet dat ze een angststoornis hebben. De pathologische angst in **angststoornissen** is veel verlammender dan de normale huiver voor giftige, kruipende beesten.

In deze paragraaf bespreken we vier stoornissen die worden gekenmerkt door angst: (1) de gegeneraliseerde angststoornis, (2) de paniekstoornis, (3) de fobische stoornis en (4) de obsessief-compulsieve stoornis. Het belangrijkste onderscheid tussen deze stoornissen heeft te maken met de focus en de duur van de angst: lijkt hij uit het niets te komen, volkomen los van de omgeving van de betrokkene? Ontstaat hij door een extern object of een externe situatie, bijvoorbeeld door het zien van bloed of een slang? Is de angst het grootste deel van de tijd aanwezig of slechts af en toe?

Gegeneraliseerde angststoornis

Sommige mensen hebben maanden of jaren achtereen last van angst die hun normaal functioneren verstoort. Jesper, die zware machines bedient, zegt dat hij last heeft van duizelingen, hoofdpijn en uitbarstingen van het koude zweet, en dat hij regelmatig angstgevoelens heeft. Hij heeft echter geen idee waarom hij zich zo voelt. Een klinisch psycholoog of psychiater zou de diagnose **gegeneraliseerde angststoornis** stellen. Jesper en anderen met dit probleem zijn niet bezorgd of angstig omtrent specifieke situaties of voorwerpen, zoals grote hoogten of spinnen. Ze hebben een algeheel en hardnekkig gevoel van angst dat uit het niets lijkt te komen en lang aanhoudt. Ze voelen zich simpelweg een groot deel van de tijd angstig, zonder dat ze weten waarom.

Hoe vaak komt deze aandoening voor? Volgens het eerdergenoemde NEMESIS-2 onderzoek van het Trimbos-instituut komen angststoornissen in Nederland ongeveer even vaak voor als stemmingstoornissen: één op de vijf mensen heeft ooit in het leven zo'n stoornis gehad. In 2010 hadden in totaal ruim één miljoen mensen in Nederland last van enigerlei angststoornis. Binnen de groep angststoornissen komen de specifieke fobie en de sociale fobie, die hieronder worden besproken, relatief veel voor (De Graaf et al., 2010). Volgens gegevens uit de eerdergenoemde Nationale Gezondheidsenquête (Demarest, 2010) lijdt een vergelijkbaar percentage van de Belgische bevolking (6 procent) van 15 jaar en ouder aan angstproblemen.

Paniekstoornis en agorafobie

Stel, je zit ontspannen te lunchen, en opeens jaagt er, ogenschijnlijk vanuit het niets, een golf van paniek door je heen: je hart slaat op hol, je begint te trillen, je voelt je duizelig, je handen worden klam en zweterig en je bent bang dat je dood zult gaan. Je hebt een paniekaanval.

Het onderscheidende kenmerk van een **paniekstoornis** is een terugkerend sterk gevoel van paniek dat 'spontaan' ontstaat en geen enkel verband houdt met de gebeurtenissen van dat moment (Barlow, 2001). Evenals bij een gegeneraliseerde angststoornis ervaar je een gevoel van onverklaarbare angst. Het verschil is dat de aanvallen bij een paniekstoornis gewoonlijk maar een paar minuten duren, waarna het gevoel langzaam wegzakt (McNally, 1994). Door de onverwachte aard van deze aanvallen ontwikkelt de patiënt vaak een *anticiperende angst*, wat de zaken nog gecompliceerder maakt. De vrees voor de volgende aanval en de angst voor het plotselinge gevoel van hulpeloosheid, kunnen er namelijk toe leiden dat de patiënt openbare ruimten gaat mijden, hoewel hij ook bang is om alleen achter te blijven. Vanuit de cognitieve-gedragsvisie bezien, zijn paniekaanvallen geconditioneerde responsen op lichamelijke sensaties die oorspronkelijk zijn aangeleerd in perioden van stress (Antony et al., 1992).

Biopsychologen en gedragsbiologen komen met sterke bewijzen van een genetische invloed op paniekstoornissen (Hettema et al., 2001). We weten ook dat de hersencircuits die daarbij betrokken zijn, het onbewuste arousalcircuit en met name de amygdala zijn (Hébert, 2006; LeDoux, 1996; Mobbs et al., 2007). Dit 'angstcircuit' leert angstreacties gemakkelijk aan, maar geeft ze niet zo snel op; waarschijnlijk was dat maar goed ook voor onze voorouders die uit de buurt van roofdieren moesten blijven. Ook blijkt dat overstimulatie van deze circuits langdurige lichamelijke veranderingen kan veroorzaken, waardoor het individu in de toekomst nog gevoeliger wordt voor aanvallen van angst (Rosen & Schulkin, 1998).

Om de zaken nog ingewikkelder te maken, blijkt verder dat veel slachtoffers van de paniekstoornis ook **agorafobie** hebben: een paniekreactie op drukke menigten of open ruimten of andere situaties waarin ze bang zijn niet gemakkelijk te kunnen ontsnappen. De term agorafobie is een letterlijke vertaling van het Oudgriekse begrip 'angst voor de markt'. Mensen die aan agorafobie lijden, zijn vaak bang dat ze op een dergelijke plek een paniekaanval zullen krijgen en dat er dan geen hulp komt of dat de situatie erg gênant wordt. Deze angsten hebben de neiging te verhevigen en maken de bewegingsvrijheid van de slachtoffers zeer beperkt. Sommigen durven überhaupt niet meer de straat op. Als de stoornis zulke extreme vormen aanneemt, is de kans groot dat de patiënt zijn baan verliest en normale activiteiten onmogelijk worden.

Misschien ken je iemand met een paniekstoornis of een agorafobie? Ongeveer vier procent van de populatie in Nederland, waarvan het merendeel vrouwen, heeft er ooit in zijn leven onder te lijden (De Graaf et al., 2010). Gelukkig zijn er goede mogelijkheden om de stoornis te behandelen. De medische therapie omvat behandeling met angstremmende medicijnen, die de paniekaanvallen dempen. Ook een puur psychologische behandeling werpt vruchten af. Zoals we zullen zien in het volgende hoofdstuk, werkt systematische desensitisatie of cognitieve gedragstherapie even goed of zelfs nog beter dan behandeling met medicijnen.

Paniekstoornis: Verstoring die wordt gekenmerkt door paniekaanvallen die geen verband houden met gebeurtenissen die het individu op dat moment ervaart.

◀◀ **Verbinding hoofdstuk 9**
De hersenen beschikken over twee belangrijke emotiecircuits: één daarvan werkt voornamelijk op een onbewust niveau (p. 371).

Agorafobie: Angst voor openbare plaatsen en open ruimten; komt vaak voor bij patiënten met een paniekstoornis.

 Video
Ga naar de MyLab mediatheek om het filmfragment te bekijken over fobieën.

◄◄ **Verbinding hoofdstuk 4**
Watson en Rayners beruchte experiment met de kleine Albert bewees dat angsten kunnen worden aangeleerd met behulp van klassieke conditionering (p. 131).

Fobische stoornissen

In tegenstelling tot de paniekstoornis en de gegeneraliseerde angststoornis hebben **fobieën** te maken met een aanhoudende en irrationele angst voor een specifiek voorwerp, of een specifieke activiteit of situatie. Het gaat bovendien om een respons die absoluut niet in verhouding staat tot de omstandigheden. (Dit worden soms *specifieke fobieën* genoemd, in tegenstelling tot de meer algemene, non-specifieke angst die bij agorafobie aanwezig is.) Iemand kan een fobie hebben voor uiteenlopende objecten of situaties, zoals spinnen of slangen, maar ook voor onweer, bacteriën en zelfs voor meerkeuzevragen! Sommige fobieën zijn wonderlijk specifiek, zoals de angst voor boeken, padden of zelfs draadjes, andere zijn zo algemeen dat ze bijna normaal lijken (denk aan *claustrofobie*, de angst voor afgesloten ruimtes). Andere veelvoorkomende fobieën zijn onder andere *sociale fobieën* (irrationele angsten voor normale sociale situaties) en angst voor hoogtes (*acrofobie*) en spinnen (*arachnafobie*).

Specifieke fobieën komen relatief vaak voor: zo'n acht procent van de Nederlandse bevolking lijdt op een bepaald moment in zijn leven aan een specifieke fobie, terwijl negen procent van de mensen ooit lijdt aan een sociale fobie (De Graaf et al., 2010). Zie voor een compleet overzicht over het vóórkomen van angststoornissen in Nederland tabel 12.2.

Wat is de oorzaak van fobieën? John Watson en Rosalie Rayner hebben lang geleden aangetoond dat angsten kunnen worden aangeleerd. En er bestaat overvloedig bewijs dat angsten en fobieën kunnen worden afgeleerd met behulp van op conditionering gebaseerde cognitieve gedragstherapie (Mineka & Zinbarg, 2006). Maar leren vormt waarschijnlijk niet de volledige oorzaak. Martin Seligman (1971) meent dat mensen een biologische aanleg hebben waardoor ze sommige soorten angst gemakkelijker leren dan andere. Deze **preparedness hypothesis** stelt dat we een aangeboren, door natuurlijke selectie verworven neiging hebben om snel en automatisch te reageren op stimuli die voor onze voorouders levensbedreigend waren (Öhman & Mineka, 2001). Dat verklaart waarom we sneller een fobie voor slangen of onweer ontwikkelen dan voor auto's of stopcontacten – objecten die pas de afgelopen decennia levensbedreigend zijn. Ook hier berust het achterliggende hersenmechanisme op de amygdala en op de snelle en onbewuste emotiebaan die door Joseph LeDoux en zijn collega's in kaart is gebracht (Schafe et al., 2005; Wilensky et al., 2007).

Tabel 12.2 Prevalentie van angststoornissen in de Nederlandse bevolking van 18-64 jaar

Lifetimeprevalentie			
	Mannen	**Vrouwen**	**Totaal**
	%		
Enigerlei angststoornis	15,9	23,4	19,6
Paniekstoornis	2,8	4,7	3,8
Agorafobie zonder paniekstoornis	0,4	1,4	0,9
Sociale fobie	7,7	10,9	9,3
Specifieke fobie	5,5	10,3	7,9
Gegeneraliseerde angststoornis	3,6	5,4	4,5

Bron: Nemesis-2: *De psychische gezondheid van de Nederlandse bevolking* (De Graaf et al., 2010).

Hypnotherapie wordt ook ingezet om mensen van sociale fobieën af te helpen, zoals een extreme angst om in het openbaar te spreken.

Copyright Jos van Leeuwen/Foto: Jarko De Witte van Leeuwen.

Obsessief-compulsieve stoornis

In een beroemd geval van obsessief-compulsieve stoornis in de literatuur roept Lady Macbeth: 'O, vervloekte vlek! Weg, zeg ik!' terwijl ze herhaaldelijk haar handen wast om het schuldgevoel over de moord op koning Duncan kwijt te raken. Hoewel mensen met een **obsessief-compulsieve stoornis (OCD)** gewoonlijk niet hallucineren over bloedvlekken op hun handen, zat Shakespeare er verder niet ver naast. De hoofdkenmerken zijn hardnekkige, onwelkome gedachten en/of ritueel gedrag. 1 procent van de mensen heeft in elk gegeven jaar en in alle culturen last van een obsessief-compulsieve stoornis (Steketee & Barlow, 2002). Recenter heeft Jack Nicholson op zijn onnavolgbare manier een persoon met een obsessief-compulsieve stoornis vertolkt in de film *As Good As It Gets* (1997). De *obsessieve* component van OCD bestaat uit dwanggedachten en/of dwanghandelingen: gedachten, beelden of impulsen die steeds terugkeren of hardnekkig aanwezig blijven, ondanks inspanningen van de betrokkene om ze te onderdrukken. De meeste patiënten hebben een combinatie van beide, maar het is ook mogelijk om enkel dwanggedachten of -handelingen te hebben. Bijvoorbeeld: iemand met een obsessieve angst voor bacteriën wil pertinent niet buitenshuis naar het toilet en weigert een vreemde een hand te geven. Anderen hebben een obsessie voor het schoonhouden van hun huis of het netjes opbergen van hun kleding en schoenen. En omdat mensen met OCD beseffen dat de obsessieve gedachten en compulsieve rituelen zinloos zijn, doen zij vaak grote moeite om de dwangmatige gedragingen voor anderen te verbergen. Dat leidt natuurlijk tot ernstige verstoringen van het gezinsleven, de sociale contacten en de werkomstandigheden. Het is dan ook niet vreemd dat mensen met OCD extreem vaak scheiden.

Je hebt ongetwijfeld zelf ook wel eens last van milde obsessies, of kleine zorgen zoals 'Heb ik de deur gesloten of niet?' Dan heb je ervaring met een milde obsessie. Een zin of melodie die de hele tijd door je hoofd blijft spelen, zou ook een vorm van een obsessie kunnen zijn. Als dat af en toe gebeurt en geen ernstige verstoring van je leven tot gevolg heeft, zijn dergelijke gedachten heel normaal. *Compulsies*, ook wel dwanghandelingen genoemd, de andere helft van de obsessief-compulsieve stoornis, zijn steeds terugkerende, doelgerichte handelingen die worden uitgevoerd volgens bepaalde persoonlijke 'regels', als reactie op een obsessie. Mensen met OCD-symptomen hebben het gevoel dat ze door hun compulsieve ('dwangmatige') gedrag de spanningen die door hun obsessies wor-

Obsessief-compulsieve stoornis (OCD): Aandoening die zich kenmerkt door patronen van aanhoudende ongewenste dwanggedachten en/of -gedragingen.

den opgeroepen kunnen reduceren. Typische compulsies zijn de onweerstaanbare drang om schoon te maken, om voorwerpen of bezittingen te tellen, om te checken en herchecken 'om er zeker van te zijn' of lichten en apparaten zijn uitgeschakeld. In een rustige fase zien mensen met een obsessief-compulsieve stoornis wel in dat hun compulsies zinloos zijn. Maar zodra de angst toeneemt, krijgen ze een onweerstaanbare drang om het dwangmatige rituele gedrag te vertonen. Het is de enige manier waarop ze de spanning denken te kunnen verlichten. Een deel van het lijden van deze mensen zit 'm in de frustratie dat ze wel weten dat hun obsessies irrationeel zijn, maar dat ze niet bij machte zijn om er een einde aan te maken.

De obsessief-compulsieve stoornis dwingt mensen tot zinloze rituele handelingen, zoals herhaaldelijk handen wassen.

Video
Ga naar de MyLab mediatheek om het filmfragment te bekijken over Margo en obsessief-compulsieve stoornis.

◄◄ **Verbinding hoofdstuk 4**
In de klassieke en operante conditionering wordt een respons uitgedoofd door die te onderdrukken. Dit onderdrukken vindt op zijn beurt weer plaats door het aanleren van een respons die met de uit te doven respons in strijd is (p. 129).

Psychose: Stoornis die gepaard gaat met ernstige verstoringen in de perceptie, het rationele denken of het affect (de emoties).

Schizofrenie: Psychotische stoornis die wordt gekenmerkt door verstoring van gedachten, percepties en/of emoties.

OCD komt in bepaalde families vaker voor dan in andere, wat doet vermoeden dat er een genetische component in het spel is (Insel, 2010). Ook het feit dat veel mensen met OCD last hebben van tics, ongewenste en onwillekeurige bewegingen zoals overdreven knipogen, wijst in die richting. Op hersenfilms zijn vaak afwijkingen zichtbaar in de dieper gelegen motorische controlecentra (Resnick, 1992). OCD-expert Judith Rapoport beschouwt compulsies als 'gefixeerde softwarepakketjes' in de hersenen die de zich steeds herhalende gedachten en rituelen veroorzaken. Eenmaal geactiveerd, zo vermoedt ze, raakt de patiënt verstrikt in een gedragsmatige 'loop' (steeds terugkerend patroon) die hij niet meer kan uitschakelen (Rapoport, 1989).

Maar wederom (met het risico obsessief te klinken) moeten we opmerken dat de biologie niet alles kan verklaren. Sommige mensen met OCD hebben duidelijk *geleerd* dat hun angstoproepende gedachten verband houden met schadelijke consequenties (Barlow, 2000). Ook het feit dat men met gedragstherapie goede resultaten kan boeken, doet vermoeden dat leren een rol speelt in het ontstaan van OCD. De behavioristische strategie voor het behandelen van dwangmatig handen wassen doet bijvoorbeeld een beroep op extinctie (uitdoving), waarbij de therapeut de handen van de persoon met OCD vuil maakt en hem of haar gedurende steeds langere perioden ervan weerhoudt de handen te wassen. De veranderingen die met gedragstherapie worden teweeggebracht, zijn zelfs zichtbaar op PET-scans van de hersenen van OCD-patiënten (Schwartz et al., 1996). Dus als we gedrag veranderen, veranderen we ook altijd de verbindingen in de obsessief-compulsieve hersenen. Deze stoornis toont opnieuw aan dat biologie en gedrag onlosmakelijk met elkaar verbonden zijn.

12.2.4 Schizofrenie

Schizofrenie is de stoornis die mensen meestal bedoelen als ze het over 'gekte', '**psychose**' of 'krankzinnigheid' hebben. In psychologische termen omvat **schizofrenie** verschillende aan elkaar gerelateerde vormen van psychopathologie, waarbij de persoonlijkheid uiteen lijkt te vallen en het emotionele leven en de cognitieve processen verstoord raken. (Op één na kregen alle pseudopatiënten van Rosenhan deze diagnose.) In sommige gevallen wordt de wereld van de schizofreen troosteloos en betekenisloos. In andere gevallen raakt de wereld zo overvol met gewaarwordingen, dat alles zich voordoet in een complex mengsel van verschillende realiteiten en diverse hallucinaties en wanen. Schizofrenie kan gepaard gaan met afgestompte emoties, bizarre gedachten en vreemde 'taalgrapjes'. Ook de herinneringen kunnen versnipperd raken (Danion et al., 1999). De stoornis veroorzaakt een breuk in de eenheid van de geest. Het slachtoffer komt terecht op betekenisloze geestelijke dwaalwegen, verliest zich in eindeloze klank-associaties (associaties van gelijk klinkende woorden) en produceert verwarde klanken die therapeuten '*word salads*' noemen.

Het aantal nieuwe gevallen van schizofrenie per jaar varieert wereldwijd van 7,7 tot 43 per 100.000 personen, gemiddeld komt dit uit op 15 nieuwe gevallen per 100.000 personen per jaar (McGrath et al., 2004). Hoewel het moeilijk is betrouwbare cijfers te geven, wordt het aantal mensen met schizofrenie in België geschat tussen de 25.000 tot 60.000 (Gezondheid.be, 2012b). Jaarlijks ziet men daar ongeveer tussen 1000 en 7000 nieuwe gevallen. Volgens het Trimbos-instituut heeft naar schatting 0,5 procent van de werkende bevolking (18 tot en met 64 jaar) in Nederland ooit in zijn of haar leven schizofrenie (lifetimeprevalentie; De Graaf et al., 2010). Binnen de populatie huisartspatiënten in Nederland hadden op 1 januari 2007 naar schatting 31.900 mensen schizofrenie (RIVM, 2012). Om tot nu toe onbekende redenen worden mannen vaker getroffen en openbaart bij hen schizofrenie zich meestal voor het 25e jaar, terwijl dat bij vrouwen gebeurt tussen hun 25e en 45e (Holden, 2005; NIMH, 2010b).

Schizofrenie: psychotische achteruitgang van de persoonlijkheid, met inbegrip van verstoringen van het affect, het denken en de socialisatie.

- Gedesorganiseerde vorm
- Katatone vorm
- Paranoïde type
- Ongedifferentieerde type
- Resttoestand

De belangrijkste vormen van schizofrenie

Veel wetenschappers beschouwen schizofrenie als een samenhangend geheel van afzonderlijke stoornissen. Dit zijn de vijf vaakst voorkomende:

- *Gedesorganiseerde vorm*. Dit is ons stereotiepe beeld van krankzinnigheid: onsamenhangende spraak, hallucinaties, wanen en bizar gedrag. Een patiënt die tegen een imaginair persoon praat, krijgt waarschijnlijk deze diagnose.
- *Katatone vorm*. Verschijnt in twee vormen: katatone stupor (de vaakst voorkomende vorm) en katatone opwinding. Mensen met katatone stupor kunnen uren, soms zelfs dagen, bewegingloos blijven, soms in een starre houding die ze op een standbeeld doet lijken. De andere vorm wordt katatone opwinding genoemd; de patiënt wordt opgewonden en hyperactief.
- *Paranoïde type*. Dit type wordt gekenmerkt door wanen en hallucinaties. Er zijn geen onsamenhangende symptomen (zoals bij de gedesorganiseerde vorm) en evenmin zijn er katatone symptomen. Bij dit type schizofrenie worden paranoïde wanen aangetroffen: achtervolgingswaan of grootheids-waan (sterk overdreven gevoel van eigenwaarde). Deze wanen zijn opvallend minder goed georganiseerd en onlogischer dan die van een patiënt met een zuivere waanstoornis.
- *Ongedifferentieerde type*. Dit is de vergaarbak voor alle schizofrene symptomen die niet in een van de vorige categorieën kunnen worden ondergebracht.
- *Resttoestand*. Dit is niet de naam van een type, maar de diagnose die wordt gesteld als een individu een schizofrene episode heeft meegemaakt, terwijl op het moment van onderzoek geen ernstige symptomen als hallucinaties of waandenkbeelden worden vertoond. Het denken is slechts weinig verstoord en het emotionele leven is niet ernstig afgevlakt. De diagnose kan erop wijzen dat de ziekte in remissie is, oftewel slapende. (De meeste pseudopatiënten van Rosenhan, die we aan het begin van dit hoofdstuk zijn tegengekomen, waren verondersteld deze diagnose te hebben gekregen.)

Een manier om het probleem wat overzichtelijker te maken, is door de verschillende vormen onder te brengen in een positieve en een negatieve categorie (Javitt & Coyle, 2004; Sawa & Snyder, 2002). Positieve symptomen hebben betrekking op actieve symptomen, zoals wanen en hallucinaties. Onder negatieve symptomen worden passieve processen en tekorten verstaan, zoals sociaal terugtrekken, 'vlak' affect (gebrek aan emotionele expressie), gebrek aan plezier in het leven en armoede van denken.

Mogelijke oorzaken van schizofrenie

De freudiaanse visie dat schizofrenie wordt veroorzaakt door falende ouders of een verdrongen trauma uit de jeugd is allang verouderd (Walker & Tessner, 2008). Geadopteerde kinderen uit een familie waar de stoornis niet voorkomt, lopen geen extra risico als ze in een gezin met een schizofrene ouder worden geplaatst, zo blijkt uit onderzoek (Gottesman, 1991). Steeds meer psychiaters en psychologen zijn van mening dat schizofrenie wordt veroorzaakt door een fundamentele fout (of fouten) in de hersenen (Grace, 2010; Karlsgodt et al., 2010; Walker et al., 2010).

Biologische factoren bij schizofrenie   Deze theorie van een hersenafwijking wordt op allerlei fronten ondersteund. Antipsychotische medicijnen (die soms *major tranquillizers* of 'neuroleptica' worden genoemd) beïnvloeden de hersenreceptoren voor dopamine, waardoor de positieve symptomen van schizofrenie onderdrukt worden (Mueser & McGurk, 2004). Met medicijnen die de aanmaak van dopamine stimuleren (bijvoorbeeld amfetaminen) blijk je de schizofrene symptomen juist te kunnen oproepen. Onlangs is de aandacht gericht op tekorten van de neurotransmitter glutamaat (Berenson, 2008; Javitt & Coyle, 2003).

Daarnaast vertonen computerbeelden van de hersenen van schizofrene mensen duidelijke afwijkingen (Conklin & Iacono, 2004; NIMH, 2005) (zie figuur 12.5). Volgens die opvatting komen uit MRI-onderzoeken aanwijzingen naar voren dat de neurale actiepotentialen in de cortex van de schizofrene hersenen niet zijn gesynchroniseerd (Bower, 2005b; Symond et al., 2005).

Ook onderzoek naar families ondersteunt de gedachte dat schizofrenie op zijn minst een biologische basis heeft (Conklin & Iacono, 2004; Holden, 2003a). Er is niet een bepaald gen dat met schizofrenie in verband is gebracht. Wel weten we dat hoe nauwer de verwantschap is met iemand met schizofrenie, des te groter de kans dat men de stoornis zelf ook krijgt, net als in het geval van stemmingsstoornissen (Gottesman, 2001; Pogue-Gille & Yokley, 2010; Walker & Tessner, 2008).

Schizofrenie is niet alleen een kwestie van aanleg   We herhalen het maar weer eens: biologie vertelt niet het hele verhaal van schizofrenie. Etnische achtergrond en geografische locatie lijken ook een rol te spelen, al is er geen duidelijk

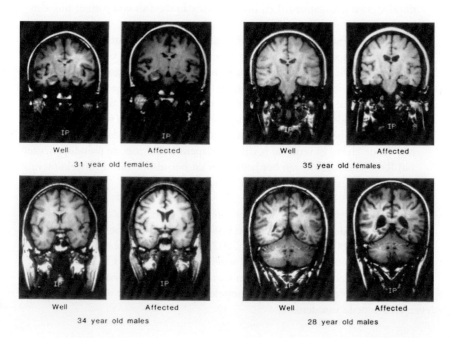

Figuur 12.5

MRI-scans van een tweeling van wie de een schizofreen is en de ander niet

Rechts zie je de hersenen van het lid van de tweeling met schizofrenie. Let op de vergrote ventrikels (met vloeistof gevulde ruimten) in de hersenen.

oorzaak-en-gevolgeffect gevonden (Minkel, 2009). Bij 90 procent van de familieleden van mensen met schizofrenic, die de stoornis zelf *niet* ontwikkelen, zien we ook een omgevingsfactor (Barnes, 1987). Zelfs bij eeneiige tweelingen, die *exact* dezelfde genen hebben, is het *concordantiepercentage* (concordantiegraad; de mate waarin de stoornis door beiden wordt gedeeld) voor schizofrenie niet meer dan 50 procent. Dat wil zeggen dat in de helft van de gevallen waarin een tweelingbroer of -zus uit een eeneiige tweeling door schizofrenie wordt getroffen, de andere tweelingbroer of -zus gezond blijft (zie figuur 12.6).

Kan de omgeving dus tegenwicht bieden aan erfelijkheid? Tot op zekere hoogte wel, zegt een Finse studie. Bij geadopteerde kinderen die een genetische aanleg voor de ziekte hebben, neemt het risico van schizofrenie af als ze in een gezonde gezinsomgeving opgroeien (Tienari et al., 1987). Blijkbaar ontstaat schizofrenie pas als er sprake is van een biologische aanleg plus een onbekende 'trigger' uit de omgeving, die de erfelijke neiging in gang zet (Cromwell, 1993; Iacono & Grove, 1993). Het zogenaamde kwetsbaarheid-stressmodel stelt dat deze aanleg zorgt voor een verhoogde kwetsbaarheid voor het ontwikkelen van schizofrenie (Zubin & Spring, 1977; Nuechterlein & Dawson, 1984; Nuechterlein et al., 1994) en staat daarmee tegenover de oudere visie van het bestaan van enkel een genetisch defect.

De trigger kan een chemische stof zijn, stress of een factor waar niemand nog aan heeft gedacht. Ondanks alle bewijzen voor een biologische component, moeten we niet vergeten dat psychische stoornissen *altijd* een interactie zijn tussen biologische, cognitieve, sociaal-culturele, gedragsmatige en omgevingsfactoren, zoals in het eerste kernconcept van dit hoofdstuk al stond.

Dit bredere perspectief wordt vaak de **diathese-stresshypothese** genoemd. Deze hypothese stelt dat iemand vanwege biologische factoren een bepaald risico loopt, maar dat er stressfactoren uit de omgeving nodig zijn om deze mogelijkheid om te zetten in een feitelijke schizofrene stoornis (Walker & Tessner, 2008). (Het woord *diathese* verwijst naar een aanleg of lichamelijke toestand die iemand gevoelig maakt voor ziekte.) In die zin kunnen we schizofrenie opvatten als een stressrespons. Het is dus goed mogelijk dat iemand met een genetische aanleg voor schizofrenie de stoornis nooit ontwikkelt als hij niet wordt blootgesteld aan bepaalde schadelijke omstandigheden of stressoren die hem 'over het randje' kunnen duwen.

Diathese-stresshypothese: In verband met schizofrenie: de stelling dat genetische factoren een bepaald risico vormen, maar dat er stressfactoren uit de omgeving nodig zijn om deze mogelijkheid om te zetten in een werkelijke schizofrene stoornis.

12.2.5 Ontwikkelingsstoornissen

Zoals eerder in de inleiding van deze paragraaf werd genoemd, zullen naar verwachting verschillende stoornissen, waaronder een aantal ontwikkelingsstoornissen, in de *DSM-5* anders worden gerangschikt. De meeste categorieën worden in een 'ontwikkelingslijn' geplaatst, beginnend met stoornissen in de kindertijd en daarna die in de volwassenheid. Omdat nog niet precies duidelijk is hoe dat eruit gaat zien en de *DSM-IV*-categorie van ontwikkelingsstoornissen een aantal belangrijke en bekende stoornissen bevat, zoals autisme en ADHD, hebben we ervoor gekozen deze groep stoornissen in deze paragraaf nog wel apart te bespreken, zoals je ze ook in de *DSM-IV* terugvindt.

Ontwikkelingsproblemen kunnen zich op elke leeftijd voordoen, maar diverse veelvoorkomende stoornissen worden tijdens de jeugd voor het eerst vastgesteld, waaronder autisme, aandachtstekortstoornis met hyperactiviteit (ADHD), en dyslexie. In de DSM-IV worden al deze stoornissen op de tweede as geclassificeerd (en worden daarom ook wel As-II-stoornissen genoemd). Hier zullen we slechts een korte beschrijving van deze stoornissen geven, omdat je ze in eerdere hoofdstukken al bent tegengekomen.

Ontwikkelingsstoornissen: stoornissen die meestal tijdens de zuigelingentijd, jeugd of puberteit voor het eerst worden vastgesteld.

- Autisme
- Dyslexie
- Aandachtstekortstoornis met hyperactiviteit (ADHD)

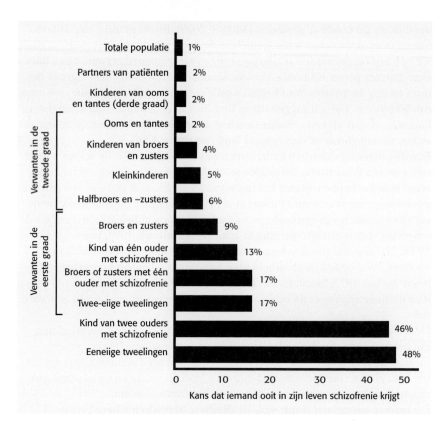

Figuur 12.6

Genetische kans op schizofrenie

De grafiek toont de gemiddelde kans dat verwanten van schizofreniepatiënten de stoornis zelf ook zullen krijgen. De data zijn afkomstig van familie- en tweelingstudies onder Europese populaties tussen 1920 en 1987. Zoals je ziet, is de correlatie tussen de kans op schizofrenie en de mate van genetische verwantschap tamelijk groot.

Autisme

Autisme is een complexe en slecht begrepen stoornis waarbij de betrokkene minder goed in staat is andere mensen te 'lezen', taal te gebruiken en sociale interactie te vertonen. Het experiment 'Sally & Anne' (zie figuur 12.7) is heel bekend en geldt als een voorbeeld van de problemen die kinderen met autisme hebben met het 'lezen' van het standpunt of de gevoelens van iemand anders. Sally en Anne zijn twee poppen die 'de hoofdrol spelen' in een neuropsychologisch experiment, dat voor het eerst werd beschreven door Wimmer & Prenner (1983). Het doel van de test is te onderzoeken in hoeverre een kind in staat is zich in de gedachten van anderen te verplaatsen. De opstelling van deze test is als volgt. De onderzoeker zit aan een tafel tegenover een kind. Hij gebruikt twee handpoppen: Sally en Anne. Verder ligt er op tafel een balletje, een doos en een mandje. De onderzoeker trekt de aandacht van het kind en neemt met de pop Sally het balletje op, plaatst het in het mandje en legt er een doekje over. Hij laat Sally dan vertrekken en legt deze pop uit het zicht van het kind. Dan neemt hij de pop Anne: Anne neemt de bal uit de mand en legt die in het doosje. Vervolgens laat hij Anne vertrekken en neemt hij de pop Sally weer in de hand. De vraag die nu aan het kind wordt gesteld is waar Sally de bal gaat zoeken.

Een kind dat zich kan verplaatsen in de 'gedachtegang' van Sally, zal naar verwachting 'het mandje' als antwoord geven. Sally heeft immers niet kunnen zien dat Anne de bal in het doosje heeft verstopt.

Uit een serie onderzoeken die gebruikmaken van deze opzet, ook met levende mensen in plaats van poppen (Leslie & Frith, 1987), is gebleken dat de meeste kinderen van vier jaar nog vaak het doosje als antwoord geven (en zich dus niet in Sally kunnen verplaatsen), maar bij een aantal blijkt het vermogen zich in de gedachtegang van anderen te verplaatsen, zich al wel ontwikkeld te hebben. Op zesjarige leeftijd geven ze het 'juiste' antwoord en daaruit leiden de onderzoekers af dat kinderen normaal gesproken vanaf deze leeftijd allemaal over dat inlevingsvermogen beschikken. Dit inlevingsvermogen wordt theory of mind genoemd en zorgt er dus voor dat kinderen beter kunnen begrijpen wat anderen denken of voelen.

De resultaten van de experimenten bleken af te wijken voor kinderen met autisme. Kinderen met autisme bleken een zwak ontwikkelde theory of mind hebben (Frith, 1993). Kinderen met autisme hebben juist heel veel moeite om zich in het perspectief van anderen te verplaatsen. Zij vinden het resultaat van deze perspectiefneming (*belief*) minder belangrijk dan dat wat ze in werkelijkheid zien (de bal die in het doosje ligt). Het zich kunnen inleven (perspectief nemen) is uiteraard een belangrijke voorwaarde voor het ontwikkelen van sociale competenties. Als gevolg hiervan ervaren mensen met autisme problemen in sociale relaties en leven velen van hen in een sociaal isolement.

De meeste experts geloven dat autisme een stoornis is in de hersenen, waarvan de oorzaak nog niet bekend is. De ontdekking van 'spiegelneuronen' en de suggestie van een eventueel verband met autisme heeft veel opwinding doen ontstaan. Onderzoek suggereert namelijk dat autistische kinderen óf minder spiegelneuronen in de hersenen hebben, óf dat de spiegelneuronen die ze hebben, niet goed functioneren (Miller, 2005; Ramachandran & Oberman, 2006). Het interessante is dat men veronderstelt dat spiegelneuronen de fysiologische basis vormen van het zich kunnen inleven en meeleven met andere mensen, net datgene waar mensen met autisme het moeilijk mee hebben (Dobbs, 2006a; Rizzolatti et al., 2006). Het is nog niet duidelijk of deze ontwikkelingen in een effectieve behandeling kunnen worden omgezet.

Naar de rol van erfelijkheid bij het ontstaan van autisme wordt de laatste jaren veel onderzoek gedaan. In een spraakmakend onderzoek bestudeerden Roelfsema en collega's (2011) bijvoorbeeld de prevalentie van autisme in Eindhoven en ze vergeleken dit met de prevalentie in Haarlem en Utrecht. In Eindhoven bleek dat 2,3 procent van de schoolgaande kinderen een autismediagnose had, terwijl dit in Haarlem en Utrecht meer dan de helft minder was. Een mogelijke verklaring hiervoor gaat uit van een genetische component: het feit dat in gebieden zoals Eindhoven relatief veel meer mensen zijn met bijzondere talenten op het gebied van informatica, techniek en dergelijke (talenten die door autismeonderzoeker Baron-Cohen (2009) '*systemizing*' worden genoemd) zou zorgen voor meer kinderen met autisme (door Baron-Cohen '*supersystemizers*' genoemd). Maar er zijn ook andere verklaringen mogelijk: in Haarlem en Utrecht wonen bijvoorbeeld veel allochtonen en migranten, bevolkingsgroepen waar autisme vaak ondergediagnosticeerd is. Deze kwestie vergt uiteraard nog veel meer onderzoek.

Hoe vaak komt autisme voor? In internationaal onderzoek wordt de prevalentie van autismespectrumstoornissen op 60 tot 100 per 10.000 geschat (Fombonne, 2003). Er is geen reden om aan te nemen dat de prevalentie in Nederland en België daarvan zou afwijken. Ruim dertig jaar geleden was de prevalentie nog 2 tot 5 per 10.000. Er worden verschillende oorzaken voor die opmerkelijke stijging aangegeven: 1) de diagnose autisme is sinds 1990 verruimd, 2) de maat-

Figuur 12.7
Sally & Anne
Bron: Nederlandse versie door Joost Hølscher.

◀◀ **Verbinding hoofdstuk 7**
Een 'theory of mind' omvat het inzicht dat gedrag van anderen gebaseerd kan zijn op aannamen, wensen en emoties die verschillen van de eigen aannamen, wensen en emoties (p. 273).

◀◀ **Verbinding hoofdstuk 2**
Spiegelneuronen in de hersenen 'reflecteren' de reacties van anderen (p. 68).

schappij stelt tegenwoordig meer eisen aan sociale en communicatieve vaardigheden, flexibiliteit en zelfredzaamheid en 3) de diagnose is beter bekend bij zowel leken als behandelaars (Trimbos-instituut, 2010b). Bovendien speelt in Nederland ook mee dat een classificatie nodig is om een aanvraag voor financiering van zorg of hulp in het onderwijs te kunnen doen.

Op dit moment is er geen geneesmiddel voor autisme. Gedragstherapieën, waaraan de ouders en het kind met de stoornis deelnemen, kunnen socialisatie en spreekvaardigheid verbeteren en zelfdestructief gedrag verminderen. Helaas kosten dergelijke therapieën veel tijd en zijn ze relatief duur.

Zoals aan het begin van het hoofdstuk opgemerkt, zal er met de komst van de *DSM-5* het een en ander veranderen rond de classificatie van autismespectrumstoornissen. Hoe die veranderingen er precies uit zullen zien en welke invloed dit zal hebben op bijvoorbeeld de prevalentie, is op dit moment nog onduidelijk.

Dyslexie

Lezen is een sleutel die vele deuren opent in onze moderne, door informatie aangestuurde maatschappij. Voor mensen die problemen hebben met lezen, mensen met **dyslexie**, kunnen deze deuren echter gesloten blijven. Circa een op de vijf kinderen heeft deze stoornis in enige mate, wat vaak leidt tot slechte schoolprestaties. En omdat school zo belangrijk is in onze maatschappij, leidt dit vaak tot een afname van het zelfvertrouwen en uiteindelijk tot een verstoring van de carrièremogelijkheden (Shaywitz, 1996).

Dyslexie is geen visuele of perceptuele stoornis, in tegenstelling tot wat algemeen wordt gedacht. Bij deze aandoening springen letters en woorden niet rond en ze verwisselen ook niet van plaats. Uit onderzoek van de laatste vijftien jaar komen aanwijzingen naar voren dat bij deze aandoening sprake is van afwijkingen in het gebied in de hersenen waar taal wordt verwerkt (Breier et al., 2003). Ironisch genoeg kan een andere 'oorzaak' de taal zelf zijn: de bizarre spelling in het Engels, waarbij er ongeveer 1120 manieren zijn om slechts 40 verschillende klanken te spellen, geeft Engelstaligen een grotere kans om dyslexie te krijgen dan Italiaanse kinderen, die slechts met 33 lettercombinaties voor 25 klanken hoeven te worstelen (Helmuth, 2001c; Paulesu et al., 2001).

Volgens sommige experts is dyslexie mogelijk zelfs niet eens een afzonderlijke stoornis. De onderzoeker Simone Shaywitz (1990) en haar collega's betogen bijvoorbeeld dat er geen onderscheidend kenmerk is waardoor mensen met dyslexie met zekerheid kunnen worden onderscheiden van anderen met een slechte leesvaardigheid. Zij betoogt dat dyslexie eenvoudig de diagnose is die we geven aan een arbitrair gedefinieerde groep mensen aan het laagste uiteinde van het leesvaardigheidsspectrum.

Iedereen is het erover eens dat dyslexie gepaard gaat met problemen met lezen. Iedereen is het er ook over eens dat de laatste jaren veel vooruitgang is geboekt bij het inzicht in het ontwikkelen van behandelingsmethoden en het ontmaskeren van enkele van de mythen rond dyslexie (slimme mensen *kunnen* dyslexie hebben: volgens de geruchten was Einstein dyslectisch!). Tegenwoordig bestaan de meeste behandelingsmethoden uit leesprogramma's waarbij de nadruk wordt gelegd op het koppelen van klanken aan lettercombinaties.

Aandachtstekortstoornis met hyperactiviteit (ADHD)

De meeste kinderen vinden het moeilijk om stil te zitten en zich op een taak te concentreren, maar sommigen hebben daar meer problemen mee dan anderen. Veel verschillende zaken kunnen bijdragen aan aandachtstekort en hyperactiviteit, waaronder saaie opdrachten op school, afleiding door problemen thuis, mishandeling door leeftijdsgenoten, of een culturele traditie waarbij weinig waarde wordt toegekend aan taken waarvoor concentratie nodig is. Behalve deze

Dyslexie: Een leesstoornis, waarvan sommige deskundigen denken dat deze door een afwijking in de hersenen wordt veroorzaakt.

oorzaken, lijkt er een hersenaandoening te zijn, die **aandachtstekortstoornis met hyperactiviteit (ADHD)** wordt genoemd; kinderen met deze aandoening zijn mogelijk oprecht van plan zich te concentreren en rustig te zitten, maar zijn hiertoe niet in staat (Barkley, 1998; Nigg, 2010).

Hoe vaak komt ADHD voor? Volgens Amerikaans onderzoek, lijdt circa 3 tot 5 procent van de kinderen in de schoolleeftijd aan deze aandoening (Brown, 2003b; NIMH, 2010b). Op basis van deze schatting zouden van de in totaal 2 miljoen kinderen van 5 tot 14 jaar in Nederland 60.000 tot 100.000 kinderen voldoen aan de diagnose (Vink & Wamel, 2007). In België zou dat aantal zo'n 15.000 zijn (Geestelijke Gezondheid België, 2012). De afgelopen 20 jaar is het aantal kinderen met ADHD niet of nauwelijks toegenomen. Het aantal kinderen dat behandeld wordt, is wel sterk gestegen omdat de stoornis steeds beter herkend wordt (Buitelaar, 2001).

In de groep jongvolwassenen wordt geschat dat ongeveer 1 tot 3 procent lijdt aan ADHD. De stoornis komt over het algemeen meer voor bij jongens dan bij meisjes: in bevolkingsonderzoeken wordt gevonden dat twee á drie maal zo veel jongens ADHD hebben, terwijl bij kinderen die in behandeling zijn het aantal jongens zelfs vijf maal groter is (Schoenmaker et al., 2003).

Aandachtstekortstoornis met hyperactiviteit (ADHD): Een psychische stoornis die wordt gekenmerkt door gebrekkige impulscontrole, problemen met het concentreren op een taak gedurende een langere tijdsperiode, snel afgeleid zijn en overmatige activiteit.

◄◄ **Verbinding hoofdstuk 1**
Hyperactiviteit wordt niet veroorzaakt door het eten van suiker (p. 29).

De Nederlandse cabaretier Jochem Myjer, naar eigen zeggen iemand met ADHD, gaf landelijke bekendheid aan ADHD, onder meer door zijn show *Adéhadé* uit 2001. In Vlaanderen is muzikant en presentator Bart Peeters openhartig over zijn ervaringen met ADHD.

Critici beweren wel dat de diagnose ADHD te vaak wordt gesteld, en vaak wordt toegekend aan kinderen die een normale opstandigheid vertonen, en/of wordt misbruikt om kinderen de schuld te geven van de fouten van onervaren ouders of docenten. Bovendien vinden veel mensen het onjuist de aandoening met stimulerende middelen te behandelen. Toch blijkt uit veel zorgvuldig onderzoek dat de concentratie kan verbeteren en de hyperactiviteit bij de meerderheid (circa 70 procent) van de kinderen met ADHD kan verminderen door behandeling met de juiste geneesmiddelen in combinatie met gedragstherapie (Daley, 2004; MTA Cooperative Treatment Group, 2004). Maar moeten alle hyperactieve kinderen zo'n behandeling krijgen? Verder onderzoek kan hier hopelijk een afdoende antwoord op geven.

12.2.6 Persoonlijkheidsstoornissen

Persoonlijkheidsstoornissen vormen een categorie van psychische aandoeningen die gekenmerkt worden door een star en duurzaam patroon van gedachten,

Persoonlijkheidsstoornis: Conditie waarbij de persoon chronisch pervasieve, inflexibele en slecht aangepaste denkpatronen, emoties, sociale relaties of impulsbeheersing heeft, die een normaal functioneren bemoeilijken of onmogelijk maken.

gevoelens en gedragingen die binnen de cultuur van de betrokkene duidelijk afwijken van de verwachtingen, en die zorgen voor een beperking van het functioneren van de betreffende persoon. Wanneer heeft iemand een persoonlijkheidsstoornis? De persoonlijkheidsstoornis manifesteert zich in chronische patronen van een zwak oordeelsvermogen, chaotisch denken, emotionele stoornissen, ontwrichte sociale relaties of gebrek aan impulsbeheersing (Clark, 2009). Het belangrijkste element is een duurzaam persoonlijkheidskenmerk en een slecht aanpassingsvermogen.

Er zijn verschillende persoonlijkheidsstoornissen, onderverdeeld in drie clusters (Derksen, 1993, APA, 2000). Cluster A wordt het *vreemde, excentrieke cluster* genoemd en bestaat uit drie persoonlijkheidsstoornissen:

- Paranoïde persoonlijkheidsstoornis
- Schizoïde persoonlijkheidsstoornis
- Schizotypische persoonlijkheidsstoornis.

Mensen met een van deze stoornissen hebben weinig contact met anderen en leven vaak geïsoleerd. Zij zijn niet snel geneigd om psychische hulp te zoeken. Er is relatief weinig wetenschappelijk onderzoek uitgevoerd naar mensen met een cluster-A-stoornis.

Cluster B wordt het *dramatische, emotionele, impulsieve cluster* genoemd en bestaat uit vier persoonlijkheidsstoornissen:

- Borderline-persoonlijkheidsstoornis
- Antisociale persoonlijkheidsstoornis
- Narcistische persoonlijkheidsstoornis
- Theatrale persoonlijkheidsstoornis.

Mensen met een stoornis uit cluster B hebben veelal moeite met het beheersen van hun impulsen en emoties. Ze zijn vaak impulsief, streven naar snelle behoeftebevrediging en zijn slecht in het onderhouden van (stabiele) relaties. Omdat ze weinig of geen rekening houden met de eigen veiligheid en de veiligheid van anderen, heeft hun gedrag een verstorend effect op de sociale omgeving.

Cluster C wordt ook wel het *angstige cluster* genoemd en bestaat uit drie persoonlijkheidsstoornissen:

- Afhankelijke persoonlijkheidsstoornis
- Ontwijkende persoonlijkheidsstoornis
- Obsessief-compulsieve persoonlijkheidsstoornis.

Deze laatste persoonlijkheidsstoornis moet niet worden verward met de obsessief-compulsieve stoornis (of OCD, een angststoornis die we beschreven in paragraaf 12.2.3). Mensen met een obsessief-compulsieve persoonlijkheidsstoornis hebben over het algemeen *niet* de neiging om rituele handelingen uit te voeren, terwijl dat bij mensen met de obsessief-compulsieve stoornis juist een belangrijk kenmerk is.

Mensen met een stoornis uit dit cluster hebben last van sociale vermijding, dwangmatig handelen en onzelfstandigheid. Ze kunnen zich vaak wel beter aanpassen aan de eisen van het dagelijks leven dan mensen met een stoornis uit cluster A of B.

Daarnaast is er een categorie *Persoonlijkheidsstoornis Niet anders Omschreven* (NAO) voor stoornissen in het persoonlijk functioneren die niet voldoen aan de criteria van een van de specifieke persoonlijkheidsstoornissen. Deze diagnose krijgen de mensen die niet binnen de criteria van een bepaalde persoonlijkheidsstoornis vallen, maar wel kenmerken hebben van twee of meer persoonlijkheidsstoornissen (Derksen, 1993; APA, 2000).

In de *DSM-5* zal de categorie persoonlijkheidsstoornissen een aantal belangrijke veranderingen ondergaan. De verwachting is dat er slechts vijf typen persoonlijkheidsstoornissen overblijven (het antisociale/psychopathische type, het vermijdende type, het borderlinetype, het obsessief-compulsieve type en het schizotypische type). Ook wordt er in de classificatie van deze typen gekozen voor een combinatie tussen een categoriale en een dimensionele benadering. Deze komt tot uiting in het bepalen van de mate waarin het functioneren wordt beperkt en de aanduiding van de mate waarin de persoon aansluit op de persoonlijkheidstypen.

◄◄ **Verbinding hoofdstuk 10**
Persoonlijkheid verwijst naar de duurzame kenmerken en neigingen die een consistente factor in iemands attitudes en gedragingen vormen (p. 390).

12.2.7 Aanpassingsstoornissen en andere aandoeningen: de grootste categorie

Verreweg de meeste problemen waarmee we in het dagelijks leven worden geconfronteerd, hebben te maken met keuzes maken en omgaan met verwarring, frustratie en verlies. Toch besteedt de *DSM-IV* daar bitter weinig aandacht aan. Er zijn twee categorieën voor ingeruimd: *aanpassingsstoornissen* en *andere aandoeningen die een klinische behandeling vergen*. Samen vormen ze een vergaarbak voor relatief lichte problemen die in geen enkele andere categorie passen. Daarbij moet je denken aan lichte depressie, lichamelijke klachten, huwelijksproblemen, leermoeilijkheden, problemen op het werk, rouw en problemen tussen ouders en kinderen. Het gevolg van deze ordening is dat de meeste mensen met psychische problemen in een van deze categorieën terechtkomen, terwijl de *DSM-IV* daar in verhouding weinig aandacht aan besteedt. Ironisch, want aanpassingsproblemen komen heel vaak voor; het is de belangrijkste klacht van het overgrote deel van degenen die zich tot een zelfstandig gevestigde psycholoog of psychiater wenden.

12.2.8 Sekseverschillen bij psychische stoornissen

Niemand weet precies waarom, maar uit de gegevens blijkt dat er grote verschillen tussen mannen en vrouwen bestaan wat betreft de gevoeligheid voor verschillende psychische stoornissen (Holden, 2005). We hebben bijvoorbeeld gezien dat vrouwen vaker worden gediagnosticeerd met stemmingsstoornissen, vooral depressie. Bij vrouwen worden ook vaker angststoornissen vastgesteld. Mannen hebben daarentegen veel vaker persoonlijkheidsstoornissen met agressieve of controlegerelateerde symptomen, zoals alcoholverslaving, drugsverslaving en geweld. Bij mannen wordt daarom veel vaker een antisociale persoonlijkheidsstoornis vastgesteld dan bij vrouwen. Zoals we hebben opgemerkt, is een mogelijke verklaring hiervoor dat vrouwen door sociale normen meer worden gestimuleerd om melding te maken van gevoelens van depressie dan mannen. Tegelijkertijd is het mogelijk dat mannen er door diezelfde sociale normen meer toe worden aangezet om hun gevoelens op een meer lichamelijke manier 'te uiten'.
Een andere mogelijkheid is dat deze verschillen hun oorsprong hebben in de biologie. We weten bijvoorbeeld dat mannelijke hersenen sterker zijn gelateraliseerd (dat wil zeggen dat bij hen specifieke functies overwegend aan slechts één zijde van de hersenen zijn gelokaliseerd). Dit is een mogelijke verklaring waarom mannen na een hersenbloeding aan de linkerzijde er minder vaak in slagen opnieuw taalvaardigheden aan te leren dan vrouwen. Sommige neurowetenschappers vermoeden ook dat de 'eenzijdigheid' van de mannelijke hersenen mogelijk bijdraagt aan de veel hogere incidentie van schizofrenie en stoornissen zoals autisme, dyslexie en ADHD bij mannen (Holden, 2005). Ook zijn er mogelijk nog niet ontdekte biologische verschillen die een oorzaak zijn voor de grotere vatbaarheid van vrouwen voor depressie. Verder onderzoek is nodig om het aandeel van de sociale en biologische verklaringen voor de sekseverschillen bij psychologische aandoeningen te onderscheiden. Wees echter niet verbaasd als het uiteindelijke antwoord wederom een voorbeeld is van de interactie tussen nature en nurture: beide zouden een rol kunnen spelen.

De narcistische persoonlijkheidsstoornis is genoemd naar Narcissus, de knappe jongeman uit de Griekse mythologie die verliefd werd op zijn eigen weerspiegeling in een plas. Dit schilderij van Narcissus is van Caravaggio.

Bron: akg-images/André Held/Newscom.

 Dieper graven
Meer weten over psychopathologie en de nieuwe *DSM-5*? Ga naar 'In de praktijk' in de MyLab mediatheek voor een bespreking hiervan.

Nooit doen!

De in dit hoofdstuk beschreven informatie over psychische stoornissen is absoluut onvoldoende om te kunnen beoordelen of familieleden of vrienden psychisch gestoord zijn. Het schenden van deze regel heeft al veel beginnende psychologiestudenten verdriet bezorgd.

We beseffen dat het verleidelijk is om het geleerde toe te passen op mensen uit je omgeving. Sommige stoornissen die we hebben besproken zijn tamelijk algemeen, dus het zou vreemd zijn als je er helemaal niets van herkende. Terwijl je met dit hoofdstuk bezig was, heb je ongetwijfeld enkele tekenen van angst, paranoia, depressie, manie en talloze andere verstoringen van

perceptie, herinnering of emotie opgemerkt bij je vrienden of verwanten. Het is een variant op de neiging die we eerder bespraken, om symptomen van psychische stoornissen bij jezelf te zien. Je zou het beter kunnen opvatten als een teken dat je de leerstof verwerkt op een actieve manier, namelijk doordat je je kennis over psychopathologie probeert toe te passen op jezelf en je eigen omgeving. Maar je kunt je gedachten hierover maar beter voor je houden.

Een hoofdstuk over psychische stoornissen maakt je nog geen deskundige. Daarom moet je heel voorzichtig zijn met het stellen van amateuristische diagnoses. Wat je vooral *niet* moet doen

is iemand vertellen dat je denkt dat hij of zij schizofreen, manisch-depressief, obsessief-compulsief of wat dan ook is. Belangrijk om te weten: zolang deze 'symptomen' het normaal functioneren niet belemmeren, is er geen reden om te denken dat er sprake is van een stoornis.

Dat gezegd hebbende, moeten we ook waarschuwen dat je niet doorslaat naar de andere kant. Het negeren van tekenen van pathologie kan net zo gevaarlijk zijn. Als iemand die je kent worstelt met ernstige psychische problemen en jou om raad vraagt, kun je hem of haar beter geen etiketje opplakken, maar verwijzen naar een deskundige op het gebied van diagnose en behandeling.

Wat zijn de consequenties als je iemand een etiket opplakt?

Gek, maniakaal, gestoord, knetter, krankzinnig, geestesziek, idioot, psychotisch, neurotisch. Het zijn geen diagnostische begrippen uit de *DSM* maar een willekeurige opsomming van de termen die het grote publiek, de rechtbank en mensen uit de geestelijke gezondheidszorg gebruiken om mensen die psychisch in de war zijn te beschrijven. In het ideale geval leidt de vaststelling dat iemand aan een bepaalde stoornis lijdt tot goede communicatie tussen psychiatrische hulpverleners en tot een effectief behandelingsprogramma. Maar soms veroorzaakt een etiketje vooral verwarring, of zelfs erger. **Labeling** verandert mensen in stereotypen, waardoor de persoonlijke kenmerken en de unieke omstandigheden die van invloed zijn op hun stoornis onopgemerkt blijven. Bovendien leiden etiketten vaak tot vooroordelen en sociale afwijzing. In het ideale geval leidt een nauwkeu-

rige diagnose tot de juiste behandeling. Maar soms is een diagnose niet meer dan een etiketje dat mensen van hun identiteit berooft en de sociale en culturele context van hun problemen verdoezelt.

Diagnostische labels, labeling en depersonalisatie
Het opgeplakt krijgen van het etiket 'psychisch gestoord' kan ernstige en langdurige consequenties hebben, nog los van de gevolgen van de stoornis zelf. Je kunt een been breken of een blindedarmontsteking krijgen, maar als je weer genezen bent, behoort die diagnose tot het verleden. Met psychische stoornissen ligt dat anders. Een etiket als 'depressie' of 'schizofreen' kan een stigma worden dat iemand zijn leven lang blijft achtervolgen (Farina et al., 1996; Wright et al., 2000). En hoe zit het met een verkeerde diagnose?

Rosenhan zegt daarover: 'Een verkeerde diagnose van kanker is verheugend, maar de diagnose van een psychische stoornis wordt zelden herroepen.' We begonnen dit hoofdstuk met een verhaal over onderzoekers die zich voordeden als psychiatrische patiënten. Nadat hen eenmaal het etiket 'schizofreen' was opgeplakt, zag iedereen het overduidelijke feit dat ze normaal waren over het hoofd.

In onze westerse maatschappij hebben mensen met een psychische stoornis vaak een lage status, waardoor hun problemen veronachtzaamd of genegeerd worden. Een diagnostisch etiket kan dat probleem nog versterken. Erger nog, de behandeling van geestesziken kan ook tot **depersonaliseren** leiden, dat wil zeggen dat het bestempelen van mensen als 'schizofreen' of 'bipolair' mensen van hun individualiteit en identiteit berooft, doordat het ertoe leidt dat mensen onpersoonlijk worden behandeld, slechts als 'casus' en niet als individu. Depersonalisatie kan gemakkelijk voortkomen uit labeling, maar het kan ook het gevolg zijn van een onpersoonlijke omgeving, zoals in bepaalde psychiatrische inrichtingen. We moeten ons goed realiseren dat het doel van diagnosticeren niet is om iemand in een bepaalde categorie op te bergen of om degenen die 'anders' zijn, te herkennen. Een diagnose moet het begin zijn van een proces dat leidt tot meer begrip over een persoon en tot de ontwikkeling van een hulpplan. Een diagnose zou een beginpunt moeten zijn, geen eindpunt. Helaas is dat niet altijd het geval.

De culturele context van psychische stoornissen

De meeste therapeuten kunnen zich vinden in het **ecologisch model**, dat rekening houdt met de omgeving van het individu (Levine & Perkins, 1987;

Lilienfeld & Arkowitz, 2009). Anders dan in het medische model, wordt abnormaliteit in dit model opgevat als een interactie tussen individuen en hun sociale en culturele context. Een stoornis zou het gevolg zijn van een verkeerde koppeling tussen het gedrag van de betrokkene en de eisen van de omgeving. Voor een detective is het bijvoorbeeld wel handig als hij enigszins wantrouwend of 'paranoïde' van aard is. Maar bij een verpleegster zouden we dit gedrag 'afwijkend' noemen. Het ecologische model wordt ondersteund door onderzoeken waaruit blijkt dat de cultuur invloed heeft op de verspreiding van psychische stoornissen en op de symptomen die gestoorde mensen hebben (Jenkins & Barrett, 2004; Matsumoto, 1996). Zo blijkt uit een onderzoek dat de Wereldgezondheidsorganisatie (WHO) (1973, 1979) heeft uitgevoerd in Colombia, voormalig Tsjechoslowakije, Denemarken, India, Nigeria, Taiwan, Engeland, de

VS en de toenmalige Sovjet-Unie dat schizofrenie in de ene cultuur substantieel vaker voorkomt dan in de andere. Recentere onderzoeken ondersteunen deze conclusie (Jablensky, 2000).

Labeling: De ongewenste praktijk van het toekennen van diagnoses van psychische stoornissen aan mensen en het vervolgens als stereotype gebruiken van deze 'diagnoses'; hierbij worden de betrokkenen behandeld alsof het etiket een verklaring vormt voor hun gehele persoonlijkheid. Door psychiatrische etiketten kunnen mensen ook worden gestigmatiseerd.

Depersonaliseren: Mensen van hun identiteit en individualiteit beroven door hen als voorwerp te behandelen en niet als individu. Depersonaliseren kan het gevolg zijn van labeling.

Ecologisch model: Vergelijkbaar met het sociaal-cognitieve gedragsmodel, maar met het accent op de sociale en culturele context.

✪ DOE HET ZELF! De relatie tussen stoornissen en de psychologische processen die ze verstoren

Elke stoornis betreft een vervorming van of mankement in een of meer psychologische basisfuncties of -processen. De stoornissen die in dit hoofdstuk zijn besproken, begrijp je beter als je de namen daarvan naast de processen noteert die door elke categorie het meest worden verstoord. (Sommige stoornissen kun je in meer dan één categorie noteren en er mogen meerdere stoornissen in één categorie voorkomen). We hebben er al een paar voor je ingevuld om je op weg te helpen.

Verstoord proces	Psychische stoornis
Leren	fobie
Sensatie en perceptie	
Emotie	fobie
Persoonlijkheid en zelfconcept	
Ontwikkeling	ADHD
Geheugen en cognitie	
Socialisatie	

Kritisch denken toegepast
Ga naar 'In de praktijk' in de MyLab mediatheek om terug te gaan naar Rosenhans onderzoek.

 Ga naar **www.pearsonmylab.nl** om je kennis en begrip van deze paragraaf te testen met de MyMap, MyCheck en MyDefinitions.

CENTRALE VRAAG: Is het mogelijk om onderscheid te maken tussen een psychische stoornis en enkel ongewoon gedrag? Anders gezegd: zijn er specifieke tekenen die duidelijk op een psychische stoornis wijzen?

- De grens tussen een psychische stoornis en enkel ongewoon gedrag is vaag. Iedereen is het erover eens dat geestelijke nood, onaangepastheid, irrationaliteit, onvoorspelbaarheid, onconventionaliteit en ongewenst gedrag symptomen van een psychische stoornis kunnen zijn. Er bestaan echter geen exacte diagnostische tests voor de meeste psychische stoornissen. Bovendien zijn de oorzaken van de meeste stoornissen omstreden of onbekend.
- Het 'medische model', dat wordt belichaamd door de *DSM,* beschouwt psychische stoornissen als specifieke ziekten. In de *DSM-IV* worden de psychische en gedragssymptomen van ruim 300 psychische stoornissen gespecificeerd en geclassificeerd op vijf assen. Dit classificatiesysteem wordt over de hele wereld gebruikt door psychiaters en andere zorgverleners.
- Het medische model wordt echter niet universeel aanvaard, vooral niet door psychologen, die een psychische stoornis liever zien als een combinatie van biologische, cognitieve, sociale, gedragsmatige en ontwikkelingsgebonden factoren.

KERNVRAAG 12.1
....
▶ Wat is een psychische stoornis?

Psychopathologie komt veel voor. Drie klassieke symptomen vormen een aanwijzing voor ernstige psychische stoornissen: **hallucinaties, wanen** en **extreme affectieve stoornissen.** Behalve deze verschijnselen zijn de symptomen van een stoornis vaak subtiel, en is een diagnose altijd sterk afhankelijk van het klinisch oordeel.
Ons concept van abnormaliteit berustte oorspronkelijk op bezetenheid door demonen of op een verstoring van het evenwicht van de humores. Later ontstond het **medische model,** dat nu nog gehanteerd wordt. Dit model beschouwt psychopathologie als een 'ziekte'; een perspectief waarmee veel psychologen het niet eens zijn. Een alternatief psychologisch model omvat, naast biologische factoren, sociaal-culturele, cognitieve, ontwikkelingsgerelateerde en gedragsmatige factoren. Abnormaliteit wordt niet alleen bepaald door de drie klassieke symptomen van een stoornis, maar ook door de mate van distress, onaangepastheid en irrationeel, onvoorspelbaar of onconventioneel gedrag van de betrokkene.
Het is normaal dat mensen incidenteel symptomen vertonen van psychische stoornissen, waardoor veel psychologiestudenten ten onrechte bezorgd zijn dat ze een psychische stoornis hebben. Als afwijkingen veel voorkomen, is het echter aan te raden een professioneel therapeut te raadplegen.

● **KERNCONCEPT 12.1**
Het medische model beschouwt psychische stoornissen als een 'ziekte', terwijl de psychologie ze opvat als een interactie tussen biologische, gedragsmatige, cognitieve, ontwikkelings-, en sociaal-culturele factoren.

KERNVRAAG 12.2
....
▶ Hoe worden psychische stoornissen geclassificeerd?

Het meest gebruikte classificatiesysteem voor psychische stoornissen is de **DSM**. Het model is afkomstig uit de psychiatrie en vertoont een bias richting het medische model. De vierde versie van dit handboek, de *DSM-IV,* beschrijft meer dan driehonderd specifieke stoornissen, die zijn geordend op basis van patronen van symptomen, en niet op oorzaak. Er is geen categorie voor 'normaal' functioneren.

Ten tijde van het schrijven aan dit boek, was de vijfde versie van de *DSM* in voorbereiding. Verwacht wordt dat de *DSM-5* een aantal ingrijpende wijzigingen bevat. Zo zal de indeling een mengvorm zijn van een categoriale indeling en een dimensionele indeling.

Een belangrijke categorie in de *DSM-IV* is die van de **stemmingsstoornissen** (*affectieve stoornissen*), die te maken hebben met emotionele verstoringen. **Depressie** is de meest voorkomende affectieve stoornis, terwijl de **bipolaire stoornis** veel zeldzamer is. Van alle ernstige psychische stoornissen wordt aangenomen dat ze een biologische basis hebben.

De categorie **angststoornissen** omvat de **gegeneraliseerde angststoornis**, **paniekstoornis**, de verschillende **fobische stoornissen** en **obsessief-compulsieve stoornis**. Hoewel ze mogelijk een basis in het temperament hebben, worden ze ook door ervaring beïnvloed.

Schizofrenie is een psychotische stoornis, en wordt gekenmerkt door extreme vervormingen van de perceptie, het denken, de emoties, het gedrag en de taal. De *DSM-IV* onderscheidt vijf vormen: de **gedesorganiseerde vorm**, de **katatone vorm**, het **paranoïde type**, de **resttoestand** en het **ongedifferentieerde type**. Het staat vast dat schizofrenie wordt veroorzaakt door verschillende factoren, waaronder genetische factoren, een abnormale hersenstructuur en een afwijkende biochemie.

De *DSM-IV* bevat ook een lijst van verschillende **ontwikkelingsstoornissen**, met inbegrip van **autisme**, **dyslexie** en **aandachtstekortstoornis met hyperactiviteit (ADHD)**. **Persoonlijkheidsstoornissen** vormen een categorie van psychische aandoeningen in de *DSM-IV* die gekenmerkt worden door een star en duurzaam patroon van gedachten, gevoelens en gedragingen die binnen de cultuur van de betrokkene duidelijk afwijken van de verwachtingen.

Het spectrum van de psychische stoornissen bevat enkele significante sekseverschillen, vooral ten aanzien van depressie en antisociale persoonlijkheidsstoornis.

De meest algemene psychische stoornissen stopt de *DSM-IV* bij elkaar in de categorieën 'aanpassingsstoornissen' en 'andere aandoeningen die een klinische behandeling vergen'. Het gaat hierbij om zeer uiteenlopende problemen die iedereen in zijn leven kan tegenkomen.

Informatie over het nieuwe handboek, de *DSM-5*, kan via de website worden geraadpleegd.

● KERNCONCEPT 12.2

De *DSM* is het classificatiesysteem dat wereldwijd het meeste wordt gebruikt voor psychische stoornissen. Dit systeem classificeert de stoornissen op grond van hun psychische en gedragsmatige symptomen.

 Op **www.pearsonmylab.nl** vind je tools en toetsen om je begrip en kennis van dit hoofdstuk uit te breiden en te oefenen.

BELANGRIJKE BEGRIPPEN

Aandachtstekortstoornis met hyper-activiteit (ADHD) (p. 515)

Aangeleerde hulpeloosheid (p. 502)

Affect (p. 488)

Affectieve stoornis met seizoensgebonden patroon (SAD) (p. 501)

Agorafobie (p. 505)

Angststoornis (p. 504)

Autisme (p. 512)

Bipolaire stoornis (p. 503)

Depersonaliseren (p. 519)

Depressieve stoornis (p. 500)

Diathese-stresshypothese (p. 511)

DSM (p. 496)

Dyslexie (p. 514)

Ecologisch model (p. 519)

Fobie (p. 506)

Gegeneraliseerde angststoornis (p. 504)

Hallucinatie (p. 488)

Labeling (p. 519)

Medisch model (p. 490)

Obsessief-compulsieve stoornis (p. 507)

Paniekstoornis (p. 505)

Persoonlijkheidsstoornis (p. 515)

Preparedness hypothesis (p. 506)

Psychopathologie (p. 487)

Psychose (p. 508)

Stemmingsstoornis (p. 499)

Schizofrenie (p. 508)

Waan (p. 488)

► KERNVRAGEN	● KERNCONCEPTEN	■ IN DE PRAKTIJK

13.1 Wat is therapie?
13.1.1 In therapie gaan
13.1.2 De therapeutische relatie en de doelstellingen van therapie
13.1.3 Therapie in historisch en cultureel perspectief

13.1 Er bestaan talloze vormen van therapie voor psychische stoornissen, maar het gemeenschappelijke element is een therapeutische relatie die is gericht op het verbeteren van iemands geestelijke, gedragsmatige en/of sociale functioneren.

Psychologische kwesties
Hoe worden behandelaars opgeleid en wat zijn hun bevoegdheden?

13.2 Hoe behandelen psychologen psychische stoornissen?
13.2.1 Inzichtgevende therapieën
13.2.2 Gedragstherapieën
13.2.3 Cognitieve gedragstherapie: een synthese
13.2.4 Evaluatie van de psychologische therapieën

13.2 De behandelmethoden die psychologen toepassen, zijn onder te brengen in twee belangrijke categorieën: inzichtgevende therapie (gericht op het ontwikkelen van begrip van het probleem) en gedragstherapie (gericht op het veranderen van gedrag door conditionering).

Doe het zelf!
Gedragsmodificatie bij jezelf

Doe het zelf!
Onderzoek je eigen opvattingen

Psychologische kwesties
Waar vinden de meeste mensen hulp? op www.pearsonmylab.nl

13.3 Hoe worden psychische stoornissen behandeld vanuit de biomedische invalshoek?
13.3.1 Behandeling met medicijnen
13.3.2 Andere medische therapieën voor psychische stoornissen
13.3.3 Opname en alternatieven
13.3.4 Biomedische therapieën en psychotherapie vergeleken

13.3 Biomedische behandelingen proberen psychische stoornissen te behandelen door de chemie in de hersenen, de hersenbanen of de activiteitspatronen te beinvloeden met geneesmiddelen, chirurgie, elektrische pulsen of krachtige magneetvelden.

Psychologie gebruiken om psychologie te leren
op www.pearsonmylab.nl

Kritisch denken toegepast
Evidence based practice op www.pearsonmylab.nl

CENTRALE VRAAG: Wat is de beste therapie voor Dereks depressie: psychotherapie, gebruik van geneesmiddelen of een combinatie van beide? Meer algemeen gesteld is de vraag: hoe kiezen we uit alle beschikbare therapieën voor psychische stoornissen?

 Op **www.pearsonmylab.nl** vind je tools en toetsen om je begrip en kennis van dit hoofdstuk uit te breiden en te oefenen.

13 THERAPIEËN VOOR PSYCHISCHE STOORNISSEN

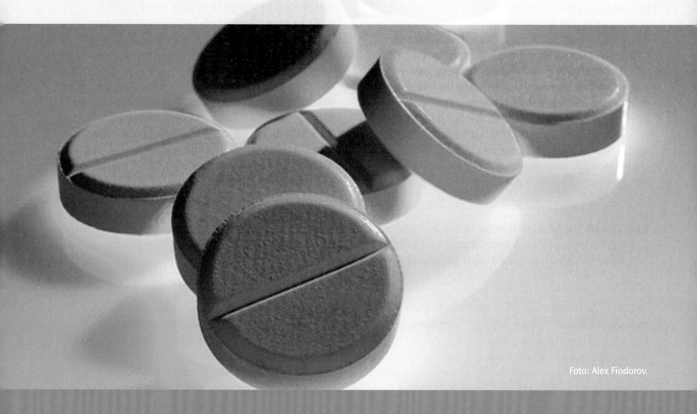

Foto: Alex Fiodorov.

De laatste maanden voelde Derek zich vermoeid en ongelukkig. Hij wist dat dit niet alleen een negatieve invloed had op zijn werk, maar ook op de relatie met zijn partner. Vivian, een collega en vriendin, stelde hem voorzichtig voor professionele hulp te zoeken, maar Derek wist niet waar hij heen moest. Zoals zoveel mensen vroeg hij raad aan een vriend die ervaring had met het probleem. Een vriend van wie hij wist dat die drie jaar geleden op zoek was geweest naar therapie, vroeg hij of hij iemand kon aanraden. Zo kwam Derek uiteindelijk terecht bij de praktijk van doctor Wijnen en stond hij enigszins nerveus voor haar kantoor.

Derek constateerde dat hij gemakkelijk kon praten met dr. Wijnen. Het duurde dan ook niet lang of ze waren het er allebei over eens dat Derek depressief was. Na een gesprek over de aard van depressie, zei dr. Wijnen: 'We hebben verschillende behandelingsmogelijkheden'. Ze voegde eraan toe: 'Ik ben opgeleid in cognitieve gedragstherapie, waarbij depressie als een aangeleerd probleem wordt benaderd. Het probleem wordt vervolgens behandeld door een verandering aan te brengen in de wijze waarop iemand denkt over gebeurtenissen in zijn leven en over interpersoonlijke relaties. Als we hiervoor kiezen, gaan we bekijken welke aanleidingen op het werk en thuis eventueel tot depressieve episoden kunnen leiden. In dat geval krijg je elke week "huiswerkopdrachten", die zijn bedoeld om je sterke punten uit te bouwen, zodat je je niet op je zwakke punten concentreert.' 'Net als op school', voegde ze er met een lachje aan toe.

'Als tweede mogelijkheid', zei ze, 'zou ik u naar een collega kunnen verwijzen die psychodynamische therapie geeft. Als u die benadering kiest, gaat u samen met dr. Van Erkel uw verleden onderzoeken en gaat u op zoek naar gebeurtenissen die geleid hebben tot de gevoelens die u nu hebt. Die behandeling zou als doel hebben een aantal onplezierige onderdelen van uw onbewuste geest aan het licht te brengen.'

'Wat ik ook zou kunnen doen, is ervoor zorgen dat u een geneesmiddel krijgt dat effectief is gebleken bij het behandelen van depressie. Het zou waarschijnlijk een antidepressivum zijn. U hebt vast wel eens gehoord van Prozac, een voorbeeld van zo'n medicijn. Het probleem van deze aanpak is dat het enkele weken duurt voordat het gaat werken. En bovendien ben ik er niet zeker van dat we op deze wijze de problemen die aan de basis liggen van uw depressie, werkelijk kunnen oplossen.'

'O ja', voegde ze eraan toe. 'Er zijn nog enkele andere medische behandelingen, zoals elektroshocktherapie, maar ik denk niet dat die in uw geval nodig zijn.'

'Gelukkig maar', zei Derek. 'Dus de keuze is tussen geneesmiddelen en psychotherapie?'

'Of misschien een combinatie van deze twee', antwoordde dr. Wijnen.

CENTRALE VRAAG: Wat is de beste behandeling voor Dereks depressie: psychotherapie, gebruik van geneesmiddelen of een combinatie van beide? Meer algemeen gesteld is de vraag: hoe kiezen we uit alle beschikbare therapieën voor psychische stoornissen?

Therapie: Algemene term voor een behandelproces; in de psychologie en psychiatrie verwijst de term naar een grote verscheidenheid aan psychologische en biomedische technieken.

Dr. Wijnen en haar collega's passen heel diverse benaderingen toe. Verreweg de meeste mensen die in **therapie** gaan, blijken daar baat bij te hebben. Natuurlijk is niet elke therapie succesvol. Sommige mensen wachten te lang voordat ze een deskundige om hulp vragen, waardoor hun problemen onbehandelbaar zijn geworden. Sommigen slagen er niet in de therapie te vinden die bij hun specifieke problemen past. En veel mensen hebben simpelweg niet het geld om een goede therapeut te betalen. Maar ondanks deze beperkingen kunnen we de ontwikkeling van een breed scala aan effectieve therapieën beschouwen als een van de succesverhalen van de moderne psychologie.

KERNVRAAG 13.1

▶ Wat is therapie?

Als je het woord 'therapie' hoort, zie je misschien een stereotiep beeld voor je dat in talloze strips en films wordt gebruikt: een 'neurotische' patiënt die op een bank ligt, met een bebaarde therapeut aan het hoofdeinde die zijn uitspraken interpreteert en aantekeningen maakt. Dit tafereel is ontleend aan de klassieke freudiaanse therapie, die tegenwoordig nog maar zelden in praktijk wordt gebracht, hoewel deze dominant was in de eerste helft van de twintigste eeuw. De hedendaagse therapie verschilt op diverse terreinen van dit stereotiepe beeld. Ten eerste staat er in de meeste behandelkamers geen ligbank. Ten tweede zoeken mensen tegenwoordig hulp voor zeer uiteenlopende problemen, zeker niet alleen voor de klassieke, categoriale aandoeningen (aandoeningen die vermeld staan in de *DSM* en de *ICD*), maar hulpverleners of therapeuten verlenen ook hulp bij moeilijke beslissingen, bij problemen op school of werk, of in gevallen waarbij mensen te maken krijgen met verlies of een ongelukkige relatie. En er is een derde misverstand bij het populaire beeld van therapie: in sommige vormen van therapie wordt er niet alleen gepraat en geïnterpreteerd, maar vinden er ook veel activiteiten plaats, zoals je verderop zult zien.

Mensen die op zoek zijn naar een therapie voelen zich wellicht overdonderd door de overvloed aan mogelijkheden. Maar welke therapie je ook kiest, er is één constante factor: de therapeutische relatie.

● **KERNCONCEPT 13.1**
Er bestaan talloze vormen van therapie voor psychische stoornissen, maar het gemeenschappelijke element is een therapeutische relatie die is gericht op het verbeteren van iemands geestelijke, gedragsmatige en/of sociale functioneren.

We beginnen met een beschrijving van de verschillende typen mensen die in therapie gaan en de problemen die ze in de therapeutische relatie inbrengen.

13.1.1 In therapie gaan

Waarom zou iemand in therapie gaan? Meestal hebben mensen die in therapie gaan een probleem dat ze niet in hun eentje kunnen oplossen. Soms nemen ze zelf het initiatief om een therapeut te zoeken, soms worden ze daartoe aangespoord door familie, vrienden, een arts of een collega.

Vanzelfsprekend hoef je niet 'gek' te zijn om je aan te melden voor therapie. Therapeuten spreken meestal over patiënten of cliënten. De term *patiënt* wordt meestal gebruikt door behandelaars die vanuit een biologische of medische invalshoek werken. De term *cliënt* wordt gebruikt door therapeuten die psychische stoornissen niet als psychische *ziekten* beschouwen, maar als *problemen die bij het leven horen* (Rogers, 1951; Szasz, 1961).

De mogelijkheden om een geschikte therapeut te vinden zijn niet voor iedereen gelijk. Veel allochtonen worden gehinderd door een taalbarrière en door problemen die worden veroorzaakt door culturele verschillen. Daarnaast is het vaak gemakkelijker om hulp te krijgen voor een lichamelijke klacht dan voor psychische problemen. De aard van iemands probleem kan er ook toe leiden dat hij of zij geen adequate behandeling krijgt. Zo is het bijvoorbeeld goed mogelijk dat iemand met agorafobie niet in staat is om de praktijkruimte van de therapeut te bereiken. Mensen die aan paranoia lijden, zoeken misschien geen hulp omdat ze de behandelaar niet vertrouwen. Ook de kostprijs kan een drempel vormen. Sinds begin 2012 moet in Nederland bijvoorbeeld een eigen bijdrage worden betaald voor bezoek aan een psychotherapeut of psycholoog. In Vlaanderen betaal je, als het gaat om psychotherapie die wordt gegeven door een niet-medicus, zelf de gehele kostprijs van een behandeling.

◄◄ **Verbinding hoofdstuk 12**
Het *medische model* gaat ervan uit dat psychische stoornissen gelijk zijn aan lichamelijke ziekten (p. 488).

Het populaire tv-programma *In therapie*, dat in 2010 en 2011 in Nederland te zien was, volgt de beslommeringen in de praktijk van een psychotherapeut. Deze goed gewaardeerde serie gaf meer bekendheid aan de praktijk van de psychotherapeut. Uiteraard werden de gesprekken en gebeurtenissen wel sterk gedramatiseerd.
Bron: NCRV.

13.1.2 De therapeutische relatie en de doelstellingen van therapie

Soms is het voldoende om een probleem te bespreken met een goede vriend of vriendin. Het kan heel verhelderend zijn om 'jezelf te horen denken'. Maar vrienden en familie zijn niet getraind in het omgaan met lastige geestelijke problemen; ze hebben ook hun eigen behoeften en agenda's, en die komen niet altijd overeen met die van jou. Bovendien maken ze soms ook deel uit van het probleem. Hoe dan ook, als vrienden of familieleden je niet de hulp kunnen geven die je nodig hebt, is het in sommige gevallen verstandig om de hulp van een bekwaam therapeut in te roepen. Dat geldt ook als je je problemen en zorgen niet aan de grote klok wilt hangen. Om al deze redenen is een professionele relatie met een therapeut iets heel anders dan een goede vriendschap.

Waaruit bestaat therapie?

Dat wil niet zeggen dat de relatie tussen de therapeut en de patiënt/cliënt van geen belang is; die *relatie*, of **therapeutische alliantie**, vormt zelfs de essentie van de therapie. Sterker nog, de kwaliteit van de therapeutische alliantie is de meest bepalende factor bij de effectiviteit van therapie (Wampold & Brown, 2005). Welke factoren bepalen de kwaliteit van de therapeutische alliantie? Vertrouwen en empathie zijn twee essentiële ingrediënten. De patiënt en de therapeut zijn te beschouwen als een soort bondgenoten die hun krachten bundelen om de problemen waar de patiënt mee worstelt te overwinnen (Horvath & Luborsky, 1993). Als klinisch psychologen zich beter bewust worden van sekseverschillen en van de etnische diversiteit van hun patiënten, heeft dat een positief effect op de behandeling: onderzoek heeft uitgewezen dat de effectiefste therapeuten degenen zijn die contact kunnen maken met mensen in de context van hun eigen cultuur, ervaring en moedertaal (Griner & Smith, 2006).

Naast het proces van het vestigen van een relatie tussen therapeut en cliënt, verloopt een therapeutisch proces normaal gesproken volgens de volgende stappen:

1. *Identificeren van het probleem*
   Soms volstaat een eenvoudige overeenstemming over omstandigheden of gevoelens die men wil veranderen. In sommige gevallen kan er een formele diagnose gesteld worden (of gesteld zijn) aan de hand van classificatiesystemen als de *DSM* of de *ICD*.

2. *Identificeren van oorzaken van het probleem en/of de omstandigheden die het probleem in stand houden*
   Bij sommige vormen van therapie bestaat dit vooral uit het onderzoeken van het verleden, vooral de jeugd, om de bron van de problemen van de patiënt te vinden. Anderzijds ligt bij sommige vormen van therapie de nadruk op de huidige situatie, dat wil zeggen op de omstandigheden die het probleem in stand houden.

3. *Keuze voor een bepaald soort behandeling en de behandeling zelf*
   Het gaat om de keuze voor een specifieke therapie waarmee je de hinderlijke symptomen kunt minimaliseren of doen verdwijnen. Welke behandeling wordt gekozen, is afhankelijk van de aard van het probleem, van de oriëntatie en de opleiding van de therapeut, en van de voorkeur van de cliënt.

Wie gaat in therapie?

Hoewel mensen tegenwoordig gemakkelijker in therapie gaan dan vroeger, doen ze dat meestal pas als hun psychische problemen echt ernstig worden of als ze er al langere tijd last van hebben. De meeste cliënten wenden zich eerst tot de huisarts, die hen doorverwijst naar een van de volgende behandelaars: counselor (soms ook wel coach genoemd), eerstelijnspsycholoog, maatschappelijk werker, klinisch psycholoog, gezondheidszorgpsycholoog (GZ-psycholoog), psychotherapeut, psychiater, psychoanalyticus, sociaal-psychiatrisch verpleegkundige, of

Therapeutische alliantie: De relatie tussen therapeut en cliënt, waarbij beide partijen samenwerken om de cliënt te helpen het hoofd te bieden aan psychologische of gedragsmatige problemen.

Hoe worden behandelaars opgeleid en wat zijn hun bevoegdheden?

Een carrière als psychologisch behandelaar begint zowel in Nederland als België met een universitaire opleiding psychologie. De verschillende soorten psychologen en behandelaars kunnen vervolgens verschillende opleidingen volgen tot behandelend psycholoog of psychotherapeut. De wettelijke bevoegdheden hieromtrent zijn in België en Nederland wel anders geregeld.

In Nederland zijn de bevoegdheden van psychotherapeuten en gezondheidszorgpsychologen geregeld in de Wet op de beroepen in de individuele gezondheidszorg uit december 1993 (de Wet BIG). Met behulp van deze wet wordt ook de kwaliteit van zorg bewaakt. De RINO Groep (www.rino-groep.nl) verzorgt vier opleidingen met betrekking tot wettelijk geregistreerde BIG-beroepen, namelijk de opleidingen tot gezondheidszorgpsycholoog, psychotherapeut, klinisch psycholoog en klinisch neuropsycholoog. Deze meerjarige opleidingen zijn vervolgtrajecten voor afgestudeerde psychologen, pedagogen en GGZ-professionals. Naast cursussen volgen deelnemers een praktijkdeel binnen een praktijkinstelling. Na voltooiing van de opleiding kunnen de psychologen zich inschrijven in het BIG-register. Voor psychotherapeuten en gezondheidszorgpsychologen is er ingevolge de Wet BIG titelbescherming. Om als cliënt behandeling vergoed te

krijgen van de verzekering is het noodzakelijk dat de betreffende behandelaar over een BIG-registratie beschikt. Wie zich in België psycholoog noemt, moet minstens de wetenschappelijke graad van licentiaat of master behaald hebben na een universitaire psychologie-opleiding en zich hebben laten registreren bij de Psychologencommissie. Dit is wettelijk geregeld. Een klinisch psycholoog is een psycholoog die aan de universiteit de richting klinische psychologie gevolgd heeft. Omdat de naamgeving van een opleiding niet direct houvast biedt voor het beoordelen van de aard ervan, hebben beroepsverenigingen, zoals de Vlaamse Vereniging Van Klinische Psychologen (VVKP), lijsten van universitaire richtingen die als klinische psychologie beschouwd kunnen worden. Om lid te worden van de VVKP moet men klinisch psycholoog zijn. Het lidmaatschap is evenwel niet verplicht om zich klinisch psycholoog te kunnen noemen.

Na de universitaire opleiding tot psycholoog kunnen er aan verschillende universiteiten en andere opleidingscentra voortgezette opleidingen worden gevolgd, zoals die tot psychotherapeut, systeemtherapeut, gedragstherapeut of psychoanalyticus. In België is de uitoefening van de klinische psychologie en van de psychotherapie nog niet wettelijk geregeld. Psychologen zijn nog

niet opgenomen in de nomenclatuur van het Rijksinstituut voor Ziekte- en Invaliditeitsverzekering (RIZIV). Toch zijn er reeds een aantal instanties die kosten verbonden aan de hulp geboden door psychologen geheel of gedeeltelijk terugbetalen binnen bepaalde grenzen en voorwaarden.

Mogen toegepast psychologen behandelen?

Zowel in België als in Nederland kun je aan instellingen voor hoger onderwijs buiten de universiteit na drie (België) of vier jaar studie (Nederland) een diploma behalen van Bachelor in de toegepaste psychologie.

Een afgestudeerde bachelor in de toegepaste psychologie geeft geen therapie of behandeling, maar kan wel werken in de gezondheidszorg. Door het afnemen van psychologische tests, door observatie en door een brede kennis van psychologische fenomenen en gedrag in het algemeen, kunnen bachelors in de toegepaste psychologie een diagnose stellen met betrekking tot een persoon of een sociale situatie, maar zij mogen geen 'sluitende' diagnose geven, dit doet een psycholoog, mogelijk in samenwerking met de toegepast psycholoog. Ook kunnen toegepast psychologen binnen de gezondheidszorg cliënten begeleiden, coachen, trainen en adviseren.

geestelijk verzorger/consulent. De verschillen tussen de verschillende specialisten staan beschreven in tabel 13.1. Zoals je ziet heeft elk soort behandelaar zijn eigen specifieke deskundigheid. De enige therapeuten die medicijnen mogen voorschrijven zijn psychiaters.

13.1.3 Therapie in historisch en cultureel perspectief

Hoe we omgaan met psychische stoornissen is afhankelijk van de wijze waarop we over psychische stoornissen *denken*. Als we bijvoorbeeld van mening zijn dat geestelijke problemen *ziekten* zijn, zullen we ze anders behandelen dan als we denken dat deze problemen de uiting zijn van een karakterfout of de invloed

Tabel 13.1 Soorten behandelaars in de geestelijke gezondheidszorg in Nederland en België

Professionele titel	Specialisme en werkomgeving
Counselor of coach	Leert cliënten omgaan met relatief 'normale' problemen in relaties, bij de opvoeding, bij de beroepskeuze of op school. Counselors werken vaak op scholen en in klinieken en andere instellingen.
Eerstelijnspsycholoog	Is een psycholoog bij wie een cliënt zich zonder doorverwijzing kan melden. Eerstelijnspsychologen werken vanuit een brede invalshoek en ze hanteren een probleemgerichte aanpak. Ze kunnen cliënten doorverwijzen naar andere vormen van zorg.
Klinisch psycholoog*	Is opgeleid om mensen met ernstiger stoornissen te behandelen. Het werkterrein omvat bijna de gehele geestelijke gezondheidszorg. Werkzaam in een privépraktijk, bij een RIAGG of in een psychiatrisch ziekenhuis. Heeft geen bevoegdheid om medicijnen voor te schrijven.
Gezondheidszorgpsycholoog**	Tot het werkterrein van de gezondheidszorgpsycholoog worden gerekend psychologisch onderzoeken en psychologische behandelingen. De GZ-psycholoog is een breed opgeleide professional, die op tal van plekken binnen de geestelijke gezondheidszorg (GGZ) en daarbuiten kan worden ingezet.
Psychotherapeut	Een psychotherapeut is een behandelaar die mensen helpt met geestelijk lijden of (ernstige) psychosociale problemen om te gaan. Psychotherapie beoogt hun persoonlijke situatie te verbeteren.
Psychiater	Is een medisch specialisme. Behandelt ernstige psychische problemen, vaak met behulp van medicijnen. Werkzaam in een privépraktijk, in een kliniek of in een psychiatrisch ziekenhuis.
Psychoanalyticus	Baseert therapie op freudiaanse principes. Meestal werkzaam in privépraktijk.
Sociaal-psychiatrisch verpleegkundige	Verpleegkundig specialisme. Biedt in samenwerking met psychiater, GGZ-verpleegkundige en andere disciplines een breed sociaal-psychiatrisch zorgaanbod aan de cliënt en zijn systeem in zijn natuurlijke milieu en met oog voor de sociaal-culturele context.
Maatschappelijk werker	Is gespecialiseerd in psychische stoornissen. Biedt laagdrempelige hulp voor mensen met psychosociale problemen. Concentreert zich meestal op de sociale en omgevingsspecifieke context van het probleem.
Vaktherapeut	Vaktherapie is een non-verbale vorm van geestelijke gezondheidszorg. Voorbeelden van vaktherapeuten zijn onder andere de creatief therapeut en psychomotorisch therapeut. De creatief therapeut spreekt de directe emotionele en zintuiglijke beleving van de cliënt aan. Werkvelden zijn de geestelijke gezondheidszorg, jeugdhulpverlening, slachtofferhulp. Doel van de psychomotorische therapie is een gedragsverandering teweegbrengen (of een bijdrage leveren aan het teweegbrengen van zo'n verandering) en daarmee psychosociale of psychiatrische problematiek weg te nemen of te verminderen. Werkvelden zijn onder meer de psychiatrie, revalidatie en verslavingszorg.
Geestelijk verzorger of consulent	Geestelijke of humanist die gespecialiseerd is in de behandeling van psychische stoornissen. Biedt hulp gebaseerd op een geloofs- of levensovertuiging. Combineert spirituele leiding met praktische adviezen.

* In België wordt geen onderscheid gemaakt tussen klinisch psychologen en eerstelijnspsychologen. Eerstelijnspsychologen met een afgeronde universitaire opleiding klinische psychologie worden ook wel klinisch psychologen genoemd. In Nederland wordt deze titel pas na een vervolgopleiding tot klinisch psycholoog verkregen.
** Dit beroep en de bijbehorende opleiding bestaat alleen in Nederland.

van kwade geesten. Op welke wijze mensen met psychische stoornissen door de maatschappij worden behandeld, is altijd sterk afhankelijk geweest van de heersende opvattingen.

Therapie historisch bekeken

Zoals we in het vorige hoofdstuk hebben gezien, interpreteerden mensen in middeleeuws Europa psychische stoornissen vaak als het werk van duivels en demonen. In deze context was het werk van de 'therapeut' exorcisme te bedrijven, of 'de duivel uit de persoon met de stoornis te slaan'. In modernere tijden drongen hervormers er echter op aan mensen met een psychische stoornis in instellingen of inrichtingen onder te brengen, waar ze konden worden beschermd tegen de stress van de wereld en tegen de wrede 'therapieën' die maar al te vaak werden toegepast. Helaas werd het ideaal van de psychiatrische inrichtingen niet vaak verwezenlijkt.

Een van de beruchtste inrichtingen was ook een van de eerst opgerichte: Bethlehem Hospital in Londen. Daar konden dagjesmensen in het weekend voor een paar stuivers de inwoners bekijken, die vaak een wilde en lawaaierige 'show' verzorgden voor het nieuwsgierige publiek. Dit is de etymologische achtergrond van het Engelse woord *bedlam* (gekkenhuis, heksenketel), de korte term die Londenaren gebruikten voor *Bethlehem*, een woord waarmee destijds lawaaierige, chaotische plaatsen werden aangeduid.

In de meeste inrichtingen werden de inwoners in het gunstigste geval alleen lichamelijk verzorgd. In het ergste geval werden ze verwaarloosd of op wrede wijze gevangen gehouden, bijvoorbeeld in een kooi of dwangbuis. Sommigen werden zelfs geslagen, onder de koude douche gezet of op andere wijze mishandeld. Het is niet moeilijk in te zien dat zo'n behandeling zelden verbetering teweegbrengt bij mensen die aan psychische stoornissen lijden.

Deze gravure uit 1730 verbeeldt de wanorde in een cel van het Londense ziekenhuis St. Mary of Bethlehem. Tegen betaling mogen leden van de gegoede burgerij de verschrikkingen komen bekijken. Er is zelfs een violist om hen te vermaken. De patiënten zijn geketend, ze worden gemarteld en zijn van alle menselijke waardigheid ontdaan.

Bron: Courtesy of the Trustees of Sir John Soane's Museum, London/The Bridgeman Art Library International.

Hedendaagse benaderingen van therapie

Moderne deskundigen in de geestelijke gezondheidszorg hebben het oude model van demonische bezetenheid achter zich gelaten. Hetzelfde geldt voor overduidelijk schadelijke behandelmethoden. De tegenwoordige therapieën zijn gebaseerd op psychologische en biologische theorieën over de geest en het gedrag. Desondanks verschillen professionals dikwijls van mening over de exacte oorzaken en de meest geschikte methoden om psychische problemen te behandelen. Deze situatie wordt weerspiegeld door de overvloed aan therapieën die vandaag de dag wordt aangeboden. Om enige orde in de chaos aan te brengen, geven we hier een globale schets van het moderne therapeutisch landschap: een overzicht dat tegelijk dient als voorproefje van de onderwerpen die verderop in dit hoofdstuk ter sprake zullen komen.

Zoals gezegd worden de **psychologische therapieën** vaak als geheel aangeduid met de term *psychotherapie*. Tussen psychotherapie en counseling bestaat geen scherp onderscheid, hoewel *counseling* in de praktijk meestal wordt gebruikt voor een korter proces waarin een specifiek probleem centraal staat, terwijl *psychotherapie* doorgaans de lange termijn betreft en zich richt op een breder spectrum van problemen.

Psychotherapie is gericht op het veranderen van verstorende gedachten, gevoelens en gedrag met behulp van psychologische technieken. Er bestaan verschillende vormen van psychotherapie, die in twee soorten kunnen worden ingedeeld. De ene soort, de zogenoemde *inzichtgevende therapie,* is erop gericht mensen inzicht te geven in hun problemen, waardoor ze hun gedachten, motieven of gevoelens kunnen veranderen. De andere, de zogenoemde 'steunende' of klachtgerichte *therapie,* richt zich voornamelijk op gedragsverandering(en).

De **biomedische therapieën** richten zich in de eerste plaats op veranderingen in de onderliggende biologie van de hersenen. Een arts kan een beroep doen op tal van medicijnen, waaronder antidepressiva, 'tranquillizers' en stimulerende middelen. In uitzonderlijke gevallen wordt een ingrijpendere procedure, zoals elektrische stimulatie of een operatieve ingreep, toegepast.

Vaak kiest men niet voor ofwel de psychologische therapie, ofwel de biomedische therapie, maar voor een gecombineerde benadering, waarbij men zowel gebruikmaakt van geneesmiddelen als van psychotherapie.

Psychologische therapie: Therapie die is gebaseerd op psychologische principes (in plaats van op het medische model); vaak 'psychotherapie' genoemd.

Biomedische therapie: Behandeling waarbij het accent ligt op het veranderen van de hersenen, vooral door het toepassen van geneesmiddelen, psychochirurgie of elektroshocktherapie.

Stoornissen en therapie in een culturele context

In verschillende culturen wordt heel verschillend gedacht over psychische stoornissen en het behandelen daarvan (Matsumoto, 1996). De overwegende visie in de meer individualistische westerse (Europese en Noord-Amerikaanse) cultuur is dat psychische stoornissen meestal veroorzaakt worden door een ziekteproces, genetische fouten, verstoorde hersenprocessen, een ongezonde omgeving of stressoren. Maar meer collectivistische culturen hebben vaak een heel andere kijk op de zaak (Triandis, 1990; Zaman, 1992). In Aziatische maatschappijen worden psychische stoornissen bijvoorbeeld eerder beschouwd als een verstoring van de verbinding tussen het individu en de groep. En veel Afrikanen geloven dat psychische stoornissen ontstaan doordat een individu vervreemd is geraakt van de natuur en de gemeenschap, inclusief de gemeenschap van voorouderlijke geesten (Nobles, 1976; Sow, 1977).

In zulke culturen is het ondenkbaar dat men psychisch gestoorde individuen buiten hun eigen gemeenschap kan behandelen. De genezing moet plaatsvinden in de eigen sociale context, in een omgeving waar het belang van de opvattingen, de familie, het werk en de leefomgeving van de patiënt worden benadrukt. Het Afrikaanse gebruik van groepssteun bij de therapie is uitgebreid tot een procedure die 'netwerktherapie' wordt genoemd. Hierbij wordt het hele netwerk van verwanten, collega's en vrienden betrokken bij de behandeling (Lambo, 1978).

Als Derek in zo'n cultuur had geleefd, zou hij ongetwijfeld door een medicijnman of *sjamaan*, van wie werd aangenomen dat deze speciale magische krachten had, zijn behandeld. Zijn behandeling zou hebben bestaan uit ceremonieën en rituelen die het genezingsproces van emotionele intensiteit en betekenis zouden voorzien. Deze rituelen, gecombineerd met het gebruik van symbolen, zouden de patiënt, de sjamaan en de maatschappij verbinden met de bovennatuurlijke krachten die in de strijd tegen de waanzin te hulp zouden worden geroepen (Devereux, 1981; Wallace, 1959).

 Ga naar **www.pearsonmylab.nl** om je kennis en begrip van deze paragraaf te testen met de MyMap, MyCheck en MyDefinitions.

KERNVRAAG 13.2

▶ Hoe behandelen psychologen psychische stoornissen?

In de meeste westerse landen zou het type therapie dat Derek zou krijgen, worden bepaald door zijn keuze voor ofwel een medisch ofwel een psychologisch therapeut. Door een psycholoog als dr. Wijnen te kiezen, zou hij vrijwel zeker een van de twee typen therapie krijgen die in ons kernconcept worden beschreven: een inzichtgevende therapie of een gedragstherapie.

● **KERNCONCEPT 13.2**
De behandelmethoden die psychologen toepassen, zijn onder te brengen in twee belangrijke categorieën: inzichtgevende therapie (gericht op het ontwikkelen van begrip van het probleem) en gedragstherapie (gericht op het veranderen van gedrag door conditionering).

Inzichtgevende therapieën waren de allereerste puur psychologische behandelmethoden die psychologen ontwikkelden. Lange tijd was dat ook de enige vorm van psychologische behandeling die je kon krijgen. De laatste jaren hebben ze gezelschap gekregen van de gedragstherapieën, die op dit moment in veel gevallen effectiever blijken te zijn.

13.2.1 Inzichtgevende therapieën

In tegenstelling tot de gedragstherapieën, die zich concentreren op externe gedragspatronen, proberen **inzichtgevende therapieën** het *innerlijk* van de patiënt te veranderen: de manier waarop hij denkt en voelt. Deze methoden, die soms *gesprekstherapieën* worden genoemd, gaan ervan uit dat patiënten behoefte hebben om de verstoorde gedachten, emoties en gevoelens die hun psychische problemen veroorzaken, beter te begrijpen en dat inzicht in de oorzaak van de problemen de sleutel is tot de oplossing ervan.

Er zijn verschillende 'soorten' inzichtgevende therapie, maar ze hebben allemaal tot doel de verstoorde geestelijke processen van een patiënt via discussie en interpretatie aan het licht te brengen. Sommige therapieën, zoals de freudiaanse *psychoanalyse*, berusten op het idee dat psychische problemen diep in het onbewuste verborgen liggen en dat je ze alleen met ingewikkelde en tijdrovende technieken boven water kunt krijgen. Bij andere vormen van therapie, zoals de *cliëntgerichte therapie* van Carl Rogers, wordt het belang van het onbewuste geminimaliseerd en wordt gezocht naar problemen in de wijze waarop mensen bewust denken en met elkaar omgaan.

Omdat er tientallen soorten inzichtgevende therapie bestaan, kunnen we ze niet allemaal bespreken. We kiezen voor de invloedrijkste, te beginnen met de legendarische methode die is ontwikkeld door Sigmund Freud.

Freudiaanse psychoanalyse

Volgens het klassieke freudiaanse standpunt ontstaan psychische problemen uit spanningen die in de onbewuste geest ontstaan als gevolg van verboden impulsen en bedreigende herinneringen. Bij freudiaanse therapie, de zogenoemde **psychoanalyse**, wordt het onbewuste onderzocht in een poging om deze problemen aan het 'licht' te brengen, dat wil zeggen, naar het bewuste te brengen, waar de angel eruit kan worden gehaald. Het belangrijkste doel van de psychoanalyse is dus om de inhoud van het onbewuste naar het bewustzijn te brengen. Om bij de inhoud van het onbewuste te komen, zocht Freud naar manieren om de verdediging te omzeilen die het ego uit zelfbescherming heeft opgeworpen. Een methode was gebruik te maken van *vrije associatie,* waarbij de patiënt zich ontspande en sprak over alles wat er maar in hem opkwam, terwijl de therapeut luisterde, en daarbij altijd op zijn hoede was voor versluierde verwijzingen naar onbewuste behoeften en conflicten. Een andere methode was *droominterpretatie;* een techniek die je je misschien nog herinnert uit hoofdstuk 8.

Met behulp van deze en andere technieken ontwikkelt de psychoanalyticus geleidelijk een klinisch beeld van het probleem. Vervolgens kan hij de patiënt helpen de onbewuste oorzaken van de symptomen te begrijpen. Om je een indruk van dit proces te geven, vermelden we Freuds interpretatie van een fascinerend geval van een meisje van 19 bij wie 'obsessionele neurose' was vastgesteld (volgens de *DSM-IV* zou dit waarschijnlijk gediagnosticeerd zijn als *obsessief-compulsieve stoornis*). Houd in gedachten dat psychologen en psychiaters tegenwoordig anders naar de interpretaties van Freud kijken. Zijn interpretaties hebben echter nog steeds invloed, omdat veel van de concepten van Freud, zoals *ego, verdringing, het onbewuste, identificatie* en *oedipuscomplex*, deel van het alledaagse taalgebruik zijn gaan uitmaken. Freuds behandeling van de jonge vrouw zal je een idee geven van de wijze waarop de psychotherapie circa een eeuw geleden is begonnen.

Inzichtgevende therapie: Psychotherapie waarbij de therapeut de patiënt helpt om de oorzaken van zijn problemen te begrijpen (*inzicht* te verwerven).

Inzichtgevende therapieën

- Freudiaanse psychoanalyse
- Neofreudiaanse therapieën
- Humanistische therapieën
- Cognitieve therapieën
- Groepstherapieën

Psychoanalyse: Een benadering van de psychologie die is gebaseerd op de veronderstellingen van Freud, die de nadruk legt op onbewuste processen. De term verwijst zowel naar Freuds psychoanalytische theorie als naar zijn psychoanalytische behandelmethode.

◀◀ **Verbinding hoofdstuk 10**
De *afweermechanismen van het ego* zijn onder meer verdringing, regressie, projectie, ontkenning, rationalisatie, reactieformatie, verschuiving en sublimatie (p. 408).

Freuds patiënt begon aan haar behandeling omdat haar ouders bezorgd waren over een vreemd ritueel dat ze elke avond rond bedtijd uitvoerde. Dit ritueel bestond er onder meer uit dat ze eerst de grote klok in haar kamer stilzette en vervolgens de andere, kleinere klokken weghaalde, met inbegrip van haar polshorloge. Vervolgens zette ze alle vazen en bloempotten bij elkaar op haar schrijftafel, opdat deze, volgens haar 'neurotische' denkwijze, gedurende de nacht niet konden vallen en breken. Daarna zorgde ze ervoor dat de deur naar haar kamer halfopen zou blijven staan door verschillende voorwerpen in de deuropening te zetten. Na deze voorzorgsmaatregelen richtte ze haar aandacht op het bed, waarbij ze er zich nauwgezet van overtuigde dat de matras niet tegen de plank aan het hoofdeinde kwam en dat het kussen diagonaal op de matras lag. Vervolgens schudde ze het dekbed net zo lang tot alle veren aan het voeteneinde terecht waren gekomen, waarna ze deze nauwgezet opnieuw verdeelde. En ten slotte kroop ze in bed en probeerde te slapen met haar hoofd precies op het midden van het diagonale kussen.

Het ritueel verliep echter niet altijd gladjes. Ze voerde eerst het ene en daarna een ander deel van het ritueel uit, angstig dat ze niet alles goed had gedaan, hoewel ze aan Freud toegaf dat alle aspecten van haar nachtelijke voorzorgsmaatregelen irrationeel waren. Het resultaat was dat het meisje elke avond ongeveer twee uur nodig had om naar bed te gaan. Voordat je de interpretatie leest, zou je er even over moeten nadenken hoe jij zulke vreemde gedragingen zou interpreteren. Hier volgt de psychoanalytische interpretatie van Freud (1920) van dit geval:

> 'De patiënt ging geleidelijk begrijpen dat ze klokken en horloges 's nachts uit haar kamer verwijderde, omdat het symbolen waren van de vrouwelijke geslachtsdelen. Klokken, waarvan we weten dat ze ook andere symbolische betekenissen kunnen hebben, verkrijgen deze betekenis van een geslachtsorgaan door hun relatie met periodieke processen en regelmatige intervallen. Sommige vrouwen scheppen erover op dat hun menstruatie altijd precies op tijd is. Nu was de speciale angst van deze patiënt dat de klokken haar tijdens de slaap zouden storen. Het tikken van een klok is vergelijkbaar met het kloppen van de clitoris tijdens seksuele opwinding. Door dit gevoel, dat zij hinderlijk vond, was zij daadwerkelijk bij verschillende gelegenheden wakker geworden. Nu uitte haar angst voor een erectie van de clitoris zich erin dat ze zichzelf een regel had opgelegd alle lopende klokken en horloges tijdens de nacht te verwijderen. Bloempotten en vazen zijn net als alle vaten, ook symbolen van de vrouwelijke geslachtsdelen. Voorzorgen om te voorkomen dat ze gedurende de nacht zouden vallen en breken, zijn daarom niet zonder betekenis. Haar voorzorgen tegen het breken van de vazen betekende een afwijzing van het hele complex dat te maken heeft met maagdelijkheid...
>
> Op een dag begreep ze het centrale idee van haar ritueel toen ze plotseling inzag waarom de matras van haar niet tegen de achterkant van het bed aan mocht liggen: de matras had voor haar altijd op een vrouw geleken en de rechtopstaande achterkant van het bed op een man. Haar wens was dus om, via een magische ceremonie als het ware, de man en de vrouw te scheiden; dat wil zeggen de ouders te scheiden en te voorkomen dat ze geslachtsgemeenschap zouden hebben...
>
> Als het kussen een vrouw was, dan had het schudden van het dekbed tot alle veren onderaan lagen, waardoor daar een bobbel ontstond, ook een betekenis. Het betekende een vrouw zwanger maken; dit wist ze, maar ze deed de zwangerschap weer verdwijnen, want ze was al jaren bang dat bij de geslachtsgemeenschap tussen haar ouders een ander kind zou worden verwekt, een rivaal voor haar. Anderzijds, als de dikke matras de moeder symboliseerde, dan kon het kleine kussen alleen de dochter representeren... De rol van de man (de vader) speelde ze dus zelf: ze verving het mannelijk geslachtsorgaan door haar eigen hoofd. Misschien vind je dit verschrikkelijke gedachten in de geest van een maagdelijk meisje. Dat geef ik toe, maar vergeet niet dat ik deze ideeën niet heb bedacht, alleen blootgelegd.' (pp. 277-279)

◀◀ **Verbinding hoofdstuk 10**
Verdringing is een freudiaans ego-afweermechanisme waarbij bedreigende informatie geheel buiten het bewustzijn wordt gehouden (p. 408).

In deze casus kun je zien hoe Freud de symptomen van de patiënt interpreteerde als symbolische richtingaanwijzers, die de weg wezen naar achterliggende, onbewuste conflicten, begeerten en herinneringen. In de loop van de behandeling hielp hij de patiënt inzien op welke wijze haar onbewuste problemen de vorm kregen van haar obsessieve rituelen door middel van haar ego-afweermechanismen zoals *displacement* (verschuiving), waarbij de angst van het meisje om haar maagdelijkheid te verliezen, werd vervangen door het ritueel waarbij ze de vazen in haar slaapkamer beschermde. Tegelijkertijd kon het ego het 'echte' probleem uit het bewustzijn houden door middel van een ander afweermechanisme: *verdringing*.

De belangrijkste taak van een psychoanalyticus is dus een patiënt te helpen de barrières van de verdringing te doorbreken en de bedreigende gedach-

Sigmund Freuds werkkamer, inclusief de beroemde sofa (rechts) bevindt zich nu in het Londense Freud Museum. De 82-jarige Freud vluchtte in 1938 naar Londen na de Duitse inval in Oostenrijk. Hij stierf een jaar later.

Bron: Freud Museum, Londen.

ten naar het bewustzijn terug te brengen. Hierdoor verkrijgt de patiënt inzicht in de relatie tussen de symptomen en de achterliggende verdrongen conflicten. Volgens Freud was het zo dat als de patiënt zijn onbewuste conflicten leerde begrijpen en accepteren, ze geen problemen meer veroorzaakten.

Tijdens de hele analyse wordt de relatie tussen patiënt en therapeut onder de loep genomen. Volgens Freud vormt die relatie namelijk een weerspiegeling van de relatie met de ouders in de eerste levensfase. Deze projectie van ouderlijke eigenschappen op de therapeut wordt *overdracht* genoemd; de analyse daarvan in de therapie wordt de **analyse van overdracht** genoemd. Op het einde van de analyse wordt het aankomende afscheid een belangrijk onderwerp. De manier waarop de patiënt met dit afscheid aan de slag gaat, zegt volgens de psychoanalytische theorie iets over zijn relatie met de ouders. Een patiënt wordt als hersteld gezien als hij of zij is 'bevrijd' van het proces van verdringing dat in de vroegste jeugd is begonnen (Munroe, 1955).

Neofreudiaanse psychodynamische therapieën

Vergeef ons alsjeblieft dat we wat analyse op Freud loslaten: hij had duidelijk gevoel voor drama en hij bezat ook een krachtige, charismatische persoonlijkheid, of, zoals hij zelf misschien zou hebben gezegd, een sterk ego. Freud stimuleerde dan wel zijn volgelingen de principes van de psychoanalyse te bespreken, maar tolereerde geen fundamentele veranderingen van zijn leerstellingen. Dit leidde onvermijdelijk tot conflicten met enkele van zijn al even gedecideerde volgelingen, zoals Alfred Adler, Carl Jung en Karen Horney, die uiteindelijk met Freud braken en grondleggers werden van een eigen richting in de psychotherapie.

In het algemeen handhaafden de neofreudiaanse afvalligen een groot deel van de elementaire ideeën en technieken van Freud; ze voegden hier enkele technieken aan toe en wijzigden andere. Volgens de ware psychodynamische traditie hebben de **neofreudiaanse psychodynamische therapieën** de nadruk die Freud op de motivatie legde, behouden. De meeste neofreudiaanse therapeuten hebben tegenwoordig de divan van de psychoanalyticus afgeschaft; ze behandelen hun patiënten terwijl ze tegenover elkaar zitten. Ze zien de patiënt eenmaal per week gedurende enkele maanden en niet verschillende keren per week gedurende enkele jaren, zoals bij de klassieke psychoanalyse.

De vraag is hoe moderne psychodynamische therapeuten erin slagen het werk in kortere tijd gedaan te krijgen. De meesten hebben de nadruk verschoven naar de *bewuste* motivatie; ze besteden dus niet zo veel tijd aan het zoeken naar ver-

Analyse van overdracht: Freudiaanse techniek waarbij de relatie tussen patiënt en therapeut wordt geanalyseerd en geïnterpreteerd. Gebaseerd op het idee dat deze relatie een weerspiegeling vormt van onopgeloste conflicten uit het verleden van de patiënt.

Neofreudiaanse psychodynamische therapieën: Therapeutische technieken die zijn ontwikkeld door psychodynamisch theoretici die het niet eens waren met bepaalde aspecten van Freuds theorieën en behandelmethoden.

borgen conflicten en verdrongen herinneringen. Daarnaast zijn de meesten met betrekking tot één of meer van de volgende punten een andere lijn gaan volgen dan Freud:

- het belang van het zelf of het ego centraal stellen (in plaats van het id);
- meer aandacht hebben voor de invloed van ervaringen tijdens het leven (en niet meer zo'n grote nadruk leggen op ervaringen uit de vroege jeugd, zoals Freud deed);
- de rol van sociale en interpersoonlijke relaties centraal stellen (in plaats van seksuele en agressieve begeerten). Overigens komt de analyse van de overdrachtsrelatie ook nog steeds aan bod, omdat de overdrachtsgevoelens van de cliënt, maar ook de zogenoemde *tegenoverdrachtsgevoelens* van de therapeut, veel informatie geven over de problematiek van de cliënt.

En, zoals we in hoofdstuk 10 hebben gezien, heeft elk van de neofreudianen een theorie van stoornissen en een therapie opgesteld en elk heeft daarin zijn eigen accenten gelegd. We hebben hier geen ruimte om deze benaderingen gedetailleerd te behandelen, maar laten we kort kijken naar de wijze waarop een moderne psychodynamische therapeut het geval van het obsessieve meisje dat Freud beschreef, zou hebben benaderd. Waarschijnlijk zou zo'n therapeut zich concentreren op de huidige relatie tussen het meisje en haar ouders. Hij zou misschien kijken of het meisje het gevoel had tekort te schieten, wat ze compenseerde door elke avond gedurende twee uur de volledige aandacht van haar ouders op te eisen. En in plaats van zo intensief met het meisje te werken, zou de therapeut ook met de ouders aan de slag kunnen gaan om verandering aan te brengen in de wijze waarop die met het probleem omgaan. En Derek, met wie we aan het begin van dit hoofdstuk kennis hebben gemaakt? Een freudiaanse analyticus zou de vroege jeugd van de cliënt onderzoeken voor aanwijzingen over zijn depressie, terwijl een moderne psychodynamisch therapeut waarschijnlijk naar aanwijzingen in zijn huidige relaties gaat zoeken, en aanneemt dat de oorzaak sociaal is en niet seksueel of agressief.

Humanistische therapieën

Bij een psychodynamische benadering ligt de nadruk op conflicterende motieven, maar bij *humanistische* vormen van therapie is het uitgangspunt dat geestelijke problemen voortkomen uit een gering gevoel van eigenwaarde, niet-authentieke doelen en relaties die geen voldoening geven.

De belangrijkste klachten waarmee cliënten bij een therapeut aankloppen, zijn gevoelens van vervreemding, faalangst, moeilijke relaties en algemene ontevredenheid met hun leven. Deze 'alledaagse' problemen worden gewoonlijk *existentiële crises* genoemd. De term onderstreept het idee dat veel problemen te maken hebben met vragen over de betekenis en het doel van ons bestaan. De door humanistisch psychologen ontwikkelde therapieën richten zich specifiek op dit soort psychische klachten.

In tegenstelling tot het psychodynamische standpunt gaan humanistisch therapeuten er ook van uit dat mensen meestal worden gemotiveerd door *gezonde* behoeften aan groei en psychologisch welzijn. Zij bestrijden de aanname van Freud dat de persoonlijkheid in conflicterende delen is verdeeld, door een egoïstisch id wordt gedomineerd en dat deze door hedonistische instincten en verdrongen conflicten wordt aangestuurd. In plaats daarvan benadrukken de humanisten het concept van een gehele persoon die een voortdurend proces van groei en verandering doormaakt.

In de benadering van humanistische psychologen treden psychische stoornissen op wanneer de normale ontwikkeling door omstandigheden is verstoord en een gering gevoel van eigenwaarde ontstaat. **Humanistische therapieën** trachten

Humanistische therapie: Therapeutische techniek die ervan uitgaat dat mensen geneigd zijn tot positieve groei en zelfrealisatie. Deze neiging kan echter geblokkeerd worden door een ongezonde omgeving, een negatief zelfbeeld of kritiek van anderen.

cliënten te helpen om deze problemen onder ogen te zien. Cliënten moeten hun eigen vrijheid erkennen, hun zelfbeeld verbeteren en hun mogelijkheden zo goed mogelijk ontwikkelen (Schneider & May, 1995). Een humanistisch therapeut (als ze een eeuw geleden al hadden bestaan) zou waarschijnlijk met de patiënt van Freud hebben gewerkt aan het onderzoeken van haar zelfconcept en van haar gevoelens voor haar ouders. Wat Derek betreft: een humanistisch therapeut zou wellicht raden dat zijn depressie het gevolg is van onbevredigende relaties of van een gevoel van persoonlijk tekortschieten.

Een van de invloedrijkste humanistisch therapeuten was Carl Rogers (1951, 1977). Hij ontwikkelde een methode die hij de **cliëntgerichte therapie** noemde en die berust op het idee dat gezonde ontwikkeling verstoord kan raken door een conflict tussen iemands verlangen naar een positief zelfbeeld en kritiek van zichzelf of anderen. Dit conflict veroorzaakt angst en distress. De rogeriaanse cliëntgerichte therapeut probeert een voedende omgeving te scheppen waarin mensen hun conflicten kunnen verwerken. Daardoor ontstaat ruimte voor zelfrespect en zelfrealisatie en kan een individu streven naar het worden van een *'fully functioning person'*.

Een van de belangrijkste technieken die rogeriaanse therapeuten gebruiken om cliënten meer inzicht te geven in hun emoties, wordt **gevoelsreflectie** (ook wel **spiegelen** of *reflectief luisteren*) genoemd. Het betekent dat therapeuten de uitspraken van hun cliënt parafraseren. Op die manieren fungeren ze als een soort psychologische 'spiegel' waarin de cliënt zichzelf kan zien. Hieronder vind je een voorbeeld van de manier waarop een therapeut deze techniek toepast om de emotionele toon te reflecteren van een jonge vrouw in therapie (Rogers, 1951):

> *Cliënt: Het is waarschijnlijk tijdens mijn jeugd ontstaan Mijn moeder zei dat ik het lievelingetje van mijn vader was. Hoewel ik dat nooit besefte – ik bedoel, hij behandelde me absoluut niet als een lievelingetje. En anderen leken altijd te denken dat ik op de een of andere manier de bevoorrechte van de familie was En zoals ik het nu zie, was het alleen zo dat de familie de andere kinderen meestal meer toestond dan mij. Om de een of andere reden stelden ze aan mij hogere eisen dan aan de andere kinderen.*
> *Therapeut: Je weet niet zo zeker of je wel het lievelingetje was, het voelde meer alsof je door de situatie in de familie aan behoorlijk hoge eisen moest voldoen.*
> *Cliënt: Ja. Dat bedacht ik ook net; en dat de andere mensen wel fouten mochten maken, of als kind kattenkwaad uithalen. Maar Alice werd niet geacht zulke dingen te doen.*
> *Therapeut: Ja. Van iemand anders zou het goed zijn, alleen maar een beetje ondeugend, maar als jij zoiets zou doen, zou de hel losbarsten.*
> *Cliënt: Dat idee had ik inderdaad. Ik denk dat dat hele gedoe van mijn hoge eisen, dat ik daar eens goed over moet nadenken, want ik vraag me al een hele tijd af of er ook maar eentje oprecht is.*
> *Therapeut: Ja. Je weet niet of je echte, diep gevoelde waarden hebt waar je zeker van bent.*
> *Cliënt: Ja, ja. (p. 152)*

Je ziet dat de meeste beweringen van de therapeut in dit voorbeeld een omschrijving, of 'reflectie' vormden van datgene wat de patiënt zojuist heeft gezegd. Is zo'n benadering effectief? De cliëntgerichte benadering heeft veel wetenschappelijke ondersteuning. Een werkgroep van de American Psychological Association, die belast is met het vaststellen van op onderzoeksresultaten gebaseerde werkwijzen die aan de effectiviteit van therapie bijdragen, kwam erachter dat de gemeenschappelijke factoren van therapieën die effectief zijn, de rogeriaanse eigenschappen waren van *empathie, positieve waardering, oprechtheid* en *feedback* (Ackerman et al., 2001).

Cliëntgerichte therapie: Door Carl Rogers ontwikkelde humanistische benadering van therapie. Benadrukt de natuurlijke neiging van mensen tot gezonde psychologische groei en zelfrealisatie.

Gevoelsreflectie (spiegelen): Door Carl Rogers ontwikkelde techniek waarbij de therapeut de woorden van de cliënt parafraseert om de emotionele toon die eruit spreekt te benadrukken.

De humanistische therapeut Carl Rogers (midden rechts) begeleidt een therapiegroep.
Bron: Michael Rougier/Time & Life Pictures/ Getty Images.

Cognitieve therapie

De meeste inzichtgevende therapieën richten zich op het veranderen van verstoorde emoties en motivaties (zie figuur 13.1). De **cognitieve therapie** gaat ervan uit dat psychische problemen ontstaan vanuit disfunctionele gedachten en beschouwt rationeel *denken* als de sleutel tot positieve therapeutische verandering (Butler et al., 2006). Er zijn verschillende vormen van cognitieve therapie, waarvan we er hier één zullen bespreken: de *cognitieve therapie voor depressie* van Aaron Beck.

Beck, die oorspronkelijk als klassiek psychoanalyticus was opgeleid, brak met de freudiaanse traditie toen hij begon te merken dat de dromen en vrije associaties van zijn depressieve patiënten gedomineerd werden door negatieve gedachten (Beck, 1976; Bowles, 2004). Ze deden vaak negatieve beweringen over zichzelf zoals: 'Niemand zou me aardig vinden als ze me echt zouden kennen' en 'Ik ben niet intelligent genoeg om te slagen op deze school waar zo veel concurrentie is'. Beck ging geleidelijk aannemen dat depressie het gevolg is van negatieve zelfspraak. De taak van de therapeut is vervolgens de patiënt een positieve denkwijze aan te leren.

Hier volgt een voorbeeld van de benadering van Beck, afkomstig uit een therapiesessie met een student die ongeveer even oud was als Derek (Beck et al., 1979):

> *Patiënt: Ik word depressief als de dingen fout gaan. Bijvoorbeeld als ik een onvoldoende haal.*
> *Therapeut: Waarom word je depressief als je een onvoldoende haalt?*
> *Patiënt: Nou, als ik een onvoldoende haal, kan ik nooit rechten gaan studeren.*
> *Therapeut: Ben je het ermee eens dat je beïnvloed wordt door de manier waarop je de resultaten van het proefwerk interpreteert? Je kunt depressief raken, je wordt slapeloos, je hebt geen eetlust en je gaat je misschien afvragen of je met je opleiding moet stoppen.*
> *Patiënt: Ik dacht eraan dat ik niet zou slagen. Ja, ik ben het ermee eens.*
> *Therapeut: Wat betekent mislukken ook alweer?*
> *Patiënt: (in tranen) Dat ik geen rechten kan gaan studeren.*
> *Therapeut: En wat betekent dat voor jou?*
> *Patiënt: Dat ik gewoon niet intelligent genoeg ben.*
> *Therapeut: En verder?*
> *Patiënt: Dat ik nooit gelukkig kan zijn.*
> *Therapeut: En hoe voel je je door deze gedachten?*
> *Patiënt: Heel ongelukkig.*
> *Therapeut: Dus je wordt erg ongelukkig door de betekenis die je toekent aan een onvoldoende halen. In feite wordt jouw ongelukkige gevoel grotendeels veroorzaakt doordat je gelooft dat je nooit gelukkig kunt zijn. Je zet jezelf dus in de val: per definitie staat geen rechten kunnen studeren gelijk aan 'ik kan nooit gelukkig zijn'. (pp. 145-146)*

Zoals je uit dit gesprek kunt opmaken, helpt de cognitief therapeut de patiënt de confrontatie aan te gaan met de destructieve gedachten waardoor de depressie in stand wordt gehouden. Uit onderzoek is gebleken dat de benadering van Beck minstens zo effectief is bij de behandeling van depressie als medicatie (Antonuccio, 1995; Beck, 2005).

In het geval van Derek zou een cognitief therapeut waarschijnlijk op zoek gaan naar negatieve zelfspraak die zijn depressie in stand hield. En hoe zou een cognitief therapeut Freuds negentienjarige obsessieve patiënt hebben benaderd? De nadruk zou worden gelegd op irrationele overtuigingen, zoals het idee dat bloempotten en vazen 's nachts uit zichzelf kunnen vallen en breken. Een cognitief therapeut zou ook vraagtekens zetten bij de aanname dat er iets rampzaligs zou kunnen gebeuren (zoals niet kunnen slapen!) als ze haar nachtelijk ritueel

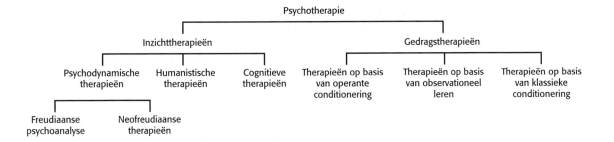

```
                        Psychotherapie
          ┌───────────────────┴───────────────────┐
     Inzichttherapieën                      Gedragstherapieën
   ┌──────────┼──────────┐            ┌──────────┼──────────┐
Psychodynamische  Humanistische  Cognitieve   Therapieën op basis  Therapieën op basis  Therapieën op basis
  therapieën       therapieën    therapieën   van operante         van observationeel   van klassieke
                                              conditionering       leren                conditionering
 ┌────────┴────────┐
Freudiaanse   Neofreudiaanse
psychoanalyse   therapieën
```

niet uitvoerde. In beide gevallen zou de aanname zijn dat de symptomen zouden verdwijnen wanneer haar negatieve gedachten door positieve zouden worden vervangen.

Groepstherapieën

De therapeutische benaderingen die we tot nu toe hebben besproken, zijn meestal gebaseerd op een een-op-eenrelatie tussen de cliënt en de therapeut. De meeste kunnen echter ook met groepen van twee of meer mensen worden gedaan. Zo'n groepstherapie heeft voordelen boven individuele therapie, met name bij problemen op het gebied van sociaal gedrag en relaties. **Groepstherapie** is vaak de voorkeurbenadering bij paren, gezinnen of groepen mensen met problemen zoals depressie of drugsverslaving. Meestal komen zulke groepen eens per week bij elkaar. Sommige groepen experimenteren met sessies op internet (Davison et al., 2000). Over het algemeen werken therapiegroepen vanuit het humanistische perspectief, hoewel psychodynamische en cognitief-behavioristische groepen ook voorkomen. Een voordeel van groepstherapie is de vergevingsgezinde, ondersteunende atmosfeer waarin de deelnemers nieuwe sociale gedragsvormen kunnen observeren en imiteren. Een ander voordeel is dat mensen ervaringen kunnen delen met mensen die in dezelfde situatie zitten. We kunnen hier niet alle soorten groepstherapie beschrijven en beperken ons daarom tot zelfhulpgroepen en relatie- en gezinstherapie.

Zelfhulpgroepen

De meest ingrijpende ontwikkeling van de groepstherapie is waarschijnlijk de enorme belangstelling voor en deelname aan **zelfhulpgroepen**. In 2007 waren er in Nederland alleen al 14 verschillende zelfhulporganisaties voor verslaving actief, met in totaal ongeveer 500 groepen. Het geschatte aantal mensen dat minstens één keer per maand zo'n zelfhulpgroep bezoekt is zo'n 7500 (Muusse et al., 2008). Volgens Trefpunt Zelfhulp zijn in Vlaanderen 1250 zelfhulpgroepen actief. Hieronder vallen zelfhulpgroepen voor mensen met een verslavingsprobleem, maar ook groepen voor mensen met depressie, schulden en omgaan met verlegenheid (Trefpunt Zelfhulp, 2012).

Deze zelfhulpgroepen baseren een belangrijk deel van hun benadering op het *empowermentmodel van herstel*, dat aan het begin van hoofdstuk 12 kort besproken is. In een zelfhulpgroep ontmoeten mensen lotgenoten, onder niet-bedreigende omstandigheden, om te zien hoe die met hun problemen omgaan en leren hoe ze ondanks hun problemen iets van hun leven weten te maken (Schiff & Bargal, 2000).

Een van de eerste organisaties die met zelfhulpgroepen van start ging, was de vereniging van Anonieme Alcoholisten (AA). Deze organisatie werd halverwege de jaren dertig van de vorige eeuw opgericht in de Verenigde Staten. De oorspronkelijke structuur van de AA berustte op het concept van de 'twaalf stappen naar genezing van een alcoholverslaving'. Deze structuur is niet gebaseerd op psychologische theorieën, maar heeft zich gaandeweg ontwikkeld tijdens AA-bijeenkomsten. In de jaren zestig van de vorige eeuw, tijdens de tweede femi-

Figuur 13.1

Typen psychotherapie

Elk van de twee belangrijkste takken van psychotherapie heeft verschillende varianten.

Groepstherapie: Elke vorm van psychotherapie waarbij meer patiënten tegelijk betrokken zijn. Groepstherapeuten werken vaak vanuit een humanistisch perspectief.

Zelfhulpgroep: Therapiegroep (zoals Anonieme Alcoholisten), georganiseerd en begeleid door leken in plaats van professionele therapeuten.

nistische golf, raakte het fenomeen zelfhulpgroep ook buiten de wereld van het alcoholisme bekend. Daardoor bestaan er nu zelfhulpgroepen voor zeer uiteenlopende problemen, waaronder:

- leren omgaan met een nieuwe levensfase of een crisis, zoals een scheiding of het overlijden van een kind;
- leren omgaan met lichamelijke en psychische stoornissen, zoals depressie of een hartkwaal;
- leren omgaan met verslaving en ander niet-gecontroleerd gedrag, zoals alcoholisme, gokverslaving, eetverslaving, verslaving aan seksuele uitspattingen en verslaving aan verdovende middelen;
- leren omgaan met de stress die wordt veroorzaakt door vrienden of familieleden die een psychische stoornis hebben, zoals schizofrenie of een bipolaire stoornis.

Ook patiënten met een terminale ziekte kunnen veel baat hebben bij groepstherapie. Het doel van zulke therapieën is om patiënten en hun familieleden te helpen om deze periode zo intens mogelijk te beleven, om realistisch om te gaan met de onvermijdelijke dood en zich aan te passen aan de terminale ziekte. Een algemene doelstelling van dit soort ondersteunende groepen is om mensen te leren hoe je voluit kunt leven tot aan het afscheid (Nungesser, 1990).

Relatie- en gezinstherapie Misschien biedt een groep van mensen die zelf relationeel in de knoop zitten de beste omgeving voor het leren over relaties. In *partner- of relatietherapie* kunnen een of meerdere koppels proberen hun onderlinge communicatiepatronen te verhelderen en de kwaliteit van hun omgang met elkaar te verbeteren, onder begeleiding van een *relatietherapeut* (Napier, 2000). Doordat hij beide partners tegelijk ziet, kan hij hen attenderen op de verbale en non-verbale manieren die ze gebruiken om te domineren, te controleren of verwarring te scheppen (Gottman, 1994, 1999). Beide partijen leren hoe ze gewenst gedrag bij de ander moeten bekrachtigen en hoe om te gaan met conflicten. Ze leren ook hoe ze op een actieve manier kunnen luisteren, zodat ze de ander kunnen helpen om zijn of haar gevoelens en ideeën duidelijk te maken, zonder te confronteren (Jacobson et al., 2000; Wheeler et al., 2001).

Bij *gezinstherapie* bestaat de 'patiënt' uit een heel gezin, en elk familielid wordt behandeld als onderdeel van een *systeem van relaties* (Fishman, 1993). Een gezinstherapeut helpt gezinsleden om zicht te krijgen op de onderwerpen of patronen die problemen opleveren. De behandeling richt zich op het veranderen van de interpersoonlijke dynamiek (interacties) tussen deelnemers (Foley, 1979; Schwebel & Fine, 1994). Gezinstherapie helpt niet alleen de spanningen binnen een gezin te verminderen, maar helpt ook individuele gezinsleden beter te gaan functioneren, door ze hun rol in de groep te laten herkennen. Daarvoor hoeft de eigen rol in de groep soms niet eens te worden veranderd: als het systeem verandert, veranderen onherroepelijk de onderdelen mee. Ongewenst gedrag wordt bijvoorbeeld niet langer bekrachtigd, of een bepaalde rol (bijvoorbeeld die van 'bliksemafleider') hoeft niet langer vervuld te worden. Deze vorm van therapie is ook effectief gebleken bij het leren omgaan met anorexia nervosa, depressie en andere stemmingsstoornissen, en zelfs gezinnen die met schizofrenie worstelen, kunnen hier veel baat bij hebben (Miklowitz, 2007).

Bij relatietherapie helpt de therapeut mensen om communicatiepatronen in hun relatie te verbeteren.

13.2.2 Gedragstherapieën

Problemen die te maken hebben met te veel eten, bedplassen, verlegenheid, antisociaal gedrag, of welke afwijking die in gedragsmatige termen kan worden beschreven dan ook, kun je het beste behandelen met behulp van een van de gedragstherapieën, ook wel **gedragsmodificatie** (Baadsgaard & Wagner, 2003) genoemd. Op basis van de aanname dat deze ongewenste gedragingen zijn aangeleerd en daarom ook kunnen worden *af*geleerd, wordt bij **gedragstherapie** gebruikgemaakt van de principes van operante en klassieke conditionering. Naast de problemen die hiervoor zijn genoemd, heeft gedragstherapie ook succes gehad in de behandeling van angsten, dwangstoornissen, depressies, verslavingen, agressie en crimineel gedrag.

Zoals de benaming al aangeeft, richten gedragstherapeuten zich op problematisch *gedrag* (in plaats van op gedachten of emoties). Ze onderzoeken hoe ongewenste gedragingen zijn aangeleerd en, belangrijker, hoe de cliënt ze kan afleren en vervangen door effectievere gedragspatronen. Nu volgt een beschrijving van de technieken die deze gedragstherapieën aan de *klassieke conditionering* hebben ontleend.

Klassieke conditioneringstechnieken

Bij het eerste voorbeeld van gedragstherapie waarover door de psychologe Mary Cover Jones (1924) werd gerapporteerd, werd het angstige jongetje Peter behandeld. Hij was bang voor konijnen. Jones was in staat de angst van de jongen te desensitiseren door gedurende een periode van enkele weken een konijn geleidelijk steeds dichter bij het jongetje te brengen wanneer hij zat te eten. Uiteindelijk kon Peter het konijn op zijn schoot laten zitten terwijl hij het streelde. (Mogelijk merk je de overeenkomst op met de experimenten die John Watson uitvoerde op kleine Albert. Jones was inderdaad een partner van Watson en zij was bekend met het experiment van kleine Albert. In tegenstelling tot Albert was Peter al erg bang voor konijnen en andere knuffeldieren toen hij aan de behandeling begon.)

Verbazingwekkend genoeg duurde het nog eens veertien jaar voordat gedragstherapie opnieuw zijn intrede deed, deze keer als behandeling voor bedplassen door middel van een plaswekker (Mowrer & Mowrer, 1938). Bij deze methode wordt een vochtgevoelig kussen onder de patiënt gelegd. Als de wekker door het vocht werd geactiveerd, werd de patiënt wakker. De behandeling was in driekwart van de gevallen effectief, een verbazingwekkend succes vergeleken met de jammerlijke mislukking van de psychodynamische therapie, waarbij werd geprobeerd bedplassen te voorkomen door over de 'betekenis' van het symptoom te praten. En toch duurde het nog eens twintig jaar voordat de gedragstherapie zich ontwikkelde tot een van de dominante stromingen in de psychotherapie. Vanwaar deze vertraging? Het oude freudiaanse idee dat elk symptoom een achterliggende, onbewuste oorzaak heeft die moet worden ontdekt en weggenomen, was stevig geworteld in de klinische overlevering. Therapeuten durfden symptomen (gedragingen) niet direct aan te pakken uit angst voor *symptoomsubstitutie*; volgens dit idee kan er een ander, mogelijk veel erger symptoom in de plaats komen voor het symptoom dat wordt geëlimineerd. Die zorg was ongefundeerd.

Systematische desensitisatie

De psychiater Joseph Wolpe heeft het vastgeroeste idee van symptoomsubstitutie met succes bestreden. Wolpe redeneerde dat het ontstaan van irrationele angstreacties en andere ongewenste gedragingen met emotionele basis mogelijk het model van de klassieke conditionering volgde in plaats van het freudiaanse model. Zoals je je zult herinneren, is bij *klassieke conditionering* sprake van de associatie van een nieuwe stimulus met een ongeconditioneerde stimulus, zodanig dat de betrokkene op beide prikkels dezelfde reactie

Gedragstherapieën

- Systematische desensitisatie
- Aversietherapie
- Contingentiemanagement
- Token economy

Gedragsmodificatie: De systematische toepassing van de inzichten van de gedragspsychologie om gedrag te beïnvloeden.

Gedragstherapie: Elke vorm van psychotherapie die is gebaseerd op de principes van stimulus-responsleren, met name operante en klassieke conditionering.

◄◄ **Verbinding hoofdstuk 4**
Door klassieke conditioneringstechnieken kunnen ongeconditioneerde stimuli (CR) veranderen in geconditioneerde stimuli (CS) (p. 128).

vertoont. Een angstreactie kan bijvoorbeeld met menigten of met spinnen of onweer geassocieerd raken. Wolpe werd zich ook bewust van een andere eenvoudige waarheid: het zenuwstelsel kan niet tegelijkertijd ontspannen en geactiveerd zijn. Een combinatie van deze twee ideeën vormde de basis voor de methode van Wolpe, de zogenoemde **systematische desensitisatie** (Wolpe, 1958, 1973). Systematische desensitisatie begint met een trainingsprogramma, waarbij de patiënt wordt aangeleerd lichaam en geest te ontspannen (Rachman, 2000). Als de patiënt in deze diep ontspannen toestand verkeert, begint de therapeut met het proces van *extinctie*, waarbij de patiënt zich steeds angstwekkendere situaties voorstelt. Dit wordt in geleidelijke stappen gedaan, een zogenoemde *angsthiërarchie*, die loopt van associaties op afstand tot het inbeelden van een intens angstwekkende situatie. Voor het opstellen van de angsthiërarchie brengen de therapeut en de cliënt eerst in kaart welke stimuli de angst oproepen. Vervolgens plaatsen ze die stimuli in een volgorde van zwak naar sterk (Shapiro, 1995). De hiërarchie in tabel 13.2 is bijvoorbeeld van een patiënt met een extreme angst voor spreken in het openbaar.

Systematische desensitisatie: Techniek uit de gedragstherapie waarbij angst wordt uitgedoofd door de patiënt bloot te stellen aan een angstoproepende stimulus. De patiënt krijgt stapsgewijs steeds sterkere vormen van deze stimulus aangeboden.

Tabel 13.2   Een eenvoudige angsthiërarchie

Dit is een voorbeeld van een angsthiërarchie die een therapeut en een patiënt zouden kunnen gebruiken tijdens de desensitisatie van angst voor spreken in het openbaar. De therapeut begeleidt de ontspannen patiënt, die zich achtereenvolgens de volgende situaties voorstelt:

1. Ik zie een foto of video-opname van iemand anders die in het openbaar spreekt.
2. Ik zie hoe iemand anders in het openbaar spreekt.
3. Ik bereid me voor op een redevoering die ik zelf zal houden voor een kleine groep vrienden.
4. Ik moet me voorstellen aan een grote groep.
5. Ik wacht tot ik geroepen word om te spreken tijdens een bijeenkomst of in een grote klas.
6. Ik word bij een groep geïntroduceerd als spreker.
7. Ik loop het podium op om aan de redevoering te beginnen.
8. Ik houd een belangrijke redevoering voor een grote groep.

Tijdens de desensitisatie vormt de ontspannen patiënt zich een levendig beeld van de zwakste angststimulus op de lijst. Als hij deze stimulus voor zich kan zien zonder er angstig van te worden, stapt de patiënt over op de volgende, iets sterkere stimulus. Na een aantal sessies kan de patiënt zich de meest verontrustende situaties op de lijst voor de geest halen zonder dat hij enige angst voelt (Lang & Lazovik, 1963) – vandaar de term *systematische* desensitisatie.

Bij sommige vormen van desensitisatie, die **exposuretherapie** worden genoemd, confronteert de therapeut de patiënt werkelijk met het gevreesde voorwerp of de beangstigende situatie, bijvoorbeeld met een spin of slang, en dit blijkt zelfs nog effectiever dan de methode van Wolpe (Barlow, 2010). Je herinnert je misschien dat Sandra, die je in de hoofdstukopening van hoofdstuk 4 bent tegengekomen, via een vorm van exposuretherapie haar vliegangst overwon. Deze techniek is bij zeer veel patiënten met fobieën en angststoornissen met succes toegepast, onder andere bij mensen die zo bang waren voor bloed, injecties en bacteriën dat het voor hen onmogelijk was een noodzakelijke medische of tandheelkundige behandeling te ondergaan (Dittmann, 2005b).

In de afgelopen paar jaar hebben enkele gedragstherapeuten exposuretherapie met een zeer geavanceerde techniek uitgebreid, door gebruik te maken van door een computer gegenereerde beelden; fobische patiënten worden aan angstwekkende situaties blootgesteld in de veilige omgeving van een virtuele realiteit. Pa-

Exposuretherapie: Vorm van desensitisatietherapie waarbij de patiënt direct geconfronteerd wordt met de stimulus die zo veel angst oproept (in plaats van dat hij zich die alleen maar voorstelt).

tiënten gaan deze virtuele omgeving binnen door een helm op te zetten met een videoscherm. Hierop worden beelden geprojecteerd van situaties waarvoor ze zullen worden gedesensitiseerd: spinnen, slangen, grote hoogten, afgesloten plaatsen, stuk voor stuk veelvoorkomende oorzaken van fobieën (Winerman, 2005d).

Aversietherapie   Desensitisatie en exposuretherapie helpen cliënten om te gaan met stimuli die ze het liefst zouden vermijden. Maar wat kunnen we doen voor mensen die worden aangetrokken door stimuli die schadelijk of illegaal zijn? Drugsverslaving, seksuele parafilieën (van de norm afwijkende manieren om seksuele opwinding te verkrijgen) en gebrek aan controle over agressieve neigingen, zijn menselijke problemen waarbij afwijkend gedrag wordt opgeroepen door verleidelijke stimuli. Een klassieke conditioneringsvorm, **aversietherapie** genaamd, berust op een procedure van tegenconditionering die is ontwikkeld om verleidelijke stimuli minder verleidelijk te maken door ze bij herhaling te koppelen aan weerzinwekkende (aversieve) stimuli. Voorbeelden van aversieve stimuli zijn elektrische schokken of misselijkmakende medicijnen, die een zeer onaangenaam effect hebben, maar niet gevaarlijk zijn voor de patiënt.

In aversietherapie bij mensen die proberen te stoppen met roken, bijvoorbeeld, moeten de rookverslaafden aan de lopende band sigaretten roken (soms zelfs meerdere tegelijk) terwijl er een weerzinwekkende lucht in hun gezicht wordt geblazen. De behandeling is voltooid als de patiënt het roken associeert met misselijkheid en overgeven (zie figuur 13.2). Zo'n conditioneringseffect treedt ook op als alcoholisten die het medicijn Refusal®, Antabuse® of Campral® slikken, toch gaan drinken. De middelen hebben geen bijwerkingen – tot de patiënt zelfs maar een minieme hoeveelheid alcohol tot zich neemt; dan wordt hij spuugmisselijk. De bedoeling van aversietherapie is dat de associatie met de aversieve stimuli (geconditioneerde stimuli) de oorspronkelijke, ongewenste gedragingen (ongeconditioneerde reacties) in de loop van het leerproces in frequentie doen afnemen, waardoor de cliënt een aversie ontwikkelt die de plaats inneemt van het verlangen (zie figuur 13.2).

Operante conditioneringstechnieken

Laurens gaat met zijn ouders naar de supermarkt. Maar als ze weigeren om snoep voor hem te kopen, krijgt hij een hevige woedeaanval. Zijn gedrag is een voorbeeld van een probleem dat is aangeleerd met behulp van *operante conditionering*: het is het gevolg van eerder beloonde responsen (zijn ouders hebben ook wel eens toegegeven aan zijn wensen), en niet van de associatie waarop klassieke conditionering is gebaseerd.

In feite zijn de meeste gedragsproblemen bij kinderen en volwassenen door beloning en straf aangeleerd. Denk bijvoorbeeld maar eens aan de overeenkomsten tussen het geval van Laurens en de werknemer die telkens te laat op zijn werk komt of de student die pas op het laatste nippertje voor een examen gaat studeren. Voor het veranderen van zulke gedragingen zijn technieken uit de operante conditionering nodig. Laten we twee therapeutische variaties op dit operante thema bekijken.

Aversietherapie: Als klassieke conditioneringsprocedure: bij aversieve tegenconditionering wordt de cliënt een aantrekkelijke stimulus aangeboden, die echter gekoppeld is aan een onaangename (aversieve) sensatie, waardoor een reactie van weerzin wordt aangeleerd.

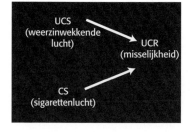

Figuur 13.2

Het aanleren van een aversie voor sigarettenrook

Tijdens aversietherapie tegen roken blaast men de roker sigarettenrook vermengd met een weerzinwekkende lucht pal in het gezicht. De weerzinwekkende lucht (rotte eieren) roept misselijkheid op. Deze respons ontwikkelt zich tot de geconditioneerde respons, die in het vervolg wordt geassocieerd met sigarettenrook.

Bron: Wolpe, J. (1991). *The Practice of Behavior Therapy*, 4e ed. Boston, MA: Allyn & Bacon. Copyright © 1991 Pearson Education. Overgenomen met toestemming van de uitgever.

In deze 'virtual reality' kunnen fobische patiënten hun angsten veilig en comfortabel in de kamer van de therapeut onder ogen zien. Op een scherm ziet de patiënt computeranimaties van gevreesde situaties, zoals het plotseling tevoorschijn komen van een slang, hoog in de lucht in een vliegtuig zitten, of naar beneden kijken vanaf het dak van een hoog gebouw.
Bron: Bebeto Matthews/AP Images.

◄◄ Verbinding hoofdstuk 4

Bij operante conditionering verandert het gedrag als gevolg van consequenties zoals beloningen en straf (p. 135).

Contingentiemanagement: Op operante conditionering gebaseerde benadering van gedragsmodificatie waarbij de gevolgen van gedrag worden veranderd, met name door het toepassen van beloningen en straffen.

Contingentiemanagement   De ouders van Laurens kunnen leren zijn driftbuien bij de supermarkt te verminderen door geen aandacht aan hem te schenken, een aanpak die overigens vast niet gemakkelijk zal zijn. Ook kan de therapeut hen begeleiden om Laurens te belonen als hij lief is en hem dan de aandacht te geven die hij nodig heeft. In de loop van de tijd zullen de oude, ongewenste gedragingen door de veranderende contingenties (voorvallen) worden uitgedoofd en zullen de nieuwe gedragingen worden versterkt. Deze benadering is een voorbeeld van **contingentiemanagement**: het veranderen van het gedrag door de consequenties te modificeren. Deze gedragsmodificatie is effectief gebleken bij de behandeling van gedragsproblemen in zeer uiteenlopende omgevingen zoals gezinnen, scholen, werk, gevangenissen, het leger en psychiatrische inrichtingen. Door de zorgvuldige toepassing van beloning en straf kunnen ook de zelfdestructieve gedragingen van autistische kinderen worden verminderd (Frith, 1997). En als je zelf een ongewenste gewoonte wilt veranderen, kun je zelfs technieken van contingentiemanagement op jezelf toepassen. Zie het kader 'Doe het zelf! Gedragsmodificatie bij jezelf'.

⊕ DOE HET ZELF!   Gedragsmodificatie bij jezelf

Kun je gedrag bedenken dat je vaker zou willen vertonen dan je nu doet: studeren, een gesprek aangaan met anderen, sporten? Beschrijf dat gedrag in gedragsmatige termen op de lijn hieronder. (Gebruik geen woorden die slechts aanduidingen zijn van mentale processen, woorden als 'voelen' of 'willen'. Behavioristen eisen dat je dingen objectief houdt door alleen observeerbaar gedrag te noemen.)

Het gewenste nieuwe gedrag: _____

Wanneer of onder welke omstandigheden zou je dit nieuwe gedrag willen vertonen? Schrijf op de lijn hieronder in termen van tijd of stimuluscondities wanneer je met het gedrag wilt beginnen (bijvoorbeeld: tijdens de les, als je iets leuks doet met vrienden, of elke ochtend om acht uur).

De tijd of omstandigheden voor het nieuwe gedrag: _____

Om de kans dat je de gewenste respons produceert te vergroten moet je wat positieve bekrachtigingstherapie op jezelf loslaten. Kies een geschikte beloning die je aan jezelf geeft als je het gewenste gedrag op de juiste tijd hebt vertoond. Schrijf de beloning die je aan jezelf wilt geven op de lijn hieronder.

Je beloning: _____

Geef jezelf feedback op je vorderingen door dagelijks een verslagje te schrijven over je nieuwe gedrag. Dat kun je in je agenda doen, of in een grafiek. In de loop van de tijd zul je ontdekken dat het gewenste gedrag vaker voorkomt. Je zult ook ontdekken dat je nieuwe gewoonte zijn eigen beloning oplevert, zoals betere cijfers of bevredigender relaties (Kazdin, 1994).

Token economy: Operante behandeltechniek waarbij gewenst gedrag wordt beloond met 'tokens' (fiches, stempels, plaatjes). Deze symbolische bekrachtigers kunnen later worden ingewisseld voor privileges, voedsel of andere echte bekrachtigers. Deze techniek wordt vaak toegepast op groepen, maar is ook geschikt voor individuen.

Token economy   Een speciale vorm van bekrachtigingstherapie wordt **token economy** genoemd. Deze techniek wordt toegepast op groepen mensen, zoals schoolklassen en afdelingen van psychiatrische ziekenhuizen, en is de behavioristische versie van groepstherapie (Ayllon & Azrin, 1968; Martin & Pear, 1999). De therapie is genoemd naar de plastic fiches die therapeuten (of leerkrachten) uitdelen als directe bekrachtigers van gewenst gedrag. In een klaslokaal kan bijvoorbeeld een fiche worden verdiend na enkele minuten rustig zitten, deelnemen aan een klassengesprek of het inleveren van een opdracht. Later kunnen de ontvangers de fiches inruilen voor voedsel, goederen of privileges. In plaats van fiches kan de therapeut natuurlijk ook gebruikmaken van 'punten' of andere symbolen. Het gaat erom dat de betrokkenen direct nadat ze het gewenste gedrag hebben vertoond een tastbare bekrachtiger ontvangen. Indien de juiste aanpassingen worden gedaan, werkt de token economy ook goed bij kinderen met ontwikkelingsstoornissen, bij psychiatrische patiënten en bij gevangenen (Higgins et al., 2001).

13.2.3 Cognitieve gedragstherapie: een synthese

Stel dat je partner zeer geanimeerd zit te praten met iemand anders en dat jij de grootste moeite hebt om je jaloerse gevoelens in de hand te houden. De kans is groot dat dit probleem wordt veroorzaakt door jouw cognities over jezelf en de andere twee ('Gerard pakt Martha van me af!'). Maar deze gedachten hebben waarschijnlijk ook invloed op je gedrag. Ze beïnvloeden je houding, waardoor Gerard het gevoel krijgt dat je hem wilt wegduwen. Een therapie die zich *zowel* op je cognities als op je gedrag richt, werkt in dit geval wellicht beter dan een therapie die zich op slechts een van de twee concentreert.

In feite is **cognitieve gedragstherapie (CGT)** een combinatie van een nadruk op gedachten en attitudes enerzijds, en op gedragstherapeutische strategieën anderzijds. Deze benadering gaat ervan uit dat onaangepast of zelfs schadelijk gedrag wordt veroorzaakt door irrationele denkprocessen, die dan ook tot irrationele emoties en een irrationeel zelfbeeld leiden. Bij cognitieve gedragstherapie werken de therapeut en de cliënt samen om irrationele zelfspraak te wijzigen, ze stellen een aantal bereikbare doelen op, ontwikkelen realistische strategieën om die doelen te bereiken en evalueren de resultaten. Deze methode helpt mensen om de manier waarop ze problemen aanpakken te veranderen en langzaam maar zeker nieuwe kennis en een gevoel van zelfredzaamheid te ontwikkelen (Bandura, 1986, 1992; DeAngelis, 2008b; Schwarzer, 1992).

Hoe goed werkt cognitieve gedragstherapie? Met name bij depressies, alcoholisme, boulimia nervosa, terugkerende nachtmerries en posttraumatische stressstoornissen blijkt deze vorm van therapie effectief te zijn (Baker et al., 2008; Chamberlin, 2008). Bij al deze stoornissen is CGT vaak op zijn minst net zo effectief als medicijnen, en soms effectiever. Bij bepaalde andere stoornissen, zoals bipolaire stoornis en schizofrenie, is een combinatie van CGT en medicatie effectiever dan een van beide therapieën afzonderlijk. Cognitieve gedragstherapie zou je dan ook een van de grootste successen in de psychologie kunnen noemen.

Rationeel-emotieve gedragstherapie

Een van de bekendste vormen van cognitieve gedragstherapie is ontwikkeld door de kleurrijke Albert Ellis (1987, 1990, 1996). Zijn methode richt zich op verschillende typen ongelukkige cliënten die er niet in slagen om hun zelfdestructieve denkpatronen te doorbreken. Ellis noemde zijn behandelmethode **rationeel-emotieve therapie** (*Rational-Emotive Behavior Therapy*, **RET**). De naam is ontleend aan zijn methode om de fundamentele 'irrationele' opvattingen en gedragspatronen van de cliënt aan te pakken.

Hoe zien deze irrationele opvattingen eruit en hoe leiden ze tot verstoorde gevoelens en gedragingen? Volgens Ellis baseren onevenwichtige mensen hun leven op een aantal onrealistische waarden en onbereikbare doelen. Als gevolg van deze 'neurotische' doelen en waarden koesteren mensen onrealistische verwachtingen, zoals dat ze *altijd* bevestiging moeten krijgen, dat ze *altijd* eerlijk behandeld moeten worden en dat hun ervaringen *altijd* aangenaam moeten zijn. Het cognitieve van de therapie is gelegen in de visie dat het niet de problemen zelf zijn die

Cognitieve gedragstherapie (CGT): Een recentere vorm van psychotherapie die de technieken van de cognitieve therapie en de gedragstherapie combineert.

 Video
Ga naar de MyLab mediatheek om het filmfragment te bekijken over cognitieve gedragstherapie.

Rationeel-emotieve therapie (RET): Albert Ellis' versie van cognitieve therapie, gebaseerd op het idee dat psychische stoornissen worden veroorzaakt door irrationele gedachten en gedragingen.

het ons zo moeilijk maken, maar de manier waarop we tegen deze problemen aankijken (naar de Griekse wijsgeer Epictetus). Volgens Ellis ontstaan problemen vooral door hoe we kijken naar de gebeurtenissen die ons overkomen. Bij de theorie van RET wordt gebruikgemaakt van de letters ABC. A staat voor aanleiding (oorzaak, *activating event*) De B staat voor de bril waardoor je kijkt (overtuiging, *belief*). De C staat voor consequentie (het gevolg, *consequence*). De kern van de RET komt erop neer dat niet A de oorzaak is van C, maar B. Het zijn, met andere woorden, niet de gebeurtenissen (A) in je leven die bepalen hoe je je voelt (C) maar de manier waarop je tegen die gebeurtenissen aankijkt, dan wel de manier waarop je jezelf van het belang van die gebeurtenissen overtuigt (B). Door oefening kunnen de overtuigingen (B) worden veranderd, kun je als het ware een andere bril opzetten. Overtuigingen zullen dan beter bij de situatie (A) aansluiten en realistischer zijn, minder irrationeel of zelfs rationeel. Een gevolg is dat het gevoel (C) dat hierbij hoort ook beter aansluit en positiever is: gevoelens van ontreddering, angst, woede, schaamte, minderwaardigheid en dergelijke worden minder frequent en kunnen vaker vermeden worden. Het gedragsaspect van de therapie ligt hem in het gedrag dat in de therapie moet 'volgen'. Men benadrukt dan ook het belang van huiswerkoefeningen en praktijkoefeningen tijdens en na de therapie.

De meest algemene irrationele opvattingen vind je onder het kopje 'Doe het zelf!'. Het kan zijn dat je regelmatig tegen jezelf zegt dat je een hoog cijfer 'moet halen' voor je wiskunde-examen, of dat je elke dag een uur 'zou moeten' sporten. Als je niet in staat bent om deze doelen te verwezenlijken en zelden vraagtekens zet bij deze neurotische boodschappen aan jezelf, kunnen ze je handelen gaan beheersen en je zelfs belemmeren in je keuzes betreffende de manier waarop je je leven wilt inrichten. Een therapeut die volgens de RET werkt, zou je leren om zulke uitgangspunten te identificeren en je vervolgens vragen hoe realistisch ze eigenlijk zijn. Daarna kun je foutieve ideeën vervangen door realistischer opvattingen. Zoals Ellis zegt: 'Don't "should" on yourself' (Moet niet zo veel van jezelf).

⊕ DOE HET ZELF! Onderzoek je eigen opvattingen

Natuurlijk zijn de volgende opvattingen niet gezond. Maar volgens Albert Ellis geloven veel mensen er wel degelijk in. Jij ook? Wees eerlijk: zet een kruisje achter elk van de volgende uitspraken die accuraat beschrijven hoe jij over jezelf denkt.

1. Iedereen moet van me houden en me waarderen.
2. Ik moet door en door competent, efficiënt en succesvol zijn.
3. Het is rampzalig als dingen niet gaan zoals ik wil.
4. Als ik me niet lekker voel, komt dat door krachten waarop ik geen invloed heb.
5. Mensen moeten elkaar altijd eerlijk en rechtvaardig behandelen; mensen die dat niet doen zijn gemeen en afschuwelijk.
6. Ik moet voortdurend op mijn hoede zijn voor gevaren en dingen die verkeerd kunnen gaan.
7. Het leven zit vol met problemen en ik moet ze altijd zo snel mogelijk oplossen.
8. Het is makkelijker om mijn problemen en verantwoordelijkheden te omzeilen dan om ze onder ogen te zien.
9. Ik heb vroeger een paar ervaringen opgedaan die heel onaangenaam waren en veel indruk op me hebben gemaakt. Ik denk dat ze mijn huidige gevoelens en handelingen nog steeds beïnvloeden.
10. Ik ben gelukkig als ik me elke dag vermaak. De toekomst zorgt wel voor zichzelf.

Volgens Ellis zijn al deze uitspraken irrationele opvattingen die tot psychische problemen kunnen leiden. Met zijn cognitieve benadering van therapie, de rationeel-emotieve therapie, wil hij mensen helpen om in te zien dat ze 'zichzelf gek maken' met deze irrationele opvattingen. Iemand die gedeprimeerd is omdat het hem niet lukt om een bepaalde baan te krijgen, gelooft misschien zonder het te weten in irrationele opvatting nummer 3.

Als je meer wilt weten over Ellis' systeem en benieuwd bent naar praktijkvoorbeelden, lees dan bijvoorbeeld: *Agressieve jongeren: Cognitie, emotie en gedrag* van Marjan de Lange en Martin Klomp (1997) of *Denken en Voelen: Trainingsprogramma voor emotionele en cognitieve vaardigheden* van Mirjam Wigboldus en Laura Wolsink (1999).

Hoe zou een cognitief gedragstherapeut zijn omgegaan met de obsessieve patiënt van Freud? Als de therapeut erover nadenkt, zou hij vraagtekens zetten bij de irrationele aannamen van het meisje, zoals we eerder al suggereerden. Als hij vervolgens als behaviorist zou gaan denken, zou de therapeut het meisje ontspanningstechnieken aanleren die zij bij het slapengaan zou kunnen toepassen. Deze technieken zouden vervolgens het obsessieve ritueel kunnen vervangen. De kans is ook groot dat de therapeut met de ouders zou gaan samenwerken (evenals de psychodynamisch therapeut), waarbij hij zich erop zou richten hen aan te leren het meisje niet langer met aandacht voor haar rituele gedrag te belonen.

Op dezelfde manier zou een cognitief gedragstherapeut de depressieve Derek kunnen helpen door zijn manier van denken ter discussie te stellen, bijvoorbeeld dat hij zichzelf minder kwalijk moet nemen en zich meer moet richten op constructieve doelen om het beter te doen. Uiteindelijk kan dat zijn zelfbeeld en zijn daden veranderen. Peter Lewinsohn en zijn collega's hebben dan ook ontdekt dat met dergelijke cognitieve gedragstechnieken veel gevallen van depressie effectief behandeld kunnen worden (Lewinsohn et al., 1980, 1980; Lewinsohn & Gottlib, 1995). Met hun benadering grijpen ze in op een aantal punten in de depressiecyclus. Ze leren zodoende mensen hun manier van denken te veranderen (een manier van denken die een gevoel van hulpeloosheid bevordert), zich aan te passen aan onplezierige situaties en meer beloningen in hun leven in te bouwen.

Positieve psychotherapie (PPT)

Derek is waarschijnlijk een bijzonder goede kandidaat voor een nieuwe vorm van cognitieve gedragsbehandeling, de zogenoemde **positieve psychotherapie (PPT)** die door Martin Seligman werd ontwikkeld. Evenals de humanisten zien Seligman en de andere *positieve psychologen* het als hun missie het in de psychologie zo veelvoorkomende negatieve accent op psychische stoornissen in evenwicht te brengen met hun eigen positieve accent op groei, gezondheid en geluk. Dus was het 'logisch' voor Seligman om het probleem van depressie aan te pakken door het positieve te accentueren (Seligman et al., 2006). In tegenstelling tot de benadering van de humanisten is de PPT-benadering grotendeels cognitief-behavioristisch. Zowel bij PPT als bij Lewinsohns therapiesessies zou Derek merken dat hij eerder als een leerling dan als een patiënt zou worden behandeld. De therapeut zou hem bijvoorbeeld een 'huiswerkopdracht' kunnen geven, zoals de oefening van de 'drie goede dingen'. 'Voordat je gaat slapen schrijf je drie dingen op die vandaag goed gingen en daarbij noteer je ook waarom ze goed gingen.' Derek zou ook leren zich op positieve emoties te richten, constructief op anderen te reageren en op andere manieren meer plezier in zijn werk en privéleven te zoeken. Hoe effectief is dit? Seligman en zijn groep hebben deze benadering op tientallen patiënten toegepast en melden voorlopige resultaten waaruit is gebleken dat PPT veel effectiever was bij het verlichten van depressie dan conventionele therapieën of behandelingen met antidepressiva (Seligman et al., 2006).

Positieve psychotherapie (PPT): Een relatief nieuwe vorm van cognitieve gedragstherapie waarbij de nadruk ligt op groei, gezondheid en geluk.

De hersenen veranderen door de geest te veranderen

Uit hersenscans is onlangs gebleken dat cognitieve gedragstherapie mensen niet alleen helpt hun manier van denken te veranderen, maar dat door deze methode de hersenen zelf ook kunnen veranderen (Dobbs, 2006b). Bij een onderzoek kregen patiënten die aan compulsieve obsessies leden (ze waren bijvoorbeeld bang dat ze het fornuis niet hadden uitgedaan of dat ze de deur niet op slot hadden gedaan) cognitieve gedragsmodificatie (Schwartz et al., 1996). Als ze de aandrang voelden om naar huis te rennen en zichzelf te controleren, werd hen geleerd hun ervaring anders te benoemen: als obsessie of als dwangmatige neiging en niet als rationele bezorgdheid. Daarna richtten ze zich erop te wachten tot deze 'aandrang' overging, in plaats van eraan toe te geven; dit deden ze door zich gedurende ongeveer vijftien minuten met andere activiteiten af te leiden. Uit positronemissietomografiescans (PET-scans) van de hersenen van proefpersonen die in deze techniek waren getraind, bleek dat het deel van de hersenen dat verantwoordelijk is voor die knagende angst of aandrang, in de loop van de tijd geleidelijk minder actief werd.

Zoals uit dit onderzoek blijkt, heeft de psychologie veel vorderingen geboekt sinds de tijd waarin men zich afvroeg of gedachten en gedrag het product zijn van ofwel nature *ofwel* nurture. Dankzij cognitieve gedragstherapie weten we tegenwoordig dat de biologie achter het gedrag als gevolg van ervaring kan veranderen.

13.2.4 Evaluatie van de psychologische therapieën

Nu we een aantal psychotherapieën hebben besproken (zie figuur 13.3), wordt het tijd om een stap achteruit te doen en ons af te vragen hoe goed psychotherapie eigenlijk werkt. Denk er maar eens over na: hoe zou je objectief kunnen vaststellen of therapie echt werkt? Het antwoord op deze vraag is niet altijd duidelijk geweest (Kopta et al., 1999; Shadish et al., 2000).

Er is veel bewijs dat de meeste patiënten therapie *leuk* vinden. Dat bleek bijvoorbeeld uit een enquête onder duizenden abonnees van het consumententijdschrift *Consumer Reports* (1995). De respondenten vertelden hoeveel hun therapie voor hen had betekend, hoe tevreden ze waren over de manier waarop hun therapeut was omgegaan met hun problemen en hoezeer hun 'algemene emotionele toestand' door de therapie was verbeterd. De enquête bracht onder meer aan het licht dat: (a) therapie werkt – dat wil zeggen, cliënten hadden het gevoel dat hun psychische problemen erdoor verminderden of verdwenen; (b) langdurige therapie beter werkt dan kortlopende therapie; en (c) alle vormen van therapie ongeveer even effectief zijn in het verminderen of oplossen van de problemen (zie Jacobson & Christensen, 1996).

Het feit dat patiënten zeggen dat ze therapie leuk vinden of dat ze erdoor geholpen zijn, is echter niet voldoende (Hollon, 1996). Anekdotisch bewijs vormt geen bijdrage tot goede wetenschap. Daarom verlangen psychologen tegenwoordig dat therapie wordt beoordeeld aan de hand van onderzoek met een *vergelijkende groep* of *controlegroep*. Laten we daarom eens kijken naar de gecontroleerde onderzoeken naar de effectiviteit van therapie, te beginnen met een rapport dat veel stof deed opwaaien.

Effectiviteit van therapie onderzocht

◄◄ **Verbinding hoofdstuk 1**
De *controlegroep* wordt op precies dezelfde manier behandeld als de *experimentele groep*, met uitzondering van de cruciale onafhankelijke variabele (p. 26).

In 1952 deed de Britse psycholoog Hans Eysenck de therapeutische wereld op zijn grondvesten schudden met de stelling dat ruwweg twee derde van alle mensen met niet-psychotische problemen binnen twee jaar na het begin van het probleem spontaan herstelt, *of ze nu wel of geen therapie krijgen*. Het bewijs van Eysenck was afkomstig van een onderzoek naar de resultaten van verschillende soorten inzichtgevende therapie, waarbij patiënten die therapie kregen, werden

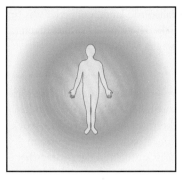

Gedragstherapie
is gericht op veranderingen
buiten de persoon: beloningen,
straffen en cues in de omgeving.
Als die veranderen, zal het externe
gedrag ook veranderen.

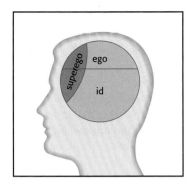

Psychodynamische therapieën
zijn gericht op veranderingen binnen
in de geest van de persoon,
met name in het onbewuste.

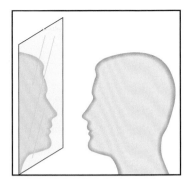

Humanistische therapieën
zijn gericht op het veranderen
van de manier waarop de persoon
zichzelf ziet.

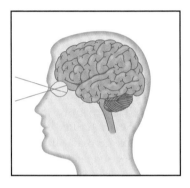

Cognitieve therapieën
zijn gericht op verandering in de
manier waarop de persoon denkt
en gebeurtenissen waarneemt.

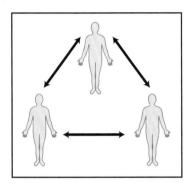

Groepstherapieën
zijn gericht op verandering
in de manier waarop mensen
met elkaar omgaan.

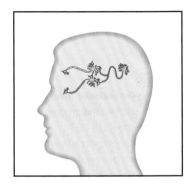

Biomedische therapieën
zijn gericht op verandering
in de structuur of het functioneren
van de hersenen.

vergeleken met patiënten die op een wachtlijst voor therapie stonden en wachtten tot ze aan de beurt waren. Wat hij opmerkte, was dat het aantal mensen dat herstelde terwijl ze nog op de wachtlijst stonden, even groot was als het aantal mensen dat herstelde terwijl ze in therapie waren. Op het eerste gezicht betekende dit dat psychotherapie in wezen waardeloos was: niet beter dan helemaal geen behandeling! Therapeuten waren hier niet blij mee, om het voorzichtig te zeggen. De vraagtekens van Eysenck hadden echter een enorm belangrijk resultaat: therapeuten werden gestimuleerd veel onderzoek te doen naar de effectiviteit van therapie.

De eerste besprekingen van onderzoeken naar de effectiviteit van therapie verschenen in 1970 (door Meltzoff & Korneich), in 1975 (door Luborsky et al.) en in 1977 (door Smith & Glass). De belangrijkste conclusie van deze literatuurstudie (die uit 375 onderzoeken bestond), was dat therapie effectiever is dan geen therapie, en dat het percentage herstel in de controlegroep zonder therapie, door Eysenk was overschat.

Rond 1980 werd er een soort consensus bereikt over de waarde van psychotherapie (Meredith, 1986; VandenBos, 1986). In feite is aangetoond dat psychotherapie voor sterk uiteenlopende stoornissen een effect heeft dat vergelijkbaar is met of beter is dan dat van veel geaccepteerde medische praktijken (Wampold, 2007). Bovendien begonnen uit onderzoek aanwijzingen naar voren te komen

Figuur 13.3
Therapieën vergeleken

dat therapie niet alleen in de westerse, geïndustrialiseerde landen effectief was (in de Verenigde Staten, Canada en Europa) maar in allerlei culturele omgevingen overal ter wereld (Beutler & Machado, 1992; Lipsey & Wilson, 1993).

Nieuwe vragen

Deze nieuwe onderzoeken hebben echter nieuwe vragen opgeroepen. Zijn sommige therapieën beter dan andere? Kunnen we vaststellen welke therapieën het meest geschikt zijn om specifieke stoornissen te behandelen? Uit het onderzoek van Smith en Glass (1977) kwamen aanwijzingen naar voren dat deze vragen met 'ja' kunnen worden beantwoord. Smith en Glass ontdekten dat gedragstherapie bij de behandeling van veel angststoornissen een voordeel leek te hebben ten opzichte van inzichtgevende therapie. Zoals eerder vermeld, is er inmiddels stevige empirische ondersteuning voor het gebruik van cognitieve gedragstherapie bij depressie, angststoornissen, boulimia nervosa en een paar andere stoornissen. Daarbij geeft recent onderzoek aan dat inzichtgevende therapie ook effectief kan worden toegepast voor het behandelen van huwelijksproblemen, depressie en zelfs moeilijk te behandelen persoonlijkheidsstoornissen (Shedler, 2010). Er is nu een duidelijke trend om specifieke therapieën voor specifieke stoornissen toe te passen (zie ook www.ggzrichtlijnen.nl).

Bedenk wel dat deskundigen door toepassing van deze therapeutische technieken niet per definitie in staat zijn om psychische stoornissen te 'genezen'. In sommige gevallen, zoals bij schizofrenie, zwakzinnigheid of autisme, noemt men psychologische therapieën al effectief als de mensen met deze stoornissen zich meer aangepast gedragen en een gelukkiger leven leiden (Hogarty et al., 1997). In 2009 werden in Nederland bijna een miljoen mensen, waarvan ruim 70 procent tussen de 18 en 64 jaar oud, behandeld in de geestelijke gezondheidszorg. Bij volwassenen waren de meest voorkomende diagnoses: persoonlijkheids- en gedragsstoornissen, stemmingsstoornissen en neurotische stoornissen. Op 31 december 2009 stonden er 101.000 cliënten op de wachtlijst (GGZ Nederland, sectorrapport 2010). In België kregen in 2010 ruim 50.000 personen hulp in een centrum voor geestelijke gezondheidszorg (Zorg en Gezondheid België, 2012).

Psychologische kwesties
Er worden veel mensen behandeld in GGZ-instellingen, maar waar vinden de meeste mensen psychologische hulp? Ga naar 'In de praktijk' in de MyLab mediatheek voor een antwoord.

Ga naar **www.pearsonmylab.nl** om je kennis en begrip van deze paragraaf te testen met de MyMap, MyCheck en MyDefinitions.

KERNVRAAG 13.3
....

▶ Hoe worden psychische stoornissen behandeld vanuit de biomedische invalshoek?

De geest bevindt zich in een delicaat biologisch evenwicht. Dat kan verstoord worden door onregelmatigheden in de genen, hormonen en het metabolisme, evenals door beschadigingen ten gevolge van een ongeluk of ziekte. Als er iets misgaat met de hersenen, uit dit zich in eigenaardige gedragspatronen of vreemde cognitieve en emotionele reacties. Bij de biomedische behandelingen wordt daarom geprobeerd deze geestelijke stoornissen te genezen door direct in de hersenen in te grijpen. In ons kernconcept wordt het doel van deze therapieën gespecificeerd:

KERNCONCEPT 13.3
Biomedische behandelingen proberen psychische stoornissen te behandelen door de chemie in de hersenen, de hersenbanen of de activiteitspatronen te beïnvloeden met geneesmiddelen, chirurgie, elektrische pulsen of krachtige magneetvelden.

Elke biomedische therapie is gebaseerd op het medische model. Dit model gaat ervan uit dat psychische stoornissen een organische oorsprong hebben en dat ze als ziekten behandeld moeten worden – zoals we hebben gezien in hoofdstuk 12. Onze verkenningstocht door de wereld van de biomedische therapieën begint bij psychoactieve medicijnen (ook wel psychofarmaca genoemd), waarvan de algemene werking in hoofdstuk 2 al kort is besproken.

13.3.1 Behandeling met medicijnen
De grootste revolutie in de geschiedenis van de behandeling van psychische stoornissen werd veroorzaakt door de ontdekking dat sommige medicijnen in staat zijn om angstige patiënten te kalmeren, de stemming van depressieve patiënten (zoals Derek uit het begin van dit hoofdstuk) te verbeteren en psychotische patiënten te bevrijden van hun hallucinaties. Dit nieuwe therapeutische tijdperk begon in 1953 met de introductie van de eerste antipsychotische middelen (destijds vaak 'tranquilizers' genoemd) in Amerika. Naarmate er meer psychoactieve medicijnen op de markt verschenen, veranderden onhandelbare, agressieve patiënten in coöperatieve, rustige en sociale persoonlijkheden. Patiënten die helemaal opgingen in hun wanen en hallucinaties begonnen langzaam maar zeker weer op de reële, fysieke en sociale wereld om hen heen te reageren. De effectiviteit van behandeling met medicijnen had ook ingrijpende effecten op het aantal patiënten dat in de psychiatrische ziekenhuizen verbleef. In 1955 woonde meer dan een half miljoen Amerikanen in een psychiatrisch ziekenhuis. Het gemiddelde verblijf in zo'n inrichting duurde over het algemeen eerder jaren dan maanden. Na de introductie van de tranquilizers veranderden deze statistieken. Binnen tien jaar verbleef nog maar de helft van alle psychiatrische patiënten in een instelling, terwijl hun verblijf gemiddeld niet langer dan enkele maanden duurde.

Psychofarmaca hebben de wereld van de psychische stoornissen ingrijpend veranderd. Maar wat zijn dat voor wonderbaarlijke medicijnen? Je hebt waarschijnlijk wel eens gehoord van Prozac® en Valium®, twee succesnummers onder de psychoactieve medicijnen die de stemming, percepties en verlangens kunnen beïnvloeden. We bespreken hier vier belangrijke groepen van medicijnen die vandaag de dag veel worden voorgeschreven: *antipsychotica, antidepressiva, anxiolytica* en *stimulerende middelen.*

Antipsychotica
Een psychose wordt gekenmerkt door wanen, hallucinaties, sociale afzondering en agitatie. **Antipsychotica** onderdrukken deze verschijnselen, waardoor de symptomen afnemen (Dawkins et al., 1999). De meeste antipsychotische medicijnen onderdrukken de activiteit van de neurotransmitter dopamine in de hersenen; hoe dit leidt tot een antipsychotisch effect is echter niet precies bekend. Van bijvoorbeeld de oudste antipsychotica zoals *chloorpromazine* (merknaam: Thorazine®) en *haloperidol* (merknaam: Haldol®) is bekend dat ze de dopaminereceptoren in de synapsen tussen de zenuwcellen blokkeren. Hoewel deze medicijnen de hersenactiviteit op een lager pitje zetten, doen ze meer dan de patiënt 'kalmeren'. Een belangrijk effect van deze medicijnen is dat ze de 'positieve' symptomen van schizofrenie die we in het vorige hoofdstuk hebben genoemd (hallucinaties, wanen, emotionele stoornissen en geagiteerd gedrag) reduceren.

◄◄ **Verbinding hoofdstuk 2 en 8**
Psychoactieve medicijnen hebben het vermogen om natuurlijke, chemische processen in onze hersenen te beïnvloeden, doordat ze de werking van neurotransmitters in ons brein stimuleren of juist remmen (p. 61 en 330).

Behandeling met medicijnen

- Antipsychotica
- Antidepressiva
- Anxiolytica (angstremmende geneesmiddelen)
- Stimulerende middelen

Antipsychoticum: Medicijn dat psychotische symptomen vermindert, meestal doordat het effect heeft op de werking van neurotransmitters in de hersenen.

Ze hebben echter weinig invloed op de 'negatieve' symptomen, zoals de neiging tot afzondering, apathie, een gebrek aan initiatief en de afvlakking van emoties, die kenmerkend zijn voor patiënten met schizofrenie (Wickelgren, 1998a). Helaas gaat langdurig gebruik van antipsychotische medicijnen gepaard met een aantal negatieve bijwerkingen, waaronder fysieke veranderingen in de hersenen (Gur & Maany, 1998). De meest verontrustende bijwerking is echter **tardieve dyskinesie**, een onomkeerbare verstoring van de motoriek (met name die van de gezichtsspieren) die door antipsychotische medicijnen wordt veroorzaakt.

Bij de nieuwste generatie antipsychotica (de 'atypische' antipsychotica), waaronder clozapine (Leponex®), olanzapine (Zyprexa®), quetiapine (Seroquel®), risperidon (Risperdal®) en sulpiride (Dogmatil®) is dit effect geringer. Verder hebben ze een gunstigere invloed op de positieve en negatieve verschijnselen van de psychose en hebben ze minder parkinsonachtige bijwerkingen (trillingen in de handen bijvoorbeeld). Een moeilijk te beheersen bijverschijnsel van alle antipsychotica is ernstige gewichtstoename; deze bijwerking wordt vaak als erg psychisch belastend ervaren.

Zijn de voordelen van antipsychotische medicijnen wel groot genoeg om deze risico's te nemen? Die vraag is niet zo gemakkelijk te beantwoorden omdat je de risico's moet afwegen tegen de situatie van de patiënt.

Antidepressiva

De ontdekking van psychoactieve medicijnen heeft ingrijpende gevolgen gehad voor de behandeling van depressie en de bipolaire stoornis. Evenals bij andere psychoactieve middelen kunnen noch de *antidepressiva*, noch de *stemmingsstabilisatoren* 'genezing' brengen. Door de toepassing van deze middelen is het leven van veel mensen met stemmingsstoornissen echter sterk verbeterd en kunnen er voorwaarden gecreëerd worden om therapie mogelijk te maken.

De drie belangrijke groepen **antidepressiva** vergroten allemaal de impulsoverdracht tussen de neuronen die gebruikmaken van de neurotransmitters norepinefrine en serotonine (Holmes, 2001). Neuronen nemen neurotransmitters die in de synapsen van de hersencellen zijn vrijgekomen na 'gebruik' opnieuw op, een proces dat *heropname* wordt genoemd. *Tricyclische* antidepressiva (TCA's) zoals Tofranil® en Elavil® onderdrukken dit proces. Een tweede groep bevat het beroemde antidepressivum Prozac® (stofnaam: fluoxetine). Deze geneesmiddelen, zogenoemde SSRI's (*selective serotonin reuptake inhibitors*, selectieve serotonineheropnameremmers) remmen de heropname van serotonine in de synaps. Daardoor blijft serotonine langer beschikbaar. Deze verlengde invloed van serotonine kan een depressieve stemming aanmerkelijk verlichten (Hirschfeld, 1999; Kramer, 1993). *Monoamine-oxidase-remmers* (*MAO-remmers)* behoren tot de derde groep antidepressiva. Hun werkzaamheid berust op de beperking van de activiteit van het enzym MAO, een chemische stof die norepinefrine in de synaps afbreekt. Als de werking van MAO vermindert, is er dus meer norepinefrine beschikbaar in het lichaam.

Vreemd genoeg melden de meeste patiënten dat het ten minste enkele weken duurt voordat antidepressiva de sluier van de depressie beginnen op te lichten. Recent onderzoek lijkt aanwijzingen op te leveren voor de oorzaak hiervan. Bij dieronderzoek is gebleken dat antidepressiva de groei van neuronen in de hippocampus in de hersenen stimuleren. Niemand weet zeker welke rol de hippocampus speelt bij het ontstaan van een depressie, maar het dieronderzoek brengt nog een fenomeen aan het licht dat mogelijk inzicht verschaft: door stress wordt de groei van nieuwe neuronen in dit deel van de hersenen geremd, en aangenomen wordt dat depressie een stressreactie is (Santarelli et al., 2003).

Tardieve dyskinesie: Een onomkeerbare verstoring van de motoriek (met name in het gezicht), bijwerking van antipsychotische medicijnen.

◀◀ **Verbinding hoofdstuk 12**
Positieve symptomen van schizofrenie zijn actieve hallucinaties, wanen en extreme emoties; negatieve symptomen zijn onder meer teruggetrokkenheid en 'afgevlakte' emoties (p. 508).

Antidepressivum: Medicijn tegen depressie. De meeste antidepressiva beïnvloeden het transport van serotonine en/of norepinefrine in de hersenen.

◀◀ **Verbinding hoofdstuk 2**
Heropname is een proces waarbij intacte neurotransmitters vanuit de synapsspleet worden opgenomen en daarna opnieuw in de synapsblaasjes van het axon worden opgenomen. Daardoor wordt het bericht dat van het ene naar het andere neuron wordt doorgestuurd, 'verzwakt' (p. 54).

Bij de behandeling van depressie vormt de mogelijkheid van zelfmoord een speciaal punt van zorg. Het lijkt er tegenwoordig op dat de geneesmiddelen die voor het behandelen van depressie worden gebruikt, tijdens de eerste weken van de behandeling mogelijk zelfmoordgedachten kunnen oproepen. Dit lijkt vooral bij kinderen het geval te zijn (Bower, 2004b). Eén onderzoek deed de hoop herleven, doordat hierbij werd aangetoond dat het toegenomen risico op korte termijn klein is, minder dan één procent (Bridge et al., 2007). En uit een ander onderzoek blijkt dat bij patiënten die antidepressiva gebruiken, het risico op zelfmoord op de lange termijn iets *kleiner* zou zijn (Bower, 2007). Het is duidelijk dat het beeld op dit moment verwarrend is en de Amerikaanse Food and Drug Administration adviseert uiterste zorgvuldigheid te betrachten bij het voorschrijven van deze geneesmiddelen (Bower, 2006b; Jick et al., 2004).

Controversen over SSRI's   In zijn boek *Listening to Prozac* breekt psychiater en Prozac-voorvechter Peter Kramer (1993) een lans voor dat medicijn. Het zou niet alleen werken tegen depressie, maar ook effectief zijn tegen meer algemene gevoelens van sociale onzekerheid en angst voor afwijzing. Zulke claims hebben tot woedende reacties geleid. Veel therapeuten vrezen dat psychoactieve middelen de psychische problemen van mensen alleen maar maskeren, wat ertoe leidt dat de betrokkene zijn problemen niet onder ogen ziet en er geen oplossing voor zoekt. Sommigen zijn bang dat het gebruik van antidepressiva een fundamentele verandering van de persoonlijkheidsstructuur tot gevolg heeft. Omdat de middelen door een aanzienlijk deel van de bevolking worden geslikt, kan dat onverwachte, en mogelijke ongewenste sociale consequenties hebben (Breggin & Breggin, 1994; Sleek, 1994). Het probleem lijkt vooral acuut aan universiteiten, waar steeds meer studenten antidepressiva innemen (Young, 2003). Op dit moment weet niemand wat de mogelijke gevaren zijn wanneer de chemie van de hersenen van grote aantallen mensen gedurende lange tijd wordt veranderd. In haar boek *De depressie-epidemie* (2010) geeft hoogleraar Trudy Dehue veel kritiek op de onderzoeken naar de medicijnen tegen depressie. Zij betoogt dat gangbare verklaringen voor de toename van depressie niet houdbaar of onvolledig zijn.

Even zorgwekkend voor het medische model is dat uit een ander rapport aanwijzingen naar voren komen dat antidepressiva voor wat de beoordeling van hun effect betreft mogelijk evenveel beïnvloed worden door hypes als door de bewezen effecten op de hersenen. Volgens gegevens van de documenten van de Amerikaanse Food and Drug Administration bleek dat positieve resultaten vaker de publiciteit halen dan onderzoeken waaruit blijkt dat deze geneesmiddelen geen effect hebben. Hoewel deze middelen in het algemeen een beter effect hebben dan placebo's, lijken rapporten over de effectiviteit ervan nogal te zijn overdreven (Turner et al., 2008).

Anxiolytica

De stress en de angstgevoelens die het gevolg zijn van dagelijkse ergernissen en problemen doen veel mensen naar **anxiolytica** grijpen. Benzodiazepineachtige medicijnen, zoals Valium® en Xanax®, versterken de werking van de neurotransmitter GABA. Op die manier verminderen ze de activiteit in de hersengebieden die specifiek betrokken zijn bij angstgevoelens. Benzodiazepinen worden ook wel 'minor tranquillizers' genoemd.

Veel psychologen menen dat deze angstremmende middelen, evenals antidepressiva, te vaak worden voorgeschreven voor problemen die mensen onder ogen zouden moeten zien en niet met chemische middelen zouden moeten maskeren. Toch kunnen angstremmers nuttig zijn om angstige mensen te helpen in specifieke situaties, bijvoorbeeld als hen een operatie staat te wachten. Wat betreft anxiolytica willen we je de volgende waarschuwingen meegeven (Hecht, 1986):

Anxiolyticum: Een medicijn dat een dempende invloed heeft op angstgevoelens. De categorie anxiolytica omvat onder meer de benzodiazepinen.

- Als benzodiazepinen gedurende lange tijd worden gebruikt, kunnen ze lichamelijk en geestelijk verslavend zijn (Holmes, 2001; Schatzberg, 1991).
- Vanwege hun krachtige effecten op de hersenen, zijn deze medicijnen niet bedoeld om te ontsnappen aan de angstige gevoelens die gewoon bij het leven horen.
- Als je deze medicijnen inneemt tegen extreme angst, moet je ze normaal gesproken niet langer dan enkele dagen achter elkaar gebruiken. Na langer gebruik moet je de dosering onder begeleiding van een arts geleidelijk afbouwen.
- Anxiolytica hebben een dempende invloed op het centrale zenuwstelsel. Wees daarom voorzichtig met autorijden, machines bedienen en andere handelingen die alertheid vereisen (zoals studeren en examens afleggen).
- In combinatie met alcohol (dat het centrale zenuwstelsel ook verdooft) of slaappillen kunnen anxiolytica bewusteloosheid of zelfs de dood veroorzaken.

Ten slotte moeten we vermelden dat gebleken is dat juist bepaalde antidepressiva nuttig zijn voor het verminderen van de symptomen van bepaalde angststoornissen zoals paniekstoornissen, agorafobie en obsessief-compulsieve stoornis. (Een moderne psychiater had aan de obsessieve patiënt van Freud wellicht antidepressiva voorgeschreven.) Omdat deze angstgebonden problemen soms het gevolg zijn van een lage serotonineconcentratie, reageren ze mogelijk beter op geneesmiddelen zoals Prozac®, die specifiek op de werking van serotonine van invloed zijn.

◄◄ **Verbinding hoofdstuk 2**
GABA is de belangrijkste remmende neurotransmitter in de hersenen (p. 54).

Stimulerend middel: Middel dat het activiteitsniveau verhoogt door de afgifte van dopamine en noradrenaline te verhogen. Gebleken is dat deze producten cognitieve functies zoals aandacht, concentratie en zelfcontrole kunnen stimuleren, en op deze manier ook de hyperactiviteit van personen met ADHD gunstig kunnen beïnvloeden.

Stimulerende middelen

Alle middelen die opwinding of hyperactiviteit teweegbrengen, of het nu om cafeïne, nicotine of amfetaminen gaat, behoren tot de groep **stimulerende middelen**. We hebben al eerder gezegd dat stimulerende middelen soms bruikbaar zijn bij de behandeling van narcolepsie. Ze vormen ook een algemeen geaccepteerd middel bij *aandachtstekortstoornis met hyperactiviteit (ADHD)*. Het verbaast je misschien dat artsen een stimulerend middel (vaak Ritalin® of Rilatine®) voorschrijven aan hyperactieve kinderen. Er is echter onderzoek gedaan waarin de behandeling met stimulerende middelen werd vergeleken met gedragstherapie en placebo's, en daaruit bleek duidelijk dat de behandeling met stimulerende middelen het meeste effect sorteerde (American Academy of Pediatrics, 2001; Meyers, 2006). Hoewel het mechanisme nog niet precies bekend is, is het mogelijk dat de werking van stimulerende middelen bij hyperactieve kinderen erop berust dat de beschikbaarheid van dopamine, glutamaat en/of serotonine in de hersenen door deze middelen wordt vergroot (Gainetdinov et al., 1999).

Je kunt je voorstellen dat het gebruik van stimulerende middelen bij de behandeling van ADHD tot verhitte discussies heeft geleid (O'Connor, 2001). Terechte zorgen zijn er ook over de verleiding om de gedragsproblemen van ieder kind als een symptoom van ADHD op te vatten (Smith, 2002a). Verder suggereren critici dat het voorschrijven van stimulerende middelen aan kinderen op latere leeftijd mogelijk tot drugsmisbruik leidt (Daw, 2001). Momenteel gaat men ervan uit dat onbehandelde jongeren met ADHD veel meer kans lopen op drugsmisbruik dan de jongeren die goed behandeld worden en eventueel ook Ritalin® of Ritaline® nemen.

Gelukkig is uit recent onderzoek gebleken dat de resultaten van cognitieve gedragstherapie bij de behandeling van ADHD vergelijkbaar zijn met die van stimulerende middelen (Sinha, 2005). Veel deskundigen zijn van mening dat een *combinatie van therapieën*, waarbij gebruik wordt gemaakt van cognitieve gedragstherapie en stimulerende middelen, nog betere resultaten geeft en bijkomende (comorbide) problemen kan voorkomen.

Een evaluatie van de behandeling met medicijnen

In de jaren vijftig van de vorige eeuw kwamen de eerste psychoactieve medicijnen op de markt. Sindsdien is de behandeling van ernstige psychische stoornissen ingrijpend veranderd. Voor die tijd werden patiënten behandeld met gesprekstherapie, opname in een psychiatrisch ziekenhuis, dwangmiddelen, shocktherapie en lobotomieën. Medicijnen kunnen psychische stoornissen natuurlijk niet 'genezen', maar in sommige gevallen zijn ze wel in staat om het chemische evenwicht in de hersenen dusdanig te veranderen dat de symptomen afnemen of zelfs geheel verdwijnen.

Maar is alle enthousiasme terecht? Nee, zegt neurowetenschapper Elliot Valenstein (Rolnick, 1998; Valenstein, 1998). Hoe meer we ons in de bewijzen verdiepen, des te meer gaten treffen we erin. Valenstein is van mening dat een groot deel van het geloof in de behandeling van psychische stoornissen met geneesmiddelen op een hype berust. Hij schrijft de brede acceptatie van medicatie toe aan de enorme investeringen die farmaceutische bedrijven hebben gedaan om hun producten op de markt te brengen. Vooral verontrustend is de bereidheid van artsen om geneesmiddelen aan kinderen voor te schrijven, hoewel van veel geneesmiddelen nog niet is vastgesteld of ze veilig en effectief zijn bij jonge mensen (Brown, 2003a). Weinigen twijfelen eraan dat geneesmiddelen de juiste primaire behandeling vormen voor bepaalde stoornissen zoals bipolaire stoornis en schizofrenie. In veel andere gevallen bestaat het schijnbare voordeel van behandeling met geneesmiddelen uit snelle resultaten tegen lage kosten. Toch leidt bepaald onderzoek tot twijfel over deze simplistische aannamen betreffende tijd en geld. Uit onderzoek blijkt bijvoorbeeld dat het behandelen van depressie, angststoornissen en eetstoornissen met cognitieve gedragstherapie, afzonderlijk of in combinatie met geneesmiddelen, op de lange termijn zowel effectiever als economischer kan zijn dan het toepassen van geneesmiddelen alleen (Clay, 2000).

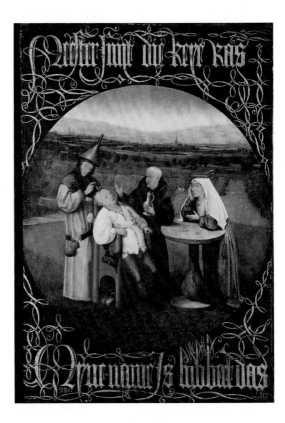

In de middeleeuwen werden mensen die aan waanzin leden soms behandeld door de 'kei' uit hun hersenen te verwijderen. Dit is het schilderij *De Keisnijder* van Jeroen Bosch.
Bron: The Gallery Collection/Corbis.

13.3.2 Andere medische therapieën voor psychische stoornissen

Een moderne evenknie van Phineas Gage werd beschreven in de *Los Angeles Times* onder de kop, 'Kogel in hersenen geneest psychische stoornis' (23 februari 1988). Het artikel ging over een negentienjarige man die aan ernstige obsessief-compulsieve stoornis leed en zich, in een poging zichzelf van het leven te beroven, een kogel door het voorhoofd had geschoten. Hij overleefde de poging. Maar nog wonderlijker was dat zijn intellectuele vermogens niet waren aangetast en dat zijn pathologische symptomen waren verdwenen.

We raden deze vorm van 'behandeling' niet aan, maar dit geval toont wel aan wat de effecten van lichamelijk ingrijpen in de hersenen kunnen zijn. Naar analogie hiervan zullen we kort naar twee medische alternatieven kijken voor behandeling met geneesmiddelen; bij deze methoden worden de structuur en functie van de hersenen gewijzigd. Het gaat om psychochirurgie en directe stimulatie van de hersenen.

◄◄ **Verbinding hoofdstuk 2**
Phineas Gage overleefde een ongeluk waarbij een stalen staaf ten gevolge van een explosie in zijn voorhoofdskwab terecht was gekomen, maar zijn persoonlijkheid was veranderd (p. 62).

Psychochirurgie

Er zijn veel pogingen geweest waarbij chirurgen hebben geprobeerd psychische stoornissen te behandelen door verbindingen tussen hersendelen door te snijden of door kleine delen van de hersenen te verwijderen. Tegenwoordig wordt **psychochirurgie**, de algemene term voor zulke procedures, meestal als laatste

Psychochirurgie: De algemene term voor chirurgische interventies in de hersenen met het doel psychologische stoornissen te behandelen.

redmiddel beschouwd. De eerste pogingen tot psychochirurgie dateren al uit de middeleeuwen, toen sommige chirurgen de schedel openmaakten om 'de steen van de waanzin' weg te halen bij onfortuinlijke krankzinnigen. (Deze ingreep was zinloos en gruwelijk: zo'n 'steen' bestaat natuurlijk niet en bovendien was alcohol de enige gebruikte verdoving voor deze ingrepen.)

Therapieën via hersenstimulatie

Elektrische stimulatie van de hersenen in de vorm van **elektroshocktherapie (EST)** wordt nog steeds op grote schaal toegepast, vooral bij aan ernstige depressies lijdende patiënten die niet op geneesmiddelen of op psychotherapie voor depressie reageren. (Je zult je herinneren dat de therapeut zei dat Derek geen goede kandidaat voor EST was.) De behandeling bestaat uit het toedienen van een elektrische stroom (75 tot 100 volt) op de slapen van de patiënt gedurende een tiende tot een hele seconde, tot er een convulsie optreedt. Deze algehele verkramping duurt gewoonlijk 45 tot 60 seconden. Tijdens deze interventie is de patiënt verdoofd door een kortwerkend barbituraat en een spierverslapper, die hem bewusteloos maken en de hevige, ongecontroleerde spierspasmen tijdens de aanval binnen de perken houden (Abrams, 1992; Malitz & Sackheim, 1984). Binnen een halfuur wordt de patiënt wakker zonder zich iets van de verkrampingen of de voorbereidingen van de behandeling te herinneren.

Werkt het? Het lijkt misschien ruw om een elektrische stroom door iemands schedel en hersenen te sturen, maar uit onderzoek is gebleken dat EST een nuttig hulpmiddel is bij het behandelen van ernstige, therapieresistente depressie, vooral bij patiënten met zelfmoordneigingen bij wie snellere interventie nodig is dan via medicatie of psychotherapie kan worden geboden (Shorter & Healy, 2007). Meestal verdwijnen de symptomen van depressie nadat drie tot vier dagen is behandeld, terwijl effect van een behandeling met geneesmiddelen pas na een periode van één tot twee weken zichtbaar is.

Hoewel de meeste klinisch psychologen EST, mits deze op juiste wijze wordt toegepast, als veilig en effectief beschouwen, vrezen sommige critici dat de methode ook kan worden misbruikt om patiënten met een afwijkende mening het zwijgen op te leggen of om patiënten die niet meewerken te straffen (Butcher et al., 2008; Holmes, 2001). Andere zorgen over EST komen voort uit het feit dat de effecten nog niet goed worden begrepen. Tot op de dag van vandaag is er geen sluitende theorie waarmee kan worden verklaard hoe symptomen van stoornissen zouden kunnen worden verlicht door een lichte schok te induceren, hoewel er aanwijzingen bestaan dat hierdoor mogelijk de groei van neuronen in bepaalde delen van de hersenen wordt gestimuleerd, in het bijzonder in de hippocampus.

Ongewenste bijwerkingen van EST zijn onder meer tijdelijke desoriëntatie en verstoringen van het geheugen (Breggin, 1979, 1991). Voorstanders beweren dat patiënten hun specifieke geheugen over het algemeen binnen enkele maanden na de behandeling terugkrijgen (Calev et al., 1991). Het Amerikaanse National Institute of Mental Health (1985) heeft het gebruik van EST laten onderzoeken, waarop men zeer voorzichtig toestemming gaf voor toepassing bij een gering aantal stoornissen, in het bijzonder voor toepassing bij ernstige depressie. In 1990 volgde de American Psychiatric Association dit voorbeeld. In Nederland en België was EST lange tijd taboe, maar het wordt inmiddels toegepast bij onder meer therapieresistente stemmingsstoornissen of psychotische stoornissen en levensbedreigende toestanden als gevolg van ernstige depressies. Om het mogelijke risico voor bijwerkingen op korte termijn te minimaliseren, wordt EST meestal 'unilateraal' toegediend, alleen op de rechterslaap, om zodoende de kans op het ontstaan van spraakstoornissen te verminderen.

Sinds kort maken artsen gebruik van een veelbelovend nieuw therapeutisch instrument waarmee ze de hersenen met behulp van magnetische velden kunnen stimuleren. Deze **magnetische stimulatie van de hersenen (MSH)** lijkt dezelfde voordelen te bieden als EST, maar gaat niet gepaard met de ongewenste bijwerking (het geheugen wordt niet aangetast). De methode, die nog in een experimenteel stadium verkeert, komt erop neer dat men magnetische impulsen naar specifieke delen van de hersenen stuurt. Uit onderzoek blijkt dat MSH niet alleen effectief kan zijn bij de behandeling van depressie, maar ook bij schizofrenie en bipolaire stoornis (George, 2003). Bij MSH is het niet nodig om een epileptische aanval op te wekken. Daarom menen wetenschappers dat MSH veiliger is dan EST.

13.3.3 Opname en alternatieven

We hebben gezien dat psychiatrische ziekenhuizen oorspronkelijk bedoeld waren als veilige opvangplaatsen (het Engelse woord *asylum* betekent zowel 'toevluchtsoord' als 'krankzinnigengesticht'). In deze instellingen konden psychisch gestoorde mensen ontkomen aan de druk en de problemen waarmee een normaal leven nu eenmaal gepaard gaat. Dat werkte vaak heel goed (Maher & Maher, 1985). Maar aan het begin van de twintigste eeuw raakten de ziekenhuizen overbevolkt en veranderden ze, op zijn best, in pakhuizen voor psychisch gestoorden. In zeldzame gevallen werden welgestelden in psychiatrische inrichtingen opgenomen, maar zij kregen meestal particuliere zorg met inbegrip van individuele psychotherapie (Doyle, 2002a).

De medicijnen die de behandeling in psychiatrische ziekenhuizen zo ingrijpend zouden veranderen, verschenen pas in de jaren vijftig. Voor die tijd werden de patiënten over het algemeen in het gareel gehouden met behulp van dwangbuizen en isoleercellen, en soms lobotomie. Ondertussen werd in de grote psychiatrische ziekenhuizen op hele afdelingen (met soms wel vijftig patiënten), een zwakke vorm van 'groepstherapie' toegepast die moest doorgaan voor psychotherapie. De combinatie van de te grote patiëntgroepen, het te kleine aantal therapeuten en de te beperkte tijd voor de therapie leverde weinig tot geen werkelijk profijt op.

Dehospitalisatie en de geestelijke gezondheidszorg

De komst van antipsychotische medicijnen had grote veranderingen tot gevolg. Duizenden patiënten die op de nieuwe medicijnen reageerden, werden naar huis gestuurd om voortaan vanuit een kliniek te worden behandeld. Het doel van deze **dehospitalisatie** was om zo veel mogelijk patiënten weer in hun gemeenschap terug te krijgen, waar ze (hopelijk) zouden opbloeien in een vertrouwde en ondersteunende omgeving. Dit werd uiteraard ook beschouwd als een veel goedkopere oplossing. Dus de geestelijke gezondheidszorg en de politiek waren het met elkaar eens: mensen moesten bij voorkeur niet meer in psychiatrische ziekenhuizen worden behandeld, maar in hun eigen omgeving. Ze zouden onderdak vinden in hun eigen gezin, in een pleeggezin of in een beschermde woonvorm en daarnaast zou een kliniek ambulante zorg en therapie bieden. Bij *ambulante zorg* bezoekt de patiënt de zorgverstrekker, terwijl bij *intramurale zorg* de patiënt tijdens de behandeling in een ziekenhuis of instelling verblijft. Ook in Nederland vindt de meeste zorg buiten de kliniek plaats: volgens gegevens van het RIVM verblijft minder dan 1 procent van de psychiatrische patiënten in een kliniek.

De dehospitalisatie van psychiatrische patiënten kende nadelen (Doyle, 2002a; Torrey, 1996, 1997). Chronisch zieke patiënten werden uit de psychiatrische ziekenhuizen ontslagen zonder dat het thuisfront op hun komst was voorbereid. Er waren weinig voorzieningen en familieleden wisten vaak niet hoe om te gaan met de situatie (Smith et al., 1993). Als patiënten daarna in de maatschappij te-

Magnetische stimulatie van de hersenen (MSH): Behandelmethode die berust op magnetische stimulatie van specifieke delen van de hersenen. In tegenstelling tot EST veroorzaakt MSH geen convulsie.

◄◄ **Verbinding hoofdstuk 2**
Bij de meeste mensen wordt spraak door de linkerhersenhelft bestuurd (p. 69).

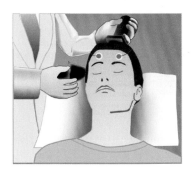

Een onder narcose gebrachte patiënt staat op het punt om EST te ondergaan. Elektroshocktherapie houdt in dat men een patiënt via de slapen een zwakke elektrische stroom toedient tot er een convulsie plaatsvindt. Volgens sommige psychiaters is EST effectief bij een ernstige depressie, maar voor de meeste therapeuten is het een allerlaatste redmiddel.

Bron: National Institute of Mental Health, National Institutes of Health, Department of Health and Human Services, USA.

Dehospitalisatie: Beleid om patiënten zo veel mogelijk weg te halen, dan wel weg te houden, uit het psychiatrisch ziekenhuis.

Dehospitalisatie brengt psychiatrische patiënten terug in de maatschappij, maar dikwijls zonder adequate toegang tot verdere behandeling.

Foto: Emiliano Spada, stock.xchng.

rugkeerden en zorg nodig hadden, kwamen ze bij een ambulante psychiatrische afdeling van een ziekenhuis terecht en niet bij een psychiatrische inrichting. Daardoor gaat in de Verenigde Staten nog altijd een groot deel van de uitgaven aan de geestelijke gezondheidszorg op aan ziekenhuiszorg (Kiesler, 1993; U.S. Department of Health & Human Services, 2002).

Ondanks dit sombere beeld heeft *assertive community treatment* wat succes gehad. Kiesler (1982) bekeek tien onderzoeken waarbij de effectiviteit van opname in een psychiatrisch ziekenhuis werd vergeleken met verschillende vormen van ambulante therapie. Hij ontdekte dat ambulante therapie vaker verbetering opleverde dan opname. Ook op een later tijdstip werden de patiënten die ambulante therapie ontvingen, minder vaak opnieuw opgenomen. Als zulke gezondheidsprogramma's over voldoende middelen beschikken, kunnen ze zeer effectief zijn (McGuire, 2000). In Vlaanderen worden in het stadje Geel al vele jaren lang mensen met ernstige psychiatrische problemen in de gemeenschap opgevangen en verzorgd (Roosens & Van de Walle, 2007; Roosens, 1979).

Dankzij internet en de telefoon kunnen velen van hen tegenwoordig echter hulp krijgen via 'telehealth'-sessies op afstand (Stambor, 2006; Winerman, 2006c). Dankzij deze benadering van telehealth kunnen psychologen en andere professionele hulpverleners snel met patiënten in contact komen, vragen beantwoorden, patiënten doorverwijzen en zelfs therapie bieden. Dit is niet alleen gemakkelijk, de kostenbesparingen gerelateerd aan de reistijd van therapeuten is enorm (Van Hecke & Nijs, 2011).

Uit onderzoek van Netwerk Online Hulp (2011) blijkt dat het aantal mensen in Nederland dat gebruikmaakt van online hulpverlening in korte tijd enorm is gegroeid. Tussen 2007 en 2010 verdrievoudigde dat aantal: in totaal kregen in 2010 181.000 mensen hulp via chat of e-mail. Ruim 1,8 miljoen mensen bezochten in datzelfde jaar een online hulpsite voor informatie, advies en ondersteuning. De anonimiteit van internet is de belangrijkste reden voor mensen om hulp te zoeken via deze weg. Bijna driekwart van de hulpvragers is vrouwelijk. Nederland loopt wereldwijd voorop met het online hulpaanbod. Een van de eerste online hulpverleningsprogramma's in Nederland was Interapy (www.interapy.nl), dat kortdurende psychologische hulp via internet biedt aan mensen met posttraumatische stress, rouwklachten, aan werk gerelateerde stress, depressie en paniekklachten (Muusse et al., 2008).

Inmiddels zijn er verschillende korte en uitgebreide online hulpverleningsprogramma's. Zo heeft het Trimbos-instituut de afgelopen jaren diverse *e-mental health*-interventies gemaakt gericht op alcohol- en druggebruik, angststoornissen, dementie, depressie, mentaal vermogen, infectieziekten, problematiek rond ouders met verslaving of psychische problemen, seksualiteit en relaties, en werkstress (Trimbos-instituut, 2012). In Vlaanderen zijn er in de eerstelijnszorg ook al heel wat organisaties online actief. Deze zijn veelal begonnen als een telefonische hulpdienst, maar gaandeweg is hun aanbod uitgebreid met informatieve websites, internetfora, blogs, aanwezigheid op 'social networks' en hulpverlening via e-mail en chat. Vooral online hulp via chat blijkt de drempel voor de jongere populatie te verlagen. Tweedelijnszorg en nazorg wordt in Vlaanderen nog nauwelijks aangeboden op het internet, maar de ontwikkelingen zijn daarin wel volop gaande (Online Hulpverlening België, 2012).

Online hulpverlening heeft de afgelopen jaren een enorme vlucht genomen. Nederland is op dit gebied een voorloper.
Bron: Jakub Krechowicz, Flickr.

13.3.4 Biomedische therapieën en psychotherapie vergeleken

Kunnen we zeggen welke benadering het beste is nu we psychotherapie en medische behandelingen hebben onderzocht? Het antwoord op die vraag is afhankelijk van de stoornis. Voordat we naar de behandelingsmogelijkheden bij verschillende ernstige stoornissen gaan kijken, identificeren we, noodzakelijkerwijs, echter enkele invloeden die de vergelijking tussen medische behandelingen en psychotherapie bemoeilijken.

We hebben gezien dat psychologen en psychiaters het al lang oneens zijn over de beste vormen van behandeling van psychische stoornissen. Gedeeltelijk gaat de controverse over territorium en geld. Wie mag mensen met psychische problemen behandelen, en bij de verzekeringsmaatschappijen factureren? De grote farmaceutische bedrijven, met hun miljardeninvesteringen en -winsten, spelen ook een belangrijke rol in deze controverse. Vanwege conflicterende belangen en pressies wordt onderzoek aan medische en psychologische therapieën grotendeels parallel uitgevoerd, waarbij elke partij probeert aan te tonen dat zijn methoden beter werken dan die van de ander. Helaas betekent dit dat relatief weinig onderzoek gericht is op de effectiviteit van een **combinatie van therapieën**, die gekenmerkt wordt door het tegelijkertijd toepassen van geneesmiddelen en psychotherapie.

Combinatietherapie: Een therapeutische benadering waarbij gebruik wordt gemaakt van zowel psychologische als van geneeskundige technieken; meestal een behandeling met geneesmiddelen in combinatie met gedragstherapie of cognitieve gedragstherapie.

Depressie en angststoornissen: psychologische tegenover medische behandeling

Fluoxetine (Prozac®) is het meest voorgeschreven geneesmiddel ter wereld. Samen met andere SSRI's vertegenwoordigt de handel in dit middel voor de behandeling van depressie wereldwijd gezien een bedrijfstak ter waarde van tien miljard dollar (Bower, 2006b). Misschien is deze investering echter elke cent waard, als ze effectief is bij de bestrijding van een veelvoorkomende stoornis als depressie. Maar hoe effectief zijn antidepressiva eigenlijk? En hoe effectief zijn ze in vergelijking met psychotherapie?

Uit onderzoek blijkt dat antidepressiva en cognitieve gedragstherapie even effectief zijn voor het behandelen van depressie en paniekstoornissen, tenminste op de korte termijn. Op de lange termijn is CGT iets effectiever in het geval van depressies. Het aantal cliënten dat met CGT behandeld is en daarna terugvalt in de depressie, is maar de helft van het aantal dat terugvalt na behandeling met antidepressiva (Baker et al., 2009; DeRubeis et al., 2005; Hollon et al., 2002). De vraag is echter wat er gebeurt als depressieve patiënten antidepressiva *en* cognitieve gedragstherapie krijgen. Uit onderzoek blijkt dat ze het dan mogelijk zelfs beter doen dan met een van beide behandelingen afzonderlijk (DeAngelis, 2008a; Keller et al., 2000; Thase et al., 1997). Gek genoeg blijkt een dergelijke combinatietherapie bij angststoornissen geen voordelen te bieden.

Het recentste hersenonderzoek met betrekking tot depressie levert resultaten op die inzicht bieden in de effectiviteit van zo'n combinatie van therapieën. Neurowetenschappelijk onderzoeker Helen Mayberg heeft aangetoond dat cognitieve gedragstherapie en antidepressiva een heilzaam effect hebben doordat ze op verschillende delen van de hersenen inwerken. Antidepressiva werken vermoedelijk via het limbische systeem, dat de belangrijkste emotiebanen van de hersenen bevat. Cognitieve gedragstherapie is echter van invloed op het gedeelte van de frontale cortex dat zich met redeneren bezighoudt. De benaderingen hebben gemeen dat ze een 'alarmschakelaar' uitschakelen, geneesmiddelen doen dit door hun effect op de 'snelle' emotiebaan in het limbische systeem, cognitieve gedragstherapie doet dit door haar effect op de 'trage' emotionele banen in de hersenschors (cortex) (Goldapple et al., 2004).

Op basis van de resultaten van klinisch onderzoek en laboratoriumonderzoek geven veel klinisch psychologen tegenwoordig de voorkeur aan een *combinatie van therapieën* voor depressie, waarbij zowel gebruik wordt gemaakt van geneesmiddelen als van cognitieve gedragstherapie. Een gecombineerde behandeling zou voor Derek, beschreven in de casus aan het begin van de vorige paragraaf, een goede optie zijn. Ook voor patiënten met een bipolaire stoornis wordt het positieve effect van een gecombineerde benadering van geneesmiddelen en cognitieve gedragstherapie door recent onderzoek aangetoond (Miklowitz et al., 2007).

Schizofrenie: psychologische tegenover medische behandeling

Sinds meer dan vijftig jaar geleden de antipsychotica werden ontdekt, staan deze geneesmiddelen centraal in de behandeling van schizofrenie. Door aanvullende behandeling in de vorm van gezinstherapie, training in sociale vaardigheden (vaak in plaatselijke behandelcentra) en bezigheidstherapie (onder meer in dagcentra of sociale werkplaatsen) zijn schizofrene patiënten opnieuw in contact met de maatschappij gebracht. Tot voor kort werd echter weinig gebruikgemaakt van conventionele psychologische behandelingen. In de laatste paar jaar zijn voorstanders van cognitieve gedragstherapie echter begonnen met experimentele behandelingen van schizofrenie; de resultaten zijn hoopgevend, zelfs bij patiënten die niet op geneesmiddelen reageerden (McGurk et al., 2007; Rector & Beck, 2001). Hoewel zo'n behandeling nooit genezend zal werken, kan ze iemand wel helpen beter inzicht te krijgen in zijn stoornis, en er beter mee om te leren gaan.

'Gezonde piekeraars' en andere problemen: niet iedereen heeft geneesmiddelen nodig

Hoewel een combinatie van psychotherapie en geneesmiddelen voor sommige stoornissen mogelijk het beste is, hebben we gezien dat geneesmiddelen voor het behandelen van specifieke fobieën *niet* bruikbaar zijn. Geneesmiddelen zijn evenmin van grote waarde bij de behandeling van de meeste leerstoornissen, seksuele disfuncties, de meeste persoonlijkheidsstoornissen en de meeste ontwikkelingsstoornissen (met uitzondering van ADHD). Bovendien moeten we in gedachten houden dat veel mensen die psychische problemen hebben, niet kampen met een gediagnosticeerde stoornis zoals een depressie, een fobie of schizofrenie. Er is vaak eerder sprake van financiële moeilijkheden, huwelijksproblemen, werkstress, onhandelbare kinderen, eenzaamheid of gevoelens van inadequaatheid: dit zijn de mensen die door klinisch psychologen soms 'de gezonde piekeraars' worden genoemd. Dat wil niet zeggen dat degenen die geen officiële stoornis hebben niet onder hun problemen lijden. Ze worstelen met wat we generieke 'levensproblemen' zouden kunnen noemen. Het probleem is dat mensen met zulke problemen de arts maar al te vaak overhalen antidepressiva of angstremmende geneesmiddelen voor te schrijven. Wat ze werkelijk nodig hebben, is een verwijzing naar een psychotherapeut die hen zou kunnen helpen de problemen en keuzes op een rijtje te zetten.

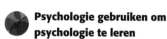

Psychologie gebruiken om psychologie te leren
Ga naar 'In de praktijk' in de MyLab mediatheek om te lezen over de raakvlakken tussen psychotherapie en de situatie in de collegezaal.

Kritisch denken toegepast
Het vakgebied van de behandeling van psychische stoornissen loopt over van de controverses. Geen enkel meningsverschil is echter ernstiger dan de controverse over *evidence based practice*. Ga naar 'In de praktijk' in de MyLab mediatheek voor een uitgebreide bespreking van deze controverse.

Ga naar **www.pearsonmylab.nl** om je kennis en begrip van deze paragraaf te testen met de MyMap, MyCheck en MyDefinitions.

SAMENVATTING VAN HET HOOFDSTUK

CENTRALE VRAAG: Wat is de beste behandeling voor Dereks depressie: psychotherapie, gebruik van geneesmiddelen of een combinatie van beide? Meer algemeen gesteld is de vraag: hoe kiezen we uit alle beschikbare therapieën voor psychische stoornissen?

- De meest basale keuze is de keuze tussen een psychologische therapie en een biomedische therapie – of de keuze voor een combinatie.
- Psychologen en andere niet-medische zorgverleners kiezen voor psychotherapie als ze denken dat het probleem is aangeleerd of te maken heeft met gebrekkige cognities, gedragingen of relaties.
- Psychotherapieën kunnen op hun beurt worden onderverdeeld in inzichtgevende therapieën en gedragstherapieën. Er zijn ook gecombineerde therapieën die bekend staan als cognitieve gedragstherapie en sociaal leren. De voorkeur voor een specifieke type therapie hangt primair af van de opleiding en opvattingen van de therapeut.
- Biomedische therapieën worden toegepast als men denkt dat het probleem het best behandeld kan worden door het beïnvloeden van de hersenwerking met medicijnen of andere biologische ingrepen.

KERNVRAAG 13.1

▶ Wat is therapie?

Mensen gaan om allerlei redenen in **therapie**, zowel als er sprake is van een psychische stoornis, als bij alledaagse problemen. Er zijn verschillende behandelmethoden, zowel psychologisch als biomedisch. Alle therapieën, toegepast door professionals met de meest uiteenlopende achtergronden, hanteren een model dat bestaat uit het diagnosticeren van het probleem, het opsporen van de oorzaak, het opstellen van een prognose en het uitvoeren van de behandeling. In een (ver) verleden werden mensen met psychische problemen vaak ruw en beestachtig behandeld, vaak gebaseerd op de veronderstelling dat ze bezeten waren door de duivel. Sinds midden vorige eeuw worden mensen met emotionele problemen behandeld als mensen met 'ziekten' of 'problemen' die men op de een of andere manier moet leren te hanteren. Deze visie op psychische stoornissen heeft geleid tot een menselijker behandeling van psychiatrische patiënten. Op dit moment zijn er in de westerse wereld twee belangrijke benaderingen van therapie: die van **psychologische therapie** en de **biomedische aanpak**. Andere culturen benaderen geestelijke stoornissen vaak op andere wijze en betrekken het gezin en de groep bij de behandeling.

- **KERNCONCEPT 13.1**
  Er bestaan talloze vormen van therapie voor psychische stoornissen, maar het gemeenschappelijke element is een therapeutische relatie die is gericht op het verbeteren van iemands geestelijke, gedragsmatige en/of sociale functioneren.

KERNVRAAG 13.2

▶ Hoe behandelen psychologen psychische stoornissen?

De oudste **inzichtgevende therapie**, de **psychoanalyse**, is gebaseerd op Sigmund Freuds persoonlijkheidstheorie. Technieken als vrije associatie en droominterpretatie worden toegepast met als doel verdrongen zaken uit het onbewuste omhoog te brengen, waarna ze kunnen worden geïnterpreteerd en opgelost, vooral met behulp van analyse van de **overdracht. Neofreudianen** leggen meer nadruk op de huidige sociale situatie van de patiënt, op zijn relaties en zijn zelfbeeld.

Humanistische therapie, een andere inzichtgevende therapie, concentreert zich op de zelfrealisatie van mensen. Bij de **cliëntgerichte therapie** streven therapeuten ernaar om *niet-directief* te zijn als ze hun patiënt helpen om een positief zelfbeeld op te bouwen.

Een andere vorm van inzichtgevende therapie, de **cognitieve therapie**, concentreert zich op het bij de betrokkene veranderen van negatieve of disfunctionele denkpatronen aangaande het zelfbeeld en zijn of haar relaties. De cliënt moet leren op een constructieve manier over zijn probleem na te denken en de nieuwe techniek ook in andere situaties toepassen. Dit is onder meer bijzonder effectief gebleken voor depressies.

Bij **groepstherapie** kunnen vele benaderingen worden gevolgd. **Zelfhulpgroepen**, zoals de Anonieme Alcoholisten, zijn van grote waarde, ook al worden ze meestal niet door professionele hulpverleners geleid.

Gedragstherapie past de principes van leren, in het bijzonder van operante en klassieke conditionering, toe op problematisch gedrag. Van de klassieke conditioneringstechnieken worden **systematische desensitisatie** en **exposuretherapie** regelmatig toegepast bij de behandeling van angsten. Met **aversietherapie** kan men ongewenste responsen elimineren. **Contingentiemanagement** is een operante techniek die onder meer wordt ingezet om ongewenst gedrag te veranderen. Dat gebeurt voornamelijk via positieve bekrachtiging en de strategie van extinctie. En op grotere schaal kan gedragstherapie worden toegepast voor het behandelen van groepen met behulp van een **token economy**. In de laatste jaren zijn cognitieve en behavioristische therapieën samengevoegd, waarbij technieken van inzichtgevende therapie worden gecombineerd met methoden die op de theorie van het observationeel leren zijn gebaseerd.

Rationeel-emotieve therapie helpt cliënten onder ogen te zien dat hun probleem wordt veroorzaakt door irrationele opvattingen over zichzelf en leert ze vervolgens hoe ze die denkpatronen moeten veranderen. **Positieve psychotherapie (PPT)** is een verwante benadering die voortkomt uit de stroming van de positieve psychologie. Uit hersenscans komen aanwijzingen naar voren dat **cognitieve gedragstherapie** lichamelijke veranderingen in het functioneren van de hersenen teweegbrengt.

Rond 1950 zette Eysenck vraagtekens bij de effectiviteit van therapie. Sinds die tijd is uit onderzoek echter gebleken dat psychotherapie effectief kan zijn voor uiteenlopende psychische problemen. Soms is psychotherapie effectiever dan behandeling met geneesmiddelen. Naarmate het onderzoek van psychische stoornissen geavanceerder wordt, leren we specifieke psychotherapieën aan specifieke stoornissen te koppelen.

● **KERNCONCEPT 13.2**
De behandelmethoden die psychologen toepassen, zijn onder te brengen in twee belangrijke categorieën: inzichtgevende therapie (gericht op het ontwikkelen van begrip van het probleem) en gedragstherapie (gericht op het veranderen van gedrag door conditionering).

KERNVRAAG 13.3
....
▶ Hoe worden psychische stoornissen behandeld vanuit de biomedische invalshoek?

Biomedische therapieën concentreren zich op het veranderen van de fysiologische aspecten van psychische ziekten. Medicatie omvat **antipsychotica**, **antidepressiva**, **anxiolytica** (medicijnen tegen angst) en **stimulerende middelen**. De meeste van deze middelen zijn van invloed op de functie van neurotransmitters. Deze medicijnen hebben een revolutie teweeggebracht in de medische behandeling van psychische stoornissen zoals schizofrenie, depressie, bipolaire stoornis, angststoornissen en ADHD, hoewel critici waarschuwen voor misbruik, met name bij de behandeling van alledaagse stress die nu eenmaal bij het leven hoort.

Psychochirurgie is de afgelopen jaren een stuk minder populair geworden vanwege zijn radicale en onomkeerbare bijwerkingen. **Elektroshocktherapie** wordt voornamelijk gebruikt bij patiënten met een depressie die met andere therapieën niet te helpen lijken te zijn, en is een controversiële vorm van therapie. Een nieuw en veelbelovend alternatief heeft te maken met **magnetische stimulatie** van specifieke hersengebieden.

Vroeger was opname in een psychiatrisch ziekenhuis de basis van de behandeling, tegenwoordig is het gebruikelijk om mensen uit het psychiatrisch ziekenhuis te ontslaan en ze poliklinisch te behandelen. Dit beleid van **dehospitalisatie** is met de beste bedoelingen ingezet, maar veel psychiatrische patiënten blijken zich in hun eigen omgeving niet te kunnen handhaven en krijgen te weinig behandeling.

Zowel medische als biologische behandelingen kunnen op successen bogen, maar tot voor kort zijn er weinig onderzoeken gedaan waarbij medische behandeling en psychotherapie direct werden vergeleken. Uit nieuwe onderzoeken blijkt dat voor depressie een **combinatie van behandelingen**, die bestaat uit cognitieve gedragstherapie en geneesmiddelen, vaak het beste werkt. Vergelijkende gegevens voor elektroshocktherapie en de nieuw ontwikkelde magnetische stimulatie zijn schaars. Wat angststoornissen betreft: uit sommige onderzoeken is gebleken dat een combinatie van geneesmiddelen en cognitieve gedragstherapie effectief is. Bij de specifieke fobieën is sprake van een duidelijke uitzondering; hiervoor is gedragstherapie beter dan behandeling met geneesmiddelen; het probleem kan hierdoor zelfs worden verergerd. Voor schizofrenie vormen geneesmiddelen de eerste behandeling, hoewel de stoornis hiermee niet kan worden genezen. Tot voor kort werd bij schizofrenie geen conventionele psychotherapie toegepast, maar nieuw onderzoek levert resultaten op die suggereren dat een combinatie van beide vormen van behandeling effectief is.

Voor het behandelen van veel psychische problemen, zoals leerstoornissen, seksuele disfuncties, de meeste persoonlijkheidsstoornissen en de meeste ontwikkelingsstoornissen, zijn geneesmiddelen niet van nut. Bovendien hebben de meeste mensen met psychische problemen geen *DSM-IV*-stoornis; de meesten kampen met 'levensproblemen'.

Hoewel een combinatie van psychologische en medische behandelingen vaak beter is dan een van beide afzonderlijk voor het behandelen van sommige (maar niet alle) psychische stoornissen, hebben de meeste mensen die ongespecificeerde 'levensproblemen' hebben, baat bij een behandeling enkel op basis van psychotherapie.

● **KERNCONCEPT 13.3**
Biomedische behandelingen proberen psychische stoornissen te behandelen door de chemie in de hersenen, de hersenbanen of de activiteitspatronen te beïnvloeden met geneesmiddelen, chirurgie, elektrische pulsen of krachtige magneetvelden.

 Op **www.pearsonmylab.nl** vind je tools en toetsen om je begrip en kennis van dit hoofdstuk uit te breiden en te oefenen.

BELANGRIJKE BEGRIPPEN

Analyse van overdracht (p. 533)

Antidepressivum (p. 550)

Antipsychoticum (p. 549)

Anxiolyticum (p. 551)

Aversietherapie (p. 541)

Biomedische therapie (p. 529)

Cliëntgerichte therapie (p. 535)

Cognitieve gedragstherapie (p. 543)

Cognitieve therapie (p. 536)

Combinatietherapie (p. 557)

Contingentiemanagement (p. 542)

Dehospitalisatie (p. 555)

Elektroshocktherapie (EST) (p. 554)

Exposuretherapie (p. 540)

Gedragsmodificatie (p. 539)

Gedragstherapie (p. 539)

Gevoelsreflectie (spiegelen) (p. 535)

Groepstherapie (p. 537)

Humanistische therapie (p. 534)

Inzichtgevende therapie (p. 531)

Magnetische stimulatie van de hersenen (MSH) (p. 555)

Neofreudiaanse psychodynamische therapieën (p. 533)

Positieve psychotherapie (PPT) (p. 545)

Psychoanalyse (p. 531)

Psychochirurgie (p. 553)

Psychologische therapie (p. 529)

Rationeel-emotieve therapie (RET) (p. 543)

Stimulerend middel (p. 552)

Systematische desensitatie (p. 540)

Tardieve dyskinesie (p. 550)

Therapie (p. 524)

Therapeutische alliantie (p. 526)

Token economy (p. 542)

Zelfhulpgroep (p. 537)

▶ KERNVRAGEN	● KERNCONCEPTEN	■ IN DE PRAKTIJK

14.1 Wat veroorzaakt stress?
14.1.1 Traumatische stressoren
14.1.2 Chronische stressoren

14.1 Traumatische gebeurtenissen, aanhoudend slechte levensomstandigheden, grote veranderingen in het leven en zelfs kleine problemen kunnen allemaal tot stress leiden.

Doe het zelf!
Hoe gestrest ben jij?

Psychologische kwesties
Stress onder studenten op www.pearsonmylab.nl

14.2 Wat zijn de lichamelijke effecten van stress?
14.2.1 Fysiologische reacties op stress
14.2.2 Stress en het immuunsysteem

14.2 De lichamelijke stressreactie begint met arousal; hierdoor wordt een reeks fysiologische reacties geactiveerd die op de korte termijn adaptief zijn, maar die schadelijk kunnen zijn wanneer ze te lang duren.

14.3 Wie is het meest kwetsbaar voor stress?
14.3.1 Persoonlijkheidstype A en vijandigheid
14.3.2 Locus of control
14.3.3 Weerbaarheid
14.3.4 Optimisme
14.3.5 Veerkracht

14.3 Persoonlijkheidskenmerken zijn van invloed op onze individuele reacties op stressvolle situaties, en daardoor op de mate waarin we stress ervaren als we aan stressoren worden blootgesteld.

Psychologie gebruiken om psychologie te leren

14.4 Hoe kunnen we de invloed van stress op onze gezondheid verminderen?
14.4.1 Psychologische copingstrategieën
14.4.2 Keuzes op het gebied van levenswijze
14.4.3 Alles bij elkaar: geluksgevoel en subjectief welbevinden ontwikkelen

14.4 Door effectieve copingstrategieën neemt de invloed van stress op onze gezondheid af. Onze levenswijze kan zowel onze mentale en fysieke gezondheid als ons algehele welzijn bevorderen.

Psychologische kwesties
Gedragsgeneeskunde en gezondheidspsychologie

Kritisch denken toegepast
Is verandering echt gevaarlijk voor je gezondheid?
op www.pearsonmylab.nl

CENTRALE VRAAG: Waren de reacties en ervaringen van mensen bij de aanslagen op het World Trade Center op 9/11 typerend voor mensen in stressvolle situaties? En welke factoren verklaren individuele verschillen in lichamelijke en psychologische reacties op stress?

Op **www.pearsonmylab.nl** vind je tools en toetsen om je begrip en kennis van dit hoofdstuk uit te breiden en te oefenen.

Foto: Neke Moor.

Op 11 september 2001 om kwart voor negen hoorde de gepensioneerde brandweerman Dennis Smith dat er zojuist een vliegtuig in de noordelijke toren van het World Trade Center in Manhattan was gevlogen (Smith, 2003b). De brandweer van New York had al op het alarm gereageerd: auto's reden naar de plaats des onheils en brandweerlieden renden het brandende gebouw in, terwijl tegelijkertijd massa's mensen wanhopig probeerden uit het gebouw te ontsnappen. Smith vroeg zich af welke omstandigheden het lot van zijn collega's zouden bepalen: de hitte van het vuur, de toegang tot de gebouwen, de stevigheid van de trappen. Hoevelen waren daarbinnen gevangen geraakt en keken de dood in de ogen?

Later beschreef een van de brandweerlieden de chaos: 'Het zag eruit als de filmset van een rampenfilm... We raakten onder het puin bedolven. Er viel van alles op je hoofd' (Smith, 2003b, pp. 70-71). Smith was al hoog in de noordelijke toren toen de zuidelijke toren geraakt werd en hij plotseling een oorverdovend geluid boven zijn hoofd hoorde. Hij herinnert zich dat hij in elkaar gedoken zat in het trappenhuis. 'Ik dacht aan mijn situatie: wat moet ik doen, wat kan ik doen? Wat heb ik dat in mijn voordeel werkt? Welke gereedschappen heb ik? ... Het belangrijkste dat ik had, was mijn helm. Ik herinner me dat ik dacht hoe belangrijk het was dat ik die helm had' (Smith, 2003b, p. 75).

Gedurende de weken en maanden na de terroristische aanslagen bleven brandweerlieden naar stoffelijke overschotten zoeken. Ze begroeven en herdachten hun collega's en rouwden om hen. Slechts weinigen van de 343 vermisten werden ooit teruggevonden. Degenen die het hadden overleefd en hadden meegemaakt dat anderen in hun directe nabijheid overleden, hadden last van *survivor's guilt* (overlevingsschuld): ze voelden zich ambivalent en onzeker, en vroegen zich af waarom zij het overleefd hadden en anderen niet. Enkelen kregen symptomen van de posttraumatische stressstoornis (PTSS), en beleefden de ramp steeds opnieuw. De nawerking van die dag beperkte zich niet tot hen die er persoonlijk bij betrokken waren: miljoenen mensen over de hele wereld bleven dagenlang aan de televisie geplakt en keken steeds opnieuw naar de torens die instortten.

De brandweerlieden die de ramp hadden overleefd, bleven rouwen. Velen van hen verzetten zich tegen overdreven verering of zwaarmoedigheid wanneer ze hun vrienden herdachten; zij lachten liever om de typische trekjes of domme fouten van hun overleden collega's, en maakten daar grappen over.

De afdeling Engine 40/Ladder 35 van Manhattan verloor twaalf brandweerlieden, meer dan welke andere brandweerkazerne dan ook. Onverwachts, vijf maanden na 9/11, hoorden de leden van 40/35 dat er een video-opname gevonden was waarop hun twaalf vermiste collega's te zien zouden zijn terwijl ze de toren binnengingen, enkele minuten voordat deze instortte. De camera had de opname van een afstand gemaakt, maar de bewegende figuren werden in de loop van de opname herkenbaar. Terwijl ze ingespannen naar het scherm staarden, keken de overlevende brandweerlieden nog eens naar hun vrienden die niet waren teruggekeerd. Ze speelden de band steeds opnieuw af (Halberstam, 2002).

CENTRALE VRAAG: Waren de reacties en ervaringen van mensen bij de aanslagen op het World Trade Center op 9/11 typerend voor mensen in stressvolle situaties? En welke factoren verklaren individuele verschillen in lichamelijke en psychologische reacties op stress?

Natuurlijk is het binnenrennen van een instortend gebouw geen typisch menselijke reactie; het is eerder een aangeleerde reactie van getrainde reddingswerkers. Maar hoe zit het met het schuldgevoel van de overlevenden en hun uitgestelde stressreacties ten gevolge van het herhaald bekijken van de ramp op websites en televisieschermen over de hele wereld: zijn dit 'normale' reacties op stress? Welke verbanden kunnen we leggen tussen deze reacties en onze eigen reacties op stress? Als we over deze vragen nadenken, komen verschillende, aan elkaar verwante, vragen naar voren:

- Stress blijft niet beperkt tot grote drama's, trauma's en rampen. Ieder van ons komt in het dagelijks leven stressvolle situaties tegen: op het werk, in onze relaties, op school, in het verkeer of als gevolg van ziekte. Maar heb je wel eens opgemerkt dat sommige mensen 'gestrest' lijken te raken bij de kleinste ergernissen, terwijl anderen kalm en beheerst blijven, zelfs in crisissituaties? Bovendien herstellen sommige mensen na hevige stress vrij snel, terwijl anderen hun evenwicht moeilijk kunnen terugvinden. Hoe kunnen we deze individuele verschillen tussen onze reacties op stress verklaren?

- We kunnen ons ook afvragen hoe onze stressreacties over de jaren en millennia zijn geëvolueerd en hoe deze van nut zijn geweest voor onze overleving. In veel moderne culturen verloopt het leven veel sneller dan in vorige generaties. Lijkt de stress waar we tegenwoordig mee te maken hebben, op de stress van onze voorouders? Op welke wijze zouden de verschillen in onze omgeving van invloed zijn op de effectiviteit van onze stressreactie?

- Er zijn verschillende perspectieven nodig om onze menselijke reactie op stress te kunnen begrijpen. Welke processen in het lichaam en in de hersenen zijn van invloed op onze reactie op stress? En welke rol spelen onze denkprocessen, dingen die we eerder hebben geleerd, onze persoonlijkheid, onze levensfase en onze sociale context bij deze fysiologische reacties? (Zie figuur 14.1.)

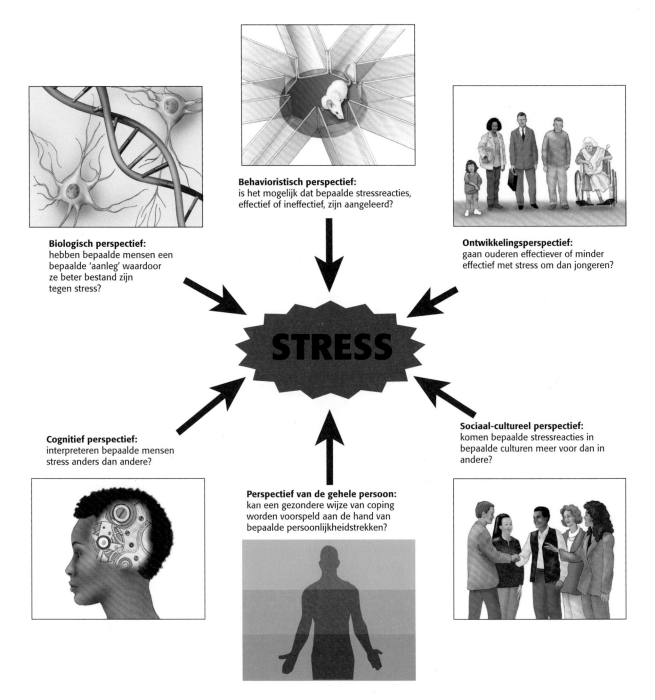

Biologisch perspectief:
hebben bepaalde mensen een bepaalde 'aanleg' waardoor ze beter bestand zijn tegen stress?

Behavioristisch perspectief:
is het mogelijk dat bepaalde stressreacties, effectief of ineffectief, zijn aangeleerd?

Ontwikkelingsperspectief:
gaan ouderen effectiever of minder effectief met stress om dan jongeren?

Cognitief perspectief:
interpreteren bepaalde mensen stress anders dan andere?

Perspectief van de gehele persoon:
kan een gezondere wijze van coping worden voorspeld aan de hand van bepaalde persoonlijkheidstrekken?

Sociaal-cultureel perspectief:
komen bepaalde stressreacties in bepaalde culturen meer voor dan in andere?

STRESS

Figuur 14.1

De verschillende perspectieven op stress

In deze figuur zijn slechts enkele voorbeelden afgebeeld van de vele perspectieven die nodig zijn om de complexe aard van stress te kunnen begrijpen.

- In welke mate hebben we controle over onze eigen reacties op stress en op de negatieve invloed die stress kan hebben op onze lichamelijke en psychologische gezondheid? Het goede nieuws is dat we iets kunnen doen aan ons stressniveau. We kunnen zorgen dat we effectiever met stress kunnen omgaan.

Terwijl we deze vragen gaan onderzoeken, kun je eens denken aan de stress waarmee jij te maken hebt gehad. Ook kun je overwegen op welke wijze je met behulp van de informatie uit dit hoofdstuk de bronnen van stress in je eigen leven beter kunt begrijpen, en hoe je een betere manier kunt vinden om met stress om te gaan.

KERNVRAAG 14.1
▶ Wat veroorzaakt stress?

Stressor: Stressvolle stimulus of situatie.

Stress: Een lichamelijke en psychische respons op een uitdaging of een bedreigende situatie.

Distress: Een belastende emotionele, cognitieve en/of gedragsmatige reactie, die veroorzaakt wordt door een externe stressor, en die onderdeel kan zijn van stress.

Wat voor beelden zie je voor je als je het woord 'stress' hoort? De meeste mensen denken aan de spanningen in hun eigen leven: moeilijkheden op het werk, ongelukkige relaties, financiële tegenslagen, gezondheidsproblemen of examens. Waarschijnlijk roept het woord ook de voorstelling van enkele lichamelijke sensaties op: maagkrampen, zweten, hoofdpijn of spanning in je nek of rug. In het dagelijks leven nemen we het woord 'stress' heel gemakkelijk in de mond (Lazarus et al., 1985). Stel dat je werkgever of je docent je het vuur aan de schenen heeft gelegd. Dat zou je een stressvolle gebeurtenis kunnen noemen, of je kunt zeggen dat je je gestrest voelt. In de volksmond wordt het woord *stress* gebruikt om te verwijzen naar zowel een externe dreiging als naar onze fysieke en mentale respons op de blootstelling hieraan.

Psychologen maken echter een onderscheid tussen de externe druk of gebeurtenis die stress veroorzaakt en de innerlijke invloed ervan op ons als individu. Externe gebeurtenissen of situaties die psychologische en emotionele stress veroorzaken noemen ze **stressoren**. Ze definiëren **stress** als de fysieke en psychische veranderingen die optreden in reactie op stressoren (Krantz et al., 1985). Dus een stressor is het beeld van een politieman die tevoorschijn komt uit de auto waar jij net tegenaan bent gereden terwijl je met je telefoon aan het spelen was. Jouw respons op dat beeld (de knoop in je maag, je bonkende hartslag en het koude zweet op je voorhoofd) zijn tekenen van de biologische verandering die deze stressor teweegbrengt. Je psychologische stress, of **distress**, is de complexe mix van schaamte, het gevoel dat je een sukkel bent en bezorgdheid over het krijgen van een boete en het kwijtraken van je rijbewijs. Overigens kan er een onderscheid gemaakt worden tussen positieve stress (eustress), stress die leidt tot groei, en negatieve stress (distress), stress die negatieve gevolgen heeft, zoals trauma. Op deze laatste vorm van stress ligt in dit hoofdstuk de nadruk.

Met welke veelvoorkomende stressoren hebben mensen tegenwoordig te maken? We beginnen dit hoofdstuk met een overzicht van de stressoren waarvan is vastgesteld dat ze grote invloed op ons hebben. In dit overzicht zien we allerlei stressoren, zoals kleine dagelijkse problemen, serieuze relatieproblemen en terroristische aanslagen.

● **KERNCONCEPT 14.1**
Traumatische gebeurtenissen, aanhoudend slechte levensomstandigheden, grote veranderingen in het leven en zelfs kleine problemen kunnen allemaal tot stress leiden.

Voordat we aan onze bespreking van stressoren beginnen, moeten we eerst het concept van cognitieve interpretatie herhalen, zoals dat naar voren kwam in ons onderzoek naar emotie in hoofdstuk 9. Daar hebben we geleerd dat een belangrijk onderdeel van onze emotionele reactie op een situatie bestaat uit de wijze waarop we die situatie interpreteren. Stress is een voorbeeld van een emotionele reactie; dus speelt onze **cognitieve beoordeling** of interpretatie een belangrijke rol bij de mate van stress die we ervaren als we met een stressor worden geconfronteerd. Zoals we verderop in dit hoofdstuk zullen zien, zijn de individuele verschillen die we tegenkomen in de manier waarop mensen op stressoren reageren, deels aan de hand van de cognitieve beoordeling van deze stressoren te verklaren. In het voorbeeld uit de vorige alinea is het mogelijk dat iemand die nog nooit een boete gehad heeft, die situatie als minder stressvol interpreteert (en daardoor minder stress ervaart) dan iemand die reeds verschillende boetes gehad heeft en het risico loopt zijn rijbewijs kwijt te raken.

Cognitieve beoordeling: Onze interpretatie van een stimulus (bijvoorbeeld een stressor) en onze hulpmiddelen om daarmee om te gaan.

◄◄ **Verbinding hoofdstuk 13**
Cognitieve herwaardering vormt de kern van cognitieve gedragstherapie (p. 543).

14.1.1 Traumatische stressoren

Catastrofale gebeurtenissen zoals natuurrampen en terroristische aanslagen behoren tot de **traumatische stressoren**: situaties die onze eigen lichamelijke veiligheid of die van anderen bedreigen en gevoelens van angst, vrees of machteloosheid opwekken. Op persoonlijk niveau zijn plotselinge, grote veranderingen in het leven, zoals het verlies van een dierbare, vaak traumatisch, ondanks het feit dat iedereen een grote kans heeft om ooit met dood en scheiding te maken te krijgen. We onderzoeken traumatische stress door eerst natuurrampen en door de mens aangerichte rampen te onderzoeken en ons daarna te verdiepen in persoonlijk verlies en ten slotte in posttraumatische stress.

Traumatische stressor: Een situatie die iemands geestelijke of lichamelijke veiligheid bedreigt en daardoor gevoelens van angst, afschuw of hulpeloosheid oproept.

Natuurrampen

In mei 2008, kort voor de Olympische spelen in Beijing, werden meer dan 67.000 mensen in China gedood door een enorme aardbeving. Daaropvolgende aardbevingen in Haïti en Chili kostten ook vele mensenlevens, net zoals de aardbeving in Japan in 2011, die een tsunami en een kernramp veroorzaakte. Natuurrampen zoals deze vormen, net als door de mens aangerichte tragedies zoals terroristische aanslagen en oorlogen, een groep traumatische stressoren die **catastrofale gebeurtenissen** worden genoemd. Het is onvermijdelijk dat deze plotselinge, gewelddadige rampen gepaard gaan met enorme stress en met verlies van dierbaren en bezittingen. Bovendien duren de psychologische en biologische gevolgen vaak veel langer dan de oorspronkelijke gebeurtenissen, zoals in de weken na 9/11, toen sommige brandweerlieden en hulpverleners merkten dat ze de gebeurtenissen steeds opnieuw beleefden tijdens nachtmerries of tijdens flashbacks overdag. Uit onderzoek onder overlevenden van rampen verkrijgen we wat inzicht in de manieren waarop mensen op zulke beproevingen reageren (Asarnow et al., 1999; Sprang, 1999). Het is de moeite waard hier op te merken dat onderzoek van dit type moeilijk is: vanwege ethische overwegingen is het uiteraard niet toegestaan dat psychologen catastrofale gebeurtenissen ensceneren om de effecten daarvan op vrijwillige proefpersonen te bestuderen. In plaats daarvan gaan veldonderzoekers onmiddellijk na een ramp naar het rampgebied om het gedrag van de overlevenden te observeren en hun verhalen te horen.

Catastrofale gebeurtenis: Een plotselinge, gewelddadige ramp, hetzij ontstaan ten gevolge van een natuurlijk fenomeen, hetzij door de mens aangericht, die een trauma veroorzaakt.

Overlevenden van catastrofale gebeurtenissen, zoals van de crash met het toestel van Turkish Airlines bij Schiphol in februari 2009, hebben vaak nog lang te maken met de psychologische effecten.

Een gelegenheid om de reactie op rampen te begrijpen deed zich voor in San Francisco na een zware aardbeving in 1989. Een week na de aardbeving begon een team onderzoekspsychologen een reeks vervolgenquêtes onder circa achthonderd plaatselijke bewoners. Uit de enquêtes kwam een duidelijk patroon naar voren: de levens van de respondenten die de aardbeving hadden meegemaakt, waren gedurende ongeveer een maand nog sterk op de ramp gericht. Na deze periode waren de overlevenden niet langer door de aardbeving geobsedeerd, maar tegelijkertijd werd melding gemaakt van een toename van andere stressgerelateerde symptomen zoals slaapstoornissen, relatieproblemen en nachtmerries (Wood et al., 1992). Gedurende de volgende maanden namen de meeste symptomen af, hoewel een jaar later 20 procent van de bewoners van San Francisco nog steeds overstuur was door de aardbeving (Pennebaker & Harber, 1991).

Terrorisme

Terrorisme: Een type geweld of dreiging die wordt veroorzaakt met het doel de maatschappij te ontwrichten door angst en gevaar te verspreiden.

Door de mens aangerichte rampen, zoals gewelddadige overvallen en terroristische aanslagen, hebben de extra dimensie van bedreiging, omdat ze opzettelijk door andere mensen worden veroorzaakt. **Terrorisme** wordt gedefinieerd als geweld of dreiging die wordt veroorzaakt door individuen of groepen met het doel de maatschappij te ontwrichten door angst en gevaar te veroorzaken (Hall et al., 2002). Net als overlevenden van natuurrampen maken overlevenden van een terroristische aanslag melding van toegenomen symptomen van stress, die na enkele maanden aanzienlijk afnemen (Galea et al., 2003). Wat bij het overleven van een terroristische aanslag echter anders lijkt te zijn, is de veranderde beleving van een bedreiging op de lange termijn. Bij mensen die direct of indirect door de aanslagen van 9/11 in Amerika zijn beïnvloed, of door de bombardementen in 2005 in de metro van Londen, blijkt dat 50-75 procent zich gedurende een jaar of langer na de aanslag zorgen bleef maken over hun eigen veiligheid en die van hun gezin (Rubin et al., 2005; Torabi & Seo, 2004; Weissman et al., 2005).

Psychologische reactie op rampen

Volgens de theorie verlopen psychologische reacties op natuurrampen en op door de mens aangerichte rampen in stadia, waarbij de slachtoffers eerst geschokt zijn en intense emoties beleven en daarna worstelen om hun leven opnieuw te organiseren (Beigel & Berren, 1985; Horowitz, 1997). Cohen en Ahearn (1980) onderscheiden vijf fases die we doormaken:

1. Onmiddellijk na de gebeurtenis ervaren de slachtoffers *psychische gevoelloosheid,* psychische shock en verwardheid, en gedurende de eerste ogenblikken, maar soms zelfs gedurende de eerste dagen na de ramp, kunnen ze niet volledig begrijpen wat er is gebeurd. Ernstige, plotselinge en gewelddadige rampen doen onze basale verwachtingen over hoe de wereld zou moeten functioneren geweld aan. Voor sommigen wordt het ondenkbare een harde realiteit.
2. Tijdens de volgende fase handelen veel slachtoffers 'op de *automatische piloot*'. Ze zijn zich weinig bewust van hun eigen ervaringen en later kunnen ze zich details van wat er is gebeurd maar moeizaam herinneren.
3. Tijdens de fase van *gezamenlijke inspanning* bundelen mensen hulpmiddelen en bronnen. Ze werken samen, trots op wat ze tot dan toe hebben verwerkt en gerealiseerd, maar ook vermoeid en bewust van de eindigheid van hun energie.
4. Vervolgens ervaren mensen vaak een *inzinking*. Ze zijn uitgeput en de emotionele gevolgen van de tragedie beginnen eindelijk tot hen door te dringen. De belangstelling van het publiek en de aandacht van de media nemen af en de overlevenden voelen zich in de steek gelaten, hoewel de noodtoestand nog steeds voort kan duren.
5. Vervolgens breekt een langdurige periode van *herstel* aan, waarin de slachtoffers zich langzaam maar zeker schikken in veranderingen die het gevolg zijn

van de ramp. Het weefsel van de groep zal veranderen, doordat de natuurlijke omgeving en de menselijke omgeving zijn veranderd.

Bedenk wel dat theorieën over fases niet noodzakelijkerwijs op de gehele bevolking van toepassing zijn, maar een poging vormen om de gemeenschappelijke elementen van een hele reeks aan individuele ervaringen samen te vatten. In dit geval zijn theorieën over de fases van de stressreactie nuttig om individuele ervaringen te plaatsen, en ook omdat we er beter mee kunnen anticiperen op wat toekomstige overlevenden doormaken en welk soort hulp ze misschien nodig hebben.

Uit onderzoek blijkt ook hoe belangrijk **levensverhalen (self-narratives)** zijn bij het verwerken van catastrofale ervaringen. We formuleren verhalen die verklaren wat er is gebeurd en wat dat voor ons betekent. Deze verhalen vormen een belangrijk onderdeel van onze pogingen om elkaar uit te leggen wat er in ons omgaat. Vooral verrassende en/of onaangename ervaringen (Holtzworth-Munroe & Jacobson, 1985), of ervaringen die onze basale verwachtingen geweld aandoen (Zimbardo, 1999) willen we graag met anderen delen.

Trauma in de media
Catastrofale gebeurtenissen zijn het waard uitgebreid in het nieuws te worden behandeld en in dit internettijdperk zijn de geluiden en beelden van de pijn van anderen onmiddellijk en herhaaldelijk te bekijken. Kijkers zijn niet immuun voor de emotionele lading van zulke programma's en ervaren mogelijk een soort 'tweedehands' traumatisering.

Door verslaggeving in de media worden beelden en verhalen over een ramp verspreid, zodat iedereen de ramp kan ervaren. Hoe vaak heb je de torens in herhalingen wel niet zien instorten op 9/11? In ons openingsverhaal keken de overlevenden van het team brandweerlieden uit Manhattan herhaaldelijk naar een videoband waarop hun inmiddels overleden collega's het World Trade Center binnenrenden, vlak voordat het gebouw instortte. Ze wisten daarbij hoe het voor hun vrienden zou aflopen en de vraag is of het voor de overlevenden echt therapeutisch was de beelden steeds opnieuw te bekijken. Volgens populaire opvattingen zouden ze het drama kunnen verwerken door de figuren op de band als hun vrienden te herkennen, en door de heldhaftigheid van hun vrienden zouden ze gemakkelijker ook een gouden rand aan de inktzwarte wolk kunnen zien. Maar zodra dat doel is bereikt, is het herhaaldelijk kijken dan niet alleen maar stressverhogend?

Onderzoek toont duidelijk aan dat het opnieuw beleven van een ramp, bijvoorbeeld door het bezoeken van de plaats waar de ramp zich heeft afgespeeld, op zichzelf ook stress veroorzaakt. Dat geldt ook voor de mensen die niet betrokken waren bij de ramp zelf. **Secundaire traumatisering** is hevige stress die ontstaat wanneer iemand wordt blootgesteld aan de verhalen over trauma's van anderen en zich hierbij erg betrokken voelt (McCann & Pearlman, 1990). Het maakt geen verschil of het om een vliegtuigramp, rellen in een ander land of om een natuurramp gaat; de mate van blootstelling is bepalend. Schuster en zijn collega's (2001) ontdekten dat de kans dat iemand later melding maakte van symptomen van stress, groter was naarmate hij langer naar televisieprogramma's over de aanslagen van 9/11 had gekeken. Een overweldigende 90 procent van respondenten in de Verenigde Staten, zelfs mensen zonder persoonlijke of professionele connectie met New York, meldden ten minste één symptoom van stress in de periode na de aanslagen. Mensen die veel naar de nieuwsberichten keken en daardoor de ramp steeds opnieuw beleefden, raakten toch betrokken bij het lijden van de slachtoffers en ondervonden daardoor meetbare stress, ook al woonden ze op een veilige afstand.

◀◀ **Verbinding hoofdstuk 7**
Bij *theorieën over fases* ligt de nadruk op duidelijke veranderingen die plaatsvinden terwijl iemand een levensfase of gebeurtenis doormaakt (p. 266).

Levensverhaal (self-narrative): Het 'verhaal' dat iemand over zichzelf vertelt. Levensverhalen geven iemand een gevoel van continuïteit en samenhang in de loop van de tijd.

◀◀ **Verbinding hoofdstuk 10**
Een levensverhaal is het verhaal dat je over jezelf vertelt (p. 425).

Secundaire traumatisering: Hevige stress die wordt veroorzaakt door blootstelling aan traumatische beelden of aan verhalen die tot gevolg hebben dat de waarnemer zich met de oorzaak van de stress gaat bezighouden.

◀◀ **Verbinding hoofdstuk 8**
In een belangrijke theorie over dromen wordt gesteld dat dromen onze huidige zorgen reflecteren (p. 322).

Culturele variaties in reacties op rampen

In maart 2011 werd Japan getroffen door de ergste rampen sinds de verwoestingen aangericht door de atoombommen in de Tweede Wereldoorlog. Het ergst denkbare scenario werd werkelijkheid. Het begon met een aardbeving met een kracht van 9 op de schaal van Richter, die een twaalf meter hoge vloedgolf veroorzaakte, die op haar beurt hele dorpen werden wegvaagde. Duizenden mensen kwamen om en velen zaten in de winterse kou zonder huis of voedsel. Vervolgens ontstond de dreiging dat veel Japanners op den duur kanker zouden krijgen vanwege blootstelling aan de straling van de beschadigde kerncentrales. Ondanks deze rampzalige ervaringen reageerden de meeste Japanners in het algemeen kalm, beschaafd en moreel sterk. Ervaren journalisten ter plekke toonden zich verbaasd over het decorum dat de Japanners bewaarden en de ordelijkheid die ze aan de dag legden bij het te lijf gaan van de chaos. Er was geen spoor van plundering of geweld. Er was niet één bericht van geïrriteerd getoeter in de soms tien uur durende files op de verwoeste snelwegen.

In deze collectivistische cultuur waar beleefdheid, groepsconsensus en zorg voor anderen centraal staan, had de ramp tot gevolg dat de inwoners hun karige voedselvoorraad zonder morren deelden met vreemden. Kenners van de Japanse cultuur schrijven dergelijk gedrag toe aan de geestelijke kracht die de mensen putten uit de strenge, troostende rituelen van hun godsdienst. De meeste Japanners zijn boeddhist of hangen het oeroude shintoïsme aan. Het basisfundament van deze geloofssystemen is dat lichamelijk en geestelijk lijden kan worden verlicht door oefening in compassie en acceptatie van de dood als het laatste deel van het levensproces. Het boeddhisme zoals het nu wordt beoefend, gaat niet meer zozeer over de geesten in de natuur, maar houdt zich meer bezig met rituelen in de maatschappij, de familie en de staat, volgens Duncan Williams, deskundige op het gebied van Japanse religie (Grossman, 2011).

De aardbeving in Japan met een kracht van 9 op de schaal van Richter, veroorzaakte een tsunami die vele dorpen verwoestte en duizenden mensen het leven kostte.
Bron: The Yomiuri Shimbum, Miho Iketani/ AP Images.

Persoonlijk verlies

Net als veel andere diersoorten is de mens een sociaal wezen: we zijn voor onze overleving van elkaar afhankelijk. Het verlies van een dierbare brengt veel stress met zich mee, zelfs als we dit zien aankomen (bijvoorbeeld na een lang ziekbed). Een plotseling, onverwacht verlies is traumatisch: in de lijst aan het einde van dit hoofdstuk zie je dat 'overlijden van de partner' wordt vermeld als de meest stressvolle van alle grote gebeurtenissen uit het leven (Holmes & Rahe, 1967; Scully et al., 2000). **Rouw** is de emotionele reactie op een interpersoonlijk verlies, een pijnlijk complex van gevoelens als verdriet, woede, machteloosheid, schuld en wanhoop (Raphael, 1984). Of je rouwt om het overlijden van een dierbare, het beëindigen van een relatie of het verraad van een vriend die je vertrouwde, je ervaart de pijn van scheiding en eenzaamheid en je moet moeilijke vragen overdenken. Enkele van onze meest fundamentele aannamen over het leven kunnen ter discussie komen te staan en mogelijk worden we gedwongen ons aan een andere werkelijkheid aan te passen (Parkes, 2001). Daardoor kunnen onze identiteit en toekomstplannen voorgoed worden veranderd (Davis et al., 1998; Janoff-Bulman, 1992).

Psychologen beschouwen rouw als een normaal, gezond proces van aanpassing aan een grote verandering in het leven waar geen 'juiste' methode of 'normale' tijdsduur voor vast te stellen is (Gilbert, 1996; Neimeyer, 1995, 1999). Sommige deskundigen bevelen aan de rouw af te sluiten oftewel *closure* te bereiken, een Gestaltterm voor een situatie waarin een onvolledige stimulus als volledig wordt waargenomen. Rouwpsychologen zijn er echter tegen om te streven naar het afsluiten van de pijn en de herinneringen aan het verlies; zij zijn voorstanders van **integratie**. Als je dit wilt begrijpen, kun je even denken aan iemand die je verloren hebt: misschien ben je 'eroverheen' en denk je er niet vaak meer aan,

Rouw: De emotionele reactie op verlies, die onder meer bestaat uit verdriet, woede, machteloosheid, schuldgevoel en wanhoop.

Integratie: Hier: de laatste fase van rouw waarin het verlies in het zelf wordt opgenomen.

toch bevindt diegene zich nog altijd in je geheugen, zijn er nog levendige beelden, emoties en gedachten die nog altijd toegankelijk zijn en die nog altijd deel uitmaken van wie je bent (Harvey, 1996; Harvey et al., 1990). Daarom is het juister de laatste fase van de rouw te beschouwen als een voortgaand proces van integratie, waarbij elk verlies in het leven deel gaat uitmaken van het levensverhaal en een deel wordt van de geheugenverzamelplaats van belangrijke gebeurtenissen, positief en negatief (Murray, 2002).

◀◀ **Verbinding hoofdstuk 3**
Gestaltpsychologen bestuderen de wijze waarop we perceptuele totaalbeelden construeren (p. 113).

Voor het rouwproces is het ook nodig dat je sociale interactie hebt in een tijd waarin je bijzonder kwetsbaar en sociaal teruggetrokken bent. Ironisch genoeg draagt het hulpaanbod van vrienden of medeleven soms bij aan de stress van het verlies. Hollander (2004) schrijft over het verlies van haar eerste man en vervolgens, enkele maanden later, haar moeder. 'Hoe gaat het met me? Het lijkt wel alsof iedereen me dat vraagt… Vaak merk ik dat ik niet weet hoe ik die vraag moet beantwoorden' (p. 201-202). Haar vrienden voelen zich niet op hun gemak als ze openlijk huilt en ze raden haar aan vrolijker te zijn, opnieuw zichzelf te worden. Hollander concludeert dat het proces van het toelaten en voelen van haar pijn niet kan en niet mag worden overhaast: 'Het is niet mijn doel dit af te sluiten… Het gaat goed met me, juist omdat ik huil' (p. 204).

Miskende rouw   Rouw is ook bijzonder stressvol wanneer anderen je verlies niet erkennen en geen medegevoel tonen. Ervaringen verbonden aan het overlijden van een dierbare en ervaringen van echtscheiding en trauma worden door formele betuigingen van medeleven erkend, zoals bij een begrafenis of ziekenhuisbezoek het geval is, en worden erkend door professionele aandacht van begrafenisondernemers, advocaten en artsen (Lensing, 2001). Andere pijnlijke verliezen zonder officiële 'status' worden echter vaak genegeerd of door de maatschappij niet erkend.

Volwassenen die bijvoorbeeld rouwen na een miskraam, jonge volwassenen die vrienden hebben verloren en kinderen die bedroefd zijn om het overlijden van een favoriete televisie- of filmster, merken vaak dat ze alleen zijn in hun verdriet en dat ze weinig sympathie of begrip van anderen krijgen. Hun **miskende rouw**, de emoties rond een verlies die anderen niet begrijpen, kan niet via een openbaar ritueel worden geuit zoals een herdenkingsdienst of begrafenis. Sommige mensen met miskende rouw gaan proberen hun verdriet te verbergen uit angst voor de negatieve reacties van anderen, maar dat wil niet zeggen dat ze geen verdriet hebben (Doka, 1989, 1995; Rickgarn, 1996).

Miskende rouw: De emotie rond een verlies die niet door anderen wordt ondersteund, gedeeld of begrepen.

Anderen in vertrouwen nemen kan mensen helpen met verlies en trauma om te gaan (Harvey, 1996; Pennebaker, 1990). Je kunt daarbij ook rekenen op professionele hulpverleners of psychotherapeuten die je verdriet serieus zullen nemen. Daarnaast is het van therapeutisch nut om je op andere manieren te uiten, bijvoorbeeld door een dagboek over je gevoelens te schrijven (zie 'Psychologische kwesties' verderop in dit hoofdstuk).

Posttraumatische stressstoornis

Mensen die ernstige trauma's hebben opgelopen (bijvoorbeeld verkrachting, oorlog of mishandeling) vertonen soms een uitgesteld patroon van stresssymptomen, dat zich maanden of zelfs jaren na het trauma nog kan openbaren. Die vertraagde reacties kunnen een leven lang aanhouden. Tijdens de **posttraumatische stressstoornis (PTSS)** beleeft het individu opnieuw de psychische en fysieke responsen die met het trauma gepaard gingen.

Recente cijfers over het aantal mensen dat in België en Nederland lijdt aan PTSS zijn niet bekend. In gezondheidsonderzoeken van de laatste jaren is dat niet gemeten. Internationaal onderzoek laat grote verschillen zien. Ouder onderzoek uit de Verenigde Staten laat zien dat 1 tot 1,5 procent van de bevolking

Posttraumatische stressstoornis (PTSS): Een angststoornis waarbij de stressreactie volgend op situaties waarbij er sprake is van levensbedreiging, ernstig lichamelijk letsel of een bedreiging van de fysieke integriteit, aanhoudt en het functioneren verstoort. Kenmerkend hierbij is de herbeleving van de emotionele, cognitieve en gedragsmatige aspecten van een trauma dat eerder is ondergaan, terwijl geprobeerd wordt prikkels die deze herbeleving kunnen veroorzaken te vermijden.

ooit PTSS heeft gehad (Helzer et al., 1987; Davidson et al., 1991). Uit recenter onderzoek blijkt echter dat 8 procent van de volwassen bevolking ooit in het leven PTSS heeft gehad, waarvan de helft nog in het afgelopen jaar (Kessler et al., 1999). Recent onderzoek onder volwassenen in Australië laat zien dat 1,3 procent van de volwassenen in het afgelopen jaar leed aan PTSS (Andrews et al., 2001). In Canada was dat 2 procent (Stein et al., 1997). Deze verschillen kunnen waarschijnlijk voor een groot deel worden verklaard door het gebruik van verschillende meetinstrumenten en de verruiming van de diagnostische criteria in de opeenvolgende versies van de *DSM*.

Voorbeelden van trauma's die PTSS-slachtoffers beschrijven, zijn: zien dat iemand is gedood of ernstig gewond is geraakt, of het overleven van een natuurramp of een levensbedreigend ongeluk. Mannen maken vaker melding van (lichamelijk) aangevallen worden, oorlogen, rampen of brand; ook zijn mannen vaker het slachtoffer van gevangenschap of gijzeling. Vrouwen maken echter vaker melding van verkrachting, seksuele aanranding of mishandeling, en verwaarlozing tijdens de jeugd (Bower, 1995a). Na een traumatische gebeurtenis krijgen meer vrouwen symptomen van PTSS dan mannen (Tolin & Foa, 2006) en latino's lopen meer risico dan niet-latino blanke of zwarte Amerikanen (Pole et al., 2005).

Beschrijving van de posttraumatische stressstoornis

In de *DSM-IV* (APA, 2004) wordt PTSS beschreven als een angststoornis, dus duidelijk te onderscheiden van de normale verwerking van een traumatische gebeurtenis. Om te spreken van een PTSS moeten minstens de volgende hoofdkenmerken aanwezig zijn:

- er moet sprake zijn van een duidelijke traumatische gebeurtenis;
- het slachtoffer kent periodes van herbeleving van het trauma en doet aanhoudend moeite om prikkels die een herbeleving kunnen veroorzaken te vermijden;
- er is een duidelijk verhoogde prikkelbaarheid, in de vorm van bijvoorbeeld opschrikken, slaapproblemen, woede-uitbarstingen en extreme waakzaamheid;
- het probleem veroorzaakt duidelijke beperkingen in het persoonlijk en/of professioneel leven;
- het probleem is langer dan één maand aanwezig.

Video
Ga naar de MyLab mediatheek om het filmfragment te bekijken over 9/11 en PTSS.

Wat zijn de symptomen van PTSS?

Slachtoffers van deze stoornis zijn gewoonlijk snel afgeleid en chaotisch en hebben problemen met hun geheugen (Arnsten, 1998). Ze kunnen emotioneel gevoelloos zijn en vervreemd van anderen, en beleven minder plezier aan positieve ervaringen. Andere symptomen zijn slaapproblemen, schuldgevoelens ten opzichte van degenen die de ramp niet hebben overleefd en een overdreven schrikrespons bij (mogelijk) gevaar (wijd opensperren van de ogen, naar adem snakken, extreem verrast zijn). Zo kunnen slachtoffers van een verkrachting bedolven worden onder een spervuur van psychologische na-effecten; ze voelen zich verraden door hun naasten, zijn woedend omdat ze zijn aangevallen en ervaren grote angst als ze alleen zijn (Baron & Straus, 1985; Cann et al., 1981).

Ook op biologisch niveau kan een posttraumatische stressstoornis langdurige effecten hebben (Crowell, 2002; Sapolsky, 1998). We hebben al gezien dat extreem langdurige of intense stress fysiologische veranderingen teweegbrengt in de hersenen. Vooral het systeem in de hersenen dat het hormoonstelsel reguleert, kan overgevoelig worden, waardoor het slachtoffer van posttraumatische stress overmatig reageert op lichte stressoren.

PTSS bij militair personeel   Hoewel de term 'posttraumatische stressstoornis' vrij kort geleden is ontstaan, zijn er in historische verslagen al eeuwenlang soortgelijke symptomen beschreven, die 'oorlogsmoeheid' of 'shellshock' werden genoemd. In gevallen van oorlogsgerelateerde stress proberen militair psychologen tegenwoordig een minimale behandeling te geven in legerbases zoals in Irak of Afghanistan; daarnaast zijn er verschillende voorlichtingsprogramma's om soldaten en hun familie beter op uitzending voor te bereiden en om beter het hoofd te kunnen bieden aan de nasleep van de oorlog, wanneer de soldaten weer naar huis zijn teruggekeerd. De culturele normen in het leger hebben van oudsher bepaald dat soldaten niet over hun oorlogservaringen zouden moeten praten. Dit heeft ertoe geleid dat de meeste veteranen schroomden om hulp te vragen wanneer zich bij hen psychische symptomen voordeden. Deelnemers aan deze nieuwe programma's voor effectieve coping worden geholpen deze schroom te overwinnen.

14.1.2   Chronische stressoren

De stressoren die we in de vorige paragraaf hebben onderzocht, zoals rampen, persoonlijk verlies en posttraumatische stress, hebben betrekking op gebeurtenissen die, net als de aanslag van 9/11, plotseling plaatsvinden, intens zijn en meestal kort duren. **Chronische stressoren** zijn relatief langdurig en kunnen zich over een tijdsperiode langzaam ontwikkelen. Ze kunnen bijvoorbeeld te maken hebben met financiële problemen, huwelijksproblemen of slechte woonomstandigheden; een van de ergste stressfactoren in de wereld is bijvoorbeeld: in armoede leven. Hier onderzoeken we vier verschillende chronische stressoren: maatschappelijke stressoren, burn-out, belangrijke gebeurtenissen en dagelijkse kleine ergernissen.

> **Chronische stressor:** Toestand van stressvolle arousal die langere tijd aanhoudt.

Maatschappelijke stressoren

Een groot deel van onze stress wordt niet veroorzaakt door plotselinge rampen, maar door **maatschappelijke stressoren,** oftewel de druk die wordt uitgeoefend door onze sociale, culturele en economische omgeving. Deze maatschappelijke stressoren hebben vaak te maken met problemen die in de loop van de tijd steeds terugkeren of die altijd voortduren, problemen die zich thuis voordoen, of op het werk of op school. Andere maatschappelijke stressoren zijn werkloosheid, armoede, racisme en andere aan sociale klasse of groep gerelateerde omstandigheden die mensen beperken of onderdrukken.

> **Maatschappelijke stressor:** Stressvolle omstandigheid die haar oorsprong vindt in onze sociale, culturele of economische omgeving.

Werkloze mannen blijken vaker depressief en angstig te zijn en maken zich meer zorgen over hun gezondheid dan mannen die wel een baan hebben. Deze symptomen verdwijnen over het algemeen zodra de werkloze een baan vindt (Liem & Rayman, 1982). Ook vooroordelen en discriminatie kunnen tot aanzienlijke stress leiden (Contrada et al., 2000). Zo lijden Amerikanen van Afrikaanse oorsprong vaker dan gemiddeld aan hoge bloeddruk. Men was er altijd van uitgegaan dat hier een genetisch verschil aan ten grondslag lag. Maar het blijkt dat er een hoge correlatie bestaat tussen dit verschijnsel en chronische stress die wordt veroorzaakt door de dagelijkse negatieve impact van het hebben van oninteressant werk, een beperkte opleiding en een lage sociaaleconomische status (Klag et al., 1991). En mensen die in armoede leven, hebben minder toegang tot gezondheidszorg en wonen vaker op plaatsen waar grotere bedreigingen van de gezondheid voorkomen, bedreigingen zoals lawaai, vervuiling, aanwezigheid van loodhoudende verf en overlast veroorzaakt door drugsdealende bendes. Zulke situationele factoren beïnvloeden de ontwikkeling van kinderen negatief. Bij volwassenen hebben deze omstandigheden een negatieve uitwerking op uiteenlopende lichamelijke en emotionele factoren (Evans et al., 1998; Staples, 1996).

Maatschappelijke stressoren zijn onder meer werkloosheid, dakloosheid en discriminatie. Dergelijke omstandigheden gaan ten koste van zowel de psychische als de lichamelijke gezondheid.
Bron: Tracé Brussel.

Burn-out: Syndroom van emotionele uitputting, depersonalisatie en verminderde prestaties; houdt vaak verband met het werk.

Job engagement: Het gevoel als werknemer onderdeel uit te maken van een betekenisvolle werkomgeving waar de bijdrage wordt gewaardeerd en evenredig wordt beloond (het tegenovergestelde van burn-out).

Burn-out

Een baan, zelfs een goed betaalde baan, maakt iemand nog niet immuun voor stress. Ook werk kan stress veroorzaken, zowel emotioneel als lichamelijk. Werk waarbij men voortdurend onder druk staat, kan tot een **burn-out** leiden. Dit syndroom wordt gekenmerkt door emotionele, fysieke en cognitieve uitputting, gevoelens van cynisme, zich niet meer verbonden voelen met het werk en het gevoel niets te bereiken (Maslach & Leiter, 1997). Christina Maslach (1998, 2003; Maslach et al., 2001), een vooraanstaand onderzoekster van dit veelvoorkomende probleem, merkt op dat burn-out voor het eerst werd gesignaleerd bij mensen in beroepen waarbij men intensief interpersoonlijk contact heeft, zoals bij artsen die veel patiënten zien, docenten die veel contact hebben met studenten en sociaal werkers die veel cliënten bijstaan.

Tegenwoordig weten we dat iedereen een burn-out kan krijgen, zelfs studenten, ouders die niet buitenshuis werken en vrijwilligers. Mensen met een burn-out maken melding van gevoelens van afstandelijkheid, falen en cynisme over collega's en klanten. Ze proberen te ontsnappen en mijden hun werk, waardoor hun persoonlijke prestaties achteruitgaan. Burn-out blijkt gecorreleerd met allerlei negatieve zaken: in alle beroepen blijkt dat mensen met een burn-out vaker afwezig zijn, vaker van baan wisselen, slechtere werkprestaties leveren, moeizame relaties onderhouden met hun collega's, problemen hebben met familie en gezin en een slechte gezondheid genieten (Maslach & Leiter, 1997; Schaufeli & Enzmann, 1998).

Het aantal gevallen van burn-out in Nederland neemt de laatste jaren toe. Cijfers van De Nationale Enquête Arbeidsomstandigheden 2010 (www.tno.nl/nea) laten zien dat in dat jaar 13 procent van de werknemers met een burn-out kampte, in 2007 was dat nog 11 procent. Onderwijs en industrie tellen de meeste werknemers met een burn-out. Deze sectoren lieten in 2010 ook een hoge mate van krimp in het aantal werknemers zien.

De laatste jaren richt veel onderzoek zich op de positieve tegenhanger van burn-out, dat als **job engagement** wordt betiteld (Schaufeli & Bakker, 2004). De praktische betekenis van dit burn-out – engagement-continuüm is dat engagement voor het gewenste doel staat bij de behandeling van een burn-out. Met dit nieuwe kader kunnen mensen gaan bedenken welke factoren op de werkplek werknemers waarschijnlijk energieker, enthousiaster en veerkrachtiger maken, en hoe hun inzet, betrokkenheid en toewijding gestimuleerd kunnen worden.

Er zijn weliswaar aanwijzingen dat bepaalde individuele factoren het risico van een burn-out vergroten, maar er zijn veel meer onderzoeksgegevens waaruit blijkt hoe belangrijk situationele variabelen zijn. Met andere woorden: de werkplek heeft een veel grotere voorspellende waarde voor een burn-out dan de persoonlijkheid. Ruim twee decennia onderzoek naar burn-out in een groot aantal beroepen en in allerlei landen heeft een scala van organisationele risicofactoren opgeleverd (Maslach et al., 2001; Schaufeli & Enzmann, 1998). Maar in plaats van te vragen of het een kwestie van 'of/of' is ('is het de persoon of de baan?'), kunnen we de vraag misschien beter formuleren als een kwestie van 'en/en'. Dat wil zeggen: persoonlijke *en* situationele variabelen zijn bepalend voor burn-out en de hamvraag is hoe we de combinatie van die verschillende soorten variabelen of de interactie ertussen het best kunnen uitleggen.

In de eerste modellen die werden gebruikt op het gebied van arbeids- en organisatiepsychologie (French et al., 1974) ging men uit van de theorie dat naarmate een werknemer beter op zijn plaats is op de werkplek, de kans groter is dat hij zich beter aanpast en minder stress heeft. Voortbouwend op deze modellen ontwierpen Maslach en Leiter (1997) een burn-outmodel waarin wordt gemeten in welke mate een individu past of niet past bij de voornaamste aspecten van zijn of haar organisatorische omgeving. Hoe groter de kloof of het gebrek aan passendheid, hoe groter de kans op burn-out; omgekeerd, hoe beter iemand in een bedrijf op zijn plaats is, hoe groter de kans op job engagement.

Wat zijn deze voornaamste aspecten van de organisatorische omgeving? Er zijn zes belangrijke terreinen in het beroepsleven gevonden die bepalen of werknemer en werkplek bij elkaar passen: werklast, zeggenschap, beloning, gemeenschap, rechtvaardigheid en waarden (Maslach & Leiter, 2005). Werklast en zeggenschap verwijzen naar de hoeveelheid werk en de mate van autonomie die de werknemer heeft. Beloning refereert aan de mate waarin de beloningen die het werk biedt, gewaardeerd wordt door de werknemer. De vierde factor, de gemeenschap, wordt bepaald door de mate waarin sociale steun en interpersoonlijk conflict in de organisatie aanwezig zijn.

Rechtvaardigheid wordt bepaald door de mate waarin ideeën over billijkheid en sociale rechtvaardigheid van enerzijds de werknemer en anderzijds de organisatie overeenkomen. De laatste factor, waarden, betreft de cognitieve en emotionele kracht van doelen en verwachtingen van het werk. Als er op het gebied van deze zes factoren een kloof is tussen de werknemer en de organisatie, blijkt dat een burn-out te kunnen voorspellen. Daardoor zijn onderzoekers optimistisch over de mogelijkheid om procedures voor vroegtijdige opsporing en interventie te ontwikkelen en zo kansen te bieden om job engagement te bevorderen (Maslach & Leiter, 2008).

Burn-out is dus geen persoonlijk probleem of een teken van een zwakte, zoals ooit werd gedacht. Voor een effectieve preventie van burn-out is het nodig dat zowel managers als werknemers verantwoordelijkheid nemen voor het ontwikkelen van omstandigheden die het mogelijk maken de betrokkenheid bij het werk te vergroten, werknemer en het werk beter op elkaar af te stemmen en beslissingen te nemen die zijn gericht op de gezondheid van de werknemers en van de organisatie op de lange termijn (Berglas, 2001; Maslach & Goldberg, 1998).

Belangrijke gebeurtenissen ('major life events')

De beginfase en de eindfase van een relatie zijn altijd periodes vol aanpassing, die vergezeld gaan van emotionele ups en downs, spanning en onrust. Eerder in deze paragraaf hebben we de invloed van plotseling persoonlijk verlies besproken. Andere veranderingen kunnen ook stress veroorzaken: beginnen aan een nieuwe baan, het beginnen of beëindigen van een studie, en, ironisch genoeg, zelfs op vakantie gaan! Zelfs bij gebeurtenissen waar we ons op verheugen, zoals de geboorte van een kind, zijn vaak belangrijke veranderingen van onze gewoonten nodig en moeten we ons aan nieuwe eisen en een nieuwe manier van leven

◀◀ **Verbinding hoofdstuk 1**
Arbeids- en organisatiepsychologen richten zich op het zodanig inrichten van de werkomgeving dat zowel de productiviteit als de moraal maximaal is (p. 6).

Figuur 14.2
Werk en burn-out
Een schematisch model van zes factoren die bij burn-out betrokken zijn en vijf meetbare uitkomsten.

Werkomgeving
werklast
zeggenschap
beloning
gemeenschap
rechtvaardigheid
waarden

Burn-out
uitputting
cynisme
lage
productiviteit

Uitkomsten
slechte gezondheid werknemer, afwezigheid, mindere kwaliteit, ontevredenheid van klanten, lagere kosteneffectiviteit

**Social Readjustment Rating Scale
(SRRS):** Psychologische kwalificatieschaal die wordt gebruikt om stressniveaus te meten door middel van de waarde die iemand hecht aan veranderingen die veel mensen tijdens hun leven meemaken.

Ergernis: Situatie die kleine irritatie of frustratie veroorzaakt.

aanpassen. Vooral als de gebeurtenissen als positief worden beschouwd (zoals een opwindende nieuwe baan of een huwelijk), is het mogelijk dat we de potentiële invloed op ons stressniveau niet erkennen. Over het algemeen kan elke verandering stress genereren; en hoe groter de verandering in ons leven, des te groter de impact van stress.

En als er nu eens een eenvoudige vragenlijst was die je kon invullen om je huidige stressniveau te bepalen? Enkele decennia geleden hebben de psychologen Thomas Holmes en Richard Rahe zo'n hulpmiddel ontwikkeld. Eerst stelden ze vast welke veelvoorkomende gebeurtenissen stress veroorzaken en lieten ze een groot aantal respondenten deze gebeurtenissen indelen aan de hand van de mate van stress die ze in hun eigen leven hadden veroorzaakt of veroorzaakten. Nadat ze alle resultaten hadden geanalyseerd, stelden ze de **Social Readjustment Rating Scale (SRRS)** op, waarop 43 'levensgebeurtenissen' ('*life events*') zijn vermeld. Hoog op de schaal staat bijvoorbeeld het overlijden van een partner, ergens midden op de schaal staan een zwangerschap en het beginnen aan een nieuwe baan, en verhuizen staat onder aan de schaal. Elke gebeurtenis heeft een bepaald aantal *life-change units* (LCU's: eenheden van levensverandering) toegewezen gekregen, dus het enige wat je hoeft te doen is alle LCU's die je door recente ervaringen hebt verzameld bij elkaar op te tellen.

Uit onderzoek is inderdaad gebleken dat er een relatie bestaat tussen levensveranderingen en stress. De geboorte van een kind gaat bijvoorbeeld vaak gepaard met een afname van het huwelijksgeluk (Cowan & Cowan, 1998). Sinds de SRRS is ontwikkeld, is deze bij duizenden onderzoeken over de hele wereld gebruikt; de lijst blijkt zelfs crossculturele geldigheid te hebben. We moeten onze scores echter zorgvuldig interpreteren en in gedachten houden wat we weten over de cognitieve beoordeling van stress. We zullen de SRRS aan het einde van dit hoofdstuk nader onderzoeken.

Een speciale versie van deze schaal is ontwikkeld om stressreacties van studenten te meten, zie hieronder bij 'Doe het Zelf!' (Crandall et al., 1992).

Dagelijkse ergernissen

Het was een vervelende dag op het werk en als je op weg naar huis even bij de supermarkt langsgaat, is precies datgene waarvoor je komt uitverkocht. Om jezelf te troosten loop je met een reep chocolade naar de kassa, waar de caissière ongeduldig met haar vingers trommelt omdat je het kleingeld niet snel genoeg uit je portemonnee kunt vissen. Naast een aardbeving of een burn-out lijken deze kleine irritaties en frustraties, die we **ergernissen** noemen, totaal onbelangrijk. Maar psychologen hebben ontdekt dat de gevolgen zich kunnen opstapelen, vooral als de ergernissen vaker voorkomen en ze je persoonlijk raken (Bolger et al., 1989).

In onze snelle, uiterst technologische maatschappij is 'wachten' een van de grootste ergernissen in het leven. Wachten voor wat dan ook in plaats van het meteen te krijgen, is een moderne stressor geworden: wachten op de bus of de trein, wachten in een winkel of restaurant, wachten in de file, wachten tot je computer is opgestart of bestanden heeft gedownload.

✚ DOE HET ZELF!   Hoe gestrest ben jij?

Deze schaal werd in 1992 speciaal ontworpen voor studenten. Oorspronkelijk stond er een voorbeeld in van een probleem met je typemachine. Dat item hebben we verwijderd vanwege gebrek aan relevantie.

Vink bij de volgende gebeurtenissen de stressoren aan die je de afgelopen week hebt ervaren. Tel het aantal vinkjes op om je totale score te berekenen (Crandell et al., 1992).

___ geldgebrek

___ iemand kwam een belofte niet na

___ dood (familielid of vriend)

___ problemen met de studenten-administratie

___ gebrek aan concentratie

___ veel toetsen/tentamens

___ gedachten over werk dat nog niet af is

___ iemand irriteerde je

___ het was examenweek

___ samenwonen met vriend(in)

___ weinig slaap

___ aanmelden voor nieuwe op-leiding

___ voelde behoefte aan vervoer-middel

___ ziek, ongeluk

___ haar wilde niet goed zitten

___ slachtoffer geworden van misdrijf

___ moest een presentatie geven

___ eisen op het werk zijn veran-derd

___ gesolliciteerd

___ moest opdrachten inleveren

___ ruzie met vriend(in)

___ geen tijd om te eten

___ de komende week is druk

___ voelde me onder druk gezet

___ veel deadlines

___ deed onvoorbereid een toets

___ werken tijdens de opleiding

___ ruzie of meningsverschil met vrienden

___ een kater

___ problemen met je computer

___ iets verloren (vooral je porte-monnee)

___ dood van een huisdier

___ gebrek aan steun van je familie

___ slecht gepresteerd bij de uit-voering van een taak

___ een toets slechter gemaakt dan verwacht

___ moeite om thuis te komen na bezoek aan een café, wegens dronkenschap

___ een valse ID-kaart gebruikt

___ een sollicitatiegesprek gehad

___ moest een verslag of project inleveren

___ een toets slecht gemaakt

___ moeite om al je werk af te krijgen

___ slecht nieuws gekregen

___ al een tijdje geen seks

___ iemand is voor zijn beurt ge-gaan toen je stond te wachten

___ confrontatie met een autori-teitsfiguur

___ langeafstandsrelatie onder-houden

___ hard gestudeerd voor een toets

___ ouders liggen in scheiding

___ afhankelijk van andere mensen

___ ongeorganiseerd gevoel

___ uitgemaakt met vriend(in)

___ keuzes maken m.b.t. studie

___ eenzaam gevoel gehad

___ conflict met huisgenoten

___ familiebezoek

___ beslissing om wel/geen seks

te hebben

___ gesprek met ouders over geld

___ geen parkeerplek kunnen vinden

___ geluidsoverlast tijdens studie

___ iemand heeft ongevraagd iets geleend

___ moest om geld vragen

___ verkeersboete gekregen

___ gesprek met een docent gehad

___ verandering in de omgeving (nieuwe dokter, tandarts, ...)

___ van slag door een boek, film of tv-programma

___ te laat gekomen voor een les

___ fouten in je agenda/planning

___ ontdekt dat je bedrogen bent door vriend(in)

___ docent niet goed begrepen

___ geprobeerd binnen te komen bij een opleiding, hogeschool of universiteit

___ niet ongesteld geworden (overtijd)

___ verslaving

___ intekenen voor lessen

___ laat opgebleven om een ver-slag te schrijven

___ diefstal

___ iemand die zou bellen, heeft dat niet gedaan

___ vakantie

___ een saaie les bijgewoond

___ nagedacht over de toekomst

___ TOTAAL

Hoe scoor jij?

0-7: erg laag stressniveau

16-23: de hoeveelheid stress waar een gemiddelde student aan blootstaat

40+: hoog stressniveau

Kijk eens op twee verschillende momenten hoe je scoort, en vergelijk je scores met een studiegenoot of vriend.

Elk irritant incident kan uitgroeien tot een ergernis, maar een van de algemeenste vormen van ergernis heeft te maken met *frustratie* over het niet kunnen bereiken van een gewenst doel. Dat kan overal gebeuren: thuis, op het werk of op school. In het kader van een onderzoek hield een groep mannen en vrouwen een jaar lang al hun dagelijkse ergernissen bij. Daarnaast rapporteerden ze belangrijke veranderingen in hun leven en alle lichamelijke symptomen. Er bleek een duidelijke relatie te bestaan tussen ergernissen en gezondheidsproblemen: hoe intenser en frequenter de ergernissen, des te slechter was zowel de lichamelijke als de psychische gezondheid van de betrokkene (Lazarus, 1981, 1984, 1999). Het omgekeerde was ook waar: als de dagelijkse ergernissen afnamen, ging men zich beter voelen (Chamberlain & Zika, 1990). Dus een leven vol ergernissen kan evenveel schade berokkenen als een enkele, intense stressor (Weinberger et al., 1987). Cognitieve beoordeling speelt ook een rol bij de invloed van ergernissen. Als je deze ergernissen opvat als belangrijk, schadelijk of bedreigend voor je welzijn, hebben ze een grotere invloed op je dan als je ze minder belangrijk vindt (Lazarus, 1984). Daarnaast blijkt dat de ene persoon gevoeliger is voor ergernissen dan de ander. Universitaire studenten met een pessimistisch wereldbeeld ervoeren meer ergernissen en hadden een slechtere gezondheid (Dykema et al., 1995).

Psychologische kwesties
Stress onder studenten: studeren aan een universiteit of hogeschool behoort tot de stressoren. Ga naar 'In de praktijk' in de MyLab mediatheek om hierover meer te lezen.

Het verkeer kan lastig zijn en daardoor aan stress bijdragen – als je ervoor kiest het op deze manier te interpreteren.

Bron: Philipp K., stock.xchng.

Dit is een goed moment om je eraan te herinneren dat een correlatie nog niet hoeft te betekenen dat er een causaal verband is; we weten dat er een correlatie bestaat tussen ergernissen en gezondheid, maar we weten niet waardoor dit verband wordt veroorzaakt. Enerzijds kan het ervaren van veel ergernissen een negatieve invloed op de gezondheid hebben, anderzijds is het mogelijk dat iemand met een slechtere gezondheid kleine ergernissen als grote problemen beleeft. Ook is het mogelijk dat een derde variabele (iets anders dan ergernissen of de gezondheid) de oorzaak is van de correlatie: het is bijvoorbeeld mogelijk dat pessimisten kleine ergernissen als grote problemen ervaren en daardoor vaker gezondheidsproblemen hebben.

Een manier om de stress in je leven te verminderen, is door nog eens over je eigen dagelijkse ergernissen na te denken. Kijk eens met humor terug op recente frustraties, relativeer problemen en bedenk eens hoe onbelangrijk zulke problemen en vertragingen in werkelijkheid uiteindelijk bleken te zijn.

Ga naar **www.pearsonmylab.nl** om je kennis en begrip van deze paragraaf te testen met de MyMap, MyCheck en MyDefinitions.

KERNVRAAG 14.2
....

▶ Wat zijn de lichamelijke effecten van stress?

De mens heeft miljoenen jaren overleefd door snel en vastberaden op mogelijk dodelijke aanvallen van roofdieren of vijandige stammen te reageren. Onze voorouders hebben zich op allerlei plaatsen in de wereld aangepast aan enorm uiteenlopende omstandigheden: ze werden geconfronteerd met extreme klimaten, schaarste van hulpmiddelen en vijandige buren. Als ze met deze problemen te maken hadden, was het noodzakelijk om een schuilplaats en bescherming te vinden, voedsel te verkrijgen en zichzelf te verdedigen. Hoe sneller iemand angst of woede voelde, de situatie nauwkeurig beoordeelde en de juiste actie ondernam, hoe beter zijn of haar overlevingskansen waren. Degenen die het snelst en effectiefst op gevaar reageerden, overleefden en gaven de genen voor dit reactieve gedrag door aan hun nakomelingen, terwijl tragere of minder intelligente individuen in de loop van de menselijke evolutie een kleinere kans hadden te overleven en kinderen te krijgen.

Met enkele van de ernstigste stressoren waarmee onze voorouders te maken hadden, zoals rampen of oorlogen, worden wij tegenwoordig nog steeds geconfronteerd. In het moderne leven zijn er nieuwe gevaren bij gekomen: veeleisende banen, financiële zorgen en computercrashes. Deze nieuwe bedreigingen zijn vaak chronisch van aard en zijn niet altijd effectief het hoofd te bieden met de reacties die zo geschikt waren voor onze voorouders en hun acutere problemen. De menselijke fysiologie is echter niet in staat zo snel te evolueren en te veranderen als onze maatschappij. Ons systeem van reacties op stress is dan ook nog steeds het resultaat van de evolutionaire erfenis van onze voorouders. Dit oude biologische script is verankerd in de automatische reacties van ons lichaam op beangstigende of woedend makende omstandigheden. Als iemand je beledigt, voelt je gezicht warm aan en lijkt het of je vanzelf je vuisten balt, in voorbereiding op een lichamelijke strijd. Of stel je een heel ander soort 'bedreiging' voor: je docent stelt je tijdens een les een vraag waarop je niet bent voorbereid. Je hart bonst, je knieën worden slap en je hebt de neiging weg te lopen.

Deze voorbeelden illustreren de twee uitersten van de **fight-or-flightreactie**: een reeks interne en gedragsmatige processen die worden geactiveerd bij het waarnemen van een bedreiging; deze processen bereiden het lichaam voor op een gevecht of op een ontsnapping. Deze reactie werkte voor onze voorouders heel goed, maar is voor ons tegenwoordig niet altijd meer zo geschikt. Wegrennen uit het lokaal is immers niet echt een effectieve reactie als je een vraag wordt gesteld. In ons kernconcept wordt dit punt samengevat:

Fight-or-flightreactie: Reeks interne processen die het organisme voorbereiden op een gevecht of vlucht, en die in gang wordt gezet als een situatie als bedreigend wordt geïnterpreteerd.

● **KERNCONCEPT 14.2**
De lichamelijke stressreactie begint met arousal; hierdoor wordt een reeks fysiologische reacties geactiveerd die op korte termijn adaptief zijn, maar die schadelijk kunnen zijn wanneer ze te lang duren.

Het goede nieuws is dat de emotionele arousal die we stress noemen, meestal in ons voordeel werkt. Hierdoor wordt onze aandacht op bedreigende gebeurtenissen gericht en worden we op een reactie voorbereid. Het nadeel is dat onze gezondheid door extreme of langdurige arousal wordt bedreigd. De effecten kunnen onder meer bestaan uit lichamelijke aandoeningen zoals hartaandoeningen, hersenbloedingen, hoge bloeddruk en maagzweren. Onze geestelijke gezondheid kan er ook onder lijden. Sommige mensen hebben aanleg om 'zichzelf veel te druk te maken': ze lopen vooruit op wat er fout zou kunnen gaan, vanaf de kleinste ergernissen tot aan belangrijke trauma's (Sapolsky, 1994). Net als PTSS en andere angststoornissen is depressie direct aan stress gekoppeld. We zien deze gevolgen niet alleen bij reddingswerkers en luchtverkeersleiders, maar bij mensen van alle leeftijden en in alle beroepen.

Laten we eens nader naar de fysiologie van onze stressreactie kijken; hiermee zullen we de basis leggen voor een duidelijk inzicht in de wijze waarop deze adaptieve reactie kan leiden tot negatieve gevolgen voor de gezondheid. Dit is het geval wanneer de grenzen van onze reserves worden overschreden.

14.2.1 Fysiologische reacties op stress

De meeste brandweerlieden melden dat ze dol zijn op hun werk. Door hun collegialiteit en toewijding wordt het gevaar echter niet verminderd, noch het risico op verwonding en overlijden en voor de stress die ze doormaken wanneer ze op een melding reageren. Hoe reageert het lichaam van ervaren brandweerlieden op de perceptie van deze stressoren? En wat zijn je eigen lichamelijke reacties op stress?

De fight-or-flightreactie

Als een stressvolle situatie plotseling begint, bijvoorbeeld wanneer brandweerlieden het alarm voor het eerst horen, begint de stressreactie met een abrupte en sterke fysiologische arousal, veroorzaakt door het autonome zenuwstelsel. Arousal gaat gepaard met een versnelde hartslag en ademhaling, een stijging van de bloeddruk en overvloedige transpiratie. Dit is een voorbeeld van een geval van **acute stress**: een tijdelijk, kortdurend patroon van arousal als reactie op een stressor, met een duidelijk begin en een beperkte duur. Het fenomeen is voor het eerst beschreven door de psycholoog Walter Cannon in 1914. Als dit verschijnsel zich voordoet, bereiden snelle processen in het zenuwstelsel, het hormoonstelsel en onze spieren ons bijna onmiddellijk voor op wat komen gaat. Het lichaam is dan in staat efficiënt en effectief te reageren, waardoor we bijvoorbeeld extra kracht hebben op momenten waarop dit nodig is. In figuur 14.3 vind je een gedetailleerde toelichting van de vele manieren waarop het lichaam zich in noodsituaties op een reactie voorbereidt.

De fight-or-flightreactie kan levensreddend zijn wanneer je uit een brand moet ontsnappen, met een vijandige rivaal te maken hebt of moet uitwijken voor een tegemoetkomende auto. Als we echter met een chronische stressor te maken hebben, zijn er nadelen: door voortdurend fysiologisch 'op je hoede' te zijn voor bedreigingen raakt de natuurlijke afweer van het lichaam uiteindelijk beschadigd. Op deze wijze kan regelmatig voorkomende stress, of het regelmatig interpreteren van situaties als stressvol, een ernstig risico voor de gezondheid gaan vormen: een stressreactie die in wezen gezond is, kan een ernstig gezondheidsrisico gaan vormen. In de volgende paragraaf gaan we precies onderzoeken hoe en waarom dit plaatsvindt.

Het algemeen aanpassingssyndroom

Ons inzicht in de wijze waarop stress ziekten veroorzaakt, danken we aan de ontdekking van de Canadese endocrinoloog Hans Selye, halverwege de twintigste eeuw. Kort samengevat, bracht hij aan het licht dat verschillende stressoren in wezen tot dezelfde systemische (in het hele lichaam optredende), oftewel algemene, reacties leiden. Deze reacties zijn bedoeld om de hulpbronnen van het lichaam te mobiliseren, zodat het in staat is om de bedreiging het hoofd te bieden. Selye ontdekte bovendien dat het lichaam door alle stressoren wordt uitgedaagd om zich aan te passen aan de stressor. Omdat de lichamelijke reactie een algemene en geen specifieke adaptatie was, noemde Selye dit het **algemeen aanpassingssyndroom** (*General Adaptation Syndrome*) (zie figuur 14.4).

Over het algemeen zijn deze responsen zinvol, maar in een chronisch stressvolle situatie kunnen ze leiden tot hartkwalen, astma, hoofdpijn, maagzweren, artritis en verschillende andere ziekten (Carlson, 2007; Salovey et al., 2000). Selyes model van het aanpassingssyndroom beschrijft een universele respons die uit drie stadia bestaat: de alarmfase, de weerstandsfase en een uitputtingsfase (Johnson, 1991; Selye, 1956, 1991).

Acute stress: Een tijdelijk, kortdurend, patroon van arousal als reactie op een stressor, met een duidelijk begin en een beperkte duur.

◄◄ **Verbinding hoofdstuk 2**
Het *autonome zenuwstelsel* reguleert onze basale vitale functies (p. 58).

Het huis van deze Portugese vrouw wordt bedreigd door een naderende bosbrand. Dit is een geval van acute stress: de stressvolle situatie ontstaat plotseling en de stressreactie begint met een abrupte en sterke fysiologische arousal.

Bron: Reuters/Jose Manuel Ribeiro.

Algemeen aanpassingssyndroom:
Algemeen patroon van lichamelijke responsen waardoor het lichaam in essentie op elke ernstige chronische stressor op dezelfde manier reageert.

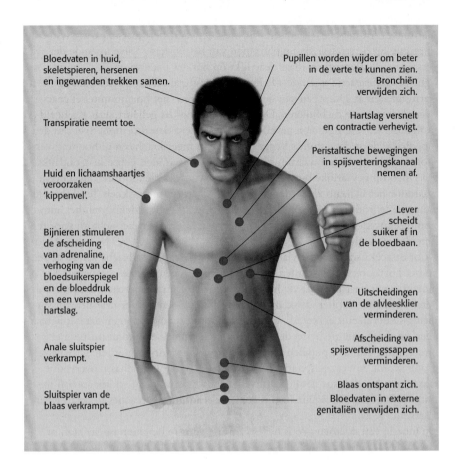

Bloedvaten in huid, skeletspieren, hersenen en ingewanden trekken samen.

Transpiratie neemt toe.

Huid en lichaamshaartjes veroorzaken 'kippenvel'.

Bijnieren stimuleren de afscheiding van adrenaline, verhoging van de bloedsuikerspiegel en de bloeddruk en een versnelde hartslag.

Anale sluitspier verkrampt.

Sluitspier van de blaas verkrampt.

Pupillen worden wijder om beter in de verte te kunnen zien.
Bronchiën verwijden zich.

Hartslag versnelt en contractie verhevigt.

Peristaltische bewegingen in spijsverteringskanaal nemen af.

Lever scheidt suiker af in de bloedbaan.

Uitscheidingen van de alvleesklier verminderen.

Afscheiding van spijsverteringssappen verminderen.

Blaas ontspant zich.
Bloedvaten in externe genitaliën verwijden zich.

Figuur 14.3

Lichamelijke reacties op stress

Een bijzonder arsenaal aan fysiologische reacties bereidt ons voor op een gevecht of een ontsnapping in acute stressvolle situaties.

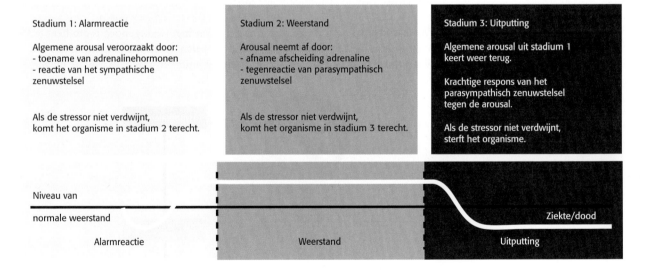

Stadium 1: Alarmreactie

Algemene arousal veroorzaakt door:
- toename van adrenalinehormonen
- reactie van het sympathische zenuwstelsel

Als de stressor niet verdwijnt, komt het organisme in stadium 2 terecht.

Stadium 2: Weerstand

Arousal neemt af door:
- afname afscheiding adrenaline
- tegenreactie van parasympathisch zenuwstelsel

Als de stressor niet verdwijnt, komt het organisme in stadium 3 terecht.

Stadium 3: Uitputting

Algemene arousal uit stadium 1 keert weer terug.

Krachtige respons van het parasympathisch zenuwstelsel tegen de arousal.

Als de stressor niet verdwijnt, sterft het organisme.

Niveau van

normale weerstand

Ziekte/dood

Alarmreactie

Weerstand

Uitputting

Figuur 14.4

Het algemeen aanpassingssyndroom

In stadium 1 produceert het lichaam een alarmerende arousalrespons op een stressor. In stadium 2 past het lichaam zich korte tijd aan de voortdurende aanwezigheid van de stressor aan. In stadium 3 raakt het lichaamssysteem dat zich tegen de stressor verdedigt uitgeput, met rampzalige gevolgen.

Alarmfase: Het eerste stadium van het aanpassingssyndroom, waarin het lichaam zijn hulpbronnen mobiliseert om de stressor het hoofd te bieden.

Alarmfase In het eerste stadium van stress activeert het waarschuwingssysteem, in reactie op de stressor, de hulpbronnen van het lichaam. Selye noemde deze eerste fase de **alarmfase**, maar deze lijkt op het reactiepatroon dat Cannon de fight-or-flightreactie noemde. De hypothalamus geeft daarbij twee parallelle alarmsignalen af. Door een van deze signalen wordt het hormoonstelsel geactiveerd, met name de bijnieren. De manier waarop dat gebeurt, staat afgebeeld in figuur 14.5. De bijnieren geven een stroom steroïden (hormonen) af aan de bloedbaan; door deze stoffen krijgt het lichaam meer kracht en uithoudingsvermogen (dit is de reden waarom sommige atleten steroïden gebruiken, ondanks het risico op gevaarlijke bijwerkingen). Ook worden er endorfinen afgegeven, waardoor het lichaam zich minder bewust wordt van pijnprikkels. Tegelijkertijd stuurt de hypothalamus berichten door de sympathische afdeling van het autonome zenuwstelsel naar de interne organen en klieren om het lichaam voor te bereiden op actie.

Door de reeks signalen die via deze twee routes, het sympathische zenuwstelsel en het hormoonstelsel, worden verspreid, worden we op actie voorbereid. De bloedtoevoer naar het hart, de hersenen en de spieren neemt toe, waardoor we beter en sneller kunnen denken en reageren. De bloedtoevoer naar het spijsverteringsstelsel neemt echter af, waarschijnlijk om ervoor te zorgen dat het lichaam geen kostbare energie besteedt aan functies die tijdens een noodsituatie niet direct nodig zijn. De pupillen worden wijder, waardoor het perifere gezichtsveld groter wordt en via transpiratie wordt voorkomen dat het lichaam oververhit raakt. Alles bij elkaar is het lichaam verbazingwekkend goed voorbereid op onmiddellijk gevaar! In figuur 14.6 is deze reeks autonome reacties in detail weergegeven.

De functie van de alarmfase is het organisme voor te bereiden op vechten of vluchten; in de omstandigheden waarin onze voorouders leefden, hield deze fase meestal niet erg lang aan. Als gevolg van de chronische aard van moderne stress komen we echter vaak in de volgende fase terecht: weerstand.

Weerstandsfase: Het tweede stadium van het aanpassingssyndroom, waarin het lichaam zich lijkt aan te passen aan de aanwezigheid van de stressor.

Weerstandsfase Als de stressor aanblijft, maar niet sterk genoeg is om het organisme in het eerste stadium onderuit te halen, komt het lichaam in de **weerstandsfase**, waarbij alle fysiologische kenmerken van de alarmfase blijven

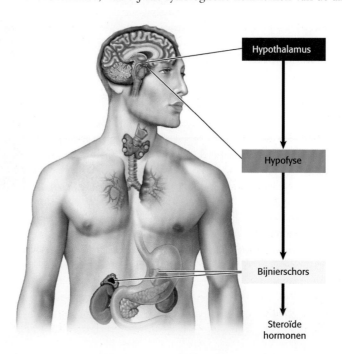

Figuur 14.5

De weg van de alarmfase

In de alarmfase van het aanpassingssyndroom worden twee alarmsignalen afgegeven door de hypothalamus. Hier staat er één afgebeeld: de reactie van het hormoonstelsel.

bestaan. Tijdens deze fase probeert het lichaam de effecten van de stressor te bestrijden. Ook het afweerstelsel bevindt zich in de hoogste staat van paraatheid en het aantal witte bloedcellen neemt toe om het lichaam te helpen infecties te bestrijden.

Verrassend genoeg werkt de weerstand in dit stadium *alleen* tegen de oorspronkelijke stressor. Toen Selye een proefdier dat zich had aangepast aan een stressor (elektrische schokken) confronteerde met een andere stressor (kou), stierf het dier binnen de kortste keren. Blijkbaar had de eerste stressor de hulpbronnen van het dier zo uitgeput, dat het geen verweer meer kon mobiliseren tegen een nieuwe stressor. Dit verschijnsel doet zich ook voor bij soldaten die maandenlang aan het front hebben gezeten en vrij plotseling sterven als ze geconfronteerd worden met de nieuwe stress van een krijgsgevangenkamp.

We zien dus dat bij onze alarm- en weerstandsmechanismen lichamelijke energie wordt verbruikt. Hierdoor zijn minder hulpbronnen beschikbaar als zich andere stressoren voordoen. Stel je nu eens voor dat je lichaam op het volgende stressvolle scenario reageert: je hebt juist je laatste examens gedaan, vrijwel niet geslapen, dag en nacht gestudeerd, en gedurende een week op junkfood en koffie geleefd. Nu is het voorbij. Je kunt eindelijk ontspannen en uitrusten. Juist op dat moment gaat de telefoon: het is de welkome stem van je grote liefde, maar je hoort een lichte hint van een negatieve emotie. Voordat je het goede nieuws kunt vertellen dat je de examens hebt overleefd, zegt de stem: 'Ik weet niet hoe ik dit moet zeggen, maar we moeten praten…' Dit is waarschijnlijk slecht nieuws, mogelijk een aankondiging van ernstige problemen of de beëindiging van de relatie: een stressor. Je was al uitgeput van de stress van je examen, dus de vraag is hoe je met dit belangrijke gesprek moet omgaan. Je voelt je verslagen, bang en zelfs boos: waarom deze bedreiging? Waarom nu? Omdat je systeem is uitgeput, is het goed mogelijk dat je te sterk reageert en merkt dat je de cognitieve en emotionele reserves mist om effectief met de situatie om te gaan.

Uitputtingsfase   De weerstandsfase is de laatste poging van het lichaam om de stressor te bestrijden en als de stressvolle situatie tijdens die fase niet vermindert, kan het lichaam deze intense fysiologische strijd niet langer volhouden. Tijdens deze derde fase, de **uitputtingsfase**, vallen de lichaamsfuncties terug tot het normale niveau, waarna ze afnemen tot minder dan normaal. Op dit moment heeft het lichaam rust en herstel nodig om het fysiologisch functioneren naar een acceptabel niveau terug te brengen. Als het lichaam die broodnodige rust niet krijgt, zoals in de huidige wereld van chronische stressoren vaak het geval is, leiden de reacties die gedurende de eerste twee fases zo adaptief waren, tijdens de derde fase tot een risico op het ontstaan van lichamelijke ziekten.

Verschillende processen kunnen bijdragen aan de achteruitgang van de lichamelijke en psychische toestand die tijdens de uitputtingsfase voorkomt. Op de korte termijn kan een verhoogde bloeddruk bijvoorbeeld tot hoofdpijn leiden; door een langdurig verhoogde bloeddruk wordt het risico op hersenbloedingen en hartaanvallen – twee belangrijke doodsoorzaken – verhoogd. Tegelijkertijd leidt de overbelasting van het spijsverteringsstelsel tot bepaalde typen maagzweren en op de lange termijn tot overgewicht. Chronische stress gaat ook gepaard met toegenomen vetafzetting in de bloedvaten, waardoor het risico op een hersenbloeding wordt verhoogd. Uitputting van het afweerstelsel brengt weer andere gevaren met zich mee, waardoor degene die onder stress lijdt, kandidaat wordt voor infecties of andere ziekten. Bovendien kan langdurige of herhaaldelijke stress leiden tot veranderingen in de hersenen, waardoor depressies ontstaan (Sapolsky, 1998; Schulkin, 1994). Stresshormonen werken ook in op de hersenen: die zijn daardoor minder goed in staat om neuronen te regenereren, met name in de hippocampus (Gould et al., 1998; Sapolsky, 1998). Dit verklaart waarom het

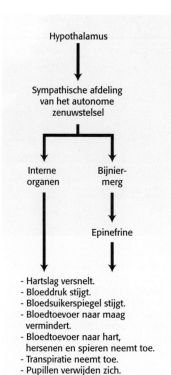

Hypothalamus

Sympathische afdeling van het autonome zenuwstelsel

Interne organen

Bijnier-merg

Epinefrine

- Hartslag versnelt.
- Bloeddruk stijgt.
- Bloedsuikerspiegel stijgt.
- Bloedtoevoer naar maag vermindert.
- Bloedtoevoer naar hart, hersenen en spieren neemt toe.
- Transpiratie neemt toe.
- Pupillen verwijden zich.

Figuur 14.6

Stressresponsen via het sympathisch zenuwstelsel

In dit diagram zie je de route van de signalen in de reactie van het sympathisch zenuwstelsel op acute stress; deze reactie treedt tegelijk op met de corresponderende reactie van het hormoonstelsel.

Uitputtingsfase: Het derde stadium van het aanpassingssyndroom, waarin het lichaam zijn hulpbronnen volkomen uitput.

Nadat je op een stressor hebt gereageerd, zoals een rijles op een druk moment van de dag, merk je misschien dat de reserves van je lichaam enigszins zijn uitgeput, waardoor je minder goed in staat bent weerstand te bieden aan andere, onverwachte stressoren.

Foto: Tom Adriaenssens.

Tend-and-befriend: Model van stress-reacties waarin wordt gesteld dat vrouwen biologisch zijn voorbestemd tot een reactie op bedreiging waarbij nakomelingen worden gekoesterd en beschermd, en waarbij sociale ondersteuning wordt gezocht.

Cortisol: Een corticosteroïde die bij de fight-or-flightreactie wordt gevormd.

Oxytocine: Een hormoon dat (zowel door vrouwen als mannen) wordt gevormd in reactie op een stressor. Dit hormoon blijkt een bufferfunctie te hebben bij sociale stress. Daarnaast heeft het een functie als zogenaamd 'gelukshormoon'.

gevaarlijk is langdurig steroïden – in feite stress-hormonen – te gebruiken (behalve bij bepaalde aandoeningen). Het langdurig gebruik van steroïden brengt het lichaam feitelijk in de laatste fase van het algemeen aanpassingsyndroom, de toestand van uitputting, waardoor een gevaarlijke achteruitgang van de lichaamsfuncties wordt veroorzaakt.

We zien dus dat Selyes model van het aanpassingssyndroom een nuttige verklaring biedt voor de wijze waarop stress niet alleen de aanvankelijke fight-or-flightreactie teweegbrengt, maar ook tot chronische en slopende ziekten kan leiden. En hoewel uit nieuw onderzoek is gebleken dat niet alle vormen van stress precies dezelfde reacties in het hormoonstelsel teweegbrengen (Kemeny, 2003), wordt dit model nog altijd algemeen geaccepteerd als de sleutel tot inzicht in het verband tussen stress en ziekte. Voordat we nader naar de details van de chronische stressreactie gaan kijken, dienen we eerst een fascinerend alternatief voor fight-or-flight te bekijken: koestering.

Tend-and-befriend

De psycholoog Shelley Taylor merkte op dat het fight-or-flightmodel was ontwikkeld door mannelijke theoretici die onderzoek deden met mannelijke proefdieren en -personen. Taylor vond echter dat de angst en de agressie die zo belangrijk zijn bij fight-or-flight, kenmerkender zijn voor de reacties van mannelijke proefdieren dan voor die van vrouwelijke proefdieren (Taylor, 2003; Taylor et al., 2000b). Een model van **tend-and-befriend** (verzorgen en vriendschap sluiten) vormt een betere verklaring voor het gedrag van vrouwtjes in reactie op situaties die voor henzelf of voor hun nakomelingen bedreigend zijn. In de theorie van Taylor wordt gesteld dat vrouwtjes, de belangrijkste verzorgers van de nakomelingen, prioriteit moeten geven aan de voorwaarden die de overlevingskansen van de jongen vergroten. Door agressief te reageren ('fight') kunnen zijzelf of hun kinderen gewond raken, door te kiezen voor een ontsnapping ('flight') blijven de kinderen weerloos achter. Geen van beide reacties bevordert, vanuit het standpunt van de vrouwelijke verzorger gezien, de aanpassing en overleving (Volpe, 2004).

Bij het model van tend-and-befriend wordt gesteld dat vrouwen, met hun specifieke structuur van de hersenen en specifieke werking van hormonen, biologisch zijn voorbestemd om op bedreiging te reageren door hun nakomelingen te koesteren en te beschermen. Door sociale ondersteuning na te streven ontstaan netwerken, die het individu beter in staat stellen op deze manier te reageren (Eisler & Levine, 2002; Taylor et al., 2000b). Bij een onderzoek ter ondersteuning van dit model werden de hormonale veranderingen bij mannen en vrouwen onderzocht voorafgaand aan een belangrijke gebeurtenis. Hoewel er geen verschil was tussen de angstniveaus waarvan de proefpersonen melding maakten, was de productie van **cortisol** bij mannen significant hoger dan bij vrouwen. Dit is een belangrijk corticosteroïde bij de fight-or-flightreactie (Ennis et al., 2001). Uit additioneel onderzoek blijkt dat **oxytocine**, een ander stresshormoon dat na blootstelling aan een stressor wordt afgegeven, bij vrouwtjes, mogelijk in combinatie met oestrogeen, hechtingzoekend gedrag veroorzaakt (Taylor, 2006). Hogere concentraties oxytocine gaan ook gepaard met een toename van kalmte en afname van angst, belangrijke componenten van koestering.

Mogelijk verbaast het je te horen dat zowel mannen als vrouwen in reactie op stress sociale ondersteuning zoeken, hoewel uit de resultaten blijkt dat vrouwen vaker en consequenter op deze wijze reageren dan mannen (Tamres et al., 2002). Mensen die sociale ondersteuning bieden, hebben er zelf ook baat bij, zoals blijkt uit een lager sterftecijfer onder oudere volwassenen die hulp en emotionele ondersteuning geven aan vrienden, familieleden en buren (Brown et al., 2003). De stressreactie, bestaande uit de complementaire reacties op stressvolle situaties (fight-or-flight en tend-and-befriend), is complexer dan vroeger werd gedacht. We zien een reactiesysteem dat zowel leidt tot verdediging als tot koestering (Pitman, 2003). Tend-and-befriend is een sterke aanvulling op het fight-or-flight-patroon en deze reacties zijn samen verantwoordelijk voor de overleving, niet alleen van individuen, maar ook van relaties en groepen.

14.2.2 Stress en het immuunsysteem

Stress tast het afweerstelsel aan, vooral als we de uitputtingsfase van het aanpassingssyndroom naderen. Uit onderzoek is bijvoorbeeld gebleken dat mensen die met het overlijden van een partner of met het beëindigen van een belangrijke langdurige relatie te maken krijgen, vaak onderhevig zijn aan depressie en **immunosuppressie** (belemmerd functioneren van het afweerstelsel), waardoor ze vatbaarder zijn voor ziekten (Cohen & Syme, 1985; Kiecolt-Glaser & Glaser, 1987; 2001).

Immunosuppressie: Verminderde werking van het immuunsysteem als gevolg van de onderdrukking (suppressie) van de immuniteitsreactie.

Psychoneuro-immunologie

Dankzij vooruitgang in de biotechnologie is onlangs een nieuw onderzoeksterrein ontstaan; hierbij wordt onderzocht welke mechanismen precies zijn betrokken bij de relatie tussen stress en ziekten. Op het onderzoeksterrein van de **psychoneuro-immunologie** werken psychologen die zijn gespecialiseerd in psychologische factoren bij stress (zoals cognitie en emotie), neurologen die zijn gespecialiseerd in de werking van de hersenen en immunologen die speciale kennis hebben over het afweerstelsel. En hoewel het gebied een indrukwekkende lange naam heeft, is deze belangstelling voor het verband tussen lichaam en geest niet nieuw. Wat we nu zien, is eenvoudig een 21e-eeuwse benadering van dezelfde vraag die meer dan tweeduizend jaar geleden door oude beschavingen, zoals die van de Grieken en de Chinezen, is overdacht.

Psychoneuro-immunologie: Multidisciplinair vakgebied waarin de invloed van de psychische toestand op het afweerstelsel wordt onderzocht.

Bidirectionele links tussen hersenen en lichaam

Een van de primaire doelen van de psychoneuro-immunologie is te bestuderen hoe psychologische en immunologische processen elkaar beïnvloeden en hoe ze op hun beurt worden beïnvloed door de sociale buitenwereld. Van fundamenteel belang voor deze taak is het feit dat de hersenen en de periferie van het lichaam in twee richtingen communiceren (Maier & Watkins, 2000). Wanneer de hersenen bijvoorbeeld een stressor ervaren, sturen ze een signaal naar de adrenalineklieren om cortisol aan te maken, een belangrijk stresshormoon. Cortisol zendt signalen terug naar de hersenen om de eigen productie te reguleren (Maier & Watkins, 2000). Psychologische stress activeert ook het afweersysteem. Onder de chemische boodschappers die heen en weer pendelen tussen de hersenen en het afweersysteem bevinden zich eiwitten die bekendstaan als cytokinen. Een van de interessantste aspecten van cytokinen is dat ze aan het zenuwstelsel signalen afgeven om gedragsveranderingen op te wekken, zoals vermoeidheid, koorts en terugtrekking uit het sociale leven. Deze veranderingen zijn nuttig omdat ze mensen helpen bij te komen en te herstellen van een ziekte of letsel (DeAngelis, 2002a). Maar als deze veranderingen te lang duren, kunnen ze het risico van stoornissen als psychologische depressie vergroten.

In een van de eerste studies waarin werd onderzocht hoe de hersenen de cytokineresponsen op stress reguleren, vroeg psycholoog George Slavich deelnemers om voor de vuist weg een toespraak te houden voor een intimiderend panel van juryleden in witte laboratoriumjassen. Zoals verwacht steeg het cytokinegehalte tijdens de toespraak aanzienlijk (Slavich et al., 2010b). Daarna scande hij de hersenen van de deelnemers terwijl ze een virtueel balspelletje speelden, waarin ze plotseling door twee andere spelers werden buitengesloten. Toen Slavich de gegevens over cytokine en de hersenen samen bestudeerde, merkte hij dat mensen die meer hersenactiviteit vertoonden als respons op de afwijzing, ook meer cytokine-activiteit vertoonden tijdens de toespraak. Welke conclusies kunnen we daaraan verbinden? Zoals gezegd treden cytokinen niet alleen op als 'chemische boodschappers', maar kunnen ze ook specifiek gedrag bevorderen, zoals terugtrekking uit het sociale leven. Slavich' studie verklaart dus mede hoe sociale stressoren van buiten het lichaam worden vertaald in biologische veranderingen die het risico van stoornissen als depressies kunnen vergroten.

Stress veroudert cellen

Psychologische stress kan de lichamelijke gezondheid ook beïnvloeden door snellere veroudering van de cellen. De leeftijd van een cel kan bijvoorbeeld worden afgemeten aan de lengte van diens telomeren. **Telomeren** zijn DNA-eiwitcomplexen die de uiteinden van chromosomen inkapselen en het DNA beschermen tegen beschadiging. Bij mensen worden de telomeren in de loop van het leven steeds korter. Belangrijker is echter dat hun lengte wordt geassocieerd met een aantal ziekten, zoals kanker, cardiovasculaire en allerlei neurodegeneratieve aandoeningen (Fitzpatrick et al., 2007). Er is zelfs een verband tussen kortere telomeren en een vroege dood (Cawthon et al., 2003).

In een baanbrekende studie naar de effecten van stress op de lengte van telomeren ontdekte psycholoog Elissa Epel dat telomeren in de immuuncellen bij vrouwen die voor een kind met een ernstige ziekte zorgden, in een versneld tempo korter werden (Epel et al., 2004). Vrouwen die aangaven dat ze veel stress hadden, hadden telomeren die zelfs negen tot zeventien jaar 'ouder' waren. In later onderzoek werd aangetoond dat dit effect mogelijk deels kan worden verklaard door de mate van pessimisme of de neiging om negatieve verwachtingen te hebben over de toekomst (O'Donovan et al., 2009). De kans was dus groter dat gestreste vrouwen met sterk pessimistische neigingen oudere telomeren hadden ontwikkeld dan hun lotgenoten met een meer optimistische kijk. Dit is een belangrijk punt, want het duidt erop dat cognitieve waarderingen een kritieke rol spelen in het verband tussen stress en ziekte. Hoe komt het dat sommige mensen ziek worden als ze met stress te maken hebben en andere niet? De tweede helft van dit hoofdstuk wijden we aan het antwoord op die vraag.

Telomeer: DNA-eiwitcomplex dat het uiteinde van een chromosoom inkapselt en het DNA beschermt tegen beschadiging.

 Ga naar **www.pearsonmylab.nl** om je kennis en begrip van deze paragraaf te testen met de MyMap, MyCheck en MyDefinitions.

KERNVRAAG 14.3
....
▶ Wie is het meest kwetsbaar voor stress?

Waarom komen sommige mensen na ernstige traumatische ervaringen zoals 9/11 of het overlijden van een dierbare er weer snel bovenop, terwijl anderen de kluts kwijtraken bij ogenschijnlijk onbetekenende ergernissen? De stress die we ervaren, wordt niet alleen bepaald door de kwaliteit en intensiteit van de stressvolle situatie, maar ook door de wijze waarop we de stressor interpreteren. In deze paragraaf richten we onze aandacht op de persoonlijkheidskenmerken die van invloed zijn op onze reactie op stressoren. In ons kernconcept vind je een samenvatting van wat we gaan leren:

● KERNCONCEPT 14.3
Persoonlijkheidskenmerken zijn van invloed op onze individuele reacties op stressvolle situaties, en daardoor op de mate waarin we stress ervaren als we aan stressoren worden blootgesteld.

Voordat we naar dit onderzoeksgebied kijken, willen we een model introduceren van de relatie tussen stress en ziekte dat als richtlijn zal dienen voor het overige deel van dit hoofdstuk.

In figuur 14.7 zie je een afbeelding van dit model. Kijk hier eerst goed naar, voordat je verder leest. In deze afbeelding zie je hoe stressoren tot stress kunnen leiden, die vervolgens lichamelijke en psychische ziekten kunnen veroorzaken. Je ziet dat er twee plaatsen zijn waarop interventie kan plaatsvinden: de ene ligt tussen de stressor en de stress en de andere tussen de stress en ziekte. Anders gezegd: de ene groep factoren kan voorkomen dat stressoren tot gevolg hebben dat we stress ervaren; op soortgelijke wijze kan een tweede groep factoren voorkomen dat stress tot lichamelijke of psychische ziekte leidt. De eerste groep factoren, de factoren die tussenbeide kunnen komen bij de relatie tussen stressoren en stress, noemen we **moderatoren**. Deze factoren beïnvloeden het stressniveau dat we beleven; ze verlagen of reguleren dit niveau. De meeste moderatoren zijn variaties op het principe van cognitieve beoordeling, met andere woorden: deze moderatoren zijn van invloed op onze beoordeling en interpretatie van stressoren. In deze paragraaf onderzoeken we deze groep mogelijke interventies. We beginnen met een voorbeeld.

Moderator: Factor die voorkómt dat een stressor stress veroorzaakt.

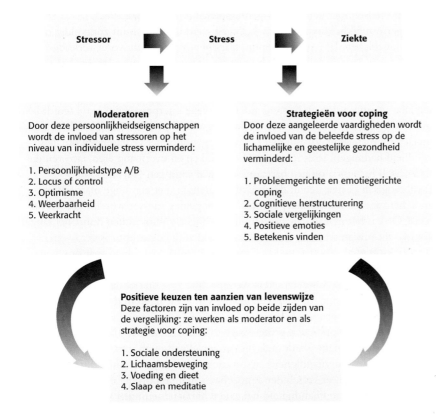

Figuur 14.7

De wijze waarop afzonderlijke factoren van invloed zijn op onze stressreactie

Vaak veroorzaken stressoren stress die vervolgens tot ziekte kan leiden. Drie categorieën psychologische reacties kunnen echter interveniëren in de relatie tussen stress en ziekte: moderatoren kunnen helpen voorkomen dat stressoren stress veroorzaken, copingstrategieën kunnen voorkomen dat stress tot ziekte leidt en positieve keuzes ten aanzien van levenswijze kunnen op beide plaatsen tussenbeide komen.

Stel je voor: Anne en Stef zijn pas getrouwd en proberen hun leven samen te plannen. Ze willen zo snel mogelijk een huis kopen en hopen op kinderen. Sinds kort hebben ze steeds ruzie over deze zaken, doordat ze hun doelstellingen nogal verschillend bekijken. Anne is optimistisch en denkt dat ze binnen een jaar een aanbetaling op een huis kunnen doen als ze maar zorgvuldig met hun geld omgaan. Stef is minder positief. Voor hem lijkt het wel alsof er telkens iets tussen komt als hij bijna een doel heeft bereikt en hij is ervan overtuigd dat het deze keer ook weer zo zal gaan. Voor hem 'gaat het gewoon zoals het gaat', en hij is bang dat ze het risico lopen teleurgesteld te raken als ze er te sterk op rekenen dat ze het huis binnen een jaar zullen krijgen.

Herken je jezelf of iemand die je kent in dit voorbeeld? Er kan van persoonlijkheidskenmerken worden gesproken als je gebeurtenissen langdurig, in verschillende situaties consequent op een bepaalde manier benadert en beleeft. Laten we eens kijken naar de invloed van persoonlijkheidskenmerken op de relatie tussen stressor en stress.

◀◀ **Verbinding hoofdstuk 10**
De *persoonlijkheid* is het patroon van eigenschappen dat uniek is voor een individu en dat in de loop van de tijd en in verschillende situaties aanwezig blijft (p. 390).

14.3.1 Persoonlijkheidstype A en vijandigheid

Toen een stoffeerder opmerkte dat de stoelen in hun wachtkamer aan de voorkant opmerkelijke slijtplekken vertoonden, realiseerden de cardiologen Meyer Friedman en Ray Rosenman (1974) zich dat er misschien een samenhang bestond tussen copingstijl en de kans op een hartkwaal. Het was alsof mensen met een hartkwaal altijd op het puntje van hun stoel zaten. Uit interviews met de patiënten van Friedman en Rosenman kwam een opvallend patroon naar voren dat bestond uit een combinatie van ongeduld, rivaliteit, agressie en vijandigheid: allemaal stressgerelateerde responsen. Veel geïnterviewden zeiden dat ze notoire workaholics waren. Friedman en Rosenman noemden dit het **type A**-gedragspatroon en ze ontdekten dat het een goede voorspeller was van hartkwalen. Iemand met zo'n gedragspatroon loopt twee keer zo veel kans op een hartkwaal als iemand die het leven op een meer ontspannen wijze benadert, de kenmerkende stijl van mensen met een type B-gedragspatroon (Matthews, 1982).

Sinds persoonlijkheidstype A voor het eerst werd herkend, is uit zorgvuldig onderzoek gebleken dat het risico op hartaandoeningen vooral wordt verhoogd door de woede en de vijandigheid die bij mensen van type A veel voorkomt. Vijandige mensen hebben minder vertrouwen, worden sneller boos en zijn strijdlustiger. Als je een verband opmerkt met cognitieve beoordeling, heb je gelijk: vijandige mensen zien situaties vaker als bedreigend. Door deze interpersoonlijke stijl wordt het moeilijker relaties te onderhouden, waardoor vervolgens de beschikbaarheid van sociale steun afneemt. Vijandigheid gaat ook gepaard met gedragingen die de gezondheid bedreigen, zoals roken, alcohol drinken en overmatig eten, factoren die op zichzelf het risico op een hartaandoening al verhogen (Taylor, 2006). Psychologisch gezien neemt de arousal bij mensen met een hoge mate van vijandigheid sneller toe wanneer ze met een mogelijke stressor worden geconfronteerd. Ook is het niveau van arousal bij hen hoger, en bovendien duurt het langer voordat dit niveau weer tot normaal is gedaald zodra de stressor is verdwenen (Fredrickson et al., 2000; Guyll & Contrada, 1998). Vijandigheid gaat ook gepaard met een hogere concentratie cytokinen, waardoor de stressreactie wordt verlengd (Niaura et al., 2002). Onderzoekers weten echter nog niet of deze biologische verschillen erfelijk zijn, of deels een gevolg van ervaringen in de vroege jeugd: jongens die zijn opgegroeid in gezinnen met veel conflicten en weinig acceptatie en ondersteuning, lopen een groter risico vijandig te worden (Matthews et al., 1996). Op dit moment wordt gedacht dat zowel nature als nurture een rol speelt bij het ontstaan van vijandigheid en, op latere leeftijd, hartaandoeningen. Het is echter duidelijk dat er verschillende mechanismen bestaan die ervoor zorgen dat het ontwikkelen van vijandigheid het aantal hartaandoeningen verhoogt.

Type A: Gedragspatroon dat wordt gekenmerkt door intense, agressieve, competitieve of perfectionistische reacties op gebeurtenissen in het leven.

Laten we je geruststellen door te melden dat er belangrijke verschillen bestaan tussen normale boosheid en een werkelijk vijandige persoonlijkheidsstijl. We worden allemaal wel eens boos in reactie op een negatieve situatie. In zo'n geval kan woede gezond en zelfs adaptief zijn: de woede waarschuwt ons dat er iets fout is en geeft ons de energie die nodig is om maatregelen te nemen om de situatie te corrigeren. Dit type normale boosheid vormt een groot contrast met de vijandige persoonlijkheidsstijl. Deze stijl reflecteert een langdurig patroon van vijandig gedrag dat zich vaak en in allerlei situaties voordoet. Ook het niveau van arousal is een onderscheidende factor: het is redelijk dat je je ergert als je achter een langzaam rijdend voertuig zit, maar als je je woedend voelt, is dat irrationeel en gevaarlijk, vooral als je dit patroon vaak in je leven vertoont.

Daarnaast wordt type A-gedrag in verband gebracht met diverse andere aandoeningen zoals allergieën, verkoudheid, hoofdpijn, maagkwalen en de ziekte van Pfeiffer (Suls & Marco, 1990; Suls & Sanders, 1988). Een ander riskant type A-kenmerk, perfectionisme, hangt samen met systematisch (onbereikbaar) hoog gestelde doelen en angst en depressie bij het niet of onvoldoende bereiken van die doelen (Joiner & Schmidt, 1995).

Wanneer je het verband begrijpt tussen type A-gedrag en vijandigheid en de gerelateerde gezondheidsrisico's, kun je met behulp van dit inzicht een effectievere ziektepreventie ontwikkelen. Gebleken is dat regelmatige lichaamsbeweging, ontspanningsoefeningen en zelfs een programma waarbij vijandige mensen wordt aangeleerd langzamer en rustiger te spreken, effectief is bij het verkleinen van het risico op hartaandoeningen (Taylor, 2006). Uitgebreide training in stressmanagement biedt echter de meest veelbelovende voordelen. Uit één onderzoek bleek bijvoorbeeld dat in de groep van patiënten die een hartaanval hadden overleefd en training in stressmanagement hadden gekregen, gedurende de drie jaar daarna de frequentie van hartaanvallen half zo groot was als de frequentie in een controlegroep die niet zo'n training had gekregen (Friedman & Ulmer, 1984). De onderzoekers concludeerden: 'Geen enkel geneesmiddel, voedingsmiddel of programma voor lichaamsbeweging, zelfs geen enkele bypassoperatie van de kransslagader, kan de mate van bescherming tegen het opnieuw optreden van een hartaanval evenaren die geboden wordt door stressmanagement' (Friedman & Ulmer, 1984, p. 141). Hoewel type A-gedrag vroeg in het leven aan het licht lijkt te komen en dit gedrag tot in de volwassenheid blijft bestaan, kan een goed opgezette interventie effectief zijn om mensen van type A te helpen als ze hun levensstijl willen veranderen.

Deze basketbalcoach vertoont kenmerkend type A-gedrag.
Bron: LM Otero/AP Images.

14.3.2 Locus of control

Hoe groot is je vertrouwen dat je je leven zo kunt laten verlopen als je zelf wilt? In ons voorbeeld aan het begin van deze paragraaf worstelde het pasgehuwde stel Stef en Anne met hun verschillen in de persoonlijkheidsdimensie die **locus of control** wordt genoemd (afgeleid van het Griekse woord *loci*, hetgeen 'plaats' betekent). In hoofdstuk 10 over de persoonlijkheid hebben we dit begrip ook al besproken. Je zult dus al begrijpen dat de locus of control een relatief stabiel gedragspatroon is dat kenmerkend is voor de mate waarin het individu verwacht de uitkomsten in het eigen leven te kunnen beïnvloeden. **Mensen die internaliseren** (mensen met een interne locus of control) denken dat de kans groot is dat ze, wanneer ze bepaalde handelingen verrichten, het gewenste resultaat zullen bereiken; ze nemen bijvoorbeeld aan dat vlijtig studeren tot goede cijfers leidt. **Mensen die** echter **externaliseren**, beschouwen de relatie tussen hun inspanningen en de resultaten daarvan als onvoorspelbaar. Zij geloven vaker dat factoren waarover zij geen controle hebben (zoals de mate waarin het examen 'eerlijk' is, of de mate waarin ze geliefd zijn bij hun docent) een beslissend effect hebben op hun cijfers, ongeacht hun inspanningen bij het studeren. Wanneer ze met een

Locus of control: De plek waar een individu de belangrijkste invloed op gebeurtenissen in zijn leven situeert: intern of extern.

Mensen die internaliseren: Mensen met een interne locus of control die geloven dat ze veel invloed hebben op de resultaten van hun leven.

Mensen die externaliseren: Mensen met een externe locus of control die geloven dat ze weinig invloed hebben op de resultaten van hun leven.

stressvolle gebeurtenis worden geconfronteerd, beleven mensen die internaliseren, de stressor vaker als beheersbaarder dan mensen die externaliseren; mensen die internaliseren ervaren daardoor minder stress, hetgeen uiteindelijk allerlei voordelen voor de gezondheid met zich meebrengt. De perceptie van controle kan, althans in enige mate, worden aangeleerd: bij brandweerlieden en andere hulpverleners op 9/11 die waren getraind in en voorbereid op het omgaan met dergelijke rampen waren, kwam PTSS in de jaren na de aanslagen minder voor (Perrin et al., 2007).

Locus of control, gezondheid en levensduur

Een belangrijk onderzoek waarbij de invloed van de locus of control op de gezondheid werd geïllustreerd, vond dertig jaar geleden plaats in een verpleeghuis in Connecticut. Op één verdieping kregen oudere bewoners uiteenlopende keuzes met betrekking tot het dagelijks leven. Ze mochten bijvoorbeeld kiezen of ze naar een film wilden kijken, en, wanneer ze dat wilden doen, hoe ze hun kamer wilden inrichten, en, als ze daarmee bezig waren, of ze al dan niet een plant in hun kamer wilden hebben, en, als ze kozen voor een plant, moesten ze kiezen wanneer ze de plant water zouden geven. Bij de communicatie met deze groep legde het verplegend personeel de nadruk op de persoonlijke verantwoordelijkheid van de bewoners voor hun eigen tevredenheid. De bewoners van een andere verdieping, die overeenkwamen wat betreft belangrijke eigenschappen zoals gezondheid en leeftijd, dienden als de controlegroep. Hier hadden de personeelsleden volledig de leiding over de zorg voor de bewoners: zij gaven alle planten water, bepaalden de tijd van de films en richtten de ruimtes in volgens beslissingen van de directie.

De resultaten? Na 18 maanden waren de bewoners met 'veel verantwoordelijkheid' actiever, alerter en gelukkiger dan de mensen in de controlegroep. Nog belangrijker, een resultaat dat volkomen onverwacht was, de locus of control was van invloed op de levensduur van de bewoners. Aan het einde van het onderzoek was het sterftecijfer in de controlegroep 67 procent hoger dan dat van de groep waarin de mensen meer persoonlijke verantwoordelijkheid kregen (Rodin, 1986). De locus of control is van invloed op sterk uiteenlopende variabelen die aan de gezondheid zijn gerelateerd. Behalve dat mensen die internaliseren vaker hun autogordel omdoen, regelmatig bewegen en op hun dieet letten – allemaal factoren die duidelijk voordelig zijn voor de gezondheid – hebben ze een beter afweerstelsel dan mensen die externaliseren (Chen et al., 2003). Ze worden minder vaak ziek en herstellen sneller van ziekten en operaties (Skinner, 1996). Door een sterk gevoel van interne controle wordt de goed gedocumenteerde relatie tussen sociale klasse en gezondheid zelfs tenietgedaan: mensen met een laag inkomen die een interne locus of control hebben, zijn even gezond als mensen met een hoger inkomen (Lachman & Weaver, 1998).

Primaire controle: Inspanningen die zijn gericht op het aansturen van externe gebeurtenissen.

Cultuur is van invloed op de locus of control

Resultaten van crosscultureel onderzoek wijzen erop dat een interessant onderscheid te maken is tussen de perceptie van controle in westerse culturen en die in oosterse culturen. **Primaire controle**, die vooral in het Westen voorkomt, is het type controle dat hiervoor is besproken: het ondernemen van handelingen die erop zijn gericht externe gebeurtenissen te sturen. In

In ziekenhuizen en verpleeghuizen kan het gebeuren dat patiënten aanleren om zich hulpeloos te voelen, doordat ze geen beslissingen kunnen nemen en geen controle over het eigen leven kunnen uitoefenen.
Bron: Mark Richards/PhotoEdit, Inc.

oosterse culturen komt vooral **secundaire controle** voor; hierbij ligt de nadruk op het beheersen van de individuele reacties op gebeurtenissen (Rothbaum et al., 1982). Het algemene waardesysteem van een cultuur, zoals de individualistische en collectivistische perspectieven die in hoofdstuk 10 zijn besproken, is van invloed op het type controle dat in die cultuur het meest wordt gewaardeerd en bevorderd. In Japan bijvoorbeeld, dat van oudsher een collectivistische cultuur heeft, wordt het ontstaan van secundaire controle bevorderd door de wijze waarop kinderen worden opgevoed. Kinderen leren hun reacties aan de situatie aan te passen en zo de sociale harmonie in stand te houden. Dit staat in directe tegenstelling tot de individualistische benadering van de opvoeding van kinderen, waarbij pogingen om zelf invloed uit te oefenen op situaties, worden bevorderd. Uit onderzoek blijkt dat beide strategieën goed werken in de context van hun respectievelijke culturen (Weisz et al., 1984). Wanneer pogingen tot primaire controle mislukken of voor een individu niet mogelijk zijn, wordt de gezondheid verbeterd door op secundaire controle over te gaan, een onderwerp dat we verderop in dit hoofdstuk zullen bespreken.

Is de locus of control aangeboren of aangeleerd?

Hoewel een bepaalde locus of control zich vaak vroeg openbaart en in families lijkt terug te komen – factoren die vaak op een erfelijke component wijzen – zijn ook onze ervaringen van invloed op onze verwachtingen. Mensen die herhaaldelijk falen wanneer ze proberen aan bedreigende omstandigheden te ontsnappen, ondernemen eenvoudigweg geen pogingen meer, een begrip dat **aangeleerde hulpeloosheid** wordt genoemd. Het bewijs dat er zoiets als aangeleerde hulpeloosheid bestaat, kwam in eerste instantie van dierproeven die werden uitgevoerd door Martin Seligman en zijn collega's. Ze dienden honden elektrische schokken toe en zorgden ervoor dat de dieren daar niet aan konden ontsnappen. Het bleek dat de dieren hun pogingen om de afstraffing te vermijden spoedig opgaven en zich passief neerlegden bij hun lot (Seligman, 1975, 1991; Seligman & Maier, 1967). Het verbazingwekkende was dat toen de honden tijdens een later experiment wel de kans kregen om te ontsnappen, ze de schokken nog steeds jankend, maar gelaten over zich heen lieten komen. De honden uit de controlegroep, die de eerdere beproeving niet hadden ondergaan, wisten niet hoe snel ze weg moesten komen. Seligman concludeerde dat de honden uit de experimentele groep hadden geleerd dat ze geen invloed konden uitoefenen op de schokken en hun lot daarom op passieve wijze ondergingen (Seligman & Maier, 1967). Donald Hiroto (1974) voerde een soortgelijk experiment uit met menselijke proefpersonen. Hij bracht de proefpersonen in een ruimte waar ze geconfronteerd werden met een keihard geluid. Sommige proefpersonen leerden al snel dat ze het geluid konden afzetten door de knoppen op een controlepaneel in te drukken. Maar bij andere proefpersonen was het controlepaneel zo gemanipuleerd dat de proefpersonen op geen enkele wijze iets aan het geluid konden veranderen. Toen de proefpersonen in een nieuwe situatie werden gebracht, namen alleen degenen die hadden geleerd om het harde geluid af te zetten, de moeite om te onderzoeken of ze nu ook iets konden doen. Degenen die het lawaai in de eerste kamer machteloos hadden moeten ondergaan, zaten stil in de nieuwe ruimte en deden geen enkele moeite om deze nieuwe stressor te stoppen. Ze hadden dus geleerd om hulpeloos te zijn. Symptomen van ditzelfde aangeleerde hulpeloosheidsyndroom zien Seligman en andere wetenschappers terug bij bijvoorbeeld misbruikte en verwaarloosde kinderen, mishandelde vrouwen en krijgsgevangenen (Overmier, 2002; Yee et al., 2003). Werknemers van alle opleidingsniveaus in uiteenlopende beroepen maken daarentegen melding van een groter welzijn wanneer ze enige mate van controle hebben over hun omgeving en hun werkomstandigheden (Faulkner, 2001; Zarit & Pearlin, 2003).

Secundaire controle: Inspanningen die zijn gericht op het beheersen van individuele reacties op externe gebeurtenissen.

◄◄ **Verbinding hoofdstuk 10**
Individualistische culturen waarderen het individu meer dan de groep, terwijl *collectivistische culturen* de behoeften van de groep belangrijker achten dan de individuele behoeften (p. 426).

Aangeleerde hulpeloosheid: Een verschijnsel waarbij iemand geleerd heeft negatieve gebeurtenissen toe te schrijven aan zijn eigen persoonlijke gebreken of aan externe omstandigheden waarover hij zelf geen controle denkt te hebben. Van mensen met aangeleerde hulpeloosheid wordt gedacht dat ze een extreme externe locus of control hebben.

Hoewel we dus mogelijk worden geboren met een individuele aanleg tot een interne of externe locus of control, spelen onze ervaringen ook een rol. Onderzoek met reddingswerkers van 9/11 en onderzoek naar aangeleerde hulpeloosheid zijn slechts twee voorbeelden waarmee dit belangrijke feit wordt geïllustreerd.

14.3.3 Weerbaarheid

Weerbaarheid: Houding van weerstand tegen stress, die is gebaseerd op een gevoel van uitdaging (positief staan tegenover verandering), toewijding (doelgerichte activiteit) en controle (het in stand houden van een interne richtlijn voor het handelen).

Een van de effectiefste stressmoderatoren is **weerbaarheid**: een oordeel over het leven dat is gebaseerd op een kenmerkende houding tegenover stress en de beheersing daarvan. In tegenstelling tot riskant type A-gedrag, is weerbaarheid een persoonlijkheidspatroon dat een gezonde manier van coping bevordert. Weerbaarheid kwam voor het eerst naar voren bij een grootschalig onderzoek onder managers die werken voor Illinois Bell Telephone (IBT) rond 1980. Salvatore Maddi en een groep onderzoekers van de universiteit van Chicago (1987, 2002) verzamelden veel gegevens over deze managers gedurende verschillende jaren, waarin als gevolg van privatisering van openbare diensten massale ontslagen plaatsvonden en het bedrijf moest inkrimpen. De werkomstandigheden, posities en verwachtingen veranderden vaak, waardoor de werkomgeving erg stressvol werd. Twee derde van de managers ondervond ernstige gezondheidsproblemen, waaronder hartaanvallen, beroertes, depressies en angststoornissen. De overige managers hadden geen problemen, maar leken zelfs op te bloeien (Kobasa et al., 1979). De onderscheidende factor, zo bleek, werd weerbaarheid genoemd, een concept dat bestaat uit drie specifieke factoren:

- *Uitdaging*
  Weerbare mensen zien veranderingen als een uitdaging en een mogelijkheid om te leren en te groeien, en niet per definitie als een bedreiging.
- *Betrokkenheid of toewijding*
  Weerbare mensen gáán ervoor. Ze zoeken op doelgerichte wijze naar een manier om de uitdaging het hoofd te bieden.
- *Controle*
  Weerbare mensen hebben een interne locus of control en zijn goed in het oplossen van problemen. Ze zijn dus geen slachtoffers van aangeleerde hulpeloosheid.

Laten we deze drie factoren eens toepassen op het leven van een student. Stel dat een vriend precies op de dag dat jij moet studeren voor een belangrijk examen vertelt dat hij met een verschrikkelijk probleem worstelt. Stel dat hij je smeekt om hulp. Deze twee stressoren (een belangrijk examen en een vriend in nood) kunnen de spanning behoorlijk opvoeren, vooral als je toch al het gevoel hebt dat je op je tenen loopt. Een weerbaar persoon zou de drie factoren van weerbaarheid inzetten om de situatie minder stressvol te maken: hij zou zich betrokken voelen ('Ik wil mijn vriend de aandacht geven die hij verdient en ik wil dit examen halen, ik moet dus een manier vinden om mijn verplichtingen op beide terreinen na te komen'); hij zou het als een uitdaging ervaren ('Ik wil me goed voorbereiden op dit examen; hoe kan ik daarnaast mijn vriend ervan overtuigen dat ik hem niet in de steek zal laten?'); en hij zou een gevoel van controle bewaren ('Ik kan het studeren niet uitstellen, maar vanavond heb ik wel tijd om met mijn vriend te praten. En als het examen voorbij is, dan kan ik al mijn aandacht aan zijn problemen wijden.')

Gebleken is dat de effecten van stressvolle situaties in sterk uiteenlopende sectoren van de bevolking door weerbaarheid worden verzacht: bij zakenmensen, kinderen, echtparen, sporters, het leger en de politie (Maddi, 2002). Hoewel er aanwijzingen zijn dat een weerbare persoonlijkheid al vroeg in het leven tot uiting komt, kan weerbaarheid, net als de locus of control, ook worden aangeleerd.

Onderzoekers hebben met succes trainingsprogramma's voor weerbaarheid ontwikkeld, waarbij mensen meer adaptieve manieren aanleren om op stressoren in hun leven te reageren (Beasley et al., 2003; Maddi, 1987).

14.3.4 Optimisme

Als je nadenkt over je toekomst, verwacht je dan dat er goede dingen gebeuren of maak je je zorgen over alles wat kan misgaan? Voor een optimist is het glas half vol, terwijl het voor de pessimist half leeg is. De optimist ziet mogelijkheden, terwijl de pessimist alleen mogelijke gevaren ziet. De pessimist zegt: 'Wat een pest, die mist', maar de optimist zegt: 'Ach, hij trekt al weer op, die mist.' En pessimisme is niet eenvoudigweg een geval van aangeleerde hulpeloosheid. 'Het leven bezorgt optimisten en pessimisten dezelfde teleurstellingen en tragedies,' zegt psycholoog Martin Seligman (1991, p. 207), 'maar de optimisten verdragen ze beter.'

Over het algemeen vertonen optimistische mensen minder lichamelijke symptomen van ziekte, ze herstellen sneller van bepaalde aandoeningen, zijn gezonder en leven langer dan pessimisten (Bennett & Elliott, 2002; Taylor et al., 2000a). Hoe kunnen deze verschillen worden verklaard? **Optimisme** heeft een directe invloed op de gezondheid, doordat optimisten meer positieve emoties ervaren, waardoor hun afweerstelsel wordt gestimuleerd (Cohen et al., 2003). Bovendien kunnen optimisten stress beter het hoofd bieden via actieve copingstrategieën, die we in de laatste paragraaf van dit hoofdstuk zullen bespreken.

Optimisme: Een houding waarbij stressoren over het algemeen worden geïnterpreteerd als specifiek, situationeel en tijdelijk.

Uit een langlopend onderzoek van Seligman (2002) en zijn collega's kwam naar voren dat een optimistische denkstijl zich kenmerkt door drie specifieke aannames, of attributies, over negatieve gebeurtenissen:

- Ze worden toegeschreven aan specifieke situaties in plaats van aan algemene omstandigheden: 'Ik had een laag cijfer voor mijn laatste psychologie-examen' in plaats van 'Ik doe het slecht op school'.
- Verklaringen voor deze gebeurtenissen worden eerder gezocht in situationele factoren dan in persoonlijke factoren: 'Het is waarschijnlijk gebeurd doordat ik de dag voor het examen de les heb gemist en de docent de stof toen herhaalde', in plaats van 'Ik ben niet slim genoeg om goed te presteren'.
- Situaties waarin deze gebeurtenissen voorkomen, worden beschouwd als tijdelijk, niet als permanent: 'Als ik ervoor zorg dat ik geen lessen meer mis, zal ik het bij de volgende toets beter doen' in plaats van 'Ik zal dit lage cijfer nooit kunnen ophalen'.

Seligman, een van de grondleggers van de International Positive Psychology Association, meent dat een optimistische denkstijl kan worden aangeleerd. Een manier om dit te doen is volgens Seligman door op een bepaalde manier tegen jezelf te praten wanneer je je depressief of hulpeloos voelt. Deze toespraakjes moeten gericht zijn op de betekenis en de oorzaken van persoonlijke teleurstellingen. Als je ondanks je pogingen om af te vallen bent bezweken voor een calorierijk toetje, moet je niet denken: 'Ik heb mijn dieet nu toch al verknald, dus ik kan nu nog wel een portie nemen', maar: 'Nou, dat was lekker, maar ik weet dat ik sterk genoeg ben om me nu weer aan mijn dieet te houden.' Het komt erop neer, zegt Seligman, dat je een positieve instelling kunt aanleren door je denken, je zelfbeeld en je gedrag op een constructieve manier aan te passen (Seligman, 1991).

Als je dit leest, word je misschien herinnerd aan het belang van cognitieve beoordeling van onze stressreactie en aan onze centrale vraag van dit hoofdstuk over individuele verschillen in de stressreactie. Als je optimistischer leert denken, of met een grotere mate van weerbaarheid leert reageren, verandert je interpretatie van een potentiële stressor en beleef je minder stress.

Video
Ga naar de MyLab mediatheek om het filmfragment te bekijken over optimisme en veerkracht.

14.3.5 Veerkracht

Veerkracht is de capaciteit om zich aan te passen en welzijn te bereiken in weerwil van ernstige bedreigingen van de ontwikkeling (Masten, 2001). Het Engelse woord voor veerkracht, *resilience*, heeft een Latijnse stam die 'drijvend' betekent. Gedurende meer dan twintig jaar heeft het meeste onderzoek naar veerkracht zich gericht op deze eigenschap bij kinderen en pubers die met stressvolle levensomstandigheden werden geconfronteerd, zoals verwaarlozing of mishandeling door de ouders, ouders met psychische stoornissen, rouw en andere ernstige risicofactoren. Hoe konden sommige van de kinderen uit deze risicogroepen overleven en zelfs gedijen, terwijl anderen daar niet in slaagden en ziek werden? Zelfs op jonge leeftijd onderscheiden veerkrachtige kinderen zich door verschillende eigenschappen. Ze hebben meestal betere cognitieve vaardigheden, zijn consciëntieuzer, hebben betere sociale vaardigheden, zijn competenter en hebben toegang tot betere verzorgende of opvoedkundige hulpmiddelen (Masten, 2001; Riolli, 2002). Lezenswaardig is in dit verband het boek: *Druk, druk, druk* van de Vlaamse kinderpsychiater Lieve Swinnen (2011). Hierin gaat ze uit van de veerkracht, talenten en positieve karaktertrekken van kinderen, in plaats van te focussen op negatieve ervaringen. Ze praat over het belang van een goede hechting, een positief zelfbeeld en een gezonde levensstijl.

Doordat veerkrachtige eigenschappen al zo vroeg in het leven worden herkend, wordt het vermoeden ondersteund dat je al dan niet veerkrachtig wordt geboren: het is een aangeboren menselijke capaciteit. Onlangs is de aandacht echter verschoven naar het voorkomen van veerkrachtigheid onder volwassen populaties en ook naar de vraag of veerkracht kan worden aangeleerd.

Bij een onderzoek naar veerkracht onder volwassenen werden overlevenden onderzocht van het conflict in Kosovo (voormalig Joegoslavië) in 1999. De mate van veerkracht was gerelateerd aan een combinatie van karaktertrekken: mensen die extravert, consciëntieus en optimistisch zijn, hebben meer veerkracht (Riolli, 2002). Hiervan is vooral optimisme veelbelovend als hulpmiddel om mensen veerkrachtiger en minder kwetsbaar of lichtgeraakt te maken.

Je staat er soms versteld van hoe goed mensen zich kunnen aanpassen wanneer hun leven plotseling ingrijpend verandert. Uit gesprekken met mensen met een beschadiging aan het ruggenmerg bleek dat ze kort na het ongeluk buitengewoon negatief gestemd waren. Maar een aantal weken later waren ze dikwijls veel tevredener dan voor het ongeluk (Silver, 1983).

Een bijzonder voorbeeld van veerkracht vinden we in het verhaal van de Britse natuur- en wiskundige Stephen Hawking. Als talentvol natuurkundestudent won hij in zijn tweede studiejaar de natuurkundeprijs van de gerenommeerde Universiteit van Oxford. Tegen het einde van zijn zware studie natuurkunde kreeg hij allerlei vreemde klachten: hij werd steeds onhandiger, viel regelmatig zomaar om en liep tegen dingen aan. Begin 1963, Hawking was toen net 21, werd hij in het ziekenhuis opgenomen, De artsen constateerden dat hij leed aan amyotrofe laterale sclerose (ALS), een zeldzame en ongeneeslijke neurologische aandoening waarbij een persoon langzamaan verlamd raakt, maar het denkvermogen niet wordt aangetast. Ondanks zijn ziekte rondde hij zijn studie af, en begon hij een carrière als natuurkundige. Zijn vrouw Jane verzorgde hem, totdat 24-uursverpleging noodzakelijk werd. Halverwege de jaren tachtig sloeg echter opnieuw het noodlot toe: Hawking liep een longontsteking op, verloor zijn vermogen te spreken en balanceerde op het randje van de dood. Maar hij kwam ook deze klap te boven en zette zijn carrière als natuurkundige voort, inmiddels bijna volledig verlamd, en gebruikmakend van een spraakcomputer. In de decennia die volgden, werd Stephen Hawking een van de bekendste en meest vooraanstaande theoretisch natuurkundigen ter wereld.

Stephen Hawking werd op jonge leeftijd getroffen door een ongeneeslijke ziekte die hem volledig verlamde, maar ontwikkelde zich desondanks tot een van de meest vooraanstaande natuurkundigen ter wereld.
Bron: Philip Waterson, LBIPP, LRPS.

Veerkracht, zoals die van Stephen Hawking, hoeft niet zeldzaam te zijn. In feite overwinnen veel helden uit het leven van alledag en 'onbekende beroemdheden' verschrikkelijke problemen zonder dat wij dat weten. Hun vermogen met pijn en problemen om te gaan is niet het gevolg van buitengewone krachten, maar van 'gewone magie', de term die veerkrachtonderzoeker Ann Masten (2001) gebruikt voor normale adaptatieprocessen die er volgens haar voor zorgen dat mensen tot meer in staat zijn dan we zouden verwachten. Door meer te verwachten, zetten we mogelijk een stap in de richting van een groter optimisme en een grotere veerkracht in ons eigen leven.

■ PSYCHOLOGIE GEBRUIKEN OM PSYCHOLOGIE TE LEREN

Stel je eens voor dat je zojuist een verlies hebt doorgemaakt (een vriendin heeft je vertrouwen beschaamd, je geliefde heeft je afgewezen, of je huisdier is overleden) waardoor je verdriet hebt. Je vrienden zeggen dat je je eroverheen moet zetten. Je weet niet waar je heen moet met je verdriet of met wie je kunt praten, en toch heb je de sterke behoefte je gedachten en gevoelens te uiten. Wat kun je doen? Hier kun je beginnen: schrijf het op. Als je dat doet, leer je meer over je eigen psychologie. Waarom schrijven? Waarom niet gewoon razen en tieren om het uit je systeem te krijgen? Om te beginnen is het agressief uiten van emoties niet voldoende om stress te verlichten of je gezondheid te ondersteunen, het kan zelfs nadelige of schadelijke effecten hebben (Gross & Psaki, 2004; Smythe, 1998). Schrijven over je angsten en je gevoelens van verlies heeft echter een therapeutisch effect (Pennebaker, 1990, 1997; Zimmerman, 2002) en het is gebleken dat schrijven over je gevoelens en zorgen een positief effect heeft op de gezondheid van patiënten met immuunziekten (Pennebaker, 1997). Wanneer je je gedachten en gevoelens uitschrijft, spreek je uitsluitend tot en voor jezelf. Je kunt openhartige taal gebruiken, alles vertellen en gerust zijn dat je niets hoeft uit te leggen. Je hebt alleen tijd en schrijfmateriaal nodig en de toewijding om het schrijven vol te houden. Er zijn verschillende manieren om dit gemakkelijker en effectiever te maken:

Schrijven over je gevoelens en zorgen kan een positief effect hebben op je gezondheid.
Foto: Sanja Gjenero, stock.xchng.

- Gebruik een medium dat efficiënt of gemakkelijk voor je is. Het is prima om te typen, maar je hebt misschien niet altijd toegang tot je computer. Met de hand schrijven is een meer persoonlijke uiting en je hoeft het niet leesbaar te maken, het is alleen voor jouw ogen bestemd. Door pen en papier te gebruiken kun je niet alleen schrijven, maar ook tekenen of krabbelen. Zo kun je jezelf dus zowel verbaal als non-verbaal uiten. Bovendien is een klein opschrijfboekje niet duur en kun je het overal mee naartoe nemen.

- Kies een onderwerp of thema dat je stimuleert. Als een verlies of angst je tot schrijven heeft aangezet, begin je daarmee. Als dit niet het geval is, kies je een 'onderwerp' dat emoties en ideeën opwekt over belangrijke problemen in je leven.

- Beschrijf zowel je gedachten als je gevoelens. Concentreer je op het zoeken van een betekenis in moeilijke ervaringen. Mogelijk weet je de antwoorden niet ('Waarom ging onze relatie uit?'), maar je kunt redeneren en fantaseren ('Misschien is dit gewoon een goede tijd voor mij om alleen te zijn'). Een belangrijk doel van therapeutisch schrijven of spreken is inzicht te verwerven en groei en verandering teweeg te brengen. Het helpt misschien ook om bij het schrijven over herinneringen te doen alsof je een verhaal vertelt met een begin, een midden en een eind; of om karakters en gebeurtenissen te beschrijven en misschien zelfs je eigen conclusies te trekken over de 'moraal van het verhaal' en over lessen die je hebt geleerd (Harvey et al., 1990; Murray, 2002).

- Schrijf op vrije ogenblikken en streef bijvoorbeeld naar enkele pagina's per week. Schrijf alsof je een journalist bent, en neem elk detail op dat belangrijk lijkt (DeSalvo, 2000). Experimenteer met verschillende vormen, zoals het schrijven van liefdesbrieven of haatbrieven aan jezelf. Herken verhulde zegeningen en categoriseer je acties (bijvoorbeeld dingen die je voor anderen doet tegenover dingen die je voor jezelf doet) (Zimmerman, 2002).

- Houd het vol. Maak het schrijven tot een gewoonte, niet alleen een uitlaatklep voor slechte tijden. Een onderzoeker ontdekte dat de pijn werd geïntensiveerd wanneer uitsluitend over trauma's werd geschreven; daardoor waren de betrokkenen minder goed in staat tot verwerken. Zelfs in tijden waarin je niet 'hoeft' te schrijven, schrijf je dus toch enkele regels, *omdat* je goed voelt. Zo weet je later nog dat je je ooit goed hebt gevoeld en kun je jezelf eraan herinneren hoe je dat voor elkaar hebt gekregen!

Het doel van het schrijven is je stress te verwerken, te leren over je reacties en je copingstrategieën en te genezen. Jij bepaalt de regels. Daarbij zou je erover kunnen nadenken hoe je de kennis uit deze paragraaf over percepties en weerbaarheid kunt toepassen. Denk maar eens aan onze discussie in het eerste kernconcept van dit hoofdstuk over het belang van verhalen. Laat je hierdoor echter niet te veel onder druk zetten. Geef jezelf deze 'schrijfopdracht', zodat je je kunt ontspannen: er is geen deadline en je hoeft je geen zorgen te maken of je er wel een goed cijfer voor krijgt.

 Ga naar **www.pearsonmylab.nl** om je kennis en begrip van deze paragraaf te testen met de MyMap, MyCheck en MyDefinitions.

KERNVRAAG 14.4
....
▶ Hoe kunnen we de invloed van stress op onze gezondheid verminderen?

Is het mogelijk ervoor te kiezen een lang en gezond leven te leiden? Of wordt je gezondheid bepaald door factoren waarover we geen controle hebben, zoals onze genetische aanleg en toegang tot gezondheidszorg? Is er iets wat we kunnen doen om de invloed van stress op onze gezondheid te verminderen nadat we zijn blootgesteld aan een traumatische stressor, zoals een aardbeving, of aan de chronische stressoren waarvan we in dit hoofdstuk voorbeelden hebben besproken? Je hebt intussen waarschijnlijk wel begrepen dat je kans op succes zal worden vergroot door een weerbare benadering van deze vragen: een benadering vanuit een interne locus of control en een optimistische houding! Er is nog meer goed nieuws: ziekte- en sterftecijfers kunnen ook worden beïnvloed door het hanteren van adequate copingstrategieën en de keuze voor een gezonde leefstijl (Elliott & Eisdorfer, 1982; Taylor, 2006).

Veel voortijdige sterfgevallen hebben te maken met keuzes die mensen vrijwillig hebben gemaakt: de keuze om te roken, de keuze voor ongezonde voeding en de keuze voor alcoholgebruik. Zo zijn wereldwijd, en ook in de gehele Europese Unie, hart- en vaatziekten en (long)kanker de belangrijkste doodsoorzaken (WHO, 2004; Niederlander, 2006). Bij de keuze voor een bepaalde leefstijl speelt stress uiteraard ook een rol. In dit deel van het hoofdstuk brengen we hulpbronnen in kaart die je kunnen helpen om gezonder te leven en de schadelijke effecten van stress te neutraliseren. Het kernconcept luidt als volgt:

● KERNCONCEPT 14.4

Door effectieve copingstrategieën neemt de invloed van stress op onze gezondheid af. Onze levenswijze kan zowel onze mentale en fysieke gezondheid als ons algehele welzijn bevorderen.

Als we het model uit de vorige paragraaf nog eens bekijken (zie figuur 14.7), reduceren **copingstrategieën** de invloed van stress op onze gezondheid. Op deze manier heeft stress dus minder invloed op ons lichaam. Ook door **positievere keuzes op het gebied van levenswijze** kunnen we effectiever met stress omgaan. Deze keuzes hebben een bijkomend voordeel: ze werken als stressmoderatoren en verminderen de stress die we beleven wanneer we aan stressoren worden blootgesteld. Met andere woorden, door bepaalde keuzes op het gebied van leefstijl neemt onze weerstand tegen stress toe, net als onze weerstand tegen ziekte. Eerst bespreken we in dit hoofdstuk de copingstrategieën die het meest van nut zijn bij het bestrijden van stress. Vervolgens onderzoeken we de leefstijlkeuzes die aan stressreductie en ziektepreventie zijn gerelateerd. Ten slotte onderzoeken we de eigenschappen van mensen die zeggen dat ze geluk en een gevoel van welzijn hebben gevonden.

14.4.1 Psychologische copingstrategieën

De ongezonde effecten van stress worden versterkt door het type A-gedragspatroon, pessimisme en aangeleerde hulpeloosheid; deze effecten kunnen worden 'gemodereerd' of tegengegaan door weerbaarheid, optimisme, een interne locus of control en veerkracht. Wanneer je te maken krijgt met ernstige stressoren en problemen raden we je zeker aan professionele hulp te zoeken. Maar wat kun je zelf doen om effectief met stress om te gaan? En wat bedoelen we precies met coping?

Afweer versus coping

Er zijn ruwweg twee groepen gedrag voor stressmanagement: afweer en coping. **Afweer** betekent het reduceren van de *symptomen* van de stress of het verminderen van het bewustzijn van deze symptomen. Als je bijvoorbeeld stress voelt voor een belangrijk examen waarvoor je naar je gevoel niet voldoende hebt gestudeerd, kun je je eenvoudig verdedigen tegen dat nerveuze gevoel door afleiding te zoeken door iets leuks te gaan doen: naar een feestje gaan of vrienden opzoeken. Door afleiding zal het probleem niet weggaan: die toets is er nog steeds. Het is echter mogelijk dat je gedurende een korte periode minder stress ervaart. Afweer heeft het voordeel dat het sommige symptomen van stress, zoals zorgen, ongemak of pijn, verlicht. Het belangrijke nadeel van afweer is dat het geen invloed heeft op de stressor zelf. De stress keert onvermijdelijk terug en wellicht is het dan nog moeilijker er iets aan te doen.

In tegenstelling tot een defensieve houding ten opzichte van stress, bestaat **coping** uit het ondernemen van actie die erop gericht is de oorzaken van stress te verminderen of weg te nemen, en niet alleen de symptomen ervan. Voor gezonde coping moet je de stress onder ogen zien, de stressor identificeren en een manier ontwikkelen om het probleem op te lossen of de schade te beperken. Dit betekent niet alleen je focussen op een beter gevoel, maar actie ondernemen om de totale stressvolle situatie te verbeteren. Om bijvoorbeeld goed met de stress van een dreigend examen om te gaan, moet je (1) je realiseren dat je het gevoel hebt dat je niet goed bent voorbereid, (2) effectieve studiemethodieken en -planning ontwikkelen, (3) deze toepassen respectievelijk uitvoeren en (4) het examen afleggen. Zo *voel* je je niet alleen voorbereid, je zult ook daadwerkelijk voorbereid *zijn* en je dus ook minder nerveus voelen. Natuurlijk moet je plezierige activiteiten tot na het examen uitstellen, maar zonder de zenuwen voor het examen zul je meer plezier hebben. (Herinner je je het Premack-principe?)

Copingstrategie: Manier om stressvolle situaties te hanteren.

Positievere keuzes op het gebied van levenswijze: Patronen die bescherming bieden tegen stress en ziekte.

Stoppen met roken is een positieve keuze op het gebied van levenswijze waar veel mensen moeite mee hebben. Begin 2010 slaagde president Obama erin definitief te stoppen.
Bron: Walter G Arce/Shutterstock.

Afweer: Inspanningen verrichten om de symptomen van stress of het bewustzijn van stress te verminderen.

Coping: Actie ondernemen om de oorzaken van stress te verminderen of weg te nemen.

◄◄ **Verbinding hoofdstuk 4**
Het *Premack-principe* is een strategie waarbij een geliefde activiteit wordt gebruikt als beloning voor het afmaken van een minder geliefde taak (p. 139).

Probleemgerichte en emotiegerichte coping

Probleemgerichte coping: Actie die wordt ondernomen om een stressor te begrijpen en een oplossing te vinden voor het probleem dat gerelateerd is aan de stressor.

Globaal zijn er twee elementaire benaderingen voor een gezonde coping: emotiegerichte coping en probleemgerichte coping. Bij **probleemgerichte coping** wordt de stressor geïdentificeerd en wordt actie ondernomen om een oplossing te vinden voor het probleem dat gerelateerd is aan de stressor. Stel dat je nerveus bent omdat je aan een nieuwe opleiding gaat beginnen. In die situatie zou probleemgerichte coping kunnen bestaan uit een bezoek aan de school, om je vertrouwd te maken met de omgeving, en/of uit contact met de studiebegeleiding om tips te krijgen. Zo worden je nervositeit over het kunnen vinden van de weg en over de kans op succes verminderd. **Emotiegerichte coping** bestaat uit inspanningen om je emotionele reactie op de stressor te reguleren. Hierbij identificeer je je gevoelens en concentreer je je erop ze te verwerken. Effectieve emotiegerichte coping dient van **piekeren** te worden onderscheiden. Bij piekeren blijf je hangen in negatieve gedachten (in plaats van in emoties). Het is niet verbazingwekkend dat dit cognitief malen een negatief effect heeft op ons afweerstelsel (Thomson et al., 2004). Daarnaast zul je je er zeker ook niet beter door gaan voelen!

Emotiegerichte coping: Het reguleren van je emotionele reactie op een stressor.

Piekeren: Blijven stilstaan bij negatieve gedachten in reactie op stress; dit is gedrag dat het afweerstelsel aantast.

Beide typen coping kunnen nuttig zijn. In het algemeen is probleemgerichte coping het beste als we concreet actie kunnen ondernemen om de stressor te verminderen, terwijl van emotiegerichte coping gebruik moet worden gemaakt in situaties die we eenvoudigweg moeten accepteren (Folkman & Lazarus, 1980; Zakowski et al., 2001).

Soms kunnen de twee stijlen van coping het best in combinatie worden toegepast. Als je bijvoorbeeld ontslagen wordt, kun je naar een andere baan gaan zoeken (probleemgericht), maar merk je mogelijk dat je je niet op die taak kunt concentreren, omdat je te boos en te verward bent als gevolg van het ontslag. In zo'n situatie kun je proberen emotiegerichte coping toe te passen, zodat je kalmeert en helderder kunt denken. Je kunt gaan hardlopen of sporten, met een goede vriend praten, in je dagboek schrijven of iets anders gaan doen waardoor je je gevoelens kunt verwerken. Ook kun je een warm bad nemen, wat rusten of iets gezonds eten. Zulke emotiegerichte coping is niet slechts je afsluiten (zoals wanneer je jezelf volledig van het probleem afleidt of het afweert). Het is juist gericht op het verwerken van je emotionele reacties voordat deze buiten je controle voortrazen en schadelijk worden voor je gezondheid. Wanneer je je dan weer kalm en voorbereid voelt, kun je je concentreren op datgene wat nodig is om de stressor aan te pakken en het probleem op te lossen.

Cognitieve herstructurering

Cognitieve herstructurering: Het herbeoordelen van een stressor met het doel deze vanuit een positiever perspectief te beschouwen.

In dit hoofdstuk hebben we erkend dat cognitieve beoordeling een rol speelt bij de relatie tussen stress en ziekte. En hoewel de persoonlijkheidsfactoren die ons beschermen tegen stress, zoals weerbaarheid en interne locus of control, diep in onze persoonlijkheid zijn verankerd, kunnen we met behulp van cognitieve technieken onze coping versterken (Kohn & Smith, 2003). Onder **cognitieve herstructurering** verstaan we hier het cognitief herbeoordelen van stressoren met het doel deze vanuit een minder stressvol perspectief te bekijken (Meichenbaum & Cameron, 1974; Swets & Bjork, 1990). Bij deze benadering dien je gedachten die angst en nervositeit veroorzaken te identificeren. Vervolgens moet je jezelf uitdagen om de situatie op een meer uitgebalanceerde of realistischere manier te bekijken. Een ontslag kun je dan beschouwen als een gebeurtenis die bijvoorbeeld de gelegenheid biedt een nieuwe baan te vinden die leuker is, beter betaalt of betere promotiemogelijkheden heeft.

Cognitief herstructureren is met name geschikt voor mensen die chronische stress ervaren. Het is een van de hoekstenen van de in het vorige hoofdstuk besproken cognitieve gedragstherapie.

Het maken van **sociale vergelijkingen** is een type cognitieve herstructurering waarbij je je eigen situatie specifiek vergelijkt met die van anderen in soortgelijke situaties. De gezondheidspsychologe Shelley Taylor (1983) maakte voor het eerst melding van de toepassing van sociale vergelijkingen bij een onderzoek met borstkankerpatiënten. Sommigen van hen maakten gebruik van **neerwaartse sociale vergelijking**, waarbij ze hun eigen situatie vergeleken met die van vrouwen die er erger aan toe waren dan zij en ze zodoende hun eigen situatie op een positievere manier konden beoordelen. (Uiteraard ontleent niemand bij deze neerwaartse vergelijkingen leedvermaak of plezier aan de pijn van anderen; de strategie bestaat alleen uit het opmerken en onder ogen zien van de nog somberdere situaties waarin anderen verkeren.) Anderen maakten gebruik van **opwaartse sociale vergelijking** en namen een voorbeeld aan borstkankerpatiënten die beter wisten om te gaan met hun ziekte dan zijzelf, ter inspiratie voor verbetering van hun eigen instelling. Bij bevestigend onderzoek is aangetoond dat beide typen vergelijking effectieve strategieën voor coping zijn. In zekere zin is neerwaartse sociale vergelijking een vorm van emotiegerichte coping, doordat je je door de vergelijking uiteindelijk minder zorgen maakt, terwijl opwaartse vergelijking een vorm van probleemgerichte coping is, omdat dit voorbeeld als richtlijn voor een specifieke actie dient (Wills, 1991).

Positieve emoties

Als negatieve gedachten en negatieve emoties zoals vijandigheid stress opwekken, geldt het omgekeerde dan ook? Wordt de gezondheid door positieve emoties bevorderd? Uit verschillende onderzoeksgebieden komen aanwijzingen naar voren dat dit mogelijk het geval is.

Deze vraag stond centraal bij onderzoek onder een groep katholieke nonnen variërend in leeftijd van 75 tot 95 jaar. De onderzoekers kregen toegang tot autobiografieën die de nonnen hadden geschreven, vlak voordat ze het klooster in gingen (toen de meesten van hen rond de 20 jaar waren) en bepaalden de emotionele inhoud van deze geschriften. Iedere autobiografie (van één pagina) kreeg een cijfer voor het aantal positieve, negatieve en neutrale emotionele woorden dat was gebruikt. Wat bleek? De nonnen die de meeste positieve emotionele woorden hadden gebruikt, leefden gemiddeld 9,4 jaar langer dan degenen die de minste positieve emoties hadden geuit! Bovendien werd de levensduur nog eens met een jaar verlengd wanneer meer uiteenlopende positieve emoties in de autobiografie waren geuit (Danner et al., 2001).

De effecten van stress worden ook opgevangen door het cultiveren en uiten van een gevoel voor humor. Als mensen iets lachwekkends kunnen ontdekken wanneer ze aan een stressor worden blootgesteld, wordt niet alleen de stemming verbeterd, maar neemt ook de fysiologische invloed van de stressor af (Dillard, 2007). Ook is gebleken dat de stressor als minder ernstig wordt beoordeeld als de betrokkene een persoonlijkheid had met een goed gevoel voor humor als eigenschap (Lefcout, 2000; Kulper et al., 1993). Deze bevindingen passen bij het werk van de George Vaillant, psycholoog aan Harvard; uit zijn levenslange onderzoek onder mannen bleek dat levensvreugde een van de belangrijkste voorspellende factoren was voor gezondheid en een lange levensduur (Vaillant, 1990).

Als je van nature weinig gevoel voor humor hebt of niet veel positieve emoties beleeft, kun je toch baat hebben bij deze hulpmiddelen voor coping. Wanneer je je bewust inspant om positieve momenten in je leven op te merken, en situaties opzoekt waarin je humor en vreugde vindt, kan en zal dit een positief effect hebben op je leven, beweert voorstander van de positieve psychologie Martin Seligman in zijn boek *Authentic Happiness* (2002). Het volgende citaat van een aidspatiënt is een aangrijpend voorbeeld hiervan:

Sociale vergelijking: Een type cognitieve herstructurering waarbij de betrokkene vergelijkingen maakt tussen zichzelf en anderen in soortgelijke situaties.

Neerwaartse sociale vergelijking: Vergelijkingen tussen de eigen stressvolle situatie en die van anderen in een soortgelijke situatie die slechter af zijn; het gevolg is dat men een positiever perspectief op de eigen situatie krijgt.

Opwaartse sociale vergelijking: Vergelijkingen tussen de eigen stressvolle situatie en die van anderen in een soortgelijke situatie die een effectievere wijze van coping hebben; het doel is van het voorbeeld van anderen te leren.

'Iedereen overlijdt vroeg of laat. Ik ben gaan waarderen hoe mooi de aarde is, de bloe-men en de dingen waar ik van houd. Vroeger lette ik nooit op al die dingen. Nu blijf ik stilstaan en ruik ik vaker aan de rozen en doe ik alleen nog maar plezierige dingen.' (G.M. Reed, geciteerd in Taylor, 1999).

Het zoeken naar betekenis

Viktor Frankl was een gerespecteerd neuroloog in Oostenrijk toen de nazi's hem en zijn gezin naar een concentratiekamp deporteerden. Daar werden ze, samen met duizenden andere Joden, onderworpen aan verschillende vormen van ontbering en marteling. Velen, ook de vrouw en de ouders van Frankl, werden in de kampen vermoord. Frankl overleefde echter en leverde na de oorlog een belangrijke bijdrage aan de psychologie met zijn werk over het belang van het zoeken naar betekenis in ogenschijnlijk onverklaarbare gebeurtenissen, zoals de gebeurtenissen die zich voordeden tijdens zijn verblijf in de kampen. In zijn oor-spronkelijke werk, *Man's Search For Meaning (Frankl, 1959)*, zegt hij het volgende: 'Als we niet langer in staat zijn een situatie te veranderen, denk bijvoorbeeld aan een ongeneeslijke ziekte zoals een inoperabele kanker, worden we uitgedaagd onszelf te veranderen.'

De hypothese van Frankl stimuleerde onderzoek naar het nut van het zoeken naar betekenis in verlies. Hierbij worden twee specifieke typen betekenis onder-scheiden: **zingeving** en **het zoeken naar een positieve betekenis**. Na een belangrijke, negatieve gebeurtenis in het leven proberen we op een of andere manier zin te geven aan de gebeurtenis, zodanig dat deze past in ons idee dat de wereld voorspelbaar, controleerbaar en niet willekeurig is (Tait & Silver, 1989; Te-deschi & Calhoun, 1986). Een sterfgeval zou bijvoorbeeld kunnen worden gezien als onvermijdelijk als de betrokkene met een langdurige ziekte worstelde, of als deze lang en veel had gerookt. Na de orkaan Katrina waren discussies over lang-durige problemen met de rivierdijken in New Orleans ook een poging tot zinge-ving. Diep gelovige mensen kunnen zin geven aan gebeurtenissen door deze aan Gods wil toe te schrijven. Een tweede fase in het zoeken naar betekenis ontstaat wanneer de betrokkene kan zien dat het verlies uiteindelijk een voordeel met zich heeft meegebracht, bijvoorbeeld een vernieuwd gevoel van waardering van het leven of van dierbaren of het ontdekken van een nieuwe weg in het leven. Bij succesvolle coping lijkt zowel zingeving als het trachten iets positiefs uit de gebeurtenis te halen een rol te spelen, maar de strategieën worden toegepast op verschillende momenten. Zingeving is het eerste probleem waar mensen mee worstelen, maar de uiteindelijke verwerking van het verlies en het herkrijgen van levenskracht, lijkt afhankelijk te zijn van het vinden van een antwoord op het eerste probleem en het overgaan naar het tweede probleem (Janoff-Bulman & Frantz, 1997). Dit kan verklaren waarom mensen die een kind hebben verloren, mensen die te maken hebben met het overlijden van een dierbare bij een ongeluk of een gewelddadig incident, en anderen die worden geconfronteerd met een verlies dat in strijd is met hun beleving van de natuurlijke orde van het leven, moeilijker van een verlies kunnen herstellen (Davis et al., 1998).

Het zoeken naar betekenis in een tragedie is dus geen ge-makkelijke opgave. Is er iets dat kan helpen? Het wekt mis-schien geen verbazing dat dit optimisten gemakkelijker valt dan pessimisten, vooral met betrekking tot het zoeken naar

Zingeving: Eén aspect van het zoeken naar betekenis in een stressvolle situatie, waarbij de stressor wordt beleefd op een wijze die overeenkomt met onze verwachting dat de wereld voorspelbaar, controleerbaar en niet willekeurig is.

Zoeken naar een positieve betekenis: De tweede fase van het zoeken naar bete-kenis in een stressvolle situatie, waarbij de situatie uiteindelijk zo wordt beleefd dat de stressor als zinvol wordt beschouwd en uit de situatie nog iets positiefs gehaald kan worden.

Het is mogelijk dat je levensduur wordt verlengd door positieve emoties te bele-ven en te uiten.
Bron: Daniele LaMonaca/Reuters/Landov.

een positieve betekenis (Park et al., 1996). Een diepe religieuze overtuiging lijkt de zingeving te vergemakkelijken, vooral bij het verlies van een kind, zoals blijkt uit een onderzoek naar ouders die een kind verloren aan wiegendood (ook wel *Sudden Infant Death Syndrome* of SIDS) (McIntosh et al., 1993). En de voordelen van sociale steun, die we verderop gaan bestuderen, zijn niet beperkt tot een bepaald persoonlijkheidstype of tot gelovige mensen, maar kunnen een belangrijke rol spelen bij zoeken naar betekenis.

Van de hier besproken copingstrategieën (probleemgerichte en emotiegerichte coping, cognitieve herstructurering, opwaartse en neerwaartse sociale vergelijkingen, positieve emoties en het zoeken naar betekenis) is gebleken dat ze effectief kunnen zijn, dat wil zeggen kunnen voorkomen dat stress een negatieve invloed op de gezondheid krijgt. Elk van deze strategieën biedt een aanwijzing om inzicht te krijgen in de individuele verschillen op het gebied van de invloed van stress. Als je nadenkt over toepassing van deze hulpmiddelen bij je eigen omgang met stress, moet je twee dingen onthouden. Ten eerste: mensen die met chronische stressoren te maken hebben, maken vaak gebruik van een combinatie van strategieën. Ten tweede: we kunnen ook een aantal keuzes maken op het gebied van onze levenswijze en deze aan onze 'gereedschapskist van copingstrategieën' toevoegen; deze keuzes hebben het bijkomende voordeel dat ze ook stressverminderend werken. We geven nu een overzicht van deze keuzes.

14.4.2 Keuzes op het gebied van levenswijze

Net als de meeste mensen houd je waarschijnlijk wel van koopjes! We willen zo veel mogelijk waar voor ons geld krijgen, onze tijd zo goed mogelijk besteden en zo veel mogelijk resultaat behalen met onze inspanningen. De keuzes op het gebied van levenswijze die we in deze paragraaf bespreken, zijn koopjes voor onze gezondheid, in die zin dat elke investering in deze categorie je niet één, maar twee voordelen brengt: ze werken als moderatoren en als copingstrategieën (zie figuur 14.7). Hoe meer van deze factoren je in je leven integreert, hoe beter je gezondheid zal zijn.

Sociale steun

Een van de beste remedies tegen stress is **sociale steun**: dit zijn de psychologische en fysieke middelen die anderen je kunnen bieden om de confrontatie met tegenslagen aan te kunnen. Uit onderzoek blijkt dat mensen die een ingrijpende gebeurtenis hebben meegemaakt, zoals het verlies van een partner of een baan, en daardoor zware stress ervaren, minder psychologische en fysiologische pijn ervaren als ze een effectief netwerk van vrienden of familie om zich heen hebben (Billings & Moos, 1985). Ze zijn minder bevattelijk voor verkoudheid en lopen minder risico op depressie of angststoornissen. Sociale steun heeft ook een aantoonbaar positief effect op de gezondheid van mensen met een lichamelijke ziekte (Davison et al., 2000; Kelley et al., 1997): mensen bij wie ziekten zijn vastgesteld zoals hartaandoeningen, kanker, reuma en suikerziekte, herstellen sneller als ze een goed netwerk voor sociale steun hebben (Taylor, 2006). Mensen met weinig betekenisvolle relaties sterven gemiddeld eerder dan mensen die op een ondersteunend sociaal netwerk kunnen terugvallen (Berkman & Syme, 1979; Pilisuk & Parks, 1986) – zelfs als gecorrigeerd wordt voor andere factoren waarvan bekend is dat ze op de levensduur van invloed zijn, zoals de gezondheid en de sociaaleconomische status. Sterker nog, de afwezigheid van een betrouwbaar sociaal netwerk vergroot de kans op sterfte door ziekte, zelfmoord of een ongeluk met ongeveer dezelfde factor als roken (House et al., 1988). Bovendien blijkt uit een recent, wereldwijd uitgevoerd onderzoek dat sociale verbondenheid, in welke vorm dan ook, het meest voorkomende antwoord is op de vraag: 'Wat maakt u gelukkig?' (Zegers, 2010).

Optimisten leven langer. En van een positieve kijk op het leven word je gelukkiger, gezonder en succesvoller. In het boek *Word optimist!* van Leo Bormans (2011) staan verschillende voorbeelden, adviezen en verhalen die je helpen van optimisme een levensstijl te maken.

Sociale steun: De steun die iemand van anderen ontvangt bij het hanteren van stressvolle situaties.

Deze vrouwen doen twee dingen die gunstig zijn voor hun gezondheid: ze brengen tijd door met vrienden en ze lachen.

Bron: Jack Hollingsworth/Blend Images/ Corbis.

Voordelen van sociale steun Welk aspect van sociale steun maakt dit tot zo'n goed middel om onze gezondheid te verbeteren? Uit onderzoek zijn drie specifieke voordelen naar voren gekomen. Misschien denk je onmiddellijk aan *emotionele steun* als je aan sociale steun denkt; dit is inderdaad een van de voordelen die sociale steun biedt. Als je vrienden hebt die je vertrouwt, en dierbaren op wie je in moeilijke tijden kunt rekenen, geeft dit een onmeetbare verlichting. Maar daarnaast is er ook het voordeel van *instrumentele steun*. Deze steun neemt de vorm aan van specifieke, taakgerichte hulp, bijvoorbeeld iemand met de auto naar de dokter of het ziekenhuis brengen, hulp bij het schoonmaken of eten koken. *Informationele steun,* ten slotte, is erop gericht iemand te helpen een beter inzicht te krijgen in de aard van de stressor; hierbij worden hulpmiddelen beschikbaar gesteld om met de stressor om te gaan. Na een ernstig auto-ongeluk heeft iemand met ruggenmergletsel bijvoorbeeld baat bij informatie over de tijdsduur van het herstel en over strategieën die steun bieden bij het herstel, maar is hij mogelijk niet mobiel genoeg om deze informatie zelf op internet te zoeken; in zo'n geval kan een vriend helpen. En ook al bestaan netwerken voor sociale steun vaak uit familie en goede vrienden, zelfhulpgroepen of andere groepen kunnen deze voordelen ook bieden.

Fysiologisch gezien worden de intensiteit en de duur van de arousal als gevolg van de fight-or-flightreactie door sociale steun verminderd. Dit blijkt uit experimentele onderzoeken waarbij deelnemers aan een stressor worden blootgesteld en hartslag, bloeddruk en concentraties stresshormonen worden gemeten om de reacties in kaart te brengen, hetzij in aanwezigheid van sociale steun, of alleen (Christenfeld et al., 1997). Sociale steun van een vriend of dierbare geeft een optimaal voordeel, maar de arousal neemt ook af wanneer de steun geboden wordt door een vreemde of door het vertonen van een video-opname (Thorsteinsson et al., 1998). Zelfs een huisdier geeft steun, hoewel de proefpersonen aan honden in dit opzicht iets meer steun ontlenen dan aan poezen (Allen et al., 2002). En als sociale steun ontbreekt, heeft zelfs het denken aan dierbaren enig effect (Broadwell & Light, 1999).

Door lichamelijke uitingen van genegenheid zoals omhelzingen, handen vasthouden en aanrakingen, neemt de stress ook af. Bij verschillende onderzoeken wordt gemeld dat de arousal van vrouwen die aan een stressor worden blootgesteld, lager is wanneer hun partner hun hand vasthield of hen omhelsde en onlangs is dit effect bij mannen ook vastgesteld (Coan et al., 2006; Light et al., 2005). Net als bij dieren neemt de oxytocineconcentratie bij beide geslachten toe als gevolg van lichamelijk contact, waardoor angst en stress afnemen. Deze resultaten passen goed bij het model van tend-and-befriend dat we eerder in dit hoofdstuk hebben geïntroduceerd.

Mensen die steun verlenen, oogsten wat ze zaaien Welke invloed heeft sociale steun op degene die de steun verleent? Mensen die sociale steun nodig hebben, vragen zich soms bezorgd af of ze hun dierbaren niet extra belasten wanneer ze om hulp vragen. En hoewel dit soms gebeurt – mensen die iemand met de ziekte van Alzheimer verzorgen, hebben bijvoorbeeld een groter risico op depressie en ziekte – hebben de meeste mensen die steun verlenen, baat bij het helpen. Bij een onderzoek onder echtparen werd gedurende een periode van vijf jaar bijgehouden in welke mate steun werd gegeven en in welke mate steun werd ontvangen; hierbij bleek dat degenen die meer steun gaven, langer leefden (Brown et al., 2003). Het is echter belangrijk op te merken dat mensen die steun verlenen, soms zelf ook steun nodig hebben.

Lichaamsbeweging

Helaas is ons lichaam beter aangepast aan de zware, prehistorische eisen van jagen en voedsel verzamelen dan aan het leven in een gedigitaliseerde, stedelijke omgeving. Het slijten van onze dagen aan een bureau of achter een computerscherm, is niet bevorderlijk voor de fitheid van het lichaam of de gezondheid van de geest. Volgens de TNO Monitor Bewegen en Gezondheid (2012), beweegt 66 procent van de volwassenen en 50 procent van de jongeren voldoende. Eén op de acht jongeren en één op de twintig volwassenen is inactief. Sinds 2000 meet de Monitor Bewegen en Gezondheid trends in het beweeggedrag van de Nederlandse bevolking om het beleid van de overheid te evalueren.

Door slechts een halfuur intensieve lichaamsbeweging per dag wordt het risico op onder meer hartaandoeningen, beroerten en borstkanker verkleind (Taylor, 2006). Ook wordt de spiertonus verhoogd en wordt vet verbrand, veranderingen die gepaard gaan met uiteenlopende voordelen voor de gezondheid. Uit een langlopend onderzoek onder meer dan 2300 mannen kwam naar voren dat een toename van lichamelijke activiteit op middelbare leeftijd uiteindelijk leidt tot een reductie in mortaliteit van hetzelfde niveau als bij constante hoge lichamelijke activiteit. Deze reductie in mortaliteit is volgens de onderzoekers vergelijkbaar met de reductie die te behalen valt door te stoppen met roken (Byberg et al., 2009).

Regelmatige lichaamsbeweging heeft niet alleen fysieke, maar ook psychologische voordelen, waaronder vermindering van stress (McDonald, 1998) en verbetering van de geestelijke gezondheid. Zo werd bij een onderzoek onder mensen met depressie gevonden dat de symptomen van degenen die uitsluitend via lichaamsbeweging werden behandeld, in gelijke mate afnamen als bij een groep die antidepressiva gebruikte. Verrassend genoeg bleef de verbetering langer in stand bij degenen die aan lichaamsbeweging deden; bij hen was ook de kans dat opnieuw depressie werd vastgesteld, kleiner dan bij degenen die niet sportten (Babyak et al., 2000). In een recente meta-analyse van onderzoeken naar effecten van beweging bij mensen met angstproblemen werd gevonden dat angstsymptomen gemiddeld genomen met 20 procent afnamen bij mensen die regelmatig bewogen, in vergelijking met mensen die niet bewogen (Herring et al., 2010).

Veel mensen nemen zich voor om zich meer te gaan bewegen, maar ondanks de duidelijke voordelen die lichaamsbeweging met zich meebrengt houden de meesten het niet lang vol. Het probleem zit in de motivatie. Uit onderzoek blijkt dat mensen kunnen leren om lichaamsbeweging een vaste plaats in hun leven te geven (Myers & Roth, 1997). Waar het om gaat is (a) dat je een activiteit vindt die je leuk vindt, en (b) dat je er meerdere keren per week tijd voor uittrekt. Een maatje is ook prettig: het is gezellig en vormt een aansporing om je aan je programma te houden.

Lichaamsbeweging is een goede manier om stress te verminderen en je algehele gezondheid te verbeteren.

Bron: Marcel Leicher, Flickr.

Omgaan met het nu: savoring en mindfulness

De afgelopen decennia is er binnen de (positieve) psychologie toenemende aandacht voor de toepassing van 'savoring' en 'mindfulness' en de positieve invloed van deze technieken op stress, ziekte en gezondheid. *Savoring* en *mindfulness* zou je als overkoepelende termen kunnen beschouwen voor alle interventies en technieken met een bewuste aandacht voor de (positieve) ervaring in het hier en nu. De term **mindfulness**, ook wel aandacht of achtzaamheid, is afkomstig uit het Angelsaksisch taalgebruik, maar heeft zijn oorsprong in het boeddhisme. Mindfulness wordt toegepast door aanhangers van allerlei vormen van boeddhisme en bestaat onder meer uit meditatie en yoga. Het is in feite een verzamelterm voor een groot aantal verschillende technieken, en heeft geen sluitende definitie. Mindfulness kan worden opgevat als het richten van de aandacht op directe ervaringen, waarbij een nieuwsgierige, oordeelsvrije en accepterende houding wordt aangenomen, in het bijzonder ten opzichte van psychologische processen als gedachten en gevoelens (Bishop et al., 2004, Baer et al., 2006). Hieraan gerelateerd is de term *savoring* (vrij vertaald: genieten), volgens Bryant 'the capacity to attend to, appreciate, and enhance the positive experiences in one's life' (uit: Lopez, 2009). Als interventie is *savoring* ook een vorm van aandachtstraining, maar met een selectieve voorkeur voor positieve ervaringen.

Er zijn inmiddels veel aanwijzingen dat aandacht voor alledaagse ervaringen en mindfulness samenhangen met allerlei aspecten van persoonlijk welzijn, zoals geestelijke en lichamelijke gezondheid, gedragsregulatie en interpersoonlijke relaties (Brown et al., 2007a).

Het eerste bekende op mindfulness gebaseerde programma werd ontwikkeld voor stressreductie. De *Mindfulness-based Stress Reduction* (MBSR) van Kabat-Zinn (1990) werd gebaseerd op elementen uit de boeddhistische leer en meditatiepraktijk. De ontwikkeling van mindfulness door meditatieoefeningen is een centraal onderdeel van het programma. Volgens Kabat-Zinn is 'knowing what you are doing while you are doing it' de essentie van mindfulnesstraining.

Een aantal jaren later werd door Linehan de *Dialectical Behavior Therapy* (DBT) ontwikkeld (Linehan, 1993a). Het is een complexe therapievorm waarin de dialectiek (werking van tegengesteldheid) tussen acceptatie en verandering centraal staat. Linehan integreert ideeën en technieken uit het zenboeddhisme in de therapie en het ontwikkelen van mindfulness is een centraal onderdeel van DBT. De therapie wordt vooral ingezet bij de behandeling van persoonlijkheidsstoornissen. Meer recent werden de *Acceptance and Commitment Therapy* (ACT) en *Mindfulness-based Cognitive Therapy* (MBCT) ontwikkeld. ACT (Hayes et al., 1999) is een contextuele gedragstherapeutische therapievorm, waarin mindfulness en acceptatie een belangrijke rol spelen. MBCT (Segal et al., 2010) is een integratie van MBSR en cognitief-gedragstherapeutische technieken. Inmiddels heeft de ontwikkeling van dergelijke toepassingen van mindfulness gezorgd voor een nieuwe stroming binnen de gedragstherapie, de zogenaamde *Derde generatie gedragstherapie*. Deze legt de nadruk op het gebruik van mindfulnessvaardigheden, acceptatie en het effectiever leren omgaan met emoties en cognities zonder deze te willen veranderen.

Verschillende onderzoeken naar het effect van op mindfulness gebaseerde programma's laten positieve resultaten zien, zoals onderzoek bij kankerpatiënten (Speca et al., 2000), onderzoek bij patiënten met chronische pijn (Morone et al., 2008), onderzoek bij mensen die kampen met angst en depressie (Hofmann et al., 2010; Segal et al., 2010) en onderzoek bij mensen die stress ervaren (Nyklícek & Kuijpers, 2008). Uit onderzoek naar MBSR komen aanwijzingen naar voren dat de stress, het risico op nervositeit, depressie en burn-out worden verminderd door deelname aan een trainingsprogramma van acht weken en dat het afweerstelsel beter gaat functioneren (Shapiro et al., 2005; Carlson et al., 2007).

Mindfulness: Mindfulness kan worden opgevat als het richten van de aandacht op directe ervaringen, waarbij een nieuwsgierige, oordeelsvrije en accepterende houding wordt aangenomen, in het bijzonder ten opzichte van psychologische processen als gedachten en gevoelens.

Hoewel niet duidelijk is hoe mindfulness precies werkt, worden er verschillende werkingmechanismen verondersteld, die nog onderzocht worden. De bekendste hebben een link met de cognitieve psychologie, zoals: verbetering van de zelfregulatie, emotieregulatie en regulatie van de aandacht en het loslaten van op het zelfbeeld gericht functioneren (Baer, 2003; Brown et al., 2007a).

Voeding, eetpatroon en slaap

Voor een goede gezondheid en effectieve stresshantering hebben de hersenen bepaalde stoffen nodig waarmee ze optimaal kunnen functioneren. Gelukkig levert een uitgebalanceerd dieet alle voedingsstoffen die nodig zijn om de hersenen in staat te stellen potentiële stressoren nauwkeurig te identificeren. Als we bijvoorbeeld complexe koolhydraten eten in plaats van enkelvoudige suikers, verloopt de stofwisseling van de voedingsstoffen in een gelijkmatiger tempo, waardoor wordt voorkomen dat we overmatig reageren. Maar veel mensen eten regelmatig in de snackbar of trekken een reep uit de automaat, in plaats van tijd te nemen voor goede voeding. Uit een onderzoek onder studenten in 21 Europese landen blijkt dat maar ongeveer de helft zijn best doet om gezond te eten. Bovendien blijkt dat vrouwen bewuster met gezonde voeding omgaan dan mannen (Wardle et al., 1997).

Een chronisch tekort aan voedingsstoffen tijdens de jeugd (als de hersenen het snelst groeien) kan de ontwikkeling van het kind vertragen (Stock & Smythe, 1963; Wurtman, 1982). Ook bij volwassenen kan slechte voeding negatieve gevolgen hebben. Door een dieet met veel verzadigd vet wordt het risico op hartaandoeningen en verschillende typen kanker verhoogd. Een overmatige zoutconsumptie verhoogt het risico op hoge bloeddruk. Een tekort aan kalium kan lusteloosheid en uitputting veroorzaken. We moeten echter oppassen dat we niet naar de andere kant doorschieten en ons volproppen met grote hoeveelheden vitaminen en mineralen. Van sommige vitaminen (met name vitamine A) en mineralen (zoals ijzer) krijg je al gauw te veel binnen, en dan ben je nog verder van huis.

In hoofdstuk 8 heb je gelezen over de voordelen van een goede nachtrust. Slaap heeft verschillende invloeden op onze gezondheid en op stress. Ten eerste herinneren we je eraan dat we genoeg slaap moeten krijgen om te profiteren van de lange REM-perioden die pas na circa zes uur slaap ontstaan; dit is belangrijk vanwege het verband tussen de REM-slaap en het cognitief functioneren. Chronische slaapdeprivatie heeft niet alleen tot gevolg dat het risico op ongelukken wordt vergroot, ook diabetes en hartaandoeningen worden met chronische slaapdeprivatie in verband gebracht en bovendien gaat het afweerstelsel onder deze omstandigheden slechter functioneren.

14.4.3 Alles bij elkaar: geluksgevoel en subjectief welbevinden ontwikkelen

Wanneer je veranderingen in je leven aanbrengt ten gunste van je gezondheid, kan dit ertoe leiden dat je je beter gaat voelen, een toestand die onderzoekers **subjectief welbevinden (SWB)** noemen, een psychologisch gezien preciezere term voor wat je 'geluk' zou kunnen noemen. Ken je dat gevoel?

We kunnen geluk niet direct waarnemen. In plaats daarvan zijn onderzoekers bij onderzoeken naar SWB afhankelijk van de antwoorden die respondenten geven wanneer wordt gevraagd naar hun welbevinden, stemming of succes (Diener, 1984, 2000). Om te voorkomen dat verwarring ontstaat over de betekenis van het woord 'welbevinden', kunnen de onderzoekers ook gebruikmaken van een non-verbale schaal zoals die in figuur 14.8 (Andrews & Whithy, 1976).

Geluk, of SWB, is een steeds populairder onderzoeksonderwerp bij psychologen, hetgeen blijkt uit het opkomende gebied van de positieve psychologie. Een voorbeeld dat aantoont dat geluk een actueel onderwerp is, is het feit dat Her-

Subjectief welbevinden (SWB): De manier waarop een individu zijn of haar leven beoordeelt, inclusief cognitieve en emotionele reacties. Over het algemeen 'geluk' genoemd.

De gezichtenschaal

'Welk gezicht past het beste bij de manier waarop jij je leven ervaart?' Met deze eenvoudige schaal kunnen mensen hun niveau van welbevinden aangeven. Uit de percentages blijkt dat de meeste mensen een van de tevreden gezichten kiezen. De schaal en de gegevens zijn afkomstig uit *Social Indicators of Well-Being: Americans' Perceptions of Life Quality* (p. 207 en 306), door F.M. Andrews en S.B. Withey, 1976, New York, Plenum. Copyright 1976 by Plenum.

20% 46% 27% 4% 2% 1% 0%

man Van Rompuy, in 2011 president van de Europese Gemeenschap, het *World book of Happiness* (Bormans, 2010) als nieuwjaarsgeschenk aan 200 wereldleiders bezorgde. Er is steeds meer onderzoek (Myers, 2000; Myers & Diener, 1995) waaruit blijkt dat SWB, dat afhankelijk is van factoren die van individu tot individu verschillen, ook door drie centrale componenten wordt bepaald:

1. *Tevredenheid met het huidige leven*: Mensen met een hoog SWB houden van hun werk en zijn tevreden over hun persoonlijke relaties. Ze zijn prettig in de omgang, extravert en staan open voor anderen (Pavor et al., 1990). Even belangrijk is dat mensen met een hoog SWB van zichzelf houden, dat ze gezond zijn en een gezond gevoel van eigenwaarde hebben (Baumeister et al., 2003; Janoff-Bulman, 1989, 1992).
2. *Relatief veel positieve emoties*: Mensen met een hoog SWB ervaren vaker aangename emoties. Dat komt voornamelijk doordat ze de wereld om zich heen over het algemeen op een positieve manier waarderen. Ze hebben een optimistische kijk op de wereld en gaan ervan uit dat als ze iets willen, ze dat ook voor elkaar krijgen (locus of control) (Seligman, 1991). Ze zijn in staat te genieten van de 'flow' in hun werk (Crohan et al., 1989, Csikszentmihalyi, 1990).
3. *Relatief weinig negatieve emoties*: Mensen met een sterk gevoel van subjectief welbevinden hebben minder vaak last van negatieve emoties als angst, depressie en woede, en wanneer ze wel last hebben van die emoties, zijn ze bij hen over het algemeen minder hevig. Heel gelukkige mensen zijn niet emotioneel extreem. Ze zijn het grootste deel van de tijd positief (maar niet extatisch) en ze maken melding van incidenteel voorkomende negatieve stemmingen (Diener & Seligman, 2002).

Wat is de grondslag van deze drie dimensies? Uit tweelingstudies blijkt dat gevoelens van welbevinden tot op zekere hoogte beïnvloed worden door de genen (Lykken & Tellegen, 1996). De biologie is echter geen lotsbestemming: uit onderzoek komt naar voren dat effecten vanuit de omgeving een rol spelen. Mensen voelen zich ongelukkig als ze geen sociale steun krijgen, als ze onder druk staan om een doel te bereiken dat door anderen is gesteld en als ze zelden positieve feedback krijgen op hun prestaties. Deskundigen op dit gebied zijn van mening dat je pas een gevoel van welbevinden kunt ervaren als aan de volgende eisen is voldaan: (a) een gevoel van competentie hebben, (b) het hebben van een sociale band of een gevoel van verbondenheid en (c) het ervaren van autonomie of het hebben van het gevoel dat je controle hebt over je eigen leven (Baumeister 2003; Ryan & Deci, 2000).

Denk je dat er bepaalde bevolkingsgroepen zijn die over het algemeen een hoger subjectief welbevinden ervaren en dus 'gelukkiger zijn'? Welke kenmerken en ervaringen worden in verband gebracht met subjectief welbevinden en geluk? Myers en Diener (1995) hebben de bestaande literatuur over SWB doorgespit en konden op grond van de uitkomsten de volgende mythen en misverstanden over geluk ontmaskeren en kwamen zodoende tot de volgende conclusies:

• *De ene levensfase maakt niet per definitie gelukkiger dan de andere*
  SWB hangt niet samen met leeftijd. Uit de meeste onderzoeken onder verschillende leeftijdsgroepen blijkt dat jongeren en ouderen ongeveer even tevreden zijn met hun leven. Wat jonge mensen tevreden maakt verschilt wel van wat oudere mensen tevreden maakt (Inglehart, 1990).

- *Mannen en vrouwen zijn even gelukkig*

  Hoewel vrouwen gevoeliger zijn voor angst en depressie, en mannen voor alcoholisme en bepaalde persoonlijkheidsstoornissen, zijn de aantallen gelukkige mannen en vrouwen ongeveer gelijk (Fujita et al., 1991; Inglehart, 1990).

- *Geld maakt niet gelukkig*

  Op internationaal niveau rapporteren rijkere landen een groter welzijn. Op nationaal niveau ligt dat anders. Zodra aan de behoeften aan voedsel, onderdak en veiligheid is voldaan, bestaat er maar een zeer zwakke correlatie tussen inkomen en geluk. Totale afwezigheid van geld is natuurlijk geen pretje, maar op zichzelf is welvaart geen garantie voor geluk (Diener & Diener, 1996; Diener et al., 1993). Gelukkige mensen zijn niet degenen die krijgen wat ze willen, maar degenen die willen wat ze hebben (Myers & Diener, 1995). Volgens recent onderzoek komt geluk vooral voor in Noord-Europa, en vooral niet in Afrika. Volgens het World Happiness Report van de Verenigde Naties (2012) behoren Nederlanders zelfs tot de gelukkigste mensen ter wereld. Alleen de bevolking van Denemarken, Finland en Noorwegen is nog een tikje gelukkiger. Volgens de ranglijst zijn Belgen ook behoorlijk gelukkig; België staat op de 15e plaats.

- *Spiritualiteit en geluk gaan vaak samen*

  Mensen die een spirituele dimensie ervaren, melden de grootste mate van geluk (Myers & Diener, 1995). Dat kan vele oorzaken hebben, zoals een relatie met een gezondere leefstijl, met sociale steun en met optimistisch denken. Ook de psychische en lichamelijke gezondheid van spirituele mensen is over het algemeen beter (Seybold & Hill, 2001).

Deze conclusies betekenen dat redelijk vaststaande omstandigheden zoals leeftijd, geslacht, etnische achtergrond, nationaliteit of inkomen weinig invloed hebben op geluk. De ervaring van subjectief welbevinden lijkt voornamelijk te berusten op bepaalde psychologische kenmerken en processen.

Onderzoeken naar geluk en welbevinden tonen aan dat mensen over het algemeen uitzonderlijk veerkrachtig zijn. De meeste mensen die met zware stress geconfronteerd worden, houden zich redelijk staande. Over het algemeen zijn ze na verloop van tijd weer even gelukkig, of zelfs gelukkiger, dan voor de traumatische gebeurtenis (Headey & Wearing, 1992). Dit fenomeen wordt *posttraumatische groei* genoemd. Een voorbeeld hiervan in Vlaanderen is Marc Herremans, een triatleet die in een rolstoel is beland en toch sport blijft beoefenen en de To Walk Again Foundation heeft opgericht.

Door effectieve copingstrategieën toe te passen en door intelligente keuzes te maken die bepalend zijn voor de levenswijze, wordt de kans op positieve resultaten verhoogd.

■ PSYCHOLOGISCHE KWESTIES

Gedragsgeneeskunde en gezondheidspsychologie

Maar liefst 93 procent van de patiënten houdt zich niet aan de behandeling die hun arts heeft voorgeschreven (Taylor, 1990). Dat kan uiteraard verschrikkelijke gevolgen hebben. De vraag waarom mensen hun medicijnen niet innemen, waarom ze te weinig bewegen, te vet eten en niet met stress overweg kunnen, vormt de basis van twee nieuwe wetenschapsgebieden: *gedragsgeneeskunde* en *gezondheidspsychologie*. **Gedragsgeneeskunde** (*behavioral medicine*) is de medische discipline die de relatie tussen leefstijl en ziekte onderzoekt. **Gezondheidspsychologie** is in feite de psychologische tegenhanger. Deskundigen uit beide vakgebieden proberen te begrijpen welke psychosociale factoren van invloed zijn op gezondheid en ziekte (Taylor, 1990, 1992). Belangrijke thema's zijn het bevorderen en in stand houden van gezondheid; de preventie en behandeling van ziekten; oorzaken en correlaties tussen gezondheid, ziekte en disfunctioneren; en verbetering van de gezondheidszorg en het gezondheidsbeleid (Matarazzo, 1980). Beide wetenschapsgebieden staan nog in de kinderschoenen, maar overal ter wereld zijn ze actief betrokken bij de preventie en behandeling van trauma's en ziekten die samenhangen met een stressvolle of gevaarlijke omgeving, slechte voeding, te weinig lichaamsbeweging of druggebruik (Holtzman, 1992). De bijdrage van de psychologie heeft onder meer geleid tot het toegenomen besef dat emoties en cognitieve factoren een grote invloed hebben. Er bestaat nogal wat overlap tussen de beide specialisaties. Gedragsgeneeskunde en gezondheidspsychologie vormen in feite meer een interdisciplinair wetenschapsgebied dan een exclusief medisch specialisme (Miller, 1983; Ro-

din & Salovey, 1989). Zowel medici als psychologen erkennen het bestaan van een interactie tussen lichaam en geest, en beide partijen leggen de nadruk op het voorkomen van ziektes en het veranderen van ongezonde gedragspatronen van ex-patiënten (Taylor, 1990, 2002). Het is echter moeilijk om patiënten ertoe te brengen hun leefstijl te veranderen. De sociale psychologie heeft daarom enkele strategieën ontwikkeld die worden gebruikt om patiënten te stimuleren om de adviezen van hun therapeuten op te volgen (Zimbardo & Leippe, 1991). Uit onderzoek blijkt bijvoorbeeld dat mensen eerder met een advies van hun arts instemmen als ze het gevoel hebben dat ze kunnen kiezen. Een arts zou zijn patiënt niet per se een bepaalde behandeling moeten opleggen, maar hem verschillende mogelijkheden kunnen voorleggen, waaruit de patiënt kan kiezen. Het blijkt dat patiënten de voorschriften van hun arts het meest nauwgezet opvolgen als die arts alle opties heeft voorgelegd en ze actieve sociale steun krijgen van vrien-

den en familieleden (Gottlieb, 1987; Patterson, 1985). En bij een grensverleggend onderzoek onder patiënten met hartaandoeningen (zie figuur 14.9) bleek dat specifieke vaardigheidstraining, zoals die gegeven wordt in workshops waarin participanten werden geholpen positieve veranderingen aan te brengen in hun leefgewoonten, de factor was die ook daadwerkelijk de grootste verandering teweegbracht (Maccoby et al., 1977).

Gedragsgeneeskunde: Medische specialisatie die zich verdiept in het verband tussen leefstijl en ziekte.

Gezondheidspsychologie: Psychologische specialisatie die de psychologische factoren bestudeert die van invloed zijn op het ontstaan en het verloop van een ziekte en daarnaast bijdragen aan gezondheid en welzijn. Deze specialisatie heeft als doel mensen voor te lichten over het belang en de mogelijkheden van het ontwikkelen van een gezondere leefstijl.

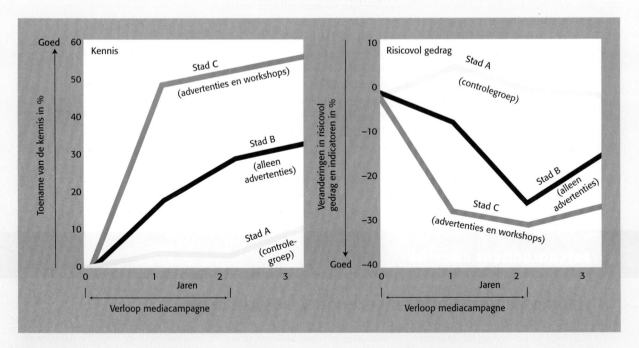

Figuur 14.9

Stimuleren van een gezondere leefstijl

In stad B werd gedurende twee jaar een advertentiecampagne gevoerd. Na afloop waren de inwoners beter op de hoogte van de risicofactoren voor hart- en vaatziekten dan de inwoners van stad A, die geen extra informatie hadden ontvangen. Maar de inwoners van stad C, waar naast de advertentiecampagne gedurende een aantal maanden intensieve workshops en instructiebijeenkomsten waren georganiseerd, hadden het meest geleerd. De toename van kennis ging gelijk op met een afname van slechte gewoonten (risicovol gedrag) en symptomen (indicatoren).

Al met al heeft het vakgebied van de psychologie, zich baserend op wetenschappelijk onderzoek, talloze resultaten opgeleverd en strategieën in kaart gebracht; deze zijn van nut bij de inspanningen om onze gezondheid te verbeteren, zowel de lichamelijke als de geestelijke gezondheid. De gedragsprincipes die in hoofdstuk 4 zijn besproken, kunnen bijvoorbeeld worden gecombineerd met wat we weten over goede denkstrategieën (uit hoofdstuk 6); bij cognitieve gedragstherapie worden deze inderdaad gecombineerd. Aan de hand van de principes van emotie en motivatie, de onderwerpen van hoofdstuk 9, kunnen we een additioneel inzicht verkrijgen in de factoren die van invloed zijn op onze emotionele gezondheid en op de gedragingen met behulp waarvan we kunnen voorzien in onze basisbehoeften (zoals de behoefte aan voedsel en sociale ondersteuning). Je kunt veel van deze principes op jezelf toepassen bij je streven naar een verbetering van je gezondheid en je welzijn, en daar wensen we je veel succes bij!

 Kritisch denken toegepast
Ga naar 'In de praktijk' in de MyLab mediatheek voor een bespreking van de vraag of verandering echt gevaarlijk is voor je gezondheid.

 Ga naar **www.pearsonmylab.nl** om je kennis en begrip van deze paragraaf te testen met de MyMap, MyCheck en MyDefinitions.

SAMENVATTING VAN HET HOOFDSTUK

CENTRALE VRAAG: Waren de reacties en ervaringen van mensen bij de aanslagen op het World Trade Center op 9/11 typerend voor mensen in stressvolle situaties? En welke factoren verklaren individuele verschillen in lichamelijke en psychologische reacties op stress?

- Brandweerlieden die de ramp in het WTC overleefden, vertoonden nadien allerlei reacties van lichamelijke, gedragsmatige, cognitieve en emotionele aard. Afgezien van lichamelijk letsel en herinneringen die typerend waren voor deze specifieke gebeurtenis, waren hun reacties kenmerkend voor anderen die stressvolle situaties hebben meegemaakt.
- Los van een pakket vergelijkbare symptomen dat zich ongeacht de stressor voordoet, komen uit onderzoek reactieverschillen naar voren die samenhangen met de oorzaak van de stressor: persoonlijk verlies, een ramp en mogelijk andere factoren.
- Wat de oorzaak ook is, stress moet vanuit een veelvoud aan psychologische perspectieven worden verklaard, zoals biologische, gedragsmatige, ontwikkelingsgerelateerde, sociaal-culturele en cognitieve perspectieven en ook *whole person*-perspectieven.
- Er zijn ook individuele verschillen in reacties op stress. Die zijn afhankelijk van de intensiteit en duur van de stressor, de culturele achtergrond, copingstrategieën, sociale steun, stressmoderatoren, en daarnaast van andere stressoren in ons leven. Shelley Taylor heeft ook gesuggereerd dat mannen en vrouwen verschillende reactiestijlen hebben in geval van stress.

KERNVRAAG 14.1
. . . .
▶ Wat veroorzaakt stress?

Stressoren zijn uitwendige gebeurtenissen die **stress** veroorzaken, terwijl onder **stress** de lichamelijke en emotionele veranderingen worden verstaan die zich in reactie op de stressor voordoen. Hoewel onze **cognitieve beoordeling** van invloed is op onze individuele reacties op stressoren, worden er voor gebeurtenissen die meestal stress veroorzaken verschillende categorieën onderscheiden.

Traumatische gebeurtenissen zijn onder meer natuurrampen, **terrorisme**, of een plotseling persoonlijk verlies zoals het overlijden van een dierbare of het onverwachts uitgaan van je relatie. Al deze situaties doen zich meestal voor zonder noemenswaardige waarschuwing en ze veroorzaken tijdens de onmiddellijke nasleep van de gebeurtenis bijna altijd extreme stress. Uit onderzoek komen aanwijzingen naar voren dat circa 20 procent van de overlevenden van een natuurramp na een jaar nog steeds van streek is. Van de mensen die een terroristische aanslag hebben overleefd, is maar liefst 75 procent na een jaar nog steeds angstig. Door herhaalde berichtgeving over de gebeurtenis in de media worden de effecten vaak verergerd en verlengd, en kan ook stress ontstaan bij mensen die de gebeurtenis niet persoonlijk hebben meegemaakt, een verschijnsel dat **secundaire traumatisering** wordt genoemd. **Rouw** is een normaal, gezond proces in reactie op een persoonlijk verlies. **Miskende rouw**, de emoties rond een verlies die anderen niet begrijpen, kan niet via een openbaar ritueel, zoals een herdenkingsdienst of begrafenis, worden geuit.

Posttraumatische stressstoornis (PTSS) kan zich voordoen bij mensen die zijn blootgesteld aan zeer moeilijke omstandigheden, zoals oorlog, verkrachting of andere gewelddadige gebeurtenissen. Symptomen van PTSS kunnen cognitief, gedragsmatig of emotioneel zijn, zoals (bijvoorbeeld) blijkt uit concentratieproblemen, overdreven 'schrikreacties' en overlevingsschuld.

Chronische stressoren doen zich in geleidelijk toenemende intensiteit voor en duren langer dan traumatische gebeurtenissen. **Maatschappelijke stressoren** zoals armoede en werkloosheid, problemen thuis en problemen op school of op het werk, zijn te beschouwen als een bepaald type chronische stressor. Een ander type is de **burn-out**, een syndroom dat gekenmerkt wordt door lichamelijke en cognitieve vermoeidheid als gevolg van veeleisende, doorlopende druk op het werk, thuis of in relaties en daarnaast door emotionele uitputting.

Grote veranderingen in iemands leven (zowel positief als negatief) kunnen ook een bron van stress zijn, doordat ze onze dagelijkse routine verstoren en we ons aan moeten passen aan nieuwe omstandigheden. Tot slot kunnen ook kleine **ergernissen**, zoals een vastgelopen computer of een blaffende hond, stress veroorzaken die zich in de loop van de tijd opbouwt, als ze zich blijven voordoen.

● **KERNCONCEPT 14.1**
Traumatische gebeurtenissen, aanhoudend slechte levensomstandigheden, grote veranderingen in het leven en zelfs kleine problemen kunnen allemaal tot stress leiden.

KERNVRAAG 14.2
....
▶ Wat zijn de lichamelijke effecten van stress?

Wanneer ons lichaam met **acute stressoren** wordt geconfronteerd, blijkt het te zijn toegerust met een verbazingwekkend vermogen om de problemen effectief op te lossen. De **fight-or-flightreactie** wordt door het autonome zenuwstelsel opgewekt en bestaat onder meer uit onmiddellijke lichamelijke veranderingen, zoals een versnelling van de hartslag en de ademhaling, een verhoging van de bloeddruk, meer transpiratie en een verwijding van de pupillen. Een uitgebreidere verklaring van onze reactie op stress wordt geboden door het **algemeen aanpassingssyndroom** van Hans Selye. Het aanpassingssyndroom bestaat uit drie fases: de **alarmfase**, de **weerstandsfase** en ten slotte de **uitputtingsfase**. Als de stressor chronisch van aard is, raken de hulpmiddelen die ons in staat stelden acute stressoren effectief te bestrijden, uitgeput; dit leidt tot talloze lichamelijke en emotionele symptomen. Daardoor worden we kwetsbaarder voor ziekten. De fight-or-flightreactie bij dieren en mensen is goed gedocumenteerd. Onbekender is een alternatief reactiepatroon op stress, waarvan de psycholoog Shelley Taylor melding maakt. In haar theorie van **tend-and-befriend** stelt ze dat het zoeken van sociale steun mogelijk een effectievere reactie is op stress als het gaat om de bescherming en daarmee om de overlevingskansen van nakomelingen. Bij het begrijpen van de complexe, menselijke stressreactie vullen deze modellen elkaar aan, ze sluiten elkaar niet uit.

In de **psychoneuro-immunologie** wordt de relatie tussen stress en ziekte bestudeerd door te kijken naar de relatie tussen het brein en het lichaam. Bij onderzoek op dit terrein is aan het licht gekomen dat het centrale zenuwstelsel en het afweerstelsel gedurende de reactie op stress voortdurend met elkaar in contact blijven. **Cytokinen** zijn eiwitten die infecties bestrijden, maar die bij langdurige stress gevoelens van lusteloosheid en depressie veroorzaken. Een manier waarop stress de lichamelijke gezondheid beïnvloedt, is door het versnellen van de veroudering van cellen, afgemeten aan de lengte van de **telomeren**. Korte telomeren worden geassocieerd met verschillende ziekten en vroege sterfte. Cognitieve beoordeling beïnvloedt de veroudering van cellen en speelt daarom een belangrijke rol in de relatie tussen stress en ziekte.

De lichamelijke stressreactie begint met arousal; hierdoor wordt een reeks fysiologische reacties geactiveerd die op de korte termijn adaptief zijn, maar die schadelijk kunnen zijn wanneer ze te lang duren.

KERNVRAAG 14.3
. . . .

▶ Wie is het meest kwetsbaar voor stress?

Door **stressmoderatoren** wordt de invloed van stressoren op het stressniveau dat we beleven, verminderd. De meeste ervan fungeren als variaties op cognitieve beoordeling, hoewel vaak op onbewust niveau. Vijandige mensen hebben een grotere kans stress te beleven wanneer ze met een stressvolle situatie worden geconfronteerd (**type A-gedrag**), waardoor hun risico op hartaandoeningen wordt vergroot. Gelukkig blijken programma's voor stressmanagement effectief: door deze programma's reageren deze mensen minder hevig op stress en is hun gezondheid minder kwetsbaar.

Locus of control is een tweede persoonlijkheidskenmerk dat van invloed is op de relatie tussen stressoren en stress. Mensen met een **interne** locus of control zijn beter bestand tegen stress dan mensen met een **externe** locus of control, waarschijnlijk doordat ze van mening zijn dat ze actie kunnen ondernemen om de stress te beïnvloeden. Gebleken is dat locus of control niet alleen van invloed is op stress, maar ook op de gezondheid en de levensduur. Hoewel de locus of control mogelijk een genetische basis heeft, zijn onze ervaringen ook op de locus of control van invloed, zoals is gebleken uit onderzoek naar **aangeleerde hulpeloosheid**. **Primaire controle** is het beïnvloeden van de gebeurtenissen die stress veroorzaken. **Secundaire controle** is het aansturen van de eigen reacties op de stress veroorzakende gebeurtenissen; in oosterse culturen komt deze vaker voor. Bij onderzoek is gebleken dat beide typen controle effectief zijn in de culturen waarin ze dominant zijn.

Weerbaarheid is een persoonlijkheidseigenschap gebaseerd op een houding van interne controle (zelf je leven in handen nemen), veranderingen als een uitdaging zien en niet als een bedreiging, en betrokkenheid bij levensactiviteiten in plaats van vervreemding of isolement. Mensen met een weerbare houding zijn beter tegen stress bestand. Op soortgelijke wijze ervaren optimistische mensen minder stress als ze met stressvolle situaties worden geconfronteerd, doordat ze zich meer op de positieve dan op de negatieve aspecten van de situatie concentreren. **Optimisme** wordt gekenmerkt door specifieke aannames, of attributies, ten aanzien van negatieve gebeurtenissen. Verder lijken zowel weerbaarheid als optimisme (net als locus of control) enige biologische basis te hebben, maar kunnen ze via de juiste trainingsprogramma's worden verbeterd. **Veerkracht** is het vermogen te herstellen en zich aan problematische omstandigheden aan te passen; deze eigenschap is aan optimisme en weerbaarheid gerelateerd, en ook aan sociale vaardigheden, cognitieve vermogens en steun van liefhebbende ouders of andere mensen die zich betrokken opstellen.

• **KERNCONCEPT 14.3**
Persoonlijkheidskenmerken zijn van invloed op onze individuele reacties op stressvolle situaties, en daardoor op de mate waarin we stress ervaren als we aan stressoren worden blootgesteld.

KERNVRAAG 14.4
. . . .

▶ Hoe kunnen we de invloed van stress op onze gezondheid verminderen?

Coping bestaat uit het ondernemen van actie die zich ook richt op de oorzaken van stress en niet alleen de symptomen ervan vermindert of elimineert. **Probleemgerichte coping** wordt bewerkstelligd door specifieke acties die erop zijn gericht een probleem of stressor weg te nemen, terwijl bij **emotiegerichte coping** pogingen worden gedaan om de emotionele reactie op stress te reguleren. Beide typen coping kunnen nuttig zijn en waarschijnlijk wordt het beste resultaat bereikt wanneer ze beide worden toegepast. **Cognitieve herstructurering** is een andere effectieve copingstrategie en bestaat uit het aanpassen van onze perceptie van de stressor of onze reacties erop. Cognitieve herstructurering kan onder meer bestaan uit **opwaartse** en **neerwaartse sociale vergelijking**.

De effecten van stress op onze gezondheid kunnen ook worden verminderd door het cultiveren van positieve emoties, zoals het geval is in een humoristische benadering, of door pogingen betekenis in de stressvolle situatie te vinden. Bij het vinden van betekenis lijkt **zingeving** de eerste stap te zijn; deze wordt gevolgd door het **zoeken naar een positieve betekenis**. Verschillende keuzes op het gebied van de levenswijze bieden het voordeel van 'twee voor de prijs van één' in onze verdediging tegen stress: ze kunnen onze weerstand tegen stress verhogen en ook onze kwetsbaarheid voor stressgerelateerde ziekten verlagen. **Sociale steun** is mogelijk de belangrijkste van deze leefstijlfactoren, wat blijkt uit het feit dat mensen met meer sociale steun langer en gezonder leven dan mensen met weinig of geen steun. Sociale steun heeft emotionele, tastbare en informationele voordelen. Regelmatige intensieve lichaamsbeweging heeft zowel lichamelijke als psychologische voordelen; gebleken is dat hierdoor de invloed van stress op onze gezondheid wordt verminderd. Ook is gebleken dat goede voedingsgewoonten en het zorgen voor voldoende slaap onze kwetsbaarheid voor stress en ziekte doen verminderen.

De afgelopen decennia is er in relatie tot stress, ziekte en gezondheid binnen de psychologie toenemende aandacht voor de toepassing van 'aandacht voor het nu' met behulp van **mindfulness** en *savoring* (genieten). Er zijn veel aanwijzingen dat aandacht voor alledaagse ervaringen en mindfulness samenhangen met allerlei aspecten van persoonlijk welzijn, zoals geestelijke en lichamelijke gezondheid, gedragsregulatie en interpersoonlijke relaties.

Subjectief welbehagen (SWB) bestaat onder meer uit tevredenheid met het leven, veel positieve emoties en afwezigheid van negatieve emoties. Net als vele van de concepten die we hebben bestudeerd, wordt iemands SWB zowel door erfelijke factoren als door de omgeving beïnvloed. Noch de leeftijd, noch rijkdom zijn voorspellende factoren voor geluk: gelukkige mensen zijn te vinden onder de jongsten en de oudsten, de rijksten en de armsten en zelfs onder slachtoffers van ernstige ziekten of invaliderende verwondingen.

● KERNCONCEPT 14.4
Door effectieve copingstrategieën neemt de invloed van stress op onze gezondheid af. Onze levenswijze kan zowel onze mentale en fysieke gezondheid als ons algehele welzijn bevorderen.

 Op **www.pearsonmylab.nl** vind je tools en toetsen om je begrip en kennis van dit hoofdstuk uit te breiden en te oefenen.

BELANGRIJKE BEGRIPPEN

Aangeleerde hulpeloosheid (p. 591)

Acute stress (p. 580)

Afweer (p. 597)

Alarmfase (p. 582)

Algemeen aanpassingssyndroom (p. 580)

Burn-out (p. 574)

Catastrofale gebeurtenis (p. 567)

Chronische stressor (p. 573)

Cognitieve beoordeling (p. 567)

Cognitieve herstructurering (p. 598)

Coping (p. 597)

Copingstrategie (p. 597)

Cortisol (p. 584)

Distress (p. 566)

Emotiegerichte coping (p. 598)

Ergernis (p. 576)

Flight-or-fightreactie (p. 579)

Gedragsgeneeskunde (p. 608)

Gezondheidspsychologie (p. 608)

Immunosuppressie (p. 585)

Integratie (p. 570)

Job engagement (p. 574)

Levensverhaal (self-narrative) (p. 569)

Locus of control (p. 589)

Maatschappelijke stressor (p. 573)

Mensen die externaliseren (p. 589)

Mensen die internaliseren (p. 589)

Mindfulness (p. 604)

Miskende rouw (p. 571)

Moderator (p. 587)

Neerwaartse sociale vergelijking (p. 599)

Optimisme (p. 593)

Opwaartse sociale vergelijking (p. 599)

Oxytocine (p. 584)

Piekeren (p. 598)

Positievere keuzes op het gebied van levenswijze (p. 597)

Posttraumatische stressstoornis (PTSS) (p. 571)

Primaire controle (p. 590)

Probleemgerichte coping (p. 598)

Psychoneuro-immunologie (p. 585)

Rouw (p. 570)

Secundaire controle (p. 591)

Secundaire traumatisering (p. 569)

Sociale steun (p. 601)

Social Readjustment Rating Scale (p. 576)

Sociale vergelijking (p. 599)

Stress (p. 566)

Stressor (p. 566)

Subjectief welbevinden (SWB) (p. 605)

Telomeer (p. 586)

Tend-and-befriend (p. 584)

Terrorisme (p. 568)

Traumatische stressor (p. 567)

Type A (p. 588)

Uitputtingsfase (p. 583)

Veerkracht (p. 594)

Weerbaarheid (p. 592)

Weerstandsfase (p. 582)

Zingeving (p. 600)

Zoeken naar een positieve betekenis (p. 600)

VERKLARENDE WOORDENLIJST

A

Aandacht: Een proces waarbij het bewustzijn zich concentreert op één item of 'chunk' in het werkgeheugen.

Aandachtstekortstoornis met hyperactiviteit (ADHD): Een psychische stoornis die wordt gekenmerkt door gebrekkige impulscontrole, problemen met het concentreren op een taak gedurende een langere tijdsperiode, snel afgeleid zijn en overmatige activiteit.

Aangeboren reflex: Reflexieve reactie die al aanwezig is vanaf de geboorte.

Aangeboren vaardigheden: Vaardigheden die een kind al beheerst bij de geboorte; deel van de biologische erfenis.

Aangeleerde hulpeloosheid: Een verschijnsel waarbij iemand geleerd heeft negatieve gebeurtenissen toe te schrijven aan zijn eigen persoonlijke gebreken of aan externe omstandigheden waarover hij zelf geen controle denkt te hebben. Van mensen met aangeleerde hulpeloosheid wordt gedacht dat ze een extreme externe locus of control hebben.

Absolute drempel: Hoeveelheid stimulatie die nodig is voordat de stimulus wordt opgemerkt. In de praktijk houdt men aan dat de stimulus de helft van het aantal pogingen moet worden opgemerkt.

Accommodatie: Mentaal proces dat bestaande schema's aanpast om nieuwe informatie beter te kunnen opnemen.

Actief herhalen door verbanden te leggen (elaboratie): Een proces van het werkgeheugen waarin informatie actief wordt herzien en verbonden met kennis die al in het langetermijngeheugen is opgeslagen.

Actiepotentiaal: Zenuwimpuls die wordt veroorzaakt door een verandering in de elektrische lading op de celmembraan van het axon. Als het neuron 'vuurt', plant deze lading zich voort over het axon en zet de eindknopjes aan tot het uitscheiden van neurotransmitters.

Actieve luisteraar: Iemand die de spreker feedback geeft in de vorm van knikken, parafraseren, een geïnteresseerde houding en om uitleg vragen.

Activatie-synthesehypothese: Theorie die stelt dat dromen beginnen met willekeurige elektrische *activatie* vanuit de hersenstam. Dromen zouden niet meer zijn dan een poging van de hersenen om deze willekeurige activiteit betekenis te geven (*synthetiseren*).

Acute stress: Een tijdelijk, kortdurend, patroon van arousal als reactie op een stressor, met een duidelijk begin en een beperkte duur.

ADHD: Een psychologische stoornis die wordt gekenmerkt door gebrekkige impulscontrole, problemen met het concentreren op een taak gedurende een langere tijdsperiode, snel afgeleid zijn en overmatige activiteit.

Adolescentie: In industriële landen: ontwikkelingsperiode die begint met de puberteit en (minder duidelijk) eindigt bij aanvang van de volwassenheid.

Adoptieonderzoek: Alternatief voor tweelingenonderzoek waarbij de eigenschappen van het geadopteerde kind worden vergeleken met de eigenschappen van de biologische gezinsleden en die van de adopterende gezinsleden.

Affect: Term die verwijst naar een emotie of stemming.

Affectieve stoornis met seizoensgebonden patroon (SAD): Vorm van depressie waarvan men aanneemt dat ze wordt veroorzaakt door een gebrek aan zonlicht.

Afhankelijke variabele: De variabele die wordt gemeten of geobserveerd. Binnen een experiment wordt de afhankelijke variabele door het manipuleren van de onafhankelijke variabele beïnvloed. De eventuele variatie in de waarde van de afhankelijke variabele is het effect waarin de onderzoeker geïnteresseerd is.

Afweer: Inspanningen verrichten om de symptomen van stress of het bewustzijn van stress te verminderen.

Agonist: Medicijn of andere chemische stof die het effect van een neurotransmitter versterkt of imiteert.

Agorafobie: Angst voor openbare plaatsen en open ruimten; komt vaak voor bij patiënten met een paniekstoornis.

Akoestisch coderen: De omzetting van informatie in geluidspatronen in het werkgeheugen.

Alarmfase: Het eerste stadium van het aanpassingssyndroom, waarin het lichaam zijn hulpbronnen mobiliseert om de stressor het hoofd te bieden.

Algemeen aanpassingssyndroom: Algemeen patroon van lichamelijke responsen waardoor het lichaam in essentie op elke ernstige chronische stressor op dezelfde manier reageert.

Algemene of g-factor: Een algemene vaardigheid, volgens Spearman de hoofdfactor die de basis vormt van alle psychische activiteiten, dus ook van intelligentie.

Algoritme: Procedure of formule om een probleem op te lossen die, als hij goed wordt toegepast, een correcte uitkomst garandeert.

Alles-of-nietsprincipe: Verwijst naar het feit het neuron óf volledig vuurt óf helemaal niet.

Ambigu figuur: Afbeelding die op meer dan één manier geïnterpreteerd kan worden.

Amplitude: De fysieke sterkte of intensiteit van een geluidsgolf. Gewoonlijk meet men de afstand tussen de piek en het dal van de grafiek van de golf.

Amygdala: Structuur in het limbische systeem; speelt een rol bij herinneringen, emoties (vooral angst en agressie) en motivatie.

Analyse van overdracht: Freudiaanse techniek waarbij de relatie tussen patiënt en therapeut wordt geanalyseerd en geïnterpreteerd. Gebaseerd op het idee dat deze relatie een weerspiegeling vormt van onopgeloste conflicten uit het verleden van de patiënt.

Anchoring bias (ankerheuristiek): Foutieve heuristiek waarbij je een schatting baseert (verankert) op informatie die niets met het probleem te maken heeft.

Anekdotisch bewijsmateriaal: Getuigenissen die de ervaringen van iemand of enkele personen schetsen, maar ten onrechte voor wetenschappelijk bewijs worden aangezien.

Angstig-ambivalente hechting: Een van de twee primaire reactiepatronen bij onveilig gehechte kinderen, waarin een kind contact wil met de verzorger, extreme blijk van verdriet vertoont wanneer het wordt gescheiden van de verzorger en moeilijk te troosten is wanneer het is herenigd met de verzorger.

Angstig-vermijdende hechting: Een van de twee primaire reactiepatronen bij onveilig gehechte kinderen, waarin een kind geen interesse toont in contact met de verzorger en geen blijk van verdriet vertoont wanneer het van de verzorger wordt gescheiden, noch blijdschap vertoont wanneer het wordt herenigd met de verzorger.

Angststoornis: Psychisch probleem waarvan het belangrijkste kenmerk angst is. Angststoornissen zijn onder meer paniekstoornissen, specifieke fobieën en obsessief-compulsieve stoornis.

Animistisch denken: Preoperationele manier van denken waarbij het kind aanneemt dat objecten een leven hebben en mentale processen kennen.

Anorexia nervosa: Eetstoornis die wordt gekenmerkt door het zichzelf zodanig uithongeren dat de gezondheid in gevaar komt; begint bijna altijd als een manier om af te vallen.

Antagonist: Medicijn of chemische stof die het effect van een neurotransmitter blokkeert.

Anterograde amnesie: Onvermogen om herinneringen te vormen van nieuwe informatie (tegenover retrograde amnesie).

Antidepressivum: Medicijn tegen depressie. De meeste antidepressiva beïnvloeden het transport van serotonine en/of norepinefrine in de hersenen.

Antipsychoticum: Medicijn dat psychotische symptomen vermindert, meestal doordat het effect heeft op de werking van neurotransmitters in de hersenen.

Anxiolyticum: Een medicijn dat een dempende invloed heeft op angstgevoelens. De categorie anxiolytica omvat onder meer *benzodiazepinen*.

Archetype: Eeuwenoud herinneringsbeeld in het collectief onbewuste. Archetypen worden overal ter wereld gebruikt in de beeldende kunst, literatuur en sprookjes.

Artificieel concept: Concept dat gedefinieerd wordt door regels, zoals de betekenis van een woord of de inhoud van een wiskundige formule.

Asch-effect: Vorm van conformisme waarbij een groepsmeerderheid het oordeel van een individu beïnvloedt.

Assimilatie: Mentaal proces dat nieuwe informatie in bestaande schema's past.

Associatiecortex: Corticale gebieden overal in de hersenen, die informatie uit verschillende andere hersengebieden combineren.

Autisme: Een stoornis die ernstige belemmeringen van de aandacht, de cognitie (denken en gerelateerde verstandelijke processen), de communicatie en het sociaal functioneren kan veroorzaken.

Autokinetisch effect: Perceptuele illusie waarbij men beweging waarneemt van een stilstaande lichtstip in een volkomen donkere kamer. Dit effect is gebruikt door Muzafer Sherif om de vorming van autokinetische groepsnormen te bestuderen.

Autonome zenuwstelsel: Gedeelte van het perifere zenuwstelsel dat boodschappen naar de interne organen en klieren verzendt.

Autonomie: Vermogen om onafhankelijk te handelen. Volgens Erikson is dit de belangrijkste ontwikkelingstaak in het tweede stadium van de kindertijd. Om autonomie te ontwikkelen is een gevoel van onafhankelijkheid nodig, in plaats van schaamte en twijfel.

Autoritaire opvoedingsstijl: Een van de vier opvoedstijlen; deze wordt gekenmerkt door eisen van aanpassing en gehoorzaamheid, naleving van regels die wordt afgedwongen met het geven van straf of het dreigen met straf en een geringe verdraagzaamheid voor discussie.

Autoritatieve opvoedingsstijl: Een van de vier opvoedstijlen; deze wordt gekenmerkt door hoge verwachtingen ten aanzien van de kinderen en consequenties gerelateerd aan de mate waarin de verwachtingen uitkomen. Autoritatieve ouders combineren hoge normen met warmte en respect voor de opvattingen van het kind.

Autosoom: Een chromosoom dat geen geslachtschromosoom is; bij de mens dus niet het X- of Y-chromosoom, maar een chromosoom uit de 22 paar andere chromosomen.

Availability bias (beschikbaarheidheuristiek): Foutieve heuristiek waarbij je mogelijkheden inschat op basis van informatie uit eigen ervaring (de informatie die beschikbaar is).

Aversietherapie: Als klassieke conditioneringsprocedure: bij aversieve tegenconditionering wordt de cliënt een aantrekkelijke stimulus aangeboden, die echter gekoppeld is aan een onaangename (aversieve) sensatie, waardoor een reactie van weerzin wordt aangeleerd.

Axon: De lange uitloper van een zenuwcel die de informatie vanuit het cellichaam naar de eindknopjes vervoert. De informatie verplaatst zich in de vorm van een elektrische lading.

B

Basilair membraan: Dun vlies in de cochlea dat gevoelig is voor trillingen. De haarcellen op het basilair membraan zijn verbonden met neuronen, die de laatste etappe in de omzetting van geluidsgolven in zenuwimpulsen voor hun rekening nemen.

Begaafdheid: Aangeboren mogelijkheden (in tegenstelling tot vaardigheden die zijn verworven door leren).

Behaviorisme: Een historische school die ernaar streefde om van de psychologie een objectieve wetenschap te maken die zich alleen op gedrag richtte (en niet op mentale processen).

Behavioristisch perspectief: Een psychologische invalshoek die de bron van onze handelingen zoekt in stimuli vanuit de omgeving, in plaats van in innerlijke mentale processen.

Behoefte: In de drijfveertheorie: een behoefte is een biologische onevenwichtigheid (zoals uitdroging) die de overleving in gevaar brengt als het evenwicht niet wordt hersteld. Men denkt dat biologische behoeften ten grondslag liggen aan drijfveren.

Behoeftehiërarchie: In Maslows theorie: het idee dat behoeften zich in volgorde van belangrijkheid aandienen, de biologische behoeften zijn de meest basale.

Bekrachtiger: Een situatie (het aanbieden of verwijderen van een stimulus) die op een respons volgt en die versterkt.

Bekrachtigingsschema's: Programma's voor de timing en frequentie van bekrachtigingen.

Beloningstheorie van aantrekkingskracht: Onderdeel van de theorie over sociaal leren:

de mensen die we het aardigst vinden, zijn de mensen die ons een maximale beloning geven tegen minimale kosten.

Betrouwbaarheid: Kenmerk van een psychologische test die de mate aangeeft waarin de meetresultaten een afspiegeling zijn van de te meten variabele en vrij zijn van de invloed van toevallige factoren.

Bewustzijn: Het proces waarmee de hersenen een mentaal model creëren van onze ervaringen.

Bias: Een vooroordeel, vervorming of vertekening van een situatie, meestal op basis van persoonlijke ervaringen en waarden.

Bias van zelfconsistentie: Het veelvoorkomende idee dat we consistenter zijn in onze attitudes, meningen en overtuigingen dan we werkelijk zijn.

Binding problem: Heeft betrekking op het proces dat de hersenen gebruiken om de resultaten van veel sensorische processen te combineren (of 'binden') tot een enkel percept. Niemand weet precies hoe de hersenen dit doen.

Biologisch perspectief: Het psychologische perspectief dat de oorzaken van gedrag zoekt in het functioneren van de genen, de hersenen en het zenuwstelsel en hormoonstelsel.

Biologische drijfveer: Een motief, zoals dorst, dat primair biologisch is. Een drijfveer is een toestand van energie of spanning die een organisme beweegt om een biologische behoefte te vervullen.

Biomedische therapie: Behandeling waarbij het accent ligt op het veranderen van de hersenen, vooral door het toepassen van geneesmiddelen, psychochirurgie of elektroshocktherapie.

Biopsychologie: Specialisme in de psychologie dat de interactie tussen biologie, gedrag en de omgeving bestudeert. In Vlaanderen ook wel bekend als gedragsbiologie.

Bipolaire stoornis: Psychische afwijking die gepaard gaat met stemmingsschommelingen, van manie tot depressie.

Blinde vlek: De plek waar de optische zenuw het oog verlaat. In dit gedeelte van de retina zitten geen fotoreceptoren.

Blindzicht: Het vermogen om voorwerpen te lokaliseren, ondanks schade aan het visuele systeem, zodat iemand voorwerpen die hij niet kan zien, toch kan identificeren. Men denkt dat er bij blindzicht sprake is van onbewuste visuele verwerking in de waar-route.

Blokkade: Het soort vergeten dat plaatsvindt als een item in het geheugen niet kan worden gevonden of teruggehaald. Blokkades worden veroorzaakt door interferentie.

Bottom-up verwerking: Perceptuele analyse die de nadruk legt op de kenmerken van de stimulus, en niet zozeer op onze concepten en verwachtingen. 'Bottom' heeft betrekking op het detecteren van de stimuluskenmerken, de eerste stap van perceptuele verwerking.

Boulimia nervosa: Eetstoornis die wordt gekenmerkt door eetbuien gevolgd door 'zuiveringen' zoals overgeven of het gebruik van laxeermiddelen; begint bijna altijd als een manier om af te vallen.

Brabbelstadium: Periode in het eerste levensjaar waarin een zuigeling een groot aantal verschillende geluiden produceert, maar geen bruikbare woorden.

Burn-out: Syndroom van emotionele uitputting, depersonalisatie en verminderde prestaties; houdt vaak verband met het werk.

C

Cannon-Bard-theorie: Theorie die stelt, in reactie op de ideeën van James en Lange, dat een emotioneel gevoel en een interne fysiologische respons tegelijkertijd plaatsvinden: de een is niet de oorzaak van de ander. Beide werden gezien als het resultaat van een cognitieve beoordeling van de situatie.

Catastrofale gebeurtenis: Een plotselinge, gewelddadige ramp, hetzij ontstaan ten gevolge van een natuurlijk fenomeen, hetzij door de mens aangericht, die een trauma veroorzaakt.

Centrale zenuwstelsel (CZS): De hersenen en het ruggenmerg.

Centratie: Preoperationeel denkpatroon waarbij het kind zijn aandacht op niet meer dan één factor tegelijk kan richten.

Cerebellum: Deze 'kleine hersenen' zijn verbonden met de hersenstam. Het cerebellum is verantwoordelijk voor gecoördineerde bewegingen.

Cerebrale cortex: De dunne grijze massa die het cerebrum bedekt. Bestaat uit een halve centimeter dikke laag cellichamen van neuronen. De cerebrale cortex is verantwoordelijk voor het grootste deel van onze 'hogere' psychische processen, waaronder denken en waarnemen.

Cerebrale dominantie: Neiging van elke hersenhelft om bepaalde functies te domineren, zoals taal of de perceptie van ruimtelijke relaties.

Chromosoom: Lange, dunne en spiraalvormige draad waarlangs de genen zijn gerangschikt als de kralen van een ketting. Chromosomen bestaan voornamelijk uit DNA.

Chronische stressor: Toestand van stressvolle arousal die langere tijd aanhoudt.

Chunking: Proces waarbij stukjes informatie georganiseerd worden tot een kleiner aantal betekenisvolle eenheden (*chunks*). Op deze manier creëer je ruimte in het werkgeheugen.

Circadiaanse ritmes: Fysiologische patronen die zich ongeveer elke 24 uur herhalen, zoals de slaap-waakcyclus.

Cliëntgerichte therapie: Door Carl Rogers ontwikkelde humanistische benadering van therapie. Benadrukt de natuurlijke neiging van mensen tot gezonde psychologische groei en zelfrealisatie.

Cochlea (slakkenhuis): Het belangrijkste onderdeel van het gehoororgaan. Het is een spiraalvormige buis in het binnenoor waar geluidsgolven worden omgevormd tot zenuwimpulsen.

Coderen: De eerste elementaire functie van het geheugen. Heeft te maken met het omzetten van informatie in een vorm die het beste in het geheugensysteem past.

Cognitief perspectief: Een van de belangrijkste psychologische perspectieven, waarbij de nadruk ligt op mentale processen, zoals leren, geheugen, perceptie en denken als vormen van informatieverwerking.

Cognitieve beoordeling: Onze interpretatie van een stimulus (bijvoorbeeld een stressor) en onze hulpmiddelen om daarmee om te gaan.

Cognitieve dissonantie: Een toestand waarin mensen tegenstrijdige cognities ervaren, met name als hun bewuste gedrag in strijd is met hun overtuigingen.

Cognitieve gedragstherapie: Een recentere vorm van psychotherapie die de technieken van de cognitieve therapie en de gedragstherapie combineert.

Cognitieve herstructurering: Het herbeoordelen van een stressor met het doel deze vanuit een positiever perspectief te beschouwen.

Cognitieve neurowetenschap: Een nieuw interdisciplinair wetenschapsgebied waarin cognitief psychologen, neurowetenschappers, computerwetenschappers en onderzoekers uit andere vakgebieden onderzoek doen naar het verband tussen mentale processen en de hersenen.

Cognitieve ontwikkeling: Proces waarbij de manier van denken in de loop der tijd verandert.

Cognitieve plattegrond: In het werk van Tolman is het een mentale representatie van een doolhof of andere fysieke ruimte. Psychologen gebruiken de term vaak breder om er een begrip van verbanden tussen concepten mee aan te duiden.

Cognitieve therapie: Benadrukt rationeel denken (tegenover subjectieve emotie, motivatie of onderdrukte conflicten) als de sleutel tot de behandeling van psychische stoornissen.

Cohesie: Term die refereert aan solidariteit, loyaliteit en een groepsgevoel.

Collectief onbewuste: Jungs aanvulling op het persoonlijk onbewuste: deel van het onbewuste dat onze instinctieve 'herinneringen', onder meer de archetypen, bevat. De inhoud van dit onbewuste is universeel.

Collectivisme: Het standpunt dat groepsloyaliteit en het aanzien van de groep belangrijker zijn dan individuele prestaties. Deze visie is gangbaar in Azië, Afrika, Zuid-Amerika en het Midden-Oosten.

Coma: Een toestand van diepe bewusteloosheid waarin de patiënt geen normale slaap-waakcyclus meer doormaakt, en die meestal slechts enkele dagen duurt.

Combinatietherapie: Een therapeutische benadering waarbij gebruik wordt gemaakt van zowel psychologische als van geneeskundige technieken; meestal een behandeling met geneesmiddelen in combinatie met gedragstherapie of cognitieve gedragstherapie.

Computermetafoor: Het idee van de hersenen als informatieverwerker; suggereert dat denken niets meer of minder is dan informatieverwerking.

Concept: Mentale representatie van een categorie van items of ideeën, gebaseerd op ervaring.

Conceptuele hiërarchie: Niveaus van concepten, van zeer algemeen tot zeer specifiek, waarin een meer algemeen niveau (zoals het concept voor 'dier') meer specifieke concepten (zoals het concept voor 'hond', 'giraf' en 'vlinder') omvat.

Concluderen door leren: Het uitgangspunt dat onze perceptie voornamelijk vorm krijgt door leren (of ervaring), en niet door aangeboren factoren.

Concreet-operationeel stadium: Derde stadium van Piaget. Het kind begrijpt het principe van conservatie, maar is nog niet in staat tot abstract denken.

Confirmation bias (bevestigingsbias): De neiging om informatie die niet bij je opvattingen aansluit te negeren of te bekritiseren en om in plaats daarvan informatie te zoeken waar je het wel mee eens bent.

Conformisme: De neiging van mensen om de gedragingen, attitudes en meningen van de andere groepsleden over te nemen.

Conservatie: Besef dat de fysieke eigenschappen van een object of substantie niet veranderen als het uiterlijk van het object verandert, maar er niets wordt toegevoegd of weggenomen.

Consolidatie: Het proces waarin kortetermijnherinneringen over een bepaalde periode veranderen in langetermijnherinneringen.

Contactsteun: Stimulatie en steun die wordt verkregen door de fysieke aanraking van een verzorger

Contiguïteit: In de klassieke conditionering: het samen, of vlak na elkaar, aanbieden van de NS en de UCS.

Contingentiemanagement: Op operante conditionering gebaseerde benadering van gedragsmodificatie waarbij de gevolgen van gedrag worden veranderd, met name door het toepassen van beloningen en straffen.

Continue bekrachtiging: Bekrachtigingsschema waarbij alle correcte responsen bekrachtigd worden.

Contralaterale banen: Sensorische en motorische banen tussen de hersenen en de rest van het lichaam steken onderweg over naar de andere zijde, zodat signalen van de rechterkant van het lichaam door de linkerzijde van de hersenen worden verwerkt en vice versa.

Controleconditie: Omstandigheden waaraan de leden van de controlegroep tijdens het experiment worden blootgesteld. Deze condities zijn op bijna elk onderdeel identiek aan de experimentele conditie, met uitzondering van de speciale behandeling, die alleen de experimentele groep ontvangt.

Controlegroep: Proefpersonen die worden gebruikt als vergelijkingsmateriaal naast de experimentele groep. De controlegroep krijgt niet de speciale behandeling waar men meer over wil weten.

Coping: Actie ondernemen om de oorzaken van stress te verminderen of weg te nemen.

Copingstrategie: Manier om stressvolle situaties te hanteren.

Corpus callosum: Een bundel zenuwcellen die de twee hersenhelften met elkaar verbindt en communicatie tussen de twee helften mogelijk maakt.

Correlatieonderzoek: Vorm van onderzoek waarbij de relatie tussen variabelen wordt bestudeerd zonder een onafhankelijke variabele in een experiment te manipuleren. Uit correlatieonderzoek kan geen oorzaak-gevolgrelatie worden afgeleid.

Cortisol: Een corticosteroïde die bij de fight-or-flightreactie wordt gevormd.

Creationisme: De religieus geïnspireerde opvatting dat het universum en al het leven op aarde (planten, dieren, mensen) hun ontstaan te danken hebben aan een bijzondere (goddelijke) scheppingsdaad.

Creativiteit: Mentaal proces waarbij nieuwe responsen ontstaan die bijdragen aan de oplossing van een probleem.

Crosscultureel psycholoog: Een psycholoog die werkt in dit specialisme is geïnteresseerd in de manieren waarop psychologische processen verschillen tussen mensen van verschillende culturen.

CT-scan (gecomputeriseerde axiale tomografie): Techniek waarmee je een computergestuurde afbeelding kunt maken door röntgenstralen vanuit verschillende hoeken door de hersenen te sturen en de informatie samen te voegen.

Cultuur: Een complexe mix van taal, opvattingen, gewoonten, waarden en tradities die wordt ontwikkeld door een groep mensen en die wordt gedeeld met anderen in dezelfde omgeving.

D

Dagdromen: Een veelvoorkomende (en heel normale) activiteit of staat van het bewustzijn, waarbij de aandacht verschuift van de onmiddellijke situatie naar herinneringen, verwachtingen, verlangens of fantasieën.

Data: Informatie, in het bijzonder gegevens die door een onderzoeker zijn verzameld en die worden gebruikt om een hypothese te toetsen. (Enkelvoud: datum.)

Declaratief geheugen: Afdeling van het LTG waar expliciete informatie wordt opgeslagen, ook wel *feitengeheugen (weten dat)* genoemd. Het declaratief geheugen heeft twee onderafdelingen: het episodisch geheugen en het semantisch geheugen.

Dehospitalisatie: Beleid om patiënten zo veel mogelijk weg te halen, dan wel weg te houden, uit het psychiatrisch ziekenhuis.

Dehumanisering: Het psychologische proces waarbij bepaalde mensen of groepen als minder dan menselijk worden beschouwd, bijvoorbeeld als gevreesde of gehate dieren. Het is een fundamenteel proces bij veel vooroordelen en massaal geweld.

Dendrieten: Vertakte uitlopers van het cellichaam van een neuron die de informatie binnenhalen.

Denken: Het cognitieve proces dat betrokken is bij het vormen van een nieuwe mentale representatie door de beschikbare informatie te manipuleren.

Depersonaliseren: Mensen van hun identiteit en individualiteit beroven door hen als voorwerp te behandelen en niet als individu. Depersonaliseren kan het gevolg zijn van labeling.

Depressieve stoornis: Een stemmingsstoornis die wordt gekenmerkt door verlies van levenslust en/of zware neerslachtigheid. Het is een vorm van depressie die niet afgewisseld wordt met manische perioden.

Diathese-stresshypothese: In verband met schizofrenie: de stelling dat genetische factoren een bepaald risico vormen, maar dat er stressfactoren uit de omgeving nodig zijn om deze mogelijkheid om te zetten in een werkelijke schizofrene stoornis.

Discriminatie: Negatieve actie ten opzichte van een individu vanwege zijn of haar lidmaatschap van een bepaalde groep.

Dispositie: Een psychische en fysieke kwaliteit of eigenschap van een persoon.

Dispositionalisme: Een psychologische oriëntatie die zich bij de verklaring van gedrag primair richt op de innerlijke eigenschappen van individuen, zoals persoonlijkheidskenmerken, waarden, karakter en genetische aanleg.

Dispositionele theorieën: Een verzamelnaam voor benaderingen van de persoonlijkheid op basis van temperament, karaktertrekken en persoonlijkheidstypen.

Distress: Een belastende emotionele, cognitieve en/of gedragsmatige reactie, die veroorzaakt wordt door een externe stressor, en die onderdeel kan zijn van stress.

DNA: Lang, complex molecuul dat informatie bevat over alle genetische eigenschappen. De volledige naam voor DNA is desoxyribonucleïnezuur.

Docent psychologie: Psycholoog met als primaire taak het geven van onderwijs op bijvoorbeeld een hbo- of bacheloropleiding of universiteit.

Doelgericht gedrag: Een vaardigheid die naar voren komt tijdens het sensomotorische stadium en waardoor kinderen het vermogen ontwikkelen om een enkel doel voor ogen te houden en dat na te streven.

Driedimensionale theorie over liefde: Theorie die verschillende soorten liefde beschrijft aan de hand van drie componenten: passie (erotische aantrekkingskracht), intimiteit (gevoelens en vertrouwelijkheden delen) en toewijding (vast voornemen om deze relatie op de eerste plaats te zetten).

Drijfveertheorie: Ontwikkeld als een alternatief voor de instincttheorie. De drijfveertheorie verklaart motivatie als een proces waarin een biologische behoefte een drijfveer produceert die het gedrag aanstuurt in een zodanige richting dat in de behoefte wordt voorzien.

DSM: De *Diagnostic and Statistical Manual of Mental Disorders*, die is uitgebracht door de American Psychiatric Association; wereldwijd het meest gebruikte classificatiesysteem. In 2013 verschijnt de nieuwe versie (de *DSM-5*).

Dubbelblindonderzoek: Experimentele procedure waarbij zowel de onderzoekers als de proefpersonen niet weten wie welke onafhankelijke variabele krijgt toegediend.

Dyslexie: Een leesstoornis, waarvan sommige deskundigen denken dat deze door een afwijking in de hersenen wordt veroorzaakt.

E

Ecologisch model: Vergelijkbaar met het sociaal-cognitieve gedragsmodel, maar met het accent op de sociale en culturele context.

Eeg (elektro-encefalogram): Onderzoeksmethode om hersengolven te registreren met behulp van op de schedel aangebrachte elektroden. Het resultaat van deze opname wordt een elektro-encefalogram of eeg genoemd.

Ego: Het bewuste, rationele deel van de persoonlijkheid, dat is belast met het handhaven van de vrede tussen het superego en het id.

Ego-afweermechanisme: Voornamelijk onbewuste psychische strategie die gebruikt wordt om de ervaring van een conflict of angst te verzachten.

Egocentrisme: In Piagets theorie: op zichzelf gericht zijn, zich niet kunnen voorstellen dat er een ander standpunt mogelijk is dan het eigen.

Eidetisch beeld: Een zeldzame, maar bijzonder duidelijke en langdurige vorm van herinnering. Ook wel 'fotografisch geheugen' genoemd.

Eindknop: Kleine verdikking aan het uiteinde van het axon. Bevat neurotransmitters, die de boodschap van het neuron in de synaps brengen.

Elektracomplex: Volgens Carl Jung: de psychoseksuele competitie van een meisje met haar moeder om de liefde van de vader. Dit conflict wordt opgelost wanneer, net als bij het Oedipuscomplex, identificatie plaatsvindt met de ouder van hetzelfde geslacht.

Elektromagnetisch spectrum: Het gehele spectrum van elektromagnetische energie, inclusief radiogolven, röntgenstralen, microgolven en zichtbaar licht.

Elektroshocktherapie (EST): Methode die voornamelijk wordt toegepast bij de behandeling van depressies. De patiënt krijgt via zijn slapen een elektrische stroom toegediend, die een algehele verkramping oproept. Soms 'elektroconvulsietherapie' genoemd.

Embryo: Het ongeboren kind gedurende de eerste acht weken na de conceptie.

Emotie: Viervoudig proces dat te maken heeft met fysiologische arousal, cognitieve interpretatie, subjectieve gevoelens en gedragsmatige expressie. Emoties helpen het organisme om te gaan met belangrijke gebeurtenissen.

Emotiegerichte coping: Het reguleren van je emotionele reactie op een stressor.

Emotionele bias: De neiging om oordelen te vellen gebaseerd op attitudes en gevoelens, in plaats van op een rationele analyse van het bewijsmateriaal.

Emotionele intelligentie: In Golemans theorie: het vermogen om emotionele responsen te begrijpen en te beheersen.

Empirisch onderzoek: Onderzoeksbenadering waarbij gegevens worden verzameld door middel van objectieve informatie uit de eerste hand, gebaseerd op sensorische ervaring en observatie.

Empirisch onderbouwde behandeling: Behandelregime waarvan via wetenschappelijk onderzoek is aangetoond dat het effectief is.

Endocriene stelsel: Het hormonale systeem, de chemische boodschappendienst van het lichaam, inclusief de volgende hormoonklieren: hypofyse, bijnieren, geslachtsklieren, schildklier, bijschildklier, alvleesklier, ovaria en testikels.

Engram: Fysieke veranderingen in het brein die in verband worden gebracht met een herinnering. Ook wel *geheugenspoor* genoemd.

Episodisch geheugen: Onderafdeling van het declaratief geheugen waar herinneringen aan persoonlijke gebeurtenissen, oftewel 'episodes', liggen opgeslagen.

Erfelijkheidsratio: De mate waarin de variatie van een bepaalde eigenschap binnen een groep die onder dezelfde omstandigheden is opgegroeid kan worden toegeschreven aan genetische verschillen. De erfelijkheidsratio vertelt niets over de verschillen tussen groepen.

Ergernis: Situatie die kleine irritatie of frustratie veroorzaakt.

Essentie: De betekenis, in tegenstelling tot exacte details.

Evolutie: Het geleidelijke proces van biologische verandering van een soort doordat die zich succesvol aanpast aan zijn omgeving.

Evolutionaire psychologie: Een relatief nieuw specialisme in de psychologie dat gedrag en mentale processen beschouwt op basis van hun genetische aanpassingen aan overleving en voortplanting.

Expectancy bias (verwachtingsbias): De waarnemer staat toe dat zijn of haar verwachtingen de resultaten van een onderzoek zullen beïnvloeden.

Experiment: Type onderzoek waarbij de onderzoeker gebruikmaakt van vergelijkbare groepen en alle omstandigheden controleert en rechtstreeks manipuleert, inclusief de onafhankelijke variabele.

Experimenteel psycholoog: Psycholoog die onderzoek doet naar elementaire psychologische processen – in tegenstelling tot een toegepast psycholoog.

Experimentele conditie: Omstandigheden waaraan de leden van de experimentele groep tijdens de speciale behandeling worden blootgesteld.

Experimentele groep: Proefpersonen die worden blootgesteld aan de speciale behandeling die men onderzoekt.

Experimentele intelligentie: Volgens Sternberg de vorm van intelligentie die mensen helpt om nieuwe relaties tussen concepten te zien. Heeft te maken met inzicht en creativiteit.

Expert: Iemand die goed georganiseerde bronnen van kennis op een bepaald vakgebied bezit, waaronder probleemoplossingsstrategieën.

Expliciete herinnering: Een herinnering die met aandacht verwerkt is en bewust kan worden teruggehaald.

Exposuretherapie: Vorm van desensitisatietherapie waarbij de patiënt direct geconfronteerd wordt met de stimulus die zo veel angst oproept (in plaats van dat hij zich die alleen maar voorstelt).

Extinctie: In de klassieke conditionering: de afname van een geconditioneerde associatie als gevolg van de afwezigheid van een ongeconditioneerde stimulus of bekrachtiger.

Extinctie: In de operante conditionering: proces waarbij een aangeleerde respons verdwijnt door de afwezigheid of afname van bekrachtiging. (Vergelijkbaar met extinctie bij klassieke conditionering.)

Extraversie: Jungiaans persoonlijkheidskenmerk waarbij de aandacht naar buiten, op anderen gericht is.

Extrinsieke motivatie: Het verlangen om een activiteit uit te voeren omwille van een externe consequentie, zoals een beloning.

F

Fenomenaal veld: Onze psychologische realiteit, bestaat uit percepties.

Fenotype: Waarneembare fysieke kenmerken van een organisme.

Feromoon: Chemisch signaal dat organismen uitscheiden om te communiceren met andere leden van hun soort. Vaak een seksuele lokstof.

Fight-or-flightreactie: Reeks interne processen die het organisme voorbereiden op een gevecht of vlucht, en die in gang wordt gezet als een situatie als bedreigend wordt geïnterpreteerd.

Figuur: Dat deel van een patroon dat de aandacht trekt. De figuur steekt af tegen de (achter)grond.

Fixatie: Stagnatie van de psychoseksuele ontwikkeling in een onvolwassen stadium.

Flitslichtherinnering: Heldere en levendige herinnering uit het langetermijngeheugen aan een bijzonder betekenisvolle en emotionele gebeurtenis.

Flow: In Csikszentmihalyi's theorie: intense concentratie op een bepaalde activiteit. Gaat gepaard met bijna extatische gevoelens. Flow heeft te maken met intrinsieke motivatie.

fMRI (functionele magnetische resonantiescan): Een nieuwere vorm van magnetische resonantiescan die zowel de structuur van de hersenen als verschillende activiteitenniveaus in verschillende delen van het brein blootlegt.

Fobie: Angststoornis die wordt gekenmerkt door een pathologische angst voor een specifiek object of een specifieke situatie.

Foetaal Alcohol Syndroom (FAS): Een aantal fysieke en mentale problemen die voorkomen bij kinderen van wie de moeders excessieve hoeveelheden alcohol dronken tijdens de zwangerschap.

Foetus: Het ongeboren kind in de periode tussen het embryonale stadium en de geboorte.

Formatio reticularis: Potloodvormige structuur in de hersenstam, tussen de medulla en de pons, die betrokken is bij het slapen en waken.

Formeel-operationeel stadium: Laatste stadium uit Piagets theorie, waarin abstract denken zijn intrede doet.

Fotoreceptor: Lichtgevoelige cel in de retina die lichtenergie omzet in neurale impulsen.

Foutieve attributie: Geheugenfout die optreedt als je een herinnering wel kunt terughalen, maar hem aan de verkeerde tijd, plaats of persoon koppelt.

Fout-positief: Foutieve identificatie van een persoon op grond van een bepaalde eigenschap. In de polygrafie is een fout-positief de verkeerde beoordeling van een oprechte persoon als een leugenaar.

Fovea: Het gedeelte van de retina, een soort groeve, waarmee je het scherpst ziet. De fovea bestaat bijna uitsluitend uit kegeltjes.

Frequentie: Het aantal cycli dat een geluidsgolf in een bepaalde periode, meestal een seconde, voltooit.

Frontaalkwab: Gebied voor in de hersenen dat met name een rol speelt in beweging, het denken en de persoonlijkheid.

Functionalisme: Historische stroming binnen de psychologie die meende dat psychische processen het beste begrepen kunnen worden in het licht van hun adaptieve nut en functie.

Functioneel analyseniveau: Onderzoekt de adaptieve functie van een motief in termen van overleving en reproductie.

Functionele gefixeerdheid: Onvermogen om een nieuwe toepassing te zien voor een voorwerp dat al met iets anders is geassocieerd; een vorm van mental set.

Fundamentele attributiefout (fundamental attribution error, FAE): De neiging om bij het interpreteren van gedrag van anderen enerzijds een overmatige nadruk te leggen op persoonlijke karaktertrekken (de hang naar het dispositionele) terwijl anderzijds de situationele invloeden worden geminimaliseerd.

Fysiologische afhankelijkheid: Proces waarbij het lichaam zich aanpast aan, en afhankelijk wordt van, een middel.

G

Ganglioncel: Zenuwcel in de binnenste laag van de retina die in contact staat met de oogzenuw.

Gate control-theorie: Een verklaring voor pijn die stelt dat we een neurale poort hebben die onder bepaalde omstandigheden binnenkomende pijnsignalen kan blokkeren.

Geconditioneerde of secundaire bekrachtiger: Stimulus (zoals zegeltjes of geld) die zijn bekrachtigende waarde krijgt door een aangeleerde associatie met een primaire bekrachtiger.

Geconditioneerde respons (CR): In de klassieke conditionering: een respons die wordt opgeroepen door een oorspronkelijk neutrale stimulus die na een leerproces geassocieerd wordt met de ongeconditioneerde stimulus.

Geconditioneerde stimulus (CS): In de klassieke conditionering: een oorspronkelijk neutrale stimulus die na een leerproces de geconditioneerde respons oproept.

Gedragsgeneeskunde: Medische specialisatie die zich verdiept in het verband tussen leefstijl en ziekte.

Gedragsmodificatie: De systematische toepassing van de inzichten van de gedragspsychologie om gedrag te beïnvloeden.

Gedragstherapie: Elke vorm van psychotherapie die is gebaseerd op de principes van stimulus-responsleren, met name operante en klassieke conditionering.

Geen correlatie: Een correlatiecoëfficiënt die aangeeft dat de variabelen geen relatie hebben met elkaar.

Gegeneraliseerde angststoornis: Een psychologisch probleem dat wordt gekenmerkt door hardnekkige en algemene gevoelens van angst zonder externe oorzaak.

Geheel-lerenmethode: Mnemoniek waarbij je het materiaal eerst 'als geheel' benadert, zodat je een globale indruk vormt van de betekenis. Later kun je de details aan die algemene indruk 'ophangen'.

Geheugen: Elk systeem (van een mens, een dier of een apparaat) dat informatie codeert, opslaat en terughaalt.

Geïnformeerde toestemming: Verzekert dat de deelnemers op de hoogte zijn van de onderzoeksprocedures en ook van de eventuele gevaren daarvan, zodat ze van deelname kunnen afzien als ze dat willen.

Gekristalliseerde intelligentie: De kennis die een persoon heeft verworven plus de vaardigheid om toegang te krijgen tot die kennis.

Genen: Stukjes van een chromosoom waarin de codes voor de erfelijke lichamelijke en psychische eigenschappen van een organisme zijn opgeslagen. Ze vormen de functionele elementen van een chromosoom.

Genetic leash: De term van Edward Wilson voor de beperkingen die erfelijke factoren opleggen aan ontwikkeling.

Genoom: Het genoom van een organisme omvat één complete set van chromosomen.

Genotype: Kenmerken van een organisme zoals die genetisch zijn vastgelegd.

Geslachtschromosoom: Een chromosoom dat onze lichamelijke geslachtskenmerken bepaalt. Vrouwen hebben twee X-chromosomen en mannen een X- en een Y-chromosoom.

Gespreid leren: Mnemoniek waarbij je het leren over verschillende periodes verdeelt in plaats van probeert het materiaal allemaal in één keer in je geheugen te proppen.

Gestaltpsychologie: Een in Duitsland ontwikkelde visie op perceptie. Het Duitse woord *Gestalt* betekent 'geheel', 'vorm' of 'patroon'. Gestaltpsychologen meenden dat een groot deel van onze perceptie wordt gevormd door aangeboren en in de hersenen verankerde factoren.

Gevalstudie: Onderzoek van een enkel object (of een zeer gering aantal objecten).

Gevoelige periode: Een periode waarin het organisme bijzonder gevoelig is voor specifieke stimuli. Organismen hebben vermoedelijk gevoelige perioden voor het ontwikkelen van het gehoor en het ontvangen van visuele stimulatie die nodig is voor de normale ontwikkeling van zicht.

Gevoelsreflectie (spiegelen): Door Carl Rogers ontwikkelde techniek waarbij de therapeut de woorden van de cliënt parafraseert om de emotionele toon die eruit spreekt te benadrukken.

Gefixeerd actiepatroon: Genetisch bepaald gedragspatroon dat bij alle individuen van een soort voorkomt en dat door een specifieke stimulus wordt ontketend. Het concept van gefixeerde actiepatronen heeft de verouderde term 'instinct' vervangen.

Groepsdenken: De term voor de gebrekkige oordelen en slechte beslissingen die door groepsleden worden genomen en die in te sterke mate door veronderstelde groepsconsensus of door het standpunt van de leider worden beïnvloed.

Groepstherapie: Elke vorm van psychotherapie waarbij meer patiënten tegelijk betrokken zijn. Groepstherapeuten werken vaak vanuit een humanistisch perspectief.

Gezondheidspsychologie: Psychologische specialisatie die de psychologische factoren bestudeert die bijdragen aan gezondheid en welzijn, en die ziekte beïnvloeden, met het doel mensen voor te lichten over het belang en de mogelijkheden van het ontwikkelen van een gezondere leefstijl.

Gliacel: Een cel die de structurele steun biedt aan neuronen. Tijdens de ontwikkeling helpen gliacellen bij het samenbrengen van de juiste zenuwcellen. Gliacellen vormen bovendien een isolerende laag (de myelineschede) voor de axonen van sommige neuronen.

Gradaties van bekrachtiging: De vele mogelijke relaties tussen responsen en bekrachtigers.

Grammatica: De regels van een taal die bepalen hoe met woorden, morfemen en syntaxis een begrijpelijke zin moet worden gevormd.

Grond: Dat deel van een patroon dat geen aandacht trekt; de achtergrond.

Gustatie: Smaakzin, het smaakzintuig.

H

Habituatie: Leren niet te reageren op de herhaalde aanbieding van een stimulus.

Hallucinatie: Zintuiglijke beleving die niet overeenkomt met de werkelijkheid; kan op een psychische stoornis wijzen. Hallucinaties kunnen ook een andere oorzaak hebben, zoals drugs of langdurige afwezigheid van sensorische input.

Hallucinogeen: Drug die de perceptie van zowel de externe omgeving als de innerlijke wereld verandert; middel dat een bewustzijnsverruimend effect heeft.

Hechting: Langdurige sociaal-emotionele relatie tussen het kind en een ouder of andere vaste verzorger.

Held: Iemand die een ander in nood helpt of die een onrechtvaardig of corrupt systeem bevecht, zonder zich erom te bekommeren of hij zal worden beloond of dat het afwijkende gedrag mogelijk negatieve consequenties voor hem zal hebben.

Helderheid: Een psychologische sensatie in ons brein die wordt veroorzaakt door de intensiteit (amplitude) van lichtgolven.

Herhaling of repeteren: Proces waarbij informatie steeds herhaald wordt om te voorkomen dat de informatie vervaagt in de tijd dat het in het werkgeheugen zit. Repeteren vereist geen actieve elaboratie.

Herinneringscue: Stimulus die wordt gebruikt om een herinnering in het bewustzijn te brengen of om gedrag te activeren.

Herkenning: Herinneringsmethode waarbij iemand aangeboden stimuli identificeert als informatie die hem al eens eerder is aangeboden.

Hersenstam: Meest primitieve van de drie hersenlagen. Hij bestaat uit de medulla oblongata, de pons en de formatio reticularis.

Heuristiek: Cognitieve strategie of 'vuistregel' die wordt gebruikt om een complexe mentale opdracht 'even snel' te vervullen. In tegenstelling tot een algoritme weet je met een heuristiek niet zeker of je bij de juiste oplossing uitkomt.

Hindsight bias: De neiging om na afloop van een gebeurtenis te twijfelen aan andermans beslissingen en te denken dat jij die van tevoren hebt zien aankomen.

Hippocampus: Onderdeel van het limbische systeem; speelt een rol bij langdurige herinneringen.

Holisme: Visie die totaliteit altijd belangrijker vindt dan de som der delen.

Homeostase: Neiging van het lichaam om een biologisch evenwicht te handhaven.

Hoogbegaafdheid: Meestal gedefinieerd als de bovenste twee procent van de IQ-schaal. Dit segment begint ongeveer 30 punten boven het gemiddelde (130 IQ-punten en hoger).

Hormoon: Chemische boodschapper van het endocriene stelsel. Sommige hormonen hebben dezelfde chemische samenstelling als neurotransmitters.

Huidzintuig: Zintuiglijk systeem dat reageert op aanraking, warmte en kou.

Humanistische persoonlijkheidstheorie: Een type theorie dat het accent legt op menselijke groei en potentieel in plaats van op psychische stoornissen. Therapieën van dit type benadrukken het functioneren van het individu in het heden in plaats van de invloed van gebeurtenissen uit het verleden.

Humanistische psychologie: Een klinische benadering die de nadruk legt op de mogelijkheden, groei, potentie en vrije wil van de mens.

Humanistische therapie: Therapeutische techniek die ervan uitgaat dat mensen geneigd zijn tot positieve groei en zelfrealisatie. Deze neiging kan echter geblokkeerd worden door een ongezonde omgeving, een negatief zelfbeeld of kritiek van anderen.

Hypnose: Opzettelijk veranderde bewustzijnstoestand die wordt gekenmerkt door toegenomen beïnvloedbaarheid en (meestal) diepe ontspanning.

Hypofyse: 'Hoofdklier', produceert hormonen die de afscheiding van alle andere endocriene klieren beïnvloeden en groeihormonen. De hypofyse ontvangt opdrachten van een naburige structuur in de hersenen, de hypothalamus.

Hypothalamus: Structuur in het limbische systeem die dienst doet als bloedtestlaboratorium. Het bloed, dat informatie geeft over de toestand van het lichaam, wordt continu in de gaten gehouden.

Hypothese: Voorspelling van de uitkomst van een wetenschappelijk onderzoek; een bewering over de relatie tussen variabelen in een onderzoek.

I

Id: Het primitieve, onbewuste deel van de persoonlijkheid. Bevat de fundamentele drijfveren en onderdrukte herinneringen.

Identificatie: Het psychologische proces waarbij een individu probeert net zo te worden als iemand anders, met name zoals de ouder van hetzelfde geslacht.

Identiteit: Volgens de theorie van Erikson is identiteit het gevoel dat iemand heeft over wie hij is: een coherent zelf. Het ontwikkelen van een gevoel van identiteit is het belangrijkste doel van de puberteit.

Illusie: Je hebt een illusie wanneer je een aantoonbaar verkeerde perceptie hebt van een stimuluspatroon, in het bijzonder wanneer die wordt gedeeld door anderen die dezelfde stimulus waarnemen.

Imitatie: Het imiteren van het gedrag van andere mensen.

Immunosuppressie: Verminderde werking van het immuunsysteem als gevolg van de onderdrukking (suppressie) van de immuniteitsreactie.

Impliciete herinnering: Een herinnering die niet met opzet of bewust in het geheugen geprent is.

Impliciete persoonlijkheidstheorie: Aanname over de persoonlijkheid die mensen (met name niet-psychologen) hanteren met het doel anderen gemakkelijker te kunnen begrijpen.

Individualisme: Het standpunt dat individuele prestaties en jezelf onderscheiden erg belangrijk zijn. Deze visie wordt vooral in de westerse wereld aangehangen.

Infantiele amnesie: De onmogelijkheid om zich gebeurtenissen uit de eerste twee of drie jaar van het leven te herinneren.

Informatieverwerkingsmodel: Een cognitieve benadering van het geheugen, die de nadruk legt op de wijze waarop informatie systematische verandering ondergaat bij het coderen, opslaan en terughalen ervan.

Initiatief: Volgens Erikson is initiatief de belangrijkste ontwikkelingstaak in het derde stadium van de kindertijd. Initiatief wordt gekenmerkt door de mogelijkheid om zelf activiteiten te starten, in plaats van alleen op anderen te reageren of zich schuldig te voelen wanneer het kind niet aan andermans eisen kan voldoen.

Inprenting: Primitieve vorm van leren waarbij sommige jonge dieren zich hechten aan het eerste bewegende object dat ze zien.

Instincttheorie: Verouderd idee dat bepaalde gedragspatronen worden bepaald door aangeboren factoren. De instincttheorie hield geen rekening met de effecten van leren en gebruikte instincten vooral als labels, in plaats van als verklaringen voor gedrag.

Integratie: Hier: De laatste fase in rouw, waarin het verlies in het zelf wordt opgenomen.

Integriteit: In Eriksons theorie: vermogen om zonder spijt en met een gevoel van heelheid op het leven terug te kijken.

Intelligentie: De mentale capaciteiten om kennis te verwerven, te redeneren en effectief problemen op te lossen.

Intelligentiequotiënt (IQ): Getalsmatige score op een intelligentietest, berekend door de mentale leeftijd van de proefpersoon te delen door zijn kalenderleeftijd en die met 100 te vermenigvuldigen.

Intermitterende bekrachtiging: Bekrachtigingsschema waarbij enkele, maar niet alle goede responsen worden bekrachtigd; ook wel partiële bekrachtiging genoemd.

Intervalschema: Programma waarin bekrachtiging wordt aangeboden nadat een bepaalde tijd is verstreken sinds de laatste bekrachtiging.

Intimiteit: Volgens de theorie van Erikson de belangrijkste ontwikkelingstaak van de vroege volwassenheid, met inbegrip van het vermogen met iemand anders een volledige relatie aan te gaan: seksueel, emotioneel en moreel.

Intrinsieke motivatie: Het verlangen om een activiteit uit te voeren omwille van de activiteit zelf, en niet vanwege een externe consequentie, zoals een beloning.

Introspectie: Beschrijving van je eigen innerlijke, bewuste ervaringen.

Introversie: Jungiaans persoonlijkheidskenmerk waarbij de aandacht gericht is op interne ervaringen, op de eigen gedachten en gevoelens. Dit maakt een introvert persoon minder toegankelijk en minder gemakkelijk in de omgang dan iemand met een extraverte persoonlijkheid.

Intuïtie: Het vermogen een oordeel te vormen zonder bewust redeneren.

Inzichtelijk leren: Een vorm van cognitief leren, oorspronkelijk beschreven door Gestaltpsychologen, waarbij het oplossen van problemen plaatsvindt door een plotselinge reorganisatie van percepties.

Inzichtgevende therapie: Psychotherapie waarbij de therapeut de patiënt helpt om de oorzaken van zijn problemen te begrijpen (*inzicht* te verwerven).

Irreversibiliteit (onomkeerbaarheid): Het onvermogen bij het preoperationele kind om een serie gebeurtenissen of mentale stappen door te denken en vervolgens het verloop mentaal terug te draaien.

J

James-Lange-theorie: De theorie dat een emotieoproepende stimulus eerst een lichamelijke respons veroorzaakt, die vervolgens een emotie produceert.

Job engagement: Het gevoel als werknemer onderdeel uit te maken van een betekenisvolle werkomgeving waar de bijdrage wordt gewaardeerd en evenredig wordt beloond (het tegenovergestelde van burn-out).

K

Kalenderleeftijd (KL): Het aantal jaren dat is verlopen sinds de geboorte van het individu.

Kalmerend middel: Drug die de psychische en lichamelijke activiteit afremt of vertraagt doordat deze het transport van zenuwimpulsen in het centrale zenuwstelsel belemmert.

Kameleoneffect: De neiging anderen na te bootsen, genoemd naar het dier dat van kleur verandert zodat het niet opvalt in uiteenlopende omgevingen.

Karaktertrek: Stabiel persoonlijkheidskenmerk waarvan men aanneemt dat het zich in het individu bevindt en dat in verschillende omstandigheden een leidraad vormt voor zijn of haar gedachten en handelingen.

Kegeltje: Fotoreceptor die extra gevoelig is voor kleuren, maar niet voor zwak licht.

Kenmerkdetector: Cel in de cortex die is gespecialiseerd in het opmerken van bepaalde kenmerken in een stimulus.

Kinesthetisch zintuig: Zintuig dat de positie van het lichaam en de beweging van lichaamsdelen ten opzichte van elkaar registreert (ook wel *kinesthesie* genaamd).

Klassieke conditionering: Een vorm van stimulus-responsleren waarbij een in eerste instantie neutrale stimulus het vermogen verwerft om dezelfde aangeboren reflex op te roepen als een andere stimulus die deze reflex oorspronkelijk oproept.

Kleur: Op zichzelf is kleur geen eigenschap van de wereld om ons heen. Het is een psychologische sensatie die is afgeleid uit de golflengte van zichtbaar licht.

Kleurenblindheid (daltonisme): Een genetische afwijking (hoewel het soms ook het gevolg kan zijn van een ongeluk) waardoor iemand niet in staat is bepaalde kleuren van elkaar te onderscheiden. De meest voorkomende vorm is rood-groenkleurenblindheid.

L

Labeling: De ongewenste praktijk van het toekennen van diagnoses van psychische stoornissen aan mensen die vervolgens als stereotype worden gebruikt; hierbij worden de betrokkenen behandeld alsof het etiket een verklaring vormt voor hun gehele persoonlijkheid. Door psychiatrische etiketten kunnen mensen ook worden gestigmatiseerd.

Langetermijngeheugen (LTG): Het derde van de drie geheugenstadia, met de grootste capaciteit en waar informatie het langst wordt vastgehouden. In welk deel van het langetermijngeheugen de informatie wordt opgeslagen, is afhankelijk van haar betekenis.

Latent leren: Leren zonder bekrachtiging en zonder zichtbaar of waarneembaar bewijs dat er een leerproces plaatsvindt.

Latente inhoud: De symbolische betekenis van objecten en gebeurtenissen in een droom.

Lateralisatie van de hersenen: Fase in de ontwikkeling waarin de linker- of de rechterhemisfeer dominant wordt.

Lateralisatie van emoties: Het idee dat de twee hersenhelften uiteenlopende emoties op een verschillende manier beïnvloeden. De linkerhersenhelft lijkt met name positieve emoties te beïnvloeden (zoals geluk), terwijl de rechterhersenhelft negatieve emoties beïnvloedt (zoals woede).

Leren: Een blijvende verandering in gedrag of mentale processen als gevolg van een bepaalde ervaring.

Leren door observatie (sociaal leren): Een vorm van cognitief leren waarbij nieuwe responsen worden geleerd door naar andermans gedrag en de consequenties van dat gedrag te kijken.

Levensverhaal (self-narrative): Het 'verhaal' dat iemand over zichzelf vertelt. Levensverhalen geven iemand een gevoel van continuïteit en samenhang in de loop van de tijd.

Libido: Het freudiaanse concept van psychische energie die individuen aanzet tot het ervaren van sensueel genot.

Lichaamsbeeld: De perceptie van en gevoelens over de eigen lichamelijke verschijning.

Limbisch systeem: De middelste laag van de hersenen, betrokken bij emotie en herinnering. Het limbische systeem omvat het corpus amygdaloideum (de amygdala), de hippocampus, de hypothalamus en andere structuren.

Locus of control: De plek waar een individu de belangrijkste invloed op gebeurtenissen in zijn leven situeert: intern of extern.

Logisch redeneren: Volgens Sternberg de vaardigheid die wordt gemeten door de meeste IQ-tests: het vermogen om problemen te analyseren en de juiste antwoorden te vinden. Wordt ook wel *analytische* of *componentiële intelligentie* genoemd.

Logische operatie: Oplossen van problemen door beelden in gedachten te manipuleren.

Long-term potentation: Een biologisch proces waarbij de elektrische spanning in de synapsen van groepen zenuwcellen toeneemt. Men neemt aan dat dit proces de neurale basis van leren is.

M

Maatschappelijke stressor: Stressvolle omstandigheid die haar oorsprong vindt in onze sociale, culturele of economische omgeving.

Macht van het systeem: Top-down invloed die situaties creëert en in stand houdt, die vervolgens van invloed zijn op het gedrag van individuen.

Magnetische stimulatie van de hersenen (MSH): Behandelmethode die berust op magnetische stimulatie van specifieke delen van de hersenen. In tegenstelling tot EST veroorzaakt MSH geen convulsie.

Manifeste inhoud: De verhaallijn van een droom, zonder interpretatie.

Matching hypothese: De hypothese die stelt dat de meeste mensen vrienden en partners vinden die even aantrekkelijk worden bevonden zijn als zijzelf.

Medisch model: Standpunt dat psychische stoornissen ziekten zijn die, net als lichamelijke ziekten, een objectieve oorzaak hebben en een specifieke behandeling vereisen.

Meditatie: Een vorm van veranderd bewustzijn die meestal wordt opgeroepen door zich te concentreren op terugkerend gedrag, het aannemen van bepaalde houdingen en zich af te sluiten voor externe stimuli. Meditatie kan de bedoeling hebben een vorm van spirituele verlichting te brengen alsmede de zelfkennis en het welzijn te vergroten.

Medulla (oblongata): Gebied in de hersenstam dat de ademhaling en de hartslag controleert. De sensorische en motorische zenuwbanen die de hersenen met het lichaam verbinden, kruisen elkaar in de medulla.

Meervoudige intelligentie: Naam van Gardners theorie die stelt dat er acht (of meer) vormen van intelligentie bestaan.

Menarche: Eerste menstruatie, begin van de puberteit bij meisjes.

Mensen die externaliseren: Mensen met een externe locus of control die geloven dat ze weinig invloed hebben op de resultaten van hun leven.

Mensen die internaliseren: Mensen met een interne locus of control die geloven dat ze veel invloed hebben op de resultaten van hun leven.

Mental set: Neiging om een nieuw probleem te benaderen op een manier je bij een eerder probleem hebt gebruikt.

Mentale handicap: Meestal gedefinieerd als de laagste twee procent van de IQ-schaal. Dit segment begint ongeveer 30 punten onder het gemiddelde (circa 70 IQ-punten en lager). Modernere definities kijken ook naar het niveau van sociaal functioneren en naar andere vaardigheden.

Mentale leeftijd (ML): De gemiddelde leeftijd waarop normale (gemiddelde) individuen een bepaalde score bereiken.

Mentale representatie: Vermogen om innerlijke beelden te vormen van objecten en gebeurtenissen.

Mere exposure-effect: Aangeleerde voorkeur voor stimuli waaraan we al eerder zijn blootgesteld.

Metafoor van de golf: Een manier om cognitieve ontwikkeling te conceptualiseren als iets wat meer in fluctuaties gebeurt (in golven) dan abrupt, zoals de theorie van de gefaseerde ontwikkeling voorstelt.

Methode van loci: Mnemoniek waarbij je items op een lijst associeert met een reeks vertrouwde plekken in een bepaalde ruimte.

Mindfulness: Kan worden opgevat als het richten van de aandacht op directe ervaringen, waarbij een nieuwsgierige, oordeelsvrije en accepterende houding wordt aangenomen, in het bijzonder ten opzichte van psychologische processen als gedachten en gevoelens.

Mindset: Een reeks van vooronderstellingen, attitudes en opinies, en een wijze van denken van een individu of een groep.

Misinformatie-effect: De vertekening van het geheugen door suggestie of onjuiste informatie.

Miskende rouw: De emotie rond een verlies die niet door anderen wordt ondersteund, gedeeld of begrepen.

MMPI-2: Veelgebruikt instrument voor het in kaart brengen van de persoonlijkheid. Geeft aan hoe hoog een individu scoort op tien belangrijke klinische trekken. De volledige naam luidt: *Minnesota Multiphasic Personality Inventory.*

Mnemoniek: Techniek om het geheugen te verbeteren, in het bijzonder door verbindingen te leggen tussen nieuw materiaal en informatie die al in het langetermijngeheugen ligt opgeslagen.

Moderator: Factor die voorkómt dat een stressor stress veroorzaakt.

Morfeem: Elke kleinste nog betekenisvolle eenheid binnen een woord. Sommige morfemen zijn hele woorden (bijvoorbeeld 'woord'), andere morfemen zijn grammaticale onderdelen die de betekenis van een woord veranderen (*-de* en *-te* voor verleden tijd, *-s* en *-en* voor meervoud.

Motivatie: Term voor alle processen die te maken hebben met de aanzet, de richting, de intensiteit en het volhouden van lichamelijke en psychische activiteiten.

Motorisch neuron: Zenuwcel die boodschappen van het centrale zenuwstelsel naar de spieren en/of klieren geleidt.

Motorische cortex: Smalle verticale reep van de cortex van de frontaalkwabben; controleert vrijwillige beweging.

MRI-scan (magnetische resonantie-scan): Techniek waarmee je de manier waarop cellen reageren op een sterk magnetisch veld in beeld kunt brengen.

Myers-Briggs Type Indicator (MBTI): Veelgebruikte persoonlijkheidstest die is gebaseerd op de jungiaanse typen.

N

Nabeeld: Sensatie die blijft hangen als de stimulus niet langer aanwezig is. De meeste visuele nabeelden zijn negatieve nabeelden, die zich voordoen in tegenovergestelde kleuren.

Nabijheid: De notie dat mensen vooral vriendschap zullen sluiten met anderen in hun nabije omgeving, met wie ze het meeste contact hebben.

Narcolepsie: Verstoring van de REM-slaap, waardoor overdag plotselinge REM-slaap optreedt, die meestal gepaard gaat met cataplexie.

Nature-nurturevraagstuk: Oud meningsverschil over de vraag of erfelijke factoren dan wel omgevingsfactoren de meeste invloed hebben op ons gedrag en psychische processen.

Natuurlijk concept: Mentale representatie van een voorwerp of gebeurtenis uit onze directe ervaring.

Natuurlijke observatie: Vorm van correlatieonderzoek waarbij gedrag van mensen of dieren in hun eigen omgeving wordt geobserveerd.

Natuurlijke selectie: Drijvende kracht achter de evolutie, waardoor de omgeving de best aangepaste organismen 'selecteert'.

Neerwaartse sociale vergelijking: Vergelijkingen tussen de eigen stressvolle situatie en die van anderen in een soortgelijke situatie die slechter af zijn; het gevolg is dat men een positiever perspectief op de eigen situatie krijgt.

Negatieve bekrachtiging: Het weghalen van een vervelende of aversieve stimulus na een respons, waardoor de kans toeneemt dat die respons zich herhaalt.

Negatieve correlatie: Een correlatiecoëfficiënt die aangeeft dat de variabelen tegelijkertijd in verschillende richtingen variëren: als de een groter wordt, wordt de ander kleiner.

Negatieve straf: Het weghalen van een aantrekkelijke stimulus na een respons.

Neofreudiaan: Letterlijk: 'nieuwe freudiaan', een theoreticus die afstand heeft genomen van Freud, maar bij wiens theorie een psychodynamisch aspect gehandhaafd is, met name de nadruk op motivatie als bron van energie voor de persoonlijkheid.

Neofreudiaanse psychodynamische therapieën: Therapeutische technieken die zijn ontwikkeld door psychodynamisch theoretici die het niet eens waren met bepaalde aspecten van Freuds theorieën en behandelmethoden.

Neonatale periode: De eerste maand na de geboorte.

Neurale baan: Bundel van zenuwcellen die in grote lijnen dezelfde route volgt en dezelfde neurotransmitters gebruikt.

Neuron: Een cel, ook wel zenuwcel genoemd, die is gespecialiseerd in het ontvangen en doorsturen van informatie naar andere cellen in het lichaam. Een bundeling van een groot aantal neuronen wordt een *zenuw* genoemd.

Neurotransmitter: Chemische boodschapper die neurale berichten van de ene kant van de synaptische spleet naar de andere kant brengt. Sommige hormonen hebben dezelfde chemische samenstelling als sommige neurotransmitters.

Neurowetenschap: Het vakgebied dat zich richt op begrip van hoe de hersenen gedachten, gevoelens, motieven, bewustzijn, herinneringen en andere mentale processen creëren.

Neutrale stimulus (NS): Iedere stimulus die voorafgaand aan de verwervingsfase geen geconditioneerde respons oproept.

Non-REM- (NREM)-slaap: De steeds terugkerende periodes waarin de slaper geen REM vertoont.

Normaal verdeeld: Frequentieverdeling waarbij scores in verschillende gradaties door de populatie verspreid zijn, en wel zodanig dat maar weinig mensen in de hoogste en de laagste categorieën terechtkomen, en de meeste mensen zich in het midden bevinden.

Normale spreidingsbreedte: Scores die (ongeveer) in het middelste twee derde deel van een normale verdeling vallen.

Normale verdeling: Een klokvormige grafiek die het voorkomen van een bepaald kenmerk in de totale populatie visualiseert.

O

Objectpermanentie: Het besef dat een object onafhankelijk van de eigen handelingen of aandacht bestaat.

Observationeel leren: Een vorm van cognitief leren waarbij nieuwe reacties worden verworven nadat het gedrag van anderen en de gevolgen van dit gedrag zijn waargenomen.

Obsessief-compulsieve stoornis: Aandoening die zich kenmerkt door patronen van aanhoudende ongewenste dwanggedachten en/of -gedragingen.

Occipitaalkwab: Deze corticale kwab ligt aan de achterkant van de hersenen en herbergt een deel van de visuele cortex.

Oedipuscomplex: Volgens Freud: grotendeels onbewust proces waarbij jongens zich aangetrokken voelen tot hun moeder en zich identificeren met hun vader. Later verschuift de erotische aantrekkingskracht naar vrouwen van hun eigen leeftijd.

Olfactie: Reukvermogen.

Omgekeerde 'U'-functie: Beschrijft de relatie tussen arousal en prestatie. Zowel de hoge als de lage arousalniveaus leiden tot slechtere prestaties dan een gemiddeld arousalniveau.

Omstandereffect (bystander effect): Hoe groter het aantal omstanders dat getuige is van een noodgeval, hoe kleiner de kans dat een van hen het slachtoffer te hulp komt.

Onafhankelijke variabele: Variabele die zo genoemd wordt omdat de onderzoeker hem onafhankelijk van alle andere, zorgvuldig gecontroleerde experimentele omstandigheden kan manipuleren.

Onbewust proces: Proces in de hersenen dat buiten het bewustzijn omgaat, bijvoorbeeld de regulering van de hartslag, de ademhaling en de controle over de interne organen en klieren.

Onbewuste: Het deel van de geest waarvan een individu zich niet bewust is, maar waar zich onderdrukte impulsen, drijfveren en conflicten bevinden die geen toegang hebben tot het bewuste.

Ongeconditioneerde respons (UCR): In de klassieke conditionering: de respons die voorafgaande aan de verwervingsfase wordt opgeroepen door een ongeconditioneerde stimulus.

Ongeconditioneerde stimulus (UCS): In de klassieke conditionering: de stimulus die een ongeconditioneerde respons oproept.

Onthouding: Na verslaving: een patroon van pijnlijke lichamelijke symptomen en verlangens als de dosering van het middel wordt verkleind of stopgezet.

Ontwikkelingsanalyseniveau: Onderzoekt in de ontwikkeling van het organisme veranderingen die op hun beurt mogelijk de motivatieprioriteit veranderen, bijvoorbeeld wanneer de seksuele belangstelling in de puberteit toeneemt onder invloed van hormonen.

Ontwikkelingsperspectief: Een van de zes belangrijke perspectieven van de psychologie, dat zich onderscheidt door de nadruk op erfelijkheid en omgeving, en op voorspelbare veranderingen die zich voordoen tijdens de levensloop.

Ontwikkelingspsychologie: Specialisme in de psychologie dat de groei, verandering en consistentie gedurende het hele leven bestudeert.

Onverschillige opvoedingsstijl: Een van de vier opvoedstijlen; deze wordt gekenmerkt door onverschilligheid of afwijzing, soms in die mate dat van verwaarlozing of mishandeling sprake is.

Oogzenuw: De bundel neuronen waarlangs de visuele informatie van de retina naar de hersenen wordt geleid.

Openheid: Het delen van persoonlijke informatie en gevoelens met een ander als deel van het proces waarbij vertrouwen wordt ontwikkeld.

Operante conditionering: Een vorm van stimulus-responsleren waarbij de kans op een respons verandert door de gevolgen ervan, oftewel door de stimuli die op de respons volgen.

Operante ruimte: Een op een doos lijkend instrument dat zo geprogrammeerd kan worden dat na een bepaald gedrag van het proefdier specifieke bekrachtigers of straffers kunnen worden toegediend.

Operationele definitie: Objectieve beschrijving van een concept dat bij een wetenschappelijk onderzoek hoort. Operationele definities kunnen concepten die worden bestudeerd herformuleren in gedragsmatige termen (angst kan bijvoorbeeld operationeel worden gedefinieerd als zich van een stimulus af bewegen). Operationele definities zijn ook exacte omschrijvingen van de manier waarop een experiment moet worden uitgevoerd en waarop belangrijke variabelen moeten worden gemeten (aantrekkingskracht kan bijvoorbeeld worden gemeten door hoelang iemand naar een ander kijkt).

Ophalen: Herinneringsmethode waarbij iemand eerder aangeboden informatie reproduceert met behulp van minimale herinneringscues.

Opponent-procestheorie: Het idee dat cellen in het visuele systeem kleuren in complementaire (tegengestelde) paren verwerken, zoals rood en groen of geel en blauw; verklaart kleurenwaarneming vanaf de bipolaire cellen naar het visuele systeem.

Opslaan: De tweede elementaire functie van het geheugen. Heeft te maken met het langdurig bewaren van gecodeerd materiaal.

Optimisme: Een houding waarbij stressoren over het algemeen worden geïnterpreteerd als specifiek, situationeel en tijdelijk.

Opwaartse sociale vergelijking: Vergelijkingen tussen de eigen stressvolle situatie en die van anderen in een soortgelijke situatie die een effectievere wijze van coping hebben; het doel is van het voorbeeld van anderen te leren.

Overgang: Het herdefiniëren of transformeren van iemands rol in het leven.

Overgangsritueel: Sociaal ritueel dat de overgang tussen twee ontwikkelingsstadia markeert, vooral die tussen de kindertijd en de volwassenheid.

Overrechtvaardiging: Proces waarbij een extrinsieke beloning een interne motivatie verdringt.

Oxytocine: Een hormoon dat (zowel door vrouwen als mannen) wordt gevormd in reactie op een stressor. Dit hormoon blijkt een bufferfunctie te hebben bij sociale stress. Daarnaast heeft het een functie als zogenaamd 'gelukshormoon'.

P

Paniekstoornis: Verstoring die wordt gekenmerkt door paniekaanvallen die geen verband houden met gebeurtenissen die het individu op dat moment ervaart.

Parallelle verwerking: Bij parallelle verwerking vinden twee of meer activiteiten tegelijkertijd plaats.

Parasympathische zenuwstelsel: Deel van het autonome zenuwstelsel dat de dagelijkse routine van de inwendige organen in de gaten houdt en het lichaam weer kalmeert nadat dat door het sympathische zenuwstelsel in staat van paraatheid is gebracht.

Pariëtaalkwab: Hersenkwab die boven en achter in de hersenen ligt. De pariëtaalkwabben houden zich bezig met de tastzin en het waarnemen van ruimtelijke relaties (de verhoudingen en onderlinge positionering van objecten in de ruimte).

Pavor nocturnus: Episode in de diepe slaap waarbij iemand in angst lijkt te verkeren, hoewel de beangstigende mentale ervaring (zoals een droom) bij het ontwaken meestal vergeten is. Komt voornamelijk voor bij kinderen.

Percept: Het betekenisvolle product van perceptie; dikwijls een beeld dat geassocieerd wordt met concepten, herinneringen aan gebeurtenissen, emoties en motieven.

Perceptie: Proces waarbij aan het patroon van sensorische zenuwimpulsen een gedetailleerde betekenis wordt toegekend. Perceptie wordt sterk beïnvloed door herinnering, motivatie, emotie en andere psychologische processen.

Perceptuele blindheid: Waarnemingsfout die plaatsvindt omdat het mensen vanwege selectieve aandacht niet lukt om iets waar te nemen; hun aandacht is er niet op gericht, of ze verwachten het niet.

Perceptuele constantie: Het vermogen om hetzelfde voorwerp in verschillende omstandigheden, zoals na veranderingen van verlichting, afstand of omgeving, te herkennen.

Perceptuele predispositie: Gereedheid om een specifieke stimulus op te merken en betekenis te geven in een gegeven context.

Perifere zenuwstelsel (PZS): Alle delen van het zenuwstelsel die zich buiten het centrale zenuwstelsel bevinden. Het perifere zenuwstelsel bestaat uit het autonome en het somatische zenuwstelsel.

Permissieve opvoedingsstijl: Een van de vier opvoedstijlen; deze wordt gekenmerkt doordat er weinig regels zijn en doordat kinderen hun eigen beslissingen mogen nemen. Hoewel permissieve ouders zorgzaam en communicatief zijn, geven ze de grootste verantwoordelijkheid voor de besluitvorming aan hun kinderen.

Persistentie: Geheugenprobleem waarbij iemand niet in staat is ongewenste herinneringen uit zijn hoofd te zetten.

Persoonlijkheid: De psychologische kenmerken die een zekere continuïteit verlenen aan het gedrag van een individu in verschillende situaties en op verschillende momenten.

Persoonlijkheidsproces: De interne werking van de persoonlijkheid, omvat motivatie, emotie, perceptie en leren en daarnaast ook onbewuste processen.

Persoonlijkheidsstoornis: Conditie waarbij de persoon chronisch pervasieve, inflexibele en slecht aangepaste denkpatronen, emoties, sociale relaties of impulsbeheersing heeft, die een normaal functioneren bemoeilijken of onmogelijk maken.

Persoonlijkheidstype: Vergelijkbaar met een karaktertrek, maar in plaats van een *dimensie* is een type een *categorie* die een cluster persoonlijkheidskenmerken vertegenwoordigt.

Persoonlijk onbewuste: Jungs term voor dat deel van het onbewuste dat grofweg overeenkomt met Freuds id.

Persoon-situatiedebat: Een theoretische discussie over de relatieve invloed van persoonlijkheidskenmerken en kenmerken van de omgeving op gedrag.

Perspectieven vanuit de gehele persoon: Een aantal psychologische perspectieven die draaien om een globaal inzicht in de persoonlijkheid, waaronder de psychodynamische psychologie, humanistische psychologie en psychologie van karaktertrekken en temperament.

PET-scan (positronemissietomografie): Techniek waarmee je radioactieve glucose die door actieve hersencellen wordt opgenomen kunt registreren en in beeld brengen.

Piekeren: Blijven stilstaan bij negatieve gedachten in reactie op stress; dit is gedrag dat het afweerstelsel aantast.

Placebo: Substantie die op een medicijn lijkt, maar het niet is. Placebo's worden ook wel suikerpillen genoemd, omdat ze in plaats van een echt geneesmiddel alleen suiker bevatten.

Placebo-effect: Respons op een placebo (nepmedicijn) die wordt veroorzaakt door de verwachting van de betrokkene dat hij een echt medicijn inneemt.

Placenta: Orgaan dat het embryo en later de foetus scheidt van de moeder. De placenta vormt een barrière tussen de bloedbanen, maar laat wel voedingsstoffen en afvalstoffen door.

Plasticiteit: Vermogen van het zenuwstelsel om zich aan te passen of te veranderen door ervaring. Dankzij plasticiteit is het zenuwstelsel in sommige gevallen in staat fysieke beschadigingen te compenseren.

Polygraaf: Instrument dat een groot aantal ('poly') vormen van lichamelijke arousal zichtbaar maakt ('graaf'), zoals hartslagfrequentie, ademhalingsfrequentie, transpiratie en bloeddruk. Een polygraaf wordt vaak een 'leugendetector' genoemd, hoewel het in feite een arousaldetector is.

Pons: Gebied in de hersenstam dat de hersenactiviteit tijdens de slaap en dromen reguleert. Pons komt van het Latijnse woord voor 'brug'.

Positieve bekrachtiging: Het aanbieden van een aangename stimulus na een respons, waardoor de kans toeneemt dat die respons zich herhaalt.

Positieve correlatie: Een correlatiecoëfficiënt die aangeeft dat de variabelen tegelijkertijd in dezelfde richting variëren: als de een groter of kleiner wordt, verandert de ander in dezelfde richting.

Positieve psychologie: Stroming in de psychologie die zich concentreert op de wenselijke aspecten van het functioneren van de mens, in plaats van op de psychopathologie.

Positieve psychotherapie (PPT): Een relatief nieuwe vorm van cognitieve gedragstherapie waarbij de nadruk ligt op groei, gezondheid en geluk.

Positieve straf: Het *toedienen* van een aversieve stimulus na een respons.

Positievere keuzes op het gebied van levenswijze: Patronen die bescherming bieden tegen stress en ziekte.

Posttraumatische stressstoornis (PTSS): Een angststoornis waarbij de stressreactie volgend op situaties waarbij er sprake is van levensbedreiging, ernstig lichamelijk letsel of een bedreiging van de fysieke integriteit, aanhoudt en het functioneren verstoort. Kenmerkend hierbij is de herbeleving van de emotionele, cognitieve en gedragsmatige aspecten van een trauma dat eerder is ondergaan, terwijl geprobeerd wordt prikkels die deze herbeleving kunnen veroorzaken te vermijden.

Praktische intelligentie: Volgens Sternberg de vaardigheid om met de omgeving om te gaan. Wordt soms ook *contextuele intelligentie* of 'gezond verstand' genoemd.

Premack-principe: Het door David Premack ontwikkelde principe dat je een geliefde activiteit kunt gebruiken om een minder populaire activiteit te bekrachtigen.

Prenatale periode: Ontwikkelingsperiode voorafgaande aan de geboorte.

Preoperationeel stadium: Het tweede stadium in Piagets theorie. Wordt gekenmerkt door een goed ontwikkelde mentale representatie en het gebruik van taal.

Preparedness hypothesis: Het idee dat we een aangeboren, door natuurlijke selectie verworven neiging hebben om snel en automatisch te reageren op stimuli die voor onze voorouders levensgevaarlijk waren.

Prestatiedrang (need for achievement, n Ach): In McClellands theorie: een geestelijke toestand die een psychologische behoefte veroorzaakt om een moeilijk maar aantrekkelijk doel te bereiken.

Primaire bekrachtiger: Een bekrachtiger (zoals voedsel of seks) die een biologische waarde heeft voor het organisme.

Primaire controle: Inspanningen die zijn gericht op het aansturen van externe gebeurtenissen.

Priming: Techniek waarmee impliciete herinneringen worden voorzien van een label (cue) dat het terughalen van die herinneringen stimuleert, zonder dat de (proef)persoon zich bewust is van het verband tussen het label en de teruggehaalde herinnering.

Principe van gelijkheid: De notie dat mensen zich aangetrokken voelen tot degenen die het meeste op henzelf lijken.

Principe van specificiteit van codering: De leer die zegt dat herinneringen worden gecodeerd en opgeslagen samen met specifieke cues die verband houden met de context waarin ze werden gevormd. Hoe beter de herinneringscues overeenkomen met de cues die aanwezig waren op het moment dat de herinnering werd opgeslagen, hoe beter ze worden herinnerd.

Proactieve interferentie: Oorzaak van vergeten waardoor eerder opgeborgen informatie het leren en herinneren van nieuwe informatie tegenhoudt.

Probleemgerichte coping: Actie die wordt ondernomen om een stressor te begrijpen en een oplossing te vinden voor het probleem dat gerelateerd is aan de stressor.

Procedureel geheugen: Afdeling van het LTG waar herinneringen liggen opgeslagen over *hoe* dingen gedaan moeten worden (weten hoe). Wordt ook wel *motorisch geheugen* genoemd.

Projectieve test: Instrument waarmee we ons een beeld kunnen vormen van de persoonlijkheid van een individu. Gebaseerd op Freuds concept van projectie.

Prospectief geheugen: Het aspect van het geheugen dat iemand in staat stelt zich te herinneren dat hij een bepaalde actie moet uitvoeren.

Prototype: Het ideale of meest typische voorbeeld van een conceptuele categorie.

Proximaal analyseniveau: Onderzoekt stimuli in de directe omgeving van het organisme die de motivatieprioriteiten kunnen veranderen. (Bij mensen kan *proximaal* ook verwijzen naar dingen waaraan het individu denkt).

Pseudopsychologie: Niet-onderbouwde psychologische aannamen die als wetenschappelijke waarheden worden gepresenteerd.

Psychiatrie: Een medisch specialisme dat zich richt op de diagnose en behandeling van mentale stoornissen.

Psychoactief middel: Chemische stof die mentale processen en gedrag beïnvloedt doordat het een bepaald effect heeft op het zenuwstelsel.

Psychoanalyse: Een benadering van de psychologie die is gebaseerd op de veronderstellingen van Freud, die de nadruk legt op onbewuste processen. De term verwijst zowel naar Freuds psychoanalytische theorie als naar zijn psychoanalytische behandelmethode.

Psychoanalyse of psychoanalytische theorie: Freuds persoonlijkheidstheorie en de methode die hij toepaste in de behandeling van psychische stoornissen.

Psychochirurgie: De algemene term voor chirurgische interventies in de hersenen met het doel psychologische stoornissen te behandelen.

Psychodynamische persoonlijkheidstheorie: Een groep theorieën waarvan Freud de grondlegger was. Deze theorieën richten onze aandacht op motivatie (met name op motieven vanuit het onbewuste) en op de invloed van de vroege jeugd op onze geestelijke gezondheid.

Psychodynamische psychologie: Een benadering die de nadruk legt op het begrijpen van het menselijk functioneren in termen van onbewuste behoeften, verlangens, herinneringen en conflicten.

Psychologie: Wetenschap van gedrag en mentale processen.

Psychologische afhankelijkheid: Dringend verlangen om een middel te gebruiken – onafhankelijk van lichamelijke verslaving.

Psychologie van karaktertrekken en temperament: Een psychologisch perspectief dat gedrag en persoonlijkheid ziet als de producten van fundamentele psychologische kenmerken.

Psychologische therapie: Therapie die is gebaseerd op psychologische principes (in plaats van op het medische model); vaak 'psychotherapie' genoemd.

Psychoneuro-immunologie: Multidisciplinair vakgebied waarin de invloed van de psychische toestand op het afweerstelsel wordt onderzocht.

Psychopathologie: Elk patroon van emoties, gedragingen of gedachten dat niet bij de situatie past en dat persoonlijk lijden veroorzaakt of het individu ervan weerhoudt om belangrijke doelen te realiseren.

Psychose: Stoornis die gepaard gaat met ernstige verstoringen in de perceptie, het rationele denken of het affect (de emoties).

Psychoseksuele fases: Opeenvolgende, instinctieve patronen waarbij genot wordt geassocieerd met de stimulatie van verschillende delen van het lichaam in verschillende perioden van het leven.

Psychosociale stadia: Volgens Erikson wordt de psychosociale ontwikkeling gekenmerkt door acht opeenvolgende stadia, waarin een individu verschillende ontwikkelingsproblemen ervaart en waarin hij zijn doelen en sociale relaties heroverweegt.

Puberteit: Seksuele rijping.

Puntje-van-de-tongfenomeen (TOT-fenomeen): Het onvermogen je een woord te herinneren terwijl je weet dat het in je geheugen is opgeslagen.

Pygmalion-effect (Rosenthal-effect): Het fenomeen dat hoe beter de verwachtingen zijn die men heeft over kinderen, werknemers et cetera, hoe beter ze functioneren en omgekeerd.

R

Randomisering: Procedure waarbij volledig door het toeval wordt bepaald of proefpersonen aan de experimentele groep of aan de controlegroep worden toegewezen; kan ook betrekking hebben op een procedure binnen een experiment, waarbij de volgorde waarin de stimulus wordt aangeboden volledig door het toeval wordt bepaald.

Rationeel-emotieve therapie (RET): Albert Ellis' versie van cognitieve therapie, gebaseerd op het idee dat psychische stoornissen worden veroorzaakt door irrationele gedachten en gedragingen.

Ratioschema: Programma waarin bekrachtiging wordt aangeboden na een bepaald aantal goede responsen.

Redemptive self: Een veelvoorkomend levensverhaal dat door McAdams bij generatieve Amerikanen is aangetroffen. Het redemptive self bestaat onder meer uit het gevoel te zijn

---

geroepen om obstakels te overwinnen bij pogingen om anderen te helpen.

Reflex: Eenvoudige, niet aangeleerde respons die wordt opgeroepen door een stimulus. Een voorbeeld is de kniereflex, die optreedt als je tegen de pees vlak onder de knieschijf tikt.

REM-rebound: Extra REM-slaap volgend op een periode van tekort aan REM-slaap.

REM-slaap: Periode in de slaap die ongeveer elke negentig minuten terugkeert en gekenmerkt wordt door snelle, onrustige oogbewegingen die onder de gesloten oogleden plaatsvinden (*rapid eye movements*). REM-slaap wordt geassocieerd met dromen.

Repliceren: Een onderzoek opnieuw uitvoeren om te zien of dezelfde resultaten worden verkregen. Om bias uit te sluiten wordt replicatie vaak gedaan door iemand anders dan de onderzoeker die het oorspronkelijke onderzoek uitvoerde.

Representativeness bias (representativiteitsheuristiek): Foutieve heuristiek waarbij je ervan uitgaat dat een persoon of gebeurtenis die tot een bepaalde categorie behoort, dan ook alle eigenschappen van die categorie bezit.

Retina: Netvlies. De lichtgevoelige laag aan de achterzijde van de oogbol.

Retroactieve interferentie: Oorzaak van vergeten waardoor nieuw geleerde informatie voorkomt dat eerder opgeborgen materiaal wordt teruggehaald.

Retrograde amnesie: Het onvermogen om informatie die al in het geheugen is opgeslagen terug te halen (vergelijk met anterograde amnesie).

Revolutie van het ouder worden: Een verandering van de wijze waarop mensen in moderne geïndustrialiseerde landen denken over ouder worden. Dit nieuwe perspectief is ontstaan doordat ouderen langer leven, een betere gezondheidszorg hebben en meer keuzes ten aanzien van hun leefwijze.

Rijping: Ook wel *maturatie* genoemd. Proces waarin het genetische programma in de loop van de tijd tot uiting komt. Biologische ontplooiing.

Romantische liefde: Een tijdelijke en bijzonder emotionele toestand die gebaseerd is op verliefdheid en seksuele verlangens.

Rorschachtest: Projectieve test waarbij respondenten moeten beschrijven wat ze in tien inktvlekken zien.

Rouw: De emotionele reactie op verlies, die onder meer bestaat uit verdriet, woede, machteloosheid, schuldgevoel en wanhoop.

Rustpotentiaal: Elektrische lading van het axon in rust, als het neuron gereed is om te 'vuren'.

S

Savantsyndroom: Aandoening die voorkomt bij mensen die enerzijds over een opmerkelijk talent beschikken, terwijl hun ontwikkeling op andere gebieden ernstig is achtergebleven.

Scaffolding: Een leerstrategie waarin de nadruk ligt op de hulp ter ondersteuning van iemands leerproces.

Schakelcel: Zenuwcel die boodschappen van de ene zenuwcel doorgeeft aan de andere en vooral voorkomt in de hersenen en het ruggenmerg.

Schema: Een bepaalde hoeveelheid kennis die, oftewel een algemeen conceptueel raamwerk dat, verwachtingen genereert aangaande thema's, gebeurtenissen, voorwerpen, mensen en situaties in iemands leven.

Schema: In Piagets theorie: mentale structuur of programma dat de ontwikkeling van het denken van het kind aanstuurt.

Schizofrenie: Psychotische stoornis die wordt gekenmerkt door verstoring van gedachten, percepties en/of emoties.

Script: Cluster van informatie over reeksen van gebeurtenissen en handelingen die je verwacht in een specifieke situatie.

Secundaire controle: Inspanningen die zijn gericht op het beheersen van individuele reacties op externe gebeurtenissen.

Secundaire traumatisering: Hevige stress die wordt veroorzaakt door blootstelling aan traumatische beelden of aan verhalen die tot gevolg hebben dat de waarnemer zich met de oorzaak van de stress gaat bezighouden.

Seksuele oriëntatie: De richting van iemands seksuele belangstelling (meestal voor mensen van het andere geslacht, hetzelfde geslacht of beide geslachten).

Seksuele responscyclus: Uit vier stadia bestaande reeks van verlangen, opwinding, orgasme en herstel die zowel bij mannen als vrouwen optreedt.

Selectieve keuze in relaties: Ervoor kiezen het aantal sociale contacten te beperken tot die contacten die de meeste voldoening geven.

Selffulfilling prophecy: Gedrag dat of observaties die worden veroorzaakt door verwachtingen.

Self-serving bias: Attributie waarbij men succes toeschrijft aan interne factoren en verantwoordelijkheid voor falen afwijst.

Semantisch geheugen: Onderafdeling van het declaratief geheugen waar algemene kennis ligt opgeslagen, zoals de betekenis van woorden en concepten.

Sensatie: Een vroeg stadium van perceptie waarin de neuronen van een receptor een stimulus omzetten in een patroon van zenuwimpulsen. Deze signalen worden vervolgens voor verdere bewerking doorgestuurd naar de hersenen.

Sensatiezoeker: In Zuckermans theorie: iemand met een bovengemiddelde biologische behoefte aan stimulatie.

Sensomotorisch stadium: Eerste stadium in Piagets theorie. Het kind is sterk afhankelijk van zijn aangeboren motorische responsen op stimuli.

Sensomotorische intelligentie: Mentaal vermogen dat zichtbaar wordt in de eerste schema's die een kind gebruikt. Deze schema's bestaan voornamelijk uit motorische responsen op stimuli en hebben een sterk genetisch bepaald karakter.

Sensorisch geheugen: Het eerste van de drie geheugenstadia, waarin de sensorische indrukken van stimuli korte tijd worden bewaard of geregistreerd; ook wel *sensorisch register* genoemd.

Sensorisch neuron: Zenuwcel die boodschappen van sensorische receptoren naar het centrale zenuwstelsel geleidt.

Sensorische adaptatie: Proces waardoor receptorcellen minder gevoelig worden als de stimulus een bepaalde tijd op hetzelfde niveau aangeboden blijft.

Seriële-positie-effect: Vorm van interferentie die te maken heeft met de volgorde waarin de informatie wordt aangeboden. Over het algemeen kun je je de items in het midden van een reeks minder goed herinneren dan de items aan het begin en het einde.

Seriële verwerking: Werkwijze waarbij slechts één ding tegelijkertijd verwerkt kan worden.

Set point: De tendens van het lichaam om de vetvoorraad en het lichaamsgewicht op een bepaald niveau te handhaven.

Shaping: Een operante techniek of procedure om nieuw gedrag stapsgewijs aan te leren via positieve bekrachtiging van gedrag dat het vooropgestelde doelgedrag steeds dichter benadert.

Signaaldetectietheorie: Theorie die stelt dat de beoordeling van stimuli door de hersenen tijdens het proces van perceptie een combinatie is van de sensatie en besluitvormingsprocessen. De signaaldetectietheorie voegt kenmerken van de waarnemer toe aan de klassieke psychofysica.

Significant: Een statistische term die aangeeft dat het waarschijnlijk is dat het waargenomen effect niet door toeval is ontstaan, maar door de onafhankelijke variabele te veranderen.

Situationisme: Idee dat ons gedrag evenveel of zelfs meer bepaald wordt door omgevingsfactoren dan door persoonlijkheidskenmerken.

Slaapapnoe: Ademhalingsstoornis waardoor iemand tijdens de slaap regelmatig stopt met ademhalen.

Slaaptekort: Toestand die ontstaat als je minder slaapt dan nodig is om optimaal te kunnen functioneren.

Slaapverlamming: Een toestand waarin de slaper niet in staat is zijn willekeurige spieren te gebruiken, met uitzondering van de spieren van de ogen. Slaapverlamming treedt normaliter op tijdens de REM-slaap.

Slapeloosheid (insomnia): Stoornis die wordt gekenmerkt door slaapgebrek, het onvermogen om snel in slaap te vallen, regelmatig wakker worden of te vroeg ontwaken.

Sluiting: Term uit de Gestaltpsychologie; de neiging om lege plekken in figuren in te vullen zodat incomplete figuren als geheel worden waargenomen.

Sociaal-cognitieve theorie: Een type theorie dat een beperkt aantal, maar wel belangrijke, aspecten van de persoonlijkheid verklaart (bijvoorbeeld locus of control). Theorieën van dit type komen voort uit de experimentele psychologie.

Social Readjustment Rating Scale (SRRS): Psychologische kwalificatieschaal die wordt gebruikt om stressniveaus te meten door middel van de waarde die iemand hecht aan veranderingen die veel mensen tijdens hun leven meemaken.

Sociale afstand: Waargenomen verschillen of overeenkomsten tussen jezelf en anderen.

Sociale context: De combinatie van (a) mensen, (b) de activiteiten van en interacties tussen mensen, (c) de omstandigheden waarin bepaald gedrag plaatsvindt, en (d) de verwachtingen en sociale normen die bepalen hoe het gedrag er in een gegeven situatie uit moet zien.

Sociale neurowetenschappen: Nieuw onderzoeksgebied dat gebruikmaakt van methoden uit hersenonderzoek om verschillende typen sociaal gedrag te onderzoeken.

Sociale norm: De attitudes en gedragingen die een groep passend vindt voor zijn eigen leden.

Sociale psychologie: Tak van de psychologie die zich verdiept in de invloed van sociale variabelen en cognities op individueel gedrag en sociale interacties.

Sociale rol: Sociaal gedefinieerd gedragspatroon dat mensen in een bepaalde situatie of groep dienen te vertonen.

Sociale steun: De steun die iemand van anderen ontvangt bij het hanteren van stressvolle situaties.

Sociale vergelijking: Een type cognitieve herstructurering waarbij de betrokkene vergelijkingen maakt tussen zichzelf en anderen in soortgelijke situaties.

Socialisatie: Levenslange ontwikkeling van gedragspatronen, waarden, normen, vaardigheden, houdingen en motieven die volgens de eigen gemeenschap gewenst zijn.

Sociocultureel perspectief: Een van de zes belangrijke perspectieven van de psychologie, dat de nadruk legt op het belang van sociale interactie, sociaal leren en een cultureel perspectief.

Soma: Gedeelte van de cel waar de kern zich bevindt. De kern bevat de chromosomen. Dit gedeelte van de cel wordt ook wel *cellichaam* genoemd. Het evalueert de impulsen die het ontvangt van honderden of soms zelfs van duizenden andere neuronen, vaak tegelijkertijd.

Somatische zenuwstelsel: Deel van het perifere zenuwstelsel dat vrijwillige boodschappen naar de skeletspieren van het lichaam stuurt.

Somatosensorische cortex: Smalle verticale reep van de pariëtaalkwabben. Speelt een rol bij de tastzin.

SPECT (Single Photon Emission Computed Tomography): Een driedimensionale techniek waarbij gebruik wordt gemaakt van radioactief gelabelde stoffen.

Spiegelneuron: Zenuwcel die geactiveerd wordt als je een handeling uitvoert, maar ook als je iemand anders een handeling ziet uitvoeren. De ontdekking van spiegelneuronen wordt beschouwd als een van de belangrijkste recente ontdekkingen in de neurowetenschappen.

Spontaan herstel: Het terugkeren van een uitgedoofde geconditioneerde respons na een rustperiode.

Staafje: Fotoreceptor die extra gevoelig is voor zwak licht, maar niet voor kleuren.

Stemmingscongruente herinnering: Een herinneringsproces dat selectief herinneringen ophaalt die overeenstemmen (congruent zijn) met iemands stemming.

Stemmingsstoornis: Abnormale verstoring in emoties of stemming, inclusief bipolaire en unipolaire stoornis. Stemmingsstoornissen worden ook wel *affectieve stoornissen* genoemd.

Stereotypedreiging: Een verwachting te worden beoordeeld naar de standaard van een negatief stereotype. Dergelijke verwachtingen kunnen een negatieve invloed hebben op prestaties.

Stereotypelift: Een verhoging van inzet of prestaties die voorkomt wanneer er een vergelijking gemaakt wordt met een minder presterende of zwakker geclassificeerde groep.

Stimulerend middel: Middel dat het activiteitsniveau verhoogt door de afgifte van dopamine en noradrenaline te verhogen. Gebleken is dat deze producten cognitieve functies zoals aandacht, concentratie en zelfcontrole kunnen stimuleren, en op deze manier ook de hyperactiviteit van personen met ADHD gunstig kunnen beïnvloeden.

Stimulusdiscriminatie: Het leren van een nieuwe respons op een specifieke stimulus, maar niet op andere daarop gelijkende stimuli (ook wel: selectief leren).

Stimulusgeneralisatie: De uitbreiding van een aangeleerde respons naar stimuli die lijken op de geconditioneerde stimulus.

Stimulus-responsleren: Vormen van leren die we kunnen beschrijven in termen van stimuli en responsen, zoals klassieke en operante conditionering.

Straf: Een situatie (het aanbieden of verwijderen van een stimulus) die op een respons volgt en die in frequentie doet afnemen.

Stress: Een lichamelijke en psychische respons op een uitdaging of een bedreigende situatie.

Stressor: Stressvolle stimulus of situatie.

Structuralisme: Historische stroming binnen de psychologie die de basisstructuren van de geest en de gedachten trachtte te ontrafelen. Structuralisten zochten de 'elementen' van de bewuste ervaring.

Subjectief welbevinden (SWB): De manier waarop een individu zijn of haar leven beoordeelt, inclusief cognitieve en emotionele reacties. Over het algemeen 'geluk' genoemd.

Subliminale perceptie: Het proces waarbij een stimulus onder de bewustzijnsdrempel onbewust kan worden gevoeld en geïnterpreteerd.

Suggestibiliteit: Verstoring van het geheugen die optreedt na opzettelijke of onopzettelijke suggesties.

Superego: Deel van de persoonlijkheid dat onze normen en waarden bevat, inclusief morele attitudes die zijn overgenomen van ouders en maatschappij; correspondeert in grote lijnen met het meer alledaagse begrip 'geweten'.

Survey: Techniek die wordt gebruikt bij correlatieonderzoek. In een survey wordt mensen gevraagd te reageren op een van tevoren vastgestelde lijst met vragen.

Sympathische zenuwstelsel: Deel van het autonome zenuwstelsel dat boodschappen naar inwendige organen en klieren stuurt en ons in staat stelt te reageren op stressvolle situaties en noodgevallen.

Synaps: Microscopisch kleine spleet waarlangs de communicatie tussen neuronen plaatsvindt. Synapsen komen ook voor tussen neuronen en de spieren of klieren die ze van berichten voorzien.

Synaptic pruning: Een proces waarbij ongebruikte verbindingen in de hersenen verloren gaan en neuronen beschikbaar komen voor toekomstige ontwikkeling.

Synaptische transmissie: Transport van de informatie door de synaptische spleet (van het ene neuron naar het andere bijvoorbeeld) door middel van neurotransmitters.

Synchroniciteit: De nauwkeurige coördinatie van de kijkrichting, het stemgebruik, de aanrakingen en glimlachen van baby en moeder of een andere verzorger.

Systeem van kapstokwoorden: Nieuwe informatie in je geheugen prenten door die te associëren met bepaalde woorden.

Systematische desensitisatie: Techniek uit de gedragstherapie waarbij angst wordt uitgedoofd door de patiënt bloot te stellen aan een angstoproepende stimulus. De patiënt krijgt stapsgewijs steeds sterkere vormen van deze stimulus aangeboden.

T

Taalverwervingssysteem (LAD): Biologisch georganiseerde hersenstructuur die (volgens Chomsky) enkele elementaire grammaticale regels bevat waardoor het leren van taal gemakkelijker zou verlopen.

Tardieve dyskinesie: Een onomkeerbare verstoring van de motoriek (met name in het gezicht), bijwerking van antipsychotische medicijnen.

Telegramspraak: Korte, eenvoudige zinnen, typerend voor jonge kinderen die meervoudsvormen, werkwoordstijden en lidwoorden weglaten, net als in een telegram.

Telomeer: DNA-eiwitcomplex dat het uiteinde van een chromosoom inkapselt en het DNA beschermt tegen beschadiging.

Temperament: De karakteristieke manier waarop een individu reageert en zich gedraagt; is vermoedelijk sterk genetisch bepaald.

Temporaalkwab: Hersenkwab die geluid verwerkt, inclusief taal. De temporaalkwabben spelen waarschijnlijk ook een rol bij de opslag van langdurige herinneringen.

Tend-and-befriend: Model van stressreacties waarin wordt gesteld dat vrouwen biologisch zijn voorbestemd tot een reactie op bedreiging waarbij nakomelingen worden gekoesterd en beschermd, en waarbij sociale ondersteuning wordt gezocht.

Teratogeen: Substantie uit de omgeving (bijvoorbeeld een virus, drug of andere chemische stof) die schade kan toebrengen aan het ongeboren kind.

Terrorisme: Een type geweld of dreiging dat wordt veroorzaakt met het doel de maatschappij te ontwrichten door angst en gevaar te verspreiden.

Terughalen: De derde elementaire functie van het geheugen. Heeft te maken met het lokaliseren en weer in het bewustzijn terugbrengen van informatie uit het geheugen.

Thalamus: Dit centrale 'koppelstation' van de hersenen ligt recht boven de hersenstam. Bijna alle boodschappen die de hersenen bereiken of verlaten, passeren de thalamus.

Thematische Apperceptietest (TAT): Projectieve test waarbij respondenten verhaaltjes moeten verzinnen bij ambigue afbeeldingen.

Theorie: Toetsbare verklaring voor een aantal feiten of observaties.

Theorie over de verwachte waarde: Theorie uit de sociale psychologie die stelt dat mensen een beslissing nemen over het wel of niet nastreven van een vriendschap door de potentiële *waarde* van de vriendschap af te zetten tegen hun *verwachtingen* over de kans van slagen.

Theorie van de gefaseerde ontwikkeling: Een theorie die fases aanduidt in de cognitieve ontwikkeling en belangrijke veranderingen in denkprocessen benadrukt.

Theorie van verwerkingsniveaus: Verklaring voor het feit dat informatie die grondig wordt gekoppeld aan betekenisvolle items in het langetermijngeheugen ('diepe' verwerking) beter herinnerd wordt dan oppervlakkig gekoppelde informatie.

Theory of mind: Besef dat anderen opvattingen, verlangens en emoties kunnen hebben die verschillen van die van jezelf.

Therapeutische alliantie: De relatie tussen therapeut en cliënt, waarbij beide partijen samenwerken om de cliënt te helpen het hoofd te bieden aan psychologische of gedragsmatige problemen.

Therapie: Algemene term voor een behandelproces; in de psychologie en psychiatrie verwijst de term naar een grote verscheidenheid aan psychologische en biomedische technieken.

Timbre: Sensorisch kenmerk van geluid. Wordt bepaald door de complexiteit van de golf (combinatie van zuivere tonen).

Tirannie van de keuze: De verstoring van effectieve besluitvorming wanneer je wordt geconfronteerd met een overweldigende hoeveelheid mogelijkheden.

Toegepast psycholoog: Psycholoog die de door experimenteel psychologen vergaarde kennis gebruikt om problemen van mensen op te lossen.

Token economy: Operante behandeltechniek waarbij gewenst gedrag wordt beloond met 'tokens' (fiches, stempels, plaatjes). Deze symbolische bekrachtigers kunnen later worden ingewisseld voor privileges, voedsel of andere echte bekrachtigers. Deze techniek wordt vaak toegepast op groepen, maar is ook geschikt voor individuen.

Tolerantie: Afgenomen effectiviteit van een middel na herhaaldelijk gebruik.

Toonhoogte: Sensorisch kenmerk van geluid dat wordt geproduceerd door de frequentie van de geluidsgolf.

Top-down verwerking: Perceptuele analyse die de nadruk legt op onze verwachtingen, concepten, herinneringen en andere cognitieve factoren, en niet zozeer gestuurd wordt door de kenmerken van de stimulus. 'Top' heeft betrekking op een mentale set in de hersenen die boven aan het perceptuele verwerkingssysteem staat.

Transductie: Proces waarbij de ene vorm van energie wordt omgezet in een andere vorm. Specifiek: de omzetting van stimulusinformatie in een zenuwimpuls.

Traumatische stressor: Een situatie die iemands geestelijke of lichamelijke veiligheid bedreigt en daardoor gevoelens van angst, afschuw of hulpeloosheid oproept.

Trial-and-error: Door middel van het uitproberen en leren van fouten een oplossing vinden voor een probleem. Een begrip waarmee behavioristen het aanleren van nieuw gedrag verklaren.

Triarchische theorie: Sternbergs theorie over intelligentie. De naam verwijst naar de combinatie van de drie hoofdvormen van intelligentie.

Trichromatische theorie: Het idee dat kleuren worden waargenomen door drie verschillende typen kegeltjes die gevoelig zijn voor licht in de rode, blauwe en groene golflengten; verklaart het vroegste stadium van kleursensatie.

Tweefactortheorie: Het idee dat een emotie ontstaat uit de cognitieve interpretatie van zowel lichamelijke arousal (factor 1) als een emotieoproepende stimulus (factor 2).

Tweelingenonderzoek: Onderzoek naar (eeneiige) tweelingen. Door hun ontwikkelingen met elkaar te vergelijken, hoopt men te ontdekken welke eigenschappen zijn aangeleerd, en welke aangeboren.

Tympanisch membraan: Trommelvlies.

Type A: Gedragspatroon dat wordt gekenmerkt door intense, agressieve, competitieve of perfectionistische reacties op gebeurtenissen in het leven.

U

Uitingsregels: De manieren waarop emoties in een bepaalde samenleving geuit mogen worden.

Uitputtingsfase: Het derde stadium van het aanpassingssyndroom, waarin het lichaam zijn hulpbronnen volkomen uitput.

Uitvoerende functies: Cognitieve vermogens in de frontaalkwab die noodzakelijk zijn voor complex denken, planning en doelgericht gedrag.

V

Vaardigheden voor kritisch denken: Dit boek legt de nadruk op zes kritische denkvaardigheden, gebaseerd op de volgende vragen: Wat is de bron? Is de bewering redelijk of extreem? Wat is het bewijsmateriaal? Kan de conclusie zijn beïnvloed door bias? Worden veelvoorkomende denkfouten vermeden? Zijn voor het probleem verschillende standpunten nodig?

Validiteit: Mate waarin een psychologische test meet wat hij geacht wordt te meten.

Variabel intervalschema (VI): Programma waarbij de tijd tussen de bekrachtigingen steeds varieert.

Variabel ratioschema (VR): Programma waarin het aantal responsen dat nodig is voor een bekrachtiging elke keer anders is.

Variabele: In deze context: element dat van invloed is op hetgeen onderzocht wordt (zoals geformuleerd in de onderzoeksvraag of hypothese).

Vast intervalschema (FI): Programma waarbij bekrachtiging wordt aangeboden na een vaste tijdsduur.

Vast ratioschema (FR): Programma waarin bekrachtiging wordt aangeboden na een vast aantal responsen.

Veerkracht: Iemands capaciteit om zich aan te passen en welzijn te bereiken, in weerwil van ernstige bedreigingen van de ontwikkeling.

Veilige hechting: De hechtingsstijl van kinderen die – in tegenstelling tot kinderen die *onveilig gehecht* zijn – ontspannen en op hun gemak zijn bij hun verzorgers en die verdraagzaam zijn tegenover vreemden en nieuwe ervaringen.

Veranderingsblindheid: Een perceptuele fout waarbij veranderingen die plaatsvinden in iemands visuele veld niet worden waargenomen.

Verdringing: Een onbewust proces dat onacceptabele gedachten en gevoelens uit het bewustzijn en het geheugen verdrijft.

Vergeetcurve: Grafiek die weergeeft hoeveel items er in de loop van de tijd voor een bepaalde hoeveelheid informatie, zoals een lijst van betekenisloze lettergrepen, kunnen worden teruggehaald en hoeveel er worden vergeten. De kenmerkende vergeetcurve buigt eerst steil omlaag en vlakt in de loop van de tijd af. Met andere woorden: we vergeten eerst snel en daarna langzaam.

Verlatingsangst: Een veelvoorkomend patroon van angst dat wordt waargenomen bij jonge kinderen die worden gescheiden van hun verzorgers.

Verschildrempel: Het kleinst mogelijke verschil waarbij de stimulus nog de helft van het aantal pogingen wordt opgemerkt.

Verslaving: Lichamelijke aandoening die onthoudingsverschijnselen veroorzaakt als het lichaam een bepaald middel moet missen.

Verstrooidheid: Vergeten als gevolg van gaten in de aandacht.

Vertrouwen: Het belangrijkste ontwikkelingsdoel tijdens de eerste 18 maanden van het leven. Volgens Eriksons theorie moet het kind kiezen tussen het wel of niet vertrouwen van anderen.

Verwervingsfase: Het eerste leerstadium in de klassieke conditionering, waarin de geconditioneerde stimulus steeds vaker de geconditioneerde respons oproept.

Vestibulair orgaan: Evenwichtsorgaan. Het vestibulair orgaan houdt nauw verband met het binnenoor en wordt naar de hersenen geleid via een vertakking van de gehoorzenuw.

Vijf-factorentheorie: Een perspectief op karaktertrekken dat aangeeft dat persoonlijkheid is samengesteld uit vijf fundamentele persoonlijkheidsdimensies (ook bekend als de grote vijf of *Big Five*).

Visueel spectrum: Het kleine stukje van het elektromagnetische spectrum waarvoor onze ogen gevoelig zijn.

Visuele cortex: Gebieden op de cortex van de occipitaalkwabben en de temporaalkwabben waar visuele informatie wordt verwerkt.

Vlijt: Eriksons term voor een gevoel van zelfvertrouwen die het belangrijkste doel van het vierde ontwikkelingsstadium in de kindertijd kenmerkt. Kinderen die geen vlijt (vertrouwen) ontwikkelen, zullen wegglijden in een gevoel van minderwaardigheid.

Vloeibare intelligentie: De vaardigheid om complexe relaties te zien en problemen op te lossen.

Vluchtigheid: De tijdelijkheid van een langetermijnherinnering. Vluchtigheid berust op het idee dat langetermijnherinneringen in de loop van de tijd minder sterk worden.

Volledig functionerend persoon: Carl Rogers term voor een zelfactualiserend individu wiens zelfbeeld positief en in congruent met de realiteit.

Volume: Sensorisch kenmerk van geluid dat wordt geproduceerd door de amplitude (intensiteit) van de geluidsgolf.

Voorbewuste: Het idee dat de geest een speciale onbewuste opslagruimte heeft voor informatie waarvan we ons momenteel niet bewust zijn, maar die wel in het bewustzijn beschikbaar is.

Vooroordeel: Negatieve houding tegenover een individu vanwege zijn of haar lidmaatschap van een bepaalde groep.

Vroege volwassenheid: De overgangsperiode tussen puberteit en volwassenheid.

W

Waan: Extreme verstoring van het denken, waaronder hardnekkige foutieve overtuigingen. Wanen vormen een belangrijk kenmerk van paranoïde stoornissen.

Waar-route: Een neurale route die visuele informatie projecteert op de pariëtaalkwab; verantwoordelijk voor locatie van voorwerpen in de ruimte.

Wat-route: Een neurale route die visuele informatie vanuit de primaire cortex projecteert op de temporale kwab, die over identificatie van voorwerpen gaat.

Wederzijds (reciproque) determinisme: Het proces waarbij de persoon, de situatie en de omgeving elkaar wederzijds beïnvloeden.

Weerbaarheid: Houding van weerstand tegen stress, die is gebaseerd op een gevoel van uitdaging (positief staan tegenover verandering), toewijding (doelgerichte activiteit) en controle (het in stand houden van een interne richtlijn voor het handelen).

Weerstandsfase: Het tweede stadium van het aanpassingssyndroom, waarin het lichaam zich lijkt aan te passen aan de aanwezigheid van de stressor.

Werkgeheugen: Het tweede van de drie geheugenstadia, met een zeer beperkte capaciteit. Zonder repeteren worden indrukken van pas waargenomen gebeurtenissen of ervaringen op z'n hoogst een minuut bewaard.

Wet van continuering: Het Gestaltprincipe dat stelt dat we percepties van ononderbroken figuren verkiezen boven die van losse en onsamenhangende figuren.

Wet van effect: Het idee dat reacties die de gewenste resultaten produceren, worden geleerd, ofwel dat leren wordt geleid door het effect dat bepaald gedrag heeft.

Wet van gelijkenis: Het Gestaltprincipe dat stelt dat we geneigd zijn gelijke voorwerpen in onze perceptie in een groep onder te brengen.

Wet van gemeenschappelijke bestemming: Het Gestaltprincipe dat stelt dat we geneigd zijn gelijkvormige objecten samen te voegen als ze een gelijke beweging of bestemming hebben.

Wet van nabijheid: Het Gestaltprincipe dat stelt dat we geneigd zijn voorwerpen die dicht bij elkaar staan tot een groep te ordenen.

Wet van Prägnanz: Het meest algemene Gestaltprincipe, dat stelt dat onze perceptie kiest voor de figuur met de eenvoudigste ordening, die de minste cognitieve inspanning vereist.

Wet van Weber: Theorie die stelt dat het JWV in proportionele verhouding staat tot de intensiteit van de stimulus. Met andere woorden: het JWV is groot als de intensiteit van de stimulus groot is en klein als de intensiteit van de stimulus klein is.

Wetenschappelijke methode: Een uit vier stappen bestaande procedure voor empirisch onderzoek van een hypothese, waarbij de omstandigheden zo zijn gekozen dat vooroordelen en subjectieve oordelen worden uitgesloten.

Wetten van perceptuele ordening: De Gestaltprincipes van *gelijkenis*, *nabijheid*, *continuering* en *bestemming*, op grond waarvan de elementen van een stimulus perceptueel geordend worden.

Z

Zelfactualiserende persoonlijkheid: Gezond individu van wie de basisbehoeften vervuld zijn en dat daardoor de vrijheid heeft om zijn interesse in 'hogere' idealen zoals waarheid, rechtvaardigheid en schoonheid te ontwikkelen.

Zelfbeheersing: Het vermogen om onmiddellijke beloning uit te stellen om positieve resultaten op de langere termijn te kunnen halen.

Zelfdeterminatietheorie (ZDT): Theorie over motivatie die veronderstelt dat mensen van nature proactief hun omgeving vormgeven en dat deze activiteit gericht is op groei en integratie.

Zelfhulpgroep: Therapiegroep (zoals Anonieme Alcoholisten), georganiseerd en begeleid door leken in plaats van professionele therapeuten.

Zenuwstelsel: Gehele netwerk van neuronen in het lichaam, inclusief het centrale zenuwstelsel, het perifere zenuwstelsel en hun onderafdelingen.

Ziekte van Alzheimer: Een degeneratieve aandoening van de hersenen, waardoor het denkvermogen achteruitgaat, geheugenproblemen ontstaan en de patiënt uiteindelijk overlijdt.

Zingeving: Eén aspect van het zoeken naar betekenis in een stressvolle situatie, waarbij de stressor wordt beleefd op een wijze die overeenkomt met onze verwachting dat de wereld voorspelbaar, controleerbaar en niet willekeurig is.

Zoeken naar een positieve betekenis: De tweede fase van het zoeken naar betekenis in een stressvolle situatie, waarbij de situatie uiteindelijk zo wordt beleefd dat de stressor als zinvol wordt beschouwd en uit de situatie nog iets positiefs gehaald kan worden.

Zondebok aanwijzen: Een onschuldige persoon of groep de schuld geven van je eigen problemen.

Zorg voor de volgende generatie (generativiteit): In Eriksons theorie: proces waarbij men zich betrokken voelt bij zaken buiten zichzelf, zoals gezin, werk, gemeenschap of toekomstige generaties.

Zuigelingentijd (infancy): De periode tussen het einde van de neonatale periode (de geboorte) en het moment dat het kind kan praten, meestal rond achttien maanden of twee jaar.

Zygote: Bevruchte eicel.

A

ABC News. (1995, 30 juni). My family, forgive me. *20/20,* Transcript #1526, pp. 6–10. New York: American Broadcasting Companies, Inc.

Abrams, A. R. (1992). *Electroconvulsive therapy.* New York: Oxford University Press.

Abrams, M. (2007, juni). Born gay? *Discover, 28*(6), 58–83.

Acevedo, R. P., Aron, A., Fisher, H. E., & Brown, L. L. (5 januari 2011). Neural correlates of long-term intense romantic love. *Social Cognitive and Affective Neuroscience Advance Access,* 1–15.

Ackerman, J. M., & Bargh, J. A. (2010). The purpose-driven life: Commentary on Kenrick et al. (2010). *Perspectives on Psychological Science, 5,* 323–326.

Ackerman, P. L. (2007). New developments in understanding skilled performance. *Current Directions in Psychological Science, 16,* 235–239.

Ackerman, S. J., Benjamin, L. S., Beutler, L. E., Gelso, C. J., Goldfried, M. R., Hill, C., Lambert, M. J., Norcross, J. C., Orlinsky, D. E., & Rainer, J. (2001). Empirically supported therapy relationships: Conclusions and recommendations of the Division 29 Task Force. *Psychotherapy, 38,* 495–497.

Adams, L. (2010, 29 juli). Top IVF doctor defends offering help for parents to pick babies' sex. *Daily Record.* Bezocht op 20 november 2010, Center for Genetics and Society, www.geneticsandsociety.org/article. php?id=5316.

Adelson, R. (2004, juli/augustus). Detecting deception. *Monitor on Psychology, 35*(7), 70–71.

Adelson, R. (2005, juli/augustus). The power of potent steroids. *Monitor on Psychology, 36*(7), 20–22.

Adelson, R. (2006, januari). Nationwide survey spotlights U.S. alcohol abuse. *Monitor on Psychology, 37*(1), 30–32.

Adorno, T. W., Frenkel-Brunswick, E., Levinson, D. J., & Sanford, R. N. (1950). *The authoritarian personality.* New York: Harper.

Aftergood, S. (2000, 3 november). Polygraph testing and the DOE National Laboratories. *Science, 290,* 939–940. [Zie ook: Holden, 2001b; Saxe, 1991, 1994.]

Agras, W. S., Brandt, H. A., Bulik, C. M., Dolan-Sewell, R., Fairburn, C. G., Halmi, K. A., Herzog, D. B., Jimerson, D. C., Kaplan, A. S., Kaye, W. H., le Grange, D., Lock, J., Mitchell, J., Rudorfer, M. V., Street, L. L., Striegel-Moore, R., Vitousek, K. M., Walsh, B. T., & Wilfley, D. E. (2004). Report of the National Institutes of Health workshop on overcoming barriers to treatment research in anorexia nervosa. *International Journal of Eating Disorders, 35,* 509–521.

Ahrons, C. R. (1994). *The good divorce: Keeping your family together when your marriage comes apart.* New York: HarperCollins.

Aiken, L. R. (1987). *Assessment of intellectual functioning.* Boston, MA: Allyn & Bacon.

Ainsworth, M. D. S. (1989). Attachments beyond infancy. *American Psychologist, 44,* 709–716.

Aken, M. A. G. van (2006). De persoonlijkheid van kinderen: Ontwikkeling en consequenties. *Kind en Adolescent, 27,* 204-214.

Alanko, K., Santtila, P., Harlaar, N., Witting, K., Varjonen, M., Jern, P., Johansson, A., von der Pahlen, B., en Sandnabba, N. K. (2010). Common genetic effects of gender atypical behavior in childhood and sexual orientation in adulthood: A study of Finnish twins. *Archives of Sexual Behavior, 39,* 81–92.

Alferink, L. (2005, lente). Behaviorism died today, again! *The General Psychologist, 40*(1), 7–8. [Elektronische versie beschikbaar op www.apa.org/divisions/div1/ newspub.html.]

Alison, S. T., & Goethals, G. R., Jr. (2011). *Heroes: Who they are and why we need them.* New York: Oxford University Press.

Allen, K., Blascovich, J., & Mendes, W. B. (2002). Cardiovascular reactivity and the presence of pets, friends, and spouses: The truth about cats and dogs. *Psychosomatic Medicine, 64,* 727–739.

Allen, M. J. (1995). *Introduction to psychological research.* Itasca, IL: Peacock.

Allen, V. S., & Levine, J. M. (1969). Consensus and conformity. *Journal of Experimental Social Psychology, 5,* 389–399.

Alloway, T. P., Gathercole, S. E., & Pickering, S. J. (2006). Verbal and visuospatial short-term and working memory in children: Are they separable? *Child Development, 77*(6), 1698-1716.

Allport, G. W. (1954). *The nature of prejudice.* Cambridge, MA: Addison-Wesley.

Allport, G. W., & Odbert, H. S. (1936). Trait-names, a psycho-lexical study. *Psychological Monographs, 47*(1, whole no. 211).

Alper, J. (1993). Echo-planar MRI: Learning to read minds. *Science, 261,* 556.

Alzheimer Nederland (2010). *Cijfers en feiten over dementie.* Bezocht op www.alzheimer-nederland.nl.

Amabile, T. M. (1983). *The social psychology of creativity.* New York: Springer-Verlag.

Amabile, T. M. (1987). The motivation to be creative. In S. Isaksen (Ed.), *Frontiers in creativity: Beyond the basics.* Buffalo, NY: Bearly Limited.

Amabile, T. M. (2001). Beyond talent: John Irving and the passionate craft of creativity. *American Psychologist, 56,* 333–336.

Amabile, T. M., Hadley, C. N., & Kramer, S. J. (2002, augustus). Creativity under the gun. *Harvard Business Review, 80*(8), 52–60.

Ambady, N., & Rosenthal, R. (1993). Half a minute: Predicting teacher evaluations from thin slices of nonverbal behavior and physical attractiveness. *Journal of Personality and Social Psychology, 64,* 431–441.

Amedi, A., Merabet, L. B., Bermpohl, F., & Pascual-Leone, A. (2005, december). The occipital cortex in the blind. *Current Directions in Psychological Science, 14,* 306–311.

American Academy of Pediatrics, Subcommittee on Attention Deficit Hyperactivity Disorder, Committee on Quality Improvement. (2001). Clinical practice guideline: Treatment of the school-aged child with attention-deficit/hyperactivity disorder. *Pediatrics, 108,* 1033–1044. [Zie ook: Henker & Whalen, 1989; Poling et al., 1991; Welsh et al., 1993.]

American Medical Association. (2010). *Stem cell research: Human cloning.* Bezocht op 19 november 2010, www.ama-assn.org/ama/pub/physicianresources/ medical-science/genetics-molecularmedicine/related-policy-topics/stem-cell-research/human-cloning. shtml.

American Psychiatric Association (2000). *Diagnostic and statistical manual of mental disorders [DSM-IV-TR].* Washington, DC: American Psychiatric Association.

American Psychological Association (2002, 26 juni). *Is corporal punishment an effective means of discipline?* Bezocht op 2 juli 2007, www.apa.org/releases/ spanking.html.

American Psychological Association (2003a). *Careers in psychology for the twenty-first century.* Bezocht op 14 oktober 2004, www.apa.org/students/brochure/ brochurenew.pdf.

American Psychological Association (2003b). *Council policy manual.* Bezocht op 14 oktober 2004, www. apa.org/about/division/cpmscientific.html.

American Psychological Association (2007). Frequently asked questions about teaching high school psychology. Bezocht op 17 april 2007, www.apa.org/ed/ topss/topss_faqs.html.

American Psychiatric Association (2010a). *DSM revision activities.* Bezocht op www.psych.org/MainMenu/ Research/DSMIV/DSMV/DSMRevisionActivities.aspx.

American Psychological Association (APA). (2010b). *Lesbian & gay parenting: APA amicus briefs.* Bezocht op www.apa.org/pi/lgbt/resources/parenting.aspx.

American Psychiatric Association (2012). *DSM-5 Development.* Bezocht op juli 2012, http://www.dsm5.org/ Pages/Default.aspx.

Anand, K. J. S., & Hickey, P. R. (1987). Pain and its effects in the human neonate and fetus. *The New England Journal of Medicine, 317,* 1321–1329.

Anand, K. J. S., & Scalzo, F. M. (2000). Can adverse neonatal experiences alter brain development and subsequent behavior? *Biology of the Neonate, 77,* 69–82.

Anderson, C., Gentile, D., & Buckley, K. (2007). *Violent video game effects on children and adolescents.* London: Oxford University Press.

Andrews, F. M., & Withey, S. B. (1976). *Social indicators of well-being: Americans' perceptions of life quality.* New York: Plenum.

Andrews, G., Henderson, S. & Hall, W. (2001). Prevalence, comorbidity, disability and service utilisation. Overview of the Australian National Mental Health Survey. *British Journal of Psychiatry, 178*(2), 145–153.

Andrews, J. D. W. (1967). The achievement motive and advancement in two types of organization. *Journal of Personality and Social Psychology, 6,* 163–168.

Andrews, P. W., & Thompson, J. A. (2009). The bright side of being blue: Depression as an adaptation for analyzing complex problems. *Psychological Review, 118,* 620–654.

Andrews, P. W., & Thompson, J. A. (2010, januari/februari). Depression's evolutionary roots. *Scientific American Mind, 20*(7), 57–61.

Angell, M. (1985). Disease as a reflection of the psyche. *The New England Journal of Medicine, 312,* 1570–1572.

Anglin, J. M. (1993). Vocabulary development: A morphological analysis. *Monographs of the Society for Research in Child Development, 58* (Serial No. 238).

Anglin, J. M. (1995, maart). Word learning and the growth of potentially knowable vocabulary. Paper presented at the biennial meetings of the Society for Research in Child Development, Indianapolis, IN.

Antonova, I., Arancio, O., Trillat, A-C., Hong-Gang W., Zablow, L., Udo, H., Kandel, E. R., & Hawkins, R. D. (2001, 16 november). Rapidincrease in clusters of presynaptic proteins at onset of long-lasting potentiation. *Science, 294,* 1547–1550.

Antonuccio, D. (1995). Psychotherapy for depression: No stronger medicine. *American Psychologist, 50,* 450–452.

Antony, M. M., Brown, T. A., & Barlow, D. H. (1992). Current perspectives on panic and panic disorder. *Current Directions in Psychological Science, 1,* 79–82.

APA (2004). *Beknopte handleiding DSM-IV-TR.* Amsterdam: Pearson Education Benelux.

APA Presidential Task Force on Evidence-Based Practice. (2006). Evidence-based practice in psychology. *American Psychologist, 61,* 271–285.

Arnett, J. J. (1997). Young people's conceptions of the transition to adulthood. *Youth & Society, 29,* 1–23.

Arnett, J. J. (1999). Adolescent storm and stress, reconsidered. *American Psychologist, 54,* 317–326.

Arnett, J. J. (2000a). Emerging adulthood: A theory of development from the late teens through the twenties. *American Psychologist, 55*(5), 469–480.

Arnett, J. J. (2000b). High hopes in a grim world: Emerging adults' view of their futures and "Generation X." *Youth & Society, 31,* 267–286.

Arnett, J. J. (2001). Conceptions of the transition to adulthood: Perspectives from adolescence through midlife. *Journal of Adult Development, 8,* 133–144.

Arnsten, A. F. T. (1998, 12 juni). The biology of being frazzled. *Science, 280,* 1711–1712. [Zie ook Caldwell, 1995; Mukerjee, 1995; Sapolsky, 1990.]

Aronson, E. (2000). *Nobody left to hate: Teaching compassion after Columbine.* New York: W. H. Freeman & Company.

Aronson, E., Helmreich, R., & LeFan, J. (1970). To err is humanizing – sometimes: Effects of selfesteem, competence, and a pratfall on interpersonal attraction. *Journal of Personality and Social Psychology, 16,* 259–264.

Aronson, E., & Patnoe, S. (1997). *Cooperation in the classroom: The jigsaw method.* New York, NY: Longman.

Aronson, E., Willerman, B., & Floyd, J. (1966). The effect of a pratfall on increasing interpersonal attractiveness. *Psychonomic Science, 4,* 227–228.

Aronson, J., Fried, C. B., & Good, C. (2001). Reducing the effects of stereotype threat on African American college students by shaping theories of intelligence. *Journal of Experimental Social Psychology, 38,* 1–13.

Asarnow, J., Glynn, S., Pynoos, R. S., Nahum, J., Guthrie, D., Cantwell, D. P., & Franklin, B. (1999). When the earth stops shaking: Earthquake sequelae among children diagnosed for pre-earthquake psychopathology. *Journal of the American Academy of Child and Adolescent Psychiatry, 38,* 1016–1025.

Asch, S. E. (1940). Studies in the principles of judgments and attitudes: 11. Determination of judgments by group and by ego standards. *Journal of Social Psychology, 12,* 433–465.

Asch, S. E. (1955). Opinions and social pressure. *Scientific American, 193*(5), 31–35.

Asch, S. E. (1956). Studies of independence and conformity: A minority of one against a unanimous majority. *Psychological Monographs, 70*(9, Whole No. 416).

Asendorpf, J. B., & van Aken, M. (2003). Validity of the Big Five personality judgments in childhood: A 9 year longitudinal study. *European Journal of Personality, 17,* 1-17.

Aserinsky, E., & Kleitman, N. (1953). Regularly occurring periods of eye mobility and concomitant phenomena during sleep. *Science, 118,* 273–274.

Ashby, F., Isen, A., & Turken, A. (1999). A neuropsychological theory of positive affect and its influence on cognition. *Psychological Review, 106,* 529–550.

Ashby, F. G., & Waldron, E. M. (2000). The neuropsychological bases of category learning. *Current Directions in Psychological Science, 9,* 10–14. [Zie ook: Beardsley, 1997a; Behrmann, 2000; Freedman et al., 2001; Thorpe & Fabre-Thorpe, 2001]

Ashton, M. C., Lee, K., Perugini, M., Szarota, P., de Vries, R. E., Blas, L. D., Boies, K. & De Raad, B. (2004). A Six-Factor Structure of Personality-Descriptive Adjective: Solutions From Psycholexical Studies in Seven Languages. *Journal of Personality and Social Psychology, 86*(2), 356-366.

Atkinson, R. C., & Schiffrin, R. M. (1968). Human memory: A control system and its control processes. In K. Spence (Ed.), *The psychology of learning and motivation* (Vol. 2). New York: Academic Press.

Austin, J. H. (1998). *Zen and the brain: Toward an understanding of meditation and consciousness.* Cambridge, MA: MIT Press.

Averill, J. A. (1980). A constructivist view of emotion. In R. Plutchik & H. Kellerman (Eds.), *Emotion: Theory, research, and experience: Vol. 1. Theories of emotion.* New York: Academic Press.

Axel, R. (1995, oktober). The molecular logic of smell. *Scientific American, 273,* 154–159.

Ayan, S. (2009, april/mei). Laughing matters: Seeing the bright side of life may strengthen the psyche, ease pain and tighten social bonds. *Scientific American, 20*(2), 24–31.

Ayllon, T., & Azrin, N. H. (1965). The measurement and reinforcement of behavior of psychotics. *Journal of Experimental Analysis of Behavior, 8,* 357–383.

Ayllon, T., & Azrin, N. H. (1968). *The token economy: A motivational system for therapy and rehabilitation.* New York: Appleton-Century-Crofts.

Azar, B. (1995, juni). New cognitive research makes waves. *APA Monitor,* 16.

Azar, B. (1996, november). Some forms of memory improve as people age. *APA Monitor, 27.*

Azar, B. (1997, oktober). Was Freud right? Maybe, maybe not. *American Psychological Association Monitor, 28,* 30.

Azar, B. (2002a, januari). At the frontier of science. *Monitor on Psychology,* 40–43.

Azar, B. (2002b, september). Searching for genes that explain our personalities. *Monitor on Psychology, 33*(8), 44–45.

Azar, B. (2006, maart). The faces of pride. *Monitor on Psychology, 37*(3). Bezocht op 30 maart 2008, www.apa.org/monitor/mar06/pride.html.

Azar, B. (2007, april). A case for angry men and happy women. *Monitor on Psychology, 38*(4), 18–19.

B

Baadsgaard, M. & Wagner, P. (2003). *Inleiding in de gedragsmodificatie.* Barneveld: Nelissen.

Babyak, M., Blumenthall, J. A., Herman, S., Khatri, P., Doraiswamy, M., Moore, K., Craighead, W. E., Baldewicz, T. T., & Krishnan, K. R. (2000). Exercise treatment for major depression: Maintenance of therapeutic benefit at 10 months. *Psychosomatic Medicine, 62,* 633–638.

Baddeley, A. (1998). *Human memory: Theory and practice.* Boston: Allyn & Bacon.

Baddeley, A. (2003). Working memory and language: An overview. *Journal of Communication Disorders, 36,* 189–208.

Baddeley, A. D. (2000). The episodic buffer: A new component of working memory? *Trends in Cognitive Sciences, 4,* 417–423.

Baddeley, A. D. (2001). Is working memory still working? *American Psychologist, 56,* 851–864.

Baddeley, A. D., & Hitch, G. (1974). Working memory. In G. A. Bower (Ed.), *Recent advances in learning and motivation* (Vol. 8). New York: Academic Press.

Baer, R. A. (2003). Mindfulness training as a clinical intervention: A conceptual and empirical review. *Clinical Psychology: Science and Practice , 10,* 125–143.

Baer, R. A., Smith, G. T., Hopkins, J., Krietemeyer, J., & Toney, L. (2006). Using self-report assessment methods to explore facets of mindfulness. *Assessment, 13,* 27–45.

Bahrick, H. P., Bahrick, L. E., Bahrick, A. S., & Bahrick, P. E. (1993). Maintenance of foreign language vocabulary and the spacing effect. *Psychology Science, 4,* 316–321.

Bailey, R. (2006, 11 augustus). Don't be terrorized. *Reason Magazine.* Bezocht op http://reason.com/archives/2006/08/11/dont-be-terrorized.

Baillargeon, R., & DeVos, J. (1991). Object permanence in young infants: Further evidence. *Child Development, 62,* 1227–1246.

Baker, T. B., McFall, R. M., & Shoham, V. (2008). Current status and future prospects of clinical psychology: Toward a scientifically principled approach to mental and behavioral health care. *Psychological Science in the Public Interest, 9*(2).

Bakker, F., de Graaf, H., de Haas, S., Kedde, H., Kruijer, H. & Wijsen, C. (2009). *Seksuele gezondheid in Nederland 2009.* Utrecht: Rutgers Nisso Groep.

Bal, S., Van Oost, P., De Bourdeaudhuij, I. & Cromboz, G. (2003). Avoidant coping as a mediator between self-reported sexual abuse and stress-related symptoms in adolescents. In: *Child Abuse and Neglect, 27,* 883–897.

Balch, P., & Ross, A. W. (1975). Predicting success in weight reduction as a function of locus of control: A uni-dimensional and multi-dimensional approach. *Journal of Consulting and Clinical Psychology, 43,* 119.

Baldwin, M. W. (1992). Relational schemas and the processing of social information. *Psychological Bulletin, 112,* 461–484.

Baltes, P. B. (1987). Theoretical propositions on lifespan developmental psychology: On the dynamics between growth and decline. *Developmental Psychology, 23,* 611–626.

Baltes, P. B. (1990, november). Toward a psychology of wisdom. Invited address presented at the annual convention of the Gerontological Society of America, Boston, MA.

Baltes, P. B. (1993). The aging mind: Potential and limits. *The Gerontologist, 33,* 580–594.

Baltes, P. B., & Kliegl, R. (1992). Further testing of limits of cognitive plasticity: Negative age differences in a mnemonic skill are robust. *Developmental Psychology, 28,* 121–125.

Baltes, P. B., & Staudinger, U. M. (1993). The search for a psychology of wisdom. *Current Directions in Psychological Science, 2,* 75–80.

Bamshad, M. J., & Olson, S. E. (2003, December). Does race exist? *Scientific American, 289*(6), 78–85. [Zie ook: Gould, 1996; Zuckerman, 1990.]

Bandura, A. (1981). In search of pure unidirectional determinants. *Behavior Therapy, 12,* 30–40.

Bandura, A. (1986). *Social foundations of thought and action: A social cognitive theory.* Englewood Cliffs, NJ: Prentice Hall.

Bandura, A. (1992). Exercise of personal agency through the self-efficacy mechanism. In R. Schwarzer (Ed.), *Self-efficacy: Thought control of action* (pp. 3–38). Washington, DC: Hemisphere.

Bandura, A. (1999). Social cognitive theory of personality. In L. A. Pervin & O. P. John (Eds.), *Handbook of personality: Theory and research* (2nd ed., pp. 154–196). New York: Guilford Press.

Bandura, A., Ross, D., & Ross, S. A. (1963). Imitation of film-mediated aggressive models. *Journal of Abnormal and Social Psychology, 66,* 3–11.

Banich, M. T. (1998). Integration of information between the cerebral hemispheres. *Current Directions in Psychological Science, 7,* 32–37.

Banks, M. S., & Bennet, P. J. (1988). Optical and photoreceptor immaturities limit the spatial and chromatic vision of human neonates. *Journal of the Optical Society of America, 5,* 2059–2079.

Barab, S. A., & Plucker, J. A. (2002). Smart people or smart contexts? Cognition, ability, and talent development in an age of situated approaches to knowing and learning. *Educational Psychologist, 37,* 165–182.

Barach, J. (2003). Reorganization of the brain may provide blind with superior verbal memory. Bezocht op 16 mei 2007, www.bioisrael.com/upload/research/blind_research.doc.

Barash, D. P. (2007, 5 oktober). The targets of aggression. *The Chronicle of Higher Education,* B6–B9.

Barber, T. X. (1976). *Hypnosis: A scientific approach.* New York: Psychological Dimensions.

Barber, T. X. (1979). Suggested ("hypnotic") behavior: The trance paradigm versus an alternative paradigm. In E. Fromm & R. E. Shor (Eds.), *Hypnosis: Developments in research and new perspectives.* New York: Aldine.

Barber, T. X. (1986). Realities of stage hypnosis. In B. Zilbergeld, M. G. Edelstein, & D. L. Araoz (Eds.), *Hypnosis: Questions and answers.* New York: Norton.

Barinaga, M. (1997, 27 juni). New imaging methods provide a better view into the brain. *Science, 276,* 1974–1976.

Barinaga, M. (1998, 17 april). Listening in on the brain. *Science, 280,* 376–377.

Barinaga, M. (2002, 8 februari). How the brain's clock gets daily enlightenment. *Science, 295,* 955–957.

Barinaga, M. (2003, 3 oktober). Studying the well-trained mind. *Science, 302,* 44–46.

Barker, L. M., Best, M. R., & Domjan, M. (Eds.). (1978). *Learning mechanisms in food selection.* Houston: Baylor University Press.

Barkley, R. A. (1998, september). Attention-deficit hyperactivity disorder. *Scientific American, 279*(9), 66–71.

Barlow, D. H. (2000). Unraveling the mysteries of anxiety and its disorders from the perspective of emotion theory. *American Psychologist, 55,* 1247–1263.

Barlow, D. H. (2001). A modern learning theory perspective on the etiology of panic disorder. *Psychological Review, 108,* 4–32.

Barlow, D. H. (2004). Psychological treatments. *American Psychologist, 59,* 869–878.

Barlow, D. H. (2010). Negative effects from psychological treatments: A perspective. *American Psychologist, 65,*13–20.

Barlow, J. (2008, 15 februari). *Parental intervention boosts education of kids at high risk of failure.* Bezocht op 16 maart 2008, http://pmr.uoregon.edu/science-and-innovation/uo-research-news/research-news-2008/february-2008/parentalintervention-boosts-education-of-kids-at-high-riskof-failure.

Barnes, D. M. (1987). Biological issues in schizophrenia. *Science, 235,* 430–433.

Barnett, R. C., & Hyde, J. S. (2001). Women, men, work, and family: An expansionist theory. *American Psychologist, 56,* 781–796.

Barnier, A. J., & McConkey, K. M. (1998). Posthypnotic responding away from the hypnotic setting. *Psychological Science, 9,* 256–262.

Barnouw, V. (1963). *Culture and personality.* Homewood, IL: Dorsey Press.

Baron, L., & Straus, M. A. (1985). *Four theories of rape in American society: A state-level analysis.* New Haven, CT: Yale University Press.

Baron-Cohen, S. (2009). Autism: the empathizing-systemizing (E-S) theory (PDF). The Year in Cognitive Neuroscience 2009. *Annals of the NewYork Academy of Sciences, 1156,* 68–80.

Barron, F., & Harrington, D. M. (1981). Creativity, intelligence and personality. *Annual Review of Psychology, 32,* 439–476.

Bartels, A., & Zeki, S. (2004). The neural correlates of maternal and romantic love. *NeuroImage, 22,* 419–433.

Bartlett, T. (2011). The case for play. *Chronicle of Higher Education.* Bezocht op http://chronicle.com/article/The-Case-for-Play/126382/.

Bartoshuk, L. M. (1990, augustus/september). Psychophysiological insights on taste. *Science Agenda,* 12–13.

Basbaum, A. I., & Julius, D. (2006, juni). Toward better pain control. *Scientific American, 294*(6), 60–67.

Bauer, P. J., Wiebe, S. A., Carver, L. J., Waters, J. M., & Nelson, C. A. (2003). Developments in long-term explicit memory late in the first year of life: Behavioral and electrophysiological indices. *Psychological Science, 14,* 629–635.

Baum, W. M. (1994). *Understanding behaviorism: Science, behavior, and culture.* New York: HarperCollins.

Baumeister, R. F. (Ed.). (1993). *Self-esteem: The puzzle of low self-regard.* New York: Plenum.

Baumeister, R. F. (2005). The unconscious is alive and well, and friendly too. *Journal of Social & Clinical Psychology, 24,* 293–295.

Baumeister, R. F. (2007, augustus). *Is there anything good about men?* Invited address given at the 2007 APA convention in San Francisco, CA. Bezocht op 16 november 2007, www.psy.fsu.edu/~baumeistertice/goodaboutmen.htm.

Baumeister, R. F., Bratslavsky, E., Muraven, M., & Tice, D. M. (1998). Ego depletion: Is the active self a limited resource? *Journal of Personality and Social Psychology, 74,* 1252–1265.

Baumeister, R. F., Campbell, J. D., Krueger, J. I., & Vohs, K. D. (2003). Does high self-esteem cause better performance, interpersonal success, happiness, or healthier lifestyles? *Psychological Science in the Public Interest, 4,* 1–44.

Baumeister, R. F., Smart, L., & Boden, J. M. (1996). Relation of threatened egotism to violence and aggression: The dark side of high self-esteem. *Psychological Review, 103,* 5–33.

Baumeister, R. F., Vohs, K. D., & Tice, D. M. (2007). The strength model of self-control. *Current Directions in Psychological Science, 16,* 351–355.

Baumrind, D. (1967). Child care practices anteceding three patterns of preschool behavior. *Genetic Psychology Monographs, 75,* 43–88.

Baumrind, D. (1971). Current patterns of parental authority. *Developmental Psychology Monograph, 4*(1, Deel 2).

Baumrind, D. (1985). Research using intentional deception: Ethical issues revisited. *American Psychologist, 40,* 165–174.

Baynes, K., Eliassen, J. C., Lutsep, H. L., & Gazzaniga, M. S. (1998). Modular organization of cognitive systems masked by interhemispheric integration. *Science, 280,* 902–905.

Beaman, A. L., Barnes, P. J., Klentz, B., & McQuirk, B. (1978). Increasing helping rates through information dissemination: Teaching pays. *Personality and Social Psychology Bulletin, 4,* 406–411.

Beardsley, E. (2010, 18 maart). *Fake TV game show 'tortures' man, shocks France.* Bezocht op www.npr.org/templates/story/story.php?storyId=124838091.

Beardsley, T. (1996, juli). Waking up. *Scientific American, 14,* 18.

Bechara, A., Tranel, D., Damasio, H., Adolphs, R., Rockland, C., & Damasio, A. R. (1995, 25 augustus). Double dissociation of conditioning and declarative knowledge relative to the amygdala and hippocampus in humans. *Science, 269,* 1115–1118.

Beck, A. T. (1976). *Cognitive therapy and emotional disorders.* New York: International Universities Press.

Beck, A. T. (2005). The current state of cognitive therapy: A 40-year retrospective. *Archives of General Psychiatry, 62,* 953–959.

Beck, A. T., Rush, A. J., Shaw, B. F., & Emery, G. (1979). *Cognitive therapy of depression.* New York: Guilford Press.

Beck, H. P., Levinson, S., & Irons, G. (2009). Finding little Albert: A journey to John B. Watson's infant laboratory. *American Psychologist, 64*(7), 605–614.

Beck, M. R., Angelone, B. L., & Levin, D. T. (2004). Knowledge about the probability of change affects change detection performance. *Journal of Experimental Psychology: Human Perception and Performance, 30,* 778–791.

Becker, D. V., Kenrick, D. T., Neuberg, S. L., Blackwell, K. C., & Smith, D. M. (2007). The confounded nature of angry men and happy women. *Journal of Personality and Social Psychology, 92,* 179–190.

Bédard, J., & Chi, M. T. H. (1992). Expertise. *Current Di-*

rections in Psychological Science, 1, 135–139.

Bee, H. (1994). Lifespan development. New York: HarperCollins.

Beekman, A. T. F., Deeg, D. J. H., Smit, J. H., Comijs, H. C., Braam, A. W. & Beurs, E. de (2004). Dysthymia in later life: a study in the community. Journal of Affective Disorders, 81, 191–199.

Behrmann, M. (2000). The mind's eye mapped onto the brain's matter. Current Directions in Psychological Science, 9, 50–54.

Beigel, A., & Berren, M. R. (1985). Human-induced disasters. Psychiatric Annals, 15, 143–150.

Beilin, H. (1992). Piaget's enduring contribution to developmental psychology. Developmental Psychology, 28, 191–204.

Bell, L. (2010, 3 juli). Fat chance: Scientists are working out ways to rev up the body's gut-busting machinery. Science News, 178(1), 18–21. doi:10.1002/scin.5591780122.

Bem, D. J., & Allen, A. (1974). On predicting some of the people some of the time: The search for cross-situational consistencies in behavior. Psychological Review, 81(6), 506–520.

Benassi, V. A., Sweeney, P. D., & Dufour, C. L. (1988). Is there a relation between locus of control orientation and depression? Journal of Abnormal Psychology, 97, 357–367.

Benedetti, F., Mayberg, H. S., Wager, T. D., Stohler, C. S., & Zubieta, J. (2005, 9 november). Neurobiological mechanisms of the placebo effect. The Journal of Neuroscience, 25, 10390–10402.

Benjamin, L. T., Jr., & Nielsen-Gammon, E. (1999). B. F. Skinner and psychotechnology: The case of the heir conditioner. Review of General Psychology, 3, 155–167.

Bennett, K. K., & Elliott, M. (2002). Explanatory style and health: Mechanisms linking pessimism to illness. Journal of Applied Social Psychology, 32, 1508–1526.

Benson, E. (2002, oktober). Pheromones, in context. Monitor on Psychology, 33(9), 46–49. [Zie ook: Azar, 1998b; Holden, 1996b.]

Benson, E. (2003, februari). Intelligent intelligence testing. Monitor on Psychology, 34(2), 48–51.

Benson, H. (1975). The relaxation response. New York: Morrow.

Berenson, A. (2008, 24 februari). Daring to think differently about schizophrenia. New York Times. Bezocht op www.nytimes.com/2008/02/24/business/24drug.html.

Berglas, S. (2001). Reclaiming the fire: How successful people overcome burnout. New York: Random House.

Berk, L. (2002). Infants, children, and adolescents (4th ed.). Boston: Allyn & Bacon.

Berk, L. E. (2004). Development through the lifespan (3rd ed.). Boston: Allyn & Bacon.

Berk, L. E. (2007). Development through the lifespan, (3rd ed.) Boston: Allyn & Bacon.

Berkman, L. F., & Syme, S. L. (1979). Social networks, host resistance, and mortality: A nine-year follow-up study of Alameda County residents. American Journal of Epidemiology, 109, 186–204.

Berman, J. S., & Norton, N. C. (1985). Does professional training make a therapist more effective? Psychological Bulletin, 98, 401–407.

Berns, G. S. Chappelow, J., Zink, C. F., Pagnoni, G., Martin-Skurski, E. M., & Richards, J. (2005). Neurobiological correlates of social conformity and independence during mental rotation. Biological Psychiatry, 58, 245–253. [Zie ook: www.nytimes.com/2005/06/28/science/28brai.html.]

Bernstein, I. L. (1988). What does learning have to do with weight loss and cancer? Proceedings of the Science and Public Policy Seminar of the Federation of Behavioral, Psychological and Cognitive Sciences. Washington, DC.

Bernstein, I. L. (1990). Salt preference and development. Developmental Psychology, 26, 552–554.

Bernstein, I. L. (1991). Aversion conditioning in response to cancer and cancer treatment. Clinical Psychology Review, 11, 185–191.

Berry, J. (1992). Cree conceptions of cognitive competence. International Journal of Psychology, 27, 73–88.

Berry, J. W., Poortinga, Y. H., Segall, M. H., & Dasen, P. R. (1992). Cross-cultural psychology: Research and applications. New York: Cambridge University Press.

Berscheid, E. (1999). The greening of relationship science. American Psychologist, 54, 260–266.

Beutler, L. E., & Machado, P. P. (1992). Research on psychotherapy. In M. R. Rosenzweig (Ed.), International psychological science: Progress, problems, and prospects (pp. 227–252). Washington, DC: American Psychological Association.

Bevins, R. A. (2001). Novelty seeking and reward: Implications for the study of high-risk behaviors. Current Directions in Psychological Science, 10, 189–193.

Bicklen, D. (1990). Communication unbound: Autism and praxis. Harvard Educational Review, 60(3), 291–314.

Biederman, I. (1989). Higher-level vision. In D. N. Osherson, H. Sasnik, S. Kosslyn, K. Hollerbach, E. Smith, & N. Block (Eds.), An invitation to cognitive science. Cambridge, MA: MIT Press.

Biehl, M., Matsumoto, D., Ekman, P., Hearn, V., Heider, K., Kudoh, T., & Ton, V. (1997). Matsumoto and Ekman's Japanese and Caucasian facial expressions of emotion (JACFEE): Reliability data and cross-national differences. Journal of Nonverbal Behavior, 21, 3–21. [Zie ook: Ekman et al., 1987; Izard, 1994.]

Billings, A. G., & Moos, R. H. (1985). Life stressors and social resources affect posttreatment outcomes among depressed patients. Journal of Abnormal Psychology, 94, 140–153.

Binet, A. (1911). Les idées modernes sur les enfants. Paris: Flammarion.

Bink, M. L., & Marsh, R. L. (2000). Cognitive regularities in creative activity. Review of General Psychology, 4, 59–78.

Bird, S. J. (2005). The ethics of using animals in research. Case Western Reserve University. Bezocht op 14 april 2007, http://onlineethics.org/reseth/mod/animalres.html.

Bishop, S. R., Lau, M., Shapiro, S., Carlson, L., Anderson, N. D., Carmody, J., Segal, Z. V., Abbey, S., Speca, M., Velting, D. & Devins, G. (2004). Mindfulness: A Proposed Operational Definition. Clinical Psychology: Science and Practice, 11, 230-241.

Bjork, R. A. (2000). Creating desirable difficulties for the learner. Implications for theory and practice. Address given at the American Psychological Society's annual convention, Miami Beach, FL.

Bjorklund, D. F., & Shackelford, T. K. (1999). Differences in parental investment contribute to important differences between men and women. Current Directions in Psychological Science, 8, 86–89.

Blakeslee, S. (2005, 22 november). This is your brain under hypnosis. New York Times. Bezocht op 4 december 2007, www.nytimes.com/2005/11/22/science/22hypno.html [Zie ook: Kirsch & Lynn, 1995; Woody & Sadler, 1998.]

Blanchard, R. (2008). Review and theory of handedness, birth order, and homosexuality in men. Laterality: Asymmetries of Body, Brain and Cognition, 13, 51–70. [Zie ook: Blanchard & Bogaert, 1996.]

Blass, T. (1996). Experimental invention and controversy: The life and work of Stanley Milgram. The General Psychologist, 32, 47–55.

Blass, T. (2004). The man who shocked the world: The life and legacy of Stanley Milgram. New York: Basic Books.

Blum, D. (2002). Love at Goon Park: Harry Harlow and the science of affection. New York: Perseus Publishing.

Boahen, K. (2005, mei). Neuromorphic microchips. Scientific American, 292(5), 56–63.

Bocchiaro, P., & Zimbardo, P. G. (2008). Deciding to resist unjust authority. [Ingediend voor publicatie]

Bocchiaro, P., Zimbardo, P. G. & Lange, P. A. M. van (2012). To defy or not to defy: An experimental study of dynamics of disobedience and whistle-blowing. Social Psychology. [In druk.]

Bogaert, A. F. (2005). Sibling sex ratio and sexual orientation in men and women: New tests in two national probability samples. Archives of Sexual Behavior, 34, 111–116. doi: 10.1007/s10508-005-1005-9.

Bogaert, A. F. (2006, 11 juli). Biological versus nonbiological older brothers and men's sexual orientation. Proceedings of the National Academy of Sciences, 103, 10771–10774.

Bolger, M. A. (1997). An exploration of college student stress. Dissertation Abstracts International, 58, 5-A, 1597.

Bolger, N., DeLongis, A., Kessler, R. C., & Schilling, E. A. (1989). Effects of daily stress on negative mood. Journal of Personality and Social Psychology, 57, 808–818.

Bommel, M. van, Van Prooijen, J., Elffers, H. & Van Lange, P. A. M. (2012). Be aware to care: Public self-awareness leads to a reversal of the bystander effect, Journal of Experimental Social Psychology, 48, 926-930. DOI: 10.1016/j.jesp.2012.02.011.

Bonanno, G. A., Papa, A., Lalande, K., Westphal, M., & Coifman, K. (2004). The importance of being flexible: The ability to both enhance and suppress emotional experession predicts long-term adjustment. Psychological Science, 15, 482–487.

Bond, C. F., Jr., & Atoum, A. O. (2000). International deception. Personality and Social Psychology Bulletin, 26, 385–395.

Bormans, K. (2011). Word optimist! Tielt: Uitgeverij Lannoo.

Bormans, L. (2010). The World Book of Happiness. Tielt: Uitgeverij Lannoo.

Bornstein, R. F. (1989). Exposure and affect: Overview and meta-analysis of research, 1968–1987. Psychological Bulletin, 106, 265–289.

Bornstein, R. F. (2001). The impending death of psychoanalysis. Psychoanalytic Psychology, 18, 3–20. [Zie ook: Bruner, 1992; Erdelyi, 1992; Greenwald, 1992; Jacoby et al., 1992; Kihlstrom et al., 1992; Loftus & Klinger, 1992.]

Bosveld, J. (2007, december). Sleeping like a hunter-gatherer. Discover, 28(12), 66–67.

Botvinick, M. (2004, 6 augustus). Probing the neural basis of body ownership. Science, 305, 782–783.

Bouchard, T. J., Jr. (1994, 17 juni). Genes, environment, and personality. Science, 264, 1700–1701.

Bouchard, T. J., & McGue, M. (2003). Genetic and environmental influences on human psychological differences. Journal of Neurobiology, 54, 4–45.

Bouchard, T. J., Lykken, D. T., McGue, M., Segal, N. L., & Tellegen, A. (1990). Sources of human psychological differences: The Minnesota study of twins reared apart. Science, 250, 223–228.

Bower, B. (1992, 22 augustus). Genetic clues to female homosexuality. *Science News, 142,* 117.

Bower, B. (1995a, 23 & 30 december). Trauma disorder high, new survey finds. *Science News, 148,* 422.

Bower, B. (1995b, 4 maart). Virus may trigger some mood disorders. *Science News, 147,* 132.

Bower, B. (1997a, 18 oktober). My culture, my self: Western notions of the mind may not translate to other cultures. *Science News, 152,* 248–249.

Bower, B. (1998b, 28 november). Dr. Freud goes to Washington. *Science News, 154,* 347–349.

Bower, B. (1998d, 20 juni). Psychology's tangled web. *Science News, 153,* 394–395.

Bower, B. (2000a, 22 januari). Cultures of reason: Thinking styles may take Eastern and Western routes. *Science News, 157,* 56–58.

Bower, B. (2003, 19 april). Words get in the way: Talk is cheap, but it can tax your memory. *Science News, 163,* 250–251. [Zie ook Dodson et al., 1997.]

Bower, B. (2004, 24 juli). Suicide watch: Antidepressants get large-scale inspection. *Science News, 166,* 51.

Bower, B. (2005a, 5 november). Questions on the couch: Researchers spar over how best to evaluate psychotherapy. *Science News, 168,* 299–301.

Bower, B. (2005b, 19 maart). Schizophrenia syncs fast: Disconnected brain may lie at heart of disorder. *Science News, 167,* 180.

Bower, B. (2006a, 1 juli). Gay males' sibling link: Men's homosexuality tied to having older brothers. *Science News, 170*(1), 3.

Bower, B. (2006b, 18 maart). Prescription for controversy: Medications for depressed kids spark scientific dispute. *Science News, 169,* 168–172.

Bower, B. (2006c, 11 februari). Self-serve brains: Personal identity veers to the right hemisphere. *Science News, 169,* 90–92. [Zie ook: Botvinick, 2004; Zimmer, 2005.]

Bower, B. (2007, 28 juli). Antidepressants trim suicide tries. *Science News, 172,* 61. [Zie ook: Gibbons et al., 2007; Simon & Savarino, 2007.]

Bower, B. (2010, 22 mei). Dream a little dream of recall. *Science News, 177*(11), 12–13.

Bower, B. (2010, 19 juni). Young kids can't face up to disgust. *Science News, 177*(13), 10.

Bower, G. H. (1972). A selective review of organizational factors in memory. In E. Tulving & W. Donaldson (Eds.), *Organization of memory.* New York: Academic Press.

Bower, J. M., & Parsons, L. M. (2003, augustus). Rethinking the "lesser brain." *Scientific American,* 50–57.

Bowlby, J. (1969). *Attachment and loss: Vol. 1. Attachment.* New York: Basic Books.

Bowlby, J. (1973). *Attachment and loss: Vol. 2. Separation, anxiety and anger.* London: Hogarth.

Bowles, A. (2004). Beck in action: Grawemeyerwinning psychiatrist influential in psychology. *APS Observer, 17*(3), 7–8.

Boyatzis, C., Matillo, G., & Nesbitt, K. (1995). Effects of *The Mighty Morphin' Power Rangers* on children's aggression with peers. *Child Study Journal, 25,* 45–55.

Bradley, G. W. (1978). Self-serving biases in the attribution process: A re-examination of the fact or fiction question. *Journal of Personality and Social Psychology, 35,* 56–71.

Bradshaw, G. (1992). The airplane and the logic of invention. In R. N. Giere (Ed.), *Minnesota studies in the philosophy of science* (pp. 2239–2250). Minneapolis: University of Minnesota Press.

Brannon, L. (2008). *Gender: Psychological perspectives* (5th ed.). Boston: Allyn & Bacon.

Breckenridge, J. N., & Zimbardo, P. G. (2006). The strategy of terrorism and the psychology of mass-mediated fear. In B. Bongar, L. M. Brown, L. Beutler, J. N. Breckenridge, & P. G. Zimbardo (Eds.), *Psychology and terrorism* (pp. 116–133). New York: Oxford University Press.

Breggin, P. R. (1979). *Electroshock: Its brain-disabling effects.* New York: Springer.

Breggin, P. R. (1991). *Toxic psychiatry.* New York: St. Martin's Press.

Breggin, P. R., & Breggin, G. R. (1994). *Talking back to Prozac.* New York: St. Martin's Press.

Brehm, S. S. (1992). *Intimate relationships* (2nd ed.). Boston: McGraw-Hill.

Brehm, S. S., Miller, R., Perlman, D., & Campbell, S. M. (2002). *Intimate relationships* (3rd ed.). New York: McGraw-Hill.

Breier, J. I., Simos, P. G., Fletcher, J. M., Castillo, E. M., Zhang, W., & Papanicolaou, A. C. (2003). Abnormal activation of temporoparietal language areas during phonetic analysis in children with dyslexia. *Neuropsychology, 17,* 610–621.

Breland, K., & Breland, M. (1961). The misbehavior of organisms. *American Psychologist, 16,* 681–684.

Brett, A. S., Phillips, M., & Beary, J. F., III. (1986, 8 maart). Predictive power of the polygraph: Can the "lie detector" really detect liars? *Lancet, 1*(8480), 544–547.

Brewer, C. L. (1991). Perspectives on John B. Watson. In G. A. Kimble, M. Wertheimer, & C. L. White (Eds.), *Portraits of pioneers in psychology* (pp. 170–186). Washington, DC: American Psychological Association.

Bridge, J. A., Satish, I., Salary, C. B., Barbe, R. P., Birmaher, B., Pincus, H. A., Ren, L., & Brent, D. A. (2007, 18 april). Clinical response and risk for reported suicidal ideation and suicide attempts in pediatric antidepressant treatment: A meta-analysis of randomized controlled trials. *JAMA: Journal of the American Medical Association, 297,* 1683–1696.

Brilleslijper-Kater, S. N., van Noort-van der Linden, A. M. T., Bakermans-Kranenburg, M. J., Juffer, F., Mesman, J., Klein Velderman, M. & San Martin Beuk, M. (2007). *Kindermishandeling in Nederland Anno 2005: De nationale Prevalentiestudie mishandeling van kinderen en jeugdigen (NPM-2005).* Leiden/Den Haag: Universiteit Leiden/Wetenschappelijk Onderzoek- en Documentatiecentrum.

British Psychological Society (2011). *Response to the American Psychiatric Association: DSM-5 Development,* juni. Bezocht op http://psychrights.org/2011/110630BritishPsychologicalAssnResponse2DSM-5.pdf.

Broadwell, S. D., & Light, K. C. (1999). Family support and cardiovascular responses in married couples during conflict and other interactions. *International Journal of Behavioral Medicine, 6,* 40–63.

Broeck, A. van den, De Witte, H., Vansteenkiste, M., Lens, W. & Andriessen, M. (2009). De Zelf-Determinatietheorie: Kwalitatief goed motiveren op de werkvloer. *Gedrag & Organisatie, 22,* 316-335.

Bronfenbrenner, U., & Ceci, S. J. (1994). Nature-nurture reconceptualized in developmental perspective: A bio-ecological model. *Psychological Review, 101,* 568–586.

Bronheim, S. (2000, januari/februari). The impact of the Human Genome Project on the science and practice of psychology. *Psychological Science Agenda, 13*(1), 12.

Brookhart, S. (2001). Persuasion and the "poison parasite." *APS Observer, 14*(8), 7.

Brown, A. M. (1990). *Human universals.* Ongepubliceerd manuscript, University of California, Santa Barbara.

Brown, C. (2003, oktober). The stubborn scientist who unraveled a mystery of the night. *Smithsonian,* 92–99.

Brown, J. D. (1991). Accuracy and bias in selfknowledge. In C. R. Snyder & D. F. Forsyth (Eds.), *Handbook of social and clinical psychology: The health perspective.* New York: Pergamon.

Brown, J. L., & Pollitt, E. (1996, februari). Malnutrition, poverty and intellectual development. *Scientific American, 274*(2), 38–43.

Brown, K. (2003a, 14 maart). The medication merry-go-round. *Science, 299,* 1646–1649.

Brown, K. (2003b, 11 juli). New attention to ADHD genes. *Science, 301,* 160–161.

Brown, K. W., Ryan, R. M., & Creswell, J. D. (2007a). Mindfulness: Theoretical foundations and evidence for its salutary effects. *Psychological Inquiry, 18,* 211–237.

Brown, R., & Kulik, J. (1977). Flashbulb memories. *Cognition, 5,* 73–99.

Brown, R., & McNeill, D. (1966). The "tip of the tongue" phenomenon. *Journal of Verbal Learning and Verbal Behavior, 5,* 325–337.

Brown, S. L., Nesse, R. M., Vinokur, A. D., & Smith, D. M. (2003). Providing social support may be more beneficial than receiving it: Results from a prospective study of mortality. *Psychological Science, 14,* 320–327.

Brown, W. A. (1998, januari). The placebo effect. *Scientific American, 278*(1), 90–95.

Bruck, M., & Ceci, S. (2004). Forensic developmental psychology: Unveiling four common misconceptions. *Current Directions in Psychological Science, 13,* 229–232. [Zie ook: Loftus, 2004; Neimark, 2004.]

Bruin, J. E., Kellenberger, L. D., Gerstein, H. C., Morrison, K. M., & Holloway, A C. (2007). Fetal and neonatal nicotine exposure and postnatal glucose homeostasis: Identifying critical windows of exposure. *Journal of Endocrinology, 194,* 171–178.

Bruner, J. S., Olver, R. R., & Greenfield, P. M. (1966). *Studies in cognitive growth.* New York: Wiley.

Brunet, A., Orr, S. P., Tremblay, J., Robertson, K., Nader, K., & Pitman, R. K. (2007). Effect of postretrieval propranolol on psychophysiologic responding during subsequent script-driven traumatic imagery in post-traumatic stress disorder. *Journal of Psychiatric Research, 42,* 503–506.

Brysbaert, M. (2006). *Psychologie.* Gent: Academia Press.

Büchel, C., Coull, J. T., & Friston, K. J. (1999). The predictive value of changes in effective connectivity for human learning. *Science, 283,* 1538–1541. [Zie ook: Bower, 1999.]

Buckner, R., Andrews-Hanna, J., & Schacter, D. (2008). The brain's default network: Anatomy, function and relevance to disease. *Annals of the New York Academy of Sciences, 1124,* 1–38.

Buhrmester, D. (1996). Need fulfillment, interpersonal competence, and the developmental contexts of early adolescent friendship. In W. M. Bukowski, A. F. Newcomb, & W. W. Hartup (Eds.), *The company they keep: Friend In C. Murchison (Ed ship during childhood and adolescence* (pp. 158–185). New York: Cambridge University Press.

Buitelaar, J. (2001). Discussies over aandachtstekort-hyperactiviteitsoornis (ADHD): feiten, meningen en emoties. *Nederlands Tijdschrift voor Geneeskunde, 2001, 31*(145), 1485–1489.

Bullock, T. H., Bennett, M. V. L., Johnston, D., Josephson, R., Marder, E., & Fields, R. D. (2005, 4 november). The neuron doctrine, redux. *Science, 310,* 791–793.

Bushman, B. J., & Anderson, C. A. (2001). Media violence

and the American public: Scientific facts versus media misinformation. *American Psychologist, 56*, 477–489.

Buss, D. M. (1999). *Evolutionary psychology: The new science of the mind.* Boston: Allyn & Bacon.

Buss, D. M., Haselton, M. G., Shackelford, T. K., Bleske, A. L., & Wakefield, J. C. (1998). Adaptations, exaptations, and spandrels. *American Psychologist, 53*, 533–548.

Buss, D. M., & Schmitt, D. P. (1993). Sexual strategies theory: An evolutionary perspective on human mating. *Psychological Review, 100*, 204–232.

Butcher, J. N., Mineka, S., & Hooley, J. M. (2008). *Abnormal psychology: Core concepts.* Boston, MA: Allyn & Bacon.

Butcher, J. N., & Williams, C. L. (1992). *Essentials of MMPI-2 and MMPI-A interpretation.* Minneapolis: University of Minnesota Press.

Butler, A. C., Chapman, J. E., Forman, E. M. & Beck, A. T. (2006). The empirical status of cognitivebehavioral therapy: A review of meta-analyses. *Clinical Psychology Review, 26*, 17–31.

Button, T. M. M., Thapar, A., & McGuffin, P. (2005). Relationship between antisocial behavior, attention-deficit hyperactivity disorder, and maternal prenatal smoking. *British Journal of Psychiatry, 187*, 155–160.

Buzsáki, G. (2006). *Rhythms of the brain.* Oxford, UK: Oxford University Press.

Byberg, L., Melhus, H., Gedeborg, R., Sundström, J., Ahlbom, A., Zethelius, B., Berglund, L. G., Wolk, A., & Michaëlsson, K. (2009). Total mortality after changes in leisure time physical activity in 50 year old men: 35 year follow-up of population based cohort. *British Medical Journal, 338*, b688.

Byne, W. (1995). The biological evidence challenged. *Scientific American, 270*(5), 50–55.

Byrne, D. (1969). Attitudes and attraction. In L. Berkowitz (Ed.), *Advances in experimental social psychology (Vol. 4).* New York: Academic Press.

C

Cabeza, R. (2002). Hemispheric asymmetry reduction in older adults: The HAROLD model. *Psychology & Aging, 17*(1), 85–100.

Cacioppo, J. T., & Brentson, G. G. (2005). *Essays in neuroscience.* Cambridge, MA: MIT Press.

Caldwell, M. (1995, juni). Kernel of fear. *Discover, 16*, 96–102.

Calev, A., Nigal, D., Shapira, B., Tubi, N., Chazan, S., Ben-Yehuda, Y., Kugelmass, S., & Lerer, B. (1991). Early and long-term effects of electroconvulsive therapy and depression on memory and other cognitive functions. *Journal of Nervous and Mental Disorders, 179*, 526–533.

Calkins, M. W. (1906). A reconciliation between structural and functional psychology. *Psychological Review, 13*, 61–81. Bezocht op de Classics in the History of Psychology-site: http://psychclassics.yorku.ca/Calkins/reconciliation.htm

Calkins, M. W. (1930). Autobiography of Mary Whiton Calkins. In C. Murchison (Ed.), *History of psychology in autobiography* (Vol. 1, pp. 31–61). Bezocht op de Classics in the History of Psychology site: http://psychclassics.yorku.ca/Calkins/murchison.htm

Callaghan, E., Rochat, P., Lillard, A., Clau, M. L., Odden, H., Itakura, S., Tapanya, S., & Singh, S. (2005). Synchrony in the onset of mental-state reasoning: Evidence from five fultures. *Psychological Science, 16*, 378–384.

Callahan, J. (1997, mei/juni). Hypnosis: Trick or treatment? *Health, 11*(1), 52–55. [Zie ook: Miller & Bowers, 1993; Orne, 1980.]

Calvert, J. D. (1988). Physical attractiveness: A review and reevaluation of its role in social skill research. *Behavioral Assessment, 10*, 29–42.

Cann, A., Calhoun, L. G., Selby, J. W., & Kin, H. E. (Eds.). (1981). Rape. *Journal of Social Issues, 37* (Whole No. 4).

Cannon, W. B. (1914). The interrelations of emotions as suggested by recent physiological researchers. *American Journal of Psychology, 25*, 256.

Caporeal, L. R. (1976). Ergotism: The Satan loosed in Salem? *Science, 192*, 21–26.

Capps, J. G., & Ryan, R. (2005). It's not just polygraph anymore. *APA Online: Psychological Science Agenda.* Bezocht op 21 december 2007, www.apa.org/science/psa/polygraph_prnt.html.

Carlat, D. (2010, 30 maart). Psychologists and prescription privileges: A conversation (part one). *The New Psychiatry.* Bezocht op www.psychologytoday.com/blog/the-new-psychiatry/201003/psychologists-and-prescription-privilegesconversation-part-one.

Carlson, L. E., Speca, M., Faris, P., & Patel, K. D. (2007). One year pre-post intervention follow-up of psychological, immune, endocrine and blood pressure outcomes of mindfulness-based stress reduction (MBSR) in breast and prostate cancer outpatients. *Brain, Behavior, and Immunity, 21*, 1038–1049.

Carlson, N. R. (2007). *Physiology of behavior* (9th ed.). Boston: Allyn & Bacon.

Carpenter, G. C. (1973). Differential response to mother and stranger within the first month of life. *Bulletin of the British Psychological Society, 16*, 138.

Carpenter, S. (1999, 14 augustus). A new look at recognizing what people see. *Science News, 156*, 102.

Carpenter, S. (2000, september). Stoicism reconsidered. *Monitor on Psychology, 31*(8), 58–61.

Carskadon, M. A. (ed.). (2002). *Adolescent sleep patterns: Biological, social, and psychological influences.* Cambridge, MA: Cambridge University Press.

Carstensen, L. L. (1987). Age-related changes in social activity. In L. L. Carstensen & B. A. Edelstein (Eds.), *Handbook of clinical gerontology* (pp. 222–237). New York: Pergamon Press.

Carstensen, L. L. (1991). Selectivity theory: Social activity in life-span context. In K. W. Schaie (Ed.), *Annual review of geriatrics and gerontology* (Vol. 11). New York: Springer.

Cartwright, R. D. (1977). *Night life: Explorations in dreaming.* Englewood Cliffs, NJ: Prentice Hall.

Cartwright, R. D. (1984). Broken dreams: A study of the effects of divorce and depression on dream content. *Psychiatry, 47*, 251–259.

Carver, C. S., & Scheier, M. F. (2008). *Perspectives on personality* (6th ed.). Boston: Allyn & Bacon. [Zie ook: Digman, 1990; Goldberg, 1981, 1993.]

Casey, B. J., Jones, R. M., & Hare, T. A. (2008). The adolescent brain. *Annals of the New York Academy of Science, 1124*, 111–126.

Cash, T. F., & Janda, L. H. (1984, december). The eye of the beholder. *Psychology Today, 18*, 46–52.

Cassidy, J., & Shaver, P. R. (Eds.). (2008). *Handbook of attachment: Theory, research, and clinical applications* (2nd ed.). New York: Guilford Press.

Cassileth, B. R., Lusk, E. J., Strouse, T. B., Miller, D. S., Brown, L. L. en Cross, P. A. (1985), A psychological analysis of cancer patients and their next-of-kin. *Cancer, 55*, 72–76.

Cattell, R. B. (1963). Theory of fluid and crystallized intelligence: A critical experiment. *Journal of Educational Psychology, 54*, 1–22.

Cawthon, R. M., Smith, K. R., O'Brien, E., Sivatchenko, A. & Kerber, R. A. (2003). Association between telomere length in blood and mortality in people aged

60 years or older. *Lancet, 361*, 393–395.

CBS (2006). *Thema's.* Bezocht op http://www.cbs.nl/nl-NL/menu/themas/bevolking/publicaties/artikelen/archief/2006/2006-1917-wm.htm

CBS (2010). *StatLine: gezondheid en welzijn: zelfgerapporteerde leefstijl: gebruik alcoholhoudende dranken (12+): zware drinker.* Voorburg/Heerlen: CBS.

CBS (2012). Gezondheid, leefstijl, zorggebruik; t/m 2009. Bezocht op http://statline.cbs.nl/StatWeb/publication/?DM=SLNL&PA=03799&D1=137,267-271&D2=0-17&D3=0&D4=a&VW=T.

Ceci, S. J., & Williams, W. M. (1997). Schooling, intelligence, and income. *American Psychologist, 52*, 1051–1058.

Centers for Disease Control and Prevention. (2007). *Smoking and tobacco use.* Bezocht op 28 maart 2008, www.cdc.gov/tobacco/data_statistics/Factsheets/adult_cig_smoking.htm

Cervone, D. (2004). The architecture of personality. *Psychological Review, 111*, 183–204.

Cervone, D., & Shoda, Y. (1999). Beyond traits in the study of personality coherence. *Current Directions in Psychological Science, 8*, 27–32.

Chalmers, D. J. (1995, december). The puzzle of conscious experience. *Scientific American, 273*(6), 80–86. [Zie ook: Churchland, 1995; Crick, 1994.]

Chamberlain, K., & Zika, S. (1990). The minor events approach to stress: Support for the use of daily hassles. *British Journal of Psychology, 81*, 469–481.

Chamberlin, J. (2008, december). The sleep aide: Jack Edinger helps patients remove the barriers to a good night's sleep. *Monitor on Psychology, 39*(11), 40–43.

Chambless, D. L., Sanderson, W. C., Shoham, V., Johnson, S. B., Pope, K. S., Crits-Christoph, P., Baker, M., Johnson, B., Woody, S. R., Sue, S., Beutler, L., Williams, D. A., & McCurry, S. (1996). An update on empirically validated therapies. *The Clinical Psychologist, 49*, 5–18.

Chan, L., Chiu, P. Y., & Lau, T. K. (2003). An in-vitro study of ginsenoside Rb1–induced teratogenicity using a whole rat embryo culture model. *Human Reproduction, 18*, 2166–2168.

Chartrand, T. L., & Bargh, J. A. (1999). The chameleon effect: The perception-behavior link and social interaction. *Journal of Personality & Social Psychology, 76*, 893–910.

Chaudhari, N., Landin, A. M., & Roper, S. D. (2000). A metabotropic glutamate receptor variant functions as a taste receptor. *Nature Neuroscience, 3*, 113–119.

Chen, E., Fisher, E. B., Bacharier, L. B., & Strunk, R. C. (2003). Socioeconomic status, stress, and immune markers in adolescents with asthma. *Psychosomatic Medicine, 65*, 984–992.

Cherney, E. D., & London, K. (2006). Gender-linked differences in the toys, television shows, computer games, and outdoor activities of 5- to 13-year-old children. *Sex Roles, 54*, 717–726.

Chisuwa, N., & O'Day, J. A. (2010). Body image and eating disorders amongst Japanese adolescents: A review of the literature. *Appetite, 54*(1), 5–15.

Chivers, M., Seto, M. C., & Blanchard, R. (2007). Gender and sexual orientation differences in sexual response to sexual activities versus gender of actors in sexual films. *Journal of Personality and Social Psychology, 93*, 1108–1121.

Chklovskii, D. B., Mel, B. W., & Svoboda, K. (2004, 14 oktober). Cortical re-wiring and information storage. *Nature 431*, 782–788.

Chodzko-Zajko, W., Kramer, A. F., & Poon, L. W. (2009). *Enhancing cognitive functioning and brain plasticity.* Champaign, IL: Human Kinetics.

Chomsky, N. (1965). *Aspects of a theory of syntax*. Cambridge, MA: MIT Press.

Chomsky, N. A. (1977). On Wh-movement. In P. W. Culicover, T. Wasw, & A. Akmajian (Eds.), *Formal syntax*. San Francisco, London: Academic Press.

Chorney, M. J., Chorney, N. S., Owen, M. J., Daniels, J., McGuffin, P., Thompson, L. A., Detterman, D. K., Benbow, C., Lubinski, D., Eley, T., & Plomin, R. (1998). A quantitative trait locus associated with cognitive ability in children. *Psychological Science, 9,* 159–166.

Christenfeld, N., Gerin, W., Linden, W., Sanders, M., Mathus, J., & Deich, J. D., et al. (1997). Social support effects on cardiovascular reactivity: Is a stranger as effective as a friend? *Psychosomatic Medicine, 59,* 388–398.

Chua, H. F., Boland, J. E., & Nisbett, R. E. (2005, 30 augustus). Cultural variation in eye movements during scene perception. *Proceedings of the National Academy of Sciences, 102,* 12629–12633.

Church, A. T., Katigbak, M. S., Del Prado, A. M., Ortiz, F. A., Mastor, K. A., Harumi, Y., Tanaka-Matsumi, J., De Jesús Vargas-Flores, J., Ibáñezreyes, J., White, F. A., Miramontes, L. G., Reyes, J. A. S., & Cabrera, H. F. (2006). Implicit theories and self-perceptions of traitedness across cultures: Toward integration of cultural and trait psychology perspectives. *Journal of Cross-Cultural Psychology, 37,* 694–716.

Church, A. T., Katigbak, M. S., Ortiz, F. A., Del Prado, A. M., De Jesús Vargas-Flores, J., Ibáñez-Reyes, J., Pe-Pua, R., & Cabrera, H. F. (2005). Investigating implicit trait theories across cultures. *Journal of Cross-Cultural Psychology, 36,* 476–496.

Cialdini, R. B. (2001). *Influence: Science and practice* (4th ed.). Boston: Allyn & Bacon.

Cialdini, R. B. (2007). *Influence: The psychology of persuasion*. New York: HarperCollins.

Clark, L. A. (2009). Stability and change in personality disorder. *Current Directions in Psychological Science, 18,* 27–31.

Clark, M. S., Mills, J. R., & Corcoran, D. M. (1989). Keeping track of needs and inputs of friends and strangers. *Personality and Social Psychology Bulletin, 15,* 533–542.

Clark, R. E., & Squire, L. R. (1998, 3 april). Classical conditioning and brain systems: The role of awareness. *Science, 280,* 77–81.

Clay, R. A. (2000, januari). Psychotherapy is cost-effective. *Monitor on Psychology, 31*(1), 40–41.

Clay, R. A. (2009a, september). Prevention works. *Monitor on Psychology, 40*(8), 42–44.

Clay, R. A. (2009b). Postgrad growth area: Forensic psychology. *GradPsych, 7.* Bezocht op www.apa.org/gradpsych/2009/11/postgrad.aspx.

Clifton, S., & Myers, K. K. (2005). The socialization of emotion: Learning emotion management at the fire station. *Journal of Applied Communication Research, 33,* 67–92.

Coan, J. A., Schaefer, H., & Davidson, R. J. (2006). Lending a hand: Social regulation of the neural responses to threat. *Psychological Science, 17,* 1032–1039.

Coghill, R. C., McHaffie, J. G., & Yen, Y. (2003, 8 juli). Neural correlates of interindividual differences in the subjective experience of pain. *Proceedings of the National Academy of Sciences, 14,* 8538–8542.

Cohen, D., & Gunz, A. (2002). As seen by the other . . . : Perspectives on the self in the memories and emotional perceptions of Easterners and Westerners. *Psychological Science, 55*–59. [Zie ook: Gardiner et al., 1998; Markus & Kitayama, 1994.]

Cohen, G. L., Garcia, J., Apfel, N., & Master, A. (2006). Reducing the racial achievement gap: A social-psychological intervention. *Science, 313,* 1307–1310.

Cohen, G. L., Garcia, J., Purdie-Vaugns, V., Apfel, N., & Brzustoski, P. (2009). Recursive processes in self-affirmation: Intervening to close the minority achievement gap. *Science, 324,* 400–403.

Cohen, J. (2002, 8 februari). The confusing mix of hype and hope. *Science, 295,* 1026.

Cohen, J. D., & Tong, F. (2001, 28 september). The face of controversy. *Science, 293,* 2405–2407.

Cohen, M. N. (1998). *Culture of intolerance: Chauvinism, class, and racism in the United States*. New Haven, CT: Yale University Press.

Cohen, R. E., & Ahearn, F. L., Jr. (1980). *Handbook for mental health of disaster victims*. Baltimore: Johns Hopkins University Press.

Cohen, S., Doyle, W. J., Turner, R. B., Alper, C. M., & Skoner, D. P. (2003). Emotional style and susceptibility to the common cold. *Psychosomatic Medicine, 63,* 652–657.

Cohen, S., & Girgus, J. S. (1973). Visual spatial illusions: Many explanations. *Science, 179,* 503–504.

Cohen, S., & Syme, S. L. (Eds.). (1985). *Social support and health*. Orlando, FL: Academic Press.

Colby, A., Kohlberg, L., Gibbs, J., & Lieberman, M. (1983). A longitudinal study of moral judgment. *Monographs of the Society for Research in Child Development, 481*(1–2, Serial No. 200).

Colcombe, S. J., Kramer, A. F., Erickson, K. I., Scalf, P., McAuley, E., Cohen, N. J., Webb, A., Jerome, G. J., Marquez, D. X., & Elavsky, S. (2004). Cardiovascular fitness, cortical plasticity, and aging. *Proceedings of the National Academy of Sciences, 101,* 3316–3321.

Cole, M. (2006). Internationalism in psychology: We need it now more than ever. *American Psychologist, 61,* 904–917. [Zie ook: Fowers & Richardson, 1996; Gergen et al., 1996; Segall et al., 1998; Triandis, 1994, 1995.]

Collins, A. W., Maccoby, E. E., Steinberg, L., Hetherington, E. M., & Bornstein, M. H. (2000). Contemporary research on parenting: The case for nature and nurture. *American Psychologist, 55,* 218–232.

Collins, G. P. (2001, oktober). Magnetic revelations: Functional MRI highlights neurons receiving signals. *Scientific American, 285*(4), 21.

Colom, R., Flores-Mendoza, C. E., & Abad, F. J. (2007). Generational changes on the draw-a-man test: A comparison of Brazilian urban and rural children tested in 1930, 2002 and 2004. *Journal of Biosocial Science, 39,* 79–89.

Conklin, H. M., & Iacono, W. G. (2004). Schizophrenia: A neurodevelopmental perspective. In T. F. Oltmans & R. E. Emery (Eds.), *Current Directions in Abnormal Psychology* (pp. 122–129). Upper Saddle River, NJ: Prentice Hall.

Conley, C. (2007). *Peak: How great companies get their Mojo from Maslow*. San Francisco: Jossey-Bass.

Conner, D. B., & Cross, D. R. (2003). Longitudinal analysis of the presence, efficacy, and stability of maternal scaffolding during informal problem-solving interactions. *British Journal of Developmental Psychology, 21,* 315–334.

Conrad, R. (1964). Acoustic confusions in immediate memory. *British Journal of Psychology, 55,* 75–84.

Consumer Reports. (1995, november). Mental health: Does therapy help? 734–739.

Constantino, J. N, Todorov, A., Hilton, C., Law, P., Zhang, Y., Molloy, E., Fitzgerald, R. & Geschwind, D. (2012, 28 februari). Autism recurrence in half siblings: strong support for genetic mechanisms of transmission in ASD. *Molecular Psychiatry*. [In druk.]

Contrada, R. J., Ashmore, R. D., Gary, M. L., Coups, E., Egeth, J. D., Sewell, A., Ewell, K., Goyal, T. M., &

Chasse, V. (2000). Ethnicity-related sources of stress and their effects on well-being. *Current Directions in Psychological Science, 9,* 136–139.

Cooper, R. S. (2005). Race and IQ: Molecular genetics as deus ex machina. *American Psychologist, 60,* 71–76.

Corijn M. & Lodewijckx, E. (2004). *Evolutie van het ongehuwd samenwonen in de jaren negentig (1992-2003)*.Bezocht op http://aps.vlaanderen.be/cbgs/content/115.html.

Corkin, S. (2002). What's new with the amnesic patient H. M.? *Nature Reviews Neuroscience, 3,* 153–160. Bezocht op 10 maart 2008, http://homepage.mac.com/sanagnos/corkin2002.pdf.

Cosgrove, L., Krimsky, S., Vijayaraghavan, M. & Schneider, L. (2006). Financial Ties between DSM-IV Panel Members and the Pharmaceutical Industry. *Psychotherapy and Psychosomatics, 75,* 154–160.

Costa, P. T., Jr., & McCrae, R. R. (1992b). *Revised NEO Personality Inventory (NEO-PI-R) and NEO Five-Factor Inventory (NEO-FFI) professional manual*. Odessa, FL: Psychological Assessment Resources.

Coughlin, E. K. (1994, 26 oktober). Class, IQ, and heredity. *The Chronicle of Higher Education,* A12, A20.

Courchesne, E., Chisum, H., & Townsend, J. (1994). Neural activity-dependent brain cells in development: Implications for psychopathology. *Development and Psychopathology, 6,* 697–722.

Couzin, J. (2005, 6 mei). A heavyweight battle over CDC's obesity forecasts. *Science, 308,* 770–771.

Couzin, J. (2006, 27 oktober). Unraveling pain's DNA. *Science, 314,* 585–586.

Covington, M. V. (2000). Intrinsic versus extrinsic motivation in schools: A reconciliation. *Current Direction in Psychology Science, 9,* 22–25.

Cowan, P., & Cowan, P. A. (1988). Changes in marriage during the transition to parenthood. In G. Y. Michaels & W. A. Goldberg (Eds.), *The transition to parenthood: Current theory and research*. Cambridge, UK: Cambridge University Press.

Coyne, J. C., Burchill, S. A. L., & Stiles, W. B. (1991). An interactional perspective on depression. In C. R. Snyder & D. O. Forsyth (Eds.), *Handbook of social and clinical psychology: The health perspective* (pp. 327–349). New York: Pergamon Press.

Coyne, J. C., Pajak, T. F., Harris, J., Konski, A., Moysas, B., Ang, K., Bruner, D. W. en Radiation Therapy Oncology Group (2007). Emotional wellbeing does not predict survival in head and neck cancer patients: A Radiation Therapy Oncology Group study. *Cancer, 110*(11), 2568–2575.

Craik, F. I. M., & Lockhart, R. S. (1972). Levels of processing: A framework for memory research. *Journal of Verbal Learning and Verbal Behavior, 11,* 671–684.

Craik, F. I. M., & Tulving, E. (1975). Depth of processing and the retention of words in episodic memory. *Journal of Experimental Psychology: General, 104,* 268–294.

Crandall, C. S., Preisler, J. J., & Aussprung, J. (1992). Measuring life event stress in the lives of college students: The Undergraduate Stress Questionnaire (USQ). *Journal of Behavioral Medicine, 15*(6), 627–662.

Cree, G. S., & McRae, K. (2003). Analyzing the factors underlying the structure and computation of the meaning of chipmunk, cherry, cheese, and cello (and many other such concrete nouns). *Journal of Experimental Psychology: General, 132,* 163–201. [Zie ook: Posner & McCandliss, 1993; Raichle, 1994; Solso, 2001.]

Crick, F., & Mitchison, G. (1983). The function of dream sleep. *Nature, 304,* 111–114.

Crohan, S. E., Antonucci, T. C., Adelmann, P. K., & Coleman, L. M. (1989). Job characteristics and well-being at mid-life. *Psychology of Women Quarterly, 13,* 223–235.

Cromwell, R. L. (1993). Searching for the origins of schizophrenia. *Psychological Science, 4,* 276–279.

Crone, E. A. (2008). *Het puberende brein: Over de ontwikkeling van de hersenen in de unieke periode van de adolescentie.* Amsterdam: Prometheus/ Bert Bakker.

Crowder, R. G. (1992). Eidetic images. In L. R. Squire (Ed.), *The encyclopedia of learning and memory* (pp. 154–156). New York: Macmillan.

Crowell, T. A. (2002). Neuropsychological findings in combat-related posttraumatic stress disorder. *Clinical Neuropsychologist, 16,* 310–321.

Csikszentmihalyi, M. (1990). *Flow: The psychology of optimal experience.* New York: Harper & Row.

Csikszentmihalyi, M. (1996, juli/augustus). The creative personality. *Psychology Today, 29*(4), 34–40.

Csikszentmihalyi, M. (1998). *Finding flow.* New York: Basic Books.

Csikszentmihalyi, M., Larson, R., & Prescott, S. (1977). The ecology of adolescent activity and experience. *Journal of Youth and Adolescence, 6,* 281–294.

Csikszentmihalyi, M., Rathunde, K. R., Whalen, S., & Wong, M. (1993). *Talented teenagers: The roots of success and failure.* New York: Cambridge University Press.

Cynkar, A. (2007a, april). Low glucose levels compromise self-control. *Monitor on Psychology, 38*(4), 13.

Cynkar, A. (2007b, mei). Demand a seat: Speak up about evidence-based practice to ensure public access to quality mental health care, SLC panelists advised. *Monitor on Psychology, 38*(5), 38–39.

D

Dabbs, J. M. (2000). *Heroes, rogues, and lovers: Testosterone and behavior.* New York: McGraw-Hill.

Dackman, L. (1986). Everyday illusions. *Exploratorium Quarterly, 10,* 5–7.

Daily, D. K., Ardinger, H. H., & Holmes, G. E. (2000). Identification and evaluation of mental retardation. *American Family Physician, 61,* 1059–1067.

Daley, K. C. (2004). Update on attention-deficit/hyperactivity disorder. *Current Opinion in Pediatrics, 16,* 217–226.

Daley, T. C., Whaley, S. E., Sigman, M. D., Espinosa, M. P., & Neumann, C. (2003). IQ on the rise: The Flynn effect in rural Kenyan children. *Psychological Science, 14,* 215–219.

Daly, R. C., Su, T.-P., Schmidt, P. J., Pagliaro, M., Pickar, D., & Rubinow, D. R. (2003). Neuroendocrine and behavioral effects of high-dose anabolic steroid administration in male normal volunteers. *Psychoneuroendocrinology, 28,* 317–331.

Dam, L. van (1996, 1 oktober). Mindful healing: An interview with Herbert Benson. *Technology Review, 99*(7), 31–38. [Zie ook: Bjork, 1991; Shapiro, 1985.]

Damasio, A. R. (1994). *Descartes' error: Emotion, reason, and the human brain.* New York: Avon Books.

Damasio, A. R. (1999, december). How the brain creates the mind. *Scientific American, 281*(6), 112–117.

Damasio, A. R. (2000). *The feeling of what happens: Body and emotion in the making of consciousness.* New York: Harcourt Brace.

Damasio, A. R. (2003). *Looking for Spinoza: Joy, sorrow, and the feeling brain.* Orlando, FL: Harcourt. [Zie ook: LeDoux, 1996; Whalen, 1998.]

Dana, R. H. (1993). *Multicultural assessment perspectives for professional psychology.* Boston: Allyn & Bacon.

Danion, J., Rizzo, L., & Bruant, A. (1999). Functional

mechanisms underlying im paired recognition memory and conscious awareness in patients with schizophrenia. *Archives of General Psychiatry, 56,* 639–644.

Dannefer, D., & Perlmutter, M. (1990). Developmental as a multidimensional process: Individual and social constit uents. *Human Development, 33,* 108–137.

Danner, D. D., Snowdon, D. A., & Friesen, W. V. (2001). Positive emotions in early life and longevity: Findings from the nun study. *Journal of Personality and Social Psychology, 80,* 804–813.

Darwin, C. (1862/1998). *The expression of the emotions in man and animals* (3rd ed., with Introduction, Afterword, and Commentaries by P. Ekman). New York: Oxford University Press. (Oorspronkelijk gepubliceerd 1862.)

Darwin, C. (1963). *On the origin of species.* London: Oxford University Press. (Oorspronkelijk gepubliceerd 1859.)

Davidson, J. R., Hughes, D., Blazer, D. G., & George, L.K. (1991). Post-traumatic stress disorder in the community: an epidemiological study. *Psychological Medicine, 21*(3), 713–721.

Davidson, P. S. R., Cook, S. P., Clisky, E. L., Verfaellie, M., & Rapcsak, S. Z. (2005). Source memory in the real world: A neuropsychological study of flashbulb memory. *Journal of Clinical and Experimental Neuropsychology, 27,* 915–929.

Davidson, R. J. (1992a). Anterior cerebral asymmetry and the nature of emotion. *Brain and Cognition, 20,* 125–151.

Davidson, R. J. (1992b). Emotion and affective style: Hemispheric substrates. *Psychological Science, 3,* 39–43.

Davidson, R. J. (2000a). Affective neuroscience. Address given at the American Psychological Association's annual convention, Washington, DC.

Davidson, R. J. (2000b). Affective style, psychopathology, and resilience: Brain mechanisms and plasticity. *American Psychologist, 55,* 1196–1214.

Davidson, R. J., Jackson, D. C., & Kalin, N. H. (2000). Emotion, plasticity, context, and regulation: Perspectives from affective neuroscience. *Psychological Bulletin, 126,* 890–909. [Zie ook: Adolphs et al., 2001; Ahern & Schwartz, 1985; Borod et al., 1988.]

Davidson, R. J., Kabat-Zinn, J., Schumacher, J., Rosenkranz, M., Muller, D., Santorelli, S. F., Urbanowski, F., Harrington, A., Bonus, K., & Sheridan, J. F. (2003). Alternations in brain and immune function produced by mindfulness meditation. *Psychosomatic Medicine, 65,* 564–570.

Davis, C. G., Nolen-Hoeksema, S., & Larson, J. (1998). Making sense of loss and benefiting from the experience: Two construals of meaning. *Journal of Personality and Social Psychology, 75,* 561–574.

Davis, J. L., & Rusbult, C. E. (2001). Attitude alignment in close relationships. *Journal of Personality & Social Psychology, 81,* 65–84.

Davison, K. P., Pennebaker, J. W., & Dickerson, S. S. (2000). Who talks? The social psychology of illness support groups. *American Psychologist, 55,* 205–217.

Daw, J. (2001, juni). The Ritalin debate. *Monitor on Psychology, 32*(6), 64–65.

Dawes, R. M. (2001). *Everyday irrationality: How pseudoscientists, lunatics, and the rest of us fail to think rationally.* Boulder, CO: Westview Press.

Dawkins, K., Lieberman, J. A., Lebowitz, B. D., & Hsiao, J. K. (1999). Antipsychotics: Past and future. *Schizophrenia Bulletin, 25,* 395–405. [Zie ook: Gitlin, 1990; Holmes, 2001; Kane & Marder, 1993.]

Day, N. L. (2002). Prenatal alcohol exposure predicts

continued deficits in offspring size at 14 years of age. *Alcoholism: Clinical and Experimental Research, 26,* 1584–1591.

DeAngelis, T. (2002a, juni). A bright future for PNI. *Monitor on Psychology,* 46–50.

DeAngelis, T. (2002b, februari). New data on lesbian, gay, and bisexual mental health. *Monitor on Psychology, 33*(2), 46–47.

DeAngelis, T. (2004a, januari). Family-size portions for one. *Monitor on Psychology, 35*(1), 50–51.

DeAngelis, T. (2004b, januari). What's to blame for the surge in super-size Americans? *Monitor on Psychology, 35*(1), 46–49. [Zie ook: Abelson & Kennedy, 2004; Marx, 2004; Newman, 2004; Taubes, 1998; Wickelgren, 1998c.]

DeAngelis, T. (2005, november). Where psychotherapy meets neuroscience. *Monitor on Psychology, 36*(11), 72–73.

DeAngelis, T. (2006, februari). Promising new treatments for SAD. *Monitor on Psychology, 37*(2), 18–20.

DeAngelis, T. (2008a, februari). When do meds make the difference? *Monitor on Psychology, 39*(2), 48–53.

DeAngelis, T. (2008b, oktober). One treatment for emotional disorders? Research suggests that a single protocol can successfully treat all anxiety and mood disorders. *Monitor on Psychology, 39*(9), 26–27.

DeAngelis, T. (2009, 1 november). Understanding terrorism. *Monitor on Psychology, 40,* 60ff.

DeAngelis, T. (2010, juni). Closing the gap between practice and research: Two efforts are addressing the reasons practitioners may not always use research findings. *Monitor on Psychology, 41,* 42–45.

DeCasper, A. J., & Spence, M. J. (1986). Prenatal maternal speech influences newborns' perception of speech sounds. *Infant Behavior and Development, 9,* 133–150.

Deci, E., & Ryan, R. (Eds.), (2002). *Handbook of self-determination research.* Rochester, NY: University of Rochester Press.

Deci, E. L., & Vansteenkiste, M. (2004). Self-determination theory and basic need satisfaction: Understanding human development in positive psychology. *Ricerche di Psicologia, 27,* 17–34.

Deckers, L. (2001). *Motivation: Biological, psychological, and environmental.* Boston: Allyn & Bacon.

DeFever, F. (2005), *Niet ADHD wel bipolair.* Leuven: Acco.

Dehue, T. (2010). *De depressie-epidemie.* Amsterdam: Atlas-Contact.

Delaney, P. F., Sahakyan, L., Kelley, C. M., & Zimmerman, C. A. (2010). Remembering to forget: The amnesic effect of daydreaming. *Psychological Science, 21*(7), 1036–1042.

Delgado, J. M. R. (1969). *Physical control of the mind: Toward a psychocivilized society.* New York: Harper & Row.

De Martino, B., Kumaran, D., Seymour, B., & Dolan, R. J. (2006, 4 augustus). Frames, biases, and rational decision-making in the human brain. *Science, 313,* 684–687.

Demarest, S., Hesse, E., Drieskens, S., van der Heyden, J., Gisle, L. & Tafforeau, J. (2010). *Gezondheidsenquête België, 2008. Rapport IV – Gezondheid en Samenleving.* Operationele Directie Volksgezondheid en surveillance. Brussel: Wetenschappelijk Instituut Volksgezondheid.

Dement, W. C. (2000, 25 september). *Sleep debt.* Bezocht op 9 maart 2004, SleepQuest website: www.sleepquest.com/d_column_archive6.html.

Dement, W. C., & Kleitman, N. (1957). Cyclic variations in EEG during sleep and their relations to eye movement, body mobility and dreaming. *Electro-*

encephalography and Clinical Neurophysiology, 9, 673–690.

Dement, W. C., & Vaughan, C. (1999). *The promise of sleep.* New York: Delacorte Press.

DeHaene, L., & Colpin, H. (2010). *Bevorderen van de onderwijskansen van kinderen uit kansarme milieus. Onderzoek naar het effect van het programma Instapje in Genk Noord (onderzoeksrapport).* K.U. Leuven: Schoolpsychologie en Ontwikkelingspsychologie van Kind & Adolescent.

DeMeyer, G., Shapiro, F., Vanderstichele, H., Vanmechelen, E., Engelborghs, S., DeDeyn, P. P., Coart, E., Hansson, O., Minthon, L., Zetterbert, H., Blennow, K., Shaw, L., Trojanowki, J. Q. (2010). Diagnosis-independent Alzheimer disease biomarker signature in cognitively normal elderly people. *Archives of Neurology, 67,* 949–956.

Dennis, W. (1960). Causes of retardation among institutionalized children: Iran. *Journal of Genetic Psychology, 96,* 47–59.

Dennis, W., & Dennis, M. G. (1940). The effect of cradling practices upon the onset of walking in Hopi children. *Journal of Genetic Psychology, 56,* 77–86.

DePaulo, B. M., Lindsay, J. J., Malone, B. E., Muhlenbruck, L., Charlton, K., & Cooper, H. (2003). Cues to deception. *Psychological Bulletin, 129,* 74–118.

Derbyshire, S. W. G., Whalley, M. G., Stenger, V. A., & Oakley, D. A. (2004). Cerebral activation during hypnotically induced and imagined pain. *Neuro image, 23,* 392–401.

Derksen, J. J. L. (1993). *Handboek persoonlijkheidsstoornissen.* Utrecht: De Tijdstroom.

Dermietzel, R. (2006, oktober/november). The electrical brain. *Scientific American Mind, 17*(5), 56–61.

DeRubeis, R. J., Hollon, S. D., Amsterdam, J. D., Shelton, R. C., Young, P. R., Salomon, R. M., O'Reardon, J. P., Lovett, M. L., Gladis, M. M., Brown, L. L., & Gallop, R. (2005). Cognitive therapy vs. medications in the treatment of moderate to severe depression. *Archives of General Psychiatry, 62,* 409–416.

DeSalvo, L. (2000). *Writing as a way of healing: How telling our stories transforms our lives.* Boston: Beacon Press.

Deutsch, M., & Gerard, H. B. (1955). A study of normative and informational social influence upon individual judgment. *Journal of Abnormal and Social Psychology, 51,* 629–636.

Devanand, D., Kim, M., Paykina, N. & Sackeim, H. (2002). Adverse life events in elderly patients with major depression or dysthymic disorder and in healthy-control subjects. *American Journal of Geriatric Psychiatry, 10*(3), 265–274.

Devereux, G. (1981). *Mohave ethnopsychiatry and suicide: The psychiatric knowledge and psychic disturbances of an Indian tribe.* Bureau of American Ethology Bulletin 175. Washington, DC: Smithsonian Institution.

Devor, H. (1993). Sexual orientation identities, attractions, and practices of female-to-male transsexuals. *Journal of Sex Research, 30,* 303–315.

De Waal, F. B. M. (1999, december). The end of nature versus nurture. *Scientific American, 281*(6), 94–99.

DeWall, C. N., Macdonald, G., Webster, G. D., Masten, C. L., Baumeister, R. F., Powell, C., Combs, D., Schurtz, D. R., Stillman, T. F., Tice, D. M., & Eisenberger, N. I. (2010). Tylenol reduces social pain: Behavioral and neural evidence. *Psychological Science, 21,* 931–937.

Dewsbury, D. A. (1990). Early interactions between animal psychologists and animal activists and the founding of the APA Committee on Precautions in Animal Experimentation. *American Psychologist, 45,* 315–327.

Dewsbury, D. A. (1997). In celebration of the centennial of Ivan P. Pavlov's (1897/1902). *The work of the digestive glands. American Psychologist, 52,* 933–935.

Diamond, L. (2008). Female bisexuality from adolescence to adulthood: Results from a 10-year longitudinal study. *Developmental Psychology, 44,* 5–14.

Diamond, M. (2007). *Psychosexual development – male or female?* Address given at the 2007 convention of the American Psychological Association in San Francisco.

Dickens, W. T., & Flynn, J. R. (2001). Heritability estimates versus large environmental effects: The IQ paradox resolved. *Psychological Review, 108,* 346–369.

Dickens, W. T., & Flynn, J. R. (2006). Black Americans reduce the racial IQ gap: Evidence from standardization samples. *Psychological Science, 17,* 913–920.

Dickinson, A. (2001). Causal learning: Association versus computation. *Current Directions in Psychological Science, 10,* 127–132.

Diehl, M., Coyle, N., & Labouvie-Vief, G. (1996). Age and sex differences in strategies of coping and defense across the life span. *Psychology and Aging, 11,* 127–139.

Diener, E. (1984). Subjective well-being. *Psychological Bulletin, 95,* 542–575.

Diener, E. (2000). Subjective well-being: The science of happiness and a proposal for a national index. *American Psychologist, 55,* 34–43.

Diener, E., & Diener, C. (1996). Most people are happy. *Psychological Science, 7,* 181–189.

Diener, E., Sandvik, E., Seidlitz, L., & Diener, M. (1993). The relationship between income and subjective well-being: Relative or absolute? *Social Indicators Research, 28,* 195–223.

Diener, E., & Seligman, M. E. P. (2002). Very happy people. *Psychological Science, 13,* 81–84.

DiFebo, H. (2002). *Psyography: Mary Whiton Calkins.* Bezocht op 11 januari 2008, http://faculty.frostburg.edu/mbradley/psyography/marywhitoncalkins.html.

Dijck, D. van & Knibbe, R. A. (2005). *De prevalentie van probleemdrinken in Nederland: een algemeen bevolkingsonderzoek.* Maastricht: Universiteit Maastricht.

Dijksterhuis, A. (2004). Think different: The merits of unconscious thought in preference development and decision making. *Journal of Personality and Social Psychology, 87,* 586–598.

Dillard, A. J. (2007). Humor, laughter, and recovery from stressful experiences. *Dissertation Abstracts International: Section B: The Sciences and Engineering, 68*(5-B), 3432.

Dingfelder, S. F. (2004a, juli/augustus). Gateways to memory. *Monitor on Psychology, 35*(7), 22–23. [Zie ook: Azar, 1998a; Holloway, 1999.]

Dingfelder, S. F. (2004b, maart). Pavlovian psychopharmacology. *Monitor on Psychology, 35*(3), 18–19.

Dingfelder, S. F. (2004c, maart). To tell the truth. *Monitor on Psychology, 35*(3), 22–23. [Zie ook: Aftergood, 2000; Holden, 2001b; Saxe, 1991, 1994.]

Dingfelder, S. F. (2005, september). Feelings' sway over memory. *Monitor on Psychology, 36*(8), 54–55.

Dingfelder, S. F. (2007, januari). Phantom pain and the brain. *Monitor on Psychology, 38*(1), 22–23.

Dingfelder, S. F. (2010). The scientist at the easel. *Monitor on Psychology, 41*(2), 34–38. Bezocht op www.apa.org/monitor/2010/02/painters.aspx.

Dittmann, M. (2003). Psychology's first prescribers. *Monitor on Psychology, 34*(2), 36.

Dittmann, M. (2005, juli/augustus). When health fears hurt health. *Monitor on Psychology, 36*(7), 100–103.

Dixon, R. A., Kramer, D. A., & Baltes, P. B. (1985). Intel-

ligence: A life-span developmental perspective. In B. B. Wolman (Ed.), *Handbook of intelligence* (pp. 301–352). New York: Wiley.

Dobbins, A. C., Jeo, R. M., Fiser, J., & Allman, J. M. (1998, 24 juli). Distance modulation of neural activity in the visual cortex. *Science, 281,* 552–555.

Dobbs, D. (2006a). A revealing reflection. *Scientific American Mind, 17*(2), 22–27.

Dobbs, D. (2006b, augustus/september). Turning off depression. *Scientific American, 17*(4), 26–31.

Dodson, C. S., Johnson, M. K., & Schooler, J. W. (1997). The verbal overshadowing effect: Why descriptions impair face recognition. *Memory & Cognition, 25,* 129–139.

Dohrenwend, B. P., & Shrout, P. E. (1985). "Hassles" in the conceptualization and measurement of life stress variables. *American Psychologist, 40,* 780–785.

Doka, K. J. (1989). *Disenfranchised grief: Recognizing hidden sorrows.* Lexington, MA: Lexington Books.

Doka, K. J. (1995). Friends, teachers, movie stars: The disenfranchised grief of children: Friends, teachers, movie stars. In E. A. Grollman (Ed.), *Bereaved children and teens: A support guide for parents and professionals* (pp. 37–45). Boston: Beacon Press.

Dolan, R. J. (2002). Emotion, cognition, and behavior. *Science, 298,* 1191–1194.

Domhoff, G. W. (1996). *Finding meaning in dreams: A quantitative approach.* New York: Plenum Press.

Donder, E. de (2011). *Factsheet cannabis.* Brussel: VAD.

Dongen, H. P. A. van, Maislin, G., Mullington, J. M., & Dinges, D. F. (2003). The cumulative cost of additional wakefulness: Dose-response effects on neurobehavioral functions and sleep physiology from chronic sleep restriction and total sleep deprivation. *Journal Sleep, 26,* 117–126.

Doob, L. W. (1964). Eidetic images among the Ibo. *Ethnology, 3,* 357–363.

Dorsselaer, S. van, de Looze, M., Vermeulen-Smit, E., de Roos, S., Verdurmen, J., ter Bogt, T. & Vollebergh, W. (2010). *HSBC 2009. Gezondheid, welzijn en opvoeding van jongeren in Nederland.* Utrecht: Trimbos-instituut.

Dowling, J. E. (1992). *Neurons and networks: An introduction to neuroscience.* Cambridge, MA: Harvard University Press.

Downing, J., & Bellis, M. A. (2009). Early pubertal onset and its relationship with sexual risk taking, substance use and anti-social behaviour: A preliminary cross-sectional study. *BMC Public Health, 9,* 446.

Doyère, V., Débiec, J., Monfils, M.-H., Schafe, G. E., & LeDoux, J. E. (2007, 1 november). Synapse-specific reconsolidation of distinct fear memories in the lateral amygdala. *Nature Neuroscience, 10,* 414–416. [Zie ook: Riccio et al., 2003; Wixted, 2005.]

Doyle, R. (2001, juni). The American terrorist. *Scientific American, 285*(6), 28.

Doyle, R. (2002a). Deinstitutionalization: Why a much maligned program still has life. *Scientific American, 287,* 38.

Doyle, R. (2006, februari). Sizing up: Roots of obesity epidemic lie in the mid-20th century. *Scientific American, 294*(2), 32.

Draguns (Eds.), *Handbook of cross-cultural psychology, Vol. 6: Psychopathology* (pp. 99–174). Boston: Allyn & Bacon.

Draguns, J. G. (1979). Culture and personality. In A. J. Marsella, R. G. Tharp, & T. J. Ciborowski (Eds.), *Perspectives on cross-cultural psychology* (pp. 179–207). New York: Academic Press.

Driscoll, E. V. (2008, juni/juli). Bisexual species. *Scientific American Mind, 19*(3), 68–73.

Druckman, D., & Bjork, R. A. (1991). *In the mind's eye:*

Enhancing human performance. Washington, DC: National Academy Press.

Dugoua, J., Mills, E., Perri, D., & Koren, G. (2006). Safety and efficacy of ginkgo *(Ginkgo biloba)* during pregnancy and lactation. *Canadian Journal of Clinical Pharmacology, 13,* e277–e284.

Duncan, J., Seitz, R. J., Kolodny, J., Bor, D., Herzog, H., Ahmed, A., Newell, F. N., & Emslie, H. (2000, 21 juli). A neural basis for general intelligence. *Science, 289,* 457–460.

Dutton, D. G., & Aron, A. P. (1974). Some evidence for heightened sexual attraction under conditions of high anxiety. *Journal of Personality and Social Psychology, 30,* 510–517.

Dweck, C. (2006). *Mindset: The new psychology of success.* New York: Random House.

Dweck, C. S. (december 2007/januari 2008). The secret to raising smart kids. *Scientific American Mind, 18*(6), 37–43.

Dykema, J., Bergbower, K., & Peterson, C. (1995). Pessimistic explanatory style, stress, and illness. *Journal of Social and Clinical Psychology, 14,* 357–371.

E

Eagly, A. H. (1987). *Sex differences in social behavior: A social-role interpretation.* Hillsdale, NJ: Erlbaum.

Eagly, A. H., Ashmore, R. D., Makhijani, M. G., & Kennedy, L. C. (1991). What is beautiful is good, but … : A meta-analytic review of the social psychological literature. *Psychological Bulletin, 100,* 283–308. [Zie ook: Dion, 1986; Hatfield & Sprecher, 1986.]

Eagly, A. H., & Carli, L. L. (1981). Sex of researchers and sex-typed communications as determinants of sex differences in influenceability: A meta-analysis of social influence studies. *Psychological Bulletin, 90,* 1–20.

Eagly, A. H., & Wood, W. (1999). The origins of sex differences in human behavior: Evolved dispositions versus social roles. *American Psychologist, 54,* 408–423.

Ebbinghaus, H. (1908/1973). *Psychology: An elementary textbook.* New York: Arno Press. (Oorspronkelijk gepubliceerd in 1908.)

Eberhardt, J. L., & Randall, J. L. (1997). The essential notion of race. *Psychological Science, 8,* 198–203.

Edgar, R. S., Green, E. W., Zhao, Y., van Ooijen, G., Olmedo, M., Qin, X., Xu, Y., Pan, M., Valekunja, E. K., Feeney, K. A., Maywood, E. S., Hastings, M. H., Baliga, N. S., Merrow, M., Millar, A. J., Johnson, C. H., Kyriacou, C. P., ONeill, J. S., & Reddy, A. B. (2012). Peroxiredoxins are conserved markers of circadian rhythms. *Nature* 485: 459–464.

Edrisi, M., & Eurelings-Bontekoe, E. H. M. (2009). Begaafd doch beperkt. Vroege signalering van een Autisme Spectrum Stoornis bij volwassenen met arbeidsgerelateerde problematiek m.b.v. gesprek, persoonlijkheidsvragenlijsten en de Thematische Appercentie Test (TAT). *Wetenschappelijk Tijdschrift Autisme, 2,* 44–53.

Edwards, A. E., & Acker, L. E. (1962). A demonstration of the long-term retention of a conditioned galvanic skin response. *Psychosomatic Medicine, 24,* 459–463.

Edwards, K. J., Hershberger, P. J., Russell, R. K., & Markert, R. J. (2001). Stress, negative social exchange, and health symptoms in university students. *Journal of American College Health, 50,* 75–86.

E-Gezondheid.be (2003). Bezocht op http://www.e-gezondheid.be/tieners-en-seks-enkele-cijfers/2/actueel/1406.

Ehrlich, P. R. (2000a). *Genes, cultures and the human prospect.* Washington, DC: Island Press.

Ehrlich, P. R. (2000b, 22 september). The tangled skeins of nature and nurture in human evolution. *The Chronicle of Higher Education,* B7–B11.

Eisenberger, R., & Cameron, J. (1996). Detrimental effects of reward: Reality or myth? *American Psychologist, 51,* 1153–1166.

Eisler, R., & Levine, D. S. (2002). Nurture, nature, and caring: We are not prisoners of our genes. *Brain and Mind, 3,* 9–52.

Ekman, P. (1984). Expression and the nature of emotion. In K. R. Scherer & P. Ekman (Eds.), *Approaches to emotion.* Hillsdale, NJ: Erlbaum.

Ekman, P. (1992). Facial expressions of emotion: New findings, new questions. *Psychological Science, 3,* 34–38.

Ekman, P. (1992b), Facial Expressions of Emotion: an Old Controversy and New Findings, *Philosophical Transactions of the Royal Society, B335,* 63–69.

Ekman, P. (1994). Strong evidence for universals in facial expressions: A reply to Russell's mistaken critique. *Psychological Bulletin, 115,* 268–287.

Ekman, P. (1999). Basic Emotions. In T. Dalgleish en M. Power (Eds.). *Handbook of Cognition and Emotion.* Sussex, U.K.: John Wiley & Sons, Ltd.

Ekman, P. (2003). *Emotions revealed: Recognizing faces and feelings to improve communication and emotional life.* New York: Times Books, Henry Holt and Company. [Zie ook: Ekman, 1984, 1992, 1993; Ekman & Friesen, 1971, 1986; Ekman & Rosenberg, 1997; Ekman et al., 1969, 1987; Keating, 1994.]

Ekman, P. & Friesen, W. (1978). *Facial Action Coding System: A Technique for the Measurement of Facial Movement.* Palo Alto: Consulting Psychologists Press.

Ekman, P., Friesen, W., & Hager, J. (2002). *Facial Action Coding System.* The Manual on CD Rom. Salt Lake City: Network Information Research Corporation.

Elbert, T., Pantev, C., Wienbruch, C., Rockstroh, B., & Taub, E. (1995, 13 oktober). Increased cortical representation of the fingers of the left hand in string players. *Science, 270,* 305–307.

Elfenbein, H. A., & Ambady, N. (2003). Universals and cultural differences in recognizing emotions. *Current Directions in Psychological Science, 12,* 159–164.

Elias, C. L., & Berk, L. E. (2002). Self-regulation in children: Is there a role for sociodramatic play? *Early Childhood Research Quarterly, 17*(2), 216–238.

Elliott, G. R., & Eisdorfer, C. (Eds.). (1982). *Stress and human health: Analysis and implications of research (A study by the Institute of Medicine/ National Academy of Sciences).* New York: Springer.

Ellis, A. (1987). *The practice of rational emotive therapy (RET).* New York: Springer.

Ellis A. (1990). *The essential Albert Ellis: Seminal writings on psychotherapy.* New York: Springer.

Ellis, A. (1996). *Better, deeper, and more enduring brief therapy: The rational emotive behavior therapy approach.* New York: Brunner/Mazel.

Ellison, J. (1984, juni). The seven frames of mind. *Psychology Today, 18,* 21–24, 26.

Ellsworth, P. C. (1994). William James and emotion: Is a century of fame worth a century of misunderstanding? *Psychological Review, 101,* 222–229.

Engle, R. W. (2002). Working memory capacity as executive attention. *Current Directions in Psychological Science, 11,* 19–23.

Ennis, M., Kelly, K. S., & Lambert, P. L. (2001). Sex differences in cortisol excretion during anticipation of a psychological stressor: Possible support for the tend-and-befriend hypothesis. *Stress and Health, 17,* 253–261.

Enticott, P. G., Kennedy, H. A., Rinehart, N. J., Tonge, B. J.,

Bradshaw, J. L., Taffe, J. R., & Daskalakis, Z. J. (2011). Mirror neuron activity associated with social impairments but not age in autism spectrum disorder. *Biological Psychiatry, 71*(5), 427–433.

Epel, E. S., Blackburn, E. H., Lin, J., Dhabhar, F. S., Adler, N. E., Morrow, J. D., & Cawthon, R. M. (2004, 7 december). Accerated telomere shortening in response to life stress. *Proceedings of the National Academy of Science, 101,* 17, 312–17, 315.

Epel, E. S., Blackburn, E. H., Lin, J., Dhabhar, F. S., Adler, N. E., Morrow, J. D., et al. (2004, 7 december). Accelerated telomere shortening in response to life stress. *Proceedings of the National Academy of Sciences of the United States of America, 101,* 17312–17315.

Epstein, S. (1980). The stability of confusion: A reply to Mischel and Peake. *Psychological Review, 90,* 179–184.

Erdberg, P. (1990). Rorschach assessment. In G. Goldstein & M. Hersen (Eds.), *Psychological assessment* (2nd ed.). New York: Pergamon.

Ericsson, K. A., & Charness, N. (1994). Expert performance: Its structure and acquisition. *American Psychologist, 49,* 725–747.

Ericsson, K. A., Charness, N., Feltovich, P. J., & Hoffman, R. R. (Eds.). (2006). *The Cambridge handbook of expertise and expert performance.* New York: Cambridge University Press. [Zie ook: Bransford et al., 1986; Gardner, 1993; Glaser, 1984; Greeno, 1989; Klahr & Simon, 2001; Mayer, 1983; Who Wants to Be a Genius?, 2001.]

Ericsson, K. A., Krampe, R. T., & Tesch-Römer, C. (1993). The role of deliberate practice in the acquisition of expert performance. *Psychological Review, 100,* 363–406.

Erikson, E. H. (1963). *Childhood and society* (2nd ed.). New York: Norton.

Eurostat (2012). *Active ageing and solidarity between generations. A statistical portrait of the European Union 2012.* 2012 Edition.

Evans, G. W., Bullinger, M., & Hygge, S. (1998). Chronic noise exposure and physiological response: A prospective study of children living under environmental stress. *Psychological Science, 9,* 75–77.

Everitt, B. J., & Robbins, T. W. (2005). Neural systems of reinforcement for drug addiction: From actions to habits to compulsion. *Nature Neuroscience, 8*(11), 1481–1489.

Ezzell, C. (2003, February). Why??? The neuroscience of suicide. *Scientific American, 288,* 45–51. [Zie ook: Hirschfeld & Goodwin, 1988; Nemeroff, 1998.]

F

Fadiman, J., & Frager, R. (2001). *Personality and personal growth.* Upper Saddle River, NJ: Prentice Hall.

Fallon, A., & Rozin, P. (1985). Sex differences in perceptions of desirable body states. *Journal of Abnormal Psychology, 94,* 102–105.

Fantz, R. L. (1963). Pattern vision in newborn infants. *Science, 140,* 296–297.

Farah, M. J., Betancourt, L., Shera, D. M., Savage, J. H., Giannetta, J. M., Brodsky, N. L., Malmud, E. K., & Hurt, H. (2008). Environmental stimulation, parental nurturance and cognitive development in humans. *Developmental Science, 11*(5), 793–801.

Faraone, S. V., Sergeant, J., Gillberg, C., & Biederman, J. (2003). The worldwide prevalence of ADHD: Is it an American condition? *World Psychiatry, 2,* 104–113.

Farina, A., Fischer, E. H., Boudreau, L. A., & Belt, W. E. (1996). Mode of target presentation in measuring the stigma of mental disorder. *Journal of Applied Social Psychology, 26,* 2147–2156.

Fariva, R. (2009). Dorsal-ventral integration in object

recognition. *Brain Research Reviews, 61,* 144–153.

Faulkner, A. H., & Cranston, K. (1998). Correlates of same-sex sexual behavior in a random sample of Massachusetts high school students. *American Journal of Public Health, 88*(2), 262–266.

Faulkner, M. (2001). The onset and alleviation of learned helplessness in older hospitalized people. *Aging and Mental Health, 5,* 379–386.

Feingold, A. (1988). Matching for attractiveness in romantic partners and same-sex friends: A meta-analysis and theoretical critique. *Psychological Bulletin, 104,* 226–235. [Zie ook: Cash & Killcullen, 1985; Folkes, 1982; Hatfield & Sprecher, 1986.]

Feingold, A. (1990). Gender differences in effects of physical attractiveness on ro mantic attraction: A comparison across five research paradigms. *Journal of Personality and Social Psychology, 59,* 981–993.

Feldman, R. S. (2012). *Ontwikkelingspsychologie* (5e editie). Amsterdam: Pearson Benelux.

Festinger, L. (1957). *A theory of cognitive dissonance.* Stanford, CA: Stanford University Press.

Festinger, L., Schachter, S., & Back, K. (1950). *Social pressures in informal groups: A study of a housing community.* New York: Harper & Row.

Field, T., Diego, M., Pelaez, M., Deeds, O., & Delgado, J. (2010). Breakup distress and loss of intimacy in university students. *Psychology, 1,* 173–177.

Field, T. F. & Schanberg, S. M. (1990). Massage alters growth and cathecholamine production in preterm newborns. In N. Gunzenhauser (Ed.), *Advances in touch* (pp. 96-104). Skillman, NJ: Johnson & Johnson Co.

Fields, H. L. (1978, november). Secrets of the placebo. *Psychology Today,* 172.

Fields, H. L. (2009, september/oktober). The psychology of pain. *Scientific American Mind, 21*(5), 43–49.

Fields, H. L., & Levine, J. D. (1984). Placebo analgesia: A role for endorphins. *Trends in Neuroscience, 7,* 271–273.

Fields, R. D. (2004, april). The other half of the brain. *Scientific American, 290*(4), 54–61.

Findley, M. J., & Cooper, H. M. (1983). Locus of control and academic achievement: A literature review. *Journal of Personality and Social Psychology, 44,* 419–427.

Finer, B. (1980). Hypnosis and anaesthesia. In G. D. Burrows & L. Donnerstein (Eds.), *Handbook of hypnosis and psychosomatic medicine.* Amsterdam: Elsevier/North Holland Biomedical Press.

Fiorillo, C. D., Tobler, P. N., & Schultz, W. (2003, 21 maart). Discrete coding of reward probability and uncertainty by dop amine neurons. *Science, 299,* 1898–1902.

Fischer, A. H. (1993). Sex differences in emotionality: Fact or stereotype? *Feminism & Psychology, 3,* 303–318.

Fischer, A. H., Rodriguez Mosquera, P. M., van Vianen, A. E. M., & Manstead, A. S. R. (2004). Gender and culture differences in emotion. *Emotion, 4,* 87–94. [Zie ook: Baumeister et al., 1990; Fischer et al., 1993; Gottman, 1994; Gottman & Krokoff, 1989; Gottman & Levenson, 1986; Oatley & Duncan, 1994; Polefrone & Manuck, 1987; Rusting & Nolen-Hoeksema, 1998; Shaver & Hazan, 1987; Shields, 1991.]

Fisher, D. (2005). Empowerment model of recovery from severe mental illness. *Medscape Psychiatry & Mental Health 10 (1).* Bezocht op http://www.power2u.org/articles/recovery/expert_interview.html.

Fischhoff, B. (1975). Hindsight AD foresight: The effect of outcome knowledge on judgment under uncertainty. *Journal of Experimental Psychology: Human Perception and Performance, 1,* 288–299.

Fisher, H. E. (1992). *Anatomy of love: The natural history of monogamy, adultery, and divorce.* New York: W. W. Norton and Company.

Fishman, H. C. (1993). *Intensive structural therapy: Treating families in their social context.* New York: Basic Books.

Fiske, S. T., Cuddy, A. J. C., & Glick, P. (2007). Universal dimensions of social cognition: Warmth and competence. *Trends in Cognitive Science, 11,* 77–83.

Fiske, S. T., & Neuberg, S. L. (1990). A continuum of impression formation, from category-based to individuating processes: Influences of information and motivation on attention and interpretation. In M. P. Zanna (Ed.), *Advances in experimental social psychology* (Vol. 23). San Diego, CA: Academic Press.

Fitzpatrick, A. L., Kronmal, R. A., Gardner, J. P., Psaty, B. M., Jenny, N. S., Tracy R. P., et al. (2007). Leukocyte telomere length and cardiovascular disease in the Cardiovascular Health Study. *American Journal of Epidemiology, 165,* 14–21.

Fleeson, W. (2004). Moving personality beyond the person-situation debate: The challenge and the opportunity of within-person variability. *Current Directions in Psychological Science, 13,* 83–87.

Fleischman, J. (2002). *Phineas Gage: A gruesome but true story about brain science.* Boston: Houghton Mifflin.

Fletcher, A., Lamond, N., van den Heuvel, C. J., & Dawson, D. (2003). Prediction of performance during sleep deprivation and alcohol intoxication using a quantitative model of work-related fatigue. *SleepResearch Online, 5,* 67–75. Bezocht op 6 november 2004, www.sro.org/2003/Fletcher/67/.

Fletcher, G. J. O., & Ward, C. (1988). Attribution theory and processes: A cross-cultural perspective. In M. H. Bond (Ed.), *The cross-cultural challenge to social psychology* (pp. 230–244). Newbury Park, CA: Sage.

Flier, J. S. (2006, 12 mei). Regulating energy balance: The substrate strikes back. *Science, 312,* 861–864.

Flier, J. S., & Maratos-Flier, E. (2007, september). What fuels fat. *Scientific American, 297*(3), 72–81. [Zie ook: Campfield et al., 1998; Comuzzie & Allison, 1998; Gura, 1998, 2003; Hill & Peters, 1998; Levine et al., 1999; Ravussin & Danforth, 1999.]

Flynn, J. R. (1987). Massive IQ gains in 14 nations: What IQ tests really measure. *Psychological Bulletin, 101,* 171–191.

Flynn, J. R. (2003, juni). Movies about intelligence: The limitations of *g. Current Directions in Psychological Science, 12,* 95–99.

Flynn, J. R. (2007, oktober/november). Solving the IQ puzzle. *Scientific American Mind, 18*(5), 25–31.

FOD Economie – ADSEI (2010). *Statistieken – Bevolking – Huishoudens.* Bezocht op 1 juli 2012, http://www.statbel.fgov.be/.

Fogel, A. (1991). Movement and communication in human infancy: The social dynamics of development. *Human Movement Science, 11,* 387–423.

Foley, H. J., & Matlin, M. W. (2010). *Sensation and perception* (5th ed.). Boston: Allyn & Bacon.

Foley, V. D. (1979). Family therapy. In R. J. Corsini (Ed.), *Current psychotherapies* (2nd ed., pp. 460–469). Itasca, IL: Peacock.

Folkman, S., & Lazarus, R. S. (1980). An analysis of coping in a middle-aged community sample. *Journal of Health and Social Behavior, 21,* 219–239.

Fombonne, E. (2003). Epidemiological surveys of autism and other pervasive developmental disorders: an update. *Journal of Autism and Developmental Disorders, 33*(4), 365–382.

Forgas, J. P. (2008). Affect and cognition. *Perspectives on Psychological Science, 3,* 94–101.

Foster, J. B. (2006, 1 november). Racial, ethnic variables shape the experience of chronic pain. *Applied Neurology.* Bezocht op 26 november 2007, http://appneurology.com/showArticle.jhtml?articleId=196604178.

Fraiberg, S. (1966). *De magische wereld van het kind.* (33e druk, mei 2009). Utrecht: Spectrum.

Frankl, V. (2006/1964). *Man's Search for Meaning.* Boston, MA: Beacon Press.

Franklin, M. S., & Zyphur, M. J. (2005). The role of dreams in the evolution of the human mind. *Evolutionary Psychology, 3,* 59–78.

Fraser, S. (Ed.). (1995). *The bell curve wars: Race, intelligence, and the future of America.* New York: Basic Books.

Fredrickson, B. L., Maynard, K. E., Helms, M. J., Haney, T. L., Siegler, I. C., & Barefoot, J. C. (2000). Hostility predicts magnitude and duration of blood pressure response to anger. *Journal of Behavioral Medicine, 23,* 229–243.

French, J. R. P., Jr., Rodgers, W., & Cobb, S. (1974). Adjustment as person-environment fit. In G. V. Coelho, D. A. Hamburg, & J. E. Adams (Eds.), *Coping and adjustment* (pp. 316–333). New York, NY: Basic Books.

Freud, S. (1925). The unconscious. In S. Freud (Ed.), *The collected papers* (Vol. 4). London: Hogarth.

Freud, S. (1953). *The interpretation of dreams.* New York: Basic Books. (Oorspronkelijk gepubliceerd in 1900.)

Freud, S. (1957). *A general introduction to psychoanalysis.* New York: Permabooks. (J. Riviere, Trans. Oorspronkelijk gepubliceerd in 1920 door Horace Liveright.)

Frey, B. S., & Jegen, R. (2001). Motivation crowding theory. *Journal of Economic Surveys, 15*(5), 589–611.

Friedman, J. M. (2003, 7 februari). A war on obesity, not the obese. *Science, 299,* 856–858.

Friedman, M., & Rosenman, R. F. (1974). *Type A behavior and your heart.* New York: Knopf.

Friedman, M., & Ulmer, D. (1984). *Treating Type A behavior – and your heart.* New York: Knopf.

Friend, R., Rafferty, Y., & Bramel, D. (1990). A puzzling misinterpretation of the Asch "conformity" study. *European Journal of Social Psychology, 20,* 29–44.

Frijda, (1988). *De emoties. Een overzicht van onderzoek en theorie.* Amsterdam: Bert Bakker.

Frincke, J. L., & Pate, W. E., II. (2004). *Yesterday, today, and tomorrow careers in psychology, 2004: What students need to know.* Bezocht op 14 oktober 2004, http://research.apa.org.

Frith, C. D., & Frith, U. (1999, 26 november). Interacting minds – A biological basis. *Science, 286,* 1692–1695.

Frith, U. (1993, juni). Autism. *Scientific American, 268,* 108–114.

Frith, U. (1997). Autism. *Scientific American* [Special Issue: *The Mind], 7*(1), 92–98.

Fromm, E., & Shor, R. E. (Eds.). (1979). *Hypnosis: Developments in research and new perspectives* (2nd ed.). Hawthorne, NY: Aldine.

Fujita, F., Diener, E., & Sandvik, E. (1991). Gender differences in dysphoria and well-being: The case for emotional intensity. *Journal of Personality and Social Psychology, 61,* 427–434.

Funder, D. C. (1983a). The "consistency" controversy and the accuracy of personality judgments. *Journal of Personality, 51,* 346–359.

Funder, D. C. (1983b). Three issues in predicting more of the people: A reply to Mischel & Peake. *Psychological Review, 90,* 283–289.

Funder, D. C., & Ozer, D. J. (1983). Behavior as a function of the situation. *Journal of Personality and Social Psychology, 44,* 107–112.

Furnham, A., Moutafi, J., & Crump, J. (2003). The relationship between the revised NEO-Personality Inventory and the Myers-Briggs Type Indicator. *Social Behavior and Personality, 31,* 577–584. [Zie ook: McCrae & Costa, 1989; Pittenger, 1993.]

Furumoto, L. (1979). Mary Whiton Calkins (1863–1930), fourteenth president of the American Psychological Association. *Journal of the History of the Behavioral Sciences, 15,* 346–356. [Geciteerd in Milar, K. S. (z.j.). An historical view of some early women psychologists and the psychology of women. Archived at the Classics in the History of Psychology site: http://psychclassics.yorku.ca/Special/Women/variability.htm.]

G

Gadsby, P. (2000, juli). Tourist in a taste lab. *Discover, 21,* 70–75.

Gage, F. H. (2003, september). Brain, repair yourself. *Scientific American, 289*(3), 46–53. [Zie ook: Barinaga, 2003a; Kempermann & Gage, 1999.]

Gahlinger, P. M. (2004). Club drugs: MDMA, gamma-hydroxybutyrate (GHB), rohypnol, and ketamine. *American Family Physician, 69,* 2619–2626.

Gailliot, M. T., Baumeister, R. F., DeWall, C. N., Maner, J. K., Plant, E. A., Tice, D. M., Brewer, L. E., & Schmeichel, B. J. (2007). Self-control relies on glucose as a limited energy source: Willpower is more than a metaphor. *Journal of Personality and Social Psychology, 92,* 325–336.

Gainetdinov, R. R., Wetsel, W. C., Jones, S. R., Levin, E. D., Jaber, M., & Caron, M. G. (1999). Role of serotonin in the paradoxical calming effect of psychostimulants on hyperactivity. *Science, 283,* 397–401. [Zie ook: Barkley, 1998; Wu, 1998.]

Galambos, N. L. (1992). Parent–adolescent relations. *Current Directions in Psychological Science, 1,* 146–149.

Galea, S., Vlahov, D., Resnick, H., Ahern, J., Susser, E., Gold, J., Bucuvalas, M., & Kilpatrick, D. (2003). Trends of probable post-traumatic stress disorder in New York City after the September 11th terrorist attacks. *American Journal of Epidemiology, 158,* 514–524.

Gallagher, W. (1994, september). How we become what we are. *The Atlantic Monthly,* 39–55.

Gallo, V., & Chittajallu, R. (2001, 4 mei). Unwrapping glial cells from the synapse: What lies inside? *Science, 292,* 872–873.

Gallup, Inc. (2010). *In U.S., 62% exceed ideal weight, 19% at their goal.* Bezocht op www.gallup.com/poll/144941/exceed-ideal-weight-goal.aspx.

Gambrel, P. A., & Cianci, R. (2003). Maslow's hierarch of needs: Does it apply in a collectivist culture? *Journal of Applied Management and Entrepreneurship, 8,* 143–161. Bezocht op 4 april 2008, www3.tjcu.edu.cn/wangshangketang/lyxgl/yuedu/21.pdf.

Gamer, M. (2009, februari/maart). Portrait of a lie. *Scientific American Mind, 26*(1), 50–55.

Gami, A. S., Howard, D. E., Olson, E. J., & Somers, V. K. (2005, 24 maart). Day-night pattern of sudden death in obstructive sleep apnea. *New England Journal of Medicine, 352,* 1206–1214. [Zie ook: Dement, 1999; Benson, 2003c.]

Ganchrow, J. R., Steiner, J. E., & Daher, M. (1983). Neonatal facial expressions in response to different qualities and intensities of gustatory stimuli. *Infant Behavior and Development, 6,* 189–200.

Garces, E., Thomas, D., & Currie, J. (2002, september). Longer-term effects of head start. *American Economic Review, 92*(4), 999–1012.

Garcia, J. (1993). Misrepresentations of my criticisms of Skinner. *American Psychologist, 48,* 1158.

Garcia, J., & Koelling, R. A. (1966). The relation of cue to consequence in avoidance learning. *Psychonomic Science, 4,* 123–124.

Gardiner, H. W., Mutter, J. D., & Kosmitzki, C. (1998). *Lives across cultures: Cross-cultural human development.* Boston: Allyn & Bacon.

Gardner, H. (1983). *Frames of mind.* New York: Basic Books.

Gardner, H. (1985). *The mind's new science: A history of the cognitive revolution.* New York: Basic Books.

Gardner, H. (1993). *Creating minds: An anatomy of creativity seen through the lives of Freud, Einstein, Picasso, Stravinsky, Eliot, Graham, and Gandhi.* New York: Basic Books.

Gardner, H. (1999a). *Intelligence reframed.* New York: Basic Books.

Gardner, H. (1999b, February). Who owns intelligence? *The Atlantic Monthly, 283,* 67–76.

Gardner, R. A., & Gardner, B. T. (1969). Teaching language to a chimpanzee. *Science, 165,* 664–672.

Garland, A., & Zigler, E. (1993). Adolescent suicide prevention: Current research and social policy implications. *American Psychologist, 48,* 169–182.

Garnsey, S. M. (1993). Event-related brain potentials in the study of language: An introduction. *Language and Cognitive Processes, 8,* 337–356.

Garry, M., & Gerrie, M. P. (2005). When photographs create false memories. *Current Directions in Psychological Science, 14,* 321–325.

Gazzaniga, M. S. (1970). *The bisected brain.* New York: Appleton-Century-Crofts.

Gazzaniga, M. S. (1998a). *The mind's past.* Berkeley: University of California Press.

Gazzaniga, M. S. (1998b, juli). The split brain revisited. *Scientific American, 279,* 50–55.

Gazzaniga, M. S. (2005). Forty-five years of split-brain research and still going strong. *Nature Reviews Neuroscience, 6,* 653–659.

Geestelijke Gezondheid België (2012). *ADHD bij kinderen en volwassenen.* Bezocht op 25 juli 2012, http://www.geestelijke-gezondheid.be/adhd.html.

Geestelijke Gezondheid België (2012). *Dementie. Als het geheugen vervaagt...* Bezocht op 25 juli 2012, http://www.geestelijke-gezondheid.be/dementie.html.

Gelder, B. de (2000, 18 augustus). More to seeing than meets the eye. *Science, 289,* 1148–1149. [Zie ook: Barinaga, 1999; Batista et al., 1999; Maunsell, 1995.]

Gelman, R., & Shatz, M. (1978). Appropriate speech adjustments: The operation of conversational constraints on talk to two-year-olds. In M. Lewis & L. A. Rosenblum (Eds.), *Interaction, conversation, and the development of language* (pp. 27–61). New York: Wiley.

Gelman, S. A., & Wellman, H. M. (1991). Insides and essences: Early understandings of the non-obvious. *Cognition, 38,* 213–244.

Gentner, D., & Stevens, A. L. (1983). *Mental models.* Hillsdale, NJ: Erlbaum.

George, M. S. (2003, september). Stimulating the brain. *Scientific American, 289*(3), 67–73. [Zie ook: George et al., 1999; Helmuth, 2001b; Travis, 2000b; Wassermann & Lisanby, 2001.]

Gergen, K. (1985).The social constructionist movement in modern psychology. *American Psychologist, 40,* 266–275.

Getzels, J. W., & Csikszentmihalyi, M. (1976). *The creative vision.* New York: Wiley.

Gezondheid.be (2012a). *Gids voor mensen met een bipolaire stoornis.* Bezocht op 24 juli 2012, http://www.gezondheid.be/index.cfm?fuseaction=art&art_id=2939.

Gezondheid.be (2012b). *Schizofrenie, een onbegrepen ziekte.* Bezocht op 24 juli 2012, http://www.gezondheid.be/index.cfm?fuseaction=art&art_id=822.

GGZ Nederland (2010). *Kerncijfers GGZ-sector.* Bezocht op www.ggznederland.nl.

Giambra, L. M. (2000). Daydreaming characteristics across the life-span: Age differences and seven- to twenty-year longitudinal changes. In R. G. Kunzendorf & B. Wallace (Eds.), *Individual differences in conscious experience* (pp. 147–206). Amsterdam: John Benjamins Publishing Company.

Gibbs, W. W. (2001). Side splitting. *Scientific American, 284,* 24–25.

Gibbs, W. W. (2003, december). The unseen genome: Beyond DNA. *Scientific American, 289*(6), 106–113.

Gibbs, W. W. (2005, juni). Obesity: An overblown epidemic. *Scientific American, 292*(6), 70–77.

Gibney, A. (Director). (2006). *The Human Behavior Experiments* [Documentary]. USA: Fearful Symmetry.

Gielen, G. (2003). *Onaantrekkelijk? Beeldvorming over fysieke aantrekkelijkheid.* Antwerpen-Apeldoorn: Garant-Uitgevers.

Gielen, G. (2006). *Mooie heksen en lelijke feeën. Verrassende en gedurfde maatschappijkritische wendingen aan klassieke sprookjes.* Antwerpen-Apeldoorn: Garant-Uitgevers.

Gieler, U., & Walter, B. (2008, juni/juli). Scratch this! *Scientific American Mind, 19*(3), 52–59.

Gilbert, K. R. (1996). "We've had the same loss, why don't we have the same grief?" Loss and differential grief in families. *Death Studies, 20,* 269–283.

Gilbert, R. M. (1992). *Extraordinary relationships: A new way of thinking about human interactions.* New York: Wiley.

Gilbertson, J., Dindia, K., & Allen, M. (1998). Relational continuity, constructional units, and the maintenance of relationships. *Journal of Social and Personal Relationships, 15,* 774–790.

Gilchrist, A. (2006, juni/juli). Seeing in black & white. *Scientific American Mind, 17*(3), 42–49.

Gisle, L., Hesse, E., Drieskens, S, Demarest, S., van der Heyden, J. & Tafforeau, J., (2010). *Gezondheidsenquête België, 2008. Rapport II – Leefstijl en Preventie.* Brussel: Wetenschappelijk Instituut Volksgezondheid.

Gist, R. & Devilly, G. J. (2002, 7 september). Posttrauma debriefing: the road too frequently travelled. *The Lancet, 360,* 741. Bezocht op www.pitt.edu/~kconover/ftp/Lancet-CISM.pdf.

Gladwell, M. (2005). *Blink.* New York: Little Brown and Company. [Zie ook: Bechara et al., 1997; Gehring & Willoughby, 2002; Vogel, 1997a.]

Glaser, D. (2003). Child abuse and neglect and the brain: A review. *Journal of Child Psychology and Psychiatry, 41,* 97–116.

Gleitman, H. (1991). Edward Chace Tolman: A life of scientific and social purpose. In G. A. Kimble, M. Wertheimer, & C. L. White (Eds.), *Portraits of pioneers in psychology* (pp. 226–241). Washington, DC: American Psychological Association. [Zie ook: Kesner & Olton, 1990; Olton, 1992; Tolman, 1932.]

Goel, V., & Dolan, R. J. (2001). The functional anatomy of humor: Segregating cognitive and affective components. *Nature Neuroscience, 4,* 237–238. [Zie ook: Winerman, 2006.]

Goldapple, K., Segal, Z., Garson, C., Lau, M., Bieling, P., Kennedy, S., & Mayberg, H. (2004). Modulation of cortical-limbic pathways in major depression: Treatment-specific effects of cognitive behavior therapy. *Archives of General Psychiatry, 61,* 34–41.

Goldberg, C. (2008, 3 maart). Brain scans support surprising differences in perception between Westerners and Asians. *The Boston Globe,* p. C1.

Golden, C., & Figueroa, M. (2007). Facing cultural challenges in personality testing: A review of *Assessing hispanic clients using the MMPI-2 and MMPI-A*. Bezocht op 16 april 2008, Psyc-Critiques op http://content.apa.org/critiques/52/41/1.html?sid=7903CA01-0711-4940-886C-9E3D3DB7D4AA.

Golden, O. (2000). The federal response to child abuse and neglect. *American Psychologist, 55,* 1050–1053.

Goldenberg, J., Mazursky, D., & Solomon, S. (1999, 3 september). Creative sparks. *Science, 285,* 1495–1496.

Goldin-Meadow, S., & Mylander, C. (1990). Beyond the input given: The child's role in the acquisition of language. *Language, 66,* 323–355.

Goldman-Rakic, P. S. (1992, september). Working memory and the mind. *Scientific American, 267,* 110–117.

Goleman, D. (1980, februari). 1528 little geniuses and how they grew. *Psychology Today, 14,* 28–53.

Golombok, S., & Tasker, F. (1996). Do parents influence the sexual orientation of their children? Findings from a longitudinal study of lesbian families. *Developmental Psychology, 32,* 3–11. [Zie ook: Bailey et al., 1995; Bell et al., 1981; Isay, 1990.]

Gomez, R., & McLaren, S. (2007). The inter-relations of mother and father attachment, self-esteem and aggression during late adolescence. *Aggressive Behavior, 33,* 160–169.

Gonzalvo, P., Cañas, J. J., & Bajo, M. (1994). Structural representations in knowledge acquisition. *Journal of Educational Psychology, 86,* 601–616.

Goodale, M. A., & Milner, A. D. (1992). Separate visual pathways for perception and action. *Trends in Neuroscience, 15,* 20–25.

Goodman, G. S., Quas, J. A., & Ogle, C. M. (2010). Child maltreatment and memory. *Annual Review of Psychology, 61,* 325–351.

Goodwyn, S. W., & Acredolo, L. P. (2000). *Baby minds.* New York: Bantum Books.

Goorhuis-Brouwer, S. (2007), *Taalontwikkeling en taalstimulering van peuters en kleuters.* Amsterdam: SWP.

Gottesman, I. I. (1991). *Schizophrenia genesis: The origins of madness.* New York: Freeman.

Gottesman, I. I. (2001). Psychopathology through a life span–genetic prism. *American Psychologist, 56,* 867–878.

Gottlieb, B. H. (1987). Marshalling social support for medical patients and their families. *Canadian Psychology, 28,* 201–217.

Gottman, J. M. (1999). *Seven principles for making marriages work.* New York: Crown.

Gould, E., Tanapat, P., McEwen, B. S., Flüge, G., & Fuchs, E. (1998). Proliferation of granule cell precursors in the dentate gyrus of adult monkeys is diminished by stress. *Proceedings of the National Academy of Science, 99,* 3168–3171.

Graaf, H. de, Kruijer, H., Acker, J. van, & Meijer, S. (2012). *Seks onder je 25e 2: Seksuele gezondheid van jongeren in Nederland anno 2012.* Delft: Eburon.

Graaf, R. de, ten Have, M., & van Dorsselaer, S. (2010). *De psychische gezondheid van de Nederlandse bevolking: NEMESIS-2: opzet en eerste resultaten.* Utrecht: Trimbos-instituut.

Grabinger, S., Dunlap, J. C., & Duffield, J. A. (1997). Rich environments for active learning in action: Problem-based learning. *Association for Learning Technology Jorunal, 5*(2), 5–17.

Grace, A. A. (2010). Ventral hippocampus, interneurons, and schizophrenia: A new understanding of the pathophysiology of schizophrenia and its implications for treatment and prevention. *Current Directions in Psychological Science, 19,* 232–237.

Graham, J. R. (1990). *MMPI-2: Assessing personality and psychopathology.* New York: Oxford University Press.

Grant, B. F., & Dawson, D. A. (2006). Introduction to the national epidemiologic survey on alcohol and related conditions. *National Epidemiologic Survey on Alcohol and Related Conditions: Selected Findings.* [Special issue: *Alcohol Research & Health*], *29,* 74–78.

Grant Thornton International Business Report (2012). *Women in senior management: still not enough.* Grant Thornton International Ltd. Bezocht op http://www.internationalbusinessreport.com/Reports/2012/women.asp.

Gray, C. R., & Gummerman, K. (1975). The enigmatic eidetic image: A critical examination of methods, data, and theories. *Psychological Bulletin, 82,* 383–407.

Gray, J. R. (2004). Integration of emotion and cognitive control. *Current Directions in Psychological Science, 13,* 46–48.

Graziano, M. S. A., Cooke, D. F., & Taylor, C. S. R. (2000, 1 december). Coding the location of the arm by sight. *Science, 290,* 1782–1786.

Greeley, A., & Sheatsley, P. (1971). The acceptance of desegregation continues to advance. *Scientific American, 225*(6), 13–19.

Green, D. M., & Swets, J. A. (1966). *Signal detection theory and psychophysics.* New York: Wiley.

Greenberg, B. S. (1986). Minorities and the mass media. In J. Bryant & D. Zillman (Eds.), *Perspectives in media effects* (pp. 17–40). Hillsdale, NJ: Erlbaum.

Greenberg, G. (1997). Right answers, wrong reasons: Revisiting the deletion of homosexuality from the DSM. *Review of General Psychology, 1,* 256–270.

Greene, R. L. (1991). *The MMPI-2/MMPI: An interpretive manual.* Boston: Allyn & Bacon.

Greenhoot, A. F., Bunnell, S. L., Curtis, J. S., & Beyer, A. M. (2008). Trauma and autobiographical memory function: Findings from a longitudinal study of family violence. In M. L. Howe, G. S. Goodman, & D. Cichetti (Eds.), *Stress, trauma, and children's memory development.* New York: Oxford University Press.

Greenwald, A. G. (1992). New look 3: Unconscious cognition reclaimed. *American Psychologist, 47*(6), 766–779.

Greenwald, A. G., Draine, S. C., & Abrams, R. L. (1996, 20 september). Three cognitive markers of unconscious semantic activation. *Science, 273,* 1699–1702.

Greer, M. (2004a, september). People don't notice unexpected visual changes – though they predict they will. *Monitor on Psychology, 35*(8), 10.

Greer, M. (2004b, juli/augustus). Strengthen your brain by resting it. *Monitor on Psychology, 35*(7), 60–62. [Zie ook: Maquet, 2001; Siegel, 2001; Stickgold et al., 2001.]

Greer, M. (2005, maart). When intuition misfires. *Monitor on Psychology, 36*(3), 58–60.

Gregory, R. (1997). *Mirrors in mind.* New York: W. H. Freeman.

Grevert, P., & Goldstein, A. (1985). Placebo analgesia, naloxone, and the role of endogenous opioids. In L. White, B. Turks, & G. E. Schwartz (Eds.), *Placebo* (pp. 332– 351). New York: Guilford. [Zie ook: Mayer, 1979; Watkins & Mayer, 1982.]

Grimm, O. (2007, april/mei). Addicted to food? *Scientific American Mind, 18*(2), 36–39. [Zie ook: Gura, 2000; Woods et al., 1998.]

Griner, D., & Smith, T. B. (2006). Culturally adapted mental health intervention: A meta-analytic review. *Psychotherapy: Theory, Research, Practice, Training, 43,* 531–548.

Grinspoon, L., Bakalar, J. B., Zimmer, L., & Morgan, J. P. (1997, 8 augustus). Marijuana addiction. *Science, 752,* 748.

Groenestege, I., & Legters, G. J. (1995). *Opstap Opnieuw: een modern gezinsstimuleringsprogramma voor kinderen in achterstandssituaties.* Utrecht: Universiteit Utrecht.

Groot, A. D. de (1965). *Thought and choice in chess.* Den Haag: Mouton.

Gross, A. E., & Psaki, J. (2004, 25 juni). *Venting: Its role in mediation.* Annual Conference, Association for Conflict Resolution of Greater New York, Columbia Law School.

Gross, J. J. (1998). The emerging field of emotion regulation: An integrative review. *Review of General Psychology, 2,* 271–299.

Grossman, C. L. (2011, 15 maart). Japanese look to ancient traditions for strength. *USA Today.*

Grossmann, K., Grossmann, K. E., Spangler, S., Suess, G., & Unzner, L. (1985). Maternal sensitivity and newborn attachment orientation responses as related to quality of attachment in northern Germany. In I. Bretherton & E. Waters (Eds.), *Growing points of attachment theory: Monographs of the society of research in child development, 50* (1–2, Serial No. 209).

Gruben, D., & Madsen, L. (2005, juni). Lie detection and the polygraph: A historical review. *The Journal of Forensic Psychiatry & Psychology, 16,* 357–369.

Guilford, J. P. (1967). *The nature of human intelligence.* New York: McGraw-Hill.

Guilfoyle, M. (2006). Using power to question the dialogical self and its therapeutic application. *Counselling Psychology Quarterly, 19,* 89–104.

Guisinger, S., & Blatt, S. J. (1994). Individuality and relatedness: Evolution of a fundamental dialectic. *American Psychologist, 49,* 104–111.

Gur, R. E., & Maany, V. (1998). Subcortical MRI volumes in neuroleptic-naive and treated patients with schizophrenia. *American Journal of Psychiatry, 155,* 1711–1718.

Guterman, L. (2005, December 2). Duping the brain into healing the body. *The Chronicle of Higher Education,* A12–A14.

Guthrie, R. V. (1998). *Even the rat was white.* Boston: Allyn & Bacon.

Guyll, M., & Contrada, R. J. (1998). Trait hostility and ambulatory cardiovascular activity: Responses to social interaction. *Health Psychology, 17,* 30–39.

H

Haber, R. N. (1969, april). Eidetic images. *Scientific American, 220,* 36–44.

Haber, R. N. (1970, mei). How we remember what we see. *Scientific American, 222,* 104–112.

Haber, R. N. (1980, november). Eidetic images are not just imaginary. *Psychology Today, 14,* 72–82.

Haberlandt, K. (1999). *Human memory: Exploration and application.* Boston: Allyn & Bacon.

Hagen, E. (2004). The evolutionary psychology FAQ. On *Buss Lab: Evolutionary psychology at the University of Texas.* Bezocht op 19 november 2010, www.anth.ucsb.edu/projects/human/evpsychfaq.html.

Haier, R. J., Jung, R. E., Yeo, R. A., Head, K., & Alkire, M. T. (2004). Structural brain variation and general intelligence. *Neuroimage, 23,* 425–433.

Haimov, I., & Lavie, P. (1996). Melatonin – A soporific hormone. *Current Directions in Psychological Science, 5,* 106–111.

Halberstam, D. (2002). *Firehouse.* New York: Hyperion.

Hall, C. (1951). What people dream about. *Scientific American, 184,* 60–63.

Hall, C. (1953/1966). *The meaning of dreams.* New York:

Harper & Row/McGraw-Hill.

Hall, C. S. (1984). "A ubiquitous sex difference in dreams" revisited. *Journal of Personality and Social Psychology, 46,* 1109–1117.

Hall, M. J., Norwood, A. E., Ursano, R. J., Fullerton, C. S., & Levinson, C. J. (2002). Psychological and behavioral impacts of bioterrorism. *PTSD Research Quarterly, 13,* 1–2.

Halpern, D. F. (2002). *Thought & knowledge: An introduction to critical thinking.* Mahwah, NJ: Erlbaum.

Hamann, S. (2005). Sex differences in the responses of the human amygdale. *Neuroscientist, 11,* 288–293.

Hamann, S. B., Ely, T. D., Hoffman, J. M., & Clinton, D. K. (2002). Ecstasy and agony: Activation of the human amygdala in positive and negative emotion. *Psychological Science, 13,* 135–141.

Hamlin, K., Wynn, K., & Bloom, P. (2007). Social evaluation by preverbal infants. *Nature, 450,* 557–559.

Harder, B. (2004, 19 juni). Narcolepsy science reawakens. *Science News, 165,* 394–396.

Harder, B. (2005, 26 november). Staring into the dark: Research investigates insomnia drugs. *Science News, 168,* 344–345.

Harder, B. (2006, 1 april). XXL from too few Zs? *Science News, 169,* 195–196.

Hariri, A. R., Mattay, V. S., Tessitore, A., Kolachana, B., Fera, F., Goldman, D., Egan, M. F., & Weinberger, D. R. (2002, July 19). Serotonin transporter genetic variation and the response of the human amygdala. *Science, 297,* 400–403.

Harlow, H. F. (1965). Sexual behavior in the rhesus monkey. In F. Beach (Ed.), *Sex and behavior.* New York: Wiley.

Harlow, H. F., & Harlow, M. K. (1966). Learning to love. *American Scientist, 54,* 244–272.

Harris, B. (1979). Whatever happened to Little Albert? *American Psychologist, 34,* 151–160.

Harris, G., Thomas, A., & Booth, D. A. (1990). Development of salt taste in infancy. *Developmental Psychology, 26,* 534–538.

Harris, J. A. (2004). Measured intelligence, achievement, openness to experience, and creativity. *Personality & Individual Differences, 36,* 913–929.

Harris, J. L., Bargh, J. A., & Brownell, K. D. (2009). Priming effects of television food advertising on eating behavior. *Health Psychology 28,* 404–413.

Harris, M. J., & Rosenthal, R. (1986). Four factors in the mediation of teacher expectancy effects. In R. S. Feldman (ed.), *The social psychology of education: Current research and theory.* New York: Cambridge University Press.

Hartmann, E. L. (1973). *The functions of sleep.* New Haven, CT: Yale University Press.

Harvey, J. H. (1996). *Embracing their memory: Loss and the social psychology of storytelling.* Boston: Allyn & Bacon.

Harvey, J. H., & Pauwels, B. G. (1999). Recent developments in close-relationships theory. *Current Directions in Psychological Science, 8,* 93–95.

Harvey, J. H., Weber, A. L., & Orbuch, T. L. (1990). *Interpersonal accounts: A social psychological perspective.* Cambridge, MA: Basil Blackwell.

Haslam, S. A. (2007, april/mei). I think, therefore I err? *Scientific American Mind, 18*(2), 16–17.

Haslam, S. A., Salvatore, J., Kessler, T., & Reicher, S. D. (2008, april/mei). The social psychology of success. *Scientific American Mind, 19,* 24–31.

Hasler, G., Buysse D. J., Klaghofer R., Gamma, A., Ajdacic, V., Eich D., Rössler W., & Angst J. (2004). The association between short sleep duration and obesity in young adults: A 13-year prospective study. *Sleep, 27,* 661–666.

Hassebrauck, M. (1988). Beauty is more than "name" deep: The effect of women's first names on ratings of physical attractiveness and personality attributes. *Journal of Applied Social Psychology, 18,* 721–726. [Zie ook: Brigham, 1980; Cash & Duncan, 1984; Moore et al., 1987.]

Hatfield, E., & Rapson, R. (1993). *Love, sex, and intimacy: Their psychology, biology, and history.* New York: HarperCollins.

Hatfield, E., & Rapson, R. (1998). On love and sex in the 21st century. *The General Psychologist, 33*(2), 45–54.

Hatfield, E., Rapson, R. L., & Rapson, R. (1995). *Love and sex: Cross-cultural perspectives.* Boston: Allyn & Bacon.

Hatzfeld, J. (2005). *Machete season: The killers in Rwanda speak.* New York: Farrar, Strauss, and Giroux.

Hauser, M. D., Chomsky, N., & Fitch, W. T. (2002, 22 november). The faculty of language: What is it, who has it, and how did it evolve? *Science, 298,* 1569–1579.

Hawkins, S. A., & Hastie, R. (1990). Hindsight: Biased judgments of past events after the outcomes are known. *Psychological Bulletin, 108,* 311–327.

Haworth, C. M., Wright, M. J., Luciano, M., Martin, N. G., de Geus, E. J., van Beijsterveldt, C. E., Bartels, M., Posthuma, D., Boomsma, D., Davis, O. S., Kovas, Y., Corley, R .P., DeFries, J. C., Hewitt, J. K., Olson, R. K., Rhea, S. A., Wadsworth, S. J., Iacono, W. G., McGue, M., Thompson, L. A., Hart, S. A., Petrill, S., Lubinski, D., & Plomin, R. (2010). The heritability of general cognitive ability increases linearly from childhood to young adulthood. *Molecular Psychiatry, 15,* 1112–1120.

Hayes, S. C., Strosahl, K. D., & Wilson, K. G. (1999). *Acceptance and commitment therapy: an experiential approach to behavior change.* New York: Guilford Press.

Hazan, C., & Diamond, L. M. (2000). The place of attachment in human mating. *Review of General Psychology, 4,* 186–204.

Hazeltine, E., & Ivry, R. B. (2002, 14 juni). Can we teach the cerebellum new tricks? *Science, 296,* 1979–1980.. [Zie ook: Raymond, Lisberger, & Mauk, 1996; Seidler et al., 2002.]

Headey, B., & Wearing, A. (1992). *Understanding happiness: A theory of well-being.* Melbourne, Australia: Longman Cheshire.

Heatherton, T. F., Macrae, C. N., & Kelley, W. M. (2004). What the social brain sciences can tell us about the self. *Current Directions in Psychological Science, 13,* 190–193.

Hébert, R. (2005, januari). The weight is over. *APS Observer, 18*(1), 20–24.

Hébert, R. (2006, oktober). We love to be scared on Halloween but fears and phobias are no laughing matter. *APS Observer, 19*(10), 14–19.

Hecht, A. (1986, april). A guide to the proper use of tranquilizers. *Healthline Newsletter,* 5–6.

Hecke, van J., & D. Nijs, (2011). *Behoefte aan online-hulpverlening.* In: J. van Hecke (red.). *Internet als methodiek in de jeugdzorg. Een extra taal.* Antwerpen: Garant.

Heckler, S. (1994). Facilitated communication: A response by child protection. *Child Abuse and Neglect: The International Journal, 18*(6), 495–503.

Hedden, T., Ketay, S., Aron, A., Markus, H. R., & Gabrieli, J. D. E. (2008.) Cultural influences on neural substrates of attentional control. *Psychological Science, 19,* 12–17. doi: 10.1111/j.1467-9280.2008.02038.x.

Heine, S. J., Lehman, D. R., Markus, H. R., & Kitayama, S. (1999). Is there a universal need for positive self-regard? *Psychological Review, 106,* 766–794.

Helmes, E., & Reddon, J. R. (1993). A perspective on developments in assessing psychopathology: A critical review of the MMPI and MMPI-2. *Psychological Bulletin, 113,* 453–471. [Zie ook: Butcher et al., 1989; Butcher & Williams, 1992; Greene, 1991.]

Helms, J. E. (1992). Why is there no study of cultural equivalence in standardized cognitive ability testing? *American Psychologist, 47,* 1083–1101. [Zie ook: Garcia, 1981; Miller-Jones, 1989.]

Helmuth, L. (2000, 1 december). Where the brain monitors the body. *Science, 290,* 1668.

Helmuth, L. (2001a, 2 november). Beyond the pleasure principle. *Science, 294,* 983–984.

Helmuth, L. (2001b, 16 maart). Dyslexia: Same brains, different languages. *Science, 291,* 2064–2065.

Helmuth, L. (2002, 21 juni). A generation gap in brain activity. *Science, 296,* 2131–2133.

Helmuth, L. (2003a, 14 november). Brain model puts most sophisticated regions front and center. *Science, 302,* 1133.

Helmuth, L. (2003b, 25 april). Fear and trembling in the amygdala. *Science, 300,* 568–569. [Zie ook: Bechara et al., 1995; Johnson, 2003.]

Helmuth, L. (2003c, 28 februari). The wisdom of the wizened. *Science, 299,* 1300–1302.

Helzer, J. E., Robins, L. N., & McEvoy, L. (1987). Posttraumatic stress disorder in the general population: Findings of the Epidemiologic Catchment Area survey. New England: *Journal of Medicine, 317*(26), 1630–1634.

Hendrick, S. S., & Hendrick, C. (1992). *Liking, loving, and relating* (2nd ed.) Pacific Grove, CA: Brooks/Cole.

Hendriksen, J. G. M., & Hurks, P. P. M. (2009). *WPPSI-III-NL Nederlandstalige bewerking: Technische handleiding.* Amsterdam: Pearson Assessment and Information BV.

Herek, G. M. (2000). The psychology of sexual prejudice. *Current Directions in Psychological Science, 9,* 19–22.

Herek, G., Norton, A., Allen, T., & Sims, C. (2010). Demographic, psychological, and social characteristics of self-identified lesbian, gay, and bisexual adults in a U.S. probability sample. *Sexuality Research and Social Policy, 7,* 176–200.

Hermans, H. J. M., & Kempen, H. J. G. (1993). *The dialogical self: Meaning as movement.* San Diego: Academic Press.

Herring, M. P., O'Connor, P. J., & Dishman, R. K. (2010), The effect of exercise training on anxiety symptoms among patients: A systematic review. *Archives of Internal Medicine, 170*(4), 321–331.

Herrnstein, R. J., & Murray, C. (1994). *The bell curve.* New York: Free Press.

Hersen, M., & Thomas, J. C. (2005). *Comprehensive handbook of personality and psychopathology* (Vol. 2). Hoboken, NJ: Wiley and Sons.

Hersh, S. M. (2004a, 5 mei). American soldiers brutalize Iraqis: How far up does the responsibility go? Torture at Abu Ghraib. *The New Yorker.*

Hersh, S. M. (2004b). *Chain of command: The road from 9/11 to Abu Ghraib.* New York: HarperCollins.

Hetherington, E. M., & Parke, R. D. (1975). *Child psychology: A contemporary viewpoint.* New York: McGraw-Hill.

Hettema, J. M., Neale, M. C., & Kendler, K. S. (2001). A review and meta-analysis of the genetic epidemiology of anxiety disorders. *American Journal of Psychiatry, 158,* 1568–1578.

Heyden, J. van der, Gisle, L., Demarest, S., Drieskens, S., Hesse, E., & Tafforeau J. (2010). *Gezondheidsenquête België, 2008. Rapport I – Gezondheidstoes-*

tand. Brussel: Operationele Directie Volksgezond-heid en surveillance.

Heyman, K. (2006, 5 mei). The map in the brain: Grid cells may help us navigate. *Science, 312,* 680–681.

Hibbard, S. (2003). A critique of Lilienfeld et al.'s (2000) "The scientific status of projective techniques." *Journal of Personality Assessment, 80,* 260–271. [Zie ook: Exner, 1974, 1978; Exner & Weiner, 1982.]

Hicks, R. A. (1990). *The costs and benefits of normal insomnia.* Paper presented to the annual meeting of the Western Psychological Association, Los Angeles, CA.

Higgins, J. W., Williams, R. L., & McLaughlin, T. F. (2001). The effects of a token economy employing instructional consequences for a third-grade students with learning disabilities: A data-based case study. *Education and Treatment of Children, 24,* 99–106. [Zie ook: Corrigan, 1995; Le Blanc et al., 2000; Morisse et al., 1996.]

Hilgard, E. R. (1992). Dissociation and theories of hypnosis. In E. Fromm & M. R. Nash (Eds.), *Contemporary hypnosis research.* New York: Guilford.

Hill, J. O., & Peters, J. C. (1998, 29 mei). Environmental contributions to the obesity epidemic. *Science, 280,* 1371–1374.

Hilts, P. J. (1995). *Memory's ghost: The strange tale of Mr. M. and the nature of memory.* New York: Simon & Schuster.

Hiroto, D. S. (1974). Locus of control and learned helplessness. *Journal of Experimental Psychology, 102,* 187–193.

Hirschfeld, L. A. (1996). *Race in the making: Cognition, culture, and the child's construction of human kinds.* Cambridge, MA: MIT Press.

Hobson, J. A. (1988). *The dreaming brain.* New York: Basic Books.

Hobson, J. A. (2002). *Dreaming: An introduction to the science of sleep.* New York: Oxford University Press.

Hobson, J. A., & McCarley, R. W. (1977). The brain as a dream state generator: An activation-synthesis hypothesis of the dream process. *American Journal of Psychiatry, 134,* 1335–1348.

Hochwalder, J. (1995). On stability of the structure of implicit personality theory over situations. *Scandinavian Journal of Psychology, 36,* 386–398.

Hofmann, S. G., Sawyer, A. T., Witt, A. A., & Oh, D. (2010). The effect of mindfulness-based therapy on anxiety and depression: A meta-analytic review. *Journal of Consulting and Clinical Psychology, 78,* 169–183.

Hogan, R., Hogan, J., & Roberts, B. W. (1996). Personality measurement and employment decisions: Questions and answers. *American Psychologist, 51,* 469–477.

Hogarty, G. E., Kornblith, S. J., Greenwald, D., DiBarry, A. L., Cooley, S., Ulrich, R. F., Carter, M., & Flesher, S. (1997). Three-year trials of personal therapy among schizophrenic patients living with or independent of family, I: Description of study and effects on relapse rates. *American Journal of Psychiatry, 154,* 1504–1513.

Holden, C. (1978). Patuxent: Controversial prison clings to belief in rehabilitation. *Science, 199,* 665–668.

Holden, C. (1980a). Identical twins reared apart. *Science, 207,* 1323–1325.

Holden, C. (1980b, november). Twins reunited. *Science, 80,* 55–59.

Holden, C. (2000, 7 april). Global survey examines impact of depression. *Science, 288,* 39–40.

Holden, C. (2003, 17 januari). Deconstructing schizophrenia. *Science, 299,* 333–335. [Zie ook: Lencer et al., 2000; Plomin et al., 1994.]

Holden, C. (2005, 10 juni). Sex and the suffering brain.

Science, 308, 1574–1577. [Zie ook: Leut-wyler, 1995; Strickland, 1992; Weissman et al., 1996.]

Holden, C. (2008, 11 juli). Poles apart. *Science, 321,* 193–195.

Hollander, E. M. (2004). Am I all right? *Journal of Loss and Trauma, 9,* 201–204.

Hollis, K. L. (1997). Contemporary research on Pavlovian conditioning. *American Psychologist, 52,* 956–965.

Hollon, S. D. (1996). The efficacy and effectiveness of psychotherapy relative to medications. *American Psychologist, 51,* 1025–1030.

Hollon, S. D., Thase, M. E., & Markowitz, J. C. (2002, November). Treatment and prevention of depression. *Psychological Science in the Public Interest, 3,* 39–77.

Holloway, J. D. (2003, december). Snapshot from the therapy room. *Monitor on Psychology, 34*(11), 31.

Holloway, M. (2003, september). The mutable brain. *Scientific American, 289*(3), 78–85.

Holmes, T. H. (1979). Development and application of a quantitative measure of life change magnitude. In J. E. Barrett, R. M. Rose, & G. L. Klerman (Eds.), *Stress and mental disorder.* New York: Raven.

Holmes, T. H., & Masuda, M. (1974). Life change and stress susceptibility. In B. S. Dohrenwend & B. P. Dohrenwend (Eds.), *Stressful life events: Their nature and effects* (pp. 45–72). New York: Wiley.

Holmes, T. H., & Rahe, R. H. (1967). The social readjustment rating scale. *Journal of Psychosomatic Research, 11*(2), 213–218.

Holstege, G., Georgiandis, J. R., Paans, A. M. J., Meiners, L. C., van der Graff, F. H. C. E., & Reinders, A. A. T. S. (2003). Brain activation during human male ejaculation. *Journal of Neuroscience, 23,* 9185–9193.

Holtzman, W. H. (1992). Health psychology. In M. A. Rosenzweig (Ed.), *International psychological science* (pp. 199–226). Washington, DC: American Psychological Association.

Holtzworth-Munroe, A., & Jacobson, N. S. (1985). Causal attributions of marital couples: When do they search for causes? What do they conclude when they do? *Journal of Personality and Social Psychology, 48,* 1398–1412.

Hölzel, B. K., Carmody, J., Vangel, M., Congleton, C., Yerramsetti, S. M., Gard, T., & Lazar, S. W. (2011). Mindfulness practice leads to increases in regional brain gray matter density. *Psychiatry Research, 191*(1), 36–43.

Homme, L. E., de Baca, P. C., Devine, J. V., Steinhorst, R., & Rickert, E. J. (1963). Use of the Premack principle in controlling the behavior of nursery school children. *Journal of the Experimental Analysis of Behavior, 6,* 544.

Horgan, J. (1993, juni). Eugenics revisited. *Scientific American, 268,* 122–131.

Horne, J. A. (1988). *Why we sleep: The functions of sleep in humans and other animals.* Oxford: Oxford University Press.

Horney, K. (1942). *Self-analysis.* New York: Norton.

Horney, K. (1967). *Feminine psychology.* New York: Norton.

Horowitz, M. J. (1997). *Stress response syndromes: PTSD, grief, and adjustment disorders* (3rd ed.). Northvale, NJ: Jason Aronson.

Horvath, A. O., & Luborsky, L. (1993). The role of the therapeutic alliance in psychotherapy. *Journal of Consulting and Clinical Psychology, 61,* 561–573.

House, J. S., Landis, K. R., & Umberson, D. (1988). Social relationships and health. *Science, 241,* 540–545.

Howard, S. K. (2005). Sleep deprivation and physician performance: Why should I care? *Proceedings Baylor University Medical Center, 18*:108–12.

Hu, F. B., Li, T. Y., Colditz, G. A., Willett, W. C., & Manson, J. E. (2003, 9 april). Television watching and other sedentary behaviors in relation to risk of obesity and Type 2 diabetes mellitus in women. *Journal of the American Medical Association, 289,* 1785–1791.

Huesmann, L. R., & Moise, J. (1996, juni). Media violence: A demonstrated public health threat to children. *Harvard Mental Health Letter, 12*(12), 5–7.

Huesmann, L. R., Moise-Titus, J., Podolski, C-L., & Eron, L. D. (2003). Longitudinal relations between children's exposure to TV violence and their aggressive and violent behavior in young adulthood: 1977–1992. *Developmental Psychology, 39,* 201–221. [Zie ook: Bushman & Anderson, 2001; Johnson et al., 2001.]

Hull, C. L. (1943). *Principles of behavior: An introduction to behavior theory.* New York: Appleton-Century-Crofts.

Hull, C. L. (1952). *A behavior system: An introduction to behavior theory concerning the individual organism.* New Haven, CT: Yale University Press.

Humphreys, L. G. (1988). Trends in levels of academic achievement of blacks and other minorities. *Intelligence, 12,* 231–260.

Hunt, E. (1989). Cognitive science: Definition, status, and questions. *Annual Review of Psychology, 40,* 603–629. [Zie ook: Medin, 1989; Mervis & Rosch, 1981; Rosch & Mervis, 1975.]

Hunter, I. (1964). *Memory.* Baltimore: Penguin.

Hurk, P. A. M. van den, Giommi, F., Gielen, S. C., Speckens, A. E. M., & Barendregt, H. P. (2010). Greater efficiency in attentional processing related to mindfulness meditation. *Quarterly Journal of Experimental Psychology, 63*(6), 1168–1180.

Huss, M. T. (2001). Psychology and law, now and in the next century: The promise of an emerging area of psychology. In J. S. Halonen & S. F. Davis (Eds.), *The many faces of psychological research in the 21st century.* Bezocht op http://teachpsych.org/resources/e-books/faces/script/Ch11.htm.

Huston, T. L., Ruggiero, M., Conner, R., & Geis, G. (1981). Bystander intervention into crime: A Study based on naturally-occurring episodes. *Social Psychology Quarterly, 44,* 14–23.

Huttenlocher, J., Haight, W., Bryk, A., Seltzer, M., & Lyons, T. (1991). Early vocabulary growth: Relation to language input and gender. *Developmental Psychology, 27,* 236–248.

Hyde, J. S. (2007). New directions in the study of gender similarities and differences. *Current Directions in Psychological Science, 16,* 259–263.

Hyde, J. S., & Jaffe, S. (2000). Becoming a heterosexual adult: The experiences of young women. *Journal of Social Issues, 56,* 283–296.

Hyman, I. A. (1996). Using research to change public policy: Reflections on 20 years of effort to eliminate corporal punishment in schools. *Pediatrics, 98,* 818–821. [Zie ook: Hyman et al., 1977.]

Iacono, W. G., & Grove, W. M. (1993). Schizophrenia reviewed: Toward an integrative genetic model. *Science, 4,* 273–276.

Ineichen, B. (1979). The social geography of marriage. In M. Cook & G. Wilson (Eds.), *Love and attraction.* New York: Pergamon Press.

Inglehart, R. (1990). *Culture shift in advanced industrial society.* Princeton, NJ: Princeton University Press.

Insel, T. R. (2010, april). Faulty circuits. *Scientific American, 302*(4), 44–51.

Insko, C., Thibaut, J. W., Moehle, D., Wilson, M., & Diamond, W. D. (1980). Social evolution and the emergence of leadership. *Journal of Personality and*

Social Psychology, 39, 441–448.

Institute of Medicine. (2002). *Dietary reference intakes for energy, carbohydrate, fiber, fat, fatty acids, cholesterol, protein, and amino acids.* Washington, DC: National Institutes of Health.

Ishai, A., & Sagi, D. (1995). Common mechanisms of visual imagery and perception. *Science, 268,* 1772–1774.

Iverson, P., Kuhl, P. K., Akahane-Yamada, R., Diesch, E., Tohkura, Y., Kettermann, A., & Siebert, C. (2003). A perceptual interference account of acquisition difficulties for non-native phonemes. *Cognition, 87,* B47–B57.

Iyengar, S., & W. Jiang (2003), How more choices are demotivating: Impact of more options on 401(K) investment. *Journal of Personality and Social Psychology.*

Izard, C. E. (2007). Basic emotions, natural kinds, emotion schemas, and a new paradigm. *Perspectives on Psycho logical Science, 2,* 260–280.

J

Jablensky, A. (2000). Epidemiology of schizophrenia: The global burden of disease and disability. *European Archives of Psychiatry & Clinical Neuroscience, 250,* 274–283.

Jacobs, B. L. (1987). How hallucinogenic drugs work. *American Scientist, 75,* 386–392.

Jacobs, L. F., & Schenk, F. (2003). Unpacking the cognitive map: The parallel map theory of hippocampal function. *Psychological Review, 110,* 285–315.

Jacobs, R. C., & Campbell, D. T. (1961). The permanence of an arbitrary tradition through several generations of a laboratory microculture. *Journal of Abnormal and Social Psychology, 62,* 649–658.

Jacobson, N. S., & Christensen, A. (1996). Studying the effectiveness of psychotherapy: How well can clinical trials do the job? *American Psychologist, 51,* 1031–1039.

Jacobson, N. S., Christensen, A., Prince, S. E., Cordova, J., & Eldridge, K. (2000). Integrative behavioral couple therapy: An acceptance-based, promising new treatment for couple discord. *Journal of Consulting and Clinical Psychology, 68,* 351–355.

Jaffe, E. (2006, maart). Opening Skinner's Box causes controversy. *APS Observer, 19*(3), 17–19.

Jaffe, E. (2007, mei). Mirror neurons: How we reflect on behavior. *APS Observer, 20*(5), 20–25.

James, W. (1884). What is an emotion? *Mind, 9,* 188–205.

James, W. (1890/1950). *The principles of psychology* (2 vols.). New York: Holt, Rinehart & Winston. (Oorspronkelijk gepubliceerd in 1890.)

Janis, I. (1972). *Victims of groupthink: A psychological study of foreign-policy decisions and fiascoes.* Boston: Houghton Mifflin.

Janis, I., & Mann, L. (1977). *Decision making: A psychological analysis of conflict, choice and commitment.* New York: The Free Press.

Janoff-Bulman, R. (1989). The benefits of illusions, the threat of disillusionment, and the limitations of inaccuracy. *Journal of Social and Clinical Psychology, 8,* 158–175.

Janoff-Bulman, R. (1992). *Shattered assumptions: Towards a new psychology of trauma.* New York: The Free Press.

Janoff-Bulman, R., & Frantz, C. M. (1997). The impact of trauma on meaning: From meaningless world to meaningful life. In M. Power & C. R. Brewin (Eds.), *The transformation of meaning in psychological therapies* (pp. 91–106). New York: Wiley.

Javitt, D. C., & Coyle, J. T. (2004). Decoding schizophrenia. *Scientific American, 290,* 48–55.

Jenkins, J. H., & Barrett, R. J., (Eds.). (2004). *Schizophrenia, culture, and subjectivity: The edge of experience.* Cambridge, UK: Cambridge University Press.

Jensen, A. R. (1969). How much can we boost IQ and scholastic achievement? *Harvard Educational Review, 39,* 1–123.

Jensen, A. R. (1998). The *g* factor and the de sign of education. In R. J. Sternberg & W. M. Williams (Eds.), *Intelligence, instruction, and assessment: Theory into practice.* Mahwah, NJ: Erlbaum.

Jensen, A. R. (2000). Testing: The dilemma of group differences. *Psychology, Public Policy, and Law, 6,* 121–127.

Jensen, A. R., & Figueroa, R. A. (1975). Forward and backward digit-span interaction with race and IQ: Predictions from Jensen's theory. *Journal of Educational Psychology, 67,* 882–893.

Jick, H., Kaye, J. A., & Jick, S. S. (2004, 21 juli). Antidepressants and the risk of suicidal behaviors. *JAMA: Journal of the American Medical Association, 292,* 338–343.

Jog, M. S., Kubota, Y., Connolly, C. I., Hillegaart, V., & Grabiel, A. M. (1999, 26 november). Building neural representations of habits. *Science, 286,* 1745–1749.

John, O. P., & Srivastava, S. (1999). *The Big-Five trait taxonomy: History, measurement, and theoretical perspectives.* Bezocht op 24 januari 2008, www.uoregon.edu/~sanjay/pubs/bigfive.pdf. [Zie ook: Caprara et al., 1993; Costa & McCrae, 1992a, b.]

Johnson, J. H., & Sarason, I. B. (1979). Recent developments in research on life stress. In V. Hamilton & D. M. Warburton (Eds.), *Human stress and cognition: An information processing approach* (pp. 205–233). Chichester, UK: Wiley.

Johnson, M. (1991). Selye's stress and the body in the mind. *Advances in Nursing Science, 7,* 38–44.

Johnson, M. H. (1998). The neural basis of cognitive development. In D. Kuhn & R. S. Siegler (Eds.), *Handbook of child psychology: Vol. 2. Cognition, perception, and language* (5th ed., pp. 1–49). New York: Wiley.

Johnson, P. M., & Kenny, P. J. (2010, 28 maart). Dopamine D2 receptors in addiction-like reward dysfunction and compulsive eating in obese rats. *Nature Neuroscience, 13,* 635–641. doi:10.1038/nn.2519.

Johnson, R. L. (2006, herfst). Editorial: The science-practice divide. *The General Psychologist, 41*(2), 4.

Johnson, R. L., & Rudmann, J. L. (2004). Psychology at community colleges: A survey. *Teaching of Psychology, 31,* 183–185.

Johnson, W., te Nijenhuis, J., & Bouchard, T. J. (2008). Still just 1 *g*: Consistent results from five test batteries. *Intelligence, 36,* 81–95.

Joiner, T. E., Jr., & Schmidt, N. B. (1995). Dimensions of perfectionism, life stress, and depressed and anxious symptoms: Prospective support for diathesis-stress but not specific vulnerability among male undergraduates. *Journal of Social and Clinical Psychology, 14,* 165–183.

Jones, M. C. (1924). A laboratory study of fear: The case of Peter. *Pedagogical Seminary, 31,* 308–315.

Jonides, J., Lacey, S. C., & Nee, D. E. (2005). Processes of working memory in mind and brain. *Current Directions in Psychological Science, 14,* 2–5.

Joseph, R. (1988). Dual mental functioning in a split-brain patient. *Journal of Clinical Psychology, 44,* 770–779.

Juliano, S. L. (1998, 13 maart). Mapping the sensory mosaic. *Science, 279,* 1653–1654.

Julien, R. M. (2007). *A primer of drug action* (11th ed.). New York: W. H. Freeman.

Jung, C. G. (1936/1959). The concept of the collective unconscious. In H. E. Read & M. Fordham (Eds.), *The archetypes and the collective unconscious, collected works* (Vol. 9, Part I, pp. 54–77). Princeton, NJ: Princeton University Press. (Oorspronkelijk gepubliceerd in 1936.)

K

Kabat-Zinn, J. (1990). *Full catastrophe living: Using the wisdom of your body and mind to face stress, pain, and illness.* New York: Delacorte.

Kagan, J. (1996). Three pleasing ideas. *American Psychologist, 51,* 901–908.

Kagan, J. (1998). *Three seductive ideas.* Cambridge, MA: Harvard University Press.

Kagan, J., Herschkowitz, N., & Herschkowitz, E. (2005). *Young mind in a growing brain.* Mahwah, NJ: Erlbaum Associates.

Kagan, J., & Snidman, N. (1998). Childhood derivatives of high and low reactivity in infancy. *Child Development, 69,* 1483–1493.

Kahneman, D. (2003). A perspective on judgment and choice: Mapping bounded rationality. *American Psychologist, 58,* 697–720.

Kahneman, D., & Tversky, A. (2000). *Choice, values, and frames.* New York: Cambridge University Press. [Zie ook: Jacowitz & Kahneman, 1995; Tversky & Kahneman, 2000.]

Kaldenbach, Y. (2006). De WISC-III anno 2006: een voorstel tot eenduidige en hiërarchische analyse, interpretatie en rapportage. *Kind en Adolescent Praktijk, 5*(3), 128–136.

Kaldenbach, Y. (2007). Hiërarchische analyse van de WISC-III nader toegelicht: Vragen en antwoorden. *Kind en Adolescent Praktijk, 6*(2), 72–80.

Kamans, E., Gordijn, E. H., Oldenhuis, H., & Otten, S. (2009). What you think you see is what you get. Influence of prejudice on assimilation to negative meta-stereotypes of Dutch Moroccan teenagers. *European Journal of Social Psychology, 39,* 842–851.

Kamil, A. C., Krebs, J., & Pulliam, H. R. (1987). *Foraging behavior.* New York: Plenum.

Kamin, L. (1994, 23 november). Intelligence, IQ tests, and race. *Chronicle of Higher Education,* p. B5.

Kamin, L. J. (1969). Predictability, surprise, attention, and conditioning. In B. A. Campbell & R. M. Church (Eds.), *Classical conditioning: A symposium.* New York: Appleton-Century-Crofts.

Kamin, L. J. (1995, februari). Book review: Behind the curve. *Scientific American, 272,* 99–103.

Kandel, D. B. (1978). Similarity in real-life adolescent friendship pairs. *Journal of Personality and Social Psychology, 36,* 306–312.

Kandel, E. (2000, 10 november). Neuroscience: Breaking down scientific barriers to the study of brain and mind. *Science, 290,* 1113–1120.

Kandel, E. R., & Hawkins, R. D. (1992, september). The biological basis of learning and individuality. *Scientific American, 267,* 79–86.

Kandel, E. R., & Squire, L. R. (2000, 10 november). Neuroscience: Breaking down scientific barriers to the study of brain and mind. *Science, 290,* 1113–1120. [Zie ook: Heeger, 1994; Hubel & Wiesel, 1979; Lettvin et al., 1959; Maunsell, 1995; Zeki, 1992.]

Kantrowitz, B. (1992, 27 januari). A head start does not last. *Newsweek, 119,* pp. 44–45.

Karlsgodt, K. H., Sun, D., & Cannon, T. D. (2010). Structural and functional brain abnormalities in schizophrenia. *Current Directions in Psychological Science, 19,* 226–231. [Zie ook: Sawa & Snyder, 2002.]

Kasamatsu, A., & Hirai, T. (1966). An electroencephalographic study on the Zen meditation (Zazen). *Folia*

Psychiatrica et Neurological Japonica, 20, 315–336.

Kassin, S. (2001). Confessions: Psychological and forensic aspects. In N. J. Smelser & P. B. Baltes (Eds.), *International encyclopedia of the social & behavioral sciences.* Amsterdam: Elsevier.

Kazdin, A. E. (1994). *Behavior modification in applied settings* (5th ed.). Pacific Grove, CA: Brooks/Cole.

Kazdin, A. E. (2008). Evidence-based treatment and practice: New opportunities to bridge clinical research and practice, enhance the knowledge base, and improve patient care. *American Psychologist, 63,* 146–159.

Keating, D. P. (2004). Cognitive and brain development. In R. M. Lerner & L. Steinberg (Eds.), *Handbook of adolescent psychology* (2nd ed., pp. 45–84). Hoboken, NJ: Wiley.

Keel, P. K., & Klump, K. L. (2003). Are eating disorders culture-bound syndromes? Implications for conceptualizing their etiology. *Psychological Bulletin, 129,* 747–769.

Keen, S. (1991). *Faces of the enemy: Reflections of the hostile imagination.* San Francisco: Harper.

Keller, M. B., McCullough, J. P., Klein, D. N., Arnow, B., Dunner, D. L., Gelenberg, A. J., Markowitz, J. C., Nemeroff, C. B., Russell, J. M., Thase, M. E., Trivedi, M. H., & Zajecka, J. (2000, 18 mei). A comparison of nefazodone, the cognitive behavioral-analysis system of psychotherapy, and their combination for the treatment of chronic depression. *New England Journal of Medicine, 342,* 1462–1470.

Kelley, J. E., Lumley, M. A., & Leisen, J. C. C. (1997). Health effects of emotional disclosure in rheumatoid arthritis patients. *Health Psychology, 16,* 331–340.

Kemeny, M. E. (2003). The psychobiology of stress. *Current Directions, 12,* 124–129.

Kendler, H. H. (2005). Psychology and phenomenology: A clarification. *American Psychologist, 60,* 318–324.

Kendler, K. S., & Gardner, C. O., Jr. (1998). Boundaries of major depression: An evaluation of DSM-IV criteria. *American Journal of Psychiatry, 155,* 172–177.

Kenealy, P. (1997). Key components of the Mozart Effect. *Perceptual and Motor Skills, 86,* 835–841.

Kenrick, D. T., & Funder, D. C. (1988). Profiting from controversy: Lessons from the person-situation debate. *American Psychologist, 43,* 23–34.

Kenrick, D. T., Griskevicius, V., Neuberg, S. L., & Schaller, M. (2010). Renovating the pyramid of needs: Contemporary extensions built upon ancient foundations. *Perspectives on Psychological Science, 5,* 292–314.

Kenrick, D. T., & Stringfield, D. O. (1980). Personality traits and the eye of the beholder: Crossing some traditional philosophical boundaries in the search for consistency in all of the people. *Psychological Review, 87,* 88–104.

Kershaw, S. (2010, 9 januari). The terrorist mind: An Update. *New York Times.* Bezocht op www.nytimes.com/2010/01/10/weekinreview/10kershaw.html?emc=eta1&pagewanted=print.

Kesebir, S., Graham, J., & Oishi, S. (2010). A theory of human needs should be human-centered, not animal-centered: Commentary on Kenrick et al. (2010). *Perspectives on Psychological Science, 5,* 315–319.

Kessler, R. C., Zhao, S., Katz, S. J., Kouzis, A. C., Frank, R. G., Edlund, M., & Leaf, P. (1999). Past-year use of outpatient services for psychiatric problems in the National Comorbidity Survey. *American Journal of Psychiatry, 156*(1), 115-123.

Keynes, R. (2002). *Darwin, his daughter, and human evolution.* New York: Penguin Putnam.

Kiecolt-Glaser, J. K., & Glaser, R. (1987). Psychosocial moderators of immune function. *Annals of Behavioral Medicine, 9,* 16–20.

Kiecolt-Glaser, J. K., & Glaser, R. (2001). Stress and immunity: Age enhances the risks. *Current Directions in Psychological Science, 10,* 18–21.

Kierein, N. M., & Gold, M. A. (2000). Pygmalion in work organizations: A meta-analysis. *Journal of Organizational Behavior, 21,* 913–928.

Kieseppa, T., Partonen, T., Haukka, J., Kaprio, J., & Lonnqvist, J. (2004). High concordance of bipolar I disorder in a nationwide sample of twins. Bezocht op http://ajp.psychiatryonline.org/cgi/reprint/161/10/1814.

Kiesler, C. A. (1982). Mental hospitals and alternative care: Noninstitutionalization as potential public policy for mental patients. *American Psychologist, 37,* 349–360.

Kiesler, C. A. (1993). Mental health policy and mental hospitalization. *Current Directions in Psychological Science, 2,* 93–95.

Kiester, E. (1980, mei/juni). Images of the night. *Science, 80,* 36–42.

Kihlstrom, J. F. (1985). Hypnosis. *Annual Review of Psychology, 36,* 385–418.

Kihlstrom, J. F. (1987). The cognitive unconscious. *Science, 237,* 1445–1452.

Kihlstrom, J. F. (1990). The psychological unconscious. In L. Pervin (Ed.), *Handbook of personality: Theory and research* (pp. 445–464). New York: Guilford Press.

Kihlstrom, J. F. (2012). The Person-situation interaction. In D. Carlston (Ed.), *Oxford handbook of social cognition.* New York: Oxford University Press.

Kihlstrom, J. F., Barnhardt, T. M., & Tartaryn, D. J. (1992). The psychological unconscious: Found, lost, and regained. *American Psychologist, 47,* 788–791.

Killingsworth, M. A., & Gilbert, D. T. (2010). A wandering mind is an unhappy mind. *Science, 330,* 932.

Kim, H. S. (2002). We talk, therefore we think? A cultural analysis of the effects of talking on thinking. *Journal of Personality and Social Psychology, 83,* 828–842.

Kim, J., & Hatfield, E. (2004). Love types and subjective well-being. *Social Behavior and Personality: An International Journal, 32,* 173–182.

Kimble, G. A. (1991). The spirit of Ivan Petrovich Pavlov. In G. A. Kimble, M. Wertheimer, & C. L. White (Eds.), *Portraits of pioneers in psychology* (pp. 26–40). Washington, DC: American Psychological Association.

Kincade, K. (1973). *A Walden Two experiment: The first five years of Twin Oaks Community.* New York: Morrow.

Kindt, M., Soeter, M., & Vervliet, B. (2009). Beyond extinction: Erasing human fear responses and preventing the return of fear. *Nature Neuroscience, 12,* 256–258.

King, P. M., & Kitchener, K. S. (1994). *Developing reflective judgment: Understanding and promoting intellectual growth and critical thinking in adolescents and adults.* San Francisco, CA: Jossey-Bass.

Kirsch, I., & Braffman, W. (2001). Imaginative suggestibility and hypnotizability. *Current Directions in Psychological Science, 10,* 57–61.

Kirsch, I., & Lynn, S. J. (1995). Altered state of hypnosis: Changes in the theoretical landscape. *American Psychologist, 50,* 846–858.

Kirsch, I., & Lynn, S. J. (1998). Dissociation theories of hypnosis. *Psychological Bulletin, 123,* 100–115. [Zie ook: Kihlstrom, 1998; Woody & Sadler, 1998.]

Klag, M. J., Whelton, P. K., Grim, C. E., & Kuller, L. H. (1991). The association of skin color with blood pressure in U.S. blacks with low socioeconomic status. *Journal of the American Medical Association, 265,* 599–602.

Klein, O., & Azzi, A. E. (2001). The strategic confirmation of meta-stereotypes: How group members attempt to tailor an out-group's representation of themselves. *British Journal of Social Psychology, 40,* 279–293.

Klein, P. J., & Meltzoff, A. M. (1999). Long-term memory, forgetting, and deferred imitation in 12-month-old infants. *Developmental Science, 2,* 102–113.

Kleinmuntz, B., & Szucko, J. J. (1984). Lie detection in ancient and modern times: A call for contemporary scientific study. *American Psychologist, 39,* 766–776.

Klinger, E. (1987, mei). The power of daydreams. *Psychology Today,* 37–44.

Klüver, H., & Bucy, P. C. (1939). Preliminary analysis of temporal lobes in monkeys. *Archives of Neurology and Psychiatry, 42,* 979–1000.

Knapp, S., & VandeCreek, L. (2003). An overview of the major changes in the 2002 APA Ethics Code. *American Psychologist, 34,* 301–308. [Zie ook: Ilgen & Bell, 1991; Rosenthal, 1994a.]

Knecht, S., Flöel, A., Dräger, B., Breitenstein, C., Sommer, J., Henningsen, H., Ringelstein, E. B., & Pascual-Leone, A. (2002, 1 juli). Degree of language lateralization determines susceptibility to unilateral brain lesions. *Nature Neuroscience, 5,* 695–699.

Kobasa, S. O., Hilker, R. R., & Maddi, S. R. (1979). Who stays healthy under stress? *Journal of Occupational Medicine, 21,* 595–598.

Kochanska, G., Barry, R. A., Jimenez, N. B., Hollatz, A. L., & Woodard, J. (2009). Guilt and effortful control: Two mechanisms that prevent disruptive developmental trajectories. *Journal of Personality and Social Psychology, 97,* 322–333.

Kochanska, G., Barry, R. A., Stellern, S. A., & O'Bleness, J. J. (2009). Early attachment organization moderates the parent–child mutually coercive pathway to children's antisocial conduct. *Child Development, 80,* 1288–1300.

Koechlin, E., Ody, C., & Kouneiher, F. (2003, 14 november). The architecture of cognitive control in the human prefrontal cortex. *Science, 302,* 1181–1185.

Köhler, W. (1925). *The mentality of apes.* New York: Harcourt Brace Jovanovich.

Köhler, W. (1947). *Gestalt psychology* (2nd ed.). New York: LiveRight.

Kohn, P. M., Barnes, G. E., & Hoffman, F. M. (1979). Drug-use history and experience seeking among adult male correctional inmates. *Journal of Consulting and Clinical Psychology, 47,* 708–715.

Kohn, S. J., & Smith, G. C. (2003). The impact of downward social comparison processes on depressive symptoms in older men and women. *Ageing International, 28,* 37–65.

Kohout, J. (2001, februari). Facts and figures: Who's earning those psychology degrees? *Monitor on Psychology, 32*(2). Bezocht op 14 oktober 2004, www.apa.org/monitor/feb01/facts.html.

Kohout, J., & Wicherski, M. (2000, december). Where are the new psychologists working? *Monitor on Psychology, 13.*

Kok, R. S., Praag, C. M., Cools, K., & van Herpen, M. (2002). Motiverend belonen loont, *Economische Statistische Berichten, 87*(4386), 867.

Kolb, B. (1989). Development, plasticity, and behavior. *American Psychologist, 44,* 1203–1212.

Koltko-Rivera, M. E. (2006). Redisovering the later version of Maslow's hierarchy of needs: Self-transcendence and opportunities for theory, research, and unification. *Review of General Psychology, 10,* 302–317.

Kopta, S. M., Lueger, R. J., Saunders, S. M., & Howard,

K. I. (1999). Individual psychotherapy outcome and process research: Challenges leading to greater turmoil or a positive transition? *Annual Review of Psychology, 30,* 441–469.

Korb, R. (2012). *Motivating defiant and disruptive students to learn*: Positive classroom management strategies. Thousand Oaks, CA: Corwin.

Kort, W., Compaan, L., Bleichrodt, N., Resing, W.C.M., Schittekatte, M., Bosmans, M., Vermeir, G. & Verhaeghe, P. (2002). *WISC-III NL Wechsler Intelligence Scale for Children. Derde Editie NL. Handleiding.* David Wechsler. Amsterdam: NIP Dienstencentrum.

Kort, W., Schittekatte, M., Bosmans, M., Compaan, E.L., Bosmans, M., Dekker, P. H., Vermeir, G., & Verhaeghe, P. (2005). *WISC-III NL. Wechsler Intelligence Scale for Children-III. Nederlandse bewerking.* Amsterdam: Pearson Benelux.

Kort, W., Schittekatte, M., Dekker, P. H., Verhaeghe, P., Compaan, E. L., Bosmans, M., & Vermeir, G. (2005). *WISC-III NL Wechsler Intelligence Scale for Children. David Wechsler. Derde Editie NL. Handleiding en Verantwoording.* Amsterdam: Harcourt Test Publishers. Amsterdam: NIP Dienstencentrum.

Kosko, B., & Isaka, S. (1993, juli). Fuzzy logic. *Scientific American, 269,* 76–81.

Kosslyn, S. M. (1976). Can imagery be distinguished from other forms of internal representation? Evidence from studies of information retrieval times. *Memory and Cognition, 4,* 291–297.

Kosslyn, S. M., Cacioppo, J. T., Davidson, R. J., Hugdahl, K., Lovallo, W. R., Speigel, D., & Rose, R. (2002). Bridging psychology and biology: The analysis of individuals in groups. *American Psychologist, 57,* 341–351. [Zie ook: Davidson, 1992a, b; 2000a, b; Heller et al., 1998.]

Kotchoubey, B. (2002). Do event-related brain potentials reflect mental (cognitive) operations? *Journal of Psychophysiology, 16,* 129–149.

Koyama, T., McHaffie, J. G., Laurienti, P. J., & Coghill, R. C. (2005, 6 september). The subjective experience of pain: Where expectations become reality. *Proceedings of the National Academy of Sciences, 102,* 12950–12955.

Krakovsky, M. (2005, 2 februari). Dubious "Mozart effect" remains music to many Americans' ears. *Stanford Report.* Bezocht op 7 september 2008, http://news-service.stanford.edu/news/2005/february2/mozart-020205.html.

Krakovsky, M. (2007, februari). Unsettled scores. *Scientific American, 296*(2), 13–14.

Kramer, P. D. (1993). *Listening to Prozac: A psychiatrist explores antidepressant drugs and the remaking of the self.* New York: Viking.

Krampe, R. T., & Ericsson, K. A. (1996). Maintaining excellence: Deliberate practice and elite performance in young and older pianists. *Journal of Experimental Psychology: General, 125,* 331–359.

Krantz, D. S., Grunberg, N. E., & Baum, A. (1985). Health psychology. *Annual Review of Psychology, 36,* 349–383.

Krätzig, G. P., & Arbuthnott, K. D. (2006). Perceptual learning style and learning proficiency: A Test of the Hypothesis. *Journal of Educational Psychology, 98,* 238–246.

Kuiper, N. A., et. al. (1993). Coping humor, stress, and cognitive appraisals. *Canadian Journal of Behavioral Science, 25*(1), 81–96.

Kukla, A. (1989). Non-empirical issues in psychology. *American Psychologist, 44,* 785–794.

Kurdek, L. A. (2005). What do we know about gay and lesbian couples? *Current Directions in Psychological Science, 14,* 251–254.

Kurth, S., Ringluim M., Geiger, A., LeBourgeois, M., Jennie, O. G., & Huber, R. (2010). Mapping of cortical activity in the first two decades of life: A high-density sleep electroencephalogram study. *Journal of Neuroscience, 30*(40), 13211–13219.

L

Lachman, M. E., & Weaver, S. L. (1998). The sense of control as a moderator of social class differences in health and well-being. *Journal of Personality and Social Psychology, 74,* 763–773.

Lachman, R., Lachman, J. L., & Butterfield, E. C. (1979). *Cognitive psychology and information processing: An introduction.* Hillsdale, NJ: Erlbaum.

Lama, D. (His Holiness). (2007). *How to see yourself as you really are* (J. Hopkins, Trans.). New York: Simon & Schuster.

Lamb, M. E. (1999, mei/juni). Mary D. Salter Ainsworth, 1913–1999, attachment theorist. *APS Observer, 32,* 34–35.

Lambo, T. A. (1978). Psychotherapy in Africa. *Human Nature, 1*(3), 32–39.

Land, H. van 't, Schoemaker, C., & Ruiter, C. de (red.) (2008). *Trimbos zakboek psychische stoornissen.* Tweede, herziene en uitgebreide druk. Utrecht: De Tijdstroom.

Landesman, S., & Butterfield, E. C. (1987). Normalization and deinstitutionalization of mentally retarded individuals: Controversy and facts. *American Psychologist, 42,* 809–816.

Landry, D. W. (1997, februari). Immunotherapy for cocaine addiction. *Scientific American, 276*(2), 42–45.

Lane, E. (2006, 28 juli). Neuroscience in the courts – A revolution in justice? *Science, 313,* 458.

Lang, F. R., & Carstensen, L. L. (1994). Close emotional relationships in late life: Further support for proactive aging in the social domain. *Psychology and Aging, 9,* 315–324.

Lang, P. J., & Lazovik, D. A. (1963). The experimental desensitization of a phobia. *Journal of Abnormal and Social Psychology, 66,* 519–525.

Lange, M. de & Klomp, M. (1997), *Agressieve jongeren. Cognitie, emotie en gedrag.* Utrecht: SWP.

Langens, T. A. (2003). Daydreaming mediates between goal commitment and goal attainment in individuals high in achievement motivation. *Imagination, Cognition and Personality, 22*(2), 103–115.

Langleben, D. D., Schroeder, L., Maldjian, J. A., Gur, R. C., McDonald, S., Ragland, J. D., O'Brien, C. P., & Childress, A. R. (2002). Brain activity during imulated deception: An event-related functional magnetic resonance study. *NeuroImage, 15,* 727–732.

Langlois, J. H., Roggman, L. A., Casey, R. J., Ritter, J. M., Rieser-Danner, L. A., & Jenkins, V. Y. (1987). Infant preferences for attractive faces: Rudiments of a stereotype. *Developmental Psychology, 23,* 363–369.

Larson, R. W. (2001). How U.S. children and adolescents spend time: What it does (and doesn't) tell us about their development. *Current Directions in Psychological Science, 10,* 160–164.

Lash, J. (2001). Dealing with the tinder as well as the flint. *Science, 294,* 1789.

Latané, B., & Darley, J. M. (1968). Group inhibition of bystander intervention in emergencies. *Journal of Personality and Social Psychology, 10,* 215–221.

Lauer, J. C. & Lauer, R. H. (1999). *How to survive and thrive in an empty nest.* Oakland: New Harbinger publications.

Lazarus, R. S. (1981, juli). Little hassles can be hazardous to your health. *Psychology Today,* 58–62.

Lazarus, R. S. (1984). On the primacy of cognition. *American Psychologist, 39,* 124–129.

Lazarus, R. S. (1999). *Stress and emotion: A new synthesis.* London, UK: Free Association Press.

Lazarus, R. S., DeLongis, A., Folkman, S., & Gruen, R. (1985). Stress and adaptational outcomes: The problem of confounded measures. *American Psychologist, 40,* 770–779.

Leaper, C., Anderson, K. J., & Sanders, P. (1998). Moderators of gender effects on parents' talk to their children: A meta-analysis. *Developmental Psychologist, 34,* 3–27.

Learman, L. A., Avorn, J., Everitt, D. E., Rosenthal, R. (1990, juli). Pygmalion in the nursing home. The effects of caregiver expectations on patient outcomes. *Journal of American Geriatrics Society, 38*(7), 797–803.

LeDoux, J. (2002). *Synaptic self: How our brains become who we are.* New York: Viking. [Zie ook: Canli et al., 2002; Carpenter, 2001a; Craik et al., 1999; Davidson, 2002; Zuckerman, 1995.]

LeDoux, J. E. (1994). Emotion, memory and the brain. *Scientific American, 270*(6), 50–57.

LeDoux, J. E. (1996). *The emotional brain: The mysterious underpinnings of emotional life.* New York: Simon & Schuster. [Zie ook Barinaga, 1996; Singer, 1995.]

LeDoux, J. E. (2000). Emotion circuits in the brain. *Annual Review of Neuroscience, 23,* 155–184.

Lee, J. L. (2009, 29 augustus). What do you see? *Science News, 176*(5), 22–25.

Lehrer, J. (2010, 11/12 december). Are heroes born, or can they be are made? *Wall Street Journal,* p. C12. Bezocht op http://online.wsj.com/article/SB100014240527487041563045760039632332863324.html.

Leichtman, M. D. (2006). Cultural and maturational influences on long-term event memory. In C. Tamis-LeMonda & L. Balter (Eds.), *Child psychology: A handbook of contemporary issues* (2nd ed.). Philadelphia, PA: Psychology Press.

Lefcourt, H. M. (2000). *Humor: The psychology of living buoyantly.* Alphen aan den Rijn: Kluwer.

Lensing, V. (2001). Grief support: The role of funeral service. *Journal of Loss and Trauma, 6,* 45–63.

Leonard, J. (1998, mei/juni). Dream-catchers: Understanding the biological basis of things that go bump in the night. *Harvard Magazine, 100,* 58–68.

Lepper, M. R., Greene, D., & Nisbett, R. E. (1973). Undermining children's intrinsic interest with extrinsic reward: A test of the over-justification hypothesis. *Journal of Personality and Social Psychology, 28*(1), 129–137.

Lerner, R. M., Orlos, J. R., & Knapp, J. (1976). Physical attractiveness, physical effectiveness and selfconcept in adolescents. *Adolescence, 11,* 313–326.

Lesgold, A. (1988). Problem solving. In R. J. Sternberg & E. E. Smith (Eds.), *The psychology of human thought.* New York: Cambridge University Press.

Leshner, A. I. (1997, 3 oktober). Addiction is a brain disease, and it matters. *Science, 278,* 45–47.

Leslie, A. M., & Frith, U. (1987). Metarepresentation and autism: How not to lose one's marbles. *Cognition, 27,* 291–294.

Leslie, M. (2000, juli/augustus). The vexing legacy of Lewis Terman. *Stanford, 28*(4), 44–51.

Levenson, R. W. (1992). Autonomic nervous system differences among emotions. *Psychological Science, 3,* 23–27.

Leventhal, H., & Tomarken, A. J. (1986). Emotion: Today's problems. *Annual Review of Psychology, 37,* 565–610.

Levine, K., Shane, H. C., & Wharton, R. H. (1994). What if . . . : A plea to professionals to consider the risk–benefit ratio of facilitated communication. *Mental*

Retardation, 32(4), 300–304.

Levine, L. J. (1997). Reconstructing memory for emotions. *Journal of Experimental Psychology: General, 126,* 165–177.

Levine, L. J., & Bluck, S. (2004). Painting with broad strokes: Happiness and the malleability of event memory. *Cognition & Emotion, 18,* 559–574.

Levine, L. J., & Safer, M. A. (2002). Sources of bias in memory for emotions. *Current Directions in Psychological Science, 11,* 169–173.

Levine, M., & Perkins, D. V. (1987). *Principles of community psychology: Perspectives and applications.* New York: Oxford University Press.

Levinson, D. J. (1978). *The seasons of a man's life.* New York: Knopf.

Levinson, D. J. (1986). A conception of adult development. *American Psychologist, 41*(1), 3–13.

Levinson, D. J. (1996). *The seasons of a woman's life.* New York: Knopf.

Levinthal, C. F. (2008). *Drugs, behavior, and modern society.* Boston: Pearson Education.

Levitt, S. D., & Dubner, S. J. (2005). *Freakonomics: A rogue economist explores the hidden side of everything.* New York: HarperCollins.

Levy, S. R., Stroessner, S. J., & Dweck, C. S. (1998). Stereotype formation and endorsement: The role of implicit theories. *Journal of Personality and Social Psychology, 74,* 1421–1436.

Lewinsohn, P. M., Clarke, G. N., Hops, H., & Andrews, J. A. (1990). Cognitive-behavioral treatment for depressed adolescents. *Behavior Therapy, 21,* 385–401.

Lewinsohn, P. M., & Gotlib, I. H. (1995). Behavioral theory and treatment of depression. In E. E. Beckham, & W. R. Leber (Eds.), *Handbook of depression* (2nd ed., pp. 352–375). New York: Guilford Press.

Lewinsohn, P. M., Sullivan, J. M., & Grosscup, S. J. (1980). Changing reinforcing events: An approach to the treatment of depression. *Psychotherapy: Theory, Research and Practice, 17,* 322–334.

Lewis, T. L., & Maurer, D. (2005). Multiple sensitive periods in human visual development: Evidence from visually deprived children. *Developmental Psychobiology, 46,* 163–183.

Lewy, A. J., Lefler, B. J., Emens, J. S., & Bauer, V. K. (2006). The circadian basis of winter depression. *PNAS Proceedings of the National Academy of Sciences of the United States of America, 103,* 7414–7419. [Zie ook: Wehr & Rosenthal, 1989.]

Ley, R. (1990). *A whisper of espionage; Wolfgang Kohler and the apes of Tenerife.* Garden City Park, NY: Avery Publishing Group Inc.

Li, J. (2005). Mind or virtue: Western and Chinese beliefs about learning. *Current Directions in Psychological Science, 14,* 190–194.

Lieberman, M. D., & Rosenthal, R. (2001). Why introverts can't always tell who likes them: Multitasking and nonverbal decoding. *Journal of Personality and Social Psychology, 80,* 294–310.

Liegeois, F., Baldeweg, T., Connelly, A., Gadian, D. G., Mishkin, M., & Vargha-Khadem, F. (2001). Language fMRI abnormalities associated with FOXP2 gene mutation. *Nature Neuroscience, 11,* 1230–1237.

Liem, R., & Rayman, P. (1982). Health and social costs of unemployment: Research and policy considerations. *American Psychologist, 37,* 1116–1123.

Light, K. C., Grewen, K. M., & Amico, J. A. (2005). More frequent partner hugs and higher oxytocin levels are linked to lower blood pressure and heart rate in premenopausal women. *Biological Psychology, 69,* 5–21.

Lilienfeld, S. O., & Arkowitz, H. (2009, november/december). Foreign afflictions: Do psychological disorders differ across cultures? *Scientific American Mind, 20*(6), 68–69.

Lilienfeld, S. O., Lynn, S. J., Ruscio, J., & Beyerstein, B. L. (2010). *50 great myths of popular psychology.* West Sussex, UK: Wiley-Blackwell.

Lillard, A. (1999). Developing a cultural theory of mind: The CIAO approach. *Current Directions in Psychological Science, 8,* 57–61.

Lillard, A. S. (1997). Other folks' theories of mind and behavior. *Psychological Science, 8,* 268–274. [Zie ook: Miller, 1984; Morris & Peng, 1994.]

Linehan, M. M. (1993a). *Cognitive-behavioral treatment borderline personality disorder.* New York: Guilford Press.

Lipsey, M. W., & Wilson, D. B. (1993). The efficacy of psychological, educational, and behavioral treatment: Confirmation from meta-analysis. *American Psychologist, 48,* 1181–1209.

Lipsitt, L. P., Reilly, B., Butcher, M. G., & Greenwood, M. M. (1976). The stability and interrelationships of newborn sucking and heart rate. *Developmental Psychobiology, 9,* 305–310.

Liu, W., Vichienchom, K., Clements, M., DeMarco, S. C., Hughes, C., McGucken, E., Humayun, M. S., De Juan, E., Weiland, J. D., & Greenberg, R. (2000, oktober). A neuro-stimulus chip with telemetry unit for retinal prosthetic device. *IEEE Journal of Solid-State Circuits, 35,* 1487–1497.

Lodewijckx, E. (2008). *Veranderende leefvormen in het Vlaamse gewest.* Studiedienst van de Vlaamse regering, SVR-rapport 2008/3.

Loftus, E. F. (1979). *Eyewitness testimony.* Cambridge, MA: Harvard University Press.

Loftus, E. F. (1984). The eyewitness on trial. In B. D. Sales & A. Alwork (Eds.), *With liberty and justice for all.* Englewood Cliffs, NJ: Prentice Hall.

Loftus, E. F. (1997). Creating false memories. *Scientific American, 277,* 70–75. Bezocht op http://faculty.washington.edu/eloftus/Articles/sciam.htm.

Loftus, E. F. (2003a). Make-believe memories. *American Psychologist, 58,* 867–873. [Zie ook: Hyman et al., 1995; Loftus, 1997a, 1997b; Loftus & Ketcham, 1994.]

Loftus, E. F. (2003b). Our changeable memories: Legal and practical implications. *Nature Reviews: Neuroscience, 4,* 231–234.

Loftus, E. F., & Klinger, M. R. (1992). Is the unconscious smart or dumb? *American Psychologist, 47,* 761–765.

Loftus, E. F., & Palmer, J. C. (1973). Reconstruction of automobile destruction: An example of the interaction between language and memory. *Journal of Verbal Learning and Verbal Behavior, 13,* 585–589.

Lonner, W. J., & Malpass, R. (1994). *Psychology and culture.* Boston: Allyn & Bacon.

Lopez, S.J. (ed.) (2009). *Encyclopedia of positive psychology.* Malden, MA: Wiley-Blackwell.

Lourenço, O., & Machado, A. (1996). In defense of Piaget's theory: A reply to 10 common criticisms. *Psychological Review, 103,* 143–164.

Lovibond, S. H., Adams, M., & Adams, W. G. (1979).The effects of three experimental prison environments on the behavior of non-conflict volunteer subjects. *Australian Psychologist, 14,* 273–285.

Luborsky, L., Singer, B., & Luborsky, L. (1975). Comparative studies of psychotherapies: Is it true that everyone has won and all must have prizes? *Archives of General Psychiatry, 32,* 995–1008.

Lykken, D., & Tellegen, A. (1996). Happiness is a stochastic phenomenon. *Psychological Science, 7,* 186–189.

Lykken, D. T., McGue, M., Tellegen, A., & Bouchard, T. J. (1992). Emergenesis: Genetic traits that may not run in families. *American Psychologist, 47,* 1565–1577.

Lytton, H., & Romney, D. M. (1991). Parents' differential socialization of boys and girls: A meta-analysis. *Psychological Bulletin, 109,* 267–296.

Lyubomirsky, S., & Boehm, J. K. (2010). Human motives, happiness, and the puzzle of parenthood: Commentary on Kenrick et al. (2010). *Perspectives on Psychological Science, 5,* 327–334.

M

Maas, J. B. (1999). *Power sleep: The revolutionary program that prepares your mind for peak performance.* New York: HarperPerennial.

Maccoby, E. (1998). *The two sexes: Growing up apart, coming together.* Cambridge, MA: Belknap Press.

Maccoby, E. (2000). *Gender differentiation in childhood: Broad patterns and their implications.* Address given at the American Psychological Association annual convention, Washington, DC.

Maccoby, E. E., & Martin, J. A. (1983). Socialization in the context of the family: Parent-child interaction. In E. M. Hetherington (Ed.), *Handbook of child psychology: Vol. 4, Socialization, personality, and social development* (4th ed., pp. 1–101). New York: Wiley.

Maccoby, N., Farquhar, J. W., Wood, P. D., & Alexander, J. K. (1977). Reducing the risk of cardiovascular disease: Effects of a community-based campaign on knowledge and behavior. *Journal of Community Health, 3,* 100–114.

MacCoun, R. J. (1998). Toward a psychology of harm reduction. *American Psychologist, 53,* 1199–1208.

Macmillan, J. C. (2000). *An odd kind of fame: Stories of Phineas Gage.* Cambridge, MA: MIT Press.

Macrae, C. N., Milne, A. B., & Bodenhausen, G. V. (1994). Stereotypes as energy-saving devices: A peek inside the cognitive toolbox. *Journal of Personality and Social Psychology, 66,* 37–47.

Maddi, S. R. (1987). Hardiness training at Illinois Bell Telephone. In J. P. Opatz (Ed.), *Health promotion evaluation* (pp. 101–115). Stevens Point, WI: National Wellness Institute.

Maddi, S. R. (2002). The story of hardiness: Twenty years of theorizing, research and practice. *Consulting Psychology Journal, 54,* 173–185.

Maguire, E. A., Spiers, H. J., Good, C. D., Hartley, T., Frackowiak, R. S., & Burgess, N. (2003). Navigation expertise and the human hippocampus: A structural brain imaging analysis. *Hippocampus, 13,* 250–259.

Maher, B. A., & Maher, W. B. (1985). Psychopathology: II. From the eighteenth century to modern times. In G. A. Kimble & K. Schlesinger (Eds.), *Topics in the history of psychology* (Vol. 2, pp. 295–329). Hillsdale, NJ: Erlbaum.

Maier, S. F., & Watkins, L. R. (1999). Bidirectional communication between the brain and the immune system: Implications for behaviour. *Animal Behaviour, 57,* 741–751.

Maier, S. F., & Watkins, L. R. (2000). The immune system as a sensory system: Implications for psychology. *Current Directions in Psychological Science, 9,* 98–102.

Maisto, S. A., Galizio, M., & Connors, G. J. (1995). *Drug use and abuse* (2nd ed.). Fort Worth, TX: Harcourt Brace.

Malatesta, V. J., Sutker, P. B., & Treiber, F. A. (1981). Sensation seeking and chronic public drunkenness. *Journal of Consulting and Clinical Psychology, 49,* 282–294.

Malitz, S., & Sackheim, H. A. (1984). Low dosage ECT: Electrode placement and acute physiological and cognitive effects. *American Journal of Social Psy-*

chiatry, 4, 47–53.

Manfredi, M., Bini, G., Cruccu, G., Accor nero, N., Beradelli, A., & Medolago, L. (1981). Congenital absence of pain. *Archives of Neurology, 38,* 507–511.

Mann, T., Tomiyama, A. J., Westling, E., Lew, A., Samuels, B., & Chatman, J. (2007). Medicare's search for effective obesity treatments: Diets are not the answer. *American Psychologist, 62,* 220–233.

Manning, R., Levine, M., & Collins, A. (2007). The Kitty Genovese murder and the social psychology of helping. *American Psychologist, 62,* 555–562.

Maquet, P. (2001, 2 november). The role of sleep in learning and memory. *Science, 294,* 1048–1052.

Marcotty, J. (2010, 22 september). "Savior sibling" raises a decade of life-and-death questions. *Star Tribune.* Bezocht op 20 november 2010, Center for Genetics and Society www.geneticsandsociety.org/article.php?id=5388.

Marcus, G. B. (1986). Stability and change in political attitudes: Observe, recall, and "explain." *Political Behavior, 8,* 21–44.

Marcus, G. F. (1996). Why do children say "breaked"? *Current Directions in Psychological Science, 3,* 81–85.

Marks, J. (2004, juni). Ask *Discover:* How closely related are people to each other? And how closely does our genome match up with those of other primates? *Discover, 25*(6), 17.

Markus, H. R., & Kitayama, S. (1994). The cultural construction of self and emotion: Implications for social behavior. In H. R. Markus & S. Kitayama (Eds.), *Emotion and culture: Empirical studies of mutual influence* (pp. 89–130). Washington, DC: American Psychological Association.

Markus, H. R., Uchida, Y., Omoregie, H., Townsend, S. S. M., & Kitayama, S. (2006). Going for the gold: Models of agency in Japanese and American contexts. *Psychological Science, 17,* 103–112.

Marschall, J. (2007, februari/maart). Seduced by sleep. *Scientific American Mind, 18*(1), 52–57.

Marsh, H. W., Hau, K. T., Sung, R. Y. T., & Yu, C. W. (2007). Childhood obesity, gender, actual-ideal body image discrepancies, and physical self-concept in Hong Kong children: Cultural differences in the value of moderation. *Developmental Psychology, 43,* 647–662.

Marsh, P. (1988). Detecting insincerity. In P. Marsh (Ed.), *Eye to eye: How people interact.* (Ch. 14, pp. 116–119). Oxford, UK: Oxford Andromeda.

Martin, D. J., Garske, J. P., & Davis, M. K. (2000). Relation of the therapeutic alliance with outcome and other variables: A meta-analytic review. *Journal of Consulting and Clinical Psychology, 68,* 438–450.

Martin, G., & Pear, J. (1999). *Behavior modification: What it is and how to do it* (6th ed.). Upper Saddle River, NJ: Prentice Hall.

Martin, J. A. (1981). A longitudinal study of the consequences of early mother–infant interaction: A microanalytic approach. *Monographs of the Society for Research in Child Development, 46* (203, Serial No. 190).

Martin, R. C. (2005). Components of short-term memory and their relation to language processing. Evidence from neuropsychology and neuroimaging. *Current Directions in Psychological Science, 14,* 204–208.

Martinez-Conde, S., & Macknik, S. L. (2008, december). Magic and the brain. *Scientific American, 299*(6), 72–79.

Martins, Y., Preti, G., Crabtree, C. R., Runyan, T., Vainius, A. A., & Wysocki, C. J. (2005). Preference for human body odors is influenced by gender and sexual orientation. *Psychological Science, 16,* 694–701.

Maruyama, G., & Miller, N. (1975). *Physical attractiveness and classroom acceptance (Research Report 75–2).* Los Angeles: University of Southern California, Social Science Research Institute.

Marx, J. (2004, 16 juli). Prolonging the agony. *Science, 305,* 326–329.

Marx, J. (2005). Preventing Alzheimer's: A lifelong commitment? *Science, 309,* 864–866.

Marx, J. (2006, 20 januari). Drugs inspired by a drug. *Science, 311,* 322–325.

Maslach, C. (1998, april). *The truth about burnout.* The G. Stanley Hall Lecture given at the Western Psychological Association convention in Albuquerque, NM.

Maslach, C. (2003). Job burnout: New directions in research and intervention. *Current Directions in Psychological Science, 12,* 189–192.

Maslach, C., & Goldberg, J. (1998). Prevention of burnout: New perspectives. *Applied and Preventive Psychology, 7,* 63–74.

Maslach, C., & Leiter, M. P. (1997). *The truth about burnout: How organizations cause personal stress and what to do about it.* San Francisco: Jossey-Bass Publishers.

Maslach, C., & Leiter, M. P. (2005). Stress and burnout: The critical research. In C. L. Cooper (Ed.), *Handbook of stress medicine and health* (2nd ed., pp. 153–170). Boca Raton, FL: CRC Press LLC.

Maslach, C., & Leiter, M. P. (2008). Early predictors of job burnout and engagement. *Journal of Applied Psychology, 93,* 498–512.

Maslach, C., Schaufeli, W. B., & Leiter, M. P. (2001). Job burnout. *Annual Review of Psychology, 52,* 397–422.

Maslow, A. (1943). A theory of human motivation. *Psychological Review, 50,* 370–396. Bezocht op 4 april 2008, http://psychclassics.yorku.ca/Maslow/motivation.htm.

Maslow, A. H. (1968). *Toward a psychology of being* (2nd ed.). New York: Van Nostrand.

Maslow, A. H. (1970). *Motivation and personality* (Rev. ed.). New York: Harper & Row.

Maslow, A. H. (1971). *Farther reaches of human nature.* New York: Viking Penguin.

Mason, M. F., Norton, M. I., Van Horn, J. D., Wegner, D. M., Grafton, S. T., & Macrae, C. N. (2007, January 19). Wandering minds: The default network and stimulus-independent thought. *Science, 315,* 393–395.

Massimini, M., Ferrarelli, F., Huber, R., Esser, S. K., Singh, H., & Tononi, G. (2005, 30 september). Breakdown of cortical effective connectivity during sleep. *Science, 309,* 2228–2232. [Zie ook: Miller, 2005; Roser & Gazzaniga, 2004.]

Masten, A. S. (2001). Ordinary magic: Resilience processes in development. *American Psychologist, 56,* 227–238.

Masters, W. H., & Johnson, V. E. (1966). *Human sexual response.* Boston: Little, Brown.

Masters, W. H., & Johnson, V. E. (1970). *Human sexual inadequacy.* Boston: Little, Brown.

Masters, W. H., & Johnson, V. E. (1979). *Homo sexuality in perspective.* Boston: Little, Brown.

Matarazzo, J. D. (1980). Behavioral health and behavioral medicine: Frontiers for a new health psychology. *American Psychologist, 35,* 807–817.

Mather, M. (2007). Emotional arousal and memory binding: An object-based framework. *Perspectives on Psychological Science, 2,* 33–52.

Matossian, M. K. (1982). Ergot and the Salem witchcraft affair. *American Scientist, 70,* 355–357.

Matossian, M. K. (1989). *Poisons of the past: Molds, epidemics, and history.* New Haven: Yale University Press.

Matsumoto, D. (1996). *Culture and psychology.* Pacific Grove, CA: Brooks/Cole. [Zie ook: Jenkins, 1994; Manson, 1994.]

Matthews, K. A. (1982). Psychological perspectives on the Type-A behavior pattern. *Psychological Bulletin, 91,* 293–323.

Matthews, K. A., Woodall, K. L., Kenyon, K., & Jacob, T. (1996). Negative family environment as a predictor of boys' future status on measures of hostile attitudes, interview behavior, and anger expression. *Health Psychology, 15,* 30–37.

Mauron, A. (2001, 2 februari). Is the genome the secular equivalent of the soul? *Science, 291,* 831–833.

May, R. (1996). *The meaning of anxiety.* New York: Norton.

Mayberg, H. S. (2006). Defining neurocircuits in depression. *Psychiatric Annals, 36,* 259–268.

Mayberg, H. S. (2009). Targeted electrode-based modulation of neural circuits for depression. *Journal of Clinical Investigation, 119,* 717–725. Bezocht op 4 juli 2011, www.jci.org/articles/view/38454.

Mayberry, R. I. (1991). The importance of childhood to language acquisition: Evidence from American Sign Language. In J. C. Goodman & H. C. Nusbaum (Eds.). *The development of speech perception: The transition from speech sounds to spoken words* (pp. 57–90) Cambridge, MA: MIT Press.

Mayer, J. D., Salovey, P., Caruso, D. R., & Sitarenios, G. (2003). Measuring emotional intelligence with the MSCEIT V2.0. *Emotion, 3,* 97–105.

Mayr, E. (2000, juli). Darwin's influence on modern thought. *Scientific American, 283*(1), 79–83.

McAdams, D. P. (1992). The five-factor model in personality: A critical appraisal. *Journal of Personality, 60,* 239–361.

McAdams, D. P. (2006). *The redemptive self: Stories Americans live by.* New York: Oxford University Press.

McAdams, D. P., & Pals, J. L. (2006). A new Big Five: Fundamental principles for an integrative science of personality. *American Psychologist, 61,* 204–217.

McAdams, D. P., de St. Aubin, E., & Logan, R. L. (1993). Generativity among young, midlife, and older adults. *Psychology and Aging, 8,* 221–230.

McAnulty, R. D., & Burnette, M. M. (2004). *Exploring human sexuality: Making healthy decisions* (2nd ed.). Boston: Allyn & Bacon.

McArdle, J. J., Ferrer-Caja, E. Hamagami, F., & Woodcock, R. W. (2002). Comparative longitudinal structural analyses of the growth and decline of multiple intellectual abilities over the life span. *Developmental Psychology, 38,* 115–142.

McCann, I. L., & Pearlman, L. A. (1990). Vicarious traumatization: A framework for understanding the psychological effects of working with victims. *Journal of Traumatic Stress, 3,* 131–149.

McCarley, N., & Carskadon, T. G. (1983). Test-retest reliabilities of scales and subscales of the Myers–Briggs Type Indicator and of criteria for clinical interpretive hypotheses involving them. *Research in Psychological Type, 6,* 24–36.

McCarthy, K. (1991, August). Moods – good and bad – color all aspects of life. *APA Monitor,* 13.

McCartney, K., Harris, M. J., & Bernieri, F. (1990). Growing up and growing apart: A developmental meta-analysis of twin studies. *Psychological Bulletin, 107,* 226–237.

McClelland, D. C. (1958). Methods of measuring human motivation. In J. W. Atkinson (Ed.), *Motives in fantasy, action and society.* Princeton, NJ: D. Van Nostrand.

McClelland, D. C. (1965). Achievement and entrepreneurship: A longitudinal study. *Journal of Personality and Social Psychology, 1,* 389–392.

McClelland, D. C. (1975). *Power: The inner experience.* New York: Irvington.

McClelland, D. C. (1987a). Characteristics of successful entrepreneurs. *The Journal of Creative Behavior, 21,* 219–233.

McClelland, D. C. (1987b). *Human motivation.* New York: Cambridge University Press. [Zie ook: Cooper, 1983; French & Thomas, 1958.]

McClelland, D. C. (1993). Intelligence is not the best predictor of job performance. *Current Directions in Psychological Science, 2,* 5–6.

McClelland, D. C., & Boyatzis, R. E. (1982). Leadership motive pattern and long-term success in management. *Journal of Applied Psychology, 67,* 737–743.

McClure, S. M., Laibson, D. I., Loewenstein, G., & Cohen, J. D. (2004). Separate neural systems value immediate and delayed monetary rewards. *Science, 306,* 503–507.

McCook, A. (2006, 24 juli). Conflicts of interest at federal agencies. *TheScientist.com.* Bezocht op 18 oktober 2007, www.the-scientist.com/news/display/24056/.

McCrae, R. R., Terraciano, A., & 78 members of the Personality Profiles of Cultures Project. (2005). Universal features of personality traits from the observer's perspective: Data from 50 cultures. *Journal of Personality and Social Psychology, 88,* 547–561.

McCullough, M. L. (2001). Freud's seduction theory and its rehabilitation: A saga of one mistake after another. *Review of General Psychology, 5,* 3–22.

McDonald, K. A. (1998, 14 augustus). Scientists consider new explanations for the impact of exercise on mood. *The Chronicle of Higher Education,* A15–A16.

McGrath, J., Saha, S., Welham, J., El Saadi, O., MacCauley, C., & Chant, D.A. (2004). Systematic review of the incidence of schizophrenia: the distribution of rates and the influence of sex, urbanicity, migrant status, and methodology. *BMC Medicine, 2:* 13.

McGaugh, J. L. (2000, 14 januari). Memory – A century of consolidation. *Science, 287,* 248–251.

McGuire, P. A. (2000, februari). New hope for people with schizophrenia. *Monitor on Psychology, 31*(2), 24–28.

McGurk, S. R., Mueser, K. T., Feldman, K., Wolfe, R., & Pascaris, A. (2007). Cognitive training for supported employment: 2–3 year outcomes of a randomized controlled trial. *American Journal of Psychiatry, 164,* 437–441. [Zie ook: Butcher et al., 2008.]

McHugh, R. K. & Barlow, D. (2010). The dissemination and implementation of evidence-based psychological treatments: A review of current efforts. *American Psychologist, 65,* 73–84.

McIntosh, D. N., Silver, R. C., Wortman, C. B. (1993). Religion's role in adjustment to a negative life event: Coping with the loss of a child. *Journal of Personality and Social Psychology, 65,* 812–821.

McKeachie, W. J. (1990). Research on college teaching: The historical background. *Journal of Educational Psychology, 82,* 189–200.

McKeachie, W. J. (1997). Good teaching makes a difference – And we know what it is. In R. B. Perry & J. C. Smart (Eds.), *Effective teaching in higher education: Research and practice* (pp. 396–408). New York: Agathon Press.

McKeachie, W. J. (1999). *McKeachie's teaching tips: Strategies, research, and theory for college and university teachers* (10th ed.). Boston: Houghton Mifflin.

McNally, R. J. (1994, augustus). Cognitive bias in panic disorder. *Current Directions in Psychological Science, 3,* 129–132.

McNally, R. J., Bryant, R. A., & Anke, E. (2003). Does early psychological intervention promote recovery from posttraumatic stress? *Psychological Science in the Public Interest, 4*(2), 45–79. doi: 10.1111/1529-1006.01421.

McNally, R. J., Bryant, R. A., & Ehlers, A. (2003). Does early psychological intervention promote recovery from posttraumatic stress? *Psychology Science in the Public Interest, 4,* 45–79.

McNamara, P., McLaren, D., Smith, D., Brown, A., & Stickgold, R. (2005). A "Jekyll and Hyde" within: Aggressive versus friendly interactions in REM and non-REM dreams. *Psychological Science, 16,* 130–136.

Medin, C., Lynch, J., & Solomon, H. (2000). Are there kinds of concepts? *Annual Review of Psychology, 52,* 121–147.

Medin, D. L., & Ross, B. H. (1992). *Cognitive psychology.* Fort Worth, TX: Harcourt Brace Jovanovich.

Meeus, W. H. J., & Raaijmakers, Q. A. W. (1986). Administrative obedience: Carrying out orders to use psychological-administrative violence. *European Journal of Social Psychology, 16,* 311–324.

Mehl, M. R., Gosling, S. D. & Pennebaker, J. W. (2006). Personality in its natural habitat: Manifestations and implicit folk theories of personality in daily life. *Journal of Personality and Social Psychology, 90,* 862–877.

Meichenbaum, D. H., & Cameron, R. (1974). The clinical potential and pitfalls of modifying what clients say to themselves. In M. J. Mahoney & C. E. Thoreson (Eds.), *Self-control: Power to the person* (pp. 263–290). Monterey, CA: Brooks-Cole.

Meier, R. P. (1991). Language acquisition by deaf children. *American Scientist, 79,* 60–70.

Meltzoff, J., & Kornreich, M. (1970). *Research in psychotherapy.* New York: Atherton.

Melzack, R. (1990, February). The tragedy of needless pain. *Scientific American, 262,* 27–33.

Melzack, R., & Wall, P. D. (1965). Pain mechanisms: A new theory. *Science, 150,* 971–979.

Melzack, R., & Wall, P. D. (1983). *The challenge of pain.* New York: Basic Books.

Merari, A. (2006). Psychological aspects of suicidal terrorism. In B. Bongar, L. M. Brown, L. Beutler, J. N. Breckenridge, & P. G. Zimbardo (Eds.), *Psychology and terrorism* (pp. 101–115). New York: Oxford University Press.

Meredith, N. (1986, juni). Testing the talking cure. *Science, 86*(7), 30–37.

Merikle, P. M., & Reingold, E. M. (1990). Recognition and lexical decision without detection: Unconscious perception? *Journal of Experimental Psychology: Human Perception & Performance, 16,* 574–583.

Mervis, C. B., & Rosch, E. (1981). Categorization of natural objects. *Annual Review of Psychology, 32,* 89–115.

Meyer, S. (z.j.). The story behind *Twilight.* In *The official website of Stephanie Meyer.* Bezocht op www.stepheniemeyer.com/twilight.html.

Meyers, L. (2006, november). Medicate or not? An APA working group reports on use of medications when treating children. *Monitor on Psychology, 37*(10), 24–25.

Meyers, L. (2007, juni). Of mind and matter: Understanding consciousness. *Monitor on Psychology, 38*(6), 32–35.

Miklowitz, D. J. (2007) The role of the family in the course and treatment of bipolar disorder. *Current Directions in Psychological Science, 16,* 192–196.

Milgram, S. (1965). Some conditions of obedience and disobedience to authority. *Human Relations, 18,* 56–76.

Milgram, S. (1974). *Obedience to authority.* New York: Harper & Row.

Miller, G. (2004, 2 april). Learning to forget. *Science, 304,* 34–36.

Miller, G. (2005, 13 mei). Reflecting on another's mind. *Science, 308,* 945–946.

Miller, G. (2006a, 4 augustus). The emotional brain weighs its options. *Science, 313,* 600–601.

Miller, G. (2006b, 12 mei). Probing the social brain. *Science, 312,* 838–839.

Miller, G. (2006c, 27 januari). The unseen: Mental illness's global toll. *Science, 311,* 458–461.

Miller, G. (2007, 9 maart). Hunting for meaning after midnight. *Science, 315,* 1360–1363.

Miller, G. A. (1956). The magic number seven plus or minus two: Some limits in our capacity for processing information. *Psychological Review, 63,* 81–97.

Miller, K. E., Barnes, G. M., Sabo, D. F., Melnick, M. J., & Farrell, M. P. (2002). Anabolic-androgenic steroid use and other adolescent problem behaviors: Rethinking the male athlete assumption. *Sociological Perspectives, 45,* 467–489.

Miller, M. W. (1993, 2 december). Dark days: The staggering cost of depression. *The Wall Street Journal,* B1.

Miller, N. E. (1983). Behavioral medicine: Symbiosis between laboratory and clinic. *Annual Review of Psychology, 34,* 1–31.

Miller, S. L., & Maner, J. K. (2010). Scent of a woman: Men's testosterone responses to olfactory ovulation cues. *Psychological Science, 21,* 276–283. doi: 10.1177/0956797609357733.

Miller, W. R., & Brown, S. A. (1997). Why psychologists should treat alcohol and drug problems. *American Psychologist, 52,* 1269–1279.

Milner, B., Corkin, S., & Teuber, H. H. (1968). Further analysis of the hippocampal amnesic syndrome: 14-year follow-up study of H. M. *Neuropsychologia, 6,* 215–234.

Mineka, S., & Zinbarg, R. (2006). A contemporary learning theory perspective on the etiology of anxiety disorders: It's not what you thought it was. *American Psychologist, 61,* 10–26.

Minkel, J. R. (2009, november). Putting madness in its place. *Scientific American, 301*(5), 16, 19.

Mintz, L. B., & Betz, N. E. (1986). Sex differences in the nature, realism, and correlates of body image. *Sex Roles, 15,* 185–195.

Mischel, W. (1968). *Personality and assessment.* New York: Wiley.

Mischel, W. (1973). Toward a cognitive social learning conceptualization of personality. *Psychological Review, 80,* 252–283.

Mischel, W. (1990). Personality dispositions revisited and revised: A view after three decades. In L. A. Pervin (Ed.), *Handbook of personality: Theory and research.* New York: Guilford Press.

Mischel, W. (1993). *Introduction to personality* (5th ed.). Fort Worth, TX: Harcourt Brace Jovanovich College Publishers.

Mischel, W. (2003). Challenging the traditional personality psychology paradigm. In R. J. Sternberg, (Ed.), *Psychologists defying the crowd: Stories of those who battled the establishment and won* (pp. 139–156). Washington, DC: American Psychological Association.

Mischel, W., & Shoda, Y. (1995). A cognitive-affective system theory of personality: Reconceptualizing situations, dispositions, dynamics, and invariance in personality structure. *Psychological Review, 102,* 246–268.

Miyake, A., Kost-Smith, L. E., Finkelstein, N. D., Pollock, S.

J., Cohen, G. L., & Ito, T. A. (2010). Reducing the gender achievement gap in college science: A classroom study of values affirmation. *Science, 330,* 1234–1237.

Miyake, K. (1993). Temperament, mother-infant interaction, and early emotional development. *Japanese Journal of Research on Emotions, 1,* 48–55.

Miyake, K., Cen, S., & Campos, J. J. (1985). Infant temperament, mother's mode of interaction, and attachment in Japan: An interim report. In J. Bretherton & E. Waters (Eds.), *Growing points of attachment theory: Monographs of the Society of Research in Child Development, 50* (1-2, Serial No. 209).

Miyashita, Y. (1995). How the brain creates imagery: Projection to primary visual cortex. *Science, 268,* 1719–1720.

Mizukami, K., Kobayashi, N., Ishii, T., & Iwata, H. (1990). First selective attachment begins in early infancy: A study using telethermography. *Infant Behavior and Development, 13,* 257–271.

Mobbs, D., Petrovic, P., Marchant, J. L., Hassabis, D., Weiskopf, N., Seymour, B., Dolan, R. J., & Frith, C. D. (2007, 24 augustus). When fear is near: Threat imminence elicits prefrontal-periaqueductal gray shifts in humans. *Science, 317,* 1079–1083. [Zie ook: Barlow, 2000, 2001; Maren, 2007.]

Moen, P., & Wethington, E. (1999). Midlife development in a life-course context. In S. L. Willis & J. D. Reid (Eds.), *Life in the middle: Psychological and social development in middle age* (pp. 3–25). San Diego, CA: Academic Press.

Moffitt, T. E., Arseneault, L., Belsky, D., Kickson, N., Hancox, R. J., Harrington, H., Houts, R., Poulton, R., Roberts, B., Ross, S., Sears, M. R., Thomson, W. M., & Caspi, A. (2011). A gradient of childhood self-control predicts health, wealth, and public safety. *Proceedings of the National Academy of Sciences, 108*(7), 2693–2698.

Moghaddam, F. M., Taylor, D. M., & Wright, S. C. (1993). *Social psychology in cross-cultural perspective.* New York: W. H. Freeman.

Molden, D. C., & Dweck, C. S. (2006). Finding "meaning" in psychology: A lay theories approach to self-regulation, social perception, and social development. *American Psychologist, 61,* 192–203.

Monaghan, P. (1999, 26 februari). Lessons from the "marriage lab." *The Chronicle of Higher Education,* A9.

Mones, A. G., Schwartz, R. C. (2007). The functional hypothesis: A family systems contribution toward an understanding of the healing process of the common factors. *Journal of Psychotherapy Integration, 17,* 314–329.

Money, J. (1987). Sin, sickness, or status? Homosexual gender identity and psychoneuroendocrinology. *American Psychologist, 42,* 384–399.

Monroe, S. M., & Reid, M. W. (2009). Life stress and major depression. *Current Directions in Psychological Science, 18,* 68–72.

Monshouwer, K., Verdurmen J., van Dorsselaer, S., Smit, E., Gorter, A. & Vollebergh, W. (2008). *Jeugd en riskant gedrag 2007: Kerngegevens uit het Peilstationsonderzoek Scholieren. Roken, drinken drugsgebruik en gokken onder scholieren vanaf tien jaar.* Utrecht: Trimbos-instituut.

Moore, M. K., & Meltzoff, A. M. (2004). Object permanence after a 24-hour delay and leaving the locale of disappearance: The role of memory, space, and identity. *Developmental Psychology, 40,* 606–620.

Moore-Ede, M. (1993). *The twenty-four-hour society: Understanding human limits in a world that never stops.* Reading, MA: Addison-Wesley.

Morgan, A. H., Hilgard, E. R., & Davert, E. C. (1970). The heritability of hypnotic susceptibility of twins: A preliminary report. *Behavior Genetics, 1,* 213–224.

Mori, K., & Arai, M. (2010, december). Out of the Asch study. *The Psychologist, 23,* 960.

Mori, K., Nagao, H., & Yoshihara, Y. (1999). The olfactory bulb: Coding and processing of odor molecule information. *Science, 286,* 711–715.

Morone, N. E., Greco, C. M. & Weiner, D. K. (2008). Mindfulness meditation for the treatment of chronic low back pain in older adults: a randomized controlled pilot study. *Pain 2008, 134,* 310–319.

Morrell, E. M. (1986). Meditation and somatic arousal. *American Psychologist, 41*(6), 712–713. [Zie ook: Dillbeck & Orme-Johnson, 1987; Holmes, 1984.]

Morris, W. N., & Miller, R. S. (1975). The effects of consensus-breaking and consensus-preempting partners on reduction of conformity. *Journal of Experimental Social Psychology, 11,* 215–223.

Moskowitz, C. (2009). Teen brains clear out childhood thoughts. *LiveScience,* 23 maart 2009. Bezocht op www.livescience.com/3435-teen-brains-clear-childhood-thoughts.html.

Moss, R. (1996). *Conscious dreaming: A spiritual path to everyday life.* New York: Crown Publishing.

Mowrer, O. H., & Mowrer, W. M. (1938). Enuresis – A method for its study and treatment. *American Journal of Orthopsychiatry, 8,* 436–459.

Mroczek, D. K. (2001). Age and emotion in adulthood. *Current Directions in Psychological Science, 10,* 87–90.

MTA Cooperative Group. (1999). A fourteen-month randomized clinical trial of treatment strategies for attention-deficit/hyperactivity disorder. *Archives of General Psychiatry, 56,* 1073–1086.

MTA Cooperative Treatment Group. (2004). National Institute of Mental Health Multimodal Treatment Study of ADHD Follow-up: 24-Month Outcomes of Treatment Strategies for Attention-Deficit/Hyperactivity Disorder. *Pediatrics, 113,* 754–761.

Mueser, K. T., & McGurk, S. R. (2004, 19 juni). Schizophrenia. *The Lancet, 363,* 2063–2072. doi: 10.1016/S0140-6736(04)16458-1

Muhle R., Trentacoste S. V., & Rapin, I. (2004). The genetics of autism. *Pediatrics, 113*(5), 472–486.

Munakata, Y., McClelland, J. L., Johnson, M. H., & Siegler, R. S. (1997). Rethinking infant knowledge: Toward an adaptive process account of successes and failures in object permanence tasks. *Psychological Review, 104,* 686–713.

Munroe, R. L. (1955). *Schools of psychoanalytic thought.* New York: Dryden.

Munsey, C. (2006, juli/augustus). Frisky, but more risky. *Monitor on Psychology, 37*(7), 40–42.

Munsey, C. (2009, oktober). Insufficient evidence to support sexual orientation change efforts. *Monitor on Psychology, 40*(9), 29.

Murphy, G., & Murphy, L. B. (Eds.). (1968). *Asian psychology.* New York: Basic Books.

Murray, B. (1995, oktober). Americans dream about food, Brazilians dream about sex. *APA Monitor, 30.*

Murray, B. (2002, juni). Writing to heal. *APA Monitor,* 54–55.

Murray, H. A. (1938). *Explorations in personality.* New York, NY: Oxford University Press.

Murray, J. P., & Kippax, S. (1979). Children's social behavior in three towns with differing television experience. *Journal of Communication, 28,* 19–29.

Muusse, C. Henskens, R., & van Rooijen, S. (2008). *Zelfhulpgroepen en de verslavingszorg.* Stand van zaken 2007 een vergelijking met 2004. Utrecht: Trimbos-instituut.

Myers, D. G. (2000). The funds, friends, and faith of happy people. *American Psychologist, 55,* 56–67.

Myers, D. G. (2002). *Intuition: Its powers and perils.* New Haven, CT: Yale University Press.

Myers, D. G., & Diener, E. (1995). Who is happy? *Psychological Science, 6,* 10–19.

Myers, I. B., & Myers, P. B. (1995). *Gifts differing: Understanding personality type.* Palo Alto, CA: Consulting Psychologists Press. [Zie ook: Myers, 1962, 1976, 1987.]

Myers, R. S., & Roth, D. L. (1997). Perceived benefits of and barriers to exercise and stage of exercise adoption in young adults. *Health Psychology, 16,* 277–283.

The mysteries of twins. (1998, 11 januari). *The Washington Post.* Bezocht op 8 november 2004, www.washingtonpost.com/wpsrv/national/longterm/twins/twins2.htm.

N

Nachson, I., & Zelig, A. (2003). Flashbulb and factual memories: The case of Rabin's assassination. *Applied Cognitive Psychology, 17,* 519–531.

Nahemow, L., & Lawton, M. P. (1975). Similarity and propinquity in friendship formation. *Journal of Personality and Social Psychology, 32,* 205–213.

Naigles, L. (1990). Children use syntax to learn verb meanings. *Child Language, 17,* 357–374.

Naigles, L. G., & Kako, E. T. (1993). First contact in verb acquisition: Defining a role for syntax. *Child Development, 64,* 1665–1687.

Naik, G. (2009, 12 februari). A baby, please. Blond, freckles – and hold the colic. *Wall Street Journal.* Bezocht op 20 november 2010, Center for Genetics and Society, www.geneticsandsociety.org/article.php?id=4519.

Nairne, J. S. (2003). Sensory and working memory. In A. F. Healy & R. W. Proctor (eds.), *Handbook of Psychology, Volume 4: Experimental Psychology.* New York: Wiley.

Nairne, J. S. (2009). *Psychology* (5th ed.). Belmont, CA: Thomson.

Nantais, K. M., & Schellenberg, E. G. (1999). The Mozart effect: An artifact of preference. *Psychological Science, 10,* 370–373.

Napier, A. Y. (2000). Making a marriage. In W. C. Nichols, M. A. Pace-Nichols, D. S. Becvar, & A. Y. Napier (Eds.), *Handbook of family development and intervention* (pp. 145–170). New York: Wiley.

Nash, M. R. (2001, juli). The truth and the hype of hypnosis. *Scientific American, 285,* 46–49, 52–55.

Nash, M. R., & Tasso, A. (2010). The effectiveness of hypnosis in reducing pain and suffering among women with metastatic breast cancer and among women with temporomandibular disorder. *International Journal of Clinical and Experimental Hypnosis, 58*(4), 497–504.

National Academies of Science. (2003). *The polygraph and lie detection.* Washington, DC: National Academies Press.

NICHD Early Child Care Research Network. (2000). The relation of child care to cognitive and language development. *Child Development, 71,* 960–980.

National Institute of Medicine. (2006). *Sleep disorders and sleep deprivation: an unmet public health problem.* Bezocht op 19 maart 2008, www.iom.edu/CMS/3740/23160/33668.aspx

National Institute of Mental Health (NIMH). (2003, 22 december). *Mental illness genetics among science's top "breakthroughs" for 2003.* Bezocht op 6 februari 2008, www.nimh.nih.gov/science-news/2003/mental-illness-geneticsamong-sciences-top-breakthroughs-for-2003.shtml. [Zie ook: Plomin, 2003.]

National Institute of Mental Health (NIMH). (2005, 21 april). *Brain scans reveal how gene may boost schizophrenia risk*. Bezocht op 6 februari 2008, www.nimh.nih.gov/science-news/2005/brain-scan-sreveal-how-gene-may-boost-schizophrenia-risk.shtml

National Institute of Mental Health (NIMH). (2008a, 3 april). *Anxiety disorders*. Bezocht op 20 april 2008, http://nimh.nih.gov/health/publications/anxiety-disorders/complete-publication.shtml#pub7.

National Institute of Mental Health (NIMH). (2008b, februari). *Schizophrenia*. Bezocht op 6 februari 2008, www.nimh.nih.gov/health/publications/schizophrenia/summary.shtml

National Institute of Mental Health (NIMH). (2008c, februari). *Statistics*. Bezocht op 5 februari 2008, www.nimh.nih.gov/statistics/index.shtml.

National Institute of Mental Health (NIMH). (2010b). *Statistics*. Bezocht op 4 juli 2011, www.nimh.nih.gov/statistics/index.shtml.

National Institute of Neurological Disorders and Stroke (NINDS). (2007, February). *Coma and persistent vegetative state information page*. Bezocht op 4 december 2007, www.ninds.nih.gov/disorders/coma/coma.htm.

National Institute on Aging. (2010). *Alzheimer's disease medications fact sheet*. Bezocht op 15 november 2010, www.nia.nih.gov/Alzheimers/Publications/medicationsfs.htm.

National Institutes of Health. (2011). *Multiple sclerosis: Hope through research*. Bezocht op 8 augustus 2011, www.ninds.nih.gov/disorders/multiple_sclerosis/detail_multiple_sclerosis.htm.

National Safety Council (2010). Understanding the distracted brain: Why driving while using hands-free cell phones is risky behavior. Bezocht op www.fnal.gov/pub/traffic_safety/files/NSC%20White%20Paper%20-%20Distracted%20Driving%203-10.pdf.

Neal, D. (Producer). (2000, 20 september). [Television broadcast of Olympic Games]. New York: NBC. [Geciteerd in Markus et al., 2006.]

Needleman, H., Schell, A., Belinger, D., Leviton, A., & Allred, E. (1990). The long-term effects of exposure to low doses of lead in childhood: An 11-year follow-up report. *New England Journal of Medicine, 322,* 83–88.

Neimark, J. (2005, oktober). Can the flu bring on psychosis? *Discover, 26*(10), 70–71.

Neimeyer, R. A. (1995). An invitation to constructivist psychotherapies. In R. A. Neimeyer & M. J. Mahoney (Eds.), *Constructivism in psychotherapy*. Washington, DC: American Psychological Association.

Neimeyer, R. A. (1999). Narrative strategies in grief therapy. *Journal of Constructivist Psychology, 12,* 65–85.

Neisser, U. (1967). *Cognitive psychology*. New York: Appleton-Century-Crofts.

Neisser, U. (1997). Never a dull moment. *American Psychologist, 52,* 79–81.

Neisser, U., Boodoo, B., Bouchard, T. J. Jr., Boyukin, A. W., Brody, N., Ceci, S. J., Halpern, D. F., Loehlin, J. C., Perloff, R., Sternberg, R. J., & Urbina, S. (1996). Intelligence: Knowns and unknowns. *American Psychologist, 51,* 77–101.

Nelissen, M. (2008). *De breinmachine*. Tielt: Lannoo.

Nelissen, M. (2011). *Darwin in de supermarkt. Of hoe de evolutie ons dagelijks beïnvloedt*. Tielt: Lannoo.

Nelson, C. A. (1987). The recognition of facial expressions in the first two years of life: Mechanisms of development. *Child Development, 58,* 889–909.

Nelson, C. A., III, Zeanah, C. H., Fox, N. A., Marshall, P. J., Smyke, A. T., & Guthrie, D. (2007, 21 december). Cognitive recovery in socially deprived young children: The Bucharest early intervention project. *Science, 318,* 1937–1940. [Zie ook: Millum & Emanuel, 2007.]

Nelson, T. D. (1993). The hierarchical organization of behavior: A useful feedback model of selfregulation. *Current Directions in Psychological Science, 2,* 121–126.

Nemecek, S. (1999, januari). Unequal health. *Scientific American, 280*(1), 40–41.

Nesse, R. M., & Berridge, K. C. (1997, October 3). Psychoactive drug use in evolutionary perspective. *Science, 278,* 63–66.

Nestler, E. J., & Malenka, R. C. (2004, March). The addicted brain. *Scientific American, 290,* 78–85. [Zie ook: Koob & Le Moal, 1997; Nestler, 2001.]

Netwerk Online Hulp (2011). *Onderzoek naar gebruik online hulp*. Amsterdam: Netwerk Online Hulp.

Neuman, S. B. (2003). From rhetoric to reality: The case for high quality compensatory prekindergarten programs. *Phi Delta Kappan, 85,* 286–291.

Neville, H. J., Bavelier, D., Corina, D., Rauschecker, J., Karni, A., Lalwani, A., Braun, A., Clark, V., Jezzard, P., & Turner, R. (1998, 3 februari). Cerebral organization for language in deaf and hearing subjects: Biological constraints and effects of experience. *Proceedings of the National Academy of Sciences, 95,* 922–929.

Newman, B. S., & Muzzonigro, P. G. (1993). The effects of traditional family values on the coming out process of gay male adolescents. *Adolescence, 28,* 213–226.

Newman, C. (2004, augustus). Why are we so fat? *National Geographic, 206,* 46–61.

Niaura, R., Todaro, J. F., Stroud, L., Spiro, A., 3rd, Ward, K. D., & Weiss, S. (2002). Hostility, the metabolic syndrome, and incident coronary heart disease. *Health Psychology, 21*(6), 588–593.

Nicholls, J. G. (1972). Creativity in the person who will never produce anything original and useful: The concept of creativity as a normally distributed trait. *American Psychologist, 27,* 717–727.

Nicholson, I. (2007, herfst). Maslow: Toward a psychology of being. *The General Psychologist, 42*(2), 25–26. [Zie ook: Baumeister & Leary, 1995; Brehm, 1992; Hatfield & Rapson, 1993; Kelley et al., 1983; Weber & Harvey, 1994a, b.]

Nickerson, R. S. (1998). Confirmation bias: A ubiquitous phenomenon in many guises. *Review of General Psychology, 2,* 175–220.

Nickerson, R. S., & Adams, M. J. (1979). Long-term memory for a common object. *Cognitive Psychology, 11,* 287–307.

Nicoll, R. A., & Alger, B. E. (2004, december). The brain's own marijuana. *Scientific American, 291*(6), 68–71.

Niedenthal, P. M. (2007, 18 mei). Embodying emotion. *Science, 316,* 1002–1005.

Niemi, M. (2009, februari/maart). Cure in the mind. *Scientific American Mind, 20*(1), 42–49.

Niederlander (2006). Statistics in focus – Population and social conditions. *Eurostat 10/2006.*

Nigg, J. T. (2010). Attention-deficit/hyperactivity disorder: Endophenotypes, structure, and etiological pathways. *Current Directions in Psychological Science, 19,* 24–29.

Nijnatten, C. van (2007). The discourse of empowerment: A dialogical self theoretical perspective on the interface of person and institution in social service settings. *International Journal for Dialogical Science, 2,* 337–359.

NIP (2010). *Jaarbrief NIP 2010* [Elektronisch Document]. Verkregen op 18 mei 2012, http://www.psynip.nl/het-nip/nieuws/nip-jaarbrief-2010_roerige-tijden-bieden-kansen.html?pageId=975155.

NIP (2011). *Kritiek op nieuw psychiatrisch handboek zelt aan.* Verkregen op: 25 juli 2012, http://www.psynip.nl/het-nip/nieuws/kritiek-op-nieuw-psychiatrisch-handboek-zwelt-aan.html?pageId=975155.

Nisbett, R. E. (2000). *Culture and systems of thought: Holistic versus analytic cognition in East and West.* Master Lecture presented at the annual convention of the American Psychological Association, Washington, DC.

Nisbett, R. E. (2003). *The geography of thought: How Asians and Westerners think differently . . . and why.* New York: Free Press. [Zie ook: Chua et al., 2005; Nisbett & Norenzayan, 2002; Winerman, 2006.]

Nisbett, R. E. (2005). Heredity, environment, and race differences in IQ: A commentary on Rushton and Jensen. *Psychology, Public Policy, and Law, 11,* 302–310.

Nisbett, R. E., & Norenzayan, A. (2002). Culture and cognition. In D. L. Medin (Ed.), *Stevens' Handbook of Experimental Psychology* (3rd ed.). New York: John Wiley & Sons.

Nisbett, R. E., Peng, K., Choi, I., & Norenzayan, A. (2001). Culture and systems of thought: Holistic versus analytic cognition. *Psychological Review, 108,* 291–310.

Nobles, W. W. (1976). Black people in white insanity: An issue for black community mental health. *Journal of Afro-American Issues, 4,* 21–27.

Nolen-Hoeksema, S. (2001). Gender differences in depression. *Current Directions in Psychological Science, 10,* 173–176.

Nolen-Hoeksema, S., & Davis, C. G. (1999). "Thanks for sharing that": Ruminators and their social support networks. *Journal of Personality and Social Psychology, 77,* 801–814.

Nolen-Hoeksema, S., Wisco, B. E., & Lyubomirsky, S. (2008). Rethinking rumination. *Perspectives on Psychological Science, 3,* 400–424. [Zie ook: Law, 2005; Nolen-Hoeksema & Davis, 1999.]

Norcross, J. C., Koocher, G. P., & Garofalo, A. (2006). Discredited psychological treatments and tests: A Delphi poll. *Professional Psychology: Research and Practice, 37,* 515–522.

Norenzayan, A., & Nisbett, R. E. (2000). Culture and causal cognition. *Current Directions in Psychological Science, 9,* 132–135. [Zie ook: Fletcher & Ward, 1988; Miller, 1984; Triandis, 1996.]

Nova Online. (1996). *Kidnapped by UFOs?* Bezocht op 2 augustus 2007, www.pbs.org/wgbh/nova/aliens/carlsagan.html.

Novak, M. A., & Suomi, S. J. (1988). Psychological well-being of primates in captivity. *American Psychologist, 43,* 765–773.

Novotney, A. (2008, juli-augustus). Get your clients moving: Ten tips to incorporate exercise into your treatment arsenal. *Monitor on Psychology, 39*(7), 68–69.

Novotney, A. (2009, april). New solutions. *Monitor on Psychology, 40*(4), 47–51.

Nowack, K. M. (1983). The relationship between stress, job performance, and burnout in college resident assistants. *Journal of College Student Personnel, 24,* 545–550.

Nuechterlein, K. H., & Dawson, M. E. (1984). A heuristic vulnerability/stress model of schizophrenic episodes. *Schizophrenia Bulletin, 10,* 300 –312.

Nuechterlein, K. H., Dawson, M. E., Ventura, J., Gitlin, M., Subotnik, K.L., Snyder, K. S., Mintz, J., & Bartzokis, G. (1994). The vulnerability/stress model of schizophrenic relapse: a longitudinal study. *Acta Psychiatrica Scandinavica, 89 (supplement 382),* 58–64.

Nungesser, L. G. (1990). *Axioms for survivors: How to live until you say goodbye.* Santa Monica, CA: IBS Press.

Nyklícek, I. & Kuijpers, K. F. (2008). Effects of mindfulness-based stress reduction intervention on psychological well-being and quality of life: is increased mindfulness indeed the mechanism? *Annals of Behavioral Medicine, 35(3):* 331–340.

Nurnberger, J. I. Jr., & Bierut, L. J. (2007, april). Seeking the connections: Alcoholism and our genes. *Scientific American, 296*(4), 46–53.

O

Oakland, T., & Glutting, J. J. (1990). Examiner observations of children's WISC-R test-related behaviors: Possible socioeconomic status, race, and gender effects. *Psychological Assessment, 2,* 86–90.

Oakley, D. A. (2006). Hypnosis as a tool in research: Experimental psychopathology. *Contemporary Hypnosis, 23,* 3–14. [Zie ook: Bowers, 1983; Hilgard, 1968, 1973; Miller & Bowers, 1993; Nash, 2001.]

O'Connor, E. M. (2001, december). Medicating ADHD: Too much? Too soon? *Monitor on Psychology, 32*(11), 50–51.

Oden, G. C. (1968). The fulfillment of promise: 40-year follow-up of the Terman gifted group. *Genetic Psychology Monographs, 77,* 3–93.

Oden, G. C. (1987). Concept, knowledge, and thought. *Annual Review of Psychology, 38,* 203–227.

O'Doherty, J., Dayan, P., Schultz, J., Deichmann, R., Friston, K., & Dolan, R. J. (2004, 16 april). Dissociable roles of ventral and dorsal striatum in instrumental conditioning. *Science, 304,* 452–454.

O'Donovan, A., Lin, J., Dhabhar, F. S., Wolkowitz, O., Tillie, J. M., Blackburn, E., & Epel, E. (2009). Pessimism correlates with leukocyte telomere shortness and elevated interleukin-6 in postmenopausal women. *Brain, Behavior, & Immunity, 23,* 446–449.

Offer, D., Ostrov, E., & Howard, K. I. (1981). *The adolescent: A psychological self-portrait.* New York: Basic Books.

Offer, D., Ostrov, E., Howard, K. I., & Atkinson, R. (1988). *The teenage world: Adolescents' self-image in ten countries.* New York: Plenum Medical.

Office of the Surgeon General, U.S. Department of Health and Human Services. (2005). Advisory on alcohol use in pregnancy. Bezocht op www.surgeon-general.gov/pressreleases/sg02222005.html.

Öhman, A., & Mineka, S. (2001). Fears, phobias, and preparedness: Toward an evolved module of fear and fear learning. *Psychological Review, 108,* 483–522.

Olds, M. E., & Fobes, J. L. (1981). The central basis of motivation: Intracranial self-stimulation studies. *Annual Review of Psychology, 32,* 523–574.

Oliner, S. P. (2001). Heroic Altruism: Heroic and Moral Behavior in a Variety of Settings. In *Remembering for the Future 2000: Papers and Proceedings.* London: Palgrave.

Olton, D. S. (1992). Tolman's cognitive analyses: Predecessors of current approaches in psychology. *Journal of Experimental Psychology: General, 121,* 427–428. [Zie ook: Menzel, 1978; Moar, 1980; Olton, 1979.]

Online Hulpverlening België (2012). *Online hulpverlening in de CGG.* Bezocht op 1 augustus 2012, http://www.online-hulpverlening.be/blog/2011/online-hulpverlening/online-hulpverlening-in-de-cgg/.

Oren, D. A., & Terman, M. (1998, 16 januari). Tweaking the human circadian clock with light. *Science, 279,* 333–334.

Orne, M. T. (1980). Hypnotic control of pain: Toward a clarification of the different psychological processes involved. In J. J. Bonica (Ed.), *Pain* (pp. 155–172). New York: Raven Press.

Ornstein, R., & Sobel, D. (1989). *Healthy pleasures.* Reading, MA: Addison-Wesley.

Orser, B. A. (2007, juni). Lifting the fog around anesthesia. *Scientific American, 296*(6), 54–61.

Ortmann, A., & Hertwig, R. (1997). Is deception acceptable? *American Psychologist, 52,* 746–747. [Zie ook: Bower, 1998d.]

Osborn, A. (1953). *Applied imagination* (Herz. ed.). New York: Charles Scribner's Sons.

Osterhout, L., & Holcomb, P. J. (1992). Event-related brain potentials elicited by syntactic anomaly. *Journal of Memory and Language, 31,* 785–806.

Ostow, M. (1973, 27 april). (Untitled letter to the editor). *Science, 180,* 360–361. [Zie ook andere kritieken van de Rosenhan-studie in andere brieven uit dezelfde uitgave.]

Otgaar, H., Verschuere, B., Meijer, E. H., & Van Oorsouw, K. (2012). The origin of children's implanted false memories: Memory traces or compliance? *Acta Psychologica, 139,* 397–403.

Overmier, J. B. (2002). On learned helplessness. *Integrative Behavioral and Physiological Science, 37,* 4–8.

Overmier, J., & Seligman, M. (1967). Effects of inescapable shock upon subsequent escape and avoidance learning. *Journal of Comparative and Physiological Psychology, 63,* 23–33.

Owen, A. M., Schiff, N. D., & Laureys, S. (2009). A new era of coma and consciousness science. In S. Laureys et al. (eds.), *Progress in brain research* (Vol. 177, pp. 399–411). Amsterdam: Elsevier.

P

Paikoff, R. L., & Brooks-Gunn, J. (1991). Do parent-child relationships change during puberty? *Psychological Bulletin, 110,* 47–66.

Palmer, S. E. (2002). Perceptual grouping: It's later than you think. *Current Directions in Psychological Science, 11,* 101–106.

Park, C. L., Cohen, L. H., & Murch, R. L. (1996). Assessment and prediction of stress-related growth. *Journal of Personality, 64,* 71–105.

Park, D. C. (2007). Eating disorders: A call to arms. *American Psychologist, 62,* 158.

Parker-Pope, T. (2009, 23 juni). How the food makers captured our brains. *New York Times.* Bezocht op www.nytimes.com/2009/06/23/health/23well.html.

Parkes, C. M. (2001). *Bereavement: Studies of grief in adult life.* New York: Routledge.

Parr, W. V., en Siegert, R. (1993). Adults' conceptions of everyday memory failures in others: Factors that mediate the effects of target age. *Psychology and Aging, 8,* 599–605.

Patenaude, A. F., Guttmacher, A. E., & Collins, F. S. (2002). Genetic testing and psychology: New roles, new responsibilities. *American Psychologist, 57,* 271–282. [Zie ook: Fackelmann, 1998.]

Patterson, C. J. (2006). Children of lesbian and gay parents. *Current Directions in Psychological Science, 15,* 241–244.

Patterson, D. R. (2004, december). Treating pain with hypnosis. *Current Directions in Psychological Science, 13,* 252–255.

Patterson, D. R. (2010). *Clinical hypnosis for pain control.* Washington, DC: American Psychological Association.

Patterson, D. R., Jensen, M. P., Wiechman, S. A., & Sharar, S. R. (2010). Virtual reality hypnosis for pain associated with recovery from physical trauma. *International Journal of Clinical and Experimental Hypnosis, 58*(3), 288–300.

Patterson, J. M. (1985). Critical factors affecting family compliance with home treatment for children with cystic fibrosis. *Family Relations, 34,* 74–89.

Patton, G. C., Carlin, J. B., Shao, Q., Hibbert, M. E., Rosier, M., Selzer, R., et al. (1997). Adolescent dieting: Healthy weight control or borderline eating disorder? *Journal of Child Psychology and Psychiatry and Allied Disciplines, 38*(3), 299–306.

Patzer, G. L. (1985). *The physical attractiveness phenomena.* New York: Plenum Press.

Paulesu, E. D., Démonet, J.-F., Fazio, F., McCrory, E., Chanoine, V., Brunswick, N., Cappa, S. F., Cossu, G., Habib, M., Frith, C. D., & Frith, U. (2001, 16 maart). Dyslexia: Cultural diversity and biological utility. *Science, 291,* 2165–2167.

Pavlov, I. P. (1928). *Lectures on conditioned reflexes: Twenty-five years of objective study of higher nervous activity (behavior of animals)* (Vol. 1, W. H. Gantt, Trans.). New York: International Publishers.

Pavot, W., Diener, E., & Fujita, F. (1990). Extraversion and happiness. *Personality and Individual Differences, 1,* 1299–1306.

Pawlik, K., & d'Ydewalle, G. (1996). Psychology and the global commons: Perspectives of international psychology. *American Psychologist, 51,* 488–495.

Pearman, R. R. (1991, November 13). Disputing a report on "Myers–Briggs" test. *Chronicle of Higher Education, B7.*

Pearson, H. (2006, 22 juni). Lure of lie detectors spooks ethicists. *Nature, 441,* 918–919. [Zie ook: McKhann, 2006; Neuroethics Needed, 2006.]

Pedersen, P. (1979). Non-Western psychology: The search for alternatives. In A. J. Marsella, R. G. Tharp, & T. J. Ciborowski (Eds.), *Perspectives on cross-cultural psychology* (pp. 77–98). New York: Academic Press.

Penfield, W. (1959). The interpretive cortex. *Science, 129,* 1719–1725.

Penfield, W., & Baldwin, M. (1952). Temporal lobe seizures and the technique of subtotal lobectomy. *Annals of Surgery, 136,* 625–634.

Peng, K., & Nisbett, R. E. (1999). Culture, dialectics, and reasoning about contradiction. *American Psychologist, 54,* 741–754.

Pennebaker, J. W. (1990). *Opening up: The healing power of confiding in others.* New York: William Morrow.

Pennebaker, J. W. (1997). Writing about emotional experiences as a therapeutic process. *Psychological Science, 8,* 162–166.

Pennebaker, J. W., & Harber, K. D. (1991, april). *Coping after the Loma Prieta earthquake: A preliminary report.* Paper presented at the Western Psychological Association Convention, San Francisco, CA.

Pennisi, E. (2001, 16 februari). The human genome. *Science, 291,* 1177–1180.

Pennisi, E. (2007, 3 april). Genomicists tackle the primate tree. *Science, 316,* 218–221.

Perkins, D. F., & Lerner, R. M. (1995). Single and multiple indicators of physical attractiveness and psychosocial behaviors among young adolescents. *Journal of Early Adolescence, 15,* 268–297.

Perrin, M. A., DiGrande, L., Wheeler, K., Thorpe, L., Farfel, M., & Brackbill, R. (2007). Differences in PTSD prevalence and associated risk factors among World Trade Center disaster rescue and recovery workers. *American Journal of Psychiatry, 164,* 1385–1394.

Perry, W. G. Jr. (1970). *Forms of intellectual and ethical development in the college years: A scheme.* New York: Holt, Rinehart and Winston.

Perry, W. G. Jr. (1994). Forms of intellectual and ethical development in the college years: A scheme. In B. Puka (Ed.), *Defining perspectives in moral development: Vol. 1. Moral development: A compendium* (pp. 231–248). New York: Garland Publishing.

Pervin, L. A. (1985). Personality: Current controversies,

issues, and directions. *Annual Review of Psychology, 36,* 83–114.

Peterson, C., & Park, N. (2010). What happened to self-actualization? Commentary on Kenrick et al. (2010). *Perspectives on Psychological Science, 5,* 320–322.

Peterson, C., & Seligman, M. E. P. (2004). *Character strengths and virtues.* Washington, DC: American Psychological Association & Oxford University Press.

Petitto, L. A., & Marentette, P. (1991). Babbling in the manual mode: Evidence for the ontogeny of language. *Science, 251,* 1483–1496.

Petrosino A., Turpin-Petrosino, C., & Buehler, J. (2003, november). "Scared Straight" and other juvenile awareness programs for preventing juvenile delinquency. (Updated C2 Review). *The Campbell Collaboration Reviews of Intervention and Policy Evaluations (C2-RIPE).* Philadelphia: Campbell Collaboration. Bezocht op 2 augustus 2007, www.campbellcollaboration.org/doc-pdf/ssrupdt.pdf.

Petrovic, P., Kalso, E., Petersson, K. M., & Ingvan, M. (2002, 1 maart). Placebo and opioid analgesia – Imaging a shared neuronal network. *Science, 295,* 1737–1740.

Pham, M. T. (2007). Emotion and rationality: A critical review and interpretation of empirical evidence. *Review of General Psychology, 11,* 155–178.

Phelan, J. (2009). *What is life? A guide to biology.* New York: W. H. Freeman.

Phelps, J. A., Davis, J. O., & Schartz, K. M. (1997). Nature, nurture, and twin research strategies. *Current Directions in Psychological Science, 6,* 117–121.

Pifer, A., & Bronte L. (Eds.). (1986). *Our aging society: Paradox and promise.* New York: Norton.

Pilcher, J. J., & Walters, A. S. (1997). How sleep deprivation affects psychological variables related to college students' cognitive performance. *Journal of American College Health, 46,* 121–126.

Pilisuk, M., & Parks, S. H. (1986). *The healing web: Social networks and human survival.* Hanover, NH: University Press of New England.

Pillard, R., & Bailey, M. (1991). A genetic study of male sexual orientation. *Archives of General Psychiatry, 48,* 1089–1096.

Pillemer, D. B. (1984). Flashbulb memories of the assassination attempt on President Reagan. *Cognition, 16,* 63–80.

Pinel, J. P. J. (2005). *Biopsychology* (6th ed.). Boston: Allyn & Bacon.

Pinel, J. P. J., Assanand, S., & Lehman, D. R. (2000). Hunger, eating, and ill health. *American Psychologist, 55,* 1105–1116.

Pinker, S. (1994). *The language instinct: How the mind creates language.* New York: Morrow.

Pinker, S. (2002). *The blank slate: The modern denial of human nature.* New York: Viking.

Pinker, S. (2006, lente). The blank slate. *The General Psychologist, 41*(1), 1–8. Bezocht op 5 juli 2011, www.apa.org/divisions/div1/news/Spring2006/GenPsychSpring06.pdf.

Pitman, G. E. (2003). Evolution, but no revolution: The "tend-and-befriend" theory of stress and coping. *Psychology of Women Quarterly, 27,* 194–195.

Plomin, R. (2000, september). Psychology in a postgenomics world: It will be more important than ever. *American Psychological Society Observer, 3,* 27. [Zie ook: Boomsma, Anokhin, & de Geus, 1997.]

Plomin, R., & DeFries, J. C. (1998). The genetics of cognitive abilities and disabilities. *Scientific American, 278*(5), 62–69.

Plomin, R., Owen, M. J., & McGuffin, P. (1994). The genetic basis of complex human behaviors. *Science, 264,* 1733–1739.

Plous, S. (1996). Attitudes toward the use of animals in psychological research and education: Results from a national survey of psychologists. *American Psychologist, 51,* 1167–1180. [Zie ook: Blum, 1994.]

Plutchik, R. (1980). *Emotion: A psychoevolutionary synthesis.* New York: Harper & Row.

Plutchik, R. (1984). Emotions: A general psycho-evolutionary theory. In K. Scherer & P. Ekman (Eds.), *Approaches to emotion.* Hillsdale, NJ: Erlbaum.

Plutchik, R. (2002). *Emotions and life: Perspectives from psychology, biology, and evolution.* Washington, DC: American Psychological Association.

Plutchik, R., & Conte, H. R. (1997). *Circumplex models of personality and emotions.* Washington, DC: American Psychological Association.

Pogue-Geile, M. F., & Yokley, J. L. (2010). Current research on the genetic contributors to schizophrenia. *Current Directions in Psychological Science, 19,* 214–219.

Poldrack, R. A., Wagner, A. D., Phelps, E. A., & Sharot, T. (2008). How (and why) emotion enhances the subjective sense of recollection. *Current Directions in Psychological Science, 17,* 147–152.

Pole, N., Best, S. R., Metzler, T., & Marmar, C. R. (2005). Why are Hispanics at greater risk for PTSD? *Cultural Diversity and Ethnic Minority Psychology, 11,* 144–161.

Pollak, S. D. (2008). Mechanisms linking early experience and the emergence of emotions: Illustrations from the study of maltreated children. *Current Directions in Psychological Science, 17,* 370–375.

Pollock, J. E. (2012). *Feedback: The hinge that joins teaching and learning.* Thousand Oaks, CA: Corwin.

Poole, D. A., Lindsay, D. S., Memon, A., & Bull, R. (1995). Psychotherapy and the recovery of memories of childhood sexual abuse: U.S. and British practitioners' opinions, practices, and experiences. *Journal of Consulting and Clinical Psychology, 63,* 426–437.

Poon, L. W. (1985). Differences in human memory with aging: Nature, causes, and clinical implications. In J. E. Birren & W. K. Schaie (Eds.), *Handbook of the psychology of aging* (pp. 427–462). New York: Van Nostrand Reinhold.

Popkin, B. M. (2007, september). The world is fat. *Scientific American, 297*(3), 88–95.

Popkin, B. M. (2010). Recent dynamics suggest selected countries catching up to US obesity. *American Journal of Clinical Nutrition, 91,* 284S–288S.

Popkin, B. M., Adair, L. S., & Ng, S.W. (2012). Global nutrition transition and the pandemic of obesity in developing countries. *Nutrition Reviews, 70,* 3–21.

Porreca, F., & Price, T. (2009, september/oktober). When pain lingers. *Scientific American Mind, 21*(5) 34–41. [Zie ook: Craig & Reiman, 1996; Vogel, 1996.]

Portner, M. (2008). The orgasmic mind. *Scientific American Mind, 19*(2), 67–71.

Praag, H. van (2009). Exercise and the brain: Something to chew on. *Trends in Neurosciences, 32*(5), 283–290.

Practice Directorate Staff. (2005, februari). Prescription for success. *Monitor on Psychology, 36*(2), 25–29.

Premack, D. (1965). Reinforcement theory. In D. Levine (Ed.), *Nebraska Symposium on Motivation* (pp. 128–180). Lincoln: University of Nebraska Press.

Preti, A. et al. (2009). The epidemiology of eating disorders in six European countries: Results of the ESEMeD-WMH project. *Journal of Psychiatric Research, 43*(14), 1125–1132.

Priest, R. F., & Sawyer, J. (1967). Proximity and peership: Bases of balance in interpersonal attraction. *American Journal of Sociology, 72,* 633–649.

Primavera, L. H., & Herron, W. G. (1996). The effect of viewing television violence on aggression. *International Journal of Instructional Media, 23,* 91–104.

Prinzmetal, W. (1995). Visual feature integration in a world of objects. *Current Directions in Psychological Science, 5,* 90–94.

Provine, R. R. (2004). Laughing, tickling, and the evolution of speech and self. *Current Directions in Psychological Science, 13,* 215–218.

Q

Qualls, S. H., & Abeles, N. (2000). *Psychology and the aging revolution: How we adapt to longer life.* Washington, DC: American Psychological Association.

Quiñones-Vidal, E., López-García, J. J., Peñaranda-Ortega, M., & Tortosa-Gil, F. (2004). The nature of social and personality psychology as reflected in JPSP, 1965–2000. *Journal of Personality and Social Psychology, 86,* 435–452.

R

Rabkin, J. G., & Struening, E. L. (1976). Life events, stress, and illness. *Science, 194,* 1013–1020.

Rachman, S. (2000). Joseph Wolpe (1915–1997). *American Psychologist, 55,* 431–432.

Rahe, R. H., & Arthur, R. J. (1978, maart). Life change and illness studies: Past history and future directions. *Journal of Human Stress,* 3–15.

Raichle, M. E. (1994). Visualizing the mind. *Scientific American, 270*(4), 58–64.

Ramachandran, V. S., & Blakeslee, S. (1998). *Phantoms in the brain.* New York: William Morrow.

Ramachandran, V. S., & Oberman, L. M. (2006, november). Broken mirrors. *Scientific American, 295*(5), 62–69.

Ramachandran, V. S., & Rogers-Ramachandran, D. (2008, december/2009, januari). I see, but I don't know. *Scientific American Mind, 19*(6), 20–22.

Ramachandran, V. S., & Rogers-Ramachandran, D. (2010, september/oktober). Reading between the lines. *Scientific American Mind, 21*(5), 18–20.

Rambo-Chroniak, K. M. (1999). Coping and adjustment in the freshman year transition. Unpublished dissertation, Northwestern University, Chicago, IL. (*Dissertation Abstracts International, 59* [juni], 12-A, 4378.)

Ramey, C. T., & Ramey, S. L. (1998a). Early intervention and early experience. *American Psychologist, 53,* 109–120.

Ramey, C. T., & Ramey, S. L. (1998b). In defense of special education. *American Psychologist, 53,* 1159–1160.

Rapp, C. A. (1998) *The strengths model: Case management with people suffering from severe and persistent mental illness.* New York: Oxford.

Rapp, C. A., & Goscha, R. J. (2006). *The strengths model: Case management with people with psychiatric disabilities. (2nd Edition).* New York: Oxford.

Randerson, J. (2002, 26 januari). Sleep scientists discount sheep. *New Scientist,* Issue #2327. Bezocht op 8 december 2007, www.newscientist.com/article/dn1831-sleep-scientists-discount-sheep.html.

Raphael, B. (1984). *The anatomy of bereavement: A handbook for the caring professions.* London, UK: Hutchinson.

Rapoport, J. L. (1989, maart). The biology of obsessions and compulsions. *Scientific American, 263,* 83–89.

Rauschecker, J. P., & Tian, B. (2000). Mechanisms and streams for processing of "what" and "where" in auditory cortex. *Proceedings of the National Academy of Sciences, 97,* 11800–11806.

Rauscher, F. H., Shaw, G. L., & Ky, K. N. (1993, 14 oktober). Music and spatial task performance. *Nature, 365,* 611.

Raymond, C. (1989, 20 september). Scientists examining behavior of a man who lost his memory gain new insights into the workings of the human mind. *The Chronicle of Higher Education,* A4, A6.

Raynor, J. O. (1970). Relationships between achievement-related motives, future orientation, and academic performance. *Journal of Personality and Social Psychology, 15,* 28–33.

Raz, A., Shapiro, T., Fan, J., & Posner, M. I. (2002). Hypnotic suggestion and the modulation of Stroop interference. *Archives of General Psychiatry, 59,* 1151–1161.

Ready, D. D., LoGerfo, L. F., Burkan, D. T., & Lee, V. E. (2005). Explaining girls' advantage in kindergarten literacy learning: Do classroom behaviors make a difference? *The Elementary School Journal, 106,* 21–38.

Reber, A. S. (1993). *Implicit learning and tacit knowledge: An essay on the cognitive unconscious. (Oxford Psychology Series No. 19).* Oxford, UK: Oxford University Press.

Rechtschaffen, A. (1998). Current perspectives on the function of sleep. *Perspectives in Biology and Medicine, 41,* 359–390. [Zie ook: Pinel, 2005.]

Rector, N. A., & Beck, A. T. (2001). Cognitive behavioral therapy for schizophrenia: An empirical review. *Journal of Nervous & Mental Disease, 189,* 278–287.

Rescorla, R. A. (1988). Pavlovian Conditioning: It's Not What You Think It Is. *American Psychologist, 43*(3), 151–160.

Rescorla, R. A., & Wagner, A. R. (1972). A theory of Pavlovian conditioning: Variations in the effectiveness of reinforcement and nonreinforcement. In A. H. Black & W. F. Prokasy (Eds.), *Classical conditioning, II: Current research and theory* (pp. 64–94). New York: Appleton-Century-Crofts.

Resnick, S. M. (1992). Positron emission tomography in psychiatric illness. *Current Directions in Psychological Science, 1,* 92–98.

Reuter-Lorenz, P. A., & Miller, A. C. (1998). The cognitive neuroscience of human laterality: Lessons from the bisected brain. *Current Directions in Psychological Science, 7,* 15–20.

Reuver, J., & Peters, W. (2003). Hoogbegaafdheid, schoolproblemen en intelligentieprofielen: Zijn verbaal-performaaldiscrepanties indicatief voor schoolproblemen bij begaafde kinderen? *Pedagogisch Tijdschrift, 28*(3/4), 263–280.

Rhodes, G., Sumich, A., & Byatt, G. (1999). Are average facial configurations attractive only because of their symmetry? *Psychological Science, 10,* 52–58. [Zie ook: Langlois & Roggman, 1990; Langlois et al., 1994.]

Rich, L. E. (2004, januari). Bringing more effective tools to the weight-loss table. *Monitor on Psychology, 35*(1), 52–55.

Rickgarn, R. L. V. (1996). The need for postvention on college campuses: A rationale and case study findings. In C. A. Corr & D. E. Balk (Eds.), *Handbook of adolescent death and bereavement* (pp. 273–292). New York: Springer Publishing.

Richards, J. M., & Gross, J. J. (2000). Emotion regulation and memory: The cognitive costs of keeping one's cool. *Journal of Personality & Social Psychology, 79,* 410–424.

Riessman, C. K., Whalen, M. H., Frost, R. O., & Morgenthau, J. E. (1991). Romance and helpseeking among women: "It hurts so much to care." *Women and Health, 17,* 21–47.

Riolli, L. (2002). Resilience in the face of catastrophe: Optimism, personality and coping in the Kosovo crisis. *Journal of Applied Social Psychology, 32,* 1604–1627.

Ripple, C. H., & Zigler, E. (2003). Research, policy, and the Federal role in prevention initiatives for children. *American Psychologist, 58,* 482–490. [Zie ook: Ripple et al., 1999; Schweinhart & Weikart, 1986; Smith, 1991.]

Rips, L. J. (1997). Goals for a theory of deduction: Reply to Johnson-Laird. *Minds and Machines, 7,* 409–424.

RIVM (2012). *Hoe vaak komt schizofrenie voor en hoeveel mensen sterven eraan?* Bezocht op http://www.nationaalkompas.nl/gezondheid-en-ziekte/ziekten-en-aandoeningen/psychische-stoornissen/schizofrenie/omvang/.

Rizzolatti, G., & Craighero, L., (2004). The mirror-neuron system. *Annual Review of Neuroscience, 27,* 169–192. Beschikbaar op http://web.archive.org/web/20070630021006/http://web.mit.edu/hst.722/www/Topics/Language/RizzolattiReview2004.pdf.

Rizzolatti, G., Fogassi, L., & Gallese, V. (2006, november). Mirrors in the mind. *Scientific American, 295*(5), 54–61.

Robbins, D. (1971). Partial reinforcement: A selective review of the alleyway literature since 1960. *Psychological Bulletin, 76,* 415–431.

Robbins, J. (2000, april). Wired for sadness. *Discover, 21*(4), 77–81.

Robins, R. W. (2005, 7 oktober). The nature of personality: Genes, culture, and national character. *Science, 310,* 62–63.

Robinson, N. M., Zigler, E., & Gallagher, J. J. (2000). Two tails of the normal curve: Similarities and differences in the study of mental retardation and giftedness. *American Psychologist, 55,* 1413–1424. [Zie ook: Baumeister, 1987; Detterman, 1999; Greenspan, 1999.]

Roche, S. M., & McConkey, K. M. (1990). Absorption: Nature, assessment, and correlates. *Journal of Personality & Social Psychology, 59,* 91–101.

Rock, I., & Palmer, S. (1990, december). The legacy of Gestalt psychology. *Scientific American, 263,* 84–90.

Rodin, J. (1986). Aging and health: Effects of the sense of control. *Science, 233,* 1271–1276.

Rodin, J., & Salovey, P. (1989). Health psychology. *Annual Review of Psychology, 40,* 533–579.

Roediger, H. L., III, & McDermott, K. B. (1995). Creating false memories: Remembering words not presented in lists. *Journal of Experimental Psychology: Learning, Memory, and Cognition, 21,* 803–814.

Roediger, H. L., III, & McDermott, K. B. (2000, januari/februari). *Psychological Science Agenda,* 8–9.

Roediger, R. (2004, maart). What happened to behaviorism? *APS Observer, 17*(3), 5, 40–42.

Roelfsema, M. T., Hoekstra, R. A., Allison, C., Wheelwright, S., Brayne, C., Matthews, F.E., & Baron-Cohen, S. (2011, 17 juni). Are autism spectrum conditions more prevalent in an information-technology region? A school-based study of three regions in the Netherlands. *Journal of Autism and Developmental Disorder,* bezocht op http://oro.open.ac.uk/28986/5/Roelfsema_et_al__ASC_prevalence_NL_JADD_in_press.pdf.

Roesch, M. R., & Olson, C. R. (2004, 9 april). Neuronal activity related to reward value and motivation in primate frontal cortex. *Science, 304,* 307–310.

Rogers, C. R. (1951). *Client-centered therapy: Its current practice, implications and theory.* Boston: Houghton Mifflin.

Rogers, C. R. (1961). *On becoming a person: A therapist's view of psychotherapy.* Boston: Houghton Mifflin. [Zie ook: Rogers, 1951, 1980.]

Rogers, C. R. (1977). *On personal power: Inner strength and its revolutionary impact.* New York: Delacorte.

Rogoff, B. (2003). *The cultural nature of human development.* New York: Oxford University Press.

Rohrer, M., et al. (1954). The stability of autokinetic judgment. *Journal of Abnormal and Social Psychology, 49,* 595–597.

Roll, S., Hinton, R., & Glazer, M. (1974). Dreams and death: Mexican Americans vs. Anglo-American. *Interamerican Journal of Psychology, 8,* 111–115.

Rollman, G. B., & Harris, G. (1987). The detectability, discriminability, and perceived magnitude of painful electrical shock. *Perception & Psychophysics, 42,* 257–268.

Rolls, B. J., Federoff, I. C., & Guthrie, J. F. (1991). Gender differences in eating behavior and body weight regulation. *Health Psychology, 10,* 133–142.

Rolnick, J. (1998, 4 december). Treating mental disorders: A neuroscientist says no to drugs. *The Chronicle of Higher Education,* A10.

Roosens, E. (1979). Mental patients in town life: Geel – Europe's first therapeutic community. Beverly Hills/Londen: Sage.

Roosens, E. & van de Walle, L. (2007). Geel revisited: After centuries of mental rehabilitation. Antwerpen: Garant.

Roozendaal, B., McEwen, B. S., & Chattarji, S. (2009, juni). Stress, memory, and the amygdale. *Nature reviews neuroscience, 10,* 423–433.

Rosch, E. (1999). Is wisdom in the brain? *Psychological Science, 10,* 222–224.

Rosen, J. B., & Schulkin, J. (1998). From normal fear to pathological anxiety. *Psychological Review, 105,* 325–350.

Rosenhan, D. L. (1969). Some origins of concern for others. In P. Mussen, J. Langer, & M. Covington (Eds.), *Trends and issues in developmental psychology.* New York: Holt, Rinehart & Winston.

Rosenhan, D. L. (1973a). On being sane in insane places. *Science, 179,* 250–258.

Rosenhan, D. L. (1973b, 27 april). (Untitled letter to the editor). *Science, 180,* 360–361. [Zie ook andere krieteken van de Rosenhan-studie in andere brieven uit dezelfde uitgave.]

Rosenhan, D. L., & Seligman, M. E. P. (1995). *Abnormal psychology* (3rd ed.). New York: Norton.

Rosenthal, R. (2002). Covert communication in classrooms, clinics, courtrooms, and cubicles. *American Psychologist, 57,* 839–849.

Rosenthal, R., & Jacobson, L. (1968). *Pygmalion in the classroom.* New York: Holt, Rinehart & Winston.

Rosenthal, R., & Lawson, R. (1964). A longitudinal study of the effects of experimenter bias on the operant learning of laboratory rats. *Journal of Psychiatric Research, 2,* 61–72.

Rosenzweig, M. R. (1992). Psychological science around the world. *American Psychologist, 47,* 718–722.

Rosenzweig, M. R. (1999). Continuity and change in the development of psychology around the world. *American Psychologist, 54,* 252–259.

Ross, P. (2003, september). Mind readers. *Scientific American, 289,* 74–77.

Ross, P. E. (2006, augustus). The expert mind. *Scientific American, 295*(8), 64–71. [Zie ook: Bédard & Chi, 1992; Bransford et al., 1986; Chi et al., 1982; Glaser, 1990; Greeno, 1989; Klahr & Simon, 2001.]

Rothbaum, F. M., Weisz, J. R., & Snyder, S. S. (1982). Changing the world and changing the self: A two-process model of perceived control. *Journal of Personality and Social Psychology, 42,* 5–37.

Rothenberger, A., & Banaschewski, T. (2007). Informing

the ADHD debate. *Scientific American Reports, 17,* 36–41.

Rotter, J. B. (1966). Generalized expectancies for internal versus external control of reinforcement. *Psychological Monographs, 80* (Whole no. 609).

Rotter, J. B. (1971, juni). External control and internal control. *Psychology Today, 4,* 37–42, 58–59.

Rotter, J. B. (1990). Internal versus external control of reinforcement: A case history of a variable. *American Psychologist, 45,* 489–493.

Roush, W. (1996, 5 juli). Live long and prosper? *Science, 273,* 42–46.

Rozin, P. (1996). Towards a psychology of food and eating: From motivation to module to model to marker, morality, meaning, and metaphor. *Current Directions in Psychological Science, 5,* 18–24.

RTL Nieuws (2012). *Vergeten baby in hete auto overleden.* Bezocht op 26 juli 2012, http://www.rtl.nl/components/actueel/rtlnieuws/2012/07_juli/26/buitenland/Vergeten_baby_in_hete_auto_overleden.xml.

Rubenstein, J., Meyer, D., & Evans, J. (2001). Executive control of cognitive processes in task switching. *Journal of Experimental Psychology: Human Perception and Performance, 27*(4), 763–797.

Rubin, G. J., Brewin, C. R., Greenberg, N., Simpson, J., & Wessely, S. (2005). Psychological and behavioural reactions to the bombings in London on 7 July 2005: Cross sectional survey of a representative sample of Londoners. *British Medical Journal,* 331, 606.

Rushton, J. P., & Jensen, A. R. (2005). Thirty years of research on race differences in cognitive ability. *Psychology, Public Policy, and Law, 11,* 235–294. [Zie ook: Nisbett, 2005; Shiraev & Levy, 2007.]

Russell, A., Mize, J., & Bissaker, K. (2002). Parent-child relationships. In P. K. Smith & C. H. Hart (Eds.), *Handbook of childhood social development.* Oxford, UK: Blackwell.

Russell, J. A., & Widen, S. C. (2002). Words versus faces in evoking preschool children's knowledge of the causes of emotions. *International Journal of Behavioral Developement, 28,* 97–103. doi:10.1080/0165025004000582.

Rutger Nisso Groep (2006). *Seksuele gezondheid in Nederland. RNG-studies, nr 9.* Delft: Eburon.

Rutter, M. (2006). *Genes and behavior: Nature-nurture interplay explained.* Malden, MA: Blackwell Publishing. [Zie ook: Bouchard, 1994; Caspi et al., 2002; DeAngelis, 1997; Gelernter, 1994; Hamer, 1997; Hamer, 2002; Lai et al., 2001; Plomin, 2003; Plomin, Owen, & McGuffin, 1994; Plomin & Rende, 1991; Saudino, 1997.]

Rutter, M. (2011). Research review: Child psychiatric diagnosis and classification: concepts, findings, challenges and potential. *Journal of Child Psychology and Psychiatry, 52,* 647–660. doi: 10.1111/j.1469-7610.2011.02367.x

RVZ (2011). *Preventie van welvaartsziekten.* Den Haag: Raad voor Volksgezondheid.

Ryan, R. M., & Deci, E. L. (2000). Self-determination theory and the facilitation of intrinsic motivation, social development, and well-being. *American Psychologist, 55,* 68–78.

Ryff, C. D. (1989). In the eye of the beholder: Views of psychological well-being among middle-aged and older adults. *Psychology and Aging, 4,* 195–210.

Ryff, C. D., & Heidrich, S. M. (1997). Experience and well-being: Explorations on domains of life and how they matter. *International Journal of Behavioral Development, 20,* 193–206.

Ryff, C. D., & Heincke, S. G. (1983). The subjective organization of personality in adulthood and aging.

Journal of Personaltiy and Social Psychology, 44, 807–816.

Saarinen, T. F. (1987). *Centering of mental maps of the world: Discussion paper.* Tucson: University of Arizona, Department of Geography and Regional Development.

S

Sakaki, M. (2007). Mood and recall of autobiographical memory: The effect of focus of selfknowledge. *Journal of Personality, 75,* 421–450. [Zie ook: Blaney, 1986; Bower, 1981; Eich et al., 1997; Gilligan & Bower, 1984; Goodwin & Sher, 1993; Lewinsohn & Rosenbaum, 1987; MacLeod & Campbell, 1992; Matt et al., 1992; Ruiz-Caballero & Bermúdez, 1995.]

Salovey, P., & Grewal, D. (2005). The science of emotional intelligence. *Current Directions in Psychological Science, 14,* 281–285.

Salovey, P., & Mayer, J. D. (1990). Emotional intelligence. *Imagination, Cognition, and Personality, 9,* 185–211. [Zie ook: Mayer & Salovey, 1997, 1995.]

Salovey, P., Rothman, A. J., Detweiler, J. B., & Steward, W. T. (2000). Emotional states and physical health. *American Psychologist, 55,* 110–121.

Saltzstein, H. D., & Sandberg, L. (1979). Indirect social influence: Change in judgmental processor anticipatory conformity. *Journal of Experimental Social Psychology, 15,* 209–216. [Zie ook: Deutsch & Gerard, 1955; Lott & Lott, 1961.]

Sanders, L. (2009, 25 april). Specialis revelio! It's not magic, it's neuroscience. *Science News, 175*(9), 22–25.

Sanders, L. (2010, 29 juli). Sadness response strengthens with age. *Science News.* Bezocht op www.sciencenews.org/view/generic/id/61613.

Santarelli, L., Saxe, M., Gross, C., Surget, A., Battaglia, F., Dulawa, S., Weisstaub, N., Lee, J., Duman, R., Arancio, O., Belzung, C., & Hen, R. (2003, August 8). Requirement of hippocampal neurogenesis for the behavioral effects of antidepressants. *Science, 301,* 805–809. [Zie ook: Dubuc, 2002; Vogel, 2003]

Sapolsky, R. (2002, november). The loveless man . . . who invented the science of love. *Scientific American, 287*(5), 95–96.

Sapolsky, R. M. (1992). *Stress: The aging brain and the mechanisms of neuron death.* Cambridge, MA: MIT Press.

Sapolsky, R. M. (1994). *Why zebras don't get ulcers: An updated guide to stress, stress-related disease, and coping.* New York: Freeman.

Sarbin, T. R., & Coe, W. C. (1972). *Hypnosis: A social psychological analysis of influence communication.* New York: Holt, Rinehart & Winston.

Savin-Williams, R. C. (2006). Who's gay? Does it matter? *Current Directions in Psychological Science, 15,* 40–44.

Sawa, A., & Snyder, S. H. (2002, 26 april). Schizophrenia: Diverse approaches to a complex disease. 692–695.]

Sax, B. (2002). *Animals in the Third Reich: Pets, scapegoats, and the Holocaust.* London: Continuum International Publishers.

Saxe, L., Dougherty, D., & Cross, T. (1985). The validity of polygraph testing: Scientific analysis and public controversy. *American Psychologist, 40,* 355–366.

Scarr, S., & Weinberg, R. (1976). IQ test performance of black children adopted by white families. *American Psychologist, 31,* 726–739.

Scarr, S., & Weinberg, R. A. (1978, april). Attitudes, interests, and IQ. *Human Nature, 1,* 29–36.

Schachter, S., & Singer, J. E. (1962). Cognitive, social, and physiological determinants of emotional state. *Psychological Review, 69*(5), 379–399.

Schacter, D. L. (1992). Understanding implicit memory: cognitive neuroscience approach. *American Psychologist, 47,* 559–569.

Schacter, D. L. (1996). *Searching for memory: The brain, the mind, and the past.* New York: Basic Books. [Zie ook: Anderson, 1982; Tulving, 1983.]

Schacter, D. L. (1999). The seven sins of memory: Insights from psychology and cognitive neuroscience. *American Psychologist, 54,* 182–203.

Schacter, D. L. (2001). *The Seven Sins of Memory: How the Mind Forgets and Remembers.* Boston: Houghton Mifflin.

Schaerlaekens, A. (2008). *De taalontwikkeling van het kind.* Groningen: Noordhoff.

Schafe, G. E., Doyère, V., & LeDoux, J. E. (2005). Tracking the fear engram: The lateral amygdala is an essential locus of fear memory storage. *Journal of Neuroscience, 25,* 10,010–10,015.

Schaller, M., Neuberg, S. L., Griskevicius, V., & Kenrick, D. T. (2010). Pyramid power: Response to commentaries. *Perspectives on Psychological Science, 5,* 335–337.

Scharfe, E., & Bartholomew, K. (1998). Do you remember? Recollections of adult attachment patterns. *Personal Relationships, 5,* 219–234.

Schatzberg, A. F. (1991). Overview of anxiety disorders: Prevalence, biology, course, and treatment. *Journal of Clinical Psychiatry, 42,* 5–9.

Schaufeli, W. B., & Bakker, A. B. (2004). Job demands, job resources, and their relationship with burnout and engagement: A multi-sample study. *Journal of Organizational Behavior, 25,* 293–315.

Schaufeli, W. B., & Enzmann, D. (1998). *The burnout companion to study and practice: A critical analysis.* London: Taylor & Francis.

Schick, T., Jr., & Vaughn, L. (2001). *How to think about weird things: Critical thinking for a new age* (3rd ed.). New York: McGraw-Hill.

Schiff, M., & Bargal, D. (2000). Helping characteristics of self-help and support groups: Their contribution to participants' subjective well-being. *Small Group Research, 31,* 275–304.

Schlenker, B. R., Weingold, M. F., Hallam, J. R. (1990). Self-serving attributions in social context: Effects of self-esteem and social pressure. *Journal of Personality and Social Psychology, 58,* 855–863. [Zie ook: Epstein & Feist, 1988; Ickes & Layden, 1978.]

Schmidt, R. A., & Bjork, R. A. (1992). New conceptualizations of practice: Common principles in three paradigms suggest new concepts for training. *Psychological Science, 3,* 207–217.

Schmitt, D. P., Allik, J., McCrae, R. R., & Benet-Martínez, V. (2007). The geographic distribution of Big Five personality traits: Patterns and profiles of human self-description across 56 nations. *Journal of Cross-Cultural Psychology, 38,* 173–212. [Zie ook: Birenbaum & Montag, 1986; Guthrie & Bennet, 1970; McCrae & Costa, 1997; Paunonen et al., 1992.]

Schmolck, H., Buffalo, E. A., & Squire, L. R. (2000). Memory distortions develop over time: Recollections of the O. J. Simpson trial verdict after 15 and 32 months. *Psychological Science, 11,* 39–45.

Schneider, K., & May, R. (1995). *The psychology of existence: An integrative, clinical perspective.* New York: McGraw-Hill.

Schoemaker, C., Ruiter, C. de, Berg, M. van den, Cuijpers, P., Graaf, R. de, & Have, M. ten (2003). *Nationale monitor geestelijke gezondheid: jaarboek 2003: ADHD, anorexia nervosa en andere psychische stoornissen.* Utrecht: Trimbos-instituut.

Schooler, J. W., Falshore, M., & Fiore, S. M. (1995). Putting insight into perspective. In R. J. Sternberg

& J. E. Davidson (eds.), *The nature of insight* (pp. 589–597). Cambridge: Massachusetts Institute of Technology Press.

Schroeder, D. A., Penner, L. A., Dovidio, J. F., & Piliavin, J. A. (1995). *The psychology of helping and altruism.* New York: McGraw-Hill.

Schroeder, S. R., Schroeder, C. S., & Landesman, S. (1987). Psychological services in educational settings to persons with mental retardation. *American Psychologist, 42,* 805–808.

Schulkin, J. (1994). Melancholic depression and the hormones of adversity: A role for the amygdala. *Current Directions in Psychological Science, 3,* 41–44.

Schultz, D. P., & Schultz, S. E. (2006). *Psychology and work today: An introduction to industrial and organizational psychology* (9th ed.). Upper Saddle River, NJ: Prentice Hall.

Schuster, M. A., Stein, B. D., Jaycox, L. H., Collins, R. L., Marshall, G. N., Elliott, M. N., Zhou, A. J., Kanouse, D. E., Morrison, J. L., & Berry, S. H. (2001). A national survey of stress reactions after the September 11th, 2001, terrorist attacks. *New England Journal of Medicine, 345,* 1507–1512.

Schwartz, B. (1997). Psychology, idea technology, and ideology. *Psychological Science, 8,* 21–27.

Schwartz, C. E., Wright, C. I., Shin, L. M., Kagan, J., & Rauch, S. L. (2003, June 20). Inhibited and uninhibited infants "grown up": Adult amygdalar response to novelty. *Science, 300,* 1952–1953.

Schwartz, J., & Wald, M. L. (2003, 9 maart). Smart people working collectively can be dumber than the sum of their brains: "Groupthink" is 30 years old, and still going strong. *New York Times.* Bezocht op 15 december 2004, www.mindfully.org/Reform/2003/Smart-People-Dumber9mar03.htm.

Schwartz, J. M., Stoessel, P. W., Baxter, L. R., Martin, K. M., & Phelps, M. E. (1996). Systematic changes in cerebral glucose metabolic rate after successful behavior modification treatment of obsessive-compulsive disorder. *Archives of General Psychiatry, 53,* 109–116.

Schwarz, N. (1999). Self-reports: How the questions shape the answers. *American Psychologist, 54,* 93–105.

Schwarzer, R. (Ed.). (1992). *Self-efficacy: Thought control of action.* Washington, DC: Hemisphere.

Schwebel, A. I., & Fine, M. A. (1994). *Understanding and helping families: A cognitive behavioral approach.* Hillsdale, NJ: Erlbaum.

Scott, K. G., & Carran, D. T. (1987). The epidemiology and prevention of mental retardation. *American Psychologist, 42,* 801–804.

Scoville, W. B., & Milner, B. (1957). Loss of recent memory after bilateral hippocampal lesions. *Journal of Neurology, Neurosurgery, & Psychiatry, 20,* 11–21. Bezocht op 10 maart 2008, http://homepage.mac.com/sanagnos/scovillemilner1957.pdf.

Scully, J. A., Tosi, H., & Banning, K. (2000). Life events checklist: Revisiting the Social Readjustment Rating Scale after 30 years. *Educational and Psychological Measurement, 60,* 864–876.

Searleman, A. (2007, 12 maart). Is there such a thing as a photographic memory? And if so, can it be learned? *Scientific American.* Bezocht op 13 januari 2011, www.scientificamerican.com/article.cfm?id=is-there-such-a-thing-as.

Seeman, T. E., Dubin, L. F., & Seeman, M. (2003). Religiosity/spirituality and health: A critical review of the evidence for biological pathways. *American Psychologist, 58,* 53–63.

Segal, M. W. (1974). Alphabet and attraction: An unobtrusive measure of the effect of propinquity in a field setting. *Journal of Personality and Social Psychology, 30,* 654–657.

Segal, Z. V., Bieling, P., Young, T., Macqueen, G., Cooke, R.,Martin, L., Bloch, R., & Levitan, R. D. (2010). Antidepressant monotherapy vs sequential pharmacotherapy and Mindfulness-Based Cognitive Therapy, or placebo, for relapse prophylaxis in recurrent depression. *Archives of General Psychiatry, 67,* 1256–1264.

Segall, M. H., Lonner, W. J., & Berry, J. W. (1998). Cross-cultural psychology as a scholarly discipline: On the flowering of culture in behavioral research. *American Psychologist, 53,* 1101–1110.

Seider, B. H., Shiota, M. N., Whalen, P., & Levenson, R. W. (2010). Greater sadness reactivity in late life. *Social Cognitive and Affective Neuroscience.* Bezocht op http://scan.oxfordjournals.org/content/early/2010/07/22/scan.nsq069.full.pdf+html.

Selfridge, O. G. (1955). Pattern recognition and modern computers. In *Proceedings of the Western Joint Computer Conference.* New York: Institute of Electrical and Electronics Engineers.

Seligman, M. E. P. (1971). Preparedness and phobias. *Behavior Therapy, 2,* 307–320.

Seligman, M. E. P. (1991). *Learned optimism.* New York: Knopf.

Seligman, M. E. P. (2002). *Authentic happiness: Using the new positive psychology to realize your potential for lasting fulfillment.* New York: Free Press.

Seligman, M. E. P., & Csikszentmihalyi, M. (2000). Positive psychology. An introduction. *American Psychologist, 55*(1), 5–14.

Seligman, M. E. P., & Maier, S. F. (1967). Failure to escape traumatic shock. *Journal of Experimental Psychology, 74,* 1–9.

Seligman, M. E. P., Rashid, T., & Parks, A. (2006). Positive psychotherapy. *American Psychologist, 61,* 774–788.

Seligson, S. V. (1994, november/december). Say good night to snoring. *Health, 8*(7), 89–93.

Selye, H. (1956). *The stress of life.* New York: McGraw-Hill.

Selye, H. (1991). *Stress without distress.* New York: Signet Books.

Sethi-Iyengar, S., Huberman, G., & Jiang, W. (2004). How much choice is too much? Contributions to 401(k) retirement plans. In Mitchell, O. S. & Utkus, S. (Eds.), *pension design and structure: New lessons from behavioral finance* (pp. 83–95). Oxford: Oxford University Press.

Seybold, K. S., & Hill, P. C. (2001). The role of religion and spirituality in mental and physical health. *Current Directions in Psychological Science, 10,* 21–24.

Shadish, W. R., Matt, G. E., Navarro, A. M., & Phillips, G. (2000). The effects of psychological therapies under clinically representative conditions: A meta-analysis. *Psychological Bulletin, 126,* 512–529.

Shapiro, F. (1995). *Desensitization and reprocessing: Basic principles, protocols, and procedures.* New York: Guilford.

Shapiro, S. L., Astin, J. A., Bishop, S. R., & Cordova, M. (2005). Mindfulness-based stress reduction for health care professionals: Results from a randomized trial. *International Journal of Stress Management, 12,* 64–176.

Sharps, M. J., & Wertheimer, M. (2000). Gestalt perspectives on cognitive science and on experimental psychology. *Review of General Psychology, 4,* 315–336.

Shatz, M., Wellman, H. M., & Silber, S. (1983). The acquisition of mental verbs: A systematic investigation of the first reference to mental state. *Cognition, 14,* 301–321.

Shaw, P., Eckstrand, K., Sharp, W., Blumenthal, J., Lerch, J. P., Greenstein, D., Clasen, L., Evans, A., Giedd, J., & Rapoport, J. L. (2007). Attentiondeficit/hyperactivity disorder is characterized by a delay in cortical maturation. *Proceedings of the National Academy of Sciences, 104*(19), 649–19,654.

Shaywitz, S. E. (1996, november). Dyslexia. *Scientific American,* 98–104.

Shaywitz, S. E., Shaywitz, B. A., Fletcher, J. M., & Escobar, M. D. (1990). Prevalence of reading disability in boys and girls: Results of the Connecticut Longitudinal Study. *Journal of the American Medical Association, 264,* 998–1002.

Shea, C. (1998, 30 januari). Why depression strikes more women than men: "Ruminative coping" may provide answers. *The Chronicle of Higher Education,* 14.

Shedler, J. (2006, herfst). Why the scientist-practitioner split won't go away. *The General Psychologist, 41*(2), 9–10.

Shedler, J. (2010). The efficacy of psychodynamic psychotherapy. *American Psychologist, 65,* 98–109.

Shepard, R. N., & Metzler, J. (1971). Mental rotation of three-dimensional objects. *Science, 171,* 701–703.

Sherif, C. W. (1981, augustus). *Social and psychological bases of social psychology.* The G. Stanley Hall Lecture on social psychology, presented at the annual convention of the American Psychological Association, Los Angeles, CA.

Sherif, M. (1935). A study of some social factors in perception. *Archives of Psychology, 27,* 187.

Shermer, M. (2006, juli). The political brain. *Scientific American, 295*(1), 36.

Sherrer, H. (2008). *Dehumanization is not an option: An inquiry into the exercise of authority against perceived wrongdoers.* Seattle, WA: Justice Institute.

Sherrill, R., Jr. (1991). Natural wholes: Wolfgang Köhler and Gestalt theory. In G. A. Kimble, M. Wertheimer, & C. L. White (Eds.), *Portraits of pioneers in psychology* (pp. 256–273). Washington, DC: American Psychological Association.

Shih, M., Pittinsky, T., & Ambady, N. (1999). Stereotype susceptibility: Identity salience and shifts in quantitative performance. *Psychological Science, 10,* 80–83.

Shiffrin, R. M. (1993). Short-term memory: A brief commentary. *Memory and Cognition, 21*(2), 193–197.

Shiraev, E., & Levy, D. (2001). *Cross-cultural psychology: Critical thinking and contemporary applications.* Boston: Allyn & Bacon.

Shiraev, E., & Levy, D. (2006). *Cross-cultural psychology: Critical thinking and contemporary applications* (3rd ed.). Boston: Allyn & Bacon.

Shizgal, P., & Arvanitogiannis, A. (2003, 21 maart). Gambling on dopamine. *Science, 299,* 1856–1858.

Shorter, E., & Healy, D. (2007). *Shock therapy: A history of electroconvulsive treatment in mental illness.* New Brunswick, NJ: Rutgers University Press. [Zie ook: Glass, 2001; Holden, 2003; Hollon et al., 2002; Sackheim et al., 2000; Scovern & Kilmann, 1980.]

Shrader, B. (2001). Industrial/organizational psychology 2010: A research odyssey. In J. S. Halonen & S. F. Davis (Eds.), *The many faces of psychological research in the 21st century.* Bezocht op 6 juli 2011, http://teachpsych.org/resources/e-books/faces/script/Ch03.htm.

Siegel, J. M. (1990). Stressful life events and use of physician services among the elderly: The moderating role of pet ownership. *Journal of Personality and Social Psychology, 58,* 1081–1086.

Siegel, J. M. (2003, november). Why we sleep. *Scientific American, 289,* 92–97.

Siegel, R. K. (1980). The psychology of life after death. *American Psychologist, 35,* 911–931.

Siegler, R. S. (1994). Cognitive variability: A key to understanding cognitive development. *Current Directions in Psychological Science, 3,* 1–5.

Sigelman, C. K., Thomas, D. B., Sigelman, L., & Robich, F. D. (1986). Gender, physical attractiveness, and electability: An experimental investigation of voter biases. *Journal of Applied Social Psychology, 16,* 229–248.

Silver, R. L. (1983). Coping with an undesirable life event: A study of early reactions to physical disability. *Dissertation Abstracts International, 43,* 3415.

Simeon, D., Gross, S., Guralnik, O., Stein, D. J., Schmeidler, J., & Hollander, E. (1997). Feeling unreal: 30 cases of *DSM-III-R* depersonalization disorder. *American Journal of Psychiatry, 154,* 1107–1113.

Simon, H. A. (1992). What is an "explanation" of behavior? *Psychological Science, 3,* 150–161.

Simons, D. J., & Levin, D. T. (1998). Failure to detect changes to people during a real-world interaction. *Psychonomic Bulletin & Review, 4,* 644–649.

Simons, P. R. J. (1999). Transfer of learning: Paradoxes for learners. *International Journal of Educational Research, 31*(7), 577–589.

Simonton, D. K. (2001). Talent development as a multidimensional, multiplicative, and dynamic process. *Current Directions in Psychological Science, 10,* 39–43.

Simpson, J. A., & Harris, B. A. (1994). Interpersonal attraction. In A. L. Weber & J. H. Harvey (Eds.), *Perspectives on close relationships* (pp. 45–66). Boston: Allyn & Bacon.

Sinclair, R. C., Hoffman, C., Mark, M. M., Martin L. L., & Pickering, T. L. (1994). Construct accessibility and the misattribution of arousal: Schacter and Singer revisited. *Psychological Sciences, 5,* 15–18.

Singer, J. L. (1966). *Daydreaming: An introduction to the experimental study of inner experience.* New York: Random House.

Singer, J. L. (1975). Navigating the stream of consciousness: Research in daydreaming and related inner experience. *American Psychologist, 30,* 727–739.

Singer, J. L., Singer, D. G., & Rapaczynski, W. S. (1984). Family patterns and television viewing as predictors of children's beliefs and aggression. *Journal of Communication, 34,* 73–89.

Singer, J. L., & McCraven, V. J. (1961). Some characteristics of adult daydreaming. *Journal of Psychology, 51,* 151–164.

Singer, T., Seymour, B., O'Doherty, J., Kaube, H., Dolan, R. J., & Frith, C. D. (2004, 20 februari). Empathy for pain involves the affective but not sensory components of pain. *Science, 303,* 1157–1162.

Singhal, A., & Rogers, E. M. (2002). A theoretical agenda for entertainment – Education. *Communication Theory, 12*(2), 117–135.

Singleton, J. L., & Newport, E. L. (2004). When learners surpass their models: The acquisition of American Sign Language from inconsistent input. *Cognitve Psychology, 49,* 370–407.

Sinha, G. (2005, juli). Training the brain. *Scientific American, 293*(1), 22–23.

Skinner, B. F. (1948). *Walden Two.* Indianapolis, IN Hackett Publishing Company.

Skinner, B. F. (1953). Some contributions of an experimental analysis of behavior to psychology as a whole. *American Psychologist, 8,* 69–78.

Skinner, B. F. (1956). A case history in scientific method. *American Psychologist, 11,* 221–233. (Reprinted in S. Koch [Ed.], *Psychology: A study of a science* [Vol. 2, pp. 359–379]. New York: McGraw-Hill.)

Skinner, B. F. (1989). The origins of cognitive thought. *American Psychologist, 44,* 13–18.

Skinner, B. F. (1990). Can psychology be a science of mind? *American Psychologist, 45,* 1206–1210. [Zie

ook: Skinner, 1987.]

Skinner, E. A. (1996). A guide to constructs of control. *Journal of Personality and Social Psychology, 71,* 549–570.

Skinner, E. A. (2012). Intrinsic motivation and engagement as 'active ingredients' in garden-based education: Examining models and measures derived from self-determination. *Journal of Environmental Education 43*(1), 16–36.

Slater, L. (2005). *Opening Skinner's box: Great psychological experiments of the twentieth century.* New York: W. W. Norton.

Slavich, G. M., O'Donovan, A., Epel, E. S., & Kemeny, M. E. (2010a). Black sheep get the blues: A psychobiological model of social rejection and depression. *Neuroscience and Biobehavioral Reviews, 35,* 39–45.

Slavich, G. M., Way, B. M., Eisenberger, N. I., & Taylor, S. E. (2010b). Neural sensitivity to social rejection is associated with inflammatory responses to social stress. *Proceedings of the National Academy of Sciences of the United States of America, 107,* 14817–14822.

Sleek, S. (1994, april). Could Prozac replace demand for therapy? *APA Monitor, 28.*

Slobin, D. I. (1985a). Introduction: Why study acquisition crosslinguistically? In D. I. Slobin (Ed.), *The crosslinguistic study of language acquisition. Vol. 1: Data* (pp. 3–24). Hillsdale, NJ: Erlbaum.

Slobin, D. I. (1985b). Cross-linguistic evidence of the language making capacity. In D. I. Slobin (Ed.), *The crosslinguistic study of language acquisition. Vol. 2: Theoretical issues* (pp. 1157–1256). Hillsdale, NJ: Erlbaum.

Slyper, A. H. (2006). The pubertal timing controversy in the USA, and a review of the possible causative factors for the advance in timing of onset of puberty. *Clinical Endocrinology, 65,* 1–8.

Smeets, J. B. J., Brenner, E., de Grave, D. D. J., & Cuijpers, R. H. (2002). Illusions in action: Consequences of inconsistent processing of spatial attributes. *Experimental Brain Research, 147*(2), 135–144.

Smeets, J. B. J., & Brenner, E. (2008). Why we don't mind to be inconsistent. In P. Calvo & T. Gomila (Eds.). *Handbook of Cognitive Science – An Embodied Approach* (pp. 207–217). Amsterdam: Elsevier.

Smith, A. W. (1995). Separation-individuation and coping: Contributions to freshman college adjustment. Unpublished doctoral dissertation, University of North Carolina at Greensboro. *Dissertation Abstracts International, 56,* 3-A, 0831.

Smith, C. (2004). Consolidation enhancement: Which stages for which tasks? *Behavior and Brain Sciences, 28,* 83–84.

Smith, C. A., & Ellsworth, P. C. (1987). Patterns of appraisal and emotion related to taking an exam. *Journal of Personality and Social Psychology, 52,* 475–488.

Smith, D. (2001, October). Sleep psychologists in demand. *Monitor on Psychology,* 36–39.

Smith, D. (2002a, januari). Guidance in treating ADHD. *Monitor on Psychology, 33*(1), 34–35. [Zie ook: Angold et al., 2000; Marshall, 2000.]

Smith, D. (2002b). The theory heard "round the world." *Monitor on Psychology, 33*(9), 30–32.

Smith, D. (2003a, januari). Five principles for research ethics. *Monitor on Psychology, 34*(1), 56–60.

Smith, D. (2003b). *Report from Ground Zero.* New York: Penguin.

Smith, E. E., & Medin, D. L. (1981). *Cognitive Science Series: 4. Categories and concepts.* Cambridge, MA: Harvard University Press.

Smith, G. B., Schwebel, A. I., Dunn, R. L., & McIver, S.

D. (1993). The role of psychologists in the treatment, management, and prevention of chronic mental illness. *American Psychologist, 48,* 966–971.

Smith, G. T., Spillane, N. S., & Annus, A. M. (2006). Implications of an emerging integration of universal and culturally specific psychologies. *Perspectives on Psychological Science, 1,* 211–233. [Zie ook: Matsumoto, 1994, 1996.]

Smith, M. L., & Glass, G. V. (1977). Meta-analysis of psychotherapy outcome studies. *American Psychologist, 32,* 752–760.

Smythe, J. (1998). Written emotional expression: Effect sizes, outcome types, and moderator variables. *Journal of Consulting and Clinical Psychology, 66,* 174–184.

Snow, C. P. (1998). *The Two Cultures.* Cambridge, UK: Cambridge University Press.

Solms, M. (2004, May). Freud returns. *Scientific American, 17*(2), 28–35.

Solso, R. L. (2001). *Cognitive psychology* (6th ed.). Boston: Allyn & Bacon.

Sommer, I. E. C., Aleman, A., Bouma, A., & Kahn, R. S. (2004). Do women really have more bilateral language representation than men? A meta-analysis of functional imaging studies. *Brain: A Journal of Neurology, 127,* 1845–1852.

Sow, I. (1977). *Psychiatrie dynamique africaine.* Parijs: Payot.

Sparling, J. W., Van Tol, J., & Chescheir, N. C. (1999). Fetal and neonatal hand movement. *Physical Therapy, 79,* 24–39.

Spear, L. P. (2000). Neurobehavioral changes in adolescence. *Current Directions in Psychological Science, 9,* 111–114.

Spearman, C. (1927). *The abilities of man.* New York: Macmillan.

Speca, M., Carlson, L. E., Goodey, E. & Angen, M. (2000). A randomized, wait-list controlled clinical trial: the effect of a mindfulness meditation-based stress reduction program on mood and symptoms of stress in cancer outpatients. *Psychosomatic Medicine, 62,* 613–622.

Spelke, E. S. (2000). Core knowledge. *American Psychologist, 55,* 1233–1243.

Spencer, R. M. C., Zelaznik, H. N., Diedrichsen, J., & Ivry, R. B. (2003, 30 mei). Disrupted timing of discontinuous but not continuous movements by cerebellar lesions. *Science, 300,* 1437–1439.

Sperling, G. (1960). The information available in brief visual presentations. *Psychological Monographs, 74,* 1–29.

Sperling, G. (1963). A model for visual memory tasks. *Human Factors, 5,* 19–31.

Sperry, R. W. (1964). The great cerebral commissure. *Scientific American, 210,* 42–52.

Sperry, R. W. (1968). Mental unity following surgical disconnection of the cerebral hemispheres. *The Harvey Lectures, Series 62.* New York: Academic Press.

Sperry, R. W. (1982). Some effects of disconnecting the cerebral hemispheres. *Science, 217,* 1223–1226.

Spiegel, A. (2008). Old-fashioned play builds serious skills. NPR, February 21, 2008. Bezocht op 25 februari 2011, www.npr.org/templates/story/story.php?storyId=19212514&ps=rs.

Spinweber, C. (1990). *Insomnias and parasomnias in young adults.* Paper presented at the annual meeting of the Western Psychological Association, Los Angeles, CA.

Spiro, R. J. (1980). Accomodative reconstruction in prose recall. *Journal of Verbal Learning and Verbal Behavior, 19,* 84–95.

Spitzer, R. L. (1973). On pseudoscience in science, logic

in remission, and psychiatric diagnosis: A critique of Rosenhan's "On being sane in insane places." *Journal of Abnormal Psychology, 84,* 442–452.

Spitzer, R. L., Lilienfeld, S. O., & Miller, M. B. (2005). Rosenhan revisited: The scientific credibility of Lauren Slater's pseudopatient diagnosis study. *Journal of Nervous and Mental Disease, 193,* 734–739.

Sprang, G. (1999). Post-disaster stress following the Oklahoma City bombing: An examination of three community groups. *Journal of Interpersonal Violence, 14,* 169.

Springen, K. (2010, januari/februari). Daring to die. *Scientific American Mind, 20*(7), 40–47.

Sprock, J., & Blashfield, R. K. (1991). Classification and nosology. In M. Hersen, A. E. Kazdin, & A. S. Bellack (Eds.), *The clinical psychology handbook* (2nd ed., pp. 329–344). New York: Pergamon Press.

Squier, L. H., & Domhoff, G. W. (1998). The presentation of dreaming and dreams in introductory psychology textbooks: A critical examination with suggestions for textbook authors and course instructors. *Dreaming: Journal of the Association for the Study of Dreams, 8,* 149–168.

Squire, L. R. (2007, 6 april). Rapid consolidation. *Science, 316,* 57–58. [Zie ook: Balter, 2000; Beardsley, 1997; Bilkey, 2004; Fyhn et al., 2004; Haberlandt, 1999; Heyman, 2006; Kandel, 2001; Leutgeb et al., 2004; McGaugh, 2000; Travis, 2000a.]

St. George-Hyslop, P. H. (2000). Piecing together Alzheimer's. *Scientific American, 283*(6), 76–83. [Zie ook: Morrison-Bogorad & Phelps, 1997; Plomin, Owen, & McGuffin, 1994; Skoog et al., 1993.]

Stahl, S. A. (1999, herfst). Different strokes for different folks? A critique of learning styles. *American Educator, 23*(3), 27–31.

Stambor, Z. (2006, november). The forgotten population: Psychologists are testing telehealth and home-based health-care interventions to turn around a mental health crisis among elderly Americans in rural areas. *Monitor on Psychology, 37*(10), 52–53.

Staples, S. L. (1996). Human response to environmental noise: Psychological research and public policy. *American Psychologist, 51,* 143–150.

Stavish, S. (1994, Fall). Breathing room. *Stanford Medicine, 12*(1), 18–23.

Steele, C. M. (1997). A threat in the air: How stereotypes shape intellectual identity and performance. *American Psychologist, 52,* 613–629.

Steele, C. M., Spencer, S. J., & Aronson, J. (2002). Contending with group image: The psychology of stereotype and social identity threat. In M. P. Zanna (Ed.), *Advances in experimental social psychology, Vol. 34* (pp. 379–440). San Diego, CA: Academic Press.

Steele, K. M., Bass, K. E., & Crook, M. D. (1999). The mystery of the Mozart effect: failure to replicate. *Psychological Science, 10,* 366–369.

Steele, K., & Johnson, C. (2009, april/mei). Ask the brains. *Scientific American Mind, 20*(2), 70. [Zie ook: Campbell & Murphy, 1998; Oren & Terman, 1998.]

Steerneman, P., & Meesters, C. (2009). *TOM test R.* Leuven: Garant.

Stein, M., Walker, J., Hazen, A., & Forde, D. (1997). Full and partial posttraumatic stress disorder: Findings from a community survey. *American Journal of Psychiatry, 154,* 1114–1119.

Steinberg, L. D., & Silk, J. S. (2002). Parenting adolescents. In M. H. Bornstein (Ed.) *Handbook of parenting* (Vol. 1, pp. 103–134). Mahwah, NJ: Erlbaum.

Steketee, G., & Barlow, D. H. (2002). Obsessive compulsive disorder. In D. H. Barlow (Ed.), *Anxiety and its disorders* (2nd ed., pp. 516–550). New York: Guil-

ford.

Stern, J. A., Brown, M., Ulett, G. A., & Sletten, I. (1977). A comparison of hypnosis, acupuncture, morphine, valium, aspirin, and placebo in the management of experimentally induced pain. *Annals of the New York Academy of Sciences, 296,* 175–193.

Sternberg, R. J. (1994). A triarchic model for teaching and assessing students in general psychology. *The General Psychologist, 30,* 42–48.

Sternberg, R. J. (1998). *Cupid's arrow: The course of love through time.* New York: Cambridge University Press.

Sternberg, R. J. (1999). The theory of successful intelligence. *Review of General Psychology, 3,* 292–316.

Sternberg, R. J. (2000). Implicit theories of intelligence as exemplar stories of success: Why intelligence test validity is in the eye of the beholder. *Psychology, Public Policy, and Law, 6,* 159–167.

Sternberg, R. J. (2001). What is the common thread of creativity? Its dialectical relation to intelligence and wisdom. *American Psychologist, 56,* 360–362.

Sternberg, R. J. (2003). *Wisdom, intelligence, and creativity synthesized.* New York: Cambridge University Press.

Sternberg, R. J. (2004). Culture and intelligence. *American Psychologist, 59,* 325–338. [Zie ook: Kleinfeld, 1994; Neisser et al., 1996; Rogoff, 1990; Segall et al., 1999; Serpell, 1994.]

Sternberg, R. J. (2007). Assessing what matters. *Informative Assessment, 65*(4), 20–26.

Sternberg, R. J., & Grigorenko, E. L. (1997). Are cognitive styles still in style? *American Psychologist, 52,* 700–712.

Sternberg, R. J., Grigorenko, E. L., & Kidd, K. K. (2005). Intelligence, race, and genetics. *American Psychologist, 60,* 46–59. [Zie ook: Chorney et al., 1998; McClearn et al., 1997; Neisser et al., 1996; Petrill et al., 1998; Plomin, 1989; Scarr, 1998.]

Sternberg, R. J., & the Rainbow Project Collaborators. (2006). The Rainbow Project: Enhancing the SAT through assessments of analytical, practical, and creative skills. *Intelligence, 34*(4), 321–350.

Sternberg, R. J., & Lubart, T. I. (1991). An investment theory of creativity and its development. *Human Development, 34,* 1–31.

Sternberg, R. J., Wagner, R. K., Williams, W. M., & Horvath, J. A. (1995). Testing common sense. *American Psychologist, 50,* 912–927.

Stevenson, H. W., Chen, C., & Lee, S. Y. (1993). Mathematics achievement of Chinese, Japanese, and American children: Ten years later. *Science, 259,* 53–58.

Stickgold, R. (2011). Memory in sleep and dreams: The construction of meaning. In S. Nalbantian, P. M. Matthews, & J. L. McClelland (Eds.), *The Memory Process: Neuroscientific and humanistic perspectives.* Cambridge, MA: The MIT Press.

Stickgold, R., & Walker, M. (2004). To sleep, perchance to gain creative insight? *Trends in Cognitive Sciences, 85*(5), 191–192.

STIVORO (2012). Bezocht op http://customers.tns-nipo.com/stivoro/volwassenen.asp.

Trimbos (2011). Nationale Drugsmonitor 2010. Utrecht: Trimbos-instituut.

Stix, G. (2008, augustus). Lighting up the lies. *Scientific American, 229,* 18, 20.

Stock, M. B., & Smythe, P. M. (1963). Does undernutrition during infancy inhibit brain growth and subsequent intellectual development? *Archives of Disorders in Childhood, 38,* 546–552.

Stone, A. A., Schwartz, J. E., Broderick, J. E., & Deaton, A. (2010, 17 mei). A snapshot of the age distribu-

tion of psychological well-being in the United States. *Proceedings of the National Academy of Sciences, USA.* Bezocht op www.pnas.org/content/early/2010/05/04/1003744107.full.pdf+html.

Stone, J., Lynch, C. I., Sjomeling, M., & Darley, J. M. (1999). Stereotype threat effects on Black and White athletic performance. *Journal of Personality and Social Psychology, 77,* 1213–1227.

Strauss, E. (1998). Writing, speech separated in split brain. *Science, 280,* 827.

Strayer, D. L., Drews, F. A., & Johnston, W. A. (2003). Cell phone-induced failures of visual attention during simulated driving. *Journal of Experimental Psychology: Applied, 9,* 23–32.

Striegel-Moore, R. H., & Bulik, C. M. (2007). Risk factors for eating disorders. *American Psychologist, 62,* 181–198.

Striegel-Moore, R. H., Silberstein, L. R., & Rodin, J. (1993). The social self in bulimia nervosa: Public self-consciousness, social anxiety, and perceived fraudulence. *Journal of Abnormal Psychology, 102,* 297–303.

Stromeyer, C. F., & Psotka, J. (1970). The detailed texture of eidetic images. *Nature, 225,* 346–349.

Stuart, R. B., & Lilienfeld, S. O. (2007). The evidence missing from evidence-based practice. *American Psychologist, 62,* 615–616.

Substance Abuse and Mental Health Services Administration (2009, 19 augustus). *Many baby boomers are continuing illicit drug use into their later years according to new analytic publication.* Office of Applied Studies. Bezocht op www.samhsa.gov/newsroom/advisories/0908182855.aspx.

Substance Abuse and Mental Health Services Administration (2010). *Results from the 2009 National Survey on Drug Use and Health: Volume I. Summary of National Findings* (Office of Applied Studies, NSDUH Series H-38A, HHS Publication No. SMA 10-4586 Findings). Rockville, MD.

Sue, S. (1983). *The mental health of Asian Americans.* San Francisco: Jossey-Bass.

Sue, S. (1991). Ethnicity and culture in psychological research and practice. In J. D. Goodchilds (Ed.), *Psychological perspectives on human diversity in America* (pp. 47–86). Washington, DC: American Psychological Association.

Sue, S., & Okazaki, S. (1990). Asian-American educational achievements: A phenomenon in search of an explanation. *American Psychologist, 45,* 913–920.

Sugarman, L. (2001). *Life-span development. Frameworks, accounts, and strategies* (2nd ed.). East Sussex, UK: Psychology Press.

Sulloway, F. J. (1992). *Freud, biologist of the mind: Beyond the psychoanalytic legend.* Cambridge, MA: Harvard University Press.

Suls, J., & Marco, C. A. (1990). Relationship between JAS-and FTAS-Type A behavior and non-CHD illness: A prospective study controlling for negative affectivity. *Health Psychology, 9,* 479–492.

Suls, J., & Sanders, G. S. (1988). Type A behavior as a general risk factor for physical disorder. *Journal of Behavioral Medicine, 11,* 201–226.

Swaab, D. (2010). *Wij zijn ons brein.* Amsterdam: Uitgeverij Contact.

Swann, W. B., Jr., Hixon, J. G., & De La Ronde, C. (1992). Embracing the bitter "truth": Negative selfconcepts and marital commitment. *Psychological Science, 3,* 118–121.

Swanson, J. M., Elliott, G. R., Greenhill, L. L., Wigal, T., Arnold, L. E., Vitiello, B., et al. (2007a). Effects of stimulant medication on growth rates across 3 years in the MTA follow-up. *Journal of the American Academy* of Child and Adolescent Psychiatry, 46, 1015–1927.

Swanson, J. M., Hinshaw, S. P., Arnold, L. E., Gibbons, R. D., Marcus, S., HUR, K., et al. (2007b). Secondary evaluations of MTA 36-month outcomes: Propensity score and growth mixture model analyses. Journal of the American Academy of Child and Adolescent Psychiatry, 46, 979–988.

Sweetland, J. D., Reina, J. M., & Tatti, A. F. (2006, winter). WISC-III Verbal/Performance Discrepancies Among a Sample of Gifted Children. Gifted Child Quarterly, 50, 1.

Swets, J. A., & Bjork, R. A. (1990). Enhancing human performance: An evaluation of "new age" techniques considered by the U.S. Army. Psychological Science, 1, 85–96.

Swinnen, L. (2011). Druk, druk, druk. Hoe je kind helpen bij stress. Antwerpen: Halewijck, 264.

Swyngedouw, M. & Heerwegh, D., (2009). Wie stemt op welke partij. De structurele en culturele kenmerken van het stemgedrag in Vlaanderen. Leuven: Ispo. Beschikbaar op http://soc.kuleuven.be/web/files/6/34/wie_stemt_op_welke_partij_2007__def_.pdf.

Symond, M. B., Harris, A. W. F., Gordon, E., & Williams, L. M. (2005), "Gamma synchrony" in first-episode schizophrenia: A disorder of temporal connectivity? American Journal of Psychiatry, 162, 459–465.

T

Tait, R., & Silver, R. C. (1989). Coming to terms with major negative life events. In J. S. Uleman & J. A. Bargh (Eds.), Unintended thought (pp. 357–381). New York: Guilford Press.

Talarico, J. M., en Rubin, D. C. (2003). Confidence, not consistency, characterizes flashbulb memories. Psychological Science, 14, 465–461.

Tamres, L., Janicke, D., & Helgeson, V. S. (2002). Sex differences in coping behavior: A meta-analytic review. Personality and Social Psychology Review, 6, 2–30.

Tangney, J. P., Baumeister, R. F., & Boone, A. L. (2004). High self-control predicts good adjustment, less pathology, better grades, and interpersonal success. Journal of Personality, 72, 271–324.

Tavris, C. (1991). The mismeasure of woman: Paradoxes and perspectives in the study of gender. In J. D. Goodchilds (Ed.), Psychological perspectives on human diversity in America (pp. 87–136). Washington, DC: American Psychological Association.

Tavris, C., & Aronson, E. (2007). Mistakes were made, but not by me. Orlando, FL: Harcourt.

Taylor, J. B. (2009). My stroke of insight. New York: Penguin Books.

Taylor, L. S., Fiore, A. T., Mendelshon, G. A., & Chesire, C. (2011, in druk). "Out of my league:" A real-world test of the matching hypothesis. Personality and Social Psychology Bulletin, 39, 456–467.

Taylor, S. E. (1983). Adjusting to threatening events: A theory of cognitive adaptation. American Psychologist, 38, 1161–1173.

Taylor, S. E. (1990). Health psychology: The science and the field. American Psychologist, 45, 40–50.

Taylor, S. E. (2003). The tending instinct: Women, men, and the biology of relationships. New York: Owl Books/Henry Holt.

Taylor, S. E. (1999). Health psychology. 4th ed. New York: McGraw-Hill.

Taylor, S. E., Kemeny, M. E., Reed, G. M., Bower, J. E., & Gruenewald, T. L. (2000a). Psychological resources, positive illusions, and health. American Psychologist, 55, 99–109.

Taylor, S. E., Klein, L., Lewis, B. P., Gruenewald, T. L., Gurung, R. A. R., & Updegraff, J. A. (2000b). Biobe-
haviaral responses to stress in females: Tend-and-befriend, not fight-or-flight. Psychological Review, 107, 411–429.

Teasdale, G. & Jennett, B. (1974). Assessment of coma and impaired consciousness: A practical scale. The Lancet, 2(7872), 81–84.

Teasdale, T. W., & Owen, D. R. (1987). National secular trends in intelligence and education: A twentyyear cross-sectional study. Nature, 325, 119–21.

Teasdale, T. W., & Owen, D. R. (2008). Secular declines in cognitive test scores: A reversal of the Flynn effect. Intelligence, 36, 121–126.

Tedeschi, R. G., & Calhoun, L. G. (1996). The Posttraumatic Growth Inventory: Measuring the positive legacy of trauma. Journal of Traumatic Stress, 9, 455–471.

Tellegen, A., Lykken, D. T., Bouchard, T. J., Wilcox, K. J., Segal, N. L., & Rich, S. (1988). Personality similarity in twins reared apart and together. Journal of Personality and Social Psychology, 54, 1031–1039.

Teller, D. Y. (1998). Spatial and temporal aspects of infant color vision. Vision Research, 38, 3275–3282.

Terman, L. M. (1916). The measurement of intelligence. Boston: Houghton Mifflin.

Terman, L., & Oden, M. H. (1959). Genetic studies of genius: Vol. 4. The gifted group at midlife. Stanford, CA: Stanford University Press.

Terry, W. S. (2000). Learning and memory: Basic principles, processes, and procedures. Boston: Allyn & Bacon.

Thabet, A. A. M., Abed, Y., & Vostanis, P. (2004). Comorbidity of PTSD and depression among refugee children during war conflict. Journal of Child Psychology and Psychiatry, 45, 533–542. [Zie ook: Horgan, 1996; Weissman et al., 1996.]

Thase, M. E., Greenhouse, J. B., Reynolds F. E., III, Pilkonis, P. A., Hurley, K., et al. (1997). Treatment of major depression with psychotherapy or psychotherapy-pharmacotherapy combinations. Archives of General Psychiatry, 54, 1009–1015.

The man with two brains. (1997, 22 januari). Scientific American Frontiers: Pieces of Mind. Bezocht op 26 november 2010, www.pbs.org/saf/transcripts/transcript703.htm.

Thomas, J., Khan, S., & Abdulrahman, A. A, (2010). Eating attitudes and body image concerns among female university students in the United Arab Emirates. Appetite, 54(3), 595–598.

Thompson (Eds.), Memory in Context: Context in Memory (pp. 285–304). New York: Wiley.

Thompson, J. K. (1986, april). Larger than life. Psychology Today, 38–44.

Thompson, M. R., Callaghan, P. D., Hunt, G. E., Cornish, J. L., & McGregor, I. S. (2007). A role for oxytocin and 5-HT(1A) receptors in the prosocial effects of 3,4 methylenedioxymethamphetamine ('ecstasy'). Neuroscience, 146(2), 509–514.

Thompson, R., Emmorey, K., & Gollan, T. H. (2005). "Tip of the fingers" experiences by deaf signers: Insights into the organization of a sign-based lexicon. Psychological Science, 16, 856–860.

Thompson, W. R., Schellenberg, E. G., & Husain, G. (2001). Arousal, mood, and the Mozart effect. Psychological Science, 12, 248–251.

Thomsen, D. K., Mehlsen, M. Y., Hokland, M., Viidik, A., Olesen, F., Avlund, K., Munk, K., & Zachariae, R. (2004). Negative thoughts and health: Associations among rumination, immunity, and health care utilization in a young and elderly sample. Psychosomatic Medicine, 66, 363–371.

Thorsteinsson, E. B., James, J. E., & Gregg, M. E. (1998). Effects of video-relayed social support on hemody-
namic reactivity and salivary cortisol during laboratory-based behavioral challenge. Health Psychology, 17, 436–444.

Tienari, P., Sorri, A., Lahti, I., Naarala, M., Wahlberg, K.-E., Moring, J., Pohjola, J., & Wynne, L. C. (1987). Genetic and psychosocial factors in schizophrenia: The Finnish adoptive family study. Schizophrenia Bulletin, 13, 476–483.

Tirozzi, G. N., & Uro, G. (1997). Education reform in the United States: National policy in support of local efforts for school improvement. American Psychologist, 52, 241–249. [Zie ook: Zigler & Muenchow, 1992; Zigler & Styfco, 1994.]

TNO (2010). Resultaten vijfde landelijke groeistudie, 10 juni 2010. Bezocht op http://www.tno.nl/downloads/20100608%20Factsheet%20Resultaten%20Vijfde%20Landelijke%20Groeistudie.pdf

TNO (2012). Trendrapport bewegen en gezondheid. Bezocht op http://www.tno.nl/content.cfm?context=overtno&content=nieuwsbericht&laag1=37&laag2=69&item_id=2011-07-13%2016:27:16.0&Taal=1.

Todes, D. P. (1997). From the machine to the ghost within: Pavlov's transition from digestive physiology to conditional reflexes. American Psychologist, 52, 947–955.

Tolin, D. F., & Foa, E. B. (2006). Sex Differences in Trauma and Post-Traumatic Stress Disorder: A quantitative review of 25 years of research. Psychological Bulletin, 132, 959–992.

Tolman, E. C. (1948). Cognitive maps in rats and men. Psychological Review, 55, 189–208.

Tolman, E. C., & Honzik, C. H. (1930). "Insight" in rats. University of California Publications in Psychology, 4, 215–232.

Tolman, E. C., Ritchie, B. G., & Kalish, D. (1946). Studies in spatial learning: I. Orientation and the shortcut. Journal of Experimental Psychology, 36, 13–24.

Toneatto, T., & Nguyen, L. (2007). Does mindfulness meditation improve anxiety and mood symptoms? A review of the controlled research. The Canadian Journal of Psychiatry, 52, 260–266.

Tononi, G., & Edelman, G. M. (1998, 4 december). Consciousness and complexity. Science, 282, 1846–1850.

Torabi, M. R., & Seo, D. C. (2004). National study of behavioral and life changes since September 11. Health Education Behavior, 31, 179–192.

Torrey, E. F. (1996). Out of the shadows: Confronting America's mental illness crisis. New York: Wiley.

Torrey, E. F. (1997). The release of the mentally ill from institutions: A well-intentioned disaster. The Chronicle of Higher Education, B4–B5.

Totterdell, P. (2000). Catching moods and hitting runs: Mood linkage and subjective performance in professional sport. Journal of Applied Psychology, 85, 848–859.

Totterdell, P., Kellett, S., Briner, R. B., & Teuchmann, K. (1998). Evidence of mood linkage in work groups. Journal of Personality and Social Psychology, 74, 1504–1515.

Tracy, J. L., & Robins, R. W. (2004). Show your pride: Evidence for a discrete emotion expression. Psychological Science, 15, 194–197.

Trainor, L. J. (2005). Are there critical periods for musical development? Developmental Psychobiology, 46, 262–278.

Travis, J. (2004, 17 januari). Fear not. Science News, 165, 42–44.

Treffert, D. A., & Wallace, G. L. (2002, June). Islands of genius. Scientific American, 286, 76–85.

Trefpunt Zelfhulp (2012). Bezocht op www.zelfhulp.be.

Triandis, H. (1990). Cross-cultural studies of individualism and collectivism. In J. Berman (Ed.), *Nebraska Symposium on Motivation, 1989* (pp. 42–133). Lincoln: University of Nebraska Press.

Triandis, H. C. (1995). *Individualism & collectivism.* Boulder, CO: Westview Press. [Zie ook: Triandis, 1989, 1990, 1994; Triandis & Gelfand, 1998.]

Trimbos-instituut (2010a). Bezocht op http://www.trimbos.nl/onderwerpen/psychische-gezondheid.

Trimbos-instituut (2010b). Bezocht op http://www.trimbos.nl/onderwerpen/psychische-gezondheid/autismespectrum-stoornissen/feiten-en-cijfers.

Trimbos-instituut (2012). Bezocht op http://www.trimbos.nl/onderwerpen/e-mental-health/aanbod.

Tronick, E., Als, H., & Brazelton, T. B. (1980). Moradic phases: A structural description analysis of infant-mother face to face interaction. *Merrill-Palmer Quarterly, 26,* 3–24.

Trope, I., Rozin, P., Nelson, D. K., & Gur, R. C. (1992). Information processing in separated hemispheres of the callosotomy patients: Does the analytic–holistic dichotomy hold? *Brain and Cognition, 19,* 123–147.

Tse, D., Langston, R. F., Kakeyama, M., Bethus, I., Spoon-er, P. A., Wood, E. R., Witter, M. P., & Morris, R. G. M. (2007, 6 april). Schemas and memory consolidation. *Science, 316,* 76–82.

Tuijl, C. van (2001). *Effecten van Opstap Opnieuw: Effecten van een gezinsgericht stimuleringsprogramma bij Turkse en Marokkaanse gezinnen.* Alkmaar: Extern Print.

Tuijl, C. van (2004). *Langetermijneffecten van Opstap Opnieuw: Effecten van een gezinsgericht stimuleringsprogramma bij Turkse en Marokkaanse gezinnen.* Utrecht: Universiteit Utrecht.

Turin, L. (2006). *The secret of scent: Adventures in perfume and the science of smell.* New York: Ecco. [Zie ook: Mombaerts, 1999.]

Turk, D. C. (1994). Perspectives on chronic pain: The role of psychological factors. *Current Directions in Psychological Science, 3,* 45–48.

Turkheimer, E., Haley, A., Waldron, M., D'Onofrio, B., & Gottesman, I. I. (2003). Socioeconomic status modifies heritability of IQ in young children. *Psychological Science, 14,* 623–628.

Turkington, C. (1993, januari). New definition of retardation includes the need for support. *APA Monitor,* 26–27.

Turner, E. H., Matthews, A. M., Linardatos, E., Tell, R. A., & Rosenthal, R. (2008, 17 januari). Selective publication of antidepressant trials and its influence on apparent efficacy. *New England Journal of Medicine, 358,* 252–260.

Turner, J. C., & Oakes, P. J. (1989). Self-categorization theory and social influence. In P. B. Paulus (Ed.), *Psychology of group influence* (2nd ed.). Hillsdale, NJ: Erlbaum.

Turvey, M. T. (1996). Dynamic touch. *American Psychologist, 51,* 1134–1152.

Twin Oaks Intentional Community Homepage. (2007). Bezocht op 19 juni 2007, www.twinoaks.org/index.html.

Tyler, L. (1988). Mental testing. In E. R. Hilgard (Ed.), *Fifty years of psychology* (pp. 127–138). Glenview, IL: Scott, Foresman.

U

Ulrich, R. E., & Azrin, N. H. (1962). Reflexive fighting in response to aversive stimulation. *Journal of the Experimental Analysis of Behavior, 5,* 511–520.

U.S. Bureau of the Census. (2002). *Statistical abstract of the United States* (122nd ed.). Washington, DC: U.S. Government Printing Office.

U.S. Department of Health and Human Services. (2002). *Hospitalization in the United States, 2002.* Bezocht op 20 februari 2008, http://ahrq.gov/data/hcup/factbk6/factbk6b.htm#common.

U.S. Department of Justice. (1999). *Eyewitness evidence: A guide for law enforcement.* Bezocht op 14 juli 2007, www.ncjrs.gov/pdffiles1/nij/178240.pdf.

U.S. Senate Select Committee on Intelligence. (2004). *Report on the U.S. intelligence community's prewar intelligence assessments on Iraq: Conclusions.* Bezocht op 23 november 2004, http://intelligence.senate.gov/conclusions.pdf.

USA Today. (1996, december). College freedom can trigger illness, *125*(1), 7. UT Nieuws (2012). Minder masters door langstudeerboete. Bezocht op http://www.utnieuws.nl/minder-masters-door-langstudeerboete.

V

Vaillant, G. E. (1990). Avoiding negative life outcomes: Evidence from a forty-five year study. In P. B. Baltes & M. M. Baltes (Eds.), *Successful aging: Perspectives from the behavioral sciences.* Cambridge, MA: Cambridge University Press.

Valenstein, E. S. (1998). *Blaming the brain: The truth about drugs and mental health.* New York: The Free Press.

Vallee, B. L. (1998, juni). Alcohol in the Western world. *Scientific American, 278*(6), 80–85.

Van de Castle, R. L. (1983). Animal figures in fantasy and dreams. In A. Katcher & A. Beck (Eds.), *New perspectives on our lives with companion animals.* Philadelphia: University of Pennsylvania Press.

Van de Castle, R. L. (1994). *Our dreaming mind.* New York: Ballantine Books.

VandenBos, G. R. (1986). Psychotherapy research: A special issue. *American Psychologist, 41,* 111–112.

Vansteenkiste, M. (2010). Hoe we kinderen en jongeren kunnen motiveren? Toepassingen van de zelfdeterminatietheorie. *Caleidoscoop, 22,* 6–15.

Vansteenkiste, M., Soenens, B., Sierens, E., & Lens, W. (2005). Hoe kunnen we leren en presteren bevorderen? Een autonomie-ondersteunend versus controlerend schoolklimaat. *Caleidoscoop, 17,* 18–25.

Vansteenkiste, M., & Neyrinck, B. (2010). Optimaal motiveren van gedragsverandering: Psychologische behoeftebevrediging als motor van therapiesucces. *Tijdschrift voor Psychotherapie, 36,* 171–189.

Verbaten, M. N. (2003). Specific memory deficits in ecstasy users? The results of a meta-analysis. *Human Psychopharmacology: Clinical and Experimental, 18,* 281–290.

Verenigde Naties (2012). *World Happiness Report.* Bezocht op http://www.earth.columbia.edu/articles/view/2960.

Verhaeghe, P. (2009). *Het einde van de psychotherapie.* Amsterdam: De Bezige Bij.

Verhaeghe, P. (2011). *Liefde in tijden van eenzaamheid.* Amsterdam: De Bezige Bij.

Vernon, P. A., Petrides, K. V., Bratko, D., & Schermer, J. A. (2008). A behavioral genetic study of trait emotional intelligence. *Emotion 8*(5), 635–64.

Victoir, A. (2010). Hoe we kinderen en jongeren kunnen motiveren. Toepassingen van de zelfdeterminatietheorie. An Victoir in gesprek met Maarten Vansteenkiste. *Caleidoscoop, 22*(1), 6–15.

Vingerhoets, G., Berckmoes, C., & Stroobant, N. (2003). Cerebral hemodynamics during discrimination of prosodic and semantic emotion in speech studied by transcranial doppler ultrasonography. *Neuropsychology, 17,* 93–99.

Vink, M. & Wamel, A. (2007). *Landelijk Basisprogramma ADHD bij kinderen en jeugdigen.* Utrecht: Trimbos-instituut.

Vlaamse Gezondheidsraad (2006). De toekomst van het gezondheids(zorg)beleid in Vlaanderen, met bijzondere aandacht voor de eerstelijnsgezondheidszorg. *VGR.2006/02 – WG GB,* 40.

Vogel, G. (1997, 28 februari). Scientists probe feelings behind decision-making. *Science, 275,* 1269.

Vogel, G. (2003, 8 augustus). Depression drugs' powers may rest on new neurons. *Science, 301,* 757.

Vokey, J. R. (2002). Subliminal messages. In John R. Vokey and Scott W. Allen (Eds.), *Psychological Sketches* (6th ed., pp. 223–246). Lethbridge, Alberta: Psyence Ink. Bezocht op 27 november 2007, http://people.uleth.ca/~vokey/pdf/Submess.pdf.

Volpe, K. (2004). Taylor takes on "fight-or-flight." *Psychological Science, 17,* 391.

Vonk, R. (ed.) (2007). *Sociale Psychologie,* tweede druk. Groningen: Wolters Noordhoff.

Vorona, R. D., Chen, I. A. & Ware, J. C. (2009). Physicians and sleep deprivation. *Journal of Clinical Sleep Medicine,* 4527–4540.

Vries, R. E. de, Ashton, M. C., & Lee, K. (2009). De zes belangrijkste persoonlijkheidsdimensies en de HEXACO Persoonlijkheidsvragenlijst. [The six most important personality dimensions and the HEXACO Personality Inventory.] *Gedrag & Organisatie, 22,* 232–274.

Vuilleumier, P., & Huang, Y. (2009). Emotional attention: Uncovering the mechanisms of affective biases in perception. *Current Directions in Psychological Science, 18,* 148–152.

Vygotsky, L. S. (1934, 1987). Thinking and speech. In R. W. Rieber & A. S. Carton (Eds.) and N. Minick (Trans.), *The collected works of L. S. Vygotsky: Vol. 1. Problems of general psychology* (pp. 37–285). New York: Plenum.

W

Wade, K. A., Garry, M., Read, J. D., & Lindsay, D. S. (2002). A picture is worth a thousand lies: Using false photographs to create false childhood memories. *Psychonomic Bulletin & Review, 9,* 597–603.

Wade, T. J. (1991). Race and sex differences in adolescent self-perceptions of physical attractiveness and level of self-esteem during early and late adolescence. *Journal of Personality and Individual Differences, 12,* 1319–1324.

Wagar, B. M., & Thagard, P. (2006). Spiking Phineas Gage: A neurocomputational theory of cognitive-affective integration in decision making. *Psychological Review, 111,* 67–79.

Wager, T. D. (2005). The neural bases of placebo effects in pain. *Current Directions in Psychological Science, 14,* 175–179.

Wager, T. D., Rilling, J. K., Smith, E. E., Sokolik, A., Casey, K. L., Davidson, R. J., Kosslyn, S. M., Rose, R. M., & Cohen, J. D. (2004, 20 februari). Placeboinduced changes in fMRI in the anticipation and experience of pain. *Science, 303,* 1162–1167.

Wagner, C. J., Davis, C., Schaefer, J., Von Korff, M., & Austin, B. (1999). A survey of leading Chronic Care programs: Are they consistent with the literature? *Managed Care Quarterly, 7*(3), 56–66.

Wagner, C. J., Glasgow, R., Davis, C., Bonomi, A., Provost, L., McCulloch, D., Carver, P. & Sixta, C. (2001). Quality Improvement in Chronic Illness Care. *Journal on Quality Improvement, 27*(2), 63–80.

Wagner, U., Gais, S., Haider, H., Verleger, R., & Born, J. (2004, 22 januari). Sleep in spires insight. *Nature, 427,* 352–355.

WAIS-IV-NL (2012). Amsterdam: Pearson Benelux. Te downloaden via: *http://www.pearsonclinical.nl/*

wais-iv-nl-wechsler-adult-intelligence-scale.

Walker, E., Shapiro, D., Esterberg, M., & Trotman, H. (2010). Neurodevelopment and schizophrenia: Broadening the perspective. *Current Directions in Psychological Science, 19,* 204–208.

Walker, E., & Tessner, K. (2008). Schizophrenia. *Perspectives on Psychological Science, 3,* 30–37.

Wallace, A. F. C. (1959). Cultural determinants of response to hallucinatory experience. *Archives of General Psychiatry, 1,* 58–69.

Wallace, B., & Fisher, L. E. (1999). *Consciousness and behavior.* Boston: Allyn & Bacon.

Wallbott, H. G., Ricci-Bitti, P., & Banniger-Huber, E. (1986). Non-verbal reactions to emotional experiences. In K. R. Scherer, H. G. Wallbott, & A. B. Summerfield (Eds.), *Experiencing emotion: A cross-cultural study* (pp. 98–116). *European monographs in social psychology.* New York: Cambridge University Press.

Walsh, R. (1984). Asian psychologies. In R. Corsini (Ed.), *Encyclopedia of Psychology,* (pp. 90–94). New York: Wiley.

Walton, G. M., & Cohen, G. L. (2003). Stereotype lift. *Journal of Experimental Social Psychology, 39,* 456–467.

Wampold, B. E. (2007). The humanistic (and effective) treatment. *American Psychologist, 62,* 857–873. [Zie ook: Barker et al., 1988; Jones et al., 1988.]

Wampold, B. E., & Brown, G. S. (2005). Estimating variability in outcomes attributable to therapists: A naturalistic study of outcomes in managed care. *Journal of Consulting and Clinical Psychology, 73,* 914–923. [Zie ook: Blatt et al., 1996; Krupnick et al., 1996.]

Wampold, B. E., Goodheart, C. D., & Levant, R. F. (2007). Clarification and elaboration on evidence-based practice in psychology. *American Psychologist, 62,* 616–618.

Wardle, J., Steptoe, A., Bellisle, F., Davou, B., Reschke, K., & Lappalainen, M. (1997). Healthy dietary practices among European students. *Health Psychology, 16,* 443–450.

Wargo, E. (2009). Resisting temptation: Psychological research brings new strength to understanding willpower. *Observer, 22*(1), 10–17.

Warren, J. (2007). *The head trip.* New York: Random House.

Watkins, L. R., & Maier, S. F. (2003). When good pain turns bad. *Current Directions in Psychological Science, 12,* 232–236.

Watson, J. B., & Rayner, R. (2000). Conditioned emotional reactions. *American Psychologist, 55,* 313–317. (Oorspronkelijk gepubliceerd door J. B. Watson en R. Rayner, 1920, *Journal of Experimental Psychology, 3,* 1–14.)

Watson, J. D. (1968). *The double helix.* New York: The New American Library (Signet).

Watson, K. K., Matthews, B. J., & Allman, J. M. (2007, February). Brain activation during sight gags and language-dependent humor. *Cerebral Cortex, 17,* 314–324. [Zie ook: Johnson, 2002; Mobbs et al., 2006; Moran et al., 2004.]

Watters, E. (2010, 8 januari). The Americanization of mental illness. *The New York Times.* Bezocht op www.nytimes.com/2010/01/10/magazine/10psyche-t.html.

Wegner, D. M., Wenzlaff, R. M., & Kozak, M. (2004). Dream rebound: The return of suppressed thoughts in dreams. *Psychological Science, 15,* 232–236.

Weijden, M. van der (2009). *Beter.* Amsterdam: Ambo/ Anthos.

Weil, A. T. (1977). The marriage of the sun and the moon. In N. E. Zinberg (Ed.), *Alternate states of consciousness* (pp. 37–52). New York: Free Press.

Weinberger, M., Hiner, S. L, & Tierney, W. M. (1987). In support of hassles as a measure of stress in predicting health outcomes. *Journal of Behavioral Medicine, 10,* 19–31.

Weiner, J. (1994). *The beak of the finch.* New York: Vintage Books.

Weissman, M. M., Neria, Y., Das, A., Feder, A., Blanco, C., Lantigua, R., et al. (2005). Gender differences in posttraumatic stress disorder among primary care patients after the World Trade Center attack of September 11, 2001. *Gender Medicine, 2,* 76–87.

Weisz, J, R., Rothbaum, F. M., & Blackburn, T. C. (1984). Standing out and standing in: The psychology of control in America and Japan. *American Psychologist, 39,* 955–969.

Wellman, H. M., & Estes, D. (1986). Early understanding of mental entities: A reexamination of childhood realism. *Child Development, 57,* 910–923.

Werblin, F., & Roska, B. (2007, april). Movies in our eyes. *Scientific American, 296*(4), 73–79.

Wertheimer, M. (1923). *Untersuchungen zur Lehre von der Gestalt, II. Psychologische Forschung, 4,* 301–350.

West, C. (2009, oktober). 'An unconscionable embarrassment.' *Observer, 22*(8), 9, 11.

Westen, D., Blagov, P. S., Harenski, K. Kilts, C., & Hamann, S. (2006). Neural bases of motivated reasoning: An fMRI study of emotional constraints on partisan political judgment in the 2004 U.S. presidential election. *Journal of Cognitive Neuroscience, 18,* 1947–1958.

Westen, D., & Bradley, R. (2005). Empirically supported complexity: Rethinking evidence-based practice in psychotherapy. *Current Directions in Psychological Science, 14,* 266–271.

Westen, D., Novotny, C. M., & Thompson-Brenner, H. (2005). EBP ∞ EST: Reply to Crits-Christoph et al. (2005) en Weisz et al. (2005). *Psychological Bulletin, 131,* 427–433.

Whalen, P. J. (1998) Fear, vigilance, and ambiguity: Initial neuroimaging studies of the human amygdala. *Current Directions in Psychological Science, 7,* 177–188.

Wheeler, J. G., Christensen, A., & Jacobson, N. S. (2001). Couple distress. In Barlow, D. H. (Ed.) *Clinical handbook of psychological disorders: A stepby-step treatment manual* (3rd ed., pp. 609–630). New York: Guilford.

Whitley, B. E., Jr. (1999). Right-wing authoritarianism, social dominance orientation, and prejudice. *Journal of Personality and Social Psychology, 7,* 126–134.

Whyte, W. F. (1972, april). Skinnerian theory in organizations. *Psychology Today,* 67–68, 96, 98, 100.

Wicherski, M., Michalski, D., & Kohout, J. (2009). *2007 Doctorate employment survey.* APA Center for Workforce Studies. Bezocht op www.apa.org/workforce/publications/07-doc-empl/index.aspx.

Wickelgren, I. (1998a, 28 augustus). A new route to treating schizophrenia? *Science, 281,* 1264–1265.

Wickelgren, I. (1998b, 29 mei). Obesity: How big a problem? *Science, 280,* 1364–1367.

Wickelgren, I. (1998c, 26 juni). Teaching the brain to take drugs. *Science, 280,* 2045–2047.

Wickelgren, I. (1999, 19 maart). Nurture helps mold able minds. *Science, 283,* 1832–1834.

Wickelgren, I. (2001, 2 maart). Working memory helps the mind focus. *Science, 291,* 1684–1685.

Wickelgren, I. (2006, 26 mei). A vision for the blind. *Science, 312,* 1124–1126. [Zie ook: Leutwyler, 1994; Service, 1999.]

Wickelgren, W. (1974). *How to solve problems: Elements of a theory of problems and problem solving.* San Francisco: W. H. Freeman.

Wigboldus, M. & Wolsink, L. (1999). *Denken en Voelen. Trainingsprogramma voor emotionele en cognitieve vaardigheden.* Utrecht: SWP.

Willford, J. A. (2006). Moderate prenatal alcohol exposure and cognitive status of children at Age 10. *Alcoholism: Clinical and Experimental Research 30,* 1051–1059.

Wills, T. A. (1991). Similarity and self-esteem in downward comparisons. In J. Suls & T. A. Wills (Eds)., *Social Comparison: Contemporary Theory and Research* (pp. 51–78). Hillsdale, NJ: Erlbaum.

Wills, T. A., & DePaulo, B. M. (1991). Interpersonal analysis of the help-seeking process. In C. R. Snyder & D. R. Forsyth (Eds.), *Handbook of social and clinical psychology: The health perspective* (pp. 350–375). New York: Pergamon Press.

Wilson, D. A., & Stevenson, R. J. (2006). *Learning to smell: Olfactory perception from neurobiology to behavior.* Baltimore: Johns Hopkins.

Wilson, E. O. (1998). *Consilience: The Unity of Knowledge.* New York: Alfred A. Knopf.

Wilson, E. O. (2004). *On Human Nature (25th Anniversary Edition).* Cambridge, MA: Harvard University Press.

Wilson, R. I., & Nicoll, R. A. (2002, 26 april). Endocannabinoid signaling in the brain. *Science, 296,* 678–682.

Wilson, S. M., & Medora, N. P. (1990). Gender comparisons of college students' attitudes toward sexual behavior. *Adolescence, 25,* 615–627.

Wilson, T. D. (2002). *Strangers to ourselves: Discovering the adaptive unconscious.* Cambridge, MA: Belknap Press/Harvard University Press.

Wimmer, H., & Perner, J. (1983). Beliefs about beliefs: Representation and constraining functions of wrong beliefs in young children's understanding of deception. *Cognition, 13,* 103–128.

Windholz, G. (1997). Ivan P. Pavlov: An overview of his life and psychological work. *American Psychologist, 52,* 941–946.

Winerman, L. (2005a, september). The culture of memory. *Monitor on Psychology, 36*(8), 56–57.

Winerman, L. (2005c, juni). Intelligence, sugar and the car-lot hustle headline WPA meeting. *Monitor on Psychology, 36*(3), 38–39.

Winerman, L. (2005d, juli/augustus). A virtual cure. *Monitor on Psychology, 36*(7), 87–89. [Zie ook: Hoffman, 2004; Rothbaum & Hodges, 1999; Rothbaum et al., 2000.]

Winerman, L. (2006a, januari). Brain, heal thyself. *Monitor on Psychology, 37*(1), 56–57.

Winerman, L. (2006b, april). Bringing recovery home: Telehealth initiatives offer support and rehabilitation services in remote locations. *Monitor on Psychology, 37*(4), 32–34.

Winerman, L. (2006d, februari). The culturecognition connection. *Monitor on Psychology, 37*(2), 64–65.

Winkielman, P., Knutson, B., Paulus, M., & Trujillo, J. L. (2007). Affective influence on judgments and decisions: Moving toward core mechanisms. *Review of General Psychology, 11,* 179–192.

Winn, P. (ed.). (2001). *Dictionary of biological psychology.* New York: Routledge.

Winner, E. (2000). The origins and ends of giftedness. *American Psychologist, 55,* 159–169.

Winter, D. G., John, O. P., Stewart, A. J., & Klohnen, E. C. (1998). Traits and motives: Toward an integration of two traditions in personality research. *Psychological Review, 105,* 230–250.

Wirth, S., Yanike, M., Frank, L. M., Smith, A. C., Brown, E. N., & Suzuki, W. A. (6 juni 2003). Single neurons in the monkey hippocampus and learning of new associations. *Science, 300,* 1578–1581.

Wolpe, J. (1958). *Psychotherapy by reciprocal inhibition.* Stanford, CA: Stanford University Press.

Wolpe, J. (1973). *The practice of behavior therapy* (2nd ed.). New York: Pergamon.

Wolpe, J., & Plaud, J. J. (1997). Pavlov's contributions to behavior therapy: The obvious and the not so obvious. *American Psychologist, 52,* 966–972.

Wong, M. M., & Csikszentmihalyi, M. (1991). Motivation and academic achievement: The effects of personality traits and the quality of experience. *Journal of Personality, 59,* 539–574.

Wood, J. M., Bootzin, R. R., Rosenhan, D., & Nolen-Hoeksema, S. (1992). Effects of the 1989 San Francisco earthquake on frequency and content of nightmares. *Journal of Abnormal Psychology, 101,* 219–224.

Woodworth, R. S. (1918). *Dynamic psychology.* New York: Columbia University Press.

World Health Organization. (1973). *Report of the International Pilot Study of Schizophrenia (Vol. 1).* Geneva, Switzerland: Author.

World Health Organization. (1979). *Schizophrenia: An international follow-up study.* New York: Wiley.

World Health Organization (2004). Annex Table 2: Deaths by cause, sex and mortality stratum in WHO regions, estimates for 2002 (pdf). *The World Health Report 2004 – Changing history.* Bezocht op 1 november 2008, http://www.who.int/healthinfo/statistics/mortestimatesofdeathbycause/en/index.html.

Wright, E. R., Gronfein, W. P., & Owens, T. J. (2000). Deinstitutionalization, social rejection, and selfesteem of former mental patients. *Journal of Health and Social Behavior, 41,* 68–90.

Wurtman, R. J. (1982, april). Nutrients that modify brain functions. *Scientific American, 242,* 50–59.

Wynn, K. (1992). Addition and subtraction by human infants. *Nature, 358,* 749–759.

Wynn, K. (1995). Infants possess a system of numerical knowledge. *Current Directions in Psychological Science, 4,* 172–177.

Y

Yacoubian, G. S. Jr., Deutsch, J. K., & Schumacher, E. J. (2004). Estimating the prevalence of ecstasy use among club rave attendees. *Contemporary Drug Problems, 31,* 163–177.

Yalom, I. D., & Greaves, C. (1977). Group therapy with the terminally ill. *American Journal of Psychiatry, 134,* 396–400.

Yamamoto, A. (Producer). (2000, 8 oktober). *NHK Special* [Television broadcast of Olympic Games]. Tokyo: NHK. [Geciteerd in Markus et al., 2006.]

Yeaman, J. (1995). Who is resilient? Who is vulnerable? *Dissertation Abstracts International, Section A: Humanities and Social Sciences, 55,* 3110.

Yee, P. L., Pierce, G. R., Ptacek, J. R., & Modzelesky, K. L. (2003). Learned helplessness, attributional style, and examination performance: Enhancement effects are not necessarily moderated by prior failure. *Anxiety, Stress & Coping, 16,* 359–373.

Yerkes (Ed.), *Memoirs of the National Academy of Sciences: Vol. 15.* Washington, DC: U.S. Government Printing Office.

Young, J. R. (2003, 14 februari). Prozac campus. *The Chronicle of Higher Education,* A-37–A-38.

Z

Zajonc, R. B. (1968). Attitudinal effects of mere exposure. *Journal of Personality and Social Psychology. Monograph Supplement, 9*(2, Part 2), 1–27.

Zajonc, R. B. (2001). *Mere exposure effects explained … finally!* Address given to the Western Psychological Association annual convention in Lahaina (Maui), Hawaii.

Zakowski, S. G., Hall, M. H., Klein, L. C., & Baum, A. (2001). Appraised control, coping, and stress in a community sample: A test of the goodness-of-fit hypothesis. *Annals of Behavioral Medicine, 23,* 158–165.

Zaman, R. M. (1992). Psychotherapy in the third world: Some impressions from Pakistan. In U. P. Gielen, L. L. Adler, & N. A. Milgram (Eds.), *Psychology in international perspective* (pp. 314–321). Amsterdam: Swets & Zeitlinger.

Zaragoza, M. S., Mitchell, K. J., Payment, K., & Drivdahl, S. (2011). False memories for suggestions: The impact of conceptual elaboration. *Journal of Memory and Language, 64,* 18–31.

Zarit, S. H., & Pearlin, L. I. (Eds.). (2003). *Personal control in social and life course contexts: Societal impact on aging* (pp. 127–164). New York: Springer Publishing.

Zegers, H. (2010). *Wat maakt u gelukkig? Triangulatie van positieve psychologie studies en een wereldwijde kwalitatieve studie.* Masterproef aangeboden tot het verkrijgen van de graad van Master in de Psychologie. Examenperiode: September 2010. Katholieke Universiteit Leuven: Faculteit Psychologie en Pedagogische Wetenschappen. Beschikbaar op http://www.scriptiebank.be/sites/default/files/9226c29b99f3262d95b130fbf065eccf.pdf.

Zigler, E., & Styfco, S. J. (1994). Head Start: Criticisms in a constructive context. *American Psychologist, 49,* 127–132.

Zijlmans, L. J. M., Embregts, P. J. C. M., Gerrits, L., Bosman, A. M. T., & Derksen, J. (2010). Begeleiders in beeld: Een training gericht op emotionele intelligentie van begeleiders van mensen met een verstandelijke beperking. *Tijdschrift voor Orthopedagogiek, 49,* 401–411.

Zimbardo, P. G. (1990). *Shyness: What it is, what to do about it* (Rev. ed.). Reading, MA: Perseus Books. (Oorspronkelijk gepubliceerd in 1977.)

Zimbardo, P. G. (1999). Discontinuity theory: Cognitive and social searches for rationality and normality – may lead to madness. In M. P. Zanna (Ed.), *Advances in experimental social psychology* (Vol. 31, pp. 345–486). San Diego, CA: Academic Press.

Zimbardo, P. G. (2004b, 9 mei). Power turns good soldiers into "bad apples." *Boston Globe,* D11.

Zimbardo, P. G. (2007). *The Lucifer effect: Understanding how good people turn evil.* New York: Random House. [Zie ook: Haney et al., 1973; Haney & Zimbardo, 1998; Zimbardo, 1973, 1975; Zimbardo et al., 1999; replicated in Australia by Lovibond et al., 1979.]

Zimbardo, P. G. (2008). On being "Shoe" at Yale: A study in institutional conformity. In preparation. Stanford University.

Zimbardo, P. G., Andersen, S. M., & Kabat, L. (1981). Induced hearing deficit generates experimental paranoia. *Science, 212,* 1529–1531.

Zimbardo, P. G., & Leippe, M. (1991). *The psychology of attitude change and social influence.* New York: McGraw-Hill.

Zimmer, C. (2010, mei). The brain: The first yardstick for measuring smells. *Discover, 31*(4), 28–29.

Zimmerman, F. J., Christakis, D. A., & Meltzoff, A. N. (2007). Television and DVD/video viewing in children younger than 2 years. *Archives of Pediatrics and Adolescent Medicine, 16,* 473–479.

Zimmerman, S. (2002). *Writing to heal the soul: Transforming grief and loss through writing.* New York: Three Rivers Press/Crown Publishing.

Zorg en Gezondheid België (2012), Bezocht op www.zorg-en-gezondheid.be/Cijfers/Zorgaanbod-en-verlening/Geestelijke-gezondheidszorg/Cijfers-over-centra-voor-geestelijke-gezondheidszorg.

Zorg en Gezondheid Belgie (2012). *Cijfers.* Bezocht op http://www.zorg-en-gezondheid.be/cijfers, geraadpleegd mei 2012.

Zubin, J., & Spring, B. (1977). Vulnerability – A new view of schizophrenia. *Journal of Abnormal Psychology, 86,* 103–126.

Zucker, G. S., & Weiner, B. (1993). Conservatism and perceptions of poverty: An attributional analysis. *Journal of Applied Social Psychology, 23,* 925–943.

Zuckerman, M. (1974). The sensation-seeking motive. In B. Maher (Ed.), *Progress in experimental personality research* (Vol. 7). New York: Academic Press.

Zuckerman, M. (2004). The shaping of personality: Genes, environments, and chance encounters. *Journal of Personality Assessment, 82,* 11–22. [Zie ook: Zuckerman, 1995; Zuckerman et al., 1978, 1980, 1993.]

A

ABC News 160
Abeles 292
Abrams 554
Acker 131
Ackerman 352, 535
Acredolo 254
Adams 47
Adelson 130, 383
Adorno 448
Agras 357
Ahearn 568
Aiken 242
Ainsworth 259
Alanko 251
Alferink 17
Alger 332
Allen 23, 428, 443, 602
Alloway 176
Allport 400, 469
Allyn 541
Amabile 219
Ambady 208, 369
Amedi 70
American Medical Association 47
American Psychological Association
(APA) 34, 142, 499
Anand 105, 253
Anders 150
Anderson 150, 151
Andrews 344, 500, 572, 605
Anglin 264
Antonona 152
Antonuccio 536
Antony 505
Arai 444
Aristoteles 11
Arnett 286, 289
Arnsten 55, 572
Aron 378
Aronson 151, 215, 244, 443, 458, 460, 461, 462, 464, 469, 472
Asarnow 567
Asch 443
Asendorpf 400
Aserinsky 316
Ashby 207
Ashton 402
Atkinson 164, 170
Atoum 383
Austin 329
Avanitogiannis 153
Averill 367
Axel 102
Ayan 367
Ayllon 139, 542

Azar 273, 292, 367, 368, 397, 411, 446, 502
Azrin 139, 142, 542
Azzi 470

B

Baadsgaard 539
Babyak 603
Back 459
Bacon 12, 541
Baddeley 170, 171, 193
Baer 330, 604, 605
Bahrick 193
Bailey 217
Baillargeon 272
Baker 543, 557
Bakker 574
Balch 420
Baldwin 206
Baltes 290, 293, 294, 295
Bamshad 240
Bandura 150, 419, 543
Banks 254
Barach 70
Barash 392
Barber 326, 327
Bargal 537
Bargh 352, 441
Barinaga 94, 314, 317
Barker 133
Barkley 515
Barlow 238, 505, 507, 508, 540
Barnes 511
Barnier 329
Barnouw 323
Baron 572
Baron-Cohen 513
Barrett 519
Barron 218, 219
Bartels 464
Bartholomew 191
Bartoshuk 104
Batson 457, 458
Bauer 176
Baum 141
Baumeister 360, 416, 418, 606
Baumrind 275
Beaman 456
Beardsley 314
Beasley 593
Bechara 177, 178
Beck 109, 132, 536, 558
Becker 368
Bee 259, 264
Beekman 503
Behrmann 207
Beigel 568

Beilin 272
Bell 359
Bellis 280
Bem 428
Benassi 420
Bennett 254, 593
Benson 102, 242
Berenson 510
Berglas 575
Berk 260, 277, 285
Berkman 601
Berns 445, 446
Bernstein 133, 254
Berren 568
Berridge 331
Berry 11, 234
Betz 358
Beutler 548
Bevins 375
Biederman 116
Biehl 368
Bierut 334
Billings 601
Binet 221, 222
Bink 218
Bishop 330, 604
Bjork 182, 598
Bjorklund 363
Blakeslee 105, 327
Blashfield 489
Blass 449, 452
Blatt 394
Bluck 179
Blum 259
Boahen 86
Bocchiaro 452, 453
Bodde 500
Boehm 352
Bolger 576
Bonanno 382
Bond 383
Bormans 601, 606
Bornstein 349, 459
Bosveld 315
Bouchard 237, 251, 398, 400
Bower 65, 67, 183, 192, 204, 369, 408, 463, 501, 510, 551, 557, 572
Bowlby 259
Bowles 536
Boyatzis 150, 287
Bradbury 504
Bradford Titchener 14
Bradley 466
Bradshaw 212
Braffman 327
Brannon 73

Breggin 551, 554
Brehm 458, 459
Breier 514
Brentson 446
Brewer 131
Bridge 551
Broadwell 602
Broca 69
Bronfenbrenner 251
Bronheim 48
Bronte 292
Brookhart 480
Brooks-Gunn 284
Brown 186, 237, 241, 416, 515, 526, 553, 585, 602, 604, 605
Bruin 253
Bruner 283
Büchel 153
Buckner 313
Bucy 66
Buhrmester 284
Buitelaar 515
Bulik 358
Bullock 55
Bushman 150, 151
Buss 43, 277, 363, 366
Butcher 402, 554
Butler 536
Button 253
Buzsáki 71, 107
Byberg 603
Byrne 459

C

Cabeza 294
Cacioppo 446
Caldwell 373
Calev 554
Calhoun 600
Calkins 389
Callaghan 273
Callahan 329
Calvert 461
Cameron 345, 598
Campbell 445
Cann 572
Cannon 377, 580
Carlat 7
Carli 443
Carlson 332, 580, 604
Carpenter 107, 255, 382
Carskadon 318
Carstensen 296
Cartwright 323, 324
Carver 399, 405, 413
Casey 283

Cash	460	Danion	508	Edelman	306, 311	Frey	345
Cassidy	259	Dannefer	251	Edgar	315	Friedman	359, 588, 589
Cattell	231	Danner	599	Edrisi	410	Friend	444
Cawthon	586	Darley	455, 457	Edwards	131	Friesen	383
Ceci	238, 251	Darwin	13, 15, 369	Ehrlich	46	Frijda	367
Cervone	390, 419	Davidson	72, 330, 366, 372, 373, 501, 572	Einstein	219	Frincke	5
Chalmers	306	Davis	570, 600	Eisdorfer	596	Frith	273, 513, 542
Chamberlain	578	Davison	537, 601	Eisenberger	345	Fromm	327
Chamberlin	543	Daw	552	Eisler	584	Fujita	607
Chan	253	Dawes	208	Ekman	368, 369, 383	Funder	428
Charcot	404	Dawkins	549	Elbert	55	Furumoto	412
Charles	296	Day	253	Elfenbein	369	
Chartrand	441	DeAngelis	355, 358, 359, 502, 557, 585	Elliott	593, 596	**G**
Chaudhari	103	DeCasper	255	Ellis	543	Gabringer	154
Chen	590	Deci	353, 606	Ellison	232	Gadsby	104
Cherney	277	Deckers	348	Ellsworth	369, 466	Gage	40, 62
Chisuwa	281	De Donder	331	Engle	306	Gahlinger	335
Chittajallu	55	De Fever	276	Ennis	584	Gailliot	360
Chivers	362	DeFries	237	Enticott	69	Gainetdinov	552
Chodzko-Zajko	295	De Gelder	94	Enzmann	574, 575	Galambos	286
Chomsky	263	De Goede	242	Epel	586	Galea	568
Christenfeld	602	De Graaf	281, 282, 334, 488, 500, 504, 505, 506, 509	Epstein	428	Gallagher	275
Christensen	546			Erdberg	409	Gallo	55
Chua	117	De Haene	242	Ericsson	219, 292, 294	Gallup	359
Church	427, 428	Delaney	314	Erikson	285	Gambrel	351
Cialdini	480	Delgado	373	Estes	273	Gami	321
Cianci	351	Demarest	487, 505	Eurelings-Bontekoe	410	Ganchrow	369
Clark	153, 458, 516	De Martino	367	Evans	573	Garcia	132, 133
Clay	7, 553	Dement	315, 316, 317, 319, 320	Everett Rogers	152	Gardiner	257
Clifton	382	DeMeyer	295	Eysenck	546	Gardner	32, 218, 219, 220, 232, 501
Coan	602	Dennis	257	Ezzell	500	Garland	285
Coe	328	DePaulo	383			Garner	305
Cohen	47, 63, 86, 109, 427, 473, 474, 568, 585, 593	Derbyshire	328	**F**		Garnsey	207
		Derksen	516	Fadiman	414	Garry	189
Colcombe	293	Dermietzel	52, 55	Fallon	358	Gazzaniga	72, 331
Cole	20	DeRubeis	557	Fancher	15, 127, 131	Geer	324
Collins	286	Descartes	12	Fantz	254	Gelles	143
Colom	226	DeSalvo	596	Farah	238	Gelman	273
Colpin	242	Deutsch	443	Farina	518	George	555
Conklin	510	Devanand	503	Fariva	106	Gerard	443
Conner	274	Devereux	530	Faulkner	282, 591	Gergen	154
Conrad	171	DeVos	272	Feingold	460, 461	Gertzels	220
Constantino	251	De Vries	402	Feldman	254, 289	Giambra	313
Conte	367	Dewsbury	127	Festinger	459, 462	Gibbs	45, 110, 359
Contrada	573, 588	Dewey	15	Field	257	Gielen	460
Cooper	240, 420	Diamond	363	Fields	55	Gieler	105
Corijn	289	Dickens	239	Figueroa	236, 402	Gilbert	314, 422, 570
Corkin	177	Dickinson	133	Finckenauer	8	Gilbertson	459
Cormier	154	Diehl	290	Findley	420	Gilchrist	111
Cosgrove	499	Diener	286, 605, 606, 607	Fine	538	Girgus	109
Coughlin	243	DiFebo	389	Finer	329	Gisle	334, 336
Courchesne	256	Dijksterhuis	208	Fiorillo	153	Gladwell	208, 219
Couzin	359	Dillard	599	Fischhoff	215	Glaser	259, 585
Cover Jones	539	Dingfelder	103, 105, 108, 179, 383	Fisher	104, 492	Glass	547, 548
Covington	345	Dittmann	540	Fishman	538	Gleitman	149
Cowan	576	Dixon	239	Fiske	424, 467	Glutting	236
Coyle	509, 510	Dobbins	94	Fitzpatrick	586	Goel	66, 207
Coyne	502	Dobbs	68, 501, 513, 546	Fleeson	428	Gold	236
Craighero	255	Doka	571	Fleischman	62	Goldapple	558
Craik	171	Dolan	66, 163, 178, 207, 365	Fletcher	320, 466	Goldberg	117, 575
Crandall	576	Domhoff	323, 324	Flier	355, 359	Golden	402
Cranston	282	Dowling	253	Flynn	224, 225, 239	Goldenberg	218
Cree	207	Downing	280	Foa	572	Goldin-Meadow	264
Crick	317	Doyle	359, 555	Fogel	255	Goldman-Rakic	202
Crohan	606	Draguns	394	Foley	102, 105, 538	Goldstein	329
Cromwell	511	Dubner	142	Folkman	598	Goleman	380, 382
Cross	274	Dugoua	253	Fombonne	513	Gomez	260
Crowell	572	Duncan	230	Forgas	364, 377	Goodale	106
Csikszentmihalyi	219, 220, 285, 346, 418, 606	Dutton	378	Frager	414	Goodall	31
		Dweck	425	Fraiberg	270	Goodwyn	254
Cynkar	22, 360	d'Ydewalle	20	Frankl	600	Goorhuis-Brouwer	266
		Dykema	578	Franklin	322	Goscha	492
D				Frantz	600	Gottesman	510
Dabbs	251, 277	**E**		Fraser	243	Gottlib	545
Daley	226, 515	Eagly	363, 443, 460	Fredrickson	588	Gottlieb	608
Daly	374	Ebbinghaus	184	French	575	Gottman	538
Damasio	58, 62, 71, 208, 364, 366, 378	Eberhardt	47	Freud	18, 160, 349, 404, 532	Gould	583

Grace	510	Hersh	478, 479	Jensen	236, 240, 241	Kosslyn	47, 308, 373
Graham	402	Hetherington	275	Jick	551	Kotchoubey	207
Gray	364	Hettema	505	Jog	153	Koyama	105
Graziano	70	Hibbard	410	John	399	Krakovsky	239
Greeley	470	Hickey	253	Johnson	230, 256, 361, 501, 580	Kramer	550, 551
Green	89	Hicks	319	Joiner	589	Krampe	292, 294
Greenberg	472	Higgins	543	Jonides	167	Krantz	566
Greene	402	Hilgard	328	Juliano	55	Kuijpers	604
Greer	109	Hill	356, 607	Julien	334	Kukla	23
Grevert	329	Hilts	66, 177	Jung	413	Kulper	599
Grewal	379, 381	Hippocrates	396			Kurth	283
Grimm	356	Hirai	330	**K**			
Griner	526	Hiroto	591	Kabat-Zinn	604	**L**	
Grinspoon	332	Hirschfeld	47, 550	Kagan	261, 275, 279, 397, 398	Lachman	175, 590
Groenestege	242	Hitch	170	Kahneman	208, 216, 373	Lamb	259
Gross	366, 382, 595	H.M.	177	Kako	265	Lambo	11, 530
Grossman	260, 570	Hobson	324, 325	Kaldenbach	227	Landry	335
Grove	511	Hochwalder	424	Kamans	470	Lang	296, 540
Guilford	218	Hofmann	604	Kamil	150	Lange	377
Guilfoyle	426	Hogan	397	Kamin	152, 243	Langens	314
Guisinger	394	Hogarty	548	Kandel	41, 53, 55, 74, 107, 152, 153, 459	Langlois	460
Gunz	427	Holcomb	207	Kantrowitz	241	Larson	285
Gur	550	Holden	139, 500, 502, 504, 509, 510, 517	Karlsgodt	510	Latané	455
Guthrie	20, 32, 33	Hollander	571	Kasamatsu	330	Lauer	291
Guyll	588	Hollis	152	Kassin	189	Lavie	317
		Hollon	546, 557	Kaufman	227	Lawton	459
H		Holloway	55	Kazdin	139, 542	Lazarus	566, 578, 598
Haberlandt	161, 193	Holmes	550, 552, 554, 570	Keating	284	Lazovik	540
Hagen	43	Holstege	363	Keel	358	Leaper	264
Hagman	154	Holtzman	608	Keen	471	Learman	236
Haier	230	Holtzworth-Munroe	569	Kekule	304	LeDoux	55, 58, 71, 131, 365, 370, 372,
Haimov	317	Hölzel	330	Keller	557		373, 378, 397, 412, 505
Halberstam	564	Homme	139	Kelley	601	Lee	241, 365
Hall	324, 568	Honzik	149	Kemeny	584	Leeper	212
Halpern	9	Horne	318	Kendler	19, 501	Lefcout	599
Hamann	66, 373	Horowitz	568	Kenrick	351, 428	Legters	242
Harber	568	Horvath	526	Kesebir	352	Leichtman	176
Harder	319, 321, 322	House	601	Kessler	572	Leippe	608
Hariri	46	Howard	320	Keynes	42	Leiter	574, 575
Harlow	105, 257	Hu	359	Kiecolt-Glaser	585	Lensing	571
Harrington	218, 219	Huang	94	Kierein	236	Leonard	324
Harris	131, 235, 254, 285, 344, 458, 459	Huesmann	150, 151	Kieseppa	504	Lepper	345
Hartmann	318	Hull	348	Kiesler	556	Lerner	280
Harvey	461, 571, 596	Humphreys	242	Kiester	324	Leslie	152, 512
Haslam	208, 473	Hunt	203	Kihlstrom	310, 329, 439	Levenson	373
Hasler	359	Hurks	226	Killingsworth	314	Leventhal	378
Hassebrauck	461	Huss	7	Kim	464	Levin	186
Hastie	215	Huston	456	Kimble	127	Levine	179, 191, 443, 519, 584
Hatfield	280, 464	Huttenlocher	264	Kincade	124	Levinson	291, 292
Hatzfeld	472	Hyman	143	King	290, 304	Levinthal	335
Hauser	263			Kippax	151	Levitt	142
Hawkins	153, 215	**I**		Kirsch	327	Levy	351, 425
Haworth	230	Iacono	510, 511	Kitayama	466	Lewinsohn	545
Hayes	604	Ineichen	459	Kitchener	290	Lewis	256
Hazan	363	Ingelhart	606	Klag	573	Lewy	501, 502
Hazeltine	65	Insel	493, 500, 501, 508	Klein	470	Ley	147
Headey	607	Insko	445	Kleitman	316	Lichtenberger	227
Heatherton	418	Isaka	203	Kliegl	294	Lieberman	382
Hébert	357, 505	Ishai	70	Klinger	314, 411	Liegeois	263
Hecht	551	Iverson	264	Klump	358	Liem	573
Hedden	117	Ivy	65	Klüver	66	Light	602
Heerwegh	470	Iyengar	217	Knecht	73	Lilienfeld	409, 519
Heidrich	292	Izard	366, 367	Kobasa	592	Lillard	427, 466
Heincke	290			Kochanska	274, 276	Linehan	604
Heine	417, 463, 468	**J**		Koechlin	207	Lipsey	548
Helmes	400	Jablensky	519	Koelling	132	Lipsitt	254
Helmholtz	115, 118, 325	Jacobs	150, 445	Köhler	16, 147, 148	Locke	12
Helms	242	Jacobson	32, 235, 538, 546, 569	Kohn	375, 598	Lockhart	171
Helmuth	70, 207, 294, 371, 514	Jaffe	154	Kohout	6, 22	Lodewijckx	289, 291
Helzer	572	James	15, 377	Kok	345	Loftus	187, 188, 411
Hendrick	459	Janda	460	Kolb	256	London	277
Hendriksen	226	Janis	446	Koltko-Rivera	350	Lonner	20
Hermans	344, 426	Janoff-Bulman	570, 600, 606	Kopta	546	Lopez	604
Heron	151	Javitt	509, 510	Korb	346	Lourenço	272
Herring	603	Jegen	345	Korneich	547	Lovibond	476
Herrnstein	243	Jenkins	519	Kort	227	Lubart	220
Hersen	43	Jennett	312	Kosko	203	Luborsky	526, 547

Luders 67
Lui 86
Lykken 606
Lynn 327
Lytton 143
Lyubomirsky 352

M

Maany 550
Maas 319
Maccoby 276, 277, 608
Machado 272, 548
Macknik 109
Macmillan 62
Macrae 424
Maddi 592, 593
Madison 212
Magee 506
Maguire 66
Maher 490, 555
Maier 143, 585, 591
Maisto 333
Malatesta 375
Malitz 554
Malpass 20
Maner 102
Mann 358, 446
Manning 454
Maratos-Flier 355, 359
Marco 589
Marcotty 48
Marcus 191, 265
Marks 44
Markus 345, 466
Marschall 321, 322
Marsh 218, 281, 383
Martin 170, 171, 255, 276, 542
Martinez-Conde 109
Martins 102
Maruyama 460
Marx 293
Maslach 574, 575
Maslow 18, 287, 347, 349, 415
Mason 313
Massimini 311
Masten 594, 595
Masters 361
Matarazzo 608
Mather 372
Matlin 102, 105
Matsumoto 234, 519, 530
Matthews 588
Maurer 256
Mauron 46
May 417, 535
Mayberg 501
Mayberry 256
Mayer 379, 381
Mayr 42
McAdams 291, 391, 393, 403, 425
McArdle 231
McCann 569
McCarley 324
McCarthy 183
McClelland 287, 343, 344
McClure 282
McConkey 313, 329
McCook 9
McCrae 400
McCraven 313
McCullough 411
McDermott 187
McDonald 603
McGaugh 179
McGrath 509
McGue 237, 400
McGuire 556

McGurk 510, 558
McIntosh 601
McLaren 260
McNally 505
McNamara 316
McNeill 186
McRae 207
Medin 202, 211
Medora 281
Meesters 273
Meeus 453
Mehl 424
Meichenbaum 598
Meier 264
Meltzoff 268, 547
Meredith 547
Mervis 202
Metzler 307
Meyers 312, 552
Miklowitz 538, 558
Milgram 449, 453
Miller 67, 72, 102, 153, 167, 153, 366,
367, 374, 443, 460, 487, 513, 608
Miller-Jones 242
Milner 106, 177
Mineka 506
Minkel 511
Mintz 358
Mischel 393, 397, 422, 427, 428
Mitchison 317
Miyake 260, 473
Miyashita 70
Mizukami 259
Moen 290
Moise 151
Molden 425
Mones 422
Monroe 502
Monshouwer 331
Moore 268
Moore-Ede 315
Moos 601
Morgan 237
Mori 102, 444
Morone 604
Morrell 330
Morris 443
Moskowitz 283
Moss 325
Mowrer 539
Mroczek 296
Mueser 510
Muhle 251
Munakata 272
Munroe 533
Munsey 375
Murphy 394
Murray 151, 243, 344, 410, 571, 596
Muusse 537, 556
Muzzonigro 282
Myers 208, 286, 372, 382, 603, 606, 607
Mylander 264

N

Nahemow 459
Naigles 265
Naik 48
Nairne 62, 164
Napier 538
Nash 329
National Institutes of Health 56
Necker 21
Needleman 241
Neimark 501
Neimeyer 570
Neisser 221, 225, 240, 241
Nelissen 43

Nelson 107, 369, 393
Nesse 331
Neuberg 424
Neuman 265
Neville 71
Newman 282, 357
Newport 256
Neyrinck 353
Nguyen 330
Niaura 588
Nicholls 218
Nicholson 350
Nickerson 9, 215
Nicoll 332
Niedenthal 366, 378
Niederlander 596
Nigg 515
Nijs 556
Nisbett 117, 204, 240, 466
Nobles 530
Nolen-Hoeksema 502
Norenzayan 117, 466
Nova Online 8
Novotney 358
Nuechterlein 511
Nungesser 538
Nurnberger 334
Nyklícek 604

O

Oakes 470
Oakland 236
Oakley 328
Oberman 69
O'Connor 552
O'Day 281
Odbert 400
Oden 204
O'Doherty 153
O'Donovan 586
Offer 280
Öhman 506
Okazaki 242
Olds 66
Olson 153, 240
Olton 149
Orne 326
Ornstein 294
Osborn 218
Osterhout 207
Otgaar 189
Overmier 143, 591
Owen 226
Ozer 428

P

Paikoff 284
Palmer 113, 114, 187, 188
Pals 391, 393
Panwels 461
Park 352, 357, 601
Parke 275
Parkes 570
Parks 601
Parr 295
Parsons 65
Pate 5
Patenaude 48
Patterson 329, 608
Patzer 460
Paulesu 514
Pavlov 126, 127, 128, 132
Pavor 606
Pawlik 20
Pear 542
Pearlin 591
Pearlman 569

Pearson 226
Pedersen 427
Peng 204
Pennebaker 568, 571, 595
Pennisi 42, 47
Perkins 280, 519
Perlmutter 251
Perrin 590
Pervin 403, 427
Peters 227, 356
Peterson 352, 418
Petrosino 8
Pham 372
Phelan 42
Piaget 154, 188, 266
Pifer 292
Pilcher 319
Pilisuk 601
Pinel 49, 63, 66, 314, 317, 332, 359
Pinker 44, 46, 263
Pitman 585
Plato 11
Plaud 132
Plomin 46, 237, 251, 500
Plutchik 367
Pogue-Gille 510
Pole 572
Pollak 382
Pollitt 241
Pollock 346
Poon 295
Popkin 357, 358
Porreca 105
Portner 362, 363
Practice Directorate Staff 7
Premack 139
Prenner 512
Preti 357
Price 105
Priest 459
Primavera 151
Prinzmetal 113
Provine 367
Psaki 595

Q

Qualls 292
Quiñones-Vidal 423

R

Raaijmakers 453
Rachman 540
Rahe 570
Ramachandran 69, 105, 107, 513
Ramey 241
Randerson 321
Raphael 570
Rapoport 508
Rapp 492
Rapson 280, 464
Rauschecker 106
Rayman 573
Raymond 177
Rayner 131
Raynor 344
Raz 328
Ready 265
Rechtschaffen 317
Rector 558
Reddon 400
Reezigt 242
Reid 502
Rescorla 132, 152
Resnick 508
Reuter-Lorenz 72
Reuver 227
Rhodes 461

Rich 359
Richards 382
Rickgarn 571
Riolli 594
Rippl 241
Rips 203
Rizzolatti 69, 255, 513
Robbins 136, 501
Robins 367, 393, 403
Roche 313
Rock 113
Rodin 590, 608
Roediger 17, 187
Roelfsema 513
Roesch 153
Rogers 18, 416, 525, 535
Rogers-Ramachandran 107
Rogoff 274
Rohrer 445
Roll 323
Rolls 281
Rolnick 553
Romney 143
Roosens 556
Roozendaal 66
Rorschach 409
Rosch 202
Rosen 505
Rosenhan 453, 486, 493, 518
Rosenman 588
Rosenthal 32, 235, 236, 382
Rosenzweig 20, 177
Roska 91
Ross 211, 420
Roth 603
Rothbaum 591
Rotter 420, 421
Roush 292
Rozin 355, 358
Rubenstein 306
Rubin 568
Rushton 236, 240
Russell 275, 369
Rutter 46
Ryan 353, 606
Ryff 290, 292, 296

S

Saarinen 205
Sabido 151
Sackheim 554
Sacks 81
Safer 191
Sagan 8
Sagi 70
Sakaki 183
Salovey 379, 381, 580, 608
Saltzstein 443
Sandberg 443
Sanders 109, 296, 589
Santarelli 550
Sapolsky 259, 397, 572, 579, 583
Sarbin 328
Sawa 509
Sawyer 459
Sax 471
Scalzo 105
Scarr 240
Schachter 378, 459
Schacter 160, 171, 173, 179, 180, 181, 184, 185, 186, 187, 191
Schaerlaekens 266
Schafe 506
Schaller 352
Schanberg 257
Scharfe 191
Schatzberg 552

Schaufeli 574, 575
Scheier 399, 405, 413
Schenk 150
Schick 7
Schiff 537
Schlenker 466
Schmidt 589
Schmitt 366, 400
Schneider 535
Schoenmaker 515
Schooler 314
Schulkin 505, 583
Schultz 344
Schuster 569
Schwartz 31, 217, 447, 508, 546
Schwarzer 543
Schwebel 538
Schweinhart 241
Scoville 177
Scully 570
Seeman 330
Segal 459, 604
Segall 20, 394
Seider 296
Selfridge 116
Seligman 143, 418, 493, 506, 545, 591, 593, 606
Seligson 321
Selye 580
Seo 568
Seybold 607
Shackelford 363
Shadish 546
Shapiro 540, 604
Sharps 113, 147
Shatz 266, 273
Shaver 259
Shaywitz 514
Shea 502
Sheatsley 470
Shedler 548
Shepard 307
Sherif 437, 444
Sherill 147
Shermer 9
Sherrer 472
Shiffrin 164, 167, 170
Shih 473
Shiraev 351
Shizgal 153
Shoda 390, 422, 428
Shor 327
Shorter 554
Shrader 6
Siegel 296, 317
Siegert 295
Siegler 273
Sigelman 461
Silk 285
Silver 594, 600
Simon 221, 222
Simons 154, 186
Simpson 458, 459
Sinclair 378
Singer 217, 313, 366
Singhal 152
Singleton 256
Sinha 552
Skinner 17, 124, 134, 135, 137, 142, 346, 590
Slavich 586
Sleek 551
Slobin 264
Slyper 280
Small 66
Smeets 118

Smith 151, 202, 241, 369, 466, 526, 547, 548, 552, 555, 563, 564, 598
Smythe 595, 605
Snidman 398
Snyder 509
Sobel 294
Socrates 11
Solms 411
Solso 205
Sommer 73
Sow 530
Sparling 253
Spear 282
Spearman 230, 233
Speca 604
Spelke 254
Spence 255
Spencer 65
Sperling 165, 166
Sperry 72
Spiro 191
Sprang 567
Sprock 489
Squier 323, 324
Squire 41, 53, 55, 66, 74, 107, 153, 175, 178
Srivastava 399
Stambor 556
Staples 573
Staudinger 290
Stavish 397
Steele 244, 473, 501
Steerneman 273
Stein 572
Steinberg 285
Steketee 507
Stern 223
Sternberg 219, 220, 231, 232, 233, 234, 239, 240, 459, 464
Stevenson 243
St. George-Hyslop 46
Stickgold 323, 325
Stock 605
Stone 291
Straus 572
Strayer 306
Striegel-Moore 358
Stringfield 428
Styfco 241
Sue 242, 423
Sugarman 291
Sulloway 412
Suls 589
Swaab 46, 306
Swann 462
Sweetland 227
Swets 89, 598
Swinnen 594
Swyngedouw 470
Syme 585, 601
Szasz 525

T

Tait 600
Tamres 585
Tasso 329
Tavris 423, 464, 472
Taylor 39, 72, 461, 584, 588, 589, 593, 596, 599, 601, 603, 607, 608
Taylor Coleridge 304
Teasdale 226
Tedeschi 600
Tellegen 237, 606
Teller 254
Terman 223
Terry 136, 137, 143, 193
Tessner 510, 511
Thabet 500

Thagard 373
Thase 557
Thomas 43, 281
Thompson 186, 335, 358, 500
Thomsen 598
Thorndike 134
Thorsteinsson 602
Tian 106
Tienari 511
Tirozzi 241
Todes 127
Tolin 572
Tolman 148, 149
Tomarken 378
Toneatto 330
Tong 63
Tononi 306, 311
Torabi 568
Torrey 555
Totterdell 441
Tracy 367
Trainor 256
Travis 130, 153
Triandis 345, 426, 530
Tronick 255
Tse 178
Tulving 172
Turin 102
Turner 470, 551
Turvey 102
Tversky 216
Tyler 230

U

Ulmer 589
Ulrich 142
Uro 241

V

Vaillant 599
Valenstein 553
Vallee 334
Van Aken 400
Van Bommel 457
Van Dam 330
Van de Castle 323
VandenBos 547
Van den Broeck 354
Van den Hurk 330
Van der Heyden 358
Van de Walle 556
Van Dongen 319
Van Dorsselaer 331
Van Gogh 504
Van Hecke 556
Van Kempen 426
Van Nijnatten 426
Vansteenkiste 353, 354
Van 't Land 503
Van Tuijl 242
Vaughan 315, 317, 319, 320
Vaughn 7
Verbaten 335
Verhaeghe 412
Victoir 354
Vingerhoets 72
Vink 515
Vogel 336
Volpe 584
Vonk 470
Von Praag 295
Vorona 320
Vuilleumier 94
Vygotsky 154, 274

W

Wade	189, 280, 281
Wagar	373
Wagner	132, 492, 539
Wald	447
Waldron	207
Walker	325, 510, 511
Wallace	304, 530
Walsh	394
Walter	105
Walters	319
Walton	473
Wampold	526, 547
Ward	466
Wardle	605
Wargo	360
Warren	315
Watkins	585
Watson	16, 66, 131, 146
Watters	497
Wearing	607
Weaver	590
Wechsler	226
Wegner	324
Weikart	241
Weil	326
Weinberg	240
Weinberger	578
Weiner	43, 465
Weisberg	218, 219
Weissman	568
Weisz	591
Wellman	273
Werblin	91
Wertheimer	113, 114, 147
Westen	9, 349
Wethington	290
Whalen	373
Wheeler	538
Whithy	605
Whitley	469
Whyte	137
Wicherski	6
Wickelgren	65, 86, 167, 210, 214, 241, 550
Widen	369
Wilensky	506
Willford	253
Williams	238, 402
Wills	599
Wilson	257, 281, 548
Wimmer	512
Windholz	127
Winerman	117, 176, 208, 234, 367, 541, 556
Winkielman	373
Winter	398
Wirth	177
Wolpe	132, 540, 541
Wood	363, 568
Woodworth	348
Woolraich	28
Wright	518
Wundt	14, 21, 164
Wurtman	605
Wynn	254

Y

Yacoubian	335
Yee	43, 591
Yokley	510
Young	551

Z

Zajonc	126
Zakowski	598
Zaman	530
Zarit	591
Zegers	601
Zeki	464
Zigler	241, 285
Zijlmans	382
Zika	578
Zimbardo	20, 143, 129, 398, 453, 472, 476, 479, 569, 608
Zimmerman	595, 596
Zinbarg	506
Zubin	511
Zucker	465
Zuckerman	375, 376
Zyphur	322

A

aandacht
definitie van 306
aandachtstekortstoornis met hyperactiviteit (ADHD) 335, 552
definitie van 515
aangeboren 41
aangeboren reflex 297
definitie van 255
aangeboren vaardigheden
definitie van 252
aangeboren vermogen 263
aangeleerde hulpeloosheid 143, 502, 590
definitie van 591
en locus of control 592
en welzijn 591
aanpassingsstoornissen 517
aantrekkingskracht
oorzaken van 458, 459, 460
absolute drempel
definitie van 87
Abu Ghraib 451, 475, 478, 479
accommodatie
definitie van 267
acetylcholine 54
achtergrondstimulus 88
actief herhalen door verbanden te leggen (elaboratie)
definitie van 169
actiepotentiaal
definitie van 52
activatie-synthesehypothese
definitie van 324
acute stress
definitie van 580
adaptatie 86
ADHD 335, 552
en cognitieve gedragstherapie 553
en nicotine 253
en stimulerende middelen 552
adolescentie 298
definitie van 279
adoptieonderzoek
definitie van 251
affect
definitie van 488
affectieve stoornis 499
affectieve stoornis met seizoensgebonden patroon (SAD)
definitie van 501
afferent neuron 49
afhankelijke variabele
definitie van 26
afweer
definitie van 597
verschil met coping 597
afweermechanisme 531

agonist
definitie van 61
agorafobie
definitie van 505
agressief gedrag
en leren door observatie 150
akoestisch coderen
definitie van 171
alarmfase 582
definitie van 582
en energieverbruik 583
functie van 582
alcohol 333, 334
algemeen aanpassingssyndroom
definitie van 580
algemene factor
definitie van 230
algemene intelligentie 230
algoritme 210
definitie van 210
alles-of-nietsprincipe
definitie van 52
alvleesklier 60
Alzheimer
ziekte van 295
ambigu figuur
definitie van 110
American Psychological Association (APA) 34
amfetamine 335
amnesie 81
amplitude
definitie van 97
amygdala 373
definitie van 66
en emotie 66
en geheugen 177
anale fase 407
analgesie 329
analogie
zoeken naar 211
analyse van overdracht
definitie van 533
analytische intelligentie 246
Zie logisch redeneren
anchoring bias (ankerheuristiek) 217
definitie van 216
anekdotisch bewijsmateriaal 8
angsthiërarchie 540
angstig-ambivalente hechting
definitie van 260
angstig-vermijdende hechting
definitie van 260
angststoornis 54, 504
definitie van 504
gebruik van antidepressiva bij 552
anima 413

animistisch denken
definitie van 270
animus 413
ankerheuristiek
definitie van 216
Anonieme Alcoholisten 537
antagonist
definitie van 61
anterograde amnesie
definitie van 177, 179
anticiperende angst 505
antidepressivum 550
definitie van 550
functie bij angststoornissen 552
antipsychoticum
definitie van 549
antisociale persoonlijkheid 402
anxiolyticum 551
definitie van 551
A&O-psycholoog 6
archetype
definitie van 413
arousal 214
en sociale steun 602
en vijandigheid 588
artificieel concept
definitie van 203
Asch-effect 445, 446
definitie van 443
assimilatie
definitie van 267
associatiecortex 71
attributiefout 427
attributies
cognitieve 465
auditief systeem 98
auditieve cortex 71, 98
autisme
definitie van 512
en spiegelneuronen 69, 513
autohypnose 327
autokinetisch effect
definitie van 444
autonomie 298
definitie van 277
autonoom zenuwstelsel
definitie van 58
indeling van 58
autoritaire opvoedingsstijl 276
definitie van 275
autoritaire persoonlijkheid 448
autoritatieve opvoedingsstijl 276
definitie van 275
autosoom
definitie van 46
availability bias 217

definitie van 217
aversietherapie
definitie van 541
axon
definitie van 52

B

barbituraten 333
basilair membraan
definitie van 98
basisfrequentie 216
bedplassen 321
begaafdheid
definitie van 219
behaviorisme 16, 491
definitie van 16
en beloning 134
en straffen 134
behavioristische leertherapie 124
behavioristisch perspectief
consequenties gedrag 17
definitie van 16
behoefte
definitie van 348
behoeftehiërarchie 347, 351, 416
definitie van 350
beïnvloeden herinnering
contextuele cues 187
bekrachtiger
definitie van 135
bekrachtigingschema 137
definitie van 137
Belgische Federatie van Psychologen 34
Bellcurve 243
beloningstheorie van aantrekkingskracht
definitie van 458
benzodiazepinen 333
beoordelingsvermogen
en emoties 367
beperking
zelfopgelegd 213
beroepscode 33
beschikbaarheidsheuristiek Zie availability bias
beslissen 215
besluitvorming
en kritisch denken 217, 218
besparingsmethode 185
bestraffing
nadelen van 142, 143
betekenisvolle organisatie 181
betrouwbaarheid
definitie van 401
bevestigingsbias Zie confirmation bias
bewustzijn 305
cyclus van 313
definitie van 306
en behaviorisme 305
functies van 311
instrumenten voor bestudering 307
kenmerken van 312
bewustzijnstoestand 304
bias 8, 190
invloed op geheugen 162
voorbeelden van 32
bias van zelfconsistentie
definitie van 191
Big Five 399
bijnieren 60
bijschildklier 60
bijziend 90
binding problem 107
Binet-Simontest 222
biologische drijfveer 352
definitie van 348
biologische klok 314, 315
biologisch perspectief
definitie van 12

biomedische behandeling 548, 549
biomedische therapie
definitie van 529
vergelijking met psychotherapie 557
biopsychologie 493
definitie van 40
bipolaire cellen 91
bipolaire stoornis 504
definitie van 503
blinde vlek 92
definitie van 92
blindheid
oorzaken van 92
blindzicht 120
definitie van 106
bloeddruk
hoge 54
blokkade
definitie van 186
en stress 186
bottom-up verwerking
definitie van 107
boulimia nervosa
definitie van 357
brabbelen
en taalverwerving 264, 297
brabbelstadium
definitie van 264
brain imaging
definitie van 149
brainstormen 218
burn-out 574
definitie van 574

C

cafeïne 336
cannabis 332
Cannon-Bard-theorie
definitie van 377
cataplexie 321
catastrofale gebeurtenis
definitie van 567
reacties op 567
cellichaam 51
centraal zenuwstelsel
definitie van 57
centrale bestuurder 170
centratie
definitie van 270
cerebellum
definitie van 65
cerebrale achromatopsie 81
cerebrale cortex 372
definitie van 67
en sekseverschillen 67
visuele verwerkingsgebieden in 70
cerebrale dominantie
definitie van 72
chromosoom 44
definitie van 44
werking van 45
chronische stressor
definitie van 573
chronologische leeftijd Zie kalenderleeftijd
chunk 168
chunking
definitie van 168
circadiaanse ritmes
definitie van 314
en hypothalamus 314
Cito-toets 227
cliëntgerichte therapie
definitie van 535
closure
definitie van 570
cochlea
definitie van 98

codeïne 332
coderen
definitie van 162
specificiteit van 193
coderingsvergissing 186
cognitief leren 126, 147
bij chimpansees 147
bij dieren 147
cognitieve beoordeling
definitie van 567
en stress 567
van stressreactie 593
cognitieve dissonantie 464
definitie van 462
cognitieve gedragstherapie 553
definitie van 543
en stress 609
invloed op hersenen van 546
toepassing bij ADHD 553
cognitieve herstructurering
definitie van 598
cognitieve interpretatie
van emoties 365
cognitieve neurowetenschap
definitie van 305
cognitieve ontwikkeling 297
definitie van 266
fasen van 271
cognitieve plattegrond 148, 204
definitie van 148
cognitieve psychologie
definitie van 16
cognitieve therapie 536
definitie van 536
cohesie
definitie van 447
collectief onbewuste 413
definitie van 413
collectivisme 394, 426
definitie van 345
coma
definitie van 312
combinatietherapie
definitie van 557
communicatie 72
componentiële intelligentie 231
compulsie 507
computermetafoor
beperkingen van 201
definitie van 201
concept
definitie van 202
conceptuele hiërarchie
definitie van 203
conceptuele verwerking 108
conceptvorming 202, 204
concluderen door leren
definitie van 115
concordantiepercentage 511
concreet-operationeel stadium 269, 271, 298
conditionering
en voedselaversie 132, 133
operante 214
confirmation bias 9, 215, 217
conformisme
definitie van 443
en hersenactiviteit 445, 446
conservatie
definitie van 271
consolidatie
definitie van 178
constantie van grootte 108
contactsteun 259
definitie van 257
context 116

contextcues
    ontoereikende 187
contextuele intelligentie Zie praktische intelligentie
contextuele labels 174
contiguïteit
    definitie van 128
contingentiemanagement
    definitie van 542
continue bekrachtiging
    definitie van 136
continue monitoring 183
contraconditionering 132, 155
contralaterale baan
    definitie van 57
controleconditie
    definitie van 26
controlegroep
    definitie van 26
convergent denken 218
conversie 402, 404
coping
    definitie van 597
    en stress 597, 601, 607
    probleemgerichte 598
    verschil met afweer 597
    vormen van 598
copingstrategie
    definitie van 597
corpus callosum
    definitie van 67
correlatiecoëfficiënt 30
correlatieonderzoek
    definitie van 29
correlationeel bewijs
    toepassing van 150
corticale specialisatie 85
cortisol
    definitie van 584
counselor 6
crack 335
creatieve intelligentie 246
creationisme
    definitie van 42
creativiteit 218
    definitie van 218
    rol van intelligentie 220
crosscultureel psycholoog 20
cultuur 20
    definitie van 140
    en hechting 260
    en psychologie 47
    invloed op persoonlijkheid 394
cytokinen 585

D

dagboek
    psychologische functie van 595
dagdromen 313
    definitie van 313
daltonisme Zie kleurenblindheid
data
    analyseren 27
    definitie van 26
    verzamelen 26
decibellen 101
declaratief geheugen 173
    definitie van 174
definitie
    operationele 24
dehospitalisatie
    definitie van 555
dehumanisering 472
    definitie van 472
    rol bij discriminatie 469
déjà vu 202
dendriet
    definitie van 51

denken
    definitie van 201
denkstrategie 209
depersonaliseren
    definitie van 518
depolarisatie 52
depressie 54, 143, 402, 503
    behandeling van 557
    en lichaamsbeweging 603
    en sekseverschillen 503
    en stress 603
    rol van hippocampus bij 550
    seizoensgebonden 501
depressieve stoornis
    definitie van 500
desoxyribonucleïnezuur 44
diathese-stresshypothese
    definitie van 511
diffusie van verantwoordelijkheid 455
discriminatie
    definitie van 469
displacement
    van agressie 392
dispositie
    definitie van 396
dispositionalisme
    definitie van 439
dispositionele theorieën
    definitie van 397
    over persoonlijkheid 397
dissociatie 328, 332
distress
    definitie van 566
divergent denken 218
DNA 44
docent psychologie 5
doelgericht gedrag
    definitie van 268
Dolly 47
doofheid
    oorzaken van 101
dopamine 54
drempels 84, 87
drempelwaarde
    absolute 120
driedimensionale theorie over de liefde
    definitie van 464
driestadiamodel 164
drijfveer 405
drijfveertheorie
    definitie van 348
drive reduction 348
dromen 322
    als betekenisvolle gebeurtenissen 323
    als creatieve bron 325
    als willekeurige hersenactiviteit 324
    culturele variatie van 323
    en geheugen 324
    en hersenactiviteit 324
    en recente ervaringen 324
    en REM-slaap 322
    functie van 304, 322
    latente inhoud 323
    manifeste inhoud 323
droominterpretatie 531
DSM
    definitie van 496
DSM-5 497, 499, 511
DSM-IV 497, 511, 517
    controverse 498
dubbelblindonderzoek
    definitie van 33
dubbelblindsituatie 33
dyslexie 514
    definitie van 514

E

echoïsch geheugen 166
ecologisch model
    definitie van 519
ecstasy 335
    werking van 335
eetgedrag
    regulering van 355
efferent neuron 50
ego 405
    definitie van 406
ego-afweermechanisme 409
    definitie van 408
egocentrisme
    definitie van 269
eigenwaarde
    en geestelijke gezondheid 418
eindknop
    definitie van 53
elaboratie 163
    Zie actief herhalen door verbanden te leggen
elektracomplex
    definitie van 407
elektrochemische signalen 85
elektrochemische weergave 86
elektromagnetisch spectrum
    definitie van 95
elektromagnetische energie 95
elektroshocktherapie (EST)
    definitie van 554
embryo
    definitie van 252
emotie 365
    definitie van 365
    expressie in gedrag 365
emotiecircuit 371
emotiegerichte coping
    definitie van 598
emoties 72
    beheersing van 379
    bewuste verwerking van 372
    cognitieve interpretatie van 365
    en amygdala 373
    en beoordelingsvermogen 367
    en evolutie 365, 367
    en hersenschors 372, 373
    en het onbewuste 371
    en hormonen 374
    en psychodynamische theorie 349
    functie bij besluitvorming 364
    herkomst van 370
    interpretatie van 369, 370
    lateralisatie van 372
    onbewuste verwerking van 372
    psychologische theorieën over 377
    somatische markers van 378
emotiesysteem 372, 378
emotionele arousal
    en hersenbanen 370
emotionele bias 9, 32
emotionele expressie 367
    en cultuurverschillen 367
emotionele intelligentie 233
    definitie van 379
    en extraversie 382
    onderdelen van 379
emotionele steun 602
empirisch onderzoek
    definitie van 23
empirisme 12
empowerment 492
endocriene klieren
    hormonale functies 60
endocrien stelsel
    definitie van 58
endorfinen 54, 329

engram
    definitie van — 176
epilepsie — 54
epinefrine — 60
episodisch geheugen
    definitie van — 174
erfelijke factoren — 238
erfelijkheid
    en psychologische stoornissen — 493
erfelijkheidsratio — 239
    definitie van — 239
ergernis
    definitie van — 576
essentie
    definitie van — 181
EST — 554
ethische kwesties — 2, 33
etiologie — 493
evidence based practice — 558
evolutie
    definitie van — 41
    en psychologie — 43
evolutionaire psychologie
    definitie van — 13
existentiële crisis — 534
expectancy bias (verwachtingsbias) — 190
    definitie van — 32
expectancy-value theory — 461
experiment — 28
    definitie van — 28
    opzetten van — 4
experimenteel psycholoog — 5
experimentele conditie
    definitie van — 26
experimentele groep
    definitie van — 26
experimentele intelligentie
    definitie van — 232
expert
    definitie van — 219
expliciete herinnering
    definitie van — 179
    terughalen — 181
exposuretherapie
    definitie van — 540
extinctie
    definitie van — 129
    en hersenen — 153
    en klassieke conditionering — 130, 145
    en operante conditionering — 145
extraversie
    definitie van — 414
    en emotionele intelligentie — 382
extrinsieke motivatie
    definitie van — 343

F
factoranalyse — 399
fallische fase — 407
falsificeerbaar — 24
family systems theory — 422
fantoompijn — 105
FAS — 253
feitengeheugen Zie declaratief geheugen
fenomenaal veld
    definitie van — 416
fenotype
    definitie van — 44
feromoon
    definitie van — 102
fight-or-flight — 58, 60
fight-or-flightreactie — 373, 580
    definitie van — 579
figuur
    definitie van — 113
fixatie
    definitie van — 408

flow
    definitie van — 346
Flynn-effect — 224, 226
fMRI — 307
fobie — 370
    definitie van — 506
foetaal alcoholsyndroom (FAS)
    definitie van — 253
foetus
    definitie van — 253
fonologische lus — 171
forensisch psycholoog — 6
formatio reticularis
    definitie van — 64
formele operationele stadium — 298
    definitie van — 283
fosfenen — 85
fotoreceptor
    definitie van — 90
foutieve attributie
    definitie van — 187
fovea
    definitie van — 91
frequentie
    definitie van — 97
frequentietheorie — 100
frontaalkwab
    definitie van — 67
    rol bij spraak — 69
frustratie — 578
functionalisme
    definitie van — 15
functionele analyseniveau
    definitie van — 351
functionele gefixeerdheid
    definitie van — 213
fundamentele attributiefout
    definitie van — 427, 465
fysiologische arousal
    en emoties — 365

G
GABA — 54, 552
ganglioncel
    definitie van — 91
gate control-theorie — 329
gausskromme — 243
gebied van Wernicke — 71
geconditioneerde bekrachtiger
    definitie van — 138
geconditioneerde respons (CR)
    definitie van — 128
geconditioneerde stimulus (CS)
    definitie van — 128
    informatieve waarde — 132
gedachten
    bouwstenen van — 201
gedachteprocessen
    hogere — 202
gedrag
    en evolutie — 41
    genetische basis van — 41
    holistisch beeld — 20
gedragsbiologie — 491
gedragsgeneeskunde
    definitie van — 607
gedragsmodificatie
    definitie van — 539
gedragsproblemen — 541
gedragstherapie — 539
    definitie van — 539
gedwongenkeuzetest — 421
geen correlatie
    definitie van — 30
gefixeerd actiepatroon
    definitie van — 348

gegeneraliseerde angststoornis
    definitie van — 504
geheel-lerenmethode — 193
    definitie van — 193
geheugen
    betrouwbaarheid van — 159, 160, 162
    cognitief systeem — 161
    declaratief — 173
    definitie van — 161
    echoïsch — 166
    en emotie — 179
    en omgeving — 238
    essentiële functies van — 162
    fasen van — 164
    iconisch — 166
    patronen van — 161
    procedureel — 173
    prospectief — 183
    sensorisch — 166
    werk- — 167
    werking van — 162
    zeven zonden — 184
geheugenspoor — 176
gehoorverlies — 101
gehoorzaamheid — 447
gehoorzaamheidsonderzoek — 435, 436, 449, 451
    cross-culturele tests van — 452
    en invloed sociale situatie — 437
gehoorzenuw — 98
gekristalliseerde intelligentie
    definitie van — 231
gen
    definitie van — 44
    en erfelijkheid — 44
    en gedrag — 41
    werking van — 44
genderproblemen — 411
genen — 44
generalisatie — 130
generativiteit — 287, 426
genetica — 42
genetic leash — 297
    definitie van — 257
genialiteit — 200, 218
genitale fase — 407
genocide — 468
genoom
    definitie van — 44
genotscentra — 66
genotype
    definitie van — 44
geslachtschromosoom
    definitie van — 45
gespreid leren
    definitie van — 193
gesprekstherapie — 531
Gestalt — 114
Gestaltpsychologie — 15, 16
    definitie van — 113
Gestalttheorie — 111
gevalstudie
    definitie van — 31
gevoelige periode — 256
    definitie van — 256
gevoelsreflectie — 535
gevolgtrekkingen maken — 206
gewaarwording
    en neurale signalen — 86
geweten — 406
gewichtsbeheersing — 359
gezichtsvermogen — 90
gezinstherapie — 538
gezondheid
    en optimisme — 593
    invloed van stress — 596
gezondheidspsychologie
    definitie van — 607

g-factor
definitie van 230
gliacel 56
definitie van 55
glutamine 54
golflengte 95
gradaties van bekrachtiging
definitie van 136
grammatica 263
definitie van 265
grijpreflex 255
groepsdenken 447
definitie van 446
groepstherapie
definitie van 537
grond
definitie van 113
gustatie Zie smaakzin

H
habituatie
definitie van 125
halfcirkelvormige kanalen 102
hallucinatie 493
definitie van 488
hallucinogeen
definitie van 332
hartaandoeningen
en type A 589
hasj 332
hechting
definitie van 259
en cultuur 260
hechtingsstijl 259
ontwikkeling van 260
held
definitie van 451
helderheid
definitie van 94
herhaling of repeteren
definitie van 169
herinnering
codering van 163
denkbeeldige 189
reconstructie van 162
terughalen 160, 163, 179, 194
verzonnen 188
herinneringscue 180, 182
definitie van 180
herkenning
definitie van 182
Hermannraster 109
heroïne 332
heropname
van transmitterstoffen 54
hersencel
schakelingen in 40
hersenen
drie lagen 63
en extinctie 153
en sekseverschillen 73
mannelijke 73
opbouw van 63
samenwerkend 71
vrouwelijke 73
hersenkwabben
en functies 74
hersenletsel 74
hersenmodule 207
hersenstam
definitie van 63
herstel 568
heuristiek 210
definitie van 210
hindsight bias
definitie van 215

hippocampus
definitie van 66
en geheugen 177
rol bij depressie 550
Hippocrates 489
hoge bloeddruk 54
homeostase
definitie van 348
homunculus 68
hongergevoel
regulering van 355
hoogbegaafdheid
definitie van 224
hormonen 49
definitie van 58
en emoties 374
hormoonstelsel 48, 49, 58
en stress 60
regulering van 61
samenwerking met zenuwstelsel 61, 67
houdingsreflex 255
huidzintuig
definitie van 104
Human Genome Project 47
humanistische persoonlijkheidstheorie
definitie van 404
humanistische psychologie
definitie van 18
en het zelf 417
en Mary Calkins 417
grondlegger van 417
humanistische theorieën 415
over persoonlijkheid 395
humanistische therapie 534
definitie van 534
humores 19, 396
hypnose 326, 327, 328
definitie van 326
praktische toepassingen van 328, 329
hypnotische analgesie 327
hypnotiseerbaarheid 327
hypochondrie 402
hypocretine 322
hypofyse 60
definitie van 61
hypomanie 402
hypothalamus 304
definitie van 66
en circadiaanse ritmes 314
en motivatie 66
en verbinding tussen zenuwstelsel en
hormoonstelsel 67
hypothese
definitie van 24
hypothetisch construct 221
hysterie 404

I
ICD-10 497
iconisch geheugen 166
id 406
definitie van 405
identificatie
definitie van 407
identiteit 298
definitie van 285
identiteitscrisis 285
ik-ideaal 406
illusie
definitie van 109
imitatie
definitie van 255
en spiegelneuronen 255
immunosuppressie
definitie van 585
en stress 585

impliciete herinnering
definitie van 179
impliciete persoonlijkheidstheorie 424
definitie van 424
impuls
excitatoir 51
inhibitoir 52
impulscontrole 360
incongruentie 416
indicatoren van abnormaliteit 493
individualisme 394, 426
definitie van 345
infantiele amnesie
definitie van 176
informatieverwerking 201
informatieverwerkingsmodel
definitie van 162
informationele steun 602
in-group 469
initiatief 298
definitie van 278
inprenting
definitie van 259
instinct 348, 405
instinctief gedrag 125
instinctive drift 139
instincttheorie
definitie van 347
instrumentele steun 602
integratie
definitie van 570, 571
en rouw 570
integriteit
definitie van 293
intelligentie 221, 233
Afrikaanse concepten van 234
cognitieve theorieën 231, 233
culturele definities van 234
definitie van 201
en omgeving 238
en stereotypedreiging 244
Gardners acht vormen van 232
gekristalliseerde 231
interpersoonlijke 233
intrapersoonlijke 233
invloed van omgeving 238
lichamelijk-kinesthetische 233
linguïstische 232
logisch-mathematische 232
meervoudige 232
meten 221
muzikale 232
psychometrische opvatting 231
ruimtelijke 232
verschillen tussen raciale groepen 240
vloeibare 231
intelligentiequotiënt (IQ)
definitie van 223
intelligentietest
cultuurvrije 242
interferentie 187
intermitterende bekrachtiging
definitie van 136
Internal-External Locus of Control Scale 420
interne communicatie lichaam 48
interpersoonlijke intelligentie 233
intervalschema 137
definitie van 137
intimiteit
definitie van 288
intrapersoonlijke intelligentie 233
intrinsieke motivatie
definitie van 343
introspectie 305
definitie van 14
introversie
definitie van 414

en emotionele intelligentie 382

intuïtie
    definitie van 208
    juistheid van 208
inzichtelijk leren 148
inzichtgevende therapie 529
    definitie van 531
inzinking 568
ionen 52
IQ 223
    berekenen 223
    sociale klasse 240
    verschillen 236
IQ-score
    verschuiving van 224
IQ-test 226
irreversibiliteit
    definitie van 270
Ishihara-test 97
ISI-test 228

J

James-Lange-theorie
    definitie van 377
Jensen-controverse 240
jetlag 315
job engagement
    definitie van 574
juist waarneembare verschil (JWV) Zie verschildrempel

K

kalenderleeftijd 224
    definitie van 222
kalmerende middelen 333
kameleoneffect
    definitie van 441
kapstokwoord
    definitie van 192
karaktertheorieën
    over persoonlijkheid 394
karaktertrek 19, 398
    definitie van 393
    dimensies van 399
katatone opwinding 509
katatone stupor 509
kegeltje
    definitie van 90
kenmerkdetector 120
    definitie van 107
kinesthesie 102
kinesthetisch zintuig 101
    definitie van 102
KL Zie kalenderleeftijd
klassieke conditionering 133, 152
    definitie van 127
    en extinctie 145
    toepassingen 131
    vergelijking met operante conditionering 144
kleine hersenen 64
kleur
    definitie van 94
kleurconstantie 108
kleurdeficiëntie 96
kleurenblindheid
    complete 96
    definitie van 96
    Ishihara-test 97
kleurenzwakte 96
kleurverwerking 96
klinische methode 32
klinisch psycholoog 6
kortetermijngeheugen 164
kritisch denken
    vaardigheden voor 8, 9

L

labeling
    definitie van 518
LAD 263
langetermijngeheugen (LTG) 172, 309
    biologische basis 176
    capaciteit en duur 172, 173
    cues voor 172
    definitie van 164
    en neurowetenschap 178
    reconstructieve aard van 187
latent leren
    definitie van 149
lateralisatie van de hersenen
    definitie van 73
lateralisatie van emoties
    definitie van 372
late volwassenheid 299
leerstijlen 163
leren
    definitie van 124
    door observatie 150, 154, 269
    en limbisch systeem 153
    en neurale activiteit 152
    en psychische processen 147
    versus instinct 125
leren door observatie 150, 154
    definitie van 150
    en spiegelneuronen 154
    toepassing van 151
leugendetector 384
levensproblemen
    behandeling van 558
levensverhaal
    definitie van 425, 569
levenswijze
    en stress 601
libido
    definitie van 405
lichaamsbeeld 280
    definitie van 280
lichaamsbeweging 602
lichamelijk-kinesthetische intelligentie 233
limbisch systeem
    definitie van 65
    en genotscentra 66
    en leren 153
linguïstische intelligentie 232
Listening to Prozac 551
loci 192
Locked In-syndroom 312
locus of control
    definitie van 420, 589
    en aangeleerde hulpeloosheid 592
    en cultuur 590
    en levensduur 590
    en stress 590
logische operatie
    definitie van 271
logisch-mathematische intelligentie 232
logisch redeneren
    definitie van 231
long-term potentation
    definitie van 152
loopreflex 255
LSD 332
LTG Zie langetermijngeheugen 164

M

maatschappelijke stressor 573
    definitie van 573
machtssysteem
    invloed op gedrag 478, 479
macht van het systeem
    definitie van 474
magnetische stimulatie van de hersenen (MSH)
    definitie van 555

maintenance rehearsal 169
manie 503
mannelijkheid-vrouwelijkheid 402
MAO-remmers 550
marihuana 332
marshmallowtest 380
masturbatie 281
matching hypothese
    definitie van 461
MDMA 335
media
    en traumaverwerking 569
medisch model 549
    definitie van 490
meditatie 330
    definitie van 329
medulla (oblongata)
    definitie van 63
meervoudige intelligentie
    definitie van 232
menarche
    definitie van 280
menselijk gedrag
    veroorzaking van 393
mensen die externaliseren
    definitie van 589
mensen die internaliseren
    definitie van 589
mentale afstomping 151
mentale categorie 202
mentale handicap
    definitie van 224
mentale leeftijd
    definitie van 222
mentale representatie
    definitie van 269
mentale rotatie 307
mentale tijdlabels 174
mental set
    definitie van 212
mere exposure-effect
    definitie van 126
mescaline 332
metafoor van de golf
    definitie van 273
metamfetamine 335
methadon 333
methode van loci
    definitie van 192
middelbare leeftijd 299
minderwaardigheid 278
mindfulness
    definitie van 604
mindmap 169
mindset
    definitie van 425
minimumprincipe van perceptie 115
Minnesota Multiphasic Personality Inventory 400
minor tranquillizers 333
misattributie
    van emoties 378
misinformatie-effect
    definitie van 188
miskende rouw
    definitie van 571
misleiding 383
ML Zie mentale leeftijd
MMPI-2 401
    definitie van 400
mnemoniek
    definitie van 192
model
    chronic care 492
    empowerment 492
    medische 492
    strengths 492

moderator
definitie van 587
modern cognitief perspectief 13
monoamine-oxidase-remmers 550
morfeem
definitie van 265
morfine 332
motivatie
definitie van 343
motorische cortex
definitie van 68
motorisch neuron 50
definitie van 49
MRI 307
Müller-Lyer
illusie van 111
muzikale intelligentie 232
myelineschede 55

N

nabeeld
definitie van 96
negatief 96
visueel 96
nabijheid
definitie van 459
narcolepsie 552
definitie van 321
naturalistische intelligentie 233
nature 123
nature-nurturevraagstuk
definitie van 250
nature vs. nurture 19
natuurlijk concept
definitie van 202
natuurlijke observatie
definitie van 31
natuurlijke selectie 13
definitie van 43
Necker-kubus 20, 21, 110
Nederlands Instituut voor Psychologen 33
neerwaartse sociale vergelijking
definitie van 599
negatief nabeeld 96
negatieve bekrachtiging
definitie van 135
negatieve correlatie
definitie van 30
negatieve straf
definitie van 140
neofreudiaan
definitie van 412
neofreudiaanse psychodynamische therapieën
definitie van 533
neonatale periode 252
definitie van 254
NEO Personality Inventory 400, 401
neurale activiteit 94
neurale baan
definitie van 62
neurale boodschap 84
neurale impulsen 82
neurale representatie 84
neurale signalen
en gewaarwording 82, 86
neuron 40, 49, 56, 178
afferent 49
definitie van 49
efferent 50
motorisch 49, 50
schakelcel 49
sensorisch 49
neurotransmitter 54
definitie van 53
en psychoactieve stoffen 54
neurowetenschap 21
definitie van 12

van emoties 370
neutrale stimulus (NS)
definitie van 128
nicotine 336
en ADHD 253
nociceptoren 105
non-REM-slaap
definitie van 316
norepinefrine/noradrenaline 54
normaal verdeeld
definitie van 224
normale spreidingsbreedte
definitie van 224
normale verdeling
definitie van 224
NREM 316
nucleotiden 45
nurture 123

O

objectpermanentie 272
definitie van 268
observationeel leren 419, 422
definitie van 419
en psychologische stoornissen 422
obsessie 507
obsessief-compulsieve stoornis 358, 531
occipitaalkwab 85
definitie van 70
occipitale cortex 95
oedipuscomplex
definitie van 407
olfactie 103
definitie van 102
omgekeerde 'U'-functie
definitie van 375
omstandereffect (bystander effect)
definitie van 455
onafhankelijke variabele
definitie van 26
onbewuste 405
definitie van 310, 405
onbewust proces 311
definitie van 306
ongeconditioneerde respons (UCR)
definitie van 128
ongeconditioneerde stimulus (UCS)
definitie van 128
onomkeerbaarheid
definitie van 270
ontkenning 408
ontwikkeling
psychosociale 261
ontwikkelingsanalyseniveau
definitie van 352
ontwikkelingsperspectief 19
definitie van 19
ontwikkelingspsychologie
definitie van 250
ontwikkelingsstoornissen 511
onverschillige opvoedingsstijl 276
definitie van 275
onvoorwaardelijke positieve waardering 417
oog
werking van 90
ooggetuigenverklaring
betrouwbaarheid van 189, 190
oogzenuw
definitie van 91
oordelen 215
oorschelp 99
openheid
definitie van 459
operante conditionering 134, 541
cognitieve verklaring voor 152
definitie van 134
en extinctie 145

vergelijking met klassieke conditionering 144
operante ruimte
definitie van 135
operationele definitie
voorbeelden van 25
ophalen
definitie van 182
opiaten 332, 333
opponent-procestheorie 120
definitie van 96
opslaan
definitie van 163
optimisme
definitie van 593
invloed op gezondheid 593
optimistische denkstijl
kenmerken 593
opvoedingsstijl 275, 277, 298
opwaartse sociale vergelijking
definitie van 599
orale fase 406
ouderen
en welzijn 296
out-group 470
ovaria 60
overdracht 533
overgang
definitie van 291
overgangen
tijdens volwassenheid 291, 292, 293
overgangsritueel
definitie van 279
overgeneralisatie 265
overgewicht 358
oorzaken van 359
overrechtvaardiging 346
definitie van 345
oxytocine
definitie van 584

P

paniekaanval 505
paniekstoornis
definitie van 505
parallelle verwerking 309
definitie van 309
paranoia 402
parasympathisch zenuwstelsel 373
definitie van 58
pariëtaalkwab 104
definitie van 70
partiële bekrachtiging 136
pasgeborene
sensorische vaardigheden van 254, 255
sociale vaardigheden van 255
Pavlov, Ivan 126, 127, 128
pavor nocturnus
definitie van 321
PCP 332
percept 107
definitie van 106
perceptie 84
culturele invloeden op 117
definitie van 83
verklaringen voor 121
perceptiepsychologie 83
perceptuele ambiguïteit 109
perceptuele blindheid
definitie van 109
perceptuele constantie
definitie van 108
perceptuele identificatie 116
perceptuele organisatie 113
perceptuele predispositie
definitie van 116
perceptuele verwerking 106

perifeer zenuwstelsel
definitie van 57
permissieve opvoedingsstijl 276
definitie van 275
persistentie
definitie van 191
persoonlijkheid
consistentie van 428
culturele invloed op 428
definitie van 390
dimensies van 399
dispositionele theorieën over 397
effecten van nurture op 393
en continuïteit 427
en cultuur 426, 427
en karakter 393, 396, 428
en procestheorieën 393
en psychologische processen 393
en psychotherapie 395
en situaties 428
en temperament 395, 396, 398
humanistische theorie over 395
invloed van situatie op 428
samenstelling van 390
sociaal-cognitieve theorieën over 422
structuur van 405
theorieën over 402
vijf-factorentheorie 400
vorming van 391, 393
persoonlijkheidskenmerken 393
persoonlijkheidsproces
definitie van 394
persoonlijkheidstests 400
validiteit van 402
persoonlijkheidstype 396
volgens Jung 414
persoonlijk onbewuste 413
definitie van 413
persoon-situatiecontroverse 393
persoon-situatiedebat
definitie van 427
perspectief 21
behavioristisch 16
biologisch 12
cognitief 13
ontwikkelings- 19
psychodynamisch 395
sociaal-cognitief 395
sociocultureel 20
vanuit de gehele persoon 18
PET 307
piekeren
definitie van 598
pinna 92, 99
plaatstheorie 100
placebo
definitie van 33
placenta
definitie van 253
plasticiteit 55
definitie van 55
pons
definitie van 64
positie en beweging 101
positief nabeeld 96
positieve bekrachtiging
definitie van 135
positieve correlatie
definitie van 30
positieve emoties
en stress 599
positieve psychologie
definitie van 418
positieve psychotherapie (PPT)
definitie van 545
positievere keuzes op het gebied van levenswijze
definitie van 597

positieve straf
definitie van 140
posthypnotische amnesie 329
posttraumatische stressstoornis 178, 572, 573
definitie van 571
symptomen van 572
verwerking van 573
potentieel 251
PPT 545
praktische intelligentie 246
definitie van 231
prefrontale cortex 67
pregnantie 115
pre-implementatie genetische diagnostiek (PGD) 47
Premack-principe 146
definitie van 139
prenatale ontwikkeling 252
prenatale periode 252
definitie van 252
preoperationele stadium 298
definitie van 269
preparedness hypothesis
definitie van 506
prestatie
en cultuurverschillen 344
prestatiedrang (need for achievement, n Ach) 344
definitie van 344
primaire bekrachtiger
definitie van 138
primaire controle 591
definitie van 590
priming 180
definitie van 181
principe van gelijkheid
definitie van 459
principe van specificiteit van codering
definitie van 182
principe van tegenstellingen 413
probleem
identificeren 209
opdelen 211
oplossen 209, 212, 267
probleemgerichte coping
definitie van 598
procedureel geheugen 173
definitie van 173
procestheorieën
over persoonlijkheid 394
projectie 409, 424, 533
projectieve test 409
definitie van 409
prospectief geheugen
definitie van 183
prototype
definitie van 203
proximale analyseniveau
definitie van 352
pseudopsychologie 7
psilocybine 332
psychastenia 402
psyche 4
psychiatrie
verschil met psychologie 7
psychiatrische diagnose
betrouwbaarheid van 487
psychoactief middel
definitie van 331
bijwerkingen 61
werking van 41, 61
psychoanalyse 532, 533
definitie van 18, 405, 531
verschil met psychologie 4
psychochirurgie
definitie van 553
psychodynamische persoonlijkheidstheorie
definitie van 404

psychodynamische psychologie
definitie van 18
psychodynamische theorie
en emoties 349
psychodynamische therapie 533
psychofysica 87, 89
psychologie
behavioristisch perspectief 17
biologisch perspectief 17
cognitief perspectief 17
deelgebieden van 5
definitie van 4
en cultuur 47
ontwikkelingsperspectief 17
sociocultureel perspectief 17, 20
toegepaste 15
van karaktertrekken en temperament 19
veranderend beeld 21
verschil met psychiatrie 7
verschil met psychoanalyse 4
'whole person'-perspectief 17
psychologische processen
genetische verklaring van 46
psychologische stoornis
benadering van 527
en erfelijkheid 493
en observationeel leren 422
en sekseverschillen 517
symptomen van 488
psychologische therapie
definitie van 529
psycholoog
crosscultureel 20
experimenteel 5
forensisch 6
klinisch 6
toegepast 6
psychometrie 230
psychoneuro-immunologie
definitie van 585
psychopathologie
definitie van 487
psychose
definitie van 508
psychoseksuele fase 407
definitie van 406
psychosociale stadia 277
definitie van 261
psychotherapie
cognitieve 536, 537
en cultuur 530
en etnische diversiteit 526
evaluatie van 546, 548
geschiedenis van 528
groepstherapie 537
humanistisch 534
keuze van type 523, 524
neofreudiaans 533
non-directieve 531
rogeriaans 535
vergelijking met biomedische therapie 557
vormen van 529
PTSS 571, 572, 573
puberteit 280, 298
definitie van 279
en cognitieve ontwikkeling 282
en psychosociale ontwikkeling 285
sociale problemen tijdens 284
puntje-van-de-tongfenomeen 186
definitie van 186
pychoanalytische theorie
definitie van 405
pygmalion-effect
definitie van 235

R

ramp
  psychologische reactie op   568, 569
randomisering
  definitie van   27
rapid eye movements   316
ras
  en menselijke variatie   46
rationalisatie   408
rationalisme   12
rationeel-emotieve therapie
  definitie van   543
ratioschema
  definitie van   137
reactieformatie   409
reactietijd   50
REBT   543
receptor   53, 86
  sensorische   85
redemptive self   426
  definitie van   425
reflectief luisteren   535
reflex
  definitie van   57
regressie   409
relatietherapie   538
remissie   509
REM-rebound
  definitie van   317
REM-slaap
  definitie van   316
replicatiestudie   28
repliceren
  definitie van   28
repolarisatie   52
representativeness bias
  definitie van   216
representativiteitsheuristiek Zie representativeness bias
reticulaire formatie   63
retina
  definitie van   90
retrograde amnesie
  definitie van   178
reukvermogen   102
revolutie van het ouder worden   286
  definitie van   287
reward theory of attraction   458
rijping   297
  definitie van   257
romantische liefde
  definitie van   464
rooms-katholieke kerk   11
Rorschachtest   409
  definitie van   409
Rosenman, Ray   588
Rosenthal-effect Zie pygmalion-effect
rouw   570
  definitie van   570
  en integratie   570
  miskende   571
  verwerking van   595
ruimtelijke intelligentie   232
rustpotentiaal
  definitie van   52

S

SAD   501
savants   220
savantsyndroom
  definitie van   229
scaffolding   274
  definitie van   274
Scarr en Weinberg-adoptiestudie   240
schaduw   413
schakelcel (interneuron)
  definitie van   49

schema   441
  definitie van   175, 204, 267
schetsboek   171
schildklier   60
schizofrenie   54, 402, 509
  behandeling van   558
  definitie van   508
  oorzaken van   510
  verschillende vormen van   509
schoolpsycholoog   6
script   441
  culturele invloeden   206
  definitie van   206
secundaire bekrachtiger
  definitie van   138
secundaire controle   591
  definitie van   591
secundaire traumatisering
  definitie van   569
seizoensgebonden depressie   501
sekseverschillen   244
seksualiteit
  geslachtsverschillen bij   362
seksuele identiteit   282
seksuele oriëntatie
  definitie van   281
seksuele responscyclus   362
  definitie van   361
seksuele scripts   363
selectief leren   131
selectieve aandacht   306
selectieve keuze in relaties
  definitie van   296
selectieve serotonineheropnameremmers   550
selectieve sociale interactie   296
selffulfilling prophecy   235, 403
  definitie van   237
self-narrative
  definitie van   569
self-serving bias
  definitie van   466
semantisch geheugen
  definitie van   174
sensatie   84, 94
  definitie van   82
sensatiezoeker
  definitie van   375
sensomotorisch stadium   269, 298
  definitie van   268
sensomotorische intelligentie
  definitie van   268
sensorisch geheugen   165
  capaciteit en duur   165
  definitie van   164
  structuur en functie   166
sensorisch neuron
  definitie van   49
sensorisch systeem   82
sensorische adaptatie   84
  definitie van   86
sensorische psychologie   82
sensorische receptoren   85
sensorische verwerkingscentra   86
seriële verwerking
  definitie van   309
serotonine   54, 332, 374
serotonineheropnameremmers   550, 551
set point
  definitie van   355
shaping
  definitie van   136
  en conditionering   136
signaal
  elektrochemisch   85
signaaldetectietheorie   84, 120
  definitie van   89
signaalsystemen lichaam   49

significant
  definitie van   27
situatie
  invloed op gedrag   437, 438
situationisme
  definitie van   439
sjamanen   11
Skinner-box   135
slaap   605
  circadiaanse klok   317
  hersenactiviteit bij   315
  invloed op stress   605
slaapapnoe
  definitie van   321
slaapbehoefte   317
slaapcyclus   316
slaapdeprivatie   319
  en cognitief functioneren   319
  en motorisch functioneren   319
  gevolgen van   319
slaapspoelen   316
slaapstoornissen   320, 321
slaaptekort
  definitie van   319
slaapverlamming
  definitie van   316
slakkenhuis   120
  Zie cochlea
slapeloosheid
  definitie van   320
sluiting
  definitie van   113
smaakknoppen   103
smaakkwaliteit   103
smaakpapillen   103
smaakzin   103
sociaal-cognitieve theorie
  definitie van   404
  over persoonlijkheid   422
sociaal-culturele psychologie   20
sociaal leren   418, 459, 491
  Zie leren door observatie
sociale afstand
  definitie van   469
sociale cognitie
  dimensies van   466
sociale context
  definitie van   437
sociale fobie   506
sociale introversie   402
sociale neurowetenschappen
  definitie van   446
sociale norm   439
  definitie van   440
sociale psychologie
  definitie van   437
sociale rol   440
  definitie van   439
sociale steun
  definitie van   601
  en arousal   602
  en gezondheid   602
  vormen van   602
sociale vergelijking
  definitie van   599
  en cognitieve herstructurering   599
  en stress   599
sociale werkelijkheid   458
socialisatie   298
  definitie van   275
Social Readjustment Rating Scale
  definitie van   576
sociocultureel perspectief
  definitie van   20
soma
  definitie van   51

somatische marker
    van emoties 366, 378
somatisch zenuwstelsel
    definitie van 58
somatosensorische cortex 104
    definitie van 70
specificiteit van codering 182
speed 335
spiegelneuron 41, 154, 365
    definitie van 68, 255
    en autisme 69
    en imitatie 255
spierziekten 54
spiritualiteit 413
spontaan herstel
    definitie van 130
sportpsycholoog 6
SRRS 576
SSRI's 550, 551
staafje
    definitie van 90
stamcellen 253
Stanford-Binet-intelligentieschaal 222
Stanford Prison Experiment 475, 476, 477
stemmingscongruente herinnering
    definitie van 183
stemmingsstabilisatoren 550
stemmingsstoornis
    definitie van 499
stereotypedreiging
    definitie van 244, 473
stereotypelift
    definitie van 473
stereotypen 244
steroïden 374
stimulatie
    sensatie 83
stimulerende middelen
    definitie van 334, 552
    gebruik bij ADHD 552
stimulusdetectoren 86
stimulusdiscriminatie
    definitie van 131
stimulusenergie 89
stimulusgedreven verwerking 108
stimulusgeneralisatie
    definitie van 130
stimulus-responsleren 146
    definitie van 126
    versus cognitief leren 125
straf
    definitie van 140
strategie
    kiezen 210
stress
    beheersing van 578
    definitie van 566
    en blokkade 186
    en cognitieve gedragstherapie 609
    en coping 601, 607
    en immuunsysteem 585
    en levenswijze 601
    en locus of control 589, 590
    en moderatoren 587
    en positieve emoties 599
    en strategieën voor coping 597
    fysiologische reacties op 580
    invloed op gezondheid 596
    invloed van slaap op 605
    kwetsbaarheid voor 586
    lichamelijke effecten van 578, 579
    oorzaken van 566
    reacties op 563, 564
    relatie met stressor 588
stressmoderator
    definitie van 587

stressor
    definitie van 566
    relatie met stress 588
    traumatische 567
stressreactie
    beheersing van 565
    en cognitieve beoordeling 567
    evolutie van 564
    onderdelen van 564
structuralisme
    definitie van 14
structuralisten 305
subjectief welbevinden 605
subjectieve beleving
    van emoties 365
subjectieve contouren 113
sublimatie 409
suggestibiliteit
    definitie van 187
superego 406
    definitie van 405
surrogaatmoeder 257
survey
    definitie van 31
SWB 605
sympathisch zenuwstelsel 373
    definitie van 58
symptoomsubstitutie 539
synaps 178
    definitie van 52
synapsknop 53
synaptic pruning 283
    definitie van 256
synaptische transmissie
    definitie van 53
synchroniciteit
    definitie van 255
synthetische drugs 332
systeem
    invloed op gedrag 437
    macht van 474, 475
systematische desensitisatie 540, 541
    definitie van 540

T

taal 72
taalvaardigheid
    en omgeving 238
taalverwerving 263, 297
    en erfelijkheid 264
taalverwervingssysteem (LAD)
    definitie van 263
tabula rasa 16
tardieve dyskinesie
    definitie van 550
TAT 410
tegenconditionering Zie contraconditionering
telegramspraak
    definitie van 265
Telehealth 556
telomeer
    definitie van 586
temperament 397
    definitie van 274
temporaalkwab
    definitie van 71
tend-and-befriend 584, 602
    definitie van 584
teratogeen 297
    definitie van 253
terrorisme
    definitie van 568
terughalen
    andere factoren van invloed 182
    definitie van 163
terugwerken 210

test
    bias 242
testikels 60
thalamus
    definitie van 64
Thanatos 405
THC 332
The Double Helix 146
Thematische Apperceptietest
    definitie van 410
theorie
    definitie van 23
theorie over de verwachte waarde
    definitie van 461
theorie van de gefaseerde ontwikkeling
    definitie van 266
theorie van verwerkingsniveaus
    definitie van 171
theory of mind 273
therapeutische alliantie
    definitie van 526
therapie
    biomedisch 548, 549
    definitie van 524
thrills 375
tics 508
timbre
    definitie van 101
    sensatie van 101
timing 128
tirannie van de keuze
    definitie van 217
TMS 73
toegepast psycholoog 6
token economy 543
    definitie van 542
toonhoogte
    definitie van 99
top-down verwerking
    definitie van 107
TOT-fenomeen Zie puntje-van-de-tongfenomeen
transcraniale magnetische stimulatie (TMS) 73
transductie 84, 90
    definitie van 86
traumatische stressor
    definitie van 567
traumaverwerking
    en media 569
Traumdeutung 323
trial-and-error
    definitie van 134
triarchische theorie
    definitie van 232
trichromatische theorie 120
    definitie van 96
tweefactortheorie
    definitie van 378
tweelingenonderzoek 249, 250
    definitie van 251
    interpretatie van 250
Twin Oaks 124
tympanisch membraan
    definitie van 98
type A
    definitie van 588
    en hartaandoeningen 589
    persoonlijkheid 588
type B-gedragspatroon 588

U

uitingsregels
    definitie van 369
uitputtingsfase 583
    definitie van 583
uitwendige gehoorgang 99
umami 103

V

validiteit
    definitie van 402
variabel intervalschema (VI)
    definitie van 138
variabel ratioschema (VR)
    definitie van 137
vast intervalschema (FI)
    definitie van 138
vast ratioschema (FR)
    definitie van 137
veerkracht
    definitie van 594
    en stress 594
veilige hechting
    definitie van 260
veranderingsblindheid 186
    definitie van 109
veranderingsdetectoren 120
verbaal-performaalkloof 227
verdringing
    definitie van 408
vergeetcurve
    definitie van 185
verlatingsangst
    definitie van 260
verschildrempel 120
    definitie van 87
verschuiving 409
verstrooidheid 185
    definitie van 185
vertekening 32
    achteraf 411
vertrouwen
    definitie van 261
verwachtingen 116, 206
verwachtingsbias 190
verwerking
    conceptuele 108
    stimulusgedreven 108
verwerkingsbanen
    bewuste 411
    onbewuste 411
verwerkingsdiepte 186
verwerkingsniveaus 171
verwerkingsstijl 72
verwerving 128
verwervingsfase
    definitie van 128
verziend 90
vestibulair orgaan
    definitie van 102
vestibulair zintuig 101
vijandige persoonlijkheidsstijl 589
vijandigheid
    en arousal 588
vijf-factorentheorie
    over persoonlijkheid 399, 400
visueel nabeeld 96
visueel spectrum
    definitie van 95
visuele cortex 94
    definitie van 70
visuele en ruimtelijke codering
    van herinneringen 171
vlijt 278, 298
    definitie van 278
vloeibare intelligentie
    definitie van 231
vluchtigheid
    definitie van 184
voeding 605
voedselaversie
    en conditionering 132, 133
volkspsychologie 11
volledig functionerend persoon
    definitie van 416

volume
    definitie van 100
volwassenheid
    ontwikkeling van 286, 288
volwassen ontwikkeling 299
voorbewuste
    definitie van 309
vooroordeel
    definitie van 468
    en sociale normen 471
    oorzaken van 469, 470
vormconstantie 109
vrije associatie 531
vrijetijdsbesteding
    invloed van 277
vroege herinneringen 176
vroege volwassenheid 299
    definitie van 288
vuistregel Zie heuristiek

W

waan 493
    definitie van 488
waarneming 80, 82, 119
waarnemingsdrempel 88
waarnemingsproces 106
waar-route 106, 120
    definitie van 106
Walden Two 123
wat-route 106, 120
    definitie van 106
Wechsler Adult Intelligence Scale (WAIS) 226
Wechsler Intelligence Scale for Children (WISC) 226
Wechsler Preschool and Primary Scale of Intelligence
    (WPPSI) 226
wederzijds determinisme
    definitie van 419
weerbaarheid
    als stressmoderator 592, 593
    definitie van 592
weerstandsfase
    definitie van 582
    en energieverbruik 583
werkgeheugen 167
    Zie kortetermijngeheugen
    capaciteit en duur 167
    coderen en opslaan 168
    definitie van 164
    structuur en functie 170
    werking van 167
wetenschappelijke methode 4, 28
    definitie van 23
    niet te beantwoorden vragen 25
    vier stappen 23
wetenschappelijke psychologie 13
wet van continuering
    definitie van 115
wet van effect
    definitie van 134
wet van gelijkenis
    definitie van 114
wet van gemeenschappelijke bestemming
    definitie van 115
wet van nabijheid
    definitie van 114
wet van perceptuele ordening
    definitie van 114
wet van Prägnanz
    definitie van 115
wet van Weber
    definitie van 88
wilskracht
    als psychologische factor 360
WISC-III 227
word salads 509
WPPSI-III-NL 226

Z

zelfactualisatie 415
zelfactualiserende persoonlijkheid
    definitie van 416
zelfbeeld 468
    crosscultureel onderzoek naar 468
zelfbeheersing 360
zelfconsistentie
    bias van 191
zelfdeterminatietheorie (ZDT)
    definitie van 353
zelfhulpgroep 538
    definitie van 537
zelfmoord 285
zelfopgelegde beperkingen 213
zelfspraak 543
zenuwbaan
    contralateraal 57
    kruising van 57
zenuwimpuls 86
zenuwstelsel 48, 49
    animale 57, 58
    autonome 57, 58
    centrale 56
    definitie van 56
    indeling van 56
    perifere 56, 57
    samenwerking met hormoonstelsel 61
    verbinding met hormoonstelsel 67
zichtbare spectrum 96
ziekte van Alzheimer 54, 178
    definitie van 295
ziekte van Parkinson 54
zingeving 600
    definitie van 600
zinsbegoocheling 110
zintuigen 82
    adaptieve functies 83
    en detectie veranderingen 120
    en overeenkomsten 89
    en verschillen 89
    samenwerking 101
zoeken naar positieve betekenis 600
    definitie van 600
zondebok aanwijzen
    definitie van 471
zone van naaste ontwikkeling 274
zorg voor de volgende generatie (generativiteit)
    definitie van 291
zuigelingentijd (infancy) 252, 297
    definitie van 256
zuigreflex 255
zygote
    definitie van 252